TABLE DES MATIÈRES

Attention ! Le Népal-Tibet fait l'objet d'un guide à part.

COMMENT Y ALLER ?

INDE DU NORD UTILE

HOMMES, CULTURE ET ENVIRONNEMENT

LE NORD

LE CACHEMIRE

LE LADAKH

À l'est de Leh

L'HIMACHAL PRADESH

La route vers Manali et Kullu

LE PENDJAB ET L'HARYANA

LA VALLÉE DU GANGE

L'EXTRÊME-EST

Le Sikkim

L'est du Sikkim

Le nord du Sikkim

L'ouest du Sikkim

Le sud du Sikkim

L'EST

L'ORISSA

L'OUEST

LE RAJASTHAN

NOS NOUVEAUTÉS

AUVERGNE (octobre 2008)

Ah, les monts d'Auvergne ! Les amoureux de la rando trouveront plus que leur compte en visitant le cœur de la France. Attention, ouvrez grand les yeux : ici, un volcan, un massif, une réserve, un lac ; là, une vallée, des thermes... Voici l'Auvergne ! Une nature verdoyante que les bougnats ont su préserver. En suivant les courbes voluptueuses de ses volcans, vous atteindrez la capitale, Clermont-Ferrand. Il y fait bon vivre, à en croire tous les étudiants qui animent la ville. Sur les terres de Vercingétorix, vous découvrirez une région qui porte encore les traces de son histoire, les vendeurs de charbon, l'exode, Vichy... Enfin, pour finir, sachez qu'il existe une vraie tradition culinaire dont seuls les Auvergnats ont le secret.

PICARDIE (avril 2009)

Beaucoup de lecteurs s'extasient sur la beauté de la cathédrale de Beauvais, le musée du château de Chantilly ou le charme de Gerberoy, véritable village d'opérette à 100 km de Paris, sans savoir qu'ils ont déjà les pieds en Pays picard ! La Picardie, c'est l'une des dernières *terrae incognita* de France. Outre le fabuleux parc de Marquenterre et la magie des hortillonnages d'Amiens, elle offre d'autres sites naturels totalement préservés (la forêt d'Halatte, la verte Thiérache), des cathédrales d'anthologie, comme celle d'Amiens évidemment, mais aussi celles de Laon et de Saint-Quentin (choisie par Patrice Chéreau pour y tourner la *Reine Margot*) et nombre de coutumes encore bien vivantes, tel le parler picard. Émotion garantie lors de la visite des champs de bataille de la Somme de 1916 où soldats des deux côtés payèrent un si lourd tribut... Quant aux lecteurs utopistes, ils rendront un vibrant hommage, à Guise, au vieux père Godin, qui ne se contenta pas de chauffer les corps, mais aussi les cœurs. Allez, laissez-vous surprendre par cette région discrète mais riche, et bienvenue chez les Picards !

LES GUIDES DU ROUTARD 2009-2010

(dates de parution sur **routard.com**)

France

Nationaux

- Nos meilleures chambres d'hôtes en France
- Nos meilleures campings en France
- Nos meilleurs hôtels et restos en France
- Petits restos des grands chefs
- Tables à la ferme et boutiques du terroir

Régions françaises

- Alpes
- Alsace
- Aquitaine
- Ardèche, Drôme
- **Auvergne (octobre 2008)**
- Bourgogne
- Bretagne Nord
- Bretagne Sud
- Châteaux de la Loire
- Corse
- Côte d'Azur
- Franche-Comté
- Languedoc-Roussillon
- **Limousin (octobre 2008)**
- Lorraine
- Lot, Aveyron, Tarn
- Nord-Pas-de-Calais
- Normandie
- Pays basque (France, Espagne), Béarn
- Pays de la Loire
- **Picardie (avril 2009)**
- Poitou-Charentes
- Provence
- Pyrénées, Gascogne

Villes françaises

- Bordeaux
- Lille
- Lyon
- Marseille
- Montpellier
- Nice
- Strasbourg
- Toulouse

Paris

- Environs de Paris
- Junior à Paris et ses environs
- Paris
- Paris balades
- Paris exotique
- Paris la nuit
- Paris, ouvert le dimanche
- Paris sportif
- Paris à vélo
- Paris zen
- Restos et bistrots de Paris
- Le Routard des amoureux à Paris
- Week-ends autour de Paris

Europe

Pays européens

- Allemagne
- Andalousie
- Angleterre, Pays de Galles
- Autriche
- Baléares
- Belgique
- Catalogne, Andorre
- Crète
- Croatie
- Écosse
- Espagne du Nord-Ouest (Galice, Asturies, Cantabrie)
- Finlande
- Grèce continentale
- Hongrie, République tchèque, Slovaquie
- Île grecques et Athènes
- Irlande
- Islande
- Italie du Nord
- Italie du Sud
- Madrid, Castille (Aragon et Estrémadure)
- Malte
- Norvège
- Pologne et capitales baltes
- Portugal
- Roumanie, Bulgarie
- Sicile
- Suède et Danemark
- Suisse
- Toscane, Ombrie

LES GUIDES DU ROUTARD 2009-2010 (suite)

(dates de parution sur **routard.com**)

Villes européennes

- Amsterdam
- Barcelone
- Berlin
- Florence
- Lisbonne
- Londres
- Moscou, Saint-Pétersbourg
- Prague
- Rome
- Venise

Amériques

- Argentine
- Brésil
- Californie
- Canada Ouest et Ontario
- Chili et île de Pâques
- Cuba
- Équateur
- États-Unis côte Est
- Floride
- Guadeloupe, Saint-Martin, Saint-Barth
- Guatemala, Yucatán et Chiapas
- Louisiane et les villes du Sud
- Martinique
- Mexique
- New York
- Parcs nationaux de l'Ouest américain et Las Vegas
- Pérou, Bolivie
- Québec et Provinces maritimes
- République dominicaine (Saint-Domingue)

Asie

- Bali, Lombok
- Birmanie (Myanmar)
- Cambodge, Laos
- Chine (Sud, Pékin, Yunnan)
- Inde du Nord
- Inde du Sud
- Istanbul
- Jordanie, Syrie
- Malaisie, Singapour
- Népal, Tibet
- Sri Lanka (Ceylan)
- Thaïlande
- Tokyo-Kyoto
- Turquie
- Vietnam

Afrique

- Afrique de l'Ouest
- Afrique du Sud
- Égypte
- Île Maurice, Rodrigues
- Kenya, Tanzanie et Zanzibar
- Madagascar
- Maroc
- Marrakech
- Réunion
- Sénégal, Gambie
- Tunisie

Guides de conversation

- Allemand
- Anglais
- Arabe du Maghreb
- Arabe du Proche-Orient
- Chinois
- Croate
- Espagnol
- Grec
- Italien
- Japonais
- Portugais
- Russe

Et aussi...

- Le Guide de l'humanitaire
- G'palémo

Remerciements

Pour ce guide, nous remercions tout particulièrement :

– Ramesh C. Jangid, pour ses conseils sur le Shekhawati et son plan de Nawalgarh.

– Ramesh et Surendra, qui se reconnaîtront.

– Mouss, pour sa patience et son énergie.

– Pierre Prakash, pour son efficacité sympathique.

– Manu, un as du volant !

– Patrice Serinelli, l'ami de toujours.

– Les Alliances françaises en général, pour leur dynamisme en Inde.

– Et, bien sûr, Dimple Uberoi et Sarvin Warden, toujours prêts à accueillir un routard de passage.

Nous tenons à remercier tout particulièrement Loup-Maëlle Besançon, Thierry Bessou, Gérard Bouchu, Grégory Dalex, Fabrice Doumergue, Fabrice de Lestang, Cédric Fischer, Carole Fouque, Michelle Georget, David Giason, Lucien Jedwab, Emmanuel Juste, Pierre Mitrano, Jean-Sébastien Petitdemange, Thomas Rivallain, Claudio Tombari et Solange Vivier pour leur collaboration régulière.

Et pour cette nouvelle collection, nous remercions aussi :

David Alon et Andréa Valouchova
Ariadna Barroso Calderon
Jean-Jacques Bordier-Chêne
Déborah Bueche
Stéphanie Campeaux
Nathalie Capiez
Louise Carcopino
Raymond Chabaud
Alain Chaplais
Bénédicte Charmetant
François Chauvin
Cécile Chavent
Stéphanie Condis
Agnès de Couesnongle
Agnès Debiage
Isabelle Delpière Revéret
Jérôme Denoix
Solenne Deschamps
Tovi et Ahmet Diler
Céline Druon
Nicolas Dubost
Clélie Dudon
Aurélie Dugelay
Sophie Duval
Alain Fisch
Aurélie Gaillot
Adrien et Clément Gloaguen
Angela Gosmann
Romuald Goujon
Stéphane Gourmelen
Claudine de Gubernatis
Xavier Haudiquet
Claude Hervé-Bazin
Bernard Hilaire
Sébastien Jauffret
François et Sylvie Jouffa
Hélène Labriet
Francis Lecompte
Jacques Lemoine
Sacha Lenormand
Amélie Lepley
Valérie Loth
Béatrice Marchand
Amanda de Martino
Kristell Menez
Delphine Meudic
Éric Milet
Jacques Muller
Anaïs Nectoux
Hélène Odoux
Caroline Ollion
Nicolas Pallier
Martine Partrat
Odile Paugam et Didier Jehanno
Mathilde Pilon
Xavier Ramon
Dominique Roland et Stéphanie Déro
Corinne Russo
Caroline Sabljak
Prakit Saiporn
Jean-Luc et Antigone Schilling
Julien Vitry
Céline Vo
Fabian Zegowitz

Direction : Nathalie Pujo
Contrôle de gestion : Joséphine Veyres, Vincent Leav et Héloïse Morel d'Arleux
Responsable éditoriale : Catherine Julhe
Édition : Matthieu Devaux, Marine Barbier-Blin, Géraldine Péron, Jean Tiffon, Olga Krokhina, Vanessa Di Domenico, Julie Dupré, Gaëlle Leguéné, Gia-Quy Tran et Laura Gélie
Secrétariat : Catherine Maîtrepierre
Préparation-lecture : Danielle Blondy
Cartographie : Frédéric Clémençon et Aurélie Huot
Fabrication : Nathalie Lautout et Audrey Detournay
Couverture : Seenk
Direction marketing : Dominique Nouvel, Lydie Firmin et Juliette Caillaud
Responsable des partenariats : André Magniez
Édition des partenariats : Juliette Neveux et Raphaële Wauquiez
Informatique éditoriale : Lionel Barth
Relations presse France : COM'PROD, Fred Papet. ☎ 01-56-43-36-38. • info@comprod.fr •
Relations presse : Martine Levens (Belgique) et Maureen Browne (Suisse)
Régie publicitaire : Florence Brunel

LES QUESTIONS QU'ON SE POSE LE PLUS SOUVENT

➤ Quels sont les papiers indispensables pour se rendre en Inde ?
Un visa et un passeport valable 6 mois après la date de retour.

➤ Quelle est la meilleure saison pour aller en Inde du Nord ?
De mi-novembre à fin mars. L'été se révèle très chaud et humide à Delhi, Agra et Varanasi. Seules les régions montagneuses (Himachal Pradesh, Cachemire, Ladakh, Sikkim...) gardent un climat tempéré d'avril à octobre. En revanche, évitez ces mêmes régions en hiver, il y fait très froid et peu d'hôtels sont chauffés.

➤ Quelle est la durée du vol ?
Environ 9h jusqu'à Mumbai et 8h30 pour New Delhi ; donc on vous conseille les vols de nuit.

➤ Quel est le décalage horaire ?
4h30 de plus qu'en France en heure d'hiver.

➤ Quels sont les vaccins obligatoires ?
Aucun vaccin n'est obligatoire, mais il faut être à jour de ses vaccins traditionnels : pour des séjours en zone rurale, les vaccins contre les hépatites A et B, contre la fièvre typhoïde, et parfois contre l'encéphalite japonaise, sont conseillés.

➤ Y a-t-il des risques de paludisme en Inde du Nord ?
Moins que dans le Sud, mais oui : on vous conseille donc de suivre un traitement, sauf si vous partez en montagne (au-dessus de 2 000 m, pas de risques).

➤ Quel est le coût de la vie ?
Pour des Occidentaux, très peu cher. On peut commencer à se loger dans des *guesthouses* très convenables pour 5 à 6 € et manger pour moins de 1,50 €. Un peu plus cher à Mumbai ou Delhi, qui connaissent une sérieuse crise du logement.

➤ Comment se déplacer ?
Trains et bus sont les solutions les plus économiques, mais les plus longues, et étant donné la taille du pays, il peut être intéressant de faire des liaisons comme Delhi-Kolkata, Delhi-Leh ou Mumbai-Varanasi en avion.

➤ Est-il possible de louer une voiture ?
Oui, mais franchement, la conduite est très dangereuse dans le pays, et une location de voiture avec chauffeur, si l'on est quatre, est plus sûre et pas plus chère (entre 800 et 1 600 Rps, soit 14,50 et 29,10 € la journée selon les régions).

➤ Le pays est-il dangereux ?
Pas de vrais problèmes de sécurité, les Indiens sont très accueillants, mais, comme partout, dans certains coins, il faut bien garder un œil sur ses affaires, les vols sont fréquents. Quelques régions sujettes à des tensions politiques, pour lesquelles il est préférable de se renseigner avant de partir : le Cachemire et, dans le Bihar et le Jharkand, les zones de tensions maoïstes.

➤ Pour quelles régions faut-il un permis spécial ?
Le Sikkim, mais aussi l'Arunachal Pradesh, le Manipur et le Nagaland.

➤ Et les treks, comment ça marche ?
Le mieux est de s'adresser à des agences sur place, pour organiser un circuit en fonction de votre forme physique et de vos envies.

➤ Villes mogholes ou monastères ? Delhi ou Varanasi ?
Les grands musts du Rajasthan (Jaisalmer, Jodhpur, Udaipur...) ne s'opposent nullement aux prestigieux monastères du Ladakh, moins touristiques, ou aux treks du Sikkim. De même, nulle opposition entre Delhi et Varanasi, leurs personnalités se complètent superbement ! Sans oublier Kolkata et les temples de l'Orissa... En bref, de quoi faire plusieurs voyages sans problème !

LES COUPS DE CŒUR DU ROUTARD

- À Kolkata, savourer bouchée après bouchée toutes les finesses de la cuisine bengali, très parfumée et peu épicée.
- En amont de Rishikesh, partir à la découverte d'un Gange tumultueux, bien loin des clichés : en faisant un pèlerinage vers les sources sacrées, lors d'une descente en rafting, ou à l'occasion d'une simple et pudique bronzette sur une plage de sable blanc.
- À Agra, se lever aux aurores pour profiter de la beauté du Taj Mahal dans les brumes matinales, avant la cohue touristique.
- À Kolkata, se perdre dans le quartier de Kumarturi, une bulle sans voiture hors de la frénésie urbaine, où la ferveur laborieuse est tout entière tournée vers la fabrication de statues des divinités hindoues.
- À Haridwar, assister à la cérémonie du feu, au crépuscule, sur les *ghats* d'Har-Ki-Pairi qui bordent le Gange : des milliers de flammèches illuminent les ondes, comme un champ d'étoiles tombé sur le fleuve...
- À Mumbai, à côté de la gare de Churchgate, essayer de compter toutes les gamelles triées et transportées par les *dabbawallah,* tous les jours en semaine à 11h30 pétantes !
- À Srinagar, poser ses valises sur un house-boat, au milieu du lac Dal, avec vue sur les lotus en fleur... Romantique en diable !
- À Amritsar, plonger dans les mystères du sikhisme en s'offrant une visite nocturne du Temple d'or.
- À Varanasi, s'imprégner de tout le mysticisme hindou en assistant, de nuit, à une crémation sur l'un des *ghats* bordant le Gange.
- À Darjeeling, devenir un as de la dégustation de thé en savourant les différentes productions de toutes les boutiques !
- Faire un trek dans le Sikkim, au milieu des rhododendrons géants, à la recherche du yéti !
- Dormir une nuit dans un palais de maharaja digne des *Mille et Une Nuits,* chez les nobles rajpouts du Rajasthan.
- Tourner encore et encore dans les ruelles des marchés, enivré par les parfums des épices, les senteurs des encens et l'incroyable diversité de l'artisanat du pays.
- L'espace de quelques heures, se prendre pour un aventurier intrépide, sans peur et sans reproche, en parcourant à dos de chameau le désert du Thar avant d'y dormir à la belle étoile !
- À Deshnoke, lutter contre ses vieilles phobies et oser mettre un pied devant l'autre dans le Shri Karni Mata Temple : le temple aux Rats sacrés !
- Au Ladakh, oublier presque que l'on est en Inde en s'offrant une tournée des monastères bouddhiques, dans un paysage évoquant des aridités lunaires.
- À Khajuraho, après la visite des temples et la contemplation de leurs bas-reliefs dignes du kama sutra, se laisser porter par son inspiration... !
- À Jodhpur, visiter la forteresse de Mehrangarh, l'audioguide vissé à l'oreille, et se sentir un peu plus cultivé à la sortie.
- Dans une grande ville (Varanasi, Kolkata, Mumbai ou Delhi, par exemple), s'asseoir une heure dans une grande gare ferroviaire et découvrir un peu plus ce qu'est l'Inde contemporaine.
- À Udaipur, s'offrir un dîner dans un resto en terrasse, avec vue plongeante sur le Lake Palace, brillant de mille illuminations.
- Plonger dans la campagne rajasthanie en séjournant quelques jours à Bassi ou à Bundi, toutes deux encore épargnées par les flots de touristes.

COMMENT Y ALLER ?

LES COMPAGNIES RÉGULIÈRES

▲ AIR FRANCE

Rens et résa au ☎ 36-54 (0,34 €/mn, tlj 24h/24), sur • airfrance.fr •, dans les agences Air France et dans ttes les agences de voyages (fermées dim).

➢ En Inde du Nord, Air France dessert Mumbai avec 1 vol quotidien direct et Delhi avec également 1 vol quotidien direct. Pour Mumbai comme pour Delhi, départs de l'aéroport Roissy-Charles-de-Gaulle, terminal 2C.

Air France offre une gamme de tarifs accessibles à tous : du *Tempo 1* (le plus souple) au *Tempo 5* (le moins cher) selon les destinations. Pour les moins de 25 ans, Air France offre des tarifs très attractifs *Tempo Jeunes,* ainsi qu'une carte de fidélité (Fréquence Jeune) gratuite et valable sur l'ensemble des compagnies membres de *Skyteam.* Cette carte permet de cumuler des miles.

Tous les mercredis dès minuit, sur • airfrance.fr •, Air France propose les tarifs « Coups de cœur », une sélection de destinations en France pour des départs de dernière minute.

Sur Internet, possibilité de consulter les meilleurs tarifs du moment, rubrique « Offres spéciales », « Promotions ».

▲ AIR INDIA

Vente sur leur site internet • airindia.com • ou auprès des agences de voyages. Rens au ☎ 01-55-35-40-00 lun-ven 9h30-13h, 14h-17h15 (17h ven).

➢ Air India propose 7 vols/sem à destination de Mumbai et 7 vols/sem à destination de Delhi, vols en partenariat avec Air France. Correspondances vers Ahmedabad, Amritsar et Kolkata, ainsi que vers le sud du pays.

▲ GULF AIR

– Paris : 9, rue de Téhéran, 75008. Rens et résas : ☎ 01-49-52-41-41. • gulfair.fr •
Ⓜ Miromesnil.

– Mumbai : Makers Chambers V, plot 211, 400 021. ☎ 22-02-16-26.

– Delhi : 12 Marina Arcade, Connaught Circus, 110 001. ☎ 23-32-42-93.

➢ Gulf Air dessert quotidiennement au départ de Paris, aéroport Roissy-Charles-de-Gaulle, 7 destinations en Inde et permet des combinaisons entre les villes de Mumbai, Delhi, Chennai (Madras), Trivandrum, Kochi (Cochin), Bangalore et Kolkata.

▲ JET AIRWAYS

– Paris : 9, rue de Téhéran, 75008. Rens et résas : ☎ 01-49-52-41-15. • jetairways.com • Ⓜ Miromesnil.

Après avoir fait ses armes sur les vols intérieurs, cette compagnie indienne s'attaque aux vols internationaux.

➢ Au départ de Paris-Charles-de-Gaulle, 2 vols quotidiens pour Mumbai via Londres ; 1 vol/j. vers Delhi, Amritsar et Ahmedabad, via Londres.

➢ Au départ de Bruxelles, 1 vol quotidien direct pour Mumbai et Delhi.

➢ Dessert également plusieurs capitales asiatiques au départ de Mumbai, Delhi ou Chennai (Madras). Voir aussi la rubrique « Transports intérieurs » dans « Inde du Nord utile ».

▲ KUWAIT AIRWAYS

– Paris : 17, av. George-V, 75008. ☎ 01-47-20-75-15. • kuwait-airways.com • Ⓜ George-V. Lun-jeu 9h30-17h30 ; ven 9h30-16h30.

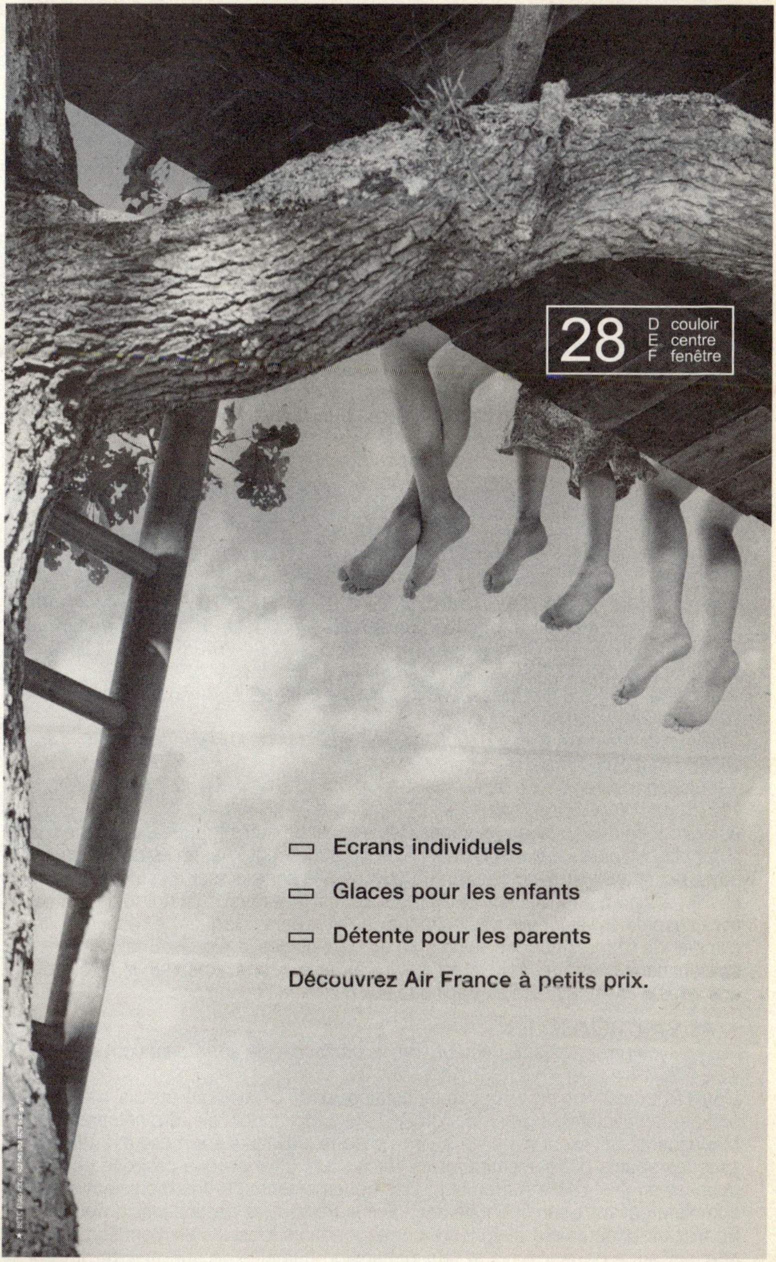
28 D E F couloir centre fenêtre
Ecrans individuels
Glaces pour les enfants
Détente pour les parents
Découvrez Air France à petits prix.

➢ La compagnie dessert Mumbai, Delhi et Chennai (Madras) – 3 fois/sem – et Trivandrum – 1 vol/sem – au départ de Paris, avec escale à Kuwait.

▲ **LUFTHANSA**

– Paris : agence Star Alliance, 106, bd Haussmann, 75008. Rens et résas : ☎ 0802-020-030 (n° Indigo). • lufthansa.fr • Ⓜ Saint-Augustin. Lun-ven 10h-19h.

➢ Lufthansa propose, via Francfort, 1 vol/j. à destination de Delhi et Mumbai et 3 vols/sem à destination de Bangalore et Chennai (Madras).

▲ D'autres compagnies, telles ***Emirates*** *(☎ 01-53-05-35-35, • emirates.com •)* et ***Qatar Airways*** *(☎ 01-55-27-80-80, • qatarairways.com •)* desservent également l'Inde du Nord, avec parfois des vols directs intéressants.

LES ORGANISMES DE VOYAGES

– Ne pas croire que les vols à tarif réduit sont tous au même prix pour une même destination à une même époque : loin de là. On a déjà vu, dans un même avion partagé par deux organismes, des passagers qui avaient payé 40 % plus cher que les autres. De plus, une agence bon marché ne l'est pas forcément toute l'année (elle peut n'être compétitive qu'à certaines dates bien précises). Donc, contactez tous les organismes et jugez vous-même.
– Les organismes cités sont classés par ordre alphabétique, pour éviter les jalousies et les grincements de dents.

EN FRANCE

▲ **ASIA**

– Paris : Asia et Air Asia, 1, rue Dante, 75005. ☎ 01-44-41-50-10. Fax : 01-44-41-50-19. • asia.fr • Ⓜ Maubert-Mutualité. Lun-ven 9h-18h30 ; sam 10h-13h, 14h-17h.
– Lyon : 46, rue du Président-Herriot, 69002. ☎ 04-78-38-30-40. Lun-ven 9h-12h30, 13h30-18h30 ; sam 10h-12h30, 14h-17h.
– Marseille : 424, rue Paradis, 13008. ☎ 04-91-16-72-32. Lun-ven 9h-12h30, 14h-18h ; sam 9h30-12h30.
– Nice : 23, rue de la Buffa, 06000. ☎ 04-93-82-41-41. Lun-ven 9h-12h30, 14h-18h30 ; sam 10h-12h.
– Toulouse : 5, rue Croix-Baragnon, 31000. ☎ 05-61-14-51-50. Lun-ven 9h30-18h15 ; sam 10h30-13h, 14h-17h.

Asia propose des voyages personnalisés seul ou en petits groupes, de l'Inde à la Mongolie, en passant par la Chine, l'Asie du Sud-Est et l'Australie. Dans chaque pays, Asia construit avec passion un voyage à la carte ou sur mesure selon ses envies, ses contraintes et son budget. Asia, c'est le respect du patrimoine culturel et de l'esprit des lieux. Asia a sélectionné des sites paradisiaques de l'océan Indien à la mer de Chine, pour des séjours au bord de plages idylliques. Également des spas luxueux bien-être. Asia, c'est aussi « Air Asia » : une expertise dans le choix des vols de l'Asie Mineure au Pacifique aux meilleures conditions.

▲ **ASIE AUTREMENT (L')**

Pour les joindre : • asie-autrement.com • contact@asie-autrement.com • ☎ 01-44-94-96-21.

L'Asie Autrement ne dispose pas de catalogues de circuits pré-établis, mais une équipe de spécialistes de l'Inde, du Sri Lanka, de l'Indonésie, du Vietnam et de Madagascar bâtissent avec vous votre voyage individuel sur mesure. La liberté sans les soucis d'organisation et de réalisation, c'est ce que propose comme concept original l'Asie Autrement ! Des hébergements de charme sélectionnés complèteront votre sentiment de découvrir autrement les destinations proposées. En traitant directement avec leurs correspondants locaux sélectionnés pour la connaissance de leur pays et leur dimension humaine, le sur-mesure devient accessible.

▲ CLUBAVENTURE

– Paris : 18, rue Séguier, 75006. ☎ 0826-88-20-80 (0,15 €/mn). • clubaventure.fr • Ⓜ Saint-Michel ou Odéon. Lun-sam 10h30-19h.
– Lyon : 2, rue Vaubecour, 69002. Lun-sam 10h30-13h, 14h-18h30.
Spécialiste du voyage d'aventure depuis près de 30 ans, Clubaventure privilégie la randonnée en petits groupes, en famille ou entre amis pour parcourir le monde hors des sentiers battus. Le catalogue offre 600 voyages dans 90 pays différents à pied, en 4x4, en pirogue ou à dos de chameau. Ces voyages sont encadrés par des guides accompagnateurs locaux et professionnels.

▲ CLUB FAUNE

– Paris : 14, rue de Siam, 75116. ☎ 01-42-88-31-32. • club-faune.com •
Club Faune vous convie à façonner votre voyage en Inde du Nord à votre rythme, selon vos envies et vos passions.
Au pied de l'Himalaya, toit du monde, avec ses merveilleux hôtels d'altitude, les randonnées inoubliables du Ladakh, les plus célèbres plantations de thé au monde, comme à la rencontre du Gange, fleuve de la spiritualité qui arrose Bodhgaya et Varanasi, ville de sainteté absolue. Le tigre majestueux est assuré d'un nouvel avenir dans les parcs nationaux, où vous pourrez vivre « safari style », 4x4 et éléphant. La forêt de temples de Khajuraho et les forteresses de Gwalior et d'Orchha annoncent Agra : le Taj Mahal et Fatehpur Sikri témoignent de la splendeur moghole, tout comme les monuments de Delhi. Au Pendjab, le Temple d'or d'Amritsar est la fierté de la communauté sikh. Quant au Rajasthan, pays des chevaliers des Indes, temples somptueux et forteresses mystérieuses vous reçoivent dans la ville rose, la ville bleue, la ville blanche et la ville d'or : les palais des maharajas dévoilent leurs rêves. Le Gujarat, patrie de Gandhi, près du golfe Arabique, séduit par ses fantastiques temples jaïns...
Avec Club Faune, votre voyage en Inde sera un moment d'exception : choix rigoureux d'hôtels, circuits incontournables, service personnalisé.

▲ COMPAGNIE DES INDES & DE L'EXTRÊME-ORIENT

– Paris : 82, bd Raspail (angle rue de Vaugirard), 75006. ☎ 01-53-63-33-40 (Cie des Indes) et ☎ 01-53-63-33-41 (Cie de l'Extrême-Orient). Fax : 01-42-22-20-15. Ⓜ Rennes ou Saint-Placide. Lun-ven 9h-19h ; sam 10h-19h. • compagniesdumonde.com • indes@compagniesdumonde.com •
Jean-Alexis Pougatch a ouvert la Compagnie des Indes & de l'Extrême-Orient, spécialisée dans le voyage individuel organisé à la carte. Elle couvre l'Inde, le Népal, le Tibet, le Bhoutan, entre autres destinations. Tous les voyages individuels organisés se font en voiture privée avec chauffeur et guide.
Compagnie des Indes & de l'Extrême-Orient propose de bons tarifs sur le transport aérien en vols réguliers. Et, comme pour les États-Unis et le Canada, l'Amérique latine et les Caraïbes, Compagnie des Indes et de l'Extrême-Orient fait partie du groupe Compagnies du Monde. Une envie de croisière ? Consulter le site le plus complet • mondeetcroisieres.com •

▲ COMPTOIRS DU MONDE (LES)

– Paris : 22, rue Saint-Paul, 75004. ☎ 01-44-54-84-54. • comptoirsdumonde.fr • Ⓜ Saint-Paul ou Pont-Marie. Lun-ven 10h-19h ; sam 11h-18h.
C'est en plein cœur du Marais, dans une atmosphère chaleureuse, que l'équipe des Comptoirs du Monde traitera personnellement tous vos désirs d'évasion : vols à prix réduits mais aussi circuits et prestations à la carte pour tous les budgets sur toute l'Asie, le Proche-Orient, les Amériques, les Antilles, Madagascar et maintenant l'Italie. Vous pouvez aussi réserver par téléphone et régler par carte de paiement, sans vous déplacer.
Les Comptoirs du Monde sont le représentant exclusif en France du célèbre « Palace on wheels », le train des maharajas qui permet de découvrir les plus belles villes du Rajasthan au cours d'un périple ferroviaire d'une semaine au départ de Delhi.

▲ DÉSERTS

– Paris : 75, rue de Richelieu, 75002. ☎ 0892-236-636 (0,34 €/mn). • deserts.fr • Ⓜ Bourse ou Quatre-Septembre. Lun-sam 10h-18h30.

Les voyages « cousus main ». Pour ces inconditionnels du sable, de la glace et des derniers espaces vierges de la planète, le voyage dans le désert est bien plus qu'une simple aventure, c'est un véritable retour à l'essentiel.

Cette équipe de professionnels aide à accomplir ses rêves de déserts à travers la plupart des déserts du monde. Méharées, randonnées chamelières ou voyage en 4x4... Leur offre est très diversifiée. De plus, ils peuvent monter un voyage sur mesure.

▲ FLEUVES DU MONDE

– Paris : 28, bd de la Bastille, 75012. ☎ 01-44-32-12-85. • fleuves-du-monde.com • Ⓜ Bastille. Lun-ven 9h-18h30 ; sam 9h-18h.

Fleuves du Monde défend l'élément naturel du voyage. Appréhender l'histoire d'un pays, pénétrer le cœur d'une civilisation, toucher l'intimité d'une culture et savourer le silence de la nature constituent l'objet de ces voyages au fil de l'eau. « Voguer » ou « explorer » sont les deux thèmes de Fleuves du Monde. Le premier savoure l'exotisme et le confort d'une embarcation traditionnelle, pour aborder les coutumes de lointaines destinations. Le second éveille l'esprit et l'œil en touchant des cultures à peine déflorées, rencontrées en felouques, pirogues, sampans ou canots.

▲ JET TOURS

La brochure « Les voyages à la carte » est disponible dans ttes les agences de voyages. Rens sur • jettours.com • et au ☎ 0825-30-20-10 (0,15 €/mn).

Les voyages à la carte Jet tours permettent de voyager en toute liberté sans souci de réservation, soit en choisissant des itinéraires suggérés (itinéraires au volant avec ou sans chauffeur, randonnée, excursions, escapades et sorties), soit en composant soi-même son voyage (vols secs, voiture de location, hébergements à la carte).

Jet tours propose aussi des hébergements authentiques, des adresses de charme, des maisons d'hôtes, des hôtels design...

▲ JEUNESSE ET RECONSTRUCTION

– Paris : 10, rue de Trévise, 75009. ☎ 01-47-70-15-88. • volontariat.org • Ⓜ Cadet ou Grands-Boulevards. Lun-ven 9h-13h, 14h-18h.

Jeunesse et Reconstruction propose des activités dont le but est l'échange culturel dans le cadre d'un engagement volontaire. Chaque année, des centaines de jeunes bénévoles âgés de 17 à 30 ans participent à des chantiers internationaux en France ou à l'étranger (Europe, Asie, Afrique et Amérique), s'engagent dans le programme de volontariat à long terme (6 mois ou 1 an), s'inscrivent à des cours de langue en immersion au Costa Rica, Guatemala et Maroc, à des stages de danse traditionnelle, percussions, poterie, art culinaire, artisanat africain.

Dans le cadre des chantiers internationaux, les volontaires se retrouvent autour d'un projet d'intérêt collectif (1 à 4 semaines) et participent à la restauration du patrimoine bâti, à la protection de l'environnement, à l'organisation logistique d'un festival ou à l'animation et l'aide à la vie quotidienne auprès d'enfants ou de personnes handicapées.

▲ NOMADE

– Paris : 40, rue de la Montagne-Sainte-Geneviève, 75005. ☎ et fax : 0825-701-702 (0,34 €/mn). • nomade-aventure.com • Lun-ven 9h30-18h30 ; sam 9h30-18h.

– Toulouse : 43, rue Peyrolières, 31000. ☎ 0825-701-702 (0,34 €/mn). Lun-ven 10h-18h30 ; sam 10h-18h.

Loin des voyages préfabriqués, Nomade Aventure propose des circuits inédits partout dans le monde à réaliser en famille, entre amis, avec ou sans guide. Également la possibilité d'organiser, hors groupes constitués, un séjour libre en toute autonomie. Spécialiste de l'aventure avec plus de 400 itinéraires (de niveau tranquille, dynamique ou sportif) qui vont à la rencontre des pays et de leurs habi-

tants, Nomade Aventure donne la priorité aux expériences authentiques à pied, à cheval, à dos de chameau, en bateau ou en 4x4.

▲ NOSTAL'ASIE

– Paris : 19, rue Damesme, 75013. ☎ 01-43-13-29-29. • ann.fr • Ⓜ Tolbiac. Sur rdv. Permanence : lun-ven 10h-13h, 15h-18h.

Parce qu'il n'est pas toujours aisé de partir seul, Nostal'Asie propose des voyages sur mesure, notamment en Inde, des lieux les plus connus jusqu'aux contrées les plus reculées, en individuel ou en groupe déjà constitué. Deux formules au choix : *Les Estampes* avec billets d'avion, logements, transferts entre les étapes, ou *Les Aquarelles* avec en plus un guide et une voiture privée à chaque étape. Les itinéraires ne sont que suggérés, ils sont modifiables à souhait sur ces formules à la carte. La patronne est asiatique, donc elle sait ce qu'elle vend !

▲ NOUVELLES FRONTIÈRES

Rens et résas dans toute la France : ☎ 0825-000-825 (0,15 €/mn). • nouvelles-frontieres.fr •

Les brochures Nouvelles Frontières sont disponibles gratuitement dans les 240 agences du réseau, par téléphone et sur Internet. Plus de 40 ans d'existence, 1 000 000 clients par an, 250 destinations, deux chaînes d'hôtels-clubs Paladien et Koudou et une compagnie aérienne, Corsairfly. Pas étonnant que Nouvelles Frontières soit devenu une référence incontournable, notamment en matière de tarifs. Le fait de réduire au maximum les intermédiaires permet d'offrir des prix « superserrés ». Un choix illimité de formules vous est proposé : des vols sur la compagnie aérienne de Nouvelles Frontières au départ de Paris et de province, en classe Horizon ou Grand Large, et sur toutes les compagnies aériennes régulières, avec une gamme de tarifs selon votre budget. Sont également proposés toutes sortes de circuits, aventure ou organisés ; des séjours en hôtels, en hôtels-clubs et en résidences ; des week-ends, des formules à la carte (vol, nuits d'hôtel, excursions, location de voitures...), des séjours neige, des croisières, des séjours thématiques, plongée, thalasso.

Avant le départ, des réunions d'information sont organisées. Intéressant : des brochures thématiques (plongée, aventure, rando, trek et sport).

▲ OBJECTIF ASIE

– Lyon : 11, rue Gentil, 69002. ☎ 04-72-00-88-89. • objectif-asie.com •

Des merveilles du Rajasthan aux eaux sacrées du Gange, Objectif Asie vous propose le meilleur de l'Inde du Nord ! Spécialiste de l'Asie sur mesure depuis plus de 22 ans, Objectif Asie vous propose de découvrir l'Inde de vos rêves en famille ou entre amis avec un guide privé. Activités originales et hébergements typiques ou de luxe, avec leurs spécialistes de l'Asie vous pourrez construire un séjour inoubliable à votre mesure. Brochure sur demande par téléphone ou Internet.

▲ ORIENTS

– Paris : 27, rue des Boulangers, 75005. ☎ 01-40-51-10-40. • orients.com • infos@orients.com • Ⓜ Cardinal-Lemoine. Lun-ven 10h-19h ; sam 10h-13h, 14h-18h.

Agence spécialisée dans les voyages culturels sur les « Routes de la soie », d'Istanbul à Pékin en passant par l'Inde, le Népal et le Sri Lanka, Orients propose de grands périples en Inde « sur les routes caravanières au pays des Rajas » et des voyages spéciaux à l'occasion des fêtes et festivals. Orients emprunte « la route des Dieux et des Épices » en Inde du Sud, vous emmène à la découverte des « Balcons de l'Himalaya » en Himachal Pradesh et au Ladakh et vous fait vivre la vie de château au Rajasthan. Orients organise aussi de grands périples tibétains via le Népal sur les traces des « caravanes du sel » ou « sur les chemins du Toit du Monde », ainsi que des voyages au Sikkim et au Bhoutan.

▲ PROMOVACANCES.FR

Les offres Promovacances sont accessibles sur • promovacances.com • ou au *☎ 0899-654-850 (1,35 €/appel, puis 0,34 €/mn) et dans 10 agences situées à Paris (Bonne-Nouvelle, Chaussée-d'Antin, Voltaire, Forum des Halles...) et à Lyon.*

N° 1 français de la vente de séjours sur Internet, Promovacances a fait voyager plus de 2 millions de clients en 10 ans. Le site propose plus de 10 000 voyages actualisés chaque jour sur 300 destinations : séjours, circuits, week-ends, thalasso, plongée, golf, voyage de noces, locations, vols secs... L'ambition du voyagiste : prouver chaque jour que le petit prix est compatible avec des vacances de qualité. Grâce aux avis clients publiés sur le site et aux visites virtuelles des hôtels, vous réservez vos vacances en toute tranquillité.

▲ ROOTS TRAVEL

– Paris : 17, rue de l'Arsenal, 75004. ☎ 01-42-74-07-07. Fax : 01-42-74-01-01. • rootstravel.com • info@rootstravel.com • Ⓜ Bastille. Lun 10h-13h, 14h-18h ; mar-ven 10h-13h, 14h-19h ; sam 11h-13h, 14h-19h.

Roots Travel est un spécialiste des circuits individuels sur mesure en autotour avec chauffeur du Rajasthan à la vallée du Gange passant par Varanasi sur les pas du Bouddha. Autres itinéraires traversant les paysages grandioses du Ladakh jusqu'au Tibet ou bien bifurquant vers Kathmandu. Réservation des vols, hôtels de charme, guesthouses en *havelis*, anciens palaces de maharajas, bivouac en montagne et location de voiture avec chauffeur.

Roots Travel est aussi spécialisé sur le Tibet, le Népal, l'Inde du Sud, les Maldives et le Sri Lanka...

▲ LA ROUTE DES INDES

– Paris : 7, rue d'Argenteuil, 75001. ☎ 01-42-60-60-90. Fax : 01-42-61-11-70. • laroutedesindes.com • Ⓜ Palais-Royal ou Pyramides. Lun-jeu 10h-19h ; ven 10h-18h.

Un espace entièrement consacré au sous-continent indien : l'agence de voyages s'adresse en priorité aux voyageurs indépendants et propose des voyages individuels organisés, sur mesure, à travers l'Inde et l'Asie du Sud, adaptés au goût et au budget de chaque voyageur. Les itinéraires, personnalisés, sont construits, après un entretien approfondi, par des spécialistes connaissant chaque région du sous-continent indien. Une librairie propose non seulement des guides et des cartes mais aussi des ouvrages de littérature indienne. La Route des Indes organise, en outre, des conférences et met à la disposition des voyageurs de nombreuses informations sur le sous-continent indien (fiches, revues, vidéos). On peut y entendre des concerts de musique carnatique ou y rencontrer des écrivains venus signer leurs livres.

À noter, le prix littéraire que décerne, chaque année, la Route des Indes.

▲ LA ROUTE DES VOYAGES

– Aix-en-Provence : 6, rue Jaubert, 13100. ☎ 04-42-12-32-94.

– Annecy : 2 bis, av. de Brogny, 74000. ☎ 04-50-45-60-20. Lun-jeu 9h-19h ; ven 9h-18h.

– Bordeaux : 10, rue du Parlement-Saint-Pierre, 33000. ☎ 05-56-90-11-20.

– Lyon : 59, rue Franklin, 69002. ☎ 04-78-42-53-58.

– Toulouse : 9, rue Saint-Antoine-du-T, 31000. ☎ 05-62-27-00-68.

• route-voyages.com •

Spécialiste du voyage sur mesure ayant une grande connaissance du terrain. Une équipe spécialisée par destination travaille en direct avec des prestataires locaux et construit des voyages personnalisés. Le site internet très détaillé vous donnera un aperçu de la programmation. Quelle que soit la destination, elle privilégie les voyages hors des sentiers battus. L'agence dispose également d'une offre de voyages solidaires visibles sur le site • routes-solidaires.com •

▲ LES ROUTES SOLIDAIRES

– Toulouse : 9, rue Saint-Antoine-du-T, 31000. ☎ 05-62-27-00-68. • routes-solidaires.com •

Spécialiste du voyage sur mesure et solidaire, Routes Solidaires propose une formule innovante. Des séjours solidaires au cœur de projets locaux gérés de manière

collective sont insérés dans les itinéraires de découverte individuelle. Une manière de comprendre un pays de l'intérieur, de partager des expériences fortes, dans le respect des hommes et de leur environnement.

▲ TERRES D'AVENTURE

– N° Indigo : ☎ 0825-700-825 (0,15 € TTC/mn). • terdav.com • et un site dédié à la haute montagne • terdav-haute-montagne.com •
– Paris : 30, rue Saint-Augustin, 75002. Ⓜ Opéra ou Quatre-Septembre. Lun-sam 10h-19h.
– Agences également à Bordeaux, Caen, Chamonix, Grenoble, Lille, Lyon, Marseille, Montpellier, Nantes, Nice, Rennes, Rouen, Strasbourg et Toulouse.
Depuis 1976, Terres d'Aventure, spécialiste du voyage à pied, propose aux voyageurs passionnés de marche et de rencontres des randonnées hors des sentiers battus à la découverte des grands espaces de notre planète. Voyages à pied, à cheval, en 4x4, en bateau, en raquettes... Sur tous les continents, des aventures en petits groupes ou en individuel encadrés par des professionnels expérimentés. Les hébergements dépendent des sites explorés : camps d'altitude, bivouac, refuges ou petits hôtels. Les voyages sont conçus par niveaux de difficulté : de la simple balade en plaine à l'expédition sportive en passant par la course en haute montagne.
En province, les agences sont de véritables *Cités des Voyageurs.* Tout y rappelle le voyage : librairies spécialisées, boutiques d'accessoires de voyage, exposition-vente d'artisanat et cocktail-conférences. Consultez le programme des manifestations sur le site internet.

▲ VOYAGES-SNCF.COM

Voyages-sncf.com, 1re agence de voyages sur Internet, propose des billets de train, d'avion, des chambres d'hôtel, des locations de voitures et des séjours clé en main ou Alacarte® sur plus de 600 destinations et à des tarifs avantageux.
Leur site • voyages-sncf.com • permet d'accéder tlj, 24h/24, à plusieurs services : envoi gratuit des billets à domicile, Alerte Résa pour être informé de l'ouverture des résas et profiter du plus grand choix, calendrier des meilleurs prix (TTC), mais aussi des offres de dernière minute et des promotions...
Et grâce à l'Écocomparateur, en exclusivité sur • voyages-sncf.com •, possibilité de comparer le prix, le temps de trajet et l'indice de pollution pour un même trajet en train, en avion ou en voiture.

▲ VOYAGEURS EN INDE ET DANS LES HIMALAYA

Le grand spécialiste du voyage en individuel sur mesure. • vdm.com •
– Paris : La Cité des Voyageurs, 55, rue Sainte-Anne, 75002. ☎ 0892-23-76-76 (0,34 €/mn). Ⓜ Opéra ou Pyramides. Lun-sam 9h30-19h.
– Également des agences à Bordeaux, Caen, Grenoble, Lille, Lyon, Marseille, Montpellier, Nantes, Nice, Rennes, Rouen, Strasbourg et Toulouse.
Sur les conseils d'un spécialiste de chaque pays, chacun peut construire un voyage à sa mesure...
Pour partir à la découverte de plus de 150 pays, des conseillers-voyageurs, de près de 30 nationalités et grands spécialistes des destinations, donnent des conseils, étape par étape et à travers une collection de 30 brochures, pour élaborer son propre voyage en individuel.
Voyageurs du Monde propose également une large gamme de circuits accompagnés (Famille, Aventure, Routard...). Voyageurs du Monde a développé une politique de « vente directe » à ses clients, sans intermédiaire.
Dans chacune des *Cités des Voyageurs,* tout rappelle le voyage : librairies spécialisées, boutiques d'accessoires de voyage, exposition-vente d'artisanat ou encore cocktail-conférences. Toute l'actualité de VDM à consulter sur le site internet.

EN BELGIQUE

▲ CONNECTIONS

Rens et résas : ☎ 070-233-313. • connections.be • Lun-ven 9h30-21h ; sam 10h-17h.

Spécialiste du voyage pour les étudiants, les jeunes et les Independent travellers. Le voyageur peut y trouver informations et conseils, aide et assistance (revalidation, routing...) dans 27 points de vente en Belgique et auprès de bon nombre de correspondants de par le monde.

Connections propose une gamme complète de produits : des tarifs aériens spécialement négociés pour sa clientèle (licence IATA), une très large offre de « last Minutes », toutes les possibilités d'arrangement terrestre (hébergement, locations de voitures, self-drive tours, vacances sportives, expéditions) ; de nombreux services aux voyageurs comme l'assurance voyage « Protections » ou les cartes internationales de réductions (la carte internationale d'étudiant ISIC).

▲ CONTINENTS INSOLITES

– Bruxelles : rue César-Franck, 44 A, 1050. ☎ 02-218-24-84. Lun-ven 10h-18h ; sam 10h-13h. • continentsinsolites.com •

Continents Insolites, organisateur de voyages lointains sans intermédiaire propose une gamme étendue de formules de voyages détaillée dans sa brochure gratuite sur demande.

– Voyages découverte taillés sur mesure : à partir de 2 personnes. Un grand choix d'hébergements soigneusement sélectionnés : du petit hôtel simple à l'établissement luxueux et de charme.

– Circuits découverte en mini-groupes : de la grande expédition au circuit accessible à tous. Des circuits à dates fixes dans plus de 60 pays en petits groupes francophones de 7 à 12 personnes. Avant chaque départ, une réunion est organisée. Voyages encadrés par des guides francophones, spécialistes des régions visitées.

De plus, Continents Insolites propose un cycle de diaporamas-conférences à Bruxelles. Ces conférences se déroulent à l'Espace Senghor, place Jourdan, 1040 Etterbeek (dates dans leur brochure).

▲ GLOBE-TROTTERS

– Bruxelles : 179, rue Victor-Hugo (angle av. E.-Plasky), 1030. ☎ 02-732-90-70. • globe-trotters.be • Lun-ven 9h30-13h30, 15h-18h ; sam 10h-13h.

En travaillant avec des prestataires exclusifs, cette agence permet de composer chaque voyage selon ses critères : de l'auberge de jeunesse au lodge de luxe isolé, du B & B à l'hôtel de charme, de l'autotour au circuit accompagné, d'une descente de fleuve en pirogue à un circuit à vélo... Motoneige, héliski, multi-activités estivales ou hivernales, équitation... Spécialiste du Québec, du Canada, des États-Unis, Globe Trotters propose aussi des formules dans le Sud-Est asiatique... Assurances voyages. Cartes d'auberges de jeunesse (IYHF). Location de voitures, motorhomes, motos.

▲ NOUVELLES FRONTIÈRES

– Bruxelles (siège) : bd Lemonnier, 2, 1000. ☎ 02-547-44-22. • mailbe@nouvelles-frontieres.be • nouvelles-frontieres.be •

– Également d'autres agences à *Bruxelles, Charleroi, Liège, Mons, Namur, Waterloo, Wavre* et au *Luxembourg.*

Voir texte dans la partie « En France ».

▲ SERVICE VOYAGES ULB

– Bruxelles : campus ULB, av. Paul-Héger, 22, CP 166, 1000. ☎ 02-648-96-58.
– Bruxelles : rue Abbé-de-l'Épée, 1, Woluwe, 1200. ☎ 02-742-28-80.
– Bruxelles : hôpital universitaire Érasme, route de Lennik, 808, 1070. ☎ 02-555-38-49.

– Bruxelles : chaussée d'Alsemberg, 815, 1180. ☎ 02-332-29-60.
– Ciney : rue du Centre, 46, 5590. ☎ 083-216-711.
– Marche (Luxembourg) : av. de la Toison-d'Or, 4, 6900. ☎ 084-31-40-33.
– Wepion : chaussée de Dinant, 1137, 5100. ☎ 081-46-14-37.
• servicevoyages.be •
Service Voyages ULB, c'est le voyage à l'université. L'accueil est donc très sympa. Billets d'avion sur vols charters et sur compagnies régulières à des prix hyper-compétitifs.

▲ TERRES D'AVENTURE
– Bruxelles : Vitamin Travel, rue Van-Artevelde, 48, 1000. ☎ 02-512-74-64. • info@vitamintravel.be • vitamintravel.be •
Voir texte dans la partie « En France ».

▲ VOYAGEURS DU MONDE
– Bruxelles : chaussée de Charleroi, 23, 1060. ☎ 0900-44-500 (0,45 €/mn). • vdm.com •
Le grand spécialiste du voyage en individuel sur mesure.
Voir texte dans la partie « En France ».

EN SUISSE

▲ CLUB AVENTURE
– Genève : rue Prévost-Martin, 51, 1205. ☎ 022-320-50-80.

▲ L'ÈRE DU VOYAGE
– Nyon : Grand-Rue, 21, 1260. ☎ 022-365-15-65. • ereduvoyage.ch •
Agence fondée par quatre professionnelles qui ont la passion du voyage. Elles pourront vous conseiller et vous faire part de leur expérience en Asie, en Afrique australe et au Moyen-Orient. Des itinéraires originaux, testés par l'équipe de l'agence : voyages sur mesure pour découvrir un pays en toute liberté en voiture privée avec ou sans chauffeur, guide local et logements de charme ; petites escapades pour un week-end prolongé et voyages en famille.

▲ HORIZONS NOUVEAUX
– Verbier : centre de l'Étoile, CP 196, 1936. ☎ 027-771-71-71. • horizonsnouveaux.com •
Horizons Nouveaux est le tour-opérateur suisse spécialisé dans les régions qui vont de l'Asie centrale à l'Asie du Sud en passant par les pays himalayens, tels que le Kirghizistan, le Tadjikistan, la Mongolie, l'Inde, le Sri Lanka, le Népal, le Tibet, le Myanmar (Birmanie), le Cambodge, le Laos, Java ou encore Bali. Nicolas Jaques et Paul Kennes, qui voyagent dans ces régions depuis plus de 20 ans, organisent principalement des voyages à la carte, des voyages culturels à thème, des trekkings souvent inédits et des expéditions. Photographes et auteurs de nombreux reportages sur ces destinations, ils pourront vous renseigner sur tous les aspects du pays et vous aider à préparer votre voyage dans les meilleures conditions.

▲ JERRYCAN
– Genève : rue Sautter, 11, 1205. ☎ 022-346-92-82. • jerrycan-travel.ch •
Tour-opérateur de la Suisse francophone spécialisé dans l'Afrique, l'Asie et l'Amérique latine. Trois belles brochures proposent des circuits traditionnels et hors des sentiers battus. L'équipe connaît bien son sujet et peut construire un voyage à la carte.
En Amérique latine, Jerrycan propose des voyages à partir de deux personnes en Bolivie, au Pérou, en Équateur, au Chili, en Argentine, au Guatemala, au Costa Rica, au Brésil et au Mexique. En Asie, Jerrycan propose le Cambodge, la Chine, l'Inde, l'Indonésie, le Laos, la Malaisie, le Myanmar (Birmanie), le Népal, les Philippines, la Thaïlande, le Tibet, le Vietnam et l'Asie centrale. En Afrique, Jerrycan propose des

D 33
St GAPOUR
HEUREUSEMENT,
ON NE VOUS PROPOSE
PAS QUE LE TRAIN.
SINGAPOUR,
TOUTE L'ASIE
ET LE RESTE DU MONDE.
Voyages-sncf.com
Voyages-sncf.com, première agence de voyage sur Internet avec plus de 600 destinations dans le monde, vous propose ses meilleurs prix sur les billets d'avion et de train, les chambres d'hôtel, les séjours et la location de voiture. Accessible 24h/24, 7j/7.

safaris en petits groupes en Afrique du Sud notamment. Voyages privés et à la carte possibles dans ces pays, ainsi qu'au Kenya et en Tanzanie. Séjours balnéaires au Kenya et à Zanzibar.

▲ STA TRAVEL

• *statravel.ch* •
– *Fribourg : rue de Lausanne, 24, 1701.* ☎ *058-450-49-80.*
– *Genève : rue de Rive, 10, 1204.* ☎ *058-450-48-00.*
– *Genève : rue Vignier, 3, 1205.* ☎ *058-450-48-30.*
– *Lausanne : bd de Grancy, 20, 1006.* ☎ *058-450-48-50.*
– *Lausanne : à l'université, Anthropole, 1015.* ☎ *058-450-49-20.*

Agences spécialisées notamment dans les voyages pour jeunes et étudiants. Gros avantage en cas de problème : 150 bureaux STA et plus de 700 agents du même groupe répartis dans le monde entier sont là pour donner un coup de main *(Travel Help).*

STA propose des voyages très avantageux : vols secs *(Blue Ticket),* hôtels, écoles de langues, *work & travel,* circuits d'aventure, voitures de location, etc. Délivre la carte internationale d'étudiant et la carte Jeune.

STA est membre du fonds de garantie de la branche suisse du voyage ; les montants versés par les clients pour les voyages forfaitaires sont assurés.

▲ TERRES D'AVENTURE

– *Genève : Néos Voyages, rue des Bains, 50, 1205.* ☎ *022-320-66-35.* • *geneve@neos.ch* •
– *Lausanne : Néos Voyages, rue Simplon, 11, 1006.* ☎ *021-612-66-00.* • *lausanne@neos.ch* •

Voir texte dans la partie « En France ».

▲ TUI - NOUVELLES FRONTIÈRES

– *Genève : rue Chantepoulet, 25, 1201.* ☎ *022-716-15-70.*
– *Lausanne : bd de Grancy, 19, 1006.* ☎ *021-321-41-11.*

Voir texte « Nouvelles Frontières » dans la partie « En France ».

AU QUÉBEC

▲ CLUB AVENTURE VOYAGES

– *Montréal (Québec) : 757, av. Mont-Royal, H2J-1W8.* • *clubaventure.qc.ca* •

Depuis 1975, le Club Aventure a développé une façon de voyager qui lui est propre : petits groupes, contact avec les populations visitées, utilisation des ressources humaines locales, visite des grands monuments mais aussi et surtout ouverture de routes parallèles. Ces circuits ont reçu la griffe du temps et de l'expérience ; ils sont devenus les « circuits griffés » du Club Aventure.

▲ EXOTIK TOURS

Rens sur • *exotiktours.com* • *ou auprès de votre agence de voyages.*

La Méditerranée, l'Europe, l'Asie et les Grands Voyages : Exotik Tours offre une importante programmation en été comme en hiver. Ses circuits estivaux se partagent notamment entre la France, l'Autriche, la Grèce, la Turquie, l'Italie, la Croatie, le Maroc, la Tunisie, la République tchèque, la Russie, la Thaïlande, le Vietnam, la Chine... Dans la rubrique « Grands voyages », le voyagiste suggère des périples en petits groupes ou en individuel. Au choix : l'Amérique du Sud (Brésil, Pérou, Argentine, Chili, Équateur, îles Galápagos), le Pacifique Sud (Australie et Nouvelle-Zélande), l'Afrique (Afrique du Sud, Kenya, Tanzanie), l'Inde et le Népal. L'hiver, des séjours sont proposés dans le Bassin méditerranéen et en Asie (Thaïlande et Bali). Durant cette saison, on peut également opter pour des combinés plage + circuit. Le voyagiste a par ailleurs créé une nouvelle division : Carte Postale Tours (cir-

cuits en autocar au Canada et aux États-Unis). Exotik Tours est membre du groupe Intair comme Intair Vacances (voir plus loin).

▲ EXPÉDITIONS MONDE

Pour obtenir une brochure : ☎ 800-567-2216 à Ottawa ou ☎ 1866-606-1721 à Montréal. Rens : ☎ (514) 844-6364. • *expeditionsmonde.com* •
Expéditions Monde est spécialiste de voyages de découverte, de trekking et d'alpinisme depuis plus de 30 ans. Les voyages en petits groupes facilitent les déplacements dans les régions les plus reculées aux quatre coins du monde, en privilégiant le respect de l'environnement. Expéditions Monde a également mis sur pied un programme de randonnée et de vélo en liberté.

▲ EXPLORATEUR VOYAGES

Rens : ☎ (514) 847-1177. • *explorateur@videotron.ca* • *explorateur.qc.ca* •
Cette agence de voyages montréalaise propose une intéressante production maison, axée sur les voyages d'aventures en petits groupes (5 à 12 personnes) ou en individuel. Ses itinéraires originaux, en Amérique latine, en Asie, en Afrique et au Moyen-Orient, se veulent toujours respectueux des peuples et des écosystèmes. Parmi les circuits présentés : le safari Kenya/Tanzanie ; les combinés Pérou/Bolivie, Syrie/Jordanie, Namibie/Botswana ; l'Asie centrale sur la route de la soie ; l'Inde des montagnes. Au programme : treks, camping en savane et découvertes authentiques, guidés par un accompagnateur de l'agence. Intéressant pour se familiariser avec ces différents circuits : les soirées Explorateur (gratuites), avec présentation audiovisuelle, organisées à Montréal et à Québec.

▲ KARAVANIERS

– Montréal : 9, rue de la Commune Ouest, H2Y-2C5, ☎ (514) 281-0799, • *expeditions@karavaniers.com* • *karavaniers.com* • *et* • *detournature.com* •
L'agence québecoise Karavaniers du Monde a pour but de rendre accessibles des expéditions aux quatre coins de la planète à pied, en kayak et à vélo. Toujours soucieuse de respecter les populations locales et l'environnement, Karavaniers favorise la découverte d'une quarantaine de destinations (dont Inde, Népal, Tibet...), en petits groupes accompagnés d'un guide francophone et d'un guide local, avec hébergement en auberge ou sous la tente. De plus, Karavaniers organise au Québec des formations de montagne et des sorties guidées dans le cadre de son école de montagne. Karavaniers s'est aussi associé avec Détour Nature qui propose des activités de plein air au Québec et en Amérique du Nord.

▲ RÊVATOURS

• *revatours.com* • Ce voyagiste, membre du groupe Transat A.T. Inc., propose quelque 25 destinations à la carte ou en circuits organisés. De l'Inde à la Thaïlande en passant par le Vietnam, la Chine, Bali, l'Europe centrale, la Russie, des croisières sur les plus beaux fleuves d'Europe, la Grèce, la Turquie, l'Italie, la Croatie, le Maroc, l'Espagne, le Portugal, la Tunisie ou l'Égypte et l'Amérique du Sud, le client peut soumettre son itinéraire à Rêvatours qui se charge de lui concocter son voyage. Parmi ses points forts : la Grèce avec un bon choix d'hôtels, de croisières et d'excursions, les *Fugues Musicales* en Europe, la Tunisie et l'Asie. Nouveau : deux programmes en Scandinavie, l'Italie en circuit, Israël pouvant être combiné avec l'Égypte et la Grèce, et aussi la Dalmatie.

▲ TOURS CHANTECLERC

• *tourschanteclerc.com* •
Tours Chanteclerc est un tour-opérateur qui publie différentes brochures de voyages : Europe, Amérique du Nord, Amérique du Sud, Asie et Pacifique Sud, Afrique et le Bassin méditerranéen en circuits ou en séjours. Il se présente comme l'une des « références sur l'Europe » avec deux brochures : groupes (circuits guidés en français) et individuels. « Mosaïque Europe » s'adresse aux voyageurs indépendants qui réservent un billet d'avion, un hébergement (dans toute l'Europe), des

excursions ou une location de voiture. Aussi spécialiste de Paris, le grossiste offre une vaste sélection d'hôtels et d'appartements dans la Ville Lumière.

▲ VOYAGES CAMPUS/TRAVEL CUTS

• *voyagescampus.com* •

Campus/Travel Cuts est un réseau national d'agences de voyages qui propose des tarifs aériens sur une multitude de destinations pour tous et plus particulièrement en classe étudiante, jeunesse, enseignant. Il diffuse la carte d'étudiant internationale (ISIC), la carte jeunesse (IYTC) et la carte d'enseignant (ITIC). Voyages Campus publie quatre fois par an le *Müv,* le magazine du nomade (• muvmag.com •). Voyages Campus propose un programme de Vacances-Travail (SWAP), son programme de volontariat *(Volunteer Abroad)* et plusieurs circuits au Québec et à l'étranger. Le réseau compte quelque 70 agences à travers le Canada, dont 9 au Québec.

INDE DU NORD UTILE

Pour la carte générale de l'Inde et celle de l'Inde du Nord, se reporter au cahier couleur 1.

« L'Inde n'a pas besoin de combats, mais d'égalité et de meilleures conditions de vie pour les basses castes et pour les femmes. »

Phoolan Devi, *Reine des bandits.*

ABC DE L'INDE

- ***Capitale :*** New Delhi.
- ***Superficie :*** 3 287 590 km² (soit environ 6 fois la France).
- ***Population :*** 1 103 millions, soit plus d'un milliard d'habitants (estimation 2005), dont 31 % de moins de 15 ans. L'ONU estime que l'Inde devrait dépasser la Chine (1,3 milliards en 2006) vers 2030.
- ***Densité de population :*** 324 hab./km² (3 fois plus que dans l'Hexagone).
- ***Espérance de vie :*** 64 ans.
- ***Population urbaine :*** 28 %.
- ***Taux d'alphabétisation :*** 56,5 %.
- ***Monnaie :*** la roupie (Rp). 1 € = environ 65 Rps.
- ***Langues :*** l'anglais et 15 langues officielles, dont le hindi, la plus commune, l'assamais, le cachemiri, le gujarati, le bengali, le pendjabi, le tamoul, l'ourdou, le kannada, le télougou, le marathi... Il existe également environ 4 000 dialectes non reconnus.
- ***Chef d'État :*** Pratibha Patil (depuis juillet 2007).
- ***Chef du gouvernement :*** Manmohan Singh (depuis mai 2004).
- ***Nature de l'État :*** république fédérale (28 États et 7 territoires de l'Union).
- ***Régime :*** démocratie parlementaire.
- ***Principales religions :*** hindous (81 %), musulmans (12-13 %), chrétiens (2,3 %), sikhs (2 %), bouddhistes (0,8 %), jaïns (0,4 %).
- ***Revenu moyen :*** environ 1 100 Rps (20 €) par mois et par habitant, en croissance de plus de 10 % chaque année. Plus de 25 % de la population vit en dessous du seuil critique de pauvreté.

AVANT LE DÉPART

Adresses utiles

En France

■ ***Consulat de l'Inde*** *(service des visas) : 20-22, rue Albéric-Magnard, 75016 Paris (de l'autre côté de la rue Alfred-Dehodencq). ☎ 01-40-50-71-71 (poste 272 pour les demandes de visa par correspondance). Fax : 01-40-50-09-96. • conswing@wanadoo.fr • amb-inde.fr • Ⓜ La Muette.* Attention, ce n'est plus le consulat qui délivre les visas, mais ***VFS France*** (voir ci-dessous).

■ ***Ambassade de l'Inde :*** *15, rue Alfred-Dehodencq, 75116 Paris. ☎ 01-40-50-70-70. Fax : 01-40-50-09-96. • amb-inde.fr • Ⓜ La Muette. Lun-ven 9h-13h, 13h30-17h30.*

ℹ ***Office national indien du tourisme :*** *13, bd Haussmann (5e étage), 75009 Paris. ☎ 01-45-23-30-45. Fax : 01-45-23-33-45. • indtourparis@aol.com • incredibleindia.org • Ⓜ Chaussée-d'Antin. Lun-ven 9h-13h, 14h-17h30, sf certains j. fériés indiens et français.* Bonne documentation.

■ ***VFS France :*** *42-44, rue de Paradis, 75010 Paris. ☎ 0821-09-00-09 (0,12 €/mn). • vfs-in-fr.com • Ⓜ Poissonnière, Gare-de-l'Est ou Gare-du-Nord.* Sert d'intermédiaire obligatoire et incontournable avec l'ambassade de l'Inde pour toutes les demandes de visas classiques (touriste, transit, business, étudiant, etc.). Seuls les visas pour passeports diplomatiques, ONU, etc., se font encore auprès du consulat indien. **Attention**, il faut commencer par faire une **pré-inscription** sur leur site internet avant de se rendre sur place (voir détails plus loin dans « Formalités d'entrée »). Dépôt des dossiers de demande lun-ven 8h-14h, retrait des visas lun-ven 12h-18h. Visa de tourisme : 62 € (50 € visa + 12 € VFS) ; de transit : 37 € (25 € + 12 €). Prévoir minimum 3 jours de délai, et évidemment des frais supplémentaires (plutôt salés) en cas d'urgence. Dans les locaux de VFS, vous trouverez également un photomaton, une photocopieuse et un ordinateur (pour remplir votre pré-inscription si besoin). Également des centres VFS à Marseille et Lyon (voir sur leur site internet pour plus de détails).

■ ***Rencontres au bout du monde :*** *1013, chemin Mouret, 13100 Aix-en-Provence. ☎ 04-42-96-42-89. • renconstresbm@wanadoo.fr • boutdumonde.ws • Attention, pas de permanence, écrivez-leur ou contactez-les via Internet.* Une association qui a comme priorité le tourisme équitable. Elle organise de front des voyages en Inde du Nord, dans des régions isolées et peu touristiques, ainsi que des projets humanitaires de développement. Petite structure sympathique, pour voyager autrement.

En Belgique

■ ***Ambassade de l'Inde :*** *chaussée de Vleurgat, 215, Bruxelles 1050. ☎ 02-640-91-40. Fax : 02-648-96-38. • eoibru@skynet.be • indembassy.be • Demande de visa : lun-mer et ven 9h30-12h.*

En Suisse

■ ***Ambassade de l'Inde :*** *Kirchenfeldstrasse, 28, Postfach 406, CH-3000 Berne-6. ☎ 031-351-11-10. Fax : 031-351-26-87. • india@spectraweb.ch • indembassybern.ch •*

■ ***Consulat de l'Inde :*** *rue du Valais, 9-11, 1202 Genève. ☎ 022-906-86-76 ou 79. Fax : 022-906-86-96.*

Au Canada

■ ***Ambassade de l'Inde :*** *10 Springfield Rd, Ottawa, Ontario K1M-1C9. ☎ 613-744-37-51. Fax : 613-744-0913. • hicomind@ottawa.net • hciottawa.ca •*

■ ***Consulat de l'Inde :*** *1835 Yonge St, Toronto, Ontario M4S-1X8.* ☎ *416-960-07-51. Fax : 416-960-98-12.* • *cgitoronto.ca* •

ℹ ***Office de tourisme indien :*** *60 Bloor St West, Suite 1003, Toronto, Ontario M4W-3B8.* ☎ *416-962-37-87. Fax : 416-962-62-79.* • *indiatourism@bellnet.ca* •

Formalités d'entrée

Il est **impératif d'être en possession d'un visa** pour pouvoir entrer en Inde et il est impossible de l'obtenir sur place, à l'arrivée dans le pays.

– ***Pour tous les visas de tourisme, transit, business, étudiant, etc. :*** muni de son passeport, se connecter sur le site de *VFS France* (• vfs-in-fr.com • ; voir ci-dessus). Vérifiez que vous avez bien tous les documents et justificatifs exigés, à savoir, pour les ***visas de tourisme*** (séjours de 6 mois maximum) et ***de transit*** (pas plus de 15 jours sur le territoire indien) : 1 passeport valide pendant encore au moins 6 mois, et disposant de 3 pages vierges ; 1 photocopie des pages personnelles du passeport (identité, etc.) ; 2 photos d'identité conformes aux normes en vigueur. Remplir ensuite le formulaire en ligne (en anglais pour le moment, mais la traduction française devrait arriver), puis le télécharger (« download ») ainsi que le n° de référence qui vous est alors attribué. Enfin l'imprimer et le signer. Vous n'avez plus qu'à vous rendre au centre *VFS* le plus proche, muni de tous les documents requis, de votre formulaire imprimé, de votre n° de référence et d'un moyen de paiement (espèces, CB Visa ou MasterCard, chèque de banque certifié). Pour les visas de transit, ajoutez une copie du billet d'avion. Et votre n° de référence vous permettra de suivre sur le site internet l'évolution de votre dossier : en général, 3 jours si vous l'avez déposé à Paris, 8 jours si vous l'avez déposé à Marseille ou Lyon.

– Pour tous les ***citoyens européens résidents en France*** : même prodécure, mais prévoir un délai de 5 jours au lieu de 3, et 30 € de frais supplémentaires.

– Il est possible d'adresser cette demande ***par correspondance*** au centre *VFS* de Paris en recommandé avec accusé de réception (règlement par chèque bancaire certifié à l'ordre de « VFS services (UK)Limited ») ; même procédure que ci-dessus (formulaire en ligne, etc.) ; joindre une enveloppe Chronopost (Chronopass 13 – 500 g) **par passeport,** et prévoir un bon délai (10 jours minimum).

– Procédure d'urgence : dans certains cas **très restreints,** une procédure permet d'obtenir un visa dans la journée, uniquement auprès du centre *VFS* de Paris ; compter alors 53 € de frais supplémentaires.

– *Remarque :* s'il manque un seul élément, la demande de visa est refusée. Mieux vaut faire attention.

Le visa ne peut, en principe, être prolongé après 6 mois, sauf raison très valable (maladie, cas de force majeure...) et moyennant finance. À Delhi, se renseigner au *Ministry of Home Affairs.*

– *À savoir :* si le séjour en Inde a excédé 120 jours, il faut se munir de tous les bordereaux de change (si on ne les a plus, il faut aller à l'ambassade de France) afin d'obtenir un petit papier vert de l'*Income Tax Office,* à présenter à l'aéroport.

Voici 3 agences spécialisées dans le service d'obtention de visas. En fonction du service demandé, des tarifs proposés et des rabais accordés à nos lecteurs, il ne vous reste plus qu'à sortir votre calculette !

■ ***Action-Visas.com :*** *10-12, rue du Moulin-des-Prés, 75013 Paris.* ☎ *0892-707-710 (0,34 €/mn). Fax : 0826-000-926.* • *action-visas.com* • Ⓜ *Place-d'Italie. Lun-ven 9h30-12h, 13h30-18h30 ; sam 9h30-13h. Prix du service : 26-35 €/pers (selon destinations), en plus des frais consulaires (et des frais d'expédition si besoin). Une réduc de 7 € sur le prix du service est accordée pour nos lecteurs, par pers et par destination.* Cette agence sérieuse s'occupe d'obtenir votre visa pour toutes destinations. Délais rapides, traitement immé-

Tout pour partir*
*bons plans, concours, forums,
magazine et des voyages à prix routard.
> www.routard.com
routard.com
chacun
sa route
synergencemajeure - photo : Digital Stock

diat du dossier dès réception (aucune attente) et service fiable. Pour la province, demandez le visa par correspondance. Possibilité d'imprimer les formulaires sur leur site et de suivre l'évolution de votre dossier en ligne. Par ailleurs, Action-Visas prélève 1 € de sa marge commerciale pour financer un projet humanitaire qui peut être suivi en direct sur leur site internet.

■ ***Visas Express :*** *54, rue de l'Ouest, BP 48, 75661 Paris Cedex 14. ☎ 01-44-10-72-72 ou 0825-08-10-20 (0,15 € TTC/mn). Fax : 01-44-10-72-73.* • *visas-express.fr* • Ⓜ *Pernety ou Gaieté. Lun-ven 9h-12h30 (9h30 par tél), 14h-18h ; sam 10h-12h30. Se charge de l'obtention de votre visa pour ttes destinations. Prix du service : 23-26 €/pers, en plus des frais consulaires (et des frais d'envoi si besoin). Tarifs dégressifs particulièrement intéressants si on est plusieurs (pour 2 pers, 19 €/pers ; pour 3 pers, 17 €/pers...). Réduc de 5 % sur le prix du service pour nos lecteurs.* Appeler pour plus de précisions ou demander un devis par e-mail. Possibilité d'imprimer les formulaires sur Internet. Leur site présente par ailleurs toutes les coordonnées et horaires des consulats, ce qui permet aux voyageurs d'obtenir leur visa par eux-mêmes s'ils le souhaitent.

■ ***Home Visas :*** *84, rue du Dôme, 92100 Boulogne-Billancourt. ☎ 01-46-21-80-40. Fax : 01-46-21-01-15.* • *homevisas.com* • *Lun-ven 9h-13h30, 14h30-18h30 ; sam 9h30-12h30. Prix du service : 28 € (quelle que soit la destination) pour la 1re pers et 16,50 € pour les pers supplémentaires (même destination, même durée), en plus des frais consulaires (et des frais d'expédition si besoin). Pour nos lecteurs, tarif unique de 15 €/pers, dès le 1er visa (hors service d'urgence).* Possibilité d'imprimer les formulaires sur Internet. Intéressant quand on est plusieurs.

➢ ***Permis spéciaux :*** certaines régions sont soumises à des restrictions. Pour pouvoir se rendre dans les États et territoires d'Arunachal Pradesh, du Mizoram, du Manipur et du Nagaland, il faut demander un permis spécial auprès des bureaux régionaux d'enregistrement des étrangers à New Delhi, Mumbai, Kolkata ou Chennai (Madras), au moins 6 semaines à l'avance, en remplissant des tas de formulaires, en même temps que votre demande de visa. L'ambassade se charge de transmettre la demande, mais prévoyez un délai. Attention toutefois, ces autorisations ne sont délivrées que pour des groupes d'au moins 4 personnes. Pour les îles Andaman et Nicobar, permis directement sur place à l'aéroport (et pas de restriction pour les individuels). Enfin, concernant le Sikkim, une autorisation gratuite de 15 jours est délivrée avec le visa si le demandeur spécifie son intention de s'y rendre. On peut aussi l'obtenir sur place, à Kolkata ou à Darjeeling, par exemple. Le permis est renouvelable sur place. D'autre part, au Ladakh comme au Sikkim, les treks les plus longs, qui se rapprochent des frontières de la Chine, etc., nécessitent des permis particuliers, à demander souvent plusieurs mois à l'avance.

➢ ***Taxes d'aéroport :*** pour les vols internationaux vers l'Europe, la taxe d'aéroport s'élève à 500 Rps (env 9 €). Elle est perçue en France au moment de l'achat du billet. Pour les pays limitrophes, elle est moins chère (env 150 Rps, soit 2-3 €). Mais il faut désormais ajouter à ces taxes une « petite sœur », la nouvelle « taxe passager », aux alentours de 200 Rps (env 3,50 €), payable en principe à l'aéroport avant le départ. Pour les vols intérieurs, il n'y a qu'une seule taxe d'environ 5 $, perçue à l'achat du billet. Cela peut évoluer, renseignez-vous.

Assurances voyage

■ ***Routard Assistance :*** *c/o AVI International, 28, rue de Mogador, 75009 Paris. ☎ 01-44-63-51-00. Fax : 01-42-80-41-57.* • *avi-international.com* • Depuis 1995, Routard Assistance, en collaboration avec *AVI International*, spécialiste de l'assurance voyage, propose aux routards un tarif à la semaine qui inclut une assurance bagages de 1 000 € et appareils photo de 300 €.

Pour les séjours longs (2 mois à 1 an), il existe le *Plan Marco Polo*. Routard Assistance est aussi disponible en version « light » (durée adaptée aux week-ends et courts séjours en Europe). Dans les dernières pages de chaque *Guide du routard*, vous trouverez un bulletin de souscription.

■ ***AVA** : 25, rue de Maubeuge, 75009 Paris.* ☎ *01-53-20-44-20. Fax : 01-42-85-33-69.* • *ava.fr* • Un autre courtier fiable qui propose un contrat *Snowcool* pour les vacances d'hiver, et *Capital* pour ceux qui souhaitent s'assurer en cas de décès, invalidité, accident lors d'un voyage à l'étranger. Attention, franchises pour les contrats d'assurance voyage.

■ ***Pixel Assur** : 18, rue des Plantes, 78600 Maisons-Laffitte.* ☎ *01-39-62-28-63. Fax : 01-39-62-26-38.* Assurance de matériel photo et vidéo tous risques dans le monde entier. Devis basé sur le prix d'achat de votre matériel. Garantie à l'année.

Vaccins et centres de vaccinations

Pour les centres de vaccinations partout en France, consulter notre site internet : • *routard.com/guide_voyage_page/66/les_vaccinations.htm* •

Vaccinations

Aucune vaccination n'est administrativement obligatoire pour les voyageurs en provenance d'Europe. Il convient d'être à jour pour les vaccinations « universelles » : diphtérie, tétanos, polio, coqueluche (rappel aujourd'hui très simple avec le vaccin *Reprevas* contre ces quatre maladies), hépatite B. Et bien vérifier si l'on est à jour pour rougeole, oreillons, rubéole (ROR). Vaccination contre l'hépatite A vivement recommandée pour tous ceux qui ne sont pas naturellement immunisés (en pratique, tous les Européens de moins de 70 ans). La vaccination contre la fièvre typhoïde est conseillée, l'Inde étant le temple de cette maladie. Vaccin combiné (une seule injection) désormais possible « hépatite A + typhoïde » dans une seule seringue *(Tyavax)*. En cas de séjour prolongé dans le nord du pays, la vaccination contre la méningite à méningocoque (A + C) est recommandée, en particulier aux voyageurs de moins de 40 ans. Pour les trekkeurs, vaccination préventive contre la rage. Expatriés et séjours ruraux supérieurs à 1 mois : vaccin contre l'encéphalite japonaise (attention, disponible seulement dans les centres agréés ; à prévoir environ 45 jours avant le départ).

Si l'on trouve facilement en Inde la plupart des médicaments indispensables, attention cependant aux très nombreuses contrefaçons. En général, les médecins ont reçu une bonne formation ; certains d'entre eux ont même une excellente réputation internationale. Certains hôpitaux et cliniques sont de bonne qualité : le problème est que l'on risque de ne le savoir qu'à posteriori.

Carte internationale d'étudiant (ISIC)

Elle prouve le statut d'étudiant dans le monde entier et permet de bénéficier de tous les avantages, services, réductions étudiants du monde, soit plus de 37 000 avantages concernant les transports, les hébergements, la culture, les loisirs... C'est la clé de la mobilité étudiante !

La carte ISIC donne aussi accès à des avantages exclusifs sur le voyage (billets d'avion spéciaux, assurances de voyage, cartes de téléphone internationales, cartes SIM, locations de voitures, navettes aéroport...).

Pour plus d'informations sur la carte ISIC et pour la commander en ligne, rendez-vous sur les sites internet propres à chaque pays.

Pour l'obtenir en France

Pour localiser un point de vente proche de chez vous, • isic.fr • ou ☎ 01-40-49-01-01.
Se présenter au point de vente avec :
– une preuve du statut d'étudiant (carte d'étudiant, certificat de scolarité...) ;
– une photo d'identité ;
– 12 €, ou 13 € par correspondance, incluant les frais d'envoi des documents d'information sur la carte.
Émission immédiate.

En Belgique

La carte coûte 9 € et s'obtient sur présentation de la carte d'identité, de la carte d'étudiant et d'une photo auprès de :

■ ***Connections :*** *rens au ☎ 02-550-01-00. • isic.be •*

En Suisse

La carte s'obtient dans toutes les agences *STA Travel (☎ 058-450-40-00)*, sur présentation de la carte d'étudiant, d'une photo et de 20 Fs. Commande de la carte en ligne : *• isic.ch • statravel.ch •*

Au Canada

La carte coûte 16 $Ca ; elle est disponible dans les agences *TravelCuts/Voyages Campus*, les gares *VIA Rail*, et les bureaux d'associations étudiants. Pour plus d'infos : *• viacampus.ca •*

Carte FUAJ internationale des auberges de jeunesse

Cette carte, valable dans 80 pays, vous ouvre les portes des 4 200 AJ du réseau *Hostelling International* réparties dans le monde entier. Les périodes d'ouverture varient selon les pays et les AJ. À noter, la carte est souvent obligatoire pour séjourner en AJ, donc nous vous conseillons de vous la procurer avant votre départ. En effet, adhérer en France vous reviendra moins cher qu'à l'étranger.

Pour tous renseignements et réservations en France

Sur place

■ ***Fédération unie des auberges de jeunesse (FUAJ) :*** *27, rue Pajol, 75018 Paris. ☎ 01-44-89-87-27. • fuaj.org • Ⓜ Marx-Dormoy ou La Chapelle. Lun 10h-17h ; mar-ven 10h-18h.* Montant de l'adhésion : 11 € pour les personnes de moins de 26 ans et 16 € pour les plus de 26 ans (tarifs 2008). Munissez-vous de votre pièce d'identité lors de l'inscription. Pour les mineurs, une autorisation des parents leur permettant de séjourner seul(e) en auberge de jeunesse est nécessaire (une photocopie de la carte d'identité du parent qui autorise le mineur est obligatoire).
– Adhésion possible également dans toutes les AJ, points d'information et de réservation FUAJ en France.

Par correspondance

Envoyez une photocopie recto verso d'une pièce d'identité et un chèque correspondant au montant de l'adhésion, plus 2 € pour les frais d'envoi. Vous recevrez votre carte sous 15 jours.

– La FUAJ propose aussi une ***carte d'adhésion « Famille »,*** valable pour un ou deux adultes ayant un ou plusieurs enfants âgés de moins de 14 ans. Fournir une copie du livret de famille. Elle coûte 23 € (tarif 2008). Une seule carte est délivrée pour toute la famille, mais les parents peuvent s'en servir lorsqu'ils voyagent seuls. Seuls les enfants de moins de 14 ans peuvent figurer sur cette carte. Les plus de 14 ans devront acquérir une carte individuelle.
– La carte donne également droit à des réductions sur les transports, les musées et les attractions touristiques de plus de 80 pays. Ces avantages varient d'un pays à l'autre, ce qui n'empêche pas de la présenter à chaque occasion, cela peut toujours marcher. Liste de ces réductions disponible sur • hihostels.com • (sur • fuaj.org • pour la France).

En Belgique

Le prix de la carte varie selon l'âge : entre 3 et 15 ans, 3 € ; entre 16 et 25 ans, 9 € ; après 25 ans, 15 €.

■ ***LAJ :*** *rue de la Sablonnière, 28, 1000 Bruxelles. ☎ 02-219-56-76. • info@laj.be • laj.be •*
■ ***Vlaamse Jeugdherbergcentrale (VJH) :*** *Van Stralenstraat, 40, B 2060 Antwerpen (Anvers). ☎ 03-232-72-18. • info@vjh.be • vjh.be •*

Votre carte de membre vous donne droit à 5 à 9 € de réduction sur votre première nuit dans les réseaux LAJ, VJH et CAJL (Luxembourg), ainsi qu'à des réductions auprès de nombreux partenaires en Belgique.

En Suisse

Le prix de la carte dépend de l'âge : 22 Fs pour les moins de 18 ans, 33 Fs pour les adultes et 44 Fs pour une famille avec des enfants de moins de 18 ans.

■ ***Schweizer Jugendherbergen (SJH) :*** *service des membres, Schaffhauserstr. 14, Postfach 161, 8042 Zurich. ☎ 01-360-14-14. • bookingoffice@youthhostel.ch • youthhostel.ch •*

Au Canada et au Québec

La carte coûte 35 $Ca pour une durée de 16 à 26 mois et 175 $Ca à vie (tarifs 2008). Gratuit pour les enfants de moins de 18 ans qui accompagnent leurs parents. Pour les juniors voyageant seuls, la carte est gratuite mais la nuitée est payante (moindre coût). Ajouter systématiquement les taxes.

■ ***Auberges de jeunesse du Saint-Laurent / St Laurent Youth Hostels :***
– Montréal : 3 514, av. Lacombe, Montréal (Québec) H3T-1M1. ☎ (514) 731-1015. N° gratuit (du Canada) : ☎ 1-866-754-10-15.
– Québec : 94, bd René-Lévesque Ouest, (Québec) G1R-2A4. ☎ (418) 522-25-52.
■ ***Canadian Hostelling Association :*** *205 Catherine St, bureau 400, Ottawa (Ontario) K2P-1C3. ☎ (613) 237-78-84. • info@hihostels.ca • hihostels.ca •*
■ ***Voyages Campus,*** qui a 7 agences à travers le Québec, distribue aussi la carte de membre. • *voyagescampus.ca* •

ARGENT, BANQUES, CHANGE

La monnaie indienne est la *roupie* (Rp). Celle-ci est divisée en cent *paisas.* 1 € vaut environ 65 Rps et 10 Rp = 0,15 €, du moins au moment où nous bouclons ce guide ; vérifiez bien le taux de change avant votre départ, il a beaucoup bougé durant le 1er semestre 2008. On trouve des pièces de 1, 2 et 5 Rps, et des billets de 2 Rps

(très rares), 5, 10, 20, 50, 100, 500 et 1 000 Rps. Attention à ces deux dernières coupures, de nombreux faux circuleraient (ce qui explique, en partie, la difficulté qu'on a à les écouler). L'euro (en espèces ou chèques de voyage) se change aussi facilement que le dollar.
Attention : une fois sur place, veillez à conserver vos bordereaux de change ou tickets de DAB (ATM) : ils vous seront (théoriquement) nécessaires pour changer les roupies qui vous resteront avant votre retour au pays. Il peut aussi arriver qu'un fonctionnaire tatillon vous les demande pour une bagatelle si vous réglez en roupies, par exemple une réservation de train (notamment aux gares de Delhi et Mumbai), mais cela se fait rare. Il est strictement interdit d'importer ou d'exporter des roupies indiennes.
Refusez systématiquement les billets scotchés ou déchirés sur les bords : il vous serait impossible de vous en servir. De même, une simple égratignure sur le bord d'un billet de 500 Rps lui enlève toute sa valeur. En revanche, un trou en plein milieu, même à l'endroit du filigrane, n'a pas d'importance. Quoi qu'il en soit, pas de panique, on peut échanger les billets abîmés dans la plupart des agences de la *State Bank of India* et les *Reserve Bank of India* dans les grandes villes, et parfois même, moyennant une petite commission, dans les bureaux de change.
Ayez soin aussi de conserver toujours sur vous de la monnaie et des petites coupures pour vos menues dépenses : rickshaws, taxis, boissons et autres petits achats. Comme par hasard, la pénurie existe souvent quand on doit vous rendre la monnaie...
Les *paisas,* de valeur infinitésimale, sont de moins en moins courantes et très souvent les commerçants arrondissent. Certains les conservent pour répondre aux sollicitations des mendiants (voir plus bas « Mendicité » dans « Hommes, culture et environnement »).
Certains hôtels (les très, très chic) affichent leurs prix en dollars ou en euros, et préfèrent se faire régler dans ces monnaies. Ces mêmes dollars serviront, dans certains États, à payer les entrées des musées et monuments (à régler en dollars ou en roupies), ou à payer votre visa à la frontière népalaise, par exemple.
On vous proposera parfois de changer au noir. On n'a pas de conseils particuliers à vous donner, mais le jeu n'en vaut généralement pas la chandelle. Les flics ne sont peut-être pas loin et, surtout, les arnaqueurs sont tout prêts à vous refiler de faux billets ! Si cela vous tente, faites-le dans une arrière-boutique, bien au calme.

Argent liquide et chèques de voyage

On change sans commission l'un ou l'autre dans les bureaux de change, dans la plupart des banques, chez les *money changers* et dans certains hôtels un peu chic, à condition, en général, d'en être client. Les taux, généralement assez proches du taux officiel, sont assez semblables chez les uns et les autres, mais n'omettez pas de comparer malgré tout. De toute façon, banque, hôtel ou autre, recomptez toujours avec attention vos roupies.
À noter que les ***chèques de voyage*** restent une formule intéressante, surtout pour les voyageurs au long cours ; d'autant que dans certaines régions, ils sont changés à un taux meilleur que les espèces. Prenez alors plutôt des *American Express,* le réseau *Thomas Cook* étant un peu moins bien représenté.

Cartes de paiement

Ce n'est pas un mode de paiement très répandu en Inde : seuls les hôtels chic, certains restos (chic aussi) et boutiques de luxe acceptent les cartes de paiement internationales. À nuancer cependant dans le Nord très touristique (Rajasthan), où les commerçants les acceptent plus fréquemment. En revanche, le réseau de distributeurs automatiques de billets (DAB en bon français, *ATM* en anglais) s'est largement développé ces dernières années un peu partout dans le pays, et il est désormais très facile d'y retirer de l'argent avec les cartes *Visa, MasterCard, Maestro, Cirrus,* etc. Cherchez les enseignes *UTI, ICICI* et *HDFC,* qui possèdent des machines accessibles 24h/24. La *Citybank* propose aussi ce type de service. Attention, il y a un plafond autorisé par semaine (vérifiez le montant auprès de votre banque) et une commission à chaque retrait. Évitez de retirer 500 Rps toutes les 2h, ça finirait par vous revenir très cher ! Enfin, faites également attention à la pénurie de billets dans les petites villes.

Sinon, il est toujours possible de retirer des espèces avec les cartes *Visa* et *MasterCard* dans les grandes villes, aux guichets de la *State Bank of India,* à l'*Andhra Bank,* à la *Bank of Baroda,* ainsi que dans les grandes banques régionales *(Bank of Punjab...).* Ne pas oublier que les banques, selon les villes, ferment généralement à 14h ou à 16h (12h le samedi) pour le change. Certains bureaux de change proposent aussi de vous faire une avance sur votre carte, mais dernièrement (en particulier à Delhi) de sérieuses escroqueries ont été signalées : débits mystères élevés, etc. Préférez les distributeurs ou, en cas de nécessité, choisissez plutôt les banques pour ce genre de transaction.

– Lorsque vous réglez des achats avec une ***carte de paiement,*** vérifiez (avant, c'est mieux !) que le montant ne sera pas significativement majoré. De même, prenez bien soin, d'une façon générale, de remplir tous les espaces blancs ou cases des bordereaux (notamment la case *tips* dans les restos ou hôtels), histoire d'éviter toute mauvaise surprise de retour à la maison ! Comble de précaution, vous pouvez aussi demander à ce que l'on déchire le carbone. Mais pas la peine de devenir parano pour autant...

– Quelle que soit la carte que vous possédez, chaque banque gère elle-même le processus d'opposition, et le numéro de téléphone correspondant ! Avant de partir, notez donc bien le numéro d'opposition propre à votre banque (il figure souvent au dos des tickets de retrait, sur votre contrat ou à côté des distributeurs de billets), ainsi que le numéro à 16 chiffres de votre carte. Bien entendu, conserver ces informations en lieu sûr, et séparément de votre carte. Par ailleurs, l'assistance médicale se limite aux 90 premiers jours du voyage.

– ***Carte MasterCard :*** *assistance médicale incluse ; numéro d'urgence : ☎ (00-33) 1-45-16-65-65. • mastercardfrance.com • En cas de perte ou de vol, composez le numéro communiqué par votre banque ou, à défaut, le numéro général (☎ 00-33-892-699-292) pour faire opposition 24h/24 ; numéro également valable pour les autres cartes de paiement émises par le* Crédit Agricole *et le* Crédit Mutuel.

– Pour la carte ***American Express,*** *téléphoner en cas de pépin au ☎ (00-33) 1-47-77-72-00. Numéro accessible tlj 24h/24. PCV accepté en cas de perte ou de vol. • americanexpress.fr •*

– ***Carte Bleue Visa :*** *assistance médicale incluse ; numéro d'urgence (Europe Assistance) : ☎ (00-33) 41-85-88-81. Pour faire opposition, composez le numéro communiqué par votre banque. • carte-bleue.fr •*

– Pour toutes cartes émises par ***La Banque Postale,*** *composer le ☎ 0825-809-803 (0,15 €/mn) ; pour les DOM ou depuis l'étranger : ☎ (00-33) 5-55-42-51-96.*

Besoin urgent d'argent liquide, dépannage

En cas de besoin urgent d'argent liquide (perte ou vol de billets, chèques de voyage, cartes de paiement), vous pouvez être dépanné en moins de 24h grâce au système ***Western Union Money Transfer.*** Pour cela, demandez à quelqu'un de vous déposer de l'argent en euros dans l'un des bureaux *Western Union* ; les correspondants en France de *Western Union* sont *La Banque Postale (fermée sam ap-m, n'oubliez pas ! ☎ 0825-009-898)* et *Travelex* en collaboration avec la *Société financière de paiement (SFDP ; ☎ 0825-825-842 ; 0,15 € TTC/mn).* L'argent vous est transféré en moins de 15 mn. La commission, assez élevée, est payée par l'expéditeur.

Possibilité d'effectuer un transfert en ligne 24h/24 par carte de paiement (*Visa* ou *MasterCard* émise en France). • *westernunion.com* •
En Inde, le service est proposé dans certains bureaux de poste et dans de nombreux bureaux de change. ☎ *(011) 23-31-11-22 à New Delhi ou (022) 22-88-12-42 à Mumbai ; également un numéro gratuit depuis ces 2 villes :* ☎ *0930-18-00.* Pour retirer l'argent qui vous a été envoyé, se présenter muni d'une pièce d'identité.

ACHATS

L'Inde est un pays à l'artisanat très riche : pour en avoir une idée, il suffit de se promener dans les emporiums (magasins officiels qui présentent les réalisations des différents États de l'Inde).
Tout au long de votre voyage, vous serez tenté d'acheter à tout-va.
– *Agra :* travail sur marbre incrusté de pierres semi-précieuses, du style le Taj Mahal en miniature, mais pas seulement ! Gare aux arnaques sur les pierres, nombreuses dans cette ville éminemment touristique.
– *Varanasi :* soieries rehaussées de fil d'or, objets de cuivre martelé, *shilums* (pipes traditionnelles), *khôl* (maquillage pour les yeux) et flûtes.
– *Delhi :* objets d'art et artisanat de toutes sortes, antiquités, instruments de musique à cordes, soie imprimée, chemises blanches brodées, etc. Bref, la séance de rattrapage pour ceux qui auraient oublié un cadeau en route ou le bon moment pour vous charger avant de rentrer à la maison.
– *Cachemire :* châles, tapis, soie, pierres précieuses, sculptures, gravures, meubles en noyer finement sculptés et objets en papier mâché.
– *Rajasthan :* bijoux en argent, objets de cuivre, soie et cotonnades peintes à la gouache, peintures miniatures, marionnettes, poteries et articles de cuir. La ville de Kota, au sud-est du Rajasthan, est célèbre pour ses saris tissés de coton et de soie.
– *Orissa :* parapluies, parasols et autres objets en cotonnades cousues, de couleurs vives, gravures sur feuille de palme et statues de pierre.
– *Mumbai :* objets d'art de toutes sortes, antiquités, instruments de musique à cordes, soie imprimée (un peu rugueuse, certes, mais moins chère et très portable en Occident), chemises blanches brodées.
– *Gujarat :* essentiellement des textiles, en particulier des broderies, différentes selon les micro-régions. Celles des villages du Kutch sont assez originales.
– Le ***cachemire*** ou ***pashmina*** fait partie des incontournables. Il est tissé à partir de la laine d'une espèce de chèvre himalayenne et se trouve sous forme de châles ou, plus rarement, de pulls. C'est une étoffe magnifique, chaude et chère (disons entre 4 000 et 10 000 Rps, soit 61,50 à 153,80 € selon la taille du châle et la complexité des broderies). Pour les plus fines de ces étoffes, on n'utilise même que la laine du cou de la chèvre. Si vous n'avez jamais vu de vrai cachemire, difficile de faire la différence. Il y a beaucoup d'arnaques, comme faire passer une viscose très soyeuse pour de l'authentique pashmina. Ce dernier est presque transparent, très souple, ne se froisse pas quand on le bouchonne et n'est pas du tout extensible. Cela vaut le coup de visiter un emporium officiel ou une boutique de luxe (genre *Bhuttico,* à Manali ou Kullu, spécialisés dans le pashmina) pour apprendre à reconnaître le vrai. Les étoffes pashmina de moindre qualité (mélangées à de la soie par exemple) sont bien meilleur marché. Attention : le *shahtoosh,* tissé avec le duvet d'une sorte de bouquetin très rare, est interdit à la vente ! Des touristes peu au fait et de bonne foi se sont retrouvés en prison pour en avoir acheté !
– Meilleure marque de ***baume indien*** (efficace contre les maux de tête, le nez bouché, les piqûres d'insecte, les douleurs musculaires, etc.) : « Amrutanjan ». Dans le même genre et très efficace, mais pas indien, vous trouverez aussi le « Tiger Balm ».

– Partout on vous proposera des ***bijoux*** prétendument en lapis, en grenat. En fait, ce sont des pierres synthétiques, dont le prix sortie d'usine est de 5 Rps (0,07 €) et qu'on vous propose sans sourciller de 200 à 300 Rps (3,10 à 4,60 €)... Seuls les bijoutiers délivrent des certificats d'authenticité.
– *Bijoux en argent :* l'alliage utilisé pour les bijoux varie de 30 à 95 % d'argent, et vous ne pouvez pas en déterminer la qualité à l'œil nu.
– ***Vêtements en soie :*** se méfier des articles en nylon, en viscose ou en soie mélangée qu'on vous fera passer pour de la soie véritable. Un seul truc : faire brûler un fil, si ça sent le roussi, c'est de la soie ! Si les fibres se replient en boule et collent sous l'effet d'une flamme, c'est du synthétique.
Quant aux ***souvenirs,*** ils s'achètent partout :
– dans la rue, mais il faut être au courant des prix ;
– dans les boutiques ayant la pancarte « *Fixed rate* » (prix fixe), mais les tarifs sont généralement plus élevés qu'ailleurs (et un Indien vous dira qu'aucun prix n'est fixe !) ;
– dans les petits magasins (où vous trouverez entre autres biscuits, papier hygiénique, savon, etc.), le prix maximal est indiqué sur l'emballage avec la mention « *Local tax extra* », qui ne doit en aucun cas dépasser 20 % ; on trouve aussi des articles marqués « *Maximum retail price* », toutes taxes comprises ;
– dans les emporiums : magasins d'État plus chers que les autres magasins, on y trouve souvent de l'artisanat de tout le pays. Les prix sont fixes et sont souvent fixés très haut... Autre gros bémol : de plus en plus de commerçants n'hésitent pas à intituler leur boutique « emporium ». Arnaque assurée dans ce cas. Une autre combine consiste à écrire aussi sous l'enseigne : « *Approved by the Government* » (« Approuvé par le gouvernement »). En fait, cela ne veut strictement rien dire ! Tout le monde peut le faire sans risque de poursuites.
Dans un tel contexte, le marchandage est bien sûr de rigueur. Le tout est de savoir jusqu'où l'on peut faire descendre le prix, sans se faire arnaquer, ni dévaloriser l'objet (c'est rare !). N'hésitez pas à faire baisser fortement les prix proposés par des vendeurs ambulants : de trois à dix fois, parfois. Tout cela est une question de doigté.
Deux règles d'or : si un prix vous paraît correct, c'est le moment d'acheter. De grâce, ce n'est pas la peine de chipoter devant un tapis qui vous plaît, pour 10 Rps de plus ou de moins. Ensuite, si vous voyez un objet original, prenez-le tout de suite car il arrive souvent que les fabrications soient très locales et vous ne le reverrez pas ailleurs. Pas la peine d'avoir des regrets.
SURTOUT, NE DEMANDEZ JAMAIS À LA BOUTIQUE DE VOUS EXPÉDIER DIRECTEMENT EN FRANCE VOTRE ACHAT. D'une part, vous n'êtes jamais sûr de recevoir exactement ce que vous avez commandé (voire de le recevoir tout court) : à l'ambassade de l'Inde en France, la liste des personnes qui attendent depuis six mois des tapis en soie, des tables en papier mâché ou des plaques de marbre incrusté s'allonge de jour en jour... D'autre part, entre les frais de transport et les taxes d'entrée en France (pour les gros objets, mobiliers, etc.), le prix grimpe très vite ! À tout prendre, expédiez-les vous-même. Pour cela, il suffit de trouver un tailleur et de lui demander de coudre le paquet dans une étoffe. Simple, non ?

BUDGET

On ne vous apprendra rien en vous disant que l'Inde est un pays bon marché. Cela ne se dément pas, même si l'hébergement dans des villes comme Delhi et Mumbai est exagérément plus cher qu'ailleurs (de manière générale, les prix des hôtels grimpent avec la taille des villes). En gros, un routard fauché peut dormir (dans des hôtels sommaires), manger (simplement) et se déplacer dans le pays (sans trop regarder au confort) avec 400-500 Rps (env 6,20-7,70 €) par jour, soit 150-250 Rps

(2,30-3,80 €) pour la chambre, autant pour la nourriture et les boissons (bière non comprise), et 100 Rps (1,50 €) en moyenne pour les transports. Attention, cela n'inclut pas le droit d'entrée aux sites qui, en Inde, constitue désormais un poste budgétaire important.
En revanche, les fourchettes ci-dessous sont **indicatives** et représentent une moyenne sur le pays : d'une ville ou d'une région à l'autre, elles peuvent varier. Beaucoup moins d'adresses très bon marché à New Delhi ou Mumbai qu'ailleurs. En saison creuse, les fourchettes pourront être revues à la baisse (- 20 à - 50 % en moyenne). De même, lors de certains festivals, les prix font parfois de la gonflette de manière vraiment excessive...
Pour ce qui est des établissements de luxe, ils ont considérablement augmenté leurs tarifs depuis 3 ou 4 ans. Malgré tout, ils restent abordables pour des bourses occidentales, au moins le temps d'une nuit.

Hôtels

Les tarifs indiqués se rapportent à une chambre double, occupée par 2 personnes, taxes incluses (sauf la *luxury tax,* de 10 à 20 % supplémentaires selon les États, en vigueur dans les établissements de catégorie supérieure). Si vous voyagez seul, enlevez environ 25 %.
– ***Très bon marché :*** moins de 250 Rps (3,50 €).
– ***Bon marché :*** de 250 à 500 Rps (3,80 à 7,70 €).
– ***Prix moyens :*** de 500 à 900 Rps (7,70 à 13,80 €).
– ***Chic :*** de 900 à 1 800 Rps (13,80 à 27,70 €).
– ***Plus chic :*** de 1 800 à 3 000 Rps (27,70 à 46,20 €).
– ***Très chic :*** de 3 000 à 5 000 Rps (46,20 à 76,90 €).
– ***Beaucoup plus chic :*** plus de 5 000 Rps (plus de 76,90 €).

Restaurants

Pour un repas complet sans la boisson, taxes incluses :
– ***Très bon marché :*** moins de 60 Rps (0,90 €).
– ***Bon marché :*** de 60 à 120 Rps (0,90 à 1,80 €).
– ***Prix moyens :*** de 120 à 270 Rps (1,80 à 4,20 €).
– ***Chic :*** de 270 à 500 Rps (4,20 à 7,70 €).
– ***Très chic :*** plus de 500 Rps (7,70 €).

Musées et monuments

Depuis 2000, il existe un tarif spécial touristes étrangers pour la visite des sites et monuments (payable en roupies ou parfois en dollars), en vue de réunir des fonds pour sauvegarder les sites et monuments. Les tarifs varient en moyenne de 100 à 300 Rps (1,50 à 4,60 €) l'entrée, mais l'accès au Taj Mahal d'Agra est bien plus cher. Mieux vaut régler en roupies, les guichetiers n'ayant souvent pas de monnaie en dollars. Dans la plupart des sites, les étudiants (sur présentation de la carte internationale d'étudiant) et les moins de 15 ans (parfois 12 ans) bénéficient de réductions. Vous aurez aussi en général à vous acquitter d'un supplément si vous désirez y entrer avec votre appareil photo ou votre caméscope (parfois très cher, surtout pour le caméscope !). Certains sites font désormais payer également votre téléphone portable s'il fait appareil photo.

CLIMAT

La meilleure saison pour visiter l'Inde est de mi-novembre (l'automne indien !) à fin mars, hormis dans l'extrême Nord (Ladakh), où la bonne saison s'étend de mi-mai

		J	F	M	A	M	J	J	A	S	O	N	D
Agra	°C	22	26	32	38	42	41	35	33	33	33	29	24
	°C	7	10	16	22	27	29	27	26	25	19	12	8
	mm	16	9	11	5	10	60	210	263	151	23	2	4
Bénarès	°C	23	26	33	39	41	38	33	32	33	32	28	24
	°C	9	11	16	22	26	18	26	26	25	20	13	9
	mm	19	18	9	5	13	115	300	305	183	55	9	7
Calcutta	°C	26	29	34	36	35	34	32	32	32	32	29	26
	°C	13	15	20	24	25	26	26	26	26	23	18	13
	mm	9	30	34	44	140	272	125	328	252	114	21	5
Darjeeling	°C	9	11	15	18	19	19	20	20	20	19	15	12
	°C	3	4	8	11	13	15	15	15	15	12	7	4
	mm	22	27	52	109	182	522	713	573	419	116	14	5
Delhi	°C	21	24	29	36	40	39	35	34	34	34	28	23
	°C	7	10	14	20	26	28	27	26	24	18	11	7
	mm	25	21	13	8	13	77	179	184	123	10	3	11
Jaipur	°C	23	25	31	37	41	40	35	33	34	35	30	25
	°C	8	10	13	20	25	27	26	24	23	18	12	9
	mm	11	8	9	4	15	57	197	205	82	12	4	8
Leh	°C	- 3	1	6	12	17	21	25	24	21	14	8	2
	°C	- 14	- 12	- 6	- 1	3	7	10	10	5	- 1	- 7	- 11
	mm	12	9	12	7	7	4	16	20	12	7	3	8

MOYENNE MENSUELLE DES TEMPÉRATURES MAXI/MINI ET PLUVIOMÉTRIE

à fin octobre. La plupart des routards y vont en été, la chaleur et l'humidité sont alors assez pénibles (sauf, évidemment, dans les montagnes du Nord, où le climat est de type alpin) ; en mai, les températures atteignent facilement 40, voire 45 °C dans la plaine du Gange.

Un peu plus tard, en juin, survient la mousson, de laquelle dépend la vie de millions d'Indiens. De fin juin à septembre, dans le Nord, des trombes d'eau s'abattent sur le pays (sauf dans le Cachemire et au Ladakh), avec un maximum en juillet et en août. Les pluies diminuent pour s'arrêter mi-septembre dans le Nord-Ouest, et seulement fin septembre dans le Nord-Est. La température baisse un brin, mais pas énormément. C'est à cette époque que les catastrophes arrivent. Pour le voyageur, ça se limite souvent à des retards de train ou de bus. N'oubliez pas qu'à partir de décembre, il fait froid dans le Nord (les températures peuvent être négatives) : prévoir une petite laine !

En tout cas, il peut être judicieux d'emporter avec soi une gourde isotherme d'un litre par personne, un parapluie ou la panoplie du parfait marin breton. Sa grande étendue en latitude ainsi que ses extrêmes au niveau du relief (des mers chaudes du Kerala aux hauts sommets de l'Himalaya) permettent à l'Inde d'avoir une variété de faune et de flore unique au monde, et offrent donc une fascinante diversité de paysages selon les saisons climatiques et agricoles.

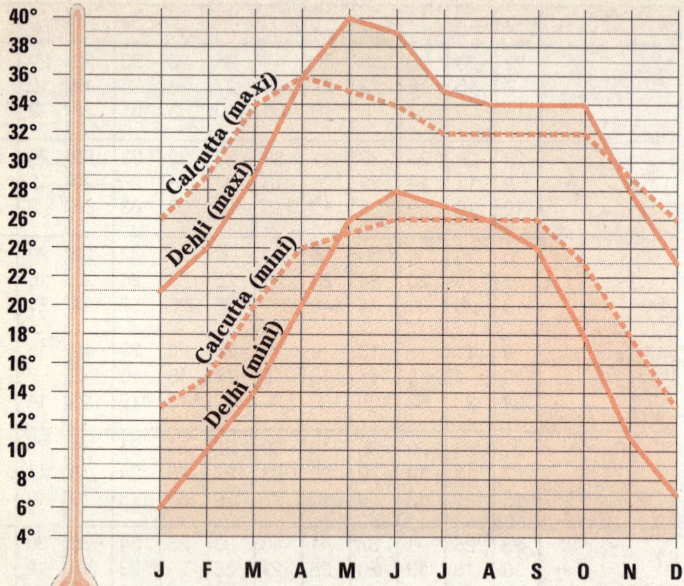

Moyenne des températures atmosphériques

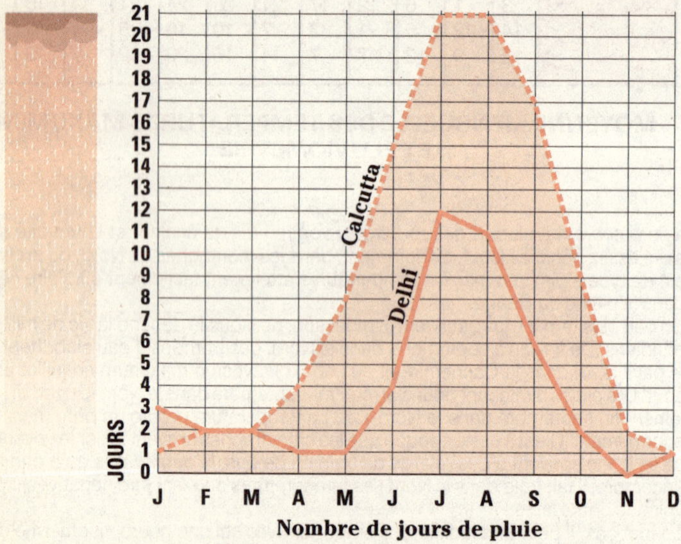

Nombre de jours de pluie

INDE DU NORD (Delhi et Calcutta)

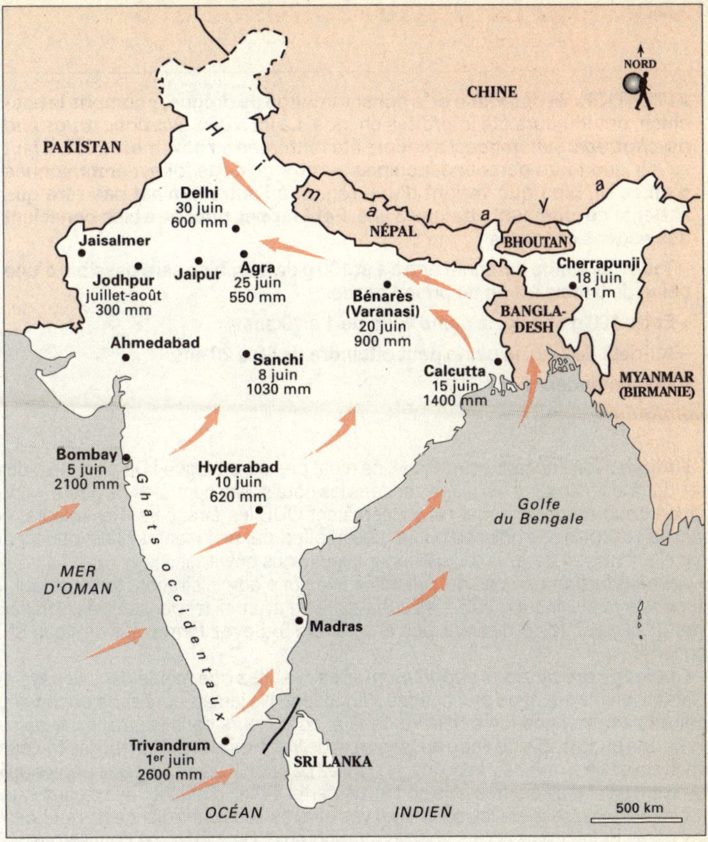

LA MOUSSON

À l'ouest, le long des Ghats occidentaux, apparaît dans les parties basses une végétation tropicale plus luxuriante, alors que dans les parties plus élevées on trouvera plutôt des forêts riches en essences variées telles que bois de rose, teck, bois de fer, ébène ainsi que bambous.
La région de l'Indus (Rajasthan, Kutch et nord du Gujarat) est désertique. La région du Gange, bien que très cultivée, conserve quelques forêts de sals.
L'Assam, à la végétation luxuriante où alternent savanes, forêts de bambous et forêts tropicales, annonce par sa flore l'Asie du Sud-Est. L'est de l'Himalaya, le Sikkim, l'Arunachal Pradesh abritent quelque 4 000 espèces de fleurs différentes (dont les fameuses orchidées) dans des forêts boisées de lauriers, de rhododendrons, d'érables, de conifères et de bambous en basse altitude.
Enfin, à l'exception des étendues semi-désertiques du Ladakh, l'Himalaya occidental comprenant le Cachemire est boisé d'essences souvent très européennes telles que les peupliers, les bouleaux et les conifères, alors que, en basse altitude, on rencontrera des forêts de sals souvent clairsemées de savanes.

DANGERS ET ENQUIQUINEMENTS

ATTENTION : la détention et la consommation de drogue, y compris le haschich, ont toujours été interdites en Inde. La loi NDPS *(Narcotic drugs and psychotropic substances)* a encore été renforcée en novembre 2001. Il faut savoir que toute personne inculpée au titre de cette loi est emprisonnée d'office et, bien que variant d'une région à l'autre, il n'est pas rare que l'attente du jugement atteigne 3 ans. Petit rappel, pour être bien conscient des risques encourus :

– Toute personne détenant entre 1 et 100 g de haschich sera passible d'une peine de 6 mois à 1 an de prison ferme.

– Entre 100 g et 1 kg, la peine varie de 1 à 10 ans.

– Au-delà de 1 kg, la peine peut atteindre de 10 à 20 ans.

À bon entendeur !

– ***Drogue :*** voir l'encadré ci-dessus, ce n'est pas de la blague ! De plus, on a déjà vu, dans les trains, sur les plages et dans les hôtels, des contrôles du genre « opération coup de poing », qui ne concernaient QUE les étrangers. Par ailleurs, ne jamais accepter une boisson ou un gâteau offert par un inconnu. C'est parfois un excellent moyen de vous droguer pour mieux vous dévaliser.
– ***Administration :*** en cas de difficultés avec une administration, toujours voir le supérieur le plus haut gradé – les subalternes n'ayant ni responsabilités ni initiatives (d'ailleurs, ils ne désirent pas en prendre !). Soyez ferme, sûr de vous et... patient !
– ***Quelques précautions supplémentaires :*** sachez que même dans le pays de Gandhi, un minimum de précautions s'imposent. Ne jamais confier de documents officiels à quiconque (on a déjà vu de faux contrôleurs dans les trains). Ayez sur vous une photocopie de votre passeport et de votre visa, et présentez-les toujours en premier lieu... même à la police. N'oubliez pas non plus de faire une photocopie de votre billet d'avion, très utile en cas de perte. Évitez d'afficher des signes extérieurs de richesse et de laisser traîner vos affaires sans surveillance (surtout dans les gares et les trains où les vols sont nombreux). De même, ne confiez pas vos bagages à de prétendus porteurs, ou bien ne les lâchez pas d'une semelle. Mais ça, c'est du bon sens ! Dans de nombreuses villes, des personnes prétendant appartenir aux offices de tourisme vous attendent à la sortie des gares ou des aéroports, cartes en main (fausses, bien sûr !). Ne pas les suivre, les véritables employés des offices de tourisme, gouvernementaux ou régionaux, vous les trouverez dans leurs bureaux ! Dans le même ordre d'idée, lire le paragraphe concernant les rickshaws à qui il faut souvent tirer l'oreille pour se faire conduire à l'hôtel de son choix – taxis, même combat d'ailleurs ! – (voir plus loin « Transports intérieurs. Le rickshaw »). Si l'on vous demande depuis combien de temps vous êtes en ville ou si c'est votre premier voyage en Inde, c'est parfois pour flairer en vous la proie facile. Répondez donc, en cas de doute, que vous êtes ici depuis plusieurs semaines et que c'est votre troisième voyage, par exemple ! Et puis, rappelez-vous que ça peut avoir du bon de se faire accompagner par un Indien (digne de confiance), ça coupe généralement court à toute velléité d'arnaques de la part des autres. Enfin, les routardes se méfieront des *« Eve teasers »*, bandes de jeunes qui s'amusent à pincer très fort les étrangères passant à leur portée... Évitez de porter jupes courtes, T-shirts décolletés ou encore pantalons moulants, en particulier dans les zones vraiment rurales. En revanche, les lunettes de soleil ont le gros avantage de vous rendre inaccessible. Essayez, vous verrez...

DÉCALAGE HORAIRE

L'heure indienne est en avance de 5h30 sur celle du méridien de Greenwich. Donc, comme le pays ne change pas d'heure, quand il est 12h en France, il est 16h30 (l'hiver) ou 15h30 (l'été) en Inde. Que l'on soit à Mumbai ou Kolkata, c'est la même heure, d'où un certain décalage lumineux au sein du pays !

ÉLECTRICITÉ

De manière générale, le voltage en Inde est de 220 volts. La différence se fait sur les prises de courant. Certaines sont comparables à celles qu'on trouve en France (fiches rondes). D'autres possèdent des fiches certes rondes, mais aux orifices plus larges et plus écartés que nos prises. Dans la plupart des cas, un adaptateur traditionnel fait l'affaire.
Évidemment, le problème en Inde, ce n'est pas l'électricité, mais plutôt son absence, le pays n'étant pas autosuffisant. Les coupures de courant sont fréquentes, même si les dernières décennies ont vu l'électricité arriver dans la plupart des villages. En fait, depuis quelques années, c'est le manque d'eau qui provoque les coupures régulières dans les villes moyennes. Certaines sont pratiquées à horaires fixes (par exemple de 10h à 13h puis de 22h à 6h). D'autres sont faites de manière sauvage. Quand vous arrivez dans une ville où ont lieu des coupures fréquentes, choisissez de préférence une *guesthouse* ou un hôtel qui possède un générateur (mais prendre une chambre le plus loin possible de celui-ci). Et puis, dans la série « un peu de bon sens », si vraiment vous choisissez une chambre climatisée, évitez de laisser le bouton réglé sur 15 °C : d'une part, c'est le meilleur moyen d'attraper un bon rhume et, d'autre part, ce sont vraiment des dépenses énergétiques inutiles...
En tout cas, prévoir une lampe de poche à piles, d'autant que les rues et routes sont parfois peu (ou pas !) éclairées, rondes qui plus est, car les plates sont introuvables (au fait, ne jetez pas les piles usagées n'importe où, car les gamins les ouvrent... et elles contiennent des acides).

FÊTES ET JOURS FÉRIÉS

La plupart des fêtes sont religieuses et seraient plus nombreuses que les jours du calendrier. Souvent en relation avec d'anciens rites animistes, elles sont censées respecter le rythme des six saisons : *vasanta* (le printemps), *grishma* (l'été), *varsha* (la saison des pluies), *çarada* (l'automne), *bemanta* (l'hiver), *çiçira* (la saison froide). Ce qui est bien en Inde, c'est le gracieux mélange des fêtes hindoues, bouddhiques, jaïnes, musulmanes et autres. Certaines sont typiquement hindoues comme le fabuleux *Kumbhamela,* le plus grand pèlerinage du monde, qui a lieu tous les 3 ans en mars-avril. D'autres, enfin, sont un subtil mélange d'hindouisme et de représentations animistes, telle *Holi* en Inde du Nord.
En ajoutant à toutes ces nombreuses réjouissances les fêtes civiles (comme l'anniversaire de l'indépendance), on ne s'ennuie à aucun moment de l'année, dans aucune région. Il y a toujours un éléphant chamarré ou une statue de Vishnou en promenade.
Certaines de ces fêtes ont une date fixe (enfantin), d'autres dépendent des calendriers lunaire ou solaire (facile), d'autres encore du calendrier luno-solaire (ça se complique !), voire, pour les fêtes bouddhiques, du calendrier tibétain, qui s'inspire du calendrier chinois, comme chacun sait. Tout ça pour dire que, dans la plupart des cas, on ne pourra donner que des dates approximatives. Au cours du dernier trimestre de l'année, n'hésitez pas à contacter l'office de tourisme pour obtenir les dates de l'année suivante.

– ***Fête de la République (26 janvier) :*** partout en Inde, mais mieux vaut la voir à Delhi. Défilé militaire (bof !), heureusement suivi d'éléphants à baldaquins et de chameaux et, surtout, présentation de tableaux vivants, avec un fond de propagande. Et puis, enfin, des troupes de danse. Il est conseillé, à Delhi, d'arriver très tôt le matin sur Raj Path, où a lieu le défilé, sinon on ne voit rien.

– ***Vasanta Panchami (janvier-février) :*** dans toute l'Inde, 3 jours en janvier-février. Dans le nord de l'Inde, cette fête hindoue marque l'avènement prochain du printemps. Ces jours-là, vêtements jaunes, couleur associée à cette fête, et cerfs-volants sont de sortie. Au Bengale, Vasanta Panchami est dédié à la déesse Saraswati, déesse des Arts et de la Connaissance. Sa statue est immergée comme d'habitude, et on dépose tous les livres, stylos et instruments de musique dans son sanctuaire.

– ***Shivaratri (février-mars) :*** dans toute l'Inde, mais particulièrement important dans les temples de Shiva à Chidambaram, Kalahasti, Khajuraho et Varanasi. Fête religieuse et pèlerinage consacrés à Shiva, marqués par une journée de jeûne qui se clôt par un repas de dattes, fruits, noix, patates douces et riz pilé.

– ***Holi (février-mars) :*** dans tout le nord de l'Inde (et au Népal), c'est la fête des couleurs qui célèbre également la fin de l'hiver et le début du printemps. Tout le monde se jette des poudres colorées (rouges surtout) ainsi que de l'eau, colorée elle aussi. Ça fait une espèce de boue absolument indélébile. On a beaucoup de mal à l'enlever des cheveux, et les vêtements sont parfois définitivement foutus. Attention à ce que vous vous mettez sur le dos ces jours-là ! Les gamins, dès la veille, bâtissent également des bûchers pour faire des feux de joie. Pour acheter le bois, ils rançonnent sans vergogne en barrant les routes et en s'accrochant aux rickshaws. Vous avez tout intérêt à céder à leurs amicales pressions si vous ne voulez pas être couvert de peinture. Autre manifestation de cette joie populaire : attendez-vous à recevoir des coups, pleins de joie évidemment. C'est la réminiscence des joutes amoureuses de Radha et de Krishna. Ainsi à Barsana (près de Mathura), les femmes de la ville vont se cogner avec les hommes du village voisin de Nandgaon et, le lendemain, ce sont les hommes de Nandgaon qui viennent chercher la petite bête aux femmes de Barsana. Ce sont les villes natales du dieu et de la déesse. Ah ! on a encore le sens de la fête !

– ***Jamshed Navros (mars) :*** principalement fêté dans le Gujarat et le Maharastra. C'est le Nouvel An parsi.

– ***Mahavira Jayanti (mars-avril) :*** national. Festival jaïn qui célèbre la naissance de Mahavira, le fondateur du jaïnisme. Il s'accompagne de pèlerinages aux sanctuaires jaïns.

– ***Gangaur (mars-avril) :*** fête du Rajasthan. C'est à Jaipur et à Udaipur qu'elle a le plus d'éclat. Consacrée à Gauri, une des manifestations de Parvati, qui n'est autre que madame Shiva, cette fête s'adresse aux femmes et plus particulièrement à celles qui cherchent un mari. Ça ne ressemble pas du tout à la Sainte-Catherine en France. Les chapeaux sont remplacés par des cruches d'eau qui serviront pour le bain de la déesse qu'on implore pour trouver un aussi gentil mari que le sien. On promène le couple divin en procession à travers la ville.

– ***Pâques (mars-avril) :*** partout en Inde où il y a des chrétiens.

– ***Fête du printemps (avril-mai) :*** au Cachemire. Le printemps est en réalité fêté dans tout le pays à diverses périodes *(Vasanta Panchami, Holi).* Au Cachemire, la fête commence avec l'éclosion des fleurs d'amandiers, et tout le monde se rassemble dans les vergers pour célébrer l'événement en écoutant de la musique et en buvant du thé. C'est le début de la saison plus chaude, qui ne va durer que quelques mois.

– ***Bouddha Purnima (avril-mai) :*** fête bouddhiste la plus importante. À la pleine lune, commémoration le même jour des trois grands événements de la vie du Bouddha : sa naissance, son éveil et son atteinte du *nirvāna.* Processions où sont portées les images du Bouddha.

– ***Baisakhi ou Vaisakhi (avril-mai) :*** dans le nord de l'Inde. Premier jour de l'année solaire hindoue. La légende dit que ce jour-là, de la chevelure de Shiva, le Gange serait descendu sur terre. Un bain sacré dans le lac ou le fleuve fait partie du rituel. La journée de festivités, animée de nombreuses danses, se clôt par un festin (ça ne vous rappellerait pas les us et coutumes d'un petit village d'irréductibles Gaulois ?).
– ***Id-Uz-Zuha (avril-mai) :*** surtout à Delhi, Lucknow, Kolkata et Hyderabad. Célébration musulmane festive commémorant le sacrifice d'Abraham et pour laquelle on arbore ses nouveaux vêtements. Autre fête musulmane importante, ***Id-Ul-Fitr,*** qui marque la fin du ramadan (les dates sont donc variables).
– ***Rath Yatra (juin-juillet) :*** à Puri, Varanasi, Serampur, Jagannathpur. Voir « Fêtes » dans le chapitre consacré à Puri.
– ***Teej (juillet-août) :*** fête du Rajasthan (c'est à Jaipur que le faste est le plus grand). La déesse Parvati, habillée en jeune mariée, est la divinité à l'honneur de cette fête qui célèbre également l'arrivée de la mousson. On fête le jour où elle a quitté la maison de ses parents pour celle de son mari. Les femmes, richement habillées, s'amusent sur des balançoires très nombreuses, accrochées aux arbres, en chantant. Le soir, on fait un cortège en promenant Parvati avec des éléphants et des chameaux décorés.
– ***Naag Panchami (juillet-août) :*** c'est la fête du Naga (serpent sur lequel se serait appuyé Vishnou, sans se faire mordre, pendant ses méditations). Particulièrement au Rajasthan, et encore plus précisément à Jodhpur, où les habitants essaient de représenter le serpent mythique dans une débauche de couleurs.
– ***Fête de l'Indépendance (15 août) :*** défilés militaires comme d'habitude. Attention, tout est fermé, y compris certains sites archéologiques (se renseigner au cas par cas).
– ***Rakshabandhan (juillet-août) :*** dans le Nord et l'Ouest. Pas de manifestation folklo spéciale, mais chaque sœur offre à son frère un bracelet de tissu. Ce geste rappelle celui de la femme du dieu Indra qui noua au poignet de son mari un cordon de soie pour le protéger des démons. C'est ce cordon qui permettra à Indra de reconquérir la suprématie du cosmos. Ce même jour, prêtres et brahmanes changent leur cordon sacré.
– ***Amarnath Yatra (juillet-août) :*** au Cachemire. À la pleine lune, les fidèles font le pèlerinage jusqu'à la grotte d'Amarnath (à 4 000 m d'altitude), celle-ci abritant un lingam sacré. C'est ici que Shiva aurait révélé à sa compagne Parvati le secret de l'immortalité.
– ***Janmasthami (août-septembre) :*** national, mais principalement à Agra, Mumbai et Mathura. *Happy birthday* Lord Krishna !
– ***Ganesh Chaturthi (septembre) :*** surtout dans le Maharashtra (Mumbai) et à Chennai (Madras). On honore Ganesh (le dieu à tête d'éléphant). On construit des statues en plâtre de toutes tailles qui seront honorées et portées en procession pendant 3 jours avec de la musique à percussion, puis immergées le dernier jour.
– ***Dussehra (septembre-octobre) :*** dix jours en septembre ou octobre en fonction du calendrier lunaire. C'est une fête qui a lieu dans toute l'Inde, mais surtout à Delhi (où la fête est appelée Ram-Lila) et dans les États de Kullu et Mysore, pour célébrer la victoire du Bien sur le Mal. Elle revêt différentes formes selon les régions. Dans le Nord, ce sont surtout des représentations de la légende du *Rāmāyana.* Du vrai théâtre indien populaire. La fin est marquée (à Delhi particulièrement) par la destruction à coups de pétards et de feux d'artifice d'un grand fantoche du diable Rāvana à dix têtes. Dans l'Est, on s'adresse particulièrement à la déesse Durga, celle qui a dix bras et une arme différente dans chaque main.
– ***Commémoration de la naissance de Gandhi :*** le 2 octobre.
– ***Diwali (octobre-novembre) :*** c'est certainement la fête hindoue la plus gaie. Elle célèbre le retour de Rāma dans son royaume avec sa femme Sītā, après sa victoire sur le démon Rāvana. Quand il revint, plein de petites lampes furent allumées pour fêter son arrivée. C'est pourquoi, lors de Diwali, les maisons et les bâtiments sont illuminés dans tout le pays, même dans le plus petit village. C'est le début de la

nouvelle année hindoue. On repeint les magasins, on ouvre de nouveaux livres de comptes, on porte de nouveaux vêtements...
– ***Muharram (novembre) :*** fête musulmane qui commémore, là où se trouvent des communautés islamiques chiites, le martyre du petit-fils de Mahomet. Processions de flagellations à l'iranienne et tout le toutim. Dans l'Andhra Pradesh, il y a des danseurs déguisés en tigres.
– ***Foire de Pushkar :*** du 5 octobre au 13 novembre 2008 et du 25 octobre au 2 novembre 2009. Grande foire de chameaux et de chevaux.
– ***Noël :*** célébré de manière pittoresque par les chrétiens. Dans tout le pays, mais surtout à Goa.

HÉBERGEMENT

Les hôtels

C'est de loin le mode d'hébergement le plus répandu en Inde. On en trouve de toutes sortes, du plus miteux au palace étincelant digne des contes des *Mille et Une Nuits.* À moins d'être à dix roupies près, oubliez les plus miteux (les hôtels à 80-100 Rps pour deux, soit moins de 1,50 €), car en mettant 50 à 150 Rps (0,70 à 2,30 €) de plus, vous aurez déjà une chambre parfois convenable, en tout cas d'une propreté acceptable, le plus souvent avec salle d'eau privée *(attached bathroom)* incorporant des w-c à l'indienne (les w-c à la turque) ou plus rarement à l'occidentale, et une douche froide en général (eau chaude au seau). Bon, évidemment, ne pas s'attendre au *Ritz* : les lits resteront en général durs, les draps absents et l'eau chaude... une denrée rare. Pour vous isoler du matelas et des couvertures, prévoyez quand même un sac de couchage ou, plus léger, un « sac à viande ». N'oubliez pas non plus la paire de tongs, elle vous évitera quelques douches à la grimace.
En fait, la catégorie qui offre le meilleur rapport qualité-prix est souvent celle qui propose des chambres doubles allant de 250 à 900 Rps (3,80 à 13,80 €). Là, on a souvent droit à un petit confort bien appréciable, surtout après une longue journée dans le bruit et la poussière : les chambres y sont plus nettes, l'eau chaude plus courante, il y a la TV (quoique rarement câblée) et les matelas sont parfois plus douillets... Il arrive aussi, mais c'est plutôt l'exception, qu'il y ait savon, serviettes et papier hygiénique. Pas de clim' mais quelquefois, en plus du ventilo, l'*air cooler,* un aérateur à bain d'eau.
Concernant la clim', justement, sachez qu'elle différencie parfois à elle seule les chambres « bon marché » de celles à « prix moyens » – voire « chic » (d'ailleurs, on retrouve souvent ces deux catégories de chambres dans un même hôtel). Essayez de ne pas en abuser, l'Inde n'est toujours pas indépendante énergétiquement (voir « Économie » dans « Hommes, culture et environnement »). En outre, les grands ventilos, qu'on trouve très souvent dans les chambres même bon marché, sont aussi efficaces et vous ne serez pas enrhumé au réveil !
Viennent ensuite les établissements « chic », ou plutôt « plus chers ». Selon nous, c'est la catégorie la moins intéressante, sauf parfois dans les grandes villes : les chambres y sont un peu plus grandes et un peu plus meublées que dans la catégorie « prix moyens », avec parfois, en plus, un frigo moche (et débranché !), mais à part ça, pas grand-chose qui justifie la grosse différence de tarifs... Si vous voulez vraiment goûter à plus de confort, choisissez alors les hôtels « plus chic » ou « très chic » qui, eux, offrent vraiment autre chose...
Enfin, voici en vrac quelques remarques générales sur les hôtels en Inde.
– Selon la saison, l'affluence et le taux d'occupation, les tarifs sont souvent négociables, y compris dans les hôtels bon marché. Si vous arrivez dans un hôtel en fin de journée et sentez qu'il est aux trois quarts vide, n'hésitez pas à marchander le prix de la chambre.
– Demandez toujours à voir la chambre AVANT de vous décider. Elles sont souvent inégales. Vérifiez la douche et les robinets. Si les draps (quand il y en a) vous sem-

PLANS ET CARTES EN COULEURS
cahier 1

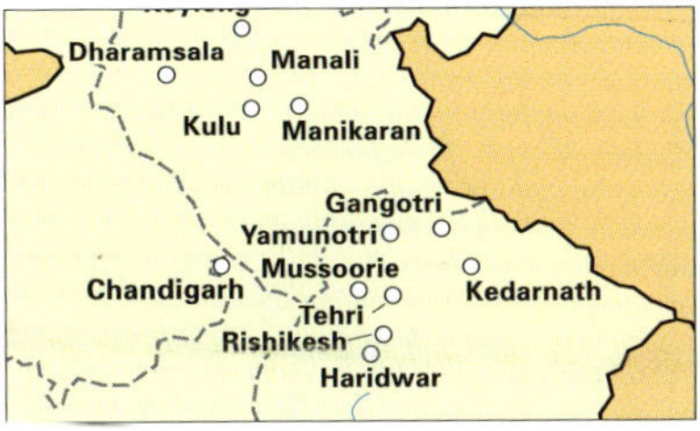

L'INDE (CARTE GÉNÉRALE)

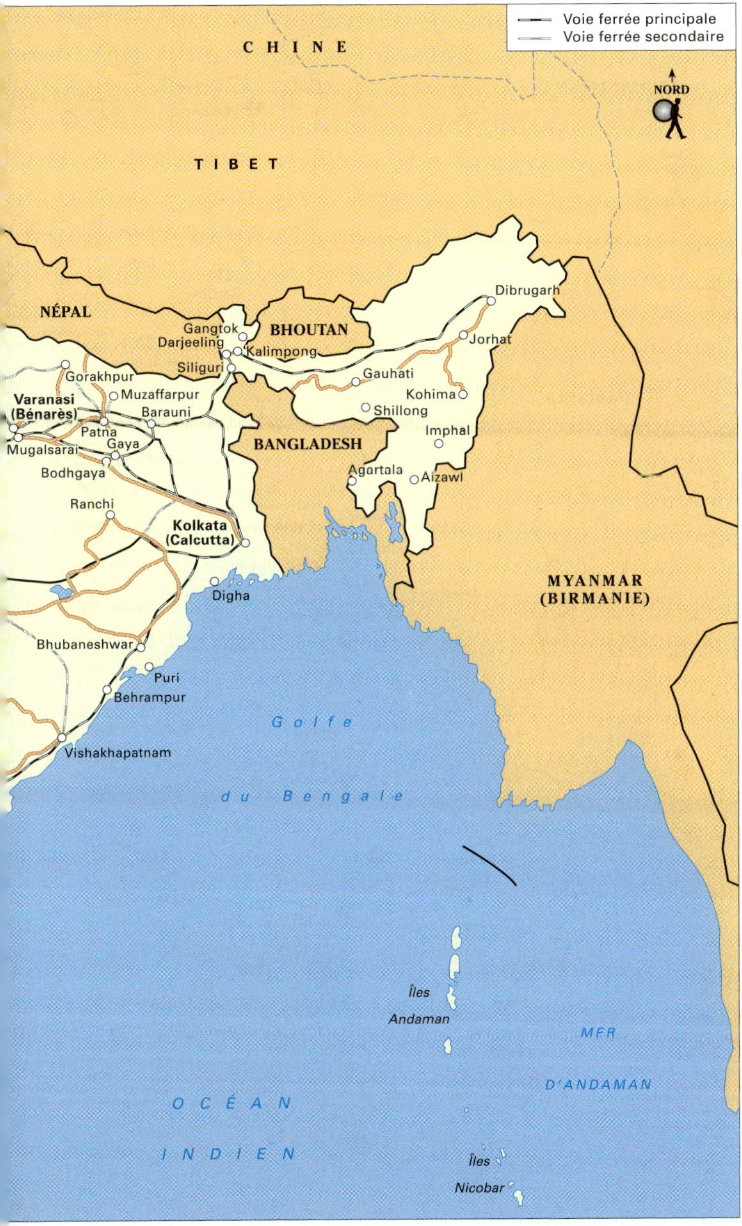

L'INDE (CARTE GÉNÉRALE)

AFGHANISTAN
NORD
PAKISTAN
Sind (Indus)
LADAKH
Leh
Shyok
Srinagar
Sind (Indus)
JAMMU & KASHMIR
Keylong
Dharamsala
Manali
Kullu
Manikaran
HIMACHAL PRADESH
Amritsar
Gangotri
PENDJAB
Yamunotri
Mussoorie
Chandigarh
Tehri
Rishikesh
Haridwar
HARYANA
Tombe de Humayun, Qutb Minar et la gare Chhatrapati Shivaji
Delhi
New Delhi
Mandawa
Mahansar
Bikaner
Dundlod
Keoladeo Ghana NP
Fatehpur
Deshnoke
Sikandra
Lachhmangarh
Deeg
Agra
Jaisalmer
Nawalgarh
Bharatpur
Fatehpur Sikri
Pushkar
Jaipur
Ville royale
Jodhpur
Ajmer
RAJASTHAN
Gwalior
Datia
Bundi
Ranakpur
Chittorgarh
Kota
Orchha
Mount Abu
Udaipur
GUJARAT
Sanchi
Stupas bouddhiques
Ahmedabad
Parc archéologique de Champaner
MADHYA
Vadodara
Bhavnagar
Sasan Gir
Palitana
Veraval (Somnath)
Diu
MER D'OMAN
MAHARASHTRA
Mumbai (Bombay)
Grottes bouddhiques d'Elephanta

L'INDE DU NORD

LE MÉTRO DE DELHI

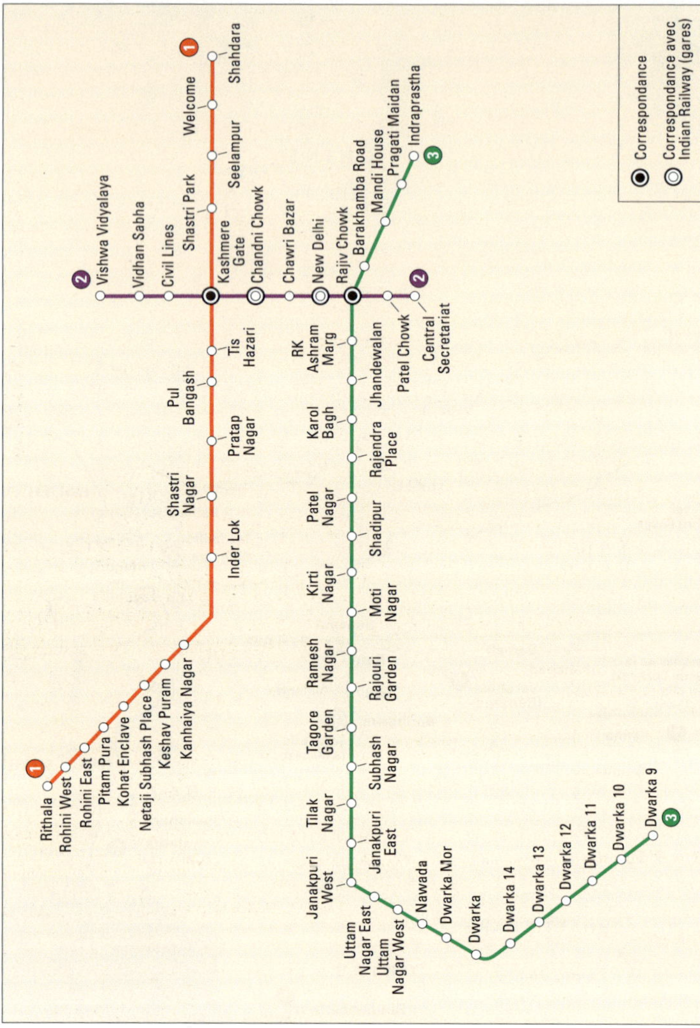

LE MÉTRO DE DELHI

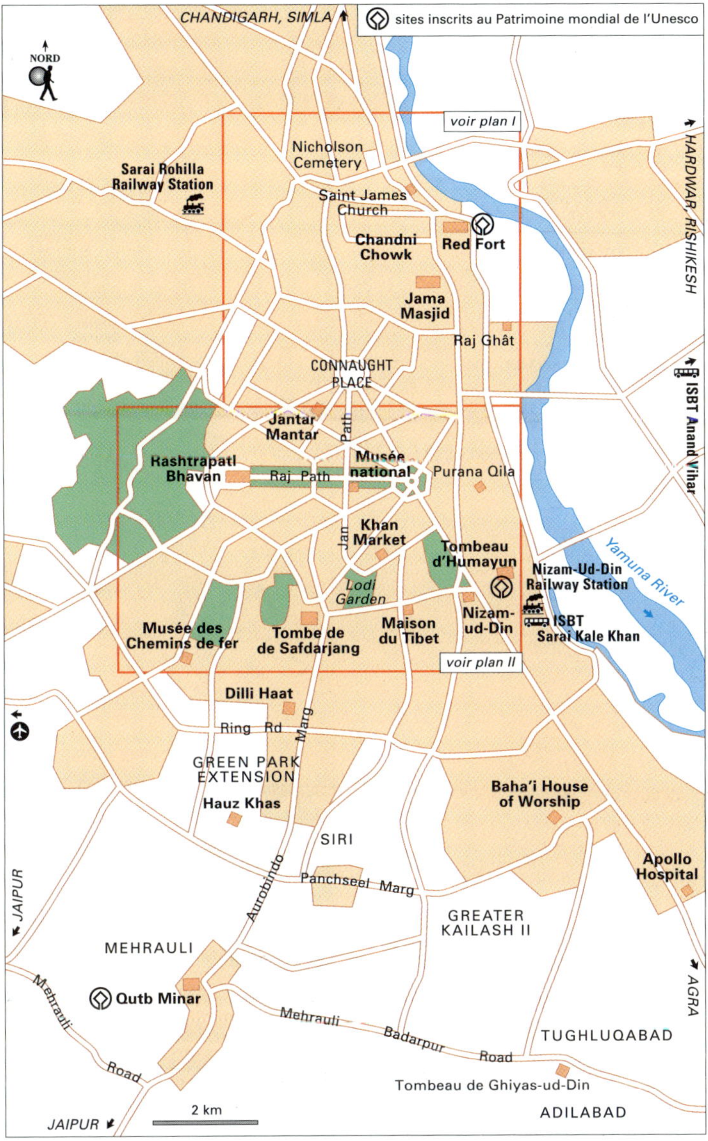

DELHI ET NEW DELHI (PLAN D'ENSEMBLE)

Où dormir ?

31 Potala House et Wongdhen House

Où manger ?

31 New Rinchen Restaurant
80 Mithas
82 Chor Bizarre's
83 Nathu's Sweets
84 Cantine du Centre culturel

Où boire un thé ?

130 Aap ki pasand

Où sortir ?

145 Parsi Anjuman Hall

À voir

162 Gandhi Museum
163 Shanker's International Doll's Museum

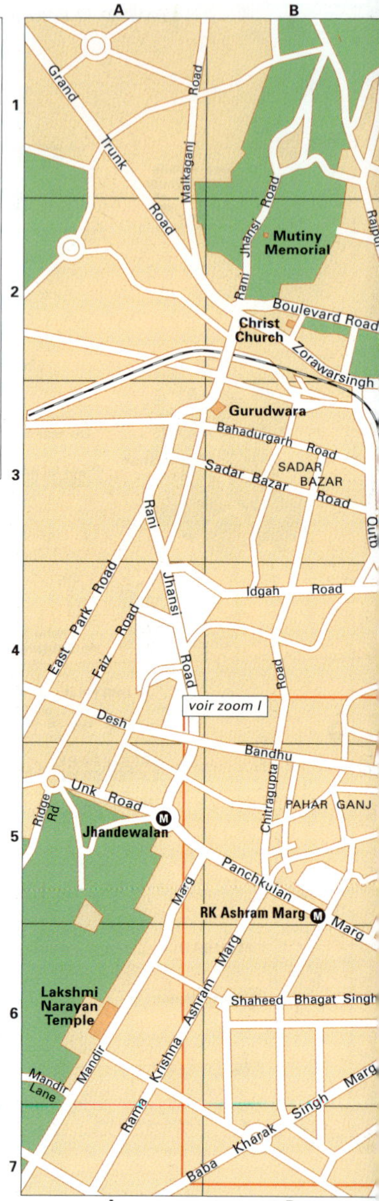

C
D
E
F
31
site inscrit au Patrimoine mondial de l'Unesco
500 m
NORD
1
2
3
4
5
6
7
Civil Lines
CIVIL LINES
Shamnath Marg
Mahatma Gandhi Road
Ladakh Buddha Vihara
Qudsia Garden
ISBT
Qudsia Marg
Marg
Kashmiri Gate
Kashmiri Gate
Saint James Church
Yamuna
Lothian Road
New Courts
Old Delhi Railway Station
voir zoom II
Naya Bazar
NAYA BAZAR
Mahatma Gandhi Park
Chandni Chowk
Town Hall
Chandni Chowk
Chor Bazar
Red Fort
Netaji
Sikh Temple
Jaïn Temple
Shardhanand Marg
Lalkuan Bazar
Amir Chand Mg
Road
Jama Masjid
Chawri Bazar
Bazar
Chawri
Subhash
Shanti Vana
Sitarâm Bazar
Ajmeri Gate
Ajmerigate Rd
Chitli Bazar
DARYA GANJ
Marg
130
80
Road
Gupta
New Delhi
Asaf Ali Road
82
Delhi Gate
Raj Ghât
Chelmsford Road
New Delhi Railway Station
Jawaharlal Nehru Marg
Bazaar
162
145
Vivekanand Marg (Minto Road)
Mirg Darg Marg
Bahadurshah Zafar Marg
Feroz Shah Kolta
Deen Dayal Upadhyaya Marg
Connaught Circus
Râjiv Chowk
Road
CONNAUGHT PLACE
163
83
Barakhamba Road
Tansen Marg
84
Kasturba Gandhi Marg
Sansad Marg
Janpath
Barakhamba Road
Sikandra Rd
Firoz Shah Rd
Tilak Marg

DELHI (PLAN I)

■ Adresses utiles

- India Tourism Delhi
- Postes
- 2 Thomas Cook et Travel Corporation of India
- 3 American Express Bank
- 4 ICICI Bank
- @ 5 DTTDC
- 6 Air India
- 8 Indian Airlines et bus aéroport
- 9 Jet Airways
- 10 DTTDC Sightseeing Tour
- 11 Apollo Pharmacy et Nath Chemists
- 12 Lufthansa et Royal Nepal Airlines
- 18 ITDC Sightseeing Tour
- 20 Mahatta & Co
- 24 Paul Tours
- 25 Students Travel Information Centre
- 26 Cozy Travels
- @ 45 NDC
- 141 The New Book Depot

Où dormir ?

- 32 Retiring rooms de New Delhi Railway Station
- 33 Cozy Inn
- 34 Namaskar Hotel
- 35 Ajay Guesthouse
- 36 Anoop Hotel
- 37 Hare Krishna Guesthouse
- 38 Hare Rama Guesthouse
- 39 Metropolis Tourist Home
- 40 Hotel Grand Godwin et Ajanta Hotel
- 41 Cottage Yes Please
- 42 Mother Palace
- 43 Yatri House
- 44 Hotel India International et Jyoti Mahal
- 45 Sunny Guesthouse
- 46 Ringo Guesthouse
- 47 Hotel 55
- 48 Cottage Crown Plaza
- 50 Imperial Hotel
- 51 Major's Den
- 98 Hotel Palace Heights

Où manger ?

- 35 German Bakery
- 36 Tom-Yam-Thai Restaurant
- 39 Metropolis
- 50 The Spice Route
- 81 Everest Kitchen
- 85 New Amar
- 86 Malhotra Restaurant
- 87 Anand Restaurant
- 88 Saravana Bhavan
- 89 Sita Ram Diwan Chand
- 90 United Coffee-House
- 92 Tadka
- 93 Amber et Nirula's Pot Pourri
- 94 Zen
- 96 The Host
- 98 Embassy
- 99 Veda

Où manger une pâtisserie ?

- 120 Wenger's

Où boire un verre ? Où sortir ?

- 50 Bar 1911
- 140 Barista et Blues
- 142 Friday's
- 143 Aqua

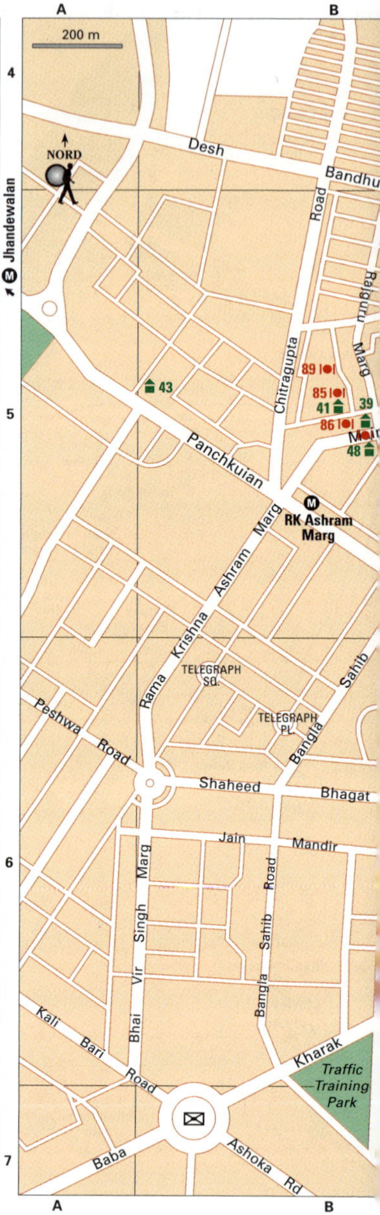

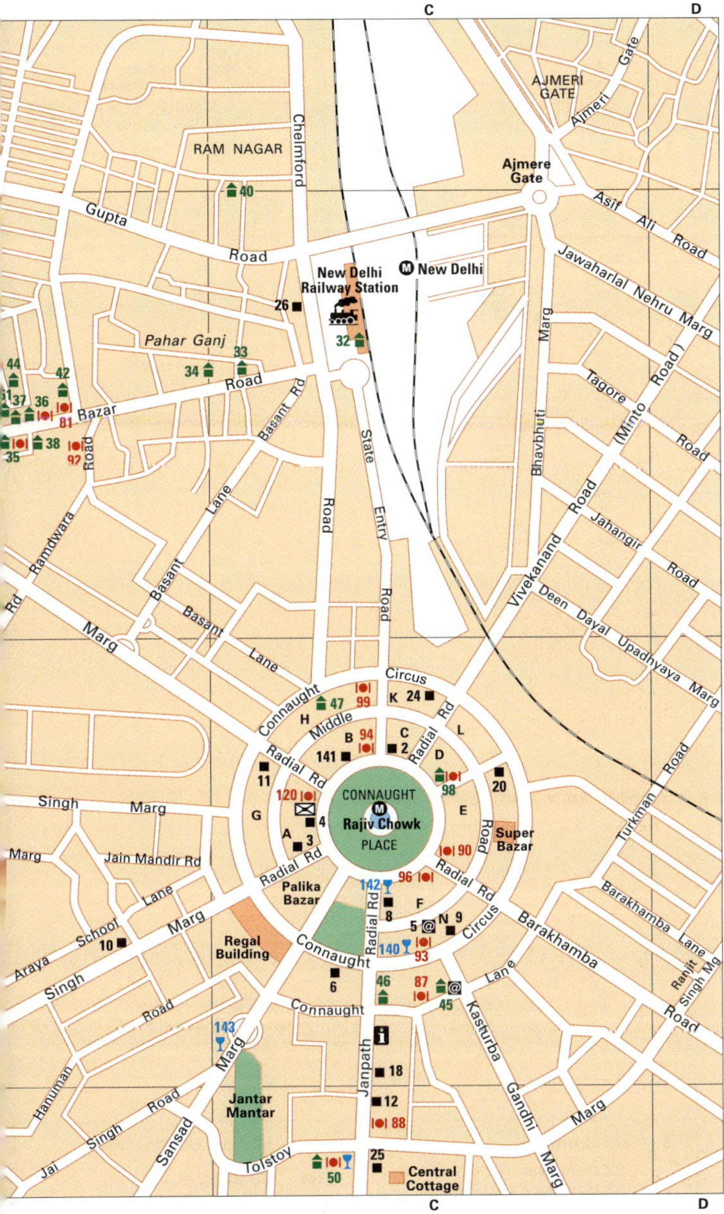

DELHI – PAHAR GANJ ET CONNAUGHT PLACE (ZOOM I)

Où dormir ?

- **52** Gurudwara Sis Ganj
- **53** Hotel New City Palace
- **54** Vaishnaw Hotel
- **55** New Frontier Hotel
- **57** Hotel Bombay Orient

Où manger ?

- **102** Fish Point
- **103** Karim

DELHI – OLD DELHI (ZOOM II)

DELHI – OLD DELHI (ZOOM II)

Où manger une pâtisserie ou une glace ?

121 Haldiram's
122 Giani Ice Cream and Faluda
123 Ghantewala
124 Chaina Ram Sindhi Halwai

À voir

52 Gurudwara Sis Ganj
160 Jaïn Digambara Temple et Birds Charitable Hospital

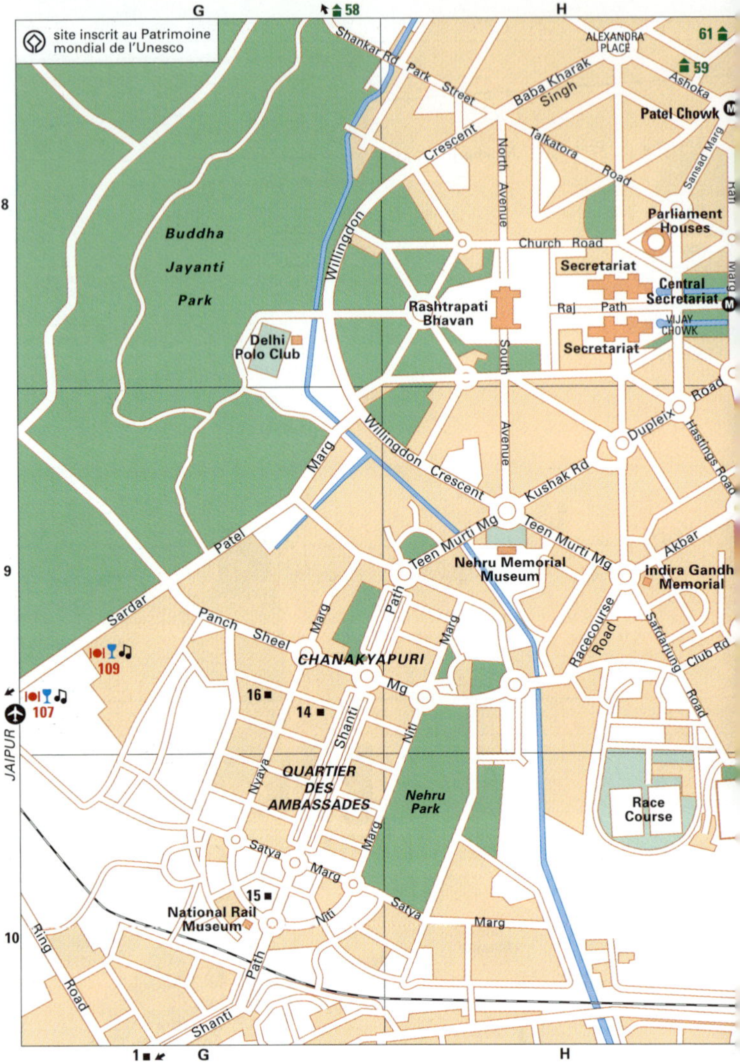

■ **Adresses utiles**

- Rajasthan Tourist Office
- Nizam-ud-Din Railway Station
- Indira Gandhi International Airport
- 1 Foreigner Regional Registration Office
- 13 Appels téléphoniques nationaux et internationaux
- 14 Ambassade et consulat de France
- 15 Ambassade de Belgique
- 16 Ambassade de Suisse
- 17 Alliance française
- 19 Metropole Tourist Service
- 22 Ministry of Home Affairs
- 23 India Habitat Center
- 28 French Information Resource Centre

Où dormir ?

- 30 Delhi Bed and Breakfast
- 58 Master Paying Guest Accommodation
- 59 YWCA Blue Triangle
- 60 YWCA International Guesthouse
- 61 YMCA Tourist Hostel

DELHI – NEW DELHI (PLAN II)

62 Lutyens Bungalow
63 Maharani Guesthouse
64 Shervani
65 Claridges
66 The Taj Mahal Hotel

Où manger ?
65 Dhaba
91 Lodi Garden Restaurant
95 Chomas
97 Olive Bar and Kitchen
104 Swagath
105 Sagar Restaurant
106 Chicken Inn
107 Restaurant de l'Orient-Express
108 Restos de Dilli Haat
109 Bukhara
110 Karim
111 Hauz Khas Village et Park Balluchi Restaurant
112 The Golden Dragon

Où sortir ?
107 My Kind of Place
109 Maurya Sheraton
144 Djinn's

À voir
161 Gandhi Smriti Museum

blent crasseux, vous pouvez insister pour qu'on vous les change, même si le « sac à viande » reste la meilleure solution pour se préserver des puces et autres bestioles...
– Si vous vous décidez pour une chambre, il vous faudra remplir un ou deux registres ou formulaires avec le numéro du passeport et du visa et leur date de délivrance.
– Le petit déj n'est quasiment jamais inclus dans le prix de la chambre. En revanche, beaucoup d'hôtels (sauf les plus miteux) possèdent un resto ou un snack où prendre thé, café, toasts, œufs, yaourt et crêpes le matin. Les hôtels les plus chic proposent, eux, souvent un petit déj-buffet, généralement assez cher.
– Il est souvent possible de faire laver son linge dans les hôtels.
– Dans les hôtels (ou chambres) où il y a juste une douche froide (phénomène courant dans la catégorie « Très bon marché »), il est toujours possible de demander à la réception qu'on vous apporte un seau d'eau chaude, moyennant un petit supplément.
– Dans les hôtels plus chic, il faut compter en plus du prix de la chambre la ***luxury tax*** (applicable selon les États à partir de 1 000 Rps ou plus), qui varie de 8 à 20 % (ça dépend des États). Parfois se surajoute aussi une ***service charge,*** de 5 ou 10 %.
– Et puisqu'on vous parle des hôtels chic, vous ne manquerez pas d'aller vous reposer dans le hall des plus luxueux d'entre eux, y prendre un bol d'air climatisé. Certains comptent parmi les plus fastueux au monde. Ne pas rater notamment le *Taj Mahal* à Mumbai. Si vous êtes en fonds, prenez-y un thé (ou un repas).
– Pour les rabatteurs qui brandissent les cartes de visite des hôtels aux arrêts de bus et dans les gares, une méthode extra : attendez en souriant qu'ils soient tous autour de vous, prenez toutes leurs cartes, battez et redistribuez. Succès garanti !
– Enfin, ne pas chasser les lézards qui, souvent, se tiennent sur les murs ; ce sont de gentils geckos qui mangent les moustiques (qu'on peut aussi chasser en brûlant des *mosquitos coils*).

Les *retiring rooms* et salles d'attente des gares et aéroports

– ***Les retiring rooms*** sont, en théorie, réservées aux détenteurs d'un titre de transport en transit. Avantage : leur situation bien sûr, idéale puisque situées dans les gares et aéroports. Généralement bon marché, quoique assez sommaires et un peu sordides, surtout les dortoirs. Dans les gares, les *retiring rooms* se situent souvent sur le quai n° 1, à l'étage, ce qui les rend bruyantes. Les chambres privées disposent généralement de l'eau chaude et, pour les plus chères, de l'AC. Dans les aéroports, plus de chambres que de dortoirs. Dans les gares comme dans les aéroports, elles sont parfois complètes, et on ne peut généralement y rester que 2 nuits, la seconde étant plus chère que la première. De toute façon, ce n'est pas le genre d'endroit où l'on a envie de passer ses vacances ! Attention, peu ou pas de placards fermant à clé.
– ***Les salles d'attente des gares :*** toujours préférer les *upper class waiting rooms.* Les contrôles auprès des touristes sont très rares. Pas de lits, mais des sièges pas trop durs, et il est souvent possible d'y prendre une douche, bien agréable après une nuit en train.

Les *tourist bungalows*

Ce sont des hôtels de catégorie moyenne gérés par l'État, et le prix est souvent musclé par rapport au confort. Ils n'ont généralement aucun charme. De même, l'ambiance n'est pas leur fort car ils sont souvent déserts. Chambres avec ou sans AC, tendance déprimante. Vous y trouverez un resto, rarement plein. Certains possèdent aussi des dortoirs prioritairement réservés aux chauffeurs. Bon, vous nous avez compris, ce sera plutôt pour dépanner, malgré quelques rares exceptions !

Les *inspection bungalows* et *dak bungalows*

En dehors des lieux touristiques, ils offrent – quand ils ne sont pas envahis par les fonctionnaires en déplacement – des chambres confortables à prix intéressants.

C'est le même style d'hébergement que les *tourist bungalows,* généralement en moins cher. À fréquenter avec modération, donc. Certains sont pourtant installés dans des bâtiments anciens, vestiges de la colonisation britannique, et dégagent un charme désuet.

Auberges de jeunesse

Rares, souvent aussi chères que les hôtels de la même catégorie (très bon marché), excentrées et mal entretenues, on vous en parle par acquit de conscience. On indique de rares exceptions. Les AJ ne disposent que de dortoirs et de chambres familiales, souvent très sommaires. Peu de passage, pas d'atmosphère. De plus, ceux qui n'ont pas la carte des AJ doivent payer un supplément.
Voir aussi « Avant le départ » pour connaître les conditions d'obtention de la carte FUAJ.

ITINÉRAIRES

Quelques idées d'itinéraires, à titre indicatif, pour une première approche de l'Inde. Que vous les adoptiez tels quels ou que vous les adaptiez à vos envies, n'oubliez jamais que les déplacements, dans ce grand pays, prennent beaucoup de temps !

L'Inde du Nord en version express : une semaine

– ***Delhi*** *(2 jours)* **:** la vieille ville, le Fort Rouge, Chandni Chowk et la Grande Mosquée (Jama Masjid), le Musée national, Crafts Museum, le complexe du Qutb Minar, les tombeaux des Lodi et le quartier médiéval Nizam-ud-Din.
– ***Agra*** *(1 jour)* **:** en partant tôt le matin de Dehli ; le Taj Mahal bien sûr, le Fort Rouge, et, pour les insatiables, un petit tour au Kinari Bazar.
– ***Khajuraho*** *(1 jour)* **:** les temples (érotiques !) et, complément indispensable, le State Museum of Tribal Folk Arts.
– ***Varanasi*** *(2 jours)* **:** les ghats et le Gange (au petit matin), le Chowk, et Bharat Kala Bhavan.

En une dizaine de jours (c'est plus raisonnable)

– ***Delhi*** *(2 jours)* **:** voir ci-dessus.
– ***Jaipur et Pushkar*** *(4 jours)* **:** à ***Jaipur,*** le City Palace, l'Observatoire, le palais des Vents et le musée des Turbans (Surhabi Mansion), puis du shopping dans le Johari Bazar (ouf !). Le lendemain, dans les environs, Amber Fort, puis trajet vers ***Pushkar*** : les ghats, et balade dans le village.
– ***Route vers Agra*** *(1 jour)* en passant éventuellement par ***Bharatpur*** (selon la saison) ou par ***Fathepur Sikri*** (obligatoire !), le temps d'une nuit.
– ***Agra*** *(1 jour)* **:** comme ci-dessus.
– ***Khajuraho*** *(1 jour)* **:** comme ci-dessus.
– ***Varanasi*** *(2 jours)* **:** comme ci-dessus.

En trois semaines

– ***Delhi*** *(2 jours)* **:** voir ci-dessus.
– ***Le Rajasthan*** *(10 jours)* **:** *Jaipur* (le City Palace, l'Observatoire, le palais des Vents et le musée des Turbans – Surhabi Mansion –, puis du shopping dans le Johari Bazar ; le lendemain, dans les environs, Amber Fort, puis trajet vers Pushkar), *Pushkar* (balade autour du lac et, dans les environs, Ajmer, avec le Dargha et le fort d'Akbar), *Udaipur* (le City Palace, promenade sur le lac – s'il n'est pas à sec –, balade dans la vieille ville et autour du Jagdish Temple, balades à vélo autour du lac Fateh Sagar, Folklore Museum, une soirée à assister à un spectacle de danses et marionnettes traditionnelles ; dans les environs, les temples d'Eklingji et de Nagda),

sur la route vers Jodhpur (la forteresse de Kumbhalgarh et Ranakpur), *Jodhpur* (la forteresse de Mehrangarh, Sardar Bazar et, dans les environs, Mandore et excursion dans les villages vishnoïs – voir « Dans les environs de Jodhpur »).
– ***Agra*** *(1 jour)* **:** comme ci-dessus.
– ***Gwalior*** *(1 jour)* **:** la citadelle et la vieille ville.
– ***Khajuraho*** *(1 jour)* **:** comme ci-dessus.
– ***Varanasi*** *(3 jours)* **:** les ghats et le Gange (au petit matin), le Chowk, et Bharat Kala Bhavan et, dans les environs, excursion à ***Sarnath.***

LANGUES

L'anglais et 15 langues officielles. Tous les documents officiels sont désormais écrits en anglais et dans la langue régionale. Il existe environ 4 000 dialectes non reconnus. Inutile de dire que si vous voulez communiquer avec tous les habitants dans leur langue, il faut vous mettre au travail tout de suite ! Cela dit, si vous voyagez dans le Nord, parler quelques mots d'hindi peut être très utile.
Cette diversité peut paraître invraisemblable : en fait, si l'on remarque que l'Inde occupe une surface comparable à l'Europe et compte à peu près autant de monde, on s'aperçoit que la situation est tout à fait proche : il y a autant de différences entre le suédois et le portugais qu'entre le tamoul et le pendjabi. De même que le type hongrois n'a pas grand-chose à voir avec le type irlandais, de même le type dravidien est très différent du type aryen.
Les deux principaux groupes de langues en Inde sont les *langues indo-aryennes* (plutôt au nord) et les *langues dravidiennes* (plutôt au sud et à l'est). Il existe deux autres groupes moins importants.

L'anglais

Il est parlé par seulement 5 % de la population, ce qui fait tout de même 50 millions de personnes. C'est la langue des Indiens cultivés (vous verrez souvent des Indiens se parler en anglais), c'est aussi elle qui a aidé les mouvements indépendantistes anti-anglais à se répandre dans tout le sous-continent. C'est évidemment en anglais que les touristes ont un espoir de se faire comprendre ; et même si les Indiens ont un accent anglais très particulier, ils sont en général assez faciles à comprendre.
Bon à savoir : beaucoup d'Indiens prononcent le « f » comme un « p » (ainsi, on dit « pipteen » pour *fifteen*), le « j » comme un « z » (« zune » – ou « dzune » – pour *june*), les « sh » comme un « s » et non « ch » (« ricksaw » pour *rickshaw*) et le « w » comme un v (« vay » pour *way*)...
– Remarque : les Indiens sont très ouverts à l'égard des étrangers et, de plus, incroyablement curieux, vous assaillant de questions, la première étant traditionnelle : « De quel pays venez-vous ? », puis « Êtes-vous marié ? » *(Where do you come from ? Are you married ?).*

Mots intéressants à connaître en hindoustani

Mots usuels

Namaste, namaskar	bonjour (avec un sourire, le sésame de l'Inde !)
Han	oui
Atcha	d'accord
Nei, nahi	non
Dhaniovad	merci (ce mot n'est presque jamais utilisé car l'hindou ne dit pas merci mais l'exprime par un regard ou un geste ; *choukria,* en revanche, est très usité chez les musulmans)

Aap kaise hain ?	comment ça va ?
Theek hai	ça va
Chaï	thé
Pani	eau
Ketna kahai ?	combien ça coûte ?
Bas	bus
Haspataal	hôpital
Doktar	médecin
Samajsthé	j'ai compris
Pardeshi	étrangers, métèques (en l'occurrence, vous !)
Tchelo	Allons-y, *let's go !*

Petit lexique religieux

Brahmane	la caste supérieure, celle des prêtres (on les reconnaît par le cordon en bandoulière qu'ils portent à même le corps)
Paria	intouchable
Guru	maître spirituel
Sadhu	celui qui a renoncé aux plaisirs matériels pour la prière
Dharma	tout ce qui se rapporte au devoir
Avatar	incarnation d'un dieu
Ahimsa	non-violence
Samsara	cycle de la réincarnation
Yatra	voyage ; par extension, pèlerinage, rassemblement. Par exemple, le Jazz-yatra de Mumbai (festival de jazz) ; Padayatra, manifestation à pied, la marche du Sel de Gandhi
Puja	cérémonie religieuse
Ghâts	gradins. Mais aussi les marches d'accès aux bassins, aux lacs ou aux fleuves sacrés (par exemple les *ghats* de Varanasi ou d'Udaipur). Par extension, ce sont aussi les montagnes longeant la côte ouest, en forme de gradins

Voir aussi la rubrique « Cuisine » dans « Hommes, culture et environnement » pour le vocabulaire des aliments.

LIVRES DE ROUTE

– ***Autobiographie ou mes expériences de vérités*** (1950), de Gandhi (PUF, coll. « Quadrige », n° 203, 2007, 720 p.). L'autobiographie que Gandhi signe ici avec une absolue sincérité doit être considérée comme son héritage spirituel. Fort de sa générosité et de sa soif de vérité, Gandhi est le personnage de notre temps qui a le plus cru en l'homme, en sa dignité, en son devoir de sagesse.

– ***L'Antivoyage*** (1974), de Muriel Cerf (J'ai Lu, n° 3883, 1996 ; à emprunter en bibliothèque). Salué à sa sortie par André Malraux, ce beau récit de voyage révéla Muriel Cerf, partie « aux Indes » à l'âge de 24 ans, en pleine époque hippie. Contrairement à d'autres, elle n'en rapportait pas un document sur l'époque, mais un véritable travail littéraire, bourré de poésie, de lyrisme, d'humour et d'érudition, au style enlevé, marqué par l'influence d'Henry Miller. Le lecteur y trouvera de saisissants portraits de Bombay, Calcutta et Kathmandu.

– ***Cette nuit la liberté*** (1975), de Dominique Lapierre et Larry Collins (Pocket, n° 4182, 2004, 760 p.). Un livre pour tenter de comprendre ce qui, en 1947, provoqua l'indépendance de l'Inde. On peut néanmoins reprocher aux auteurs, dans leur volonté de rendre la lecture plus légère et haletante, de « simplifier » à outrance une histoire qui ne l'est pas.

– ***Les Enfants de minuit*** (1980), de Salman Rushdie (Le Livre de Poche, n° 3122, 1990, 671 p.). Saga baroque et burlesque au cœur de l'Inde moderne, ce roman picaresque contemporain est une truculente autobiographie de l'auteur des fameux *Versets sataniques*. Si vous vous rendez au Cachemire, jetez aussi un œil à *Shalimar le Clown* (Pocket, n° 13003, 2007) : un panorama poignant de l'histoire de la région.

– ***Nocturne indien*** (1984), d'Antonio Tabucchi (10/18, n° 1916, 2004, 130 p.). Bombay, Madras, Goa, autant de lieux, de villes, étapes de ce voyage sur les traces de l'ami disparu. Voyage prétexte, initiation, ce récit s'organise autour de l'équilibre fragile entre le rêve et le réel.

– ***L'Inde où j'ai vécu, avant et après l'indépendance*** (1951), d'Alexandra David-Néel (Pocket, n° 2390, 2003, 410 p.). En 1911, à plus de 40 ans, après avoir quitté son mari et son passé, Alexandra David-Néel arrive aux Indes. C'est le rêve de toute sa vie. Elle y vient, attirée par le mysticisme et par le bouddhisme qui ne cessent de la fasciner. L'Inde dans tous ses états. Une expérience et un récit, que perpétuent des tas d'Européens qui se rendent en Inde pour marcher dans les pas de cette aventurière spirituelle.

– ***Un barbare en Asie*** (1933), d'Henri Michaux (Gallimard, coll. « L'Imaginaire », n° 164, 1986, 238 p.). Dans ce livre, Michaux nous narre avant tout la rencontre spirituelle entre l'intellectuel occidental et l'hindou. Son humour fait du dégât et livre le portrait d'une Inde à mille lieues des clichés. Le genre de livres (rares) qui donnent l'impression d'être un peu plus intelligent après lecture !

– ***Kim*** (1901), de Rudyard Kipling (Folio, n° 4206, 2005). Ce roman d'aventures raconte les tribulations d'un jeune orphelin irlandais dans l'Inde de la fin du XIXe siècle. Le monde indien, avec ses villes mythiques (Bénarès, Delhi, Lahore, Umballa), revit magistralement sous la plume de l'écrivain anglais.

– ***Siddhartha*** (1922), d'Hermann Hesse (Grasset, coll. « Les Cahiers Rouges », n° 82, 2002, 200 p.). *Siddhartha* (un des noms du Bouddha...) est un pur produit du *Bildungsroman* (roman d'initiation) à la mode pendant l'entre-deux-guerres, revisité par le désir de spiritualité qui animait Hermann Hesse. Celui-ci connaissait l'Inde, mais ne cherchez pas de réalisme dans ses descriptions ; époque et lieux restent indéterminés, afin d'accentuer la portée générale du propos. Un roman sur la fusion nécessaire entre l'âme et le corps.

– ***Parias*** (1985), de Pascal Bruckner (Points-Seuil, n° 285, 1997). Ce livre peut choquer par le portrait très dur et le plus souvent désespérant qui est fait de l'Inde contemporaine. Violence, trahisons, assassinats rituels ou non, gourous hallucinés et roublards, misère effroyable et, par-dessus tout, fascination morbide pour le néant sont évoqués dans ce roman, qui oscille constamment entre le réel et l'imaginaire.

– ***L'Hindouisme*** (1983), de Louis Renou (Que sais-je ?, n° 475, 2001, 128 p.). Pour se retrouver quelque peu dans les dédales du panthéon hindou, peuplé des avatars des trois dieux fondateurs, Brahma, Vishnou et Shiva. Il est d'autant plus utile que les principales croyances et prescriptions de l'hindouisme (principe de la réincarnation, division de la société en castes et culte de la non-violence, par exemple) sont très éloignées de notre rationalité occidentale. Une bonne synthèse.

– ***Un garçon convenable*** (1995), de Vikram Seth (Le Livre de Poche, 2 tomes, nos 14327 et 14328, 1997, 922 p. et 858 p.). Devenu un best-seller mondial, ce pavé est considéré comme le roman le plus complet sur l'Inde. Normal : il a fallu 8 ans de travail à Vikram Seth, admirateur de Naipaul et Rushdie, pour arriver à écrire l'équivalent indien de *Guerre et Paix.* La saga d'une grande famille bourgeoise en quête d'un « garçon convenable » pour un mariage n'est qu'un prétexte pour raconter toute l'histoire d'un peuple depuis son indépendance. On croise d'infinies séries de portraits – des nababs aux parias, des artistes aux fanatiques religieux – qui fourmillent pour former un roman truculent, haletant et poétique.

– ***Moi, Phoolan Devi, Reine des bandits*** (1996), de Phoolan Devi (éd. Fixot, 2001). Biographie officielle de la célèbre « Reine des bandits » qui défraya tant la chronique en Inde dans les années 1980. Née dans une famille de *mallahs* dépossédée de ses biens, la petite Phoolan (« fleur » en hindi) subit les pires humiliations qu'une fillette de basse caste puisse connaître. Phoolan choisit la rébellion et deviendra la « Reine des bandits » jusqu'à sa reddition négociée sous le gouvernement d'Indira Gandhi. Un témoignage accablant sur la condition des femmes de basses castes en Inde, recueilli par deux écrivains car, dans son combat, cette « Robin des Bois » à l'indienne ne trouva jamais le temps d'apprendre à lire et à écrire.

– ***Tantra*** (1996), de Daniel Odier (Pocket, n° 4805, 2002, 227 p.). Roman mystique. Partir en Inde et appréhender une infime partie de l'enseignement spirituel, c'est ce que nous propose l'auteur de *Diva.* Il nous raconte comment une yogi lui a enseigné cet art qui allie sexualité et spiritualité. Intéressant.

– ***Loin de Chandigarh*** (2005), de Tarun J. Tejpal (Le Livre de Poche, n° 30760, 2007). Le narrateur, un journaliste qui se rêve écrivain, brûle de désir et d'amour depuis 15 ans pour sa femme, Fizz. Rien ne semble pouvoir altérer cette relation intense, jusqu'à ce que le couple achète une vieille baraque délabrée dans la vallée de Jeolike, sur les contreforts de l'Himalaya, et y découvre 64 carnets dont la lecture va bouleverser la vie du narrateur... Un livre très charnel emporté par une écriture sensuelle et aérienne, pleine de poésie, de finesse, et en même temps d'humour et de couleur. Non seulement l'auteur nous plonge dans une Inde contemporaine qu'on a très rarement l'occasion de lire, mais il nous balade aussi dans l'histoire de son pays tout en se permettant de longs passages à faire rougir le Kama sutra (le titre anglais, *The Alchemy of desire,* reflète beaucoup mieux le contenu du roman que sa traduction française).

– ***L'Âge de Kali, à la rencontre du sous-continent*** (1998), de William Dalrymple (éd. Noir sur Blanc, 2004). Historien, journaliste et écrivain, Dalrymple a parcouru l'Inde une dizaine d'années et partage encore aujourd'hui sa vie entre Londres et Delhi. La vingtaine d'essais présentée ici est le fruit de ses voyages et rencontres dans le sous-continent, donnant des « aperçus », des pistes, pour tenter de comprendre une Inde contemporaine aux multiples facettes. Remarquablement écrit, le tableau que nous brosse Dalrymple est à la fois effroyable et fascinant.

– ***Idées reçues, l'Inde*** (2006), de Pascale Haag et Blandine Ripert (éd. Le Cavalier Bleu, n° 110, 2006, 128 p.). En prenant comme point de départ les idées reçues systématiquement collées à l'Inde (« l'Inde est le pays des maharajas, des fakirs et des vaches sacrées », « l'Inde est un pays sous-développé », « les femmes indiennes sont soumises », etc.), puis en les réajustant ou en les expliquant, les auteurs esquissent en une centaine de pages un portrait de l'Inde concis et pertinent. Parfait pour une première approche du pays.

– ***Intouchable, une famille de parias dans l'Inde contemporaine*** (2002), de Narendra Jadhav (Hachette Littératures, 2005). Économiste de formation, l'auteur a travaillé pour le FMI avant de devenir haut fonctionnaire au ministère des Finances indien. Né en 1953 dans une famille d'intouchables, il retrace dans ce document la vie d'une famille de parias au XXe siècle, avec en toile de fond le combat pour la défense des droits des intouchables mené par le Dr Babasahed Ambedkar. Il s'appuie pour cela sur le témoignage de ses parents et ses propres souvenirs. Si le début laisse craindre un certain sentimentalisme, celui-ci disparaît au fil de la lecture pour laisser place à un récit prenant et instructif.

– ***L'Émeute*** (2001), de Shashi Tharoor (Points-Seuil, n° 1235, 2004). Une Américaine est assassinée lors d'une émeute opposant hindous et musulmans. Le roman retrace les dix derniers mois de sa vie au travers d'extraits de son journal intime et de témoignages de son entourage. En donnant la parole aux représentants des diverses communautés au cœur du conflit, l'auteur donne à entendre les différentes voix de l'Inde et permet ainsi d'appréhender un peu mieux quelques aspects du conflit hindou-musulman (l'histoire d'amour plus convenue qui est le fil rouge de l'histoire, en revanche, nous a moins convaincus). Également l'auteur de *Show Business* (Points, 2007, 416 p.), une grande fresque tragico-comique sur le monde de Bollywood, et du *Grand Roman indien* (Points-Seuil, n° 1047, 2002).

– ***Les Tigres d'Allah*** (2000), de Vikram Chandra (Le Livre de Poche, n° 7282, 2003). Un thriller politique qui ramène bien des décennies en arrière, alors qu'hindous et musulmans vivent en harmonie à Srinagar, capitale du Cachemire indien, un État qui va peu à peu être déchiré par le terrorisme et les conflits. On oublie parfois qu'on lit un thriller (sauf sur la fin, où la course contre la montre reprend), mais l'auteur expose plutôt bien les différentes composantes du conflit cachemiri.

– ***Bombay maximum city*** (2004), de Suketu Mehta (Buchet-Chastel, 2006, 750 p.). Né à Bombay mais parti aux États-Unis avec sa famille à l'adolescence, l'auteur revient dans sa ville natale 20 ans plus tard. Devenu journaliste et père de famille, il se prend en pleine face toutes les aberrations et la démesure de cette ville que, dans l'éloignement, il avait idéalisée. Servi par une plume vive et pleine d'humour, ce superbe tableau de Bombay se dévore allègrement (on vous l'accorde, comme livre de route, ce n'est pas sympa pour votre dos !). Il vous dévoilera des facettes de la ville que vous ne verrez pas forcément sur place (en tout cas, on ne vous le souhaite pas, pour la police comme pour la mafia ! Quant aux bars à filles et au monde de Bollywood...). Une galerie de portraits à l'image de la ville : hallucinante, effrayante, mais envoûtante et attachante.

– ***Le Défi indien : pourquoi le XXIe siècle sera le siècle de l'Inde ?*** (2005), de Pavan K. Varma (Actes Sud, coll. « Babel », n° 798, 2007). Un livre précieux pour qui veut comprendre l'âme et la société indiennes du XXIe siècle. Pavan K. Varma expose les nombreux paradoxes qui interrogent tout étranger aux prises avec l'Inde : permanence du système des castes dans la plus grande démocratie du monde, femmes assassinées pour ne pouvoir payer la dot promise, indifférence et passéisme face à la pauvreté des siens dans une société quotidiennement soumise à la spiritualité, à l'irrationalité et aux superstitions, aux côtés de sociétés d'informatique reines du marché international, etc. Cet ouvrage, best-seller en Inde, intéressera tout voyageur soucieux d'accéder à une réflexion riche d'enseignements sur un pays aux multiples facettes.

– ***La Revue de l'Inde :*** trimestriel en français qui se propose de donner « un autre regard sur l'Inde ». Très orienté économie et politique, vous trouverez néanmoins des témoignages ou des articles consacrés à l'art et la culture ainsi qu'une rubrique santé.

– *N.B. :* les ouvrages concernant plus précisément le ***Rajasthan*** sont traités dans l'introduction de cette région.

MUSÉES ET MONUMENTS

Attention aux heures de visite des monuments. Certains ferment tôt (16h30), d'autres sont ouverts du lever au coucher du soleil. La plupart ont un jour de fermeture hebdomadaire et sont fermés lors de certaines fêtes nationales. Souvent, la billetterie ferme ses portes de 1h à 30 mn avant la fermeture du site. En ce qui concerne les temples, certains autorisent les visites des touristes sur des créneaux horaires très réduits, genre 11h-12h30 ; la plupart ont toutefois des créneaux horaires beaucoup plus larges. Compte tenu des grandes distances à parcourir entre les villes, veillez à bien organiser vos journées pour ne pas arriver trop tard. Par ailleurs, les plus grands sites et musées n'autorisant pas les sacs volumineux à l'intérieur des bâtiments, il vous faudra les laisser à la consigne. Sachez aussi que le gouvernement a augmenté les tarifs d'entrée des principaux monuments du pays (voir plus haut « Budget »).

Dans les temples comme dans les mosquées, une tenue correcte est évidemment exigée. De plus, il faut se déchausser avant d'y entrer (en général, une consigne est prévue, gratuite ou pour 1-2 Rps, rarement plus) : pensez à vous munir de chaussures faciles à ôter. Et en été, mettez des chaussettes (elles sont autorisées), histoire de ne pas vous cramer la plante des pieds sur les dalles !

PHOTOS

L'Inde est une destination qui se prête particulièrement bien à la photo. Ne donnez jamais d'argent en échange d'un cliché. Mais évidemment, pensez à demander l'avis des personnes concernées lorsqu'il s'agit de portraits.
Si vous avez un appareil argentique, vous trouverez des pellicules sur place. En revanche, les développements ne sont pas souvent de bonne qualité. Pour un numérique, on peut acheter des cartes mémoire. Mais s'adresser aux magasins vendant des marques reconnues. Éviter de les acheter dans les bazars, vous auriez toute chance de tomber sur une contrefaçon.

POSTE

Plutôt efficace. Compter une moyenne d'une semaine pour un envoi de l'Inde vers la France, en recommandé, ou plus depuis le fin fond des campagnes. Pour les colis, vous avez le choix entre la *speed-post* (compter une semaine) et *by boat* où les colis mettent 2 ou 3 mois à arriver mais généralement... ils arrivent. Les bureaux sont en général ouverts du lundi au samedi de 10h à 17h, avec une interruption pour le déjeuner. Dans les grandes villes, les horaires sont un peu plus larges et dans les villages, plus restreints (parfois seulement le matin, 2 à 3 fois par semaine). On vous le répète, en règle générale, postez toujours votre courrier vous-même plutôt que de le confier aux hôtels (même chic) et préférez les grandes villes. Toujours le faire tamponner devant vous (on n'est jamais trop prudent). L'affranchissement d'une carte postale à destination de l'Europe vous coûtera quelque 10 Rps et celui d'une lettre 15 Rps.
On trouve des bureaux de ***poste restante*** dans toutes les grandes villes et dans quelques centres touristiques (le guichet ferme souvent plus tôt, vers 16h). On vous conseille de vous faire adresser votre courrier avec le nom d'abord (en majuscules) et le prénom, puis *Postal Restante,* puis la ville, pour éviter que les enveloppes ne s'égarent lors du classement.

SANTÉ

L'Inde, comme tous les États du sous-continent, est l'un des pays du monde où l'hygiène laisse le plus à désirer. Le niveau d'hygiène dépend en effet de deux facteurs principaux :
– *le PNB par habitant :* il est en Inde environ 50 fois plus faible qu'en France, et la répartition des richesses y est encore plus inégale que chez nous ;
– *le climat :* de type tropical dans la plus grande partie du pays, particulièrement favorable à la prolifération de germes en tout genre et de leurs vecteurs.
De plus, par philosophie ou religion, les Indiens n'ont qu'une faible propension à lutter contre les causes les plus évidentes des maladies infectieuses : cadavres d'animaux ou même humains abandonnés le long des routes, animaux dans les rues et les habitations, jusqu'aux rats qu'on laisse proliférer, voire que l'on adore dans certains temples qui leur sont consacrés... Nul étonnement que la peste soit présente dans ce pays à l'état sporadique et explose parfois de manière épidémique, comme en 1994.
Autant dire que les précautions « environnementales » les plus strictes doivent être appliquées pour tout séjour en Inde. En toute première priorité, les précautions

alimentaires « universelles » doivent être strictement suivies : ne pas boire d'***eau*** non contrôlée, sauf si elle est désinfectée *(Micropur DCCNa®),* ou portée à ébullition, ou microflitrée (type *Katadyn®*) ; proscrire les glaçons, et si possible les pailles (à usages répétés et simplement rincées avant d'être resservies), éviter les légumes non cuits ou non méticuleusement lavés et pelés, le lait et ses dérivés non industriels, proscrire tout produit qui aurait pu être congelé (car décongelé, recongelé...). Ces recommandations ne s'appliquent pas pour les restaurants très chic (et très chers) des principales métropoles indiennes, qui sont effectivement aux normes internationales. Restez prudent tout de même en toute occasion.

– Contre le mal des transports, mieux vaut s'équiper avant de partir d'un antinauséeux et antivomissement, à prendre 2h avant le départ.

– *Barbier :* évitez de vous faire raser par l'un de ces nombreux barbiers aux doigts agiles qui œuvrent dans les rues passantes et autour des gares. Car sans tomber dans la parano, la moindre coupure avec un instrument souillé peut représenter un risque de transmission du virus du sida, de l'hépatite A ou de l'hépatite B (mais vous êtes bien sûr vacciné), très répandus en Inde.

Diarrhée

Elles sont extrêmement fréquentes. Des médicaments stoppant les diarrhées peuvent être achetés en pharmacie sans ordonnance, avant votre départ. Votre pharmacien vous indiquera les modalités de prise de ce médicament.

En cas de diarrhée, deux possibilités :

– elle s'accompagne d'une fièvre élevée et/ou d'émissions de glaires, pus ou sang : il faut consulter rapidement un médecin ; idem s'il s'agit d'émissions type « eau de riz » : ce peut être un choléra, très répandu en Inde (mais heureusement rare chez les voyageurs) ;

– il s'agit simplement de selles anormalement molles et normalement colorées, sans fièvre : pas de panique, une simple désinfection intestinale, un antibiotique en une prise, une seule fois, *Ciflox®* ou *Oflocet®* ou *Zithromax®* (2 comprimés), et un ralentisseur du transit intestinal, le *lopéramide (Imodium®)* 2 gélules, puis une après chaque selle non moulée, sans dépasser 6 par 24h.

Paludisme

Rassurez-vous : il n'y en a pas partout et pas tout le temps. Bien noter :

– qu'il n'y a pas de paludisme dans le centre des grandes villes (attention aux banlieues) ;

– qu'il n'y a un risque de piqûre contaminant que du coucher au lever du soleil ; si bien qu'il n'y aura de danger que si vous envisagez de dormir en brousse, dans une petite ville ou dans des banlieues et bidonvilles ; bien entendu, le risque en question augmente pendant la mousson ;

– enfin que, comme partout dans le monde, il n'y a pas de paludisme au-dessus de 1 800 m d'altitude (absence de paludisme au Jammu, ou Cachemire).

Si votre séjour vous expose au risque de paludisme, adoptez les mesures suivantes :

– dès le coucher du soleil, ne portez que des vêtements recouvrant le maximum de surface corporelle ; pour les parties qui restent découvertes, utilisez des crèmes, pommades ou sprays répulsifs antimoustiques réellement efficaces (toutes les 4h le plus souvent) ; la gamme la plus complète de ces produits antimoustiques, conforme aux recommandations de l'OMS et du ministère de la Santé, est celle de *Cooper : Insect Ecran* (adultes, enfants, imprégnation des vêtements), disponible sur● sante-voyages.com● ; sinon, on trouve sur place un produit très efficace : l'*Odomos®*, une crème qui a en plus l'avantage de sentir plutôt bon (et d'être beaucoup moins chère que les produits européens) ; également la gamme *Good Knight®* ;

– ne dormez que sous une moustiquaire, préimprégnée d'insecticide ; ces moustiquaires ne sont pas très faciles à trouver en France ; elles peuvent être achetées sur commande dans certaines pharmacies ou par correspondance, de même que la plupart des matériels et produits utiles au voyageur.
Les produits et matériels utiles aux voyageurs, assez difficiles à trouver, peuvent être achetés par correspondance sur le site • ***sante-voyages.com*** • Infos complètes toutes destinations, boutique en ligne en paiement sécurisé, expéditions *Colissimo Expert* ou *Chronopost.* ☎ *01-45-86-41-91 (lun-ven 14h-19h).* Téléchargement gratuit du catalogue sur page d'accueil du site.
– ***Espace dépôt-vente – boutique vêtements tropicaux :*** *30, av. de la Grande-Armée, 75017 Paris.* Ⓜ *Argentine. Lun-sam 10h-19h.*

Les précautions contre les moustiques sont d'autant plus utiles qu'elles contribuent à la protection contre les autres maladies qu'ils transmettent, en particulier la dengue (maladie épidémique fréquente qui donne une sorte de grippe très corsée), le chikungunya (qui a touché 1,5 million d'Indiens en 2006), l'encéphalite japonaise ou la redoutable leishmaniose viscérale (Kala Azar)...
– Prenez des médicaments préventifs : on recommande pour l'Inde la *Savarine*® (1 comprimé par jour, à commencer la veille de l'arrivée en zone à risque, puis à prendre pendant tout le séjour, et pendant encore 4 semaines après avoir quitté la zone de transmission). La *Malarone*®, beaucoup plus chère, est tout aussi efficace. Si ces mesures sont correctement suivies, le risque de paludisme peut être considéré en pratique comme nul.

Vaccinations

Voir « Avant le départ. Vaccins et centres de vaccinations » au début du chapitre.

SITES INTERNET

Plusieurs sites intéressants consacrés à l'Inde et à ses traditions.
• ***routard.com*** • Tout pour préparer votre périple. Des fiches pratiques sur plus de 180 destinations, de nombreuses informations et des services : photos, cartes, météo, dossiers, agenda, itinéraires, billets d'avion, réservation d'hôtels, location de voitures, visas... Et aussi un espace communautaire pour échanger ses bons plans, partager ses photos ou trouver son compagnon de voyage. Sans oublier *Routard mag,* ses reportages, ses carnets de route et ses infos pour bien voyager.

Les institutionnels

• ***incredibleindia.org*** • Sites de l'office de tourisme indien. En français et en anglais (rubriques plus développées qu'en français). Des cartes claires et assez précises, liste de tous les offices de tourisme (reconnus officiellement) en Inde, et plein d'infos pratiques pour les voyageurs.
• ***indiayellowpages.com*** • Les pages jaunes, pour les grandes villes uniquement.
• ***france-in-india.org*** • Site officiel de l'ambassade de France en Inde. Organigramme de l'ambassade, liste des consulats et des alliances françaises. Surtout réservé à ceux qui veulent s'y installer (une rubrique « Économie » intéressante sur les liens franco-indiens).
• ***indiantravelportal.com*** • Site en anglais, assez complet : infos touristiques, histoire et culture indiennes, etc.

Les autres

• ***kamat.com/mmgandhi*** • En anglais. Site très intéressant consacré au Mahatma Gandhi et à l'indépendance de l'Inde, photos et discours à l'appui.

- ***templenet.com*** En anglais. Répertoire de tous les temples indiens, classés par région, avec leur signification et leur histoire. Lexique pour mieux comprendre les multiples facettes de l'architecture indienne.
- ***http://ganapati.club.fr/voyage/index.html*** En français. Un bon aperçu culturel et social de l'Inde. Pistes de lecture, conseils et photos.
- ***inde-en-ligne.com*** En français, plein d'infos sur l'Inde (culture, histoire, tourisme, infos pratiques, liens).
- ***elishams.org*** En français. Site très riche, géré par un passionné de l'Inde et de l'hindouisme. Plein d'infos sur les lieux saints de l'hindouisme, les fêtes religieuses, la culture, etc.
- ***hindukids.org*** En anglais. L'hindouisme expliqué aux enfants sous forme d'animations.
- ***jaia-bharati.org*** En français. Une association dont le but est de faire connaître la civilisation indienne et sa culture.
- ***tlfq.ulaval.ca/axl/asie/indeacc.htm*** En français. Étude complète sur les langues indiennes et les politiques linguistiques mises en place par le gouvernement. Pour les spécialistes !
- ***memo.fr/dossier.asp ?ID=141*** En français. L'histoire de l'Inde résumée, des origines à nos jours, avec des cartes lisibles.
- ***http://discipline.free.fr/inde.htm*** En français. Pour tout savoir sur le symbolisme des couleurs en Inde.
- ***franceinindia.com*** En français. Sorte de forum animé principalement par des expats français en Inde. Pas mal d'infos, en particulier pour ceux qui voudraient tenter l'aventure professionnelle.
- ***peopollywood.com*** En français. Un site consacré aux people, et rien qu'aux people indiens. Si ! Vous saurez tout des dernières frasques des stars de Bollywood...
- ***aujourdhuilinde.com*** Site d'information généraliste francophone en Inde. Plutôt sérieux, et une navigation aisée.

TAXES ET POURBOIRES

En Inde, les taxes sont rarement incluses dans le prix des services offerts, des chambres, des menus. Elles peuvent varier de 4 à 35 % selon le secteur d'activité (hôtellerie ou restauration), la catégorie de l'établissement et l'État ! Alors ne les oubliez pas, en particulier dans les établissements « Prix moyens » ou « Chic », qui appliquent une « super-taxe de luxe ». Cela dit, nous en tenons compte dans les prix que nous indiquons dans le guide.
Depuis 2005, histoire d'assainir et d'homogénéiser un peu les finances publiques, un certain nombre de produits courants (alimentaires pour la plupart) sont assujettis à une TVA de 10 % identique dans tout le pays : une vraie révolution, puisque jusqu'à présent chaque État fixait ses propres taxes, certains, aux conditions de vie particulièrement dures (tel le Ladakh) en étant carrément dispensés. Sachez cependant que cela ne concerne guère les touristes, qui achètent rarement un sac de riz ou un bidon d'huile...
Et si vous craquez pour une nuit dans un hôtel un peu chic, évitez d'en utiliser les services. Un fax pour l'Europe coûte environ 130 Rps (2 €) s'il est envoyé de la poste ou d'une boutique, mais jusqu'à 400 Rps (6,20 €) dans un hôtel de luxe !
Dans les restos, l'usage est de laisser un pourboire, mais ce n'est pas une obligation. Si vous le souhaitez, vous pouvez laisser un montant de 5 à 10 % inversement proportionnel à la valeur totale de la note. Si vous avez loué une voiture avec chauffeur, il est également d'usage de lui laisser un billet (50 à 100 Rps, moins de 1,50 €) à la fin de la journée. Dans les hôtels chic, on laisse normalement le pourboire en partant. Bien sûr, vous entendrez souvent pour un peu tout et n'importe quoi « Bakchich, bakchich », mais bon, là, ce n'est plus spécifiquement de pourboire dont on parle...

Pour ce qui est des taxes d'aéroport, voir « Avant le départ. Formalités d'entrée » au début de ce guide.

TÉLÉPHONE – TÉLÉCOMMUNICATIONS

Téléphone et fax

On trouve partout des boutiques téléphoniques signalées par de grands panneaux jaunes et noirs : *STD-ISD-PCO* (les trois réseaux). Pratique et vraiment pas cher, du moins pour les appels locaux (à peine 1 Rp/mn vers un fixe), le plus avantageux, moyennant une commission d'environ 2 Rps par appel. Compter environ 7 Rps/mn pour un appel vers un portable. Elles disposent souvent de petites cabines individuelles et, la plupart du temps, de fax. La communication est souvent instantanée pour l'étranger.

Attention : une nouvelle numérotation a été progressivement mise en place. Nous avons effectué les changements connus au moment de l'impression, mais d'autres peuvent survenir pendant votre voyage : renseignez-vous.

– ***Inde → France :*** composer le ☎ 00 + 33 + numéro du correspondant sans le « 0 » initial.

– ***France → Inde :*** composer le ☎ 00 + 91 + indicatif de la ville, sans le « 0 » + numéro du correspondant.

– Renseignements internationaux en Inde (fonctionne en principe dans tout le pays) : ☎ 187.

– Pour les appels en France, en PCV ou avec une carte de paiement : ☎ 000-33-17.

Indicatifs des villes (faire précéder par un « 0 » à l'intérieur du pays)

Kolkata	**33**	Jodhpur	**291**	New Delhi	**11**
Darjeeling	**354**	Varanasi	**542**	Agra	**562**
Jaipur	**141**	Mumbai	**22**	Udaipur	**294**

Internet

Dans les villes importantes ou villages touristiques, vous n'aurez aucune difficulté à trouver des centres Internet, souvent couplés avec un STD/ISD/PCO. Pas mal d'hôtels ou de petites *guesthouses* proposent également ce service. Compter en général 20 à 40 Rps (0,40 à 0,70 €) de l'heure. Attention, dans certains coins très touristiques, comme Jaisalmer, ou lorsque la concurrence fait défaut, les tarifs grimpent sensiblement (jusqu'à doubler).

Téléphone portable

Vous pouvez utiliser votre téléphone portable en Inde si vous avez une extension internationale (contactez votre opérateur avant votre départ). Sinon, vous pouvez acheter une *SIM Card* (à partir de 250 Rps, soit 3,80 €), ainsi qu'un « coupon » (doté d'un crédit) pour l'activer... dans les nombreuses boutiques des opérateurs. Il existe plusieurs opérateurs en Inde : *Vodafone*, *Hutch* et *Airtel* offrent la meilleure couverture du territoire. En fait, c'est surtout intéressant si vous restez quelque temps ou avez besoin d'être joint ; autrement, préférez les téléphones fixes locaux, plus économiques.

TRANSPORTS INTÉRIEURS

L'avion

Prendre l'avion en Inde revient cher, les vols intérieurs sur les compagnies régulières coûtant à peu près le même prix qu'en France. Plusieurs compagnies assurent

les liaisons entre les principales villes de l'Inde. Sur place, on peut acheter en librairie le fascicule *Excel's* (près de 40 Rps, soit 0,70 €), qui recense l'ensemble des vols dans le pays et même sur certaines destinations comme Kathmandu ou Dhaka au Bangladesh.
Également un très bon site pour connaître les vols intérieurs aux meilleurs prix et même acheter votre billet en ligne : • cleartrip.com •

Les compagnies régulières

■ ***Indian Airlines :*** ☎ *1800-180-1407 (central d'appel national depuis l'Inde).* • *indianairlines.in* • La compagnie d'État, qui est en train de fusionner avec *Air India,* affectée aux vols internationaux.

■ ***Jet Airways :*** *9, rue de Téhéran, 75008 Paris.* ☎ *01-49-52-41-15.* • *paris@jetairways.com* • *jetairways.com* • Ⓜ *Miromesnil.* Excellente compagnie qui assure, avec 47 destinations à travers toute l'Inde, la plupart des liaisons intérieures importantes. Propose également des *passes* pour tout le pays ou par État, et quelques vols internationaux quotidiens comme Delhi-Kathmandu, Delhi ou Mumbai-Londres, Mumbai-Singapour, Chennai (Madras)-Kuala Lumpur et Chennai (Madras)-Colombo.

■ ***JetLite :*** • *jetlite.com* • Anciennement *Air Sahara* et rachetée en 2006 par *Jet Airways,* cette compagnie nouvelle génération est plus ponctuelle et confortable qu'*Indian Airlines,* mais propose moins de liaisons et de fréquences que *Jet Airways.* Bon service à bord.

■ ***Kingfisher Airlines :*** ☎ *1600-1800-101 ou (91) 124-284-4700.* • *flykingfisher.com* • Au vu de ses profits colossaux, le n° 1 de la bière indienne (qui porte en fait un très joli nom d'oiseau) a ouvert sa propre compagnie aérienne. Compagnie lancée en 2005 qui, elle aussi, propose plus de confort, plus de ponctualité. Une flotte toute neuve et bien entretenue, avec des prix comparables à *Jet Airways.*

Les compagnies low-cost

En Inde comme un peu partout dans le monde, on assiste au développement de ces compagnies qui permettent, pour des prestations réduites au strict minimum, de couvrir de longues distances rapidement et à moindres frais. Les billets s'achètent sur le site internet de la compagnie (attention, aux dernières nouvelles, *Go Air* n'acceptait pas les cartes de paiement internationales), ou bien dans certaines agences de voyages (mais dans ce cas, celles-ci prendront forcément une petite commission).

■ ***Spice Jet :*** ☎ *1800-180-33-33.* • *spicejet.com* • Une *low-cost* fiable qui semble durer. Elle dessert les aéroports d'Ahmedabad, Badgogra, Bangalore, Chennai (Madras), Delhi, Goa, Hyderabad, Jaipur, Jammu, Kochi (Cochin), Kolkata, Mumbai, Port Blair, Pune, Srinagar, Jaipur, Varanasi et Guwahati. Le *Domestic Airport* de Delhi est l'aéroport relié par des vols directs à toutes les autres villes. Prix souvent de moitié inférieurs à ceux d'une compagnie traditionnelle. Pour bénéficier des meilleurs coûts, s'y prendre le plus tôt possible (plus la date du départ approche, plus le prix augmente). Acheter ses billets sur Internet permet une petite économie et, sur certains vols, prendre directement un aller-retour plutôt qu'un aller simple reviendra un peu moins cher.

■ ***Go Air :*** ☎ *1800-222-111.* • *goair.in* • Compagnie créée en 2005 qui propose des vols environ 40 % moins chers que les compagnies traditionnelles. En revanche, à bord, la moindre chose à boire ou à manger est vendue à prix exorbitant !

■ À noter également, les compagnies ***Air Deccan*** (• *airdeccan.net* •) et ***IndiGo Airlines*** (☎ *1800-180-38-38.* • *goindigo.in* •). Créées respectivement en 2003 et 2005, elles aussi proposent des vols *low-cost.* Très nombreuses destinations domestiques desservies, à des prix très concurrentiels. Aucun accident n'est à déplorer, mais l'entretien, semble-t-il, laisse à désirer pour *Air Deccan.*

Les forfaits d'Indian Airlines

– ***Forfait Discover India :*** c'est un billet valable 1 (à certaines conditions), 2 ou 3 semaines, qui permet de s'arrêter aussi longtemps qu'on le souhaite dans chacune des 62 villes desservies, à condition de ne pas faire escale 2 fois dans la même (sauf pour assurer une correspondance). Il est payable en dollars (ou autres devises). Valable uniquement à l'intérieur de l'Inde (donc pas pour Kathmandu ou Colombo).
Il est généralement nécessaire de réserver 10 à 15 jours avant la date de départ. On a donc peut-être intérêt à réserver ses vols intérieurs de Paris, afin de ne pas se trouver devant des vols complets.
Information pour qu'il n'y ait pas de surprises : retenir un itinéraire, c'est chouette, mais attention au libellé des tickets. Quand c'est marqué OK, pas de problème, mais sur certains trajets il est écrit RQ *(requested).* Cela veut dire qu'il faut reconfirmer le vol 72h avant, et encore, il n'y a aucune garantie d'avoir de la place... Ça arrive fréquemment à Srinagar, Delhi et Leh, ainsi que sur le parcours Varanasi-Agra. À part ça, les billets non utilisés pour cause de *full-up* sont remboursés par la compagnie. On vous dira aussi que le vol est complet. Si vous désirez partir, allez quand même à l'aéroport ; on arrive souvent à avoir des places en liste d'attente.
– Également d'autres forfaits, comme ***L'Inde à prix magique,*** par exemple. Renseignez-vous sur place pour étudier celui qui vous convient le mieux.
– ***Réduction étudiants :*** ceux-ci bénéficient, en principe, sur présentation de leur carte, d'une réduction de 25 % sur les vols intérieurs (en correspondance avec un vol international) avec *Indian Airlines.* Payable en dollars ou carte de paiement aussi bien qu'en roupies. Pour les vols à destination de Kathmandu, *Indian Airlines* et *Royal Nepal (RNAC)* offrent une réduction de 25 % aux étudiants, sur présentation de la carte internationale.

Quelques conseils

– La première chose à faire (pour les vols intérieurs) est d'établir votre itinéraire et de le soumettre à un employé d'*Indian Airlines,* dans une grande ville. Il en calculera le coût, avec les différentes réductions auxquelles vous avez droit, et vous verrez alors s'il est rentable de prendre un de leurs forfaits (pas évident, d'autant que le forfait *Discover India* doit être réservé au départ, alors que la réduction étudiants peut être faite à n'importe quel moment, et n'importe où). De plus, sur certains trajets, il n'est pas plus rapide de prendre l'avion que le train, compte tenu des correspondances.
– Si vous désirez changer la date de votre vol et qu'il n'y a apparemment pas de place, inscrivez-vous sur plusieurs listes d'attente. Enfin, sachez que si les avions sont souvent complets (surtout en avril, mai et juin, période des vacances scolaires en Inde), il ne faut pas que ça vous empêche d'essayer, même à l'aéroport : il y a souvent des *no show* ; vous pourrez embarquer à la dernière minute.
– Pensez à ***reconfirmer impérativement*** vos vols au moins une fois en donnant votre numéro de réservation *(booking reference)* à la compagnie aérienne, surtout si vous avez un billet électronique. Le *surbooking* n'est pas rare !
– Sur *Air India* et *Indian Airlines,* les retards sont fréquents. Pensez à vérifier l'horaire avant de vous rendre à l'aéroport. De plus, venir au moins 3h avant le départ pour un vol international, car le *surbooking* est une pratique courante, alors méfiez-vous : certains touristes ayant reconfirmé leur vol se sont, malgré tout, retrouvés sur le carreau... Venir 2h avant pour un vol intérieur.
– *ATTENTION :* les taxes (taxe d'aéroport et taxe passager) au départ de l'Inde (pour l'Europe) sont assez élevées. Si vous voyagez avec les principales compagnies internationales, ces taxes sont déjà incluses dans le prix de votre billet et vous n'aurez donc rien à payer à l'aéroport (c'est le cas notamment avec *Air India* et *Air France*). C'est moins vrai avec les compagnies charters. Conserver environ 500 Rps (9,10 €) par personne à régler sur place. Renseignez-vous pour ne pas être pris au dépourvu !

– Obligation de payer en devises (euros ou dollars) ou avec reçu de change (ou d'ATM), sauf dans quelques petites villes où les étrangers sont rares.
– Enfin, sur les vols intérieurs, non seulement les couteaux ou objets tranchants sont strictement interdits en cabine mais aussi les piles (d'appareil photo notamment), briquets ou allumettes ; mettez-les en soute, car on peut vous les confisquer.
– Attention : en Inde, avant d'enregistrer ses bagages destinés à partir en soute, il faut les passer au *security check* (qui se trouve normalement à l'entrée du hall des départs, devant les comptoirs d'enregistrement). Chaque compagnie a son propre scanner (ou elles en partagent un à 2 ou 3). Les bagages sont alors « ficelés » et une petite étiquette est apposée. Impossible de les rouvrir ensuite.

Le train

L'Inde a un réseau énorme : tous les jours, quelque 11 000 trains desservent les 6 850 gares que compte le pays ! C'est un moyen de transport bon marché (enfin, ça dépend de la classe !) et efficace mais souvent bondé puisque, tous les jours, plus de 13 millions de personnes se déplacent grâce au rail.
– Pour connaître les ***horaires*** des trains *express* (ceux que vous prendrez principalement), achetez la brochure *Trains at a glance,* en vente pour 35 Rps dans tous les kiosques à journaux des gares. Très utile et pas trop difficile à utiliser... une fois qu'on a compris le système. En gros, reportez-vous à la liste des principales gares du pays, au début du manuel, puis cherchez, sous la gare de votre choix, la destination qui vous intéresse. En face de celle-ci, les numéros rouges renvoient à la grille d'horaires de la ligne en question, tandis que les numéros noirs correspondent aux numéros des trains repris dans cette grille. Si vous ne trouvez pas la gare qui vous intéresse, ou la destination que vous cherchez au départ de celle-ci, utilisez la carte du réseau dans les premières pages du livre, elle reprend toutes les lignes des trains *express* avec les numéros de leurs grilles d'horaires.
Sinon, vous pouvez aussi trouver les horaires et tarifs sur le site • indianrail.gov.in • Choisissez la rubrique « Train enquiry », puis « Find your train » : entrez les noms des gares de départ et d'arrivée et, en principe, s'affichent les heures des trains qui les relient. Pour chacun, vous avez accès aux tarifs, disponibilités et types de classe. On peut même réserver en ligne désormais mais, entre nous, c'est plus compliqué que dans une vraie gare. En revanche, si vous avez un billet « WL » (*waiting list,* c'est-à-dire en liste d'attente), vous pouvez théoriquement suivre l'évolution de votre rang... en fait, il y a encore des bugs, et il vaut mieux aller directement vérifier aux guichets en gare... mais ça devrait finir par être plus fiable. Également le site • indianrailways.gov.in •

Les différentes sortes de trains

En gros, il y a deux sortes de trains en Inde : les ***express,*** c'est-à-dire les trains des grandes lignes, qui relient les villes importantes du pays, et les autres, dits ***« passenger trains »,*** qui circulent plus localement et s'arrêtent partout (omnibus, quoi). Vous, vous prendrez surtout les premiers, ceux qui figurent dans le *Trains at a glance.* Parmi eux, certains font même figure d'ultra-rapides, comme les *Rajdhani Express,* qui relient Delhi aux autres grandes villes indiennes, ou encore les *Shatabdi Express,* très fréquentés par les touristes dans la vallée du Gange.

Les différentes classes

Seuls les *express trains* offrent différentes classes. Attention, il y a une grande différence de prix entre elles ! En fait, il existe seulement deux vraies classes, mais voici les différentes appellations auxquelles vous aurez généralement affaire :
– ***1A (ou AC first class) :*** la 1re classe. Elle est toujours climatisée et propose 2 à 4 couchettes (que l'on rabat pendant la journée) dans des compartiments fermés. Assez cher, mais aussi luxueux que des wagons-lits en Europe.

– ***2A :*** la 2e classe, climatisée aussi. Là, on voyage dans un compartiment équipé de 4 couchettes en skaï (un peu plus dures qu'en 1re classe), et séparé du couloir par un rideau. En général, les wagons sont fermés la nuit.
– ***3A :*** toujours climatisée mais, là, il y a 6 couchettes dans les compartiments et aucune séparation entre ceux-ci et le couloir. À notre avis, c'est la classe qui offre le meilleur rapport prix-confort.
– ***SL :*** même chose que la précédente, sans la clim'. On est déjà dans une classe plus populaire, avec des wagons ouverts à tous vents ou, au contraire, un peu suffocants ! C'est la classe la plus présente dans la plupart des trains.
– ***II (ou General Class) :*** la classe populaire ! Ici, il n'y a plus que des banquettes en bois... surmontées de porte-bagages en fer eux-mêmes souvent utilisés comme banquettes ! C'est sale, bondé et inconfortable (on vous la déconseille pour les longs trajets) mais c'est là que vous trouverez le plus de vie...
– Enfin, certains trains ne proposent que des ***chair cars*** *(CC),* c'est-à-dire des wagons (climatisés) avec uniquement des sièges, sorte de trains corail. C'est moins cher que la classe *3A* (sauf sur le *Shatabdi Express*) mais plus cher que la classe *SL,* bref, ce peut être une solution intermédiaire.

Comment acheter son billet ?

Seule la classe II (la plus populaire, sans couchette) ne requiert pas de réservation. Pour toutes les autres donc, il faut réserver sa place... de préférence 1 ou 2 jours à l'avance (au moins !), et même 10 jours à l'avance en très haute saison touristique (décembre-janvier) et en période de vacances scolaires indiennes (mai-juin), pour les destinations les plus prisées.
– Pour ce faire, c'est simple : se rendre au ***reservation centre*** des gares (quasiment toutes les gares en ont un), remplir une fiche de réservation (qu'on trouve en général sur des présentoirs) et la remettre au préposé du guichet, après avoir fait la queue. La fiche en question se nomme *reservation/cancellation requisition form.* Vous devez y inscrire le nom et le numéro du train que vous voulez prendre, la date de départ, la classe dans laquelle vous souhaitez voyager, les gares de départ et d'arrivée, votre nom, âge, sexe, adresse et même (on se demande pourquoi) votre numéro de téléphone... L'employé au guichet vous imprimera un billet où figurent le numéro du wagon et celui de votre siège/couchette (attention, il se peut qu'au moment de payer, on vous demande de montrer des bordereaux de change ou tickets de DAB). Ces numéros de wagons et de place, vous les retrouverez sur le wagon lui-même, sur une liste affichée à côté de la porte d'entrée, histoire de vérifier que vous êtes bien dans le bon compartiment du bon wagon du bon train...
– ***Mais faites bien attention au billet que l'on vous remet. S'il ne reste plus de place*** dans le train que vous voulez prendre, le préposé au guichet vous inscrira quasiment d'office sur une liste d'attente *(waiting list)* dans l'espoir qu'une ou plusieurs places se libèrent, ce qui, en fait, arrive assez fréquemment. Le problème est que le guichetier ne vous dira pas forcément au moment de l'achat du billet que vous êtes en liste d'attente. N'oubliez pas de le lui demander clairement. Sinon, vérifiez votre billet, c'est mentionné : l'inscription *WL/35,* par exemple, signifie que vous êtes 35e sur la *waiting list.* Bien sûr, vous pouvez refuser l'inscription sur la liste d'attente. Cela est aussi valable si vous passez par une agence pour acheter votre billet. Si vous êtes sur la liste d'attente, renseignez-vous alors sur l'évolution des choses au *TTE office,* où se trouve le *chief ticket inspector,* ou même, c'est désormais possible, sur Internet (attention aux bugs, quand même fréquents). Bien entendu, si vous montez dans le train alors que vous êtes sur la liste d'attente, vous aurez droit à une amende. Savoir aussi qu'il existe pour tous les trains importants un *tourist quota,* c'est-à-dire un certain nombre de places réservées aux touristes étrangers. Un certain nombre de places sont réservées aux différents quotas (touristes, militaires, invalides, etc.), et ces places sont libérées le jour du départ, donc pas d'affolement !

– Si vous voulez obtenir une réservation dans un train *moins de 2h* avant son départ, foncez au *current counter,* sorte de guichet de la dernière chance où, après avoir servi ceux qui se trouvaient sur la liste d'attente, on vous attribuera une place s'il en reste.
– Enfin, nos lecteurs qui désirent faire l'expérience de la classe II (la classe populaire) iront au *booking office,* qui n'est autre que la billetterie générale. Mais là, faites preuve de sang-froid : les queues sont parfois longues, et les préposés prennent leur temps ! À ce propos, sachez que les Indiens ont l'habitude de se presser les uns contre les autres dans les files d'attente : donc, laisser 50 cm entre votre prédécesseur et vous revient à inviter le resquilleur à prendre votre place. Faites comme eux : collez-vous au dos précédent ! À la longue, on s'y fait. Si vous êtes une fille, prenez la file *ladies.*
– Changer ou annuler son billet : comme partout, c'est évidemment possible, avant le départ du train bien entendu. Si vous l'annulez purement et simplement, vous serez remboursé, sauf une petite taxe perçue pour l'annulation. De toute façon, l'employé vous remettra un ticket qui détaillera bien l'opération : il ne vous restera plus qu'à vérifier votre monnaie.
– Et puis, encore une info : il existe un forfait (l'*Indianrail Pass*) qui permet de prendre le train librement dans tout le pays pour une période allant de quelques jours à 3 mois, mais il n'est intéressant que si on voyage énormément. Mieux vaut donc acheter les billets au coup par coup.

Les gares indiennes

Il y règne une atmosphère toute particulière, surtout la nuit. Vous pouvez vous en faire une idée en consultant le magnifique recueil de photos de Bernard Lachaud, *Inde, l'ombre des gares,* aux éditions France Delory (2002). Sinon, les gares indiennes sont souvent assez sales, mais bien équipées. On y trouve :
– ***des salles d'attente*** *(waiting rooms)* **:** il y en a presque toujours au moins deux, *Upper class for gents* et *Upper class for ladies,* « *upper class* » se référant en réalité à toute classe à réservation obligatoire. Donc, si vous avez un billet avec réservation, aucun problème pour en profiter (sans compter qu'on ne renvoie guère les touristes). Elles ne sont pas trop fréquentées et souvent à l'écart du tumulte de la gare, ce qui en fait un bon endroit où passer (voire dormir) 1h ou 2 en attendant son train. Si vous êtes en couple et que vous ne tenez pas à vous séparer, allez dans la salle d'attente pour hommes, on ne fera en général pas d'histoires. La plupart du temps, elles disposent aussi de sanitaires avec douches ;
– ***des consignes à bagages*** *(cloakrooms)* **:** possible d'y déposer ses affaires avant de dormir dans les salles d'attente, ou pour ne pas s'encombrer lors de la visite d'une ville. Votre bagage doit en principe être fermé à clé ou cadenassé, mais s'il n'y a pas d'objets de valeur dedans, il arrive qu'on l'accepte non verrouillé ;
– ***des petites cafétérias*** *(refreshment rooms)* **:** pas toujours très engageantes, quoiqu'elles aient tendance à se moderniser dans les grandes villes. Elles proposent des repas simples et, évidemment, très bon marché ;
– ***des retiring rooms*** **:** voir plus haut « Hébergement ».

Quelques remarques sur le train

Première mise au point : le train est en Inde le moyen de transport le moins cher et, donc, le plus souvent utilisé par les touristes. Croire que l'on peut voyager en Inde sans ticket est un mythe : amendes élevées.
Sachez d'abord qu'il y a beaucoup de vols dans les gares et dans les trains. Pour éviter de devoir garder constamment un œil sur vos affaires, pensez à les attacher avec une chaîne et un cadenas (on en vend partout) aux barreaux de votre compartiment. Faites gaffe aussi dans les gares, notamment quand vous achetez votre billet de train.
Les trains indiens, contrairement à ce qu'on pourrait penser, sont relativement propres, w-c compris. Ils roulent en général assez lentement et klaxonnent continuellement (évitez les wagons de tête si vous comptez fermer l'œil pendant la nuit).

Les horaires sont à peu près respectés au départ, mais les trains ont tendance à musarder en cours de route. Par conséquent, plus on embarque loin du point de départ du train, plus celui-ci a du retard. Pour se tenir au courant des horaires réels, contacter le bureau des *Enquiries* de la gare.
Dans toutes les classes à réservation obligatoire, il est possible de commander à manger dans le train. Choix entre 2 menus (végétarien ou non), et on vous apporte le repas (un plateau) dans votre compartiment. N'hésitez pas à le faire, on est généralement bien servi et c'est bon marché !
Enfin, même s'ils ont tendance à observer les Européennes (plus par curiosité qu'autre chose), les Indiens ne sont pas de mauvais bougres. Certaines déconvenues, heureusement fort rares, nous ont toutefois été signalées, particulièrement au Rajasthan et sur la ligne Varanasi-Jaipur.
Allez, sur ce, bon vent !

Le bus

Pas trop de files d'attente et généralement moins bondé que le train. Cependant, pour des voyages d'une durée supérieure à 5h, évitez de prendre le bus, surtout la nuit. D'une part, vous aurez du mal à y dormir à cause de la musique (penser aux boules Quiès). D'autre part, c'est dangereux : en effet, les chauffeurs de bus la nuit, c'est de la folie furieuse. Outre l'état des routes (pas top), les chauffeurs, pour tenir le coup, se shootent tous plus ou moins au « bhang ». Le jeu de mots est facile, mais en pratique ça fait « boum ». Résultat : 10 morts en moyenne chaque nuit.
Pour calculer vos temps de trajet, prenez une moyenne de 30 à 40 km/h, pas plus. Parfois plus rapide, si l'état des routes le permet. Pas de réduction étudiants. Bref, le bus reste supportable grâce aux pauses *chaï, lunch...*
On distingue cinq catégories de bus :
– *les AC deluxe :* très confortables, ils ressemblent à nos bus européens ; assez rares en définitive ;
– *les deluxe :* avec sièges inclinables, ventilos et parfois vitres teintées ;
– *les semi-deluxe :* pas beaucoup mieux que les *express,* mais généralement plus spacieux (une rangée de sièges en moins) ;
– *les express :* identiques aux bus ordinaires, ils ne s'arrêtent toutefois que dans les villes ;
– et enfin les *bus ordinaires...* pas nécessaire de vous faire un dessin ! Le tarif des bus ordinaires équivaut à peu près au prix du train en classe II *(General Class).*
Pensez, s'il fait chaud, à prendre des serviettes de toilette pour mettre sous les fesses et derrière le dos. Car, avec la chaleur, bonjour le skaï ! Par ailleurs, un petit sac en plastique, en cas de mal des transports (fréquent), peut s'avérer bien utile !
À noter que les gares routières sont souvent éloignées des gares ferroviaires ; pas pratique si l'on souhaite changer de monture ! Par ailleurs, sachez que les bus s'arrêtent souvent sans difficulté en dehors des arrêts officiels (demandez au contrôleur de vous laisser descendre au plus près d'un site ou de votre hôtel).

Le vélo

Essayez, quand c'est possible, de louer un vélo. C'est vraiment avantageux et on est plus libre qu'avec un rickshaw qui, lui, vous mène où il veut. On en trouve à peu près partout. Vérifiez que le cadenas fonctionne bien, et l'état général de l'engin (souvent il n'y a pas de sonnette) ; et soyez prudent quand même. Les tarifs varient, mais comptez en moyenne 30-50 Rps (moins de 1 €) la journée.

Le rickshaw

Le terme *rickshaw* regroupe à la fois les auto-rickshaws (motorisés) et les vélos-rickshaws non motorisés (mais nettement moins nombreux et souvent moins efficaces)... Les rickshaws (du japonais *jin riki sha* : « véhicule propulsé par l'homme »),

surtout dans le Nord, à Agra et Varanasi notamment, touchent une commission des boutiquiers et des hôteliers. Il existe parmi eux de nombreux spécialistes de l'arnaque. Dans certaines gares, la nuit, à la descente du train, vous serez assailli par les chauffeurs de rickshaw brandissant les cartes de visite ou même les livres d'or d'hôtels avec lesquels ils ont « pactisé ». Si vous leur demandez de vous conduire dans un hôtel où ils ne sont pas commissionnés, il leur arrive parfois de refuser tout simplement de vous y emmener, ou de vous raconter des bobards : il a brûlé, ou fermé... Un comble ! S'ils acceptent, ils peuvent aussi bien vous déposer devant un autre hôtel. Insistez là encore fermement. Au pire, menacez-les d'aller chercher la police. Pour éviter ces désagréments, demandez qu'ils vous déposent dans la rue de votre hôtel plutôt qu'à l'hôtel. Quoi qu'il en soit, demandez toujours qu'ils mettent le compteur. S'ils refusent (et ce n'est pas rare !), négocier toujours le prix AVANT la course et renseignez-vous auprès d'un Indien pour en connaître le prix approximatif, histoire de pouvoir le négocier avec plus de fermeté et d'assurance. Si l'on est deux, TOUJOURS se faire bien préciser si le prix annoncé est pour 1 ou 2 personnes.
Dans certaines villes, le prix au compteur n'est pas celui à payer, demandez alors la *tarif card.*
La version collective du rickshaw, le *tempo,* peut être très utile pour visiter des environs de ville et des villages.

La voiture

Si vous louez une voiture (à partir de 3 personnes, il n'y a même pas à hésiter : 800 à 1 600 Rps, soit 12,30 à 24,60 € par jour selon les régions et les saisons), surtout bien vérifier l'état du véhicule. De toute façon, quitte à louer une voiture, on vous conseille sans hésitation de prendre un chauffeur (d'ailleurs, la plupart des loueurs l'imposent) : ce n'est pas beaucoup plus cher (voire moins cher, car les loueurs tiennent à leur voiture !), et vous ne le regretterez pas quand vous aurez réalisé à quel point il est difficile (et dangereux) de conduire dans ce pays ! En Inde, les voitures de location sont encore bien souvent des *Ambassador* (ce qui vous donne des airs de maharaja !), mais des véhicules plus modernes les remplacent peu à peu (faut dire que ça consomme quantité de fioul, ce bestiau). Les voitures de location ont des plaques d'immatriculation avec des inscriptions écrites en noir sur fond jaune. Si ce n'est pas le cas, il ne s'agit pas alors d'une voiture autorisée pour le transport des touristes et il y a entourloupe ! En changeant d'État, les voitures de location doivent s'acquitter d'une taxe dont le montant diffère d'un État à l'autre. Les agences SÉRIEUSES incluent le montant de cette taxe dans le prix de la location. Et, bien évidemment, c'est au chauffeur de régler, ça fait partie des frais de l'agence de location, tout comme l'essence. Bien vérifier ces deux points lors de la signature du contrat pour éviter toute arnaque..., ainsi que le kilométrage autorisé par jour (en général, le forfait à la journée est basé sur 200 km/jour ; autrement, les loueurs ne rentreraient pas dans leurs frais).

État des routes

– En général, assez mauvaises et étroites (bien souvent une seule bande de circulation), mais fréquemment goudronnées. Toujours en réparation ! Le métier de cantonnier, pénible s'il en est, nourrit une importante partie de la population (beaucoup de femmes, comme par hasard). En période de mousson, les routes et les ponts sont parfois coupés, surtout dans le Bihar, obligeant à de grands détours. De plus, à cette période, il y a une recrudescence de monde. Entre les buffles, les charrettes, les singes, les éléphants, les dromadaires, les vélos, les piétons, on roule à peu près à 60 km/h en vitesse de pointe.
– Excepté dans le Rajasthan et sur les nouvelles 4-voies en construction autour de Delhi, il y a assez peu de circulation, à part les camions qui roulent assez lentement. Malgré leur lenteur, ils ont du mal à se laisser doubler. Quand vous les croisez,

autant ne pas apprendre à vos dépens qu'il vaut mieux carrément s'arrêter sur le bas-côté, quitte à s'embourber. La route Delhi-Jaipur-Udaipur (Highway), à deux fois deux voies et récemment refaite, peut être assez angoissante à cause de l'invasion des camions qui assurent la liaison Delhi-Mumbai, de jour comme de nuit. On peut d'ailleurs voir de nombreux engins renversés sur les bas-côtés, en travers de la chaussée ou carbonisés ; les Indiens en turban gardant la carcasse du véhicule, assis sur le macadam près d'un feu improvisé, en attendant l'arrivée des renforts... Prudence, donc !

– Éviter de rouler la nuit : avec l'absence d'éclairage, les feux des camions qui éblouissent, les cyclistes, les piétons et les animaux, bonjour les dégâts (d'ailleurs, il y en a beaucoup !).

– La signalisation est quasi inexistante, et la plupart des panneaux sont rédigés en hindi.

– Attention aux dos-d'âne (notamment si vous roulez à moto ou en scooter) : en général, non signalés et plutôt costauds, et leur couleur se fond avec celle de la route.

– Le passage de certains ponts est payant. Exigez un reçu pour éviter de repayer de l'autre côté. Parfois, il faut remplir des fiches où l'on vous fait inscrire tout votre curriculum vitæ.

– À chaque frontière, ou à l'entrée et à la sortie des villes, vous trouverez de longues files de camions : c'est l'octroi. Doublez allègrement le tout et passez sous les barrières, cela ne vous concerne pas.

TRAVAIL BÉNÉVOLE

■ ***Concordia :*** *17-19, rue Etex, 75018 Paris.* ☎ *01-45-23-00-23.* • *concordia@wanadoo.fr* • *concordia-association.org* • Ⓜ *Guy-Môquet.* Envoi gratuit de brochure sur demande par téléphone ou e-mail. Logé, nourri. Chantiers très variés : restauration du patrimoine, valorisation de l'environnement, travail d'animation, etc. Places limitées. Sachez toutefois que les frais d'inscription coûtent entre 126 et 180 € selon la destination et que le voyage, l'assurance et les formalités d'entrée sont à la charge du participant. Week-end de formation, en région parisienne, obligatoire avant le départ pour les chantiers « pays du Sud » (Afrique, Amérique latine, Asie).

URGENCES

Quelques numéros de téléphone d'urgence, qui fonctionnent (normalement) dans toute l'Inde :

– ***Police :*** ☎ *100.*

– ***Pompiers :*** ☎ *101.*

– ***Ambulance*** (plus ou moins équivalent du SAMU) ***:*** ☎ *102.*

– ***Consulat et ambassade de France à Delhi :*** ☎ *(011) 24-19-61-00.* 📱 *98-18-68-39-06 (24h/24 ; urgences slt).*

– ***Consulat de France à Mumbai :*** *Hoechst House, 7th floor, Nariman Point.* ☎ *66-69-40-00. Fax : 66-69-40-66. En cas d'urgence :* 📱 *982-10-24-827.* • *consulfrance-bombay.org* •

Avoir un passeport européen, ça peut être utile !

L'Union européenne a organisé une assistance consulaire mutuelle pour les ressortissants de l'UE en cas de problème en voyage.

Vous pouvez y faire appel lorsque la France (c'est rare) ou la Belgique (c'est plus fréquent) ne disposent pas d'une représentation dans le pays où vous vous trouvez. Concrètement, elle vous permet de demander assistance à l'ambassade ou

au consulat (pas à un consulat honoraire) de n'importe quel État membre de l'UE. Leurs services vous indiqueront s'ils peuvent directement vous aider ou vous préciseront ce qu'il faut faire.
Leur assistance est, bien entendu, limitée aux situations d'urgence : décès, accident ayant entraîné des blessures ou des lésions, maladie grave, rapatriement pour raison médicale, arrestation ou détention. En cas de ***perte ou de vol de votre passeport,*** ils pourront également vous procurer un ***document provisoire*** de voyage.
Cette entraide consulaire entre les 27 États membres de l'UE ne peut, bien entendu, vous garantir un accueil dans votre langue. En général, une langue européenne courante sera pratiquée (l'anglais, quoi !).

En cas de pépin (maladie, accident, vol ou perte d'argent)

Quand les moyens du bord ne suffisent plus, sachez que même si vous n'avez pas souscrit un contrat d'assistance, vous n'êtes pas perdu. Première chose importante : l'ambassade et les consulats feront tout ce qui est en leur pouvoir pour vous aider : les services consulaires vous délivreront éventuellement un duplicata de votre passeport ou un sauf-conduit qui vous permettra de repartir, etc. Mais, ***en aucun cas,*** ils ne vous avanceront de l'argent, ne vous offriront un billet de retour ni ne monteront une expédition armée si vous avez atterri en taule. À la rigueur, ils vous mettront en rapport avec quelqu'un de votre famille ou de vos amis, mais seulement dans les cas très graves.
– ***Premier cas :*** vous devez rentrer très vite en Europe. Il existe un système de billets d'avion *prepaid.* Vos parents ou amis peuvent acheter un billet d'avion dans n'importe quelle agence *Air France* qui vous sera remis dans les agences *Air France* de Delhi, Mumbai, Kolkata, Kathmandu. Le billet est disponible en quelques minutes.
– ***Deuxième cas :*** vous n'avez plus d'argent. Contactez *Western Union Money Transfer* à Delhi ou à Paris. Ils peuvent vous avancer jusqu'à 7 622,50 € moyennant certaines garanties en Europe, et cela dans un délai de 24h.
– ***Troisième cas :*** vous avez perdu votre passeport ou on vous l'a volé. Rendez-vous immédiatement au consulat de votre pays le plus proche (ou au consulat d'un pays de l'Union européenne si le vôtre n'est pas représenté, voir ci-dessus), muni d'une déclaration de perte de passeport que vous aurez pris soin de demander au préalable au commissariat. Certains commissariats (celui de la gare de Delhi, par exemple) peuvent refuser de vous délivrer un récépissé de déclaration de vol. Ils n'ont en fait aucun intérêt à le faire : ça donnerait une mauvaise courbe à leurs statistiques et tendrait à montrer qu'ils ne font pas leur boulot. Dans ce cas, admettez alors que vous l'avez perdu et/ou changez de commissariat. Muni de ce document, de 5 photos d'identité et d'une photocopie de votre passeport (sinon, essayer au moins de donner son numéro, ainsi que les date et lieu de délivrance), le consulat pourra alors contacter la préfecture de votre pays pour vérifier les informations. Prévoir environ 3 jours de délai, à moins que vous n'ayez en votre possession une photocopie du visa indien : c'est la vérification des informations auprès de l'ambassade d'Inde dans votre pays qui prend le plus de temps. Le consulat sera alors habilité à vous délivrer un laissez-passer si votre retour est imminent, ou un passeport provisoire valable 1 an s'il s'agit du début de votre voyage. Compter 23 € dans un cas, 30 € dans l'autre. Enfin, n'oubliez pas qu'une attestation de sortie du territoire est également nécessaire ; mieux vaut alors connaître vos dates d'arrivée en Inde, numéro de vol et de visa. Une enquête peut être réalisée à votre encontre... L'expérience peut se révéler très désagréable, alors faites attention à vos affaires !
– ***Dernier cas :*** vol de chèques de voyage. Passez à la *police station* pour un certificat de vol, puis allez au bureau du représentant *American Express* ou *Thomas Cook* le plus proche.
Pour les deuxième et dernier cas, voir également « Argent, banques, change ».

HOMMES, CULTURE ET ENVIRONNEMENT

RECETTE EN GUISE D'INTRODUCTION

– *Ingrédients :* des pauvres en grande quantité, quelques riches, une classe moyenne qui commence à compter, un bouquet garni de religions (beaucoup d'hindous, un peu moins de musulmans, quelques éléments chrétiens, des jaïns, des sikhs et des parsis, au moins), des marxistes prochinois et d'autres prosoviétiques, le Mahatma Gandhi, Nehru, le clan Gandhi, des vélos, une bombe atomique, un rouet...
– *Instruments :* une démocratie qui fonctionne assez bien, un fanatisme religieux à portée de main, quelques millénaires d'histoire, une colonisation anglaise.
– *Temps de préparation :* de la préhistoire à nos jours. Diviser soigneusement tous les ingrédients en castes et sous-castes, laisser mariner dans une chaleur étouffante, inonder régulièrement en luttant au coup par coup contre l'analphabétisme qui ne manque pas de se développer, rajouter de temps à autre du planning familial et modifier à chaque instant les proportions de la recette. De sanglantes émeutes se produisent à intervalles irréguliers. Laisser retomber. Servir bouillant, en décorant de quelques maharajas et de vaches sacrées.
– *Conseil du chef :* prévenez vos convives que cela pourra leur paraître difficile, voire incompréhensible, mais que les amateurs de surprises ne seront pas déçus.

BOISSONS

– ***L'eau :*** évitez absolument de boire l'eau du robinet. Pas de glaçons non plus, évidemment. On trouve de l'eau en bouteille partout, les mieux purifiées et microfiltrées sont l'*Aquafina* et la *Kinley.* Pour ces deux marques, le nom est gravé sur le bouchon, ce qui évite nombre d'arnaques. D'une manière beaucoup plus rare on trouve aussi de l'eau minérale. L'*Himalayan,* parmi les meilleures eaux indiennes, est puisée dans des sources de l'Himalaya. Dans l'Himalaya, essayez la *Golden Eagle* (à ne pas confondre avec la bière !). Dans tous les cas, vérifiez systématiquement que le bouchon et le collier de serrage sont bien fermés, intacts et surtout sans fuite. Car il arrive parfois que les bouteilles soient réutilisées et vendues pour neuves (mais c'est plutôt rare). L'eau minérale en bouteille plastique s'achète entre 10 et 20 Rps (0,15 et 0,30 €) le litre (le prix est souvent marqué dessus, ainsi que la date de mise en bouteille – à vérifier, bien sûr). En dehors des zones urbaines, si vraiment vous ne trouvez pas d'eau en bouteille, utilisez des produits désinfectants, du genre hydroclonazone ou *Micropur DCCNa.* Ils peuvent dépanner mais n'enlèvent pas les herbicides, les pesticides, les métaux lourds, etc., présents dans l'eau en Inde. En emporter en quantité, car il est très difficile d'en trouver là-bas.
– Il y a bien sûr des ***boissons gazeuses*** : depuis 1994, le *Coca Cola,* bien entendu, largement concurrencé par la marque indienne *Thumbs Up,* ou encore par *Pepsi* ; la guerre économique fait rage ! Ces dernières années, il y a eu une levée de boucliers contre *Coca Cola* dans plusieurs États du pays. La marque achète des sources et les exploite pour fabriquer ses boissons, or, l'eau est une denrée précieuse qui vient souvent à manquer et lorsqu'elle manque, ce sont les paysans qui trin-

quent ! Encore plus récemment, les deux multinationales fabriquant du cola ont été accusées d'utiliser des eaux souillées, contenant un taux de pesticides largement supérieur aux normes en vigueur. Nous recommandons donc plutôt, et c'est logique, de consommer les sodas locaux ! Ou, quand c'est possible, préférez donc les canettes, mais elles sont rares. Attention, toujours demander qu'on débouche la bouteille devant vous. Beaucoup de sodas ne sont pas mauvais en y pressant un citron vert.
– ***L'alcool*** est rare et cher, mais on peut en trouver dans les *beer and wine shops* : moins chers, et produits en Inde. Les alcools forts, du type whisky, vodka ou gin, sont en général capables d'abattre un cheval en moins de deux ; à consommer avec modération ! On trouve un peu partout de la bière indienne, les plus connues étant la *Kingfisher,* la *Strong* et la *Black Label.* Une excellente liqueur au Rajasthan : l'*asha.* Cependant, dans cet État et dans certaines villes saintes (comme Pushkar, Rishikesh, Haridwar ou encore Varanasi), on n'a théoriquement pas le droit de consommer de l'alcool (même de la bière) dans les restos. Dans la réalité, il est souvent possible d'en obtenir dans les cités touristiques comme Udaipur, Jodhpur ou Jaisalmer, sous le nom de *special tea,* par exemple... Une particularité, le Gujarat, où la prohibition est à peu près totale : il faut demander un permis pour avoir le droit d'y boire autre chose que de l'eau... sauf sur l'île de Diu, où la vente d'alcool est libre (vestige de son ancien statut de colonie portugaise).
– Dans les restos chic vous trouverez du ***vin.*** S'il est importé, attention aux taxes qui peuvent atteindre... 100 %. Sinon, c'est l'occasion d'essayer les productions locales qui commencent à être tout à fait buvables. Nous vous conseillons le *Sula* et le *Grover* qui se déclinent en rouge, blanc et rosé et dans différents cépages. Le mieux est de demander à voir les bouteilles.
– ***Le thé*** (*chaï* en hindi) est évidemment la boisson nationale, servi avec du lait (encore un héritage de la colonisation anglaise !). Sinon, il faut préciser qu'on veut du *black tea.* Le thé indien *(masala tea)* est bouilli avec du lait, du sucre, de la cardamome et plein d'autres épices, jusqu'à constituer un breuvage très sucré, typique et délicieux. Les endroits touristiques tendent de plus en plus à servir un *chaï* très peu épicé et sans sucre (ils s'adaptent à la demande) ; pour goûter un vrai thé indien, rien de tel que les petites échoppes de bord de route.
– ***Le lassi*** est une boisson très populaire, à base de yaourt. On peut en trouver de trois sortes, nature *(plain),* sucré *(sweet)* ou salé *(salt).* Certains *sweet lassi* sont parfumés à la rose, au safran, à la banane... À moins de préciser l'inverse, du sucre est ajouté dans les *lassis* aux fruits, et c'est parfois très sucré. En outre, certains rallongent ou coupent les *lassis* à l'eau (souvent non filtrée). Préciser : *no water (please)* ! Le *cashmiri lassi* est agrémenté de fruits secs (pistaches, raisins secs, etc.) : très nourrissant !
– ***Le jus de mangue*** *(mango juice)* est excellent. En boîte, en berlingot ou en bouteille. Plein de boissons aux fruits : *Appi* à la pomme, *Frooti* à la mangue, goyave, orange.
– Également tous les ***jus de fruits frais*** (mangue, ananas, banane, etc.), à condition qu'ils ne soient pas coupés d'eau du robinet ou de glaçons.
– ***Milk-shakes :*** on en trouve de toutes sortes (mais pas partout), le *mango milkshake* étant le meilleur selon nous ! Attention, encore et toujours, aux ajouts de glaçons.
– ***Le nimbu pani*** est un jus de citron vert excellent, servi sucré ou salé. Malheureusement, il est souvent coupé d'eau et de glaçons.
– ***Le jus de noix de coco,*** que l'on boit directement dans la noix, avec une paille. Très dépuratif.
– ***Le jus extrait de la canne à sucre,*** qu'on ne trouve pas partout. On peut l'acheter auprès de marchands ambulants trimbalant leur machine à presser la canne à sucre. Malgré un aspect peu appétissant (un liquide brunâtre), c'est délicieusement frais et léger.

CINÉMA

Le cinéma est sans aucun doute l'une des formes de distraction les plus populaires en Inde. Il suffit pour s'en rendre compte de voir la foule qui se presse à chaque séance devant les salles obscures.

Afin de satisfaire cette demande d'évasion, l'industrie cinématographique indienne tourne chaque année plus de 800 longs-métrages, ce qui place l'Inde en première position mondiale des pays producteurs de films (devant les États-Unis). Une grande partie de ces films sont produits dans les studios de Mumbai, surnommés Bollywood en référence à l'ancien nom de la ville indienne et aux célèbres studios nord-américains. De cette énorme production, une petite minorité s'est récemment fait connaître dans les festivals internationaux et, depuis, les productions bollywoodiennes intriguent et intéressent de plus en plus. Ainsi le film *Devdas*, présenté hors compétition à Cannes en 2002, ou *Lagaan*, nominé aux Oscars en 2001, ou encore *Coup de foudre à Bollywood, La Famille indienne* ou *Black* (un Bollywood sans musique ni chanson !) percent sur le marché international et séduisent un autre public. Cependant, la majorité des productions sont destinées à un public local et se contentent d'intrigues simplistes, de thèmes « à l'eau de rose » et de rengaines olé-olé, servies invariablement par ces gigantesques usines de production de films que sont les studios de Mumbai.

Bollywood produit environ 90 % des films en langue hindie, et le reste de la production se partage entre les autres centres cinématographiques du pays, tels Chennai (Madras), pour les films en tamoul ; Bangalore, pour les films en kannada ; Kolkata, pour les films en bengali.

Lors de votre voyage en Inde, essayez d'aller au moins une fois à une séance de cinéma. Sitôt passé l'achat des billets (entre 5 et 50 Rps – moins de 1 € – au balcon jusqu'à 150 Rps – près de 3 € – dans les salles les plus réputées) et une fois installé à sa place dans une salle généralement immense (pour un film qui dure en moyenne 3h), on est immédiatement pris par l'ambiance : l'action est à la fois sur l'écran et dans la salle qui réagit par des cris, des rires et des commentaires.

Les ingrédients des intrigues restent assez invariables : des bons et des méchants, un bellâtre en guise de héros (ou, parfois un type un peu grassouillet sorti tout droit d'une publicité pour savonnette des années 1950), une héroïne séduisante (et souvent très sexy, compte tenu des critères en usage), une histoire d'amour contrariée mais qui, bien sûr, se dénouera à l'avantage du héros, sans oublier la victoire des valeurs éternelles, de la religion, de la famille et de l'amour mièvre.

Comme les Indiens ont une prédilection pour les chants et les danses, la majorité des films populaires sont agrémentés de scènes où les acteurs se mettent subitement à chanter et à danser (avec une gestuelle assez provocante, étonnante quand le moindre baiser n'est jamais échangé !). La jeune héroïne aux lèvres pulpeuses entonne à tue-tête une ritournelle dans les bras de son soupirant. Puis les amoureux transis se lancent dans une gambade enfiévrée, rejoints aussitôt par une troupe de danseurs, sur une chorégraphie mêlant à la fois le monde oriental et la comédie musicale américaine. Après quelques minutes de voltige, tout rentre dans l'ordre et l'histoire reprend son cours comme dans n'importe quel film. 20 mn plus tard, rebelote, puis retour à la normale. Et ainsi de suite jusqu'à la fin du film ! Les thèmes des films à succès sont ensuite fredonnés dans l'Inde tout entière.

Bollywood compte désormais de nombreuses stars, littéralement adulées par leur public, dont la vie et les frasques alimentent généreusement les colonnes des journaux. Shah Rukh Khan, véritablement érigé au rang de dieu vivant, ou encore la splendide Aishwarya Rai (voir, plus loin, « Personnages ») en sont les représentants les plus connus.

N'oublions pas, tout de même, qu'il existe aussi en Inde un cinéma d'art et d'essai avec des films de qualité, produits par certains auteurs dont les analyses de la société indienne sont souvent percutantes. Dans cette catégorie de cinéma, des auteurs bengalis tels que Satyajit Ray ou Mrinal Sen tiennent une place prépondérante, et leur talent est reconnu depuis longtemps par la critique internationale. Mais ils sont plus souvent visionnés dans les cinémas d'art et d'essai en Europe que dans le sous-continent...

CUISINE

On l'affirme haut et fort : la découverte de l'Inde passe aussi par l'exploration de sa cuisine. Selon nous, l'une des plus riches (et pas seulement en matières grasses !), l'une des plus parfumées et l'une des plus subtiles au monde. En revanche, si vous n'aimez ni le riz, ni les épices, ni le thé, cherchez vite, s'il est encore temps, une autre destination !

Selon la région où il habite, sa religion, sa caste, l'Indien ne se nourrit pas de la même manière que son voisin. Par exemple, un brahmane (caste supérieure) ne mangera en principe que la cuisine végétarienne préparée par un autre membre de sa caste, sous peine de consommer une nourriture impure. De plus, celle-ci aura été cuisinée au *ghee* (beurre clarifié), matière supérieure à l'huile et à l'eau, du fait des notions de pureté et d'impureté qui lui sont si chères.

On trouve deux grandes sortes de cuisine.

– ***La cuisine végétarienne*** se divise en végétarienne stricte, ou *pure veg',* c'est-à-dire sans viande ni poisson ni œuf, et parfois même sans oignon ni ail, car ils sont considérés comme des excitants. En fait, de manière plus générale, est interdite aux brahmanes toute nourriture poussant sous terre (donc les tubercules, etc.), considérée comme impure – c'était également le cas en Europe, dans la noblesse, ce qui explique une partie des difficultés du sieur Parmentier à faire accepter ses pommes de terre ! Ce végétarisme strict, c'est celui des jaïns, des brahmanes et de certains adorateurs de Vishnou. Concernant la cuisine végétarienne aménagée, seules certaines viandes ou poissons sont considérés comme impurs.

Le régime végétarien n'est pas uniquement une question religieuse. Il a aussi ses raisons économiques. La viande reste un produit plus cher que les autres ; du coup, seule une faible part de la population peut prétendre à une alimentation carnée régulière. Ensuite, parce que l'Inde vit dans une situation de lutte pour l'espace (y compris l'espace vital) et qu'il est plus avantageux (sur le plan de l'alimentation) de cultiver des céréales et des légumes, la production de ces derniers étant toujours supérieure à celle de la viande pour une même surface de terre... Selon le ministère indien de l'Agriculture, 1 ha de terre arable permet en effet de produire 20 t de pommes de terre, contre seulement 50 kg de viande...

Autre donnée : des chercheurs de l'université d'Harvard estiment qu'en réduisant l'élevage de 10 %, on pourrait nourrir en grains et légumes pas moins de 60 millions de personnes dans le monde. Des chiffres édifiants et dont nos pays occidentaux pourraient, peut-être, après les années de vache folle et les scandales de la dioxine, prendre un peu de la graine (si l'on peut dire)...

Quoi qu'il en soit, le régime végétarien est toujours considéré en Inde comme l'une des solutions à la sous-alimentation, même si les lobbies de l'élevage industriel (bien évidemment de gros propriétaires) font pression dans le sens contraire...

Dans tous les cas, la nourriture *veg'* est extraordinairement variée et convertirait le plus intégriste des carnivores.

– ***La cuisine non végétarienne*** se compose le plus souvent de mouton (ou parfois de chèvre) et de poulet. On ne trouve pratiquement pas de porc (la religion musulmane est passée par là) ni de bœuf, vache sacrée oblige, bien que certains intouchables en consomment parfois.

La cuisine d'Inde du Sud est essentiellement végétarienne, à base de riz, légumes et sauces épicées (réunis dans les *thalis,* voir ci-dessous), de *dosaï,* etc. La cuisine du Nord est plus volontiers carnivore (viandes au *tandoor* ou façon *mughlaïe,* c'est-à-dire d'origine moghole ou persane) et le riz est souvent remplacé par une incroyable variété de pains. Cela dit, on retrouve les spécialités du Nord et du Sud pratiquement dans tout le pays ! S'il y a une constante dans la cuisine indienne, c'est d'abord l'utilisation des épices. Et même du « mélange des épices », qui se dit *masala* en hindi, car chaque cuisinier compose une alchimie savante et personnelle d'épices différentes (au minimum dix), faisant ainsi le charme et la magie de sa cuisine. Attention, si vous mangez un plat dit *garam masala,* préparez-vous à cracher du feu ! Ça peut être très fort, d'autant plus fort que l'on va vers le sud. Heureusement, il y a toujours le riz ou le pain, et surtout le *curd,* ça adoucit un brin. Et dans la plupart des restos, vous pourrez toujours vous rabattre sur la cuisine chinoise, nettement moins épicée que la cuisine indienne !

– Il faut également dire trois mots des ***thalis*** (parfois appelés simplement *meals*), menus que l'on trouve dans beaucoup de restos indiens. Pour une poignée de roupies, vous aurez droit à une feuille de bananier ou à un plateau métallique compartimenté (ou agrémenté de petits récipients) rempli de riz, de *dal* (lentilles), d'un ou de plusieurs currys de légumes *(bhajis)* et de l'*indian bread* (*roti* ou *chapati*) ; le tout généralement copieux, et traditionnellement servi à volonté. On y ajoute parfois du *curd* (yaourt), du *chutney* (condiment hyper-épicé), des sauces et un dessert. Attention tout de même aux épices. À l'heure des repas, vous remarquerez devant les petits restos un panonceau annonçant « Meals ready » : ils préviennent ainsi tout simplement que les *thalis* sont prêts ! À propos, pourquoi sur une feuille de bananier ? Primo, c'est une assiette pas chère ; secundo, pas de vaisselle ; tertio, au contact de la chaleur, la feuille dégage une odeur particulière. Les *thalis* peuvent aussi se retrouver dans les restos les plus chic et là, généralement, vous pourrez goûter à un ensemble de spécialités de la région qui valent le détour pour une somme qui reste raisonnable pour des Occidentaux (entre 300 et 500 Rps, soit 5,40 et 9,10 € pour les plus chers).

Quelques plats de base et spécialités

– ***Le dal*** (ou ***dhal***) ***:*** le plat de base dans tout le pays, pour ne pas dire le plat du pauvre. Préparation à base de lentilles. Ne le snobez pas malgré son apparente simplicité, c'est souvent délicieux, surtout dans les *dhaba* (gargotes) en bord de route ! Le *dhal makani,* avec un mélange de plusieurs lentilles et haricots, est sans aucun doute le plus goûteux.

– ***Le curry :*** adaptation anglaise du mot hindi *kari* qui signifie « plat en sauce ». Il n'existe donc pas un curry, mais des tas de currys ! C'est un plat qui se prépare avec toutes sortes d'aliments (poulet, mouton, poisson, langouste, mais aussi légumes, pousses de bambou, etc.). Le secret, c'est encore et bien sûr les épices, saisies dans le *ghee* (beurre clarifié) ou dans l'huile pour en libérer les arômes. Le plus connu est le *chicken curry.* Un curry très répandu dans le Nord : le *rogan josh,* à base d'agneau.

– ***Les biryani et pulao :*** plats de riz pilaf parfumés au safran et cuisinés avec ou sans viande, en version végétarienne ou aux œufs. Le *biryani* est cuit à l'étouffée au *tandoor* (four en terre) tandis que le *pulao* se prépare à la casserole. Raviront les amateurs de plats peu pimentés. Un original : le *biryani cachemiri,* préparé avec des fruits frais ou secs.

– ***Les tandoori :*** morceaux de viande ou de poisson ayant macéré dans du yaourt épicé et pimenté, et qui sont cuits dans un four – le *tandoor* – en terre. Mais le terme s'applique à tous les aliments cuits de cette manière, aussi bien les légumes que les pains. On trouve partout du poulet, des brochettes de mouton *tandoori,* etc. À noter que le terme *tikka* signifie que la viande ou le poisson ont été débarrassés de leurs os ou arêtes.

– ***Les kebab et kofta :*** le premier est une brochette de viande hachée et grillée (le plus connu : le *chicken seekh kebab*) tandis que le second se compose de boulettes de viande *(kima kofta)* ou de légumes *(malai kofta),* hachés et cuits dans une sauce au yaourt épicée.

– ***Le korma :*** morceaux de viande braisés dans une sauce à base de yaourt, noix de cajou, amandes, graines diverses... On le trouve sous le nom de *navratan* (légumes), *shahi* (mouton), *paneer* (fromage frais non fermenté), etc.
– ***Le paneer :*** fromage frais, un peu semblable au *cottage cheese* anglais ou à la ricotta italienne, très utilisé dans la cuisine végétarienne. Toutes sortes de manières de l'accommoder : avec des épinards *(palak paneer)*, avec des petits pois *(mattar paneer)*, etc.
– ***Les dosaï*** (ou *dosa*, c'est pareil) sont des crêpes de farine de lentilles et de riz, originaires du Sud. Ils se mangent nature *(plain dosaï)* ou farcis avec des pommes de terre *(masala dosaï)*, assez pimentés mais excellents, un classique des petits déj indiens ! Là encore, on en trouve de toutes sortes selon les régions. L'***uttapam*** (ou *uthappam*) est une variante plus épaisse (du style pizza), moins digeste selon nous. Parfois agrémenté de noix de coco râpée dans le Sud *(coconut uttapam)*, il constitue un petit déj plus doux que les *masala dosaï* pour les palais et estomacs fragiles. Se mange également en plat principal.

Les accompagnements

– ***Les chutneys*** (légumes et fruits macérés aigre-doux) et les ***achards*** (apparentés aux *pickles* anglo-saxons mais plus pimentés) accompagnent la plupart des plats. Ils sont servis à part. À l'époque où la grande mode chez les maharajas était de manger la cuisine insipide des Anglais, leurs cuisiniers eurent l'idée d'ajouter ces condiments épicés dans les assiettes. Le chutney était né.
– ***Les pickles*** sont des conserves, que l'on peut donc garder assez longtemps, tandis que les chutneys sont frais et doivent être consommés assez vite. Souvent très épicés.
– ***Le dahi*** (*curd* en anglais) et le ***raita :*** yaourt nature pour le premier, dans lequel on ajoute des légumes (concombre, tomate...) et des épices douces pour le second. Très bon pour les intestins (s'il a été bien préparé...) et pour éteindre un palais enflammé !

Les pains

D'une extraordinaire variété et d'une grande... complexité ! Pas toujours facile de s'y retrouver, mais on va faire un effort. Mangez-les chauds, c'est nettement meilleur. Oubliez fourchettes et couteaux, la plupart des pains sont bien plus pratiques (et nettement meilleurs) que nos couverts.
– ***Roti et chapati :*** galette de farine complète mélangée à de l'eau et non levée. Cuit au four *(tandoor)* pour le premier et sur une plaque de fonte *(tawa)* pour le second. Ce sont les pains les plus courants.
– ***Naan :*** galette de farine blanche au levain liée avec du lait et cuite au four. On en trouve de délicieux, comme le *butter* et le *cheese naan*, nappé de beurre ou fourré au fromage. Parfois, à l'ail ou garni d'amandes, de fruits secs... Un régal.
– ***Puri :*** petite galette préparée comme un *naan* (sans jeu de mots), mais frite et gonflée comme un petit ballon !
– ***Paratha*** (ou ***parotha***) ***:*** galette feuilletée légèrement plus épaisse que celle du *naan*, et cuite sur une plaque avec du *ghee* (beurre).
– ***Pappadam*** (ou ***pappad***) ***:*** de couleur jaune, c'est une crêpe de farine de lentilles épicée et frite, fine et craquante. Souvent servi en « apéro ». Originaire du Sud où il est souvent cuit dans l'huile de coco. Il accompagne très bien le *thali* ou un *biryani*, l'usage veut alors qu'on émiette son *pappadam* sur son riz, et qu'on mange le tout ainsi : c'est sympa, ça croustille sous la dent mais certains, avec des petits bouts presque invisibles de *chili*, enflamment le palais ! D'autres, natures ou saupoudrés de graines de cumin, ressemblent presque à des chips.

Cuisine de rue et en-cas

Toujours très bon marché, mais regarder à l'hygiène par deux fois. Les *chaat* (mot originaire de Kolkata) sont des en-cas, des sortes de snacks, comme le *samosa* (beignet triangulaire farci à la viande ou aux légumes), le *pakora* (beignet de légumes frits ou de *paneer* – fromage), le *katchori* (beignet fourré de lentilles, pommes de terre ou pois épicés) et le *puri*. Spécialité de Mumbai mais exportée hors de ses murs, le *bhelpuri* est composé, selon les vendeurs, de pois chiches, pommes de terre, riz, vermicelles frits, oignons, le tout accompagné de chutney, d'un filet de citron ou d'une sauce au tamarin ! Très coloré et vraiment bon. Également un peu partout, des vendeurs de brochettes et de tas de petites spécialités régionales dont la liste serait bien trop longue à établir...

Fruits et desserts

Le riz n'étant pas un aliment complet, tant s'en faut, nous conseillons d'acheter des fruits (à écorce ou peau, bien sûr) dans les marchés. Éviter les salades de fruits servies dans la rue à moins (et encore) que les fruits soient préparés et découpés sous vos yeux.

– ***Pommes :*** assez chères. Mais les adeptes de la macrobiotique savent que c'est pratiquement le seul fruit « yang ».
– Petites ***bananes*** vertes ou jaunes délicieuses. Elles se trouvent partout. Les bananes roses, plus grosses, sont encore plus parfumées.
– ***Papaye :*** le meilleur fruit pour les troubles intestinaux grâce à la papaïne qu'il contient. Les graines sont excellentes contre les parasites. De nombreuses plantations ne cultivent la papaye que pour les besoins de l'industrie pharmaceutique.
– ***Chikoo*** (***sapota*** ou ***sapotille***) **:** petit fruit rond à peau brune, à la texture granuleuse de poire et à la saveur très sucrée. À essayer absolument. Originaire du Mexique, ce fruit fut introduit en Asie par les Espagnols.
– Également des ***oranges,*** des ***goyaves,*** des ***ananas*** (surtout dans le Sud), des ***noix de coco*** toute l'année et des ***mangues*** vers mai-juin.
– ***Pâtisseries et sucreries :*** il y en a beaucoup en Inde. Indescriptible. Nous citerons juste l'*halwa,* mais il est très différent de celui que l'on connaît en provenance du Moyen-Orient. Le *kulfi* est une glace à base de pistaches ou d'amandes, souvent complété de cardamome (plein de variantes). Pour le reste, il faut goûter à tout pour comprendre. Généralement, les douceurs indiennes sont à base de semoule, de lait caillé ou de miel et peuvent vous paraître abominablement sucrées ou... délicieusement écœurantes ! L'un de nos préférés reste le ***gulab jamun,*** des boulettes au lait, dorées à la poêle et servies dans un sirop parfumé à la cardamome et à l'eau de rose... plutôt typique de la cuisine du Nord.

Le *paan*

Après leur repas, les Indiens chiquent du ***bétel,*** ou *paan,* c'est quelque chose de sacré en Inde. Les *paan shops* se trouvent un peu partout dans le pays. Le bétel étant plongé de longues heures dans l'eau non filtrée, nous vous conseillons la plus élémentaire des prudences. Une feuille de bétel, une couche de chaux éteinte, des épices, des aromates, et parfois un peu de tabac. On roule le tout, on mâche, on chique et on crache. Les chauffeurs de bus en mâchent toute la journée pour éviter de s'endormir, car le bétel est un excitant-euphorisant, un peu comme une tasse de café. Évidemment, le côté amer surprendra les palais sensibles. Si l'on s'y habitue, on obtient des gencives bien rouges. C'est aussi la première cause du cancer de la bouche en Inde (la chaux n'aide pas...). Les traditions ont la vie dure ! Si le goût du vrai bétel vous écœure, demandez un *sweet-paan* qui, lui, peut parfois s'ingérer. Mêmes ingrédients avec en plus de la noix de coco, de la confiture de dattes...

Si vous êtes invité à manger dans une famille indienne

– Enlevez vos chaussures si vos hôtes n'en ont pas.
– Mangez avec la main droite uniquement (la gauche étant réservée à des usages différents et impurs...), en surveillant du coin de l'œil les autres pour voir comment

ils se débrouillent. Quand on mange à l'européenne, on utilise trois sens ; l'Indien, en se servant de ses mains, fait appel à un quatrième, le toucher. Essayez, on s'y fait. On y trouve même, avec l'habitude, un certain plaisir. Pour les plus réfractaires, pas de souci, les Indiens mangent de plus en plus avec des couverts et sont de plus assez larges d'esprit pour ne pas vous en vouloir si vous vous trompez de main !
– Les Indiens terminent généralement leur repas en mâchant une feuille de bétel (voir plus haut).
– Il arrive que les femmes ne mangent pas en présence des invités. La plupart du temps, la maîtresse de maison prépare le repas et le sert pendant que vous vous délectez. Les féministes ont encore du pain sur la planche ! De même, il se peut que votre hôte ne fasse que vous regarder.
– Si l'on vous a servi sur une feuille de bananier, jetez-la vous-même à la poubelle.
– Il n'est pas impoli de laisser des restes, de toute façon on vous resservira tant que vous viderez l'assiette.

Petit lexique culinaire

Français	*Anglais*	*Hindi*
Aubergine	*eggplant*	*baingan*
Beurre	*butter*	*makkhan*
Carotte	*carrot*	*gaajar*
Chou-fleur	*cauliflower*	*gobi*
Couteau	*knife*	*chhoori*
Cuillère	*spoon*	*chamach*
Épinard	*spinach*	*palak*
Fourchette	*fork*	*kanta*
Fromage	*cheese*	*paneer*
Légume	*vegetable*	*sabzi*
Lentilles	*lentils*	*dal*
Oignon	*onion*	*piaz*
Pain	*bread*	*roti*
Petits pois	*peas*	*mattar*
Pois chiche	*chickpea*	*chana*
Poisson	*fish*	*alu*
Pommes de terre	*potatoes*	*aloo*
Riz non cuit	*rice*	*chawal*
Riz cuit	*rice*	*bhat*
Sucre	*sugar*	*cheeni*
Tomate	*tomato*	*tamatar*
Viande	*meat*	*gosht*
Yaourt	*curd*	*dahi*

Épices

Épicé	*spicy*	*garam*
Cannelle	*cinammon*	*dalchini*
Cardamome	*cardamome*	*laichi*
Cumin	*cumin*	*jira*
Piment	*red pepper*	*chili*
Poivre noir	*black pepper*	*kali mirch*
Safran	*saffron*	*zafran ou kesar*

Fruits

Banane	*banana*	*kéla*
Mangue	*mango*	*am*
Pomme	*apple*	*séb*

Boissons

Café	*coffee*	*kofi*
Eau	*water*	*pani*
Eau minérale	*mineral water*	*aqua minérale*
Lait	*milk*	*dudh*
Thé	*tea*	*chaï*

DROITS DE L'HOMME

Environnement, augmentation du pétrole ou du riz, logement : on n'ose imaginer les tensions auxquelles peut être soumise une démocratie de plus d'un milliard de personnes, dont les systèmes traditionnels ancestraux font face chaque jour aux problématiques les plus contemporaines. Ce qui se traduit malheureusement par des violences souvent meurtrières, et diverses. Ainsi en dépit des pourparlers de paix entre l'Inde et le Pakistan, les attentats et attaques se sont poursuivis dans les États du Nord, faisant des dizaines de victimes. En réponse à la guérilla islamiste qui y sévit, notamment dans le Jammu-Cachemire, les forces de l'ordre commettent de nombreuses exactions (arrestations arbitraires, tortures...), qui restent le plus souvent impunies. Mais les États du Centre et du Sud ne sont pas épargnés et en novembre 2007, 42 personnes sont mortes à Hyderabad (Andhra Pradesh) à la suite d'attentats à la bombe. De nombreux affrontements interconfessionnels ont par ailleurs eu lieu dans d'autres États, faisant des victimes de part et d'autre. Bien souvent, ces violences ont également pour origine le complexe système de castes. Ainsi, au Rajasthan, des affrontements entre Gujjars et forces de l'ordre ont fait plusieurs dizaines de victimes en mai et juin 2008. Considérés comme des « Other backward classes » (OBC, classes intermédiaires), les Gujjars demandaient à passer au statut inférieur de « tribu », ce qui leur permettraient paradoxalement – au nom de lois sur la discrimination positive – d'accéder à une meilleure situation.
Dans le centre et l'ouest du pays, c'est à une véritable guérilla que se livrent les Naxalites (groupes armés maoïstes), face aux autorités et aux milices, faisant là aussi de nombreuses victimes. Suivant l'exemple de leurs « frères » népalais, les Naxalites « surfent » sur les profondes inégalités sociales qui explosent en Inde. De nombreuses manifestations opposant les populations et ethnies locales à des projets industriels sont en effet de plus en plus réprimées. En outre, les progrès économiques de l'Inde ont des répercussions en matière sociale (conditions de travail des enfants, intoxications, suicide des agriculteurs endettés...). La FIDH dénonce ainsi la situation des ouvriers des chantiers de démolition de bateaux, à Alang notamment (Gujarat). Mais ce sont les femmes qui sont le plus lourdement touchées par ces inégalités. Certaines traditions, comme la dot, sont à l'origine de nombreux avortements de fœtus féminins (jusqu'à 500 000 chaque année selon l'UNICEF), provoquant même un déséquilibre démographique.
Pour en savoir plus, n'hésitez pas à contacter :

■ ***Fédération internationale des Droits de l'homme (FIDH) :*** *17, passage de la Main-d'Or, 75011 Paris. ☎ 01-43-55-25-18. • fidh@fidh.org • fidh.org • Ⓜ Ledru-Rollin.*

■ ***Amnesty International*** *(section française) : 76, bd de la Villette, 75940 Paris Cedex 19. ☎ 01-53-38-65-65. • amnesty.fr • Ⓜ Belleville ou Colonel-Fabien.*

N'oublions pas qu'en France aussi les organisations de défense des Droits de l'homme continuent de se battre contre les discriminations, le racisme et en faveur de l'intégration des plus démunis.

ÉCONOMIE

« L'Inde, c'est une anarchie qui fonctionne. »

John Kenneth Galbraith, économiste.

Il est remarquable que, lorsque l'Occident évoque l'Inde et surtout l'Inde économique, c'est principalement une image apocalyptique qui apparaît encore à la majorité des gens : une masse gigantesque de plus d'un milliard d'êtres affamés, mal logés, peu ou pas du tout vêtus, au-dessus de laquelle évoluent quelques maharajas. Cette vision a un pied dans la réalité. D'un côté, l'Inde moderne compte quelques milliers d'industriels milliardaires en dollars, dont le célèbre Lakshmi Nivas Mittal, dirigeant de Mittal Steel, plus gros producteur d'acier au monde, qui a marqué juin 2006 par son OPA sur le groupe Arcelor, fleuron de l'acier européen, puis par son rachat... ou encore le conglomérat Tata (voir « Personnages »), qui a racheté la grande firme alimentaire anglaise *Tetley* et, plus récemment, en 2008, s'est offert les deux célèbres marques britanniques *Land Rover* et *Jaguar* (un vrai pied de nez à l'ex-colonisateur). Et dans les grandes villes, ces imposants fers de lance industriels côtoient les abris de fortune des plus démunis... Ils seraient, dans le pays, plus de 300 millions à vivre en dessous du seuil de pauvreté, avec moins de 1 $ par jour.

Rien d'étonnant si on vous dit que l'Inde est le 1er producteur mondial de thé et de lait, le 2e producteur de riz et de blé, et le 3e exportateur de coton. En revanche, certains sont plus surpris d'apprendre que l'Inde fabrique elle-même ses voitures (Tata a d'ailleurs frappé fort en janvier 2008, en présentant la Nano, la voiture la moins chère du monde, suivi en mai par Renault-Nissan en association avec Bajaj, un autre constructeur indien !), ou encore ses trains, certains de ses avions, ses ordinateurs (le secteur informatique génère, depuis début 2006, des investissements record de la part des géants américains du secteur, attirés par la main-d'œuvre très qualifiée, à bon marché, des professionnels du logiciel...), mais aussi ses fusées, ses satellites et sa bombe atomique ! Elle possède même plusieurs centrales électriques nucléaires et, début 2008, l'Inde a paraphé un accord de coopération avec la France pour en développer d'autres (ne manque plus que le feu vert de l'Agence internationale pour l'énergie atomique, l'AIEA !).

C'est que l'Inde n'en est pas à une apparente contradiction près, y compris dans le domaine économique.

Si des progrès remarquables ont été accomplis et si les famines généralisées appartiennent au passé, il ne faut pas se laisser emporter par un optimisme aveuglant, car la dimension des problèmes actuels défie toujours l'imagination.

Le premier objectif de Jawaharlal Nehru fut d'aider l'Inde à passer d'une économie de type colonial à une économie de pays indépendant, en développant l'industrie et en appliquant à l'agriculture des méthodes d'exploitation et de production plus modernes.

C'est grâce aux plans quinquennaux (calqués sur le modèle soviétique, avec omniprésence de l'État dans tous les rouages de l'économie) que l'Inde va se doter assez rapidement d'une industrie lourde, aidée par l'abondance de réserves de matières premières (fer, charbon, et même pétrole) et par l'existence d'un important réseau de communications : routes, chemin de fer (légué par les Anglais).

Puis Rajiv Gandhi a remis en cause ces principes de planification et de régulation de l'État. Le gouvernement Rao, en 1991, a ensuite engagé un processus historique : le passage à l'économie de marché après 45 ans de socialisme nehruvien. Le Premier ministre d'alors clamait à qui voulait l'entendre : « *We want trade, not aid.* »

Le but : casser la bureaucratie, privatiser un grand nombre d'entreprises et ouvrir massivement le pays aux capitaux étrangers.
Plus de 10 ans après, cependant, le bilan apparaît contrasté. L'élan des réformes a longtemps patiné à cause du manque ou des déficiences des infrastructures élémentaires (électricité, routes, ports, télécommunications...). La bureaucratie est restée très lourde et plutôt dissuasive pour les investisseurs étrangers, malgré des mesures, prises en 2000 par Bihari Vajpayee, visant à relancer l'économie (grands travaux, ouverture accrue pour les capitaux étrangers, etc.). Depuis l'arrivée de Manmoham Singh aux affaires, en mai 2004, la machine s'emballe. On assiste à une diversification des activités et à une demande croissante qui, conjuguées, tirent inexorablement l'économie vers le haut. Le Premier ministre a beau répéter que le développement doit garder un rythme mesuré – pas question d'imiter la cadence chinoise –, ses réformes sont bien au service d'une seule ambition : faire gagner à l'Inde son ticket d'entrée dans le grand jeu mondial du business. Depuis le début de l'année 2005, chefs d'État ou de gouvernement et grands patrons se bousculent à Delhi. Les contrats et les accords de coopération pleuvent. Construction automobile, centrales nucléaires, gazoducs, agroalimentaire, industrie pharmaceutique, armement, tourisme, grande distribution... : tout le monde veut en être. Parce que l'Inde s'annonce comme LE « marché porteur » des prochaines décennies, et les actionnaires et autres boursicoteurs sont avides de ce nouveau terrain de chasse qui affichait une croissance record d'un peu plus de 9 % en 2006-2007, pour environ 12 milliards de dollars d'investissements étrangers, et pour lequel on prévoit une croissance de 8,5 % en moyenne jusqu'en 2012 ! Au passage, et cela n'est pas pour déplaire aux stratèges de la mondialisation, l'économie indienne peut aussi faire de l'ombre au géant chinois, qui commence à se faire un peu trop envahissant.
Dans l'immédiat, l'Inde doit surtout faire face à la concurrence de cet encombrant voisin, en particulier dans le secteur du textile. Depuis la suppression des fameux « quotas » de janvier 2005, la Chine inonde littéralement le monde de ses jeans, T-shirts et autres blousons. On connaît l'équation miracle : main-d'œuvre inépuisable, à très bas prix, rythmes de production déments et, en bout de chaîne, prix riquiqui. Du coup, l'Inde, qui peinait déjà face à la Chine, se retrouve dépassée, au même titre d'ailleurs que les pays du Maghreb. Elle choisit de tenter de sortir par le haut, en vantant un savoir-faire ancestral dans le travail du textile et la richesse de ses étoffes. À la Chine la couture à haute vitesse de pantalons quasi jetables, à l'Inde les produits plus sophistiqués, qui demandent un personnel qualifié. Cette évolution est d'ailleurs emblématique des différences fondamentales qui opposent ces deux pays que l'on compare un peu trop vite aujourd'hui. Alors que le développement spectaculaire de la Chine s'appuie sur une activité industrielle intense, essentiellement de montage, l'Inde s'est définitivement tournée vers des secteurs de transformation et de haute technologie (informatique, pharmacie, agroalimentaire, énergie...). Ces spécificités n'ont pas échappé aux grands groupes qui, depuis longtemps, ont choisi comme points d'appui Bangalore et Hyderabad pour la délocalisation de leurs activités informatiques et économiques. Depuis quelques années enfin, des entreprises de moindre envergure, en particulier dans les services (téléphonie, assistance informatique...), se sont également installées en Inde pour bénéficier de la main-d'œuvre meilleur marché, et des compétences des ingénieurs indiens notamment.
Restons cependant réalistes : le sous-continent demeure victime d'écarts extrêmement importants d'une région à l'autre, et bien des Indiens ruraux, qui constituent aujourd'hui près des trois-quarts de la population, ne voient pas l'ombre d'une amélioration à leur vie quotidienne. Le marché noir reste aussi un problème, car le manque à gagner pour l'État est énorme. Pour y remédier et faire entrer les recettes, une TVA sur un certain nombre de biens de consommation courante a été mise en place en 2005. Effet immédiat : un vrai tollé et 3 jours de grève générale très bien suivis. Ce qui n'a nullement empêché la mesure de passer, et réduit encore un peu

plus le pouvoir d'achat des Indiens. À l'aube du XXIe s, la Banque mondiale estime, en tenant compte du pouvoir d'achat de la monnaie locale, que le revenu moyen par habitant est d'environ 0,50 € par jour.

La croissance d'une grande classe moyenne

Selon les spécialistes, elle ne cesse de s'élargir et compte aujourd'hui 200 à 300 millions d'Indiens dont les revenus ne cessent d'augmenter, alors que la moitié de la population du pays ne voit aucune évolution positive de son niveau de vie. Habitants des villes, les acteurs de cette classe moyenne sont les heureux bénéficiaires des réformes économiques engagées par le gouvernement Rao en 1991 et, surtout, celles entreprises par Manmoham Singh, d'ores et déjà consacré comme le père du libéralisme indien. Malgré les problèmes, la vie matérielle s'améliore pour eux. Ils possèdent pour la plupart TV et voiture... bien entendu fabriquées en Inde. Bref, ils consomment, dépensent, sortent, partent en week-end, voyagent en Inde pendant leur temps de vacances...

Agriculture : Révolution verte dans les choux

Le secteur agricole représente aujourd'hui près de 20 % du PIB indien et emploie environ 60 % de la population active. C'est dire l'importance de l'agriculture en Inde, même si sa contribution à la richesse nationale n'a cessé de diminuer depuis les années 1970 ! Le pays est aujourd'hui la 4e puissance agricole mondiale. Alors qu'en 1951 l'agriculture ne suffisait pas à nourrir toute la population, les 50 dernières années ont été marquées par une croissance de la production alimentaire plus forte que celle de la population.
Cet effort dans le domaine agricole, que l'on baptisa la « Révolution verte », débuta en 1965. Avec pour objectif d'atteindre l'autosuffisance alimentaire du pays, il se concentra sur quatre aspects principaux : réorganisation de la distribution des terres ; importation d'engrais et création de nouvelles semences à « haute production » (OGM), notamment ces dix dernières années ; création de banques rurales alimentaires et de développement ; mise en place de laboratoire de recherche.
Pourtant, si elle a presque réussi à tripler sa production de grains entre 1950 et 1980 et qu'elle exporte aujourd'hui certaines denrées alimentaires (épices, thé, noix de cajou et légumes transformés notamment), l'agriculture indienne reste toujours très dépendante de facteurs naturels imprévisibles : la mousson, les inondations et, depuis quelques années, la sécheresse et autres aléas climatiques... Certaines années, la sécheresse fait d'ailleurs revoir à la baisse le taux de croissance du pays, et génère même des tensions entre les États du Sud à propos de la distribution de l'eau stockée dans les barrages. Bien que 97 % des terres cultivables soient travaillées (ce qui représente près de la moitié du territoire indien), 75 % de celles-ci ne sont toujours pas irriguées et restent exploitées de manière traditionnelle. En réalité, seules certaines régions fertiles et bien irriguées comme le Pendjab et l'Haryana ont véritablement profité de la Révolution verte, et surfent allègrement sur la vague de « l'agrobusiness ».
Aujourd'hui, l'Inde des campagnes essaie de faire sa révolution « capitaliste ». Le premier pas vers cette nouvelle agriculture date de 1994, lorsque le pays est entré dans l'Organisation mondiale du commerce (OMC). Ce faisant, elle a dû accepter d'ouvrir son vaste marché aux producteurs industrialisés, en particulier aux Nord-Américains. Ce qui, conjugué avec une baisse mondiale du prix des produits agricoles jusqu'à une époque encore récente, a entraîné un désastre chez les petits agriculteurs indiens dont le système de production archaïque est incapable de rivaliser avec les techniques occidentales de culture intensive. Ainsi, en quelques années, le marché intérieur des huiles végétales est passé pour 40 % aux mains des firmes étrangères, entraînant des centaines de faillites. Le passage au capitalisme, trop brutal dans ce pays inégalement développé et habitué à la régulation de

l'État, s'est révélé catastrophique pour les paysans : beaucoup ont vendu à perte, s'enlisent sous le seuil de pauvreté, et les suicides atteignent des taux record. Comble du paradoxe, depuis peu, la production agricole ne peut plus faire face à la croissance de la demande et certains stocks alimentaires ont diminué de façon drastique ! En 2007, les autorités indiennes ont d'ailleurs dû interdire certaines exportations de riz et importer du blé ! L'autosuffisance alimentaire est donc toujours une préoccupation forte et le gouvernement indien compte bien poursuivre les réformes visant à moderniser et accroître la productivité agricole.

ENVIRONNEMENT

Pour un pays comme l'Inde, l'enjeu essentiel est le développement économique. Signataire du protocole de Kyoto (engagement collectif et mondial d'environ 172 pays de réduire l'émission des gaz à effet de serre), le pays accorde peu de priorité à l'environnement. L'Inde est classée parmi les derniers pays à « l'indice de performance écologique ». Cet indicateur de la santé environnementale prend en compte nombre de paramètres, dont la pollution, l'état de l'eau, les émissions de CO^2... Néanmoins, le pays a vu naître une grande figure de l'écologie mondiale. Anil Agarwal (1947-2008) a fait partie de ceux qui ont imposé l'idée que chaque individu de la planète soit égal face à la quantité de gaz à effet de serre qu'il émet. Il a aussi réussi à faire diminuer l'utilisation du diesel dans certaines grandes villes.
Par aillleurs, de nombreuses initiatives écologiques sont à noter. La ville de Bhubaneswar, dans l'Orissa, assainit quotidiennement 4,5 millions de litres de ses eaux usées (uniquement les eaux domestiques et non les eaux industrielles), avec des lentilles d'eau et des poissons avant de la rejeter dans la rivière. Les lentilles d'eau font la première partie du travail en absorbant une bonne quantité des bactéries, puis les poissons boulottent le reste des matières organiques. En prime, les poissons sont comestibles et se retrouvent sur les étals du marché. Dans le Rajasthan, on tente l'aventure de « l'arbre à pétrole », le fruit du jatropha dont les graines une fois pressées produisent du biocarburant. Ce fruit n'étant pas comestible, il ne risque pas de faire grimper les prix de la nourriture comme d'autres biocarburants. Un programme de recherche est en cours et l'Inde envisage sa culture à grande échelle. Localement, des ONG indiennes et internationales développent des projets de cultures écologiques.
Mais d'une manière générale, l'état des rivières est catastrophique ; conséquence des rejets de l'industrie chimique, des déchets enfouis sans protection, des eaux usées, sans oublier les restes d'animaux et d'humains... religion oblige. Exemple criant : le Gange que les mauvaises langues n'hésitent plus à comparer à un énorme égout à ciel ouvert – et cela en dépit d'une capacité d'autorégénération 10 à 25 fois supérieure aux autres fleuves de la planète, grâce à une énorme quantité d'oxygène dissous. Progressivement, les nappes phréatiques sont à leur tour affectées. Choléra, hépatites et maladies de peau n'en finissent plus de fleurir. En 2004, le très sérieux mensuel *La Recherche* a même signalé des cas de contamination à l'arsenic au Bengale. D'ores et déjà, plus de 200 000 personnes seraient touchées et, demain, combien de victimes ?
Plus insidieuse, mais tout aussi dramatique, la déforestation massive des hautes vallées himalayennes (due aux pénuries de bois, à l'extension des cultures, etc.) est à l'origine de redoutables inondations qui, à chaque saison des pluies, dévastent des dizaines de villages dans les basses plaines du Bihar et du Bengale. Par suite d'une érosion accrue, les terres arables disparaissent et, en aval, on déplore la sédimentation des réservoirs de barrage et des cours d'eau occasionnant des changements aussi brusques que catastrophiques du tracé des lits fluviaux. Autre menace potentielle, les gigantesques barrages élevés sur les contreforts himalayens posent bien des interrogations dans une région particulièrement exposée aux séismes (tout le monde se souvient des tremblements de terre de janvier 2001 dans le Gujarat et d'octobre 2005 dans le Cachemire...).

Atmosphère, atmosphère…

Globalement, le bilan est alarmant, surtout dans les grandes métropoles qui, selon les classements de la Banque mondiale, figurent parmi les plus touchées au monde. Deux raisons à cela. D'abord, les rejets d'usines qui échappent généralement à tout contrôle. Néanmoins, une évolution pourrait se dessiner depuis que la Cour suprême a contraint 212 usines des environs d'Agra à la délocalisation pour éviter de mettre en péril le célèbre Taj Mahal, et exigé la même mesure concernant toutes les usines situées à l'intérieur de Delhi (il y en avait bon nombre !). Quand ce ne sont pas les accidents : on se souvient de la tragédie de Bhopal, en 1984 ; outre les 8 000 personnes mortes sur-le-champ, intoxiquées par les émanations de l'usine de pesticides *Union Carbide,* on compte à ce jour plus de 30 000 décès directement liés à la catastrophe, et toujours 120 000 malades misérablement indemnisés. Un énorme scandale. La deuxième cause de pollution concerne, bien sûr, la circulation automobile, non seulement démente mais aussi polluantissime. Saluons ici une initiative de la Cour suprême qui, en 2001, a imposé à tous les bus, taxis et rickshaws de Delhi (56 000 véhicules !) la reconversion au gaz naturel compressé. Le résultat est assez impressionnant : beaucoup de taxis et rickshaws roulent au gaz, et l'air de la capitale est aujourd'hui beaucoup plus respirable ! Quant à Mumbai, malgré l'interdiction de circuler en centre-ville pour les rickshaws, le trafic automobile est définitivement engorgé, créant une chape de gaz polluants au-dessus de la ville. L'air est parfois irrespirable, en particulier pendant les périodes de grosse chaleur et lorsque le vent se fait rare. La situation ne risque d'ailleurs pas de s'améliorer avec l'émergence de la classe moyenne qui s'empresse d'acheter des véhicules à bas prix. D'une manière générale, il reste bien du chemin à parcourir, car si tout un chacun reconnaît l'urgence des mesures drastiques à prendre, le manque de moyens, d'organisation et parfois de volonté collective demeure, malgré une prise de conscience grandissante, un obstacle de taille.

FILMOGRAPHIE

Films indiens

Comme nous le spécifions dans « Cinéma », il y a, parmi les films indiens, le cinéma d'auteur et le cinéma bollywoodien. Voici quelques films qui représentent ces deux courants.

– ***Mother India*** (Inde, 1957) ***:*** de Mehboob Khan. Cet *Autant en emporte le vent* indien est considéré comme un des films essentiels du cinéma indien et restera le seul film indien nominé aux Oscars jusqu'à *Salaam Bombay* (1988). Le film retrace la vie d'une femme, Radha, dans un village aux conditions de vie difficiles. Tout d'abord jeune mariée heureuse, elle voit son mari disparaître. Dans la misère et la détresse la plus profonde, elle doit élever seule ses deux fils. Malgré tout ce qu'elle endure, elle gardera toujours la tête haute, et l'honneur comme valeur essentielle. Le film comporte de nombreux ingrédients bollywoodiens : les scènes chantées, dansées, le drame surjoué, la durée (2h50), mais pas la légèreté. Malgré une trame qui semblera vieillotte à certains, on est surpris de la modernité et de la force du thème central : cette femme est prise ici comme symbole de la nation. Forte, elle incarne la droiture, l'honneur, et les hommes font bien pâle figure à ses côtés.

– ***Les films de Satyajit Ray :*** réalisateur bengali et auteur de l'œuvre majeure du cinéma indien. Révélé par la ***trilogie d'Apu*** : *Pather Panchali* (*La Complainte du sentier,* 1955), *Aparajito* (*L'Invaincu,* 1957) et *Apu sansar* (*Le Monde d'Apu,* 1959), Ray fut d'abord influencé par le néoréalisme et les films de John Ford. Le déclic de sa vocation se produisit sur le tournage du *Fleuve,* de Jean Renoir, en 1951. Ray fut aussi un grand ami du poète Rabindranath Tagore. Parmi ses œuvres majeures, outre la trilogie d'Apu (Prix du document humain à Cannes en 1956 pour *Pather Panchali* et Lion d'or à Venise en 1957 avec *Aparajito*), on trouve *Le Salon de musi-*

que (1958), comparé au *Guépard* de Visconti par certains, *La Déesse* (1960) et *Les Joueurs d'échecs* (1977). Mais la liste est longue... L'œuvre de Ray est un cinéma réaliste qui décrit l'histoire de personnages et de communautés, dont le seul tour dramatique est donné par les événements de la vie. Satyajit Ray est mort en 1992, mais ses films continuent de susciter une large admiration.

– ***Salaam Bombay !*** (Inde-France, 1988) **:** de Mira Nair, interprété par des enfants des rues de Bombay. Caméra d'or au festival de Cannes 1988, nominé aux Oscars et aux Césars 1989. Krishna, un enfant de 10 ans, abandonné par le cirque où il travaillait et chassé de chez lui pour une histoire d'argent, débarque à Bombay, sans connaître personne, et se fait employer comme vendeur de thé. Tourné entièrement à Bombay, en décors naturels (contrairement à la tradition des studios), avec un casting d'enfants des rues, ce film donne une vision effrayante et réaliste de la vie de ces gosses, toujours d'actualité. Une réalité sans fard et sans misérabilisme facile.

– ***Lagaan*** (Inde, 2001) **:** de Ashutosh Gowariker, avec Aamir Khan, Gracy Singh, Rachel Shelley, Paul Blackthorne et Suhasini Mulay. Fresque historique. La résistance d'un petit village, en 1893, face à l'odieux occupant british qui ne cesse d'écraser les paysans indiens sous les impôts. Il n'y a qu'au cinéma qu'on peut voir un tel manichéisme improbable, mais l'ensemble se révèle fort bien ficelé, bien joué, et costumes et musiques sont superbes. En gros, si l'équipe de cricket du village bat celle des Anglais, le *lagaan* (l'impôt sur les récoltes) sera annulé pendant 3 ans. En cas de défaite, il sera triplé. Bouffées d'héroïsme et de patriotisme émergent volontiers d'une telle intrigue. Rythme excellent (on ne voit guère passer les 3h40).

– ***Devdas*** (Inde, 2002) **:** de Sanjay Leela Bhansali. Avec deux des plus grandes stars indiennes, Shah Rukh Khan et Aishwarya Rai. Ce film, adapté d'un roman du début du XXe s, a fortement contribué à l'engouement pour Bollywood en Occident. Intrigue à l'eau de rose typiquement bollywoodienne : Devdas, fils d'un riche propriétaire, et Paro, fille d'un modeste voisin, s'aiment depuis l'enfance et pensent naïvement que les années de séparation, pendant lesquelles Devdas étudie à Londres, ne seront qu'une parenthèse. C'est sans compter sur les différences de classes sociales (et de castes) qui semblent plus puissantes que l'amour authentique... Du même réalisateur, citons aussi ***Black*** (Inde, 2005). Inspiré de l'histoire de Helen Keller (femme aveugle, sourde et muette à la suite d'une maladie infantile), ce film bollywoodien sans danse ni chant s'affranchit des règles du genre.

– Les friands de films Bollywood peuvent se réjouir : nombre d'entre eux sont désormais disponibles en DVD. Parmi eux, citons ***Mission Kashmir*** (Inde, 2000) de Vidhu Vinod Chopra (en complément du film, il est amusant de lire *Bombay maximum city* – voir « Livres de route » – où l'auteur raconte des anecdotes sur l'écriture du scénario, auquel il a participé), ***La Famille indienne*** (Inde, 2001) de Karan Johar, ou encore ***Veer Zaara*** (Inde, 2004) de Yash Chopra.

Films étrangers

Vous remarquerez que la plupart des films étrangers sur l'Inde proposent une Inde fantasmée très différente de celle que vous découvrirez ou connaissez. Peu de ces films offrent, en fin de compte, une perspective réaliste du sous-continent.

– ***Les Trois lanciers du Bengale*** (*The Lives of a Bengal lancer,* États-Unis, 1935) **:** d'Henry Hathaway, avec Gary Cooper. Le premier film important d'Hathaway, tourné au Bengale et dans la passe de Khyber. Un petit joyau d'exotisme et de clichés hollywoodiens. L'histoire a tout d'une bonne vieille B.D. : Stone, le fils du colonel du 41e lancier du Bengale, est affecté sans que son père en soit informé. Le mélange discipline-affection prend mal entre le vieux colonel et le jeune soldat. McGregor (Gary Cooper) prend Stone en charge, mais celui-ci se laisse séduire par une espionne russe proche du rebelle Mohamed Khan... Sens de l'honneur et grandeur de Sa Majesté au service d'un film « de cape et d'épée », nominé aux Oscars.

– ***Kim*** (États-Unis, 1950) **:** réalisé par Victor Saville, avec Errol Flynn et Dean Stockwell, d'après le célèbre roman de Rudyard Kipling (prix Nobel 1907). L'histoire rocambolesque de Kimball O'Hara, orphelin irlandais livré à lui-même dans l'Empire britannique des Indes au XIXe s. Produit par la puissante MGM, 3 ans après l'indépendance de l'Inde, le film fut tourné en grande partie au Rajasthan, à Udaipur et à Jaipur (scènes au *Rambagh Palace*).

– ***Le Fleuve*** (*The River,* États-Unis, 1951) **:** de Jean Renoir. D'après le livre de Rumer Godden. Avec Nora Swinburne, Esmond Knight et Arthur Shields. Premier prix international à la Biennale de Venise en 1951. Presque documentaire, *Le Fleuve* est, pour les uns, un chef-d'œuvre, un poème lyrique, un hymne à la vie et à la nature, avec des images superbes (signées par le neveu de Renoir), montées au rythme du fleuve lui-même... Pour d'autres, ce n'est qu'un long fleuve assez ennuyeux. À vous de voir. En tout cas, il faut retenir deux choses de ce film. L'anecdote est qu'il a été produit par un fleuriste américain ! Renoir, fatigué du système hollywoodien, voulait un film sans chasse au tigre, sans éléphants et sans stars (il refusa même le rôle du capitaine John à Marlon Brando, qu'il pressentait déjà trop charismatique, trop écrasant...). Et ce fleuriste (qui voulait produire le film grâce à ses nombreuses relations indiennes) rechercha le propriétaire des droits et tomba sur Renoir ! Le tournage eut lieu au bord du Gange, dans les environs de Calcutta, avec une équipe en partie indienne. La seconde chose à noter est que Satyajit Ray rencontra Renoir à cette occasion, et ainsi se produisit le déclic décisif qui motiva sa vocation.

– ***Le Tigre du Bengale*** (États-Unis, 1959) et ***Le Tombeau hindou*** (1960) **:** réalisés par Fritz Lang. Un grand classique du film d'aventures exotiques, tourné en Inde, en deux parties, avec la séduisante Debra Paget et le moins connu Paul Hubschmid. Pour cette coproduction, Fritz Lang s'inspira d'un scénario de jeunesse, écrit en 1921. L'ingénieur français Henri Mercier débarque en Inde, à la demande d'un maharaja qui souhaite moderniser son immense palais. À peine arrivé, il tombe sous le charme de Seetha, une danseuse sacrée qu'il a sauvée de justesse des griffes d'un tigre. Seetha, amoureuse de Mercier, repousse Chandra, qu'elle déteste, et à qui elle est pourtant promise. Deux hommes aiment passionnément la même femme... La rencontre de Fritz Lang et de l'Inde donne un éclat à cette histoire vieille comme le monde. Passion, jalousie, rivalité, érotisme subtil, haine, cruauté, poursuites, évasion, chasse à l'homme sont quelques-unes des épices savoureuses de ce grand film tourné dans les palais (*Lake Palace* à Udaipur) et les sables du Rajasthan.

– ***Chaleur et Poussière*** (*Heat and Dust,* États-Unis, 1982) **:** réalisé par James Ivory. Anne (Julie Christie), jeune Anglaise des années 1980, débarque en Inde pour retrouver les souvenirs de sa grand-mère Olivia (Greta Scacchi). Cette charmante personne vécut en Inde sous l'Empire britannique, aux côtés de son mari, Douglas Rivers, un collecteur d'impôts ennuyeux. Belle et anticonformiste, Olivia brava les usages de son pays et ceux de l'Inde, en tombant amoureuse d'un séduisant nabab. Cette passion secrète tourna au drame lorsque Olivia se découvrit enceinte de son amant indien... Tourné à Hyderabad et dans l'Andhra Pradesh, c'est une histoire d'amour impossible entre deux êtres issus de deux planètes opposées. Mais James Ivory filme aussi la quête obstinée et solitaire d'une femme (un peu paumée) dans la chaleur et la poussière d'un pays attachant où les vestiges du British Raj s'effacent lentement avec le temps.

– ***Gandhi*** (Grande-Bretagne, 1982) **:** réalisé par Richard Attenborough, avec Ben Kingsley (Gandhi) et Candice Bergen. Cette superproduction d'Attenborough (3 oscars à Hollywood en 1982) est une œuvre remarquable. Tourné dans un style classique, avec un énorme budget, le film réussit à retracer fidèlement la vie pleine de rebondissements et l'action non violente de Gandhi en faveur de l'indépendance de l'Inde. Depuis ses années d'avocat en Afrique du Sud, jusqu'à son jeûne décisif pour la paix ethnique et religieuse à Calcutta, et son assassinat le 30 janvier 1948, en passant par les prisons et les prières : tout Gandhi, et du grand cinéma ! Ben Kingsley est habité par le caractère déterminé de l'homme au rouet.

Celui que les Indiens appelaient fraternellement *Mahatma* (« Grande Âme ») n'était pour Winston Churchill qu'un « fakir séditieux à demi-nu ». Mais Lord Mountbatten, le dernier vice-roi des Indes, eut le mot juste : « Gandhi occupera dans l'histoire le même rang que le Bouddha et Jésus. »

– ***La Route des Indes*** (Grande-Bretagne, 1984) **:** de David Lean, réalisateur de *Lawrence d'Arabie* et du *Pont de la rivière Kwai.* Adapté d'un roman de E. M. Forster, le film n'est pas, contrairement à ce que pourrait laisser supposer son titre, une saga baba cool. L'action se déroule dans les années 1920, dans l'Empire britannique des Indes. L'élégante miss Moore débarque à Bombay, puis dans un village reculé où son fils Rony exerce le métier de juge. Elle est accompagnée par Adela Quested, la promise de Rony, sortie des brumes de l'Angleterre puritaine. Au contact de l'Inde, de sa splendeur tropicale et de ses injustices, la vieille dame réagit sainement. La jeune Adela s'enfonce à l'inverse dans une étrange névrose dont le docteur Aziz sera victime. Croyant les barrières raciales et sociales entre Anglais et Indiens prêtes à disparaître, Aziz sympathise avec ces deux femmes curieuses de son pays. Suite à une balade ratée, il est accusé de viol...

– ***Le Mahābhārata*** (France/Grande-Bretagne, 1990) **:** le metteur en scène Peter Brook et le scénariste Jean-Claude Carrière ont travaillé 10 ans à une adaptation de la grande épopée indienne. Résultat : un spectacle de 9h, qui fut présenté à Avignon, puis une version pour le cinéma (condensée à 3h) et la TV (6h). Dans les trois cas, une véritable réussite.

– ***Nocturne indien*** (France, 1989) **:** d'Alain Corneau, avec Jean-Hugues Anglade, Otto Tausig et Clémentine Célarié. D'après le roman d'Antonio Tabucchi. Le thème pourrait être cette phrase du directeur de l'Institut théosophique dans le film : « Nous avons tous deux vies », tirée d'un poème de Fernando Pessoa. Tourné à Bombay (on retrouve beaucoup de lieux célèbres de la ville, mais aussi d'autres, plus obscurs), à Chennai (Madras) et à Goa, il raconte, sur une troublante musique de Schubert, l'itinéraire d'un homme à la recherche d'un ami disparu en Inde. C'est cette quête, presque irréelle, qui est le sujet de ce film fort et envoûtant, qui ne cesse de développer des thèmes chers à l'Inde : la multiplicité des réalités, l'illusion de l'apparence et la quête de soi. Ce film mérite d'être redécouvert tant il colle bien à l'esprit indien.

– ***Caste criminelle*** (France, 1989) **:** de Yolande Zauberman. En 1871, les Anglais déclarent « criminels » les membres d'une tribu de rebelles et de voleurs et les parquent dans des camps fermés. Aujourd'hui, quelque 3 millions de descendants de cette caste des « nés criminels » subissent encore les conséquences de cette loi, officiellement abolie en 1947, mais toujours dans les usages et les esprits. En s'attachant au quotidien et à l'histoire d'une famille, celle de Hira Baï et Serjian, les grands-parents, la réalisatrice nous livre un documentaire dur mais sans pathos, plein d'humanité, de tendresse et de respect.

– ***Fire*** (Canada, 1996) **:** de Deepa Mehta, réalisatrice indienne installée au Canada. Ce film fait partie d'une trilogie dont le dernier volet (*Water,* succédant à *Earth*) n'a pu être tourné en raison des violentes manifestations suscitées en Inde par les deux premiers. Car il s'agit ici de sensualité, et de perte de l'innocence au nom de la religion... Dans *Fire,* un fragile équilibre familial est rompu lorsque deux belles-sœurs, vivant sous le même toit, se rapprochent et découvrent ensemble désir et joie de vivre.

– ***Camera Kids*** (États-Unis, 2005) **:** de Ross Kauffman et Zana Briski. À Sonagachi, le quartier rouge de Kolkata, la photographe new-yorkaise Zana Briski va enseigner aux enfants des prostituées l'art de la photographie. Confrontés à une grande pauvreté, à la violence, ils ont peu d'espoir d'échapper à un futur misérable et sont pourtant pleins de vie, malicieux et drôles. L'aventure photographique que leur propose Zana leur offre l'occasion de regarder et de se regarder différemment et, peut-être, d'imaginer un avenir meilleur. Très esthétique, ce film n'en est pas moins touchant. Il a reçu l'oscar du meilleur documentaire en 2005.

GÉOGRAPHIE

L'Inde, grand quadrilatère situé à cheval sur le tropique du Cancer, est le 7e pays du monde par sa superficie de 3 287 590 km², soit environ six fois la France. La plus grande distance couvre 2 933 km d'ouest en est et 3 214 km du nord au sud.
L'Inde, qui possède 15 200 km de frontières terrestres et un littoral de 6 100 km, est bordée au nord par le Tibet, la Chine, le Népal, le Bhoutan ; à l'est par le Myanmar (ex-Birmanie) et le Bangladesh ; à l'ouest par le Pakistan.
Les quatre grandes zones géographiques du pays sont :
– ***l'Himalaya :*** c'est une grande chaîne ininterrompue sur 2 400 km, avec une largeur qui varie de 240 à 320 km. Elle marque la frontière avec le Tibet, le Bhoutan, la Chine et le Népal ;
– ***les plaines :*** on distingue trois bassins principaux formés par l'Indus à l'ouest, le Gange au centre et le Brahmapoutre à l'est. La plaine du Gange, où la densité de la population est la plus élevée du monde, présente un relief uniformément plat. Entre Delhi et le golfe du Bengale, il n'y a que 200 m de dénivelée, ce qui est l'une des causes principales des inondations dévastatrices provoquées par la mousson ;
– ***la zone désertique*** comprend le Rann de Kutch et le Rajasthan à l'ouest ;
– ***le plateau péninsulaire*** est séparé du bassin du Gange par plusieurs chaînes de montagnes d'altitude moyenne (460 à 1 220 m). Ce sont les monts Aravalli, Vindhya, Satpura, Marikola et Ajanta. La péninsule est flanquée, à l'est, d'une chaîne côtière, les Ghats orientaux (altitude moyenne de 600 m), eux-mêmes séparés du golfe du Bengale par une large plaine côtière, dans laquelle s'évasent les estuaires des grands fleuves du sud de l'Inde, la Kistna et la Godavari.
À l'ouest, la péninsule est également bordée par une chaîne côtière d'altitude plus élevée (1 000 à 2 400 m), les Ghats occidentaux, qu'une mince bande de littoral sépare de la mer d'Oman.
La pittoresque chaîne des Nilgiris, située dans le sud de la péninsule, marque le point de rencontre de ces deux systèmes montagneux.

Les fleuves et les rivières

Ils jouent un rôle primordial dans la vie religieuse des Indiens et coulent en abondance dans toutes les parties du pays.
Le principal bassin fluvial est celui du Gange, qui irrigue et couvre un quart de la surface totale du pays. C'est le réseau fluvial majeur du nord de l'Inde.
Le Sud comprend plusieurs bassins, tous orientés de l'est vers l'ouest, ou inversement. Le plus important est celui de la Godavari qui, à lui seul, représente 10 % de la superficie de l'Inde. Mais il faut aussi mentionner l'existence des bassins de Kistna, de la Mahanadi et de la Cauvery.

HISTOIRE

Pour comprendre l'histoire de l'Inde, un petit rappel de géographie s'impose ! Cette immense péninsule est protégée au nord par la chaîne de l'Himalaya, obstacle infranchissable, qui se prolonge à l'ouest par les massifs du Pamir et de l'Hindou Koush (en gros, l'Afghanistan actuel). C'est donc par l'ouest que les premiers « envahisseurs » arrivèrent en Inde, depuis le plateau iranien et les steppes d'Asie centrale. Une fois passé l'Hindou Koush, la progression naturelle se fait vers l'est, le long de la vallée du Gange. Pour aller plus au sud, la tâche est difficile, car toute la péninsule est constituée d'un grand plateau (le Deccan), traversé d'est en ouest par des fleuves et par des chaînes montagneuses, mais il n'y a aucun axe naturel nord-sud ! On comprend mieux d'une part pourquoi le territoire indien fut très rarement unifié au cours de son histoire, d'autre part que le sud de la péninsule soit resté imperméable aux influences extérieures, contrairement à la vallée du Gange, plus ouverte.

De la civilisation de l'Indus (3000-1500 av. J.-C.) aux Aryens (1500-IIIe siècle av. J.-C.)

Si les Dravidiens, plusieurs millénaires av. J.-C., furent la première civilisation, dite « de l'Indus », à s'installer autour du fleuve Indus (eh oui !), on sait toujours peu de chose sur leurs origines, d'autant que leur écriture n'a toujours pas été déchiffrée. Ce qu'il en reste avant tout, ce sont les traces d'une société agricole. Certains sites très urbanisés, dont Harrappa et Mohenjo Daro (de nos jours au Pakistan) en sont les meilleurs représentants, ainsi que le premier personnage représenté dans la position *yoga*. Vers 1500 av. J.-C., les Aryens – une peuplade nomade et pastorale descendue du Caucase et du plateau iranien – se mêlent peu à peu aux descendants des Dravidiens, apportant dans leurs bagages une religion, le védisme, transmise oralement par des hymnes (les Véda, complétés plus tard par les Upanishads) avant d'être écrits quelques siècles plus tard en sanskrit, langue des Aryens. Les dieux védiques, incarnant, comme ceux des Grecs, les forces de la nature (vent, soleil...), se mêlent aux religions dravidiennes, et cet ensemble de croyances, rituels et divinités formera ce que les Occidentaux appellent l'hindouisme (concept qui n'existe pas vraiment pour les Indiens). Très hiérarchisée autour d'un prêtre, le brahmane, la société aryenne est directement à l'origine du système de castes en vigueur aujourd'hui : doté de tous les pouvoirs, le brahmane s'appuie sur ces castes, très rigides et terriblement efficaces.

En fait, c'est en réaction à cette rigidité que bouddhisme et jaïnisme, ignorant les castes et issus philosophiquement des très anciennes religions dravidiennes, se développèrent, autour de la notion de cycle de réincarnation. Et pour s'affranchir des brahmanes, le roi Ashoka, au IIIe s av. J.-C., s'appuiera lui aussi sur le bouddhisme pour unifier le premier empire d'Inde (Empire maurya). Le brahmanisme s'adoucit donc peu à peu pour survivre, tandis que le bouddhisme, avant tout une philosophie, se teinte de religion en « déifiant » le Bouddha. Cette branche du bouddhisme, connue sous le nom de Grand Véhicule (contrairement au Petit Véhicule, resté proche du modèle original prêché par l'Éveillé), gagnera plus tard l'Extrême-Orient et permettra, vers le Ier s avant notre ère, la représentation iconographique du Bouddha afin d'atteindre un plus grand nombre d'adeptes.

Les Mauryas (IIIe siècle av. J.-C.)

Avant l'arrivée d'Alexandre le Grand dans le nord-ouest de l'Inde, l'empire du Magadha s'était constitué autour de Pataliputra (l'actuelle Patna), dans la région du Bihar actuel (région qui restera le foyer essentiel des dynasties de l'Inde du Nord, jusqu'à l'arrivée des Arabes au XIe s apr. J.-C.). Au IVe s av. J.-C., Alexandre et les Grecs sont stoppés par le premier Empire indien dit Empire maurya, continuateur du Magadha. Centré sur Pataliputra, Chandragupta et ses successeurs (dont le célèbre Ashoka) règnent alors sur un empire immense, que seuls les Moghols arriveront à égaler au XVIe s. Seul l'extrême sud de la péninsule échappa à l'emprise maurya. À la mort d'Ashoka, les différents vassaux reprirent leur indépendance, et l'Inde redevint une mosaïque de dynasties plus ou moins puissantes. Si Ashoka a la réputation d'avoir été un roi extrêmement pieux, ayant grandement prôné le bouddhisme, la rapidité avec laquelle, à sa mort, l'empire s'est disloqué, prouve cependant que cette cohésion n'était maintenue que par la force. Il n'en reste pas moins le premier, dans l'histoire, à avoir compris la force politique du domaine religieux. D'ailleurs, si le bouddhisme ne s'est jamais imposé en Inde, c'est peut-être parce qu'il fut trop souvent amené d'en haut par des souverains aux intentions ambiguës.

Les Andhras, les Shungas, les Kushanas (IIe siècle av. J.-C.-IIIe siècle apr. J.-C.)

Après les Mauryas, le Sud redevint indépendant sous l'Empire andhra qui donna son nom à l'actuelle région de l'Andhra Pradesh. Autour de Pataliputra, ce sont les Shungas qui reprirent à leur compte le cœur de l'Empire maurya. Au nord-ouest, cependant, l'Asie centrale est en ébullition. Résultat : des peuples indo-européens nomades, les Scythes et les Parthes, investissent cette région – l'actuel nord de l'Afghanistan, alors aboutissement de la route de la soie venant de Chine –, qui se transforme en véritable melting-pot culturel et religieux. Indiens, Grecs, Iraniens, Parthes, Scythes, Chinois, tout ce beau monde s'affronte, le bouddhisme y côtoie les dieux grecs, le zoroastrisme – religion iranienne – y découvre l'hindouisme... C'est grâce à ce brassage culturel extraordinaire que seront créées les premières représentations figurées du Bouddha sous l'influence, en particulier, de la tradition artistique occidentale (grecque). Des nomades d'Asie centrale, les Kushanas, et leur célèbre souverain Kanishka, mettent finalement tout le monde d'accord, aux alentours de la naissance du Christ. Leur empire s'étend alors en Inde sur tout le nord jusqu'à Mathura, mais reste freiné au sud par les Andhras.

Les Guptas (IVe-Ve siècle)

C'est encore dans la région du Bihar que va naître l'Empire gupta. Le fondateur de la dynastie s'appelle Chandragupta, à ne pas confondre avec le fondateur des Mauryas ! Cette période est souvent considérée, notamment dans le domaine de l'art, comme un âge d'or mais, au Ve s, les Huns, en provenance d'Asie centrale, vont mettre à mal l'unité de l'empire qui se rétrécit autour de Pataliputra. Seules les puissantes dynasties du sud de l'Inde repousseront ces nouveaux envahisseurs qui, bloqués à l'est, se tournent alors vers l'ouest, c'est-à-dire vers l'Europe...

L'époque médiévale (VIe-XIe siècle)

Après l'Empire gupta, on entre dans la période médiévale de l'Inde. Le centre du pouvoir indien se déplace alors vers le sud, où les Chalukya créent un puissant empire dans l'actuel Karnataka. Plus au nord, une dynastie vassale, les Rashtrakuta, les supplantera quelque temps. À l'est, les Pallava, perpétuels ennemis des Chalukya. Plus au sud, les dynasties Chola, Chera et Pandya vont, tour à tour, dominer la région. Dans le nord de l'Inde, la disparition des Gupta laisse un vide, comblé le temps d'une génération par le grand roi Harsha de Kanauj, avant le nouvel essor de dynasties très anciennes : les Palla du Bengale, ou les Rajpoutes du Rajasthan (parmi eux, les Pratihara). Cependant, à partir du VIIIe s, les Arabes prennent place dans le nord-ouest de l'Inde, et leur arrivée va y bouleverser très vite les dynasties traditionnelles. Cette période, bien que très instable politiquement (tout comme le Moyen Âge européen), fut l'une des plus fécondes de l'art indien. Époque encore où les flottes des dynasties du Sud dominent l'océan Indien, et vont ainsi essaimer vers la Birmanie, l'Indonésie... L'art indien s'exporte lui aussi, modifié par le génie spécifique de différents peuples, à Pagan en Birmanie, à Angkor au Cambodge, à Borobudur à Java, etc.

Les premières dynasties musulmanes, Vijayanagar (XIe-XVe siècle)

Bien qu'apparus dès le VIIIe s en provenance d'Afghanistan, les Arabes seront repoussés jusqu'au XIe s : les Ghaznévides s'imposent alors dans la région de l'actuelle Delhi. Profitant des dissensions qui déchirent les différentes dynasties du Nord (Pratihara, Palla...), ils s'installent durablement. À partir de là, le sultanat de Delhi va se maintenir avec des fortunes diverses sous des dynasties d'origines turque, arabe ou afghane. Ce n'est que petit à petit, et sans jamais s'imposer, qu'ils pénètrent dans le sud de l'Inde. En effet, leurs propres dissensions internes, ajoutées aux menaces extérieures (Afghans, puis Mongols, Rajpoutes hindous, etc.) les fragilisent en permanence. Seul l'extrême sud de la péninsule, avec l'empire de Vijayanagar, particulièrement puissant aux XIVe et XVe s, symbolise la résistance hindoue. Cette première période arabe laisse un souvenir amer aux hindous. Des multitudes de temples sont détruits, l'islam est imposé par la force, les hindous persécutés, bref, ces dynasties islamiques fragiles, expansionnistes et peu tolérantes, à de rares exceptions près, ne pratiquent guère le syncrétisme religieux ou culturel. Un art islamique s'impose, sans souci d'intégrer celui des Indiens, qui continue à s'épanouir dans le Sud.

L'influence moghole

Les Moghols, de religion musulmane, arrivent en Inde au XVIe s et fondent un empire qui va durer plus de trois siècles. Inutile de dire que leur influence, notamment artistique, a eu le temps de s'épanouir et de marquer le sous-continent indien. C'est à eux que l'on doit, entre autres, le fameux Taj Mahal.
Le Turc Babur, fondateur de la dynastie, étend très vite son territoire dans le nord du pays. La rapidité étant une affaire de famille, le fils, Humayun, perd en un rien de temps les acquis paternels, mais finira par reconquérir son trône quinze ans plus tard. En 1556, c'est Akbar (« le Très Grand »), fils de Humayun et donc petit-fils de Babur (simple !), qui donne à l'Empire moghol toute sa grandeur. Il annonce la période dite des « Grands Moghols ». Influencé par son précepteur persan, il prône la tolérance universelle, qui se manifestera surtout en matière religieuse ou dans sa réglementation des pratiques sociales. En 1605, à la mort d'Akbar, comme on n'est jamais mieux servi que par soi-même (c'est bien connu !), Jahangir, le fils d'Akbar, se couronne lui-même empereur. S'il avait su... Il doit faire face à moult rébellions (dont celle de son fils, allié aux sikhs), qu'il réprime avec l'aide du prince Khurram, lequel reçoit alors le titre de Shah Jahan, littéralement : « le Souverain du Monde ». À la mort de l'empereur, en 1627, Shah Jahan monte sur le trône. On retiendra surtout de son règne une éclosion architecturale extraordinaire. Mais à grands hommes, fins tragiques : destitué par son fils (l'ingrat !), il est jeté en prison dans le fort d'Agra, où il meurt en 1666. Aurangzeb clôt le cycle des « Grands Moghols », en passant la majeure partie de son règne à batailler (contre les Marathes), pour constater finalement son échec politique. Il sera pourtant considéré par les musulmans comme celui qui a consolidé l'identité islamique en Inde.
Ensuite, c'est le début de la fin : l'invasion persane du XVIIIe s affaiblit l'empire qui s'éteint en 1857, avec la révolte des Cipayes (compléments dans « À voir. Old Delhi. Le Fort Rouge »).

Les Européens (XVIIIe-XXe siècle)

Les Européens deviennent au XVIIIe s particulièrement entreprenants. Les Portugais, présents depuis le XVIe s, furent vite rejoints par les Anglais et les Français dès le XVIIe s. Le but de ces nouveaux envahisseurs ? Les ressources naturelles du sous-continent, épices et poivre en particulier. Chacun crée ses comptoirs et ses « Compagnies des Indes ». Mais le désir de contrôler directement l'ensemble du territoire se fait plus pressant. Après avoir mis en déroute les Français retranchés à Pondichéry et Chandernagor, les Anglais, au XVIIIe s, choisirent, pour s'implanter, de s'allier aux derniers sultans de la région de Delhi, tout en profitant des conflits permanents des dynasties indiennes traditionnelles. Car ces dernières, trop contentes de s'émanciper de la tutelle musulmane, pensèrent avant tout à restaurer leur prestige passé au lieu de s'unir contre les Anglais. Les Marathes furent les plus coriaces (une fois de plus), mais rien ne put empêcher la naissance de l'Empire britannique des Indes. Pourtant, les Britanniques ne furent guère plus malins ni plus tolérants que leurs prédécesseurs musulmans puisque ce nouvel empire, colosse aux pieds d'argile, s'écroulera après la Seconde Guerre mondiale sous les coups d'un petit homme chauve à lunettes, Gandhi !

L'indépendance

En 1885, Nehru père crée le Congrès national indien, principal mouvement indépendantiste, et prône la non-violence et la non-coopération avec les envahisseurs, qui ne l'entendent pas de cette oreille et le font savoir de façon un peu moins... zen. Cela ne saurait décourager le Mahatma, et Jawaharlal Nehru (le fils) devient président d'un gouvernement provisoire en 1946, avant que la couronne britannique ne cède officiellement le 15 août 1947. Cependant, Nehru n'évitera pas la partition du pays, conséquence malheureuse du ressentiment hindou à l'égard des anciens conquérants musulmans. Le Pakistan est constitué, privant l'Inde des plus anciens sites archéologiques qui avaient vu naître la civilisation de l'Indus. La boucle est bouclée, longue vie au Pakistan et à l'Inde, devenue grâce à Nehru la plus grande démocratie actuelle !
Les hommes (Nehru, Patel) qui héritèrent de la tâche de gouverner l'Inde indépendante durent non seulement trouver un modèle de gouvernement pour le pays, mais faire face aux problèmes de la partition du sous-continent et aux haines religieuses exacerbées, très vite compliqués de problèmes de nationalismes régionaux et de conflits linguistiques, suscités par le débat au sujet de la langue nationale. Il fallait donc trouver un type de gouvernement qui, tout en conservant un pouvoir central fort décidant des options politiques concernant tout le pays, permettrait aussi aux différentes communautés ethniques et linguistiques qui composent l'Inde d'avoir la possibilité de gérer leurs propres affaires.

La « dynastie » Nehru-Gandhi

La lignée politique la plus célèbre du pays a donné plusieurs Premiers ministres fameux, mais les liens familiaux ne sont pas ceux qu'on croit souvent. D'autant plus que le nom du plus légendaire des Gandhi (à savoir le Mahatma) n'a en fait rien à voir dans l'histoire ! Petit portrait de famille pour (essayer de) s'y retrouver...
Fondateur de cette lignée, Motilal Nehru (1861-1931), qui présida deux fois le Congrès national indien. Son fils, Jawaharlal (disciple du Mahatma), lui succède en 1929 et entre dans l'histoire en devenant, en 1947, le premier Premier ministre de l'Inde indépendante, au nom du parti du Congrès, émanation bien sûr du Congrès national indien. Sa fille, Indira Gandhi, deux fois Premier ministre et issue du même parti, n'est donc pas celle du Mahatma mais l'épouse d'un certain Feroze Gandhi, avocat comme le Mahatma mais sans aucune parenté avec lui. Un nom qui a sûrement aidé à l'ascension politique d'Indira. Elle accède au pouvoir en 1966 et y revient en 1980. En juin 1984, elle lance l'armée indienne à l'assaut du Temple d'or d'Amritsar, saint des saints du sikhisme et bastion des séparatistes armés. Cette opération, baptisée *Blue Star,* fait des centaines de morts et provoque une répression terrible, y compris dans la capitale, Delhi. En représailles, Indira est assassinée par deux fanatiques sikhs présents parmi ses gardes du corps. La même année, son fils Rajiv (et donc le petit-fils de Nehru) la remplace au poste de président du parti du Congrès et de Premier ministre après sa victoire aux élections législatives. Son mandat commence par un coup dur : la fuite de gaz à Bhopal (voir ci-dessus « Environnement »). Rajiv sera assassiné en 1991 par les Tigres tamouls.
Dernière en date de la lignée : Sonia Gandhi, veuve de Rajiv (qu'elle avait rencontré à l'université anglaise de Cambridge) mais originaire de... Turin. Entrée en politique après l'assassinat de son mari, elle reprend donc le flambeau de l'illustre famille en présidant le parti du Congrès et vise depuis le poste de... Premier ministre. Poste qu'elle a finalement préféré refuser après la victoire du parti du Congrès en mai 2004 : ses origines italiennes étaient trop critiquées pour qu'elle se sente en sécurité !

Le déclin du parti du Congrès et les prémices de l'ère nationaliste

La décennie 1990-2000 verra l'émergence en politique de nouveaux personnages moins traditionnels et de nouvelles forces vives, en particulier celle du BJP (Bharatiya Janata Party, Parti nationaliste hindou, tendance extrême droite) qui, dès 1989, soutient le parti de gauche Janata Dal (émanation des petits paysans de la vallée du Gange) et lui permet d'accéder au pouvoir. Le nouveau Premier ministre, V. P. Singh, fait passer une augmentation des quotas en faveur des basses castes dans l'administration (49,5 % des postes leur sont désormais réservés au lieu de 22,5 % précédemment). Les réactions violentes des hautes castes ne se font pas attendre : grèves de la faim, immolations par le feu... Mais en 1991, ce front politique se décompose et le parti du Congrès revient en force, pendant que le BJP devient la deuxième force politique du pays. Le passage historique à l'économie de marché est alors amorcé sous le gouvernement de P. V. Narasimha Rao.
Cependant, fin 1992, la destruction à Ayodhya (Uttar Pradesh) de la mosquée Janam Sthan par les hindous extrémistes (cette mosquée aurait été construite par Babur, cinq siècles plus tôt, sur le lieu de naissance présumé du *Rāmāyana*), déclenche de vives violences interconfessionnelles, symptôme médiatique et très révélateur d'un malaise plus général dans cette société indienne partagée entre modernité et traditions.
Et fin 1994, le Premier ministre Rao, jusque-là adulé pour ses efforts de modernisation du pays, est mis en cause par l'implication de trois de ses ministres dans des affaires de corruption. Pour le parti du Congrès, qui gouverne l'Inde depuis 1947 (sauf deux petites interruptions), déjà en difficulté, c'est le début de la fin. Cela se confirme lors des élections régionales de fin 1994 et de février-mars 1995, où l'on assiste une nouvelle fois à une montée en puissance des partis régionaux, et notamment du BJP. Et la cuisante défaite du parti du Congrès, ou Congrès-I (« I » pour Indira Gandhi) aux élections législatives de 1995 sera le coup de grâce à l'ère Gandhi-Nehru.
Désormais, le BJP est majoritaire au Parlement. Le nouveau Premier ministre est H. D. Deve Gowda. Autre nouveauté : pour la première fois, les intouchables obtiennent une représentation politique à l'Assemblée. Phoolan Devi, « Reine des bandits », est élue député de la circonscription de Mirzapur dans l'État d'Uttar Pradesh. Une belle revanche pour cette intouchable, considérée désormais comme la madone des opprimés.
En 1997, Inder Kumal Gujral, du Janata Dal (promotion des basses castes) succède à Gowda. Premier ministre atypique, rassembleur et modéré, il est l'homme des compromis et fait d'emblée un pas en direction des pays voisins, notamment le Pakistan (il a pour lui d'être né là-bas). Élection en juillet (au suffrage indirect) du nouveau président Kocheril Raman Narayanan : encore une première pour les opprimés que l'arrivée de cet intouchable de 75 ans à la tête de l'État !

Le regain des tensions nationales et internationales

Pour le cinquantenaire de l'indépendance, en 1998, l'Inde laïque et républicaine, la plus grande démocratie du monde, se fait un drôle de cadeau en menant au pouvoir le BJP, en plein essor depuis 10 ans ! Avec 250 sièges, le BJP et ses alliés n'atteignent cependant pas la majorité absolue (273 sièges) et forment une délicate coalition pour composer le nouveau gouvernement mené par le Premier ministre, Atal Bihari Vajpayee. Celui-ci sera réélu en octobre 1999, lors d'élections législatives anticipées (les troisièmes depuis 1996). Vajpayee, bien que modéré, a réaffirmé sa position en matière de défense. Avec le Pakistan, ennemi traditionnel, mais aussi avec la Chine, une véritable course à l'armement s'engage (5 essais nucléaires indiens en 1998), alarmant la communauté internationale.

L'année suivante voit un sommet historique se tenir entre l'Inde et le Pakistan (les premières négociations depuis 10 ans) sur la question du Cachemire qui apporte un (très bref) apaisement des tensions entre les deux pays. Malgré ce sommet, les deux pays ont procédé chacun à leur tour à des tirs de missiles au mois de mars 2000. Et dès juin, l'échec de ces négociations entraîne la reprise des combats, au Cachemire et à la frontière du Ladakh.
À l'automne 2001, après la tragédie du 11 Septembre, George W. Bush lève l'embargo instauré par les États-Unis sur l'Inde (et le Pakistan) après les essais nucléaires de 1998, pendant que l'Inde et la Chine opèrent une tentative de rapprochement, plus compliquée.
L'année 2002 est une année d'instabilité pour l'Inde moderne : dans le Gujarat, déjà durement touché par un tremblement de terre l'année précédente, de violents heurts entre hindous et musulmans éclatent tout au long du printemps pendant qu'une nouvelle crise entre l'Inde et le Pakistan, toujours sur la question du Cachemire, conduit les deux pays à s'affronter quotidiennement sur la frontière.
En juillet 2002, l'élection au suffrage indirect du nouveau président, Abdul Kalam, originaire de la minorité musulmane, se révèle un signe fort en cette période incertaine quant à l'équilibre politique en Inde. Cet éminent scientifique entend « transformer » l'Inde en « une nation prospère débarrassée de la pauvreté... ». Dans la même veine, en mai 2004, à la suite de l'échec aux législatives du BJP, le choix du nouveau Premier ministre Manmohan Singh, représentant du parti du Congrès et issu, lui aussi, d'une minorité religieuse (les sikhs), est perçu comme le signal d'une nouvelle période d'apaisement. Depuis, les violences intercommunautaires ont cependant continué, notamment sous la forme d'attentats terroristes (Mumbai en juillet 2006, Hyderabad en novembre 2007 ou Jaipur en mai 2008). On peut tout de même noter quelques signes positifs, comme des manœuvres de rapprochement et de compromis entamées par les gouvernements pakistanais et indien ou l'ouverture partielle de la frontière indo-pakistanaise au Cachemire, après un séisme meurtrier en octobre 2006, pour faciliter la tâche des équipes de secours.

Le Cachemire, un enjeu stratégique majeur

Quand les Britanniques dominaient les Indes, il s'agissait bien de tout le sous-continent indien, incluant le Pakistan et le Bangladesh. Avant même l'accès à l'indépendance, la communauté musulmane avait su faire entendre son désir d'émancipation. En 1940, Jinnah et la Ligue musulmane exigent la création de la République islamique du Pakistan, chose faite en 1947 lors de l'indépendance indienne. À cette occasion, chacune des différentes provinces devait choisir son rattachement à l'Inde, au Pakistan, ou son accession à l'indépendance. Le Jammu-Cachemire, peuplé d'une majorité de musulmans mais présidé par un maharaja hindou, choisit de temporiser. Le Pakistan ne tarda pas à envoyer ses troupes, vite contenues puis repoussées par les forces indiennes. Le maharaja finit donc par rejoindre l'Union indienne. Le cessez-le-feu en vigueur depuis 1949 et supervisé par l'ONU a été interrompu en 1965 par un second conflit. Regain des tensions ces dernières années qui ont culminé par la mise au point de la bombe atomique par les deux pays.
Aujourd'hui, le peuple cachemiri – 8 millions côté indien, 3 millions côté pakistanais – est l'otage des appétits de deux grandes puissances nucléaires auxquelles cette guerre permet de poursuivre leur frénétique course à l'armement. Le Cachemire est également une immense réserve d'eau : de lui dépend l'irrigation de toute la vallée de l'Indus. Qui plus est, cette question fait ressurgir, dans les deux camps, le nationalisme le plus aveugle : il suffit d'agiter l'épouvantail du Cachemire pour faire oublier les délicats sujets de politique intérieure et ranger toute la population sous un même étendard. Pratique... L'Inde a toujours accusé son voisin d'aider et d'armer la guérilla séparatiste. Elle brandit la « menace terroriste » pour justifier ses actions, confortée par la radicalisation de certains groupes armés, dont la lutte a

depuis peu pris une connotation religieuse. Conséquence : près d'un million de soldats sont déployés dans la région. Contrairement à ce que l'on pense, leur mission principale n'est pas seulement de surveiller la frontière, face à l'armée rivale. Les soldats sont en faction aux entrées des villes et villages. Leurs postes de combat se trouvent dans les rues. Bref, pour n'importe quel observateur attentif, il est indécent de parler de guerre. Il s'agit bel et bien d'une invasion, accompagnée d'une intimidation très dure et de représailles impitoyables pour tous ceux qui osent défier le gouvernement indien sur la question de l'autonomie.
Le Cachemire, État à majorité musulmane, fut rattaché à l'Inde en 1947 avec la promesse d'un référendum d'autodétermination à venir. Or, l'Inde ne veut même pas entendre parler de référendum, contrairement au Pakistan qui verrait là un bon moyen de récupérer légitimement le Cachemire.
Depuis la reprise des combats en 1989, on estime à 30 000 le nombre de morts dans ce conflit. Les humiliations subies par les habitants rendent tout dialogue sur le terrain impossible. La plupart des bâtiments construits aujourd'hui à Srinagar sont destinés à l'armée, tandis que la vieille ville tombe en miettes. Cette présence militaire massive est installée dans la durée.
Cependant, les gouvernements indien et pakistanais ont repris le dialogue. En avril 2005, événement historique : pour la première fois depuis la partition, un bus reliait Srinagar à Muzaffarabad, permettant à des familles séparées depuis 60 ans de se retrouver. Signe de détente ? Manière d'entériner le statu quo actuel ? Certaines déclarations sont en tout cas encourageantes. Les pourparlers restent timides, mais n'oublions pas qu'en 2002, le monde a frôlé sa première guerre nucléaire...

Quelles chances pour demain ?

Après près de 60 années d'indépendance, le « désenchantement » frappe une population qui supporte de moins en moins l'augmentation des inégalités – la situation des pauvres se détériore un peu plus chaque jour (si cela est encore possible...) – ou encore la corruption généralisée qui « dévore le pays », de la bouche même de l'ancien Premier ministre Gujral !
Dans le même temps, il faut bien reconnaître les atouts de ce pays qui a atteint le milliard d'habitants en l'an 2000. Sa croissance économique n'est pas loin d'égaler celle de la Chine – la liste des avancées technologiques et commerciales s'allonge chaque mois –, sa démocratie, quoique chaotique, continue d'être une référence en Asie, enfin sa presse a su rester pluraliste. En dépit des difficultés, l'Inde est à l'évidence sur le point de devenir un géant économique. Le Premier ministre, Manmohan Singh, a déclenché dès fin 2004 de grandes manœuvres, diplomatiques et économiques, pour faire émerger l'Inde sur la scène internationale. Début de réconciliation avec les voisins, Pakistan et Chine, et appels du pied planétaires aux investisseurs de tout poil pour attirer les capitaux dans le pays (voir « Économie »). Aux pays des brahmanes, on se prépare donc bien à se frotter à la mondialisation. Pour preuve, on y attend la prochaine implantation d'un parc Disneyland. Encore l'Inde devra-t-elle, face aux énormes forces centrifuges qui la menacent, faire renaître l'espoir dans le cœur de son peuple afin de conserver son unité.

Les rouages et les tensions de l'Inde moderne

Les organes du pouvoir

Bien que la Constitution fasse du président de l'Union le chef de l'exécutif, il n'a que l'armée sous sa coupe. En revanche, il peut jouer un rôle important lorsque la formation des gouvernements est difficile, comme au cours de ces dernières années. Il nomme le Premier ministre, qui est normalement le chef du parti majoritaire au Parlement, et les gouverneurs de chaque État. Un système calqué sur celui de la Grande-Bretagne.

Le Premier ministre détient tous les pouvoirs et légifère avec l'aide de son Conseil des ministres. Le Parlement est composé de deux chambres, et vote ou non les lois soumises par le gouvernement.

Les partis

Après une suprématie quasi totale du parti du Congrès depuis l'indépendance, l'échiquier politique se partage maintenant en trois grands camps. Le BJP (Bharatiya Janata Party), formation nationaliste hindoue, n'a plus qu'une majorité relative au Parlement depuis octobre 1999. Le parti du Congrès, ou Congrès-I, aux idées socialistes et présidé par Sonia Gandhi, a repris le pouvoir aux élections législatives de mai 2004. Le troisième grand camp est le Troisième Front (ou Front uni). Dans ce dernier, on trouve au coude à coude le parti Janatal Dal (dominé par les castes paysannes intermédiaires du Nord), les partis de gauche plus radicaux comme le Parti communiste de l'Inde marxiste (le CPI-M), le Parti communiste de l'Inde (le CPI), le Samajwadi Party (socialiste) auquel appartenait Phoolan Devi, la « Reine des bandits », le Bahujan Samaj Party (association de basses castes), ainsi que les petits partis régionaux comme le parti Telegu Desam, l'AGF (Front de gauche) de l'Assam, la Conférence du Cachemire (13 partis au total)...
Par ailleurs, dans l'Andhra Pradesh, subsistent toujours d'actifs guérilleros maoïstes, membres du People's War Group.
Les musulmans votent plutôt pour le Janata Dal afin de faire barrage au BJP dont le nationalisme hindou comporte une forte tonalité antimusulmane.

La montée politique des intouchables... un espoir pour les opprimés

L'Inde a toujours offert des carrières en or aux idoles des opprimés. La nouveauté, c'est que ce sont les *dalits* (intouchables) eux-mêmes qui en profitent. En 1995, une femme intouchable arrivait au pouvoir dans l'Uttar Pradesh grâce à une alliance avec le BJP. Deux ans plus tard, un hors-caste de 75 ans était élu chef de l'Union indienne. Après les femmes, les musulmans et les intouchables qui ont atteint les plus hautes fonctions, ce fut au tour des eunuques, le « troisième sexe », d'occuper des sièges de maire de villes moyennes comme dans le Madhya Pradesh. Avec l'accession au pouvoir du nouveau Premier ministre, Manmohan Singh, ce sont maintenant les sikhs, minoritaires, qui prennent place sur le devant de la scène politique.
Certes symbolique, l'émergence politique des castes n'est pas pour autant une promesse de bouleversement – loin des micros, beaucoup accusaient le président Narayanan de n'avoir jamais rien fait pour les siens... Le drame des *harijans* (« enfants du dieu Hari »), c'est qu'eux-mêmes divisés en sous-castes, ils sont rarement enclins à faire front commun. Nehru avait l'ambition de transcender les différences de castes. À voir la situation des plus pauvres aujourd'hui, on peut se demander, au-delà des apparences, si l'on n'a pas fait machine arrière. De toute évidence, l'émergence des castes dans le jeu politique n'est pas encore le prélude à leur disparition réelle. Les intouchables demeureront encore longtemps les victimes du carcan religieux et social de leur naissance...

Petite histoire de l'art

L'époque maurya

Si la civilisation de l'Indus a laissé quelques traces (statuettes et sceaux), il ne reste cependant aucun monument, temple ou sculpture, d'avant l'époque d'Alexandre le Grand ! En effet, les premiers vestiges artistiques datent seulement de l'époque maurya. La raison pour laquelle il ne reste rien de plus ancien est toute simple : les Indiens construisaient et sculptaient à partir du bois, matériau à la longue peu résistant dans un climat tropical (donc humide). C'est important d'un point de vue technique car les premières sculptures indiennes en pierre furent travaillées comme du

bois (un bon exemple, les sculptures du site de Sanchi). Remarquez qu'à cette période, le Bouddha est toujours représenté symboliquement, mais jamais figuré. Les premiers stupas datent de cette période, même si leur origine symbolique remonte à la nuit des temps. C'est un monticule plein, en forme de dôme, surmonté d'un petit pavillon appelé *harnika.* Les fidèles tournent autour dans le sens des aiguilles d'une montre, entre la base du dôme et les balustrades, percées d'arches richement sculptées, limitant l'aire de circulation. D'abord en brique, les premiers stupas furent recouverts de pierre par la suite. Le site de Sanchi est surtout intéressant pour ses stupas (bouddhiques, on vous le rappelle).
De cette époque également, les premières grottes sculptées de l'art indien. Les plus anciennes – hindoues ou jaïnes – se trouvent près de Bhubaneshwar, en Orissa (site de Udayagiri, entre autres), mais les plus élaborées sont à l'opposé, sur la côte ouest, et furent excavées par des bouddhistes (par exemple, les premières grottes du site d'Ajanta). Elles sont de deux types : les *chaityas,* véritables temples avec une nef centrale, des colonnes de part et d'autre et, au fond, une abside où se trouve le stupa ; et les *viharas,* pièces rectangulaires entourées de cellules monastiques.
Si ces « grottes » vont évoluer jusqu'à la période médiévale, et leur architecture se compliquer (certaines seront peintes), leur symbolique, elle, reste la même, que ce soit pour les bouddhistes, les hindous ou les jaïns : il s'agit de se retirer en méditation au sein même de la terre « matrice ».

L'époque kushan

Culturellement, c'est une période fondamentale pour l'art indien, alors fécondé par l'art grec, via les Kushan. Et la notion grecque de personnalisation des dieux va nous donner les premières représentations figurées du Bouddha en Inde, et, par extension, de la trinité hindoue (Brahma, Vishnou et Shiva). Ce mélange des différentes traditions artistiques va donner naissance à la période classique de l'art indien sous la dynastie des Guptas.

L'art classique indien (IVe-IXe siècle)

C'est LA grande période de l'art indien. À Ajanta, les bouddhistes excavent leurs plus belles grottes, désormais peintes, témoignage inestimable du raffinement et de la richesse des cours indiennes de l'époque. Sous les Rashtrakutas, les sites d'Ellora et Elephanta voient brahmanes et moines jaïns se surpasser (ne ratez pas le célèbre temple Kailassa sculpté à ciel ouvert à Ellora, en Inde du Sud). Les sculpteurs indiens atteignent alors une maîtrise qui contraste avec les siècles précédents. L'art gupta idéalise la réalité mais reste accessible à chacun d'entre nous par la simplicité, la sobriété, l'élégance et la sensualité qui en émanent. Les fameux bouddhas en grès poli du musée de Sarnath en sont de beaux exemples. La sculpture brahmanique est certes plus foisonnante de par ses personnages (le dieu Ganesh à tête d'éléphant, le dieu Vishnou et ses nombreux bras, etc.) mais on ne peut qu'être impressionné par la triple représentation *(trimurti)* du Shiva d'Elephanta, ou par le célèbre rocher dit « La Descente du Gange » à Mahabalipuram (également en Inde du Sud).
C'est de cette période classique que datent les premiers temples, essentiellement situés dans le sud de l'Inde. Pour l'art chalukya, ne manquez pas la visite d'Aihole, de Badami ou Pattadakal. Pour l'art pallava, les temples de Mahabalipuram et Kanchipuram s'imposent (voir notre guide *Inde du Sud*).

L'art médiéval indien (IXe-XVe siècle)

Cette période, que l'on peut qualifier de prémoghole, voit arriver les premières dynasties musulmanes, qui pensèrent surtout à détruire les monuments indiens et causèrent des dégâts inestimables. Mais, finalement, un véritable art indo-musulman (que l'on peut apprécier en particulier à Delhi) devait naître de cette rencontre

forcée. En effet, les sultans, minoritaires, se devaient d'employer des ouvriers hindous, afin de construire des lieux de culte susceptibles d'accueillir les nouveaux convertis... En construisant les grands dômes des mosquées, les hindous apprirent les techniques arabo-persanes et s'affranchirent ainsi de leur technique de construction par encorbellement qui ne permettait pas de couvrir de grands espaces.
Dans le même temps s'épanouirent aussi, dans un foisonnement et une créativité extraordinaires (qu'on pourrait qualifier de baroque par comparaison à la période précédente), l'architecture et la sculpture traditionnelles hindoues. Influencé par l'art dravidien Chalukya (originaire du sud-est de l'Inde), se développe le style Nagara (ou « style du Nord »), dont les temples de Gwalior et Bhubaneshwar sont de magnifiques exemples. Cependant, le site le plus célèbre est probablement Khajuraho, renommé pour ses délicieuses sculptures érotiques, merveilleuse démonstration de la sensualité indienne. N'oubliez pas, petits coquins, que le but reste la maîtrise absolue des sensations dans l'espoir de se détacher des contraintes du monde réel (si, si) ! Quel programme ! Le style dit « du Sud », influencé par l'art dravidien pallava, se développe dans le territoire des dynasties Chola et Pandya, qui succédèrent aux Chalukya. Et au XIVe s, c'est l'empire de Vijayanagar qui reprit le flambeau de l'art dravidien.

L'art moghol

Tout le monde connaît le Taj Mahal. Mais sans vouloir offenser votre culture légendaire, vous ne savez peut-être pas que Shah Jahan, le troisième « Grand Moghol », en fut l'instigateur. Si le célèbre mausolée représente le plus parfait aboutissement de l'art moghol, chaque empereur a tout de même contribué à l'évolution du style, apportant sa pierre à l'édifice architectural et pictural.
L'art moghol apparaît avec le règne d'Akbar, attiré par les civilisations perse, hindoue et européenne. Son style, un rien éclectique (sorte de melting-pot architectural), est empreint de ces trois influences. D'ailleurs la tombe d'Humayun (qui servit de modèle à la construction du Taj Mahal), puis les monuments d'Agra, synthétisent bien cette fusion. Son apport se reconnaît à la prédominance de grès rouge incrusté de marbre blanc. Akbar crée également une école de peinture. Dans l'atelier impérial, dirigé par deux maîtres persans, est peinte la première grande œuvre moghole : 2 000 tableaux qui retracent les aventures du héros Amir Hamza. Ces miniatures, aux supports aussi variés que le bois, le cuir, la palme ou le tissu, servent à illustrer les *râgas* (système musical), les ouvrages religieux et légendaires. Elles se développent sous le règne de Jahangir, qui y ajoute son goût pour le naturalisme et les portraits. Jahangir nourrissait en fait deux amours : sa femme aux surnoms romantiques de Nur Mahal (« Lumière du Palais »), puis de Nur Jahan (« Lumière du Monde ») – rien que ça ! –, et l'art. En digne fils de papa, il prend son rôle de protecteur des arts tellement à cœur qu'il abandonne un temps la direction de l'empire.
Shah Jahan poursuit cette illustre lignée et scelle à jamais les deux passions de son prédécesseur en érigeant à Agra le plus grand chef-d'œuvre architectural moghol : le Taj Mahal, en mémoire de sa défunte épouse. Construit en marbre blanc, le mausolée allie à la fois puissance et finesse. Les incrustations de pierres noires, formant des motifs géométriques et des inscriptions islamiques, contrastent avec la blancheur du matériau. Son ambition architecturale s'étend à Delhi, dont il fait sa capitale en 1638. Il y bâtit le Fort Rouge, qui doit son nom au grès de la même couleur, utilisé également pour construire la plus grande mosquée de l'Inde : la Jama Masjid (« mosquée du Vendredi »). Toujours plus haut, toujours plus fort, ses trois dômes en marbre blanc dominent encore la capitale. Plus encore que Jahangir, « le Souverain du Monde » cultive l'art des jardins, rehaussant par là même la beauté de ses monuments. Bassins, jets d'eau, cascades scintillent au milieu des jardins qui entourent les imposants édifices. Une harmonie que l'on retrouve dans la forteresse de Lahore et dans celle de Delhi.

Avec Aurangzeb, le déclin est à la fois politique et artistique (quand on vous disait que c'était un ingrat !). Grand dévot, tout entier tourné vers l'orthodoxie des lois islamiques (après tout, chacun son truc !), il déteste les arts, jugés dangereux. La musique est interdite et les peintures murales badigeonnées à la chaux (même celles du mausolée d'Akbar, sacrilège !). Une de ses rares réalisations, la Moti Masjid du fort de Delhi, révèle toute la lourdeur et la mièvrerie de son style architectural. L'art moghol trépasse.

Quelques dates

– ***1500 av. J.-C. :*** invasion des Aryens. Tribus nordiques d'origine imprécise : région de la Caspienne et, peut-être plus loin dans le temps, Asie centrale.
– ***599-527 av. J.-C. :*** vie de Mahavira, fondateur du jaïnisme.
– ***563-483 av. J.-C. :*** vie de Sakyamuni (Siddharta), le Bouddha.
– ***500 av. J.-C. :*** « naissance » du bouddhisme.
– ***326 av. J.-C. :*** Alexandre le Grand entre en Inde.
– ***325 av. J.-C. :*** Alexandre quitte l'Inde, y laissant des garnisons grecques.
– ***320 av. J.-C. :*** Chandragupta Maurya chasse les Macédoniens et fonde la dynastie Maurya (320-184). L'empire comprendra la totalité de l'Inde actuelle, sauf l'extrême sud, plus le Baloutchistan et l'Afghanistan.
– ***273-232 av. J.-C. :*** Ashoka, le grand empereur indien. Apogée de la dynastie Maurya. Âge d'or de l'Inde. Ashoka se convertit au bouddhisme. Premiers temples excavés ; stupas de Sanchi.
– ***184 av. J.-C. :*** premières grottes excavées d'Ajanta.
– ***Ier et IIe s av. J.-C. :*** royaumes grecs de Bactriane et du Pendjab.
– ***455-500 apr. J.-C. :*** les Huns visitent l'Inde.
– ***712 :*** les Arabes occupent le Sind, province au nord du royaume (sud du Pakistan actuel).
– ***712-1000 :*** pillages musulmans de l'Inde.
– ***800-1400 :*** royaumes rajpoutes.
– ***1008 :*** Mahmoud de Ghazna, musulman afghan, ravage le nord de l'Inde.
– ***950-1050 :*** temples chandellas de Khajuraho.
– ***1192 :*** occupation de l'Inde du Nord par les musulmans. Delhi devient la capitale de l'Empire musulman indépendant de l'Inde.
– ***1288-1293 :*** Marco Polo traverse l'Inde.
– ***1398 :*** le Turc Tamerlan pille Delhi.
– ***1469-1538 :*** vie de Nanak, fondateur du sikhisme, une doctrine non violente à l'époque.
– ***1498 :*** Vasco de Gama jette l'ancre devant Calicut, sur la côte de Malabar.
– ***1510 :*** les Portugais occupent Goa.
– ***1526 :*** fondation de l'Empire moghol par Babur (1483-1530), descendant de Tamerlan. La capitale est Delhi.
– ***1556-1605 :*** règne d'Akbar « le Très Grand ».
– ***1569 :*** fondation de Fatehpur Sikri, la nouvelle capitale d'Akbar.
– ***1600 :*** une compagnie de commerce anglaise obtient le droit d'ouvrir des comptoirs sur les côtes occidentale et orientale.
– ***1605-1627 :*** règne de Jahangir.
– ***1627-1658 :*** règne de Shah Jahan. C'est le « Grand Moghol » des Occidentaux, l'époux de Mumtaz Mahal.
– ***1631 :*** mort de Mumtaz Mahal. Édification du Taj Mahal.
– ***1639 :*** fondation de Chennai (Madras) par les Anglais.
– ***1707 :*** fin du cycle des « Grands Moghols ». Morcellement du pays ; rois locaux musulmans et hindous.
– ***1741-1754 :*** Dupleix fonde l'Empire français des Indes.
– ***1763 :*** fin de la guerre franco-anglaise. Suprématie de l'Angleterre.

– ***1857 :*** révolte des Cipayes et fin de l'Empire moghol. Les territoires occupés par les troupes de la Compagnie des Indes orientales passent sous le contrôle de la couronne britannique.
– ***1869 :*** naissance de Gandhi.
– ***1876 :*** la reine Victoria est couronnée impératrice des Indes.
– ***1911 :*** le roi George V transfère la capitale de l'Empire britannique des Indes de Calcutta à New Delhi.
– ***1915 :*** retour d'Afrique du Sud de Gandhi.
– ***1947 :*** indépendance et partition de l'Inde en deux États, la République indienne et la République islamique du Pakistan.
– ***1947-1964 :*** gouvernement de Nehru.
– ***1948 :*** assassinat du Mahatma Gandhi.
– ***1964-1965 :*** deuxième guerre indo-pakistanaise.
– ***1966-1977 :*** gouvernement d'Indira Gandhi.
– ***1971 :*** troisième guerre indo-pakistanaise, indépendance du Bangladesh.
– ***1974 :*** explosion de la première bombe atomique indienne.
– ***1975-1977 :*** état d'urgence instauré par Indira Gandhi. Suspension des libertés civiles.
– ***1977-1979 :*** gouvernement de Morarji Desai.
– ***1980-1984 :*** gouvernement d'Indira Gandhi.
– ***1984 :*** assassinat d'Indira Gandhi. Victoire aux élections législatives du parti du Congrès avec Rajiv Gandhi, fils d'Indira. Catastrophe industrielle de Bhopal.
– ***1989 :*** victoire du parti Janata Dal, grâce au soutien du BJP (Bharatiya Janata Party, Parti nationaliste hindou). V. P. Singh est Premier ministre.
– ***1991 :*** assassinat de Rajiv, le dernier Gandhi au pouvoir. Retour du parti du Congrès. Passage à l'économie de marché.
– ***1992 :*** le 6 décembre, destruction de la mosquée de Babur, le Janam Sthan, par les hindous extrémistes.
– ***1994 (décembre) :*** le Premier ministre, P. V. Narasimha Rao, et le parti du Congrès en difficulté pour affaires de corruption.
– ***1994-1995 (juin) :*** montée en puissance du Parti nationaliste hindou, le BJP.
– ***1996 :*** cuisante défaite historique du parti du Congrès-I et fin de l'ère Gandhi-Nehru. BJP majoritaire au Parlement. Élection de H. D. Deve Gowda.
– ***1997 :*** Gowda démissionne et Inder Kumal Gujral, du Janata Dal, lui succède. En septembre, funérailles nationales pour Mère Teresa.
– ***1998 :*** victoire du BJP et du nouveau Premier ministre, Atal Bihari Vajpayee. En mai : essais nucléaires.
– ***1999 :*** négociations indo-pakistanaises et réélection de Vajpayee.
– ***2000 :*** reprise des combats au Cachemire et tensions avec le Pakistan. En mars, visite triomphale du président américain Bill Clinton à New Delhi : prémices d'un rapprochement indo-américain et annonce de l'arrêt des essais nucléaires indiens par le Premier ministre Atal Bihari Vajpayee. Résultats similaires au Pakistan.
– ***2001 :*** tremblement de terre au Gujarat – environ 30 000 morts. Scandale politico-financier touchant les cadres du BJP. Assassinat de Phoolan Devi (juillet).
– ***2002 :*** violences au Gujarat. Reprise des combats au Cachemire. Menace d'une guerre nucléaire indo-pakistanaise. En juillet, élection au suffrage indirect du nouveau président, Abdul Kalam.
– ***2003 :*** reprise des relations diplomatiques entre l'Inde et le Pakistan. On parle même de rétablir les liaisons aériennes !
– ***2004 :*** en mai, le parti du Congrès-I remporte les élections législatives et place un sikh, Manmohan Singh, à la tête du gouvernement. En décembre, un terrible tsunami touche le pays, notamment les côtes sud-est.
– ***2005 :*** en avril, un bus « de la paix » traverse la frontière indo-pakistanaise du Cachemire pour la première fois depuis la partition ; détente et rencontres bilatérales sur la question du Cachemire. Manmohan Singh lance de grandes réformes économiques et déploie une intense activité diplomatique.

– ***8 octobre 2005 :*** un terrible tremblement de terre (magnitude 7,6) secoue l'est du Cachemire indien, touchant jusqu'à l'Afghanistan. Les dégâts sont considérables, en particulier dans le Cachemire pakistanais. En Inde, les estimations atteignent finalement 1 300 morts environ et plus de 2 400 blessés ; au Pakistan, plus de 73 000 morts et près de 70 000 blessés... sans compter les sans-abri, qui seraient autour de 3,5 millions de personnes. Pour la première fois en 50 ans, la ligne de démarcation qui sépare l'Inde du Pakistan au Cachemire a été ouverte afin de faciliter les secours.
– ***2006 :*** en février, visite de Jacques Chirac. Les présidents français et indien s'entendent sur des questions économiques, et laissent en suspens la possibilité d'un accord de coopération concernant le nucléaire civil. En mars, rapprochement de l'Inde et des États-Unis après la visite en Inde de George W. Bush et les réactions agressives des Européens face au rachat d'Arcelor par le géant indien Mittal.
– ***2007 (février) :*** attentat non revendiqué à bord du train *Samjhauta Express* qui relie l'Inde au Pakistan (67 morts) alors qu'au même moment, le ministre des Affaires étrangères pakistanais se trouvait en Inde pour négocier avec les autorités du pays. En juillet, une femme, Pratibha Patil, est élue présidente de la République. En août, l'Inde signe un accord de coopération nucléaire avec les États-Unis.
– ***L'année 2008 en bref :*** en janvier, visite éclair de Nicolas Sarkozy en Inde (à Delhi et Agra). Le 5 février, décès de Mahesh Yogi, l'ancien gourou des Beatles. En avril, placement de 10 satellites en orbite. Le 13 mai, à Jaipur, une série d'attentats à la bombe dans les bazars de la vieille ville font 63 morts et plus de 200 blessés (aucun touriste parmi eux) : résurgences de tensions communautaires ? Tout le début de l'année 2008 est également marqué par la forte inflation du pétrole et des denrées alimentaires : nombre de grèves (rickshaws et taxis) et de manifestations tentent d'alerter les pouvoirs publics. Le gouvernement réagit en interdisant l'exportation de certains produits, en particulier le riz, afin de limiter l'inflation.

MÉDECINE AYURVÉDIQUE

« Science de la vie » ou « savoir sur la longévité », l'ayurveda est un antique système médical indien, dont les principales théories furent fixées par les *rishis* de l'époque védique, 5 000 ans av. J.-C. Comme toute médecine digne de ce nom, l'ayurveda comprend plusieurs branches : médecine générale, pédiatrie, gériatrie, ORL, psychiatrie, toxicologie, médecine interne, chirurgie. Extrêmement complexe et codifiée, cette science ne traite pas les symptômes isolés, mais la personne en entier, dans son rapport avec l'environnement. Selon l'ayurveda, il existe trois « constitutions » majeures (les *doshas*) : *vata, pitta* et *kapha.* Ce sont les interactions entre ces *doshas* et leur équilibre qui déterminent la complexion de chacun sur le plan physique, émotionnel, intellectuel et spirituel. Par exemple, un déséquilibre *vata* peut provoquer anxiété, nervosité et insomnie tandis qu'un déséquilibre *pitta* provoquera l'irritabilité et la colère et, de ce fait, irruptions cutanées ou inflammations. Pour déterminer la constitution d'une personne, comme pour établir un diagnostic, le médecin utilise différents procédés tels que la prise de pouls, l'observation de la peau, de la langue, etc. Selon son analyse, le thérapeute aura recours à la pharmacopée (à base de plantes), aux massages, aux exercices de yoga, à la méditation, et même à la diététique. Les traitements ayurvédiques sont souvent longs (au moins 15 jours pour la plus simple cure).
Aujourd'hui, la pratique de l'ayurveda en Inde connaît un véritable renouveau, y compris dans le nord du pays. Avec la prolifération des centres, on assiste malheureusement à une déperdition de qualité, et les traitements sont très inégaux selon les endroits (en particulier dans les sites très touristiques). Il s'agit donc de bien se renseigner avant de choisir son lieu de cure.
À savoir également, les massages dits « ayurvédiques » proposés sur les plages (dans le sud du pays) et dans les zones touristiques relèvent la plupart du temps du

massage d'agrément, exécutés par des masseurs rarement professionnels. Cela peut être agréable, mais ne vous attendez pas à découvrir en 30 mn tous les bienfaits d'une médecine plurimillénaire ! Dans le domaine des massages également, se renseigner donc un peu (ou suivre nos conseils) avant de mettre son petit corps entre n'importe quelles mains. Dans certains cas, vous serez généreusement enduit d'une huile de mauvaise qualité (impression marinade garantie), avant de vous faire pétrir sur une table plus ou moins propre (après la marinade, l'effet savonnette !)... Heureusement, certains centres font travailler des masseurs compétents. Si vous en trouvez un, essayez au moins une fois le plus célèbre des massages indiens, *abhyanga,* qui, à défaut de soigner, apporte une agréable détente du corps et de l'esprit !

MÉDIAS

Programmes en français sur TV5MONDE

TV5MONDE est reçue dans le pays par câble, satellite et sur Internet. Retrouvez sur votre télévision : films, fictions, divertissements, documentaires – qui témoignent de la diversité de la production audiovisuelle en langue française – et des informations internationales.
Le site • www.tv5.org • propose de nombreux services pratiques aux voyageurs (• tv5.org/voyageurs •) et vous permet de partager vos souvenirs de voyage (• tv5.org/blogosphere •).
Pensez à demander dans votre hôtel sur quel canal vous pouvez recevoir TV5MONDE et n'hésitez pas à faire vos remarques sur le site • tv5.org/contact •

Presse

Pas d'idées reçues, les médias indiens sont tout à fait développés. La presse notamment, d'une qualité et d'une diversité tout à fait comparables à ce que l'on trouve en Occident. Et ce, tant en anglais et en hindi que dans les langues régionales : il y a en tout 392 quotidiens et 106 hebdomadaires répertoriés dans le pays ! Leader de la presse anglophone nationale, le *Times of India* est une véritable institution. Suivent ensuite *The Hindu* et *The Indian Express,* qui disposent d'éditions régionales, puis *The Hindustan Times,* surtout présent à Delhi. *The Telegraph,* basé à Kolkata, est également réputé. Mais, dans l'ensemble, tous ces supports restent très conventionnels et en tout cas peu provocateurs en matière de politique. Seul *The Indian Express,* considéré par beaucoup comme le meilleur (même si ce n'est pas le plus grand), s'aventure régulièrement en terrain miné (scandales, etc.). Lire parfois les journaux permet d'en savoir un peu plus sur la société indienne, y compris en lisant les annonces matrimoniales, plutôt marrantes, des éditions du dimanche. Pour les amateurs, il y a aussi plusieurs quotidiens économiques, émanant pour la plupart des mêmes groupes que les grands quotidiens. Les hebdomadaires enfin, tous de bonne qualité : *India Today* (le plus connu), *Times of India, Outlook* (très réputé également) et *Frontline* (plus hardi et plus engagé... à gauche), pour ne citer que les plus répandus. Également un petit courageux très engagé, le *Tehelka,* connu pour ses articles de fond n'hésitant pas à traiter de sujets dérangeants (voir « Tarun J. Tejpal » dans « Personnages »). Pour autant, avec seulement 5 % de la population qui parle l'anglais, ces journaux sont clairement destinés à une élite. La grande majorité de la population, en tout cas celle qui est alphabétisée, s'en remet aux quotidiens nationaux en hindi, voire le plus souvent aux quotidiens régionaux en langue vernaculaire (la preuve, le plus gros tirage est le *Malayalam Manorama,* au Kerala, qui tire à plus d'un million d'exemplaires, en malayalam). En hindi, *Nav Bharat Times* (groupe *Times of India*), *Dainik Hindustan* (groupe *Hindustan Times*), *Dainik Jagran, Dainik Bhaskar, Rashtriya Sahara, Amar Ujala* et *Janasatta* (groupe *Indian Express*) dominent. Il existe aussi des centaines de journaux régionaux, à l'échelle de l'État, de la ville ou du district.

Télévision et radio

Du point de vue ***radio,*** la situation a évolué avec l'arrivée de nombreuses radios privées sur la bande FM.
Côté ***TV,*** le câble est très répandu (25 millions de foyers connectés), peut-être parce qu'il est peu cher. Des chaînes nationales, bien sûr, avec des programmes à dominante indienne (parfois des films étrangers, mais rarement en anglais), dont la chaîne *Doordarshan*. Et puis une multitude de chaînes régionales en langues vernaculaires (disponibles cependant dans tout le pays), mais aussi des chaînes étrangères comme *CNN, BBC, MTV, National Geographic, HBO...* Sans compter les quelques fréquences que chaque opérateur se réserve pour ses propres programmes pirates (et qui lui permettent d'attirer de la pub des magasins du coin). Deux gros réseaux très présents : *Star TV* (propriété de Rupert Murdoch) qui se décline en *Star News, Star Plus, Star Movies, Star Sports, Star World...* et *Zee TV (Zee News, Zee Movies...).*
À force de zapper, vous tomberez tôt ou tard sur plusieurs chaînes francophones, dont *TV5*, *Fashion TV* (mode) ou *MCM* (musique).

MENDICITÉ

« L'hindou mendie, froidement,
avec conviction, avec culot.
Considérant cet emploi comme sa destinée.
Les hindous, ni bons ni charitables,
passent leur chemin et le laissent
parce que c'est sa destinée. »

Henri Michaux, *Un barbare en Asie.*

Sujet épineux qui continue d'agiter la conscience des voyageurs occidentaux en Inde... Il n'y a pas de réponse toute faite sur l'attitude à adopter devant la mendicité. Ce genre de problème renvoie tout simplement à la conscience de chacun, à ses propres valeurs. Il n'y a pas de « bonne » ou de « mauvaise » attitude. Il y a tout simplement l'attitude qui met en accord avec soi-même. Sans jugement.
S'il y a quelques conseils que l'on peut apporter ici, sans vouloir donner de leçons, les voici : tout d'abord essayez de réfléchir à cette question auparavant, histoire de ne pas vous trouver mentalement dépourvu quand une rangée de lépreux vous tendront leurs moignons ou quand un gamin infirme vous poursuivra avec sa caisse à roulettes. Même si on n'est pas sollicité toutes les 5 mn, mieux vaut être prêt.
Quelques mises en garde tout d'abord : il est généreux de donner, mais autant savoir qu'un geste peut parfois avoir des conséquences auxquelles on ne s'attendait pas ! D'une manière générale, éviter de donner de l'argent aux enfants des rues. Les sommes sont souvent récupérées par une petite mafia locale, une sorte de réseau de « protecteurs » qui en profite. De même, il faut éviter de donner à un groupe d'enfants, qui se battront aussitôt, les plus grands voulant tout garder pour eux. Il peut également arriver, quand on donne à un gamin isolé, que ses « copains » le rudoient ensuite pour lui prendre ce qu'on lui a offert.
En revanche, il est utile d'apporter des stylos et cahiers, qu'il faut alors directement donner aux directeurs d'école ou distribuer aux écoliers dans les salles de classe (c'est encore mieux, lorsque c'est possible). N'oubliez pas que, si l'enseignement est gratuit, beaucoup d'élèves ne peuvent s'acheter ce genre de matériel. Un stylo offert à un gamin des rues est directement revendu par son « protecteur ».
Dans les campagnes, avec les enfants qui ont manifestement un foyer, ne rien donner non plus mais pour d'autres raisons : en habituant ces enfants à recevoir

des cadeaux sans travailler, vous risquez d'en faire par la suite... des mendiants. Et surtout de favoriser un comportement systématique et vicié par rapport aux touristes.
Cela dit, il ne faut pas oublier que donner fait aussi partie de la vie en Inde et que de nombreux Indiens sont très investis dans la lutte contre la pauvreté. Sous prétexte que l'argent peut être en partie détourné, certains ne donnent rien, jamais. Il s'agit souvent d'une forme de lâcheté. Parce que la réalité est trop dure et qu'il est préférable de la nier. Certains ne regardent jamais les mendiants, comme s'ils n'existaient pas.
Mais on ne peut pas donner à tout le monde, tout le temps. C'est vrai. Alors que faire ? En faisant sa propre petite cuisine intérieure, une sorte de cocktail mental, on peut trouver des solutions acceptables, où la « bonne » conscience trouve son compte et qui sont applicables au jour le jour. Ça vaut ce que ça vaut et c'est parfaitement discutable. Voilà : une solution parmi tant d'autres est celle qui consiste à toujours avoir des petites coupures et de la monnaie sur soi, et de donner à ceux pour qui la mendicité est une exigence pour survivre. À savoir les estropiés, les aveugles, les *sadhus,* les vieillards, les veuves... Bref, ceux qui n'auront jamais d'autre choix. C'est une réponse comme une autre. Vous nous direz que peut-être, là aussi, quelque escroc peut récupérer l'argent et patati et patata...
Une autre solution est celle qui consiste à acheter de la nourriture aux nécessiteux. Pas toujours facile, mais ça peut se faire. À noter également que parfois, dans certains temples, des organismes caritatifs indiens sont là pour récolter des fonds afin de nourrir les plus pauvres. Ce sont alors des dons officiels pour lesquels vous pouvez exiger un reçu (ça évite les détournements).
Voilà quelques idées, quelques directions. Le plus important étant à notre sens d'être à peu près au clair avec soi-même.

MUSIQUE, DANSE

La danse et la musique sont certainement les arts de prédilection des Indiens. Depuis des siècles, ces arts ont été transmis sans discontinuité par des lignées de maîtres *(gurus)* et de disciples, et sont encore très vivants. Ces dernières années cependant, aucun jeune artiste d'envergure ne semble reprendre le flambeau de ceux qu'il faudra peut-être appeler les derniers grands maîtres de la musique classique indienne. Le modèle « pop » occidental attire en effet bon nombre de candidats à la musique, et les compositeurs recherchent avant tout la gloire éphémère des chansonnettes de Bollywood, le sommet de la réussite étant de décliner son refrain sur les sonneries de téléphones mobiles...
La musique comme la danse classique, restées très proche de celles pratiquées au IVe s av. J.-C., se sont maintenues jusqu'à aujourd'hui grâce à une tradition orale qui s'appuie d'une part sur les très grandes possibilités de mémorisation, d'autre part sur la liberté de création et d'improvisation de chaque individu. Il ne s'agit donc pas d'une tradition figée, mais de la création, à chaque fois nouvelle, d'un artiste, selon des codes établis il y a plus de vingt siècles.
Issus de cette tradition, des styles différents se sont développés, suivant les régions et les influences diverses. Deux lignées principales sont à distinguer :
– le Nord, beaucoup plus touché que le Sud par l'influence de la culture musulmane, a donné naissance à la musique « hindoustani » et à un style de danse où se mêlent expression dévotionnelle et danse de cour ;
– la musique carnatique et les divers styles de danse du Sud, purement hindous, sont restés plus proches des formes originelles.
À cette grande tradition classique sont étroitement liées des formes plus populaires, folkloriques ou rituelles, qui, dans toute l'Inde, rythment la vie quotidienne, participent des travaux, des fêtes ou de la vie religieuse.

Les musiques, où les rencontrer ?

La musique, en Inde, est partout. Il n'y a qu'à prendre un bus pour entendre en boucle des mélodies enjouées, passer près d'une radio ou d'une TV allumée dans un magasin pour être happé par les rythmes effrénés ou doucereux des films de Bollywood. Dans les petites villes ou petits villages, des groupes de musiciens, souvent amateurs, perpétuent un répertoire de chansons folkloriques (le style local de l'état de Goa par exemple fait très « bal musette » !) et se produisent volontiers à la demande, comme à l'occasion des fêtes de village ou pour les notables locaux ; ils sont souvent accompagnés de danseurs ou de spectacles divers (marionnettes, par exemple).

Entrez sans à priori dans les temples, asseyez-vous et écoutez... à l'ombre d'un mur, des Indiens, accompagnés d'un petit harmonium et de percussions, se réunissent pour un *kirtan* (chant collectif adressé à un dieu) ou pour écouter des *bhajans* (chants poétiques, souvent adressés à Krishna) interprétés dans un style semi-classique par un chanteur local. Un peu plus loin, la rumeur de mantras vous entraîne dans une contemplation émerveillée de la vie religieuse. Dans le Sud, ce sont des joueurs de *nadashwaram* (sorte de grand hautbois), accompagnés de percussions très puissantes, qui, devant l'entrée du temple, invitent à y pénétrer.

Les Indiens seront toujours heureux d'accueillir un étranger qui sait regarder, écouter, prendre le temps d'être là.

Dans le Nord, vous croiserez parfois des *bands,* en costume d'apparat, qui se louent pour les mariages ou les occasions importantes et jouent dans la rue à trompettes et tambours déployés.

Où que vous alliez, il y a de fortes chances pour que des fêtes locales ou religieuses donnent lieu à des réjouissances auxquelles participent souvent des musiciens : *fête de Teej* (en l'honneur de Krishna) au Rajasthan (fin juillet, début août) ; *Durga Puja* au Bengale et en Orissa (septembre-octobre) ; *Dussehra* qui, dans tout le nord de l'Inde, donne lieu à des représentations du *Rāmāyana* (septembre-octobre) ; danses et musiques tribales en Orissa, au Madhya Pradesh, et bien d'autres encore...

Dans les grandes villes, outre les manifestations dont nous venons de parler, il est fréquent de pouvoir assister à des concerts de musique classique, qui sont annoncés par les journaux locaux. De grands festivals ont lieu chaque année dans les grandes villes.

La musique classique

Sans vouloir entrer dans les complexités techniques, disons que le système musical indien est fondé sur deux composantes principales : le ***râga,*** au thème mélodique, et le ***tala*** au thème rythmique.

Le *râga* est avant tout le choix d'un certain nombre de degrés dans l'octave, choix de notes sur lequel le musicien conduit toute son improvisation. Le mot *râga* exprime une idée de « coloration » car il s'agit avant tout pour le musicien de lui donner « sa couleur », de faire vivre le sentiment, l'émotion qui sont liés à chaque *râga.* C'est pourquoi le choix du *râga* n'est pas anodin : il doit correspondre au lieu, à l'heure, à la saison et à l'émotion du moment, et jamais un musicien en Inde ne le jouera en dehors des conditions prescrites par la tradition. Le développement du *râga,* après une première partie de découverte et d'exposition du mode, lente et méditative *(alap),* se fera ensuite suivant des cycles rythmiques de plus en plus rapides, avec accompagnement de percussion.

Le rythme *(tala)* est un élément essentiel du développement musical, car il structure l'improvisation et, par sa rapidité en fin de morceau, permet d'atteindre aux paroxysmes de l'émotion. Les cycles rythmiques les plus courants sont ceux de 16, 12, 10, 8 et 7 temps. Le percussionniste et le soliste improvisent de part et d'autre, et se retrouvent ensemble sur le *sam,* premier temps du cycle.

Les musiciens se produisent généralement par groupes de trois ou quatre :

– un instrument d'accompagnement, le *tampura,* parfois remplacé par un harmonium, qui fait sonner la fondamentale ;
– un percussionniste ;
– un musicien soliste, jouant d'un instrument à cordes ou à vent, ou bien un chanteur.
Il arrive que deux solistes jouent en duo, auquel cas ils pratiqueront un dialogue où chacun jouera en alternance.

Les instruments à cordes

Tous les instruments mélodiques conçus par la lutherie indienne l'ont été pour pouvoir moduler de la même manière que la voix et produire ces glissements caractéristiques qui frappent d'abord l'oreille occidentale.
– ***Le tampura :*** le corps est fait d'une citrouille et d'un long manche creux ; quatre cordes font sonner la fondamentale tout au long du morceau.
– ***Le veena :*** instrument légendaire de la déesse Sarasvati, composé de deux caisses de résonance fixées à un long manche.
– ***Le sitar :*** très populaire, forme plus récente (XIIIe s) et allégée (une seule caisse de résonance) de la *veena.*
– ***Le sarod :*** proche du *rebab* afghan ; le manche est recouvert d'une feuille de métal ; joué par des lignées de musiciens musulmans.
– ***Le violon occidental :*** accordé différemment et tenu le manche vers le bas, il est surtout utilisé dans la musique carnatique pour des tricotages vertigineux.
– ***Le sarangui :*** instrument à archet avec de nombreuses cordes sympathiques ; origine folklorique.

Les instruments à vent

– ***Les flûtes :*** traversières en bambou.
– ***Le shehnai :*** instrument à anche double (sorte de hautbois), très populaire en Inde du Nord ; le *nagashwaram* est son équivalent dans le Sud.

Les percussions

Dans toute l'Inde sont utilisés des tambours à double peau que l'on frappe avec les doigts. Parmi ceux-ci :
– ***les tablas :*** deux instruments inséparables ; l'un de sonorité très fine à la main droite, le gauche a un son plus sourd ; Inde du Nord ;
– ***le mridangam :*** percussion double à un seul fût de bois ; Inde du Sud ;
– ***le pakhawwaj*** est son équivalent en Inde du Nord.
Il existe également des percussions en terre *(ghatam),* ainsi que des instruments métalliques (petites cymbales, clochettes, etc.).

Discographie

Parmi les formes les plus élaborées de musique indienne, le répertoire classique hindoustani compte de plus en plus d'adeptes parmi les Occidentaux. Raison de plus pour vous susurrer quelques grands noms de musiciens dont vous pourrez apprécier le talent grâce aux enregistrements des maisons de disques indiennes :
– *au chant (voix féminines) :* Kishori Amonkar, Girija Devi, Laksmi Shankar, Ganguba Hangal, M. S. Subbulakshmi ;
– *au chant (voix masculines) :* Pandit Jasraj, Amir Khan, Bhimsen Joshi, Nusrat Fateh Ali Khan, Mallikarjun Mansur, M. Balamurali Krishna... ;
– *au sitar :* Ravi Shankar, Nikhil Banerjee, Imrat Khan, Vilayat Khan, Budhaditya Mukherjee, Nikhil Ranjan Barnejee ;
– *au sarod :* Ali Akbar Khan, Amjad Ali Khan, Alauddin Khan ;
– *au sarangi :* Sabri Khan, Ram Narayan, Munir Khan ;

– *au tabla :* Zakir Hussain, Allarakha Khan, Ahmed Jan Thirakwa ;
– *à la flûte :* Hariprasad Chaurasia, T. R. Mahalingam ;
– *au shehnai :* Bismillah Khan ;
– *au violon :* Vishnu Govind Jog, N. Rajam, T. Chowdiah, L. Subramanian (qui a réalisé pour la collection *Ocora-Radio France* une anthologie de la musique du Sud tout à fait remarquable).

En France, vous pourrez vous procurer des disques des plus grands musiciens indiens dans les rayons « musiques du monde » des disquaires. Parmi les meilleurs labels spécialisés, *Ocora-Radio France,* qui édite entre autres le grand joueur de *sarangi* Pandi Ram Narayan, et *Real World* (Virgin), qui commercialise notamment la musique du *Mahābhārata* de Peter Brook et les disques du Pakistanais Nusrat Fateh Ali Khan.

Si vous habitez la région parisienne, entretenez *râgas* et *talas* à votre retour des z'Indes à la salle *Mandapa* (voir ci-dessous « Adresses utiles en France ») ou au *Théâtre de la Ville (☎ 01-42-74-22-77).* Nombreux concerts chaque saison.

La danse

Avant d'être un spectacle, la danse indienne est un acte rituel. Soit que l'artiste adresse par sa danse une prière aux dieux, soit qu'il représente des épisodes de leur existence (extraits du *Rāmāyana,* moment de l'enfance de Krishna...), ou bien encore qu'il fasse partager au spectateur l'exaltation d'une émotion humaine ou simplement le plaisir du rythme. Dans tous les cas, il remplira le rôle d'intermédiaire entre l'homme et les dieux.

Les Indiens distinguent, quel que soit le style, deux types de danse.
– ***Nritta :*** la danse purement rythmique, dans laquelle n'intervient l'expression d'aucun sentiment, et où les divers mouvements ne jouent qu'un rôle esthétique.
– ***Nritya :*** danse mimée, narrative ou symbolique, utilisant le langage très complexe de l'*abhinaya,* mouvements expressifs de tout le corps, et particulièrement du visage et des mains *(mudra),* dont les multiples combinaisons constituent un code précis. Ce code, connu des spectateurs, permet d'évoquer des objets, des personnages, des sentiments, des situations et même des idées abstraites. Le spectateur non initié peut saisir la partie mimée de l'*abhinaya,* mais pourra plus difficilement comprendre les symboles précis que constituent les *mudra.*

Un récital de danse combine donc des parties de *nritta* et de *nritya,* parfois séparément, d'autres fois en alternance dans un même morceau.

Les principaux styles classiques actuels sont directement issus des danses qui étaient pratiquées dans les temples par les *devadasi* (servantes des dieux), selon les règles antiques du Natya Sastra. On rencontre principalement huit formes de danse : le *Bharata natyam,* le *Kuchipudi,* le *Mohini Attam,* le *Kathakali,* l'*Odissi,* le *Manipuri,* le *Kathak* et le *Chhau.* Malgré les différences de style, il existe une grande unité de la gestuelle dans toutes les formes de danse en Inde.

Adresses utiles en France

■ ***Mandapa :*** *6, rue Wurtz, 75013 Paris. ☎ 01-45-89-01-60. • ourworld.compuserve.com/homepages/mandapa •* Ⓜ *Glacière. Tlj.* Centre de promotion des arts traditionnels du spectacle. Programmation assez importante. Ambiance très sympa, thé indien servi à l'entracte. Cours et stages de chants carnatiques et de danse.

■ ***Association Chimère :*** *14, av. du Dr-Lacroix, 94270 Le Kremlin-Bicêtre. ☎ 06-60-88-17-17. • http://association-chimere.site.voila.fr • Pas besoin d'être adhérent pour participer. Tarifs particuliers pour les étudiants et demandeurs d'emploi.* Association dynamique créée pour permettre à toute personne désireuse de découvrir le monde contrasté de l'Asie ou d'approfondir ses connaissances. Ateliers de découverte sur les chemins de l'Asie, spectacles thématiques, forums, stages, cours d'initiation (ayurveda), rencontres avec des artistes, écrivains, etc. Un bulletin est édité une fois par an.

■ ***Association Kalarippayat :*** *CVN Kalari France, route d'Ustou, 09140 Seix. ☎ 05-61-60-40-81. Relais à Montreuil :* ***association Traditions et Mouvement,*** *22, rue Colbert, 93100. ☎ et fax : 01-48-18-75-66. ● kalarippayat.asso.fr* ● Originaire d'Inde du Sud, le *kalarippayat* est l'archétype des arts martiaux. Cet « art du combat » prend ses racines dans les traités hindous de guerre et utilise les connaissances de la médecine traditionnelle indienne (l'ayurveda). Ce sport comprend un système de développement corporel, un ensemble de techniques de maniement d'armes et une science médicale accomplie. Plusieurs formules pour se familiariser avec cette activité (week-ends à Paris et en province, stages d'été, formation aux massages ayurvédiques, voyages en Inde, etc.).

PERSONNAGES

Figures politiques

– ***Mohandas Karamchand Gandhi*** *(1869-1948)* **:** au départ, rien ne prédestinait Gandhi à une vie politique. Né au Gujarat, marié à l'âge de 13 ans (à Kasturba, plus jeune que lui), il part étudier en Angleterre, pour être avocat, comme son père. À son retour en Inde, il exerce quelque temps, sans trop de succès, avant d'accepter une offre pour partir en Afrique du Sud. Il y restera plus de 20 ans, et ce séjour constituera la naissance d'une longue carrière politique. Car dans cette colonie britannique, les Indiens n'ont aucun droit, et le racisme est quotidien. Selon la légende, c'est dans un train que Gandhi aurait saisi cette réalité, en se faisant expulser d'un compartiment de 1re classe malgré son billet valide. Considérée comme sa « naissance politique », cette mésaventure le pousse bientôt à prendre la tête de la communauté indienne du pays. C'est là qu'il élabore et met pour la première fois en pratique son fameux concept de *satyagraha,* la résistance non violente. En 1915, il rentre en Inde, qu'il ne quittera plus. S'impliquant d'emblée dans plusieurs conflits locaux (Bihar, Gujarat), il jouit bientôt d'une notoriété nationale, et hérite du surnom de *Mahatma,* « la Grande Âme ». Il lance alors le mouvement de non-coopération, qui lui vaudra en 1922 une condamnation à 6 ans de prison. En 1930, il lance à Ahmedabad la fameuse « marche du Sel », une remise en cause du monopole anglais sur la production et la vente de sel (et implicitement de la colonisation dans son ensemble). Parvenu à Dandi, sur la côte, il ramasse une poignée de sel, incitant par ce simple geste des millions d'Indiens à défier les lois anglaises. C'est le début du mouvement de désobéissance civile. Après quelque temps en prison et un voyage à Londres, Gandhi s'installe dans un minuscule village, Sevagram, auprès des plus pauvres (on peut d'ailleurs encore y visiter son ashram). En 1942, il lance le mouvement *Quit India,* appel clair et net à l'indépendance, qui vaut bientôt à tous les leaders du Congrès de se retrouver derrière les barreaux, et ce jusqu'à la fin de la guerre. Opposé au principe de partition, Gandhi se tient à distance peu à peu des négociations relatives à l'indépendance. Au jour de l'indépendance, le 15 août 1947, il reste introuvable. Peu après, il entame une dernière fois une grève de la faim, à Delhi (toujours en protestation contre les heurts intercommunautaires). Il obtient gain de cause, mais cette dernière bataille lui coûtera la vie : le 30 janvier 1948, alors qu'il se rend aux prières du soir, un jeune fanatique hindou lui tire trois balles dans le cœur.

– ***Jawaharlal Nehru*** *(1889-1964)* **:** nationaliste, compagnon de route de Gandhi, Nehru était une combinaison étrange d'aristocratie et de marxisme-léninisme. Issu d'une famille aisée, il fait des études de droit en Angleterre, puis rentre en Inde pour être avocat en 1912. Mais 7 ans plus tard, il abandonne une carrière prometteuse pour rejoindre le parti du Congrès de Gandhi, dont il deviendra vite l'un des leaders. Malgré de profondes divergences politiques, il entretient avec le Mahatma une relation intime. Entre 1921 et 1945, il est emprisonné neuf fois par l'administration anglaise. Grand ami de Lord Mountbatten (et, selon certaines rumeurs, très, très proche de sa femme Edwina...), il est invité en 1946 à former un gouvernement d'intérim. Après avoir tenté, en vain, d'éviter la partition, il est élu Premier ministre, poste où il sera constamment reconduit jusqu'à sa mort. Au pouvoir, Nehru favorise l'industrialisation, dote l'Inde d'une économie mixte et de plans quinquennaux. Architecte de la politique extérieure indienne, il la définit comme anti-impérialiste, anticoloniale, s'efforçant d'entretenir des relations pacifiques avec toutes les nations, sans se ranger derrière l'un des deux blocs de la guerre froide, faisant de l'Inde l'un des piliers du mouvement des non-alignés.

– ***Maharaja Sir Hari Singh*** *(règne de 1925 à 1947)* **:** personnage réputé cruel, qui serait depuis longtemps tombé dans l'oubli si l'histoire ne l'avait pas reçu premier à un concours de circonstances. Hari Singh, hindou, était en effet au pouvoir dans l'État du Cachemire en 1947, lors de la partition. Il doit alors choisir s'il veut rattacher son État, très majoritairement musulman, à l'Inde ou au Pakistan. Après moult tergiversations, il opte en dernière minute pour l'Inde, tout en réclamant au vice-roi une promesse de référendum, pour déterminer plus tard à qui irait le Cachemire. Préconisée par une résolution de l'ONU en 1948, cette consultation populaire n'eut jamais lieu, l'Inde jugeant que la signature du maharaja était largement suffisante à légitimer son autorité sur le Cachemire... Deux guerres et plus de 30 000 morts plus tard, la question du Cachemire est toujours dans l'impasse.

– ***Subhash Chandra Bose*** *(1897-1948 ?)* **:** surnommé « Netaji », en référence à un célèbre guerrier indien, il fut l'un des principaux dirigeants indépendantistes pendant la colonisation britannique. Fondateur du Parti communiste indien, il estimait que la tactique de non-violence de Gandhi était insuffisante pour obtenir l'indépendance de l'Inde et prônait la résistance armée. Pendant la Seconde Guerre mondiale, il va jusqu'à s'allier avec les ennemis de l'Angleterre : à savoir l'Allemagne nazie et le Japon (ce qui peut paraître incongru pour un communiste). Il noua durant cette période des liens personnels et plus ou moins controversés avec Adolf Hitler, et supervisa la création d'une légion indienne dans la Wehrmacht. Emprisonné onze fois par les Britanniques, il est encore aujourd'hui célébré en Inde comme l'une des figures importantes de la lutte pour l'indépendance. Il meurt mystérieusement en 1948 dans un accident d'avion. La légende voudrait qu'il ait été fait prisonnier par les Soviétiques ou qu'il se soit retiré du monde pour vivre en ermite.

– ***Muhammad Ali Jinnah*** *(1876-1948)* **:** également connu sous le nom de *Ka'id-i-A'zam* (« Grand Guide »). Fondateur du Pakistan, c'est le leader de la communauté musulmane pendant la lutte pour l'indépendance de l'Inde. C'est lui qui, par l'intermédiaire de la Ligue musulmane, va défendre l'idée d'un État autonome pour les musulmans de l'Inde, alors que Gandhi se prononçait pour la conservation d'un État unique. En 1946, Jinnah profita de la victoire de la Ligue dans un certains nombre d'États (Pendjab, Sind, Bengale, etc.) pour lancer une campagne de manifestations réclamant la création d'un État musulman autonome. Cette campagne, qui se voulait pacifiste, dégénéra en violences intercommunautaires (de 200 000 à 1 million de morts...) qui obligèrent les autorités indiennes et anglaises à céder. M. Ali Jinnah devint alors le premier gouverneur général du Pakistan et fut aussi désigné président de l'Assemblée constituante. Il fut, à ce titre, chargé de définir l'appareil gouvernemental du Pakistan et dut gérer l'arrivée massive de réfugiés de toute l'Inde. Sa mort, naturelle, l'obligea finalement à déléguer ce soin à d'autres.

– ***Lord Mountbatten*** *(1900-1979)* **:** Louis Francis Albert Victor Nicholas Battenberg de son vrai nom, membre de la famille royale d'Angleterre et dernier vice-roi des Indes. S'il ne s'est pas illustré en tant qu'officier de la marine royale anglaise, il est resté dans l'histoire comme l'architecte du partage de l'empire des Indes, entre Inde et Pakistan (pour le moins sujet à polémique). Nommé vice-roi en mars 1947, Mountbatten doit faire face au mouvement de libération. Dans la bataille entre les traditionalistes (pour une Inde anglaise) et les progressistes (pour l'indépendance), il se range du côté des seconds. Un choix qui lui vaudra des ennemis, mais qui permet à l'Angleterre de se retirer avec élégance. Il fut assassiné par l'IRA en 1979, au large des côtes irlandaises.

– ***Indira Gandhi*** *(1917-1984)* **:** fille de Nehru, Indira passe son enfance sur les genoux des plus grands leaders de l'indépendance. À la mort de son père, en 1964, elle tombe à pic pour le parti du Congrès en quête de leader. Dès 1966, elle est propulsée Premier ministre par les pontes du parti, persuadés qu'elle sera facilement manipulable. Ils se trompent : Indira s'avère être une politique très autoritaire, respectée par les plus grands chefs d'État de l'époque. Elle restera en poste jusqu'en 1977, éliminant ses rivaux, menant la guerre au Pakistan (1971) et faisant entrer l'Inde dans l'ère nucléaire (1974). Mais, accusée de fraude électorale, elle répond en 1975 en décrétant l'état d'urgence, qui durera 2 ans. Ses ennemis politiques sont emprisonnés, les droits constitutionnels abrogés, la presse muselée. Confiante, elle provoque alors des élections anticipées... qu'elle perd misérablement. La « Dame de fer de l'Asie », comme on la surnomme, est pourtant réélue en 1980. En 1984, dans un effort désespéré pour mettre fin au mouvement sécessionniste sikh qui se propage au Pendjab, elle lance l'armée contre le Temple d'or à Amritsar (lieu le plus sacré du sikhisme), où se sont réfugiés les leaders du mouvement. Un geste qui lui vaudra d'être assassinée quelques mois plus tard par ses propres gardes du corps, deux sikhs.

– ***Medha Patkar*** *(née en 1954)* **:** originaire de Bombay, cette femme est une légende vivante des mouvements populaires à travers le monde et un symbole du *satyagraha,* la doctrine gandhienne de résistance passive. Medha est, à l'origine, en 1985, de la campagne pour sauver la rivière Narmada, contre le projet de construction d'une trentaine de barrages. La hausse du niveau des eaux menaçait les populations locales et aucune réelle mesure de relogement acceptable n'avait été décidée. Malgré d'importantes protestations, les barrages furent construits et les conditions de relogement insuffisantes. Mais Medha continua sa lutte. En 2006, elle entreprenait une importante grève de la faim suite à un nouveau projet d'agrandissement du barrage principal. Malgré son hospitalisation forcée, ce fut une demi-victoire puisque les autorités indiennes ont finalement décidé la suspension du projet le temps que les promoteurs trouvent une solution juste pour reloger les 35 000 personnes que cette nouvelle hausse du niveau d'eau menace.

Artistes et intellectuels

– ***Ravi Shankar*** *(né en 1920)* **:** l'ambassadeur de la musique indienne, mondialement reconnu comme musicien et compositeur hors pair. Particulièrement doué pour combiner la musique traditionnelle de son pays avec d'autres genres venus d'Occident, le maestro a initié de nombreux artistes dans le monde et en inspire bien d'autres. Mais s'il doit sa renommée internationale à ses apparitions sur les scènes rock des années 1960 (Woodstock, Beatles...), le sitariste-compositeur avait déjà largement fait ses preuves dans son pays avant de s'exporter. À bientôt 90 ans, il donne toujours des concerts dans le monde entier, désormais accompagné de sa fille Anoushka, qui a manifestement hérité de ses dons pour le sitar.

– ***Satyajit Ray*** *(1921-1992)* **:** né à Calcutta, Satyajit Ray compte parmi la douzaine de cinéastes considérés comme les plus grands maîtres du 7e art. Tournée exclusivement en bengali, sa langue natale, son œuvre est reconnue pour son approche humaniste, sa finesse à dépeindre les relations humaines, les émotions, les conflits... Issu d'une famille d'intellectuels (son grand-père était écrivain, peintre, violoniste et compositeur, et son père, poète, écrivain et illustrateur), c'est dès l'enfance que Satyajit se découvre une passion pour le cinéma. Il se lance pourtant dans la publicité, et ce n'est qu'au début des années 1950, après sa rencontre avec Jean Renoir, qu'il s'essaie à la réalisation, avec une adaptation d'un roman bengali, *Pather Panchali.* Sorti en 1955, le film fait un malheur, en Inde mais aussi à l'étranger : il reçoit le Prix du document humain à Cannes en 1956. Satyajit Ray se consacre alors entièrement au cinéma, réalisant en moyenne un film par an jusqu'à ce que sa santé l'en empêche, au milieu des années 1980. Il fut aussi un grand ami du poète Rabindranath Tagore.

– ***Amitabh Bachchan*** *(né en 1942)* **:** acteur indien originaire d'Allahabad, probablement le plus emblématique du cinéma indien de la fin du XXᵉ s. Son père était un poète célèbre, sa mère est originaire du Pendjab. Il débute au cinéma en 1969 mais se fait vraiment connaître en 1973 avec le film *Zanjeer.* Il gagne le surnom de « Angry Young Man » (« jeune homme en colère ») grâce à de nombreux rôles de ce type. En 1982, Amitabh se blesse gravement sur le tournage de *Coolie* et met alors sa carrière d'acteur de côté pour se consacrer à celle de producteur, puis à la politique, où il réussit à obtenir brièvement un siège au Parlement d'Allahabad. Suite à des déboires financiers, il s'exile finalement à l'étranger dans les années 1990 mais réussit son retour à la fin de la décennie en présentant l'émission « Qui veut gagner des millions ? » pour la TV indienne. Fort de sa popularité retrouvée, il renoue alors avec le cinéma dans *Mohabbatein* (2000) et surtout *La Famille indienne* (2001). En 2005, Sanjay Leela Bhansali lui offre un rôle dans *Black*. Unanimement salué par la critique, celui-ci lui vaudra un oscar indien. En France, Bachchan a été promu officier de la Légion d'honneur pour sa contribution « à la vie culturelle indienne et internationale ».

– ***Arundhati Roy*** *(né en 1961)* **:** figure de proue des écrivains « anglo-indiens », c'est-à-dire Indiens écrivant en anglais. Sa célébrité est consécutive à son premier roman, *Le Dieu des petits riens.* Ce best-seller mondial a remporté le très prisé Booker Prize en 1997, le premier à revenir à une femme indienne, voire à un écrivain indien non déraciné (à l'inverse de Salman Rushdie). Élevée au Kerala, elle déserte à 16 ans le domicile familial pour aller s'installer dans un squat à Delhi, avant d'entrer dans une école d'architecture (pas franchement sa vocation). Après quelques scénarios pour la TV, elle se compromet définitivement avec une critique de film virulente. Premier couac d'une série de scandales : son best-seller et ses critiques abondantes du système des castes et, de l'avis de certains, du communisme, ne sont en effet pas passés inaperçus. Depuis, Roy n'a écrit que des essais sur des questions souvent sujettes à polémique : la politique nucléaire, les Droits de l'homme, la condition des femmes, la mondialisation, la politique indienne des barrages, etc. Profitez-en, ces derniers sont traduits en français (*L'Écrivain-militant,* Gallimard, coll. « Folio documents », 2003).

– ***Tarun J. Tejpal*** *(né en 1963)* **:** « Enfin un roman neuf, brillant et original qui nous arrive de l'Inde », a déclaré Naipaul lors de la parution de *Loin de Chandigarh* (voir « Livres de route » dans « Inde du Nord utile »), premier roman de Tejpal. Cet intellectuel, avant de se révéler romancier, s'est surtout fait connaître comme « un héros du journalisme » avec *tehelka.com,* revue en ligne qu'il fonde en 2000 et dans laquelle ses collaborateurs et lui n'hésitent pas à traiter dans leurs articles de fond de sujets dérangeants, avec une prédilection pour les affaires de corruption. En 2001, ils révèlent, preuve à l'appui, que le gouvernement est impliqué jusqu'au cou dans la corruption liée au commerce des armes. L'affaire entraîne la démission du ministre de la Défense d'alors et du président du BJP (Parti nationaliste hindou), parti alors majoritaire au pouvoir (et qui perdra, d'ailleurs, les élections législatives en 2004). *Tehelka* est poursuivie, harcelée, perquisitionnée, deux journalistes sont emprisonnés (sur de fausses preuves) et Tejpal est menacé de mort. La revue tient bon et finit par être « innocentée ». En 2004, elle devient un hebdomadaire en version papier. *Tehelka,* en à peine 5 ans et malgré son faible tirage, est devenue une référence du journalisme d'investigation et de la presse indépendante en Asie. Outre le journalisme, Tejpal est passé par l'édition en créant la maison India Ink dont la première publication, un premier roman – *Le Dieu des petits riens* d'Arundhati Roy – gagna le Booker Prize en 1997...

– ***Shah Rukh Khan*** *(né en 1965)* **:** né à Dehli dans une famille musulmane originaire du Peshawar au Pakistan, il est associé à sa femme, hindoue, dans leurs deux maisons de productions *Red Chilies Entertainments* et *Dreamz unlimited.* C'est l'un des acteurs les plus populaires du cinéma indien actuellement. Il entre au cinéma avec *Deewaana,* en 1992, et y rencontre un succès qui le hisse directement au sommet. Khan a déjà gagné six fois l'oscar indien de meilleur acteur. Il est aujourd'hui le présentateur vedette de « Qui veut gagner des millions ? », à la suite de Amitabh Bachchan (voir plus haut), et a produit et joué dans *Paheli,* le film qui a permis la reconnaissance de la production indienne à Hollywood aux Oscars 2005. Depuis avril 2008, il a même sa statue en cire en bonne place au Grévin à Paris !

– ***Aishwarya Rai*** *(née en 1973)* **:** actrice indienne née à Mangalore. Étudiante et mannequin à mi-temps, cette splendide jeune femme aux immenses yeux gris-vert devient assez rapidement l'égérie de *Pepsi* en Inde avant d'être élue Miss Monde en 1994. Dès lors, Bollywood s'intéresse de près à Aishwarya et elle fera ses débuts de comédienne dans le drame *Iruvar,* en 1997. Elle enchaîne depuis les longs-métrages. En France, on commence à la connaître depuis *Devdas,* en 2003, dans lequel elle incarne la belle et fière Paro. Poursuivant son ascension, elle joue dans le film anglo-indien *Coup de foudre à Bollywood* et est également membre du jury du 56ᵉ festival de Cannes, en 2003. Aujourd'hui, la reine de beauté, ambassadrice de L'Oréal Paris, est sollicitée de toutes parts. Elle représente plusieurs marques internationales dans son pays et continue sa carrière de comédienne. Récemment, elle a joué dans *Mistress of Spice,* un film britannique adapté du roman de C. B. Divakaruni. Pour l'anecdote, elle s'est mariée en avril 2007 avec le fils d'Amithab Bachchan, une autre vedette du cinéma indien (voir plus haut).

Les grands acteurs économiques

– ***La dynastie Tata :*** le groupe Tata est avant tout une histoire de famille, qui dure depuis cinq générations, et touche quasiment tous les secteurs de l'économie indienne. Parsi d'origine, le fondateur, Nusserwanji, se focalise au début du XIXᵉ s sur la production de coton. Son fils, Jamsetji, étend l'influence du groupe dans le textile, puis jette les bases des activités sidérurgiques du groupe. Mais c'est aussi un nationaliste convaincu, persuadé que son activité doit servir au développement de l'Inde tout entière, à son indépendance économique (en pleine colonisation !). Une vision qui restera bien ancrée dans la famille par la suite. En 1904, ses deux fils prennent le relais en poursuivant la diversification (automobile, savonnerie, papeterie, ciment, etc.) et érigent le premier hôtel de la chaîne *Taj,* le fameux *Taj Mahal* de Mumbai. Mais c'est J. R. D. Tata, leur petit-neveu élevé à Paris, qui va faire du groupe ce qu'il est aujourd'hui : arrivé à la tête de Tata en 1938, il y restera jusqu'en... 1991 ! Passionné d'aviation (il fut le premier Indien à obtenir son brevet de pilote), il avait déjà lancé auparavant *Airlines Tata,* futur *Air India.* Il diversifie encore les activités, souvent en partenariat (radio, chimie, pharmacie, électronique, camions, tourisme, etc.) et est sacré « plus grand capitaine de l'industrie indienne ». À sa mort, il passe la main à un neveu lointain, Ratan, qui fait passer à Tata, jusqu'ici en situation de quasi-monopole, le cap de la libéralisation (amorcée en 1991) sans trop d'encombres, en se concentrant sur des secteurs porteurs comme l'informatique et la microélectronique. Aujourd'hui, Tata est toujours le premier groupe indien, et le plus diversifié : vous ne pourrez pas passer à côté pendant votre séjour en Inde ; thé, café, téléphone, TV, voiture (dont le nouveau projet, la voiture la moins chère du monde !) ou bus, un grand nombre d'objets de consommation ou d'utilisation courante sont estampillés « TATA » : tout est Tata, Tata est partout...

– ***Lakshmi Mittal*** *(né en 1950)* **:** profession ? milliardaire. Créateur et actionnaire principal (88 %) du groupe *Mittal Steel Company,* le plus gros producteur d'acier au monde, dont il est encore actuellement le président, associé à son fils Aditya. Cet hindou originaire du nord-est du Rajasthan s'est spécialisé dans la reprise d'usines en faillite auxquelles il applique des mesures de reprise efficaces. C'est à son instigation que *Mittal Steel* a racheté son concurrent direct, le français *Arcelor,* malgré une rude opposition des gouvernements français, espagnol et luxembourgeois. Mittal, 4ᵉ fortune du monde selon *Forbes* en mars 2008, s'illustre régulièrement par son train de vie démesuré : l'achat d'une villa immense à Kensington Palace Gardens, le quartier des milliardaires de Londres (128 millions de dollars), et le mariage qu'il a offert à sa fille à Vaux-le-Vicomte et au château de Versailles, et qui fut l'un des plus coûteux de tous les temps (55 millions d'euros).

– ***Mukesh Ambani*** *(né en 1957)* **:** directeur de *Reliance Industries,* la plus grande entreprise privée d'Inde, Mukesh Ambani est lui aussi une figure emblématique du business indien. Fils et héritier de Dhirubai Ambani, le créateur du groupe *Reliance,* son succès provient de son choix de moderniser sa politique de traitement traditionnel des cotonnades ainsi que de sa réussite dans le domaine de la pétrochimie. Il a depuis diversifié son entreprise dans la communication, la recherche et le commerce de détail, le tout grâce aux zones économiques spéciales (ZES) créées par l'État indien en 2000. Mukesh Ambani était, en mars 2008, la 5e fortune mondiale ; rien que ça !

– ***Azim H. Premji*** *(né en 1945)* **:** président et propriétaire de près de 84 % des actions de *Wipro,* l'une des plus grandes sociétés indiennes de technologies de l'information. À la mort de son père, il interrompt ses études et reprend l'entreprise familiale de confection de savons et d'huile de cuisine. *Wipro* est en effet une abréviation pour « Western Indian Vegetable Products » (Produits naturels de l'Inde occidentale) ! Lors du désinvestissement d'IBM en Inde dans les années 1970, Azim profita de l'opportunité qui lui était offerte pour investir dans l'informatique. Il a depuis révolutionné la vie de nombreux Indiens en leur servant de relais dans leur accession aux nouvelles technologies. Son entreprise, basée à Bangalore, est aujourd'hui leader sur le marché des fournisseurs de services informatiques. Il fut un temps la 2e fortune du monde derrière Bill Gates, le richissime fondateur de Microsoft. Azim est par ailleurs le fondateur et président de l'association « Wipro contre l'illettrisme ».

– ***Sabeer Bhatia*** *(né en 1969)* **:** fondateur du site de courrier électronique *Hotmail,* et inventeur du concept de « compte e-mail gratuit », bien connu des routards. Originaire d'une famille de classe moyenne, Sabeer Bhatia fait ses études en Inde, puis en Californie. Après avoir travaillé quelque temps pour Apple, il s'associe avec l'un de ses anciens collègues, Jack Smith, pour fonder Hotmail, en juillet 1996, qu'il revend 2 ans plus tard à Microsoft pour 400 millions de dollars. Il crée ensuite Arzoo, le leader mondial actuel des sociétés d'achat en ligne. Plein d'idées, ce garçon !

Les figures spirituelles et charismatiques

– ***Rabindranath Tagore*** *(1861-1941)* **:** poète, écrivain et philosophe, Rabindranath Tagore est né à Calcutta, dans une famille aisée. Avec un premier recueil de poèmes publié dès l'âge de 17 ans, il devient vite le plus grand écrivain de l'époque coloniale, accumulant poèmes, nouvelles, romans et pièces de théâtre. Tagore écrivait en bengali, mais traduisait lui-même la plupart de ses œuvres en anglais. En 1913, il reçut le prix Nobel de littérature, et fut sacré chevalier par le roi George V en 1915. Il renonça toutefois à ce titre en 1919, pour protester contre le massacre d'Amritsar (Pendjab), où 400 manifestants indiens avaient été abattus par l'armée anglaise. Bien que surtout connu pour son œuvre littéraire, Tagore s'est aussi profondément investi dans d'autres domaines, notamment celui de l'éducation, dont les lacunes profondes étaient, selon lui, la source de tous les problèmes de l'Inde. Sans un enseignement ouvert à tous, le pays ne pourrait jamais progresser. Il milita pour que celui-ci soit en langue locale (et non anglaise, comme l'exigeait le système colonial, excluant ainsi les classes démunies et les campagnes) et qu'il mette en avant la créativité, la joie et la conscience du patrimoine culturel du pays. Il fonda ainsi l'école de Santiniketan en 1901, puis les universités (encore en fonction aujourd'hui) de Vishva Bharati (1919) et Shri Niketan (1921). Selon Tagore, les étudiants devaient acquérir « le désir de savoir, de découvrir les lois de la nature et de les mettre au service de l'amélioration des conditions de vie des êtres humains ». L'enseignement scientifique devait être associé au savoir philosophique et spirituel du pays et l'éducation devait permettre à chacun le plein épanouissement tout en lui enseignant un moyen de gagner sa vie. Par ailleurs, il voulait une fréquentation internationale de ces universités, la connaissance des autres cultures et leur contact étant le meilleur moyen de lutter contre le nationalisme, source de conflits.

– ***Sri Aurobindo*** *(1872-1950)* **:** fils d'un médecin de campagne, Sri Aurobindo est envoyé dès l'âge de 7 ans en Angleterre pour des études qui dureront 13 ans. Diplômé de Cambridge, il revient à Calcutta et enseigne quelque temps l'anglais et le français. Mais, ne pouvant tolérer la colonisation anglaise, il entre bientôt en politique. Leader d'un parti extrémiste, il passe un an en prison avant de se réfugier, en 1910, en territoire français, à Pondichéry, où il restera jusqu'à sa mort et où il connaîtra une seconde vie, spirituelle. Ayant apparemment beaucoup cogité en prison, il s'est convaincu que l'occupation de son pays n'est qu'une facette d'un problème bien plus vaste : la transformation de l'être humain. « L'homme est un être transitionnel », dit-il, en prêchant la « nouvelle évolution », celle d'un monde qui serait régi par l'esprit. En 1920, il est rejoint par la Mère, une Française qui sera sa plus fidèle disciple, et construira l'ashram qui porte son nom à Pondichéry et la cité d'Auroville.

Les figures atypiques

– ***Mahesh Yogi*** *(1917-2008)* **:** *guru* indien, fondateur de la méditation transcendantale en 1957. Dans les années 1960, il est à la tête d'importants mouvements de méditation transcendantale ayant pour objectif d'enseigner (aux Occidentaux en particulier) la pratique de cette discipline. À cette époque, le mouvement de méditation transcendantale fait partie du phénomène de la contre-culture américaine et intéresse de nombreuses personnalités. Parmi ses disciples célèbres, Mahesh Yogi put compter les musiciens des Beatles ou des Beach Boys, le chanteur-compositeur Donovan, les comédiens Andy Kaufman, Mia Farrow ou Clint Eastwood, ainsi que David Lynch. C'est George Harrison qui avait découvert ce *guru* alors qu'il était parti à Bombay suivre des leçons de sitar à l'école de Ravi Shankar. On peut voir une photo de Donovan en compagnie de Mahesh Yogi sur le disque *A gift from a flower,* sorti en 1967.

– ***Vandana Shiva*** *(née en 1952)* **:** physicienne, épistémologue, écrivain, docteur en philosophie des sciences et féministe indienne, Vandana Shiva dirige la Fondation de recherche pour la science, les technologies et les ressources naturelles. C'est l'une des chefs de file écologistes et altermondialistes au niveau international, en particulier dans le secteur de la défense de l'agriculture paysanne et biologique. Elle lutte activement contre le brevetage du vivant et la biopiraterie (notamment pour que les semences restent dans le domaine public et ne passent pas aux mains de grandes multinationales).

– ***Phoolan Devi*** *(1963-2001)* **:** plus connue comme la « Reine des bandits », c'est un personnage pour le moins controversé. Héroïne pour les uns, opportuniste pour les autres, sa vie fut en tout cas une sacrée aventure. Née dans un petit village de l'Uttar Pradesh, elle est mariée à l'âge de 11 ans, puis enlevée par des bandits, avec lesquels elle vit quelques années. Kidnappée à nouveau en 1980, cette fois-ci par des truands de hautes castes, elle est battue et violée par le groupe pendant des jours. L'année d'après, elle forme sa propre bande et massacre une vingtaine de propriétaires terriens de la caste Thakur, à titre de vengeance. Sa cavale durera 2 ans, avant qu'elle ne se rende en 1983. Accusée de 50 meurtres, elle passe 11 ans en prison, sans jamais avoir été déclarée coupable. À sa sortie, en 1994, elle se marie puis, en 1995, est élue député de sa région natale ! Le 26 juillet 2001, la « Reine des bandits » est assassinée à Delhi. Règlement de comptes ? Exécution politique avant les prochaines élections régionales ? Quoi qu'il en soit, Phoolan Devi n'a pas fini de faire parler d'elle.

– ***Pascal of Bollywood*** *(né en 1964)* **:** ce Français à la quarantaine sémillante (Pascal Héni de son vrai nom), plutôt spécialisé au début de sa carrière française dans la chanson réaliste, fait un carton en Inde. Tombé sous le charme des mélodies sucrées des films bollywoodiens des années 1950-1970, il a décidé, en toute simplicité, de les réenregistrer, à sa sauce, avec un grand orchestre, à l'ancienne ! Beaucoup de travail pour arriver à une prononciation presque parfaite des paroles en tamoul, en hindi ou en bengali, mais le résultat est là : les Indiens succombent au charme de l'accent *frenchy*, et Pascal of Bollywood, surnommé *Frenchman* par les Indiens, est devenu une vraie vedette là-bas !

POPULATION

Difficile de faire le tour de ce sujet pour un tel pays. Voici simplement quelques informations, loin d'être exhaustives, mais qui permettent une première approche, par thèmes, de la population indienne.

Démographie

La population de l'Inde (238 millions d'habitants au début du XXe s) a dépassé le milliard en 2000. Une croissance fulgurante puisque, entre 1991 et 2001, c'est l'équivalent de la population du Brésil, le 5e pays le plus peuplé au monde, qui est venu grossir les rangs de la population indienne ! L'explication de cette augmentation est simple : avant, il y avait équilibre entre taux de mortalité et de natalité ; mais voilà qu'au XXe s, la médecine occidentale (et ses progrès) débarque, et la mortalité recule. Conséquence : la population s'est envolée ! En un mot, le grand responsable, que tout le monde pointe du doigt, est le taux de natalité... Bien sûr, il est en légère baisse mais, selon les courbes actuelles, l'Inde devrait dépasser la Chine dès 2030 ! Car, pour qu'un ralentissement significatif s'opère, il faudrait d'abord que les mentalités changent, que la tradition perde du terrain, beaucoup de terrain...
Un autre phénomène insidieux gagne, lui, du terrain : le diagnostic prénatal, qui révèle le sexe de l'enfant avant la naissance. Vu la nette préférence des Indiens pour les garçons – traditionnellement, une fille est un mauvais investissement puisqu'elle sera amenée à quitter la maison parentale et, pire, elle est encore très largement synonyme de dot à débourser –, les avortements prolifèrent. La loi condamne théoriquement les pressions des médecins pour faire pratiquer cet examen prénatal, mais les habitudes ont la vie dure. Résultat : si le rapport normal entre le nombre d'hommes et de femmes dans un pays est de 105 femmes pour 100 hommes, celui de l'Inde est de 93 femmes pour 100 hommes (et de 77 femmes pour 100 hommes à Mumbai), et le phénomène touche toutes les classes de la société. On vous laisse imaginer les conséquences à long terme...

Le drame de l'enfance exploitée

Dans les campagnes, la mortalité infantile reste toujours importante : près de 300 000 enfants y meurent chaque année de diarrhée ; 65 % des moins de 5 ans nés dans des familles rurales démunies, souffrent de malnutrition. En outre, l'exploitation des enfants par le travail reste une calamité nationale : on estime à environ 55 millions le nombre d'enfants travaillant pour des employeurs autres que leurs parents. Le drame de ces gamins commence à heurter une partie de l'opinion indienne et à remuer quelques consciences.
C'est le cas de Kailash Satyarthi, fondateur de la *South Asian Coalition on Child Servitude* (vous pouvez prendre contact avec cette organisation via l'une des associations : • bbasaccs.org • globalmarch.org •). Considéré comme « l'avocat des petits », il est parvenu, depuis 1989, à libérer près de 30 000 enfants-esclaves, au prix de luttes acharnées. Une fois sortis de la servitude, les gamins sont placés dans le *Mukti ashram,* l'ashram de la Libération, dans le village d'Ibrahimpur, près de Delhi. Là, ils réapprennent à être libres et retrouvent les gestes de base de la vie

normale des gosses de 6 à 14 ans. Une goutte d'eau dans l'océan, mais exemplaire et qui, espérons-le, fera tache d'huile dans cet immense pays.

RELIGIONS ET CROYANCES

« En Inde, si vous ne priez pas,
vous avez perdu votre voyage.
C'est du temps donné aux moustiques. »

Henri Michaux.

L'Inde ne s'aborde pas facilement et ne se révèle pas spontanément aux étrangers qui lui font l'honneur de leur visite. C'est un pays où le poids des traditions marque tous les aspects de la vie quotidienne et y joue un rôle de première importance. Beaucoup d'entre elles ne sont que de simples coutumes ou des superstitions se transmettant au fil des siècles. Néanmoins, elles constituent le fondement véritable, l'essence même de sa civilisation.

L'hindouisme

C'est la religion prédominante de l'Inde, avec presque 700 millions de pratiquants, et aussi l'une des plus anciennes. Elle n'a ni fondateur, ni clergé officiel. Elle repose sur deux principes fondamentaux. La première idée-clé de la religion hindoue est que l'univers se fonde sur un ordre, la Vérité, qui le maintient en existence. Toute transgression de l'ordre se répercute sur l'ensemble du cosmos. C'est lourd comme responsabilité ! Si la mousson arrive en retard ou si les pluies provoquent des inondations catastrophiques, la croyance populaire attribue volontiers ces désordres à une faute, et particulièrement à la faute principale du XXᵉ s : avoir rompu les équilibres traditionnels et donc perturbé l'ordre cosmique (le *dharma*).
La seconde idée est que l'homme est fait d'un corps périssable et transitoire, et d'une âme éternelle qui se réincarne indéfiniment d'un corps à l'autre en gardant une espèce de casier judiciaire des fautes et des bonnes actions commises dans ses différentes vies : le karma. Comme la vie n'apporte, c'est bien connu, que souffrances et accablement, le but de tout bon hindou est d'en finir au plus vite avec ce cycle de réincarnations, pour atteindre enfin la *moksha*. On ne se réincarne pas au hasard : on renaît dans une caste qui correspond très exactement à son casier religieux.
À chaque réincarnation, donc, chacun peut, grâce à sa conduite, se rapprocher de l'état de pureté, condition nécessaire à la délivrance finale. Les premiers voyageurs européens s'étonnaient de ce peuple « qui ne trouve rien de plus désirable que l'anéantissement ».
Les principales croyances de l'hindouisme sont illustrées dans le *Mahābhārata* et le *Rāmāyana*. Ces deux épopées mettent en évidence le système des castes, en fonction desquelles s'établit le karma, somme des actions passées qui conditionne la réincarnation de l'âme *(samsara)*.
Rédigé au IIᵉ s av. J.-C., le *Mahābhārata* est la plus longue épopée de toutes les littératures. Jugez-en plutôt : 90 000 versets. Pour la lecture, on vous conseille un soupçon de motivation ! Il relate le combat entre les cinq frères Pāndava et leurs cousins les Kaurava, qui symbolise la lutte entre le Bien et le Mal. Au cours du sixième livre du *Mahābhārata,* on trouve l'Évangile des hindous, la *Bhagavad-gīta* : Krishna (avatar de Vishnou) encourage le chef des Pāndava à obéir au devoir de sa caste, celle des guerriers, et à combattre contre ses cousins dans un but désintéressé, afin d'atteindre la récompense suprême, la délivrance *(moksha)*.
Le *Rāmāyana,* composé à partir du IVᵉ s av. J.-C., conte l'histoire merveilleuse de Rāma à la recherche de son épouse Sītā, enlevée par le démon Rāvana.

Les castes

Elles sont l'expression même de cette conception du monde. Il s'agit d'un système d'origine religieuse, fondamental pour le fonctionnement de la vie sociale en Inde. La société indienne, par opposition à la nôtre qui se dit égalitaire, est inégalitaire. Cela signifie que l'esprit indien appréhende le monde d'une manière naturellement hiérarchique. Dans cette hiérarchie, chacun appartient à un groupe, et ce groupe a une position bien définie sur l'échelle de la société indienne.

Héritage des trois ordres indo-européens (prêtres-magiciens, guerriers, paysans), quatre *varnas* (castes) composent grosso modo la société-religion hindoue :

– ***les brahmanes :*** caste des prêtres et des lettrés sortis de la bouche de Brahma ;
– ***les kshatriyas :*** guerriers, sortis de ses bras ;
– ***les vaisyas :*** commerçants, artisans et agriculteurs, sortis de ses cuisses ;
– ***les sudras :*** serviteurs, sortis de ses pieds.

On trouve aussi des Indiens qui n'appartiennent à aucune *varna*. Ce sont les *parias* (intouchables), sortis d'on ne sait où. Les femmes, incarnant le désir quelle que soit leur origine, appartiennent à la caste la plus basse. Leur caste d'origine ne joue que dans les relations sociales (mariage, repas).

Les trois premières castes représentent environ 20 % de la population, les *sudras* 42 % et les *parias* 20 % ; le reste de la population, c'est-à-dire les non-hindous, est majoritairement composé de musulmans et de sikhs.

On peut également se demander sur quelles valeurs est maintenant fondée cette hiérarchie. Qu'est-ce qui différencie un brahmane d'un paria ? Le critère retenu est celui de la pureté rituelle. En effet, les Indiens ont une notion très forte du pur et de l'impur, et cette notion même de pureté est intimement liée au fonctionnement de la société hindoue.

Ceux qui font partie des castes supérieures se livrent à des activités « pures », tandis que les autres, tout en bas de l'échelle, ont des occupations qui les rendent encore plus « impurs » (manipulation des déchets humains, des animaux morts, etc.).

Il faut d'ailleurs préciser que, à l'intérieur des castes, il y a des milliers de subdivisions (on en a dénombré plus de 3 000 !) : les *jatis* (la naissance). Comme le nom de la personne indique sa *jati,* il indique donc aussi sa caste. Ainsi, quand deux hindous déclinent leur identité, ils savent à qui ils parlent et cela règle leur comportement. Vous voyez que finalement, c'est simple ! Vous comprendrez aussi mieux pourquoi un hindou « né » potier ou cordonnier, et travaillant comme commerçant ou ingénieur dans une usine, n'en continuera pas moins à suivre les rites religieux de sa naissance, ceux liés au métier de potier ou de cordonnier.

N'imaginons pas pour autant que les castes correspondent aux classes sociales. Au sein des brahmanes (près de 6 % de la population) se trouvent des gens d'origine sociale très différente, des riches industriels comme des petits agriculteurs. Et même des cuisiniers, puisque seul un brahmane peut préparer les repas d'un autre brahmane. Tous les brahmanes ne sont donc pas prêtres, et inversement. De même, aujourd'hui, un intouchable peut s'enrichir à la tête d'une usine qui travaille le cuir (l'impur !), tandis qu'un brahmane peut rester pauvre toute sa vie.

La caste ne joue pas uniquement un rôle contraignant, elle encadre aussi la socialisation, la solidarité et l'entraide, un peu comme dans les tribus africaines. Tous les interdits, pourtant sévèrement condamnés par les législations, sont encore respectés scrupuleusement dans beaucoup de villages. Ailleurs, ils tendent à disparaître. Il a toujours été très mal vu de se révolter contre sa caste. Pourtant, comme tout se perd, même le respect, on a pu assister à de sanglantes émeutes : les intouchables (on dit aussi *dalits* – « opprimés » – ou *harijans,* c'est-à-dire les « enfants du dieu Hari », mais c'est condescendant) ont eu la prétention de proclamer qu'intellectuellement et socialement, ils n'étaient pas moins évolués que les autres communautés. Ça s'est terminé dans un bain de sang.

Ce n'est qu'après l'indépendance que le gouvernement a déclaré inconstitutionnel le principe de l'« intouchabilité » des parias, ceux qui, de tout temps, furent com-

plètement exclus du système, avec pour conséquences l'absence de tout contact avec les plus évolués et l'asservissement aux membres des castes supérieures. Le gouvernement indien a instauré des quotas réservant aux intouchables un quota de postes dans l'administration. De la même manière, il leur a octroyé des bourses d'études.
Comme toujours, c'est dans les villes que l'évolution a été la plus rapide. Bien qu'il soit de plus en plus assimilé à nos principes de différenciation sociale, le système de cloisonnement de la population en castes reste fermement ancré dans l'esprit des habitants de nombreux villages. Les structures rurales – castes dominantes au centre du village à proximité des lieux saints, *dalits* relégués en périphérie du village, souvent dans de misérables huttes – ne sont sans doute pas étrangères à ces pesanteurs. On ne peut modifier en cinquante ans des traditions plusieurs fois millénaires.

Le village

Le village, lieu d'observation privilégié de la structure et du fonctionnement de la vie sociale, est l'endroit idéal pour comprendre l'organisation des castes et la notion de pureté et d'impureté qui s'y rattache. Chaque groupe réside à un endroit précis du village et cela en fonction, pourrait-on dire, de son régime alimentaire. Les familles de la caste dominante vivent généralement au centre du village dans de « belles » maisons en dur, près du temple des dieux majeurs de l'hindouisme, Shiva ou Vishnou. Plus la notion d'impureté est présente, plus le niveau de la caste diminue, et plus les maisons sont pauvres et en périphérie. C'est à l'écart du village, dans de misérables huttes, que l'on retrouve les intouchables. Telle est, schématiquement, la structure d'un village. Mais il faut y ajouter les données économiques qui créent des fortunes dans certaines *jatis* inférieures, comme celles des commerçants, et l'on voit s'ériger de véritables petits palais.

Le temple

Le temple est toujours la demeure d'une ou plusieurs divinités. Un dieu, par exemple, avec sa compagne, leurs montures sacrées et leurs multiples avatars, cela fait parfois beaucoup de monde ! Comme presque tous les temples appartiennent à des particuliers, le choix de la divinité dépend de ceux qui ont construit le temple, même si l'État les rachète de plus en plus. Rendez-vous au temple, au coucher du soleil, au moment de l'offrande de la lumière. Agitant une clochette de la main gauche, le prêtre offre à la divinité les cinq éléments : l'eau, la terre (symbolisée par une fleur), le feu (sous forme d'une lampe à huile), l'air (une queue de yack faisant éventail). Le cinquième élément, « celui qui enveloppe tout », est représenté par une pièce de tissu. Dans chaque maison traditionnelle, cette cérémonie se déroule au rythme des gongs, des clochettes et des tambours, sous la responsabilité du chef de famille. Les couleurs utilisées pour les cérémonies hindoues (dans les vêtements, sur le corps et sur le visage) sont l'orange, le vermillon et le jaune safran.

Les divinités

Pour l'hindou, Dieu en tant que réalité suprême et absolue est partout. Mais on ne peut vénérer que ses formes manifestées (les *avatars*), c'est-à-dire les innombrables divinités qui peuplent le panthéon hindou et qui représentent des aspects différents de la même réalité. Quand on sait qu'à l'époque védique il n'existait « que » 33 dieux et qu'aujourd'hui l'Inde en compte plus de 33 millions, on comprend mieux le sens de religion polythéiste ! Pas question de les passer tous en revue (le prix du guide dépasserait votre budget de routard), mais il est indispensable d'avoir une vue d'ensemble sur les principales divinités et les mythes qui s'y rattachent pour ne pas voyager idiot et mieux comprendre l'hindouisme. Enfin, sachez que chaque dieu est associé à une ou plusieurs montures et possède des attributs propres, et que le nombre de bras souvent impressionnant symbolise la puissance et la souveraineté cosmique : autant d'éléments utiles pour identifier les divinités dans les temples. Pour vous donner une idée de l'importance des divinités dans la vie des hindous, sachez que la Cour suprême de New Delhi a accordé la personnalité juridique aux dieux du panthéon hindou pour les autoriser à devenir propriétaires « comme n'importe quel citoyen »...

La trinité hindoue (Trimûrti)

Triade cosmique formée de Brahma, Vishnou et Shiva.
– ***Brahma :*** il est le créateur du monde, né des eaux primordiales. Ses symboles sont la fleur de lotus, le sceptre, le *mala* (rosaire) et le livre des Véda. Sa monture est le cygne.
– ***Vishnou :*** son rôle est de protéger l'univers. Ses symboles principaux sont le disque solaire, ou roue du temps, qu'il peut lancer dans l'univers pour se défendre ; ainsi que la conque marine, la massue et la fleur de lotus. L'aigle blanc à corps d'homme *(Garuda)* est connu pour être sa monture. Il descend sur terre sous différents avatars pour faire régner l'ordre.
– ***Shiva :*** reconnaissable par son troisième œil, il peut détruire tout ce qui ne reflète pas la réalité. Coiffé d'un chignon de longs cheveux, il danse au milieu des flammes symbolisant le rythme perpétuel de la destruction et de la régénération. Ses symboles sont la peau de tigre, le lingam, et sa monture est le taureau *(Nandi)*.

Les grandes déesses du panthéon hindou

– ***Sarasvati :*** épouse de Brahma, déesse de la Connaissance, des Lettres, des Arts et de la Musique. Ses attributs sont la *veena,* le livre des Véda et le *mala* (rosaire). Vénérée par les écrivains, les artistes et les scientifiques, elle est aussi honorée par les étudiants. Sa monture est le cygne.
– ***Laksmi :*** appelée parfois *Sri* (qui signifie « éclat », « beauté »), elle est l'épouse de Vishnou, qu'elle trompe allègrement. Mais les voies divines étant parfois impénétrables, Laksmi est considérée comme une sainte, une maîtresse de maison soumise et même une épouse modèle. Déesse de la Fortune et de la Prospérité, elle est vénérée dans tous les commerces. Ses attributs sont les pièces d'or et deux lotus.
– ***Parvati*** (ou ***Uma Parvati***) ***:*** « la Fille de la Montagne », épouse de Shiva avec qui elle partage les mêmes attributs de l'ascèse et du renoncement et parfois la même monture, elle est aussi la mère de Skanda et ***Ganesh,*** dieu de la Prospérité et de la Sagesse.

Et quelques autres divinités...

– C'est ce même ***Ganesh*** que l'on invoque avant de se lancer dans un nouveau projet, de prendre la route ou de s'endetter, car il aplanit tous les obstacles. C'est aussi le dieu du Spectacle. Au début ou à la fin des films, on trouve son effigie. Enfin, beaucoup de couples font appel à lui pour avoir un enfant ou pour souhaiter à leur descendance un avenir sans embûches.
Selon certains mythes, Ganesh doit sa célèbre tête d'éléphant au tempérament soupe au lait (quasi caractériel, n'ayons pas peur des mots) de son père, Shiva, qui, en rentrant de voyage, trouva Parvati en compagnie d'un jeune homme. Sans penser une seconde que son fils pouvait avoir grandi pendant son absence, il lui fit sauter la tête. Shiva promit de rattraper le cou(p) en remplaçant la tête de Ganesh par celle du premier être qu'il croisa en chemin. Malheureusement pour lui, ce fut un éléphant ! En compensation, Ganesh est un dieu extrêmement populaire, vénéré par la presque totalité des hindous et présent à l'entrée de chaque temple.
– ***Durga :*** divinité suprême et d'une beauté inaccessible, rattachée à la fois à Vishnou et Shiva. Comme Vishnou, elle se bat pour défendre l'ordre cosmique. Elle est aussi une des formes de l'épouse de Shiva. L'origine de Durga est des plus étonnante : tous les dieux ont réuni leurs pouvoirs pour donner naissance à une divinité

ayant toutes leurs caractéristiques. Incarnation de la puissance, de la force guerrière, elle est souvent représentée avec une multitude de bras, combattant le démon-buffle.

- ***Kali*** (ou ***Chamunda***) **:** déesse de la Destruction et de la Mort, elle fréquente les champs de crémation, boit du vin et du sang, et est souvent représentée la langue pendante, un bâton orné d'une guirlande de crânes à la main. Les cheveux hirsutes, le visage émacié et grimaçant, elle piétine des jambes coupées et des restes humains : la femme idéale, quoi !

Les sadhus et gurus

Dans la tradition religieuse hindoue, les grands sages, considérés comme saints en vertu de leur savoir spirituel, de leur conduite exemplaire, de leurs compétences en tant que maîtres spirituels ou de leur expérience mystique, sont vénérés presque à l'égal de dieux. À côté des *rishis* (voyants) et autres *swamis* (maîtres spirituels pratiquant l'ascèse), les *sadhus* (mendiants religieux) attirent notre regard d'Occidentaux par leur allure souvent excentrique. En parcourant l'Inde, vous rencontrerez forcément ces étranges personnages couverts de cendres et pratiquement nus, le cou chargé d'amulettes, certains le crâne rasé, la plupart arborant une étonnante tignasse. Les uns errent sur les routes, ce sont les *sadhus* (hommes saints), les autres dispensent des leçons sur les places publiques, ce sont les *gurus* (maîtres, vénérés).

La chevelure des *sadhus* est impressionnante par sa longueur, son volume et sa consistance. Ces derniers ne se peignent jamais, ils frottent leurs cheveux avec la sève des arbres – le banian par exemple –, ce qui active leur croissance et leur donne l'aspect d'épaisses mèches pareilles à des toisons de laine. On a même rencontré un *sadhu* avec des dreadlocks de 2,50 m de long ! Symbole de puissance, cette tignasse se porte de deux manières : lâchée ou enroulée en un énorme chignon. Tout comme leur corps, elle est entièrement recouverte de cendres, symbole de renoncement absolu, suivant le modèle de Shiva.

Le *sadhu* devient *siddha,* soit ermite, soit ascète, après de dures pénitences et diverses formes de mortifications. Aussi acrobatiques que puissent paraître les postures adoptées par les *sadhus,* ces derniers n'ont pas pour but de faire pénitence par des mortifications aussi insensées qu'inutiles, mais d'atteindre la délivrance du cycle infernal des renaissances *(moksha)* pour fondre leur propre âme *(ātman)* dans l'âme universelle *(brahman).*

Le *guru* est, lui, devenu le chef des communautés spirituelles ou ashrams appelées à atteindre *açrama,* du nom de l'ultime phase de vie d'un brahmane sur le chemin de la vérité.

Les vaches sacrées

Quand on arrive en Inde, on est toujours surpris de voir ces vaches errer à leur gré dans les rues, et souvent en plein milieu. Il paraît que les voitures créent un courant d'air qui chasse les mouches ! Ces vaches ne sont pas abandonnées. Elles ont un propriétaire qui a compris que les pelouses municipales (et les poubelles !) sont, somme toute, un fourrage particulièrement bon marché. Il est difficile pour un Occidental de comprendre l'importance de la vache pour les hindous. Rappelons la révolte des Cipayes, provoquée par une rumeur : on aurait distribué de la viande de bœuf aux soldats hindous (et, pour faire bonne mesure, de la viande de porc aux soldats musulmans !). De même les émeutes de 1966, qui firent une dizaine de morts, visaient à obtenir l'interdiction totale de l'élevage de bovins.

Aux premiers temps de la crise de la vache folle, des membres du BJP ont formulé une sérieuse offre pour récupérer nos 12 millions de pauvres vaches contraintes à passer à l'abattoir. Le programme du parti prévoyait d'ouvrir des asiles pour vaches malades dans tout le pays (il en existe déjà au Gujarat). Cela suffit à suggérer que la vache n'est pas un élément folklorique, un caprice étrange, mais le symbole de la relation fondamentale que l'hindou entretient avec la nature. En réalité, le respect de la vache est le signe de l'*ahimsa*, de l'absence de volonté de tuer ; c'est aussi un signe de respect envers la « mère universelle », cette vache qui symbolise la maternité, la charité, la pitié.

Plus pieux et plus pratique encore : la vache est l'animal qui permet au défunt de traverser le fleuve *(Vaitarani)* qui le sépare du paradis. En offrant au prêtre une vache lors des funérailles, le défunt pourrait ainsi s'accrocher à sa queue et traverser le *Vaitarani* vers la félicité.

La vache sacrée trouve son origine dans le bon sens des sages de l'Inde ancienne où les famines étaient fréquentes. Seul le lait de vache est consommé par le petit de l'homme. En faisant de la vache la mère de l'homme et en lui donnant son rôle religieux, les sages ont donc assuré la survie des enfants. Les économistes peuvent bien rappeler que 60 % de ces animaux sont totalement improductifs, que les autres sont sous-productifs, que c'est un non-sens absolu que de nourrir et soigner les animaux jusqu'à leur mort, l'abattage d'une vache suscite encore des émeutes dans les villages de « l'Inde profonde » (en revanche, manger du buffle est beaucoup moins grave). Mais c'est finalement l'automobile qui devrait avoir le dernier mot (air malheureusement trop connu) : vu les encombrements dantesques dans les grandes villes, la loi autorise les policiers, depuis mai 2005, à faire déguerpir les vaches à grands coups de bâton, quand elles restent plantées au milieu des rues. La question n'en reste pas moins le plus sûr détonateur des incidents entre hindous et musulmans.

Les murs de prière

Vous croiserez sûrement sur votre chemin de drôles de murs, dont chaque pierre porte la marque d'une gravure, une formule ésotérique : « *Ôm mani padme hum* ». *Ôm* et *hum* sont deux syllabes à signification mystique. *Mani* et *padme* désignent, quant à eux, le joyau (symbole masculin) et le lotus (symbole féminin) représentant l'Absolu. Autrefois, chaque voyageur rajoutait sa propre pierre à l'édifice, puis il le longeait, mais toujours par la gauche, afin de se protéger des mauvais esprits.

Ôm

Au début et à la fin de chaque invocation, de chaque prière, on peut entendre le son *ôm*. C'est un son ininterrompu qui représente l'idée d'éternité, de son primordial, qui ne peut être comparé à aucun autre. Il symbolise les trois mondes (le Ciel, la Terre et l'Espace intermédiaire), ainsi que les trois divinités primordiales (Brahma, Vishnou et Shiva).

L'intégrisme hindou

À plusieurs reprises, le militantisme hindou (la « vague safran ») a causé des centaines de morts. Le fanatisme hindou ne date pas d'hier : dès 1925, une association des volontaires nationaux est créée (RSS), qui regroupe militants, syndicalistes et religieux hindous. Travaillant pour que l'hindouisme s'impose en Inde – au moyen d'une discipline spirituelle et physique, et de bâtons... – l'organisation compte aujourd'hui 25 000 branches et deux millions de membres. Théoriquement opposée à l'action politique, elle tente cependant parfois de contrôler le Parti nationaliste (BJP).

Le bouddhisme

C'est en Inde, dans une petite ville au nord de Varanasi, sur l'actuelle frontière avec le Népal, que le futur Bouddha, Siddhartha, a commencé à « s'éveiller », en comprenant que la souffrance de l'homme venait du désir. On parvient à l'absence de souffrance, et donc on échappe aux réincarnations en supprimant le désir. Ce qui compte, ce n'est pas le sacrifice des prêtres mais celui de chacun. Le Bouddha est même allé jusqu'à dire que tout le monde pouvait devenir un bouddha. Pas une mince affaire, car sa vie fut bel et bien extraordinaire. Elle est l'illustration la plus éloquente de sa philosophie.

Né vers 560 avant notre ère, d'ascendance royale, le futur Bouddha (« l'Éveillé ») est aussi connu sous les noms de *Siddharta, Gautama* ou *Sakyamuni*. Dès sa plus tendre enfance, le jeune prince fait montre d'une précocité et d'une intelligence quasi surnaturelles. C'est à l'âge de 16 ans qu'il gagne la main de sa cousine Yashodharâ. Alors qu'il jouit d'un bonheur sans nuages, Siddhartha comprend soudain que non, la vie n'est pas un long fleuve tranquille, et que le bonheur n'est qu'illusion (quelle désillusion !). C'est ce que l'on appelle la « révélation de la Mamaryama ». Après ses quatre célèbres rencontres (un vieillard, un malade, un mort et un mendiant), il prend conscience de la souffrance humaine, quitte son *home* royal et commence une nouvelle vie chez les ascètes brahmanes. Il a finalement l'Illumination, c'est-à-dire la révélation des Quatre Vérités sur l'universalité de la souffrance. Après quelques hésitations et surtout une forte pression des dieux, il se décide à enseigner aux hommes les Quatre Vérités à Sarnath. Suivent le sermon de Bénarès (la première prédication du Bouddha), diverses conversions et plusieurs miracles, tous plus extraordinaires les uns que les autres. Sa mort *(Parinirvāna)*, à l'âge de 80 ans, est l'illustration de deux dogmes fondamentaux du bouddhisme : le caractère éphémère de la vie et l'universalité de la souffrance. Juste avant de mourir et d'accéder au *nirvāna*, le Bouddha avait pris soin de réunir ses disciples et de les exhorter à ne pas se décourager de sa mort en suivant la philosophie enseignée.

Nul n'étant prophète en son pays, le bouddhisme a pratiquement disparu de son territoire d'origine, combattu par les hindous. En effet, les adeptes du Bouddha préconisaient l'abolition des castes, et ça n'a pas plu du tout. Sans se laisser démonter, un hindou particulièrement malin proclame que le Bouddha n'était qu'un avatar de Vishnou. Et toc ! Une fois intégré, puis digéré, la disparition des bouddhistes n'était pas loin. Une exception : dans le Maharashtra, on compte plusieurs millions de bouddhistes. Ce sont des intouchables qui se sont convertis en masse après 1956, sur les conseils de leurs leaders politiques, pour échapper au système des castes hindoues. Le bouddhisme reste prédominant dans le Nord, en particulier au Ladakh où, en plus de son influence spirituelle, il entretient le sentiment national face à l'« occupant » indien et continue d'organiser la vie sociale et culturelle autour des monastères.

L'islam

Il ne faut pas oublier que l'Inde, avec plus de 100 millions de musulmans, est le deuxième pays islamique du monde (après l'Indonésie), malgré la partition de 1947. Bien que l'islam soit une religion égalitaire, on trouve chez les musulmans une hiérarchie entre les communautés qui ressemble fort aux castes : elle est fondée sur le degré de pureté par rapport à l'islam originel. Les hindous sont passés à l'islam par castes entières (et en gardant donc tous les devoirs correspondants), poussés par la misère à rechercher un nouveau maître.

Le christianisme

Surtout répandu dans le Sud. Les chrétiens sont généralement des intouchables convertis au XVIe s pour s'affranchir de l'opprobre au quotidien, mais qui sont restés au bas de l'échelle. On en compte 25 millions parmi les Indiens. En 1998, une importante campagne antichrétienne a été menée par l'extrême droite hindoue. Résultat : « les fous de Vishnou » (comme les appela le journal *Libération*) ont multiplié les agressions – mises à sac d'églises, autodafés de bibles, harcèlement des communautés chrétiennes, etc. En décembre de la même année, les chrétiens ont défilé dans tout le pays pour réclamer le droit de pratiquer leur religion en paix. Des

Bhumisparshaa ou « Geste de la prise de la terre à témoin »

Position assise ou debout, la main droite pointe vers le sol, tandis que la gauche repose sur les jambes ou le long du corps, paume tournée vers le ciel. Ce geste représente l'Éveil de Bouddha. Il est le symbole de la victoire sur Mâra (la mort, le démon, le grand dieu des Désirs). Mâra tenta d'interrompre la méditation du Bouddha, en lui présentant toutes les distractions possibles. Bouddha, en réponse, toucha la terre, faisant appel à la nature pour témoigner de sa résolution.

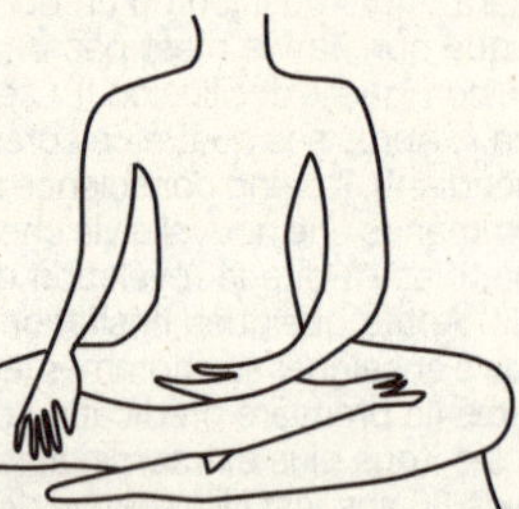

Dhyana ou « Attitude de méditation »

Les deux mains reposent l'une sur l'autre, paumes vers le ciel, la main droite sur la main gauche. Les jambes sont pliées en tailleur, dans la position du lotus.

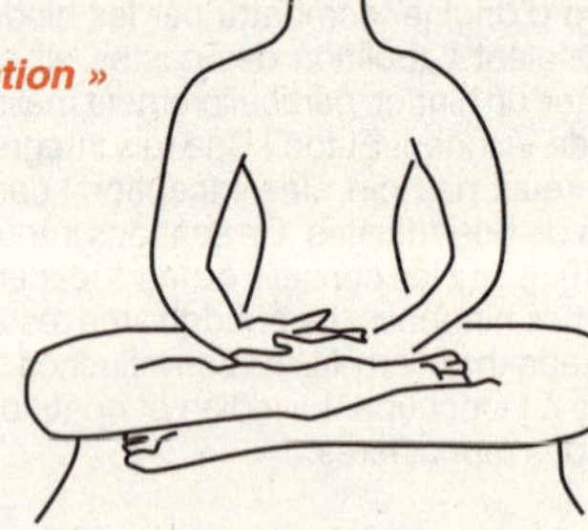

Vitarka ou « Geste de l'argumentation »

Position debout ou assise, le bras droit est levé, main à demi ouverte pour que le pouce et l'index se joignent et forment un cercle (la roue, symbole de l'enseignement). Peut être fait de la main droite ou gauche.

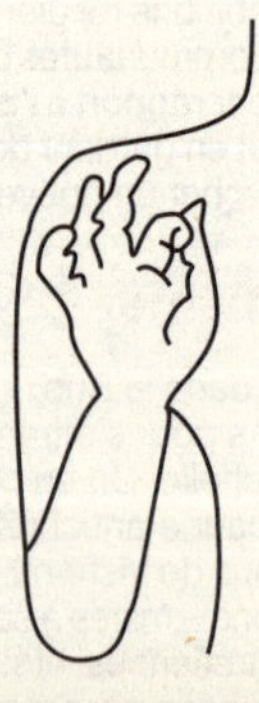

- ***Dharmachakra***

Les deux mains sont levées, paumes face à face, pouce et index se joignant pour former un cercle. Geste de tourner la roue de Dharma, qui rappelle le premier sermon de l'enseignement du Bouddha.

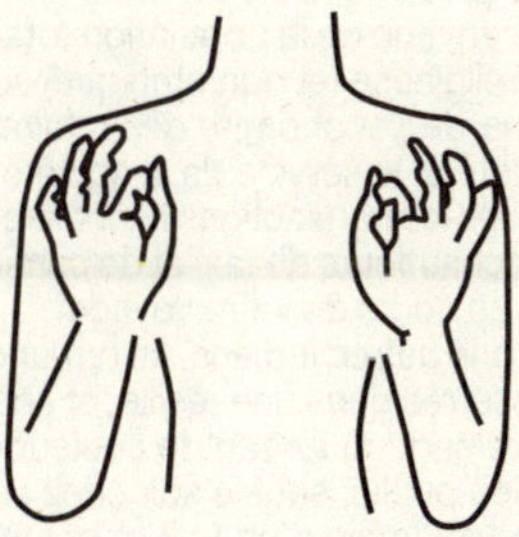

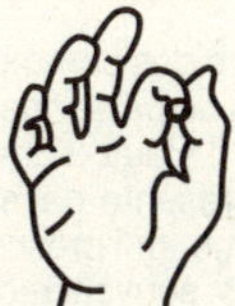

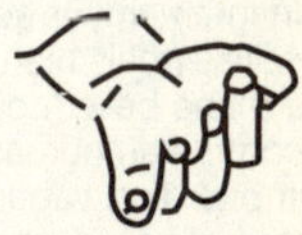

- ***Varada ou « Geste du don »***

Assis ou debout, main droite ouverte et offerte, bras allongés, ce geste est celui du don, de la charité, des faveurs répandues.

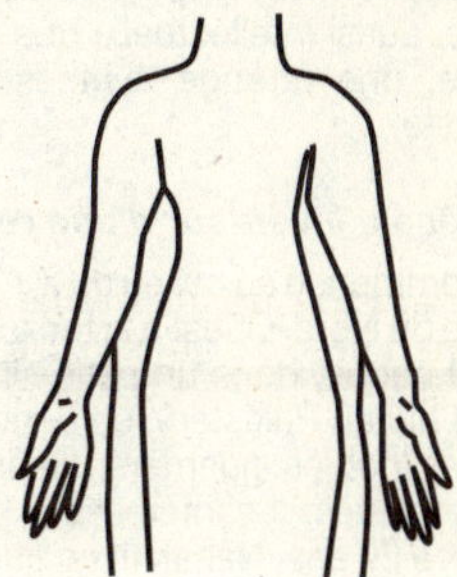

- ***Abhaya ou « apaisant les querelles »***

Position debout ou en marche, une ou deux mains levées, paume en avant. C'est le geste de l'absence de crainte et de l'apaisement.

LES GESTES DU BOUDDHA

millions d'Indiens de toutes confessions les ont soutenus. Un an plus tard, le pape Jean-Paul II est venu en Inde. Accueilli comme un véritable chef d'État, il y a célébré une messe sous haute surveillance, les extrémistes hindous étant toujours très menaçants.

Les sikhs et le sikhisme

Les sikhs forment l'une des communautés les plus originales de l'Inde, composée de près de 20 millions de personnes, soit 2 % environ de la population totale. Malgré ce faible nombre, il s'agit d'une minorité religieuse (et non ethnique) solidaire, entreprenante, très présente dans le domaine de l'économie, des affaires et du commerce. Le sikhisme, qui prescrit l'honnêteté et le service de la société, en fait des interlocuteurs sûrs, souvent recherchés dans les transactions financières. Dans la rue et sur les routes de l'Inde, de nombreux chauffeurs de taxi et de camion sont des sikhs. Vous les verrez, vous les croiserez au cours de votre voyage.
Extérieurement, ils se distinguent facilement des autres Indiens. Ils ont une barbe non taillée (mais bien entretenue), souvent enserrée dans une résille, et accompagnée d'une belle moustache. Ils arborent fièrement un turban de couleur dans la rue comme au bureau, dans n'importe quel lieu public, sauf le soir chez eux. Il ne s'agit pas d'un vague chiffon enroulé à la va-vite, mais d'un vrai et beau turban, repassé et net, cachant leur longue chevelure sacrée roulée en chignon. Non, les sikhs ne sont ni des hippies attardés, ni des fanatiques musulmans, mais une élite indienne, aussi intellectuelle que commerçante, soudée autour de sa religion, le sikhisme, une étrange synthèse de l'islam monothéiste et de l'hindouisme polythéiste.

Guru Nânak, inventeur d'une religion nouvelle

Tout a commencé au milieu du XVe s de l'ère chrétienne, au Pendjab, cette lointaine province du Nord-Ouest à la terre si fertile, couloir des rencontres et des invasions. En 1469 naquit, dans un petit village à une soixantaine de kilomètres de Lahore (aujourd'hui au Pakistan), un dénommé Nânak, hindou, membre de la classe des *kshatriyas* (nobles, guerriers). Reprochant à l'hindouisme son ritualisme et son système de castes, il s'intéressa à l'islam chiite et aux autres religions. Après son mariage, à 27 ans, Nânak fit ce que la légende appelle une « rencontre mystique ». Après trois jours de retraite silencieuse, il déclara : « Il n'y a pas d'hindous, il n'y a pas de musulmans, il n'y a qu'un Dieu, la Vérité suprême. » Le nouveau *guru* s'en alla prêcher sa religion à travers l'Inde moghole, l'Irak et même en Arabie. Il revint ensuite au pays.
Sans le savoir vraiment, ce bricoleur de religions et de croyances avait donné naissance à une foi nouvelle, capable d'apaiser les haines religieuses. De l'hindouisme, il rejeta les castes, mais conserva la croyance en la réincarnation. De l'islam, il retint la simplicité, l'absence de représentations divines, la prière et le dogme du Dieu unique. Un certain dépouillement en somme. Comme tout inventeur, il butina aussi quelques idées chez les chrétiens, les zoroastriens et même dans la religion juive, retenant toujours ce qu'il pensait être le meilleur chez les uns et les autres. Ses disciples prirent eux-mêmes le nom de sikhs, dérivé d'un mot sanskrit signifiant justement « disciple ». Génial dans son inspiration, il le fut aussi par son sens de l'organisation. Il désigna son successeur (pour éviter les dissensions à sa mort), le *guru* Angad (1539-1552).
Angad donna au mouvement un recueil d'hymnes et créa un alphabet spécial, le *gurmukhi,* sans doute pour mieux distinguer le sikhisme de l'hindouisme. Après Angad, une dizaine de *gurus* se succédèrent à la tête de cette nouvelle communauté religieuse. De *guru* en *guru,* le mouvement s'organisa et prit de l'ampleur. Le *guru* Amar Das s'insurgea contre le sacrifice des veuves. Le *guru* Ram Das (1574-1581) fonda la ville d'Amritsar, la capitale religieuse des sikhs, où se dresse encore de nos jours le Temple d'or.

Le credo des « 5 K »

La tyrannie du pouvoir central, l'hostilité croissante des musulmans et des hindous, les persécutions qu'ils subirent amenèrent le chef de file des sikhs, le dixième *guru,* Govind Singh (1675-1708), à transformer cette religion en une foi militante. Il créa l'ordre militaire des *Khalsas,* les « Élus de Dieu ». Il rassembla ses cinq disciples préférés (les *Panj Piyara*) et les fit entrer dans la confrérie après un curieux rituel : ils furent tenus de boire dans une grande coupe commune de l'eau mélangée à du sucre au moyen d'un sabre à double tranchant. Au terme de ce baptême, les cinq hommes reçurent de nouveaux noms se terminant tous par *singh* (« lion » !). Avec le temps, les Singh se sont multipliés et sont aujourd'hui les « Mister Smith » des sikhs. Ces hommes-lions devraient pouvoir défendre leur foi au prix de leur vie. Le *guru* les obligea à observer la loi des « 5 K ». Pour le premier K, ils devaient laisser pousser leurs poils *(kesh),* ne pas couper leur barbe ni leurs cheveux. Le deuxième K à respecter fut le *kangha* : un peigne d'ivoire ou de bois qu'ils placeraient dans leur chignon. Le troisième K fut le *kara* : le bracelet d'argent (ou en fer argenté, voire en acier) qu'ils enfileraient à leur poignet droit. Le quatrième K *(kacca)* désignait le caleçon court qu'ils devraient porter. Enfin, cinquième K, le poignard *(kirpan)* ou l'épée qu'ils auraient toujours sur eux pour se défendre. Depuis ce serment digne de la chevalerie médiévale, les sikhs les plus pieux continuent à suivre coûte que coûte ces commandements, même si aujourd'hui on peut observer une certaine souplesse dans leur application.
Combattants redoutables, excellents guerriers, ils infligèrent aux Anglais la pire défaite qu'ils aient jamais subie aux Indes, en 1849, au village de Chillianwala. Près d'un tiers des soldats de l'armée des Indes étaient, comme par hasard, des sikhs, et environ la moitié des soldats et officiers décorés pendant les deux guerres mondiales provenaient aussi de leur communauté. Au lendemain de l'indépendance de l'Inde, en 1947, des sikhs armés jusqu'aux dents s'illustrèrent en sens inverse par leur zèle sanguinaire, en perpétrant d'atroces massacres parmi les musulmans du Pendjab. Héritage probable, mais dévoyé cette fois, de la règle sacro-sainte des « 5 K » !
Outre ces cinq préceptes, les sikhs ne doivent théoriquement pas boire de vin, ni fumer, ni manger de la viande provenant d'animaux égorgés selon le rite musulman.

L'Adi Granth, livre sacré

Ils vénèrent un livre sacré, l'*Adi Granth* (« Livre fondamental ») ainsi que le *Guru Granth Sahib,* un recueil de textes religieux rédigés par Nânak, ses disciples et les bardes célébrant les premiers fondateurs du sikhisme. L'*Adi Granth* est conservé dans le saint des saints de la religion sikh : le Temple d'or d'Amritsar, mais il est aussi présenté dans tous les *gurudwara,* les temples sikhs où les Britanniques n'avaient naguère pas le droit d'entrer. À la fois catéchisme pratique, livre de prière et recueil de poésie, l'*Adi Granth* est la base de la foi sikh. La *Mukti* est le but suprême, c'est-à-dire la libération du *samsara,* le cycle des naissances. L'obstacle majeur dans l'élévation de l'esprit s'appelle *Haumai,* un condensé des mauvais penchants comme l'égoïsme, la passion, la colère, l'avarice et l'orgueil. Pour se libérer et regagner l'étincelle divine qui brûle en chaque homme, il faut, selon la foi sikh, retrouver « la dévotion aimante qui mène à l'union complète avec Dieu, source unique de l'amour et de la grâce ». Bel idéal gâché par l'intolérance des uns et l'extrémisme des autres, et trop souvent récupéré à des fins politiques.
Reste la figure exemplaire et intacte du fondateur du sikhisme, Guru Nânak, personnage si important qu'il est célébré par les sikhs, chaque année en novembre, dans toute l'Inde. Au cours de cette fête marquant l'anniversaire de sa naissance, les nombreux commerces tenus par les sikhs, les bureaux et les sociétés ferment leurs portes.

Le judaïsme

Il faut dire un mot des juifs, non point à cause de leur nombre, mais parce que c'est l'une des plus anciennes communautés de la diaspora. Elle était, en effet, déjà installée au Kerala avant l'ère chrétienne. Aujourd'hui, une quinzaine d'entre eux seulement vivent encore à Kochi (Cochin)... Fait étonnant, on trouve deux castes, les juifs blancs et les juifs noirs, ces derniers étant considérés comme « intouchables » par les autres.

Les parsis

Héritiers de la religion perse (d'où leur nom) de Zarathoustra, les parsis, peu nombreux, adorent le Soleil. Pour ne pas souiller les éléments après leur mort, ils se font manger par les vautours au sommet des « tours du silence ».

Le jaïnisme

Les jaïns sont très peu nombreux. Leur religion est pour nous l'une des plus intéressantes. Non violents, les jaïns refusent les armes et ne mangent aucun animal. Ils sont respectés de tous les autres Indiens et n'ont donc jamais été persécutés. On compte aujourd'hui environ 4 millions de jaïns dans toute l'Inde, dont près d'un million au Rajasthan, le reste dans le Sud de l'Inde et dans le Gujarat.
Au Rajasthan et particulièrement à Mont Abu et Ranakpur, vous visiterez leurs admirables temples, la plupart du temps en marbre blanc, qui se caractérisent par une grande finesse d'exécution et une étonnante sérénité, malgré la profusion de sculptures. Le jaïnisme est une religion dont les origines remontent bien avant notre ère. Son développement serait dû à une réaction contre les sacrifices d'animaux. Leurs règles feraient passer Brigitte Bardot pour timorée ! Une doctrine « radicale » fut édictée par Mahavira (il vécut à la même époque que le Bouddha), le dernier *Tirthankara,* au VIe s avant notre ère, prônant l'égalité de toute vie et l'ascétisme. Au Ier s de notre ère, un schisme eut lieu entre les jaïns. Les *digambaras,* vêtus de pas grand-chose (précurseurs de nos naturistes), et les *shvetambaras,* vêtus de blanc. On trouve les premiers dans le Sud et les seconds plutôt dans le Nord.
Les jaïns croient dans la division de l'univers en cycles, où alternent progrès et déclin. Comme vous l'auriez deviné, cher lecteur, on se trouve actuellement en plein déclin ! Ces cycles sont régis par les *Tirthamkaras,* maîtres du jaïnisme. Il y en eut 24. Ce sont en quelque sorte les patriarches, les réformateurs religieux. Au fil des siècles, ce sont eux qui guidèrent les fidèles. Souvent, les temples sont dédiés à tel ou tel Tirthamkara. Les jaïns recherchent la libération de l'âme en la détachant de son karma. Mais le jaïn de la rue ne peut y parvenir. Et même pour les religieux, rien n'est sûr. Car la tâche est rude.
Il existe cinq règles majeures : ne tuer aucun être vivant, ne pas voler, se détacher des biens matériels, être chaste, ne pas manger... de nuit (on pourrait manger un insecte sans le voir). C'est pour respecter au pied de la lettre ces règles, et surtout la première, que vous verrez souvent dans les temples des jaïns portant une étoffe devant la bouche. Cela pour éviter d'avaler une quelconque bestiole en respirant. De même, vous les verrez balayer les temples en permanence, et même balayer devant eux dans la rue. Cela pour n'assassiner aucune fourmi ou autre bébête. Pour la même raison, vous verrez des moines marcher le long des routes : ils ne prennent jamais le bus, puisque les véhicules tuent les insectes.
Ils sont vêtus de blanc, sont évidemment strictement végétariens, et se veulent d'une extrême tolérance. Curieusement, leur éloignement de tout ce qui est matériel ne les empêche pas d'avoir le droit de s'enrichir. Ce sont des ascètes, mais des ascètes riches. Cette richesse vient tout simplement du fait qu'il leur est interdit de tromper leur prochain : on leur fait donc confiance ! Professionnellement, les jaïns se trouvent surtout dans les affaires, le commerce et la joaillerie, puisque les métiers militaires, l'agriculture et l'élevage leur sont interdits.
En visitant les temples, vous vous apercevrez qu'ils ne refusent pas (quand ils ne le réclament pas) un bon pourboire. Par ailleurs, la communauté jaïne fait preuve d'une extrême générosité envers les hôpitaux, les œuvres, les écoles... En pénétrant dans

un temple jaïn, on a tout d'abord le sentiment d'une grande confusion architecturale, une sorte de superposition un peu brouillonne d'édifices. Il n'en est rien. Les formes, les tailles, l'orientation de chaque partie de l'ensemble répondent à des règles cosmiques précises. Tout est réglé en fonction du *mandala,* sorte de diagramme idéal représentant toutes les puissances universelles et centré autour d'une divinité précise. Cet ensemble sert de support à la méditation. Pour nous, tout cela paraît évidemment très compliqué. Ce qu'il vous sera facile d'apprécier, en revanche, c'est la qualité des sculptures, leur finesse, leur grâce... et leur état de conservation.

RÉSERVES D'ANIMAUX *(WILDLIFE SANCTUARIES)*

Ces réserves et parcs nationaux se rencontrent un peu partout en Inde. Ils ont été créés pour sauvegarder un certain nombre d'espèces animales en voie de disparition, particulièrement celles qu'on ne trouve plus qu'en Inde (le lion d'Asie du Gujarat, l'antilope à quatre cornes, le rhinocéros unicorne, les ânes sauvages). Attention : certaines réserves sont fermées en juillet et août, sans aucune indication.

– ***Jim Corbett National Park :*** dans l'Uttar Pradesh, au pied de l'Himalaya. Meilleure saison : de novembre à mai. Daims tachetés, tortues et tigres. On peut se promener à dos d'éléphant dans la réserve. Gare la plus proche : Ramnagar. On peut y arriver par la route (6h au départ de Delhi). Possibilité de dormir dans les villages voisins (Malai, Gairal, Bonar, Sultan...).

– ***Forêt de Gir*** (ou ***Sasangir***) ***:*** dans le Gujarat. Meilleure saison : d'octobre à juin. Lions asiatiques, antilopes à quatre cornes. Gare la plus proche : Ahmedabad. Sinon, il y a des bus de Junagahd, Diu et Veraval. Le logement dans la réserve elle-même est assez cher.

– ***Dachigam :*** dans le Jammu et le Cachemire (ancienne réserve des maharajas du Cachemire). Meilleure saison : juin et juillet. Cerfs du Cachemire, hérons et différentes espèces d'ours. Possibilité de camper dans le parc (voir l'office de tourisme de Srinagar), mais on peut faire l'aller-retour dans la journée au départ de Srinagar.

– ***Keoladeo Ghana National Park :*** dans le Rajasthan, à Bharatpur. Meilleure saison : d'octobre à mars. Réserve ornithologique exceptionnelle (voir le chapitre « Bharatpur »), même si la pénurie d'eau de ces dernières années a éloigné les oiseaux migrateurs des milieux humides.

– ***Sariska :*** dans le Rajasthan. Meilleure saison : d'avril à juin. Taureaux bleus et daims en théorie. Tous les tigres ont disparu ; braconnage oblige ! Bus depuis Jaipur ou Delhi (direction Alwar). Possibilité de dormir sur place.

– ***Sawai Madhopur :*** dans le Rajasthan. Meilleure saison : de novembre à mai. Crocodiles, tigres, daims, oiseaux aquatiques. Dormir aux *railway retiring rooms.*

– ***Kaziranga :*** dans l'Assam. Meilleure saison : de décembre à mars. C'est la réserve du rhinocéros unicorne. Il y a aussi des éléphants, des bisons, des tigres, des léopards, des singes... Gare la plus proche : Jakhala Bandha (45 km). Aéroport le plus proche : Jorhat (97 km). Pour dormir : *PWD Inspection Bungalows, Forest Inspection Bungalows* ou *Tourist Bungalows.* On peut se promener à dos d'éléphant ou en bateau.

– ***Manas et la réserve des tigres :*** dans l'Assam. Meilleure saison : de décembre à mars. Tigres, panthères, rhinocéros, loups, paons... Gare la plus proche : Barpeta Road (42 km) et ensuite il n'y a que des taxis. On peut loger sur place (13 chambres seulement) ou aux *railway retiring rooms* de Barpeta Road.

– ***Jaldapara :*** dans le West Bengale. Meilleure saison : de novembre à avril. Rhinocéros unicornes, tigres, éléphants, ours. Gare la plus proche : Hashimara. Il faut prévenir de son arrivée auprès du *Deputy Director of Tourism* à Darjeeling. On peut loger dans des *lodges* sur place.

– ***Shivpuri :*** dans le Madhya Pradesh. Meilleure saison : de février à mai. Tigres et canards. Gwalior est la ville la plus proche (à une centaine de kilomètres).

RÔLE DE LA FEMME

Être femme en Inde aujourd'hui recouvre bien des réalités différentes. Entre la jeune citadine issue d'une haute caste et l'intouchable des villages de l'Andra Pradesh, rien de comparable, à première vue. Et pourtant... Si l'on s'en tient à la tradition patriarcale, toutes deux n'auront d'existence réelle au cours de leur vie qu'au travers des hommes de leur famille : le père d'abord, le mari (et la belle-mère toute-puissante) ensuite, enfin le fils (théoriquement) si elles se retrouvent veuves. Toutes deux sont presque assurées de se marier traditionnellement, sans avoir forcément rencontré leur futur époux avant le jour de la cérémonie. Toutes deux, en fait, dépendent du bon vouloir de la famille et de la société pour devenir des individus à part entière. Car entre le poids de la tradition et les contingences économiques, la femme indienne a bien des obstacles à combattre pour se faire sa place.
La jeune citadine, si elle est issue de la classe aisée, a plus de chances de fréquenter une université. Mais dans un pays où l'alphabétisation est encore une lutte quotidienne, les femmes font évidemment partie des exclus de l'enseignement. Les chiffres du recensement de 2001 sont éloquents : si 64,1 % des garçons sont désormais scolarisés, seuls 39,4 % des filles suivent un enseignement régulier. Mais attention, ces indications globales livrées à l'échelle du pays occultent des disparités régionales autrement plus catastrophiques. Le Rajasthan musulman et traditionnel n'ouvre les portes de ses écoles qu'à 20 % à peine de ses filles ! À l'inverse, plus de 86 % de celles du Kerala sont scolarisées normalement. Mais là encore, il faut différencier la ville de la campagne, où les filles quittent rapidement les bancs de l'école pour s'acquitter des travaux des champs...
Pourtant, le problème crucial n'est pas tant l'enseignement ou le mariage arrangé que la déconsidération réelle et profonde, perceptible à différents niveaux, des femmes depuis leur naissance et de leur rôle dans la société. Avoir une fille est considéré comme une charge financière, en raison des dots qui ont toujours cours, bien qu'interdites officiellement depuis 1961. Les conséquences immédiates dans les familles sont diverses, depuis l'infanticide (ou l'avortement tardif, une fois déterminé le sexe féminin de l'enfant à venir), à la vente à des agences d'adoption, en passant par les mauvais traitements, la malnutrition, etc., au sein même des familles. En un mot comme en mille, avoir une fille est considéré comme un mauvais investissement : d'une part, sa dot coûtera très cher (la famille s'endettera parfois à vie pour la payer) et, d'autre part, elle ne rapportera rien à ses parents puisque, une fois mariée, c'est sa belle-famille qui aura sur elle tous les droits. Un vieux dicton ne dit-il pas qu'« élever une fille, c'est comme arroser le jardin des voisins » ? Donc, autant qu'elle rende service tant qu'elle est là : tâches ménagères, garde des enfants plus jeunes, petits travaux rémunérateurs (ou, dans le pire des cas, prostitution) seront son lot quotidien, et la prépareront de toute façon à son futur rôle d'épouse, bien mieux que l'école.
Une fois mariée, elle passe en principe sous l'autorité de son époux et, en pratique, sous celle de sa belle-mère, qui va enfin pouvoir se défouler sur cette nouvelle arrivée de toutes les brimades qu'elle a elle-même endurées. Tous les cas de figure sont possibles, de la violence morale et psychologique à la torture physique, et même jusqu'au meurtre, en particulier lorsque la dot tarde à être réglée *(dowry murder)*. De préférence déguisée en suicide ou en accident domestique (de nombreux saris prennent « malencontreusement » feu dans les cuisines...), cette manière de se débarrasser d'une belle-fille permet en plus au fils d'épouser une autre femme et donc de récupérer une autre dot... Par chance, les médias indiens ont fini par s'émouvoir et, en zone urbaine, le nombre de ces exactions a tendance à régresser. Mais en zone rurale, il est beaucoup plus difficile d'évaluer l'ampleur du phénomène.

Même cas de figure pour la crémation rituelle des veuves (le *sati*), interdite théoriquement par les Anglais dès 1829 : il y a quelques années, un cas s'est encore produit, et la justice indienne a jugé ce crime en tant que tel. Mais si ces coutumes iniques sont désormais marginales, les conditions de vie des veuves restent très problématiques. La femme n'a plus d'existence sociale après la mort de l'époux, considéré comme le seul détenteur de l'autorité morale et économique, et est supposée selon la tradition porter malheur à un éventuel prétendant ; la veuve est alors fréquemment rejetée par sa famille et par la société. Les fortes pressions familiales et l'absence d'indépendance économique sont également un obstacle quasi insurmontable à toute tentative de divorce. Autorisé depuis 1955, il n'est que très peu appliqué...

Ce qui reste certain, c'est que la femme indienne, même lorsqu'elle a la chance de tomber sur une belle-famille correcte, n'est guère reconnue comme individu. Elle n'a pas droit à la parole, subit souvent des violences conjugales (40 % des femmes indiennes selon *Amnesty International,* soit deux fois plus que la moyenne mondiale), qui vont des coups quotidiens aux viols ; elle mange après toute la famille, c'est-à-dire les restes. Elle manque de soins médicaux, d'attention, de respect, en somme. Reportez-vous donc au bouquin de la « Reine des bandits », si vous voulez des exemples circonstanciés... (*Moi, Phoolan Devi, Reine des bandits* ; voir « Livres de route » dans « Inde du Nord utile »).

On vous l'accorde, ce tableau peut paraître assez noir, et recouvre difficilement la grande diversité de l'Inde. En rentrant un peu plus dans les détails, l'Inde du Sud est moins sauvage avec sa moitié féminine : dans le Kerala, peu de discrimination scolaire, peu de décès bizarres ; peut-être une vieille implantation communiste et chrétienne en est-elle la raison ? Le Rajasthan et l'Uttar Pradesh, en revanche, sont en tête sur la liste noire. Il est d'ailleurs difficile de généraliser lorsqu'on est le témoin d'une étonnante différence de comportement au sein d'une même famille : au cours d'une soirée, la fille pourra très bien papoter avec ses convives au sujet de ses études et de son désir d'émancipation, tandis que la mère n'aura jamais ouvert la bouche ni même mis un pied à l'extérieur de la cuisine. Heureusement, parmi le petit tiers de population qui a un niveau de vie moyen et un environnement urbain, le nombre de femmes autonomes et entreprenantes s'accroît d'année en année. Non contentes de travailler, elles tentent de faire avancer la cause de leurs congénères. Et les associations, ONG, etc., qui se battent pour concrétiser le principe de l'égalité des sexes (présent dans la Constitution indienne), augmentent en nombre et en poids, en favorisant, par exemple, le développement d'initiatives féminines dans les campagnes.

Enfin, s'il fallait encore vous convaincre, l'Inde est quand même l'un des seuls pays au monde (avec la Chine) à avoir une population masculine plus nombreuse que la population féminine, allant ainsi à l'encontre de toutes les tendances naturellement constatées... On estime qu'il manquerait aujourd'hui de 36 à 48 millions de femmes en Inde.

SARI

Un sari est une longue étoffe de drapé qui mesure de 5,50 m (minimum) à 10 m de long sur 1,10 m de large. C'est tout ce qu'il y a dans un sari, mais c'est déjà pas mal ! Sous le sari, juste un jupon et un corsage qui laisse le bas du ventre nu. Traditionnellement, la manière de le draper autour du corps varie selon la région, l'ethnie, l'activité, la religion, etc. Il peut exprimer aussi l'humeur, l'événement, l'occasion. Le blanc est porté pour marquer un deuil, tandis que la nouvelle mariée se drapera dans un sari rouge éclatant, la plupart du temps brodé de fils d'or. Vous l'avez compris, il existe une très grande variété de saris, sans parler des motifs représentés et du tissu utilisé.

Aujourd'hui, c'est le style urbain qui se répand dans toute l'Inde : quelles que soient la texture et l'étoffe, il est porté de manière à permettre aux femmes des mouvements plus aisés. Mais à moins d'être experte, vous aurez le plus souvent l'air d'un paquet mal emballé. Bon à savoir : la plupart des Indiennes rajoutent bon nombre d'épingles à nourrice pour assurer la pérennité de leur tenue.

SAVOIR-VIVRE ET COUTUMES

– Sauf s'il en a pris l'initiative, ne serrez pas la main de votre interlocuteur, certains considèrent que c'est un acte impur. De même, faire la bise est considéré comme un acte sexuel.
– Au lieu de serrer la main, vous pouvez, comme beaucoup d'Indiens, saluer en joignant les mains sous le menton et en baissant la tête. Ils accompagnent ce geste du mot *namaste* ou *namaskar,* plus respectueux ; dans les campagnes, ils s'adressent la bénédiction *ram ram.*
– Ne touchez pas non plus votre interlocuteur avec vos pieds (déjà, ici, ça ne se fait pas !) et ne dirigez pas la plante de vos pieds vers lui ; mais si avec vos mains vous touchez ses pieds par inadvertance, il y verra un signe de grand respect. Cette recommandation est aussi valable pour les représentations des divinités quelles qu'elles soient. Les mendiants chercheront parfois à vous toucher les pieds, vous obligeant par la même occasion à récompenser cette marque de respect...
– Les Indiens vous répondront souvent en dodelinant de la tête de gauche à droite tout en arborant un large sourire (un peu notre « non » européen). Ne vous laissez pas induire en erreur, ils ne se moquent pas de vous ; en Inde, ce signe veut dire « oui » !
– Ne vous habillez pas de façon légère. Shorts, bermudas (à fortiori moulants), débardeurs et jupes courtes sont à proscrire. Plus encore en ce qui concerne les décolletés plongeants, et cela vaut pour les femmes comme pour les hommes. Évitez d'avoir les épaules et les jambes dénudées, cela peut réellement choquer. Bien sûr, une plus grande tolérance est accordée dans les boîtes de Mumbai par exemple, mais pas d'excès non plus.
– En couple, ne soyez pas trop exubérant. Sérieusement, évitez de vous embrasser en public et même de vous tenir par la main. On sait, c'est plutôt frustrant, mais c'est comme ça. D'ailleurs, vous serez frappé par la pudeur extrême des couples indiens qui ne s'autorisent aucune marque d'affection en public. En revanche, les signes d'amitié entre hommes sont fréquents : il n'est pas rare de voir deux hommes se tenir par la main ou par le petit doigt.
– Même conseil de retenue en ce qui concerne les photos. Voir aussi « Photos », dans « Inde du Nord utile ».
– Évitez l'avalanche de compliments sur la cuisine et les enfants (et même de leur caresser la tête) : on pense que cela amène le mauvais œil.
– Si vous êtes attablé dans un resto en compagnie d'Indiens, ne vous offusquez pas si l'un d'eux se met à l'écart avant l'arrivée des plats. Certains végétariens respectent leur doctrine jusqu'au bout au point de ne pouvoir partager la table d'un « carnivore ».
– Si vous êtes invité à un repas, oubliez vos manières d'Européen et évitez de proposer votre aide, c'est offensant pour la famille qui vous accueille. Voir à ce sujet « Cuisine. Si vous êtes invité à manger dans une famille indienne ».
– Si vous aidez une femme à porter un paquet, si vous lui offrez votre place dans le bus ou votre bras pour descendre (en gentil Européen), ça peut être considéré comme une insulte, retenez-vous ! En règle générale, évitez de trop parler aux femmes, surtout dans les familles modestes.
– Il vaut mieux réveiller la personne qui dort dans le couloir du train que l'enjamber. Alors, ne vous énervez pas si l'on vous réveille pour passer. C'est un signe de respect.

SIGNES, SYMBOLES ET SUPERSTITIONS

Toute activité quotidienne est liée au magique et le sens du sacré sous-tend tous les gestes de la journée. Le paysan parera ses vaches pour aller au marché, fera des offrandes pour assurer la protection de ses cultures. Les femmes mariées portent le *tilak* tous les jours, symbolisant l'œil de la vérité. Le scientifique consulte les dieux avant chaque expérience. Le fait de laisser déambuler les vaches dans les villes, d'être végétarien ou d'envisager la vie sous son aspect transitoire... relève encore et toujours du sacré.

– ***Le tilak*** (ou ***tika***) **:** cette marque sur le front représente « le troisième œil » de Shiva. Autrefois dessiné d'un geste religieux avec le majeur de la main droite, le *tilak* est aujourd'hui plus décoratif mais est toujours censé porter bonheur. De plusieurs couleurs et formes, on distingue surtout le rouge et le noir (tous deux ayant traditionnellement une signification sociale : rouge pour les femmes mariées, noir pour les filles célibataires), puis le jaune et le blanc, ce dernier produit à base de bouse de vache (!).

– ***Le svastika* :** connue depuis la haute Antiquité, cette croix marque la régénération perpétuelle, le tourbillon créationnel. Son nom provient du sanskrit *su-esti* qui signifie « c'est bien ». Symbole cosmique pour les hindous et les jaïns, c'est aussi l'emblème de Ganesh (divinité de la Connaissance). Mais chacun y voit ce qu'il veut : il représente par exemple la Roue de la Loi pour les bouddhistes... Ce qui explique que l'on en voit partout en Inde, mais aussi dans les différents pays himalayens et en Chine. Son autre nom de « croix gammée » s'explique par ses quatre branches en forme de « gamma » (lettre grecque). Il ne faut donc surtout pas voir de référence au nazisme dans l'emploi de ce symbole par les hindous (puisqu'il lui est antérieur). En reprenant la croix gammée, Hitler, très versé dans l'ésotérisme, ne faisait qu'imiter Charlemagne, qui en avait fait son emblème.

– ***Le lingam* :** mot signifiant « signe, emblème » en sanskrit, c'est une pierre arrondie à travers laquelle, dans le culte de Shiva, on invoque la présence de la divinité afin de la vénérer. Dans les temples, la partie visible du lingam est cylindrique et arrondie à son sommet, tandis que la partie enterrée est carrée. Seule la partie cylindrique est visible et semble posée sur la table d'offrandes, qui se dit *yoni*, « réceptacle », comme la matrice. Rien à voir avec un phallus, d'ailleurs cette « interprétation » occidentale est considérée comme outrageante.

Superstitions

Les superstitions indiennes sont nombreuses. Nous pouvons en citer quelques-unes.

– Tout d'abord la foi que l'on accorde au ***Rohukolam.*** *Rohu* est le corps céleste mythique qui symbolise le mauvais augure. *Kolam* est le mot sanscrit pour « heure ». D'après la tradition, Rohu s'approprie 90 mn chaque jour afin d'exercer son influence néfaste. Tout ce qu'on aborde ou commence pendant cette période tourne mal. Ainsi, par exemple, le lundi de 7h30 à 9h ; ou durant la nuit de dimanche à lundi de 4h30 à 6h. Pendant ces laps de temps, il est urgent de ne rien commencer ! On peut tout de même déjouer les maléfices de Rohu en feintant : un examen à 8h le lundi ? Je feins en sortant de chez moi d'aller voir un voisin, puis par un chemin détourné et sans en avoir l'air, je débouche dans la salle d'examen...

– Il est formellement déconseillé de dormir la tête tournée vers le sud, car, d'après la mythologie indienne, le Sud appartient à Yama, dieu de la Mort.

– Il ne faut jamais payer ses dettes après le crépuscule : cela reviendrait à renvoyer pour la nuit Laksmi, la déesse de la Richesse et de la Prospérité. L'adage dit donc : « Les lampes sont allumées, revenez donc prendre votre dû demain matin. » L'allumage de la lampe, le soir, symbolise l'invitation faite à Laksmi à entrer dans la maison.

– Attention, éternuer porte malheur, surtout si cela se produit au moment même où l'on va entreprendre quelque chose. Ainsi, pour éviter tout mauvais présage, on joue une musique assourdissante pendant les repas de mariage : si quelqu'un dans l'assistance éternue, on ne l'entend pas.

SITES INSCRITS AU PATRIMOINE MONDIAL DE L'UNESCO

Organisation des Nations Unies pour l'éducation, la science et la culture

En coopération avec le centre du patrimoine mondial de l'UNESCO

Pour figurer sur la liste du Patrimoine mondial, les sites doivent avoir une valeur universelle exceptionnelle et satisfaire à au moins un des dix critères de sélection. La protection, la gestion, l'authenticité et l'intégrité des biens sont également des considérations importantes.
Le patrimoine est l'héritage du passé dont nous profitons aujourd'hui et que nous transmettons aux générations à venir. Nos patrimoines culturel et naturel sont deux sources irremplaçables de vie et d'inspiration. Ces sites appartiennent à tous les peuples du monde, sans tenir compte du territoire sur lequel ils sont situés. Pour plus d'informations : • http://whc.unesco.org •
En Inde du Nord : à Delhi, la tombe de Humayun (1993), le complexe monumental du Qubt Minar (1993) et l'ensemble du Fort Rouge (2007) ; à Agra, le Taj Mahal (1983) et le Fort (1983) ; Fatehpur Sikri (1986) ; le Keoladeo Ghana National Park (1985) à Bharatpur ; l'ensemble monumental de Khajuraho (1986) ; l'ensemble du temple de la Mahabodhi (2002) à Bodhgaya ; les monuments bouddhiques de Sanchi (1989) ; le chemin de fer de montagne « Darjeeling Himalayan Railway » (1999) ; le temple du Soleil à Konârak (1984) ; dans le Gujarat, le parc archéologique de Champaner-Pavagadh (2004) ; à Mumbai, les grottes d'Elephanta (1987) et la gare Chhatrapati Shivaji, ex-gare Victoria (2004).

UNITAID

Les Nations unies ont voté, en 2000, un plan appelé « Objectifs du Millénaire », visant à diviser par deux l'extrême pauvreté dans le monde (plus d'un milliard d'individus vivent avec moins de 1 $ par jour), à soigner tous les êtres humains atteints du sida, du paludisme et de la tuberculose, et à mettre à l'école primaire tous les enfants du monde d'ici 2015. Les États ne fourniront que la moitié des besoins requis, c'est-à-dire 40 des 80 milliards de dollars nécessaires. C'est dans cette perspective qu'a été créée, en 2006, UNITAID, qui permet l'achat de médicaments contre le sida, la tuberculose et le paludisme. Aujourd'hui, plus de 30 pays se sont engagés à mettre en œuvre une contribution de solidarité sur les billets d'avion afin de financer UNITAID. Cette taxe obligatoire est de l'ordre de 1 à 4 € par billet d'avion en classe économique et s'applique à tous les trajets au départ de France depuis 2006. Les frais de gestion sont réduits à 3 % des sommes collectées grâce à l'hébergement de l'OMS et à une organisation particulièrement efficace.
Grâce aux 300 millions de dollars récoltés en 2007, UNITAID a déjà engagé des actions en faveur de 100 000 enfants séropositifs en Afrique et en Asie, de 65 000 malades du sida, de 150 000 enfants touchés par la tuberculose, et fournira 12 millions de traitements contre le paludisme.
Le *Guide du routard* soutient, bien entendu, la réalisation des objectifs du millénaire et tous les outils qui permettront de les atteindre ! Pour en savoir plus : • unitaid.eu •

HOMMES, CULTURE ET ENVIRONNEMENT

YOGA

Les premières références au yoga se trouvent dans les textes védiques, les plus anciens écrits sacrés de l'Inde antique. Longtemps discipline secrète, se transmettant oralement de maître à disciples, son enseignement s'est aujourd'hui largement démocratisé et l'on peut le pratiquer presque partout en Inde, dans le cadre de stages (le plus souvent dans les ashrams) ou de cours (on en trouve régulièrement dans les zones touristiques).

Il n'y a pas un yoga mais des yogas, et nous ne pouvons résumer ici l'étendue et la complexité de cet ensemble de systèmes philosophiques et pratiques. Pour faire simple, on peut dire que la fonction première du yoga est d'unifier les différents niveaux, physiques, psychiques et émotionnels, d'une personne. Le terme même de « yoga » (de *yug,* ce qui sert à relier) signifie union, du corps et de l'esprit, grâce à la respiration. En pratique, on combine des exercices physiques (les *âsana*) et respiratoires *(prânâyamâ).* Il existe plus de 84 000 *âsana,* mais il est évident que peu de yogis en maîtrisent autant ! Les plus courantes se comptent quand même au nombre de 2 000, mais certains maîtres vous diront qu'en pratiquer quelques-unes suffit. Parmi les postures les plus célèbres, citons *kapalâsana* (posture sur la tête, très impressionnante) et *padmâsana* (le fameux lotus). L'enchaînement de postures le plus connu étant le *sûryanamaskar,* ou « salutation au soleil ».

Le yoga est l'apprentissage d'un état de conscience privilégié, qui permet des retrouvailles avec soi-même, son but ultime étant, dans le cadre religieux, l'ascension spirituelle.

LE NORD

LE CACHEMIRE

Ah ! Cachemire ! Ce nom résonne comme un éden lointain, un royaume mythique perdu dans les montagnes, la promesse d'un climat doux et frais... Il évoque le lac Dal, ses *house-boats* romantiques, ses lotus en fleurs, la sûreté du vol de ses aigles, la beauté de ses jardins moghols... Ce n'est pas pour rien que les seigneurs moghols y prenaient leurs quartiers d'été et que tous les films de Bollywood se devaient d'y tourner la scène finale, celle du mariage... Mais depuis la partition, ce petit paradis est le théâtre de heurts violents entre les armées de l'Inde et du Pakistan, prenant la population en tenaille. Ajoutons-y la Chine, qui possède deux petits bouts du Cachemire, annexés suite au conflit de 1962. La situation est sulfureuse, et pas toujours très claire. Les médias, en Inde comme en Occident, sont intoxiqués par les informations de l'armée indienne. Le gouvernement indien est ainsi parvenu à imposer dans l'opinion internationale l'image d'une Inde démocratique contenant les assauts de « rebelles » extrémistes et de Pakistanais complices. La réalité est bien plus complexe, et il est particulièrement ardu de trier le bon grain de l'ivraie d'une situation géopolitique loin d'avoir atteint son point d'équilibre. Pour en savoir plus, nous vous invitons à lire la rubrique « Histoire » dans « Hommes, culture et environnement ».

AVERTISSEMENT

Le Cachemire a beau se visiter sans problème, la région reste en guerre. Les combats, très localisés, se déroulent en général dans des zones où vous n'avez aucune raison de mettre les pieds. Alors ne jouez pas les héros, et restez dans les sentiers battus. Si l'on met de côté le conflit en lui-même, le Cachemire est un endroit sûr, et les Cachemiris des gens accueillants, animés d'un vrai désir de bien recevoir les touristes. Mais à l'heure actuelle, le contingent de visiteurs est surtout composé d'Indiens : jeunes mariés en lune de miel, nouveaux riches à la recherche d'exotisme (la neige par exemple !)... Sur 750 000 touristes en 2004, seuls 20 000 venaient de l'étranger.
Bien plus charmante que Jammu, Srinagar est la ville idéale pour séjourner et rayonner, les environs proches se visitant sans encombre. Certes, vous pourrez être excédé par le grand nombre de vendeurs ambulants qui vous accosteront, en particulier à bord des *house-boats.* Soyez patient : les clients sont rares, alors les vendeurs tentent leur chance. Restez ferme et ne les autorisez à entrer que si vous le voulez bien. Les Cachemiris sont d'habiles commerçants et leur artisanat est superbe : difficile de résister !
Dernière chose : le cannabis *(charas)* fait partie intégrante de la culture locale. Il pousse partout et devient très envahissant, comme les orties chez nous. Tous les habitants, des plus jeunes aux plus vieux, en sont grands amateurs. D'une part, gardez en tête que, comme dans le reste de l'Inde, la consommation en est interdite (voir la rubrique « Dangers et enquiquinements » dans « Inde du Nord utile »). D'autre part, ici comme partout, les dealers, par définition, ne sont pas des anges, ce sont souvent des balances. Si vous voulez éviter de graves problèmes, c'est simple et c'est clair, refusez toute proposition.

Quand y aller ?

Le Cachemire, comme les pays de zone tempérée, vit au rythme des quatre saisons. Neige abondante en hiver dans les montagnes, à Gulmarg (station de ski), Sonamarg et Pahalgam par exemple. À Srinagar, parfois le lac Dal gèle et se traverse à pied. Mais la température reste supportable (plus qu'au Ladakh) et les bateaux sont équipés de poêles. Prévoir de bons pulls. Vous verrez aussi les gens trimbaler sous leur manteau un panier rempli de braises.
La pluie tombe épisodiquement au printemps. Les étés sont secs et pas trop chauds : rien à voir avec le climat du reste de la péninsule, pas de mousson ici ! Quant aux lotus, partie intégrante du charme de Srinagar, ils épanouissent leur floraison d'avril à octobre.

SRINAGAR

1 000 000 hab. IND. TÉL. : 0194

Capitale d'été du Cachemire indien, Srinagar est une ville que l'on n'oublie jamais. Bâtie autour de l'eau, et même sur l'eau, à 1 700 m d'altitude, elle s'étire le long de la rivière *Jhelum* (affluent de l'Indus) et autour des lacs Dal et Nagin, le tout enserré dans un cirque de montagnes acérées, surnommées « Petit Himalaya ». La ville est célèbre pour ses *house-boats* (bateaux-maisons) alignés sagement sur le lac et la rivière, et ses jardins moghols, havres de paix et de verdure. Il y a même un golf surréaliste en plein centre. Plusieurs autres curiosités permettent d'occuper agréablement 3 ou 4 jours ici.
Malheureusement, du fait de sa position stratégique, Srinagar est devenue une véritable ville de garnison, défigurée par les casemates aux coins des rues, les barbelés partout, les sacs de sable et les casernes de béton ou de tôle... On ne fait pas 50 m sans se voir rappeler la présence des militaires indiens, sauf au centre de la vieille ville, qui échappe quelque peu à cette mascarade. Malgré tout, Srinagar exhale encore la magie de ces anciennes cités d'Asie centrale. Son âge d'or se situe au début du XVIIe s, avec la construction de la Grande Mosquée et des jardins moghols, des maisons de ville ancienne, etc. N'hésitez pas à prospecter dans la vieille ville, on y trouve un bazar passionnant, une architecture typique et des gens charmants.

Comment choisir son *house-boat* ?

House-boat et lac Dal, si vous êtes à Srinagar, c'est que l'association de ces deux mots vous a fait rêver... L'histoire officielle raconte qu'au XIXe s, les Anglais, pour contourner l'interdiction faite aux étrangers d'acheter des terres, auraient commencé à concevoir des bateaux-maisons à fond plat, et à profiter ainsi de cet agréable lieu de villégiature, les petits malins. Souvent construits en cèdre (abondant dans la région), richement sculptés et décorés, ces *house-boats* n'avaient plus rien à envier à des villas ! Au-delà de l'anecdote, il est facile d'imaginer que, plus qu'une mode, il s'agit là d'un vrai mode de vie, car nombre de Cachemiris avaient et ont toujours des activités agricoles sur le lac même.
Que l'on arrive en avion (l'occasion de visiter l'aéroport le mieux gardé du monde !) ou en bus (paysages de folie), les loueurs de *house-boats* et leurs rabatteurs se disputent avec vigueur les nouveaux arrivants. Choisir un mauvais *house-boat* peut ternir votre séjour. Réserver à l'avance (soit un hôtel en dur, soit un bateau) peut donc être judicieux, au moins pour la première nuit. Ensuite, libre à vous de trouver un autre bateau mieux situé, plus confortable, etc.
À l'aéroport, et à côté de la station de bus (faire 50 m sur la gauche) et du *Tourist Reception Centre*, un bureau de la *House-boat Owners Association* (☎ 245-03-26, • houseboatowners.org •) permet de se dégoter un point de chute.

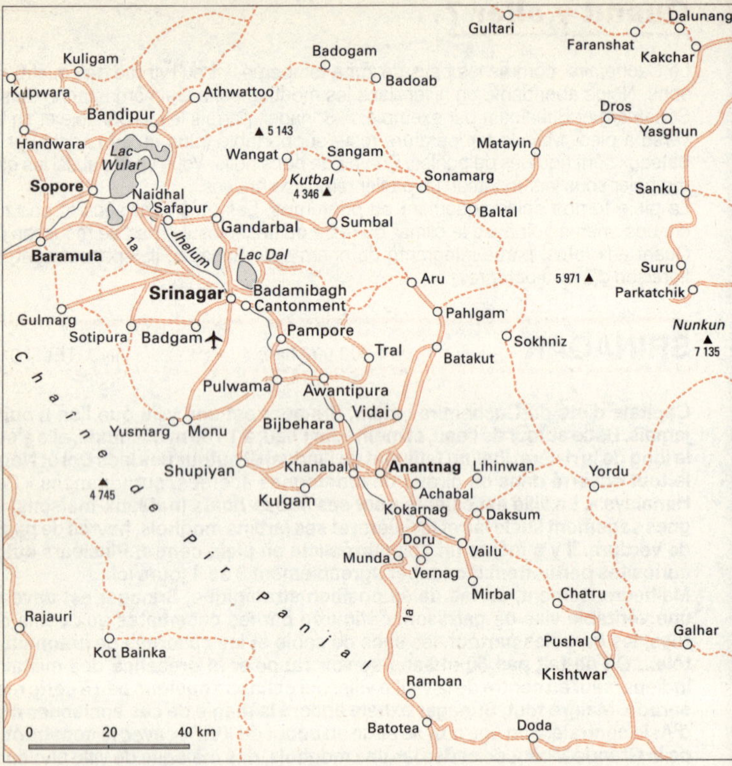

Les tarifs vont de 960 Rps (14,80 €) la nuit en pension complète pour 2 personnes dans un catégorie D à 3 600 Rps (55,40 €) pour un *deluxe,* en passant par les A, B et C (2 400, 1 540 et 1 340 Rps ; 36,90, 23,70 et 20,60 €) qui offrent déjà un confort correct. Savoir cependant qu'on ne visite pas le bateau avant et que les prix sont plus que négociables : il existe un peu plus de 1 000 bateaux-hôtels et peu de clientèle, alors faites jouer la concurrence.

Attention à ne pas vous retrouver au fin fond du lac, et faites-vous préciser si les trajets en *shikara* (pirogue) jusqu'au bateau sont inclus ou non – ça aussi, ça peut se négocier. Les repas sont en général compris mais vous pouvez demander un *B & B* si vous préférez tester les restos de Srinagar. Le point essentiel étant de ne pas se retrouver « enfermé » sur le bateau, de pouvoir aller et venir à sa guise. Ne vous laissez pas intimider par certains proprios, qui voudront vous dissuader de visiter seul la ville ou les environs, pour mieux vous vendre des excursions à des tarifs exorbitants. Renseignez-vous sur la situation, mais à plusieurs endroits différents.

Adresses utiles

i ***Tourist Reception Centre*** *(plan A3) : à côté de la station de bus.* ☎ *245-26-90 et 91.* • *jktourism.org* • *Ouv 9h-20h mais permanence de nuit.* Carte payante de la région. Infos pas très fiables.

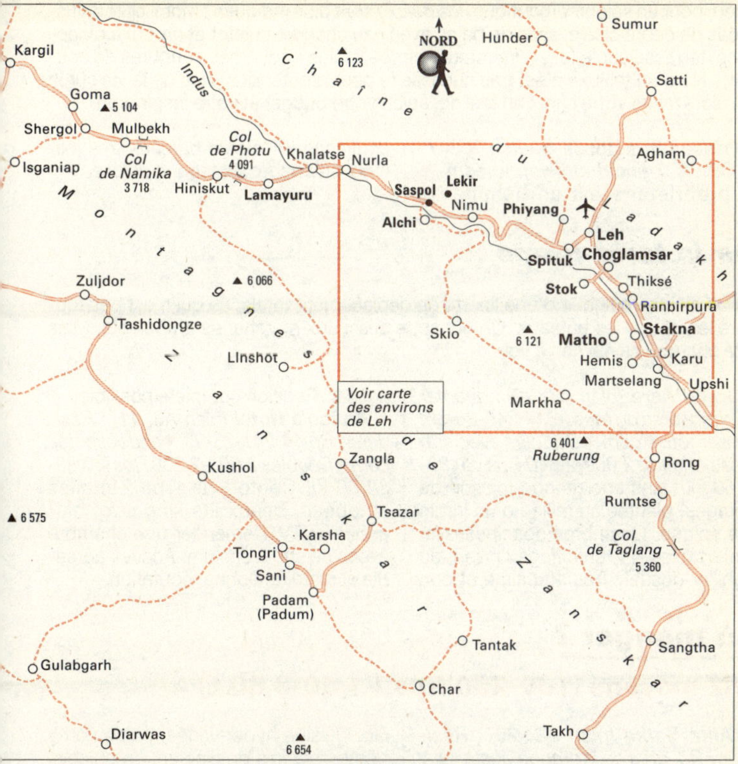

LE CACHEMIRE ET LE LADAKH

✉ ***Poste :*** *petit bureau dans l'office de tourisme. Mais la* ***GPO*** *(la grande poste ; plan A3) se trouve 300 m plus loin. Lun-sam 10h-17h.* C'est un vrai bunker !

■ ***Distributeur d'argent :*** *devant l'office de tourisme. Accepte* Visa *et MasterCard.*

■ ***Banques :*** *lun-sam 10h-17h.* La ***J & K Bank*** change les espèces et la ***State Bank of India*** *(plan A3,* ***1****)* accepte les espèces et les chèques de voyage.

@ ***Cybercafé Off Limits*** *(plan A3,* ***2****) :* *face au lac Dal. Tlj 24h/24.* Patron débonnaire. Internet, *snooker* et café.

■ ***Indian Airlines :*** *dans la cour de l'office de tourisme (plan A3).* ☎ *230-33-25 ou 250-02-57.*

■ ***Jet Airways*** *(plan A3,* ***3****) : Residency Rd.* ☎ *248-08-01. Aéroport :* ☎ *230-33-30.*

Où dormir ?

Sur un house-boat

Voir plus haut : « Comment choisir son *house-boat* ? ». La plupart sont situés sur le lac Dal. Sur la rivière Jhelum et dans les coins reculés du lac sont installés des *dungas,* bateaux familiaux. On peut y séjourner, mais le confort est très rudimentaire. Cela dit, c'est le meilleur moyen d'entrer en contact avec les Cachemiris.

Sinon, pour un séjour romantique, les *deluxe* sont plus indiqués : mobilier et balustrades de cèdre ciselé, salle de bains avec eau chaude, cuistot et groom à disposition, terrasse sur le toit, générateur pour pallier les fréquentes coupures de courant... Mais un tel luxe n'est pas nécessaire pour profiter des joies de la vie sur le lac, alors faites votre choix au feeling, selon votre budget et votre inspiration.

Prince Tours House-boats : *☎ 247-18-38.* • *princetour@yahoo.com* • Le propriétaire est un homme de confiance. Plusieurs bateaux très joliment aménagés, catégorie *deluxe.*

Sur la terre ferme

Parfait si l'on veut jouir d'une liberté de déplacement totale, ce qui n'est pas toujours le cas sur les bateaux. On échappe aussi aux marchands ambulants. Mais côté charme, ça n'a rien à voir.

Green Acre *(plan A3,* ***10****) : quartier Rajbagh, près du musée. ☎ 245-38-59.* • *wazirhotels.com* • *Doubles avec sdb et eau chaude 2 000-2 640 Rps (30,80-40,60 €).* Dans une grande maison de 2 étages, plantée au milieu d'un jardin très soigné. Chambres spacieuses et confortables (TV, chauffage l'hiver), au mobilier désuet. Très au calme et bon accueil. Pension complète possible.

Ahdoo's Hotel *(plan A3,* ***11****) : Residency Rd. ☎ 247-25-93.* • *ahdooshotel.com* • *Doubles 2 000-2 200 Rps (30,80-33,80 €).* Confort de type 2-étoiles européen, beaux lits *king size,* baignoire et TV. Demander une chambre avec vue sur la Jhelum. Accueil agréable et resto de bonne réputation.

Où manger ?

Prix moyens (100-250 Rps / 1,50-3,80 €)

Alka Salka *(plan A3,* ***20****) : Residency Rd, près de la grande poste. Ouv midi et soir.* Spécialités locales servies dans une salle claire égayée de nappes vichy. Plats *tandoori,* cuits au four de terre, à l'ancienne. Pas d'alcool.

Shamyana Restaurant *(plan A3,* ***21****) : face aux* house-boats, *au bord du lac.* Cuisine hyper-variée, puisqu'on y trouve à la fois de l'indien, du chinois, de l'italien et du mexicain ! Bon accueil, salle nickel mais assez impersonnelle et carré de pelouse devant. Attention, il ferme tôt le soir.

Voir aussi le ***resto de l'Ahdoo's Hotel*** *(plan A3,* ***11****),* ci-dessus.

À voir

Dans la vieille ville

C'est ici que vous humerez le mieux l'esprit de l'Asie centrale : on ne se sent plus du tout en Inde ! Pensez à Samarkand, à Kashgar, et à leur architecture de caractère : les maisons de brique et de bois, de 2 ou 3 étages, comportent des fenêtres en arc brisé, des balustrades sculptées et un balcon rond, carré ou octogonal sur la façade. Ces demeures tombent en décrépitude. Un projet de cartographie détaillée et de conservation a été amorcé, mais ce périmètre mériterait vraiment d'être classé par l'Unesco. Bazar sympa (cuivres, tissus, épices) où l'on entre en contact avec la population, à la fois réservée et accueillante.

Jama Masjid *(Grande Mosquée ; plan A2) : entre le centre et le fort. Entrée : 10 Rps.* Date de la fin du XIVe s, mais elle fut détruite à plusieurs reprises et semble

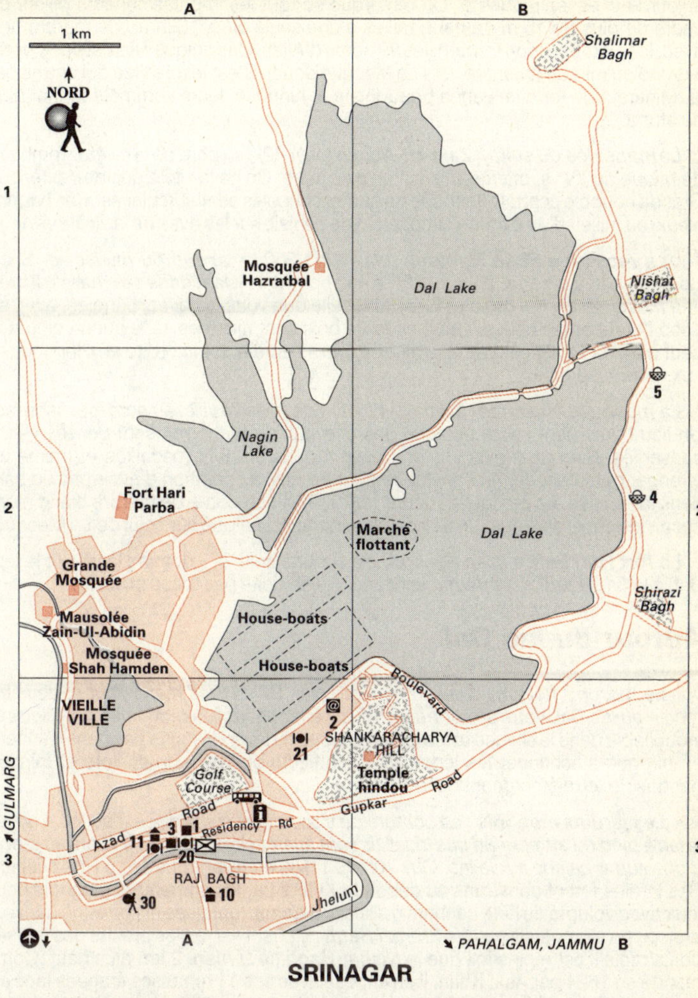

SRINAGAR

Adresses utiles

- Tourist Reception Centre et Indian Airlines
- Poste (GPO)
- Station de bus
- 1 J & K Bank et State Bank of India
- 2 Cybercafé Off Limits
- 3 Jet Airways

Où dormir ?

- 10 Green Acre
- 11 Ahdoo's Hotel

Où manger ?

- 11 Restaurant de l'Ahdoo's Hotel
- 20 Alka Salka
- 21 Shamyana Restaurant

À voir

- 30 Musée Pratap Singh

Achats

- 4 Shaw Art Palace
- 5 Trans Asian Industries

aujourd'hui assez moderne. On remarque surtout les impressionnants piliers de cèdre de plus de 15 m de haut, taillés d'une seule pièce. Mihrab de marbre noir avec, incrustés sur son fronton, les 99 noms d'Allah. Cas unique : il existe une porte à droite du mihrab (orientée vers La Mecque donc). C'est le roi Mirza qui entrait par là. Minarets de forte influence bouddhiste et hindoue, leurs sommets tenant plus du stupa.

Le mausolée du sultan Zain-Ul-Abidin *(plan A2) : au bord de la rivière.* Tombeau de brique du XVe s, offert par le sultan à sa mère. On ne le visite que de l'extérieur. Grande coupole centrale flanquée de quatre coupoles semi-circulaires. Très harmonieux, au milieu d'un mignon cimetière. Vue géniale sur les rives de la vieille ville.

La mosquée Shah Hamden *(plan A2) : 200 m au sud du mausolée.* Shah Hamden arriva d'Iran à la fin du XIVe s en apportant l'islam dans ses malles. Il créa une mosquée ici, qui brûla et fut rebâtie telle que vous la voyez, bariolée, avec sa déco fleurie et fastueuse. Les pièces de bois sont ajustées sans aucun clou. On peut admirer l'intérieur par une fenêtre, mais l'entrée est interdite aux femmes et aux non-musulmans.

La mosquée Hazratbal *(plan A1) : à 4 km de la vieille ville, au nord-ouest du lac.* Un lieu hautement sacré puisque des cheveux de Mahomet sont censés y être conservés. Rien de moins ! Ils se trouvent dans un petit médaillon et même un étranger peut accéder au sanctuaire pour les voir, à condition d'avoir pris un bain dans la journée. La mosquée moderne (1979) et son dôme de marbre blanc n'ont aucun intérêt esthétique. Le design du minaret est calqué sur celui de La Mecque.

Le fort Hari Parba *(plan A2) :* perché sur une colline, il domine la ville et le lac. Bâti à la fin du XVIe s par Akbar le Grand. Ne se visite pas (base militaire).

Autour du lac Dal

Le marché flottant *(floating market ; plan B2) : ts les mat à l'aube, dans un recoin du lac Dal.* Votre *shikara-man* vous y emmènera. Un moment merveilleux et inoubliable dans le silence et les lueurs timides du lever du jour... Les gens viennent en pirogue s'échanger les légumes et les fleurs cultivés sur les îlots et minces bandes de terre émergeant du lac.

Les jardins moghols *: au nombre de trois, situés sur la rive est du lac. Longer le lac à pied ou attraper un bus local. Ils sont aussi accessibles en* shikara *au terme d'une super balade sur le lac. Ouv 10h-19h (18h en hiver). Entrée : 5 Rps chacun.* Ces jardins furent construits au début du XVIIe s par les empereurs moghols pour jouir avec volupté de l'été cachemiri. Palais, harems, fontaines et pistes de danses, bref, on ne s'embêtait pas. Le ***Shirazi Bagh*** *(tlj sf jeu)* est le plus proche des *house-boats* mais il est moins joli que le ***Nishat Bagh*** *(tlj sf mer),* 2 km plus haut. Commandé en 1624 par Asaf Khan, il en impose avec ses 11 terrasses étagées face au lac. Les fontaines jaillissent grâce à la pression naturelle de l'eau, qui descend de la montagne. Le ***Shalimar Bagh*** *(tlj sf mar),* plus connu, fut dessiné sur ordre de Jehangir en 1619 d'après les motifs d'un tapis persan. Ses 150 jets d'eau entourent un palais de marbre noir de Kishtwar. De chaque côté du palais, les harems. Noter la base des colonnes, gravée de lotus et de queues de paon. Son et lumière le soir.

Shankaracharya Temple *(plan B3) : c'est le petit temple tout rond perché sur la colline, face au lac. On y monte par la route goudronnée, en rickshaw (10 mn) ou à pied (30 à 45 mn).* L'occasion d'admirer le plus beau panorama qui soit sur la ville et ses environs. Ce temple hindou fut bâti au début du XVIIe s sur les restes d'un temple plus ancien (mais datant de quand ? mystère...). Dommage qu'il n'y ait plus de cérémonie : désormais, c'est une cassette qui joue inlassablement les prières. Autour du temple, un campement de troufions isolé du monde. Appareils numériques interdits (ça perturbe l'antenne TV) et fouille à l'entrée (avoir son passeport).

***Le musée Pratap Singh** (plan A3, **30**) : au sud de la rivière. Tlj sf dim : en été, 10h-17h ; en hiver, 10h30-16h30. Entrée : 5 Rps.* Sculptures des VIIIe et IXe s récupérées dans les temples hindous alentour. Quelques bestioles empaillées (différentes races d'aigles), peintures, armes, corans anciens rédigés en persan, urdu... Bref, un musée plutôt intéressant.

– ***Marchés :** le ven dans la vieille ville, le dim dans la ville nouvelle.*

Achats

L'artisanat du Cachemire est l'un des plus beaux de tout le pays. Peaux, cuirs et gants de fourrure, tapis, boîtes en papier mâché, bronzes et figurines de bois comptent parmi les spécialités du coin. Mais ce que vous voudrez certainement rapporter, c'est le fameux cachemire.

– ***Pulls et châles en cachemire :*** de nombreuses qualités à de nombreux prix. Voir la rubrique « Achats » dans « Inde du Nord utile » pour apprendre à distinguer le vrai du faux. Rappel : le *shahtoosh,* provenant du duvet du cou d'une sorte de bouquetin très rare, est totalement interdit à la vente ! Les marchands qui viennent sur les *house-boats* ont rarement du vrai pashmina. Au mieux, ils proposent du cachemire de seconde qualité (qui vaut moins de 2 000 Rps), de l'angora ou de la soie. Les prix annoncés peuvent être 10 fois plus élevés que de raison, alors ne soyez pas dupe. N'achetez pas les premiers qu'on vous propose : comparez, hésitez... Dur, dur si l'on n'est pas connaisseur. Préférer les magasins établis si vous voulez trouver du vrai pashmina :

***Shaw Art Palace** (plan B2, **4**) : sur la route du Nishat Garden. ☎ 246-19-69.* Vaste choix, toutes les qualités. Les prix affichés sont aisément négociables.

***Shahjee Arts Emporium** (plan A3) : Bishember Nagar, dans la vieille ville. ☎ 247-83-51.* Pashmina, soie et autres. Également des meubles et objets de bois.

– ***Tapis :*** les techniques sont inspirées par les Perses, les motifs tirés de fresques anciennes et de vieux livres. Bref, le tapis est une tradition ici. Au lieu de donner aux ouvrières un modèle dessiné, on leur traduit les nœuds en chanson : « deux nœuds à gauche, trois à droite, etc. », et elles tissent sans idée du résultat final. Là encore, différentes qualités : de 400 à 1 600 nœuds par pouce carré. Une ligne peut prendre 2 jours, un tapis entier 1 à 2 ans de travail pour les plus beaux. Les tapis de soie sont superbes et changent de couleur selon l'angle de vue. Hors de prix, mais plus abordables qu'en Europe.

***Trans Asian Industries** (plan B2, **5**) : au bord du lac, près du Nishat Garden. ☎ 246-15-54. • taie@hathway.com •* Qualité inégalable, choix immense. Attention, l'expression « marchands de tapis » prend ici tout son sens : patience et fermeté de rigueur.

– ***Pierres précieuses :*** turquoises, topazes et saphirs sont parmi les plus courantes. Si vous n'êtes pas spécialiste, achetez plutôt en bijouterie.

– ***Safran :*** une vraie spécialité de la région. S'achète au marché et dans divers magasins, ainsi qu'à l'aéroport. Pas cher (autour de 50 Rps le gramme).

– ***Thé :*** l'un des meilleurs qu'on connaisse. Thé vert préparé avec de la cannelle et de la cardamome.

➤ DANS LES ENVIRONS DE SRINAGAR

Voir ci-dessous « Quitter Srinagar » pour y accéder.

***Gulmarg :** à 50 km de Srinagar (1h30 en bus).* Station de sports d'hiver perchée à 2 730 m d'altitude. On peut y dormir, mais l'aller-retour se fait facilement

dans la journée. L'été, un petit air de Suisse. Paysages splendides dans une forêt de cèdres droits comme des « i ». Pas grand-chose à faire à part le ski en hiver (loueurs de matériel en haut des pistes), du poney et des treks en été. Il y a aussi le golf le plus haut du monde.
Ne pas manquer de prendre la *gondola,* un téléphérique jaune *made in* Grenoble qui permet de grimper jusqu'à 4 114 m *(tlj 10h-16h ; 150 Rps)*. À mi-chemin, un resto et quelques gargotes. L'hiver, les tables sont posées sur la neige !

Pahalgam : *à 95 km de Srinagar (2h30 en voiture, près de 4h en bus).* Joli village dans la vallée encaissée du Lidder. Tandis que le village moderne est moche et plein d'hôtels, le vieux village, à 2 km de là, sonne authentique. Baraques de bois figées pour l'éternité, ruelles encombrées de charrettes et de tas de paille, bref, un endroit où la main de l'étranger a rarement mis le pied... Très pauvre (paysans tziganes en majorité). À part ça, brèves balades à faire dans les forêts de pins et de cèdres. La montagne, ça vous gagne !
Pour les trekkeurs, un long et beau parcours, le pèlerinage d'Amarnath (le *Yatra*). Tous les ans en juillet-août (hôtels complets à cette période), les hindous marchent pendant 3 jours et campent sur la route. Destination : le lingam de glace de Shiva, qui se trouve dans une caverne à 4 500 m d'altitude. Rien ne vous empêche de vous y rendre hors pèlerinage.

QUITTER SRINAGAR

En bus

➢ ***Pour Jammu :*** c'est une horrible ville-carrefour et la capitale d'hiver du Cachemire, à majorité hindoue. Plusieurs départs chaque mat vers 8h. Résa obligatoire la veille. Trajet : 11-12h, sur des routes en lacet terribles. Correspondances pour Delhi, Manali, Dharamsala, Amritsar... mais en général le mat, ce qui oblige à passer la nuit à Jammu. Autre solution : prendre un bus de Jammu à Pathankot (ttes les 30 mn, 3h de route), et de là une correspondance (bus à n'importe quelle heure ou train).
➢ ***Pour Delhi :*** 1 bus direct/j., à 8h. Préparez-vous à 26h de route fatigante, mais magnifique.
➢ ***Pour Leh :*** bus quotidiens début mai-fin oct slt. Pour ces 440 km, prévoir 2 j. de route, avec une étape dodo à Kargil. Se fait également en jeep.
➢ ***Pour Gulmarg :*** tlj ; avec les bus locaux, on s'arrête à Tangmarg (13 km avt) et on finit en jeep. Quelques directs en été. Trajet : 1h30.
➢ ***Pour Pahalgam :*** tlj ; des bus directs, d'autres qui changent à Anantnag. Trajet : 4h pour moins de 100 km !
➢ ***Pour le Pakistan :*** signalons tout de même l'existence du bus Srinagar-Muzaffarabad, espoir de paix pour les uns, fin de l'espoir pour d'autres. Il fonctionne irrégulièrement et sous escorte militaire lourde. Pour l'instant, il est exclusivement destiné aux Cachemiris, afin que, de part et d'autre de la frontière, des familles séparées depuis des années puissent se retrouver.

En jeep

Plusieurs stations de jeep *(Sumo)* collectives. Pratique pour se rendre à Pahalgam, Gulmarg, Sonamarg, voire à Jammu. Départ quand la voiture est pleine (7 passagers). Plus cher que le bus mais plus rapide.

En avion

✈ ***Srinagar Airport*** n'a probablement rien à envier à celui de Bagdad, niveau sécurité. Prévoir d'y aller au moins 2h avant le vol, bien qu'il soit à 6 km à peine de la ville : les contrôles sont nombreux.

➢ ***Pour Delhi :*** 1-2 vol/j. avec *Indian Airlines* (direct ou via Jammu), 1 avec *Jet Airways,* et en plus, en été, 1 avec *Kingfisher,* et 3-4 vols/sem avec *Go Air* (via Jammu ou direct).
➢ ***Pour Jammu :*** 1 vol/j. avec *Indian Airlines,* 1 avec *Jet Airways,* le même que pour Delhi. Également en été 1-2 vols/sem avec *Go Air.*
➢ ***Pour Leh (Ladakh) :*** l'été, 1 vol/sem, généralement le mer, avec *Indian Airlines.*
➢ ***Pour Mumbai :*** en été, 1 vol/j. avec *Kingfisher* (via Delhi) et 3-4 vols/sem avec *Go Air* (direct ou via Delhi). En hiver, plus limité, se renseigner.

LE LADAKH

Au nord du Cachemire, on bute sur l'Himalaya. Commence alors une région grandiose, faite des plus hauts sommets et des vallées les plus sèches du monde, le Ladakh. À une altitude moyenne de 5 300 m, une population de 100 000 habitants perpétue un mode de vie ancestral mais ouvert sur le monde, dans un environnement façonné à l'échelle géologique. Ils sont concentrés le long de l'Indus, le roi des fleuves, et des quelques torrents qui s'y jettent et leur assurent une abondante récolte annuelle. La position frontalière de la région en fait un axe militaire stratégique. Les Chinois, sur la lancée de leur inqualifiable annexion du Tibet, en ont volé un bout. Les Pakistanais ne se sont pas gênés pour en prendre un autre. Ce qui justifie la présence permanente de plus de 150 000 soldats sur le territoire. Soldats qui, au passage, gardent aussi un œil sur les Ladakhis, plutôt placides mais toujours nostalgiques de leur indépendance perdue. Cette armée est plutôt paisible elle aussi, mais 150 000 soldats, ça ne passe pas vraiment inaperçu.
Les Ladakhis, de tradition bouddhistes lamaïstes, ont accueilli de nombreux réfugiés tibétains, réunis pour la plupart à Leh, dans *Little Tibet.* Du Cachemire monte l'influence de l'islam, mais aujourd'hui les bouddhistes s'organisent et se défendent, ce qui vaut parfois quelques jours de couvre-feu. La population la plus voyante, l'été, est formée par les touristes occidentaux venus nombreux depuis l'ouverture du Ladakh au tourisme, en 1974. Il faut dire que le climat est garanti sec l'été, les pluies de mousson étant stoppées par les montagnes. Néanmoins, ne craignez pas le trop-plein touristique : il suffit de s'éloigner d'un jet de pierre de la route principale pour marcher des jours durant sans croiser d'autres vies que les mouflons, les rapaces et les petits chevaux sauvages.

FORMALITÉS

Aucun permis spécial n'est requis pour visiter la plupart des régions du Ladakh. Se renseigner toutefois à l'office de tourisme de Leh pour savoir jusqu'où l'on peut aller : certains secteurs limitrophes de la Chine ne sont accessibles qu'avec une autorisation spéciale, délivrée par le *District Magistrate Office* (voir « Adresses utiles » à Leh).
Les alpinistes, quant à eux, ont besoin d'un permis spécial pour les sommets dépassant 5 000 m. Se renseigner à l'ambassade.

LE VOYAGE

Le plus simple est de prendre un avion de Delhi à Leh. Vous évitez ainsi les zones de tensions et vous vous épargnez ensuite une route affreuse (malgré de beaux paysages).

Quasi-obligation de réserver son billet d'avion longtemps à l'avance, de préférence de France (chez *Indian Airlines* ou *Jet Airways*), et de confirmer sur place. Il ne vous reste plus qu'à faire des offrandes au bodhisattva Avalokiteshvara en espérant que le temps reste beau.
Attention, à l'arrivée à Leh, que ce soit par la voie des airs ou la voie terrestre, une taxe « touristique » de 8 $ (ou 400 Rps) par personne vous sera demandée.

CLIMAT ET ALTITUDE

Coincé entre l'Himalaya au sud et la chaîne du Karakoram au nord, le Ladakh (altitude moyenne : 5 300 m) connaît deux saisons : l'hiver, avec des températures descendant à - 30 °C, de la neige et des routes coupées, et l'été (de mai à fin octobre), où le climat est très sec et rude (les montagnes arrêtent la mousson) avec une réverbération du soleil intense. Ne pas oublier lunettes de soleil et chemises à manches longues. Les températures varient alors de + 35 °C le jour à + 10 °C la nuit. En septembre, il gèle déjà la nuit... et sur certains sommets, c'est dès mi-août que le froid s'annonce.
On insiste sur le mal d'altitude au Ladakh. Ne soyez pas surpris, on peut se retrouver K.O. pendant 1 ou 2 jours au début, avec des maux de tête et des étourdissements. Pas systématique toutefois, tout le monde n'ayant pas la même sensibilité. De toute façon, évitez les longues marches et les efforts violents les premiers jours, allez-y progressivement.

ÉQUIPEMENT SPÉCIAL LADAKH

En plus des médicaments et objets utiles en Inde, il est bon d'avoir avec soi :
– un sac à dos assez léger ;
– des chaussures de marche confortables (à semelles épaisses) ;
– des lunettes de soleil, de la crème solaire haute protection ;
– de la nourriture en boîte et des biscuits si vous voulez trekker ; achetez des fruits secs, du fromage en boîte, du lait en poudre, du chocolat, des conserves de poisson, du pain de mie, de la soupe, etc. ;
– un filtre pour appareil photo et un flash pour photographier les peintures à l'intérieur des monastères ;
– une torche électrique si vous voulez voir les peintures des temples, ou pour s'éclairer le soir à l'hôtel (en cas de défaillance du générateur local, et le générateur fatigue souvent) ;
– une tente si vous voulez trekker (certaines agences la fournissent) ;
– des réserves d'essence si vous êtes en voiture (on n'en trouve qu'à Kargil et à Leh) ;
– des médicaments : pommade pour les lèvres, médicament pour le mal d'altitude, collyre, anti-mal au cœur pour les virages ;
– un produit pour désinfecter l'eau : là plus qu'ailleurs, ne jamais boire l'eau telle quelle, ni manger des légumes ou des fruits non épluchés. Les maladies rôdent.
Mais pas de panique : à Leh, un tas de commerçants ont de quoi venir au secours des routards distraits. Avec un peu de patience, on y trouve tout ce qu'on aurait pu oublier.

LANGUE

Le ladhaki est une langue à part entière, proche du tibétain. À Leh et dans les zones touristiques, l'anglais est couramment pratiqué. Mais un seul mot vous ouvrira toutes les portes : *jullay,* qui signifie tout à la fois bonjour, au revoir, merci... Un seul *jullay* et la sympathie des Ladakhis vous sera acquise.

NOURRITURE

La nourriture est tibétaine à la base, un peu chinoise aussi, essentiellement végétarienne. Ne vous attendez pas à des merveilles. Quelques spécialités :
– ***les momos :*** gros beignets genre raviolis blancs (farine de blé) cuits à la vapeur ou frits. Très bon.
– ***Le chang :*** sorte de bière locale, à base d'orge.
– ***Le thé tibétain :*** excellent dans les familles et les *guesthouses.* Mélange de thé, de beurre et de sel. Si le beurre est souvent rance, ce n'est pas dû à la recette mais au mode de conservation : quelques mois dans une peau de chèvre. À consommer abondamment pour éviter la déshydratation, les lèvres gercées, et de plus ça apporte les lipides nécessaires pour résister au froid. Si vous n'aimez pas, ne videz pas votre tasse, sinon votre hôte la remplira aussitôt.
– ***Les légumes :*** une variété surprenante, vu l'environnement quasi désertique. Mais l'Indus fait des miracles, et l'originalité des assaisonnements assure le reste. Beaucoup de restos du Ladakh servent une bonne cuisine chinoise.

POLYANDRIE

Pour préserver la propriété agricole, un droit d'aînesse très fort permet à l'aîné d'hériter tout ce que possédaient ses parents. Les cadets mâles peuvent rester au foyer du frère aîné, et profiter de tout à la condition de ne pas se marier. La femme de l'aîné devient ainsi celle de toute la petite famille (sinon elle est virée). Les enfants des uns sont ceux de tout le monde, vu qu'il n'y a pas de certitude quant à la paternité. L'inverse est également possible : un cadet peut devenir l'époux d'une riche héritière et de ses sœurs si elles le désirent (sinon, elles peuvent épouser un aîné, ou se faire nonnes, mais ça, c'est vraiment pas marrant comme conditions de vie). Le divorce est simple : d'un côté comme de l'autre, il suffit d'en exprimer le désir et de faire un cadeau de dédommagement à l'autre (un cheval ou un yak).
La polyandrie a été abolie, en théorie, en 1941. Cependant, les coutumes ne disparaissent pas selon le bon désir du législateur, surtout quand elles sont fondées sur une logique de survie... Dieu sait si la montagne est dangereuse.

POPULATION

On peut diviser la population du Ladakh en deux groupes linguistiques principaux. Le premier comprend les populations parlant les langues indo-européennes, comme les Dardes et les Dogpas. Le second groupe englobe les populations qui parlent des langues du groupe tibéto-birman, c'est-à-dire des dialectes tibétains. Ce sont les Baltis, les habitants du Purig, les Ladakhis (population majoritaire) et les Zanskaris.
– ***Les Dardes,*** de souche aryenne, habitent la vallée de la Drass et la région de Gilgit. Ils sont musulmans.
– ***Les Dogpas*** sont de la même origine, mais sont restés bouddhistes. Ils sont facilement reconnaissables à leurs vêtements. Les femmes portent un pantalon bouffant avec une longue tunique, mais surtout, une coiffe composée de petites nattes recouvertes d'une étole sur laquelle sont cousus nombre d'objets, boutons, aiguilles, pièces... Quant aux hommes, ils paradent avec une sorte de casquette recouverte de plumes et de fleurs.
– ***Les Baltis*** vivent dans la vallée de Kargil. Massivement exposés à l'islam, ils en sont actuellement les plus farouches défenseurs. C'est sous leur pression que le district du Ladakh a été divisé en deux, le Bas-Ladakh avec Kargil pour chef-lieu, et le Haut-Ladakh, chef-lieu : la ville de Leh.

RELIGION

La majorité des Ladakhis sont bouddhistes lamaïstes, divisés en deux écoles : les *Bonnets rouges* et les *Bonnets jaunes.* On suppose que le lamaïsme est parvenu au Ladakh vers le Xe s alors qu'il fut introduit au Tibet en 632. Le dalaï-lama appartient à la secte des Bonnets jaunes ou *Gelukpa,* fondée par Tsong-ka-pa. Le dalaï-lama est considéré comme une réincarnation du bodhisattva Avalokiteshvara (« le Seigneur qui regarde en bas »).
Les lamas jouent un rôle très important, comparable à celui des moines au Moyen Âge en Europe. Ils ont un rôle religieux strict, un rôle d'enseignement et un rôle social (notamment pour la préparation des médicaments selon les règles de la médecine tibétaine). Ils sont également impliqués dans l'activité économique, essentiellement agricole.
Les moinillons entrent dès l'âge de 3 ou 4 ans dans les monastères. Là, privés de possessions matérielles, ils vont étudier durant 30 ou 40 ans avant de devenir des maîtres, des guides, des lamas. Ces études concernent la connaissance bouddhiste, la physique, la chimie, la médecine des plantes, infiniment plus développée qu'en Europe.

Art

Les lamas sont les dépositaires d'un art qui, au cours des siècles, s'est fixé progressivement autour des textes sacrés. Chaque personnage, sujet ou forme, est désigné exactement dans les écritures et possède une ou plusieurs significations symboliques. Un lent syncrétisme d'influences indiennes et chinoises, mais aussi byzantines, a conduit à cet art naïf et très coloré. Peintures et statues sont aujourd'hui largement inspirées des critères esthétiques chinois, mais avec des motifs hindous : dieux et démons ricanants à la langue de feu et aux yeux globuleux, bouddhas paisibles et doux...

Principaux monuments du bouddhisme lamaïste

– ***Les murs de mani,*** que l'on trouve un peu partout sur les routes des monastères ou sur les chemins des *chortens,* sont des murs de pierres entassées, gravées de l'inscription « *Ôm Mani Padme Um* », qui est la prière murmurée par tout le monde à longueur de journée (cela signifie : « Salut ô joyau dans la fleur de lotus »). *Attention* : ne pas piquer ces pierres comme souvenir, ce serait sacrilège et très mal vu. Quand on rencontre un mur de *mani,* il faut le contourner dans le sens des aiguilles d'une montre. On réduit ainsi le temps qui nous sépare de l'accès au *nirvāna* après les multiples réincarnations. Beaucoup plus rare, en gardant l'œil ouvert, on rencontrera aussi des représentations du Bouddha gravées directement dans la roche le long des routes.
– ***Les chortens :*** c'est ce qui correspond aux stupas que l'on trouve traditionnellement dans les pays bouddhistes. Il faut les contourner, eux aussi, dans le sens des aiguilles d'une montre. À l'intérieur, il y a, en principe, des petits pains en forme de bouddhas, faits avec les os pilés des morts.
– ***Les gompas :*** les monastères des lamas. Il y en a dans les plus petits villages. Beaucoup s'accrochent à la montagne dans des positions invraisemblables, mais ne vous inquiétez pas pour eux, la plupart du temps ils sont là depuis trois ou quatre siècles !

Petit lexique

– *Dukhang :* lieu de prière dans un monastère tibétain.
– *Gonkhang :* lieu de prière qui abrite les divinités « terrifiantes ».
– *Jagamohan :* grande salle où s'assemblent les fidèles dans les temples hindous.
– *Thangka :* peinture tibétaine sur tissu (souvent des miniatures).

– *Sikhara :* tour-sanctuaire des temples hindous.
– *Lhakang :* petite salle consacrée à une divinité dans les monastères lamaïques.

Drapeaux et moulins à prière

Les lamaïstes ont mis au point des instruments qui les aident à prier à longueur de journée :
– les drapeaux à prière, disséminés partout dans le pays qui, par le mouvement du vent, débitent des prières continuelles ;
– les moulins à prière, qui produisent autant de « *Ôm Mani Padme Um* » qu'ils font de tours. À faire tourner dans le sens des aiguilles d'une montre, bien sûr.

GÉNÉRALITÉS SUR LES MONASTÈRES

Pour la visite des monastères au départ de Leh, on peut louer une jeep à la journée (4 ou 5 passagers).
Seuls une douzaine méritent vraiment d'être visités. S'ils semblent à peu près tous semblables à l'œil inexpert du néophyte, ils présentent une vraie diversité selon l'époque de leur fondation ou leurs orientations spirituelles. Sans prétendre au titre de docteur ès bouddhisme, on peut s'amuser, en s'attardant dans cinq ou six d'entre eux, à observer l'évolution des styles picturaux ou à identifier divinités et symboles privilégiés ici et là. Pour nous, ceux qui valent vraiment le déplacement sont : Alchi (en priorité), Thiksé, Hemis, Chemrey et Lamayuru. On peut manger et dormir à Thiksé et à Lamayuru. Et les cérémonies ont lieu généralement de 11h à 13h ; on peut y assister. En revanche, entre 13h et 14h, c'est la pause, et il n'y aura alors personne pour vous accueillir : allez donc déjeuner.
Pour visiter ceux autour de Leh, se munir de son passeport (il est parfois demandé).
Les monastères possèdent la plus grosse partie des terres fertiles. Les moines continuent de faire cultiver leurs champs par des fermiers, souvent assez exploités, qui leur versent une bonne partie des récoltes.
Ne vous attendez pas à rencontrer des moines parlant couramment l'anglais, avec une culture immense. La plupart sont pauvres et peu instruits. Dans la majorité des monastères, la visite est payante (10 Rps) et, dans les autres, on vous invitera gentiment à verser une petite obole. Richard Gere a beau militer pour la bonne cause et mettre au pot, les frais généraux ne cessent d'augmenter... Cela dit, les moines ladakhis ont pris conscience depuis quelques années de la richesse du patrimoine qu'ils ont entre les mains et qui allait vers une décrépitude lente, mais certaine. Entretien et restauration commencent donc à être à l'ordre du jour, surtout depuis que l'Unesco s'en mêle, mais la tâche est immense.
Il faut enlever ses chaussures avant d'entrer dans les sanctuaires. Une fois à l'intérieur, il faut circuler dans le sens des aiguilles d'une montre. Un conseil : le sol est tellement sale qu'il est bon de porter des chaussettes.

TREKS ET AUTRES LOISIRS

Vous avez toujours rêvé de marcher dans des paysages lunaires, loin du goudron et de tous les miasmes de la civilisation ? Allez-y, c'est encore mieux que dans vos fantasmes les plus fous : vallées désertiques, dénivelées abyssales, roches multicolores, lacs éblouissants, sommets sidéraux... Nulle part comme au Ladakh, les pieds ne procurent de ces sensations plus fortes que les mots.
Seulement voilà, le *nirvāna* se mérite. Les conditions sont dures et réservées aux bons marcheurs.
Évidemment, il y a une saison pour ça, et il est hors de question de faire un trek avant mai ou après fin septembre. Certains, en très haute montagne, sont même déconseillés dès mi-août.

– Les *treks classiques* se déclinent en général sur 8 à 15 jours de marche, combinant découverte de paysages désertiques et de villages perdus au fin fond des vallées. On vous déconseille vivement de vous y lancer seul. L'idéal est de partir en petit groupe, accompagné d'un ou plusieurs guides-cuisiniers et de deux ou trois chevaux pour le transport de matériel (nourriture, tentes, etc.). Dans tous les cas, les agences proposent un encadrement logistique plus ou moins sophistiqué (guides, cuisiniers, chevaux ou jeeps...), à bien préciser avant le départ et lors de la négociation du prix. Selon les services, une journée se négocie entre 30 et 40 $ par personne, tarif dégressif en fonction du nombre de participants. Les variantes de cette formule de base concernent uniquement le nombre de jours, le nombre de personnes et le degré relatif de difficultés du parcours : plutôt sur les crêtes, plutôt dans les vallées...

– Bonne nouvelle toutefois pour ceux qui ne souhaitent pas se shooter à l'adrénaline pendant 14 jours de marche entre ciel et terre : les (innombrables) agences touristiques locales proposent de plus en plus des programmes *light*, 2 à 3 jours le long de l'Indus, par exemple, avec logement chez l'habitant et voiture-balai pour les éventuelles défaillances. Dans leur jargon, les professionnels appellent ça les *baby-treks* et, si cela ne s'apparente pas tout à fait à une flânerie, on peut s'y risquer sans problème en famille, avec de grands enfants en tout cas.

– Il est bon de savoir aussi que, outre les treks purs et durs, on peut aussi monter des treks thématiques : culturels (principalement les monastères), géologiques, écologiques, agricoles, zoologiques...

– De plus en plus, d'autres activités sont mises en place pour profiter de la nature. Dans le désordre : location de *mountain bikes,* excursions à cheval, escalade, ski de fond, rafting et même, en hiver, patinage sur l'Indus gelé. Ou encore, top du romantisme : la descente de l'Indus, de nuit, au clair de lune. Là encore, durée et logistique se négocient à la carte, selon vos envies et votre budget. Négocier, c'est bien la question : il faudra vous informer dans plusieurs agences, mais aussi à l'office de tourisme, histoire de vous faire une idée à peu près juste des prix acceptables.

LAMAYURU

On entre dans la zone des monastères intéressants. On parvient à ce monastère du XIe s après 5 mn de marche depuis la route. Site superbe, surplombant un ancien lac, asséché depuis quelques centaines d'années. Fresques très anciennes représentant la vie du Bouddha, très influencées encore par l'art indien. Grande collection de manuscrits sacrés. Monter impérativement au temple situé au-dessus du monastère. Comme partout, l'accueil est plutôt débonnaire, même si tout cela sent un peu le « Gompa-business ». Presque tout s'achète à l'intérieur, dont la visite. Vaut vraiment le déplacement.

Ceux qui arrivent à Leh en avion feront les excursions en bus. Hélas, Lamayuru est un peu loin de Leh (124 km) et ne peut être atteint qu'après 5 ou 6h de bus. En taxi, compter 2 700 Rps (49,10 €) ; votre seule chance de faire l'excursion dans la journée (mais au pas de course !).

Où dormir ? Où manger ?

On peut dormir à l'***Hotel Dagron.*** Correct et bon accueil. Excellente cuisine dans un cadre agréable pour des prix moyens. Également une *guesthouse* en face, sommaire mais correcte pour une seule nuit, et moins chère.

Sinon, il existe un ***monastery hotel*** disposant de lits en dortoir. Catégorie « crado ».

Possibilité de dormir ***chez l'habitant*** : les gamins du coin vous proposeront des chambres et un dortoir. On peut également y manger.

À voir

En sortant du monastère, aller faire un tour à la ***Ladakhi Old House,*** une maison ladakhie ancienne et typique, comme son nom l'indique, conservée dans son jus. *Suivre le fléchage (entrée un peu chère).* Autour du monastère, un paysage surréaliste de ***cheminées de fées*** et, un peu plus loin sur la droite, une curiosité archéologique : une mer de sable pétrifiée. Autant de vestiges de l'ancien lac n'offrant plus au visiteur que sa cuvette rocailleuse, tapissée de pics sculptés au fil du temps par l'eau puis le vent.

RIDZONG

À 60 km de Lamayuru en allant vers Leh. Un petit inconvénient pour les non-marcheurs : le monastère est à 4 ou 5 km de la route (une petite heure de marche). Nichés au creux d'une cuvette rocheuse, encore en pleine activité, ses bâtiments sont blanchis à la chaux. Fondé au début du XIXe s. À visiter uniquement si vous avez beaucoup de temps. Valable surtout pour le site, vraiment impressionnant.

On peut y loger, mais les garçons et les filles sont séparés. Il faut veiller à son karma !

ALCHI

À 63 km de Leh. On peut aussi prendre un bus au départ de Saspol qui s'arrête sur la route, à 30 mn à pied d'Alchi. Le monastère est situé à environ 6 km de la route principale. À ne manquer sous aucun prétexte : c'est le plus intéressant et notre préféré de tout le Ladakh, même si son architecture extérieure est moins spectaculaire. Au milieu d'un paysage lunaire apparaît l'oasis d'Alchi, un *choskhor* (enclave religieuse) avec ses champs verdoyants. Composé de cinq temples, le monastère, fondé au XIe s, présente des bois sculptés polychromes et des fresques murales absolument superbes (avoir une torche), les plus anciennes du pays. Dans la composition et les couleurs, on y retrouve jusqu'à des influences antiques et byzantines. Les représentations du Bouddha et de ses réincarnations y ondulent dans une grâce presque lascive, que n'a pas encore figé le formalisme hiératique des siècles suivants. Ne manquez pas la porte peinte du hall de rassemblement (Du-Khang).

Noter particulièrement le temple *Sumtsek,* qui présente une merveilleuse façade en bois sculpté. À l'intérieur, nombreuses statues dont des bouddhas de 5 m de haut.

Où dormir ? Où manger ?

Choskho Guesthouse : *à l'entrée du village. Ouv aussi hors saison. Chambre env 300 Rps (5,50 €).* On peut y dormir et (généralement !) y manger.

Lotsava Guesthouse : *à proximité immédiate de l'arrêt des cars. ☎ (01982) 22-71-29. Chambres 250-300 Rps (4,50-5,50 €).* Propre. Stanzin, le patron, est accueillant, et sa fille parle bien l'anglais. Possibilité d'y manger si on prévient.

Simskhang Guesthouse : *3e guesthouse à gauche sur le chemin du monastère. 94-191-79-715 (demander Norboo). Ouv slt en hte saison. Mêmes prix que les précédentes.* Chambres claires, nourriture plus que correcte. Cour intérieure agréable, avec des abricotiers.

Sam Dubling : *vers le haut du village. Fermé hors saison.* Une des *guesthouses* les plus récentes et les plus propres. Un poil plus chère que ses consœurs.

LEKIR

À 52 km de Leh, puis 7 km de piste pour atteindre le monastère (4h30 de marche à partir d'Alchi). Il est dirigé par le frère du dalaï-lama actuel. Statues bouddhiques et jolies peintures murales. On peut suivre les cours avec les élèves-moines.

PHIYANG

À une vingtaine de kilomètres à l'ouest de Leh, au fond d'une large vallée. Fondé au XVIe s. À l'origine, un roi qui avait contracté la lèpre et qui fut guéri par un moine du nom de Khunghe Tagspa. Pour le récompenser, le roi lui fit construire ce monastère, perché sur une petite colline au milieu de la vallée. Si le site se révèle séduisant, le monastère lui-même n'intéressera que ceux qui disposent de beaucoup de temps. Sauf pendant la grande fête lamaïque d'été (en 2009, 23-25 juillet ; en 2010, 13-15 juillet), car Phiyang est l'un des monastères qui rassemble le plus de fidèles. Nombreuses danses en costumes rituels, se déroulant sur une aire spéciale en contrebas. Les étrangers y assistent depuis une tribune.
Si l'on arrive par la route, le premier bâtiment est le *lhakhang,* le temple le plus ancien. Riche ornementation. Devant s'élève le *gonkhang* avec une collection de masques et d'armes. Un autre bâtiment abrite quelques bronzes cachemiris très anciens. Village assez pittoresque, d'une homogénéité architecturale presque parfaite (hormis un affreux petit immeuble de béton vraiment décalé dans la carte postale).

SPITUK

À 7 km, le monastère le plus proche de Leh. Également le *gompa gelukpa* le plus ancien du Ladakh (XVe s). Bien que perché sur une colline, un des rares qui ne fassent guère rêver, vu l'environnement (aéroport et casernes de l'armée). Cependant, pour ceux qui possèdent un peu de temps, visite intéressante. Surtout, c'est le seul monastère à offrir un festival religieux en janvier (pour les lecteurs et lectrices assez intrépides qui auraient choisi de visiter le Ladakh à cette période, 23-24 janvier 2009 et 12-13 janvier 2010). Ferveur populaire garantie, avec danses traditionnelles, costumes et masques, au son de longues trompes. Pour s'y rendre, nombreux minibus depuis Leh.
Dans le *dukhang,* la grande salle d'assemblée dominant la cour intérieure, atmosphère sombre à souhait. Ornée de centaines de *thangkas* et d'oriflammes poussiéreuses. Pendant les fêtes religieuses, les fidèles s'y pressent pour rendre hommage aux bouddhas au fond, en tournant comme dans un déambulatoire. À côté, le *Dolma lakhang* avec une vingtaine de divinités féminines en bronze et or et serties de pierres précieuses. De chaque côté, des *chortens* en cuivre plaqué or. Sous des caches pour les protéger de la lumière, de très anciens *thangkas* réalisés avec des pigments naturels. Enfin, tout en haut de la colline, bien séparé du complexe monastique, le *gonkhang.* Creusé dans le roc, on y accède par une petite cour où vous ne manquerez pas de faire tinter toutes les cloches et clochettes. Sanctuaire minuscule aux peintures noircies par le beurre des lampes et où, en période de festival, les fidèles s'écrasent littéralement. Une curiosité : beaucoup de militaires en poste à Leh lui paient une petite visite, car ils ont récupéré une des divinités honorées par les boud-

dhistes comme une des leurs (en l'occurrence Kali). Il est vrai que les visages et les masques ont ici quelque chose de terrifiant.

LEH

10 000 hab. IND. TÉL. : 01982

Parmi les ocres et les gris des pentes himalayennes, le vert cru de la vallée de l'Indus trace la frontière de la vie. Quelques arbres fruitiers, des légumes et quelques arpents de blé ne suffisent pas à nourrir les 10 000 habitants de Leh et les 400 ou 500 touristes qui y transitent en permanence durant l'été. D'où l'importance de la route et du chapelet de camions qui déversent quotidiennement le nécessaire et parfois le superflu. On n'y compte plus désormais les *video-shops,* alors qu'il n'y a d'électricité que le soir (fournie par un générateur, assez bruyant, on vous prévient) et que l'eau chaude reste une rareté. L'armée indienne est très présente mais relativement placide. Après avoir été un important nœud commercial sur la route de la soie et des épices, Leh périclitait depuis la fermeture de la frontière chinoise. Le tourisme saura-t-il lui rendre sa prospérité sans lui enlever son âme ? Une grande partie des habitants vivent aujourd'hui du tourisme et il devient rare de trouver une *guesthouse* qui ne soit pas en pleins travaux d'agrandissement – la grande mode, c'est l'étage supplémentaire – ou d'aménagement. Un petit risque d'inflation guette donc, pendant que les cybercafés et les embouteillages se multiplient. L'impact de l'afflux de visiteurs commence à se faire sentir. D'un point de vue écologique, déjà. Un exemple parmi d'autres : le fuel nécessaire au fonctionnement des générateurs est acheminé par camion ; ne l'oubliez pas lorsque vous prenez une douche bien chaude, luxe inconnu de la majeure partie des Ladakhis ! Mais aussi d'un point de vue économique : le prix des terrains ne cesse d'augmenter sous la pression des promoteurs d'hôtels, chassant une partie des habitants de la ville.

CONSEILS

– N'oubliez pas que vous êtes à 3 500 m d'altitude, pas d'efforts violents les premiers jours, pas d'alcool et pas d'excès de table (de toute façon, la cuisine tibétaine n'y pousse pas). L'insomnie étant l'une des manifestations les plus courantes du mal d'altitude, se munir d'une boîte de somnifères légers.
– Venir hors saison présente de nombreux avantages (ah, les monastères sous la neige !), mais ce n'est certes pas pour les frileux. Au cœur de l'hiver, les centrales hydroélectriques ne fonctionnant plus à cause du gel, tout repose sur le générateur de Leh qui ne fournit du courant que quelques heures le soir, quand tout va bien. En hiver, seuls deux hôtels offrent le chauffage central. L'un quelques heures le soir et le matin. L'autre, plus longtemps dans la journée. Pour tous les autres, petit chauffage au gaz d'appoint (peu efficace et toujours un peu douteux !) ou poêle à bois (bonne chaleur avant de dormir, mais qui va remettre du bois ?). De plus, nombre d'entre eux, ainsi que pas mal de restos, sont fermés jusqu'à mi-mai.
– Attention, il n'est pas toujours évident de quitter Leh, car les vols Leh-Delhi sont parfois annulés (nuages et plafond trop bas sur Leh ou brouillard à Delhi l'hiver) et la liste d'attente est longue. Réserver un mois à l'avance est plus prudent ! Donc, prévoir le départ de Leh au moins 4 jours avant de quitter le pays. Surtout si vous avez une correspondance internationale après à Delhi, disposer obligatoirement de plusieurs jours de marge !
– Les services de sécurité de l'aéroport de Leh sont assez pointilleux ! Il faut ranger piles, batteries diverses dans le sac qui va en soute, car elles risquent d'être confisquées et elles ne seront rendues (si elles le sont !) qu'à l'aéroport de Delhi. En prin-

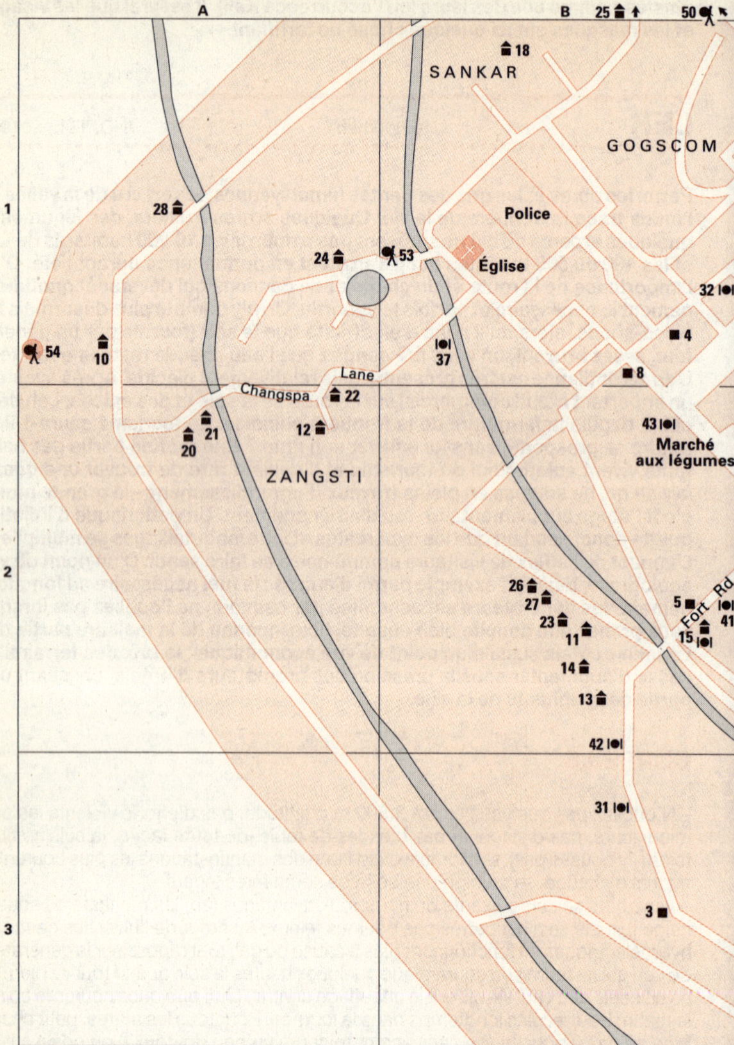

■ **Adresses utiles**

- Tourist Office
- ⊠ 1 Poste
- ⊠ 2 Poste restante
- 3 Indian Airlines
- 4 State Bank of India
- 5 Gipsy's World
- 8 Ecologic Laundry

Où dormir ?

- 10 Oriental Guesthouse
- 11 Hotel Bimla
- 12 Kunzang Guesthouse
- 13 Dhelex Hotel
- 14 Ti Sei
- 15 Yak Tail Hotel
- 17 Hotel Lasermo
- 18 Himalaya
- 19 Hotel Khayull
- 20 Asia Guesthouse
- 21 Otsal Guesthouse
- 22 Hotel Omasila
- 23 Indus Guesthouse
- 24 Tsemo La
- 25 Ser Dung Guesthouse et Norbulinga Guesthouse

LEH

26 Jig-Met Guesthouse
27 Malpak
28 Gypsy's Panorama Hotel

Où manger ?

15 Yak Tail Restaurant
30 Dreamland
31 Mona Lisa Restaurant
32 Budshah Inn
37 Mentokh-Ling
38 Nepali Restaurant
39 Amdo Café
40 Himalaya Café
41 Summer Harvest
42 Tibetan Kitchen
43 Tibetan Restaurant
44 Lamontessori

À voir

50 Palais royal et ses monastères
51 Mosquée
53 Ladakh ecological Dev. Group
54 Shanti Stupa
55 Nouveau temple

cipe, seul le sac photo (dépouillé donc de ses batteries) est accepté comme bagage de cabine (tout dépend de l'humeur des flics et des douaniers).

Adresses utiles

Infos touristiques

Tourist Office *(plan D3) : sur la route de l'aéroport, à 2 km de la ville.* ☎ *25-22-97 ou 20-95.* • *jktourism.org* • *Tlj sf dim et j. fériés 10h-16h.* Son directeur adore exercer son français avec les visiteurs de passage. Penser à demander les dates des fêtes dans les temples et les tarifs des taxis pour les différents monastères ou villes (tarifs fixes en principe).

– ***Bureaux annexes :*** *mai-oct, à l'aéroport et en ville, sur Fort Rd* (mais peu efficaces).

■ ***District Magistrate Office :*** *à côté du* Tourist Office. *Lun-ven 10h-16h.* Pour obtenir les permis spéciaux, en général à prix modique. Mais, dans tous les cas, passer d'abord par l'office de tourisme pour présenter la demande d'autorisation.

Poste et télécommunications

✉ ***Poste*** *(plan C1,* ***1****) : dans le bazar. Lun-ven 10h-17h. La* ***poste restante*** *(plan D3,* ***2****) est située à 2 km du centre, sur la route de l'aéroport, juste à côté du* Tourist Office. Elle ne fonctionne pas très bien. On attend 2 à 3 semaines le courrier en provenance de France.

@ ***Téléphone et Internet :*** vous trouverez à tous les coins de rue des boutiques avec téléphones par satellite, et des cybercafés. Le seul problème, c'est de trouver une ligne disponible. Il faut parfois attendre 30 mn pour que l'une se libère, mais les Ladakhis nous ont appris la patience ! Idem pour les connexions, en (très) bas débit.

Banques, change

■ ***State Bank of India*** *(plan B1,* ***4****) : lun-ven 10h-14h ; sam 10h-12h.* Dispose d'un ***ATM*** *(Visa).* Le change s'effectue très lentement (le samedi matin, en août, c'est la bataille rangée des touristes pour atteindre le guichet de change). Arriver tôt. Parfois plus de 1h d'attente. Il est possible d'y changer des chèques de voyage *American Express.*

■ ***Jammu and Kashmir Bank*** *(plan C1-2) : sur Main Market.* Autre banque assurant le change et disposant également d'un ***ATM,*** mais seulement *MasterCard.*

■ Un bureau de ***Western Union*** *(sur Fort Rd)* pour les dépannages urgents.

Santé

■ ***Médecin :*** *Dr Tsering Norbo, Sun Hospital. Près du* Tibetan Market.

■ ***Hôpital*** *(hors plan par D3) : à la sortie de la ville, après la gare routière.* On peut y consulter un généraliste (si inquiétude en cas de mal d'altitude par exemple). On retire une feuille d'inscription au bureau des entrées (pour quelques roupies), mais la consultation elle-même n'est pas payante.

Compagnies aériennes

■ ***Indian Airlines*** *(plan B3,* ***3****) : au sud de la ville.* ☎ *25-20-76.* Très utile, notamment pour avoir une chance de réserver un vol depuis Leh.

■ ***Jet Airways :*** *dans une ruelle donnant sur Main Market.* ☎ *25-09-99 ou 04-44. À l'aéroport :* ☎ *25-03-24.*

Agences de voyages

■ ***Gipsy's World*** *(plan B2,* ***5****) : PO Box 36, Leh, Ladakh 194101.* ☎ *25-26-60.* Accueil sympathique. Qualité des services proposés. Prix corrects. Aide en cas de pépin de santé.

■ ***Hidden North Adventures :*** *PO Box 133, Leh, Ladakh 194101.* ☎ *22-60-07.* • *hiddennorth.com* • En dehors de Leh, mais Taschi viendra sans problème vous rejoindre en ville. Programmes à la carte, prix corrects.

■ ***Ladakh Adventure :*** *Changspa.* ☎ *25-30-74.* Thinlas Dorjay reçoit fort bien, et bonne qualité de services.

■ ***Royal Explorer :*** *IBEX Complex.* ☎ *25-26-61.* 📱 *94-19-17-84-96.* • *myladakh.com* • *Face à la station de taxis.* Là aussi, une excellente agence. Demander Lobzang Tsendol. Programme identique aux autres.

Loisirs

■ ***Location de vélos, skis de fond, rafting... :*** *dans Main St Bazar.*

■ Pour les ***treks à cheval*** et autres excursions thématiques, voir les agences de voyages de la ville, là encore souvent dans Main Street Bazar.

Divers

■ ***Nombreux magasins d'artisanat :*** Emporium, Handicraft Centre *(avt le grand stupa à l'entrée de Leh)* et Ragus *(dans la rue parallèle au bazar, à droite en regardant le palais royal).* Souvenirs moins chers qu'à Delhi.

■ ***Ecologic Laundry*** *(plan B1,* ***8****) :* pour lutter contre l'invasion des bouteilles en plastique, et plus généralement des déchets, on a eu l'idée géniale de proposer de l'eau stérilisée en cuve – comme le petit rosé que vous iriez chercher chez le vigneron du coin. Résultat : fini les bouteilles vides à droite à gauche, et bonjour les économies !

– *N.B. :* on peut sans problème vendre ou échanger son matériel de trekking. Savoir marchander.

Où dormir ?

Trouver un lit à Leh ne pose pas de problème, avec toute la gamme possible de logements. Pour un prix encore très raisonnable, on trouve de grandes chambres propres et lumineuses. Pour ceux ou celles souhaitant s'insérer en milieu ladakhi, la meilleure formule reste la petite *guesthouse* chez l'habitant dans les quartiers au nord. Chaleureuse atmosphère presque toujours assurée, surtout si c'est une maison traditionnelle (avec sa belle cuisine). Bien sûr, pas d'eau chaude courante (même les hôtels chers n'en ont pas toujours), il faudra se contenter de brocs ou de seaux d'eau chaude.

À partir du mois de septembre, les prix se mettent à chuter en même temps que la température, pour remonter en mai à l'arrivée de l'été.

Bon marché (200-500 Rps / 3,10-7,70 €)

🏠 ***Kunzang Guesthouse*** *(plan A2,* ***12****) : Changspa Lane, quartier Changspa, sur la route du Shanti Stupa (tourner au chemin marqué « Zen » ; attention : aucune indication sur la maison).* ☎ *25-04-90. Simple 200 Rps, doubles 300-500 Rps.* Grande demeure ladakhie traditionnelle avec un très grand jardin. Le quartier est sympa, loin des rumeurs touristiques, et la famille encore plus. Maman adorable et Sonam, sa fille, parle l'anglais. Accueil vraiment chaleureux. Chambres d'une grande simplicité et confort minimal (w-c « locaux », douche froide en été et eau chaude au seau), mais l'ensemble est fort bien tenu. Pour partager le quotidien d'une famille ladakhie. Si vous avez l'occasion de choisir, les chambres d'angle sont spacieuses et lumineuses. Celles au 2e étage, à côté du petit temple familial, sont plus petites, mais elles offrent depuis la terrasse une très belle vue sur le village. Excellente nourriture servie dans une jolie cuisine ladakhie traditionnelle. Tous les légumes viennent du jardin. L'une de nos meilleures adresses, mais il faut réserver longtemps à l'avance, à peine une demi-douzaine de chambres.

Oriental Guesthouse *(plan A1,* ***10****) : quartier Changspa, à 15 mn de marche du centre-ville, 30 m sur la gauche après le début de la montée vers Shanti Stupa. ☎ 25-31-53. • ladakhoriental@yahoo.co.in • Double min 400 Rps avec sdb. Dans la partie ancienne, moitié prix (et sanitaires communs).* Chambre d'hôtes familiale bien au calme. Eau chaude, panorama superbe sur les montagnes, jardin. On peut également y prendre ses repas, à base de légumes bio, en direct du potager. L'accueil reste exceptionnellement chaleureux, malgré l'agrandissement. À signaler, une des rares *guesthouses* pas chères ouvertes en hiver.

Ser Dung Guesthouse *(hors plan par B1,* ***25****) : Lamdom Rd, quartier de Chubi. ☎ 25-28-03. Au nord de la ville, à 20 mn à pied du centre. Double 300 Rps.* Là aussi, dans une maison ladakhie avec une famille sympa. Chambres simples, propres, avec salle de bains carrelée. Quelques-unes avec le plafond en treillis de bois traditionnel. Loin de la ville mais proche des Ladakhis qui travaillent la terre, et papoteront avec vous, le soir venu, en rentrant du boulot. Et pour les balades matinales, la montagne commence à 100 m...

Norbulinga Guesthouse *(hors plan par B1,* ***25****) : Lamdom Rd, juste à côté de* Ser Dung. *☎ 25-29-41. • norbulinga@rediffmail.com • Ouv mai-oct, mais peuvent s'arranger hors saison. Doubles 200-300 Rps.* Maison particulière agréable offrant des chambres spacieuses avec ou sans salle de bains carrelée (et quelques plafonds ladakhis). Douche chaude en été. Gentille famille.

Asia Guesthouse *(plan A2,* ***20****) : à 15 mn de la ville. Passer devant* Indian Airlines *puis 1re à gauche, jusqu'au village de Changspa, lui-même à 10 mn du centre de Leh à pied. ☎ 25-34-03. • asiaguesthouse@hotmail.com • Ouv mai-oct. Doubles 250-500 Rps.* Près de la rivière. Calme, mais encore tout proche des petits commerces. Dans un jardin, 2 parties : l'ancienne, vraiment simple, rustique, vieillotte (au 2e étage, une belle chambre d'angle cependant), et la nouvelle, moderne, sans charme, fonctionnelle, mais avec chambres spacieuses et salle de bains.

Dhelex Hotel *(plan B2,* ***13****) : descendre la rue principale jusqu'à un petit pont. Remonter la rivière par le petit sentier situé sur la rive droite, derrière l'hôtel* Bimla. *☎ 25-27-55. Ouv en principe tte l'année. Double env 300 Rps.* Dans un quartier plein de charme, aux ruelles tortueuses et aux maisons typiques. Une dizaine de chambres simples, mais assez correctes, dont certaines en angle, spacieuses et lumineuses. W-c style local et eau chaude au seau. Joli jardin et panorama splendide sur la montagne. Les chambres nos 3 et 10 ont la plus belle vue. Avoir une lampe de poche pour rentrer le soir (chemin non éclairé). Accueil plus réservé mais plus professionnel que dans les *guesthouses.*

Ti Sei *(plan B2,* ***14****) : Suku, juste derrière le* Dhelex Hotel. *☎ 25-24-04. Ouv mai-oct. Doubles 250-300 Rps sans sdb, 350 Rps avec (certaines en style local avec la poutre sculptée).* S'ordonne autour d'une cour. Salle à manger typiquement tibétaine (avec son antique poêle ciselé et sa clinquante batterie de cuisine) fort plaisante. Excellente cuisine traditionnelle, à déguster avec une famille ladakhie très sympathique. Possibilité de laver son linge dans le jardin ; bassines d'eau chaude pour quelques roupies.

Jig-Met Guesthouse *(plan B2,* ***26****) : quartier de Zangsti, un peu plus haut que le* Dhelex Hotel, *sur le même chemin. ☎ 25-35-63. 📱 941-917-7580. • jigmetguesthouse@yahoo.com • Doubles 250-600 Rps.* Maison ladakhie avec enclos et jardin, propre. Dans la maison familiale, des chambres avec sanitaires communs. Dans une aile moderne sur jardin, des chambres correctes avec salle de bains. Dorje, entouré de 3 femmes (sœurs et belle-sœur), est très représentatif de l'hôtelier ladakhi : très accueillant et soucieux de préserver l'aspect familial de sa *guesthouse,* mais aussi très avisé en affaires : il construit moult annexes et salles de bains. Du coup, ses prix s'en ressentent...

Malpak *(plan B2, **27**) : dans le même coin, quartier Zangsti. ☎ 25-05-80. Double env 250 Rps.* Petit hôtel de 4 chambres sur un grand jardin. Chambres (avec salle de bains) assez petites, simples, bien tenues.

Himalaya *(plan B1, **18**) : au-dessus de la ville. ☎ 25-27-46. Double min 300 Rps. Camping possible.* Jardins agréables et très arborés. L'hôtel a l'avantage d'être situé très loin du générateur. Chambres sans surprise, correctes, plutôt spacieuses. Eau chaude au seau. À peine plus cher avec une salle de bains.

Hotel Khayull *(plan C3, **19**) : en bas de la rue parallèle à celle de l'office de tourisme. Fermé en hiver. Double min 250 Rps.* Coin retiré et calme. Jardin fleuri. Atmosphère familiale.

Otsal Guesthouse *(plan A2, **21**) : à Changspa. ☎ 25-28-16. À côté de l'*Asia Guesthouse. *Ouv en principe dès avr.* Assez similaire à l'*Asia* et mêmes prix. Simple, propre, au milieu d'un beau jardin et au bord d'un ruisseau. Le proprio, Sonam, cuisine sur demande les légumes de son jardin, et, si le cœur vous en dit, vous lui donnerez un coup de main – au jardin ou au fourneau. L'endroit est très calme, tout en restant proche du centre-ville.

Indus Guesthouse *(plan B2, **23**) : à quelques mètres de l'hôtel* Bimla *(voir plus bas). ☎ 25-25-02. • masters_adv@yahoo.co.in • Ouv tte l'année. Double 300 Rps avec sdb.* Chambres d'un certain caractère et à la propreté acceptable. Certaines spacieuses avec poutres apparentes et grandes baies. Terrasse avec belle vue. Accueil familial, bonne cuisine.

Hotel Taski *(hors plan par B1) : Lamdon, dans l'un des derniers quartiers au nord de la ville. ☎ 25-31-30. Fermé en hiver.* Maison ladakhie accrochée à la colline et qu'on atteint par un petit chemin. Avec un jardin devant, calme assuré. Simple, pas cher, propreté acceptable. Gentille famille, patron parlant l'anglais.

LE LADAKH

Prix moyens (400-1 000 Rps / 6,20-15,40 €)

Hotel Bimla *(plan B2, **11**) : Pharka, dans le même coin que le* Ti Sei *et le* Dhelex. *☎ 25-27-54. Ouv tte l'année. Double 600 Rps.* Grande demeure de style ladakhi possédant un certain charme. Intérieur chaleureux (nombreux souvenirs, maximes et proverbes aux murs). Chambres avec salle de bains, claires et agréables (deux avec terrasse, certaines avec plafond en treillis de bois style local). Quelques-unes avec poêle à bois pour l'hiver, et quelques autres très sommaires, sans salle de bains ni chauffage. Ce n'est déjà plus une *guesthouse,* mais on se sent malgré tout en famille.

Silver Cloud Guesthouse *(hors plan par B1) : dans le village de Sankar. ☎ 25-31-28 ou 25-72. • silvercloudpsd@hotmail.com • Doubles 700-1 000 Rps ; quelques grandes chambres (non équipées) 400 Rps.* Grande demeure de style ladakhi dominant la vallée. Vaste jardin potager devant. Certaines chambres de charme avec plafond en treillis de branches et poutre traditionnelle perçant une *ka-chok* (petite table sculptée). Toutes possèdent une salle de bains (mi-carrelée, propre). L'une dispose d'une petite pièce en plus pour un enfant. En été, possibilité d'y prendre ses repas. Le patron organise également des treks à la demande.

Très chic (min 2 200 Rps / 33,80 €)

Hotel Omasila *(plan A2, **22**) : Changspa Lane. ☎ 25-21-19. • omasilahotel.com • À l'angle du chemin menant à la* Kunzang Guesthouse. *Fermé en hiver. Double avec sdb env 2 200 Rps.* Grosse maison de style ladakhi, dans un quartier encore largement « agricole ». Plutôt sympathique, mais déjà des airs d'hôtel international. Chambres très correctes. Parking.

Gypsy's Panorama Hotel *(plan A1, **28**) : sur la route du Shanti Stupa, quartier de Changspa, peu après l'*Oriental Guesthouse. *☎ 25-26-60 ou 27-35. Double 2 200 Rps ; réduc l'hiver.* Petit hôtel « moderne » dominant la vallée, un des rares avec le chauffage central par plaques chaudes (qui fonctionne quelques heures le matin et de 18h à 23h le soir). Quelques petits défauts cependant : le générateur peut tomber en panne (*a gla gla* en hiver !) et il est bruyant pour les chambres les plus proches, la moquette ondule bizarrement (ça fait un peu bricolage), confort pas top pour un établissement de cette catégorie (TV avec les chaînes indiennes seulement), lampes de chevet défaillantes... mais de bonne qualité quand même : globalement propre, seau d'eau chaude en hiver (matin et soir ; bon, faut parfois insister un peu...) et excellente cuisine servie généreusement.

Tsemo La *(plan A1, **24**) : au-dessus de Leh, à côté du centre écologique. ☎ 25-27-90. Double min 2 200 Rps.* De la terrasse, vue absolument géniale sur la chaîne de montagnes et le palais. Salle de bains privée impeccable, mais douche chaude rare. Superbe jardin un peu sauvage. Il vaut mieux manger au centre écologique (lire « À voir ») qu'à l'hôtel.

Yak Tail Hotel *(plan B2, **15**) : Fort Rd. ☎ 25-21-18. Fax : 25-27-35. Double min 2 600 Rps (40 €). Bien qu'en principe fermé oct-fin mars, conserve quelques chambres dispo (et moitié moins chères) hors saison.* Hôtel de bon confort avec quelques éléments architecturaux ladakhis, qui évoquent une atmosphère bouddhiste. Chambres disposées autour d'une courette calme. Celles de devant sont plus modernes et insonorisées. Eau chaude courante. Pas de resto en hiver.

Hotel Lasermo *(plan D3, **17**) : Chulung Old Rd. ☎ 25-23-13. • lasermo.in • Proche du centre. Ouv tte l'année. Doubles 2 300-3 000 Rps (35,40-46,20 €), petit déj inclus.* Récent, l'hôtel le plus confortable de la ville. Architecture pas déplaisante dans les tons blanc et ocre jaune. La plupart des chambres donnent sur une véranda qui court le long de la verdoyante cour intérieure. Spacieuses, confortables (quelques-unes avec salon en bow-window, lit *king size,* TV satellite, minibar, chauffage central, etc.) et décorées avec un raffinement tout asiatique. Grandes salles de bains (certaines avec baignoire), avec eau chaude 24h/24 (rare à Leh !). Possibilité d'y prendre ses repas (bonne cuisine et copieux petit déj revigorants). Bref, la classe, mais sans l'anonymat des grandes chaînes internationales.

Où manger ?

Mieux vaut le savoir, Leh n'est pas la capitale de la gastronomie ! En revanche, les restos sont plutôt bon marché (repas copieux pour moins de 50 Rps). Attention, la plupart n'ouvrent qu'avec l'arrivée des beaux jours, vers mi-mai. Et ils ferment tôt, souvent vers 21h.

Amdo Café *(plan C2, **39**) : Main Market. ☎ 25-31-14. Au 2e étage du centre commercial. Tlj, tte l'année : jusqu'à 20h-21h en hiver, 22h en été.* Grande salle en bois verni, agréable et propre. Grande photo du Potala. Choix de 226 plats, on ne va pas tous les énumérer. Pour le petit déj, *tsampa porridge* avec miel ou fromage, spécialités de mouton *(sku, tentouk)*, plats tibétains et chinois, excellents *momos* frits ou à la vapeur et soupes maison.

Himalaya Café *(plan C2, **40**) : Main St, à côté du* Amdo Café. *☎ 25-01-44. Tlj 9h-23h l'été, 10h-20h l'hiver.* Même genre que son voisin. Décor en bois, atmosphère tamisée et intime. Seulement (!) 189 plats proposés dont on a sélectionné le mouton style Hong Kong, les épinards à l'ail et aux piments, les bonnes pâtes, les *momos* bien sûr...

Summer Harvest *(plan B2, **41**) : Fort Rd, un peu avt le* Yak Tail Hotel. *Fermé en hiver.* Toutes les cuisines : locale, ladakhie, indienne, chinoise... et continentale, ou affichée comme telle en tout cas. Dans l'ensemble correct. Populaire rendez-vous des voyageurs en été.

Dreamland *(plan C2,* ***30****) : plutôt bon marché.* Correct, mais qualité moyenne. Un des endroits branchés de la ville, là aussi du style « si tous les routards du monde se donnaient la main ». Nous, on n'est pas contre. La porte d'entrée sert de tableau d'affichage pour vendre le matériel de trek, chercher des coéquipiers, donner des nouvelles aux copains, etc.

Mona Lisa Restaurant *(plan B3,* ***31****) : à deux pas du* Tibetan Kitchen. Agréable jardin, petits lampions multicolores en soirée. On peut s'y reposer en sirotant une bière de riz et en dégustant de bonnes pâtisseries. Cuisine d'excellente facture, carte variée. Endroit idéal pour parler trekking.

Tibetan Kitchen *(plan B2,* ***42****) : Fort Rd. Dans le même coin que le* Summer Harvest. *Fermé hors saison.* Probablement la meilleure cuisine tibétaine de Leh. Beaucoup de monde, encore et toujours.

Budshah Inn *(plan B1,* ***32****) : au 3e étage.* Propose une cuisine indienne, chinoise, cachemirie et mughlaïe, rien que ça. Goûter aux spécialités de la maison, notamment les grillades de mouton (*mutton tikka* ou *soslik*) très parfumées. Vraiment pas cher. L'accueil est charmant et le service relativement efficace (enfin, selon les jours !).

Tibetan Restaurant *(plan B2,* ***43****) : à 150 m du* Budshah Inn. Toute petite salle. Bonne cuisine végétarienne familiale, et c'est l'un des moins chers. La patronne veille sur son petit monde comme une vraie mère de famille. Très couru des Ladakhis.

Yak Tail Restaurant *(plan B2,* ***15****) : un peu plus bas que le* Dreamland. Grande terrasse. Cuisine tibétaine, chinoise, continentale et indienne. Plus chic, mais service long et qui manque parfois d'un peu de chaleur.

Tibetan Friends Corner *(plan D3) : à côté du* Tourist Office, *en remontant la rue.* Très bon et sympa. Hélas, peu de place.

Lamontessori *(plan C2,* ***44****) : Main Rd.* Cuisine chinoise et *momos*. Accueil familial très doux.

Mentokh-Ling *(plan B1,* ***37****) : près de l'église.* Plats moghols et chinois servis dans un grand jardin, aux chandelles quand l'électricité fait défaut. Prix corrects.

Nepali Restaurant *(plan C1,* ***38****) :* pour les petits déj. *Chapatis,* beurre et confiture. Sympa.

Restaurant écologique : *à la sortie de Leh, en direction du* Dhelex Hotel. Expériences de cuisine ladakhie réalisées grâce aux panneaux solaires. Bons gâteaux au chocolat.

À voir

Le palais royal et ses monastères *(hors plan par B1,* ***50****) : palais ouv 7h-10h, 15h-18h. Fermé lors de la pleine lune. Entrée du palais : 100 Rps.* En montant au palais royal, on rencontre le monastère de *Somar Gompa.* On peut assister, très tôt le matin ou dans l'après-midi, aux prières des moines. Il est alors d'usage de faire une offrande. On accède ensuite au palais royal, en restauration depuis plusieurs années (jusqu'à quand ? mystère !), ce qui n'empêche pas de le visiter (attention aux trous), et d'admirer le travail des artisans qui le restaurent, à l'ancienne. Quelques pièces seulement sont meublées. L'intérêt du palais réside surtout dans ses fresques et son architecture. Belle vue depuis le sommet.

– De mi-mai à mi-septembre, vers 17h30, programme culturel (musique, danses, costumes traditionnels).

Le bazar *(plan C1-2) : Main Market* concentre nombre de commerces de la ville. Sur les trottoirs, des villageoises viennent vendre les produits de leurs jardins, parfois en filant la laine. Ne pas manquer *Chang Alley,* la ruelle qui lui est parallèle. Elle tient son nom du *chang,* bière d'orge artisanale fabriquée par les familles et longtemps vendue dans la ruelle. Aujourd'hui, la vente de bière est retranchée dans les *wine shops.* Sinon, on y trouve les p'tits tailleurs, marchands de tissus et de vêtements, coiffeurs, quincailliers, marchands de cuisinières ladakhies traditionnelles... Dans une ruelle perpendiculaire, tout de suite à gauche, un magasin d'antiquités tibétaines sombre et poussiéreux (de beaux trucs à prix abordables, mais marchandage difficile). Tout au bout, à gauche, la ruelle des mini-salons de thé ladakhis *(tea stalls).*

La mosquée *(plan C1, **51**)* **:** date du XVIIe s. Ses couleurs blanc et vert et sa forme tarabiscotée tranchent sur les couleurs minérales alentour. Ne se visite pas au moment des prières, mais plus intéressante de l'extérieur que dedans (salle de prière très classique). Un nouvelle mosquée est en pleine construction dans la rue principale, de taille imposante.

Le nouveau temple *(plan C1, **55**)* **:** *dans la rue perpendiculaire à Main Market qui part de la mosquée.* Beau triple toit doré à la chinoise. Offices religieux bouddhiques splendides.

Ladakh ecological Dev. Group *(centre écologique ; plan B1, **53**)* **:** *près de l'hôtel* Tsemo La. • *ledeg.org* • Créé en 1984. Bibliothèque très bien fournie en livres et magazines sur l'écologie, la philosophie, l'Himalaya, etc. Jardin. On vous expliquera tout sur l'énergie solaire et son emploi local (four solaire pour restaurant, sèche-graines, serres, eau chaude). L'association, prise en main par les Ladakhis, essaie d'introduire le verre dans la construction des nouvelles maisons. Un film est projeté en principe chaque après-midi à 16h (à vérifier, en fonction de l'électricité) : une excellente introduction à la culture locale, et en même temps une mise en garde contre les dangers de l'occidentalisation à tout-va.

Shanti Stupa *(plan A1, **54**)* **:** *derrière le centre écologique, en montant.* Inauguré par le dalaï-lama en 1985, il symbolise la paix dans le monde et l'alliance entre le Ladakh et le Japon. Vue splendide sur Leh et les cimes enneigées.

Ne quittez pas Leh sans visiter ***Sankar Gompa,*** un petit sanctuaire : *à 2 km à pied derrière l'hôtel* Himalaya, *par un charmant petit chemin.* Il faut s'y rendre vers 18h, à l'heure de la prière et du coucher du soleil.

➤ DANS LES ENVIRONS DE LEH

Comment visiter les monastères ?

Service régulier de bus et minibus. Les horaires sont affichés à la station de bus. Se présenter 30 mn à l'avance pour avoir une bonne place. Les bus sont quotidiens (sauf pour Khalatse), avec retour le soir. Pour les départs avant 9h, les billets s'achètent dans les bus. Ils s'arrêtent sur demande. Possibilité également de louer un taxi à la journée ou à la demi-journée. Tarifs fixes. *À l'office de tourisme, listes des différentes destinations et prix. Quelques téléphones : pour les minibus :* ☎ *25-32-62 ; pour les bus :* ☎ *25-27-92 ou 20-85.* Voici leurs fréquences, valables seulement de mai à octobre. En dehors de cette période, horaires restreints, se renseigner sur place.
Sur les trois catégories habituelles de bus (« B », « A » et *super deluxe*), on vous affirme souvent que seule la *super deluxe* partira le lendemain. Insister pour obtenir au moins une « A ». Au cas où vous rateriez le bus, il vous reste à tenter votre chance avec les camions (stop assez facile, mêmes tarifs que le bus), ou possibilité de louer une jeep avec chauffeur (mais là, c'est plus cher !).

➢ ***Choglamsar :*** minibus ttes les 30 mn.
➢ ***Thiksé :*** minibus ttes les 30 mn et 2 bus/j. Un des monastères les plus chouettes.
➢ ***Stok :*** 3-4 bus/j.
➢ ***Phiyang :*** 3 bus/j.
➢ ***Spituk :*** minibus ttes les 30 mn.
➢ ***Matho :*** 2 bus/j.

➢ ***Shey :*** minibus ttes les 30 mn et 3 bus/j.
➢ ***Saboo :*** 2 bus/j.
➢ ***Tibetan Refugee Camp :*** 3 bus/j.
➢ ***Saspol :*** plusieurs bus/j.
➢ ***Khaltsi :*** 1 bus/j.
➢ ***Hemis :*** 2 minibus/j., vers 9h et 16h (retour à 12h et à 7h le lendemain mat). Et 1-2 bus/j., vers 10h. Arriver bien avt.
➢ ***Sakti :*** 3-4 minibus/j. et 1 bus.
➢ ***Alchi :*** 2 bus/j.
➢ ***Stakma :*** 1 bus/j.
➢ ***Liker :*** 2 bus/j.

QUITTER LEH

C'est un problème épineux (on se répète ; voir « Conseils » au début du chapitre « Leh »), avions et bus étant aléatoires, et ce, en raison de la météo.

En bus

Les deux gares de bus et minibus *moyennes et longues distances se trouvent un peu à l'est de l'office de tourisme, sur la route de Manali.*
Un registre se trouve à la gare des bus. S'inscrire dès son arrivée à Leh, sur deux bus le même jour et même pour plusieurs jours successifs. La vente des billets s'effectue la veille à 18h, en suivant l'ordre des inscriptions. Si la personne inscrite n'est pas présente, on passe au suivant.
➢ ***Pour Srinagar, via Kargil :*** en saison, bus quotidiens. Durée : 2 j., avec une nuit à Kargil.
➢ ***Pour Manali, via Keylong :*** même principe, 2 j. de route avec un arrêt dodo à Keylong.
➢ Également des bus pour ***Delhi,*** mais là, c'est du masochisme...

En avion

➢ Au moins 1 vol/j. à destination de ***Delhi,*** avec *Indian Airlines* ou *Jet Airways.* Si votre place est en *waiting list (WL),* présentez-vous tout de même 2h à l'avance ; les désistements sont assez fréquents. Souvent complet un mois à l'avance. Savoir aussi que, même avec un billet marqué « OK », on peut se faire prendre sa place au dernier moment par un militaire.
➢ Théoriquement, du moins pendant l'été, le vol *Indian Airlines* à destination de Delhi passe par ***Jammu*** 2 fois/sem et par ***Srinagar*** 1 fois/sem. Mais ne comptez pas trop dessus, les places sont rares !

À L'EST DE LEH

Toujours les monastères. Ceux qui ont peu de temps verront en priorité Thiksé, Chemrey, Tak-Thok et Hemis, en bus ou en taxi. Les autres verront aussi Stok et Stakna, puis se lanceront sur la route de Manali.
Attention, rappel, on ne trouve de jeeps qu'à Leh. Ne quittez Leh qu'après avoir fixé le prix (discutez ferme) et l'itinéraire (exigez d'aller voir les monastères). À l'heure actuelle, on rejoint Manali en 2 à 3 jours en jeep, selon la saison. En bus, même topo ; en camion, à cheval et à pied (c'est-à-dire en combinant le tout), une bonne semaine est nécessaire. La route a été améliorée (mais elle risque d'être fermée au printemps), à la grande satisfaction des Ladakhis, qui comptent sur cette route pour réduire l'influence envahissante du Cachemire sur la région.
Possibilité d'effectuer la visite Matho, Stok et Stakna en taxi pour 1 200 Rps (18,50 €), depuis Leh.

CHOGLAMSAR

À 9 km de Leh, un petit village qui sert de refuge aux Tibétains ayant fui les envahisseurs chinois. Aujourd'hui, ils sont plus de 5 000 vivant dans des conditions très difficiles de l'aide collectée dans le monde entier par la sœur du dalaï-lama. Ils vendent aussi leur artisanat. Franchement, ce n'est pas toujours génial, mais c'est pour la bonne cause.

➢ C'est d'ici que part la route pour Stok, Stakna et Matho.

■ ***Potala Guesthouse :*** une nouvelle *guesthouse,* simple, neuve et bien tenue par des réfugiés tibétains.

STOK

Après le pont, à gauche ; on longe l'Indus sur 1 km, puis à droite ; encore 4 km, et voilà le palais de Stok. C'est là que vit toujours une partie de la famille royale depuis qu'elle perdit le pouvoir dans la première partie du XIXe s. Palais construit par le dernier roi du Ladakh vers 1820. On y visite un intéressant petit musée où l'on peut admirer les plus beaux objets de la cour royale : service à thé, porcelaines, jades, vêtements de cérémonie, bijoux d'apparat et, surtout, de superbes *thangkas* du XVIe s.

➢ *En bus :* en principe, 3 départs/j. Attention, dernier retour vers 14h. En taxi depuis Leh, pour Stok et Stakna, env 1 000 Rps (15,40 €).

➢ Un chemin de trekking permet de retourner à Leh, par *Stockla, Zingchen, Rumbak* et *Spituk.*

– *Fête lamaïque :* 5-6 mars 2009 et 23-24 février 2010, au monastère (même famille que celui de Spituk). Belles fresques murales dans la salle de rassemblement des moines.

■ Trois ***hôtels*** à Stok, qui vont du luxe incertain au crasseux fort probable. En gros, rudimentaires, mais praticables.

➢ En revenant sur ses pas, tout en restant de ce côté de l'Indus, on trouve la route de Stakna et Matho sur la droite.

STAKNA

Perché sur sa colline, bien visible de la route venant de Leh. Pas le plus intéressant des monastères, mais en bon état et géré par le plus affable des *rimpoches,* le chef de la communauté. Date du début du XVIIe s. Dans le *dukhang,* un beau *chorten* en argent. Dans l'une des petites chapelles, de jolies statues. On a été reçus avec courtoisie, chaleur et humour. Ceux qui vont au Zanskar (en trek) peuvent demander au *rimpoche* une introduction pour les monastères qui lui sont inféodés *(Barban, Sani).* De Stakna, on peut aller à *Hemis,* mais la route est assez rude (c'est un euphémisme !).

MATHO

À 5 km de Stakna, perché sur un éperon rocheux. Un monastère assez important (60 lamas et 30 novices) de la secte de Sakyapa qui est (approximativement) une tentative de restauration des valeurs fondamentales du boud-

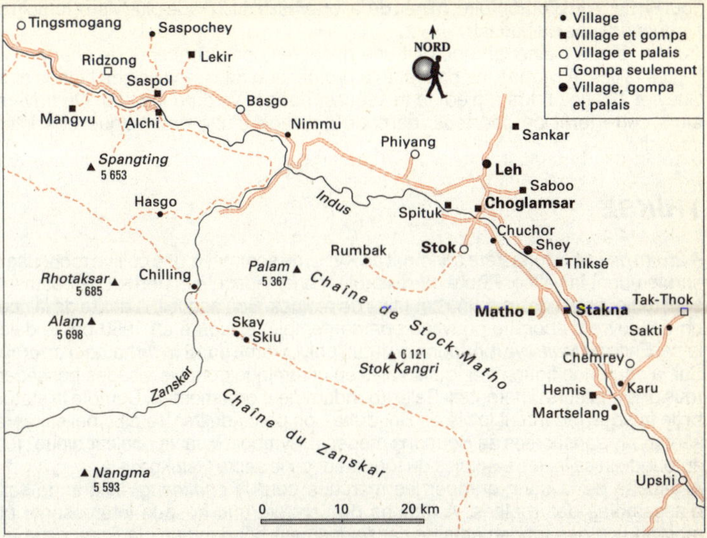

LES ENVIRONS DE LEH

dhisme. Unique en son genre au Ladakh. Matho est connu pour ses oracles, visionnaires et autres lévitants (lire *Tintin au Tibet* ; à ce propos, pas de traces du Yéti). En particulier au moment du *Nagrang* (10-11 mars 2009 et 24-28 février 2010 pour les prochains). Quelques moines en transe s'infligent divers maux (se tailladerles chairs par exemple) ou effectuent quelques numéros d'équilibriste sans que cela ne les affecte. De même, ils sont capables de prédire l'avenir de leur monastère à leurs collègues. Dans la partie nouvelle, au milieu, la grande salle d'assemblée des moines. À droite, au bout de quelques marches, l'ancien hall avec véranda sur deux colonnettes. Porte encadrée de belles fresques. Au fond, à gauche, la bibliothèque. Du monastère, remarquable panorama sur la vallée, ça va de soi ! En contrebas, un grand bâtiment communautaire où, en période de festivités bouddhiques, les paysans du coin (surtout des femmes) viennent prier dans la journée (parfois jusqu'à 200-300 personnes). Atmosphère de recueillement assez fantastique dans le murmure des psalmodies et au son des tambourins.

SUR LA RIVE NORD DE L'INDUS

Après ce périple sur la rive opposée, retour sur la route principale pour rejoindre Shey, Thiksé puis Hemis par le pont de Karu ou continuer vers Chemrey et Tak-Thok (ces deux derniers sont parmi nos préférés aussi).

SHEY

À 16 km de Leh, sur la route de Hemis. On peut s'y rendre en bus. Ancienne capitale royale jusqu'au XIXe s. Subsiste le palais d'été, précédé de huit petits *chortens.* Il abrite un vieux monastère possédant une énorme statue du Bouddha : 12 m de hauteur et plaquée or. La lampe à huile qui brûle devant est entièrement décorée de pierres précieuses. Belles fresques également. On n'y trouve plus guère de lamas.

Tout en haut du promontoire, ruines de la forteresse du XIe s, le plus vieux témoin de l'indépendance du Ladakh.
Au loin, sur la plaine, on aperçoit une quantité impressionnante de *chortens* de toutes tailles. À propos, ne pas rater la promenade dans la vallée de l'Indus entre Shey et Thiksé ; 5 km à pied, fantastiques, dans la verdure (en été). On traverse alors cette forêt de *chortens,* dans un paysage d'une dramatique et austère intensité.

THIKSÉ

À 25 km de Leh. Monastère construit au XVe s, au sommet d'une colline rocheuse et surplombant la vallée. Route carrossable menant jusqu'à la porte. Les bâtiments sont toujours habités par une centaine de moines. Bon accueil. À droite de la cour, on découvre d'abord le nouveau *gompa* (temple) inauguré en 1980 par le dalaï-lama. Énorme *Maitreya* (bouddha du futur) polychrome de 12 m de hauteur en argile. Sur la couronne figurent cinq disciples en céramique dont les visages possèdent tous des couleurs différentes. Salle abondamment ornementée. Derrière la statue, belle fresque racontant la vie du Bouddha : on peut admirer les plus belles représentations consacrées au Bouddha médecin, symbolisé par la couleur bleue. Tout autour de la salle, les disciples du fondateur de la secte Gelukpa.
À gauche de la cour, grimper les marches pour le *chokhang,* la grande salle d'assemblée des moines. À gauche de l'entrée, une fresque intéressante qui reprend l'un des fondements de l'enseignement bouddhique : la *Roue de la vie,* dans laquelle tout être vivant est pris à jamais, la seule possibilité d'en sortir étant réservée aux bouddhas. Le cercle du milieu illustre les trois défauts majeurs de l'être humain : la *Haine* (symbolisée par le serpent), le *Désir* (par le pigeon) et l'*Ignorance* (par le sanglier). Divisé en deux parties : en haut le paradis, en bas l'enfer. À droite, le Désir est figuré sous la forme d'un cou étroit et d'un gros ventre. Au milieu, la Haine exprimée par la représentation des gens qu'on a haïs et qui... reviennent vous terroriser. Enfin, à gauche, l'Ignorance amenant nécessairement la Confusion : l'illustration le montre bien, homme ou animal, on ne sait plus qui l'on est !
À l'intérieur, atmosphère bien sombre, parfums d'encens et odeurs du beurre et des lampes mélangés... Le long d'un des murs, les vieux casiers de guingois abritant les livres sacrés. Au fond à gauche, statue de *Tsongkapa,* le fondateur de la secte. À côté, le trône du dalaï-lama et celui du *rimpoche.* Dans la petite pièce du fond encore plus sombre, le bouddha du présent. Sur le mur opposé à la bibliothèque, une pléiade de petits bouddhas (théoriquement au nombre de mille) qui ont tous une signification – mais rentrer dans les détails demanderait un guide entier. Enfin, vers la porte, quelques personnages tantriques aux visages grimaçants.
Possibilité d'assister à l'assemblée des moines (vers 6-7h en été et 8h en hiver) et de voir l'école des moinillons.

🏠 🍽 Au pied du monastère, à l'entrée du village, un ***restauranto-buvette*** très correct, où on peut grignoter des *momos,* et trouver un coin pour dormir, du moins en saison. Propreté approximative.
➢ Pour retourner à Leh, l'arrêt de bus est en face.

– ***Célébration de l'anniversaire du Bouddha :*** *le 19 juin.* Vers 12h démarre du monastère de Thiksé une procession suivie de danses.
– ***Fête bouddhiste :*** *15-16 nov 2008, 5-6 nov 2009 et 25-26 oct 2010.*

HEMIS

À 43 km de Leh. Un bus dessert le monastère assez éloigné de la route principale, mais ses horaires sont tels qu'ils laissent peu de temps pour visiter le monastère ou obligent à y loger (le bus de 16h ne repart qu'à 7h le lendemain). Prendre un taxi à

plusieurs et visiter les monastères voisins dans la foulée (Shey, Thiksé, Stok) ; compter alors 1 300 Rps (20 €).
Ce monastère du XVIIe s est certainement le plus joli parmi ceux situés à l'est de Leh, et l'ambiance vire un peu au « Gompa-business ». Coincé dans une gorge, Hemis possède une vaste cour sur laquelle donnent de jolies vérandas de bois sculpté. Dans l'une des salles, le trône du supérieur. Beau stupa décoré de pierres précieuses. Visiter les cuisines, particulièrement intéressantes. Également un ***petit musée*** *(ouv slt l'été)* avec quelques belles pièces. C'est aussi le plus célèbre grâce à la ***fête lamaïque*** *(Hemis Tse-Chu)* qui s'y déroule chaque année (2-3 juillet 2009 et 21-22 juin 2010). Elle attire un nombre considérable de curieux et de pèlerins, car Hemis est consacré à Padmasambhava, considéré comme l'initiateur du bouddhisme dans la zone himalayenne. Nombreuses danses et beaux costumes liés à la mythologie, au son des longues trompes et des cymbales. En 2016 (eh oui, c'est pas tout de suite !), la fête aura encore plus d'ampleur, car tous les 12 ans, un immense et magnifique *thangka* est déployé sur la façade du monastère.

Hôtel, resto et ***camping*** au-dessous du monastère de Hemis. Sommaire et bon marché.

– À Karu, le pont sur l'Indus, où les militaires vérifient parfois les passeports.

LE LADAKH

CHEMREY

À env 50 km de Leh, par Karu. Situé dans une vallée sauvage et peu fréquentée par les touristes. Pour s'y rendre, 3 à 4 minibus et bus quotidiens pour Sakti (bien se renseigner sur les horaires, en particulier l'heure du dernier retour !). Ils s'arrêtent sur la route à hauteur du monastère. Ensuite, compter 40-50 mn pour faire le reste à pied. En taxi, compter 1 400 Rps (21,50 €), incluant la visite de Hemis au passage et de Tak-Thok. Tout n'est qu'harmonie dans ce paysage : le monastère accroché sur sa montagne et les maisons ladakhies qui dégringolent en dessous, les champs et jardins bordant la petite rivière, les *manis* et *chortens,* les belles fermes de la vallée...
Le monastère date du début du XVIIIe s. On y trouve environ 80 moines et élèves. Au fond du vaste *dukhang,* juste au milieu, un beau *chorten* en argent. De part et d'autre, les casiers enluminés abritent les livres sacrés soigneusement emballés dans des étoffes orange. On emprunte ensuite une volée d'escaliers branlants en bois pour une autre grande salle d'assemblée. Là, on remarquera surtout les fresques réalisées au début des années 1980 et particulièrement expressives et tourmentées. En particulier, s'attarder sur le mur à gauche de l'entrée. On y trouve, tout en bleu, les protecteurs aux allures terrifiantes (souvent identifiés à Kali par les hindous). Noter les squelettes danseurs et ce protecteur à cheval, dont le tapis de selle est constitué de corps noués et de têtes blafardes et grimaçantes. Encore une volée d'escaliers hasardeux et de cours intérieures, c'est un vieux temple. Accueil assuré à l'extérieur par deux antiques chèvres empaillées très mitées, un symbole de plus du caractère éphémère de toute vie. À l'intérieur, divinités et fresques noircies par les fumées de beurre de lampe. À gauche, dans les casiers, les livres sacrés « gengulk ». Derrière l'autel, les voiles offerts par les fidèles. Atmosphère de profond recueillement ou décor idéal de soirée gothique, selon l'humeur ou les convictions...
– ***Fête bouddhiste*** *(Chemrey Angchok) : 25-26 nov 2008, 14-15 nov 2009 et 4-5 nov 2010.*

TAK-THOK

Tout au fond de la vallée, à 5 km de Chemrey, au-dessus du village de Sakti. Pas le monastère le plus spectaculaire (pas très élevé et architecture classique), mais peut-être l'un des plus intimes, bien imbriqué dans le village et le paysage. C'est le seul au Ladakh d'obédience *nyingmapa*. Fondé au XVIe s, à l'endroit même où le *rimpoche Padmasambhava* s'arrêta pour méditer dans une grotte (au VIIIe s). D'ailleurs, *Tak-Thok* veut dire « toit en rocher ». Les trois salles principales s'ordonnent autour de la petite cour avec le mât de prières. La première, c'est la fameuse grotte totalement noircie par les lampes à beurre et les fumées d'encens. Lieu de méditation pour les moines avec les rituels tissus, foulards, *cadaks,* statues poussiéreuses et patinées par le temps. Dans la petite pièce devant, les quatre gardiens du monastère. Une autre salle, le *Khangur lakan,* date de 400 ans. Peintures très anciennes et bien conservées, pourtant réalisées avec des pigments naturels. Décorée de gardiens grimaçants et plus de 100 personnages différents. Dans des cases, les livres sacrés. Une fois par an, en février, les villageois sont invités à venir les consulter. Un nouveau monastère a été édifié, tout à côté, dans les années 1980, avec, dans la salle d'assemblée, des fresques pimpantes. Au milieu de la salle, la représentation du *rimpoche* fondateur, *Padmasambhava*. À gauche, le trône du *rimpoche* actuel, et dans une vitrine, toutes les offrandes qu'il confectionne avec le beurre offert par les gens du village.

À voir dans le coin

Au fond de la vallée, au-delà de Tak-Thok, la route menant au ***lac Pangong*** *(à env 100 km).* Attention, aujourd'hui encore, il faut un permis pour visiter la région. Excursion proposée à Leh par certaines agences (4x4 indispensable). On passe par le ***col de Changla*** (5 599 m), l'un des plus hauts au monde (lecteurs sensibles au *soroche* – mal des hauteurs – s'abstenir !). Lac de 135 km de longueur, mais large de 5 km seulement, et qui marque la frontière entre le Tibet occupé et l'Inde. Paysages amples, austères, et l'un des coins les plus froids du Ladakh. En 1962, pendant la guerre sino-indienne, de sanglantes batailles s'y déroulèrent.

L'HIMACHAL PRADESH

LA ROUTE VERS MANALI ET KULLU

L'itinéraire suivant est présenté à partir de Leh (c'est-à-dire du nord vers le sud). Peut aussi bien être effectué dans le sens inverse.
La seconde route la plus haute du monde (« Vous pouvez parler à Dieu », prévient un panneau ; mais que lui dire ?). Les bus vont jusqu'à Upchi, où l'on peut acheter quelques (maigres) vivres si l'on a fait la bêtise de ne pas en prendre au départ.

➢ 1 km avant Upchi commence la route de Manali. Ouverte au public depuis 1989, ce n'est pas une partie de plaisir. Jusqu'à nouvel ordre, on conseille de louer une jeep à plusieurs à Leh, ou de partager un taxi. La route Leh-Manali fait 475 km et passe par les petits villages de Miru, Gya, puis à 65 km d'Upchi par Tanglang La qui culmine à 5 429 m (la nuit, il gèle jusqu'à - 10 °C) ; plus loin, *Zara* et *Sarchu* offrent des possibilités de logement chez l'habitant. Deux autres cols de plus de 5 000 m puis, après le pont de Darcha, bus pour Keylong, Manali puis Kullu (Darcha-Manali, 8h de bus).

➢ Il existe aussi des bus confortables de 35 places, qui font la route en 2 j., avec une nuit à Keylong (prévoir un duvet).

KEYLONG

Capitale du Lahul, située à 3 350 m d'altitude, dans un paysage extraordinaire. Jusqu'en 1977, le touriste ne pouvait pénétrer au Lahul. Ancienne voie de communication vers le Tibet, le Lahul est culturellement apparenté à ce dernier : le bouddhisme est la religion la plus répandue, bien qu'étrangement mêlée à l'hindouisme. Quant au dialecte utilisé, il se rapproche du tibétain. C'est une région complètement isolée par la neige de novembre à juin. On vous laisse imaginer la beauté du paysage : ça, c'est de la montagne ! Tout près se trouve la région du Spiti avec ses nombreux monastères anciens et ses villages perchés à plus de 4 000 m. Les randos dans le Spiti sont mémorables.

➢ On peut se rendre en bus dans la région du Lahul jusqu'à Keylong, à 120 km de Manali (env 6h de trajet mais slt en été).

Où dormir ? Où manger ?

Resthouse : sous de grandes tentes, la partie « en dur » étant réservée en priorité aux fonctionnaires indiens. Il n'y a des sanitaires que dans deux des chambres et, pour les utiliser, il faut demander la clé au locataire correspondant. Bonne ambiance. Un duvet est nécessaire. En juillet-août, souvent complet.

Un ***dortoir*** à la station de bus.

Deux ***hôtels*** indiens dans la rue principale.

Hotel Snowland : *un peu au-dessous de la* resthouse. Il est récent.

Plusieurs restos indiens ou tibétains, propres, dans la rue principale, dont ***Tahi Delec Food Corner.*** Goûter les plats à base de viande de chèvre (curry de chèvre, par exemple) dont les Lahulis sont très friands, surtout si la viande a été conservée depuis au moins 2 ans ! Le tout arrosé de thé salé au beurre et de *chang* (bière d'orge) que l'on absorbe en quantité astronomique.

➢ *DANS LES ENVIRONS DE KEYLONG*

Le monastère bouddhique lamaïque de Kardang, très actif. *À 1h30 de marche rude, sur l'autre versant de la vallée.* Et celui, presque inactif, de ***Shashur,*** *accessible après 1h de grimpette à 3 500 m.* Pour se rendre dans ces coins reculés mais magnifiques, prendre des bus directs de Chandigarh *(Himachal Road Transport Corp.)* et de Shimla (même compagnie) : arrêts à Kullu et Manali. On peut éventuellement faire du stop, nombreux camions.

– Si vous le pouvez, visitez la vallée en octobre, au moment de la ***fête de Dussehra.*** Cérémonies très colorées et surtout festival de danses folkloriques tout à fait extraordinaires. Les danses sont présidées par le maharaja : elles ont lieu tous les après-midi à Kullu.

➢ ***Darcha,*** à 30 km de Keylong, est le point de départ du fantastique ***trek*** qui consiste à rejoindre le Zanskar ou le Ladakh par la montagne. Compter 10 jours pour Padam au Zanskar et 14 jours pour Upshi au Ladakh. Le climat ne permet cette sortie que de fin juin à fin août. Un trek réservé aux marcheurs costauds, car ça grimpe dur et on passe des cols à plus de 5 000 m !

➢ ***La région du Spiti :*** l'une des plus isolées de toute l'Inde. Elle se trouve à l'est de l'Himachal Pradesh et fait la frontière avec le Tibet. Capitale : Kaza, à environ 190 km de Keylong et 200 km de Manali. Bus depuis ces deux villes, mais seulement en été. Sinon il reste les jeeps, assez chères. Le climat extrêmement sec rend la végétation rare et rase : il s'agit d'une région désertique, à priori inhospitalière et pourtant habitée. À Kaza on trouve hôtels, restos et tout ce qu'il faut avant d'entreprendre la découverte du Spiti. Puis, sur chaque site important (Kibber, Tabo), il y a possibilité de dormir. Vous pouvez partir seul avec les bus, jeeps et taxis, sinon voir avec une agence de Manali. Parmi les principaux centres d'intérêt : le village de Kibber, à 20 km de Kaza, est l'un des plus hauts du monde, perché à 4 205 m ; sur la route, ne pas manquer le *gompa* de Ki, avec sa collection de textes anciens. Et puis surtout le *gompa* de Tabo (50 km de Kaza), un monastère érigé en 996, vraie splendeur artistique et spirituelle. Il est entouré de neuf temples presque aussi anciens et d'une armée de statues.

MANALI

IND. TÉL. : 01902

Autrefois paisible village de montagne niché entre vergers et forêts de pins, Manali, ville la plus touristique de l'Himachal Pradesh, est devenue une cité hôtelière polluée et crasseuse. L'air y est encore moins respirable qu'à Delhi ! Si elle affiche officiellement 5 000 habitants, sa population, en pleine saison, est bien plus importante. Même en cherchant bien, on n'a trouvé aucune raison de s'y attarder. En revanche, il suffit de s'éloigner un peu du centre pour trouver la paix (relative) et le charme de la vallée : le vieux Manali, à plus de 2 km, est le véritable cœur de la ville. Bien qu'il soit de plus en plus apprécié et fréquenté par les touristes, cela reste un endroit calme et reposant. Idem pour *Vashisht*, village situé à 3 km de Manali, à flanc de montagne. Manali est une base idéale pour des trekkings merveilleux dans l'Himalaya.

– ***ATTENTION :*** cette vallée est une plaque tournante de la production de cannabis. Ces dernières années, plusieurs disparitions d'étrangers, liées de près ou de loin au trafic de drogue, ont été rapportées. Sans compter les descentes de police. Alors faites gaffe et n'acceptez aucune proposition, aussi sympathique soit-elle !

Arriver – Quitter

En bus

Gare routière : *en plein centre du Manali moderne.* La *HPTDC (☎ 25-21-16)* propose des bus *deluxe* sur la plupart des destinations au départ de Manali. Mais il existe aussi de nombreuses compagnies privées.

➢ ***De et vers Delhi :*** en été, 2-3 bus *deluxe*/j. Trajet : 14-15h. Sinon, à faire en bus locaux, mais plus long et éreintant.

➢ ***De et vers Dharamsala :*** mat et soir. Trajet : 10h.

➢ ***De et vers Kullu :*** ttes les 30 mn. Met 1h30 max.

➢ ***De et vers Shimla :*** 1 bus/j. Départ à 8h de Manali. En hiver, part slt s'il y a assez de passagers. Trajet : 10h.

➢ ***De et vers Keylong :*** en été slt, 1 bus/j., départ le mat. Trajet : env 6h (et pourtant, à peine 115 km).

➢ ***De et vers Pathankot :*** plusieurs liaisons/j. ; bonne route mais longue et sinueuse. Trajet : 10-11h.

➢ ***De et vers Leh :*** fin juin-oct 1 bus/j., le mat. Pour boucler les 475 km, 2 j. de voyage. Le prix des bus *deluxe HPTDC* (1 200 Rps, soit 22 €) inclut les repas et la nuit sous toile de tente. L'une des plus belles expéditions en Inde du Nord. Peut aussi se faire en jeep.

En avion

✈ Départ de l'aérodrome de Kullu.

➢ ***Delhi et Shimla :*** en été, 1 vol/j. le mat qui fait une boucle Delhi-Shimla-Kullu-Shimla-Delhi (souvent annulé sans préavis en hiver) avec *Jagson Airlines. À Kullu, ☎ (01902) 26-52-22 et 61-87.* • *jagsonairline.com* •

Adresses utiles

La plupart sont situées sur *the Mall* (la rue principale) ou à proximité immédiate, dans le Manali moderne.

Services

■ ***Tourism Centre :*** *the Mall, dans une cabane en bois, à côté du bureau de résa des bus* deluxe. ☎ *25-21-75.* ● *himachaltourism.nic.in* ● *Tlj sf dim 10h-17h.* Personnel pas très motivé. Pour les treks, adressez-vous sans hésitation aux agences ci-dessous.

■ ***Mountaineering Institut :*** *à 2 km au sud du centre, sur la route du* Holiday Inn. ☎ *25-37-89.* Vendent des cartes précises pour les treks.

✉ ***Poste :*** *dans une ruelle de la ville moderne, à 100 m de la rue principale. Tlj sf dim 9h-17h.*

■ ***State Bank of India :*** *sur the Mall, encore et toujours. Lun-ven 9h-16h.* Distributeur et change.

@ ***Cybercafés :*** *nombreux sur the Mall. On en trouve aussi à Vashisht, notamment au-dessous du* Rainbow Café.

Agences de voyages

Elles sont nombreuses, mais la plupart ne font que de la sous-traitance. Celles que nous citons sont les plus sérieuses et fiables, elles organisent tout de A à Z et possèdent leur propre matériel. Toutes deux travaillent avec des groupes français.

■ ***Himalayan Frontiers :*** *the Mall, 50 m au-dessus du* Tourism Centre. ☎ *25-01-30 et 39-46. En France :* Gopi Chand, *3 bis, rue du Rôle, 91800 Brunoy.* ☎ *01-60-46-96-03.* ● *himalayanfrontiers.com* ● Treks sur l'Himachal, mais aussi le Ladakh, le Sikkim, le Bhoutan, etc., et circuits dans tout le pays. Très fiable et nombreuses possibilités offertes. Ils ont même ouvert une *guest-house*, maintenant !

■ ***Himalayan Adventurers :*** *44, the Mall, en face du* Tourism Centre, *au 1er étage.* ☎ *25-30-50 et 27-50.* ● *himalayanadventurersindia.com* ● Organise des treks de tous niveaux, un tour culturel du Spiti, du raft, etc. En fait, les circuits sont à la carte, à préparer à l'avance avec Kadil, très sympa. Prix selon le nombre de participants, intéressant. Une adresse sûre, qui connaît les besoins des Européens puisqu'elle travaille avec *Nouvelles Frontières.*

– ATTENTION ! Éviter *The Himalayan Explorer* (arnaque sur tarifs et services), de même que *Mountain Expeditions* (personnel incompétent).

Où dormir ?

En haute saison, de mi-avril à fin juin et en septembre-octobre, tout est archiplein. En basse saison, tout est archivide, fermé ou en travaux : les prix baissent alors de 30 à 50 % par rapport aux tarifs que nous indiquons. Le centre de Manali est un enfer : préférez le vieux village ou Vashisht (même si la plupart des touristes ont bien sûr la même idée !).

Entre le vieux et le nouveau Manali

Ici, c'est l'anarchie bâtisseuse !

■ ***Apple View Guesthouse :*** *prendre la route du vieux Manali, mais tourner tt de suite à droite après le pont ; l'hôtel se trouve au-dessus du* Club House *(mon-*

ter par l'escalier en ciment). ☎ *25-38-99.* 📱 *98-16-34-19-38.* • *appleviewmanali.com* • *Doubles 250-350 Rps (3,80-5,40 €).* Dans une maison de pierre récente, chambres lambrissées avec salle de bains (eau chaude). Ultra-peinard, au-dessus de la mêlée, avec les vaches pour seules compagnes. Et puis les autres routards, forcément. Accueil gentil comme tout de Mohan.

Kalpna Hotel : *en allant vers le vieux Manali, monter à gauche dans la rue juste avt le pont.* ☎ *25-24-13.* • *hotelkalpna.com* • *Doubles avec douche 700-800 Rps (10,80-12,30 €).* Un hôtel campé sur les hauteurs, à l'orée d'une forêt de cèdres noirs. Classique et sans fioritures mais jolie vue. Les chambres « nuptiales », dans des cottages idylliques (et 2 fois plus chers), offrent salon et cheminée.

Dans le vieux Manali

Seulement une poignée d'hébergements.

Dragon Guesthouse : *sur la droite quand on arrive au centre du village.* ☎ *25-22-90. Ouv tte l'année. Doubles 500-800 Rps (7,70-12,30 €) ; le prix grimpe d'étage en étage !* Les chambres donnent à la fois sur la vallée et sur le village. Très confortable, avec douche chaude 24h/24, lits *king size* et TV. Bon accueil et joli resto dans le style montagnard. Fait aussi cybercafé, change et agence de voyages (trekkings).

Voir, à côté, le ***Tourist Nest.*** Moins cher mais moins confortable.

À Vashisht

Village perché à 3 km au-dessus de Manali. Traverser la rivière et grimper en taxi, rickshaw ou à pied. Le centre de Vashisht est réservé aux piétons. Une atmosphère sympa pour dormir et s'adonner au farniente. Superbe vue et bon air frais. Pris d'assaut en saison, bien sûr.

Hotel Valley View : *sur la gauche, 200 m avt le village.* ☎ *25-34-20. Doubles 200-300 Rps (3,10-4,60 €) selon vue.* Petite maison pépère accrochée au flanc de la montagne. Chambres propres avec douche et w-c. Celles qui donnent sur la vallée possèdent de grandes fenêtres de bois à petits carreaux. Ravissant et si romantique au réveil. Pas de chauffage en hiver, mais eau chaude 24h/24. Resto avec vue panoramique et cuisine de tous les horizons. Peut organiser des sorties rando, rafting ou kayak. Une bien bonne adresse.

Dans le même style, voir la ***Dharma Guesthouse*** (☎ *25-23-54 ; tout en haut du village).*

Surabhi Guesthouse : *à l'entrée du village.* ☎ *25-27-96. Double 400 Rps (6,20 €).* Plus confortable et un poil plus cher. Vue d'enfer sur la vallée depuis le *roof-top* restaurant. Bon confort (baignoire, TV). Internet, change et avance sur cartes de paiement.

Où manger ?

Bon marché (50-100 Rps / 0,70-1,50 €)

Mount View : *en face de la station de bus.* Bonne cuisine tibétaine et chinoise. Idem pour le voisin, ***Chopsticks,*** dont la salle est très avenante.

Sa-Ba Restaurant : *dans un charmant square (Nehru Park), au rond-point du centre-ville.* Cuisine végétarienne de toutes origines.

Rainbow Café : *à Vashisht, au-dessus des sources chaudes.* On s'assoit en terrasse (vue géniale) ou sur des coussins posés à même le sol, dans une ambiance bien conviviale. Carte indienne et israélienne, gâteaux et pâtisseries.

German Bakery : *dans la montée vers le vieux Manali, sur la droite, 100 m après le pont.* Excellents crumble et cookies (pas très allemand, on vous l'accorde), et tentatives de baguettes et croissants (alors là, ratage complet !). Pour les petits déj et les goûters, faites-vous plaisir !

Prix moyens (100-250 Rps / 1,50-3,80 €)

Mayur : *sur Mission, à deux pas de la gare routière, en allant vers l'hôpital.* Excellente cuisine indienne, chinoise et continentale. Ils font aussi des pizzas pour les lassés du curry. Joli décor en bois, avec poêle en hiver.

À voir

Hamidan Temple (ou Dhungri Temple) : *à 20 mn à pied du centre. Direction Old Manali, puis on grimpe à gauche dans la forêt, avt de passer la rivière.* Bâti en 1553, en forme de pagode sur quatre niveaux, tout en bois sculpté, il vaut amplement le détour. Linteau ciselé, bas-reliefs d'animaux sur la façade, intérieur sombre digne d'une caverne. On y honore Hamidan, déesse assimilée à Kali.

Old Manali : *traverser le centre de la ville moderne ; passer le pont et grimper la route sur la gauche. Une jolie marche, mais on peut aussi s'y rendre en rickshaw ou taxi.* Village rural composé d'anciennes maisons de torchis et de bois, avec balcons sculptés et toits de pierre qui s'effritent. Habité par des paysans (gitans, Tibétains...) et en saison par quelques touristes à la recherche d'un peu d'authenticité. En continuant la montée, vous tomberez sur le ***temple de Manu Rishi.*** Pierre, bois clair et marbre : l'ensemble est si récent et si peu esthétique qu'il mérite à peine la visite.

Vashisht : *village à 3 km du centre de Manali. Au rond-point central, descendre sur la droite et passer le pont, puis c'est au bout de la montée, vers la gauche.* On y trouve plein de *guesthouses* bon marché. Connu pour ses sources chaudes *(ouv 5h-21h, gratuites).* Femmes et hommes séparés, bien sûr. Apporter une serviette et du savon pour faire sa toilette. Cela dit, les conditions d'hygiène ne sont pas top (c'est un euphémisme !). Au centre du village, deux beaux temples de bois ciselé, ainsi que de nombreux voyageurs qui fuient la ville moderne et ses désagréments.

Trekkings

Nombreux « petits » treks à partir de mai, voire fin avril, mais pour les randos plus longues et plus en altitude, il faut attendre mi-juin. La saison de marche se termine fin octobre ou début novembre. Parmi les plus populaires :

➢ **Hamta Pass** *(4 270 m d'altitude)* **:** faisable en 3 à 4 jours, mais la formule classique dure 8 à 9 jours. Environ 25 km, assez facile. On peut continuer vers la ***vallée du Spiti*** (voir plus haut « Dans les environs de Keylong »).

➢ **Solang :** *située à 15 km au nord de Manal.* La principale station de ski de la région. Mais pas de remontée mécanique : tout à pied et en canard ! En été, on peut y faire du parapente et d'autres sports de montagne. À condition de choisir une agence sérieuse.

➢ **Malana** (mai-nov) **:** *au départ de Naggar (sur la route de Kullu, accessible en bus). Prévoir 4 j.* Malana est un village situé près d'un glacier et considéré comme l'un des premiers modèles de démocratie au monde. Coutumes tout à fait particulières (par exemple, la polygamie y est légale). Système qui fonctionne encore aujourd'hui. Attention, il est interdit de toucher les habitants ou leurs biens sous peine d'amende (on vous avait bien dit que les coutumes étaient spéciales !).

➢ ***Manikaran :*** ville réputée pour ses eaux miraculeuses. *Accessible en bus depuis Manali (2h) ou Kullu (1h30).* Peut prolonger la visite de Malana. Si vous voulez continuer dans la *Parvati Valley,* il est possible de pousser jusqu'aux villages de Pulga (sud-est) ou de Kasol (sud-ouest).

KULLU

16 500 hab. IND. TÉL. : 01902

À 40 km au sud de Manali, la ville de Kullu est située dans une belle vallée dont elle est la capitale administrative. La ville en elle-même est moche et polluée. Mais alentour, c'est un petit paradis de vergers, de rhododendrons et de rizières. Le séjour ne vaut la peine qu'en octobre, au moment du festival folklorique de Dussehra (voir plus haut à « Keylong »). D'ailleurs avant, en juillet, commence la mousson et, à cette époque, il vaut mieux monter plus au nord pour voir les montagnes et le soleil. Kullu est aussi la capitale des *shawls* (châles) en laine et pashmina. Profitez de votre séjour pour faire vos emplettes. Les prix y sont bas et le choix est vaste.

– Attention, la ville, très décousue, s'étend tout en longueur sur 10 km ; la vieille ville, où se trouve la station de bus, est au bord de la rivière, autour du pont, loin des hôtels et des restaurants qui se trouvent sur les hauteurs.

Arriver – Quitter

En bus

Gare routière : *au bord de la rivière, en fond de vallée, à moins de 1 km du centre.*

➢ ***De et vers Delhi :*** départs fréquents. Trajet : 15h.
➢ ***De et vers Manali :*** bus ttes les 30 mn. Tout de même 1h30 pour 40 km !
➢ ***De et vers Dharamsala :*** 1 à 2 bus/j., soit le mat, soit le soir (voyage de nuit). Trajet : 8h.
➢ ***De et vers Leh :*** slt l'été, quand la route est ouverte.
➢ ***De et vers Manikaran :*** ttes les 30 mn. Env 2h30 pour venir à bout des 45 km.

En avion

✈ ***Aéroport :*** *à 10 km env au sud de la ville.* Desservi par la compagnie privée *Jagson Airways*.

➢ ***Delhi et Shimla :*** 1 vol/j. (circuit en boucle). Attention, les annulations sans préavis sont très fréquentes et tout dépend de la météo. Bagages limités à 10 kg !

Adresses utiles

Office de tourisme : *sur les hauteurs du village, près des hôtels.* ☎ *22-46-05 ou 22-23-49.* • *himachaltourism.gov.in* • *Tlj 10h-19h (18h en hiver).*

■ ***State Bank of India :*** *300 m au sud de l'office de tourisme, en bord de route principale. Lun-ven 10h-16h ; sam 10h-13h.* Distributeur (*Visa* et *MasterCard*) et change.

Où dormir ? Où manger ?

Les prix varient du simple au double selon la saison. Nous indiquons les tarifs d'été.

De bon marché à prix moyens (200-800 Rps / 3,10-12,30 €)

🏠 🍴 ***Hotel Bijleshwar View :*** *derrière l'office de tourisme.* ☎ *22-26-77. Resto ouv tlj 8h-23h.* Très bon rapport qualité-prix pour ces chambres avec salle de bains, TV et cheminée. Un peu poussiéreux mais, vu le prix, on pardonne. Jardin paisible avec quelques chambres de plain-pied, plus rustiques que les autres. Excellent resto dans une rigolote maison hexagonale. Terrasse à l'étage. Longue carte, mais tout n'est pas dispo. Plats de poulet (celui au fromage fermier est très réussi), *dosaï,* pizzas, *chowmein,* kebab...

🏠 🍴 ***Hotel Vikrant :*** *à côté de l'hôtel* Bijleshwar View, *au fond d'une impasse.* ☎ *22-27-56.* Fonctionnel, propre et pas cher. TV et eau chaude dans chaque chambre. W-c un peu bizarroïdes, mais bon... Un brin à l'écart de l'agitation, ce qui est très appréciable à Kullu. Jolie salle de resto tout en bois à l'étage.

🏠 ***Hotel Ramneek :*** *derrière l'office de tourisme et le terrain de sport.* ☎ *22-25-58. Fax : 22-51-73. Doubles 500-650 Rps.* À ce prix on a l'eau chaude à tous les étages, la TV, le téléphone... Moquette et meubles certes très fatigués et accueil un peu sec, mais bonne adresse dans l'ensemble.

🍴 ***Frontier Prem Dhaba Restaurant :*** *à l'entrée du bazar, dans la rue qui descend vers la rivière.* Le *pulao* et le *biryani* sont très bons.

Plus chic (min 3 800 Rps / 58,50 €)

🏠 🍴 ***Apple Valley Resort :*** *à env 5 km au sud du centre, route de Shimla.* ☎ *26-00-01 à 06.* 📱 *92-18-66-00-01.* • *applevalleyresorts.co.in* • *Double min 3 800 Rps. Repas env 200 Rps.* Eh oui, c'est cher, mais il s'agit du nec plus ultra du coin ! Des sortes de chalets alpins avec cheminée et terrasse, dans un véritable jardin d'Éden avoisinant la rivière Beas. Service parfait, bon resto encore abordable et cadre de rêve. Pour les routards qui veulent faire une petite folie...

Où dormir dans les environs ?

🏠 ***Castle of Naggar :*** *situé entre Kullu et Manali.* ☎ *24-83-16. Bus local 6 fois/j. Doubles 850-3 000 Rps (13,10-46,20 €) selon confort.* C'est une sorte de gros chalet bavarois vieux de cinq siècles qui domine la vallée de Kullu. Vue splendide. Aux alentours, quatre temples où aller faire un tour et une mini-galerie d'art. Resto correct, sans plus.

➤ DANS LES ENVIRONS DE KULLU

➢ Lorsqu'on est à Kullu, il faut absolument faire un tour à ***Manikaran*** (voir « Arriver – Quitter » plus haut). Sources chaudes dans un temple sikh où l'on peut dormir si l'on n'est pas trop difficile (mais il existe de vrais hôtels), et possibilité de balades en montagne.

DHARAMSALA

30 000 hab. IND. TÉL. : 01892

***Delhi* : 526 km ; *Pathankot* : 90 km.**

Aller à Dharamsala, c'est un peu quitter l'Inde pour découvrir ce que les Tibétains appellent eux-mêmes « le Petit Lhassa ». Autour de la résidence du dalaï-lama, près de 15 000 réfugiés réorganisent leur vie, cherchant à sauvegarder leur identité culturelle et leur religion. Accrochée à la montagne recouverte de

chênes et de rhododendrons, avec en toile de fond la chaîne de Dhanla Dar dont les cimes enneigées culminent à 5 791 m, la ville s'étale entre 1 250 et 1 800 m d'altitude. En bas, *Lower Dharamsala* est une ville essentiellement indienne et commerçante. La bibliothèque et les bureaux de l'administration tibétaine (CTA) se trouvent 4 km plus haut, à *Gangchen Kyishong.* Mais vous séjournerez plutôt à *McLeod Ganj* (le nom vient de l'ancien gouverneur du Pendjab), 5 km plus haut encore (à 1 770 m environ), dans le village tibétain proche de la résidence du dalaï-lama (que tout le monde appelle ici *His Holiness*).
McLeod Ganj est devenue la Mecque des hippies venus d'Occident : uniforme New Age de rigueur si l'on ne veut pas dénoter. Certains viennent apprendre la langue, la médecine ou la musique tibétaines. On trouve aussi des cours de massage, de cuisine, bref, le business est florissant. De mars à juin, l'invasion touristique atteint son paroxysme.
Pour aller de Dharamsala à McLeod Ganj, prendre un bus, une jeep ou tenter le stop.

UN PEU D'HISTOIRE

Bien avant que Nehru ne décidât, en 1960, d'offrir cette terre d'asile aux Tibétains, le bouddhisme représentait déjà la religion dominante dans cette région. La vallée de Kangra comptait encore près de 50 monastères et 2 000 moines au VIIe s. Ensuite, comme ailleurs en Inde, le brahmanisme reprit du terrain et la conquête musulmane des XIIe et XIIIe s fit disparaître un bouddhisme déjà affaibli. Au milieu du XIXe s, les Anglais ont trouvé le coin plaisant et ont construit une station de villégiature chic et paisible, jusqu'au tremblement de terre de 1905 qui détruisit de nombreux édifices.
Après l'indépendance, en 1947, suivit une période un peu morne jusqu'à l'arrivée du dalaï-lama en 1959, au terme d'une marche longue et périlleuse à travers l'Himalaya. Un an plus tard, ce dernier transféra l'administration centrale tibétaine à Dharamsala, qui devint ainsi le siège du gouvernement tibétain en exil. Depuis, plus de 110 000 réfugiés ont fui leur terre natale devant la dramatique invasion chinoise qui a fait, depuis 1949, plus d'un million de morts (dont un grand nombre de moines), sans compter la destruction de la quasi-totalité des monastères anciens. Ces réfugiés ont trouvé asile en Inde (Himachal Pradesh, Sikkim), au Népal, au Bhoutan, aux États-Unis, au Canada et en Europe, plus particulièrement en Suisse.
Le prix Nobel de la paix, reçu par Tenzin Gyatso, l'actuel et 14e dalaï-lama, contribua largement à mieux faire connaître son combat acharné mais non violent pour la libération du Tibet et sa lutte pour la sauvegarde de l'héritage culturel de son peuple.

AIDE À LA COMMUNAUTÉ TIBÉTAINE

De nombreuses possibilités, en fonction des affinités et intérêts de chacun. Cette liste est loin d'être exhaustive... vous le découvrirez rapidement !

■ ***CTA (Central Tibetan Administration) :*** *à côté de la bibliothèque, entre Lower Dharamsala et McLeod Ganj.* • *tibet.net* • *tibet.com* • Regroupe les différents départements (culture, santé, environnement, éducation, etc.).
■ ***TWA (Tibetan Women's Association) :*** *située près de la clinique Delek sur Bhagsu.* • *tibetanwomen.org* •
■ ***TCV (Tibetan Children's Village) :*** • *tcv.org.in* • Ils animent 2 villages d'enfants. Reçoivent volontiers vêtements, parrainages, et des sous bien sûr.

– Consultez le site • volunteertibet.org • si vous souhaitez mettre vos compétences au service d'ONG ou d'associations qui en ont besoin. Offres de jobs (bénévoles) branche par branche : éducation, informatique, médecine, etc.

Arriver – Quitt

En bus

La ***HRTC*** a un bureau
Ganj. Les bus ordinaires
sala, les *deluxe* stoppent
➢ ***Manali (via Kullu) :*** m
vers 17h ; env 8h de route
➢ ***Shimla, Amritsar, etc***
➢ ***De et vers Delhi :*** plu
Trajet : env 13h.
Les 2 meilleures compag
McLeod Ganj :

■ ***Potala :*** *Bhagsu Rd, e*
Tibet. ☎ *22-13-78 ou*
22-14-27. Ouv 9h-18h3
■ ***Bedi Travel's :*** ☎

En train

– Il existe un petit tortillard entre Pathankot et Baijnath (7 départs/j., 5h de trajet). S'arrêter à *Kangra* (à 20 km de Dharamsala) et finir en bus. Dur, dur de choper une place sur ce train local bringuebalant : on voyage souvent debout sur le marche-pied ou avec un autochtone sur les genoux. La récompense : des paysages vertigineux qui défilent à 20 km/h. Pour les aventuriers et les pas pressés.
– Au retour, passer à nouveau par Pathankot ; trains pour Delhi (départs 18h-23h ; 10-11h de trajet) ou pour n'importe quelle autre destination.

Adresses utiles

En France

■ ***Bureau du Tibet :*** *84, bd Adolphe-Pinard, 75014 Paris.* ☎ *01-46-56-54-53. Fax : 01-46-56-08-18.* • *tibet.com* • Ⓜ *Porte-de-Vanves.* Édite un bulletin trimestriel annonçant les conférences sur le Tibet, la venue du dalaï-lama, etc.

En Suisse

■ ***Tibet Bureau :*** *10, pl. de la Navigation, 1201 Genève.* ☎ *(022) 738-79-40. Fax : (022) 738-79-41.* • *tibet@bluewin.ch* •

À Dharamsala

ℹ ***Tourist Office :*** *à McLeod Ganj, entre la banque et l'hôtel* Baghsu. ☎ *22-12-05.* • *himachaltourism.gov.in* • *Tlj sf dim et j. fériés 10h-17h, avec pause déj.* Cartes de trekking en vente. Pas hyper-motivé. Un autre bureau à Dharamsala même. Le mieux est de consulter le site très riche • 123himachal.com •
✉ ***Post Office :*** *proche de la banque, sur la route menant à la bibliothèque. Lun-sam 10h-17h (12h30 sam).*
■ ***Punjab National Bank :*** *Temple Rd, à 50 m de la place centrale. Lun-sam 10h-14h (12h sam).* Change les euros (espèces).
■ Dans la même rue, plusieurs ***bureaux de change*** aux horaires plus larges *(tlj jusqu'à 19h).* Le bureau *Forex* change les chèques de voyage.
■ Quelques ***distributeurs*** *à Lower Dharamsala, et un à McLeod Ganj, sur Temple Rd, presque face au temple.* Et la plupart des bureaux de change peuvent faire une avance sur les cartes *Visa*

...cins ...rtué à ...ents du

gouvernement provisoire tibétain.

■ ***Urgences :*** ☎ *33-31-33 ou 22-21-89.*

■ ***Railway Booking Office :*** *à côté de la* State Bank of India, *à Lower Dharamsala.* ☎ *22-67-11.*

...houses bon marché, toutes situées à McLeod Ganj, dans un ...e. Voici nos bonnes vieilles adresses, qui ont déjà fait leurs preu- ... trouver une chambre à la période des conférences données par le ...0 jours en février ou mars selon le calendrier tibétain) est le début de ...sage de la sagesse !

... très bon marché à bon marché (50-400 Rps / ...,70-6,20 €)

Drepung Loseling Guesthouse : *dans un passage en face du* Tsongkha Restaurant. ☎ *22-10-87.* Géré par des moines adorables. Chambres à différents prix, dépouillées mais propres, avec ou sans eau chaude et offrant une vue plus ou moins dégagée. Plus on monte, mieux c'est. Sur le toit, panorama magnifique. Dans le même genre, les moines tiennent aussi la ***Loling Guesthouse,*** à côté de la *Kalsang Guesthouse.*

Tibetan Ashoka Guesthouse : *à côté de la* Drepung Loseling Guesthouse. ☎ *22-17-63.* L'une de nos préférées, pour ses prix riquiqui, sa grande propreté, son accueil délicieux et la vue à couper le souffle depuis la terrasse. Chambres avec ou sans salle de bains, avec ou sans vue, avec ou sans eau chaude.

Paljor Gakyil Guesthouse : *de l'arrêt de bus, prendre la route qui monte vers Dharamkot ; l'hôtel se trouve sur la droite, en contrebas, un peu caché. Ou emprunter la même route que pour aller à la* Kalsang Guesthouse. ☎ *22-14-43.* Eau chaude toute la journée dans certaines chambres. Belles petites chambres avec terrasse sur le toit, histoire de profiter du paysage de rêve.

Kalsang Guesthouse : *de l'arrêt de bus, prendre la rue qui monte à Tipa et grimper les escaliers.* 📱 *94-18-04-52-02.* Même style que sa voisine, la *Paljor Gakyil Guesthouse.* Petites chambres modestes mais impeccables, avec ou sans salle de bains. L'eau chaude est en option (supplément) et le service un peu capricieux, dommage. En revanche, une des plus belles vues qui soient depuis certaines chambres.

Prix moyens (400-800 Rps / 6,20-12,30 €)

Hotel Tibet : *près de l'arrêt de bus, sur la rue allant à Bhagsu.* ☎ *22-14-26 ou 15-87.* • *htdshala@sancharnet.in* • *CB acceptées.* Si vous n'êtes pas trop fauché... Moins confortable que les hôtels prétendument chic, mais plus sympa. Dans toutes les chambres, TV, téléphone et salle de bains avec eau chaude. Pour certaines, belle vue sur le village et les montagnes. En haut, terrasse pour bronzette et sieste méditative. En bas, un resto, Q.G. des habitués. Accueil tout en douceur.

De plus chic à très chic (1 800-5 000 Rps / 27,70-76,90 €)

Hotel Surya : *dans la montée après l'office de tourisme.* ☎ *22-14-18, 19 ou 20.* • *suryaresorts.com* • *Doubles 1 800-3 300 Rps (27,70-50,80 €).* Pas une grande différence entre les *deluxe* et les *super deluxe.* Accueil aussi froid que la déco, c'est dire... Pas un cadre aux murs, pas une couleur... vraiment cafardeux. On retiendra tout de même les grandes chambres confortables, moquettées, avec de larges baies vitrées.

Asia Health Resort : *à 1,5 km après le lac Dal, en pleine nature.* ☎ *22-09-09.* • *asiahealthresorts.com* • *Double min 3 000 Rps (46,20 €) avec vue sur la vallée.* Oubliez celles qui donnent sur le parking : à quoi bon ? Mieux que les hôtels soi-disant chic du centre de McLeod Ganj. Ravira les routards à la recherche de confort et de calme. En revanche, le personnel d'accueil est vite débordé : ne pas trop leur en demander. Massages ayurvédiques possibles (mais le masseur vient de l'extérieur). Piscine et sauna. Savoureux resto.

Où manger ? Où boire un verre ?

Tourisme oblige, les menus des restos proposent tout et rien, de la cuisine tibétaine (encore heureux !) à la cuisine israélienne, en passant par les *chowmein*, pizzas, *burgers* et autres délices anglo-saxons. C'est quand même la nourriture tibétaine qui nous a le plus bottés : *momos*, soupes de nouilles *(thanthuk)*... La plupart de ces restos bon marché ne servent pas d'alcool.

Bon marché (50-100 Rps / 0,70-1,50 €)

Gakyi Restaurant : *proche de l'*Ashoka, *sur Jogibara Rd.* Petit resto végétarien convivial et chaleureux. Au petit déj, tout le monde démarre au müesli et au pain tibétain, histoire d'attaquer la journée avec le plein de vitamines. Excellente cuisine tibétaine à la fois saine et goûteuse.

Tsongkha Restaurant : *toujours dans Jogibara Rd.* Petite salle défraîchie avec de belles chaises en bois, la vallée d'un côté, les montagnes de l'autre. Super-cool, les garçons vous servent des soupes de *momos* délicieuses, ainsi que d'excellents plats à base de tofu. Possibilité de s'installer sur le toit, avec une vue circulaire magnifique... Attention aux singes !

Yak Restaurant : *Jogibara Rd, en face de l'*Ashoka. On le garde par affection pour sa salle microscopique où se retrouvent, serrés comme des sardines autour de 3 tables, Tibétains, moines et touristes. Dommage que l'hygiène soit un peu limite et que la qualité des *momos* ait baissé.

Chocolate Log : *en dessous de la poste, sur la route de la bibliothèque. Tlj sf mar 9h30-18h.* Petit nid serein, face aux montagnes. Le fief des gourmands qui craquent sur le gâteau aux pommes ou au chocolat et les tartes aux légumes toutes fraîches. Agréable même si on a déjà goûté mieux !

Prix moyens (100-250 Rps / 1,50-3,80 €)

Restaurant de l'Hotel Tibet : *près de l'arrêt de bus.* Grande salle agréable, rendez-vous coloré et plutôt joyeux de Tibétains et d'Occidentaux. Cuisine pour tous les goûts, tibétaine, indienne, japonaise, chinoise et occidentale. À côté, bonne pâtisserie proposant croissants et différents pains, et bar cosy comme tout.

Ashoka Restaurant : *après le* Gakyi Restaurant. Beau resto tout en bois, dans le genre chalet suisse. Terrasse au dernier étage. La nourriture est correcte et servie très copieusement.

Mc Leo Restaurant : *à l'arrêt de bus de McLeod Ganj.* Resto-bar à l'américaine, sur 2 étages plus la terrasse du toit. Un observatoire de 1re classe pour les curieux, qui suivront l'activité incessante du carrefour. En plus, la nourriture y est très correcte et à prix raisonnables. Sert de tout : indien (nord et sud), chinois, italien, israélien... C'est aussi l'un des seuls endroits à McLeod Ganj où boire une bière fraîche en soirée. Bonne musique, pour une fois : ça méritait bien une mention spéciale !

Chic (250-400 Rps / 3,80-6,20 €)

Asia Health Resort : *voir « Où dormir ? ». Plats 150-200 Rps.* L'une des meilleures tables qu'on ait trouvées ici. Cuisine indienne et continentale. Essayez le *murgh tikka* au gingembre et au citron confit.

À voir

Namgyalma Temple : *vous ne pouvez pas le rater, il se trouve en plein cœur de McLeod Ganj.* Construit en mémoire des Tibétains disparus dans leur lutte pour un Tibet libre. Toujours en tournant dans le sens des aiguilles d'une montre, les fidèles font rouler les gros moulins à prière colorés en récitant des mantras. Reconstruit intégralement en 2005.

Namgyal Temple : *à côté de la résidence du dalaï-lama.* Le bâtiment moderne n'a rien de spectaculaire en soi. Il se compose d'un monastère où vivent et étudient 200 moines que l'on voit se balader, chahuter et parfois s'exercer à des joutes oratoires assez spectaculaires. Dans la salle centrale, un bouddha imposant et, devant lui, toutes sortes d'offrandes dont un nombre impressionnant de paquets de biscuits. De part et d'autre, dans les vitrines qui grimpent jusqu'au plafond, une collection de 225 volumes de *Tangyur.* Ils contiennent les commentaires de l'enseignement du Bouddha sur la philosophie, la grammaire, l'astrologie, la médecine, la science, etc. À gauche, derrière les grilles, deux énormes statues. Celle en bronze mesure 3 m de hauteur et représente Sakyamuni, celle en argent, Avalokiteshvara aux 11 visages – dont le dalaï-lama est supposé être l'incarnation. Lors des cérémonies, la salle regorge de moines récitant des mantras, leur *mala* égrené sous leurs doigts. Ne manquez pas la balade rituelle effectuée par les bouddhistes (ou non !), tournant autour du monastère et de la résidence du dalaï-lama, de préférence en fin d'après-midi. On ne vous en dit pas plus ; mais attention, il faut absolument tourner dans le sens des aiguilles d'une montre. Demandez le chemin au monastère.

Par ailleurs, le dalaï-lama accorde de temps à autre une entrevue devant sa maison : ça se résume à une longue queue leu leu d'étrangers qui viennent serrer la pince de *His Holiness.* Mais c'est déjà une chance ! Si l'occasion se présente, rendez-vous avec votre passeport au *Security Office* (Bhagsu) pour vous inscrire.

Tibetan Museum : *dans la cour du Namgyal Temple. Tlj sf lun 10h-18h (9h-17h en hiver). Entrée : 5 Rps.* Retrace en texte et en photos la douloureuse histoire du Tibet, de l'invasion à la sinisation en passant par l'exil, les tortures et le véritable génocide perpétré par le pouvoir chinois : environ 1,2 millions de morts depuis 1949. Plus de 6 000 temples furent détruits et leurs manuscrits brûlés au nom de la révolution culturelle. L'extermination se poursuit lentement aujourd'hui, par la méthode discrète, mais ô combien efficace, de l'invasion démographique. Une expo factuelle mais instructive et... intense. Ne pas manquer le documentaire vidéo, qui prend vraiment aux tripes. On n'en ressort pas indemne.

La bibliothèque et le Tibetan Cultural Museum : *situés dans le quartier de Gangchen Kyishong (« la Joyeuse Vallée de Neige »), à 5 km env de McLeod Ganj, en descendant.* D'une richesse remarquable, le lieu est bien connu de ceux qui désirent étudier l'histoire et la culture tibétaines. Un génial petit musée *(tlj sf dim 9h-17h ; entrée : 10 Rps)* expose des *thangkas* anciens et des centaines de bouddhas plus beaux les uns que les autres. Les enseignements donnés par des Occidentaux ou des lamas tibétains attirent quotidiennement un auditoire venu du monde entier (traduction simultanée en anglais).

Juste à côté de la bibliothèque, on peut visiter la **salle du Parlement tibétain.** *S'adresser au secrétariat du gouvernement provisoire.* Seulement deux sessions par an, présidées par le dalaï-lama en personne et réunissant 46 députés venant à la fois d'Inde et de terres d'exil comme l'Europe, les États-Unis, etc. Le Tibet a donc tous les attributs d'un pays : un gouvernement, une assemblée, un drapeau... mais aucune reconnaissance officielle.

TIPA : *à 15 mn de marche de McLeod Ganj.* ☎ *22-14-78.* • *tibetanarts.org* • *Tlj sf dim 9h-17h. Entrée interdite lors des cours.* La plus ancienne institution de la communauté qui se bat pour faire vivre l'art tibétain. Sa troupe d'opéra tibétain *(Lhamo)* suit une tradition datant du XIVe s. Ses artistes, excellents, se produisent dans le monde entier. Si vous avez la chance de les voir, ne ratez pas l'occasion.

Les villages d'enfants : il en existe deux, le ***Lower TCV*** et l'***Upper TCV*** *(rens :* ☎ *22-13-48, ou voir plus haut « Aide à la communauté tibétaine »).* Dans celui du haut, situé à côté du lac Dal, chacune des 38 maisons abrite une quarantaine d'enfants. Le village compte aussi crèches et écoles, ainsi qu'une section accueillant les personnes âgées. Sacré boulot réalisé par la communauté tibétaine grâce au soutien international... qui reste insuffisant malgré tout. Dons de vêtements et aides financières toujours appréciés, et système de parrainage d'enfants.

Tushita Meditation Centre : ☎ *22-18-66.* Lieu de retraite perché à 20 mn d'une sévère grimpette à partir de l'arrêt de bus de McLeod Ganj. Quiétude et sérénité, que seuls les singes semblent autorisés à troubler. Les personnes suivant le cours peuvent y séjourner. Ambiance monacale pleine de recueillement.

L'église Saint-John : *à 15 mn de marche de McLeod Ganj.* Construite en 1852, cette église néogothique doit paraître délicieusement exotique pour les Tibétains, mais pour nous... En revanche, un bon prétexte de balade à travers la forêt.

L'HIMACHAL PRADESH

➤ DANS LES ENVIRONS DE DHARAMSALA

Treks et balades

Quelques balades accessibles à tous à partir de McLeod Ganj, mais ne vous aventurez pas sans guide pour des treks sérieux. Il faut impérativement faire appel à de vrais pros.

■ **Eagle's Height Trekkers :** *sur la route du lac Dal, un peu après le bureau des taxis.* ☎ *22-10-97.* *98-16-32-03-92.* • *http://trekking.123himachal.com* • Organise des treks (Chamba Valley, Spiti, Ladakh...) et vend un excellent bouquin sur les différentes excursions et balades de la région. En plus, ils sont adorables. Détail des excursions sur le site web.

➤ **Bhagsu :** *à 2 km de McLeod Ganj.* Petit temple hindou du XVIe s dédié à Shiva, et cascades. Malheureusement, Bhagsu est devenu une extension hôtelière de McLeod, un absurde fouillis d'hôtels mal finis, de restos, de cybercafés et de musique techno. Triste fin pour cet endroit auparavant naturel et paisible.

➤ **Triund :** *arrivé à Bhagsu, prendre sur la gauche vers le temple de Shiva (45 mn). Ensuite, un chemin sur la droite grimpe à Triund en 3h env de vraie montée.* Prévoir eau, casse-croûte et protection contre la pluie. Fini la montagne à vaches, de bonnes chaussures de marche commencent à s'imposer. Possibilité de passer la nuit là-haut à la *Forest Guesthouse,* seulement après réservation (mais c'est cher !) auprès du *Forest Office* de Dharamsala *(près de la grande poste ;* ☎ *22-48-87).* Sinon, camping possible.

➤ **Le lac Dal :** *mignon petit lac à 3 km de la station de bus.* Oh, rien d'impressionnant, mais prétexte à une petite balade bucolique. À côté, le village d'enfants d'*Upper TCV* (voir plus haut).

Sur la route de Kullu

Le temple de Baijnath : à 50 km de Dharamsala, accessible en bus. Gratuit. Temple d'une finesse exceptionnelle, dédié à Shiva. De petite taille mais de grande valeur esthétique ; certains le datent du IXe s. On peut passer des heures à inspecter les bas-reliefs. Dans la cour, sur la gauche, ne pas dépasser la ravine où coule de l'eau sacrée. Passé l'entrée du temple, une plaque gravée dans un alphabet mystérieux. Environnement paisible, sur une pelouse digne d'un green de golf, avec les pics enneigés en arrière-plan.

LE PENDJAB ET L'HARYANA

Région stratégique le long de la frontière pakistanaise et « grenier à blé » du nord de l'Inde (le plus haut revenu moyen par habitant de tout le pays), le Pendjab est avant tout la région des sikhs. Qu'ils vous fascinent ou vous plongent dans une perplexité sans nom, les sikhs font partie de la mosaïque culturelle et religieuse de l'Inde et vous allez découvrir leur univers. Tous portent le même nom de famille : Singh, qui veut dire « lion ». Un cauchemar pour l'état civil ! Vous verrez plusieurs types de sikhs ; ceux avec les turbans bleus, une barbe non taillée, un grand couteau et parfois une hallebarde sont les *Akali,* une lignée de guerriers.
À propos de guerre, le Pendjab a connu pendant 11 ans (entre 1982 et 1993) un état d'insurrection quasi permanent, après que des groupes clandestins sikhs eurent pris les armes pour réclamer leur indépendance. Au prix d'une répression très dure – plusieurs dizaines de milliers de morts parmi les civils, le Temple d'or (principal sanctuaire des sikhs) attaqué par l'armée en 1984, etc. –, les autorités indiennes sont parvenues à museler la rébellion. Le commerce a repris son cours de plus belle, grâce au dynamisme de la population locale et, en outre, grâce à sa vocation agricole (avec le plus haut rendement du pays, 4 200 kg de grains par hectare), le Pendjab reste un État qui pèse lourd dans l'économie de l'Union indienne.

AMRITSAR

1 000 000 hab. IND. TÉL. : 0183

Amritsar, ville embouteillée et stressante, ne figurerait dans aucun itinéraire touristique si l'on n'y trouvait une des grandes merveilles du pays : le *Golden Temple,* ou Temple d'or. Plus qu'un temple, c'est le cœur même du sikhisme, ainsi qu'un véritable complexe socio-religieux qui attire aussi bien les sikhs du monde entier que les hindous, musulmans... et bon nombre de touristes. Rien que pour arpenter ses allées de marbre blanc, voir son dôme scintillant miroiter dans la « piscine de nectar » et écouter les litanies du *Granth Sahib,* un détour par Amritsar s'impose.

UN PEU D'HISTOIRE

La ville fut fondée en 1577 par Ram Das, 4e *guru* des sikhs, autour d'un étang miraculeux. Au fur et à mesure que le sikhisme – fondé au début du XVIe s par *guru* Nanak – se distingue des religions déjà existantes, grandit le sentiment d'une nation sikh. Au début du XIXe s, les sikhs étendent même leur influence sur Lahore (Pakistan actuel) et sur le Cachemire. Le massacre de 1919 par les Anglais annonce des temps moins fastes. Comme un grain de sable dans le potage survient la partition de 1947, qui coupe le Pendjab en deux et donne lieu à une vraie boucherie de part et d'autre de la frontière. Au final, plus de 10 millions de personnes seront déplacées. Dans les années 1980, la revendication d'un État autonome (le Khalistan) atteint son paroxysme : des militants sikhs se retranchent dans le Temple d'or. Après l'échec des négociations, Indira Gandhi envoie l'armée à l'assaut du temple. En 1984, les fidèles sont assiégés, puis l'assaut est donné : résultat, presque 500 morts dans les rangs sikhs. Cela ne fait qu'accroître la haine, qui mène en octobre de la même année à l'assassinat de la chef d'État par ses propres gardes du corps... des sikhs. Les troubles se sont poursuivis jusque récemment, bien que tout soit aujourd'hui rentré dans l'ordre. Mais Amritsar porte encore les cicatrices d'un passé douloureux, qui se confond avec l'histoire mouvementée de la communauté sikh.

Arriver – Quitter

En bus

Station de bus : *sur GT Rd, dans le centre moderne, à env 2 km de la gare ferroviaire et 1,5 km de l'office de tourisme.*

➢ ***De et vers Delhi :*** bus *deluxe,* notamment avec *Sharma Travel* et *Maharajah Travel.* Sinon, départs fréquents avec des bus locaux. Env 9h de route.

➢ ***De et vers Pathankot :*** liaisons en permanence ; 3h de route. De Pathankot, plaque tournante des transports de la région, on peut rallier facilement Dharamsala, Manali, Jammu, etc.

➢ ***De et vers Chandigarh :*** départs fréquents ; 5h de trajet.

➢ ***De et vers le Pakistan :*** pour se rendre au Pakistan, bus jusqu'à Attari (ttes les heures), puis en rickshaw ou à pied pour traverser la frontière, et enfin un autre bus jusqu'à Lahore (30 mn de route) ; même principe dans l'autre sens. La frontière (à Wagha) ferme vers 16h30 en hiver, 17h30 en été mais les horaires changent chaque année : partir tôt. Formalités assez longues et visa impératif.

En train

Gare ferroviaire : *à env 2 km du Temple d'or et 500 m de l'office de tourisme.*

➢ ***De et vers Pathankot :*** env 10 trains/j. Le « nœud ferroviaire » le plus proche. De là, nombreuses correspondances possibles.

➢ ***De et vers Delhi :*** 6-7 trains/j. Les meilleurs partent à 5h et 17h. Durée : 7-9h. Certains trains continuent sur Mumbai, Varanasi, Kolkata, etc.

➢ ***De et vers le Pakistan :*** un train/j. Delhi-Lahore, et vice versa. S'y prendre à l'avance.

En avion

✈ ***Aéroport :*** *à 15 km du centre.*

➢ ***De et vers Delhi :*** 1 vol/j. avec *Jet Airways et* 3 vols/sem avec *Indian Airlines.*

Adresses utiles

Tourist Information Office : *sur Queen's Rd, à 50 m du* Grand Hotel*, dans la cour de l'hôtel* Palace. ☎ *240-24-52.* ● *punjabgovt.nic.in/tourism* ● *Lun-sam 9h-17h.* Peu de doc, mais personnel très au courant et serviable. Plan de la ville.

Autre ***bureau*** *dans le Temple d'or, ouv 7h-20h.* Il faut quitter ses chaussures pour y entrer.

✉ ***Poste principale :*** *Albert Rd. Lun-sam 10h-17h.*

Bank of Punjab : *dans l'enceinte du temple, à gauche avt l'entrée. Lun-sam 10h-17h (14h sam).* ***ATM*** *accessible 24h/24.* Change les espèces.

LE PENDJAB ET L'HARYANA

■ ***Bureaux de change :*** *sur Railway Link Rd, à 50 m de l'office de tourisme.* Changent aussi bien les espèces que les chèques de voyage.

@ ***Cybercafés :*** *sur Lawrence Rd, à 100 m du* Kwality Restaurant. Plusieurs Internet-cafés dans la cour.

■ ***Hôpital principal (urgences) :*** *☎ 222-09-09.*

■ ***Bureau de réservation des trains :*** *dans l'enceinte du temple, à droite de l'entrée. Ouv 8h-20h.* Pratique.

■ ***Indian Airlines :*** *☎ 221-33-92.*

Où dormir ?

Presque gratuit

■ ***Hébergement au Temple d'or :*** chambres simples, doubles, dortoirs... Bien propre et même assez confortable pour certaines. Gratuit en théorie, mais on vous fait comprendre qu'une donation est la moindre des choses. Ce qui est vrai.

De bon marché à prix moyens (200-800 Rps / 3,10-12,30 €)

Dans la Mahna Singh Rd, c'est-à-dire entre le Temple d'or et le superbe jardin Jalianwala Bagh, nombreux hôtels bon marché. Avantage : c'est en plein centre, proche du temple et pas cher. En revanche, visitez plusieurs hôtels pour en trouver un qui soit bien.

■ ***Lucky Guesthouse :*** *Mahna Singh Rd. ☎ 254-21-75.* Doubles claires et bien tenues avec sanitaires (eau chaude 24h/24), ventilo ou AC. Bon accueil.

Chic (800-1 500 Rps / 12,30-23,10 €)

■ |●| ***Grand Hotel :*** *Queen's Rd, à 500 m de la gare ferroviaire. ☎ 256-24-24. • grand@jla.vsnl.net.in • Doubles 800-1 300 Rps. CB acceptées.* Un hôtel triangulaire moderne avec un jardin en son centre. Central et calme à la fois. Chambres gaies et confortables, mais entretien un peu aléatoire. Les moins chères sont décorées à la va-vite et un peu plus sombres que les autres. Le resto affiche plus de 350 plats à la carte, de toutes origines.

Beaucoup plus chic (min 5 800 Rps / 89,20 €)

■ |●| ***Ranjit Svaasi Spa :*** *47 A, the Mall. ☎ 256-66-18. • svaasa.com • Double min 5 800 Rps (89,20 €), petit déj inclus.* Une adresse de charme, une vraie. La demeure (plus de 250 ans d'âge) servait de *guesthouse* aux colons britanniques. Tableaux et photos aux murs racontent son histoire. Chacune des 12 chambres possède sa personnalité. Mobilier précieux, baignoires grandes comme des piscines (sauf dans les doubles « standard » qui n'ont qu'une douche) et tout le confort possible. La différence par rapport aux autres établissements chic se fait dans l'esprit : environnement fleuri et zen, tout fonctionne au solaire, les produits servis aux repas sont bio... Cerise sur le gâteau, vous pouvez détendre vos muscles endoloris dans la superbe salle de massage ayurvédique ou au sauna. Une cure de jouvence, même si ces gâteries ne sont pas gratuites. Cours de yoga également. Les bains se prennent aux pétales de roses et les dîners aux chandelles. Pas très ascétique, tout ça, mais très romantique, et tout compte fait les prix restent raisonnables eu égard à la qualité des prestations.

Où manger ?

Gratuit

🍽 ***La cantine du Temple d'or :*** *thalis* végétariens pour pas un rond. On va prendre une gamelle et un gobelet et on s'assied par terre à côté des autres. Imaginez donc : 10 000 repas servis chaque jour ! Une expérience à tenter absolument, d'autant que les plats sont fraîchement préparés.

Bon marché (max 100 Rps / 1,50 €)

Plusieurs *dhabas* devant le Temple d'or : curry, haricots, lentilles pour une poignée de roupies.

🍽 ***Bubby Vaishno Dhaba :*** *en face du temple, dans une sorte de galerie marchande. Thalis, tandoori, masala dosaï,* et même, cuisine chinoise. Très populaire. Propre, dans une salle climatisée ou dehors.

🍽 ***Bharawan da Dhaba :*** *derrière la mairie (Town Hall). Thalis* et plats copieux servis dans une ambiance de cantine. Grande salle ventilée très propre et nourriture végétarienne délicieuse.

Prix moyens (100-250 Rps / 1,50-3,80 €)

🍽 ***Kwality Restaurant :*** *the Mall, au coin avec Lawrence St.* ☎ *222-48-49.* Un must. Cuisine penjabie ou indienne excellente, qu'on la choisisse *veg'* ou *non veg'* : poulet *tandoori* et *murgh* sont à l'honneur. Salle climatisée, cadre reposant et feutré, ou bien terrasse dehors. Très propre et service agréable, le tout pour un rapport qualité-prix inégalable.

🍽 ***Crystal Restaurant :*** *au bout de Queen's Rd, la rue du* Grand Hotel. ☎ *222-55-55.* Une institution, fréquentée par les classes moyennes et la jeunesse dorée d'Amritsar. Rien à redire sur le look : nappes blanches, serveurs en nœud pap' et gilet noir, c'est du pur chicos. Miroirs fumés et moulures de plâtre complètent le côté « on est entre élus ». Pourtant les prix sont ridicules. Nourriture internationale, indienne, italienne, chinoise... on en passe ! Correct, sans être extraordinaire. Essayez les *tandooris, murghs* à toutes les sauces, ou encore le curry de cervelle (nous, on n'a pas osé...). Service à la chaîne. Dehors, un comptoir pour la vente à emporter. On a souvent du mal à trouver une table libre, c'est dire si ça compte d'être vu ici...

À voir

La vieille ville s'agglutine autour du Temple d'or, principal attrait d'Amritsar. Quant à la ville moderne, 2 km au nord, derrière la gare, elle ne présente aucun intérêt.

★★★ **Golden Temple** *(Temple d'or)* **:** le lieu le plus sacré pour la communauté sikh. Un merveilleux endroit où l'on peut passer la journée entière, époustouflé par l'animation permanente qui y règne et par la singularité des pratiques religieuses.

Infos pratiques

Entrée gratuite, tout comme les nuits et les repas. L'ensemble est strictement non-fumeurs et sans alcool. Laisser ses chaussures à la consigne de l'entrée (gratuite) et se couvrir la tête : on vous prêtera gratuitement des bandanas orange du plus bel effet. De grâce, évitez le short-marcel et autres tenues débraillées, à moins de vouloir vous attirer le regard noir des sikhs... Avant d'entrer, bien se laver les mains. Puis tremper les pieds dans le pédiluve pour les purifier (vu le nombre de panards qui y passent, on n'ose dire « laver »). La photo est autorisée, sauf à l'intérieur du Temple d'or lui-même. Enfin, n'hésitez pas à aller y faire un tour de nuit : les éclairages sont sublimes et l'ambiance est extraordinaire.

La visite

– On pénètre par 4 portes différentes dans ce complexe géant ordonné autour du Temple d'or proprement dit (« Hari Mandir »), lui-même cerné par un bassin appelé « piscine de nectar » (en penjabi : « Amrit Sarovar », d'où vient le nom de la ville). Tout autour, une cour carrée éclatante de blancheur, pavée de marbre, puis des jardins, des bâtiments religieux et administratifs, les lieux de vie en commun (dortoirs, cantine) et enfin, proches des portes, des distributeurs d'argent, librairies, boutiques, etc. Toutes les religions sont les bienvenues et l'on croise ici nombre d'hindous et de musulmans.

– ***Amrit Sarovar :*** les plus pieux se livrent à des ablutions dans ce bassin d'eau sacrée. Certains gardent même leur poignard pendant la baignade. Ce sera aussi pour vous l'une des rares occasions de voir dénouée au grand jour cette longue chevelure que les sikhs cachent sous leur turban. Les femmes, quant à elles, disposent d'un espace privé. Juste à gauche de l'entrée principale, beau jujubier de plus de 400 ans, où l'on prie pour obtenir un fils ou réussir un mariage.

– ***Hari Mandir :*** vous remarquerez deux files pour y accéder, une lente qui permet d'assister assez longtemps aux prières et une *express* pour les passages rapides. Pour jeter un coup d'œil et passer 10 mn dans le temple, prendre la voie rapide. Ce temple date de 1764 puisque le premier, bâti fin XVIe s sous le règne d'Akbar, fut rasé par les Afghans. Le dôme doré fut achevé vers 1830. Profusion d'or et finesse des décors, harmonie des proportions... Il est bien agréable à l'œil, mais c'est surtout l'ambiance que l'on retiendra. Des prêtres chantent en permanence les paroles du livre sacré (le *Granth Sahib,* rédigé en penjabi), tout en jouant de la musique, et ce depuis plus de 400 ans ! Le lecteur-chanteur change toutes les heures mais la nuit, tout le monde va dormir. Ce livre, le *guru* Arjan Dev l'a écrit vers 1604 et il devint, sous le dernier *guru,* Ginbond Singh, la référence et le seul *guru* des sikhs. Monter à l'étage : vue plongeante sur les chanteurs et les hommes en prière. Un moment unique, devant des fidèles en extase mystique. Certains sont proches de la transe. Chaque soir (vers 22h en été, 21h en hiver) et matin (4h et 5h), le livre sacré est transféré du temple au *Akal Takht* (siège du comité directeur) dans une procession solennelle.

– Passionnante, la visite des ***cuisines*** et de la ***cantine,*** où l'on sert plus de 10 000 repas gratuits par jour ! Les plateaux-repas sont préparés à tour de rôle par des volontaires bénévoles. Ne pas manquer de voir la *chapati machine,* offerte par un généreux donateur sikh ayant fait fortune à Londres.

Durgiana Temple : *dans la vieille ville, à 10 mn du Temple d'or. Fermé 13h-15h.* Les sikhs ont un joli Temple d'or, alors les hindous se sont dit : « On va faire pareil. » Résultat, un temple consacré à Durga, couvert de feuilles d'or et placé au milieu d'un bassin, sacré lui aussi, tant qu'à faire. Ajoutez quelques idoles, une pincée de mendiants et un cérémonial coloré qui se déroule toute la journée. Voilà, vous avez la version hindoue du Temple d'or. Difficile d'avancer avec précision la date de construction tant on vous dit tout et n'importe quoi. Sur la passerelle d'accès au temple sont gravés les noms de généreux donateurs (parfois 25 ou 50 Rps !).

Jalianwala Bagh : *à 200 m du Temple d'or, face à l'entrée. Tlj 6h-19h (7h-18h en été). Gratuit.* La beauté de ce jardin contraste avec les horreurs qui y ont été commises. Face à une nouvelle loi qui permettait aux Anglais d'emprisonner et de condamner les Indiens sans aucun procès, environ 20 000 personnes se sont réunies dans ce jardin pour manifester leur ras-le-bol. Nous sommes en 1919 et la Couronne décide d'employer la manière forte pour réprimer ce soulèvement pourtant pacifique. Les troupes du général Dyer débarquent et somment tout le monde d'évacuer les lieux, tout en bloquant la seule issue possible. Feu à volonté, les soldats distingués de Sa Majesté tirent dans le tas et tuent 379 personnes en 5 mn.

Imaginez qu'à l'époque, le jardin était entouré de hauts murs : impossible d'échapper au carnage. D'ailleurs, beaucoup de gens ont été tués en tentant cette escalade. Sur une arche de pierre, voir les impacts des balles, qui ont été encadrés. Ce massacre compte pour beaucoup dans le mouvement instigué par Gandhi.

➤ DANS LES ENVIRONS D'AMRITSAR

La cérémonie de clôture de la frontière indo-pakistanaise : *à* ***Wagha,*** *poste-frontière situé à 35 km d'Amritsar. Prendre un bus jusqu'au village d'Attari (1h de route), puis finir les 3 km en rickshaw ou à pied. Tlj un peu avt le coucher du soleil.* Voici un show unique au monde : vous n'en croirez pas vos yeux tellement c'est surréaliste ! La cérémonie attire plusieurs milliers de curieux venus en famille. Arriver 1h avant pour avoir une bonne place dans les gradins.

De part et d'autre de la frontière, les gardes défilent comme des coqs à la parade. C'est du pur Monty Python ! Pakistanais et Indiens face à face frappent du pied, chantent et bombent le torse en faisant les gros yeux, dans la liesse totale et sous les sifflets de l'adversaire. Un spectacle bon enfant joué sur fond de nationalisme exacerbé. Les soldats se serrent la main, descendent et plient le drapeau puis ferment le portail. Bon, là on vous a résumé ça rapido, mais la cérémonie dure près de 40 mn. Pour ceux qui ne peuvent pas s'y rendre ou qui étaient placés trop loin pour bien voir, il existe un DVD de la cérémonie, en vente sur place. Si vous passez dans le coin, il est inconcevable que vous manquiez ce grand moment de démonstration militaire.

CHANDIGARH

900 000 hab. IND. TÉL. : 0172

Chandigarh est née de la volonté de Nehru de créer une nouvelle capitale pour le Pendjab, province mutilée par la partition entre l'Inde et le Pakistan. Cette capitale devait être « une ville nouvelle, symbole de la liberté de l'Inde, désentravée des traditions du passé... une expression de la confiance de la nation dans le futur ». En 1951, l'architecte français Le Corbusier se rend sur place pour étudier l'endroit où serait créée de toutes pièces cette ville nouvelle. Un mois plus tard, les premiers plans et le schéma directeur de la ville sont acceptés par les autorités. Pour la première fois, Le Corbusier met en œuvre ses thèses d'urbanisme et d'architecture à grande échelle. Il veut créer une ville fonctionnelle, dans laquelle véhicules et piétons ne se croiseraient pas, une ville conviviale où chaque quartier aurait un esprit de village avec chacun un marché, un dispensaire, une école, des espaces verts, etc. Une ville modèle en somme !

Tout comme Brasilia, la ville est divisée en « secteurs » rectangulaires identiques, séparés par de grandes avenues. On ne pénètre dans les secteurs que par quatre points seulement. Au cœur de chacun d'eux, la circulation est interdite aux voitures. Prévue pour 500 000 habitants, elle approche actuellement le million de personnes, la plupart appartenant à la classe moyenne (fonctionnaires, militaires, commerçants...), qui s'enorgueillissent de la propreté et de la belle organisation de leur cité.

Aujourd'hui, Chandigarh attire et intéresse avant tout les architectes. Logique ! Le *Capitol Complex,* au nord de la ville, est le site sur la planète où se concentrent le plus de bâtiments signés Le Corbusier, restés indemnes de toutes constructions parasites. D'ailleurs, il fut question dernièrement d'inscrire le *Capitol Complex* et le plan de la ville sur la liste du Patrimoine mondial de l'Unesco. Problème : il est fort complexe de distinguer ce qui relève directement de l'œuvre de l'architecte de ce qui tient de l'évolution moderne de la ville. Classer le concept ? le plan ? alors qu'il n'a pas été appliqué dans son

intégralité (certains bâtiments du *Capitol Complex* n'ont jamais été construits). La question reste entière. La protection de l'œuvre semble pourtant nécessaire : ainsi mobiliers et tapisseries, conçus également par Le Corbusier, font l'objet de trafic de la part des collectionneurs, et ont une fâcheuse tendance à disparaître des bureaux... Quant aux bâtiments, certains auraient désormais besoin d'une bonne restauration.
Il n'en demeure pas moins que cela fait un drôle d'effet quand on voit Chandigarh après les villes traditionnelles indiennes : plus « ordonnée », moins bruyante mais moins charmante également. Les distances s'étirent sur la longueur, les rickshaws klaxonnent autant ici qu'ailleurs, et le béton armé utilisé pour les constructions vieillit mal sous ce climat extrême. Bref, son pouvoir de séduction ne saute pas vraiment aux yeux ! Et il n'est pas évident non plus que les Indiens les plus défavorisés trouvent avantageux d'habiter ici plutôt qu'à Kolkata ou dans le Chowk de Delhi...

Arriver – Quitter

En bus

Il existe deux gares routières :

***Ancienne gare routière** (Old Bus Stand ; plan B2, **1**) **:** dans le secteur 17.* Liaisons avec :
➢ ***Delhi** (248 km) **:*** bus ttes les 10 mn env, fréquence réduite la nuit. 2 *deluxe* le mat, 1 en soirée. Trajet : 5-6h.
➢ ***Shimla** (120 km) **:*** bus ttes les 10 mn env, 24h/24, dont 3 *deluxe*. Trajet : 4-5h.
➢ ***Patiala** (65 km) **:*** nombreux bus 4h-21h. Trajet : 1-1h30.
➢ ***Amritsar** (240 km) **:*** quelques bus de nuit slt. En journée, départs depuis la nouvelle gare routière. Également des départs avec des compagnies privées, comme *Maharaja Travels*. Trajet : 5-6h.
➢ ***Haridwar :*** plusieurs bus 11h30-13h. Trajet : 5h.

***Nouvelle gare routière** (New Bus Stand ; hors plan par A3, **2**) **:** dans le secteur 43.* Pour les destinations du nord seulement. Liaisons avec :
➢ ***Manali** (320 km) **et Kullu :*** mêmes bus ; 4 bus/j., le mat slt. Trajet : 12h env.
➢ ***Amritsar :*** départs ttes les 30 mn 5h-20h. Trajet : 5-6h.
➢ Liaisons également vers ***Dharamsala, Leh, Kangra,*** etc.

En train

***Gare ferroviaire** (hors plan par B3) **:** à 8 km env au sud-est du centre-ville. Accessible en bus (départs réguliers de la* Old Bus Stand, *5h-21h45) ou en rickshaw. Bureau de résa au sein de la* Old Bus Stand *(secteur 17 ; plan B2, **1**), au 1er étage. Lun-sam 8h-20h ; dim 8h-14h.*
➢ ***Delhi :*** min 6 trains/j. Les plus rapides : les *Kalka Shatabdi Express* qui partent de New Delhi Railway Station respectivement à 7h40 et 17h15 (arrivée à 11h et à 20h20). De Chandigarh, départs à 6h50 et 18h20 (arrivée à 10h05 et 21h45).
➢ ***Shimla :*** 2 liaisons/j. Le trajet est beau, mais ce n'est pas très pratique car il faut changer à Kalka. Départs de Chandigarh à 10h25 et 11h10 (arrivée à 15h40 et 18h10). Départs de Shimla à 11h35 et 15h50 (arrivée à 17h20 et 22h25).

En avion

✈ ***Aéroport** (hors plan par B3) **:** à 12 km à l'est du centre-ville. ☎ 265-60-29.* Taxi ou rickshaw pour rejoindre la ville.
➢ ***Delhi :*** 1 vol/j. avec *Indian Airlines, Jet Airways, Air Deccan, JetLite.* Attention, en hiver, les vols sont fréquemment annulés en raison du brouillard.

➢ ***Mumbai :*** 1 vol/j. avec *Indian Airlines*, avec *Jet Airways* et avec *Kingfisher* (slt l'été pour ce dernier).
➢ ***Kolkata :*** 1 vol/j. via Mumbai avec *Kingfisher*, en été slt.

Adresses utiles

Tourist Office *(Chandigarh Tourism ; plan B2) : dans l'enceinte de la* Old Bus Stand, *secteur 17, au 1er étage.* ☎ *270-38-39 ou 00-54 et* ☎ *465-88-00 (n° d'aide 24h/24).* • *chandigarhtourism.gov.in* • *Tlj sf dim 9h30-17h.* Plan, réservations et visite guidée de la ville. À deux pas, un office de tourisme de chacun des États voisins (le Pendjab, l'Himachal Pradesh, l'Haryana et l'Uttaranchal).

Post Offices : *le bureau principal se trouve dans le secteur 17 (plan C2). Lun-ven 9h-13h, 13h30-16h ; sam 9h-14h. Petit bureau de poste au 1er étage de la* Old Bus Stand, *près du* Tourist Office *(plan B2).*

Internet : E-net Cyber Cafe *(plan B2,* ***3****), secteur 17E, au-dessus de* Indian Coffee House *(2e étage).* ☎ *463-67-79. Tlj 10h-20h. Ou encore à l'****Alliance française*** *(hors plan par A3,* ***11****).*

Punjab National Bank *(plan C2,* ***4****), secteur 17B.* ☎ *270-44-05. Lun-ven 10h-14h, 15h-16h ; sam 10h-13h.* Accepte les chèques de voyage et change en euros.

Canara Bank *(plan C2,* ***5****) : secteur 17C.* ☎ *270-20-65. Lun-ven 10h-14h, 14h30-15h30 ; sam 10h-13h.* Mêmes services.

Distributeurs (ATM) : un peu partout dans la ville. Vous en trouverez entre autres un dans l'ancienne gare routière, et tous les 50 m dans le secteur 17 !

Consulat du Canada *(plan C2,* ***6****) : SCO 54-56, secteur 17A.* ☎ *505-03-00.* • *chadg-g@international.gc.ca* • *Lun-jeu 8h30-17h30 ; ven 8h30-13h.*

Fortis Hospital *(hors plan par A3,* ***7****) : secteur 62, phase VIII, Mohali.* ☎ *509-60-03. À 8 km env du centre-ville.* Hôpital nickel. Urgences 24h/24.

Pharmacie *(plan C1,* ***8****) : au* Fortis City Centre, *secteur 9D.* ☎ *506-12-22. Lun-sam 9h-21h.*

Indian Airlines *(hors plan par A3,* ***9****) : secteur 34.* ☎ *262-49-41 ou 46. Lun-sam 10h-13h15, 14h-17h.*

Jet Airways *(plan C1,* ***10****) : secteur 9D.* ☎ *274-14-65 ou 05-50. Lun-sam 9h-13h30, 14h30-18h. À l'aéroport :* ☎ *265-89-34 ou 35.*

Air Deccan : *à l'aéroport slt.* ☎ *265-17-48 ou 18-48.* • *airdeccan.net* •

Alliance française Le Corbusier *(hors plan par A3,* ***11****) : secteur 36A, à côté de* Hibiscus Garden. ☎ *266-86-27.* • *afindia.org/chandigarh* • *Lun-ven 9h-13h, 15h-18h ; sam 9h-13h.* Bibliothèque avec magazines français et accès Internet. Expos temporaires et quelques spectacles. À l'étage, *Le Café de Montmartre* propose une petite restauration rapide. C'est surtout l'occasion de rencontrer de jeunes Indiens qui seront ravis d'échanger quelques mots en français.

Où dormir ?

De bon marché à prix moyens (200-800 Rps / 3,10-12,30 €)

Panchayat Bhavan *(plan D2,* ***20****) : Madhya Marg, secteur 18.* ☎ *278-07-01.* • *dprpb@chd.nic.in* • *Bon marché.* Chambres doubles plutôt spacieuses, avec ou sans AC. Demander celles donnant sur l'arrière, nettement plus calmes. Très bon rapport qualité-prix. Également un dortoir avec douche commune, plus que sommaire, mais au prix tout doux de 40 Rps la nuit. Accueil rarement souriant, voire un peu rustre !

Hotel Divyadeep *(plan B3,* ***21****) : Himalaya Marg, secteur 22B.* ☎ *270-51-91 ou 272-11-69. Prix moyens, ttes avec sdb et eau chaude.* Chambres très simples mais propres, et c'est déjà pas

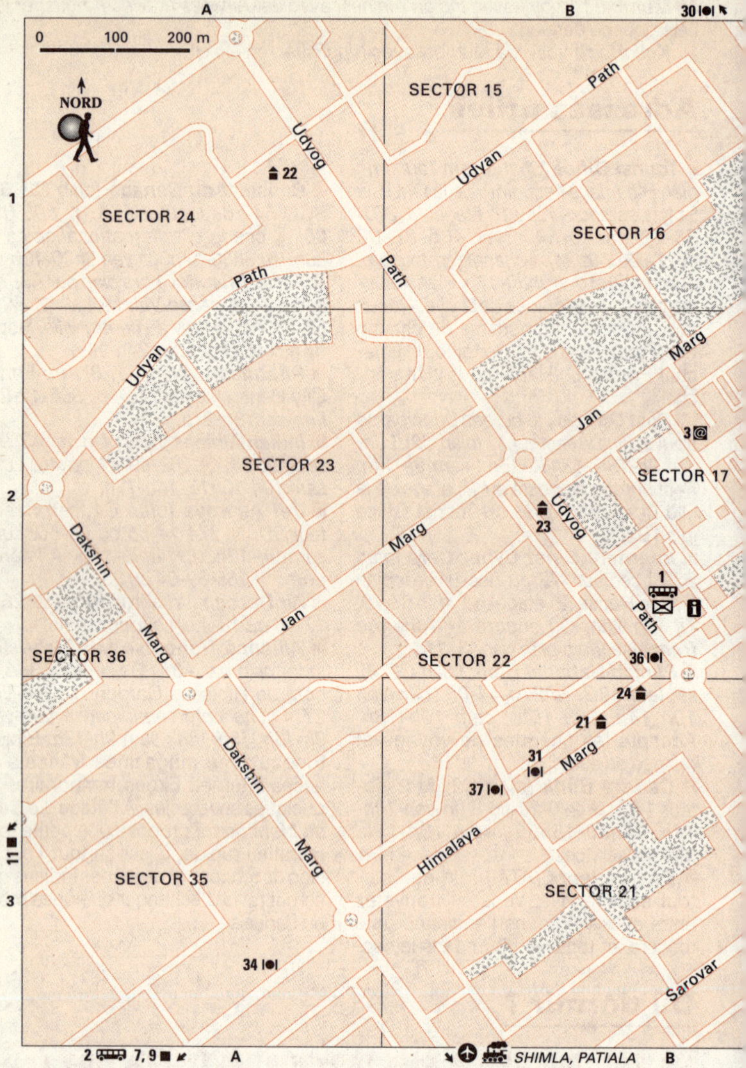

■ **Adresses utiles**

- Tourist Office
- Post Offices
- Gare ferroviaire
- Aéroport
- 1 Ancienne gare routière
- 2 Nouvelle gare routière
- 3 E-net Cyber Cafe
- 4 Punjab National Bank
- 5 Canara Bank
- 6 Consulat du Canada
- 7 Fortis Hospital
- 8 Pharmacie
- 9 Indian Airlines
- 10 Jet Airways
- 11 Alliance française

Où dormir ?

- 20 Panchayat Bhavan
- 21 Hotel Divyadeep et Hotel Satyadeep

CHANDIGARH

22 Hotel Parkview
23 Hotel Kwality Regency
24 Hotel Piccadilly

Où manger ?

30 The House Coffee
31 Nagpal Pure Vegetarian
32 Sagar Ratna
33 Sindhi's

34 Khyber Restaurant
35 Ghazal Restaurant
36 Restaurant de l'Hotel Sunbeam

Où manger une pâtisserie ou une douceur ?

33 Sindhi's
37 The Eating House

mal ! *Air cooler* pour les moins chères, AC pour les autres. Tâchez d'avoir une chambre sur l'arrière, c'est plus calme. Fonctionnel avant tout, pas grand-chose d'autre à signaler. Si c'est complet, adressez-vous à son voisin, l'***Hotel Satyadeep*** *(☎ 270-31-03),* qui offre sensiblement les mêmes prestations, un quart de poil moins cher, mais un demi-brin moins sympa.

De chic à plus chic (700-3 000 Rps / 10,80-46,20 €)

Hotel Parkview *(plan A1,* ***22****) : secteur 24. ☎ 270-00-50 ou 60-38. • parkview@citcochandigarh.com • Doubles 700-1 400 Rps selon confort.* Dans un quartier résidentiel un peu loin de tout mais très calme (ce qui est rare à Chandigarh !). Un bâtiment en brique rouge et à l'architecture moderne plutôt réussie. En revanche, les chambres (avec *air cooler* ou AC) jouent dans un conformisme quelque peu défraîchi. Rien de grave, juste une atmosphère un peu vieillissante. Malgré tout, le rapport qualité-prix reste honnête.

Hotel Kwality Regency *(plan B2,* ***23****) : secteur 22A. ☎ 272-02-04 ou 05. • hotelkwalityregency@yahoo.co.in • Doubles 1 700-2 600 Rps (26,20-40 €) selon taille. CB acceptées.* Bonne tenue générale et déco soignée. Une quinzaine de chambres propres, de bon confort, avec des belles salles de bains en marbre vert. Les plus chères, les *luxury,* à peine plus spacieuses, n'apportent rien de plus... Comme toujours, essayer d'avoir une chambre donnant sur l'arrière. Internet gratuit. Un rapport qualité-prix très honorable.

De très chic à beaucoup plus chic (min 4 500 Rps / 69,20 €)

Hotel Piccadilly *(plan B3,* ***24****) : Himalaya Marg, secteur 22B. ☎ 270-75-71, 72 ou 73. • thepiccadily.com • Doubles 4 500-5 500 Rps (81,80-100 €), petit déj compris ; suite min 8 000 Rps (145,50 €).* Hôtel chic, formaté aux critères du confort international. Accueil pro. Beaucoup de costumes 3 pièces. Sans véritable charme, mais pas de mauvaise surprise non plus...

Où manger ?

Très bon marché (max 50 Rps / 0,70 €)

The House Coffee *(hors plan par B1,* ***30****) : secteur 14. C'est le resto U, situé sur le campus de l'université. En entrant sur le campus, prendre la 1re à droite, c'est au fond de l'allée (au dernier étage de la tour).* Un genre de snack végétarien qui permet de taper la causette avec les étudiants.

Bon marché (50-130 Rps / 0,70-2 €)

Nagpal Pure Vegetarian *(plan B3,* ***31****) : Himalaya Marg, secteur 22B. Tlj 8h-minuit (service continu).* Petit *dhaba* sans prétention où l'on déguste de délicieux *dals, biryanis* ou autres plats végétariens à prix très doux. Accueil très gentil.

Sagar Ratna *(plan C2,* ***32****) : secteur 17E. ☎ 270-77-10. Tlj 8h-23h.* Un resto très populaire, familial et nickel. On s'y retrouve de 7 à 77 ans. Ça débite, et les serveurs ne chôment pas ! On n'y vient pas pour un moment d'intimité, mais pour se sustenter d'une cuisine végétarienne d'Inde du Sud, appétissante et toujours fraîche. Quelques *thalis* également qui font honneur à la cuisine du Nord.

Sindhi's *(plan C2,* ***33****) : secteur 17C. ☎ 270-20-57. Tlj 12h30-16h, 19h-*

22h15. Entrer dans la pâtisserie et grimper au 1er étage. Hmm... cette pâtisserie qui met l'eau à la bouche... Allez zou, c'est pour plus tard ! Là encore, un resto 100 % *vegetarian* dans un cadre bien propret de cafétéria moderne mais agréable. Davantage de cols blancs qu'au *Sagar Ratna.* Choix assez large (plats de l'Inde du Nord, du Sud, chinois et même occidentaux). Pas cher et vraiment bon !

De prix moyens à chic (150-450 Rps / 2,30-6,90 €)

|●| ***Khyber Restaurant*** *(plan A3,* ***34****) : secteur 35B. ☎ 260-77-28. Tlj 11h-14h30, 19h30-minuit.* Amis gourmets, voilà un resto à ne pas manquer ! On passe vite sur le cadre, soigné et agréable au demeurant, pour se concentrer sur les assiettes. On vous recommande 2 spécialités du nord de l'Inde, savoureuses à souhait, le *sikandhari raan,* un gigot d'agneau cuit à l'étouffée et flambé au rhum – qui peut combler 3 appétits – , ou encore le *murg malai tangri,* des cuisses de poulet farcies ! En sous-sol, pub qui se la joue ambiance Far West, avec de la musique pop-rock occidentale.

|●| ***Ghazal Restaurant*** *(plan C2,* ***35****) : secteur 17C. ☎ 270-44-48. Tlj 11h-23h. Pub ouv jusqu'à 3h30.* Une très bonne adresse pour déguster une excellente cuisine d'Inde du Nord, dans une atmosphère d'un chic conventionnel et feutré. Service prévenant.

|●| ***Restaurant de l'Hotel Sunbeam*** *(plan B2,* ***36****) : Udyog Path, secteur 22B. ☎ 270-81-00. Au rez-de-chaussée de l'hôtel.* Cadre au parfum british et cosy. Lumières tamisées. Très bonne cuisine et personnel attentionné. Carte un peu réduite et ce n'est pas donné, mais la nourriture indienne est tout simplement savoureuse !

Où manger une pâtisserie ou une douceur ?

|●| ***Sindhi's*** *(plan C2,* ***33****) : voir « Où manger ? ». Tlj 10h-22h. THE* pâtisserie de la ville, avec une vitrine regorgeant de douceurs indiennes aux multiples couleurs, multiples saveurs...

|●| ***The Eating House*** *(plan B3,* ***37****) : à l'angle d'Himalaya Marg, secteur 22C. Tlj 24h/24 (pratique !).* Croissants, pains au chocolat et plein d'autres bonnes p'tites gâteries !

À voir

🎎🎎 ***Capitol Complex*** *(hors plan par D1) : secteur 1. Possibilité de visite en sem, mais permis préalable à demander auprès du* Tourist Office *(Chandigarh Tourism, voir « Adresses utiles ») : gratuit, obtention immédiate.* C'est là que se trouvent les assemblées *(The Legislative Assembly),* le palais de justice *(The High Court)* et le secrétariat *(The Secretariat)* des États du Pendjab et de l'Haryana. Pour la *High Court,* on peut parfois obtenir l'autorisation sur place. Elle présente neuf tapisseries originales signées Le Corbusier. Sinon, le bâtiment le plus

DONNE-MOI LA MAIN...

Non, la grande sculpture plate érigée verticalement le long de l'esplanade du Capitol Complex *n'est pas une colombe stylisée, mais une main ouverte (*The Open Hand *est son nom), comme tendue aux citoyens du monde ! Pensée et dessinée par Le Corbusier en personne. Ses 26 m de haut tournent librement au gré des vents... Symbole de la ville, Nehru et Le Corbusier la considéraient aussi, lors de sa conception en 1955 – en pleine guerre froide – comme un symbole du non-alignement... ce refus des pays émergents d'avoir à choisir entre les deux forces en présence alors, les États-Unis et l'ex-URSS.*

intéressant (de l'intérieur !) est celui de l'Assemblée du Pendjab avec ses remarquables volumes que l'on ne soupçonne pas de l'extérieur.

Government Museum and Art Gallery *(plan C1) : secteur 10C. Tlj sf lun 9h-17h. Entrée modique.* Dans un bâtiment construit par Le Corbusier, présentation d'une collection de miniatures anciennes, également des textiles, des sculptures du Bouddha et surtout d'intéressantes peintures indiennes contemporaines, phénomène suffisamment rare dans les musées indiens pour être signalé. Le tout est agréablement mis en valeur et on apprécie les grands panneaux explicatifs en anglais.

City Museum *(plan C1) : secteur 10C. Juste à côté du* Government Museum and Art Gallery. *Tlj sf lun 10h-16h45. Entrée gratuite.* Visite très intéressante pour les passionnés d'architecture. On y apprend l'histoire, pas banale, de la ville et de son architecture. L'édifice est une réplique d'un bâtiment construit par... Le Corbusier, encore lui.

National Portrait Gallery *(plan C2) : secteur 17C, à deux pas du resto* Mehfil. *Mar-sam 10h-17h. Entrée gratuite.* On y découvre l'Inde à travers les personnages qui ont marqué son histoire. Bon, si vous avez un peu de temps à tuer...

Rock Garden *(hors plan par D1) : tt près de la cour de justice, sur Uttar Morg, secteur 1. Tlj 9h-coucher du soleil. Entrée : 10 Rps (guichet bien caché, à droite de l'entrée).* Nek Chand est un ancien inspecteur de la voirie qui a construit un véritable labyrinthe minéral et végétal, un monde fabuleux peuplé d'animaux, de personnages fantastiques aux allures de déesses indiennes, de guerriers, de gardiens de temples, entièrement imaginé selon ses rêves et son génie. Un des spectacles les plus surréalistes de l'Inde, dans la lignée du palais du facteur Cheval en France. Vous y verrez des soldats en tessons de céramique ou une armée de singes en brique concassée. Sur 2 ha, Nek Chand a redonné vie à tous ces objets et débris qu'il ramassait chaque jour sur le bord des routes. Le Rock Garden est aujourd'hui un haut lieu du tourisme en Inde et reçoit chaque jour des centaines de visiteurs. Dommage que bouteilles en plastique et vieux papiers gras polluent le paysage.

Rose Garden *(plan B-C1-2) : secteur 16. Entrée gratuite.* Ne pas confondre avec le *Rock Garden.* Magnifique jardin regroupant près de 1 600 variétés de roses. Il fait bon y déambuler de décembre à février.

Festival

– **The Rose Festival :** *1 w-e fin fév-début mars.* Concerts dans différents lieux de la ville. Régulièrement, des pointures de la chanson indienne en tête d'affiche.

➤ DANS LES ENVIRONS DE CHANDIGARH

Patiala : *à 65 km env au sud-ouest de Chandigarh. Pour y aller, voir « Arriver – Quitter », plus haut.* • patialaheritage.in • Durant la seconde moitié du XVIIIe s, lors du déclin de l'Empire moghol, Patiala devint la capitale d'un État sikh indépendant. De cette époque subsistent les vestiges imposants du *Qila Mubarak,* un fort construit à partir de 1763 par le maharaja Ala Singh. Son architecture s'inspire des influences mogholes, rajpoutes et britanniques. Malheureusement, les parties les plus intéressantes ne sont pas ouvertes à la visite. En fait, le site vaut surtout le détour lors du *Patiala Heritage Festival,* un festival de culture traditionnelle pendjabie (spectacles en journée et en soirée) qui se déroule pendant une semaine fin février ; on accède alors à des parties habituellement fermées, en compagnie d'étudiants organisant des visites guidées.

Shimla : *capitale de l'Himachal Pradesh, à 120 km env au nord-est de Chandigarh. Pour y aller, voir plus haut « Arriver – Quitter ».*

➢ À noter que les amoureux de vieilles machines pourront emprunter un *toy-train* depuis Kalka, le ***Shivalik Deluxe Express*** *(tlj ; départ de Kalka à 5h30, arrivée à Shimla à 10h15 ; départ de Shimla à 17h40, arrivée à Kalka à 22h20 ; petit déj et dîner inclus et servis à bord)* : plus de 100 tunnels – certains minuscules – sur 96 km ! Tout un programme...

Une ville qui ressemble à une gigantesque grappe de raisin s'étirant et s'agrippant sur le flanc escarpé d'une colline, à 2 000 m d'altitude. Au XIXe s, l'été, les Britanniques venaient y prendre le frais, et l'érigèrent même « capitale d'été de l'Empire ». De son passé colonial, Shimla conserve un ensemble de maisons à l'architecture victorienne, et l'étonnant clocher jaune de la cathédrale, qui se voit de loin. Ces belles demeures, tantôt bien conservées, tantôt tombant en décrépitude, font corps le long de la rue principale *(the Mall)*, piétonne, qui court sur la crête de la montagne. Dès les premiers beaux jours, les familles indiennes perpétuent la tradition. Le Mall prend alors des petits airs de Croisette bien léchée, la mer en moins, les montagnes (au loin) en plus. De décembre à février, il neige parfois.

– On accède au Mall par un ascenseur situé au pied de la ville. Le long du Mall : office de tourisme *(Tourist Information : ☎ (0177) 265-45-89. • himachaltourism.nic.in •)*, poste, banque (*State Bank of India* pour le change en euros), bureau de résa des billets de train *(Rail Reservation Centre)*. Également un distributeur d'argent *(ATM)*, au pied de la ville, sur la route principale.

Nombreux hôtels de prix moyens à chic. On vous conseille l'*Hotel Surya*, sur Circular Rd, qui offre un rapport qualité-prix correct. *☎ (0177) 280-19-79. • hotelsuryashimla.com • Double min 1 150 Rps (17,70 €) ; 20 % de moins hors saison.*

LA VALLÉE DU GANGE

HARIDWAR

230 000 hab. IND. TÉL. : 01334

Des milliers de saints et de pèlerins – aussi bien adorateurs de Shiva que de Vishnou – affluent tout au long de l'année vers la « Porte du Grand Fleuve », au débouché du Gange dans la plaine, en quête d'un bain purificateur synonyme de salut et de vie éternelle. Ville fantastique où il règne une ambiance très particulière, empreinte de religiosité, à l'heure du crépuscule autour d'Har-ki-Pairi. Ici comme à Varanasi, plus que de voir, c'est de sentir. Inutile de gesticuler de tous côtés pour tout voir ou tout savoir, mieux vaut flâner et contempler la vie, simplement. Visite d'autant plus agréable que la vieille ville a été aménagée en une vaste zone piétonne *(zero zone)* accessible uniquement aux cyclo-pousses. Haridwar étant également réputée pour ses herbes médicinales récoltées dans l'Himalaya, les accros de la médecine douce trouveront leur bonheur dans les petites échoppes qui parsèment la ville.

LÉGENDE... QUAND TU NOUS TIENS !

La légende raconte qu'après avoir volé le nectar d'immortalité (l'Amrita), l'Aigle royal (Garuda), en laissa échapper quatre gouttes dans le ciel, dont une finit sa chute à Haridwar. En souvenir de cet événement a lieu ici, tous les 12 ans (à tour de rôle avec Allahabad, Nasik et Ujjain) la *Kumbh Mela*, réputée pour être la plus grande manifestation religieuse sur terre.

SHIMLA
HIMACHAL PRADESH
PENDJAB
Chandigarh
Patiala
UTTARANCHAL
Mussorie
Dehradun
Tehri
Rishikesh
Deoprayag
Haridwar
HARYANA
Delhi
24
Gange
2
Mathura
Deeg
JAIPUR
Agra
Bharatpur
Fatehpur Sikri
11
UTTAR PRADESH
Lucknow
RAJASTHAN
3
2
Kanpur
Gwalior
Sonagiri
Datia
25
Yamuna
Shivpuri
Jhansl
Allahabad
25
Orchha
Rajnagar
Khajuraho
Panna
Rajgarh
7
3
26
INDORE
Bhopal
3
12
MADHYA PRADESH
7
NAGPUR
Chandigarh
Lieux traités
Lucknow
Adresses et lieux dans les environs
Deoprayag
Repères

LA VALLÉE DU GANGE

Arriver – Quitter

Bus Stand et Railway Station *(plan A2)* ***:*** *Railway Station Rd, pratiquement face à face. Bus Stand : ☎ 22-70-37.* Attention aux faux informateurs, très nombreux près de la gare, qui aiguillent les touristes vers des agences de voyages douteuses. Consigne à la gare ferroviaire. Liaisons avec :

➢ ***Rishikesh*** *(24 km)* ***:*** bus ttes les 30 mn, 6h-20h. Trajet : 1h. Quelques trains locaux également.

➢ ***Delhi*** *(214 km)* ***:*** 3 trains/j. Le *Ujjain-Indore Express* quitte Haridwar à 7h35, le *Dehradun Express* à 13h10, le *Jan Shatabdi Express* à 6h20 (sf dim) et à 18h10 (le plus rapide ; trajet en 4h30) et enfin le *Mussoorie Express* à 22h55. Arrivée à New Delhi Railway Station. Également des bus ttes les 30 mn 4h-23h30, dont 5 *deluxe*. Trajet : 6h env.

➢ ***Agra*** *(Agra Cantonment ; 386 km)* ***:*** env 10 bus/j. Trajet : 10h. Sinon, 1 train/j., le *Haridwar Puri Kalinga Express* : quitte Haridwar à 6h, arrive à 16h. Mar et mer, le *Ujjaini Dehardun Express* part à 7h40, arrive à 16h55 ; ven et sam, c'est le *Indore Dehardun Express,* mêmes horaires.

➢ ***Varanasi :*** au départ d'Haridwar 2 trains le soir, à 20h35 *(Howrah Express)* et 22h05 *(Dehradun Express)* ; 1 train en plus dim et jeu vers 12h (le *Upasana Express,* le plus rapide), mais arrive en pleine nuit à Varanasi. Trajet : 20-22h.

Bus pour les sources du Gange *(plan A2,* ***1****)* ***:*** *Railway Station Rd, pratiquement en face de la gare ferroviaire.* Deux compagnies, à côté l'une de l'autre : *GMOU (☎ 22-68-86)* et *TGMOU (☎ 22-51-41). Hors saison, le kiosque de la* TGMOU *est généralement fermé.* En principe, bus de fin avr à fin oct (mais tt dépend de l'enneigement des routes). Départs très tôt le mat, 3h30-9h15.

➢ ***Gangotri :*** 2 bus/j. avec *TGMOU* slt. Trajet : 10-11h.

➢ ***Kedarnath*** *(247 km)* ***:*** 4 bus/j. avec *TGMOU,* 3 avec *GMOU*. Trajet : 11h env. Les bus s'arrêtent à Gaurikund. De là, il reste 15 km à parcourir à pied ou à cheval. On peut louer les services de porteurs pour les bagages.

➢ ***Badrinath*** *(332 km)* ***:*** 5 bus/j. avec *TGMOU,* 8 avec *GMOU.* Trajet : 12h env. À noter : 1 bus de *GMOU* part à 13h30, passe la nuit à Srinagar et reprend la route le lendemain mat.

Adresses utiles

Infos touristiques

Regional Tourist Office *(plan A2,* ***2****)* ***:*** *dans l'enceinte du* Rahi Motel, *à moins de 200 m de la gare ferroviaire. ☎ 26-53-04. Tlj sf dim 10h-17h.* On a vu plus efficace...

Tourist Bureau *(plan A1-2,* ***3****)* ***:*** *Lalita Rao Bridge. ☎ 22-42-40. Tlj sf dim 10h-17h.* Infos sur la région du Garhwal (sanctuaires de l'Himalaya) et réservations diverses (taxis, voyages organisés, hébergements). Organisation également d'excursions en bus (Rishikesh, Mussorie et, de mai à novembre, vers les sources du Gange, etc.). Prix assez raisonnables.

Poste et Internet

✉ ***General Post Office*** *(GPO ; plan B1)* ***:*** *Upper Rd (continuation de Railway Station Rd). Lun-sam 10h-18h.*

@ ***Internet Centre & Foreign Exchange*** *(plan B1,* ***7****)* ***:*** *4, Marsingh Bhawan, Upper Rd. ☎ 32-92-79. Juste au niveau de l'enseigne rouge* i-way. *Tlj 10h-21h.* Change également les euros et les chèques de voyage. Accueil bien sympathique.

@ *Également deux petites* ***boutiques*** *sobrement équipées : Sharwan Nath Nagar, après l'hôtel* Samrat *(plan A2,* ***28****) lorsqu'on vient de la rue principale. En principe, tlj 7h-22h30 (avec une pause déj plus ou moins longue...).*

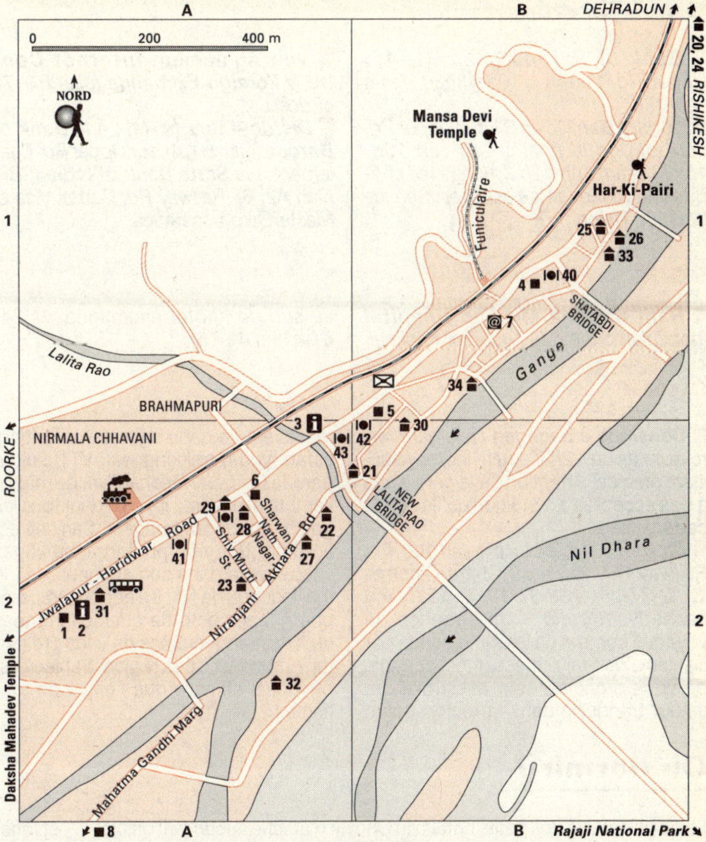

HARIDWAR

Adresses utiles

1 GMOU et TGMOU Offices
2 Regional Tourist Office
3 Tourist Bureau
General Post Office
Railway Station
Bus Stand
4 Bank of Baroda
5 Canara Bank
6 State Bank of India et Mohan's Adventure
7 Internet Centre & Foreign Exchange
8 Ram Krishna Mission Hospital

Où dormir ?

20 Jairam Ashram
21 Karnatak Dharamsala
22 Gujranwala Bhawan
23 Krishna Guest House
24 Mohyal Ashram
25 Hotel Bharti
26 Hotel Gyan
27 Hotel Kohinoor
28 Hotel Samrat
29 Hotel Ganga Azure
30 City Heart Hotel
31 Rahi Motel
32 Hotel Alaknanda
33 Teerth Hotel
34 The Haveli Hari Ganga

Où manger ?

29 Big Ben
40 Hoshiyar Puri Restaurant
41 Khalsa Hotel
42 Chottiwala Restaurant
43 Shivalik Restaurant

Banques, change

■ ***Bank of Baroda*** *(plan B1,* ***4****) : Upper Rd. Lun-ven 10h-15h30 ; sam 10h-12h.*
■ ***Canara Bank*** *(plan B1,* ***5****) : Upper Rd, non loin de la poste. Lun-ven 10h-15h30 ; sam 10h-12h.* Change les chèques de voyage et les espèces. Service *Western Union.*

■ Voir également ***Internet Centre & Foreign Exchange*** *(plan B1,* ***7****), ci-dessus.*
■ ***Distributeurs (ATM) :*** *à la* ***Bank of Baroda*** *(plan B1,* ***4****), sur Upper Rd. Également à la* ***State Bank of India*** *(SBI ; plan A2,* ***6****), Railway Rd.* Cartes *Visa* et *MasterCard* acceptées.

Santé

■ ***Ram Krishna Mission Hospital*** *(hors plan par A2,* ***8****) : quartier Kankhal, au sud de l'hôtel* Alaknanda. ☎ *24-61-41 ou 41-76.*

Divers

■ ***Consigne à bagages :*** *à la gare ferroviaire (tlj 6h-22h30) ou à l'hôtel* Vishu, *juste en face.* Attention : à la gare, sacs à dos acceptés à condition qu'ils soient cadenassés.
■ ***Mohan's Adventure*** *(plan A2,* ***6****) : Railway Rd, voisin du* Chitra Cinema. ☎ *22-77-26.* 📱 *98-37-10-02-15.* • *mohansadventure.in* • Une agence de voyages comme on les aime, tenue par Sanjeev, un vrai professionnel capable de vous organiser tout aussi bien un séjour tranquille dans la région qu'un raid aventure dans l'Himalaya. Rafting, safari, yoga, trekking, ski, VTT, séjour dans le *Corbett National Park* de mi-novembre à mi-juin... il y en a pour tous les goûts et tous les budgets. Sanjeev est en outre très bon photographe (jugez vous-même dans son agence...). Et le meilleur pour la fin : il a adopté un... éléphant, belle bête de quelques tonnes qu'il ne manquera pas de vous présenter. Amoureux de sa région, Sanjeev est bien plus efficace que l'office de tourisme !

Où dormir ?

La quasi-totalité des petits hôtels du Chowk n'affiche aucun tarif officiel. C'est fonction de l'affluence et, disons-le, de la tête du client ! Du coup, exception faite des *dharamsalas* (hôtelleries pour pèlerins) et de quelques adresses, notre sélection se limite volontairement aux établissements situés en bordure du Gange, en général plus sérieux. Ne pas hésiter à négocier les prix (sauf dans les ashrams, évidemment). En saison creuse, grosso modo de novembre à mars (ainsi qu'en juillet-août pour certains établissements), les réductions peuvent atteindre 40, voire 50 % (on vous indique ici les prix haute saison). Dernier point : refusez que le rickshaw vous accompagne jusque dans l'établissement ; faites-vous arrêter à côté. Sinon, soyez sûr qu'il négociera un bakchich, évidemment répercuté sur le tarif qui vous sera proposé !

Très bon marché (50-200 Rps / 0,70-3,10 €)

🏠 Quantité de *dharamsalas* parfois pris d'assaut par des cohortes de familles venues en pèlerinage de toute l'Inde. Gérés par les États indiens eux-mêmes, ils donnent naturellement la priorité à leurs ressortissants. Suite à divers abus, certains d'entre eux refusent systématiquement les touristes. Bien se renseigner. Insister également pour fixer les prix, cela évite bien des déconvenues... *Parmi d'autres, 3 adresses recommandables :* ***Jairam Ashram*** *(hors plan par B1,* ***20****), Bhimgoda,* ☎ *22-73-35 ;* ***Karnatak Dharamsala*** *(plan*

*A-B2, **21**), Bhalla Rd,* ☎ *22-72-35 ;* et ***Gujranwala Bhawan*** *(plan A2, **22**), Niranjani Akhara Rd, Shrawan Nath Nagar,* ☎ *22-62-93.*

☗ ***Krishna Guest House*** *(plan A2, **23**) : Shiv Murti St.* ☎ *22-79-18 ou 26-63-25.* Bien entendu, à ce prix, ne pas demander la lune. Mais le rapport qualité-prix reste correct et l'adresse dépannera les petits budgets. Chambres avec salle de bains mais sans douche (eau chaude au seau, payant). Demander une chambre à l'étage, avec une vraie fenêtre, pour plus de luminosité.

De bon marché à prix moyens (200-900 Rps / 3,10-13,80 €)

☗ ***Mohyal Ashram*** *(hors plan par B1, **24**) : Shyamlok Colony (en face de Shanti Kunj), à env 3 km de Har-ki-Pairi.* ☎ *26-13-37. Double avec sdb 600 Rps, petit déj et repas compris (1er bon point !) ; également des suites.* Un peu excentré certes, mais, de loin, l'un de nos meilleurs rapports qualité-prix à Haridwar ! Situé en retrait de la route, l'ashram est au calme total. Les chambres sont hyper-propres. Immense salle de méditation, personnel discret : on s'installerait bien là définitivement...

☗ ***Hotel Bharti*** *(plan B1, **25**) : Har-ki-Pairi, à 100 m des* ghats. ☎ *42-43-69.* • *hotelbharti_hardwar@yahoo.co.in* • *Dans une ruelle perpendiculaire à celle du bazar (fléché).* On aime bien cette petite adresse pour l'accueil familial et discret. Une dizaine de chambres, pas bien grandes, simples, très simples même, auxquelles on accède par des escaliers tarabiscotés. *Air cooler* et salle de bains pour les plus chères (prix moyens), mais eau chaude au seau pour toutes ! Terrasse sur le toit pour profiter en toute quiétude du Gange et de son animation.

☗ ***Hotel Gyan*** *(plan B1, **26**) : Subhash Ghât, Har-ki-Pairi.* ☎ *22-53-48 ou 72-30. Prix moyen ; réduc assez faciles à négocier en tte saison.* Ne pas se laisser impressionner par les parties communes, un peu glauques. Enfin, essayer de voir plusieurs chambres, car elles sont inégales : celles qui ont été rénovées ne sont pas mal du tout. Chambres équipées d'*air cooler.* Dans les plus chères, vous pourrez prendre une douche (sinon, ce sera le seau d'eau chaude) et vous serez aux premières loges pour le spectacle des *ghats.* Accueil sans chichis, et clientèle en grande majorité indienne.

☗ ***Hotel Kohinoor*** *(plan A2, **27**) : Niranjani Akhara Rd, Sharwan Nath Nagar.* ☎ *32-21-31. Dans une rue interdite aux rickshaws, et donc peu bruyante. Prix moyens.* Un hôtel aux couleurs pimpantes. Les chambres sont de taille modeste mais elles offrent un confort adapté à différents budgets : de l'*ordinary* avec douche froide et eau chaude au seau, à la *deluxe* avec AC. Malgré son emplacement, pas de vue sur le Gange depuis les chambres. Les prix restent raisonnables en haute saison. Accueil aimable.

☗ ***Hotel Samrat*** *(plan A2, **28**) : Sharwan Nath Nagar.* ☎ *22-73-80 ou 12-80. Prix très fluctuants (excessifs pour les plus chères), négocier ferme.* En retrait de la rue principale, et donc assez calme, un hôtel honnête proposant toutes sortes de prix et de chambres. W-c extérieurs et eau chaude au seau pour la moins chère ; AC pour les *semi-deluxe.* Le patron, très jovial, ne manquera pas de vous montrer la suite nuptiale, kitsch à souhait, et dont il est très fier ! Dispose d'un autre hôtel récent juste à côté, qu'il vous proposera si le *Samrat* est complet. Pas de souci, même gamme de prix et les chambres sont correctes.

De prix moyens à un peu plus chic (500-1 500 Rps / 7,70-23,10 €)

☗ ***Hotel Ganga Azure*** *(plan A2, **29**) : Jwalapur-Haridwar Rd.* ☎ *22-09-38 ou 39.* • *hotelgangaazure.com* • *Près de la gare.* Pas de charme mais les cham-

LA VALLÉE DU GANGE

bres, plutôt confortables et propres, offrent un rapport qualité-prix honnête. *Air cooler* pour les moins chères, AC pour les autres (qui plafonnent en catégorie « Chic »). Accueil sympa, très bon resto au rez-de-chaussée (voir « Où manger ? »). On regrette juste la situation en bordure de route (demander une chambre donnant sur l'arrière).

City Heart Hotel *(plan B1-2, **30**) : Bholagiri Rd. ☎ 22-99-52. ☎ et fax : 22-63-43. Dans une rue piétonne, à mi-chemin entre la gare et Har-ki-Pairi. Ne pas hésiter à négocier.* Différentes catégories de chambres qui se répartissent autour d'un hall dépouillé. Accueil un peu hésitant mais le confort des chambres est correct, comme la propreté. Celles avec vue sur le Gange ne sont vraiment pas désagréables.

Rahi Motel *(plan A2, **31**) : Railway Station Rd. ☎ 22-64-30 ou 86-86. À 200 m de la gare des bus.* Chambres avec ou sans AC, toutes spacieuses. Pas de reproche sur la propreté, en revanche, accueil très moyen (comme dans de nombreux hôtels gérés par le gouvernement d'ailleurs...). Évitez celles donnant sur la rue, très bruyantes. Office de tourisme dans l'enceinte de l'hôtel.

De chic à plus chic (900-2 500 Rps / 13,80-38,50 €)

Hotel Alaknanda *(plan A2, **32**) : Belwalla, rive gauche, à 1,5 km env du centre. ☎ 22-63-79. • alaknanda@up-tourism.com • Doubles 900-2 000 Rps (13,80-30,80 €) ; suites plus chères ; prix raisonnables si l'on négocie.* Au bord du Gange, en dehors de la frénésie du centre-ville. Les chambres (avec *air cooler* ou AC), sans charme mais propres, ont bénéficié d'un p'tit lifting. Les plus chères donnent sur un agréable jardin et le fleuve. Les autres se contentent d'une vue sur l'arrière... Resto.

Teerth Hotel *(plan B1, **33**) : Subhash Ghât, Har-ki-Pairi. ☎ 22-71-11 ou 52-11. • hotelteerth.com • Doubles 1 250-1 700 Rps (19,20-26,20 €) selon confort (prix fixes tte l'année) ; des familiales aussi (4 lits).* Ne vous attendez pas au grand luxe : les chambres avec *air cooler* ou AC ne sont pas de 1re jeunesse, les rideaux tirent un peu la tronche et masquent difficilement les larges fenêtres. Malgré tout, c'est propre et l'établissement possède un atout de taille ! De votre balcon, vous êtes aux premières loges pour assister au fantastique spectacle des *ghats*... encore vous faudra-t-il repousser les singes qui semblent avoir élu domicile sur les toits du quartier et éviter les quelques chambres sans vue, vraiment glauques.

De très chic à beaucoup plus chic (4 300-5 500 Rps / 66,20-84,60 €)

The Haveli Hari Ganga *(plan B1, **34**) : 21, Ramghat. ☎ 22-64-43. • havelihariganga.com • Doubles 4 300-5 350 Rps (66,20-82,30 €). Buffet midi et soir 400 Rps env.* En s'enfonçant dans le cœur du bazar animé, on a du mal à imaginer qu'au fond d'une petite ruelle se cache, de manière presque confidentielle, cet établissement de charme ! L'ensemble a été remarquablement restauré, et l'esprit des lieux respecté. Les chambres spacieuses s'agencent sur plusieurs niveaux autour d'un patio qui abrite un petit temple. Belle déco avec des photos noir et blanc, des meubles anciens de caractère et des objets traditionnels, rehaussés de touches de couleurs plus modernes. Les *superiors* bénéficient d'une vue sur le fleuve sacré. Terrasse les pieds dans l'eau, pour tous. Internet (cher). Massages ayurvédiques.

Où manger ?

Alcools et aliments non végétariens sont totalement prohibés dans la Ville sainte. Toutefois, pour nos lecteurs en manque d'une petite bière ou d'alcool, quelques boutiques sur la route de Rishikesh pourront dépanner. Des plats à base de viande sont aussi disponibles, mais gare aux intestins ! Nombreux *dhabas* le long des *ghats* où l'on trouve des *thalis* et autres spécialités végétariennes à prix tout doux.

De bon marché à prix moyens (50-250 Rps / 0,70-3,80 €)

Hoshiyar Puri Restaurant *(plan B1, **40**) : Upper Rd. Tlj midi et soir.* Cette petite institution sert spécialités pendjabies et *dals* depuis plus de 70 ans. Très populaire. Délicieux *thalis* à petits prix. Allergiques aux épices, s'abstenir !

Khalsa Hotel *(plan A2, **41**) : Railway Rd. Presque en face de la gare ferroviaire. Tlj midi et soir.* Ce petit *dhaba* réjouira les routards de passage à l'estomac déjà habitué aux rigueurs de la cuisine indienne ! Accueil très sympathique du patron et de son équipe qui se met en quatre pour vous satisfaire. Excellent *thali* à volonté à des prix défiant toute concurrence !

Chottiwala Restaurant *(plan B1-2, **42**) : Upper Rd. Tlj midi et soir.* Salle sans prétention mais climatisée et proprette. On y sert une cuisine chinoise et d'Inde du Sud qui se défend bien.

Shivalik Restaurant *(plan A2, **43**) : Upper Rd. À l'angle de Lalita Rao Bridge. Tlj midi et soir.* Resto tout simple, carte indienne et chinoise. Service rapide et discret. Goûtez aux *mix dosaï*, un régal !

Big Ben *(plan A2, **29**) : au rez-de-chaussée de l'hôtel* Ganga Azure *; voir « Où dormir ? ». Tlj midi et soir.* Un resto bien propre avec de confortables banquettes bleutées et une grande baie vitrée qui laisse généreusement entrevoir l'animation de la rue, mais sans le son ! Bien installé, on est prêt à bien manger ! Et ça tombe bien, c'est tout bon ! Et pour une fois, pas d'abus sur les épices ! Carte aussi longue que le cours du Gange... Allez, on vous aide : le *Big Ben Special*, avec du fromage, est pas mal. Les *naan* nous ont laissé un souvenir mémorable !

À voir

Har-ki-Pairi *(plan B1) : accès libre ; on se déchausse à l'entrée.* Une empreinte de pieds (que l'on dit être celle de Vishnou) inscrite dans la pierre explique le caractère sacré de ces *ghats* le long desquels se réunissent les pèlerins en quête de purification. Ambiance bon enfant ; on est loin de l'atmosphère presque tragique de Varanasi. Hommes, femmes et enfants se côtoient pour une fois sans pudeur, et d'ailleurs il n'est pas rare que l'on vous invite à faire trempette !
Fascinante cérémonie du feu que celle de l'*arathi*, chaque soir, à la tombée de la nuit. Renseignez-vous sur l'heure, car elle ne dure pas très longtemps et on peut facilement la louper ! En l'espace de quelques minutes, des milliers de lampes de terre cuite, des coquilles confectionnées à l'aide de feuilles de bananier, sur lesquelles sont disposés pétales de fleurs et flammèches, sont abandonnées au Gange en guise d'offrande. Pendant ce temps, incantations et chants religieux entrecoupés par les gongs s'élèvent dans le ciel autant pour convoquer les dieux que pour attirer les dévots.
L'ambiance aux alentours est tout aussi étonnante. Ici, un *guru* donnant ses instructions à quelques disciples attentifs, là un yogi debout sur une jambe en quête du *samadhi*, et un peu partout de l'encens, des fleurs, des montagnes de poudre et des bijoux de pacotille, autant d'offrandes que les pèlerins s'attachent à réunir dans une ambiance de fête pleine de bonne humeur.
Petite précision : vous verrez certainement déambuler des Indiens récoltant des « donations volontaires » d'une manière plus ou moins brutale (tentant même parfois de vous empêcher de passer si vous ne leur donnez pas satisfaction). Sachez qu'aucune participation financière n'est obligatoire. Mais si vous décidiez de vous séparer de quelques roupies, vérifiez bien l'authenticité des quêteurs (ils disposent d'une carte officielle).

Mansa Devi Temple *(plan B1) : pour y accéder, téléphérique en bon état (env 50 Rps l'aller-retour ; c'est souvent la cohue pour les tickets, attention aux pickpockets) ou chemin que l'on peut gravir à pied (170 m de dénivelée). Avr-oct, tlj 7h30-19h ; nov-mars, tlj 8h30-18h.* Perché sur la montagne sur la rive droite du Gange, Mansa Devi est le passage obligé des pèlerins sur la route des sources du Gange. La divinité est censée en effet conférer à ceux qui l'honorent le pouvoir d'accomplir leur pèlerinage jusqu'au bout et en toute sécurité. Curieusement – est-ce dû aux cris des enfants ou à l'excitation des hauteurs ? –, on est loin de l'habituelle ferveur religieuse, et la visite prend un air de balade familiale. De là-haut, point de vue exceptionnel sur la ville, le Gange et les alentours. Il est possible de prendre un ticket combiné pour visiter le *Chandi Devi Temple,* mais on le trouve plutôt dépourvu d'intérêt.

Festivals

– ***Khumb Mela :*** *fév-mai.* Un des plus grands rassemblements religieux et l'occasion d'une gigantesque foire. Il n'a lieu que tous les 12 ans. Le prochain est prévu en 2010.
– ***Ardh Khumb Mela :*** moins important que le précédent, a lieu tous les 6 ans, mais célébré avec autant de ferveur. Prochaine date : 2010 aussi.
(Pour une explication plus complète de ces festivals, voir au chapitre « Allahabad ».)

➤ DANS LES ENVIRONS D'HARIDWAR

Daksha Mahadev Temple *(hors plan par A2) : quartier Khankhal, à 6 km env du centre-ville, près des* ghats *de crémation au bord du fleuve.* Construit sur les ruines d'un sanctuaire très ancien, ce temple moderne attire de nombreux pèlerins venus célébrer le sacrifice par le feu de Sati, suite à la trahison de son mari (Shiva) par son propre père. Rassurez-vous, la roue tourne et Sati s'est réincarnée entre-temps en Parvati, pour la plus grande joie de son dieu de mari. Atmosphère plus authentique que celle du *Mansa Devi Temple.* Pour accéder au *ghats* de crémation, depuis le parking du temple, longer le fleuve sur 200 m, en remontant son cours.

Rajaji National Park *(hors plan par B2) : dans le village de Chila, 9 km à l'est d'Haridwar. Pour y aller : quelques bus peu nombreux (le mat principalement) avec* GMOU *(plan A2,* ***1****). Sinon, renseignez-vous auprès de* Mohan's Adventure *qui propose des excursions de 3-4h (voir « Adresses utiles ») ; compter près de 1 800 Rps/pers (27,70 €), tt compris (entrée, transport, visite en jeep). En hiver : tlj 7h-12h, 14h30 jusqu'au coucher du soleil ; en été : 6h30-12h, 15h jusqu'au coucher du soleil ; fermé de mi-juin à mi-nov. Entrée : 350 Rps (valable 1 j.). Visite à dos d'éléphant (200 Rps/pers) ou en jeep. Bon à savoir : c'est la seule agence habilitée à organiser des excursions lorsque le parc est fermé. Hébergement possible à la* Tourist Rest House *de Chila. ☎ (01382) 26-66-97. On vous conseille de faire la balade tôt le mat ou, mieux, en fin d'ap-m, la lumière est plus belle. Éviter les heures chaudes de la journée : les animaux font la sieste !*
Le parc est un véritable sanctuaire de biodiversité. Plus de 300 espèces d'oiseaux ont y été recensées. Sans doute aurez-vous la chance d'apercevoir éléphants sauvages, singes, sambars et sangliers. Plus improbable est la rencontre de léopards, d'ours ou encore de tigres.

RISHIKESH

100 000 hab. environ — IND. TÉL. : 0135

Plantée à 356 m d'altitude sur les premiers contreforts de l'Himalaya, dans un décor de forêts luxuriantes, « la Cité des Rishis » a acquis une certaine notoriété internationale dans les ***sixties*** **en recevant John Lennon et ses acolytes,**

venus découvrir la méditation transcendantale. Depuis, « la capitale mondiale du yoga » – comme elle aime à le rappeler – ne cesse d'accueillir, aux côtés de milliers de sages, des Occidentaux à la recherche de leur propre identité et, pour certains, désireux de s'initier à l'exercice du yoga et de la méditation. D'ailleurs, certains pseudo-ashrams ou centres de yoga ne se privent pas d'exploiter leur crédulité... Il y règne une atmosphère un peu « baba » mais qui reste bon enfant. Le centre-ville avec ses embouteillages n'a pas d'intérêt. En revanche, dans les quartiers de *Swargashram* et de *Lakshman Jhula,* tous les deux piétons, on découvre une ambiance paisible et propice au repos de l'âme. Pour finir, Rishikesh, comme Haridwar, est le point de départ de pèlerinages vers les sources du Gange (de fin avril à fin octobre), le saint des saints des hindous.

Arriver – Quitter

Main Bus Stand *(plan A3,* ***1****) : Aggarwal Rd.*
Gare *(plan A2) : Station Rd.* Très peu de trains.
➢ ***Haridwar :*** bus ttes les 30 mn, 4h-22h30, dont 5 bus *deluxe.* Trajet : 1h. Sinon, 2 trains *express*/j. à 16h20 et 18h35 depuis Rishikesh, 1 seul depuis Haridwar (départ vers 6h45). Également 1 *passenger* (vers 7h-7h30 de Rishikesh, vers 17h20 de Haridwar). Trajet env 1h.
➢ ***Delhi :*** bus grosso modo ttes les 30 mn 5h30-22h30. Trajet : 7h.
➢ ***Agra :*** 1 bus/j., le mat. Trajet : 11h. Davantage de bus depuis Haridwar. Sinon, trains depuis Haridwar.
➢ ***Mussorie :*** slt 1 bus direct le mat. Trajet : 3h. Sinon, changer à ***Dehradun*** : bus ttes les 30 mn 5h30-19h (puis même fréquence entre Dehradun et Mussorie).

Yatra Bus Stand *(plan B2,* ***2****) :* bus en direction des sources du Gange, grosso modo, de fin avr à fin oct (selon l'enneigement des routes). Départs très tôt le mat, 3h30-8h. Deux compagnies : *GMOU (☎ 243-00-76)* et *TGMOU (☎ 243-00-08),* un poil plus chère. Hors saison, le kiosque de *GMOU* à la *Yatra Bus Stand* est généralement fermé. Se renseigner alors au ***GMOU Lodge Yatra Office*** *(plan B2,*

■ Adresses utiles

- Railway Station
- 1 Main Bus Stand
- 2 Yatra Bus Stand
- 3 Tourist Information Centre et GMVN Yatra Office
- 4 Tourist Information Centre (annexe)
- ✉ Postes
- 5 Police Station
- 6 State Bank of India
- 7 GD Hospital
- 8 GMVN Mountaineering & Trekking Division et ATM
- 9 Garhwal Himalayan Explorations
- 10 GMOU Lodge Yatra Office

Où dormir ?

- **20** Rama Hotel
- **21** Hotel Ganga View
- **22** Hotel OM
- **23** Aggarwal House
- **24** Bombay Kshetra Guesthouse
- **25** Dev Ganga Guest House
- **26** Divine Ganga Cottage
- **27** Nigha Tourist Resort
- **28** Ishan Hotel
- **29** Green Hotel et Green Hotel View
- **30** Rishilok Tourist Complex
- **31** Hotel Ganga Kinare

Séjourner dans un ashram

- **32** Shivanand Ashram
- **33** Yoga Niketan Trust
- **34** Ved Niketan

Où manger ?

- **31** Ganga Kinare Restaurant
- **40** Restaurant du Vanprasth Ashram
- **41** Chotiwala Restaurants
- **42** Amrita House & Library
- **43** Neelam Restaurant
- **44** Madras Cafe
- **45** Ganga Beach Restaurant
- **46** Devraj Coffee Tower

10 ; tlj 8h-18h), dans la dernière rue perpendiculaire à Haridwar Lakshmanjula Marg, sur la gauche, avt de traverser la rivière Chandrabhaga (en venant d'Haridwar).

➢ ***Gangotri :*** 2 bus/j., avec *TGMOU* slt. Trajet : 10-11h.

➢ ***Kedarnath :*** 4 bus/j. avec *TGMOU* ; 2 avec *GMOU*. Trajet : 11h. Les bus s'arrêtent à Gaurikund. De là, il reste 15 km à parcourir à pied ou à cheval. On peut louer les services de porteurs pour les bagages.

➢ ***Badrinath :*** 5 bus/j. avec *TGMOU* ; 3 avec *GMOU*. Trajet : 12h. Attention : le bus de *GMOU* qui part à 6h passe la nuit à Joshimath et reprend la route le lendemain mat.

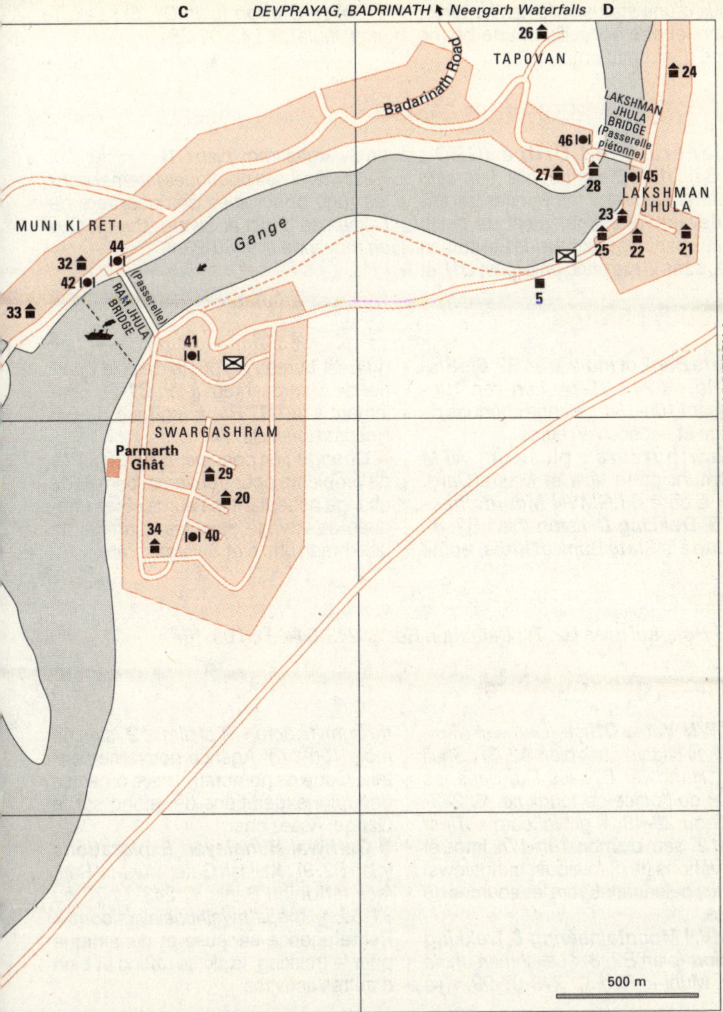

RISHIKESH

Adresses utiles

Infos touristiques

Tourist Information Centre *(plan A2, **3**) : Shail Vihar, Haridwar Bypass Rd. Pas d'enseigne : assez difficile à trouver. ☎ 243-17-93 ou 26-48. Tlj sf dim et 2e sam du mois 10h-17h. Sinon, un* **autre bureau,** *Railway Rd (plan A-B2, **4**). ☎ 243-02-09. Très mal indiqué ; au croisement de Station Rd et d'Agarwal Rd, et donc peu fréquenté. Au 1er étage (l'escalier grimpe au-*

dessus d'une statue). Mêmes horaires. Personnel très accueillant, une bonne source d'informations.

■ ***Police Station*** *(plan D1,* ***5****) : Lakshman Jhula.* ☎ *243-02-28.*

Poste et télécommunications

✉ ***General Post Office*** *(GPO ; plan B3) : dans le centre-ville. Lun-sam 10h-17h.* Bien faire tamponner les lettres devant vous. Également de petits bureaux dans les quartiers de Lakshman Jhula, dans la rue principale *(plan D1)*, et de Swargashram *(plan C1)*.

@ *Nombreuses boutiques Internet dans les rues principales des quartiers de Lakshman Jhula et Swargashram. Ouv en moyenne tlj 9h30-23h.*

Banque, change

■ ***State Bank of India*** *(plan B2,* ***6****) : Station Rd.* ☎ *243-01-14. Lun-ven 10h-16h ; sam 10h-13h.* Change chèques de voyage et espèces en euros.

■ ***Distributeurs :*** plusieurs **ATM** acceptant carte *Visa* et *MasterCard*. Deux à côté du ***GMVN Mountaineering & Trekking Division*** *(plan B2,* ***8****)*, un autre à la ***State Bank of India,*** à côté du petit bureau de poste dans le quartier de Swargashram *(plan C1-2)*. Également à la ***UTI Bank,*** en face du *GD Hospital (plan B2,* ***7****)*.

■ ***Change :*** *en principe, tlj 9h-20h.* Pas de problème pour trouver un bureau de change acceptant les euros et les chèques de voyage dans les quartiers de Lakshman Jhula et Swargashram.

Santé

■ ***GD Hospital*** *(plan B2,* ***7****) : Dehradun Rd.* ☎ *243-04-02 ou 00-16.*

Agences d'excursions

■ ***GMVN Yatra Office*** *(Garhwal Mandal Vikas Nigam Ltd ; plan A2,* ***3****) : Shail Vihar, Haridwar Bypass Rd, dans les locaux de l'office de tourisme.* ☎ *243-17-93 ou 26-48.* • *gmvnl.com* • *Tlj sf dim et 2e sam du mois 10h-17h.* Infos et réservations (taxi, minibus, bungalows) pour les pèlerinages vers les sources du Gange.

■ ***GMVN Mountaineering & Trekking Division*** *(plan B2,* ***8****) : Lakshman Jhula Marg, Muni-ki-Reti.* ☎ *243-07-99.* • *yatra@gmvnl.com* • *Tlj sf dim et 2e sam du mois 10h-17h.* Agence gouvernementale. Outre de nombreux treks, organise des mini-expéditions de rafting sur le Gange. Assez cher.

■ ***Garhwal Himalayan Explorations*** *(plan B2,* ***9****) : Kailash Gate, Muni-ki-Reti, face à l'*Union Bank. ☎ *243-34-78 ou 31-55.* • *thegarhwalhimalayas.com* • Petite agence sérieuse et dynamique pour le trekking, le ski, le rafting et bien d'autres activités.

Où dormir ?

De nombreux établissements se trouvent sur la rive gauche du Gange, dans les quartiers piétons de *Swargashram* et de *Lakshman Jhula*. On y accède par deux passerelles (piétonnes également), *Ram Jhula Bridge* et *Lakshman Julha Bridge*. Pas de rickshaws, donc, pour transporter vos bagages. Sinon, de 7h à 20h, il existe un petit bateau qui fait la navette entre les deux rives. Si vous arrivez en pleine nuit, il peut être préférable de loger sur la rive droite, quitte à changer d'établissement par la suite. Les deux quartiers sont sympathiques : à Lakshman Jhula, beaucoup de temples, à Swargashram, c'est le coin des ashrams. Enfin, noter que de mai à août et de décembre à janvier, les établissements qui proposent des chambres à prix moyens consentent souvent une ristourne intéressante.

De très bon marché à bon marché (80-300 Rps / 1,20-4,60 €)

Rama Hotel *(plan C2, **20**) : quartier de Swargashram.* ☎ *243-44-17. Très bon marché.* Un hôtel proposant une dizaine de chambres doubles ou triples, très sommaires (douche froide commune, eau chaude au seau) et à l'atmosphère monacale, mais vu le prix plancher... on ne peut guère demander plus. Vérifiez les ventilos, parfois bruyants. Terrasse sur le toit où vous pourrez installer votre lit pour une nuit à la belle étoile. L'adresse la moins chère de la ville.

Hotel Ganga View *(plan D1, **21**) : quartier de Lakshman Jhula.* ☎ *244-03-20. Résa conseillée. Petit supplément pour l'*air cooler. Sur les hauteurs de la colline. Une quinzaine de chambres vraiment très bien (propreté nickel, salles de bains avec douche chaude). Les plus chères (à un tarif plus que raisonnable !) sont récentes et disposent d'un balcon. Quelques-unes, très bon marché, donnent sur l'arrière. L'accueil est sans reproche. Location de vélos. Un rapport qualité-prix comme on aimerait en trouver plus souvent !

Hotel OM *(plan D1, **22**) : quartier de Lakshman Jhula, dans la rue principale.* ☎ *243-17-90 ou 32-72. Bon marché.* Ne pas confondre avec l'*OM Shanti Holidays* à côté. Des doubles clean, claires et avec des draps propres ! Suffisamment rare pour être signalé... Terrasse sur le toit. Accueil sympa. Internet.

Aggarwal House *(plan D1, **23**) : quartier de Lakshman Jhula, dans la rue principale.* ☎ *243-34-35.* Petite pension familiale d'une poignée de chambres doubles assez propres, même si la salle de bains est parfois limite. Également une quadruple. Douche chaude mais pas d'*air cooler.* Préférer les chambres à l'étage, réparties autour d'une terrasse, qui regardent s'écouler le Gange. Celles au rez-de-chaussée ont un horizon bouché, tant pis ! Accueil gentil.

Bombay Kshetra Guesthouse *(plan D1, **24**) : quartier de Lakshman Jhula.* ☎ *325-00-38.* Vieille bâtisse à l'allure de citadelle en bordure du Gange. Chambres très simples et dépouillées (un pieu et basta !). Sanitaires communs. Atmosphère assez indolente pas franchement sympa, on se regarde en chiens de faïence quand on ne s'ignore pas tout bonnement. Dépannera les fauchés !

De bon marché à prix moyens (200-1 000 Rps / 3,10-15,40 €)

Dev Ganga Guest House *(plan D1, **25**) : quartier de Lakshman Jhula, dans la rue principale, à deux pas du petit bureau de poste.* ☎ *243-49-22.* Une *guesthouse* récente, une affaire familiale tenue par un jeune fort sympathique. Des prix très raisonnables, des chambres propres avec salles de bains (eau chaude), mais surtout, de la terrasse, on a droit à l'une des plus belles vues de la ville sur le Gange ! La *guesthouse* est posée sur un rocher en aplomb du fleuve, qui dessine à cet endroit un doux méandre, comme pour mieux vous saluer... *Air cooler* ou AC dans les plus chères. Pas de doute, une bonne adresse.

Divine Ganga Cottage *(plan D1, **26**) : Tapovan, Lakshman Jhula Bridge.* ☎ *244-21-75. Internet.* Une adresse différente des autres, car située juste à l'écart de l'animation, et cela suffit pour changer totalement d'univers. On a l'impression de se retrouver dans un petit village paisible, bordé par quelques rizières, sans échoppes pour touristes, ni bruit de rickshaws. Le bâtiment en brique rouge est peut-être un peu massif, mais les chambres, récentes, sont impeccables, d'un confort très correct (AC pour les plus chères), et les petites touches de déco témoignent du souci de bien faire. Grande terrasse qui regarde la vallée.

Nigha Tourist Resort *(plan D1, **27**) : Lakshman Jhula Bridge.* ☎ *243-48-01.*

Résa conseillée. Prix moyens. Des chambres assez spacieuses et bien tenues, avec salle de bains privée (eau chaude). Petit effort en matière de déco que l'on tient à saluer. Une poignée d'entre elles donnent sur un grand balcon au calme et sont orientées face au fleuve. Dans la nouvelle aile, quelques chambres toutes neuves, un poil plus chères, avec AC. L'un de nos meilleurs rapports confort-situation-prix sur la rive droite du Gange. Patron serviable.

Ishan Hotel *(plan D1,* ***28****) : Lakshman Jhula Bridge. ☎ 243-15-34 ou 29-49. Résa conseillée.* L'hôtel s'est agrandi et, outre les chambres donnant sur la ruelle, une vingtaine d'autres bénéficient d'une jolie vue sur le Gange, avec salle de bains privée, et petite terrasse pour certaines. Internet. Bon resto proposant, entre autres, d'excellents petits déj. Forcément, c'est bondé.

Green Hotel *(plan C2,* ***29****) : quartier de Swargashram. ☎ 243-12-42. • hotelgreen.com •* Tout de vert comme promis, l'hôtel propose des chambres à différents prix avec salle de bains (douche froide et eau chaude au seau, sauf pour les plus chères, avec ou sans *air cooler* et moquette en option), mais malheureusement pas toujours très clean. Clim' dans certaines. Si vous optez pour une chambre à prix moyens, demandez plutôt à être logé au ***Green Hotel View,*** juste à côté *(☎ 243-49-48)*. Même proprio, prix un poil plus élevés, mais plus récent. Boutique Internet juste à côté.

Rishilok Tourist Complex *(plan B1-2,* ***30****) : Muni ki-Reti. ☎ 243-03-73. Chambres pour 2, 3 ou 4 pers (avec ou sans sdb et* air cooler*)* ; assez tristounettes et pas toujours nickel. En revanche, magnifique jardin. Intéressant uniquement si vous arrivez en pleine nuit et que vous ne souhaitez pas rejoindre à pied les secteurs de Swargashram ou de Lakshman Jhula.

Très chic (min 4 000 Rps / 61,10 €)

Hotel Ganga Kinare *(hors plan par A3,* ***31****) : Veerbhadra Rd. ☎ 243-16-58. • uttrakhandhotels.com • Doubles 4 300-4 900 Rps (66,20-75,40 €), petit déj et dîner compris ; réduc de 20 % hors saison (en principe nov-mars).* À la sortie de la ville en direction d'Haridwar, grand établissement moderne, confortable (on ne s'attendait pas à moins, naturellement) et conçu de telle manière que toutes les chambres bénéficient d'une vue sur le Gange. De plus, elles ont été joliment rénovées (parquet flottant, tissus colorés). Petite terrasse au bord de l'eau et bien au calme. Cours de méditation et de yoga (payants).

Séjourner dans un ashram

Rishikesh est la ville des ashrams par excellence. Très nombreux mais pas toujours très sérieux, ils permettent néanmoins de goûter à la vie ascétique dans d'assez bonnes conditions et sans trop tirer sur le portefeuille. En Inde non plus, l'habit ne fait pas le moine ; parmi des milliers de *gurus* et *sadhus,* l'ivraie est mêlée au bon grain. Quelques institutions sérieuses, aptes à transmettre un enseignement spirituel ou médical (médecine ayurvédique), côtoient des pseudo-*gurus* à la recherche de naïfs. La vigilance est donc, ici plus qu'ailleurs, vitale sur le chemin de la vérité. Petit avertissement (on n'a pas pu s'en empêcher...) : débarquer dans un ashram pour y vivre une première expérience de retraite et de méditation s'avère souvent assez déroutant. En dehors des rares rassemblements collectifs, on y est en général laissé libre et ignoré, et l'on ne trouve pas toujours quelqu'un avec qui communiquer. Attention aux lendemains qui déchantent...
Voici une petite sélection d'ashrams de bonne réputation (hébergement de très bon marché à bon marché), mais la liste n'est pas close. Laissez-vous guider avant tout par vos aspirations.

Shivanand Ashram *(Divine Life Society ; plan C1,* ***32****) : Lakshman Jhula Rd. ☎ 243-00-40. • sivanandaonline.org • Résa obligatoire (1 à 2 mois à l'avance). Cycles de conférences et cours de méditation tte l'année sf dim.*

On n'y étudie pas les textes de Patanjali. Fondé en 1936 par Swami Shivananda, dit « le Sage des Himalayas ». L'accueil n'est malheureusement pas toujours à la hauteur du prestige de l'établissement.

Yoga Niketan Trust *(plan C1,* ***33****) : Lakshman Jhula Rd.* ☎ *243-02-27 ou 50-72.* • *yoganiketan.org* • Réputation de sérieux, surtout pour les bons cours de yoga payants *(Hatha yoga),* toute l'année sauf le dimanche, pour une période minimale de 10 jours. Étude des textes de Patanjali. Moins « ashram » que d'autres pour ce qui est de l'esprit, selon certains de nos lecteurs.

Ved Niketan *(plan C2,* ***34****) : accès depuis Ram Jhula Bridge.* ☎ *243-02-79. Fax : 243-43-53.* Cours de yoga (Hatha yoga) *mat et soir sf dim (sans obligation), conférences.* Importante structure.

Où dormir dans les environs ?

Dans la vallée du Gange, en amont de Rishikesh, sur la route de Badrinath ! On découvre alors une rivière souvent tumultueuse qui dévale la montagne en toute liberté, loin des clichés que l'on peut se faire du fleuve sacré et de la ferveur religieuse de Varanasi. Deux possibilités : les plus fortunés poseront leurs valises dans un hôtel à flanc de montagne, les autres opteront pour un camp aménagé pour les amateurs de rafting.

Rafting camp sites *(camps de rafting) : ouv de mi-sept à juin slt. Compter 700-1 200 Rps par pers (10,80-18,50 €), repas et transfert depuis Rishikesh compris.* Bien entendu, la priorité est donnée à ceux qui s'adonnent aux joies du rafting. Mais s'il y a de la place, on vous accueillera volontiers. Adressez-vous à une agence à Rishikesh (voir « Adresses utiles », plus haut) et négociez. Pour rejoindre les camps, vous pouvez prendre les bus qui desservent la vallée du Gange (en direction de Srinagar ou Joshimath), ou bien vous entendre avec l'agence. La plupart des camps sont posés sur un banc de sable blanc, au bord de l'eau. On en dénombre une bonne vingtaine répartie sur 40 km environ. Mais comme partout, il y a du bon et du moins bon : n'hésitez pas à vous renseigner autour de vous. On passe la nuit sous des tentes en toile (pas d'électricité ni de musique à tue-tête : c'est interdit, la vallée de Gange est classée réserve naturelle !). Le soir, on se retrouve autour d'un feu de camp ou d'un barbecue. L'ambiance est bon enfant. Le lendemain matin, rien ne vous empêche de faire un brin de bronzette sur la plage, de piquer une tête dans le fleuve (attention tout de même aux rapides à certains endroits), et même de faire une petite balade dans les environs accompagné par un guide du camp.

Himalayan Hideaway *: à 20 km de Rishikesh, sur la route de Badrinath. Résa :* ☎ *(011) 26-85-26-02 à Delhi.* • *hhindia.com* • *Doubles 4 200-5 000 Rps (64,60-76,90 €) selon vue, petit déj compris ; réduc 10-25 % mai-août et déc-janv.* Dans des bungalows en pierre en pleine nature et au calme parfait, une dizaine de jolies chambres spacieuses (dommage toutefois que la déco n'ait pas un parfum plus indien), de très bon confort, avec terrasse ou balcon. Vue sur la vallée pour les plus chères. Un petit chemin permet d'accéder aux rives du Gange. Coup de cœur pour le lieu mais p'tit coup de gueule pour la cuisine (buffet continental), chère (près de 400 Rps) et très moyenne. Mais l'endroit est si beau et si paisible...

Où manger ?

Ici comme à Haridwar, la cuisine est exclusivement végétarienne.

Très bon marché (max 50 Rps / 0,70 €)

Resto du Vanprasth Ashram *(plan C2,* ***40****) : quartier de Swargashram, dans la même rue que le* Green Hotel *(enseigne en hindi slt : n'hésitez pas à deman-*

der, tt le monde connaît). Tlj 12h-14h, 19h-21h. C'est la cantine de l'ashram, ouverte à tous. Cadre sans importance, mais propre. Pas de carte : *thali* pour tous, à prix modique !

De bon marché à prix moyens (50-200 Rps / 0,70-3,10 €)

Chotiwala Restaurants *(plan C1, **41**) : à 100 m de Ram Jhula Bridge, sur la rive gauche. Tlj 8h-21h30. Bon marché.* Une institution connue à 50 km à la ronde. Ouvert en 1958 par un certain M. Agarwal dont les 2 fils n'ont pas réussi à s'entendre pour prendre la suite. Résultat, aujourd'hui, 2 restos côte à côte, que rien ne différencie à l'exception d'une terrasse sous la voûte étoilée pour l'un des deux. L'effervescence est à son comble sur le coup de midi (Dieu merci, l'*air cooler* et les ventilos tournent à plein régime). Pour autant, le service ne se laisse jamais déborder et débite de savoureux petits plats d'inspiration indienne ou chinoise. Carte bien fournie. Excellentes soupes, notamment, et *thalis* à volonté... Deux secondes d'inattention, et votre assiette est à nouveau pleine ! Glace à la vanille en cadeau, bonbons glissés sous l'addition. Comme quoi, générosité et business peuvent faire bon ménage.

Amrita House & Library *(plan C1, **42**) : au bord du Gange, à 50 m de l'embarcadère. Tlj midi et soir. Bon marché.* Voilà un lieu sympathique où l'on peut se restaurer tout en bouquinant (bibliothèque bien fournie). Petit resto de quelques tables, très tranquille, au bord du *ghat*. La propriétaire des lieux, une Japonaise tombée amoureuse du coin il y a des années, est adorable et concocte de délicieux repas pour les fins gourmets. Spécialités de crêpes savoureuses.

Neelam Restaurant *(plan B2, **43**) : dans une ruelle perpendiculaire à Lakshman Jhula Rd ; à 50 m sur le côté gauche. Tlj jusqu'à 22h. Bon marché.* Tenue par un sikh charmant et toujours prêt à rendre service, cette petite bicoque ne paie vraiment pas de mine de l'extérieur. Pourtant, les repas, qu'ils soient indiens (souvent peu épicés) ou occidentaux, y sont très bons. Accueil vraiment exceptionnel (lorsque le patron est là...).

Madras Cafe *(plan C1, **44**) : Shivanand Nagar. ☎ 243-32-19. Tlj 7h-21h30. Bon marché.* Salle de taille réduite et cadre on ne peut plus banal. Mais cette adresse qui bénéficie d'une solide p'tite réputation est prisée autant des touristes que des Indiens ! Copieux petits déj. Accueil souriant.

Ganga Beach Restaurant *(plan D1, **45**) : quartier de Lakshman Jhula, au pied de la passerelle. Tlj jusqu'à 23h30.* Pas de plage à l'horizon, mais une agréable terrasse partiellement ombragée pour contempler le Gange. Pour les grosses chaleurs ou pour les soirées fraîches, sympathique cahute en bambou avec tables basses et cousins. Bonne cuisine indienne et internationale. Clientèle principalement occidentale. Sympa aussi en journée pour prendre un verre.

Devraj Coffee Tower *(plan D1, **46**) : Lakshman Jhula Bridge. Tlj jusqu'à 21h.* Cuisine indienne et internationale correcte, sans plus. En revanche, emplacement stratégique qui offre une superbe vue sur la passerelle et fait oublier le service un peu longuet... Bien pour les petits déj. Le rendez-vous des routards du monde entier. *N.B.* : pas de w-c !

Un peu plus chic (env 250-300 Rps / 3,80-4,60 €)

Ganga Kinare Restaurant *(hors plan par A3, **31**) : resto de l'hôtel du même nom. Tlj midi et soir. Buffet s'il y a assez de monde, sinon carte.* Installé au bord du Gange, dans un coin paisible que seul le chant des grillons vient déranger. Salle avec une grande baie vitrée ou, mieux, terrasse au bord de l'eau. Service efficace et prix raisonnables.

À voir. À faire

Quelques temples dans le quartier de *Lakshman Jhula (plan D1).* Parmi eux, l'imposant *Trayambakeshwar Temple,* au pied de la passerelle, que l'on ne peut pas manquer avec sa forme pyramidale. On a un petit faible pour le *Dharamvaj Temple,* dans la rue principale en allant vers la poste (pas d'inscription, demander). Loin du clinquant des autres temples, il est habité par un monsieur affable qui ne manquera de vous le faire visiter en vous présentant ses compagnons de fortune.

Triveni Ghât *(plan B3)* **:** comme à Haridwar, s'y déroule la cérémonie des bougies à la tombée de la nuit. Depuis la construction de *Parmarth Ghât,* dans le quartier de Swargashram, l'affluence y est moindre et, du coup, l'atmosphère plus intime.

Parmarth Ghât *(plan C2)* **:** *quartier de Swargashram.* Les nouveaux *ghats* de Rishikesh attirent nombre d'Indiens et de touristes à la tombée de la nuit pour la cérémonie des bougies.

➢ ***Rafting sur le Gange :*** *à partir de Shivpuri (16 km) et Kaudiala (40 km), on peut rejoindre Rishikesh en raft. L'activité se pratique de mi-sept à juin (en hiver, il fait quand même frisquet) ; interdit le reste de l'année en raison de la mousson. En mars, avr, oct et nov (mois les plus chargés), résa indispensable 1 mois à l'avance ; le reste de l'année, 1 ou 2 sem avt, en principe ça suffit ; vous pouvez aussi tenter votre chance 1 ou 2 j. avt, ça marche parfois. Min 1 600 Rps/pers (24,60 €) 2 j. + 1 nuit, pour un groupe de 4-6 pers min (sinon, c'est plus cher, logique). Nombreuses agences en ville (voir « Adresses utiles », plus haut) qui proposent des forfaits (transfert, hébergement en camp et repas compris).* À faire de préférence juste après la mousson (courant un peu plus fort et baignade appréciable par les fortes chaleurs). On peut faire du rafting juste pour la journée (et même la 1/2 journée), mais ce serait dommage de ne pas passer une nuit dans un camp (voir aussi « Où dormir dans les environs ? »). Le matériel est fourni (gilet de sauvetage, casque). Une agence sérieuse embarque sur les rafiots 8 personnes maximum, plus deux professionnels de l'agence. Au-delà, les conditions de sécurité vont à vau-l'eau...

➢ ***Trekking :*** entre deux séances de yoga, échappez-vous dans les forêts de chênes et de rhododendrons, de cèdres et de pins. Belle balade à partir de Lakshman Jhula en direction du temple shivaïste *Neelkhant Mahadev* (12 km), sur les hauteurs de Rishikesh. Conseillé de se faire accompagner par un guide (mais assurez-vous bien qu'il connaît l'endroit, sinon vous risquez fort de finir votre balade le long d'une route sans grand intérêt !).
Depuis Rishikesh, d'avril à mi-octobre, on peut aussi partir pour un trek de 4 à 10 j. en moyenne. Un minimum de 3 personnes est souvent requis. Tarif dégressif en fonction du nombre de participants. Pour un petit groupe, compter minimum 2 700 Rps/j. et par personne (41,50 €). S'adresser à une agence (voir « Adresses utiles »).

Festivals

– ***International Yoga Week :*** *en principe, 1 sem en fév.* Cours d'initiation ou de perfectionnement souvent gratuits.
– ***Shivaratri Mela :*** *fév-mars.* Grande fête des adorateurs de Shiva. Concentration exceptionnelle de *sadhus* venus de toute l'Inde. Impressionnant. Une grande foire est organisée à cette occasion.

➢ DANS LES ENVIRONS DE RISHIKESH

Neergarh Waterfalls *(cascades de Neergarh ; hors plan par D1)* **:** *à 5 km env de Rishikesh, sur la route de Badrinath. Tlj du lever au coucher du soleil. Pour s'y ren-*

LA VALLÉE DU GANGE

dre, négocier avec un rickshaw (près de 100 Rps l'aller) ou prendre l'un des nombreux bus en direction de Srinagar ou de Joshimath, au départ de Yatra Bus Stand *(plan B2,* ***2****). On atteint les cascades en 30-40 mn env. Accès : 30 Rps.* Rien d'exceptionnel, juste l'occasion d'une balade pas désagréable et rafraîchissante.

Auli *(263 km)* **:** la célèbre station de sports d'hiver ouvre ses portes de décembre à mars au cœur des montagnes du Garhwal. Très beau point de vue sur le pic du Nanda Devi, deuxième plus haut sommet de l'Inde avec ses 7 817 m.
➢ *Pour y aller :* prendre un bus pour Joshimath ; plusieurs bus/j. avec *TGMOU* et *GMOU* tte l'année depuis la *Yatra Bus Stand (plan B2,* ***2****)* ; de Joshimath prendre un taxi pour parcourir les 13 km restants. On peut y accéder également par téléphérique depuis Joshimath (trajet beaucoup plus court, bien entendu !). Vous pouvez contacter aussi *GMVN Mountaineering & Trekking Division (plan B2,* ***8****)* à Rishikesh, qui vous donnera l'état de l'enneigement ou vous réservera un hébergement.

MUSSORIE

34 000 hab. IND. TÉL. : 0135

À 76 km de Rishikesh et perchée à 2 000 m d'altitude avec la chaîne himalayenne en toile de fond. On y accède par une très belle route en lacet parfaitement entretenue. Les colons britanniques avaient l'habitude de s'y réfugier pendant les mois caniculaires. Au XIXe s, ses pentes abruptes et boisées de pins et de cèdres se recouvrirent de cottages et de manoirs. La petite ville devint vite le lieu des rendez-vous galants à l'abri des regards indiscrets et d'idylles clandestines, jusqu'à acquérir une réputation sulfureuse... Plus tard, Mussorie accueillit du beau monde et quelques têtes couronnées en exil. Le dalaï-lama y trouva refuge en 1959. Aujourd'hui, la bourgeoisie indienne et les jeunes couples en voyage de noces ont pris le relais. Pourtant, il continue d'y flotter un parfum d'Angleterre victorienne que ne parvient pas à estomper l'odeur des restos tibétains. La rue principale *(the Mall)*, interdite à la circulation des voitures, regorge d'une intense activité. Éviter la période de mi-mai à mi-juillet, l'affluence bat tous les records (les prix aussi !). En janvier-février, les chutes de neige ne sont pas rares et la ville vit au ralenti ! D'ailleurs, à cette époque, renseignez-vous sur les conditions d'accès à Mussorie, pas toujours évidentes.

LA VALLÉE DU GANGE

Arriver – Quitter

En bus

Library Bus Stand et ***Picture Palace Bus Stand :*** *2 gares routières situées chacune à l'une des extrémités du Mall.* Liaisons avec :
➢ ***Delhi :*** 1 bus/j. vers 20h depuis *Library Bus Stand* et *Picture Palace Bus Stand.* Trajet : 8h env.
➢ ***Rishikesh et Haridwar :*** 1 bus direct le mat pour Rishikesh, depuis *Library Bus Stand.* Trajet : 3h. Sinon, changer à ***Dehradun*** : bus ttes les 30 mn, 5h30-19h, des 2 gares routières. Trajet : 1h30. De Dehradun, nombreux bus pour Rishikesh et Haridwar, même fréquence. Trajet : 1h30.

En train

Assez galère car pas de gare à Mussorie, juste un *Railway Reservation Centre (☎ 263-28-46) sur le Mall, non loin de la poste.* La gare la plus proche se trouve à ***Dehradun.*** De là, liaisons quotidiennes avec ***Delhi*** et ***Haridwar*** ; 2 trains/sem pour *Agra.*

Adresses utiles

Office de tourisme : *sur le Mall, à côté du funiculaire.* ☎ *263-28-23.* Propose des excursions à la journée dans les environs (*Kempty Falls* notamment).

Post Office : *sur le Mall.*

State Bank of India : *sur le Mall, à deux pas de la poste.* ☎ *263-05-33 ou 25-33.* Installée dans un superbe bâtiment d'architecture victorienne. Change les euros en espèces mais pas les chèques de voyage. Distributeurs acceptant cartes *Visa* et *MasterCard.*

Internet : *quelques bécanes à l'arrière d'un magasin de photo situé sur le Mall, face au* Clark's Hotel. ☎ *263-21-54. Tlj 10h-22h.* Également au-dessus du resto *The Tarvern* (voir « Où manger ? »).

Trek Himalaya Tours : *the Upper Mall, près du funiculaire.* ☎ *263-04-91.* • *trekhimalaya.com* • Une agence sérieuse qui propose des treks (3 jours minimum) de mi-mars à juin et de septembre à mi-novembre.

Garhwal Manda Vikas Nigam (GMVN) : *à la* Library Bus Stand. Agence gouvernementale. Bus pour les environs de Mussorie (*Kempty Falls,* etc.).

Où dormir ?

Quantité d'hôtels pour tous les budgets, mais la qualité ne suit pas forcément. Certains abusent carrément ! De mi-mai à mi-juillet, c'est la *pic season* (ne pas venir sans réservation sinon l'AJ, à 3 km avant d'arriver au village, vous pend au nez !), et les prix gonflent de 50 à 80 % ! Les tarifs que nous indiquons sont ceux de la basse et moyenne saisons.

De bon marché à prix moyens (250-600 Rps / 3,80-9,20 €)

Broadway Hotel : *Camel's Back Rd, Kulri.* ☎ *263-22-43.* • *rajanmalik10@hotmail.com* • *À 10 mn à pied de* Picture Palace Bus Stand. *Prix abusifs en hte saison, sinon bon marché.* Un hôtel à mi-chemin entre le chalet de montagne et le cottage, à l'atmosphère british et au charme désuet. Une douzaine de chambres avec douche chaude. Certaines avec bow-windows et vue sur les sommets enneigés.

Hotel Luxmount : *The Mall.* ☎ *263-16-59. À 20 mn à pied de* Picture Palace Bus Stand. *Prix moyens.* Hôtel bien tenu dans l'ensemble et qui offre un bon rapport qualité-prix. À noter, une quadruple à prix intéressant. Toutes les chambres bénéficient d'une vue sur la vallée (et la vue est aussi belle de jour que de nuit, avec les lumières de Dehradun scintillant au loin dans la plaine). Salles de bains très propres (douches chaudes). Essayer de voir plusieurs chambres : on aime bien celles aux murs lambrissés de bois pour leur petit côté montagnard.

Deep Hotel : *Camel's Back Rd, Kulri.* ☎ *263-24-70.* • *geocities.com/hotel_deep* • Un hôtel qui propose une large gamme de chambres (une quarantaine en tout) au confort différent. Là encore, essayez d'en voir plusieurs avant de vous décider. Eau chaude au seau pour les moins chères. Vaste terrasse où gambadent les enfants. Une adresse très prisée des familles indiennes. Patron accueillant et de bon conseil.

De chic à plus chic (900-2 000 Rps / 13,80-30,80 €)

Hotel Padmini Nivas : *the Mall, côté* Library Bus Stand. ☎ *263-10-93.* • *hotelpadmininivas.com* • Une belle bâtisse du XIXe s au charme suranné et posée à flanc de colline. Belle vue sur la vallée. Mais certaines chambres (les moins chères notamment) mériteraient de retrouver une nouvelle jeunesse.

Où manger ?

En janvier-février, la ville se languit dans la froideur de l'hiver et de nombreux restos sont fermés.

Bon marché (50-150 Rps / 0,70-2,30 €)

Aggarwal Vegetarian : *the Mall, Kulri Bazar.* ☎ *263-23-21. Tlj 8h-23h. Fermé en fév.* Un resto propret à l'ambiance populaire et familiale. Honnête cuisine végétarienne.

The Rice Bowl : *the Mall, près de la poste.* ☎ *263-16-84. Tlj 10h30-23h.* On se pose ici en confiance (murs de galets vernis, tables en bois). Carte au large choix qui propose des plats chinois principalement, sans oublier un petit clin d'œil à la cuisine tibétaine *(momo, thukpa).* Correct. Tenu par Yangchen, une jeune et sympathique Tibétaine. Service aimable.

Chic (200-350 Rps / 3,10-5,40 €)

The Tarvern : *au début du Mall, côté* Picture Palace Bus Stand. ☎ *263-28-29. Tlj 10h30-22h30.* Cadre plus proche d'un pub à l'atmosphère chicos que d'un resto indien traditionnel. La cuisine est tout simplement excellente, du plat principal aux desserts, en passant par les *naan* ! Les viandes sont fondantes, les cuissons parfaitement maîtrisées. On vous conseille le *Kebab Ki Tashtari,* un ensemble de viandes marinées et grillées. Une adresse que les carnivores apprécieront particulièrement après une petite cure végétarienne dans la vallée du Gange (mais les végétariens ne sont pas oubliés pour autant) ! *Live music* certains soirs.

LA VALLÉE DU GANGE

À voir. À faire à Mussorie et dans les environs

Les demeures victoriennes : quelques belles bâtisses le long du Mall ou à découvrir au détour d'une ruelle. Ne pas rater la *Library* (la bibliothèque), l'un des plus beaux vestiges des fastes d'antan.

Gun Hill : colline dominant Mussorie, perchée à 2 270 m d'altitude. C'est le château d'eau de la ville, construit par les Britanniques en 1943 et alimenté par les *Kempty Falls.* On y accède par un funiculaire, à côté de l'office de tourisme *(55 Rps aller-retour)* ou par un chemin qui part sur la droite (en venant du funiculaire) en face du *Hakman's Grand Hotel* (30 mn de grimpette). Vaste panorama de dizaines de pics enneigés dominés par le Bandarpoonch (6 317 m) et la Nanda Devi (7 817 m)... du moins, lorsqu'on contourne la cohue de magasins et de bars en tôle ondulée qui défigurent scandaleusement l'endroit.

Happy Valley : *un village de réfugiés tibétains, à env 3 km de Mussorie.* Plutôt que de *Gun Hill,* c'est d'ici qu'il faut admirer le superbe panorama sur la chaîne himalayenne. Au bout du village (au niveau du parking), prendre le chemin à droite qui grimpe sur la colline. Un endroit empreint d'une beauté mystique avec des dizaines de guirlandes de tantras multicolores qui claquent au vent. Devant vous, le vide enivrant d'une profonde vallée cernée, au loin, par les pics enneigés.

➢ **Agréable balade** tranquille (pas de véhicule) de 2 km, le long de *Camel's Back Rd.* Accès par la petite route qui part complètement à droite de la poste. Beaux points de vue.

Kempty Falls : *chutes d'eau à 15 km env de Mussorie, haut lieu de villégiature à l'époque coloniale. Pour y aller : taxi ou bus quotidiens. Rens auprès de l'office de* *tourisme ou de* Garhwal Manda Vikas Nigam *(voir « Adresses utiles »).* On peut s'y baigner. Mais en mai-juin, la trempette est limitée à 20 mn, tellement il y a foule !

LES SOURCES DU GANGE

Déesse mère qui descend de « la région des Sages », pour apparaître au Garhwal, le Gange est au centre de la vie spirituelle des hindous qui, de tout temps, ont essayé de se rapprocher de ses sources. Il y a encore moins d'un siècle, de nombreux Indiens perdaient la vie (victimes de la fatigue, des serpents et des bêtes sauvages) sur le chemin du *Yatra* tandis que les Occidentaux en étaient tout bonnement exclus. Lanza del Vasto, le célèbre disciple portugais de Gandhi, put le vérifier lui-même en 1937 alors qu'il tentait une montée vers Yamunotri. Aujourd'hui, la situation a bien changé, de nouvelles routes entaillent chaque jour un peu plus profondément les versants himalayens et, du coup, le pèlerinage est désormais accessible à tous (y compris aux vieillards que l'on voit gravir les dernières pentes juchés sur des palanquins).
Les pèlerinages s'étalent de la fonte des neiges au retour du froid (de fin avril à fin octobre). Période la plus fréquentée : de mi-mai à mi-juin (mieux vaut alors s'y prendre à l'avance pour réserver un transport et un hébergement). Il est toutefois préférable d'éviter les mois de mousson de juillet et août. Septembre est certainement le mois le plus agréable pour entreprendre le voyage.

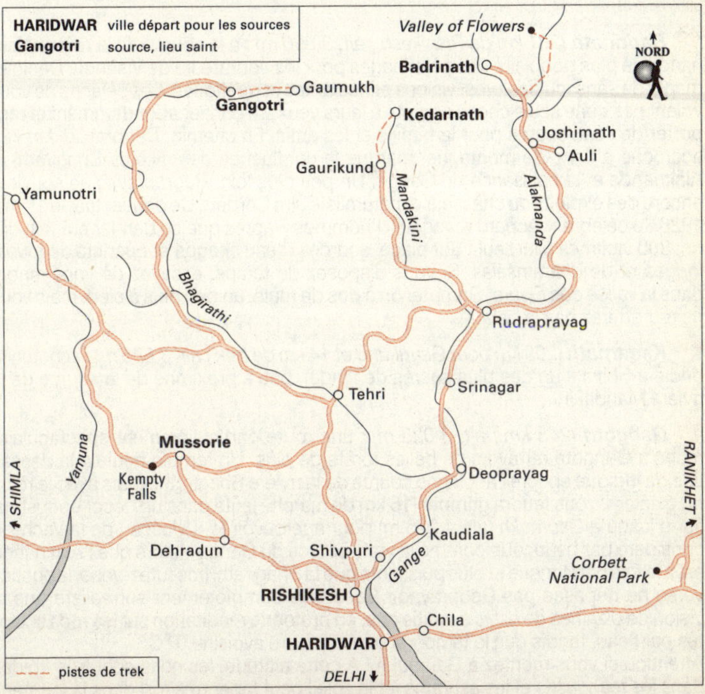

LES SOURCES DU GANGE

Comment y aller ?

Par tradition, c'est d'Haridwar ou de Rishikesh que tout pèlerin doit entreprendre son ascension.
➢ ***En bus ordinaire :*** de fin avr à fin oct, transports en bus assurés tlj par *GMOU* (Badrinath et Kedarnath) et *TGMOU* (Badrinath, Gangotri et Kedarnath). Voir « Arriver – Quitter » à Haridwar et à Rishikesh. Très bon marché : 170-325 Rps selon la destination. La patience et un cœur bien accroché sont indispensables. En effet, la route, très mauvaise et étroite, ne comporte pratiquement que des virages et les bus sont vraiment rudimentaires.
➢ ***En taxi :*** infos et résa au *Tourist Bureau* ou à *Mohan's Adventure* à Haridwar ou au *GMVN Yatra Office* à Rishikesh. Proposent en outre une quinzaine de tours organisés (4 à 13 jours) en bus *deluxe* (qui n'en a que le nom) à travers toute la région du Garhwal.

Où dormir ? Où manger ?

Logement simple dans les *tourist bungalows* (résa auprès de *GMVN Yatra Office*), les *chattris* (auberges) ou chez l'habitant. Prévoir un bon sac de couchage, ainsi qu'une cape de pluie en période de mousson ; en revanche, les vivres sont superflus (nombreuses épiceries et gargotes).

À voir

¶¶ ***Badrinath*** *(301 km de Rishikesh ; alt. 3 096 m)* **:** à la source de la rivière Alaknanda, le plus populaire des pèlerinages pour les adorateurs de Vishnou. Déploiements de saris multicolores, visions étincelantes et poétiques. Les pèlerins ne vous voient pas : une seule chose compte à leurs yeux, se purifier abondamment et rapporter de l'eau sacrée pour la famille et les amis. En chemin, *Deoprayag (km 72),* accroché à flanc de montagne, marque la confluence des rivières Bhagirathi et Alaknanda et la naissance du Gange. Un peu plus loin, *Rudraprayag* se souvient encore des exploits du chasseur et naturaliste Jim Corbett. Ce dernier tua, le 1er mai 1926, le célèbre « léopard mangeur d'hommes » après que ce dernier eut fait, dit-on, 300 victimes à lui seul ! Sur place, sources d'eau chaude et quantité de *tourist lodges* et de *dharamsalas.* Si vous disposez de temps, essayez de vous rendre dans la *vallée des Fleurs.* Compter 5h à dos de mule, un peu plus à pied, mais vous ne regretterez pas la balade.

¶¶ ***Kedarnath*** *(209 km pour Gaurikund et 14 km de trek ; alt. 3 585 m)* **:** sanctuaire dédié à Shiva (l'un des plus sacrés de l'Inde), bâti à proximité de la source de la rivière Mandakini.

¶¶ ***Gangotri*** *(248 km ; alt. 3 028 m)* **:** une route particulièrement spectaculaire mène à Gangotri à travers de belles forêts de pins. Un temple dédié à la déesse Ganga indique encore l'ancienne source de la rivière Bhagirathi. Mais avec le recul du glacier, il vous faudra grimper (16 km de marche lente dans un décor époustouflant) jusqu'à *Gaumukh* (alt. 4 225 m) pour apercevoir le « Museau de la Vache », considéré par beaucoup comme la vraie source du Gange – alors que l'Alaknanda est à la fois plus longue et plus puissante que la Bhagirathi (rassurez-vous, la controverse ne dépasse pas Deoprayag). Spectacle complètement surréaliste que la vision de dizaines de *rishis* à moitié nus, en profonde méditation sur les rocs sculptés par l'eau, tandis que la température extérieure avoisine 0 °C.
Attention si vous montez à Gaumukh ! À cette altitude, les nuits sont très froides dans les *teahouses* et les ashrams (et le soleil peut taper très fort dans la journée). Les pèlerins le font en plusieurs étapes : d'abord Bhojbasa (12 km) en 5h (nuit au

tourist lodge et ses dortoirs ou à l'ashram), ou halte à Chirbasa et camping dans la pinède près du Gange (à 9 km de Gantakri) pour les partisans d'étapes plus courtes.

DELHI

13 000 000 hab. IND. TÉL. : 011

Pour les plans de Delhi, se reporter au cahier couleur 1.

Capitale de l'Inde, ville d'espace, ville d'ordre (relatif), ville de commerce et de gouvernement, Delhi est très différente des autres grandes cités indiennes. On y croise les riches, grands et petits bourgeois, l'Inde de demain, l'Inde qui s'en sortira... peut-être. Delhi, c'est aussi l'histoire de sept cités, érigées une à une, puis abandonnées par les souverains – turc, afghan, moghol et britannique – qui se sont succédé à la tête des Indes orientales...
Construite autour de larges artères bordées de bougainvillées, flamboyants et frangipaniers, New Delhi est plus réputée pour la cacophonie de ses oiseaux que pour celle de ses voitures. On y trouve tous les hôtels de luxe et – à Pahar Ganj ou autour de Connaught Place – la plupart des restos et hôtels pour routards. À l'opposé, Old Delhi est bruyante et agitée. On s'y balade en rickshaw au milieu d'une foule grouillante pour explorer les principaux monuments moghols... Bref, une ville pas vraiment passionnante mais qui se révèle être une bonne introduction à l'Inde moderne et ses contradictions.

Arriver à Delhi

En avion

✈ ***Indira Gandhi International Airport*** *(hors plan couleur II par G9)* ***:*** *à env 20 km au sud-ouest du centre de Delhi, il compte 2 terminaux distants de 7 km l'un de l'autre.* Ainsi, le ***terminal 2*** (des travaux de rénovation récents) reçoit les vols internationaux et le ***terminal 1*** *(Domestic Airport)* accueille les vols nationaux. Ils sont reliés entre eux par les bus *AAI (Airport Authority of India)* : départ face à la sortie des 2 terminaux, ttes les 30 mn env et quasiment 24h/24 (mais lire nos recommandations sur les arrivées nocturnes plus loin). Gratuit pour les voyageurs munis d'un billet confirmé sur un vol intérieur ou international. Sinon, les compagnies aériennes disposent aussi de bus pour acheminer gratuitement leurs passagers d'un terminal à l'autre. Infos : • airportsindia.org.in •

Infos utiles à l'aéroport

ℹ ***Tourist Office :*** *dans le terminal 2, avt la sortie.* ☎ *25-69-11-71. Ouv 24h/24, en principe.* Plan de la ville, liste d'hôtels, sites et musées, etc. *Un autre bureau du même type au terminal 1.*

■ ***Téléphone :*** *à la sortie du terminal 2, plusieurs cabines téléphoniques internationales (panneaux STD-ISD).*

■ ***Bureaux de change :*** *au terminal 2, avt et après la douane. Ouv 24h/24.* Euros, dollars et chèques de voyage y sont convertis en roupies à des taux très corrects (mais attention à la commission pas annoncée chez *Thomas Cook*). Également un ***distributeur d'espèces*** *(cartes* Visa et MasterCard*) à droite dans le grand hall, après la douane.* Pas de change au terminal 1.

■ ***Railway Reservation :*** *au terminal 2, sur la droite en sortant, juste après la douane. Lun-sam 8h-20h, dim 8h-14h.* Idéal pour réserver un train sans courir ensuite à la gare de New Delhi, si tant est que vous ayez déjà une idée précise de la suite de votre périple.

⌂ ***Retiring rooms et Airport dormitories :*** théoriquement *à la sortie du terminal 2* ; devraient avoir rouvert après la rénovation du terminal, mais on n'a pas pu les voir.

■ ***Visitor's Lounge :*** *face au terminal 2.* Salle climatisée plus accueillante que le hall (30 Rps les 3h). Restos sur place, location de bouquins et aussi la plupart des bureaux des compagnies aériennes (du moins le temps des travaux).

■ ***Consigne*** *(left luggage facility) : derrière l'arrêt des bus* Eats, *à 50 m de la sortie du terminal 2. Ouv 24h/24. Pas cher.*

Pour rejoindre la ville en taxi

Les taxis sont nettement plus chers que le bus, mais ils vous conduiront directement à votre hôtel. Ils sont rentables si l'on est plusieurs à les partager. Aujourd'hui, plus besoin de marchander en théorie : système de taxi *prepaid.* Attention cependant, éviter les prétendus « *prepaid* » juste après la douane de l'aéroport international (ou les *Tourism Cooperative* ou tout autre nom, plus chers) et acheter votre billet dans le bureau *Delhi Traffic Police.* Tarif différent le jour et la nuit, soit de 23h à 5h (en gros, compter 250 Rps pour Connaught Place ou Pahar Ganj en journée, 310 Rps de nuit). Ensuite, on donne son billet au chauffeur qui sera payé après vous avoir conduit. Ce ne sont plus les prix que l'on négocie désormais, mais plutôt la destination : soyez bien ferme quant à l'hôtel où vous voulez aller, car des chauffeurs peu scrupuleux n'hésitent pas à raconter des histoires rocambolesques (ça va de « il est complet » à « il a brûlé cette nuit »...) pour vous emmener vers une autre adresse où ils toucheront une commission. On conseille aussi de noter systématiquement le numéro du taxi avant de monter dans le véhicule, et ce, devant le nez du chauffeur. S'il est malhonnête, ça peut vraiment le calmer ! Le pourboire n'a rien d'obligatoire, même si certains le réclament ! En cas de plainte, s'adresser directement à la police : ☎ 100.

Pour rejoindre la ville en bus

Selon l'heure et le trafic, compter de 30 mn à 1h en bus pour rejoindre le cœur de Delhi : Connaught Place.

➢ Prendre les minibus blancs ***Eats,*** face à la porte de sortie du terminal international, qui vous déposeront, si vous le demandez, devant certains hôtels *(Ashok, Imperial, Marina, YMCA...)* tout au long du parcours jusqu'à Connaught Place *(zoom couleur I, C6,* ***8****),* d'où l'on peut d'ailleurs les reprendre dans le sens inverse. Ils peuvent aussi vous arrêter devant les gares ferroviaires, au Fort Rouge ou encore à l'*Inter-State Bus Terminal (ISBT)* de Kashmiri Gate. Départ derrière le *Visitor's Lounge* toutes les heures et 24h/24. Compter 50 Rps ; réduction.

➢ Également un service de ***bus DTC,*** au même endroit et au même tarif, qui, après un crochet par le terminal 1, se rendent aussi à Connaught Circus, à New Delhi Railway Station et évidemment au terminal des bus ***ISBT*** de Kashmiri Gate. Départ toutes les heures et 24h/24.

Pour rejoindre la ville en métro

Ce sera très bientôt possible, le réseau doit s'étendre jusqu'à l'aéroport. Mais aux dernières nouvelles, il n'y aura pas de desserte de nuit, lorsque arrivent nombre de vols internationaux.

Un bon conseil pour les routard(e)s voyageant seul(e)s

Certains avions arrivent très tôt le matin à Delhi, et les taxis alors présents sont loin d'être tous dignes de confiance. Les plaintes en témoignent... On vous conduit à une adresse différente de celle demandée, ou pire. Vous pouvez vous retrouver coincé(e) dans un quartier sordide, entouré(e) de personnes aux intentions peu délicates... La meilleure des solutions consiste alors à passer le reste de la nuit dans l'aéroport *(Visitor's Lounge),* où votre sécurité est assurée. Vous pouvez également réserver un hôtel à l'avance et demander à ce qu'un chauffeur vienne vous attendre à l'aéroport (mais certains ont la mauvaise habitude de vous laisser en rade...). Enfin, vous pouvez vous grouper avec d'autres routards et prendre un taxi.

En train

🚆 Delhi compte plusieurs gares ferroviaires. La grande majorité des trains arrivent en plein centre, à ***New Delhi Railway Station*** *(plan couleur I, C5 et zoom couleur I,*

C5) ou bien à ***Old Delhi Railway Station*** *(plan couleur I, C-D3 et zoom couleur II, D3).* Ces 2 gares sont aujourd'hui desservies par le métro, respectivement les stations New Delhi (ligne n° 2) et Chandni Chowk (ligne n° 2), sans oublier une foule de rickshaws bien pratiques, malgré des tarifs plus élevés... Certains trains en provenance du Rajasthan ont pour terminus ***Sarai Rohilla Railway Station*** *(plan couleur d'ensemble)* au nord-ouest de Connaught Place. Cette gare est assez proche de la station de métro Pratab Nagar (ligne n° 1). Enfin, quelques trains en provenance d'Inde du Sud arrivent directement à ***Nizam-ud-Din Railway Station*** *(hors plan couleur II par J9 et plan couleur d'ensemble),* au sud-est de Connaught Place, que l'on rejoint aisément en rickshaw. *Infos Indian Railways : ☎ 131. • indianrail.gov.in •* Pour le détail des liaisons ferroviaires, voir, en fin de chapitre, « Quitter Delhi ».

Avertissements

– Recommandation importante : attention aux rickshaws, taxis et rabatteurs de tout poil qui vous aiguillent vers des offices de tourisme bidon. Ils pullulent à Delhi. La mention « approuvé par le gouvernement » n'est pas un label de qualité ! N'importe qui peut l'annoncer sans être poursuivi. Se méfier aussi de ceux qui affichent en gros le chiffre « 88 » pour vous faire croire que vous êtes au « 88 Janpath », l'adresse du véritable et unique office de tourisme ! Pour cela, bien vérifier sur votre plan. On reconnaît aussi le véritable office gouvernemental au fait qu'il n'est pas ouvert la nuit, et qu'il n'a strictement RIEN à vendre aux touristes, contrairement aux autres... Vous risquez donc de vous retrouver dans des agences de voyages privées (beaucoup sur le N Block de Connaught Place) proposant par exemple de vous faciliter l'achat de billet à *Indian Airlines* (ce qui est inutile), etc. Bien entendu, se méfier des hôtels qu'ils conseillent, souvent chers, sales et pas sympathiques. Une arnaque très courante consiste à vous proposer de téléphoner à l'hôtel de votre choix en faisant répondre par un comparse que l'hôtel est complet, histoire de vous caser dans une adresse commissionnée... et souvent pourrie ! Pour éviter ce genre d'arnaque, une SEULE adresse, celle que nous mentionnons dans les « Adresses utiles » juste ci-dessous.
– Connaught Place, la place centrale de Delhi, est une espèce de Champs-Élysées circulaire. Elle concentre pas mal de restos un peu chic, des boutiques « mode » et, inévitablement, une bonne part de la mendicité de la capitale. Vous serez souvent suivi et sollicité sur plusieurs dizaines de mètres, et l'on vous proposera avec insistance de vous aider à trouver une adresse ou toutes sortes d'informations, voire des produits totalement illicites... Attention aussi aux cireurs de chaussures (qui n'hésitent pas à vous poser habilement une belle bouse de vache sur vos pompes pour vous inciter à faire appel à leurs services...), aux nettoyeurs d'oreilles, masseurs et astrologues de pacotille... Enfin, le soir, soyez prudent avec les chauffeurs de rickshaws : souvent ivres, il arrive qu'ils se battent et qu'ils conduisent n'importe comment, sans parler des tarifs annoncés parfois délirants... On le répète : noter systématiquement leur numéro avant de les emprunter et, en cas de plainte, s'adresser directement à la police : ☎ 100.
– À Pahar Ganj, le quartier routard par excellence, la dernière arnaque à la mode consiste à vous proposer, dans certaines officines de change, une avance sur votre carte de crédit : un certain nombre de nos lecteurs se sont ainsi retrouvés avec de sacrés débits inexpliqués. Avec tous les distributeurs de billets qui pullulent maintenant en ville, ce serait vraiment dommage de tomber dans ce grossier panneau...

Adresses utiles

Infos touristiques

i ***India Tourism Delhi*** *(zoom couleur I, C6) : 88, Janpath. ☎ 23-32-00-05 ou 08 et 23-32-03-42. • incredibleindia.org • Lun-ven 9h-18h ; sam et certains j. fériés 9h-14h ; fermé dim.* ON VOUS LE RÉPÈTE, C'EST LE SEUL ET UNIQUE OFFICE DE TOURISME OFFICIEL DE LA VILLE ! Lire « Avertissements » ci-dessus. Tous les renseignements possibles et imaginables sur Delhi et l'ensemble du pays, cartes détaillées de la ville, brochures diverses, et toutes sortes d'infos en stock sur les ordinateurs du personnel. Panneau d'affichage des manifestations culturelles à l'entrée. Certaines personnes parlent le français et, même si ce n'est pas le cas le jour où vous passez, l'accueil est sympa.

■ ***Agendas culturels :*** se procurer *The Delhi City,* mini-guide hebdomadaire en anglais contenant une foule de renseignements pratiques, ainsi que le programme des expositions et concerts dans Delhi. Vendu dans les librairies de Connaught Place. Également Le *Delhi Diary,* plus sommaire...

ℹ ***Rajasthan Tourist Office*** *(plan couleur II, I8) : Bikaner House, Pandara Rd.* ☎ *23-38-95-25 ou 38-37.* ● *rajasthan tourism.gov.in* ● *Lun-sam 10h-17h.* Une foule de brochures, cartes, infos et conseils pour organiser l'exploration de cette merveilleuse région, où ils peuvent vous réserver des hôtels. Sur place, également une petite gare routière, vraiment centrale et très pratique pour prendre un bus à destination de Jaipur. Départ ttes les 30 mn 6h-minuit en bus *deluxe* ou *AC.*

■ ***Ministry of Home Affairs*** *(plan couleur II, I9,* ***22****) : Lok Nayak Bhawan, Khan Market.* ☎ *24-69-33-34.* Pour une prolongation de visa, mais attention, audelà de 6 mois de séjour, impossible à obtenir sauf en cas de force majeure (maladie...). Se présenter avec le passeport, une photocopie de celui-ci (pages principales et visa) et 2 photos d'identité. C'est cher (tarif en fonction du nombre de jours demandés). Pour les extensions de visa de moins de 15 jours, s'adresser au *FRRO* (voir ci-dessous). Ne jouez pas à dépasser la durée autorisée par votre visa, car les agents de l'immigration sont très pointilleux à l'aéroport ! Et puis, la détention administrative n'est guère plus enviable que la prison...

■ ***Foreigner Regional Registration Office*** *(FRRO ; hors plan couleur II par G10,* ***1****) : Ramakrisna Puram, Sector 1, East Block 8.* ☎ *26-71-13-48. Derrière l'hôtel* Hyatt Regency. *Lun-ven 9h30-13h30, 14h-15h.* Comme on vous le disait, extension de visa de 15 jours maximum, uniquement pour les cas particuliers. C'est gratuit et instantané (enfin, en principe !). Il vous faut une photo d'identité, une photocopie du passeport et du billet d'avion (attention, ce dernier doit être confirmé). On peut aussi obtenir sur place un permis pour les zones d'accès limitées, telles que les îles Andaman, le Sikkim ou d'autres États du Nord-Est, pour une période de 15 jours en général. Possible pour les individuels mais souvent à condition d'être 4 au minimum. Délai de 2 ou 3 jours ouvrables, en principe.

Poste, téléphone, fax

✉ ***Post Offices*** *(zoom couleur I, C6) : A Block, Connaught Place. Lun-sam 10h-17h30.* Timbres, télégrammes et service de transfert d'argent *Western Union. Sinon, moins central, le* ***General Post Office*** *(GPO ; zoom couleur I, B7), Alexandra Place, sur le terre-plein au carrefour d'Ashoka Rd et de Baba Kharak Singh Marg. Une* ***poste restante*** *(zoom couleur I, A-B6) à Bhai Vir Singh Marg, au sud-ouest de Connaught Place.* Bien faire préciser sur les lettres « New Delhi 110 001 » et non « Delhi ». Enfin, un autre bureau à l'aéroport international *(ouv 24h/24),* pour les retardataires !

■ ***Appels téléphoniques nationaux et internationaux :*** le plus simple est d'utiliser les téléphones de tous les commerces affichant les panneaux jaunes « STD-ISD ». Prix des communications fixés par l'État et assez bon marché. Sinon, un *centre d'appels ouv 24h/24 au bureau de poste de l'Eastern Court (plan couleur II, I8,* ***13****), sur Janpath, à 10 mn au sud de Connaught Place.*

Internet

Connexions à partir de 15 Rps. Si vous logez dans le quartier routard de Pahar Ganj, pas de problème : on trouve des points Internet partout ! Sinon, voici des adresses autour de Connaught Place :

DELHI

@ **NDC** *(zoom couleur I, C6, **45**)* : *150, Scindia House, juste à gauche de* Sunny Guesthouse. ☎ *23-31-04-69. Lun-sam 10h-20h.* À quelques pas dans la même rue, également le *Bainsan Cybercafé.*
@ **DTTDC** *(zoom couleur I, C6, **5**)* : *N Block, Middle Rd, Connaught Place. Lun-sam 8h30-20h30.*

Banques, change

Nombreuses banques autour de Connaught Place pour changer euros, dollars et chèques de voyage. Toutes disposent aussi en façade d'un distributeur automatique d'argent liquide *(ATM)* utilisable 24h/24 avec une carte *Visa* ou *MasterCard.* Soyez discret lors de vos retraits. Il est également possible de changer de l'argent (liquide ou chèques de voyage) dans la plupart des hôtels, souvent à condition d'y résider. Voici néanmoins quelques adresses utiles :

■ **ICICI Bank** *(zoom couleur I, C6, **4**)* : *M-3 Block, Connaught Place.* ☎ *41-52-19-72. Lun-sam 10h-18h.* Une banque parmi tant d'autres, offrant tous les services qu'un voyageur puisse souhaiter.
■ **Thomas Cook** *(zoom couleur I, C6, **2**)* : *C-33 Block Inner, Connaught Place.* ☎ *23-41-65-85. À l'étage. Lun-ven 9h30-18h ; sam slt pour le département « Voyage » 10h-17h30.* Change devises et chèques de voyage. Retrait possible avec cartes *Visa* et *MasterCard.* Petite commission. *Une **autre agence** : ouv 24h/24 à New Delhi Railway Station (Ajmeri Gate Side, plate-forme n° 12).*
■ **American Express Bank** *(zoom couleur I, C6, **3**)* : *Hamilton House, Block A-1, Connaught Place.* ☎ *23-30-80-26 ou 95-124-280-10-20 (n° général). Lun-ven 10h-16h ; sam 10h-13h.* Pour obtenir de l'argent liquide avec une carte *Amex.* Ils fournissent aussi leurs adresses officielles pour changer vos chèques de voyage *American Express* dans le coin (se méfier des nombreuses boutiques affichant le logo).
■ **Transfert d'argent** : service *Western Union* dans tous les bureaux de poste (voir ci-dessus).

Représentations diplomatiques

■ **Ambassade et consulat de France** *(plan couleur II, G9, **14**)* : *2/50 E Shantipath, Chanakyapuri.* ☎ *24-19-61-00.* 📱 *98-18-68-39-06 (24h/24 ; urgences slt).* • *france-in-india.org* • *Prendre le bus n° 620 devant le cinéma* Plaza, *sur Connaught Place. Lun-ven 9h-12h30 ; en dehors de ces horaires, sur rdv 15h-17h30.* Pour les individuels particulièrement, et surtout en cas de séjour de plus de 6 mois, il est conseillé de se faire enregistrer à son arrivée avec copie du passeport et personnes à prévenir en cas de pépin. Peuvent aussi vous indiquer des adresses de médecins.
■ **Haute Commission du Canada** : *7/8 Shantipath, Chanakyapuri.* ☎ *41-78-20-00. Fax : 41-78-20-20.* • *newdelhi.gc.ca* • *Lun-jeu 8h30-17h30 ; ven 8h30-13h.*
■ **Ambassade de Belgique** *(plan couleur II, G10, **15**)* : *50 N Shantipath, Chanakyapuri.* ☎ *42-42-80-00. Fax : 42-42-80-02.* • *diplomatie.be/newdelhi* • *Lun-ven 9h-12h, sur rdv 14h-16h.*
■ **Ambassade de Suisse** *(plan couleur II, G9, **16**)* : *Nyaya Marg, Chanakyapuri.* ☎ *26-87-83-72. Fax : 26-87-30-93.* • *eda.admin.ch/newdelhi* • *Lun-ven 8h30-11h30.*
■ **Ambassade du Népal** : *1, Barakhamba Rd.* ☎ *23-32-73-61. Fax : 23-32-68-57. Pas très loin de Connaught Place. Lun-ven 9h-13h, 14h-17h. Pour les visas, dépôt des demandes 9h-12h, retrait du visa l'ap-m même ou le lendemain mat.* Visa valable 2 mois pour 1 500 Rps (27,30 €). Il faut une photo. Très facile. Vous pouvez également obtenir un visa à la frontière (Sonauli) en échange de 30 $ et d'une photo d'identité.
■ **Haute Commission du Sri Lanka** : *27, Kautilya Marg, Chanakyapuri.* ☎ *23-01-02-01, 02 ou 03. Fax : 23-79-36-04. Lun-ven 9h-17h.* Jusqu'à nouvel ordre, le visa que vous obtiendrez en arrivant au Sri Lanka est gratuit pour les séjours de moins de 30 jours, donc pas besoin d'en demander un à Delhi. En revanche, votre passeport doit être valable encore 3 mois minimum.

■ ***Ambassade du Myanmar*** *(ex-Birmanie) : 3/50 F Nyaya Marg, Chanakyapuri.* ☎ *24-67-88-22 ou 23. Fax : 24-67-88-24. Lun-ven 10h-16h.*

■ ***Ambassade du Bhoutan :*** *Chandragupta Marg, Chanakyapuri.* ☎ *26-88-92-30 ou 26-77-98-07. Fax : 26-87-67-10. Lun-ven 9h-13h, 14h-16h30.* Ne vous faites pas d'illusions, aucun visa n'est délivré aux individuels. Unique moyen de visiter ce petit royaume : passer par une agence de voyages, et vous joindre à un groupe organisé d'au moins 3 personnes. Compter quand même env 200 $ par jour selon la saison, plus en individuel. Plus d'infos sur • tourism.gov.bt •

■ ***Ambassade de Chine :*** *50 D Shantipath, Chanakyapuri.* ☎ *26-11-23-45 ou 66-82 (section consulaire). Fax : 26-88-54-86. • chinaembassy.org.in • Lun-ven 9h-12h30, 15h-17h30.*

■ ***Haute Commission du Pakistan :*** *2/50 G Shantipath, Chanakyapuri.* ☎ *24-67-60-04 ou 84-67. Lun-ven 8h30-13h30, 14h30-17h.*

Santé

Urgences

En cas d'urgence vitale (accident de la route, appendicite, etc.), privilégier avant tout l'***Apollo Hospital.***

Hôpitaux et cliniques

■ ***Apollo Hospital*** *(plan couleur d'ensemble) : Sarita Vihar, Mathura Rd.* ☎ *26-92-58-58 ou 01. • apollohospdelhi.com • À 40 mn au sud-est de Connaught Place, direction Agra. Ouv 24h/24.* Cet immense hôpital assure tous les soins imaginables mais il est très cher, alors bien vérifier sa prise en charge par votre assurance de voyage. Dans le même genre, également ***Max Healthcare Hospital,*** qui dispose de plusieurs antennes sur la ville.

■ ***East West Medical Centre*** *(plan couleur II, J9) : 38, Golf Links.* ☎ *24-69-04-29 ou 88-65. • eastwestrescue.com • Au sud d'India Gate, tt près du Delhi Golf Course. Ouv 24h/24.* Toutes les spécialités médicales représentées. Également compétent pour les urgences nécessitant un déplacement par la voie des airs.

Médecins généralistes

■ Ne pas hésiter à contacter l'***ambassade de France*** qui peut vous indiquer une liste de médecins.

■ ***Dr Dhiraj Bhatia*** *(hors plan couleur II par H10) : L-23 Hauz Khas Enclave.* ☎ *26-51-31-70 ou 26-56-93-44.* 📱 *981-118-98-28. Sur rdv.* Anglophone.

■ ***Dr Gupta :*** *Pahar Ganj.* ☎ *23-58-78-41. Sur rdv.* Anglophone.

Dentistes

■ ***Dr Pooman Batra :*** *Clinic Cum Residence, B 4/54 Sarfdarjung Enclave.* ☎ *26-16-51-73. Sur rdv tlj sf dim 9h30-17h30.* Anglophone.

■ ***Dr Pravesh Miglani*** *(hors plan couleur II par I10) : Diplomatic Dental Centre, B 72 Paschimi Marg, Vasant Vihar.* ☎ *26-14-54-38 ou 25-41-73-02 (domicile).* 📱 *981-102-45-08. Urgences 24h/24.* Anglophone.

Pharmacies

■ ***Apollo Pharmacy*** *(zoom couleur I, C6, **11**) : G-8 Block, Marina Arcade, Connaught Circus. Ouv 24h/24.* Vraiment centrale.

■ ***Nath Chemists*** *(zoom couleur I, C6, **11**) : G-2 Block, Marina Arcade, Connaught Place.* ☎ *23-32-72-84. Lun-sam 10h-21h.* Toute petite pharmacie populaire très bien placée et bien achalandée.

DELHI

Compagnies aériennes

Compagnies aériennes internationales

■ ***Infos Indira Gandhi International Airport – terminal 2 (international) :*** ☎ 25-65-20-11 ou 21.

■ ***Air France :*** *à l'aéroport.* ☎ *25-65-20-99.*

■ ***Sri Lankan Airlines*** *(zoom couleur I, C6)* ***:*** *World Trade Centre, room n° 312, Barakhamba Rd, Connaught Place.* ☎ *41-52-86-30 à 32. À l'aéroport :* ☎ *25-65-29-57.*

■ ***British Airways :*** *DLF Plaza Tower, Phase I, Gurgaon (donc pas facile d'y aller).* 📱 *95-12-44-12-07-47 (depuis Delhi) ou 124-41-20-747 (depuis le reste du pays). Lun-ven 9h30-13h, 14h-17h15 ; sam 9h30-13h, 14h-17h. À l'aéroport :* ☎ *25-65-20-08 ou 78.*

■ ***Lufthansa*** *(zoom couleur I, C7,* ***12****)* ***:*** *56, Janpath.* ☎ *23-72-42-00. Lun-sam 9h30-18h. À l'aéroport :* ☎ *25-65-40-00.*

■ ***Air India*** *(zoom couleur I, C6,* ***6****)* ***:*** *124, Jeevan Bharati Building, Connaught Circus.* ☎ *23-73-12-25. Grimper les escaliers, c'est sur l'esplanade au pied des tours. Tlj 9h30-13h, 14h-17h30. À l'aéroport :* ☎ *25-65-20-50.*

■ ***Gulf Air*** *(zoom couleur I, C6)* ***:*** *G-12 Marina Arcade, Connaught Circus.* ☎ *23-32-42-93 ou 78-14. À l'aéroport :* ☎ *25-65-20-65.*

■ ***Royal Nepal Airlines*** *(zoom couleur I, C7,* ***12****)* ***:*** *44, Janpath.* ☎ *23-32-11-64 ou 15-72. À deux pas de Connaught Place. À l'aéroport :* ☎ *25-69-68-76.*

■ ***Swiss International*** *(zoom couleur I, C6)* ***:*** *World Trade Tower, Barakhamba Lane, Connaught Place.* ☎ *23-41-50-00. Au 5e étage. Lun-ven 9h15-13h, 14h-17h.*

■ ***Thai Airways*** *(plan couleur II, I9)* ***:*** Park Royal Hotel, *American Plaza, Nehru Place.* ☎ *41-49-77-77 ou 61-00. À l'aéroport :* ☎ *25-65-27-56 ou 24-13.*

Compagnies aériennes nationales

■ ***Infos Indira Gandhi International Airport – terminal 1 (domestique) :*** ☎ *14-07 (central d'appel).* C'est à partir de cet aéroport que les principales compagnies aériennes suivantes desservent toutes les grandes villes de l'Inde. À vous de comparer les prix.

■ ***Indian Airlines*** *(zoom couleur I, C6,* ***8****)* ***:*** *F Block, Malhotra Building, Janpath, Connaught Place.* ☎ *23-31-05-17.* ● *indianairlines.in* ● *Lun-sam 10h-13h, 14h-17h. À l'aéroport :* ☎ *25-67-51-21.*

■ ***Jet Airways*** *(zoom couleur I, C6,* ***9****)* ***:*** *N-40 Connaught Circus.* ☎ *41-64-14-14 ou 39-89-33-33.* ● *jetairways.com* ● *Lun-ven 9h-21h ; w-e 9h-18h. À l'aéroport :* ☎ *25-67-54-04.*

■ ***JetLite :*** *à l'aéroport.* ☎ *25-67-21-07.*

■ ***Air Deccan :*** 📱 *98-18-177-008 (résas) ou 39-00-88-88.* ● *flyairdeccan.net* ●

Agences de voyages

Pour toutes ces agences, mieux vaut entrer en contact quelque temps avant votre arrivée à Delhi, surtout en période très touristique (de décembre à février). Autrement, pas sûr qu'elles puissent satisfaire vos demandes !

■ ***ACME*** *(hors plan couleur I par A5)* ***:*** *501, Kirti Mahal, 19, Rajendra Pl.* ☎ *25-74-32-10 ou 25-73-15-68.* ● *acmetours.com* ● Travaillant essentiellement avec la clientèle francophone, cette agence fournit toutes sortes de prestations : réservation d'hôtels, itinéraires à la carte (Rajasthan, Ladakh, Népal, Inde du Sud, Sri Lanka, Maldives...), location de voitures avec chauffeur et billets de train, d'avion, etc. Demandez Krishna, un professionnel passionné par son pays, qui parle parfaitement le français. Sérieux et très serviables, ils disposent aussi d'une agence à Jaipur.

■ ***Shanti Travel :*** *F-189/1A Main Rd, Savitri Nagar, Malviya Nagar.* ☎ *46-07-78-00. Également un contact en France :* ☎ *08-70-40-76-17.* ● *shantitravel.com* ● Une agence dynamique créée par un jeune Breton (ils sont partout !), Alex, qui aime faire découvrir l'Inde. Entouré d'une équipe de professionnels polyglottes (dont francophones) et tout terrain, il est capable de réagir à tous vos projets, du trek himalayen aux palais du Rajasthan, en passant par la découverte du pays sur d'autres montures plus insolites : en Enfield ou à cheval... L'Inde du Sud (jusqu'à l'archipel des Andamans), le Bhoutan, le Népal et le Tibet sont aussi dans ses cordes. Bonnes prestations sur mesure, et prix tout à fait honnêtes.

■ ***Cozy Travels*** *(zoom couleur I, C5,* ***26****) : 145, Amrit Kaur Market.* ☎ *23-58-47-68 ou 25-31.* • *cozytravels@vsnl.com* • *En face de la gare de New Delhi.* Petite agence tenue par les frères Anil et Sunil Manocha (anglophones), des experts en organisation et en accueil ! Billets d'avion, de train, confirmation des vols internationaux, change de chèques de voyage, et puis, des voyages à la carte au Rajasthan et dans toute l'Inde. De vrais pros en qui on peut avoir confiance.

■ ***Tour Passion :*** *C-33 Arya Nagar (apart. 2), Patparganj.* ☎ *22-72-01-72.* 📱 *98-11-08-83-36.* • *rajasthanvoyage.com* • Une agence francophone spécialisée sur le Rajasthan, et proposant aussi des voyages dans toute l'Inde. Avant de partir en Inde ou sur place, soumettez vos choix (hôtels, voiture, sites...) et votre itinéraire à Bobby, vous n'aurez plus ensuite qu'à vous laisser conduire ! Tous leurs guides parlent le français et l'anglais.

■ ***Atithi Voyages :*** *C-7, 2nd Floor, Local Shopping Complex, J Block, Saket.* ☎ *29-56-21-27 ou 28.* 📱 *98-18-45-60-30.* • *atithivoyages.com* • C'est une équipe de professionnels qui propose depuis plus de 10 ans des formules de voyages personnalisées sur toute l'Inde bien sûr, mais aussi au Népal, Bhoutan, Sri Lanka et Maldives. Organise aussi toutes sortes d'itinéraires avec de nombreuses prestations. Contacter Shiv qui parle le français.

■ ***Tushita Travels*** *(hors plan couleur I par A5) : 505-608, Hemkunt House, 6, Rajendra Place.* ☎ *25-73-02-56.* • *tushita-india.com* • *Au 6e étage.* Depuis plus de 20 ans, cette agence travaille essentiellement avec la clientèle française (demandez Ajay). Capable de vous concocter toutes sortes d'itinéraires et de vous fournir de nombreuses prestations. Ici, on a également affaire à de vrais professionnels qui aiment et connaissent leur pays. Également des bureaux à Chennai, Kochi, Jaipur et Srinagar.

■ ***Le Travellers*** *(zoom couleur I, B5) : 5096, Sakkon Waly St, Pahar Ganj.* 📱 *98-11-41-01-32 et 98-73-43-94-54.* • *letravellersagence.com* • *À env 50 m du* Metropolis Tourist Home *en remontant Main Bazar vers la gare de New Delhi, dans une ruelle sur la droite qui fait angle avec un bouquiniste, et juste en face d'un opticien. Ne pas confondre avec l'agence portant le même nom, un peu plus loin sur Main Bazar en direction de la gare.* Agence tenue par Stéphane et Pierre, 2 Français très sympas installés à Delhi. Proposent des séjours hors des sentiers battus, sur différents thèmes, notamment yoga, médecine ayurvédique, musique, sport, avec logement possible dans des familles. Également réservation de billets de trains et de bus.

■ ***Students Travel Information Centre*** *(STIC ; zoom couleur I, C7,* ***25****) : Chandralok Building, 36, Janpath.* ☎ *23-32-43-36 ou 02-39.* • *stictravel.com* • *Dans le West Wing, 1er étage. En face de l'*Imperial Hotel. *Lun-sam 9h-18h.* Réduc avec la carte internationale d'étudiant (vendue sur place). Prix intéressants sur les billets d'avion (lignes intérieures et internationales), nuits d'hôtel, excursions...

■ ***Sea and Sky Travel :*** *90/60, Malviya Nagar.* ☎ *26-68-64-52 ou 53.* • *seaandskytravel.com* • *Assez excentré, au sud de la ville près du Qutb Minar.* Spécialisé depuis 1974 dans l'organisation de circuits au Ladakh et au Cachemire. Dispose de bureaux à Leh, Srinagar, Manali, Chennai (Madras) ainsi qu'à Bhubaneshwar (Orissa). Bashir, le patron, est sacrément sympa.

■ ***Travel House :*** *T-2 Community Centre, Sheikh Sarai Phase 1.* ☎ *26-01-78-08 ou 30-52.* • *travelhouseindia.com* • Créée en 1981, une agence de voyages sérieuse pour vos billets d'avion, de train, réservations d'hôtels et autres itinéraires de découverte clé en main. Tarifs plus élevés qu'ailleurs.

– En règle générale, évitez les *Tourist*

Information Centres et leurs rabatteurs. Trop de lecteurs y ont eu des déconvenues du style ventes de séjours qui n'existaient pas, réservations d'hôtels pourris à prix exorbitants et arnaques en tout genre.

Location de voitures avec chauffeur

Les agences suivantes sillonnent essentiellement le nord de l'Inde.

■ ***Metropole Tourist Service*** *(plan couleur II, J10, **19**) : 224, Defence Colony Flyover Market, Jangpura Side.* ☎ *24-31-03-13.* 📱 *98-10-27-76-99.* ● *metrovista.com.in* ● *À 8 km de Connaught Place.* Ashwani Bazaz, le directeur, est serviable et efficace. Bien cadrer les choses quand même avant le départ ! Tarifs assez intéressants et négociation possible.

■ ***Paul Tours*** *(zoom couleur I, C6, **24**) : au* York Hotel, *K Block, Connaught Circus.* ☎ *23-41-57-69.* 📱 *98-10-00-92-61.* ● *paultours.com* ● *Au 1er étage, à gauche de la réception.* Agence sérieuse tenue par un sikh sympathique. Tarifs plutôt intéressants. Comme toujours, bien cadrer les choses avec le patron avant votre départ, et aussi avec le chauffeur !

■ ***Travel Corporation of India*** *(zoom couleur I, C6, **2**) : C 35, Inner Circle, Connaught Place.* ☎ *23-41-60-82 ou 85.* ● *tcindia.com* ● *À peu près au milieu du cercle. Lun-sam 9h30-18h.* Très grosse agence. Service encore une fois irréprochable, mais plus cher.

Divers

■ ***Police :*** ☎ *100.*

■ ***Alliance française*** *(plan couleur II, I9, **17**) : 72, Lodi Estate.* ☎ *43-50-02-00.* ● *afdelhi.org* ● *Lun-sam 9h30-18h30.* Bibliothèque (presse française...), spectacles, expositions, offres d'emplois, et même projection d'un film français *(ts les ven 17h et 19h30)*. Dispose aussi d'une cellule de traduction agréée par l'ambassade (ce qui peut être utile). Accueil sympa des Indiens qui sont ravis de pouvoir rencontrer des francophones.

■ ***French Information Resource Centre*** *(Centre culturel français ; plan couleur II, I9, **28**) : 2, Aurangzeb Rd.* ☎ *30-41-00-50.* ● *france-in-india.org* ● *Mar-ven 11h-19h.* On peut y lire la presse française, assister à des spectacles, emprunter livres et DVD en français...

■ ***India Habitat Center*** *(plan couleur II, I10, **23**) : Max Mueller Rd, Lodi Colony.* ☎ *41-22-00-00.* ● *indiahabitatworld.org* ● Ce gigantesque bâtiment en brique rouge et à l'architecture surprenante abrite un centre culturel. Tous les jours, spectacles de danse, pièces de théâtre ou conférences. Souvent gratuit. Programme disponible sur le site. Vraiment intéressant.

■ ***Tirages photos :*** chez ***Mahatta & Co*** *(zoom couleur I, C6, **20**)*, vieille et sympathique boutique assez réputée, où l'on réalise des travaux photos (numériques et argentiques) de qualité et relativement bon marché. Certains de nos lecteurs n'ont cependant pas été satisfaits...

■ ***Consigne à bagages :*** *à l'aéroport, sur le parking à taxis des 2 terminaux.* Également des *cloakrooms* dans toutes les gares. Fonctionne 24h/24. Pas cher. Cadenas exigé.

■ ***French Book Center*** *(librairie française) : A-3 DDA Shopping Complex Ring Rd, Defence Colony.* ☎ *24-69-93-49. Lun-sam 10h-13h, 14h-19h.* Petite librairie française tenue par un Indien maîtrisant parfaitement notre langue. Toutes sortes d'ouvrages en français.

■ ***Journaux français*** *(quotidiens et magazines) :* lors de notre dernier passage, il y avait un petit étalage par terre à l'angle de Janpath et du F Block de Connaught Place. *Libé, Le Monde, Le Figaro*, etc., récents mais en moyenne 2 fois plus chers qu'en France.

■ ***The New Book Depot*** *(zoom couleur I, C6, **141**) : B-18 Block, Connaught Place.* ☎ *23-32-00-20.* Librairie où l'on trouve toutes sortes de livres, magazines, et guides de voyage en anglais pour continuer votre périple dans ce coin du monde.

Transports urbains

Les taxis et les auto-rickshaws

Ils disposent théoriquement de compteurs. Les taxis le mettent en général sans trop de problème. Ce n'est pas le cas des auto-rickshaws, même si la législation les oblige à le faire. Ils demandent en général un forfait. Pour vous consoler, sachez que les habitants de Delhi ont les mêmes difficultés que vous. Néanmoins, lorsqu'on utilise les compteurs des taxis et des auto-rickshaws, on constate une différence entre le prix affiché et le prix demandé. En fait, il s'agit d'anciens compteurs qui ne tiennent pas compte de l'inflation, et les chauffeurs utilisent alors une feuille de mise à jour pour calculer le prix de la course. Exigez de la voir. Le problème, c'est que les chauffeurs font souvent semblant de ne pas comprendre de quoi vous parlez ! Un conseil : consultez le mini-guide *Delhi Diary* (rubrique « Travel Tips ») et mettez-lui sous les yeux. Avec le principe du forfait, toujours se mettre d'accord sur le prix avant de monter et, surtout, s'assurer que le chauffeur a bien compris la destination demandée (c'est loin d'être toujours le cas...). Pour évaluer le prix de la course : en auto-rickshaw, compter environ une prise en charge de 10 Rps et 4-5 Rps par kilomètre ; en taxi, prévoir 13 Rps plus 7 Rps par kilomètre. Un petit supplément de 10 Rps est généralement demandé pour les bagages. Sachez aussi que la course est majorée de 25 % entre 23h et 5h.

➢ Quelques idées du prix d'une course en rickshaw : de Connaught Place vers Dilli Haat, 50 Rps ; de Connaught Place vers Chanakyapuri (le quartier des ambassades) : 40 Rps ; de Main Bazar (Pahar Ganj) à Nizzamuddin : 60 Rps ; de Main Bazar à Lodi Garden : 50-60 Rps. Enfin, si vous estimez avoir été victime d'une grosse arnaque de la part d'un chauffeur, plaignez-vous à la police : ☎ 100. Il suffit alors de préciser le numéro du taxi ou de l'auto-rickshaw, que vous aurez bien entendu noté avant de monter. Vous ne récupérerez pas vos roupies, mais le chauffeur se fera taper sur les doigts et évitera certainement de recommencer...

DELHI

– Il existe désormais des services de taxi que l'on peut appeler (ils n'arriveront de toute façon pas avant 30 mn) ou commander : particulièrement pratique pour rejoindre l'aéroport au petit matin, par exemple. Entre autres : ***Delhi Cab :*** *☎ 43-43-43-43, compter 15 Rps/km ;* ***Easy Cab :*** *☎ 43-33-32-22, mêmes tarifs.*

– ***Alors, taxi ou auto-rickshaw ?*** Au-delà du prix moins élevé, l'auto-rickshaw représente la forme de transport la plus commode : on se sort plus facilement des encombrements parfois inextricables de Delhi. À noter que dans les quartiers de Old Delhi, Chowk et Pahar Ganj, on optera plutôt pour le vélo-rickshaw (uniquement pour de courtes distances, quand même... et soyez généreux !). Attention, ces derniers sont interdits dans certains coins comme Connaught Place, par exemple (ce qu'ils évitent, bien entendu, de vous préciser lorsque vous grimpez dedans...). Sinon, si vous êtes plusieurs et que vous avez différents endroits à visiter, vous pouvez, avec un taxi, opter pour un paiement forfaitaire à l'heure ou à la demi-journée. Certes, c'est moins folklorique qu'un auto-rickshaw, mais plus confortable. Vous pouvez également passer par les agences pour une location de voiture avec chauffeur. Elles consentent en général des remises de 20 à 30 % après négociation (surtout hors saison). En fin de compte, pour 700-850 Rps env (12,70-15,50 €), vous pouvez visiter Delhi une journée complète (intéressant si vous êtes trois ou quatre ; en plus, ça vous évite de longues palabres inutiles).

– ***Derniers conseils :*** attention au système des *prepaid rickshaws*, notamment à la sortie des gares ferroviaires. En apparence, c'est très bien, mais, comme la police veille, les chauffeurs acceptent d'office la course sans vraiment chercher à comprendre où vous souhaitez vous rendre et en définitive, une fois sur deux, vous vous retrouvez sur le carreau. Enfin, ne jamais croire un chauffeur de rickshaw s'il vous dit qu'un hôtel a fermé ou brûlé ; il aura en effet tout intérêt à vous conduire dans les hôtels où il touche sa commission. On se répète, mais c'est tellement facile de tomber dans le panneau !

Le métro

Il compte aujourd'hui 3 lignes opérationnelles et ne cesse de s'étendre, à une vitesse vertigineuse ! L'aéroport devrait être relié à Connaught Place dans un avenir très proche... Vraiment très pratique, surtout pour sortir un peu du centre, et une expérience à part entière : très propre, signalisation claire. La ***ligne n° 2,*** qui traverse le centre de Delhi dans le sens nord-sud, est certainement la plus intéressante pour les routards. Du nord vers le sud : d'abord, la station ***Kashmere Gate*** dessert le terminal des bus *ISBT.* Ensuite, en descendant à la station ***Chandni Chowk,*** on rejoint Old Delhi Railway Station, et l'on accède facilement aux sites à visiter dans le quartier. La station ***Chawri Bazar*** permet aussi d'explorer Old Delhi. En s'arrêtant à la station ***New Delhi,*** on gagne en quelques pas New Delhi Railway Station, mais aussi Main Bazar, rue animée chère au cœur des routards, en plein cœur du quartier de Pahar Ganj. Un peu plus vers le sud, la station ***Rajiv Chowk*** vous jette dans l'animation de Connaught Place. Enfin, descendez à ***Central Secretariat,*** pour rejoindre le fameux Musée national. Selon les lignes, le métro fonctionne de 5h30 ou 6h à 22h ou 23h. Prix du ticket : environ 6 Rps si vous ne vous éloignez pas du centre de Delhi. *Infos :* ● *delhimetrorail.com* ●

Les bus

Les bus sont assez compliqués à utiliser mais conviendront aux opiniâtres et aux économes. Le mieux est de se renseigner auprès des Indiens attendant le bus ; en général, ils connaissent tous les filons. Principe général : on attend aux arrêts, mais le bus ne fait qu'y ralentir. Donc, on l'attrape au vol ! On paie à l'intérieur au préposé (5 Rps).

Les tongas

Ce sont des carrioles tirées par des chevaux et aménagées pour 6 personnes. Elles vont généralement de l'*Interstate Bus Terminal* de Kashmiri Gate à Old Delhi Railway Station. Folkloriques et bon marché si l'on est plusieurs, mais de plus en plus rares...

Les éléphants

Eh oui ! il ne faut pas les oublier, même s'il ne s'agit pas d'un moyen de locomotion à proprement parler. Vous en verrez peut-être (ils sont très demandés pour les mariages !), arborant un réflecteur fluorescent sur le front la nuit ! Pour éviter les collisions avec les chauffards, bien sûr !

Tours organisés de Old et New Delhi

Les distances étant énooormes à Delhi, si vous avez l'intention de voir un maximum de choses en très peu de temps, un circuit organisé peut s'avérer la solution idéale... et, en plus, ça vous reviendra moins cher qu'en rickshaw ou en taxi. Parmi bien d'autres, deux agences se distinguent (pas de mauvaise surprise en général), et leurs tarifs assez avantageux comprennent le transport en minibus et le service d'un guide anglophone ; les tickets d'entrée aux monuments restant à votre charge. *Last but not least...* en principe, aucun arrêt shopping (sinon, refuser purement et simplement).

■ ***ITDC Sightseeing Tour*** *(India Tourism Development Corporation ; zoom couleur I, C6,* ***18****)* ***:*** *résas à TT Garage, Janpath Hotel.* ☎ *23-34-90-67 et 23-34-00-70.* ● *attindiatourism.com* ● La plupart de ces tours partent de l'hôtel *Janpath,* mais pas tous, donc renseignez-vous lors de votre inscription. Attention, ils annulent s'il n'y a pas assez de monde.

– Visite de New Delhi *(8h-13h, env 200 Rps)* : Jantar Mantar, Qutb Minar, India Gate, Humayun's Tomb et Baha'i Temple *(sf lun).*

– Visite de Old Delhi *(14h-17h15, env 200 Rps)* : Fort Rouge *(sf lun),* Raj Ghât, Jama Masjid (vue depuis le Fort Rouge, pas de visite) et Laksmi Narayan Temple.

DELHI

– Visite combinée de New et Old Delhi *(8h-17h15, env 300 Rps).*

■ ***DTTDC Sightseeing Tour** (Delhi Tourism and Transportation Development Corporation ; zoom couleur I, B6, **10**) : résa et départs au Coffee Home-1, Baba Kharak Singh Marg, face à Hanuman Temple.* ☎ *23-36-36-07 ou 65-39-00-09.* • *http://delhitourism.nic.in* • *Tlj 7h-21h.* Ont également un bureau à l'office de tourisme.

– Visite de New Delhi *(9h-14h, 100 Rps)* : programme semblable à l'*ITDC Sightseeing Tour,* sans la visite d'Humayun's Tomb.

– Visite de New Delhi *(9h-14h ; 100 Rps env)* ou de Old Delhi *(14h15-17h15 ; 100 Rps env).* Idem que l'*ITDC,* avec visite de Humayun's Tomb.

– Visite combinée de New et Old Delhi *(9h-17h15, près de 200 Rps).*

– *« Delhi by night » (tlj sf lun 19h-22h30, 160 Rps)* : visite des principaux monuments illuminés de Delhi avec son et lumière du Fort Rouge en option.

Où dormir ?

Les hôtels sont généralement très chers à Delhi et il existe vraiment peu d'établissements exceptionnels. La capitale de l'Inde est si vaste que nous les avons classés par quartiers. On trouve de tout, du dortoir basique à la chambre de luxe.

À Pahar Ganj

DELHI

C'est le quartier routard par excellence, desservi au besoin par deux stations de métro : *New Delhi* (ligne n° 2) et *RK Ashram Marg* (ligne n° 3). On y croise des *fellow travellers* au long cours, des touristes fraîchement débarqués de l'avion... Très central, Pahar Ganj, à deux pas de New Delhi Railway Station, fait partie intégrante de New Delhi, tout en assurant le lien entre le Old Delhi populo au nord et cette fameuse Connaught Place, plus cossue et moins chaleureuse, mais qui regroupe pas mal de services pratiques. Pahar Ganj est un quartier très animé, coloré, parfumé et bruyant, sans doute grâce à ses innombrables boutiques ouvertes jusqu'au soir et qui proposent absolument de tout, de la savonnette à l'espace Internet en passant par la grande variété de l'artisanat indien. Néanmoins, en prévision des *Commonwealth Games* qui se dérouleront à Delhi en 2010, les autorités envisagent de donner un sacré lifting au quartier... Pahar Ganj compte de nombreux hôtels pas chers (tout comme les petites gargotes et les terrasses aux menus assez variés), qui font bien l'affaire pour passer quelques nuits si l'on n'est pas trop exigeant : accueil souvent blasé et c'est la loterie au niveau de la propreté des chambres. On peut en général louer la chambre par tranche de 24h, et cela quelle que soit son heure d'arrivée. Enfin, sachez que la plupart des hôtels proposent un service de taxis pour l'aéroport et peuvent venir vous y chercher.

De très bon marché à prix moyens (100-650 Rps / 1,50-10 €)

***Retiring rooms de New Delhi Railway Station** (zoom couleur I, C5, **32**) : au rez-de-chaussée de la gare ; se présenter au comptoir n° 18 de la plateforme n° 1, et se méfier des faux informateurs.* ☎ *52-62-35-92 (résa 8h-20h). Lit en dortoir (1er étage) env 100 Rps ; doubles (2e étage) 250-450 Rps selon confort. Réservé aux possesseurs d'un billet de train en partance dans les 3 j.* Chambres ventilées ou climatisées (spacieuses et munies d'un frigo) correctes, que l'on loue par tranche de 12 ou 24h. Douches et sanitaires impeccables, sauf pour les dortoirs qui laissent vraiment à désirer. Cafétéria *veg'* ou *non veg'* bon marché mais sans ambiance. Risque d'être complet si vous arrivez la nuit.

***Major's Den** (zoom couleur I, B5,*

***51)** : 2314, Nalwa St. ☎ 23-58-90-10 ou 69-16. Tout proche du* Joyti Mahal. *Réception au 1ᵉʳ étage. Doubles 350-500 Rps.* Toutes les chambres, très simples et pas bien grandes, disposent néanmoins d'une salle de bains avec eau chaude. Ensemble plutôt propre et accueil gentil : c'est ce qui nous a séduits dans cette adresse somme toute assez basique.

Cozy Inn *(zoom couleur I, C5, **33**) : 920, Chandi Walan. ☎ 24-50-53-26. • cozytravels@vsnl.com • Pas facile à trouver, en retrait de Main Bazar, dans une ruelle : en cas de doute, s'adresser à* Cozy Travels *(voir « Adresses utiles »), c'est la même maison. Doubles avec sdb et eau chaude 350-450 Rps.* À l'écart des grand axes de Pahar Ganj, une adresse agréable pour son calme, son confort modeste (chambres au couleurs douces et salle de bains de poche !) et sa propreté. Bon accueil, ce qui ne gâche rien.

Mother Palace *(zoom couleur I, B5, **42**) : 1454, Ranjeet St, Sangtrashan Bazar. ☎ 23-56-16-76 et 77. Fax : 23-58-53-73. Depuis Main Bazar, prendre la ruelle à l'angle du Vivek, puis une ruelle sur la gauche : enseigne très colorée qui se repère bien. Double avec sdb env 350 Rps.* Encore une adresse à prix plancher, où les chambres récemment refaites en jaune pétard sont plutôt plaisantes. Eau chaude. Attention, certaines, quasi sans fenêtre, sont plus sombres...

Ajay Guesthouse *(zoom couleur I, B5, **35**) : 5084 A, Main Bazar. ☎ 23-58-31-25 ou 41-54-12-26. • anupamhoteliersltd.com • Dans la ruelle face à l'*Anoop Hotel *(même propriétaire). Doubles 400-595 Rps selon confort.* Une quarantaine de chambres très sombres, sauf celles du haut qui reçoivent la lumière du jour en direct. Ventilo ou AC en été (supplément). Salle de bains sommaire et propreté très relative, mais l'ensemble figure parmi les établissements les « moins » pires du quartier. Terrasse sur le toit où l'on peut se restaurer. Sinon, au rez-de-chaussée, derrière la réception, la *German Bakery*, où se croisent des routards du monde entier (voir aussi « Où manger ? »). Internet et téléphone international sur place. Accueil quelconque, et mieux vaut éviter leurs services (taxis, etc.).

Anoop Hotel *(zoom couleur I, B5, **36**) : 1566, Main Bazar. ☎ 41-54-13-90 ou 23-58-93-66. • anupamhoteliersltd.com • Double min 350 Rps selon confort.* Beaucoup de routards du monde entier, souvent vêtus à la mode Krishna, dans cet hôtel où les chambres, hélas, ne sont pas toujours nickel... comme presque partout ! Douches chaudes en hiver, et ventilo, ou AC pour les plus fortunés. Certaines ont des fenêtres, d'autres pas, et parfois les murs sont recouverts de marbre (quel luxe !)... Essayez d'en voir plusieurs. Sur le toit, l'une des terrasses les plus sympas de Pahar Ganj (ouverte 24h/24) pour se prélasser ou casser la croûte (voir *Tom-Yam-Thaï Restaurant* dans « Où manger ? »). À part ça, accueil pas franchement souriant, avec quelques bisbilles qui nous ont été signalées au moment de payer la note. Sur place : agence de voyages, Internet, téléphone, etc.

Hare Krishna Guesthouse *(zoom couleur I, B5, **37**) : 1572, Main Bazar. ☎ 41-54-13- 41. • anupamhoteliersltd.com • Double env 400 Rps.* Juste à côté de l'*Anoop Hotel,* auquel elle ressemble en tous points ; normal, c'est la même crèmerie (tout comme l'*Ajay Guesthouse*) ! Terrasse commune et chambres un poil vétustes, relativement acceptables vu le prix. Certaines viennent d'être refaites, et tout de suite c'est plus riant ! Ventilo et eau chaude. Essayer d'en dégoter une au dernier étage, beaucoup plus lumineux. Accueil inégal. Attention, souvent complet malgré toutes ses imperfections. Sur le trottoir d'en face, à 50 m, *Jacksons Books* possède une collection éclectique de livres de poche en français. Pas donné, mais c'est une denrée bien rare en terre hindie.

Namaskar Hotel *(zoom couleur I, B-C5, **34**) : 917, Chandiwalan, Main Bazar. ☎ 23-58-22-33 ou 34-56. • hotelnamaskar.com • Doubles 300-480 Rps selon taille et confort.* En retrait de Main Bazar, juste derrière la mosquée, dans une ruelle, cet établissement – plutôt bien tenu – tourne depuis près d'une vingtaine d'années avec un patron qui a tout pigé : pendant que le personnel brique la maison, il accueille avec le sourire, distille moult infos sur la ville et essaie de vous vendre son tour au Rajasthan, non sans une lourde insistance (et c'est dommage !). Selon votre budget, chambres équipées d'AC, d'un *air cooler* ou d'un ventilo. Douche chaude pour la plupart, sinon vous aurez droit au seau. Éviter les chambres les plus haut perchées, proches d'un générateur particulièrement bruyant... Des tas de bouquins et guides de voyage consultables sur place. Consigne à bagages. Location de taxis à la journée à prix intéressants, mais transfert aéroport cher. Attention, les résas en haute saison ne sont pas toujours honorées.

Hare Rama Guesthouse *(zoom couleur I, B5,* ***38****) : T-298, Main Bazar. ☎ 23-56-10-01 ou 41-54-10-66. • harerama_2000@hotmail.com • Dans la ruelle face à l'*Anoop Hotel, *et juste en face de l'*Ajay Guesthouse. *Double min 300 Rps.* Moins bien tenue que ses voisines, cette *guesthouse* propose des chambres (de simples à quadruples) toutes équipées d'une douche (eau chaude), et certaines avec *air cooler.* Les murs sont recouverts de carrelages, donc mieux vaut aimer le style bloc opératoire ! Hygiène des sanitaires à revoir, mais pour ce prix-là vous ne ferez pas le difficile ! Sur place : agence de voyages dynamique, Internet et téléphone international. Terrasse agréable et bien protégée, où l'on avale des plats continentaux, en compagnie des routards israéliens qui fréquentent massivement l'établissement.

De prix moyens à chic (700-2 000 Rps / 10,80-30,80 €)

DELHI

Hotel Grand Godwin *(zoom couleur I, C4-5,* ***40****) : 8502/41, Arakashan Rd, Ram Nagar. ☎ 23-54-68-91 ou 98. • godwinhotels.com • Doubles 1 500-1 900 Rps (23,10-29,20 €) selon taille, petit déj inclus.* Un hôtel tout neuf, vraiment clean, et affichant l'un des meilleurs rapports qualité-prix du quartier. Toutes les chambres bénéficient du même confort standardisé : salle de bains, ventilo, clim', TV, frigo et téléphone. Les moins chères sont un peu plus petites, mais tout à fait viables. Bel escalier dans le hall. Une bonne adresse avec une foule de services (resto en terrasse), et un accueil cordial et pro.

Cottage Yes Please *(zoom couleur I, B5,* ***41****) : 1843-44, Laxmi Narayan St, Chuna Mandi (Raj Guru Rd). ☎ 23-56-21-00 ou 23-00. • cottageyesplease@yahoo.co.in • Face au* Malhotra Restaurant. *Doubles 700-1 300 Rps selon confort ; familiale 3-4 pers 2 000 Rps (30,80 €).* En retrait de l'animation de Main Bazar, un hôtel tout blanc aux chambres nickel et plutôt confortables : salle de bains, TV, frigo, *air cooler,* et AC pour les plus chères. Les familiales jouissent d'un bon rapport qualité-prix. Avec le succès, les prix ont tout de même trop augmenté à notre goût... et les réservations peinent à être honorées. Éviter leurs transferts depuis l'aéroport : ils ont tendance à oublier les clients. Cela dit, cela reste une bonne adresse. Viennent d'ouvrir un nouvel établissement : ***Cottage Crown Plaza*** *(zoom couleur I, B5,* ***48****), 5136, Main Bazar. ☎ 23-56-18-00 ou 86-00. • cottagecrownplaza@yahoo.co.in • Quasi face à Raj Guru Rd.* Même type de tarifs, propreté et confort, en tout neuf, mais hormis les familiales, certaines chambres sont vraiment riquiqui.

Ajanta Hotel *(zoom couleur I, C4-5,* ***40****) : 36, Arakashan Rd, Ram Nagar. ☎ 41-76-45-63. • ajantahotel.com • Tout près du* Grand Godwin Hotel. *Doubles 1 500-2 200 Rps (23,10-33,80 €) selon taille et confort ; réduc possible hors saison.* À 10 mn à pied de la gare de New Delhi, un établissement entièrement rénové et bien tenu proposant 3 catégories de chambres avec AC, agréablement aménagées dans un style classique. Attention cependant aux moins chères : assez étroites, et certaines ne disposent pas de fenêtre (du coup, les prix nous paraissent bien musclés !). En revanche, pas de problème pour les plus onéreuses, spacieuses et prolongées d'un balcon. Change, Internet, resto et agence de voyages. Dommage que l'accueil ne soit pas toujours au top. Pour ce standing, ça fait désordre !

Hotel India International *(zoom couleur I, B5,* ***44****) : 2485, Nalwa St. ☎ 23-58-37-54 ou 55. • hindian_dx2000@yahoo.co.in • Doubles avec sdb 800-1 600 Rps selon taille ; ristourne assez facilement accordée. Transfert gratuit depuis l'aéroport.* Un hôtel aux chambres propres mais un peu vieillissantes, avec AC et d'un rapport qualité-prix honorable. Certaines ont une petite touche sympathique avec leur parquet. Essayer d'en voir plusieurs, car certaines fenêtres donnent sur un mur. Terrasse au calme, sur le toit, où il fait bon se poser le soir en prenant un verre. Accueil charmant.

Metropolis Tourist Home *(zoom couleur I, B5,* ***39****) : 1634, Main Bazar. ☎ 23-56-17-94 ou 82. • metropolistravels.com • Doubles 1 200-1 500 Rps selon taille et confort. CB acceptées.* Cet établissement familial ouvert en 1928 dispose de chambres avec TV, frigo, salle de bains et AC. Propreté limite pour les moins chères, et entretien général un peu aléatoire, dommage ! Les plus jolies, et les plus chères aussi (n°s 109, 110 et 111), bénéficient d'une déco raffinée d'inspiration rajasthanie, ainsi que d'un salon et d'une baignoire ; elles donnent sur la rue, et donc sont plus bruyantes. Sur le toit, agréable terrasse où sont servis petit déj et dîner (en été) ; voir aussi « Où manger ? »). Bon nombre de services appréciables : lessive, change, téléphone international, Internet, agence de voyages, location de taxis. Malgré tout, vit un peu sur sa réputation.

De plus chic à très chic (2 000-4 000 Rps / 30,80-61,50 €)

Jyoti Mahal *(zoom couleur I, B5,* ***44****) : 2488, Nalwa St. ☎ 23-58-05-23 ou 26. • jyotimahal@rediffmail.com • Doubles 2 500-3 500 Rps (38,50-53,80 €).* Un hôtel récent qui a fière allure avec sa belle architecture inspirée des palais du Rajasthan, autour d'un joli patio. L'ensemble est particulièrement réussi ! Chambres spacieuses, y compris les moins chères, où l'on a plaisir à se poser. Belle déco et remarquable ameublement en bois sculpté. Pour couronner le tout, terrasse des plus agréable sur le toit, qui se transforme en snack (exclusivement réservé aux hôtes). Internet gratuit. La seule vraie adresse de charme de Pahar Ganj, qui concilie, en outre, confort et calme.

Yatri House *(zoom couleur I, B5,* ***43****) : 3/4, Punchkuin Rd. ☎ 23-62-55-63. • yatrihouse.com • En venant de Connaught Place, 1re à droite juste après* Delhi Blood Bank *(grand bâtiment blanc et rouge), à la hauteur du pilier du métro 35. Attention, ne pas confondre avec les autres* Yatri *du quartier. Double env 3 500 Rps (53,80 €), petit déj inclus.* Dans une impasse résidentielle, calme et verdoyante, fermée par une grille et gardée, voici une petite pension fort bien tenue. Une poignée de chambres nickel, avec salle de bains et clim', ce qui préserve l'intimité du lieu. Jardinet-cour intérieure pour prendre le petit déj ou le frais en soirée. Repas sur commande. De la sobriété, un certain cachet (tapis, quelques gravures) et une bonne dose de quiétude. Résultat : en dépit des tarifs vraiment élevés, c'est souvent complet. Et, si tel est le cas, ils vous proposeront de loger dans une annexe, que l'on vous déconseille. Dernier point, dommage que la maison n'honore pas toujours ses réservations en pleine saison, et que tous les services soient surfacturés ! Accueil un brin pincé.

Autour de Connaught Place

Desservi par la station de métro *Rajiv Chowk* (lignes n°s 2 et 3), le centre commerçant et animé de New Delhi, c'est *Connaught Place* : grande place ronde d'où partent huit rues radiales coupant trois cercles concentriques. Le cercle intérieur s'appelle *Connaught Place,* celui du milieu *Middle Circle* et le plus extérieur

Connaught Circus. De quoi attraper le tournis ! L'endroit regroupe pas mal de boutiques de mode, restos chic et... mendiants en quête de quelques roupies. Ce sont un peu les Champs-Élysées de Delhi, pour le meilleur et pour le pire ! Lire aussi « Avertissements » en début de chapitre. Peu d'adresses bon marché.

De très bon marché à bon marché (90-400 Rps / 1,40-6,20 €)

Sunny Guesthouse *(zoom couleur I, C6, **45**) : 152, Scindia House, Connaught Lane. ☎ 23-31-29-09. • sunnyguesthouse1234@hotmail.com • Dans la 1re ruelle à droite après l'office de tourisme. Lit en dortoir 90 Rps ; doubles 300-475 Rps selon équipement et taille. Résa possible slt avec versement d'arrhes.* Cette *guesthouse* n'est pas des plus ensoleillée ! Chambres parfois aveugles, aux plafonds bas, avec ou sans sanitaires, jouissant d'une ambiance routarde amicale et sympa. Petit dortoir très rustique sur la terrasse. Tenue générale et propreté toutes relatives, mais acceptables pour les tarifs demandés, imbattables dans le quartier. Sur place : resto, laverie, consigne, tarifs des taxis, etc. Tours organisés de Delhi en bus climatisé, départs à destination de Kathmandu et circuits dans le Rajasthan.

Ringo Guesthouse *(zoom couleur I, C6, **46**) : 17, Scindia House, Connaught Lane. ☎ 23-31-06-05. • ringo_guest_house@yahoo.co.in • Doubles 250-450 Rps selon confort.* Rendez-vous international des *fellow travellers* dans la gentille petite cour à l'étage, idéale pour prendre le thé et fraterniser avec ses compagnons d'un soir. Chambres minuscules, rudimentaires, avec ou sans salle de bains, aux cloisons de bois pas bien épaisses, et même au sous-sol pour certaines. Bref, pas extra et propreté limite, mais compte tenu du prix et de la gentillesse de l'accueil... Demandez une chambre sur l'arrière pour plus de quiétude. Petite carte pour ne pas mourir de faim.

DELHI

Plus chic (env 3 000 Rps / 46,20 €)

Hotel 55 *(Fifty-Five ; zoom couleur I, C6, **47**) : H-55 Block, Connaught Circus. ☎ 23-32-12-44 ou 78. • hotel55.com • Doubles env 2 800-3 150 Rps (43,10-48,50 €).* Petit hôtel sans prétention mais convenable, même si on sent un net laisser-aller dans l'entretien. Les prix des chambres, assez riquiqui et vieillottes – toutes climatisées –, vous paraîtront sans doute exorbitants, mais ils demeurent pourtant raisonnables, comparés aux hôtels de luxe du quartier. Évitez la n° 201, très bruyante, et celles qui n'ont pas de fenêtre. L'établissement fut souvent classé aux *National Tourism Awards*... Accueil affable.

Très chic (5 500-6 000 Rps / 84,60-92,30 €)

Hotel Palace Heights *(zoom couleur I, C6, **98**) : D-26/28, Connaught Place (angle Radial Rd 6). ☎ 43-58-26-10 ou 20. • hotelpalaceheights.com • Double min 5 500 Rps (84,60 €), petit déj inclus.* En étage (ascenseur), dominant la place, voici un hôtel tout récent qui a pris le parti du luxe fonctionnel. Certaines chambres ne sont pas très grandes, mais l'ensemble est plutôt calme (un exploit dans ce coin de la capitale !), très bien tenu, décoré dans des couleurs claires. L'ensemble est un peu standardisé, mais le confort est au rendez-vous : TV à écran plat, belles salles de bains, wi-fi, lits moelleux, et service aux petits soins. Et on nous a dit le plus grand bien de leur resto, le *Zaffran.*

Hyper-chic et cher (plus de 400 €)

Imperial Hotel *(zoom couleur I, C7, **50**) : Janpath. ☎ 41-50-12-34. • theimperialindia.com • Double min 460 € en hte saison ; près de 40 % de réduc hors* *saison*. Au bout d'une impressionnante allée de palmiers, on découvre le calme et la classe très british d'un bel hôtel de luxe construit dans le style Art déco à l'époque de l'Empire. Si « messieurs les Anglais » ont levé le camp, l'atmosphère toute coloniale demeure. Vous flânerez avec délice entre les boutiques, galeries et salons du rez-de-chaussée. Les chambres, quant à elles, sont ultraconfortables, et aménagées avec des meubles et tableaux anciens qui valent à l'*Imperial* son surnom « d'hôtel-musée ». Piscine dans le parc (fermée en hiver), réservée aux résidents. Le *coffee shop* aurait été le lieu de prédilection des déjeuners de Marguerite Yourcenar... Sur place, un excellent resto thaïlandais, *The Spice Route* (voir « Où manger ? »). Service très attentionné. À réserver longtemps à l'avance car toujours bondé.

Ailleurs dans New Delhi

Excepté notre première adresse, toutes celles qui sont indiquées dans cette partie se trouvent au sud de Connaught Place, dans le Delhi résidentiel et administratif. Généralement assez cher.

De chic à plus chic (1 000-2 200 Rps / 15,40-33,80 €)

Master Paying Guest Accommodation *(hors plan couleur II par G8, **58**) : R 500, New Rajinder Nagar. ☎ 28-74-10-89 ou 65-47-99-47. • master-guesthouse.com • À 4 km à l'ouest de Connaught Place ; venant de Shankar Rd, c'est la 1re rue à gauche au niveau de l'intersection avec Gangaram Hospital Rd. Double min 1 850 Rps (28,50 €). Résa impérative.* Voici une de ces petites pensions de famille que l'on ne veut plus quitter. En tout, 4 adorables chambres parfaitement tenues et portant chacune le nom d'un dieu hindou. Pas de salle de bains individuelle, mais douche commune impeccable. Petite terrasse sympa, aménagée sur le toit et inondée de plantes vertes, idéale pour papoter. Au rez-de-chaussée, salle commune avec TV, bibliothèque et Internet. Snacks (pas donnés) et petit déj possibles. Le patron, Avnish Puri, présentateur à la radio nationale, est quelqu'un de cultivé, d'enthousiaste, et donne même des cours de yoga. Avec son épouse Ushi, ils ne demandent qu'à vous parler de l'Inde, et organisent un tour de Delhi pour montrer à leurs hôtes les petits secrets de leur ville. Notre meilleure adresse à Delhi dans cette catégorie de prix, sans équivalent. Service de taxi pour l'aéroport. Attention toutefois, les services annexes (tours de la ville, etc) font vite grimper la note.

YWCA Blue Triangle *(plan couleur II, H8, **59**) : Ashoka Rd. ☎ 23-36-01-33 ou 50-14. • ywcaofdelhi.org • Résa conseillée (avec versement d'arrhes). Lit en dortoir env 300 Rps ; doubles 1 715-2 200 Rps (26,40-33,80 €) selon confort ; petit déj compris, mais pas la cotisation obligatoire.* Parmi les 3 « Y », le seul à proposer des dortoirs bon marché de 7 à 10 lits, non mixtes, ventilés et équipés de sanitaires. Propose également des chambres à la déco aseptisée, mais spacieuses, bien tenues, avec salle de bains, TV, téléphone, ventilo, et clim' pour les plus chères. Nombreux services : lessive, resto, téléphone international, réservations de voyage, taxi... Souvent complet en pleine saison. Accueil imbuvable.

YWCA International Guesthouse *(plan couleur II, I8, **60**) : 10, Sansad Marg. ☎ 23-36-15-61 et 16-62. • ywcaindia.org • Dans le prolongement de Radial Rd n° 1, à proximité du Jantar Mantar. Résa 1 mois à l'avance en hte saison (avec versement d'arrhes). Double min 2 000 Rps (30,80 €) ; petit déj compris, mais cotisation en prime.* Établissement sans charme, assez triste même, mais pas trop mal tenu. Chambres climatisées avec salle de bains et balcon fermé par un mur alvéolé, donnant parfois sur le parc. Les sanitaires des chambres *standard* sont moins bien tenus que ceux des *executive*, mais restent acceptables. Service de blanchisserie, téléphone international, consigne. Accueil très moyen.

DELHI

YMCA Tourist Hostel *(plan couleur II, H8,* ***61****) : Jai Singh Rd.* ☎ *23-36-19-15 ou 18-47.* • *ymcath@ndf.vsnl.net.in* • *Doubles 1 000-2 100 Rps (15,40-32,30 €) selon confort ; petit déj et dîner inclus, mais pas la cotisation obligatoire.* À côté du cinéma *Regal,* la moins sympathique de ce trio de *YMCA* pas franchement folichon. Avantages : assez centrale, et grand choix de chambres acceptables : avec ou sans clim', salle de bains privée ou commune. Mais, outre l'accueil exécrable, on a la désagréable impression d'être pris pour un gogo... La piscine, ô combien tentante, est annoncée à 100 Rps l'heure et demie par personne. À noter encore qu'il faut payer la 1re nuit dès l'arrivée. Et ce n'est pas la cuisine fadasse dans le resto tristoune qui fera passer la pilule ! En dépannage donc.

Très chic (3 600-6 000 Rps / 55,40-92,30 €)

Delhi Bed and Breakfast *(hors plan couleur II par J10,* ***30****) : A-6 Friends Colony East.* 98-11-05-71-03. • *delhibedandbreakfast.com* • *À 8 km au sud-est de Connaught Place. Résa impérative. Double 3 550 Rps en hte saison, petit déj compris.* Au cœur d'un quartier résidentiel tranquille, petite *guesthouse* (3 chambres seulement) installée dans une agréable maison fraîche, fleurie et impeccablement tenue. Chambres bien confortables (salle de bains, ventilo, AC), décorées avec goût et de manière différente. Petites terrasses pour bouquiner, joli salon, et Internet. Un peu loin du centre, mais accueil familial vraiment chaleureux. Une autre manière de découvrir Delhi.

Lutyens Bungalow *(plan couleur II, I9,* ***62****) : 39, Prithviraj Rd.* ☎ *24-62-57-16.* • *lutyensbungalow.co.in* • *Double min 6 000 Rps (92,30 €), petit déj compris.* Autant vous le dire tout de suite, on trouve l'endroit cher pour l'entretien et le confort proposés, somme toute sans luxe aucun. Dans la maison principale ou dans la dépendance au fond du jardin, les chambres, si elles sont plutôt jolies, ne sont pas bien spacieuses, les salles de bains non plus. Mais l'intérêt de cette chambre d'hôtes, c'est son agréable jardin où les chiens de la maison s'ébattent entre les fauteuils en rotin et les balançoires. Également une piscine l'été (sécurisée). En fait, une adresse qui intéressera principalement les routards qui voyagent en famille et cherchent un peu d'espace pour leurs bambins. Accueil gentil mais vite dépassé.

De très chic à beaucoup plus chic (min 4 000 Rps / 72,70 €)

Le quartier de ***Sunder Nagar,*** à 3-4 km au sud-est de Connaught Place, regroupe foule de demeures bourgeoises. Ce quartier résidentiel où sont venus s'installer bon nombre de commerçants enrichis (antiquaires notamment) abrite plusieurs *guesthouses* dans une gamme de prix « Très chic ». En voici deux :

Maharani Guesthouse *(plan couleur II, J9,* ***63****) : 3, Sunder Nagar.* ☎ *24-35-95-21 ou 22.* • *mymaharani.com* • *Double min 4 000 Rps.* Une bâtisse moderne plantée dans un jardinet avec pelouse, fauteuils et chant des oiseaux en fond sonore. Chambres impeccables, déco soignée mais déjà un peu datée. En résumé : pas mal, mais tout de même cher pour cette simplicité.

Shervani *(plan couleur II, J9,* ***64****) : 11, Sunder Nagar.* ☎ *42-50-10-00.* • *shervanihotels.com* • *Double min 9 000 Rps (163,60 €), petit déj inclus.* Un établissement à la pointe de la modernité, plutôt réussi dans le genre chic et cher. Outre un excellent confort (lits moelleux, salles de bains très agréables, écran TV plat, wi-fi, etc.) et un mobilier design épuré rehaussé de beaux textiles, les chambres, de tailles diverses, sont bourrées de technologie : les lumières s'allument et s'éteignent lorsque vous entrez ou sortez de la pièce, le bureau replie sa table pour laisser place à la TV, etc. Assez rare à Delhi pour être signalé, malgré des prix déjà élevés.

De même, le quartier de Green Park Extension, au-delà du 1er périphérique (entre Ring Rd et Outer Ring Rd) offre un cadre calme et clairement résidentiel. Mais un peu moins d'accessibilité, du moins pour le moment (le métro finira bien par arriver ici aussi !).

Shalimar House *(plan d'ensemble) : H-43, Green Park Extension. 98-99-22-81-64. • shalimarhouse.com • Dans un quartier tranquille, au sud de la ville. En hte saison, double min 5 500 Rps ; petit déj 200 Rps. Également des suites et un appartement, et possibilité de location à la sem ou au mois.* Sur trois étages d'un bâtiment rénové, 6 chambres à peine, tout confort, et d'agréables espaces communs. Décoré avec goût, l'endroit est une véritable chambre d'hôtes, tenue par un Français, François. Déjeuner et dîner possibles sur réservation préalable. Conviendra bien aux routards désireux d'échapper à la cacophonie du centre-ville, quitte à passer plus de temps en transport. Piscine en projet (ce serait top !).

Encore plus chic (min 330 $ / env 258 €)

Claridges *(plan couleur II, I9, **65**) : 12, Aurangzeb Rd. ☎ 41-33-51-33. • claridges.com • Double annoncée min 337 $, mais n'oubliez pas que tt est négociable ; en saison creuse, et même en tte saison, on vous offrira peut-être la suite au prix de la chambre... après quelques palabres.* Luxe et calme... tels sont les maîtres mots de cet hôtel aux chambres ultraconfortables, les unes à l'atmosphère british, les autres plus contemporaines. Internet, wi-fi, piscine, et tous les services habituels dans ce genre d'établissement. Sur place, également 3 bons restos, *Dhaba* (cuisine d'Inde du Nord ; voir « Où manger ? »), *Sevilla* (cuisine espagnole) et *Jade* (cuisine chinoise).

The Taj Mahal Hotel *(plan couleur II, I9, **66**) : 1, Mansingh Rd. ☎ 23-02-61-62. • tajhotels.com • Double min 350 $.* Dès le hall d'entrée, on est impressionné par les coupoles du plafond, si finement peintes qu'on les imagine brodées d'or. Très grand luxe, où chaque détail des chambres est étudié : si le téléphone sonne, la TV se met automatiquement en veille, etc. Beaucoup de gentillesse de la part du personnel. Jardins luxuriants et grande piscine. Sur place, plusieurs restos (chinois, indien...), boutiques... Une véritable ville dans la ville, mais très aseptisée malgré tout.

À Old Delhi

Tenté par le grand saut ? Pourquoi ne pas essayer le quartier de la grande mosquée Jama Masjid ? Tout au long de la journée, l'animation des ruelles y est grouillante, et l'on se fraie un chemin dans la foule bigarrée et bruyante, parmi les auto-rickshaws, charrettes à bras et autres vélos-rickshaws. Après la tombée de la nuit, plus un touriste à cent lieues à la ronde. Vous serez alors livré à vous-même au milieu des haut-parleurs répétant inlassablement l'appel du muezzin. Selon le cas, c'est le pied total ou l'angoisse existentielle, en tout cas on n'en ressort jamais indifférent... Les hôtels du quartier sont assez bien équipés et filtrent un peu les bruits. Ne conviendra pas aux Européennes voyageant seules, trop fustigées par les musulmans radicaux barbus qui fourmillent dans le quartier.

Très bon marché (et même gratos !)

Gurudwara Sis Ganj *(zoom couleur II, D3, **52**) : entre Lal Quila et la mosquée Fatehpuri, sur Chandni Chowk, sur la gauche ; impossible de louper cette énorme masse rougeoyante (lire aussi « À voir »). ☎ 30-96-40-18 (résa). Ouv 24h/24. Place gratuite en dortoir ; chambre double 100 Rps.* Adossé au temple sikh de Gurudwara Sis Ganj, voici un énorme complexe d'hébergements, tenu à la disposition des familles sikhs (prioritaires pour l'hébergement), ou de ceux qui veulent découvrir cette culture. Cela va du dortoir de 100 personnes (!) où vous dormez sur des tapis, à la chambre double avec salle de bains (eau froide) correctement tenue. Contrairement au temple, on n'est pas obligé d'enlever ses chaussures ni d'avoir la tête couverte dans les hébergements. Cigarettes, alcool et sexe interdits. La communauté sikh, très riche, utilise 10 % de ses revenus à l'entretien du temple, des chambres, dortoirs, cuisines, dispensaires... à vous d'en découvrir les richesses. Le mieux est de donner un coup de main aux bénévoles. Maximum 3 jours, sauf si vous demandez une dérogation au manager (chambre n° 1). Réception et distribution des chambres aux n°s 15 et 16. Possibilité de déposer son passeport et jusqu'à 25 000 Rps (environ 455 €) dans le coffre-fort du *Gurudwara.* Repas gratuits servis 24h/24.

De bon marché à prix moyens (300-850 Rps / 4,50-13,10 €)

☗ ***Hotel Bombay Orient*** *(zoom couleur II, D4,* ***57****) : Jama Masjid.* ☎ *23-24-26-91. Fax : 23-26-24-46. Facile à trouver : juste en face du resto* Karim *(voir « Où manger ? »), et ici, tt le monde connaît* Karim *! Doubles 350-700 Rps selon confort.* Au cœur du Delhi musulman, où l'animation ne s'adoucit qu'à la faveur de la nuit ; et encore, vous aurez quand même droit au chant du muezzin ! Établissement bien tenu, très clair, spacieux, égayé de carreaux bleus dans les parties communes. Propose des chambres carrelées réparties autour de patios et desservies par un dédale d'escaliers, la plupart avec salle de bains (mais douche au seau ou sanitaires à l'étage pour les moins chères). AC disponible en été dans les plus chères, ou ventilo pour tout le monde. Sur place : snack (petit déj), téléphone international et infos ferroviaires. Accueil sympa.

☗ ***Vaishnaw Hotel*** *(zoom couleur II, C3,* ***54****) : 23, Fatehpuri.* ☎ *23-97-89-25 ou 23-96-03-54. Fax : 23-91-74-91. Entre Fatehpuri Masjid et la gare de Old Delhi, dans un renfoncement à gauche. Doubles 600-850 Rps selon équipement.* Notre plus intéressante découverte, au calme et en retrait de l'animation ! Deux parties, l'une, neuve, couverte de marbre de haut en bas ; l'autre, plus ancienne, qui conserve l'architecture des vieilles maisons de Old Delhi. Le proprio et son frère, très accueillants, maintiennent cet établissement d'une soixantaine de chambres propre comme un sou neuf. Le personnel astique en permanence tous les recoins, d'où cette propreté miraculeuse dans Old Delhi. Les étages s'agencent autour d'un patio aéré par des fenêtres. Les chambres, avec salle de bains, ventilo, *air cooler* ou AC (en été) pour les plus chères, sont vraiment impeccables. Téléphone international, et petit déj possible sur une terrasse perchée tout là-haut sur le toit. Un établissement très prisé des familles indiennes.

☗ ***Hotel New City Palace*** *(zoom couleur II, D4,* ***53****) : 726, Jama Masjid.* ☎ *23-27-95-48.* • *newcitypalace@hotmail.com* • *Face à la mosquée, côté ouest. Doubles 350-650 Rps selon confort.* Après avoir escaladé les hautes marches conduisant à la réception, on est accueilli très gentiment. Nichées dans un dédale de couloirs, des chambrettes basiques bien entretenues, équipées de ventilo, *air cooler* ou AC, donnant pour certaines sur la mosquée, et d'autres sans fenêtre. Ameublement assez kitsch mais propreté des sanitaires correcte. Réveil aux aurores avec la prière du matin. Laverie, consigne à bagages, bureau de poste au 1er étage et service de bus pour Agra, Manali, Jammu et Ajmer.

☗ ***New Frontier Hotel*** *(zoom couleur II, C3,* ***55****) : 1649, S. P. Mukerjee Marg, à côté du cinéma* Novelty. ☎ *23-97-73-32 ou 23-93-07-95.* • *new_front@hotmail.com* • *À moins de 5 mn à pied de la gare de Old Delhi. Doubles 495-800 Rps selon confort.* Vous ne pouvez pas manquer sa façade pittoresque rouge et blanche. Ouvert depuis 1938, l'hôtel a conservé l'architecture musulmane de l'époque victorienne, et une

DELHI

déco années 1970 jusque dans les luminaires. Les chambres et les salles de bains sont assez propres. *Air cooler* ou AC selon votre budget, TV, téléphone et consigne. Certaines, en façade, partagent un immense balcon donnant sur la gare toute rouge au loin. D'autres, à l'arrière, sont plus tranquilles. Agréable cour perchée, avec quelques plantes vertes. Bon accueil.

Au Tibetan Camp de Majnu Ka Tilla *(hors plan couleur I par D1)*

Sur Outer Ring Rd, à 500 m du Gurdwara Majnu Tilla Sahib, sur le même côté ; à 4 km au nord de l'Inter State Bus Terminal de Kashmiri Gate, et donc à quelques minutes en auto-rickshaw.

Ni Pahar Ganj, ni les voisinages de la mosquée, encore moins Chandni Chowk et Darya Ganj ne conviendront, à l'évidence, à ceux qui recherchent le calme et la sérénité. À ceux-là, nous conseillons vivement ce quartier de réfugiés tibétains, en fait un petit dédale de ruelles particulièrement excentré et loin de tout, qui fut créé en 1965 le long des rives de la rivière Yamuna. Aujourd'hui, il s'est aussi développé de l'autre côté de la large 4-voies, et l'on se déplace d'un côté à l'autre par une passerelle verte. C'est un véritable petit monde en vase clos qui propose aux voyageurs de passage : monastère lamaïste, magasins d'artisanat tibétain, espaces Internet et téléphone international, épiceries, librairies spécialisées, bureaux de change, hôtels, restos et agences de voyages. Ce contraste avec la ville hindoue est vraiment étonnant. À voir, même si vous n'y dormez pas ! Et pour ceux qui y dormiraient, on vous a même trouvé un resto (voir « Où manger » ?) !

De bon marché à prix moyens (225-1 000 Rps / 3,50-15,40 €)

Potala House *(hors plan couleur I par D1,* ***31****) : 34-35, New Tibetan Camp. ☎ 23-81-47-43 et 53-08. • potala_house@yahoo.com • Dans la rue principale, au nord. Résa conseillée. Doubles 225-575 Rps ; plus cher avec AC.* Au cœur du village tibétain, un hôtel à prix très raisonnable, où l'on vous accueille dans un bon anglais. Chambres très propres avec salle de bains, téléphone, *air cooler* ou AC (plus cher), et un genre de parquet flottant au sol. Consigne gratuite. Bon resto à prix doux et personnel serviable. Petite agence de voyages fiable, avec départs en bus *deluxe* tous les soirs en direction de Dharamsala, où vivent le dalaï-lama et la plus importante communauté de réfugiés tibétains du pays. Sa Sainteté trône d'ailleurs en bonne place au-dessus de la réception, rappelant aux visiteurs que son peuple vit toujours en exil.

Wongdhen House *(hors plan couleur I par D1,* ***31****) : 15 A, New Tibetan Colony. ☎ 23-81-66-89 ou 28-96. • wongdhenhouse@hotmail.com • Dans une ruelle perpendiculaire à la rue principale, côté rivière. Doubles 470-970 Rps selon saison.* Selon votre bourse et la période de l'année, plusieurs catégories de chambres vraiment nickel avec ou sans salle de bains, ventilo, et AC pour les plus onéreuses. Certaines ont même une petite vue sur la rivière. Jolie terrasse sur le toit pour profiter du panorama. Fait aussi resto. Bon accueil.

Où manger ?

À Pahar Ganj et Old Delhi

À Pahar Ganj, où séjournent nombre de routards du monde entier, vous trouverez une grande variété aux menus des restos : de la cuisine chinoise, thaïe, indienne à la cuisine continentale. Du coup, cela perd en qualité et aussi parfois en goût, mais on gagne en vertus si vous avez le mal culinaire du pays. Il est aussi possible de sortir un peu de ce « village » et de lui préférer les restos plus authentiques de Old Delhi, vers la mosquée Jama Masjid, ou ceux du quartier Darya Ganj, autour de la Delhi Gate.

De très bon marché à prix moyens (max 150 Rps / 2,30 €)

|●| ***Karim*** *(zoom couleur II, D4,* ***103****) : Matya Mahal Rd, Jama Masjid.* ☎ *23-26-98-80. Situé dans la rue qui fait face à l'entrée sud de la Grande Mosquée (gate nº 1), à gauche au fond d'une cour-impasse. Tlj 7h-minuit (horaires différents lors du ramadan).* Résa conseillée. Tout le monde connaît cette gargote fondée en 1913, et devenue au fil des années une véritable institution dans le quartier. Son succès populaire est si grand qu'il a fallu multiplier les salles de resto autour de la courette et de la cuisine ouverte. Intéressez-vous à la carte des menus, qui détaille l'histoire du resto, on peut y lire la fierté et la longévité des cuisiniers de *Karim* dont les ancêtres travaillaient dans les cuisines royales des empereurs moghols, au Fort Rouge. On déguste ici un des meilleurs kebabs de Delhi, que l'on fait cuire devant vous, à côté des *chapatis*. Excellents *Karim roll* et *tikkas,* ou plats de poulet, mouton, en curry ou *tandoor* (prix moyens). Une seconde branche du *Karim* se trouve dans le quartier Nizam-ud-Din (voir plus loin).

|●| ***Sita Ram Diwan Chand*** *(zoom couleur I, B5,* ***89****) : 2246, Chuna Mandi, Pahar Ganj.* ☎ *23-58-73-80. Tlj 8h-19h.* Petite cantoche de rue plus que centenaire, et dont la réputation n'est plus à faire dans le quartier ; ça ne désemplit pas ! La cuisine fourmille d'activité et son débit est énorme. Pour seulement quelques roupies, on y déguste toujours la même nourriture fraîche : *chole* (mélange de pommes de terre, fèves et petits pois) et *paneer,* accompagné d'oignons frais et carottes marinées. Simple, délicieux, et à engloutir debout, directement sur les quelques guéridons posés dans la rue.

|●| ***Fish Point*** *(zoom couleur II, D4,* ***102****) : 4164, Urdu Bazar, Jama Masjid.* ☎ *23-25-14-42. Sur le côté sud de la mosquée Jama Masjid. Tlj 13h30-minuit.* Un étroit resto à la devanture obscure, mais assez propre, avec ventilos, et AC au 1er étage. Sonnerie particulière pour chaque table, grâce à laquelle le serveur communique avec le cuisinier qui besogne à l'extérieur. Au menu : magnifiques poissons ou poulets frits et *chapatis* exclusivement, le tout servi avec de la sauce, des oignons et des épices... un véritable régal ! Bref, populaire, très bon et vraiment pas cher. Dans le même genre, mais version exclusivement carnivore, le ***Naz Tandoori,*** à quelques pas : une salle en demi sous-sol, l'autre en entresol, carrelées gaiement en jaune et rouge, et du poulet frit ou *tandoori,* préparé devant la salle, sur le trottoir. Bon *kheer* également.

|●| ***Mithas*** *(plan couleur I, E5,* ***80****) : 3622, Netaji Subhash Marg, Darya Ganj.* ☎ *23-26-96-19 ou 20. Sur le même trottoir que le cinéma* Golcha, *à trois pas. Tlj 8h30-23h30.* Resto exclusivement végétarien proposant 2 formules : au rez-de-chaussée, fast-food ouvert sur la rue, histoire de bien profiter de la joyeuse animation ; au 1er étage, salle climatisée avec tables en verre, quelques vitraux, des gravures du Gujarat et du Rajasthan sur les murs, un plafond assez bas et parfois de la musique forte. Dans l'assiette, délicieuse cuisine de l'Inde du Sud et quelques plats chinois. Optez donc pour le *special deluxe thali,* vraiment avantageux.

|●| ***Everest Kitchen*** *(zoom couleur I, B5,* ***81****) : sur le toit du* Lord Krishna Hotel, *Main Bazar, Pahar Ganj.* ☎ *23-56-14-56. Tlj jusque 22h.* On grimpe volontiers les hauts escaliers qui mènent à ce toit-terrasse joliment décoré de lampions, loupiotes et de quelques plantes. Car les spécialités tibétaines (délicieux *momos* en particulier) valent bien cet effort. Plats indiens également. Accueil aussi agréable que la déco.

|●| ***Tadka*** *(zoom couleur I, B5,* ***92****) : 4986, Ram Dwara Rd, Nehru Bazar, Pahar Ganj.* ☎ *32-91-52-16. Tlj 11h-23h.* Une cantine indienne moderne, à

DELHI

l'enseigne verte, strictement végétarienne. Une belle sélection de *thali*, de *biryani* et de *dal* fraîchement préparés et servis dans des plateaux en plastique compartimentés. Salle climatisée agréable.

|●| ***New Amar*** *(zoom couleur I, B5, **85**) : Rajguru Rd, Pahar Ganj. Dans la rue qui part du coin du* Metropolis Tourist Home, *à 50 m de Main Bazar et face au cinéma* Imperial. *Tlj 8h30-22h30.* Juste quelques tables dans ce minuscule resto tenu par un Indien fort sympathique. Cuisine simple, copieuse et vraiment très bon marché. Préférer les plats indiens et chinois aux macaronis, pâtes et autres frites ! *Thali* également.

Prix moyens (100-250 Rps / 1,50-3,80 €)

|●| ***Malhotra Restaurant*** *(zoom couleur I, B5, **86**) : 1833-34, Laxmi Narayan St, Chuna Mandi, Pahar Ganj.* ☎ *23-58-18-49. Prendre la rue à l'angle du* Metropolis Tourist Home, *puis la 1re à gauche, à 30 m. Tlj 7h-23h.* Au rez-de-chaussée, en descendant quelques marches, une petite salle simple, fraîche et plutôt agréable, doublée d'une autre pièce climatisée à l'étage. Au choix : plus de 300 plats indiens, chinois et continentaux. La cuisine est bonne, et on en a vraiment pour son argent, le service stylé en prime. Et puis, terminez donc votre repas avec la *custard,* sur un air de crème pâtissière. Juste à côté, un poil moins cher, le ***Malhotra Dosa Palace,*** pour les *thalis* et *dosai.*

|●| ***Tom-Yam-Thai Restaurant*** *(zoom couleur I, B5, **36**) : 1566, Main Bazar, Pahar Ganj. Ouv 24h/24.* Terrasse aménagée au sommet de l'hôtel *Anoop,* avec tonnelle, fauteuils en rotin, petites tables de jardin, Ganesh doré, et jolie vue sur les toits de Delhi (voir « Où dormir ? »). L'un des coins les plus sympas de Pahar Ganj pour casser la croûte ou écluser un gorgeon au calme et à toute heure du jour et de la nuit. Plusieurs formules de petits déj, des sandwichs, pizzas et surtout, comme son nom l'indique, pas mal de spécialités thaïes, à commencer par le *tom-yam,* cette épaisse soupe au poulet, aux crevettes ou aux légumes. Un conseil, évitez les plats comme la moussaka, plutôt caricaturale ! Service maussade.

|●| ***German Bakery*** *(zoom couleur I, B5, **35**) :* à l'Ajay Guesthouse, *5084 A, Main Bazar, Pahar Ganj (voir « Où dormir ? »). Ouv 24h/24.* Certes, coincée derrière la réception, la salle est un peu sombre, mais l'on y rencontre des routards du monde entier. À la carte, plusieurs formules de petits déj : croissants à l'indienne et viennoiseries, mais aussi œufs, porridge, *pancakes,* etc. Également des sandwichs, salades, *burgers,* soupes, pâtes, pizzas ainsi que des plats chinois, indiens, israéliens... voire japonais ! Bref, une auberge espagnole, tant au niveau de sa cuisine que de sa clientèle de babas ou de simples touristes qui échangent leurs bons plans sur le pays. Pas donné quand même.

Chic (300-500 Rps / 4,60-7,70 €)

|●| ***Metropolis*** *(zoom couleur I, B5, **39**) : dans le* Metropolis Tourist Home, *1634, Main Bazar, Pahar Ganj (voir « Où dormir ? »). Tlj jusqu'à 23h.* Voici le tout 1er resto du quartier, ouvert en 1928, soit près d'une vingtaine d'années avant ses voisins de Connaught Place. Deux niveaux : le 1er étage, dissimulé par une rambarde en fer forgé, et le niveau inférieur, plongé dans une ambiance encore plus feutrée. Mais ce que l'on préfère, c'est encore l'agréable terrasse, où il fait bon se prélasser à la saison fraîche. Au menu, cuisine indienne, chinoise, japonaise, italienne et même... française, décevante pour le prix. Bon, on paie un peu les nappes blanches, et la réputation plus que la réalité.

Très chic (min 500 Rps / 7,70 €)

|●| ***Chor Bizarre's*** *(plan couleur I, E5, **82**) : 4/15, Asaf Ali Rd.* ☎ *23-27-38-21 à 25. À 300 m de Delhi Gate, à l'hôtel* Broadway. *Tlj 12h-15h30, 19h30-*

23h30. Évidemment, c'est un resto assez classe, tout en faisant preuve d'originalité dans la déco, sorte de bric-à-brac plutôt recherché. Le moindre objet que vous touchez a une histoire singulière puisque tous les couverts (en argent) et les tables sont censés avoir été rapatriés des marchés aux voleurs du pays. Manger sur une table de couture ancienne ou sur un lit provenant de Kolkata, se servir dans une authentique Fiat de 1927 qui fait office de buffet : tout est dépareillé délibérément. La nourriture est à l'égal du décor : variée, d'excellente qualité, spécialisée dans la cuisine cachemirie et mughlaïe ou sous forme de buffet. Celui-ci *(chaat-buffet)* se compose uniquement de plats inspirés par la cuisine des rues et réadaptés. Peu cher, mais moins consistant que le buffet du *Kashmir.* Également de superbes *thalis* royaux. Belle carte des vins, chers mais présentés de façon originale. Au-dessus du resto, le *Thug's Bar* vous invite à rejoindre le monde des bandits...

Autour de Connaught Place

Connaught Place s'est spécialisée dans les restos un peu chic, offrant cadres étudiés avec clim' et grand choix d'alcools (signe extérieur de richesse), pour mieux attirer la classe moyenne, les hommes d'affaires et les touristes en goguette. Inconvénient : ils finissent tous à la longue par se ressembler. La plupart acceptent les cartes de paiement (mais il faut quand même beaucoup dépenser pour s'en servir !). En fait, ils ne sont pas si chers que cela pour un touriste, sauf si l'on compare avec le reste du pays ! À quelques rares exceptions, ils sont ouverts tous les jours jusqu'à 23h ou 23h30.

Bon marché (max 100 Rps / 1,50 €)

|●| ***Saravana Bhavan*** *(zoom couleur I, C7, **88**) : 46, Janpath. ☎ 23-31-77-55. Sur le même trottoir que l'office de tourisme, après la* Lufthansa. Une cafétéria populaire et proprette, au cadre résolument moderne, et spécialisée dans la cuisine fine du sud de l'Inde. Dans les assiettes, quelle agréable surprise ! Bonne nourriture végétarienne fraîche, joliment présentée et vraiment pas chère. Le *fixed thali,* florilège de saveurs, est une bonne affaire. Bons jus de fruits, et carte des desserts à émoustiller bien des gourmands. Un excellent rapport qualité-prix. D'ailleurs, l'affluence est au rendez-vous, et il faut souvent s'armer de patience avant qu'une table ne se libère !

|●| ***Anand Restaurant*** *(zoom couleur I, C6, **87**) : 97, Scindia House, Connaught Lane. ☎ 23-31-35-54. Entre la* Sunny Guesthouse *et la* Ringo Guesthouse. Petite cantoche popu, sans artifice mais pleine d'Indiens et de routards, attirés par une cuisine indienne honnête, bien qu'un peu grasse, et vraiment pas chère. Spécialités de *biryani* et de *butter chicken,* que l'on accompagne volontiers d'un *mix veg'.* Juste à côté, une annexe (même nom, même proprio), version cuisine végétarienne (*thalis* principalement).

De prix moyens à un peu plus chic (200-300 Rps / 3,10-4,60 €)

|●| ***United Coffee-House*** *(zoom couleur I, C6, **90**) : E-15 Block. ☎ 23-41-16-97. Tlj 9h30-23h30.* Derrière ce drôle de nom, on s'attend à trouver un lieu branché, mais pas ce curieux resto. Déco originale et un poil baroque, dans les tons blanc-bleu : sculptures murales, moulures, dorures, banquettes de moleskine et grands lustres de style orientalo-kitsch suspendus à la coupole. Bref, la pâtisserie intégrale ! Le service est à l'avenant, un rien compassé, et la cuisine très honorable. Grand choix de plats d'Inde du Sud, chinois, végétariens et continentaux. Atmosphère détendue où se côtoient touristes et Indiens en couple.

|●| ***The Host*** *(zoom couleur I, C6, **96**) :*

F-8 Block. ☎ *23-31-63-81. Tlj 12h-23h30.* Une institution à Delhi. Côté déco, joli jeu de miroirs, tendance années 1970 mâtinée d'années 1930. Côté clientèle, beaucoup d'Indiens en famille. Excellente cuisine spécialisée dans le *mughlaï* et les plats chinois. Bon accueil, mais l'endroit est un peu sombre et les serveurs poussent un peu trop à la consommation ; surveillez donc l'addition !

|●| ***Nirula's Pot Pourri*** *(zoom couleur I, C6, **93**) : N-64 Block, Outer Circle.* ☎ *41-51-70-70 ou 23-31-94-20. Tlj 7h30-minuit.* Au 1er étage, dans une vaste salle climatisée, fraîche et gaie, cette chaîne indienne de bonne qualité sert tous les repas de la journée depuis le petit déj. Et surtout, midi et soir, un buffet de salades, bien agréable et fraîchement préparé. Apprécié autant des familles indiennes que des employés du quartier et des touristes de passage. Belle carte de glaces pour finir tout en douceur.

|●| ***Embassy*** *(zoom couleur I, C6, **98**) : D-11 Block, à l'angle de Radial Rd n° 6.* ☎ *23-41-64-34. Tlj 10h-23h30.* Encore une institution ! L'un des tout premiers restos de Connaught Place, ouvert depuis 1947. C'était le rendez-vous des hommes d'affaires du coin qui venaient y conclure leurs contrats autour d'un *butter chicken* ou d'un *chicken masala*. Également des spécialités continentales. Aujourd'hui, ambiance de pub à l'indienne, avec un petit air classieux, mais toujours assez populaire.

Chic (300-500 Rps / 4,60-7,70 €)

|●| ***Zen*** *(zoom couleur I, C6, **94**) : B-25 Block.* ☎ *23-35-74-44. Tlj 11h-23h.* Un resto évoquant l'atmosphère d'une brasserie française avec des serveurs en chemise blanche, gilet noir et nœud pap' qui ne chôment pas. Au mur, plusieurs sculptures-miroirs en bronze représentant des guerriers zen. Côté cuisine, c'est censé être l'une des meilleures tables chinoises de la ville. Également quelques plats japonais. Mais pour être francs, on n'a pas été bouleversés par le contenu de l'assiette. Clientèle indienne aisée et assidue. Attention à la clim', particulièrement efficace (même en saison fraîche !).

|●| ***Amber*** *(zoom couleur I, C6, **93**) : N-19 Block.* ☎ *23-31-20-92. Tlj 11h-23h.* Atmosphère feutrée et intime dans cette grande salle boisée aux tons verts, style bistrot chic un peu kitsch, et fréquentée par la *middle class* indienne. Goûter au *murgh reshmi kebab*, ainsi qu'au *kabuli kulcha* parfumé de fruits confits et de noix. Pas de mauvaise surprise, la cuisine est bonne. Mais malgré tout, un petit quelque chose nous dérange... peut-être ces portions un peu chiches, ou tout simplement parce que *Amber* rime avec « un peu cher »...

De très chic à hyper-chic (500-1 100 Rps / 7,70-16,90 €)

|●| ***Veda*** *(zoom couleur I, C6, **99**) : H-27 Block, Outer Circle, Connaught Circus.* ☎ *41-51-35-35. Menus 975 et 1 075 Rps ; le soir, compter 800-1 200 Rps à la carte ; près de 40 % de moins le midi.* Un resto qui incarne une autre facette de l'Inde, celle d'une classe chic, moderne et aisée. Le cadre, résolument branché, s'inspire d'une tendance baroque tout en conservant un esprit indien : plafonds et lumières rougeoyantes qui se reflètent dans les multiples jeux de miroirs, le tout sur fond de musique électro-lounge. Côté cuisine, là encore, la modernité est le maître mot. Rien de conventionnel, mais une cuisine qui revisite avec une pointe d'inventivité les saveurs traditionnelles indiennes. Certains plats sont même surprenants et évoquent des horizons culinaires à mi-chemin entre cuisines occidentale et indienne. Les viandes sont particulièrement fondantes. Un resto à privilégier pour une soirée en toute intimité ou pour s'immerger dans une atmosphère quelque peu avant-gardiste d'un pays aux multiples facettes.

Hyper-chic (1 000-1 500 Rps / 15,40-23,10 €)

|●| ***The Spice Route*** *(zoom couleur I, C7,* ***50****) : à l'*Imperial Hotel *(voir « Où dormir ? »).* ☎ *23-34-12-34. Tlj 12h30-14h45, 19h-23h15. Résa vivement conseillée.* Si vos moyens vous le permettent, ne quittez pas Delhi sans vous être offert un dîner au *Spice Route,* vous ne le regretterez pas ! Si la visite de cet hôtel représente à elle seule un voyage au temps de la splendeur britannique, le lieu recèle aussi une autre merveille : ce resto hors du commun. Le génial architecte a mis 7 ans à le réaliser en suivant des préceptes du feng-shui. Déco sublime, mâtinant avec un goût exquis différents styles, indien, thaïlandais, indonésien ; chaque partie est agencée en fonction d'un thème du « voyage de la vie » (le savoir, la créativité...). Une délicatesse inouïe et un luxe des détails symboliques. Piliers de l'entrée datant du XVIe s, bas-reliefs de pierre, toit de tuiles autour d'un patio aux tons de jade, fauteuils ouvragés... Si l'on ajoute une lumière tamisée, une ambiance feutrée où l'on chuchote plus qu'on ne parle, un service très attentionné et une cuisine aux subtils parfums d'Orient, vous aurez une juste idée de ce « temple du raffinement ».

Ailleurs dans New Delhi

Également quelques adresses disséminées dans le Delhi cossu et résidentiel, et dans les hôtels de luxe. Ou encore dans des espèces de « villages » comme *Defence Colony Market* (au sud-est), *Hauz Khas* (à une dizaine de kilomètres au sud-ouest de Connaught Place, sur la route de Qutb Minar), un site historique parsemé de ruines mogholes de la dynastie des Lodi (fin XVe-début XVIe s), ou encore le *Tibetan Camp.* Contrairement à Connaught Place, ces lieux restent assez animés la nuit et abritent un ensemble de restos et bars sympas où il fait bon passer une soirée.

DELHI

Bon marché (max 120 Rps / 1,80 €)

|●| ***New Rinchen Restaurant*** *(hors plan couleur I par D1,* ***31****) : 29, New Tibetan Camp.* ☎ *23-81-62-10. À deux pas de la* Potala House. *Tlj 8h-22h.* Minuscule resto à l'étage particulièrement apprécié par les gens du quartier pour sa cuisine du Tibet oriental. *Momos, thukpas* et soupes au programme, à des prix dérisoires !

|●| ***Sagar Restaurant*** *(plan couleur II, J10,* ***105****) : 18, Defence Colony Market.* ☎ *24-33-31-10. Tlj 8h-22h30.* Un petit resto qui n'en finit pas de grimper avec ses 3 niveaux spécialisés dans la cuisine d'Inde du Sud (le « paradis des végétariens »). Déco sans importance, mais beaucoup d'ambiance et prix populaires. Très demandés, les *thalis* sont excellents. Et devant l'affluence, la direction a ouvert un *Sagar* « bis » à quelques mètres à peine du premier (sur la gauche). Le cadre y est plus smart, pour ne déguster que des plats végétariens de l'Inde du Nord, sans oublier quelques spécialités chinoises.

|●| ***Nathu's Sweets*** *(plan couleur I, D6,* ***83****) : 23-25, Bengali Market.* ☎ *23-71-97-84.* Ⓜ *Barakhamba Road (ligne n° 3). Tlj 8h-23h.* Sur le devant, une épicerie-pâtisserie colorée et animée, où il faut jouer des coudes avec les Indiens pour se faire entendre. Grande variété de pâtisseries aux amandes, et toutes sortes d'épices et condiments vendus au poids. À l'arrière, quelques tables pour déguster des spécialités de l'Inde du Sud, comme le *samosa* ou le *masala dosaï,* bons et pas chers du tout. Aussi des *tandooris,* pizzas et autres plats chinois. En dessert, goûter au *kesar ras malaï* (petit fromage caillé frais, nappé d'une onctueuse crème parfumée, hmm !). Service rapide et ambiance populaire. Tout ce qu'on aime !

|●| ***Les restos de Dilli Haat*** *(hors plan couleur II par I10,* ***108****) : au croisement de Ring Rd et Aurobindo Marg. Assez excentré. Tlj 10h30-22h.* Il y a un petit

droit d'entrée, car c'est un ensemble de boutiques d'artisanat, de qualité variable, provenant de tout le pays, et assez fréquenté par les gens du cru le week-end (voir « Achats. Marchés »). On y trouve aussi une série de petits restos de plein air proposant des plats de tous les États de l'Inde : Cachemire, Assam, Tamil Nadu, Goa, Rajasthan, Sikkim, Bihar, etc. ; idéal si vous n'avez pas prévu de faire le tour complet du pays. Ici, notre préféré c'est ***Navdanya,*** un excellent resto *veg'* qui n'utilise que des produits bio et milite pour une agriculture saine, sans pesticides ni OGM. Le prince Charles est venu y casser une petite graine lors de son dernier voyage à Delhi...

|●| ***Cantine du Centre culturel*** *(Triveni Kala Sangam ; plan couleur I, D6,* ***84****) : 205, Tansen Marg.* ☎ *23-71-88-33.* Ⓜ *Barakhamba Road (ligne n° 3). Au bout de Barakhamba Rd, face au* FICCI (Federation House). *Tlj sf dim 10h30-14h30, 16h-18h30.* La *Triveni Tea Terrace* est une petite cafétéria toute simple en plein air, calme et reposante, d'où l'on peut assister parfois aux répétitions de danse des élèves de l'institut. Snacks, currys, *samosas...* Le tout très, très bon marché. On peut aussi y boire thé ou café. Ambiance campus dans cet endroit fréquenté par des artistes indiens. Expos et représentations régulières.

De prix moyens à un peu plus chic (120-400 Rps / 1,80-6,20 €)

|●| ***The Golden Dragon*** *(hors plan couleur II par I10,* ***112****) : Haus Khas, DDA Market, RBI Colony.* ☎ *26-96-93-48. En face du* Panchshila Club. Ne paie pas de mine de l'extérieur (carrefour bruyant), mais la salle est un véritable havre de paix. Délicieux resto chinois proposant une carte riche et variée. Un peu cher certes, mais on ne vous vole ni sur la qualité ni sur la quantité (si vous n'allez pas au bout de votre plat, on vous proposera gentiment d'emporter un *doggy bag* !). Personnel efficace.

|●| ***Karim*** *(plan couleur II, J9,* ***110****) : 168/2, Hazrat Nizam-ud-Din West.* ☎ *24-35-83-00. Accès de Lodi Rd ou Mathura Rd ; demandez, c'est très connu. Tlj sf lun 12h30-15h30, 18h30-22h30.* Situé au cœur de Nizam-ud-Din, vieux quartier musulman au sud-est de la ville et tout proche de la tombe de Humayun. Un portier en tenue cipaye vous accueille dans ce cadre sombre et réfrigéré, à atmosphère feutrée. Légendaire cuisine mughlaïe à prix raisonnables. À ne pas manquer lors de votre visite aux tombeaux de Lodhi, de Nizam-ud-Din ou de Humayun.

|●| ***Not Just Paranthas*** *(plan couleur d'ensemble) : M-84, Greater Kailash II, Main M Block Market.* ☎ *29-22-33-66. Tlj midi et soir.* Dans le centre commercial (même s'il est nommé, à l'ancienne, « Market ») de Greater Kailash II, l'une de ces enclaves résidentielles. Des *paranthas* (ou *parothas*, c'est pareil) déclinés à toutes les sauces, à toutes les garnitures (*veg'* ou non), dans un cadre rustique recherché. C'est bon, plutôt copieux, et très fréquenté par la *middle class* indienne, en famille ou entre amis. Et ils ont même un service de livraison à domicile. Pour tout savoir sur ces fameuses galettes, jeter un œil au mini-magazine édité par la maison.

|●| ***Swagath*** *(plan couleur II, J10,* ***104****) : 14, Defence Colony Market.* ☎ *24-33-09-30. Tlj 11h-23h.* Resto au cadre aseptisé un tantinet chicos. Dans l'assiette, d'excellentes spécialités de la mer cuisinées à la mode de Mumbai. Goûtez donc au *prawn biryani,* ou encore à l'étonnant *garlic butter crab,* vous serez séduit par autant d'originalité culinaire. Et un choix de plats mughlaïs et de spécialités chinoises au goût bien balancé, que l'on engloutit pour un prix raisonnable.

|●| ***Chonas*** *(plan couleur II, I9,* ***95****) : 51, Khan Market.* ☎ *41-75-73-51 et 52. Accès par la cour intérieure de Khan Market, dans l'une des ailes latérales. Tlj midi et soir.* Une fois l'escalier grimpé, on arrive dans une salle très gaie (et climatisée), décorée de vieilles affiches de film. Et, à l'étage du dessus, agréable terrasse où trône un superbe escalier en fer forgé, et d'où l'on peut observer sans vergogne toute l'activité de ce petit cen-

tre commercial un peu chic. Les jeunes Indiens *middle class* apprécient beaucoup cet endroit, tout comme les expats, car l'on y déguste des saveurs bien occidentales : des pommes de terre recouvertes de fromage fondu, ou de délicieux gâteaux au chocolat, que l'on peut même accompagner d'un véritable *espresso.* Exotisme pour les uns, nostalgie pour les autres ! Ambiance plutôt bon enfant.

Chicken Inn *(plan couleur II, I9,* ***106****) : Pandara Rd Market. ☎ 23-38-63-04. Non loin de l'India Gate, derrière Bikaner House. Tlj 12h-2h.* Un resto agréable, un peu chicos, mais sans excès. Peu connu des touristes et essentiellement fréquenté par une clientèle indienne aisée, il propose une carte de spécialités indiennes et mughlaïes à base de poulet, mouton, ou des plats végétariens. Goûter au *chicken burra,* au *chicken tikka* ou au *mutton shahi korma.* Enfin, en dessert, tester le *ras malaï* : c'est frais et original.

De chic à très chic (350-600 Rps / 5,40-9,20 €)

Dhaba *(plan couleur II, I9,* ***65****) : 12, Aurangzeb Rd, au* Claridges Hotel. *☎ 23-01-02-11. Tlj 12h45-14h45, 19h30-23h30.* Au sein de cet hôtel très chicos, voici un resto qui se la joue sobre, du moins dans la déco : c'est une espèce de « gargote de rue » (assez classe tout de même !), recréée autour d'un camion grandeur nature dans un cadre rustique (mobilier en bois, lampes à huile, vieille TSF, etc.). Les serveurs, élégants dans leurs habits traditionnels, se feront un plaisir de vous dévoiler leurs marmites. Très bonne cuisine d'Inde du Nord à déguster sur fond de musique populaire. Prix encore abordables.

DELHI

Park Balluchi Restaurant *(hors plan couleur II par I10,* ***111****) : ☎ 26-85-93-69. Un peu avt l'entrée du* Hauz Khas Village, *sur la droite. Tlj 12h-minuit.* Entrée fleurie, jardin superbe où l'on n'entend que le gazouillis des oiseaux. Jolie salle vitrée avec véranda et, à l'extérieur, quelques tables sous des carbets. Cadre chic et vraiment calme. Serveurs en tenue afghane car, comme son nom l'indique, le resto propose des spécialités du... Baloutchistan, cette région montagneuse entre le Pakistan et l'Iran. Excellentes spécialités au *tandoor* ou mughaïes (cuites dans le *handi*), *veg'* ou *non veg'.* Finir par un *elachi tea,* un thé punjabi à la cardamome, assez corsé. Personnel aux petits soins. Grand choix de cocktails et d'alcools pour boire un verre également.

Très, très chic (1 000-2 000 Rps / 15,40-30,80 €)

On n'a pas pour habitude de s'étendre sur cette rubrique. Pourtant, à Delhi, nous sommes tombés sous le charme des restaurants de certains hôtels de luxe. Certes, ils sont chers, mais, en France, vous pourriez aisément multiplier les prix par 3, 4, voire 5 !

Restaurant de l'Orient-Express *(plan couleur II, G9,* ***107****) : au* Taj Palace Hotel, *Sardar Patel Marg, Diplomatic Enclave. ☎ 26-11-02-02. Tlj 12h30-14h30, 18h30-23h30.* Superbe reconstitution d'une salle de resto, un peu dans le style du *Train Bleu* de la gare de Lyon à Paris, avec la réplique d'un wagon du Venice-Simplon de l'*Orient-Express.* À l'intérieur : repas gastronomique *veg'* ou *non veg'* (cuisine franco-italienne et internationale), et service stylé. Il faut être habillé chic et les moins de 17 ans ne sont pas admis (élitiste, quoi !).

Lodi Garden Restaurant *(plan couleur II, I10,* ***91****) : dans le Lodi Garden ; entrée par Lodi Rd. ☎ 24-65-50-54. Tlj 12h-23h.* D'abord, il y a le cadre très sympa : des tables disséminées dans un ravissant jardin verdoyant, fleuri et ombragé par de beaux arbres. La salle, élégante, n'est pas mal non plus. À la carte, voici une cuisine cosmopolite qui tient toutes ses promesses : plats indiens, bien sûr, mais également des mets aux saveurs méditerranéennes (*tunisian tagine, mezze,* etc.). Service diligent.

Bukhara *(plan couleur II, G9,* ***109****) : à l'hôtel* Maurya Sheraton, *Diplomatic Enclave.* ☎ *26-11-22-33. Tlj 12h30-14h30, 19h-23h30.* Cadre rustique pour ce resto spécialisé dans la cuisine de l'Inde du Nord et de l'Asie centrale. On se croirait un peu à la ferme en s'asseyant sur ces billes de bois. Dans l'assiette, savoureuses viandes (mouton et poulet) cuites à la broche sous vos yeux dans la cuisine transparente. Essayez donc l'*express plate,* savant mélange de viandes parfumées et succulentes, et puis le *phirni* en dessert. Un resto très apprécié tant des chefs d'État et des stars du show-biz international qui descendent régulièrement dans l'hôtel que des familles indiennes aisées.

Où boire un thé ? Où manger une pâtisserie ou une glace ?

Aap ki pasand *(plan couleur I, E4,* ***130****) : Sterling House, 15, Netaji Subhash Marg, Darya Ganj.* ☎ *23-26-03-73. Face au* Golcha Cinema. *Lun-sam 9h30-18h ; pour la dégustation de thé, 9h30-17h30. CB acceptées (car c'est tout de même un peu cher !).* La devanture « Aap ki pasand » signifie « Votre choix ». Testeur professionnel de thé, M. Sanjay Kapur a ouvert en 1981 cet original salon de thé pour permettre au consommateur de goûter (25 Rps la tasse) avant d'acheter, le tout sur fond de musique classique indienne. Vous pouvez prendre rendez-vous avec le propriétaire et tester ainsi gratuitement (si vous achetez ensuite) toutes les différentes variétés de thé indien dans l'arrière-boutique. Il exporte ce thé sous la marque « San-cha », que certains palais avertis ont élu « meilleur thé au monde ». On reste en revanche un peu mitigé sur l'accueil.

Haldiram's *(zoom couleur II, D3,* ***121****) : 1454/2, Chandni Chowk Rd.* ☎ *23-96-47-05. En venant du Fort Rouge sur la droite, 100 m après le Gurudwara aux dômes rouge sombre. Tlj 8h-22h30.* Dans ce cadre moderne et assez décalé par rapport à l'ambiance de Old Delhi, on dévore de délicieuses sucreries en compagnie d'une foule d'Indiens. Au programme, toutes les friandises bien grasses et délectables au beurre et au sucre, *ladoos, barfies, gulab jammun, namkeens* et *mithais.* Et aussi toutes les spécialités du Sud et de toute l'Inde, *dosaï, chole bathura, chowmein.* Les sucreries s'achètent au poids, mais on peut aussi négocier gentiment à la pièce ! Très bon marché. À l'étage, un fast-food végétarien pour se poser...

Giani Ice Cream and Faluda *(zoom couleur II, C3,* ***122****) : 652, Church Mission Rd, Fatehpuri.* ☎ *23-92-17-58. Juste à gauche en sortant du* Vaishnaw Hotel. *Enseigne « Gurcharan Singh & Sons ». Tlj 10h-23h.* Idéal pour faire une pause en restant debout dans la cohue de la rue. Une véritable célébrité dans le quartier, où les gens viennent de partout pour goûter à ces fameuses *faluda* servies dans un verre avec une cuillère (évitez qu'on vous la serve avec des cubes de glace). Sinon, les glaces sont tout simplement délectables, en particulier la *Giani ice-cream* avec ses noix de cajou et ses fruits secs...

Ghantewala *(zoom couleur II, D3,* ***123****) : Shop number 1862, Chandni Chowk.* ☎ *23-28-04-90. Un peu plus loin que le Gurudwara, sur le même trottoir. Tlj 8h-20h30.* Une antiquité toujours très prisée qui remonte à 1790, du temps des empereurs moghols. La plus vieille boutique de *sweets* de tout Delhi. Les stars de Bollywood viennent même s'y ravitailler en *sohan halwa,* en *pista launj,* ou encore en fruits secs comme les noix de cajou et les *badam.* Minimum 50 g d'achat. Toute une culture culinaire à découvrir.

Chaina Ram Sindhi Halwai *(zoom couleur II, C3,* ***124****) : 6499, Fatehpuri Chowk.* ☎ *23-95-07-47. Tlj 7h30-20h30.* Boutique attenante à la mosquée. Spécialisée dans les *sweets* et le *halwa* du Pakistan. Plus besoin d'aller à Karachi pour découvrir ces goûts savoureux ! La boutique a été ouverte à Lahore voici un siècle puis, après la partition, la famille a choisi de s'établir à Chandni Chowk. Goûtez aux *kaju ki* *barfi, pinni* et autres *patisa.* Les tarifs fluctuent en fonction du prix du *ghee* (beurre clarifié). C'est tout bonnement délicieux !

Wenger's *(zoom couleur I, C6,* ***120****) : A-16 Block, Connaught Place.* ☎ *23-32-43-73. Tlj 10h30-20h.* Pâtisserie luxueuse de bonne réputation qui a fait ses premiers pas en 1926. Grande variété de viennoiseries, cookies, petits fours salés ou sucrés, tartes, gâteaux aux amandes, au miel... Le tout est vendu à la pièce et délicatement enveloppé dans une boîte en carton. Délicieux et pas cher.

Où boire un verre ? Où sortir ?

Procurez-vous absolument les mini-guides hebdomadaires : *The Delhi City* et *Delhi Diary* (voir « Infos touristiques » dans « Adresses utiles »). Ils vous fourniront pas mal de renseignements sur les endroits qui bougent, les expos et manifestations culturelles de Delhi. Sinon, un bon plan, consulter le site • wanabuzz.com • Il recense en temps et en heure tout ce qui se passe dans les différents lieux de sortie à Delhi, et chacun peut apporter ses propres commentaires. Il suffit de s'inscrire (gratuit). Sachez toutefois que rares encore sont les lieux à fermer après 1h du mat !

Bars

Barista *(zoom couleur I, C6,* ***140****) : N-16 Block, Connaught Circus.* ☎ *23-35-60-76. Tlj 8h30-0h30.* Cadre moderno-design teinté de jaune orangé, dans cet agréable et chaleureux bar, où l'on déguste les meilleurs cafés du coin : cappuccino, *caffè caramel, espresso italiano...* accompagnés de bons muffins, croissants, brownies, etc. Après tout, c'est bien agréable !

Friday's *(zoom couleur I, C6,* ***142****) : F-16 Block, Connaught Place.* ☎ *23-71-19-91. Tlj 11h-23h45 (*happy hours *en sem slt 17h-20h15).* Si vous recherchez un petit bar à l'atmosphère indienne feutrée, passez votre chemin ! Dans ce resto-pub, tout dans la déco rappelle l'Amérique, des vieux objets accrochés aux murs jusqu'aux tables évoquant la bannière étoilée. Musique pop-rock d'outre-Atlantique de rigueur, et serveurs arborant fièrement leurs casquettes... Nombreux alcools. S'y côtoient des Indiens très *middle class* et de jeunes *Yankees* en mal du pays. Fait aussi resto *(burgers, ribs...)*, mais un peu cher.

Blues *(zoom couleur I, C6,* ***140****) : N-18 Block, Connaught Circus.* ☎ *23-31-09-57. Tlj 11h-minuit (*happy hours *16h-20h).* Un bar-resto à l'ambiance pub où l'on peut picoler et grignoter en écoutant du rock bien fort. Le week-end, on pousse les tables pour guincher en fin de soirée.

Aqua *(zoom couleur I, C6,* ***143****) : à l'hôtel* The Park, *15, Parliament St.* ☎ *23-74-30-00. À deux pas de Connaught Place, juste devant Jantar Mantar ; entrée sur la gauche de l'hôtel. Tlj 12h-1h.* Voici LE bar branché où se retrouve la jeunesse dorée de Delhi. C'est un endroit en plein air, au bord d'une jolie piscine, avec un bar bien sûr, des transats et de petits salons intimes en toile pour se laisser aller au romantisme. Une boule à facettes au-dessus de l'eau et un DJ achèvent d'électriser l'ambiance qui, l'alcool aidant, est particulièrement déchaînée. Consommations chères.

Bar 1911 *(zoom couleur I, C7,* ***50****) : à l'*Imperial Hotel, *Janpath.* ☎ *23-34-12-34.* Au cœur de ce sublime hôtel, le *Bar 1911* vous plonge, le temps d'un verre, dans une atmosphère coloniale feutrée très british, façon pub revisité à la mode orientale chicos. Petits salons confortables et, partout sur les murs, de vieilles gravures et médailles d'*imperator,* où sont mis en avant les faits d'armes de « messieurs les Anglais ». Si vos moyens vous le permettent, c'est un lieu à ne pas rater, largement fréquenté par touristes et Indiens aisés.

Nudeli *(plan couleur d'ensemble) : M-40, Greater Kailash II, Main Market.* ☎ *40-43-77-73 ou 72. Bar tlj 12h-23h30.* Dans le marché-centre commercial d'une enclave résidentielle, superbe bar lounge au rez-de-chaussée (salle de resto à l'étage, mais vraiment trop cher !). Lumière tamisée, déco high-tech de plastique et de métal, bonne sono, voilà un endroit que les jeunes Indiens branchés et les expats apprécient en soirée pour siroter un cocktail (min 300 Rps quand même).

Salles de spectacles

■ ***Cinémas :*** on compte 4 cinémas sur Connaught Place, où sont projetés les derniers succès de Bollywood : l'*Odeon* (D Block), le *Plaza* (H Block), le *Regal* (Regal Building) et, enfin, le *Rivoli* (sur Kharak Singh Marg). Pas si bon marché que ça pour le pays. Sinon, le service culturel de l'ambassade de France et l'Alliance française projettent également quelques films français (voir « Divers » dans « Adresses utiles »).

Danses traditionnelles : au ***Parsi Anjuman Hall*** *(plan couleur I, E5, **145**), sur Bahadurshah Zafar Marg (face à la station-service HP), près de Delhi Gate.* ☎ *26-23-46-89 ou 23-23-12-28. Spectacles tlj, depuis près de 30 ans, à 18h45. Compter 200 Rps/pers.* Au programme : pendant 1h, on assiste à 7 représentations de danses populaires issues de certaines régions du nord et du sud de l'Inde. Prévoir un répulsif antimoustiques en période de mousson.

– D'autres spectacles (concerts, danses, etc.) à l'*India Habitat Center (plan couleur II, I10, **23**)*, à l'Alliance française et au service culturel de l'ambassade de France (voir « Divers » dans « Adresses utiles »).

Discothèques

Principalement dans quelques grands hôtels. Ouvertes en général tous les soirs jusqu'à 2h, mais ne bougent vraiment qu'en fin de semaine, alors que la jeunesse dorée de Delhi s'y donne rendez-vous. Sachez quand même que beaucoup de boîtes n'acceptent que les couples et qu'elles facturent le droit d'entrée en centaines (voire en milliers !) de roupies. Bon, cela peut être aussi gratuit et il y a quand même régulièrement des *ladies nights*. Les débraillés resteront à la porte...

Vous pouvez essayer ***My Kind of Place,*** au *Taj Palace Hotel (plan couleur II, G9, **107**)*, ou encore la boîte de l'hôtel ***Maurya Sheraton*** *(plan couleur II, G9, **109**)*, toutes deux sur Sardar Patel Marg. Enfin, le ***Djinn's*** *(hors plan couleur II par I10, **144**)*, discothèque du *Hyatt Regency Hotel*, à l'angle de Ring Rd et d'Africa Avenue, disposant d'une belle piste de danse, de musique live des 4 coins du monde et de bons effets de lumière.

À voir

Attention, de nombreux sites sont fermés le lundi.

Old Delhi *(zoom couleur II)*

Accessible par le métro (ligne n° 2) : stations *Chawri Bazar* (au sud) ou *Chandni Chowk* (au nord). Le contraste avec New Delhi est frappant et la séparation entre les deux villes très nette. Ici, on est vraiment en Inde. Foule compacte, rues étroites et tumultueuses... Si Delhi est votre première étape, vous vous y sentirez peut-être un peu oppressé. Mais, peu à peu, vous apprécierez cette ambiance de souk avec ses bousculades, ses bruits et ses odeurs. Bref, la rue indienne est toujours animée. Connu auparavant sous le nom de ***Shahjahanabad*** (construite par l'empereur moghol Shah Jahan), Old Delhi, le musée vivant de la culture indienne, regorge de millions d'habitants qui vivent dans des venelles minuscules et tortueuses. De nombreuses familles habitent traditionnellement les *haravelis* du vieux Delhi et se refusent à déménager, même pour des habitations plus luxueuses. Les maisons suivent toutes la même architecture indienne : une cour immense entourée de grandes pièces et de terrasses à différents niveaux. On trouve dans la plupart des cours des plantes *tulsi* vénérées religieusement. Les habitants du vieux Delhi racontent que le labyrinthe de rues est spécialement conçu pour arrêter les ennemis ou les bandes de *dacoit* (bandits de grands chemins)... Le quartier est aussi réputé pour sa cuisine.

LE SHAH ET LE CHAAT

Shah Jahan construisit un canal – aujourd'hui recouvert – sur Chandni Chowk, l'une des artères principales de Old Delhi, paradis des moustiques en ces temps de propreté douteuse... Pour parer à ces vampires, ordre fut donné de multiplier les petits vendeurs de chaat *(délicieuse mixture épicée à base de pommes de terre)...*

Le Fort Rouge *(Red Fort ; plan couleur I, E3 et zoom couleur II, E3-4) : entrée par Lahore Gate, à l'extrémité est de l'av. Chandni Chowk. Ⓜ Chandni Chowk (ligne n° 2). Tlj sf lun du lever au coucher du soleil. Attention, fermé les 2 ou 3 j. précédant la fête de l'Indépendance (15 août) et celle du Republic Day (26 janv), pour préparatifs. Entrée : 150 Rps ; gratuit jusqu'à 15 ans ; 25 Rps pour les camés-copes et gratuit pour les appareils photo. Possibilité de visite avec un guide (100 Rps par groupe).*

La *Qila* est une énorme forteresse construite en pierre rouge, une couleur qui la rend particulièrement impressionnante. L'empereur moghol Shah Jahan la fit construire vers 1640. Son fils Aurangzeb, qui l'emprisonna à Agra, s'empressa de rajouter la chicane de la porte de Lahore pour cacher la vue du palais aux habitants de la ville. Le luxe des salles et la décoration suggèrent qu'on ne devait pas s'y ennuyer... Les bâtiments qui subsistent témoignent avec force de la puissance et de la décadence de la dynastie des empereurs moghols.

La révolte des Cipayes explosa le 10 mai 1857 à Meerut (environ 60 km de Delhi), à la suite d'une maladresse britannique : l'incident des cartouches graissées avec du suif de bœuf ou de la graisse de porc démontrait à l'évidence le manque de considération avec lequel les Anglais tenaient les habitudes religieuses des hindous et des musulmans. Trois bataillons de Cipayes prirent part à la révolte. Tous les officiers britanniques de la garnison furent exécutés, ainsi que leurs familles, et Delhi fut prise en une journée. Le Pendjab, fidèle et loyal aux Anglais, leur permit de redresser la situation et de s'emparer à nouveau du Fort Rouge, alors véritable verrou de la ville...

– À l'intérieur, on passe d'abord le ***Chatta Chowk,*** longue galerie commerciale couverte.

– Au fond de la deuxième cour, à gauche, on trouve le ***Swatantrata Sangram Sangrahalaya,*** entendez le musée des Combattants de l'indépendance. La résistance indienne face à la mainmise anglaise (1857-1947) y est illustrée à travers peintures, gravures, dessins, photos et reconstitutions très suggestives. D'abord un panorama des différents leaders des révoltes aux quatre coins du pays, pour enfin être accueilli par Gandhi au 1er étage.

– Après l'autre porte de grès rouge sous laquelle se trouve l'*Indian War Museum* (sans intérêt), s'élève le ***Diwan-i-Am.*** C'était le hall des consultations publiques, superbe édifice en grès rouge à colonnades, avec de belles arcades. Essayez d'apercevoir le remarquable travail d'incrustation de pierres précieuses dans le marbre du dais, au fond (Orphée jouant de la flûte).

– À l'extrémité est du Fort Rouge, voici trois superbes édifices blancs en grande partie dépouillés de leurs richesses (toutes les pierres précieuses incrustées ont été volées), mais qui conservent une certaine grandeur : le ***Rang Mahal,*** pavillon à colonnes avec un beau bassin central en marbre sculpté ; plus à gauche, le ***Khas Mahal,*** ancien appartement de l'empereur (notez sur le côté gauche la balance de la justice, influence occidentale) et surtout, plus à gauche encore, le ***Diwan-i-***

Khas, le hall des audiences privées. Remarquez les piliers carrés et les quatre élégantes tourelles d'angle et imaginez les dorures de l'époque, les incrustations, et les jeux d'eau qui reliaient les trois édifices. On regretterait presque cette période...
– Dans leur prolongement, à gauche, jetez un œil à la mosquée de la Perle, ***Moti Masjid,*** aux trois dômes, tout en marbre blanc, édifiée par Aurangzeb en 1699. Très fine architecture. En face, l'*ancien hammam.* Ces deux édifices s'ouvrent sur un beau ***jardin*** à la moghole, dont on peut deviner les splendeurs d'antan avec ses canaux aujourd'hui asséchés qui drainaient les jets des fontaines et appliquaient une fine pellicule humide sur les myriades de fleurs... Mais plus de la moitié des jardins est maintenant occupée par de tristes bâtiments militaires, ajoutés par les Anglais à l'époque coloniale. Heureusement la majesté des banians, des *neems* et des arbres Ashoka revalorise l'herbe impériale et pelée sur laquelle le personnel n'hésite pas à jouer au cricket quand la lumière du jour décline en hiver. Tout au fond, à droite côté fleuve, s'élève le ***Shah Burj,*** tour impériale en marbre, d'où l'empereur suivait les combats d'éléphants se déroulant au pied des remparts. De cette tourelle également, les empereurs moghols, même malades, saluaient chaque matin le soleil tout en recevant les salutations de leurs sujets massés entre la Yamuna et le Fort Rouge. La tradition s'est poursuivie jusqu'en 1911 par Leurs Majestés le roi George V et la reine Mary...

|●| Juste à côté du Shah Burj, un petit ***salon de thé*** accueillant. Quelques sandwichs et *samosas* à la carte, pas plus, mais impeccable pour calmer les petites faims intempestives en profitant du cadre agréable.

– À l'opposé du Shah Burj, dans l'autre coin du fort, côté fleuve, petit ***Musée archéologique*** (en fait plutôt ethnographique). À l'époque fastueuse, les princesses y avaient installé leurs appartements avant que le pavillon ne devienne une prison militaire après les événements de 1857. Miniatures et documents manuscrits des XVe et XVIe s, astrolabes, armes, porcelaines de Chine, tissus, détails sur les dynasties mogholes, etc.
– Magnifique ***son et lumière*** en anglais (durée : 1h) qui retrace l'histoire de Delhi, de la construction du fort à l'indépendance. *Horaires variables selon saison : fév-avr, séances 20h30 et 21h30 ; mai-août, 21h et 22h ; sept-oct, 20h30 et 21h30 ; nov-janv, 19h30 et 20h30. Pour avoir confirmation des horaires : ☎ 23-28-18-02 ou 23-27-45-80. Tarifs : 50 Rps ; réduc pour les moins de 10 ans.* En période de mousson, prévoir de la lotion antimoustiques. Pas de séances par temps de pluie, bien sûr.

Chandni Chowk *(zoom couleur II, D3) :* Ⓜ *Chandni Chowk (ligne n° 2).* Un immense bazar rempli de magasins divers. Ambiance assurée. Le *Silver Market,* situé entre Chandni Chowk et la Jama Masjid, est spécialisé dans le travail de l'argent, comme son nom l'indique. On y piétine un peu ; avec ses invraisemblables embouteillages de rickshaws ou de charrettes, c'est resté la plus importante artère commerciale du vieux Delhi. Tout au bout de Chandni Chowk, ***Fatehpuri Masjid*** *(zoom couleur II, C3),* une mosquée du XVIIIe s.
Quelques boutiques datant de l'empereur Shah Jahan continuent leurs affaires, entourées par les nouveaux commerces. Le plus gros marché asiatique pour ce qui est des vêtements et des appareils électriques. Les quartiers ont chacun leur spécialité : *Kari Baoli* (après la mosquée Fatehpuri) pour les épices et les fruits secs, *Naya Bazaar* (derrière Church Mission Marg) pour les graines ou encore *Nai Sadak* (grande rue à gauche, au milieu de Chandni Chowk) pour les livres. À l'approche des festivals comme Dussehra (victoire de Rāma sur le démon Rāvana), Diwali (fête de la lumière) ou Aïd el-Fitr (fin du ramadan), toute la vieille ville change d'apparence, les pavés sont inondés de chalands prêts à tout acheter, les rues sont coiffées de décorations lumineuses. Une véritable fête pour tous les sens !

Jaïn Digambara Temple et Birds Charitable Hospital *(zoom couleur II, E3,* ***160****) : juste au début de Chandni Chowk, en face du Fort Rouge.* Ⓜ *Chandni Chowk (ligne n° 2). Temple jaïn accessible au public en général tôt le mat et en fin d'ap-m.*

Se déchausser. Entrée gratuite, mais les boîtes magiques de donation sont à votre entière discrétion. Religion méconnue, le jaïnisme met en avant des principes qui peuvent faire parfois sourire, comme celui de protéger tout être vivant. Vous pouvez découvrir davantage cette religion à travers cet hôpital pour oiseaux financé par les jaïns et les donations *(tlj 8h-20h ; ☎ 30-90-92-16)*. Le vétérinaire est prêt à répondre à toutes vos questions.

🎬🎬 ***Gurudwara Sis Ganj*** *(zoom couleur II, D3,* ***52****)* ***:*** *au milieu de Chandni Chowk.* Ⓜ *Chandni Chowk (ligne n° 2). Passer au bureau d'info, tlj 8h-19h, à gauche de l'entrée principale du temple, sous la galerie. Un guide se fera un plaisir de vous faire visiter gratuitement ts les bâtiments, à condition que vous enleviez vos chaussures, que vous vous couvriez la tête pour entrer dans le temple (matériel fourni) et que vous laissiez vos cigarettes au bureau d'information (on vous conseille d'ailleurs d'y laisser également vos chaussures).*

Vous ne pouvez pas louper cet impressionnant complexe religieux de couleur rouge, aux dômes luisants, en constante activité et qui représente l'endroit de Delhi le plus révéré par la communauté sikh. Documents très intéressants sur le sikhisme, traduits en français.

Un peu d'histoire d'abord. Au XVIIe s, l'empereur Aurangzeb décide de convertir les brahmanes du Cachemire à l'islam ; les rois rajpoutes étant incapables de les aider, les 5 000 brahmanes se tournent alors vers le *guru* Tegh Bahadur pour trouver une protection. Le *guru* se rend alors auprès d'Aurangzeb et lui affirme que si Aurangzeb réussit à le convertir, alors les autres hindous le suivront. L'empereur n'y parvient pas et décapite le *guru*, dont le tronc témoin est incinéré en secret puis vénéré dans ce temple, la tête entreposée au Pendjab et le corps près du Parlement à Delhi.

Hormis le côté historique, le plus impressionnant reste l'activité intense et tourbillonnante de l'endroit. En effet, le temple n'est qu'une partie de ce que peut faire cette communauté très riche ; ajoutez-y d'énormes cuisines avec l'immense *Langor Hall* où mangent quotidiennement environ 30 000 personnes de tous horizons ; environ 150 chambres et dortoirs ouverts à tous (voir « Où dormir ? À Old Delhi »). Rajoutez encore un parking, un dispensaire, une bibliothèque, un musée... Une formidable organisation, qui tourne avec plus de 1 000 volontaires par jour... Impressionnant de voir de riches sikhs cirer les chaussures de chacun : cette religion monothéiste vénère l'égalité et refuse le système des castes (voir la rubrique « Religions et croyances » dans « Hommes, culture et environnement » au début du guide).

🎬🎬🎬 ***Jama Masjid*** *(Grande Mosquée ; zoom couleur II, D4)* ***:*** *au sud de Old Delhi.* Ⓜ *Chawri Bazar (ligne n° 2). Tlj 8h30 (7h en été)-12h15, 13h45-30 mn avant le coucher du soleil. À l'entrée, on tentera certainement de vous extirper quelques roupies pour surveiller vos chaussures (vous pouvez les prendre à la main) ou vous prêter un voile. Entrée gratuite ; 150 Rps pour les appareils photo ; caméscopes interdits.*

Édifiée en 1650 en plein cœur du vieux Delhi, sur une éminence rocheuse appelée Juajapahar, non loin du Fort Rouge, cette magnifique mosquée, la plus grande de l'Inde (autour de 25 000 fidèles), se compose d'une vaste cour entourée de galeries bruissant de pigeons chahuteurs. Sa sobriété musulmane décevra les amateurs de temples hindous, mais il en faut pour tous les goûts ! Au-dessus de la salle de prière, trois dômes de marbre blanc strié de noir tranchent sur le grès rouge du reste de l'édifice. L'imam se positionne au milieu du dôme central. L'appel à la prière se fait avec des haut-parleurs alors que, autrefois, l'imam s'époumonait du sommet du minaret tout en étant relayé par d'autres imams sur des piédestaux. Ainsi la foule des hommes massés dans la cour et des femmes installées sous les portiques entre les portes pouvait entendre la prière. De la porte est (beaucoup plus massive que les autres), par laquelle entrait la famille royale, courait un canal jusqu'au Fort Rouge ; il est maintenant partiellement recouvert et pris d'assaut par les petits vendeurs.

Plus intéressant encore, un souterrain reliait Jama Masjid au Fort Rouge, toujours sur le flanc est, pour permettre aux femmes de la famille royale de rejoindre la mosquée en respectant la tradition du *purdah* : elles devaient rester invisibles aux autres

hommes. Un escalier de marbre les conduisait jusqu'au balcon que vous pouvez apercevoir au centre de la porte royale. Un bassin rafraîchit les musulmans venus ici pour prier ou tout simplement se reposer dans une ambiance rassérénante.
On peut monter sur le *minaret sud,* d'où l'on a une vue fabuleuse sur Old Delhi et le Fort Rouge *(accès : 20 Rps).*

New Delhi

🏛🏛🏛 ◎ ***Qutb Minar*** *(plan couleur d'ensemble)* ***:*** *situé à 15 km au sud de Delhi. De Connaught Place, prendre le bus n° 505 à Super Bazar (zoom couleur I, C6) ou sur Kasturba Gandhi Marg (arrêt devant Scindia House). Sinon, rickshaw (60-70 Rps depuis Connaught Place). Ouv du lever au coucher du soleil. Entrée : 250 Rps ; gratuit jusqu'à 15 ans ; 25 Rps pour les caméras et gratuit pour les appareils photo.* Haut de 72 m pour un diamètre de 14 m à la base et 2,50 m au sommet, ce fantastique monument fut édifié par les musulmans en 1199 comme une tour de victoire qui devait également servir de minaret à la mosquée adjacente *Quwwat-ul-Islam* (« de la Puissance de l'islam »), la plus ancienne qui ait subsisté en Inde. Par sa conception, Qutb Minar doit tout à l'architecture musulmane (il rappelle les constructions afghanes de même type), mais ce sont des mains hindoues, rompues depuis des siècles au travail de la pierre, qui accomplirent la tâche. Sur chacun des trois premiers étages, bâtis en grès rouge et cannelés, sont reproduites des sourates du Coran dans des bandeaux d'arabesques fleuries magnifiquement ciselées dans la pierre. Les deux étages suivants ont été construits en marbre avec des anneaux de grès rouge. Il n'est plus possible de monter en haut de ce minaret depuis qu'une bousculade dans l'escalier fit 40 morts en 1981 ! Enfin, aux dernières nouvelles, il serait question de le rouvrir. À suivre... Tout à côté, un sultan tenta de faire mieux en entreprenant la construction d'un minaret qui devait monter deux fois plus haut que celui-ci. Ce projet mégalomane dut être abandonné au 1er étage, et il n'en reste aujourd'hui qu'un moignon en ruine...
Au pied de Qutb Minar, en entrant dans la mosquée en ruine, on est saisi par la beauté des colonnes magnifiquement burinées qui entourent la cour, dominée par un splendide portail, rappelant par son ogive les monuments seldjoukides de Perse et de Turquie. Ce portail est décoré d'inscriptions, d'arabesques et de panneaux à thèmes géométriques d'une grande délicatesse, avec emploi de marbres veinés blanc et noir et de schiste bleu.
Dans la cour de la mosquée se dresse une colonne en fer d'environ 7 m de haut pour plus de 6 t. C'est que, dès le Ve s de notre ère, les Hindous étaient également capables de forger du fer pur – à plus de 99,5 %, excusez du peu –, exploit que la technologie occidentale n'est parvenue à réitérer qu'au XIXe s ! Chose étonnante : cette colonne ne porte aucune trace de rouille, malgré son grand âge. On dit qu'en se tenant dos à celle-ci, si vos mains arrivaient à se toucher, vos vœux se réaliseraient. Malheureusement, pour éviter cela, une barrière a été installée autour de la colonne.
Ce site archéologique est planté dans un petit parc au gazon bien tondu, qu'il est aussi agréable d'arpenter en plein milieu de la cacophonie urbaine.

🏛🏛 ***Baha'i House of Worship*** *(Lotus Temple ; plan couleur d'ensemble)* ***:*** *Bahapur, près de Nehru Place. Tlj sf lun 9h30-17h30 (19h30 en été). Gratuit. Lieu de recueillement très fréquenté où le silence est de rigueur. Se déchausser avant la rampe d'accès.* Née en Perse au XIXe s, la doctrine baha'ie préconise un syncrétisme religieux qui vénère tous les prophètes des grandes religions et met en avant, entre autres, des principes de vérité, d'unité et de paix universelle. Durement persécutés par l'Iran des mollahs, ses disciples ont essaimé dans le monde entier, de l'Amérique à l'Extrême-Orient, installant finalement leur siège à Haïfa, en Israël. Comme les six autres « maisons d'adoration » baha'ies élevées de par le monde, celle de Delhi comporte neuf côtés et un dôme central figurant ensemble les 27 pétales d'une fleur de lotus. Voici le message de Baha'u'llah, une des figures emblématiques du baha'isme, en guise de réflexion : « Ce n'est point d'aimer son propre pays qu'il convient de glorifier, c'est d'aimer le monde tout entier. La Terre n'est qu'un seul pays et tous les hommes en sont les citoyens. » Comme quoi, l'idée n'est pas nouvelle...

*** ***Humayun's Tomb*** *(plan couleur II, J9) : ouv de l'aurore au crépuscule. Entrée : 250 Rps ; gratuit pour les moins de 15 ans.* À visiter de préférence en fin d'après-midi, quand le soleil couchant fait flamboyer les vieilles pierres. Érigé en 1565 sur ordre de la veuve de l'empereur moghol, le tombeau d'Humayun dérive directement des mausolées persans avec, en son centre, l'*iwan* principal (porche monumental et profond) flanqué de deux *iwan* secondaires. Mais là s'arrête la ressemblance. Les proportions sont ici gigantesques, en rapport avec l'étendue du territoire indien que les Moghols se fixaient de conquérir. Le décor, très sobre, n'est pas composé de mosaïques mais de grès rouge et marbre blanc. Enfin, mis au point suivant la technique dite « de la double coupole », le dôme approche la perfection. Par toutes ces innovations, ce tombeau servit très probablement de modèle au célébrissime Taj Mahal. Tout autour, agréable jardin avec bassins, canaux et parterres fleuris où l'on oublie vite l'enfer des embouteillages. À droite de l'entrée, un second mausolée, finement sculpté et surmonté d'un dôme central et de huit petites coupoles, abrite la dépouille d'Isa Khan (1547), un des fidèles de l'éphémère empereur Sher Shah...

* ***Nizam-ud-Din*** *(plan couleur II, J9) : accès par Lodi Rd ou Mathura Rd.* Très vieux et pittoresque quartier musulman assez fréquenté par les touristes. On y débusque un ensemble de tombeaux tout en marbre et de mosquées. Voir d'abord le *Chausath Khamba,* vaste tombeau avec colonnes de marbre, entouré de tombes très anciennes. En sortant, se diriger vers le *Dargah* de *Nizam-ud-Din Aulia.* Vous serez, bien entendu, obligé de demander votre chemin dans le dédale de ruelles, et vous risquez d'être sollicité pour faire une offrande aux divers lieux de culte musulmans... Ensuite, le *Dargah,* ensemble composé d'une mosquée et de tombeaux, présente la particularité de se trouver aujourd'hui parmi les habitations. Les cours sont encombrées de tombes, les enfants piaillent et jouent entre les stèles, le linge sèche au-dessus. Bref, un cimetière très vivant, qui nous rappelle étrangement la *Cité des Morts* au Caire, en Égypte. On ne sait d'ailleurs à quel moment enlever ses chaussures (mais on vous le rappellera, pas toujours gentiment, d'ailleurs). C'est un fouillis urbain heureux. Fusion totale du village avec le lieu saint dont on ne distingue nullement la frontière. Fontaine-lavabo de la mosquée à la riche architecture peinte de toutes les couleurs. Ne pas manquer les tombeaux situés dans des enclos entourés d'écrans de marbre, sculptures d'une finesse extraordinaire.

DELHI

* Pour ceux qui veulent se faire tous les tombeaux moghols et qui ont un petit stock de dollars à dépenser, il reste encore la ***tombe de Safdarjang*** *(plan couleur II, I10 ; ouv du lever au coucher du soleil ; entrée : 100 Rps).* C'est l'un des derniers mausolées grandioses de l'époque, qui s'inspire du Taj Mahal en accentuant à l'excès la forme bulbeuse de ses coupoles jusqu'à devenir baroques. Très beaux jardins à la moghole.
Un peu plus haut, on découvre aussi les ***jardins de Lodi*** *(Lodi Garden ; plan couleur II, I9-10),* véritable havre de paix. Ici s'élèvent des tombeaux édifiés sous les dynasties précédant l'empire moghol (particulièrement les Lodi). Jolis jardins apportant une bouffée d'air frais, et un super resto à proximité : le *Lodi Garden Restaurant* (voir « Où manger ? »).

** ***Jantar Mantar*** *(zoom couleur I, C6-7) : face à l'hôtel* The Park. Ⓜ *Rajiv Chowk (lignes n°s 2 et 3). Ouv du lever au coucher du soleil. Entrée : 100 Rps ; 25 Rps pour les caméras et gratuit pour les appareils photo.* Le maharaja de Jaipur, Jai Singh, astronome érudit, mit 7 ans à concevoir ces étranges instruments qui traduisent l'importance de l'astronomie en Inde au XVIIIe s, science qui sert encore à régler de nombreuses manifestations religieuses ou privées. Parmi ce qui peut apparaître comme des « sculptures abstraites », le *Samrat Yantra,* sorte de cadran solaire triangulaire, le *Jai Prakash,* qui indique la position du Soleil à l'équinoxe de printemps, ou encore le *Rama Yantra* qui sert à la lecture du ciel. L'occasion d'une balade sympa dans un beau jardin tout en faisant le plein de quiétude, à 10 mn à pied de Connaught Place.

Le Musée national *(National Museum ; plan couleur II, I8)* **:** *11, Janpath. ☎ 23-01-92-72. • nationalmuseumindia.gov.in • Ⓜ Patel Chowk (ligne n° 2). Tlj sf lun 10h-17h. Entrée : 300 Rps ; réduc étudiants ; appareil photo 300 Rps ! Audioguide en français (150 Rps), pratique pour se retrouver dans le dédale des salles. Et plan gratuit et explicatif du musée.*
Les collections de ce musée archéologique s'échelonnent de la préhistoire et la civilisation de l'Indus jusqu'à la fin du Moyen Âge ; autant de merveilles qui en font le plus riche musée de l'Inde, pour ne pas dire le Louvre indien ! Il se peut toutefois que certaines salles soient fermées pour restauration...
– ***Rez-de-chaussée :*** commencez par la galerie de la civilisation Harappan (salle 4) avec ses petits objets en terre cuite (plats, bols, jarres, figurines...) et remarquez au passage le squelette de l'Indus. Ensuite, beaucoup de statues de pierre ou de bronze, sans oublier bas-reliefs et linteaux (salle 5), avant d'accéder à une magnifique collection de bronze représentant le panthéon des dieux hindous (salle 9). Essayez donc de comprendre les messages communiqués par la position de leurs mains. Dans la partie consacrée après à l'art bouddhique (salle 11), vous noterez une surprenante lampe à beurre (et non à huile !), des bouddhas et un pavillon en or fin offert par l'État thaïlandais. Ensuite, multitudes de jolies peintures naïves (salle 12) illustrant la vie des monarques à partir de l'an 1000. Puis, les arts décoratifs (salles 14 et 15) sont à l'honneur avec, en vrac : temple miniature du XXe s en ivoire, éléphant en argent du XIXe s, paravent dans le même matériau mais incrusté de portraits d'empereurs moghols... Enfin, allez jeter un coup d'œil à la section consacrée aux bijoux (salle 16), gardée par une porte blindée (et deux hommes en armes !) ; elle renferme un trône orné de deux lions, des bijoux, parures...
– ***1er étage :*** voir la salle exposant les peintures d'Ajanta et, à côté, la *Maritime Heritage Gallery,* consacrée à la marine indienne depuis la nuit des temps à aujourd'hui. À présent, cap sur les toiles de l'État du Tanjore (salle 7), datant du XIXe s et reproduisant le plus souvent le dieu Krishna sur le trône (le vrai !), bien gras, dans différentes positions et le plus souvent le zizi à l'air ! Plus sérieusement, cette technique de peinture basée sur l'incrustation d'or est expliquée par quelques panneaux.
– ***2e étage :*** on visite une intéressante section anthropologique avec tissus (salle 1), costumes, parures et objets traditionnels (salle 9), avant de découvrir une foule d'instruments de musique (salle 8), notamment une belle collection de sitars et autres chouettes instruments à cordes. On parcourt ensuite la section des armes et armures (salle 10), bien mises en valeur, avant d'atteindre l'étonnante galerie d'art précolombien (salle 2) et occidental, où l'on admire notamment une jolie collection de statues chrétiennes de Goa, datant des XVIIIe et XIXe s, et même une figurine venue de France au XVe s.

National Gallery of Modern Art *(plan couleur II, J8)* **:** *Jaipur House, India Gate. ☎ 23-38-28-35. • ngmaindia.gov.in • Tlj sf lun 10h-17h. Entrée : 150 Rps ; caméras et appareils photo interdits.* Installé dans l'ancien palais du maharaja de Jaipur construit dans les années 1930, voici l'un de nos musées préférés à Delhi. On est en premier lieu accueilli par de belles sculptures contemporaines dans le jardin attenant à la résidence. À l'intérieur du musée, au 1er étage, tout d'abord de beaux tableaux de la fameuse école rajpoute du XVIIIe s. Ensuite, une salle est entièrement consacrée à l'œuvre d'Amrita Sher-Gil (1913-1941), l'une des plus grandes artistes peintres du sous-continent. Après un passage remarqué aux Beaux-Arts à Paris, empreinte du romantisme et des couleurs d'un Gauguin, elle rentre au pays pour y peindre, sans sentimentalisme facile et avec la rigueur et l'organisation formelle de son maître Cézanne, le modeste tableau de la vie quotidienne... *L'Inde de ses rêves.* Également exposés : des peintures et pastels du célèbre prix Nobel de littérature, Rabindranath Tagore (1861-1941). Quelques œuvres également de Jamini Roy

(1887-1972) qui développa le *Patua style*, caractéristique de la région du Bengale. Un nouveau bâtiment doit exposer la plupart des œuvres des réserves.

Rashtrapati Bhavan *(President's House ; plan couleur II, H8)* **:** c'est le Delhi monumental. Sous le dôme qui couronne le vaste palais bâti en 1929 par les Anglais, les présidents de la République ont remplacé les vice-rois des Indes. Dans *Cette nuit la liberté*, Lapierre et Collins nous révèlent que les serviteurs avaient l'habitude d'arpenter les sous-sols à vélo. Absolument gigantesque, mais la visite reste néanmoins décevante, l'intérieur étant d'une tristesse affligeante. Le bâtiment ne se visite qu'en février, lors de l'exposition des roses cultivées dans le jardin.

Au bout de cette espèce de cité impériale, la **Gate of India** *(plan couleur II, I8)* fait un peu figure d'Arc de Triomphe sur ces Champs-Élysées à l'indienne...

Le Parlement *(Parliament Houses ; plan couleur II, H8)* **:** énorme bâtisse circulaire de 171 m de diamètre, entourée de 144 colonnes. Il fut inauguré par Lord Irwin, vice-roi des Indes, en 1927. À voir seulement de loin.

Crafts Museum *(musée de l'Artisanat ; plan couleur II, J8)* **:** *Bhairon Rd, Pragati Maidan. ☎ 23-37-16-41. Tlj sf lun 10h-17h. Gratuit.* D'abord, un coup d'œil aux jolies statues de terre cuite à l'entrée du site. Ce musée est le Conservatoire des arts traditionnels indiens. À découvrir, diverses collections de bijoux, textiles, peintures, sculptures, objets de culte, papier mâché, masques, poupées et marionnettes, etc., certaines anciennes, d'autres plus récentes ; pour faire la preuve que créativité et talent font partie intégrante de l'Inde d'aujourd'hui. À l'entrée du musée, dans la pièce de droite, notez ces superbes statues en bois du Karnataka (XVIIIe s). Dans la deuxième pièce, à droite, jolie collection de masques (XVIIIe s), de marionnettes et de jouets du XIXe s, colorés à souhait. Ensuite, en sortant, sur la droite, voici la reconstitution d'une chambre de mariée du Bihar, qui vaut bien celle d'un palace ! Puis, dans la cour intérieure, très beau char religieux, avant de gagner la salle des objets de culte où trône cette balancelle dorée hindola de la secte Vaishnava avec miniatures de Vishnou (XIXe s) et ses réincarnations. Tout autour, également de nombreux objets rituels en bronze et bois, comme ce magnifique lion, présenté « la biroute en bandoulière ! ». À quelques pas, remis de nos émotions, voici la galerie des textiles, puis quelques beaux restes d'une magnifique *haveli* du XVIIIe s récupérés dans le nord du Gujarat. Également un superbe balcon du palais de Radhanpur et des parures d'éléphant. Enfin, au 1er étage, beaux textiles de toute l'Inde et métiers à tisser. Sur le site du musée, on a aussi construit une quinzaine de demeures traditionnelles *(Village Complex)* rappelant les diverses architectures du pays. La plupart d'entre elles sont étonnantes, quoique pas très bien mises en valeur. Enfin, d'octobre à juin *(tlj, même lun)*, un *centre d'artisanat* regroupe une cinquantaine d'artisans venus de tous les États de l'Inde démontrer, l'espace d'un mois, leur talent de créateurs. L'occasion de vous initier, selon le programme, aux techniques du tissage, à la peinture sur bois, etc. Très intéressant.

DELHI

Le Delhi de Gandhi

Pour les admirateurs de Gandhi, trois lieux méritent une petite visite, mais attention à la confusion des lieux car le quartier est entièrement consacré au grand homme et les bâtiments portant son nom pullulent dans le coin !

Gandhi Smriti Museum *(Birla House ; plan couleur II, I9,* **161***)* **:** *5, Tees January Rd. ☎ 23-01-28-43. Tlj sf lun 10h-17h. Gratuit.* C'est dans cette résidence, entourée d'un petit jardin, que le Mahatma vécut ses 144 derniers jours, avant d'être assassiné le 30 janvier 1948 par un fanatique hindou. Photos et coupures de journaux retracent sa vie, ainsi que quelques objets lui ayant appartenu (natte, rouet...). Derrière la maison, les Indiens viennent en nombre s'incliner devant la stèle indiquant l'endroit exact où il a été frappé à mort. A surtout une valeur symbolique, car le musée en lui-même n'est pas passionnant.

Gandhi Museum *(plan couleur I, F5,* ***162****) :* ☎ *23-31-01-68.* • *gandhimuseum. org* • *Attention, ne pas confondre avec le* Gandhi Memorial Museum *qui se trouve à droite du Raj Ghât et qui est sans intérêt ; le bon se situe en face du Raj Ghât ! Tlj sf lun 9h30-17h30. Gratuit.* À l'entrée du bâtiment, deux inscriptions, « *Truth is God* » et « *Violence is Suicide* », nous rappellent son message. Face à la petite librairie dans l'entrée, une pièce accueille des expos temporaires sur la vie de Gandhi. Toujours au rez-de-chaussée : galerie de tableaux, bibliothèque centrée sur l'homme et sa pensée politique. Monter à l'étage. Tout de suite à gauche, une collection de rouets et de métiers à tisser. Rappelons que Gandhi incita son peuple à produire lui-même sa propre étoffe afin de ne plus dépendre des Anglais (il fit même brûler les vêtements d'origine anglaise dans tout le pays !). Dans la salle principale, pas mal de souvenirs et d'objets personnels parfois rigolos tels qu'un moulage de mâchoire portant ses deux dernières dents, ses sandales, plein de photos d'époque, etc. Au fond, à droite, sont exposés son *dhoti* ensanglanté et l'une des balles qui transperça son corps ainsi que les urnes qui ont contenu ses cendres avant leur dispersion dans l'eau. Sinon, pour vous remettre dans le bain, vous pouvez décrocher l'un des téléphones placés dans le hall du 1er étage et écouter la voix de Gandhi grâce à des enregistrements d'époque.

Raj Ghât *(plan couleur I, F5) : en face du* Gandhi National Museum, *en bordure de la rivière Yamuna. Ouv du lever au coucher du soleil. Gratuit.* C'est ici que fut incinéré le Mahatma, le 31 janvier 1948. Le monument commémoratif en lui-même est sans intérêt (plaque de marbre noir), pourtant, les Indiens défilent sans discontinuer afin de rendre hommage au Père de la Nation. Atmosphère de recueillement particulièrement touchant à la tombée de la nuit.

À voir encore si vous avez le temps

Nehru Memorial Museum *(plan couleur II, H9) : Teen Murti House.* ☎ *23-01-67-34. Tlj sf lun 9h30-17h30. Gratuit.* Ancienne résidence du Premier ministre après l'indépendance. Impressionnante exposition de photographies d'époque, coupures de journaux, objets personnels et présents offerts dans l'exercice de ses fonctions. Notez un exemplaire d'un bouquin de Sartre en anglais et le bureau « où il avait l'habitude de travailler très tard », dixit le panonceau ! Derrière la résidence, trois flammes continuent de brûler dans le parc à la mémoire du Pandit Nehru, de sa fille Indira Gandhi et de son petit-fils Rajiv. Planétarium à l'entrée de la résidence sur la droite (sans grand intérêt).

Indira Gandhi Memorial *(plan couleur II, H9) : 1, Safdarjang Rd. Tlj sf lun 9h30-17h. Gratuit.* La maison du Premier ministre, assassinée par des sikhs en 1984. Expo de photos sur sa vie. On peut voir son bureau de travail, sa bibliothèque et la pièce où vécut Rajiv, son fils, lui aussi assassiné dans la foulée. Plein de souvenirs du fiston avec une impressionnante vitrine où est exposé l'habit qu'il portait le jour où il fut tué, déchiqueté par une bombe. Dans le jardin, stèle en hommage à sa mère. À notre avis, ne présente d'intérêt que pour les passionnés de l'Inde politique.

Tibet House Museum *(plan couleur II, I10) : 1, Institutional Area, Lodhi Rd.* ☎ *24-61-15-15. Lun-ven 9h30-17h30. Entrée : 10 Rps.* Le Tibet a été injustement envahi par les Chinois, comme chacun sait. Ce petit musée, tenu par des réfugiés tibétains (un moine vous attend au 2e étage), possède une jolie collection d'artisanat, d'objets religieux, *thangkas* des XVIIe et XVIIIe s, bronzes, orfèvrerie, bijoux kham, etc. Également une petite librairie assez émouvante au 1er étage, avec de beaux manuscrits religieux tibétains enveloppés dans des tissus. Intéressera ceux qui veulent avoir une petite idée du Tibet. Sinon, le ticket d'entrée est déjà un très joli souvenir (c'est un mantra !). Inutile néanmoins de vous y arrêter si vous venez de Kathmandu !

Shanker's International Doll's Museum *(musée de la Poupée ; plan couleur I, E6,* ***163****) : Nehru House, Bahadur Shah Zafar Marg.* ☎ *23-31-69-70 ou 75. Tlj* *sf lun 10h-17h30. Entrée : 10 Rps.* Belle collection de poupées (près de 6 500 !) en costumes régionaux, provenant de 85 pays. Il y en a même une qui dort depuis 250 ans dans son berceau ! Cela dit, présentation un peu tristounette mais plaira aux fillettes du monde entier...

National Rail Museum *(plan couleur II, G10) : Chanakyapuri.* ☎ *26-88-18-16. Tlj sf lun 9h30-17h30 (19h30 avr-sept). Entrée : 10 Rps ; 100 Rps pour les caméras.* Établi dans un grand jardin au cœur du quartier des ambassades, cet étonnant musée en plein air ravira passionnés et enfants : locomotives de toutes sortes, gare typique reconstituée, wagon privé du maharaja, etc. Bref, toute l'histoire des chemins de fer indiens se trouve ici réunie. Balade en train miniature ou à vapeur.

National Zoological Park *(plan couleur II, J9) : tt près de Humayun's Tomb. Tlj sf ven 9h30-16h. Entrée : 50 Rps ; gratuit pour les moins de 5 ans ; 50 Rps pour les caméras, gratuit pour les appareils photo.* De construction assez récente, ce vaste parc ne présente qu'un intérêt relatif. On y trouve pour ainsi dire une faune classique du pays, en totale voie d'extinction dans son milieu naturel à cause du braconnage incessant : tigres, panthères, ours, perroquets, singes, oiseaux... En fait, à part le fameux tigre de Rewa et le déjeuner des félins entre 10h et 14h, ce parc ne vaut le détour que pour le plaisir d'une balade au calme et le spectacle des petits écoliers en uniforme qui y déferlent par centaines dès le matin.

Fêtes et manifestation importantes

– ***Telshakarat :*** *le 13 janv.* Fête de l'hiver. Les enfants allument des feux de joie et poussent la chansonnette.
– ***Republic Day :*** *le 26 janv.* Anniversaire de la proclamation de la République. Défilé militaire très coloré sur Raj Path, avec notamment le « Camel Corps » (corps d'armée à dos de chameaux) et la parade des éléphants. Et pour fermer la marche, chaque État envoie un char décoré, chevauché d'artistes et de danseurs. Vraiment sympa.
– ***Raksha Bandhan :*** *en août.* Dans les bazars du vieux Delhi, vous remarquerez les *rakhis,* ces bracelets symboliques que les jeunes filles attachent au poignet de leurs frères en témoignage d'affection.
– ***Janmashtami :*** *en sept.* Pour commémorer la naissance de Krishna. Cette fête est célébrée pendant 3 jours à *Mehrauli,* près d'un petit sanctuaire islamique, et dans un temple hindou pour illustrer l'harmonie entre les 2 communautés (offrandes et danses). Grande fête aussi dans Pahar Ganj pendant 2 jours, avec d'impressionnants défilés de chars et de fanfares.
– ***Surajkund Mela :*** *1re quinzaine de fév.* Une manifestation haute en couleur consacrée chaque année à la culture traditionnelle d'un État de l'Inde : artisanat, danses, musique, etc. Petite entrée payante. Pour y aller : bus toutes les 30 mn 10h-18h, sur Kharak Singh Marg, devant l'*Aryana Emporium (zoom couleur I, B6).* Trajet : 1h.
Ces fêtes sont les plus importantes à Delhi, mais il y en a d'autres (voir la rubrique « Fêtes et jours fériés » dans « Inde du Nord utile »).

Achats

Attention : pour un objet de plus de 100 ans, vous devrez obtenir une autorisation d'exportation. En cas de doute, adressez-vous au directeur des Antiquités, *Archeological Survey of India,* Janpath. ☎ 23-01-72-20 ou 93.

Marchés

Pahar Ganj *(zoom couleur I, B-C5) : dans Main Bazar, la rue principale du quartier des routards. Tlj sf lun, jusqu'en début de soirée.* Innombrables boutiques vendant à peu près tout l'artisanat indien. Tissus, sacs, *bindis* à se coller au milieu du front, bijoux, instruments de musique, jolies sandales de cuir, etc.

Sunday Market *(marché aux livres ; plan couleur I, E4-5)* ***:*** *dans Darya Ganj, de Delhi Gate jusqu'à l'embranchement de Jama Masjid.* Le dimanche, vous pouvez facilement déambuler dans cette rue où les trottoirs sont tapissés de petits marchands de livres et magazines, en général d'occasion, vraiment très bon marché.

Dilli Haat *(plan couleur d'ensemble)* ***:*** *au croisement de Ring Rd et Aurobindo Marg, dans le sud de New Delhi. Tlj 10h30-22h. Entrée : 15 Rps.* Boutiques d'artisanat de tous les États de l'Inde. Les stocks changent régulièrement, et les prix sont généralement négociables. L'occasion d'une balade sympa. On peut également goûter à toutes les cuisines du pays dans des stands de plein air (voir « Où manger ? »).

Tibetan Market *(zoom couleur I, C6-7)* ***:*** *sur Janpath, entre Tolstoï Marg et l'*Imperial Hotel. *Tlj 11h-20h.* Petites échoppes proposant bronzes, bijoux, statuettes et autres bricoles bon marché. Très touristique.

Sunder Nagar Market *(plan couleur II, J9)* ***:*** plusieurs magasins de bijoux et d'antiquités dans ce quartier résidentiel et huppé. Haut de gamme et donc cher, mais on peut y dénicher de beaux bijoux à prix raisonnables.

Hauz Khas Village *(hors plan couleur II par I10,* ***111****)* ***:*** surprenant, ce « village » ! Un ensemble de boutiques de souvenirs, d'artisanat, de décoration, vêtements, etc. Très belle qualité à tous les prix. Galeries de peinture et sculpture, librairie, cafétéria, glacier, restos, bref ; un fourre-tout où il fait bon flâner. Peu connu des touristes, car un peu éloigné du centre.

Khan Market *(plan couleur II, I9)* ***:*** le marché-centre commercial en vogue en ce moment, avec ses boutiques de fringues occidentales (chères au vu du niveau de vie indien, très abordables pour les Occidentaux) ou de jeunes créateurs indiens, ainsi que deux belles boutiques *Fabindia,* pour redécorer sa maison.

Galeries marchandes

Chatta Chowk *(zoom couleur II, E3)* ***:*** *à l'intérieur du Fort Rouge.* En franchissant la porte principale, vous aboutirez dans une longue galerie couverte, entre 2 rangées de boutiques proposant des miniatures peintes ou émaillées, des sculptures sur bois, des bijoux et des soieries provenant des États du Nord, du Népal et finalement de presque tout le pays. Très touristique et donc pas donné.

Palika Bazar *(zoom couleur I, C6)* ***:*** *centre commercial souterrain au sud-ouest de Connaught Place.* Populaire pour l'habillement, les articles électroniques et surtout les cassettes et CD de chansonnettes indiennes, ou les vidéos de films en hindi !

Emporiums et magasins spécialisés

À New Delhi, tous les États de l'Union indienne ont leur ***emporium*** (attention cependant à la multitude de faux emporiums prétendument approuvés par le gouvernement !). Vous pouvez y trouver des souvenirs authentiques de bonne qualité, à prix fixes et relativement modérés. Idéal pour ceux qui manquent de temps ou répugnent à marchander. Il y en a une série sur Baba Kharak Singh Marg (rue qui va de Connaught Place à la poste). En général, ouverts du lundi au samedi 10h-17h (sauf pause déjeuner 13h-14h environ).

Central Cottage Industries Emporium *(zoom couleur I, C7)* ***:*** *Jawahar Vyapar Bhawan, sur Janpath. ☎ 23-32-04-39. Tlj 10h-19h.* Une sélection d'artisanat de qualité à prix fixes (chers) en provenance de toute l'Inde : tissus, meubles, statuettes, et surtout de beaux tapis. Un bon moyen pour se faire une idée des prix et des produits que l'on peut rencontrer en Inde.

Khadi India *(zoom couleur I, C6)* ***:*** *24, Regal Building, sur Connaught*

Place. ☎ *23-36-22-31. Tlj sf dim 10h30-18h45.* C'est un emporium spécialisé dans les chemises indiennes, pyjamas et caleçons. Tissus filés et tissés à la main.

Mehra : *M1 Market, Greater Kailash Part II.* ☎ *26-41-11-94.* Cinq étages d'objets traditionnels et de meubles anciens. Pour les amateurs d'antiquités. Attention toutefois aux copies vendues à prix d'or !

Les inconditionnels de ***Benetton*** seront heureux d'apprendre que la célèbre marque italienne a ouvert plusieurs succursales à Delhi, Kolkata et Mumbai. Fabriqués en Inde, les vêtements sont moitié moins chers qu'en France. *Adresse : Shlakas P-2 Block, Connaught Place. En face du* Rivoli Cinema.

Pour les vestes en cuir, nombreuses ***boutiques*** *à Yashwant Place, Chanakyapuri* (dans le quartier des ambassades).

QUITTER DELHI

En train

*Résa, achat des billets et de l'*Indrail Pass *dans un bureau qui s'occupe uniquement des étrangers :* l'***International Tourist Bureau.*** *Situé dans New Delhi Railway Station, au 1er étage à droite (panneaux).* ☎ *23-34-68-04 ou 23-40-51-56.* • *indianrail.gov.in* • *Lun-sam 8h-14h, 14h15-20h ; dim 8h-14h.*

– ***AVERTISSEMENT :*** la gare est truffée de faux informateurs, rabatteurs d'agences privées, et même parfois de petites frappes (du genre mafieux) qui vous font croire, comme s'ils travaillaient là (souvent, fausses cartes d'employé à l'appui), que le bureau se trouve en dehors de la gare, qu'il ne fonctionne plus ou qu'il est carrément fermé. Tout cela pour vous revendre des billets avec commission et même des places dans les dortoirs des *retiring rooms* ! Ces *touts* (revendeurs à la sauvette, en anglais) ont même parfois leur photo affichée au comptoir n° 18 du rez-de-chaussée, sur la plate-forme n° 1 (là où l'on réserve sa chambre ou son lit), quand ils ont été pincés... Malheureusement, le personnel du *Tourist Bureau* ne peut rien faire, de peur de subir des représailles. Alors, ne vous laissez pas berner, mais ne jouez pas non plus les caïds au cas où vous tomberiez sur un individu mal intentionné. Toujours venir seul, sans guide, agent ou « ami » de circonstance.

Ce bureau vous permettra d'étudier vos trajets dans tout le pays et de les organiser au mieux en fonction des avantages et des inconvénients de l'*Indrail Pass,* si c'est la formule qui s'adapte le mieux à votre voyage. Le gros avantage de ce bureau réservé aux étrangers, c'est que vous pouvez profiter des *tourist quotas,* ce qui n'est pas le cas directement aux guichets. Bien plus sûr pour trouver de la place ! Venez avec votre passeport. Si vous comptez acheter des billets pour vos copains, demandez-leur une procuration (encore une fois, pour éviter les trafics de billets !). Accepte les paiements en dollars (prévoir des petites coupures car la monnaie est rendue en roupies), mais aussi en chèques de voyage et en roupies (sur présentation d'un bordereau de change ou un ticket d'ATM). Pour faire une réservation, il faut remplir une fiche intitulée « *Requisition for reservation* ». Prévoyez-en pour des trains différents au cas où il n'y aurait pas de place dans celui souhaité. Ne délivre des billets que pour les trains partant au moins 4h plus tard et jusqu'à 90 jours en avance. Arriver un peu avant l'heure d'ouverture pour éviter les queues interminables. Un conseil : pour bénéficier des *tourist quotas,* et donc être assuré d'avoir une place dans le train, il vaut mieux réserver tous ses billets à la gare de Delhi, car dans les autres gares (même les plus importantes comme celle de Mumbai), soit on ignore carrément ces quotas, soit ils se limitent aux billets achetés 24h à l'avance. Bref, profitez-en !

En règle générale, les trains partent de New Delhi Railway Station *(plan couleur I, C5 et zoom couleur I, C5)* ou Old Delhi Railway Station *(plan couleur I, C-D3 et zoom couleur II, D3).* Toutefois, quelques trains pour le Sud se prennent à Nizam-ud-Din Railway Station *(hors plan couleur II par J9),* et d'autres vers le Rajasthan de Sarai Rohilla Railway Station (pour ces deux gares, voir le *plan couleur d'ensemble*).

- **ATTENTION AUX VOLS :** selon l'ambassade de France, plus de la moitié des vols ont lieu à la gare de Delhi et dans les trains entre Delhi, Varanasi, Agra et Jaipur. Il s'agit de gangs entraînés. Évitez de voyager seul ou de vous endormir pendant le trajet, et gardez un œil sur vos bagages, que vous mettrez en sûreté en vous munissant d'une chaîne et d'un cadenas (en vente dans toutes les bonnes gares !).
- **ATTENTION** *(encore !)* **:** des lecteurs ont été trompés par des rabatteurs qui font croire aux touristes arrivant en gare que le train qu'ils veulent prendre a été annulé. En particulier pour Agra. Ils conseillent de prendre un taxi... et le tour est joué. Vous payez votre voyage 5 fois plus cher, et eux touchent leur commission. Prudence, donc, car dans 99,9 % des cas, c'est faux.

Voici quelques horaires à titre d'information, mais bien sûr, vérifiez impérativement une fois sur place :

➢ ***Pour Agra :*** env 15 trains/j. au départ de New Delhi Railway Station. Trajet : 2-3h30, selon les arrêts. Parmi ceux-ci, on conseille le plus rapide, le *Bhopal Shatabdi Express* : départ tlj à 6h15, arrivée à 8h10. Toutefois, c'est le plus cher (boissons et plateau-repas inclus dans le prix) et le plus touristique (attention aux vols de bagages). On compte aussi env 20 trains au départ de Nizam-ud-Din Railway Station, dont le plus intéressant est le*Taj Express* : départ tlj à 7h15 et arrivée à 10h15. Moins cher que le *Bhopal Shatabdi Express,* il permet de voyager « couleur locale » (attention aux vols quand même !). Sachez qu'il n'est pas facile de trouver une place dans les autres trains, généralement à destination de l'Inde du Sud.

➢ ***Pour Varanasi :*** env 6 trains/j. au départ de New Delhi Railway Station. Durée : 13-16h. Parmi ceux-ci, les 2 plus pratiques sont : le *Shivganga Express,* départ à 18h25, arrivée le lendemain mat à 7h30 ; et le *Kashi Vishwanath Express,* départ à 13h30, arrivée le lendemain mat à 6h. Les autres trains sont parfois plus rapides, mais souvent bondés, et de plus, ils arrivent généralement en pleine nuit. Également 6 trains/j. au départ de Old Delhi Railway Station.

➢ ***Pour Mumbai :*** env 4 trains/j. au départ de New Delhi Railway Station. Trajet : 16-29h. Le plus rapide et le plus pratique : *Rajdhani Express,* départ à 16h, arrivée le lendemain mat à 8h35. Également le *Golden Temple Mail,* départ à 7h25, arrivée le lendemain mat à 6h05. Sinon, un autre *Rajdhani Express* part de Nizam-ud-Din Railway Station à 16h55 pour arriver à 10h15.

➢ ***Pour Kolkata :*** env 5 trains/j. de New Delhi Railway Station pour 17-38h de voyage. Attention, il y a 2 gares d'arrivée possibles, Howrah ou Sealdah. Le plus rapide est le *Rajdhani Express* : départ à 16h45, arrivée le lendemain matin à 10h45 à Sealdah. Un autre *Rajdhani Express* part à 17h pour atteindre Howrah à 10h45. Sinon, nettement moins rapide, le *Howrah Mail* part à 7h10 pour arriver le lendemain mat à 6h20 en gare de Howrah. Enfin, encore quelques autres trains au départ de Old Delhi Railway Station.

➢ ***Pour Haridwar*** *(214 km)* ***:*** env 5 trains/j. au départ de New Delhi Railway Station pour 4h30 de trajet. Le *Shatabdi Express* siffle le départ à 6h55 pour arriver à 11h25. Également un autre *Shatabdi Express* partant à 15h25 (sf dim) et arrivant à 19h25. Sinon, les autres trains sont beaucoup moins rapides.

Dans le sens Haridwar-Delhi : 5 trains/j. Le *Ujjain-Indore Express* quitte Haridwar à 7h35, le *Dehradun Express* à 13h10, le *Jan Shatabdi Express* à 6h20 (sf dim) et à 18h10 (le plus rapide ; trajet en 4h30) et enfin le *Mussoorie Express* à 22h55. Également des bus ttes les 30 mn 4h-23h30, dont 5 *deluxe.* Durée : 6h env.

➢ ***Pour Chandigarh :*** env 6 départs/j. de New Delhi Railway Station pour 3-5h de voyage. On conseille le *Shatabdi Express,* départ à 17h15, arrivée à 20h20. Sinon, le *Morning Shatabdi Express,* partant à 7h40 pour arriver à 11h. D'autres trains, bien moins rapides, au départ de Nizam-ud-Din et Old Delhi Railway Stations.

➢ ***Pour Ahmedabad :*** depuis New Delhi Railway Station, le *Radjhani Express* est le plus rapide : départ à 19h35 (sf mar), arrivée à 10h05. Durée : 14h30. Ou l'*Ashram Express,* départ de Old Delhi Railway Station à 15h05, arrivée le lendemain mat à 8h. Durée : env 17h.

➢ ***Pour Gorakpur (frontière du Népal) :*** les trains les plus rapides partent de New Delhi Railway Station. Le *Vaishali Express* s'élance à 19h45 pour arriver le lendemain mat à 9h25 (soit 13h40 de trajet) ; et le *Gorakhdham Express* part à 19h05 pour atteindre sa destination le lendemain à 10h15 (soit 15h10 de voyage). Également d'autres trains plus lents, à partir de Old Delhi Railway Station... Une fois à Gorakpur, prendre un bus jusqu'à la frontière (2h de trajet) et Kathmandu (10h).

➢ ***Pour Jaipur :*** 5-9 trains/j., 4h20-23h. Durée : 4h30-6h. Compter 1-3 départs/j. de New Delhi Railway Station ; les plus rapides sont : le *Shatabdi Express* partant à 6h10 (sf mer) pour arriver à 10h45 ; et le *Rajdhani Express* partant à 19h35 (sf mar) pour arriver à 0h45. De Old Delhi Railway Station, 5-6 trains/j. Le plus rapide, le *Jaipur Express,* part à 4h20 pour arriver à 10h15. Éviter ceux qui partent de Sarai Rohilla Railway Station, très lents.

➢ ***Pour Ajmer :*** parmi les quelques trains qui s'y rendent, la meilleure option est certainement le *Shatabdi Express* qui part de New Delhi Railway Station à 6h10 (sf mer) pour arriver à 12h45 (soit 5h35 de voyage). Aussi un train de nuit partant à 20h50 de Sarai Rohilla Railway Station, pour atteindre Ajmer le lendemain mat à 7h50 (soit 11h de trajet).

➢ ***Pour Jodhpur :*** 2 trains de nuit à partir de Old Delhi Railway Station : le *Mandore Express,* départ à 20h50, arrivée le lendemain mat à 8h (11h10 de trajet) ; et le *Barmer Express,* départ à 17h25, arrivée le lendemain à 6h45 (13h20 de voyage). Un autre train démarre de Sarai Rohilla Railway Station, mais slt quelques j./sem.

➢ ***Pour Udaipur :*** un train de nuit, le *Udaipur City Express,* partant à 19h50 de Nizam-ud-Din Railway Station, et arrivant le lendemain mat à 8h30 (soit 12h40 de voyage).

➢ ***Pour Bikaner :*** 3 trains/j. Le *Bikaner Express* à 8h55, le *Bikaner Mail* à 21h20 et le *Bikaner Link Express* à 23h, au départ de Sarai Rohilla Railway Station. Durée : env 11h.

➢ ***Pour Jaisalmer :*** un train de nuit quotidien, le *Barmer Express,* partant à 17h25 de Old Delhi Railway Station, et arrivant le lendemain à 13h30 (soit 20h05 de voyage). Souvent en retard, et s'arrête à Jaipur en chemin.

➢ ***Pour Kota :*** au moins 8 trains/j., essentiellement à partir de New Delhi et Nizam-ud-Din Railway Stations (ligne Delhi-Mumbai). Le plus rapide, le *Rajdhani Express,* part à 16h de New Delhi Railway Station pour arriver en gare de Kota à 20h40 (soit 4h40 de voyage).

➢ ***Pour Nawalgarh et le Shekhawati :*** un train de nuit très pratique, le *Shekhawati Express,* part à 23h de Sarai Rohilla Railway Station pour atteindre Nawalgarh le lendemain mat à 6h15 (soit 7h15 de trajet). Couchettes en *Sleeper, Sleeper AC* (limite pour les filles voyageant seules) ou 1re classe AC (1 A).

En bus

Avec la progression du trafic d'année en année, le bus est devenu un véritable casse-tête ! Entre les différentes compagnies, les différentes classes, il y a pléthore de départs à différents horaires ! *Conseil* : mieux vaut réserver un billet par une agence : vous gagnerez en temps et en énergie !

🚌 ***ISBT Kashmiri Gate*** *(plan couleur I, D2) : ☎ 23-86-51-81 ou 78-42.* Ⓜ *Kashmiri Gate (lignes nos 1 et 2).* Gare routière principale, desservant les États du Pendjab, Himachal Pradesh et Jammu.

➢ ***Pour Srinagar :*** 1 seul bus/j. Trajet : 24h.

➢ ***Pour Chandigarh :*** nombreux bus 24h/24. Trajet : 6h.

➢ ***Pour Dharamsala :*** plusieurs départs 6h30-23h. Trajet : 12h. On peut aussi partir du Tibetan Camp, avec *Potala Tours,* par exemple : *34, New Tibetan Camp, Majnu Ka Tilla. ☎ 23-81-14-76.*

➢ ***Pour Manali :*** env 10 bus/j. 5h40-3h. Trajet : 15h.

➢ ***Pour Amritsar :*** bus ttes les heures 4h-23h. Trajet : 9h.

➢ ***Pour Haridwar :*** bus en moyenne ttes les 30 mn 6h-22h. Des tas d'agences de voyages, hôtels ou pensions proposent aussi des départs quotidiens de Old ou New Delhi. Énorme avantage : on passe vous prendre au pied de l'hôtel !

ISBT Sarai Kale Khan *(hors plan couleur II par J9) : sur Ring Rd (Mahatma Gandhi Rd), derrière Humayun's Tomb.* ☎ *24-35-83-43 ou 37-31.* Gare routière pour les bus en direction d'Agra et du Rajasthan.
➢ ***Pour Agra :*** bus ttes les 20 mn, 24h/24. Trajet : 4h. Le plus simple est quand même de prendre le train.
➢ ***Pour Jaipur :*** départ ttes les 20 mn, 24h/24. Trajet : 6h. Mais le plus simple est de prendre un bus à Bikaner House (voir plus loin), en plein centre. De plus, certains hôtels affrètent aussi des minibus souvent très confortables en saison touristique.
➢ ***Pour Udaipur :*** 1 bus/j., le soir. Trajet : 16h. Nous lui préférons quand même le train.
➢ ***Pour Jodhpur :*** 1 départ/j., le soir. Trajet : 15h. Lui préférer le train.
➢ ***Pour Gwalior :*** départ env ttes les heures, 6h-22h30. Trajet : env 8h.

ISBT Anand Vihar *(hors plan couleur d'ensemble) : Gazipur Rd.* ☎ *22-14-90-89.* Gare routière pour les bus en direction de l'Uttar Pradesh et du Madhya Pradesh.
➢ ***Pour Varanasi :*** slt 1 bus/j. (15h de route), mais on préfère largement le train.

Bikaner House *(plan couleur II, I8) : Pandara Rd.* ☎ *23-38-34-69.* Petite gare routière centrale et très pratique pour prendre un bus à destination de ***Jaipur.*** Départ ttes les 30 mn 6h-minuit en bus *deluxe* ou *AC.*

Bus pour Kathmandu : au départ de Pahar Ganj 2 fois/sem avec ***Asian Shina Tours*** *(2361, Chuna Mandi, face à l'hôtel* Chanakya, *Pahar Ganj ;* ☎ *23-53-59-83 ou 84 ; réduc étudiants).* Mini 32h de route.

En avion

– ***ATTENTION :*** non seulement il faut penser à reconfirmer ses vols avant le départ, mais il est également conseillé de venir environ 3h avant le décollage des vols internationaux, car la pratique du *surbooking* (plus de réservations enregistrées que de places disponibles) vous ferait prendre le risque de rester sur le carreau... Ne rigolez pas, ça arrive régulièrement ! Venir 2h avant un vol intérieur.
– ***Pour se rendre à l'aéroport :*** environ 4 bus/j. avec *Eats,* partant de *Connaught Place,* à la hauteur d'*Indian Airlines (zoom couleur I, C6,* ***8****), F Block. Petit bureau à gauche.* ☎ *23-31-65-30.* On peut même y laisser ses bagages en consigne 1 ou 2h avant le départ (payant). On peut aussi le prendre à la New Delhi Railway Station ; traverser la passerelle sur le parking derrière la gare (mais tenir compte qu'il lui arrive d'avoir jusqu'à 30 mn de retard ! il met entre 30 et 50 mn pour arriver à l'aéroport). Prévoir très large : le soir, la circulation est dense ! Liaison assurée 4h-23h30. Environ 50 Rps plus une taxe pour les très gros bagages, mais ne vous laissez pas abuser.
– *Attention,* ne comptez pas trop liquider vos roupies dans les *duty-free* de l'aéroport (qui, de plus, sont très chers). En principe, les magasins les refuseront (on paie en dollars ou en euros). En pratique, il n'est pas si difficile de se débarrasser de ses dernières roupies en échange d'un petit souvenir... Sinon, bureaux de change dans le hall des départs ouverts 24h/24. Les voyageurs en transit peuvent dormir dans les *retiring rooms* ou *dormitories* (voir « Arriver à Delhi »).

– De Delhi, vols *Indian Airlines, Jet Airways, Sahara Airlines* et *Air Deccan* pour quasiment toutes les ***destinations intérieures.*** Voir « Adresses utiles. Compagnies aériennes » pour les coordonnées de ces compagnies. Sinon, se procurer, dans les librairies, le fascicule *Excel's* qui recense l'ensemble des vols intérieurs du pays. Voici quelques indications sur les fréquences, toutes compagnies confondues, à vérifier bien sûr :
➢ ***Pour Aurangabad, Chandigarh, Kochi (Cochin), Khajuraho, Udaipur :*** 1-3 vols/j.
➢ ***Pour Jaipur :*** 7 vols/j.
➢ ***Pour Varanasi, Lucknow, Patna :*** min 3 vols/j.

➢ ***Pour Goa :*** 5 vols/j. en hiver. Pas de liaison durant la mousson : il faut alors passer en principe par Mumbai.
➢ ***Pour Ahmedabad, Hyderabad, Jammu :*** 7-9 vols/j.
➢ ***Pour Kolkata, Bangalore :*** au moins 12 vols/j.
➢ ***Pour Mumbai :*** env 40 vols/j.
➢ ***Pour Amritsar, Bhubaneshwar, Dharamsala :*** 1-2 vols/j.
➢ ***Pour Kathmandu :*** vols quotidiens assurés par *Indian Airlines* et *Royal Nepal Airlines.*

AGRA

1 200 000 hab. environ — IND. TÉL. : 0562

Pour les plans d'Agra, se reporter au cahier couleur 2.

Première destination touristique du pays avec près de 3 millions de visiteurs, ses monuments comptent parmi les plus beaux qui soient, au premier rang desquels le célébrissime *Taj Mahal,* chef-d'œuvre de l'architecture moghole devenu un peu paradoxalement l'emblème de l'Inde. Beaucoup de touristes ne viennent à Agra que pour lui, ce qui à notre avis est une erreur, car la ville possède d'autres monuments tout à fait dignes d'éloges. Agra est surtout une création des premiers empereurs moghols, qui en firent la capitale d'un empire florissant (éclipsée de temps à autre par Delhi, Fatehpur Sikri ou Lahore). C'est une ville d'espace, presque calme par rapport à d'autres d'importance comparable, bien que, là encore, l'augmentation du nombre de véhicules ait engendré les mêmes problèmes de pollution et d'embouteillages qu'ailleurs... Seul hic : le prix d'entrée du Taj Mahal, très élevé au regard des critères indiens. Ajoutez à cela le côté collant de certains guides et de tous ceux qui vivent du tourisme, et vous aurez un début d'explication à la désaffection que connaît la cité depuis quelque temps. Toutefois, il serait injuste de la bouder car, on le répète, on peut passer ici 2 journées entières sans s'ennuyer. Partez aussi à la découverte des villages de Fatehpur Sikri, Bharatpur ou encore Deeg. L'Inde simple et sans détours se niche par là.

UN PEU D'HISTOIRE

Ce sont les musulmans qui donnèrent à Agra sa grandeur, et plus précisément les empereurs moghols. Le premier d'entre eux, Babur le Conquérant, descendu de ses montagnes afghanes, arrêta sa course victorieuse sur les rives de la Yamuna en 1526 après avoir défait les sultans de Delhi. Aussitôt, il entreprit la construction de jardins à la persane, comme pour apaiser la nostalgie de son armée écrasée par l'atmosphère étouffante de la plaine du Gange. Si son fils Humayun préféra s'établir à Delhi, Akbar (1561-1605), petit-fils de Babur et troisième des Grands Moghols, guerrier insatiable et souverain puissant, choisit Agra dès le début de son règne et y fonda l'impressionnant Fort Rouge que ses successeurs, Jahangir et Shah Jahan, embellirent de somptueux palais. Akbar délaissa pourtant bientôt Agra pour Fatehpur Sikri, et c'est sous le règne du dernier des grands empereurs, Shah Jahan, que le Taj – « cette larme sur la joue du temps », de l'expression même du grand poète Rabindranath Tagore – vit le jour. Mais le temps de la splendeur était révolu, les pas des Anglais résonnaient déjà au loin et Agra allait reprendre peu à peu le rythme feutré d'une bonne grosse ville de province.

PETITS AVERTISSEMENTS

Voir aussi, dans « Inde du Nord utile. Achats », les différentes arnaques liées aux pierres précieuses... et elles sont nombreuses !

Transports

À Agra, non seulement les rickshaws ne vous lâchent pas d'une semelle, mais ils essaient presque à tous les coups de vous imposer des détours shopping, que cela vous plaise... ou non. La raison en est simple, presque tous les commerçants (mais c'est pareil pour certaines *guesthouses* et restos) commissionnent les *rickshaw-wallah* (chauffeurs de rickshaws) si ceux-ci leur amènent des clients (entre 30 et 40 % des sommes engagées leur seraient reversées, et de toute façon au moins 10 ou 20 Rps, même si vous ressortez les mains vides). Il arrive même que les chauffeurs de rickshaw proposent aux touristes une course à un prix dérisoire (5 ou 10 Rps) parce que, justement, ils comptent bien s'arrêter en chemin... Après tout, pourquoi pas, si vous n'êtes pas pressé, et prêt à résister à toutes les tentations ! Dans ces conditions, il peut être judicieux de « louer » un rickshaw à la journée (ou à la demi-journée) en se mettant bien d'accord sur le prix au préalable. En même temps, signifiez bien au chauffeur que vous ne souhaitez vous arrêter dans aucune échoppe, quelle qu'elle soit. S'il revient à la charge, menacez de le laisser tomber – sans le payer. Cela suffira souvent à l'en dissuader et en même temps, toutes équivoques balayées, c'est la meilleure manière de vous en faire un agréable compagnon. Autres avantages, cela vous évite d'avoir à renégocier à chaque déplacement et de vous faire harponner par d'autres *rickshaw-wallah*.
Idem pour les taxis *prepaid* ou à la course, bien faire préciser le tarif pour le taxi et non par personne !
Si vous arrivez à Agra en train, on vous incitera peut-être (en criant « Agra Centre » !) à descendre à la station Raja-ki-Mandi, juste avant Agra Cantonment, qui est la gare principale et la plus proche des hôtels. Restez bien assis, ce sont encore des chauffeurs de rickshaw qui cherchent à vous débarquer dans la banlieue d'Agra afin de vous charger d'une longue course. Ce phénomène s'étendrait même aux trajets en bus.
Enfin, faire bien attention en achetant vos billets à la gare d'Agra : plusieurs lecteurs se sont fait abuser par un guichetier malhonnête (et prestidigitateur). Vérifiez bien la monnaie... et le billet de train !

Nourriture

Sans vouloir vous effrayer inutilement, nous nous devons de vous signaler des pratiques qui ont fait scandale voici quelques années à Agra. Une histoire assez incroyable en fait ! Quelques restaurateurs provoquaient des empoisonnements alimentaires. Les touristes intoxiqués étaient ensuite dirigés vers certaines cliniques privées qui faisaient payer les compagnies d'assurance des patients. Le scandale fut découvert par certaines ambassades étrangères qui s'étonnèrent du nombre de malades apparus soudainement. Un seul médecin fut arrêté... et rapidement relâché. Les quelques restos en question étaient tous situés dans le quartier autour du Taj Mahal. Aujourd'hui, tout semble être revenu à la normale, ce qui n'empêche en rien la vigilance.

Comment y aller de Delhi ?

➢ Le *Taj Express* (n° 2280) part tlj de *Nizam-ud-Din Railway Station* (au sud-est de Delhi) à 7h15. Durée : 3h (200 km). Mieux vaut surveiller ses affaires (quelques vols).
➢ Le *Bhopal Shatabdi Express* (n°s 2002 et 2002 A) part tlj à 6h15 de *New Delhi Railway Station.* Nettement plus cher mais trajet en 2h. Repas (pas terrible) servi dans le train. Le gros avantage est que vous arrivez avant tout le monde pour les hôtels, mais le train est très touristique et les vols de bagages toujours possibles. Nombreux autres trains dans la journée. Descendre à la gare d'*Agra Cantonment,* la plus proche du centre (voir « Petits avertissements » ci-dessus). De là, taxis et rickshaws *prepaid* vers le centre-ville.

Voir aussi « Quitter Agra », à la fin du chapitre consacré à la ville, pour le détail de toutes les liaisons possibles en train et en bus.

Tours organisés

➢ ***À partir de Delhi :*** de nombreuses agences à Delhi (dont *ITDC* et *DTTDC,* voir « Tours organisés de Old et New Delhi » dans le chapitre précédent) proposent plusieurs fois par semaine la visite d'Agra dans la journée. Compter environ 1 000 Rps/pers (15,40 €), repas et surtout prix d'entrée des monuments non compris, en bus AC ou non. Départ entre 6h30 et 7h, retour dans la capitale vers 22h. Dans tous les cas, visite « à la japonaise » du Taj Mahal, de l'Agra Fort (le Fort Rouge) et de Sikandra. Peut néanmoins s'avérer un bon compromis si vous disposez de peu de temps.

➢ ***D'Agra :*** pour ceux qui aiment se faire prendre par la main, *UP Tourism (☎ 222-64-31)* organise une visite combinée de Fatehpur Sikri (à 38 km d'Agra), du Taj Mahal et du Fort Rouge sur une journée. Compter 1 750 Rps/pers (26,90 €). Les entrées aux sites sont comprises, mais pas les repas. Départ à 9h30 du *India Tourism Agra (plan couleur D6,* ***1****)* ou à 10h15 de la *gare du Cantonment (plan couleur B7)* et retour vers 18h, à Cantonment Station (pratique pour ceux qui prennent le *Taj Express* pour Delhi, à 18h55). Évidemment, sur le chemin du retour, le bus s'arrête pour le shopping. Ne rien acheter, les guides sont commissionnés.

Adresses utiles

Infos touristiques

Petit conseil préalable : évitez de vous adresser aux offices de tourisme pour trouver un logement. S'ils vous en proposent un bien précis, sachez qu'ils y ont, à coup sûr, un intérêt...

AGRA

🛈 ***India Tourism Agra*** *(plan couleur D6,* ***1****) : 191, The Mall. ☎ 222-63-78. • goitoagr@sancharnet.in • Lun-ven 9h-17h30 ; sam et j. fériés 9h-14h.* Assez efficace. Plan de la ville. Dispose d'une liste de boutiques et emporiums « approuvés par UP Tourism » (pour 3 ans), ce qui ne garantit pas tout mais donne une orientation. Lire également les recommandations (amusantes mais justifiées) listées sur le grand panneau de l'entrée concernant le bon usage des cartes de paiement, des rickshaws, des faux guides, etc. !

🛈 ***UP Tourism*** *(Main Branch ; plan couleur E-F7,* ***2****) : 64, Taj Rd. ☎ 222-64-31. • up-tourism.com • Tlj sf dim et j. fériés 10h-17h.* Moins bien organisé que le précédent. On peut néanmoins y acheter les billets pour le tour guidé de la ville et des environs.

🛈 ***UP Govt Tourist Information and Assistance*** *(plan couleur B7,* ***3****) : à la Cantonment Railway Station, sur le quai n° 1. ☎ 242-12-04. En principe, tlj 24h/24.* Pratique ! Comme ailleurs, un peu de doc, dont un plan de la ville. Si vous avez une plainte à adresser, ils peuvent vous accompagner à la police touristique.

Poste et télécommunications

✉ ***General Post Office*** *(GPO ; plan couleur D6) : juste en face du* India Tourism Agra, *sur le Mall. Lun-sam 10h-17h.* Poste restante. Également un guichet *Western Union (lun-sam 10h-15h).*

■ ***Téléphone :*** très nombreux petits kiosques *ISD* et *STD* en ville, ouverts en général jusque tard le soir.

@ ***Internet :*** comme pour le téléphone, on trouve des officines un peu partout en ville, notamment dans le quartier du Taj Ganj, dans la rue principale *(zoom couleur G5).* Certaines ont des bécanes plus rapides que d'autres.

Banques, change, distributeurs

■ ***Andhra Bank*** *(plan couleur D7,* ***4****) :* *Taj Rd. Dans le petit centre commercial, au 2e étage. Lun-ven 10h-14h, 14h30-16h ; sam 10h-12h.* Change les chèques de voyage et les espèces.

■ ***Bank of Baroda*** *(plan couleur D5,* ***5****) : 13, Mahatma Gandhi Rd. Lun-ven 10h30-15h.* Change espèces et chèques de voyage. ***ATM*** (acceptant *Visa* et *MasterCard*) à côté.

■ ***Bureaux de change*** *(plan couleur G6,* ***6****) : on en trouve plusieurs en face de l'hôtel* Howard Park Plaza. *En principe, tlj sf dim 9h-20h.* Change espèces et chèques de voyage.

■ ***Distributeurs d'argent :*** *pas mal de distributeurs automatiques de billets (ATM) accessibles 24h/24 un peu partout dans la ville.* Visa et MasterCard *acceptées. Par exemple, à Sadar Bazar, sur Mahatma Gandhi Rd, à 50 m du carrefour avec Taj Rd (****Canara Bank*** *; plan couleur D7,* ***7****) ; ou sur Taj Rd, à 100 m du carrefour avec Mahatma Gandhi Rd (plan couleur D7,* ***8****) ; ou encore en face de l'hôtel* Howard Park Plaza *(plan couleur G6) ; et encore un autre presque en face de la porte est du Taj Mahal (zoom couleur G-H5,* ***9****).*

■ ***Western Union*** *(transfert rapide d'argent) : à la poste principale* (GPO ; *plan couleur D6).*

Santé

■ ***Hôpitaux publics : District Hospital,*** *Chipitola (plan couleur D5).* ☎ *236-30-43 ou 31-39.* ***S.N. Hospital*** *(plan couleur D3), Hospital Rd.* ☎ *236-13-18. En principe, les consultations y sont gratuites (mais pas les médicaments). Ou encore,* ***S.R. Medical Institute & Research Centre,*** *Lauries Complex, Namner Rd (plan couleur C5-6).* ☎ *242-13-62. Consultations payantes.* Attention, on déconseille fortement le *Amit Jaggi Memorial Hospital,* un hôpital privé.

■ ***Médecin anglophone : Dr Lajpat Rai,*** *99 A, Shaheed Nagar.* ☎ *233-27-66. Reçoit généralement tlj 10h-12h, 14h-17h (il habite au-dessus).* Généraliste possédant une clinique. On n'a jamais eu à s'en plaindre.

■ ***Pharmacie*** *(plan couleur D6,* ***10****) :* ***Chacha Ji Chemist,*** *à côté du* Laurie's Hotel. *Lun-sam 8h-20h ; dim 8h-14h.*

Transports

Gares : il y a en tout 5 gares à Agra (plus 2 gares commerciales !), mais la principale est ***Agra Cantonment Railway Station*** *(plan couleur B7), au bout de Station Rd, au sud-ouest de la ville.* Dessert presque toutes les destinations. Le *Reservation Centre* se trouve à gauche du bâtiment principal de la gare *(lun-sam 8h-20h, dim 8h-14h).* Guichets n° 6 pour les infos et n° 1 pour les *foreign tourists* que nous sommes. Attention, ne vous fiez pas à ces faux employés qui vous assurent que le bureau est fermé, pour vous attirer dans des agences ! Une autre gare importante : ***Agra Fort Railway Station,*** *au pied du Fort Rouge (plan couleur E4).* Une 3e gare *(****Raja-ki-Mandi Railway Station*** *; plan couleur B-C2-3)* au nord de la ville, sans intérêt à moins de loger au *Tourist Bungalow.*

Idgah Bus Stand *(plan couleur C6) : dans le même coin que la* Cantonment Railway Station, *avt celle-ci en venant du centre.* ☎ *242-03-24.* Départs pour Delhi, Fatehpur Sikri, Alwar, Barathpur, Jaipur, Gwalior et toutes les destinations importantes du Sud. Attention : dans un avenir plus ou moins proche (difficile d'avancer une date...), les bus longues distances (Delhi, etc.) devraient partir du ***ISBT Bus Stand*** *(plan couleur A1),* situé à quelques kilomètres au nord du centre-ville. Se renseigner.

Power House Bus Stand *(plan couleur E4) : juste en face du Fort Rouge.* ☎ *246-45-57.* Départs des bus des compagnies privées, notamment pour Mathura, Tundla, Lucknow, Haridwar et Rishikesh.

■ ***Location de voitures avec chauffeur :*** *parmi les agences locales,* ***Sita***

AGRA

Travel *(plan couleur G6,* ***6****), sur Fatehabad Rd, presque face à l'hôtel* Howard Park Plaza. ☎ *329-45-94. Tlj 9h30-18h30. Sinon, à l'hôtel* Clark's Shiraz, *2 agences un peu chères mais de bonne réputation :* ***Travel Centre*** *(☎ 222-61-35 ; fax : 222-61-28) et* ***Travel Corporation of India*** *(☎ 222-65-21 ; • tcindia.com •).* Bon à savoir : la *Tourist Rest-house* (voir « Où dormir ? ») possède plusieurs véhicules et propose également ce genre de service. Sérieux. Demandez Ramesh pour qu'il vous établisse un devis, et comparez les prix avec d'autres agences.

Compagnies aériennes

■ ***Indian Airlines*** *(plan couleur F7,* ***11****) : 54, Taj Rd.* ☎ *222-68-20 ou 21. Dans l'allée qui longe l'hôtel* Clark's Shiraz, sur la droite. Lun-sam 10h-17h30.

■ ***Jet Airways*** *(plan couleur F7,* ***11****) : 54, Taj Rd. À l'hôtel* Clark's Shiraz. ☎ *222-65-27 ou 29.*

– Possibilité d'acheter des billets des compagnies *low-cost Air Deccan* et *Spice Jet* dans les agences *Travel Centre* et *Travel Corporation of India.* Voir « Transports », ci-dessus.

Loisirs

■ ***Piscines :*** quelques grands hôtels permettent aux routards de passage d'utiliser leur piscine contre un droit d'accès. Exemple, l'hôtel *Taj View (plan couleur G6,* ***12****),* qui met à disposition sa superbe piscine pour 500 Rps, ce qui n'est pas donné ! Un peu moins huppés, et à des prix plus raisonnables *(150-200 Rps),* le *Mayur Tourist Complex (plan couleur G6,* ***13*** *; de mi-avr à oct),* et l'hôtel *Amar (plan couleur F-G6,* ***29****)* vous ouvrent également leur bassin.

■ ***Cinémas :*** *Meher Cinema (plan couleur D6), sur Gwalior Rd.* Quatre séances par jour. Également l'*Anjana (plan couleur C2),* dont les salles sont climatisées.

■ ***Librairie Modern Book Depot*** *(plan couleur D7,* ***4****) : à Sadar Bazar, sur Taj Rd, au rez-de-chaussée, juste à gauche de l'*Andhra Bank. ☎ *222-56-95. Tlj sf mar 10h30-21h30.* Le gérant a déjà plus de 50 ans de service, mais n'a rien perdu de sa fraîcheur. À vrai dire, c'est la mémoire vivante d'Agra, il sait à peu près tout ce qui s'y passe. Et, en prime, une bonne collection de guides, cartes postales, beaux livres sur l'Inde dont certains en français.

AGRA

Où dormir ?

Comme beaucoup de villes indiennes, Agra se compose de deux parties : la ville ancienne, bruyante et animée, en bordure du Taj Mahal (quartier Taj Ganj ; *zoom couleur*), et le Cantonment, espèce de ville-jardin édifiée par les Anglais pour être tranquilles, au sud de la ville (quartiers de Sadar Bazar et Balu Ganj). La plupart des routards logent dans Taj Ganj (la vieille ville), où se concentrent tous les hôtels bon marché. Là, confort souvent minimum mais ambiance assurée ! Attention, beaucoup de ces hôtels commissionnent les chauffeurs de rickshaws si ceux-ci leur amènent des clients (une commission qui vous est indirectement facturée), alors, un conseil, n'entrez pas dans un hôtel avec un de ces rabatteurs ! Demandez (ou plutôt, exigez !) au chauffeur de rickshaw qu'il vous dépose en bordure de Taj Ganj, que vous explorerez à pied, à la recherche de l'hôtel de votre choix. Vous constaterez aussi qu'un certain nombre d'hôtels affichent le logo du *Guide du routard.* Cela est justifié s'ils se trouvent dans l'édition en cours, mais ne vous y fiez pas trop car certains ne sont plus dans le guide depuis belle lurette !

Les hôtels plus chic, eux, se trouvent surtout au sud de la ville, un peu éloigné du Taj Mahal, donc prendre un rickshaw (sans vous en laisser conter !) pour y aller.

Au sud de Taj Ganj et dans le Cantonment

De très bon marché à bon marché (150-600 Rps / 2,30-9,20 €)

Tourist Resthouse *(plan couleur D5-6, **20**) : près du* Meher Cinema. ☎ *246-39-61 ou 226-50-18.* • *dontworrychickencurry@hotmail.com* • Tenu par deux frères très accueillants et prodigues en infos. Ramesh, l'un des patrons, parle bien le français. Fait les résas de train, bus et avion sans commission. Les différentes catégories de chambres, disposées autour d'un agréable jardinet où il fait bon prendre le frais le soir, possèdent douche chaude (avec serviette et savon, c'est rare !), w-c et ventilation plus *air cooler* pour certaines et quelques-unes avec AC, TV et frigo. Très bon rapport qualité-prix. Une ambiance chaleureuse, cuisine végétarienne en prime (voir « Où manger ? ») et Internet (payant). Rendez-vous des routards du monde entier. Rançon du succès : souvent complet. Ne pas croire les rickshaws qui vous disent que l'endroit n'existe plus... pour vous emmener ailleurs. Peut aussi vous proposer une voiture avec chauffeur pour une virée dans le Rajasthan (demandez à Ramesh un devis avant d'aller voir les grandes agences). Dernier avantage, et non des moindres, ils peuvent même assurer la liaison en voiture avec l'aéroport de Delhi. À propos, vient aussi d'ouvrir le *Sunder Palace*, un superbe hôtel à Jaipur.

– *N.B.* : une arnaque malheureusement trop fréquente des rickshaws : tenter coûte que coûte de vous emmener dans un hôtel au nom quasi similaire, comme la *Tourist Guesthouse*. Pour éviter toute méprise, fiez-vous au routard dessiné par le patron à l'entrée de l'authentique *Tourist Resthouse*.

Hotel Hilltop *(plan couleur E6, **21**) : 21, Mall Rd.* ☎ *222-68-36.* • *hotelhilltopagra@yahoo.com* • *Entre Taj Ganj et Balu Ganj.* Une grande maison bordée d'une longue terrasse sur laquelle donnent des chambres inégales mais acceptables dans l'ensemble. À l'arrière, grand jardin calme et reposant avec pelouse, oiseaux et écureuils. Vaut plus pour le cadre que pour les chambres, mais prix correct (à condition d'arriver sans rickshaw commissionné...). Plusieurs niveaux de confort, de la chambre spartiate (étouffante en été) à celle plus confortable avec AC (prix moyens). À signaler pour les fauchés, une poignée de chambres monacales avec sanitaires communs pour une pincée de roupies. Patrons loquaces et accueil commercial. Voir impérativement plusieurs chambres avant de choisir.

Hotel Sakura *(plan couleur C6, **22**) : 49, Old Idgah Colony, Ajmer Rd, à côté de Idgah Bus Stand.* ☎ *242-01-69.* • *as hu_sakura@yahoo.com* • Très pratique si l'on arrive tard de Jaipur en bus ou si l'on s'y rend tôt le matin : les bus s'arrêtent juste devant. Chambres de bon marché à prix moyens, propres et relativement confortables, toutes avec eau chaude (matin et soir) et salles de bains nickel. Les plus chères font même preuve d'un peu de personnalité, avec quelques meubles qui changent du formica coutumier, et disposent de la TV et de l'AC. Petite terrasse à l'étage avec resto. Ramu est très sympa et vous donnera plein d'infos sur les bus, mais aussi sur les arnaques d'Agra ! D'ailleurs, n'écoutez pas les chauffeurs de rickshaw qui vous disent que cette bonne adresse n'existe plus...

Hotel Safari *(plan couleur G7, **23**) : Shaheed Nagar Shamsabad Rd.* ☎ *248-01-06.* Bâtiment sans charme dans une rue assez bruyante. Chambres toutefois propres, bien qu'un peu tristounettes, avec douche ou de vraies baignoires, eau chaude, serviettes et savon. Les plus chères sont plus spacieuses et plus lumineuses. Bon accueil et bonnes infos sur Agra. Si les adresses de Taj Ganj ne sont pas votre tasse de thé, cet hôtel peut faire l'affaire pour un bref séjour, car les prix restent raisonnables.

Retiring rooms *(plan couleur B6-7, **24**) : au 1er étage de la gare d'Agra Cantonment. Sur le quai, prendre l'escalier sur la droite après l'office de tourisme.* Chambres doubles acceptables en dépannage (surévaluées pour celles qui disposent de l'AC) et vastes dortoirs mixtes (mais très masculins) de 6-10 lits. Eau chaude et propreté suffisante. Attention, la gare est très active, donc bruyante. Autres *retiring rooms,* similaires, à la gare d'Agra Fort.

De prix moyens à un peu plus chic (600-1 000 Rps / 9,20-15,40 €)

Maya Hotel *(plan couleur G6,* ***25****) : Purani Mandi, Fatehabad Rd. ☎ 233-21-09. Pas très loin de la vieille ville et du Taj Mahal. Prix moyens.* Un petit bâtiment très légèrement en retrait de la route, proposant une grosse poignée de chambres sympathiquement arrangées, ce qui est rare par ici ! Toutes ont un sol en marbre, la TV, l'eau chaude et une salle de bains bien nette. AC dans les plus chères, au demeurant un peu plus richement décorées. Patron sympa et de bon conseil. Agréable terrasse recouverte de mosaïques et de coussins où l'on prend le petit déj. Enfin, bon resto au rez-de-chaussée (voir « Où manger ? »). Une adresse très prisée des routards israéliens.

UP Tourist Bungalow *(plan couleur C2-3,* ***26****) : Raja-ki-Mandi. ☎ 215-01-20. Fax : 215-34-72. Au nord d'Agra, à 100 m de Raja-ki-Mandi Railway Station et à 5 km du centre.* Bâtiment sans charme et peu amène, mais entourant un petit jardin bien entretenu. Plusieurs catégories de chambres, correctes, mais sans plus, de la plus ordinaire au standing supérieur avec AC. Gestion gouvernementale pas très exemplaire, pas mal de laisser-aller et accueil aléatoire. Son unique avantage : pratique si vous prenez le train de la gare voisine, très tôt le matin.

De plus chic à très chic (1 700-4 200 Rps / 26,20-64,60 €)

Hotel Atithi *(plan couleur G6,* ***28****) : Fatehabad Rd. ☎ 223-00-40. • hotelatithiagra.com • Doubles 1 900-2 500 Rps selon confort ; 20 % moins cher avr-sept.* Vive l'hôtel à Titi ! Plus sérieusement, c'est l'un des meilleurs du coin dans sa catégorie, ce qui n'est pas difficile. Situé en retrait des grandes artères, ce qui garantit un certain calme. Édifice de 4 étages, tout blanc. Accueil compétent pour une ville aussi touristique. Déco et confort standard : couloirs colorés en bleu, portes laquées noires et ascenseur. Se contenter d'une chambre *standard,* confortable, la différence de prix avec les *deluxe* ne valant pas le coup (à peine plus grandes). Piscine et un bout de jardin pas désagréable. Quelques services, dont des massages (payants).

Hotel Amar *(plan couleur F-G6,* ***29****) : Fatehabad Rd. ☎ 233-18-84. • hotelamar.com • Doubles 2 700-4 200 Rps, petit déj inclus ; prix quelque peu musclés, alors il n'est pas interdit de négocier, surtout hors saison.* Hôtel de semi-luxe pour les chambres récemment rénovées dans un style moderno-classique, et, soyons honnêtes, de quart de luxe pour les plus anciennes. Pas mal situé et assez calme pour les chambres à l'arrière. Piscine à peu près correcte.

Hyper-chic (4 400-9 600 Rps / 67,70-147,70 €)

Hotel Yamuna View *(plan couleur D6,* ***30****) : 6-B, The Mall, à 3 km du Taj Mahal. ☎ 236-12-23. • hotelyamunaviewagra.com • Doubles 4 400-6 500 Rps (67,70-100 €) ; ne pas hésiter à demander une ristourne hors saison.* Hôtel moderne et élégant offrant tout le confort nécessaire. Les *deluxe* ont été joliment rénovées tandis que les *standard* attendent patiemment leur tour. Grande piscine au sein d'un jardin bien calme. En revanche, malgré son nom, pas de vue sur la rivière Yamuna qui traverse Agra. Resto chinois de bonne facture.

Trident Hotel *(plan couleur H7, **31**) : Fatehabad Rd, à env 5 km à l'est de la ville.* ☎ *233-18-18.* • *trident-hilton.com* • *Deluxe 6 900-9 600 Rps (106,20-147,70 €) en hte saison (mi-déc à fév) ; forte ristourne (30-50 %) hors saison ou quand il n'y a pas grand monde ; ne pas hésiter à négocier.* Certainement l'établissement le plus agréable de la ville, avec son hall d'entrée design. L'hôtel s'organise sur 2 niveaux autour d'un vaste jardin soigné et d'une belle piscine. Service stylé et chambres modernes à l'excellent niveau de confort avec vue sur le jardin (les moins chères) ou sur la piscine. Très bon buffet au resto.

Dans Taj Ganj (la vieille ville), près du Taj Mahal

C'est ici qu'on trouve les adresses les moins chères. Propreté pas toujours au rendez-vous, contrairement au bruit... En revanche, ambiance routarde ; c'est ici que vous ferez le plus de rencontres.

Très bon marché (100-200 Rps / 1,50-3,10 €)

Hotel Host *(zoom couleur G5, **32**) : porte ouest du Taj.* ☎ *233-10-10.* Petit hôtel basique dont l'intérêt réside surtout dans sa terrasse, une vraie tour de guet braquée sur les toits et le Taj. Vraiment sympa le soir. La plupart des chambres, pourtant pas chères du tout, ont l'eau chaude, la TV et l'*air cooler*. Douche extérieure pour les moins chères. Éviter celles sans fenêtre. Bon accueil.

Jeter aussi un coup d'œil au ***Sai Palace*** *(zoom couleur G5, **36** ; voir plus loin)* qui propose quelques chambres très bon marché.

De bon marché à prix moyens (200-800 Rps / 3,10-12,30 €)

Sheela Hotel *(zoom couleur H5, **33**) : à 100 m de la porte est du Taj Mahal.* ☎ *329-34-37.* • *hotelsheelaagra.com* • *Le plus cher de la catégorie (min 500 Rps la double).* Un emplacement idéal à deux pas du Taj, dans un cadre verdoyant et paisible, un peu à l'écart de la route. Très sûr, il rassemble ses 4 catégories de chambres le long d'une allée plantée ou autour d'un agréable jardin. Simple ventilo et eau chaude au seau pour les moins chères. Les autres, avec *air cooler* ou AC, sont plus ou moins grandes et équipées de mobilier plus ou moins neuf. Toutes, cela dit, sont très bien tenues. Quelques quadruples avec AC, à prix très avantageux. Resto très correct en terrasse avec assez de débit pour mettre à l'abri des mauvaises surprises. Accueil aimable. Une bonne adresse, à peine plus chère que les autres mais au confort supérieur. En plus, on est au calme ! En revanche, attention aux résas qui ne sont pas toujours honorées. Si c'est complet, on vous enverra au ***Sheela Inn,*** à 10 mn à pied. Même proprio, même niveau de prestations, mêmes tarifs. On perd en proximité avec le Taj, mais on gagne une belle vue sur le mausolée depuis la terrasse fleurie.

Hotel Kamal *(zoom couleur G5, **34**) : à 100 m de la porte sud du Taj Mahal.* ☎ *233-01-26.* • *hotelkamal@hotmail.com* • Petit immeuble bien tenu dans l'ensemble. Plusieurs niveaux de confort : chambres propres, plus ou moins grandes, avec douche froide ou chaude, mais toutes avec *air cooler*. Les plus chères ont la TV. Terrasse avec une super vue, bien dégagée, sur le plus célèbre monument du pays et, bien sûr, idéale pour le petit déj !

Siddharta Hotel *(zoom couleur G5, **35**) : Western Gate, Taj Mahal.* ☎ *223-09-01.* • *siddharthahotel2007@yahoo.co.in* • *Bon marché.* Chambres modestes tout à fait convenables et sanitaires corrects. Douche froide et matelas durs pour les moins chères. Atmosphère reposante (même si les moustiques sont de la partie) le soir dans la cour, où sont installées chaises et tables sous un toit en tôle. On aperçoit le Taj Mahal du *rooftop*.

Sai Palace *(zoom couleur G5, **36**) : South Gate, Taj Mahal.* ☎ *645-28-77.* 📱 *99-97-21-11-26.* • *saipalaceagra@yahoo.co.in* • Un hôtel qui n'a rien d'un palace (mettons tout de suite les pendules à l'heure !) mais qui propose des chambres correctes avec douche chaude (en principe), et de taille variable. Les plus petites, très bon marché, conviendront aux budgets serrés. Une seule avec AC et vue sur le Taj : la plus chère. Bien entendu, terrasse avec vue sur le célébrissime mausolée. Tenu par un jeune patron aussi sympathique que charmant.

Shahjahan Hotel *(zoom couleur G5, **37**) : Chowk Kagjiyan, Taj Ganj.* ☎ *320-02-40.* 📱 *992-74-39-78.* • *shahjahan_hotel@hotmail.com* • Chambres acceptables malgré quelques lavabos bringuebalants. AC pour les plus onéreuses ; w-c à l'indienne pour les plus modestes. Certaines bardées de bois, d'autres avec murs carrelés. Toutes, ou presque, ont l'eau chaude (enfin, en théorie). Un peu sombres pour celles du rez-de-chaussée. Accueil sympa. Téléphone, Internet (24h/24), et, pour faire original, terrasse avec vue (moyenne) sur le Taj.

Shanti Lodge *(zoom couleur G5, **38**) : Chowk Kagjiyan, Taj Ganj.* ☎ *223-19-73.* • *shantilodge2000@yahoo.co.in* • *À 100 m de la porte sud du Taj Mahal.* Là encore, chambres offrant des degrés de confort assez variables (douche chaude ou froide, TV, AC, etc.). Les anciennes sont plus simples, et on déconseille celles donnant côté rue, bruyantes. Certaines sont peu claires. De la terrasse, où l'on peut dormir d'ailleurs, vue imprenable sur le Taj. Également une belle vue de quatre des chambres. Appels internationaux.

Où manger ?

Dans le quartier du Taj, nombreuses gargotes vraiment bon marché, mais pas toujours propres. Alors, soyez vigilant ! Les autorités ont officiellement interdit les restos perchés sur les terrasses des toits dans un rayon de 500 m autour du Taj Mahal, pour des raisons de sécurité. Ce qui n'empêche pas certains de poursuivre leur activité... Le midi, le coin est bien plus calme que le soir car les touristes sont en excursion. Dans le Cantonment, d'excellentes adresses répertoriées pour la plupart dans la rubrique « Prix moyens ».

Dans le Cantonment

De bon marché à prix moyens (100-200 Rps / 1,50-3,10 €)

Restaurant de la Tourist Resthouse *(plan couleur D5-6, **20**) : voir « Où dormir ? ». Tlj 6h30-22h30.* Petite cuisine végétarienne sans chichis à déguster dans le paisible jardin verdoyant de l'hôtel, à n'importe quelle heure de la journée. Particulièrement agréable le soir à la lueur des bougies. Mères et grands-mères ont du souci à se faire : on mange là de bonnes soupes et de délicieux *custards* à la banane en dessert... Goûtez aussi aux *vegetable spring rolls*. On en redemande ! Et si la chaleur écrasante venait à faire défaillir les convives, la maison possède même une petite salle de resto bien ventilée.

Dasaprakash Restaurant *(plan couleur D6, **50**) : 1, Gwalior Rd.* ☎ *236-35-35. Juste à côté du* Meher Cinema, *un peu en retrait de la route. Tlj 11h-23h.* Ce resto à l'apparence chicos (portier et AC) fait partie d'une chaîne très recommandable, au cadre frais, fréquentée avec assiduité par les familles indiennes aisées du coin. C'est hyper-propre, un poil cosy, et la maison possède même une succursale à... Chicago ! Exclusivement végétarien ; on déguste ici de très bons *dosaï* ou d'autres spécialités d'Inde du Sud, comme le *thali*, « maison » ou « spécial » (avec gâteau de riz et *dosaï* compris). Également de bons jus de fruits frais et d'excellentes et énormes glaces en dessert. Le tout à prix très raisonnables. Accueil et service excellents. L'une des meilleures adresses d'Agra, c'est dit !

Lakshmi Vilas *(plan couleur D7,* ***51****) : 50 A, Taj Rd, Sadar Bazar. ☎ 222-56-16. Tlj jusqu'à 23h env.* Derrière une lourde porte d'entrée se dissimule une salle des plus banale, certes. Mais sachez qu'il s'agit là d'une bonne adresse pour les fins gourmets et les adeptes du végétarisme. Spécialités d'Inde du Sud avec notamment une belle carte de *dosaï* de toutes les régions du Sud ou presque (Andhra Pradesh, Mysore...). Ils sont énormes ! Pas mal d'*uttapam* également, sans oublier les traditionnels *thalis*. Pour finir, proposition de glaces et de gâteaux. Et le tour est joué !

Prakash Restaurant *(plan couleur D6-7,* ***52****) : 49, Taj Rd, Sadar Bazar. ☎ 222-58-42. Tlj sf ven jusqu'à 22h30.* À ne pas confondre avec le *Dasaprakash*. Comme il se doit, chaises en plastique et toiles cirées sont les attributs de cette sympathique cantine populaire ! La cuisine, une fois encore, tourne autour du *thali* version Inde du Nord, Inde du Sud ou Bengale, et d'une petite carte classique. Pas cher du tout. Très fréquenté le soir par les familles indiennes. Accueil banal. Pas mal d'animation à la tombée de la nuit dans le quartier.

Zorba the Bouddha *(plan couleur D7,* ***57****) : Sadar Bazar. Tlj jusqu'à 23h. Plats env 120 Rps.* Une petite salle proprette au 1er étage. Excellente nourriture végétarienne. Le resto garantit d'ailleurs que ses légumes sont lavés avec de l'eau purifiée. Pas mal de ventilos pour brasser l'air. Bon choix à la carte (*paneer kema, vegetable raita,* spécialité de *yumy kofta,* quelques plats chinois, salades, glaces...) et prix très abordables.

De prix moyens à chic (150-400 Rps / 2,30-6,20 €)

The Park Restaurant *(plan couleur D7,* ***53****) : Sadar Bazar. ☎ 222-58-49. Tlj jusqu'à 23h. Prix moyens, mais les budgets modestes y trouveront aussi leur compte.* Petit îlot de fraîcheur au milieu du bazar (allergiques à la clim', s'abstenir !) proposant une carte variée (plats indiens, chinois et continentaux). La cuisine est très honnête, et le service aimable. Cadre formel sans beaucoup de fantaisie, mais tables bien espacées.

Only Restaurant *(plan couleur F6-7,* ***54****) : 45, Taj Rd, Phool Sayed Crossing. ☎ 222-68-34. À mi-chemin entre le Cantonment et Taj Ganj, à un rond-point. Tlj jusqu'à 22h.* Salle de resto très agréable et assez intimiste, fréquentée par les touristes indiens comme étrangers. Murs et plafond en bambou, revêtement végétal tressé au sol, petites loupiotes... Tout y est, même la musique folklorique (concerts tous les soirs à partir de 19h). À la carte : mouton (bon *bhuna gost*), poulet, plats végétariens, etc. Plats très frais sans fausse note. Possibilité de manger en terrasse (sous les parasols), mais bercé alors par le ronronnement incessant de la circulation. À vous de voir. Un classique de bonne tenue dans le coin.

Dans Taj Ganj

Très bon marché (max 100 Rps / 1,50 €)

C'est le quartier le plus sympa pour se balader mais attention, l'hygiène des restos laisse souvent à désirer. Ne pas hésiter à jeter un coup d'œil à la cuisine avant de vous asseoir.

Yash Café *(zoom couleur G5,* ***55****) : Chowk Kagjiyan, Taj Ganj. Tlj jusqu'à 22h30 env.* Installé en terrasse dans votre *murra* (genre de fauteuil en osier), vous êtes aux premières loges pour profiter de l'animation du quartier. Pas de vue sur le Taj, mais ambiance plus intimiste avec un éclairage à la bougie le soir... lorsqu'il n'y a pas un film diffusé à l'heure du dîner ! La cuisine, indienne et italienne, est correcte. *Pancakes, biryanis,* currys, pizzas, spaghettis, entre autres. Accueil très sympa.

Joney's *(zoom couleur G5, **56**) : sur la placette centrale. Tlj 5h-22h30. Prix imbattables.* Le resto est ouvert depuis 1978 et on peut y lire de vieux livres d'or assez rigolos. Minuscule salle (5 tables !), très bien ventilée, envahie par les routards à l'heure du petit déj. Très connu pour son excellent *banana lassi* (hmm !) que l'on déguste à toute heure. Mais on vient aussi pour les omelettes, *pancakes* et *jaffles* vraiment bon marché, ainsi que la carte indienne (currys, *biryanis,* et surtout *malai koftas*...). Patron très sympa à la langue bien pendue. Tout est cuisiné frais devant vous, puisque les produits ne sont achetés aux boutiques du coin qu'au fur et à mesure de la commande. Possibilité de se fournir en boissons alcoolisées à côté et de les consommer sur place.

Sheela Hotel *(zoom couleur H5, **33**) : voir « Où dormir ? ».*

Au sud de Taj Ganj

Prix moyens (100-250 Rps / 1,50-3,80 €)

Restaurant du Maya Hotel *(plan couleur G6, **25**) : le resto de l'hôtel éponyme (voir « Où dormir ? »).* On y mange très bien, assis sur des chaises multicolores dans une agréable salle joliment colorée. À moins que vous ne préfériez la terrasse à l'étage. Très bon poulet *makhani,* servi dans une riche sauce tomate. Accompagné d'un *garlic naan,* vous nous en direz des nouvelles ! Sinon, il y a aussi le *maharaja retreat,* suffisant pour 2 personnes, et des plats chinois, continentaux et, bien sûr, végétariens.

Très chic (env 550 Rps / 8,50 €)

Restaurant du Trident Hotel *(plan couleur H7, **31**) : voir « Où dormir ? ». Tlj jusqu'à 22h30.* Même si vous ne dormez pas dans ce luxueux hôtel, vous pouvez profiter du copieux buffet, de bons plats indiens et internationaux, servis midi et soir dans une salle climatisée. Également à la carte. Ambiance internationale plus qu'indienne. En été, c'est plus sympa de manger dehors, dans un joli cadre avec jardin et piscine, mais apporter une protection contre les moustiques. En revanche, inutile de prévoir le maillot de bain (la piscine est réservée aux clients de l'hôtel... frustrant, non ? !).

À voir

On rappelle aux fauchés que la visite du Taj Mahal est devenue un petit luxe. C'est, en effet, le site le plus cher du pays. Seule petite consolation, le billet d'entrée du Taj comprend les 250 Rps de taxe (de *l'Agra Development Autorithy*) qu'on n'aura pas à payer sur les autres sites (Fort Rouge, mausolée d'Itimad-ud-Daulah, Ram Bagh et Sikandra). Négligeable dans certains cas, elle s'élève à 50 Rps au Fort Rouge. C'est donc toujours ça de pris ! Mais attention, si vous commencez la visite par le Fort Rouge, vous paierez la taxe du Fort Rouge, mais vous ne serez pas exonéré pour autant de celle du Taj Mahal... Pourquoi ? heu... bonne question !

Autre chose : les distances entre les sites étant assez grandes, il vous faudra les couvrir en rickshaw ou en taxi. Il peut alors être judicieux de louer un de ces véhicules à la journée, plutôt que d'y recourir au coup par coup et d'avoir chaque fois à renégocier le prix du trajet. La location d'un rickshaw pour une journée tourne autour de 400 Rps (7,30 €), à peu près le double pour un taxi. À vous de voir.

Dernière remarque, les véhicules à moteur (sauf les motos) étant interdits dans le quartier de Taj Ganj, on vous déposera à 10 mn de marche du Taj Mahal. Vous pouvez également vous faire déposer au parking *Shilpgram (plan couleur H5),* d'où des minibus électriques (mis en service dans le cadre des mesures antipollution) vous conduisent (6h30-19h30) jusqu'au Taj Mahal. Prix modique. De même, d'autres bus électriques très bon marché, siglés *ADA*, relient en théorie le Taj Mahal et le Fort Rouge ; départ du même parking *Shilpgram*.

Le Taj Mahal *(plan et zoom couleur G5) : tlj sf ven 6h-19h pour les East Gate et West Gate ; tlj sf ven 8h-17h pour la South Gate. Ouv également pour les soirées* Moonlight, *mais entrée très chère et c'est de l'attrape-touristes (on se retrouve au sein d'un groupe de 40 pers et on ne peut pas rester plus de 30 mn) ! Musée (Taj Museum) : tlj sf ven 10h-17h, petite entrée symbolique en sus. La crypte est désormais fermée. Entrée : 750 Rps (11,50 €), avec une petite bouteille d'eau offerte ; gratuit pour les moins de 15 ans, c'est déjà ça. Caméscopes autorisés jusqu'à la Main Gate. À partir de là, il faut les mettre à la consigne (ouf, c'est gratuit pour les appareils photo !).* Attention, le ticket n'est valable que pour une seule entrée (impossible de revenir plus tard le même jour). La nourriture et les boissons (autres que l'eau) sont interdites dans l'enceinte du Taj, et l'on est fouillé (laisser à la consigne couteaux, cigarettes, briquets, lampes de poche, pieds pour appareils photo et même les téléphones portables...).

Le monument le plus visité du pays (plus de 15 000 visiteurs par jour en pleine saison), et l'un des plus célèbres au monde. Un conseil : pour en profiter loin de la foule, y aller très tôt le matin ou un peu avant la fermeture. Nous avons une préférence pour les sublimes brumes du matin en hiver, mais emporter un gros pull, un coupe-vent et de bonnes chaussettes si vous devez affronter le marbre glacé lorsque l'on doit enlever ses chaussures au pied du mausolée (en principe, on vous remet des chaussons) ! Sachez enfin qu'à partir de 10h-11h, la queue à l'entrée peut s'étirer sur plusieurs dizaines de mètres.

Bon, vous avez cassé votre tirelire ? Parce que le Taj Mahal est quand même prodigieux. Les architectes, qui avaient compris la magie du théâtre, eurent à cœur d'organiser une mise en scène en cachant le mausolée derrière des murs et une porte toute simple, si bien qu'on le découvre brutalement avec tout le drame d'un rideau qui se lève. Première vision, éblouissante et presque irréelle, le mausolée de marbre blanc apparaît au bout d'un long jardin, flanqué de part et d'autre de deux édifices en grès rouge (la mosquée et sa réplique, décorées de motifs floraux multicolores sur fond blanc). Planté au centre d'une vaste plate-forme, il se dresse, colossal, et en même temps si léger et aérien ; il semble flotter dans les airs, sans doute aussi grâce à ce long bassin qui le réfléchit à ses pieds, à moins que ce ne soit grâce (et le mot est encore bien choisi) à ces étonnantes brumes matinales d'hiver, vous laissant un long instant pétrifié d'émotion...

Mais avant d'assister à ce spectacle fantastique, revenons quelques instants sur son histoire, car ce monument est assez unique au monde. La légende prétend qu'il n'a pas été créé pour célébrer une ferveur religieuse, ni pour symboliser la marque finale d'un monarque triomphant. Construit de 1631 à 1653, le Taj Mahal est dédié à l'amour, un amour qu'un empereur, Shah Jahan, a perdu. La mort de Mumtaz Mahal, la muse du souverain, sa compagne de tous les instants ainsi qu'une beauté légendaire, laissa le cœur du monarque dévasté. Fou de chagrin, il fit vœu de construire un monument à sa mémoire qui n'ait pas son pareil au monde. Comme aucun architecte du royaume n'était capable de concevoir un projet à la dimension de la douleur de l'empereur, celui-ci aurait alors convoqué l'architecte perse le plus célèbre et tué sa fiancée. Comprenant alors la terrible douleur du sultan, l'architecte fut capable d'imaginer le Taj Mahal... S'ensuivirent 22 années de dur labeur pour plus de 20 000 artisans, venus pour certains du Moyen-Orient ou même d'Europe. Voilà pour la légende, si belle qu'on ne prêtera qu'une oreille distraite à certaines études récentes privilégiant la thèse d'un sultan orgueilleux...

Le bâtiment principal est orné de versets du Coran sur ses parois, rappelant l'origine moghole de la dynastie... Chose étonnante, tout l'édifice est absolument symétrique par rapport à la tombe de la reine. Une exception toutefois : la tombe de Shah Jahan. En effet, peu désireux d'assumer les frais de construction du mausolée dont son père avait entrepris l'édification de l'autre côté de la Yamuna, en face du Taj Mahal, Aurangzeb fit placer le cénotaphe de Shah Jahan à côté de celui de son épouse bien-aimée (35 ans après), déséquilibrant au passage la symétrie de l'intérieur.

À noter que les deux pierres tumulaires voilées par une délicate dentelle de marbre sont vides. Du porche principal, un escalier conduit à la crypte où se trouvent les vraies tombes de Mumtaz Mahal et de Shah Jahan, c'est-à-dire celles qui renferment leurs restes. Malheureusement, la crypte a pris l'eau et n'est plus visitable. Si jamais elle l'était de nouveau, sachez qu'à l'intérieur les sculptures sur marbre sont incrustées de pierres précieuses et semi-précieuses (rubis, jade, agate, corail, onyx, lapis-lazuli), composant un ensemble floral de tulipes, lotus, jasmins, fuchsias, chrysanthèmes... Rien que pour le lotus, 64 morceaux de pierre furent utilisés. Certains motifs reproduits sur les parois extérieures du mausolée donnent déjà une petite idée de la subtilité de cette technique. Sur la tombe de « Lady Taj », une ardoise *(takhti),* symbole de la femme, et tout près, la tombe de son mari, l'empereur Shah Jahan portant un plumier *(kalamdon),* symbole de la virilité.

Petit passage écolo. Victime de longues années durant des émanations de dioxyde de soufre rejetées par les usines chimiques et les tanneries de la région d'Agra, le Taj, qu'Henri Michaux comparait en 1933 à « de la mie de pain blanc, du lait, de la poudre de talc... », commençait à prendre dans les années 1980 une sinistre teinte jaunâtre. Malgré la fermeture de plus de 200 usines et la réduction du trafic automobile aux alentours de la vieille ville, les cicatrices ne peuvent être effacées en un seul jour. Résultat : les services de maintenance sont à pied d'œuvre chaque vendredi (d'où la fermeture hebdomadaire aux touristes, en plus de la prière) pour des travaux de restauration du mausolée.

Enfin, possibilité de visiter le *Taj Museum,* un petit musée intéressant (au bout de l'allée de gauche lorsque l'on est face au Taj). Seulement quatre petites pièces mais, si l'on était en droit d'attendre un peu mieux pour un lieu aussi mythique, la visite reste assez complémentaire. Gravures et peintures délicates représentant Shah Jahan dans différentes situations, belles images peintes du Taj, plans anciens, croquis préparatoires, quelques céramiques, actes de vente de terrains, pièces de monnaie, armes, etc. La plupart des pièces exposées datent du XVIIe s, bien sûr. À noter, ces vertes assiettes royales (céladon exactement), dont la couleur était censée changer (ou qui se brisaient) si du poison était versé dans la nourriture !

Le Fort Rouge *(Red Fort ou encore Agra Fort ; plan couleur E4)* **:** *tlj du lever au coucher du soleil. Depuis le Taj, prendre les navettes électriques ADA au parking Shilpgram (plan couleur H5). Entrée : 250 Rps + 50 Rps de taxe perçue par l'ADA (sf si vous visitez le Taj Mahal le même jour) ; gratuit pour les moins de 15 ans.* Possibilité de prendre un guide assez bon marché à l'intérieur. Bien négocier le tarif et la durée de la visite. Cela peut s'avérer utile pour bien comprendre l'histoire du fort. On tombe parfois sur des gens passionnants.

C'est le palais des empereurs moghols, édifié au milieu du XVIe s en seulement 10 ans, bien mieux préservé que celui de Delhi. Cette énorme forteresse, bâtie le long de la Yamuna (vue extra sur le Taj Mahal), abrite une enfilade de palais de marbre époustouflants, de mosquées et de jardins somptueux. Vous serez étonné par les puissants remparts de grès rouge qui, sur 2,4 km de périmètre, défendaient la cité impériale (mais on ne visite pas tout, environ 25 % de l'espace étant utilisé par l'armée).

Si le Taj chante l'amour, le Fort Rouge vous donnera un aperçu du degré de puissance de cet empire qui domina presque toute l'Inde, et qui accumula des richesses inépuisables grâce aux ressources humaines et naturelles du pays. Quatre générations d'empereurs ont régné ici : Akbar, Jahangir, Shah Jahan et Aurangzeb. L'ensemble se développa sur près de 95 ans. Avec Akbar, qui fonda cette impressionnante forteresse en 1565, est né le style moghol impérial. Shah Jahan fit détruire le palais intérieur édifié par Akbar pour le remplacer par d'autres structures. Ce sont celles que l'on voit aujourd'hui. Le fils de Shah Jahan, Aurangzeb, avant d'établir la dynastie des Grands Moghols à Delhi, décida d'emprisonner son père dans le Fort

Rouge, en 1658, pour régner à sa place. Pendant 8 ans, jusqu'à sa mort, le vieillard put contempler, de sa fenêtre, l'admirable Taj Mahal, où reposait son adorée. Cruauté, quand tu nous tiens ! Les piliers incrustés de pierres précieuses, les mosaïques en marbre de toutes les couleurs donnent à cette prison des allures de palais.
Le Fort Rouge eut son heure de gloire lors de la révolte des Cipayes en 1857. Là, une garnison britannique résista 4 mois jusqu'à l'arrivée des renforts. Plusieurs édifices à l'intérieur du Fort Rouge méritent une halte. Voici les principaux :
– L'entrée s'effectue aujourd'hui par l'*Amar Singh Pol,* alors qu'à l'époque des empereurs c'est la Hathi Pol, ou Delhi Gate, qui servait de principal accès à la forteresse. C'est toutefois le chemin qu'emprunta en 1803 l'armée victorieuse du général britannique Lake... Après avoir passé la première porte, une seconde présente deux tours rondes ornées de mosaïque par endroits (au niveau du contrôle des tickets). En haut de la longue rampe à éléphants (qui servait à jeter de l'eau bouillante sur les ennemis en cas d'attaque), prendre l'allée sur la droite. À 30 m s'élève le *palais de Jahangir,* de style hindou et musulman à la fois (pour rendre hommage à ses deux femmes qui appartenaient chacune à des religions différentes). D'une superbe couleur rougeâtre, les structures ornant les arcades ainsi que les piliers révèlent des motifs ornementaux qui s'entremêlent. Jolies tourelles au-dessus des balcons. Imaginez à l'époque les arcades divisées par des rideaux colorés qui formaient les chambres. Ne pas hésiter à se balader dans cet ensemble de passages, de corridors, d'allées, de tours plus ou moins sculptées, en plus ou moins bon état. Découvrez avec quelle retenue ou quelle expansivité les sculpteurs ont laissé jouer leurs ciseaux. Ici des motifs géométriques, là une exubérance de fleurs... Devant la Yamuna River, on peut observer deux enceintes : l'une qui était remplie d'eau, et l'autre occupée par des lions et tigres qui protégeaient le palais.
– Le *Khas Mahal* est un somptueux palais de marbre et de plâtre, composé d'une vaste cour abritant un jardin au fond de laquelle s'élèvent trois pavillons. Encore du marbre sculpté et des fenêtres ajourées donnant sur le fleuve. Petits balcons élégants. Dominant le fleuve, la résidence de Shah Jahan et de son épouse. Puis ce fut la prison de Shah Jahan lui-même lorsque son fils le fit emprisonner. De là, au moins, il avait vue sur le tombeau de son épouse. Il mourut dans cette pièce en 1666. Quand il s'ennuyait, il devait laisser courir son regard sur la grande richesse des motifs floraux.
– Le *Shish Mahal* signifie « palais de Verre » et se trouve à droite en quittant le Khas Mahal, en contrebas. On l'appelait « le palais des Glaces » tant il contient de morceaux de miroirs incrustés, importés d'Alep en Syrie. D'abord hammam, il fut ensuite transformé en *palais d'été.* Il n'est malheureusement pas toujours ouvert au public.
– *Diwan-i-Khas,* auquel on accède par un petit escalier, est une structure ouverte où l'empereur recevait les ministres lors d'entretiens privés. Édifice du XVIIe s, plaqué de marbre blanc. Noter surtout les détails des colonnes où les plaques de marbre sont incrustées de pierres semi-précieuses dessinant des fleurs.
– Au fond, *Nagina Masjid,* une petite mosquée surmontée de trois coupoles à bulbes, plaquées de marbre blanc.
– *Diwan-i-Am,* la salle des audiences (sur la droite, en entrant dans la cour principale), est une autre structure décorée dans le même style. Belle loge surélevée, tout en marbre. Sur la partie basse, mosaïque incrustée de pierres semi-précieuses. Là se tenait l'empereur. Les ambassadeurs prenaient place sur les petites plates-formes, devant la loge. Sur le mur du fond, des fenêtres ajourées d'où les femmes assistaient aux audiences sans être vues. Imaginez, il y avait environ 400 concubines !

***Jama Masjid** (plan couleur E4) : face à Agra Fort Railway Station.* Malgré sa vaste cour et son imposante salle de prière, la grande mosquée du vendredi n'égale en rien celle de Delhi.

***Kinari Bazar** (plan couleur D-E3) : à l'arrière de la Jama Masjid. Tlj sf lun.* Il s'agit d'une longue ruelle commerçante, bordée par de minuscules ruelles perpendiculaires. Une virée sympa en dehors du parcours touristique classique dans ce bazar constitué de ruelles animées, loin des grandes artères d'Agra. On y retrouve la vie intense des villes indiennes, avec ses mille échoppes, cordonniers, orfèvres, tanneurs... Rien de spécial à acheter, juste des ambiances à humer et des odeurs à respirer.

Le mausolée d'Itimad-ud-Daulah ou « Baby Taj » *(plan couleur F2) : tlj du lever au coucher du soleil. Entrée : 100 Rps + 10 Rps de taxe (ajouter 25 Rps pour les caméras) ; gratuit pour les moins de 15 ans.*
Situé sur l'autre rive de la Yamuna (rive gauche), ce mausolée, construit en 1628 au centre d'un beau jardin envahi de familles de singes, est le précurseur du Taj. Ici repose le vizir de l'empereur et père de la poétesse persane Nur Jahan, elle-même épouse de Jahangir. Cette femme hors du commun, aussi belle qu'intelligente, avait présidé à l'édification du premier bâtiment moghol entièrement en marbre, laissant son empreinte féminine dans la délicatesse des formes et des ornementations. Monument décoré, lui aussi, d'incrustations de pierres semi-précieuses, mais plus petit, et pour cela peut-être, plus attachant. Peu de touristes, mais la visite est à ne manquer sous aucun prétexte, d'autant que la balade en rickshaw passe par le pont d'Agra, et c'est un spectacle à lui seul.
Étonnante et exquise ornementation en marqueterie de marbre polychrome (représentant notamment cyprès, coupes de vin et arabesques, quand elles n'ont pas disparu...), alors que le Taj Mahal n'utilise que du marbre blanc. Les claires-voies de marbre qui tamisent la lumière s'harmonisent délicatement avec les peintures du plafond. L'ensemble est une véritable dentelle, où des motifs géométriques s'enserrent dans des volutes de fleurs de toute beauté. Plafond du mausolée à alvéoles et couvert de dorures malheureusement endommagées.
Face au mausolée, sur la rive droite du fleuve, une dizaine de cheminées d'usines abandonnées à jamais en raison de la décision prise (en 1993) par la Cour suprême de Delhi de fermer 212 usines et ateliers (verreries, tanneries...) à Agra.

Chini-ki-Rauza *(plan couleur G2) : à moins de 1 km au nord du mausolée d'Itimad-ud-Daulah. Tlj du lever au coucher du soleil. Gratuit.* En cours de restauration. Isolé au bout d'une ruelle débouchant sur un ensemble de jardins, ce monument mérite une halte pour son architecture et sa décoration typiquement perses, le seul de ce type à Agra. Le « mausolée de faïence », qui doit son nom à son revêtement de faïence émaillée, abrite la tombe d'Afzal Khan, ancien ministre sous Shah Jahan. Malgré un état de dégradation très avancé, deux façades (nord et ouest) valent encore le coup d'œil, de même que le plafond de la coupole pour ses peintures et ses calligraphies restaurées récemment. Si vous parlez quelques mots d'hindi, adressez-vous au gardien, un vieux monsieur adorable qui vous fera faire le tour de son domaine.

Ram Bagh *(plan couleur G1) : tlj du lever au coucher du soleil. Entrée : 100 Rps + 10 Rps de taxe ; gratuit pour les moins de 15 ans.* Imaginé par l'empereur Babur le Conquérant à l'imitation du « jardin des Huit Paradis » à Tabriz, en Perse, ce jardin moghol, le tout premier aménagé en Inde, servit de modèle à tous les autres. Resté longtemps à l'abandon, il bénéficie enfin aujourd'hui des soins des jardiniers de la Ville. Pour autant, il ne laisse vraiment rien deviner de sa splendeur d'antan.

Radhaswami Temple *(ou Dahal Bagh ; hors plan couleur par C1) : dans le quartier de Dahal Bagh, à 8 km env du centre. Tlj 8h-17h. Gratuit (petite donation pour le sanctuaire). Laisser appareils photo et caméras à la consigne gratuite (portique de détection).* Débutée en 1904, la construction de ce temple hindou de 150 pieds de haut risque fort de s'achever dans plus d'un siècle. Surtout, ne vous laissez pas rebuter par les multiples échafaudages. Le chantier déjà bien avancé permet d'apprécier la décoration exubérante du portail principal et du premier niveau. Il porte le nom d'un *guru*, appelé simplement Swami (terme générique désignant les prêtres) et de sa femme Radha, dont on peut voir les portraits dans un petit sanctuaire sous le temple, accompagnés de photos du projet et d'un croquis de la maquette donnant une idée (lointaine) du temple une fois achevé. Le *jardin de Mercyfully* (traduction littérale de « Dahal Bagh », le nom du quartier) est merveilleusement empreint du charme de l'inachevé. Perdus au milieu des piliers de bois qui sous-tendent la construction, de fabuleux bouquets de roses sont taillés dans le marbre même. Les sculptures qui ornent le haut des colonnes constituent un véritable herbier et un verger exotique ! Le gardien, un vrai cerbère, mais néanmoins amoureux du site, vous permettra peut-être d'en photographier certaines et d'en découvrir toutes les richesses, en vous accompagnant lors de votre visite, si vous savez l'amadouer... Une bonne occasion de découvrir les méthodes ancestrales des artisans...

Achats

Faire des achats à Agra demande un certain nombre d'aptitudes qu'il est rare de trouver chez une seule et même personne. Bien que nos lecteurs soient par essence des gens ouverts, audacieux et capables de discernement, il nous paraît utile de vous livrer quelques données et informations de base sur le shopping à Agra.
La grande spécialité de la ville, c'est le ***marbre incrusté*** de pierres semi-précieuses, à l'imitation des décorations du Taj Mahal. Il n'est malheureusement plus possible aujourd'hui de visiter un atelier dans de bonnes conditions. Dans le meilleur des cas, vous assisterez à une version express des différents stades de travail (taille, ripage, meulage et polissage), avant de vous faire gentiment conduire vers... une boutique. Attention aux boîtes en marbre proposées par les vendeurs à l'entrée des monuments de la ville : les incrustations sont faites de verre coloré et non de pierres. Sachez aussi reconnaître le marbre de l'albâtre (l'albâtre est nettement plus tendre et se raye si on le gratte avec une pièce de monnaie).
On trouve aussi à Agra des ***pierres colorées*** qu'on ne vend qu'en Inde (on les monte en bagues). Ce sont le *Black Star* et le *Star Rubee.* La première a un joli reflet en forme de croix. Assez bon marché.

Petits conseils pour faire ses achats

On résiste mal à l'envie de partager ces quelques remarques et de vous donner modestement ces conseils, il y a eu tellement d'histoires (drôles) par le passé, dont de naïfs touristes ont fait les frais, qu'après tout, on préfère prévenir que consoler.
– À Agra, pour avoir l'assurance de ne pas se faire rouler, un seul conseil : ne rien acheter. Tous les vendeurs ne sont pas des brigands, mais beaucoup sont de gros arnaqueurs.
– Une bonne partie des pierres précieuses et semi-précieuses sur le marché d'Agra sont fausses. En fait, aucune garantie formelle que les pierres soient vraies nulle part ! Prix élevés mais jamais fixes, contrairement à ce que l'on peut vous affirmer. Si vous n'êtes pas un spécialiste en la matière, il est très facile de vous abuser. Vous pouvez toujours vous procurer la liste des magasins « approuvés par UP Tourism », disponible à l'office de tourisme gouvernemental, mais elle ne garantit pas la qualité de ce qui est vendu. De même, et quoi que l'on vous soutienne, les emporiums sont tous privés, même lorsqu'il est écrit « *Approved by the government* » ! Si vous allez à Jaipur, achetez vos pierres là-bas. Beaucoup moins de faux (quoique !).
Bref, à Agra, se contenter d'acheter des objets de marbre incrusté de pierres, en sachant simplement qu'elles ont une petite chance d'être fausses. Mais après tout, c'est joli quand même.
– Attention, les chauffeurs de rickshaw (ou tout autre rabatteur) touchent des commissions partout, qui peuvent atteindre jusqu'à 40 % du prix de vos achats. En conséquence, ne vous faites pas conduire dans les boutiques de marbre. Le pourcentage qui ne sera pas donné à un tiers, vous pourrez le marchander.
– *Arnaques diverses :* voici les dernières trouvailles des joailliers. Pour vous inciter à acheter des pierres, on vous affirme que vous pourrez les revendre dans votre

pays jusqu'à dix fois plus cher. Le vendeur est même prêt à vous donner des adresses (bidon) où vous pourrez les refourguer. Certains affirment même avoir une boutique place Vendôme (et moi, j'suis Brigitte Bardot ?). Celui-ci vous explique qu'ainsi vous serez pour lui une sorte de commissionnaire puisqu'il a soi-disant déjà atteint son quota autorisé d'exportation. On vous montrera même des lettres écrites (soi-disant toujours) par des Anglais, Français, Suisses, Allemands... remerciant chaleureusement le vendeur pour la juteuse affaire qu'ils ont pu entreprendre grâce à lui ! Tout est faux, évidemment. Si ces ficelles ressemblent à des cordes à nœuds, nombre de touristes tombent à pieds joints dans le panneau et achètent pour 1 500, 3 000 et même 4 500 € de pierres ! Ce n'est pas raisonnable, enfin !
Pour terminer, sachez encore que l'on vous affirme que si vous payez avec une carte de paiement, on débitera votre compte 3 mois plus tard. Archi-faux. Certains prétendent même qu'ils attendront que vous ayez revendu les pierres en France avant de vous débiter ! Bon, dernier avertissement à ceux qui auraient toujours envie d'acheter des pierres après cela : si vous payez avec une carte de paiement, sachez que certains vendeurs ont la manie de rajouter un « 0 » au prix si vous oubliez de détruire le carbone. Un petit truc pour éviter tout malentendu : inscrire dans un coin le montant de l'achat en toutes lettres... difficile à falsifier !
Voilà, c'est tout. Allez, bonnes courses !

➤ DANS LES PROCHES ENVIRONS D'AGRA

Sikandra *(Akbar's Tomb ; hors plan couleur par A1)* **:** *à 12 km au nord d'Agra. Pour y aller : prendre un rickshaw au carrefour* du City Bus *(face au fort d'Agra), env 100 Rps l'aller-retour, avec le temps d'attente. Également des bus locaux directs au départ du* Power House Bus Stand, *ttes les 10 mn à partir de 7h. Vraiment pas cher, mais avoir le cœur bien accroché ! Tlj du lever au coucher du soleil. Entrée : 100 Rps + 10 Rps de taxe ; gratuit pour les moins de 15 ans ; supplément caméras.*
On y trouve le colossal mausolée de l'empereur Akbar (1556-1605), dans un parc de près de 50 ha.
Le plus impressionnant est sans doute l'arrivée sur cette porte pour le moins monumentale et flanquée de quatre minarets blancs imposants, voire presque disproportionnés. Sacrée silhouette au loin !
Passé le grand porche de grès rouge, orné de marbre polychrome, le spectacle est assuré par des dizaines de singes qui résident dans le parc, en compagnie de quelques biches, gazelles et paons, qui viendront peut-être vous saluer. Plutôt agréable, ce calme. La façade pyramidale du palais proprement dit, plus compliquée dans ses formes que celle du Taj, possède plusieurs étages à arcades. Évidemment, le style n'atteint pas la perfection et la légèreté du Taj, mais il tente un audacieux syncrétisme entre les arts hindou, musulman et bouddhique. Pas étonnant pour un empereur qui voulait instaurer dans son royaume la tolérance religieuse et même une nouvelle religion, fruit de toutes les autres (voir « Fatehpur Sikri », plus loin). Le résultat paraît assez hétéroclite, avec une base massive quasi nue et une partie supérieure de plus en plus travaillée, pour ne pas dire ciselée.
De chaque côté du monument, Akbar fit construire de petites portes pour forcer les visiteurs à se baisser et donc à s'incliner devant la tombe. Remarquer également les petites colonnes qui encadrent l'entrée du bâtiment : en se tenant à leur pied et en regardant le sommet, on a une jolie illusion d'optique.
Dans la partie basse de l'édifice, une poignée de jolies fresques, assez dégradées malheureusement. Au bout d'un long corridor se tient le mausolée, d'une simplicité extrême. L'écho y est assez stupéfiant, comme se chargera de vous le démontrer l'un des gardiens par un « Allah Akbar » retentissant et moyennant un petit bakchich...
Tout autour, les tombes de ses femmes et enfants. Les femmes ont une ardoise et les hommes un plumier gravés sur leur tombe. Encore un macho qui pensait que les hommes doivent dicter leurs volontés aux femmes !

La montée aux étages étant interdite, c'est donc de l'extérieur qu'on se rend le mieux compte de la finesse de l'art hindo-musulman et de l'enchevêtrement des arcades, couloirs, tourelles de l'édifice. Noter que les premiers niveaux du mausolée sont en grès, tandis que la partie supérieure est en marbre blanc.
Faites-vous expliquer l'ingénieux système de communication grâce aux piliers creux qui entourent le mausolée.
On peut se balader tranquillement tout autour du mausolée et dans les allées du parc menant à deux autres édifices, paradis des perroquets verts et autres flâneurs.

Pour ceux qui ont du temps

Le tombeau de Mariam Zamani : *en continuant sur la même route après avoir quitté Sikandra, mais sur la gauche (à env 1km). Pas facile à trouver, nécessité de repérer un gros bâtiment jaune en bord de route, le tombeau est à 200 m de la route juste derrière. Mêmes horaires que Sikandra. Entrée : 100 Rps.* Mariam était la femme rajpoute d'Akbar (vers 1562) et la mère de Salim (Jahangir en 1569). Elle avait gagné le titre de *Compassionate of the World.* Son tombeau, élevé en 1623, se révèle à la hauteur de l'amour que lui portait Akbar. Situé dans un grand jardin qui pour le coup reçoit peu de monde (et, de ce fait, un des refuges des amoureux indiens). À notre connaissance, c'est l'un des plus beaux tombeaux sans dôme, malgré son pathétique état de délabrement. Appareillage de fines briquettes rouges. Aux quatre coins, jolies coupoles sur colonnettes ciselées. Loggias au milieu des côtés également. On notera en façade les consoles, corniches et panneaux finement sculptés. L'intérieur n'est qu'un bizarre enchevêtrement de couloirs aux murs nus, avec peintures dégradées et graffitis. Crypte avec tombe toute simple. L'ensemble ne manque pas de charme et de mystère.

QUITTER AGRA

En train

Agra, important nœud ferroviaire, est relié directement à un très grand nombre de villes.

Réservation et achat des billets pour toutes les destinations à ***Agra Cantonment Railway Station*** *(plan couleur B7)* ou ***Agra Fort Railway Station*** *(plan couleur E4)*, voire à ***Raja-ki-Mandi Railway Station*** *(plan couleur B-C2-3).* Attention, des revendeurs à la solde des agents de voyages essaient de refourguer des billets plus chers en affirmant que les trains sont complets. Enfin, sachez qu'en passant par une agence de voyages, vous paierez en principe 50 à 100 % de plus (chaud la commission !), sauf en vous adressant à la *Tourist Resthouse* (voir « Où dormir ? »).
➢ ***Pour Delhi :*** nombreux trains/j., grosso modo ttes les heures, qui mettent 3-4h, au départ d'Agra Cantonment Railway Station. Il y a l'*Intercity Express* (n° 4211) : départ à 6h, arrivée à 9h30 à Nizam-ud-Din Station. Le plus rapide et le meilleur est le *Shatabdi Express* (n° 2001 et 2001 A) : départ vers 20h30, arrivée 2h plus tard à New Delhi Railway Station (possibilité de plateaux-repas à bord). Le *Taj Express* (n° 2279) n'est pas mal non plus : départ vers 18h55, arrivée à 22h à Nizam-ud-Din Station. Pas de wagon-restaurant, mais un service ambulant. Ne pas oublier de réserver une chambre à Delhi ce soir-là.
➢ ***Pour Mumbai :*** slt 3 trains/j. Le *Punjab Mail* (n° 2138) est le meilleur : départ vers 8h55 d'Agra Cantonment Railway Station. Trajet : 22h30. L'*Amritsar Dadar Express* (n° 1058) part vers 1h de Cantonment et arrive env 27h plus tard à Dadar. L'*Avadh Express* (n° 9038) dessert Bandra, à 25 km env de Mumbai : départ d'Agra Fort vers 5h, arrivée vers 5h le lendemain mat. De Bandra, prendre un bus.

➢ ***Pour Gwalior (et Bhopal) :*** nombreuses liaisons/j. au départ d'Agra Cantonment Railway Station. Durée : 1h15-2h30 (*Shatabdi Express* n° 2002 ; départ 8h10 ; arrive à Bhopal à 14h).

➢ ***Pour Khajuraho :*** il faut passer par Jhansi, d'où l'on prend le bus. Étant donné les horaires des bus qui relient Jhansi à Khajuraho (derniers départs vers 11h de la gare ferroviaire et en début d'ap-m de la gare routière), il vous faudra quitter Agra aussi tôt que possible pour éviter d'avoir à passer la nuit à Jhansi. La meilleure solution est de prendre le *Shatabdi Express* (n° 2002) d'Agra Cantonment Railway Station : départ à 8h10, arrivée à Jhansi (à 215 km) à 10h40. Le bus de 11h est à la fois le plus rapide (4-5h de trajet) et le plus confortable (c'est un *deluxe*). Sinon, on peut aussi prendre le *Taj Express* (n° 2280) qui part tlj d'Agra Cantonment Railway Station à 10h15 et arrive à Jhansi à 13h35.

➢ ***Pour Orchha (via Jhansi) :*** env 15 trains/j. pour Jhansi, d'où il faut finir la route en bus (il y en a tout le temps), en rickshaw ou en taxi.

➢ ***Pour Varanasi :*** 1 train direct/j., le *Marudhar Express* (n° 4864, les mar, mer, ven et dim ; n° 4854, les lun, jeu et sam). Départ à 21h15 d'Agra Fort, arrivée à Varanasi env 12h plus tard. Attention, il est parfois complet. Sinon, le *Okha Varanasi Express* (n° 9569) est également direct (pas de 1re classe) : circule slt le jeu (départ à 16h d'Agra Fort). Autre solution, d'Agra Fort Station, prendre un bus local (ttes les 30 mn) pour la petite ville de Tundla (à env 30 km d'Agra). De là, train direct pour Varanasi : le *Poorva Express* (n° 2382, les lun, mar et ven ; départ vers 20h40 et arrivée vers 5h20) ou le *Lichchavi Express* (n° 4006 ; départ tlj vers 20h50, arrivée vers 6h20). Attention, le *Poorva Express* (n° 2304) qui circule les mer, jeu et le w-e arrête sa course à Mughalsarai (à 16 km de Varanasi). De là, prendre un bus ou un train local jusqu'à Varanasi. Sinon, plusieurs autres trains/j. entre Tundla et Mughalsarai. Un peu galère tout ça, préférer un train direct.

➢ ***Pour Goa*** *(Madgaon et Vasco da Gama)* **:** prendre le *Goa Express* (n° 2780) ; départ tlj d'Agra Cantonment Railway Station vers 17h50, arrivée le surlendemain vers 5h40 à Madgaon, 6h30 à Vasco (près de 37h de trajet !). Également le *Mangala-Lakshadweep Express* (n° 2618) : départ tlj d'Agra Cantonment Railway Station vers 12h25, arrivée le lendemain soir vers 19h30 à Madgaon (ne poursuit pas jusqu'à Vasco ; un peu plus court : slt 33h de voyage...).

➢ ***Pour le Rajasthan (Jaipur et Jodhpur) :*** 2 trains directs/j. au départ d'Agra Fort. Le *Marudhar Express* (n° 4853 les mar, jeu et dim ; n° 4863 les mer, ven, sam et lun) part à 6h10, arrive à Jaipur à 11h30 et à Jodhpur à 18h20. Le *Jodhpur-Howarh Express* (appelé aussi *Bikaner Express* ; n° 2307) part à 19h35, arrive à Jaipur à minuit et à Jodhpur à 7h20. Sinon, *l'Intercity Express* (n° 2988) quitte Agra Fort tlj à 18h20 et arrive à Jaipur à 22h20 (ne poursuit pas jusqu'à Jodhpur).

➢ ***Pour Haridwar :*** 1 train/j. (le *Puri Haridwar Kalinga Express,* n° 8477) quitte Cantonment Railway Station à 10h58 ; arrivée à 20h30. Sinon, les dim et lun, le *Indore Dehardun Express* (n° 4317) part à 7h10 ; arrivée à 16h45. Les jeu et ven, c'est le *Ujjaini Dehardun Express* (n° 4309) ; mêmes horaires.

En bus

Au départ d'Idgah Bus Stand *(plan couleur C6 ; ☎ 242-03-24),* la principale gare routière de la ville pour l'instant (voir aussi dans « Adresses utiles » nos infos sur la nouvelle gare, *ISBT Bus Stand*).

➢ ***Pour Delhi :*** nombreux départs tte la journée, 5h-23h30. Trajet : 5h. Le train est donc préférable, car plus rapide !

➢ ***Pour Gwalior :*** départ env ttes les 30 mn 5h-21h. Trajet : 3h env (plus que le train).

➢ ***Pour Khajuraho :*** 2 bus/j., à 5h et 6h30, via Gwalior et Jhansi. Trajet : 12h env. Seule solution permettant d'échapper aux changements qu'impose le trajet en train. Mais le train reste quand même la meilleure solution.

➢ ***Pour Barathpur et Jaipur :*** au départ de l'hôtel *Sakura* (à côté du *Sheetal Tourist Home* et d'*Idgah Bus Stand*). Départ ttes les 30 mn 6h30-22h30, puis un dernier vers 0h30. Trajet : 5-6h.

➢ ***Pour Fatehpur Sikri :*** bus ttes les 30 mn 7h-19h. Trajet : 1h15 env.

Au départ de Power House Bus Stand *(plan couleur E4)* **:**
➢ ***Pour Mathura :*** départs ttes les 30 mn 4h-16h. Trajet : 1h30.
➢ ***Pour Tundla et Lucknow :*** départs tte la journée, à peu près ttes les heures 4h-22h. Durée du trajet jusqu'à Lucknow : 8h.
➢ ***Pour Rishikesh et Haridwar :*** même fréquence que pour Lucknow. Les bus de 21h et 22h disposent de couchettes. Trajet : 11h.
➢ ***Pour Varanasi :*** 1 départ/j., vers 15h. Trajet : 20h. Ou passer par Lucknow (lire ci-dessus). Parfois le bus est annulé faute de passagers. Préférer le train.

En avion

Depuis 2005, il n'y a plus de vols au départ d'Agra. Ceux-ci devraient, à terme, reprendre, mais lors de notre dernier passage, aucune date n'était annoncée. Se renseigner dans les agences de voyages ou auprès d'*Indian Airlines* ou de *Jet Airways (plan couleur F7,* ***11****)*, à côté de l'hôtel *Clark's Shiraz*.
– Petit avertissement : si les vols reprennent, sachez qu'ils s'effectuent depuis la base militaire d'Agra et que les conditions d'accès aux appareils sont extrêmement strictes. Ne transporter aucun objet métallique, briquet, allumettes, ni même piles d'appareil photo dans les bagages à main, au risque de se les voir confisquer...

FATEHPUR SIKRI

30 000 hab. IND. TÉL. : 05613

Bâtie par l'empereur Akbar à partir de 1572 pour y installer sa cour, la citadelle de Fatehpur Sikri tient du Fort Rouge, d'Agra, mais s'en distingue par une architecture plus baroque. Cette étrange fantaisie architecturale est la traduction des inspirations religieuses très différentes : hindoue, musulmane, jaïne et même chrétienne. Elle nous dépeint le portrait d'un souverain à l'esprit curieux et universel (bien qu'illettré, dit-on) et à la joie quasi enfantine. Cette capitale fut pourtant abandonnée une quinzaine d'années à peine après le début de sa construction, suite à la baisse de la nappe phréatique qui ne suffisait plus à subvenir aux besoins en eau de la population. Plusieurs années de sécheresse avaient également eu raison des réservoirs et du lac artificiel créés par l'empereur. Les habitations ordinaires étant tombées en ruine, les remparts semblent aujourd'hui enserrer une ville fantôme – la plus magnifique et la mieux préservée de l'Inde – à l'intérieur de laquelle seuls les palais ont résisté aux altérations du temps. Cette beauté sans pareille a d'ailleurs été inscrite au Patrimoine mondial par l'Unesco.
La majorité des visiteurs se limite à un rapide tour du fort et de la mosquée en 2h montre en main, faisant un aller-retour dans la journée depuis Agra. Mais il n'est pas désagréable de passer une nuit dans ce village d'une autre époque. Ne manquez pas de remonter l'unique rue étroite du Bazar sur 2 km, où les petits commerçants et artisans vous salueront au passage sans chercher à vous vendre quoi que ce soit. Des points culminants derrière la mosquée, vous pourrez jouir d'un paysage rural grandiose. Puis, de la vieille ville fantôme, partez à la recherche de vestiges en vous promenant dans les champs de moutarde. Après une journée et une nuit ici, poussez encore un peu plus vers l'ouest jusqu'à Bharatpur. Là encore, vous ne le regretterez pas.

Arriver – Quitter

En bus

Petite ***gare des bus*** *(plan)* dans le centre. Liaisons avec :
➢ ***Agra*** *(Idgah Bus Stand ; 38 km)* **:** bus ttes les 30 mn 7h-19h. Trajet : 1h.

➢ ***Bharatpur*** *(23 km)* **:** bus direct à 9h. Trajet : 30 mn. Puis ttes les heures 11h-16h. Trajet : 1h

➢ ***Jaipur* :** pas de bus direct depuis le centre-ville. Gagner le croisement de *Fatehpur Sikri Bypass*, encore appelé *Fatehpur Junction,* intersection avec la route principale Agra-Jaipur située à 3 km env. Là, des bus locaux venant d'Agra passent ttes les 30 mn 24h/24. Trajet : 4h env. En revanche, les bus *deluxe* ne s'arrêtent presque jamais.

En train

Gare ferroviaire *(hors plan)* **:** *à 1 km du centre*. Petite gare tranquille où l'on peut réserver ses billets pour le reste de l'Inde sans faire la queue habituelle *(guichet fermé lun)*.

➢ ***Agra* :** 5 liaisons/j. dans les 2 sens, env 4h50-20h15. Trajet : 1h.

➢ ***Sawai Madhopur*** *(en direction de Kota)* **:** 3 liaisons/j. (2 départs le mat et 1 vers 20h). Trajet : 7h.

Tours organisés

➢ ***À partir d'Agra* :** *UP Tourism* (☎ *222-64-31)* propose tlj une visite organisée de Fatehpur Sikri *(env 550 Rps, soit 8,50 €, entrée du site comprise)*. Départ du *Government of India Tourist Office* d'Agra à 9h30 (ou de la gare ferroviaire du Cantonment à 10h15). Retour à Agra vers 15h.

➢ ***À partir de Delhi* :** certaines agences de voyages proposent, de sept à mars, la visite combinée d'Agra et de Fatehpur Sikri depuis Delhi en 2 ou 3 j. Parmi celles-ci, *ITDC Sightseeing Tour* (voir « Tours organisés de Old et New Delhi » à « Delhi ») propose théoriquement un départ certains jours en bus AC à 6h30, retour le lendemain vers 22h. Toutefois, bien se renseigner à Delhi, car c'est souvent annulé.

Adresses utiles

Tourist Information Centre *(plan)* **:** *Buland Gate Rd Crossing.* 📱 *97-60-13-14-25.* • *souravgarg@gmail.com* • *À l'entrée du village sur la gauche, petit bureau d'infos touristiques privé dans l'enceinte du* Goverdhan Tourist Complex. *Tlj 9h-19h.* Sourav, jeune guide passionné et compétent répondra gracieusement à toutes vos questions concernant la région, il peut aussi vous guider pour la visite du site et vous faire découvrir les vestiges éparpillés dans la très belle campagne environnante.

■ ***Banques, change, distributeurs* :** pas de banque, ni d'ATM (pour l'instant) dans le village, le *Goverdhan Tourist Complex* peut vous dépanner en change. Sinon, *Dawar Foreign Exchange,* Agra Gate, à 2 km du centre.

Comment s'orienter ?

Suite à l'inscription de Fatehpur Sikri sur la liste du Patrimoine mondial de l'Unesco, la Cour suprême d'Inde a décidé la suppression de certaines activités (les « marchands du temple » et les *guesthouses* notamment) et la destruction des bâtiments parasites trop proches de la vénérable cité, dans un périmètre de 300 m. Un grand complexe à 2 km du village (à proximité du *Gulistan Tourist Complex*) a été construit par les autorités. Constitué d'un grand parking obligatoire (7h-16h) pour les bus d'excursion et véhicules privés, il vous impose la traversée d'un marché de souvenirs de 85 échoppes en dur et de 4 restos (dont un *McDo* en projet !). De ce parking,

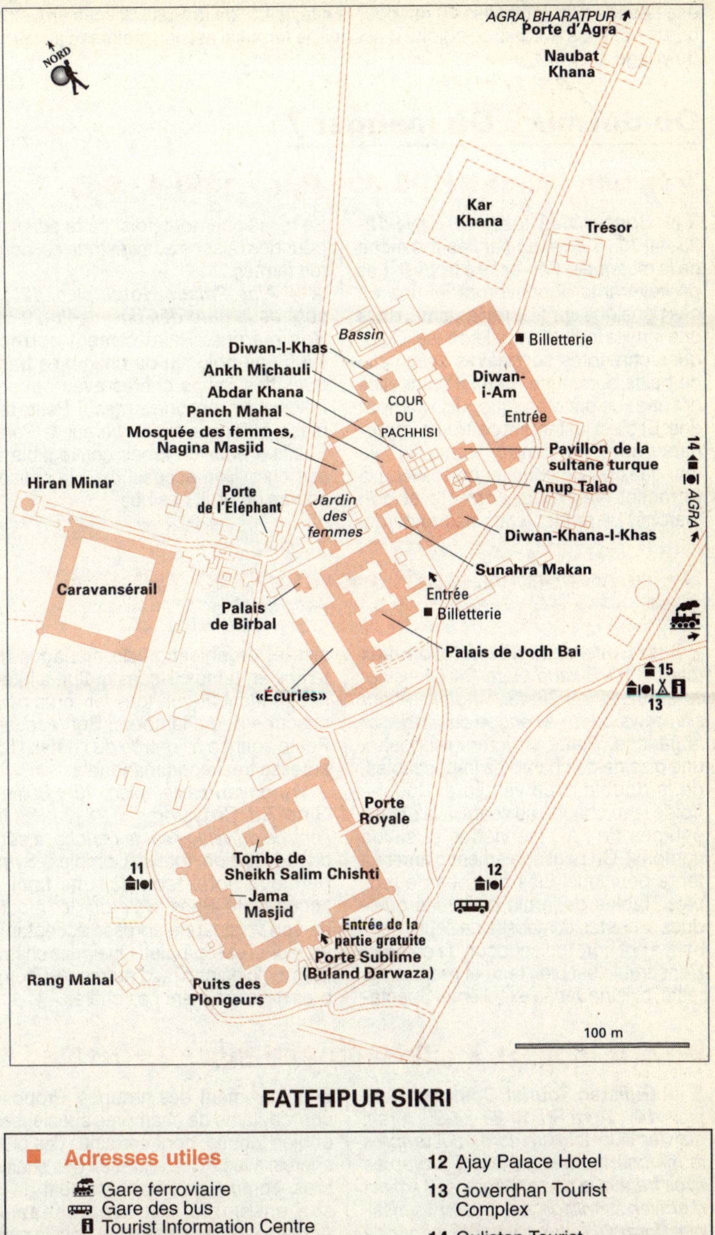

FATEHPUR SIKRI

■ **Adresses utiles**

- Gare ferroviaire
- Gare des bus
- Tourist Information Centre

Où dormir ? Où manger ?

- **11** Sunset View
- **12** Ajay Palace Hotel
- **13** Goverdhan Tourist Complex
- **14** Gulistan Tourist Complex
- **15** Vrindavan Hotel

une navette part toutes les 10 mn pour le site, à 1,5 km (*5 Rps*). Si vous arrivez en bus local, vous éviterez ce comité d'accueil, le terminal est, lui, maintenu au centre du village.

Où dormir ? Où manger ?

Très bon marché (100-300 Rps / 1,50-4,60 €)

Sunset View *(plan, **11**) : 94-12-38-44-16. Suivre les flèches à gauche de la mosquée. Pas facile à trouver.* Les persévérants découvriront ici une de ces pensions comme on les aime, dans une famille indienne chaleureuse. Quelques chambres sommaires avec salle de bains commune. Deux d'entre elles ont une vue panoramique sur la campagne. Et c'est justement cette vue imprenable que l'on vient chercher ici. Ne manquez pas le coucher de soleil de la terrasse. Nourriture correcte et bon marché. Le rendez-vous des routards. Se renseigner toutefois, cette adresse, pour des raisons administratives, pourrait fermer.

Ajay Palace Hotel *(plan, **12**) : à côté de la gare des bus. ☎ 28-29-50. Bon marché.* Relativement correct, avec une poignée de chambres basiques (les moins chères avec douche froide et eau chaude au seau). Petite terrasse à l'étage avec vue sur *la Porte Sublime* pour un repas convenable et pas cher. Bon accueil, mais la maison souffre du bruit des bus.

De bon marché à prix moyens (300-750 Rps / 4,60-11,50 €)

Goverdhan Tourist Complex *(plan, **13**) : Buland Gate Rd Crossing. ☎ 28-22-22 ou 26-43. • hotelfatehpursikriviews.com • À l'entrée du village sur la gauche.* Petite structure proposant une dizaine de chambres impeccables, de la double avec ventilo et douche froide (eau chaude au seau), à la *deluxe* équipée de l'AC (serviettes et savon compris). On peut également planter sa tente pour quelques dizaines de roupies. Tables de jardin parmi les quelques arbustes et massifs de fleurs donnant à cet hôtel un soupçon de charme. L'ensemble est bien tenu et propret. Au resto, cuisine variée excellente. Spectacles et organisation de mariages de temps en temps. Accès gratuit à Internet pendant 20 mn tous les jours pour chacune des chambres. Bon accueil. Petite agence à l'entrée de l'hôtel. Une adresse très recommandable.

Vrindavan Hotel *(plan, **15**) : Buland Gate Rd Crossing. ☎ 28-23-18. À l'entrée du village sur la gauche, à côté du* Goverdhan Tourist Complex. Sympathique hôtel tenu par une famille accueillante. Sans avoir tous les atouts de son voisin, une adresse acceptable si celui-ci est complet. Quelques chambres avec baignoire, d'autres plus sombres mais vraiment pas chères.

De prix moyens à chic (600-900 Rps / 9,20-13,80 €)

Gulistan Tourist Complex *(hors plan, **14**) : Agra Rd. ☎ 28-24-90. • rahigulistan@up-tourism.com • Juste après le marché touristique, env 1 km après avoir franchi la porte d'Agra, et 2 km avt d'arriver au village. En saison touristique, formule buffet à volonté autour de 250 Rps midi et soir.* Cet établissement, construit en grès rouge et dont l'architecture évoque celle d'un fort, reçoit principalement des groupes. Propose une vingtaine de chambres spacieuses et bien tenues, dont certaines (les plus chères) avec AC. L'entretien des chambres, comme de l'établissement dans son ensemble, est irréprochable. Agréables jardins intérieurs pour le petit déj. L'adresse est en pleine nature et donc calme, mais l'atmosphère y est un peu froide.

À voir

🏛🏛🏛 ♻ ***Le site :*** *ouv tlj du lever au coucher du soleil. Que vous veniez du parking des bus touristiques par la navette ou à pied du centre du village, vous arriverez, après 1 km d'une route sinueuse, au terminus des navettes en haut de la colline. À votre gauche la Grande Mosquée, le caravansérail et la vieille ville (tous trois gratuits), à votre droite le site payant. Entrée : 250 Rps + 10 Rps (taxe ADA) ; gratuit pour les moins de 15 ans ; petit supplément pour les caméras.*
À l'entrée, on trouve des guides plus ou moins compétents, assez utiles même si ce ne sont pas des historiens (leurs anecdotes peuvent être parfois farfelues... et drôles). Compter env 70 Rps/h de visite.
Fatehpur Sikri, « la ville de la Victoire », propose de très beaux vestiges, même si certains pavillons n'ont jamais pu être achevés en raison du départ précipité de l'empereur et de la cour 15 ans après sa création, faute d'eau.
– ***Le palais de Jodh Bai :*** un des plus vastes ensembles de la forteresse. Une grande cour entourée de plusieurs bâtiments, surélevés pour certains. Les principaux constituaient les résidences d'été *(summer palace)* et d'hiver *(winter palace)* de la femme hindoue d'Akbar et de sa mère, ainsi que de quelques-unes de ses odalisques. On les reconnaît à leurs toits bleus. Ces édifices, protégés par une garde de fidèles rajpoutes et d'eunuques, étaient les plus importants du sérail. Par un viaduc, Akbar pouvait y accéder directement du Diwan-Khana-i-Khas. Sur le flanc ouest, le temple. Noter l'architecture symétrique autour de la cour. Les sculptures des piliers présentent encore des motifs témoignant du syncrétisme religieux.
– ***Sunahra Makan :*** c'est le palais de la femme chrétienne d'Akbar (la deuxième était hindoue, la troisième musulmane). En observant bien, on trouve, sous les corniches et sur certains murs, de nombreux restes de polychromie. Structure très simple, sans fioritures, mais entrez donc ! Dans la chambre (la pièce la plus grande), en s'habituant à l'obscurité, apparaissent des œuvres peintes sur les murs, comme cette fresque figurant une femme jouant de la flûte. Ouvrez l'œil.
– ***Anup Talao :*** c'est sur cette plate-forme entourée d'un bassin, face aux appartements de l'empereur, que le très célèbre Tansen chantait et jouait. À certaines grandes occasions, Akbar faisait remplir le bassin de pièces d'or, d'argent et de cuivre, qui étaient ensuite distribuées aux pauvres.
– ***Diwan-Khana-i-Khas :*** à l'extrémité sud du bassin, les appartements privés d'Akbar sont assez dépouillés, mais attestent de la force de caractère de l'empereur. Une plate-forme en pierre surélevée en guise de lit royal, quelques vestiges de fresques et des niches où l'empereur conservait sans doute ses manuscrits précieux (bien qu'illettré, l'empereur ne se déplaçait pas sans sa bibliothèque de 50 000 ouvrages !), voilà tout ce qu'il en reste. Piliers sculptés de fleurs et de fruits. Par une petite fenêtre, Akbar se montrait à ses sujets. Noter qu'il n'y avait pas de marches pour accéder au lit : Akbar était porté par ses hommes. Ho... hisse !
– ***Le pavillon de la sultane turque :*** dominant le bassin, petite structure qui servait de chambre à l'une des femmes d'Akbar (la musulmane). Les niches à l'intérieur accueillaient moult miroirs. Exemple de travail sur pierre d'une finesse extrême, tapissant intégralement l'intérieur : oiseaux, bêtes sauvages, fleurs et feuillages témoignent de l'habileté extraordinaire du sculpteur et de sa capacité à mêler les influences hindoues, musulmanes et chrétiennes.
– ***La cour du Pachhisi :*** c'est la grande cour. Au centre, un trône très simple, au milieu d'un jeu inscrit dans le sol, composé de beaux pavements croisés. Il s'agit d'une sorte d'échiquier géant dont les pions étaient des personnages vivants. Esclaves et femmes nues se déplaçaient ainsi au gré des fantasmes du souverain. Ben voyons !
– ***Diwan-i-Khas :*** la salle des audiences privées avec, au centre du vestibule, une grosse colonne magnifiquement sculptée. Elle rassemble des éléments d'arts jaïn, moghol, hindou, persan, turc et bouddhique. Les spécialistes s'amuseront à essayer d'attribuer tel style à telle forme sculptée. Ce pilier supporte un ensemble superposé de 36 consoles en volutes surmontées d'un balcon circulaire de 6 m de

haut d'où rayonnent quatre passerelles. Pour certains, c'est là qu'Akbar avait coutume de s'entretenir sur des sujets religieux, notamment avec les pères jésuites de Goa. La structure est ornée de kiosques à chaque angle.

– ***Ankh Michauli :*** petite salle sans architecture notable, qui servait à entreposer les bijoux, l'or et l'argent dans des orifices encore visibles. On dit que l'empereur y jouait à cache-cache avec ses épouses. Dans un coin de l'édifice, une petite structure, appelée kiosque de l'Astrologue. Le plus intéressant est ici la sculpture des linteaux qui ondulent gracieusement comme la trompe d'un éléphant. Une fois encore s'exprime avec vigueur l'exubérance de l'art hindo-musulman.

– ***Abdar Khana :*** magasin où était conservée « l'eau d'immortalité » que buvait l'empereur. Il y faisait aussi ses ablutions, dans d'autres bassins.

– ***Panch Mahal :*** à l'ouest de la cour, accès fermé, visible uniquement de l'extérieur. Ce pavillon à quatre niveaux aux formes pyramidales, ouvert aux quatre vents, se termine par un kiosque unique surmonté d'un dôme. En tout, 176 piliers sur les cinq niveaux. Pas un mur ! L'architecte s'en est donné à cœur joie. Ici, aucun arc islamique, ni dômes, l'empereur a préféré un style indien traditionnel. C'est là sans doute que les demoiselles du harem (on en comptait jusqu'à 5 000) prenaient l'air et admiraient la vue splendide sur le palais et ses fortifications. Des écrans ajourés, aujourd'hui disparus, les mettaient à l'abri des regards indiscrets. Akbar y venait voir la lune. Noter les balcons des étages, décorés d'une frise de petites arches (influence musulmane), avec au centre une fleur (symbole hindou), surmontant une petite croix (chrétienne). Toujours ici la fusion artistique des religions. Derrière, petit jardin agréable qui accueillait autrefois un marché aux fruits et légumes.

– ***Le palais de Birbal :*** résidence de Birbal, l'un des importants ministres d'Akbar. On y trouve un des pavillons les plus décorés de Fatehpur Sikri, avec tous ses murs intérieurs et extérieurs parés d'ornementations de style hindo-musulman. Sous les dômes, clés pendantes et plafonds ciselés. Foison d'éléments décoratifs d'une époustouflante richesse. Devant s'aligne une série d'écuries pour les chameaux.

– ***Diwan-i-Am :*** la salle des audiences publiques à l'entrée nord du site. C'est dans cette cour rectangulaire que les pétitions étaient présentées, les ambassades reçues et la justice rendue. La loge royale, entourée d'écrans ajourés, se trouve sur le front ouest. La population prenait place sur les grandes pelouses devant la salle.

– ***Buland Darwaza** (Porte Sublime) **:*** cette porte colossale de 52 m de hauteur fut érigée en 1575 pour commémorer la conquête du Gujarat par Akbar. À l'extérieur, la grande arche ornée de décors incrustés fait figure de chef-d'œuvre de l'architecture moghole. Des calligraphies rappellent non seulement quelques principes de la foi divine, mais aussi la célèbre formule : « Le monde n'est qu'une passerelle, traverse-le sans bâtir ta maison. » À méditer... Au plafond, sous la voûte, moult essaims d'abeilles. Au pied de cette porte, toujours à l'extérieur, sur la gauche en bas de l'escalier, le puits des Plongeurs, réservoir d'eau qui sert aujourd'hui de dépotoir public. C'est l'endroit où les rabatteurs de tous poils (rickshaws, chameliers, prétendus guides...) sont le plus collants mais aussi celui où l'on a plus de recul pour faire la forcément sublime photo de la porte du même nom.

ABRACA D'AKBAR

À 26 ans, Akbar avait tout ce qu'un monarque pouvait désirer : pouvoir absolu, bonne santé, harem... Mais il n'avait pas d'héritier. Tourmenté à l'idée de ne pas avoir de descendance, l'empereur vint sur la colline de Sikri consulter l'ermite Sheikh Salim Chishti, dont la réputation de sagesse et de sainteté était proverbiale. La bénédiction du saint lui apporta trois fils dont le premier, le futur Jahangir, naquit l'année suivante. Plein de gratitude, Akbar l'invita à venir résider dans son palais pour profiter de ses richesses, ce que le saint homme refusa. Il essaya alors de lui faire un présent royal, que l'ermite refusa aussi. Akbar décida alors d'élever sa nouvelle capitale à Sikri.

– ***Jama Masjid*** *(Grande Mosquée)* **:** on aborde la cour soit par la Porte Sublime, soit par la Porte Royale, celle que l'empereur franchissait en venant de son palais (tout dépend d'où l'on vient). Premier bâtiment à être construit en 1571, il prend comme modèle la mosquée de Bibi Khanam à Samarkand. L'extérieur de la mosquée est modeste, mais l'intérieur révèle une grande richesse d'ornementation : arabesques florales et dessins géométriques complexes apportent un charme majestueux. Au fond de la cour, un tunnel (grillagé) rejoindrait prétendument le Fort d'Agra à 38 km de là.
– ***La tombe de Sheikh Salim Chishti*** **:** érigé d'abord en pierre rouge, le tombeau du saint fut par la suite reconstruit en marbre blanc. La magnificence des panneaux ajourés dans un seul bloc de marbre qui entoure le tombeau témoigne d'une dextérité parfaite. Chaque ouverture présente un décor floral ou géométrique différent. Les corbeaux serpentins, soutenant les auvents tout autour, sont d'une élégance étonnante. À l'intérieur, le baldaquin en bois d'ébène, au-dessus du cénotaphe, est richement décoré de nacre. Le véritable tombeau, qui repose dans la crypte, est fermé au public. Les fils de laine que vous trouverez fixés aux lacis de marbre sont autant d'offrandes déposées par les dévotes désireuses d'avoir un enfant.
– ***Le caravansérail*** **:** en sortant du fort par l'impressionnante porte de l'Éléphant, vaste cour entourée de ce qu'il reste des chambres et écuries des marchands de passage.
– ***Hiran Minar*** **:** derrière le caravansérail. Cette tour étonnante fut érigée par Akbar sur la tombe de son éléphant favori. D'une hauteur de 21 m, elle est recouverte de défenses d'éléphants en pierres sculptées symbolisant le pouvoir de l'empereur qui en possédait des armées. Cet animal terrible était utilisé pour supplicier les ennemis d'Akbar en leur écrasant la tête.
– ***L'enceinte et la porte d'Agra*** *(hors plan)* **:** *2 km env avant le village,* la route principale franchit la porte d'Agra, la mieux conservée, qui s'ouvre entre deux puissantes tours. En empruntant aussitôt la route sur la droite, apparaît un peu plus loin (toujours sur la droite) la résidence de Tansen, le plus célèbre musicien de la cour d'Akbar, puis celle de Naubat Khana, où se tenaient jadis les musiciens à l'arrivée de l'empereur. Enfin, avant d'arrivée à la porte nord du palais, Kar Khana, un ancien atelier en ruine.

BHARATPUR

IND. TÉL. : 05644

Ancienne capitale d'un royaume formé au début du XVIIIe s à l'occasion du déclin de l'Empire moghol, Bharatpur n'est plus aujourd'hui qu'une grosse bourgade tranquille, qui conserve encore quelques vestiges de l'éphémère, mais ô combien fantastique, aventure des Jats, ces anciens agriculteurs qui osèrent piller Agra avant d'abdiquer face aux Britanniques, non sans avoir lutté avec bravoure. Les restes de ces dynasties d'une autre époque n'attirent plus guère de monde aujourd'hui. En revanche, Bharatpur est connu pour son fameux parc national, inscrit au Patrimoine mondial par l'Unesco.

LE PARC NATIONAL ET LA RÉSERVE D'OISEAUX DE BHARATPUR

Chaque année, des milliers de touristes viennent visiter la célèbre réserve d'oiseaux (inscrite au Patrimoine mondial de l'Unesco) aménagée jadis sur une trentaine de kilomètres carrés d'étangs et de forêts pour les parties de chasse d'un obscur maharaja. Tout le long des XIXe et XXe s, des dizaines de têtes couronnées sont venues ici faire des cartons sur les oiseaux. Heureusement, en 1964, la réserve devint parc national et la chasse fut interdite. D'importantes colonies d'oiseaux (375 espèces sédentaires ou migratrices, dont environ 150 sont originaires d'Europe, de Chine, de Russie ou encore d'Asie centrale) s'y sont installées, tant et si bien qu'elle est devenue au fil du temps l'une des plus riches réserves d'oiseaux au monde. Un paradis sauvage qu'ornithologues et naturalistes viennent chaque hiver mitrailler... de leurs objectifs. À noter que la réserve se situe à quelques kilomètres de la ville même. C'est là que l'on trouve la plupart des logements.

LA RÉSERVE AUJOURD'HUI

Le manque de pluie sévit dans le nord de l'Inde depuis quelques années (des moussons très irrégulières depuis 2000). Résultat : près de 90 % des oiseaux de milieux humides qui se donnent rendez-vous ici durant l'hiver étaient peu nombreux, voire absents, ces derniers temps. La situation est donc fragile et la mousson de 2007 n'a pas arrangé les choses... Mais il suffit que la pluviométrie soit relativement bonne, comme en 2005, pour que les étangs et les arbres se couvrent à nouveau de milliers d'oiseaux colorés. Le mieux, si vous venez essentiellement pour voir les espèces migratrices, est de vous renseigner à Agra afin de connaître la situation exacte de la réserve. Juste histoire de ne pas être trop déçu.

Arriver – Quitter

***Railway Station** : à 3 km au nord de la ville, sur la route de Mathura, et à 5 km au nord du parc.*

***Central Bus Stand** : à l'ouest de la ville, sur la route de Jaipur, un peu après Anah Gate (à 4 km env du parc). ☎ 26-03-30.*
N.B. : en bus, d'où que vous veniez, demandez à descendre au *Saras Circle,* grand carrefour où se trouvent le *Saras Hotel,* l'office de tourisme et la majorité des *guest-houses.* Surtout ne pas descendre en ville même, qui se trouve quelques kilomètres plus loin et qui ne possède quasiment pas d'hôtels (et aucun intéressant en tout cas).
➢ ***Agra** (56 km)* **:** bus direct ttes les 30 mn dans les 2 sens, de l'Idgah Bus Stand d'Agra, 7h-22h30, et 5 bus de nuit. Trajet : 1h30. Sinon, 5 trains/j., dont le *Gwalior Intercity Express* : départ tlj d'Agra Fort Railway Station à 18h20 (train n° 2988) ; tlj de Bharatpur vers 9h (train n° 2987). Trajet : 1h.
➢ ***Fatehpur Sikri** (23 km)* **:** bus directs ttes les heures 9h-16h. Trajet : 1h env. De Fatehpur Sikri, on peut également se rendre au croisement de *Fatehpur Sikri Bypass* (ou *Fatehpur Junction*) pour prendre les bus venant d'Agra qui vont vers Jaipur, ttes les 30 mn, car Bharatpur est sur la route. De Bharatpur, on peut, bien entendu, prendre un bus pour Agra et descendre à Fatehpur Junction.
➢ ***Delhi** (186 km)* **:** le train est préférable mais souvent bondé (7-8 trains/j. dans les 2 sens). En provenance d'Amritsar, les *Golden Temple Mail* (n° 2904) et *Paschim Express* (n° 2926), qui partent tlj respectivement à 7h50 et 16h55 de New Delhi Railway Station, sont les plus rapides (trajet : 3h). En direction de Delhi, le meilleur est le *Kota Jan Shatabdi Express* (n° 2059) qui part tlj sf dim vers 9h25 et arrive à la gare de H. Nizamuddin à 12h25. Tous s'arrêtent sur le chemin à *Mathura.* Sinon, bus ttes les heures (ttes les 30 mn aux heures de pointe) 4h-23h, dont 6 *deluxe*. Trajet : 5h env.
➢ ***Jaipur** (178 km)* **:** bus en moyenne ttes les heures (ttes les 30 mn aux heures de pointe) 24h/24 dans les 2 sens, dont 4 *deluxe.* Trajet : 4h env. Sinon, 5 trains/j. dans les 2 sens. Les meilleurs sont le *Marudhar Express* (n° 4853) et le *Gwalior Intercity Express* (n° 2988) en provenance d'Agra qui passent à Bharatpur respectivement vers 7h15 et 19h15. Trajet : 4h15 pour celui du mat et 3h pour celui du soir.
➢ ***Deeg** (35 km)* **:** bus ttes les 30 mn env, 5h30-19h30, dans les 2 sens. Trajet : 1h env.

Quand y aller ?

Ces indications sont données pour une année où la pluviométrie est dite « normale ».
– ***D'octobre à mars :*** sans aucun doute la meilleure période. Les oiseaux migrateurs commencent à arriver en octobre puis repartent vers le nord au cours du mois de mars. C'est à cette époque que la densité d'oiseaux est la plus forte et donc que l'on a le plus de chance de voir des espèces rares.
– ***Avril :*** il peut faire alors très, très chaud, d'ailleurs la ville est quasiment désertée par les touristes. Pour autant, moyennant certaines précautions (chapeau et gourde), la visite reste envisageable (de préférence au lever du jour ou au coucher du soleil). La majorité des espèces étant sédentaire, la population d'oiseaux reste très abondante.
– ***De mai à juin :*** parc fermé.
– ***De juillet à septembre*** *(mousson)* ***:*** nombreux sont les changements survenant à cette époque de l'année. Les pluies, qui viennent réalimenter les marais, poussent certaines espèces à rejoindre des terres moins humides (champs cultivés), tandis que d'autres sont de retour pour la nidification. Le spectacle est alors plus que jamais en haut des arbres. Ni l'humidité ni la chaleur ne constituent de réels obstacles à la visite.
– À noter que le ***Braj Festival*** *se déroule chaque année tout début fév (théoriquement du 2 au 4) :* visite organisée du parc national, expo de photos, danses folkloriques, concours de moustaches et de costumes rajasthanis et feu d'artifice pour conclure. Beaucoup de monde.

Adresses utiles

■ ***Tourist Reception Centre :*** *Saras Circle, en face du* Saras Hotel. ☎ *22-25-42.* ● *rajasthantourism.gov.in* ● *Tlj 10h-17h, mais il y a parfois du monde après la fermeture...* Dispose d'une carte gratuite de Bharatpur.

■ ***Banques, change, distributeurs : State Bank of Bikaner and Jaipur,*** *Binarayan Gate, dans la ville, à 2 km du parc.* ☎ *22-24-41. Lun-ven 10h-14h ; sam 10h-12h.* Change les euros, les dollars et les chèques de voyage. Voir également ***The Perch Forex*** et ***Royal Forex,*** *dans la rue perpendiculaire aux* guesthouses (change euros, chèques de voyage et service *Western Union*). Sinon, un distributeur ***(ATM),*** *à la* ***State Bank*** *située à Collectorate, à 1 km env de Saras Circle, en prenant la route qui mène au centre-ville. Un autre situé sur Old Agra Rd juste avt le* Laxmi Vilas Hotel. Cartes *Visa* et *MasterCard* acceptées.

■ ***Téléphone :*** *nombreux kiosques* STD-ITS *autour du Saras Circle.*

@ ***The Perch Forex :*** *B6, New Civil Line.* ☎ *23-34-78. Prendre la rue à droite du Saras Circle (quand on vient d'Agra) ; c'est 50 m plus loin, sur la gauche. Tlj 5h30-23h30. Dans la même rue, un peu plus loin, également* ***Royal Forex.***

■ ***Soins : Singhal Nursing Home,*** *Binarayan Gate.* ☎ *22-56-67.* En cas de petit pépin... Privé, donc un poil cher.

■ ***Location de vélos :*** *à l'entrée du parc, à côté de la billetterie. Compter 25 Rps/j.* Ne vous laissez pas abuser par certains agents un peu trop cupides qui pourraient bien vous affirmer que c'est un tarif à l'heure... Certains hôtels et *guesthouses* louent également des vélos, mais sachez qu'il est désormais interdit d'entrer dans le parc avec des vélos loués ailleurs qu'auprès des services du parc ! ça, c'est du business bien pensé ou l'on ne s'y connaît pas !

Où dormir ? Où manger ?

Les pensions sont toutes situées au sud-est de la ville (à 3 km du centre-ville), aux alentours du rond-point de *Saras Circle* (pour aller vers Fatehpur Sikri) et de l'office de tourisme, à proximité de l'entrée du parc national.

De très bon marché à bon marché (70-400 Rps / 1,10-6,20 €)

Kiran Guest House : *364, Rajendra Nagar.* ☎ 22-38-45. 94-60-91-26-41. • *kiranguesthouse.com* • *Au carrefour de Saras Circle, prendre la direction du centre-ville, puis la 2e rue à gauche ; c'est à 200 m sur la droite.* Une ruelle parfaitement au calme à l'écart de la route et du carrefour bruyant. Jolie façade et chambres absolument proprettes, à l'image de l'excellent accueil. Grande gentillesse et disponibilité des patrons, Arun, toujours aux petits soins pour ses convives (conseils, réservations, visite de la ville), et son frère Tarun, naturaliste zen qui vous proposera ses services de guide. Peuvent venir vous chercher gratuitement à la gare des bus ou des trains ou vous y raccompagner lors de votre départ. Une poignée de chambres au rez-de-chaussée ou à l'étage. Une seule sans douche à prix plancher (très bon marché). Quelques-unes avec *air cooler*. Une chambre récente et spacieuse avec AC (prix moyens). Terrasse sur le toit où se restaurer d'une excellente cuisine familiale. Sans oublier un avantage de taille : la *guesthouse* est située à 5 mn à pied de l'entrée du parc. L'un des meilleurs rapports qualité-prix de la ville dans cette catégorie !

Jungle Lodge : *Gori Shankar Colony.* ☎ 22-56-22. 94-14-02-31-52. Agréable jardin fleuri et reposant, dans une ruelle au calme et en retrait de la route. Accueil simple et gentil d'Ashok, guide naturaliste et hôte très naturel... Les chambres (dont quelques-unes à l'étage, un peu plus chères) donnent sur le jardin. Toutes avec ventilo, *air cooler* et eau chaude. Prix en fonction de la taille. Location de jumelles. Bon repas servis sous une tonnelle dans le jardin.

Royal Guest House : *B-15, New Civil Line.* ☎ 23-02-83. 94-14-31-54-57. • *rinkeshbtp@yahoo.com* • Aménagée tout récemment dans sa maison à l'arrière du bureau de change-internet *Royal Forex,* cette sympathique *guesthouse* familiale dispose de 5 petites chambres très propres, toutes avec salle de bains toute neuve. Son propriétaire, dont le frère est aussi guide au parc, a le souci du détail pour offrir un lieu d'accueil chaleureux. La terrasse, en construction à notre passage, promet d'être bien agréable pour les repas minutieusement préparés par la maman.

De prix moyens à chic (400-1 200 Rps / 6,20-18,50 €)

Flacon Guest House : *Gori Shankar Colony. Voisin du* Jungle Lodge. ☎ 22-38-15. 94-14-87-77-47. • *falcon guesthouse@hotmail.com* • Une sympathique affaire familiale qui propose des chambres propres avec balcon, douche chaude, et ventilo pour les moins chères. Les plus onéreuses ont une baignoire. Accueil charmant de Rajni, la maîtresse des lieux. Petit resto et jardin à l'arrière avec un brin de pelouse. Soirée barbecue.

Plus chic (1 700-2 800 Rps / 26,20-43,10 €)

The Birder's Inn : *Bird Sanctuary Rd.* ☎ 22-73-46. • *brdinn@yahoo.com* • *En face du* Saras Hotel, *sur le trottoir de gauche de la route pour Jaipur et tout près de l'entrée du parc.* Si l'entrée est située au bord d'une route bruyante, les chambres, absolument impeccables (toutes avec AC, ventilo, TV et frigo l'été), sont au fond d'un joli jardin fleuri et calme. Confortable resto aux murs de pierres apparentes et toit de bambou pour une cuisine raffinée (buffet le soir quand il y a assez de monde). Tenue générale parfaite. Mais la présence de groupes et d'hommes d'affaires de passage a fait doubler les prix ces dernières années : l'établissement a gagné en professionnalisme et en efficacité à l'anglaise ce qu'il a perdu en accueil chaleureux à l'indienne.

Hotel Bharatpur Ashok (Forest Lodge) : *Keoladeo National Park. ☎ 22-27-60. • itdchba@sancharnet.in • Situé à l'intérieur du parc, juste après le* Visitor Interpretation Centre, *sur la droite, au fond d'une contre-allée. Remise de 35 % juin-sept. Repas 375 Rps. CB acceptées.* Géré par l'*ITDC* (organisme gouvernemental). Reçoit surtout des groupes et ornithologues solitaires. Hôtel quelque peu désuet, bloc de béton peint en vert au cœur du parc. Vaste hall désert, un peu triste, pour un accueil correct mais froid. Une vingtaine de chambres avec salle de bains (eau chaude et baignoire), TV, balcon avec balancelle, AC et minibar, d'un confort très satisfaisant certes, mais peu en rapport avec les tarifs pratiqués (carrément prohibitifs). Bon, pourquoi pas, si vous recherchez du calme et à être dans le parc au lever du soleil ! Gare aux moustiques !

Très chic (3 600-4 600 Rps / 55,40-70,80 €)

Laxmi Vilas Palace : *Kakaji Ki Kothi. ☎ 23-11-99 ou 22-35-23. • laxmi vilas.com • À la sortie de la ville en direction d'Agra. Repas env 350 Rps.* Un véritable palais comme on peut se l'imaginer dans nos rêves les plus fous... Construit en 1887 par le frère du maharaja de l'époque, il offre une superbe architecture marquée par les influences rajpoutes et mogholes. Majestueuse façade qui se reflète dans l'eau bleue de la grande piscine. Chambres spacieuses, très beau mobilier et confort au rendez-vous... Et, tant qu'on y est, pourquoi ne pas s'offrir une suite en amoureux... ?

À voir

Keoladeo Ghana National Park : *tlj du lever au coucher du soleil. Entrée : 200 Rps (valable pour une seule entrée) ; le double pour les caméras (pas de supplément pour les appareils photo).* À l'entrée, demander la petite brochure avec le plan du parc. N'oubliez pas d'emporter des jumelles *(sinon, loc à l'entrée : 15 Rps/j.).*
À l'intérieur du parc, un ***Visitor Interpretation Centre*** *(tlj 8h-12h, 14h-18h ; gratuit)* avec une expo intéressante sur le thème de la sécheresse. Saviez-vous que 98 % de l'eau sur terre est salée ? L'eau douce, c'est 87 % de glace, 12 % souterraine et seulement 1 % en rivières et lacs ! Paradoxe : aucune mention, ici, de l'utilisation de l'eau dans les baignoires des hôtels alors que leurs clients viennent voir des oiseaux qui en manquent ! Et puis, l'indispensable planche des oiseaux de la réserve, à étudier avant pour mieux les identifier après. Dix minutes de visite très instructive. À ne pas manquer.
À pied ou à vélo, on vous conseille de vous faire accompagner par un guide officiel *(demander à l'entrée ; env 70 Rps/h pour un groupe jusqu'à 5 pers, presque le double au-delà).* De toute manière, tous les prix sont affichés à l'entrée. Ayant été formés par des spécialistes, ils savent reconnaître la plupart des espèces ; certains d'entre eux connaissent même des rudiments de français et sauront vous indiquer les meilleurs endroits pour dénicher biches, hyènes, antilopes, chats sauvages (le soir), singes, sambars (cerfs) et... pythons (un des plus gros reptiles certes, mais non venimeux et très câlin au demeurant, visible uniquement en hiver). Et puis, si vous voulez aussi arpenter le parc en dilettante, rien ne vous oblige à prendre le guide pour toute la durée de votre balade.
– ***Moyens de transport pour la visite :*** inutile de rentrer avec une voiture, on ne peut faire que 2 km. De loin, l'idéal c'est le vélo *(à louer à l'entrée du parc ; 25 Rps/j.).* On vous rappelle qu'il est désormais interdit de pénétrer dans le parc avec des vélos loués ailleurs... Essayer les biclous sur quelques mètres pour voir si tout est OK (certains sont un rien vieillots). Le vélo présente l'avantage de vous laisser une complète autonomie, de pouvoir accéder à des coins où vous serez seul, et d'être silencieux, ce qui est fort utile pour observer les oiseaux. Par ailleurs, seuls les

vélos peuvent emprunter tous les chemins, et c'est quand même ça qui est sympa. On peut aussi louer les services d'un rickshaw à pédales, conduit par un guide local *(peut accueillir 2 adultes et 1 enfant pour env 50 Rps/h).* Ils attendent à l'entrée du parc et sont reconnaissables à leur plaque jaune et leur numéro inscrit dessus. Mais, gros inconvénient : les vélos-rickshaws ne peuvent emprunter que la route principale goudronnée qui traverse le parc, et c'est souvent le défilé. Ce n'est donc pas là que l'on voit le plus d'animaux ! Également des visites en attelage à cheval, que les romantiques pourront apprécier, particulièrement au coucher du soleil mais, là encore, on est contraint de rester sur la route principale. Enfin, on peut sillonner les allées et sentiers de la réserve à pied. Dernier point, ni taxi, ni voiture, ni auto-rickshaw au-delà de Shantikutir Barrier. Ouf !

– ***La visite du parc :*** le parc couvre 29 km^2 dont 11 sont occupés par les marais en période de pluie. Il est traversé par une petite route goudronnée depuis l'entrée. Il existe par ailleurs quelques sentiers de terre qu'on ne peut emprunter qu'à vélo ou à pied. Près de 400 espèces se donnent rendez-vous ici, dont 150 migrantes venant de toute l'Asie centrale et 50 migrantes à l'intérieur de l'Inde : canards, oies sauvages, chevaliers, pélicans rosés, grues cendrées, aigrettes, cigognes blanches, flamants, aigles, etc., pour les espèces migratrices ; marabouts, ibis blancs, spatules, hérons, cormorans, calaos dotés d'un énorme bec comme celui des toucans, étrange *snakebird* au cou en forme de serpent, pour les espèces sédentaires !

Camouflages, attentes fébriles après un hypothétique envol, rien de tout ça ici, du moins les années où la pluviométrie est abondante : les oiseaux sont là par milliers, tous plus gracieux les uns que les autres. Ghana signifie d'ailleurs « forêt dense », et cela n'est pas pour rien. Mais on vous rassure, même lorsque la mousson n'a pas été très bonne, la visite vaut le coup ! Certes, les oiseaux des milieux humides sont moins nombreux, mais les autres sont toujours là, et votre balade sera vite récompensée par une belle surprise : une tortue qui glisse silencieusement dans l'eau, une antilope ou un sambar qui enjambe soudainement le sentier sur lequel vous pédalez avec insouciance...

L'ORIENT-EXPRESS À TIRE-D'AILE

Chaque année, à l'approche de la saison fraîche, tous les regards sont tournés vers le ciel pour guetter l'arrivée des grues de Sibérie. Ces magnifiques oiseaux élancés, reconnaissables à leur plumage blanc immaculé et à leur bec rouge, viennent « hiverner » après un voyage de quelque 6 400 km. L'espèce est en voie de disparition : on ne lui connaît plus que deux refuges d'hivernage dans le monde, l'un en Iran et le second à Bharatpur. Mais jusqu'à quand ?

En poursuivant la petite route goudronnée qui traverse le parc, près du point appelé *Keoladeo Temple,* sur la gauche de la route, jetez donc un œil à cette plaque de béton où sont inscrites les prises de chasse des personnalités qui vinrent ici depuis 1902. Tiens, regardez donc le rapport entre le nombre de coups tirés et le nombre d'oiseaux dégommés : le meilleur tireur se trouve au bas de la 4e colonne. En 39 coups de fusil tirés, Lord Linlithgow abattit 4 273 canards ! C'est du joli. Le plus nul (bravo à lui !) est le roi du Népal, qui en 1957, en 26 coups ne fit que 76 victimes.

Le fort Lohagarh : *au centre-ville. Tlj sf j. fériés 10h-16h30. Entrée : 3 Rps.* Entouré d'un fossé et défendu autrefois par un haut mur dont il reste quelques vestiges, il renferme les restes de trois palais construits au début du XVIIIe s par le maharaja Suraj Mal. Quelques jolies salles de hammam (baignoires, fresques...). Dans le fort, plusieurs galeries qui constituent un *musée* rassemblant des pièces provenant pour la plupart du Rajasthan (antiquités hindoues, joyaux, animaux empaillés et poussiéreux, armes, objets usuels...). Uniquement si vous disposez d'un peu de temps.

➤ DANS LES ENVIRONS DE BHARATPUR

DEEG *(ind. tél. : 05641)*

Peu de voyageurs s'aventurent jusqu'à cette petite bourgade méconnue, à 35 km au nord-ouest de la célèbre réserve, jadis ancienne capitale d'été des Jats de Bharatpur. Et pourtant, ses délicats palais de marbre en excellent état de conservation, ainsi que ses jardins soigneusement entretenus, méritent vraiment le détour. D'autant que la balade dans le village est très agréable. On peut très bien faire cette excursion à la journée depuis Bharatpur.

Arriver – Quitter

➤ ***De Bharatpur :*** bus (départ du *Central Bus Stand* de Bharatpur) ttes les 30 mn env, 5h30-19h30, dans les 2 sens. Trajet : env 1h.

À voir

Deeg Palace : *tlj du lever au coucher du soleil. Musée : tlj sf ven 9h30-17h30. Entrée : 100 Rps ; gratuit moins de 15 ans. Appareils photo et caméras interdits à l'intérieur du musée (gratuits à l'extérieur). Guides sur place, à l'entrée. Compter 1h30-2h de visite.*
Tous les ans, durant la 1re semaine de février, s'y déroule le *Braj Festival* : en journée, différentes animations consacrées à un État de l'Inde (danses folkloriques, musiques, expo-vente d'artisanat) ; le soir, jeu de lumière sur les 500 fontaines.
Deeg Palace est un ensemble de plusieurs palais édifiés au XVIIIe s sous le maharaja Suraj Mal. Les pavillons s'organisent autour d'une cour aménagée en jardin florissant, en travées surélevées, bordant de généreux bassins à fontaines. Toutes les allées se dirigent vers la grande fontaine centrale. Une construction d'une rare cohérence. Chaque palais avait une destination bien précise : logements, agréments, réunions politiques, fêtes. Voici quelques-uns des édifices les plus importants :
– *Gopal Bhavan :* l'édifice principal. Bâti entre un lac artificiel *(Gopal Sagar)*, aujourd'hui domaine des blanchisseuses, avec un jardin jadis agrémenté de 500 fontaines et jeux d'eau, cette ancienne demeure princière de deux étages, en marbre blanc et grès jaune, est donc l'une des images les plus admirables et les mieux proportionnées de la fusion des styles rajpoute et moghol. Flanquée de deux charmants pavillons au toit voûté, elle donne l'apparence d'un vaste navire flottant sur les eaux du Gopar Sagar. Encore utilisée jusque dans les années 1970 à l'occasion de grandes réceptions organisées par les maharajas, elle a été transformée en une sorte de musée d'objets de toutes sortes. Un curieux et intéressant mélange. Collection de meubles assez hétéroclite, gravures anciennes, tigres empaillés. Et puis, observez au plafond l'étonnant système de ventilation composé de larges panneaux de tissu actionnés depuis l'extérieur pour aérer les hôtes. Sur une table, un abominable « bar » en pied d'éléphant (faut quand même être tordu pour transformer un pied d'éléphant en bar !). À l'étage, une table à manger en marbre pour le moins originale, et encore un curieux lit à 7 places (Suraj Mal n'avait pourtant bel et bien que deux épouses...).
– *Suraj Bhavan : à l'est de Gopal Bhavan,* ce palais en marbre incrusté de pierres semi-précieuses est une construction volée au fort de Delhi en 1768, démontée et reconstruite ici par Jawar Singh. C'était le palais d'été. Étonnant réseau de petites pièces basses, séparées les unes des autres par des arcades, tout en marbre. En face, un pavillon avec un kiosque extérieur grillagé qui accueillait le tigre du maharaja. Sur la terrasse de ce pavillon, l'astucieuse réserve d'eau du palais.

– *Kishan Bhavan :* cet édifice du XVIIIe s servait de salle de conférences aux ministres. Salle à colonnades, tapis pelés. Au fond, une petite loge surélevée. Jolie décoration ciselée entre les arches.
– *Keshav Bhavan :* dans ce pavillon aéré, cerné par un étroit canal et surplombant le lac Rup Sagar, se déroulaient autrefois des spectacles de son et lumière, jets d'eau colorés et billes de fer reproduisant astucieusement la pluie et le tonnerre. Aujourd'hui, sur les *ghats,* les blanchisseuses s'activent. À côté, toujours le long du lac, le *Nand Bhavan,* consacré à la lutte indienne, sport de combat apprécié par le maharaja et par le peuple qui était convié au spectacle.
– D'autres pavillons mineurs s'insèrent dans cet ensemble de grande qualité.

GWALIOR

900 000 hab. environ — IND. TÉL. : 0751

En guise d'introduction, laissons l'écrivain-voyageur Pierre Loti nous conter à sa façon celle que les Moghols appelaient jadis « la Perle de l'Hindoustan » : « une de ces citadelles de Titans comme on en construisait dans ces pays aux âges héroïques [...]. Par-dessus la forteresse naturelle, des dynasties de rois dont nous n'imaginons plus l'existence ont fait pendant plus de mille ans entasser les blocs sur les blocs pour se créer là-haut d'imprenables repaires. [...] La position la plus imprenable de toute l'Inde occidentale n'a cessé, depuis les temps historiques, d'être un objet de convoitise pour les rois guerriers. Elle a vu d'étonnantes batailles dont l'histoire emplirait des volumes [...] et n'est plus aujourd'hui qu'une haute solitude couverte de palais, de tombeaux, de temples et d'idoles de toutes les civilisations et de tous les âges. Nulle part dans notre Europe on ne trouverait un lieu qui puisse lui être comparé, un si magique musée des grandeurs disparues. »
Sans doute écrasée par le poids de son histoire, riche et mouvementée, Gwalior s'est peu à peu assoupie, restant bizarrement en dehors des circuits touristiques classiques. Ses habitants sont plutôt réservés, quoique assez souriants. Les gamins vous tendront volontiers la main sans vous demander quoi que ce soit. Il règne ici une atmosphère bon enfant. Une ville pas désagréable en somme, surtout pour ceux qui souhaitent se retirer 1 ou 2 jours du harcèlement incessant de ses voisines Agra ou Varanasi.

UN PEU D'HISTOIRE

La ville de Gwalior devint, au cours des siècles, le berceau de grandes dynasties rajpoutes avant de tomber successivement entre les mains des Moghols (en 1526), des Marathes (dont est issue la famille Scindia), puis des Anglais (en 1780) pour finalement revenir, en douceur cette fois, aux Scindia qui régnèrent en maîtres jusqu'à l'indépendance.

UNE EAU DE VIE !

Une légende fascinante retrace l'origine de Gwalior. Au VIIIe s, un grand chef du nom de Suraj Sen fut frappé par la lèpre. Parti à la chasse, il trouva pour se désaltérer un puits gardé par un saint homme, l'ermite Gwalipa. L'eau guérit ses plaies. En reconnaissance, il fonda une ville qu'il baptisa Gwalior, en hommage à celui qui lui offrit une vie nouvelle.

Arriver – Quitter

En train

***Gare ferroviaire :** à l'est de la ville, à env 2 km du fort.*
➢ ***Delhi, Agra et Jhansi :*** env 1 train/h. Pour Agra, 1h10 de trajet avec le *Shatabdi Express* (qui quitte *Agra Cantonment* à 8h15 et, dans l'autre sens, Gwalior à 19h10), et env 2h avec les autres trains.

➢ ***Khajuraho :*** train jusqu'à Jhansi puis bus ou, de Khajuraho, bus jusqu'à Jhansi puis train. Le *Bhopal Shatabdi Express* est le plus pratique car, quittant Gwalior vers 9h30, il permet d'attraper le bus de 11h pour Khajuraho, censé vous attendre à la gare. Depuis Khajuraho, plusieurs bus pour Jhansi le mat. Arrivée 5h plus tard à Jhansi, d'où vous n'avez plus qu'à prendre un train pour Gwalior.
➢ ***Orchha :*** de Gwalior, train jusqu'à Jhansi puis bus, rickshaw ou taxi pour les 20 km restants. Les bus vers Orchha partent régulièrement de la gare routière de Jhansi, située à env 2 km de la gare ferroviaire.

En bus

Gare routière : *à deux pas de la gare ferroviaire, de l'autre côté de Station Rd.*
➢ Liaisons avec ***Agra*** et ***Jhansi*** ttes les 30 mn env, de 5h ou 6h à 22h. Pour ces 2 destinations cependant, le train est plus rapide. Pour ***Delhi,*** nombreux départs aussi mais surtout le mat, 4h-8h. Là encore, le train reste préférable.

En avion

✈ ***Aéroport :*** *au nord de la ville.* ☎ *247-01-24.*
➢ *Air Deccan* relie quotidiennement, dans les 2 sens, ***Delhi*** et ***Gwalior, Gwalior*** et ***Indore.***

Adresses utiles

Infos touristiques

MP Tourist Office : *à l'hôtel* Tansen, *6 A, Gandhi Rd.* ☎ *234-03-70. Officiellement, lun-sam 10h-17h.* Donne un plan très schématique de la ville, mais pas vraiment d'infos, à moins de tomber sur quelqu'un qui parle un peu l'anglais. Il paraît qu'il est possible aussi d'y trouver un guide pour le fort, mais bon...

MP Tourist Information Centre : *dans le hall d'entrée de la gare ferroviaire. Tlj 9h-19h.* Encore une fois, il arrive aux employés de s'absenter quelques minutes... De toute façon, vous n'en tirerez que quelques brochures sur l'État du Madhya Pradesh.

Poste et télécommunications

✉ ***Post Offices :*** *la grande poste (GPO) se trouve sur la place principale du Jayaji Chowk, dans le quartier Lashkar, à quelques km à l'ouest de la gare ferroviaire.* Difficile de la louper, c'est le bâtiment ocre de style vaguement corinthien. Également une ***poste*** *sur Station Rd, en face de la gare.*

@ ***Gwala's Cyberzone :*** *en face de l'hôtel* Sun Estate, *à 100 m de l'hôtel* Shelter *(voir « Où dormir ? »), lui-même situé à env 10 mn à pied de la gare. Tlj 10h-22h.*

Change, distributeurs

■ ***State Bank of India :*** *Jayaji Chowk, Lashkar, au sud-ouest de la ville, non loin de la* GPO. *Horaires habituels.* Seule agence bancaire à faire le change (argent liquide et chèques de voyage) ; en revanche, n'accepte pas les cartes *Visa* et *MasterCard*.

■ ***Distributeurs de billets :*** vous en trouverez plusieurs qui acceptent les principales cartes de retrait autour de l'hôtel *Shelter (voir « Où dormir ? »),* dont un juste à côté.

Divers

■ ***Indian Airlines :*** *juste en face de l'hôtel* Shelter. ☎ *232-68-72. Lun-sam 10h-13h15, 14h-16h45.*

■ ***Location de voitures :*** *à l'hôtel* Tansen *(voir « Où dormir ? »).*

■ ***Piscine municipale :*** *à côté du*

LA VALLÉE DU GANGE

stade, soit à 700 m de l'hôtel Landmark *(voir « Où dormir ? »). Avr-oct, tlj 6h-10h, 17h-20h.* Attention, il y a des horaires pour les hommes et d'autres pour les femmes. Unique piscine de Gwalior.

Orientation et circulation

Étendue et encombrée, Gwalior n'est pas aisée à parcourir. Quelques repères : on distingue d'abord la ville haute (encore appelée la citadelle ou le fort), cet énorme éperon rocheux (3 km de longueur pour 200 à 700 m de largeur et 100 m de hauteur, orienté vers le nord) qui domine la ville basse. Cette dernière se divise elle-même entre la vieille ville, au nord-est du fort, au pied des murailles (Jama Masjid, Tansen Tomb), et la ville moderne, au sud, avec pour principaux repères le quartier des gares (Railway Station, State Bus Stand, *Tourist Office* à l'hôtel *Tansen*) à l'est, le quartier des palais (Jai Vilas Palace, Usha Kiran) au centre, et, enfin, le quartier Lashkar (ou Bada) à l'ouest, centre de la vie commerciale où l'on trouve banques, *GPO* et bazars en tout genre.

Des *tempos* (ces curieuses bêtes noires pétaradantes à trois roues et d'une autre époque) assurent sans arrêt la navette entre les différents quartiers de la ville basse. Faire signe au chauffeur si vous désirez monter (pas d'arrêts bien sûr) ; indiquez-lui le plus simplement possible où vous vous rendez, la plupart ne parlent pas un mot d'anglais. Peu, voire pas, de vélos-rickshaws.

Pour accéder à la citadelle depuis la ville basse, prendre un auto-rickshaw jusqu'à la porte ouest et continuer à pied, ou se rendre à pied à la porte nord-est depuis la vieille ville.

Où dormir ?

Très bon marché (max 70 Rps / 1,10 €)

■ ***Bandichor Gurdwara :*** *c'est le temple sikh situé dans l'enceinte du fort, non loin d'Urwahi Gate (la porte ouest), à env 6 km de la gare (lire « À voir »).* Comme dans tous les temples sikhs, on peut y dormir, dans de petites chambres, genre cellules, avec salle d'eau attenante. Pas le grand confort mais situation idéale puisqu'à côté des principaux monuments de Gwalior ! De plus, atmosphère reposante et, surtout, on ne vous demandera rien pour votre séjour, enfin, juste 50 Rps, que vous pourrez reprendre en partant, mais qu'on vous encourage à laisser. Seul hic, on ne peut savoir s'il y a de la place qu'en s'y rendant, et comme c'est assez éloigné de la gare, vous risquez de faire, si c'est complet, une assez longue route pour rien.

De très bon marché à bon marché (70-400 Rps / 1,10-6,20 €)

■ ***Retiring rooms de la gare ferroviaire :*** pour les fauchés, des dortoirs corrects et vraiment pas chers. Attention, ils sont en principe réservés aux hommes. Sinon, aussi des chambres privées, plutôt calmes, avec eau chaude et AC pour certaines. Bonne solution, en définitive, si vous n'envisagez pas de vous éterniser à Gwalior. Billet de train bien sûr nécessaire.

■ ***Hotel D.M. :*** *près de la gare routière, à quelques centaines de mètres de la gare ferroviaire.* ☎ *234-10-49.* Comme pour les *retiring rooms,* pratique pour ceux qui ne passent qu'une ou 2 nuits à Gwalior. Les chambres les moins chères sont spartiates mais les autres, assez bien tenues, ont TV et salle de bains privée avec eau chaude. Également un petit dortoir très bon marché. Et un téléphone avec compteur à la réception.

De bon marché à prix moyens (200-800 Rps / 3,10-12,30 €)

Hotel Mayur : *juste derrière l'hôtel* Shelter, *dans une ruelle sombre, à env 10 mn à pied de la gare (mieux vaut prendre un rickshaw).* ☎ *263-26-67.* L'avantage de cet endroit ? Ses chambres pour tous les budgets, avec ou sans AC, et même un dortoir très bon marché (malheureusement bruyant et pas hyper-bien tenu). *Air cooler* dans les chambres les moins chères, de là à dire qu'elles sont *cool*... Quant aux plus chères, elles sont grandes et pas trop mal arrangées. On en a presque pour son argent ! Accueil en revanche très sympa.

De chic à plus chic (1 300-2 500 Rps / 20-38,50 €)

Hotel Landmark : *47, Manik Vilas.* ☎ *401-12-71, 72 ou 73.* • *hotellandmarkgwalior.com* • *À env 500 m au sud de la gare. Double min 2 000 Rps (30,80 €).* Enfin un bâtiment engageant, que l'on sent soigné ! Cela ne se dément pas à l'intérieur : agréable réception. Réparties sur 4 niveaux, de bonnes chambres bien finies et carrelées, avec couvre-lits bruns (*king size* ou jumeaux), AC, grande TV et sanitaires nickel ! Possède aussi un excellent resto (voir « Où manger ? »). Tout simplement le meilleur rapport qualité-prix dans cette catégorie.

Hotel Shelter : *Padav.* ☎ *232-62-09 ou 10.* • *hotelsheltergwalior.com* • *À env 10 mn à pied de la gare, en direction du quartier Lashkar (par Maharani Laksmi Bhai Rd). Double min 1 500 Rps (23,10 €).* Les *tempos* peuvent vous arrêter devant. Juste en face du bureau d'*Indian Airlines.* Bâtiment moderne, chambres avec fauteuil, TV et clim'. Les moins chères, pourtant pas si bon marché, sont assez fatiguées. Cela commence à aller mieux à partir des *business rooms,* plus nettes, mais bon, cela reste quand même fort cher, et pour le charme, on repassera. En revanche, le resto, climatisé, sert un savoureux *chicken afghani.*

Hotel Tansen : *6 A, Gandhi Rd.* ☎ *234-03-70.* • *tansen@mptourism.com* • *À moins de 1 km de la gare, dans un faubourg assez paisible mais un peu excentré. Double min 1 300 Rps (20 €).* Hôtel gouvernemental. Chambres à différents tarifs (plus ou moins grandes, avec ou sans AC) mais, au bout du compte, assez surévaluées, même si c'est l'hôtel le moins cher de cette catégorie. Vous y trouverez aussi « l'office de tourisme », bien gentil mais inefficace. Possibilité également d'y louer une voiture avec chauffeur.

Très, très chic (plus de 200 $)

Usha Kiran Palace : *Jayendra Ganj, Lashkar.* ☎ *244-40-00.* • *tajhotels.com* • *À mi-chemin de la gare et de Jayaji Chowk. Double min 250 $ en hte saison.* Pour nos lecteurs parfaitement à l'aise dans leur budget, une résidence posée dans un vaste et paisible jardin à l'anglaise, à l'arrière du palais Jai Vilas. Elle servait jadis de lieu d'accueil aux hôtes européens des maharajas de la dynastie Scindia, parmi lesquels Pierre Loti. Splendide façade en claires-voies semblable aux moucharabiehs du Moyen-Orient, que l'écrivain juge « presque trop jolie, trop travaillée, trop ajourée ». Le reste est à l'avenant, du hall d'entrée décoré de ravissantes fresques aux chambres, certes très chères, mais superbes et très spacieuses. Si vous n'y logez pas, vous pourrez toujours vous faire le resto, pas bon marché non plus mais beaucoup, beaucoup plus abordable que l'hôtel...

Où manger ?

Très bon marché (max 50 Rps / 0,70 €)

Bandichor Gurdwara : *oui, c'est de nouveau le temple sikh situé dans l'enceinte du fort (voir « Où dormir ? »).* Figurez-vous qu'en plus d'y dormir presque gratuitement, on peut aussi y manger pour rien du tout, assis par terre dans une sorte de préau en pierre où se recueillent les fidèles. Nourriture très simple (généralement des lentilles – *daal* – accompagnées de *chapatis*, qu'il faut recevoir en ouvrant les 2 mains), mais c'est bon, sain, et cela permet de faire une expérience culinaire un peu différente.

Bon marché (50-100 Rps / 0,70-1,50 €)

Indian Coffee-House (ICH) : *2 succursales de cette chaîne très répandue dans le sud de l'Inde, dans Jayaji Chowk, à deux pas de la grande poste, et en dessous de l'hôtel* India, *tt près de la gare.* La première est plus calme et plus aérée mais exclusivement végétarienne. Vous l'avez compris, l'autre sert aussi de la viande, mais est assez étouffante. Où que vous alliez, serveurs en habits traditionnels et toques rajpoutes ! Un des établissements les moins chers de Gwalior.

Kwality Restaurant : *Deen Dayal Market, Maharani Laksmi Bhai Rd (MLB Rd), à mi-chemin entre la gare et le quartier Lashkar.* Cuisine indienne surtout : soupes très parfumées, bon *chicken tandoori* et, en prime, délicieuses *dhals yellow* (lentilles), assorties de tomate, petits oignons, piments et fines herbes. Salle sombre, climatisée et nette. Service preste et amène. Petits prix. Une bonne adresse !

Volga Restaurant : *Jayendra Ganj, Lashkar. Entre MLB Rd et Jai Vilas Palace, au-dessous de l'hôtel* Surya. Encore une fois, il faut aimer la pénombre, mais il paraît que c'est un gage de qualité et de distinction. On veut bien le croire, sous le soleil de Gwalior ! Large choix de spécialités indiennes et bons desserts, mais rien, sinon le frais de l'atmosphère climatisée, qui nous rapproche de près ou de loin de la lointaine Russie. Propre et relativement bon marché.

Prix moyens (100-250 Rps / 1,50-3,80 €)

Restaurant de l'hôtel Landmark : *voir « Où dormir ? ».* Que vous logiez ou non à l'hôtel, on vous recommande son resto, vraiment bon ! Banquettes moelleuses, tables revêtues de nappes en tissu, boiseries, voilà pour le décor. Côté cuisine, superbes *paneer saagwala* (fromage aux épinards) et *sukhi dhal* (lentilles au gingembre et à l'ail), joliment servis. Il y a bien sûr aussi des plats chinois et continentaux, comme le *chicken au gratin*. Service un peu nonchalant en revanche, dommage !

Restaurant de l'hôtel Regency : *Link Rd, non loin de la gare, à côté de l'hôtel* D.M. Le genre de resto où il faut se rendre au moins une fois lors d'un séjour en Inde. C'est l'adresse où l'on vient en famille fêter l'anniversaire du petit ou de la future belle-fille, au rythme de la musique live traditionnelle jouée sur la petite estrade... L'Inde typique, quoi ! En gros, c'est pas très cher, c'est pas très stylé, mais y a d'la vie !

À voir

Les principaux lieux d'intérêt étant assez éloignés les uns des autres, y compris à l'intérieur du fort, on conseille à ceux qui en ont les moyens la location d'un taxi à la journée. Pas si cher que ça en définitive (moins de 600 Rps, soit 9,20 €), surtout si vous êtes plusieurs.

La citadelle

Accès du lever au coucher du soleil. Deux entrées : une première côté ouest (Urwahi Gate), à env 6 km de la gare, accessible en rickshaw ou en taxi ; une autre côté nord-est (Alamgiri Gate), accessible à pied depuis la vieille ville (1 km de bonne montée pour atteindre le palais principal, ou Man Mandir). Le plus simple étant de se rendre à la porte ouest en rickshaw, de visiter la citadelle à pied et de ressortir par la vieille ville. Compter bien 3h de visite pour avoir un bon aperçu des richesses de la citadelle : six palais, quatre temples, deux musées et même, de part et d'autre de la route qui monte vers le Man Mandir après la porte ouest, de nombreuses statues jaïnes taillées entre 1440 et 1480 à même le roc, tels des géants de pierre ! On n'en compte pas moins de 127, avec autant de grottes sculptées. Si vous disposez de peu de temps, vous pouvez prendre un taxi (les rickshaws sont interdits dans l'enceinte de la citadelle) de la porte ouest jusqu'au *Man Mandir,* voir ensuite le *Sas Bahu* et le *Teli-ka-Mandir,* et repartir ; allez tout de même jeter un rapide coup d'œil du rebord nord de l'acropole (au-delà de Jahangir Mahal). Superbe panorama sur la vieille ville et le Gujari Mahal. On aperçoit même la tombe de Tansen sur la droite.

Man Mandir Palace : *le palais principal, accessible en taxi depuis la porte ouest. À pied, compter 15-20 mn (de grimpette). Entrée : 100 Rps, valable pour ts les monuments de la citadelle ; supplément caméras. Son et lumière ts les soirs : séance en anglais à 19h30 en hiver, 20h30 en été. Coût : 150 Rps. Durée : 45 mn. Prévoir une crème antimoustiques en saison... et une petite laine en hiver.*
Construit par le raja Man Singh entre 1486 et 1517 pour lui servir à la fois de forteresse et de résidence. Ses façades sud et est ont conservé les vestiges de faïence, en émail bleu, vert et or, de ce qui dut être une éblouissante frise représentant canards, paons, éléphants, crocodiles, phénix, etc. La façade côté est, assise au bord du vide, semble prolonger la montagne de ses six tourelles circulaires. On recommande le ***son et lumière*** qui retrace l'histoire du fort depuis sa création jusqu'à l'indépendance du pays. Pas trop de commentaires, on est plutôt plongé dans une ambiance, celle de l'Inde des sultans et des maharajas, grâce aux musiques et aux chants des différentes époques évoquées, ainsi qu'aux spectaculaires effets de lumière mettant superbement en valeur l'édifice ! Mais retour à la visite proprement dite. Les pièces du palais sont vides, mais riches d'histoire.
La première pièce est la *salle de musique* où les épouses royales (au nombre de huit) pouvaient écouter la musique des plus grands maîtres de l'époque. Les musiciens étaient en bas, les femmes à l'étage, cachées par des rideaux derrière une dentelle de pierre. Remarquez également les frises représentant des danseuses. Les anneaux servaient à orner les murs de rideaux et de draperies.
Visitez aussi la *chambre d'hiver* (pièce à droite en entrant) et la *chambre d'été* du raja (au fond). Les murs de la première étaient à l'origine incrustés de diamants et de pierres précieuses. Notez le couloir qui l'entoure, où couraient tous les matins des danseuses arborant des clochettes aux chevilles pour réveiller le raja en douceur. Le soir, dans la cour, les miroirs éclairés par des lampes à huile reflétaient à l'infini leur grâce. Faites-vous expliquer dans la chambre d'été le système d'*air cooler* de l'époque, pas bête !
Lors de l'occupation moghole, les sous-sols de ce palais furent transformés en cachot, et l'empereur Aurangzeb y emprisonna notamment son frère, avant de l'y pendre. Se munir d'une lampe de poche. Un autre étage souterrain servit de piscine, puis de citerne. C'est également ici que furent immolées les épouses du raja à sa mort, selon la coutume du sati. À noter encore : l'ingénieux système de « téléphone » situé dans les murs pour appeler les favorites.

Karan Mahal, Jahangir Mahal et Jauhar Kund : au-delà du Man Mandir, vers le nord, gisent les restes assez délabrés d'autres palais ainsi qu'un bassin (Jauhar Kund) et une ancienne fabrique de canons anglais. C'est là qu'en 1232, à la prise du fort par les sultans de Delhi, les femmes rajpoutes s'immolèrent par le feu pour ne pas tomber entre les mains des assaillants.

Gwalior Archeological Museum : *en face du Man Mandir. Tlj sf ven 10h-17h. Entrée symbolique. Photos interdites.* Dans un ancien hôpital britannique, belle collection de statues hindoues et jaïnes (Ier s av. J.-C.-XVIIe s apr. J.-C.) retrouvées dans les environs de Gwalior. Parmi les plus belles statues, celle de Vishnou entouré de ses dix avatars (Krishna, Bouddha, Rāma...) ou encore Brahma sur sa monture, le cygne Hamsa... Et, en particulier, un superbe *Ganesh dansant* du IXe s. Présentation assez classique.

Madhya Pradesh Archeological Museum : *en contrebas du Man Mandir, à l'entrée nord-est de la citadelle. Tlj sf lun 10h-17h. Entrée : 30 Rps + supplément appareils photo ou caméras.* Ce musée occupe le **Gujari Mahal,** l'ancienne demeure de l'épouse favorite de Man Singh, qui, du fait de sa basse condition, ne put jamais prétendre à s'installer aux côtés du maharaja. Sculptures hindoues et bouddhiques d'époque gupta, stèles, miniatures mogholes et rajpoutes, pièces de monnaie. Agréable présentation, pour partie dans la cour du palais, mais les petites salles obscures qui l'entourent sont plus décevantes.

Sas Bahu : *au sud du Man Mandir, non loin de l'antenne de TV.* Abondamment ornés de sculptures, ces deux temples vishnouïstes du XIe s ressemblent étrangement, à plus petite échelle, aux temples jaïns de Mont Abu et de Ranakpur au Rajasthan. De nombreuses représentations de divinités, endommagées lors de la prise du fort par les sultans de Delhi, sont malheureusement manquantes. Les grosses poutres en béton ont été rajoutées par les Anglais car le premier temple menaçait de s'effondrer.

Teli-ka-Mandir : *au sud du Sas Bahu, pas loin de la porte ouest.* Ce monument en pierre sculptée de 32 m de hauteur, dont l'architecture n'est pas sans rappeler les *gopurams* de l'Inde du Sud, est encore un mystère aujourd'hui pour les spécialistes qui n'ont pas réussi à déterminer s'il s'agit d'un sanctuaire jaïn ou vishnouïste. Selon la légende, il aurait été élevé au IXe s par un empereur à l'occasion de son mariage. La tradition voulait que les nouveaux époux passent dans ce temple 3 jours en compagnie d'un instructeur chargé de les éveiller aux plaisirs de l'amour. Le premier jour, il leur expliquait des positions ; le deuxième jour, il leur apprenait comment le mari donne du plaisir à la femme ; le dernier jour, c'était au tour de la femme d'apprendre comment donner du plaisir à son époux. Vous comprenez mieux maintenant la présence des statues érotiques, bonne introduction à celles de Khajuraho (celles de Gwalior leur sont d'ailleurs antérieures). Après ces 3 jours (ô combien instructifs !), nos tourtereaux étaient fin prêts à s'aimer !

Bandichor Gurdwara : *en face du Teli-ka-Mandir.* Ce temple sikh fut édifié en 1970 pour célébrer le courage du *guru* Har Govind, emprisonné par Jahangir dans le fort de Gwalior. À l'intérieur, des lecteurs se relaient pour psalmodier leur Livre saint. On peut y manger et dormir à peu de frais (voir les rubriques en question).

La vieille ville

Jama Masjid *(Grande Mosquée)* **:** sa visite ne présente en elle-même qu'un intérêt limité. En revanche, allez sillonner les ruelles commerçantes alentour, peu touristiques, pleines d'animation et d'odeurs : c'est le quartier des drapiers, dinandiers et bijoutiers. Également de nombreux étalages de fruits et légumes. Un vrai plongeon dans l'Inde.

Muhammad Ghaus et Tansen Tomb : *situés à l'intérieur de la nécropole musulmane.* Le mausolée central abrite le corps d'un vieux prince afghan, haut conseiller d'Akbar (superbe édifice d'époque moghole en marbre ajouré) ; celui sur la droite les restes de Tansen, « le Neuvième Joyau de la cour d'Akbar », considéré aujourd'hui encore comme le plus grand musicien que l'Inde ait jamais produit. Près de sa sépulture se dresse un vieux tamarinier bien connu des chanteurs de la région, qui viennent mâcher ses feuilles pour s'adoucir la voix... Bien plus qu'un simple monument, cette tombe fait partie de l'héritage culturel de Gwalior qui accueille chaque année, en novembre-décembre, le plus grand festival de musique à l'échelle nationale.

Jai Vilas Palace : *tlj sf mer 10h-18h. Entrée : 150 Rps, ce qui est cher ! ; supplément appareils photo et caméras. Guides professionnels à l'entrée.*
Encore occupé de temps à autre par le maharaja Jyotiraditya Scindia qui, au passage, est à la fois politicien et homme d'affaires (tiens, en Inde aussi, ça va de pair ?). C'est un immense palais de quelque 300 ou 400 pièces, bâti au XIXe s dans un style italianisant.
Quelques ailes ont été transformées en un *musée* extraordinaire, rassemblant d'authentiques antiquités et de véritables objets d'art à côté desquels traînent, pêle-mêle, toutes sortes de babioles jouant du kitsch à qui mieux mieux. Suivant l'ordre de la visite, vous découvrirez successivement salles d'armes, collections numismatiques à l'effigie de la dynastie Scindia, instruments (un gramophone construit en 1874 par Thomas Edison en personne, un polyphone encore en état de marche, etc.), meubles anciens (un guéridon napoléonien au hasard d'une salle), lithographies, miroirs (notamment un curieux miroir double laissant deviner alternativement, en fonction de son orientation, le roi George V et la reine Victoria), et encore bien d'autres trésors... À vous d'aller chiner au petit bonheur la chance.
Terminons par les trois pièces les plus extravagantes : dans la salle à manger, un étonnant chemin de fer miniature destiné à convoyer brandy et cigares aux convives à la fin des repas d'apparat ; dans la grande salle de réception, le plus grand tapis d'Asie (33 m x 23 m), décoré de 560 kg d'or et entièrement fabriqué par les prisonniers de Gwalior en 12 années de labeur, et enfin, palmes d'or, les deux lustres les plus lourds du monde (3,5 t et 248 ampoules chacun), si lourds que les architectes firent grimper dix éléphants au premier pour tester le plafond (véridique !). Comment ont-ils fait ? On s'est posé la même question, vous pensez bien. La réponse, c'est qu'il a fallu construire une rampe d'accès de 1 km pour faire monter les bébêtes ! Voilà, il suffisait d'y penser...

ORCHHA

IND. TÉL. : 07680

« Le joyau du Madhya Pradesh », « l'âme de l'Inde », les qualificatifs ne manquent pas pour désigner cette ancienne capitale de la province du Bundelkhand, posée sur les rives de la Betwa, un affluent de la rivière Yamuna, dans un décor de verdure si propice à la sérénité. Vous pourrez errer quasiment seul, au gré de votre imagination romantique, dans cette minuscule cité médiévale hors du temps et, à chaque instant, vous ne cesserez de vous sentir entouré d'histoire.
Située à une vingtaine de kilomètres de Jhansi, en retrait de la route de Khajuraho, loin du harcèlement incessant qui caractérise les villes touristiques, Orchha fait figure d'étape de repos idéale sur votre tour de l'Inde en 28 jours, un endroit paisible où il fait bon ne rien faire... Surtout, elle vous permet de sortir des sentiers battus sans peine ni galère.

UN PEU D'HISTOIRE

Fondée au XVIe s par les souverains rajpoutes de la dynastie Bundela, Orchha devint au siècle suivant, grâce à la protection de Jahangir, la capitale d'un puissant royaume dirigé par le maharaja Bir Singh Deo. Mais, une fois Shah Jahan au pouvoir, ce dernier brisa l'entente passée entre les deux monarques, chassant le maharaja à la faveur d'un prince tout à sa dévotion, dont les successeurs n'ont cessé de régner jusqu'en 1948, après s'être placés sous la protection des Britanniques à partir de 1812.

Arriver – Quitter

➢ ***Jhansi*** *(19 km)* **:** point de transit pratiquement obligé entre Orchha et le reste du pays. Quatre moyens de transport au choix : bus, *tempo* (sorte de rickshaw collectif), rickshaw et taxi. Les bus et *tempos* partent du *Bus Stand* de Jhansi (à env 2 km de la Railway Station ; prendre un *tempo* ou un rickshaw pour s'y rendre) et s'arrêtent dans la rue principale d'Orchha, d'où ils repartent vers Jhansi. Fréquence : ttes les 30 mn env, 5h-22h. En cas d'arrivée tardive à Jhansi, les seuls moyens de transport sont le rickshaw et le taxi (respectivement 150 et 250 Rps env).
➢ ***Gwalior*** *(120 km)* **:** ttes les heures, env 1 liaison en train et 2 en bus avec Jhansi (mais le train est plus rapide).
➢ ***Khajuraho*** *(178 km)* **:** 8 liaisons/j. en bus avec Jhansi. Trajet : 5h. Préférer, dans un sens comme dans l'autre, l'un des bus matinaux (par exemple, celui de 9h de Khajuraho et celui de 11h de Jhansi, qui part devant la gare ferroviaire), ça vous évitera d'arriver tard à destination. En venant de Khajuraho, de jour, vous pouvez demander que le bus vous dépose au carrefour d'Orchha (11 km avt Jhansi), et tenter d'attraper un bus ou un *tempo* qui va vers Orchha. Mais attention : il arrive que les bus et *tempos* partent à plein de Jhansi, et que vous deviez attendre le suivant... ou celui d'après.

Adresses et infos utiles

ℹ ***MP Tourist Office :*** *à la gare de Jhansi, quai n° 1. Lun-sam 8h-22h.* Quelques brochures sur la région. Juste à côté, un autre office de tourisme fait la promotion de l'Uttar Pradesh, si c'est là que vous allez...
✉ ***Post Office :*** *au carrefour central, en face du resto* Bholа. *Horaires traditionnels.*
■ ***State Bank of India :*** *Jayaji Chowk, à Jhansi. Au centre de la ville, entre la gare routière et la gare ferroviaire. Lun-ven 10h30-14h30 ; sam 10h30-12h30.* Change espèces et chèques de voyage. *Également un* ***ATM*** *à Jhansi, presque en face de la gare ferroviaire.*
■ ***Canara Bank :*** *dans la rue principale d'Orchha.* ☎ *25-26-89. Mêmes horaires que la* State Bank of India. Attention, ne change que les chèques de voyage.
@ ***Internet :*** *plusieurs endroits dans la rue principale d'Orchha.*

– ***Baignade :*** vous verrez probablement pas mal d'habitants se baigner dans la rivière Betwa. Tous vous diront que l'eau est propre et, en effet, elle n'a pas l'air sale... même si le très sérieux hebdomadaire *India Today* signalait dès 1997 l'existence de pics de pollution dus à des rejets industriels du côté de Bhopal. À vous de voir...
– ***Coupures d'électricité :*** elles sont réputées très fréquentes en soirée. Le village est alors plongé dans le noir complet !

Orientation

Venant de Jhansi, après avoir passé la porte nord, on arrive sur l'unique carrefour d'Orchha où se concentre toute l'activité du village. C'est là que se trouvent l'arrêt pour les bus, les petits commerces et magasins d'artisanat, ainsi que quelques gargotes. De ce carrefour, la route, sur la gauche, en enjambant la rivière Betwa, conduit vers les trois principaux palais (Raja Mahal, Jahangir Mahal et Rai Praveen Mahal), tandis que celle de droite mène aux temples et jardins. En continuant tout droit, après quelques centaines de mètres, on peut accéder aux rives de la rivière Betwa et, sur la droite, aux cénotaphes royaux.

Où dormir ? Où manger ?

De bon marché à prix moyens (200-650 Rps / 3,10-10 €)

Retiring rooms de la gare ferroviaire de Jhansi : si vous arrivez tard, ou dans la nuit, à Jhansi, c'est la meilleure solution. Chambres et dortoirs bien propres.

Ram Mandir Guest House : *Main Market, presque sur le carrefour, au cœur du spectacle de la vie quotidienne.* ☎ *25-20-76.* À peine 5 chambres, certes sommaires mais, pour le prix, vous ne serez pas volé. En plus, c'est moins cher à partir de 2 nuits ! Salle d'eau privée ou commune, eau chaude au seau. Grande terrasse au 1er étage, d'où l'on peut observer l'activité de la rue. Une adresse sympa, qui plus est, tenue par des gens charmants.

Shri Mahant Guest House : *Main Market, en face de la* Ram Mandir Guest House. ☎ *25-27-15.* Un peu plus chère que celle-ci, mais un cran au-dessus. De plus, ici, on profite vraiment d'une super terrasse surplombant la rue ! Chambres avec eau chaude et *air cooler*, les plus chères se situant à l'étage et bénéficiant de la vue. Patron sympa. Éviter son annexe, l'accueil y est limite, en particulier avec les routardes.

Fort View Guest House : *dans la rue principale, non loin du carrefour.* ☎ *25-27-01.* Petit bâtiment bas abritant 10 chambres à différents prix mais toutes agréables et très propres, avec salle d'eau et *air cooler.* Certaines ont la TV en plus et une, la n° 108, possède l'AC. C'est la plus chère bien sûr, mais elle reste abordable (surtout à deux) et est vraiment sympa : colorée, avec une superbe salle de bains et une vue sur le fort depuis les lits... De quoi s'éveiller d'un bon pied ! Petit déj et repas sur demande.

Pour manger pas cher, il y a plusieurs petits restos ouverts sur la rue, au niveau du carrefour, comme le ***Bhola,*** le ***Betwa Tarang*** et le ***Milan.*** Inutile de vous en conseiller un en particulier, ils se valent tous.

Chic (1 000-1 800 Rps / 15,40-27,70 €)

Betwa Retreat : ☎ *25-26-18.* • *betwa@mptourism.com* • *Tente env 1 000 Rps ; double 1 700 Rps (26,20 €).* En bordure de la rivière Betwa, entre le pont et les cénotaphes royaux, cet ensemble de ravissants petits cottages, disséminés au milieu d'un parc joliment entretenu (du moins en façade), possède beaucoup de charme. On a le choix entre des bungalows ocre-rose et des tentes, avec ou sans AC. On vous conseille les tentes, moins chères que les bungalows, et pourtant vraiment attrayantes, malgré leurs sanitaires en préfabriqué. Un bon rapport qualité-prix ! Tous les soirs, petits spectacles de musique traditionnelle au *chaupal,* une sorte de petit amphithéâtre grec situé dans le jardin... Enfin, agréable salle de resto, où l'on n'est certes pas bousculé par le service mais où vous pourrez manger un étonnant *chicken tikka* avec... de la mayonnaise ! En hiver, l'hôtel organise aussi du rafting sur la rivière.

Hotel Sheesh Mahal : ☎ *25-26-24.* • *smorchha@mptourism.com* • *Installé dans une aile adjacente au palais de Jahangir. Double env 1 500 Rps (23,10 €) ; suites 4 000-5 000 Rps (61,50-76,90 €).* Cet hôtel gouvernemental au charme certain faisait office, avant l'indépendance, de résidence d'accueil pour les hôtes des maharajas. Aujourd'hui, il propose 6 chambres avec TV et grande salle de bains (mais sans AC), pour le prix d'un lit en dortoir dans une AJ en Europe. Essayez vraiment d'avoir la n° 4, pas plus chère que les autres mais beaucoup mieux, une véritable petite suite à prix d'amis en fait, avec la vue et de petites alcôves ornées de tissus indiens... Également 2 vraies suites, avec plafond voûté et baignoire en marbre pour 2 personnes. Avis aux amateurs ! En revanche, le resto n'a rien d'extraordinaire : cuisine continentale insipide, service très lent. Avec une touche de couleur et un éclairage ad hoc, le lieu révélerait pourtant toute sa splendeur.

Très chic (min 3 500 Rps / 53,80 €)

Amar Mahal : *un peu à l'écart du village, en allant vers les cénotaphes royaux.* ☎ *25-21-02.* ● *amarmahal.com* ● *Doubles 3 500-4 100 Rps (53,80-63,10 €) selon confort.* Un bon choix pour ceux qui veulent se faire un bel hôtel chic. Ouvert assez récemment, il se présente comme un vrai petit palais de maharaja, avec son jardin intérieur de style moghol entouré de portiques. Les chambres, carrelées, sont vastes et luxueuses, avec une belle salle de bains, du mobilier choisi et, pour certaines, un lit à baldaquin. Resto un peu décevant, en revanche.

À voir

Le droit d'entrée pour les sept monuments d'Orchha est fixé à 250 Rps, plus 25 Rps pour un appareil photo et 50 Rps pour une caméra.

Rajah Mahal : *de l'autre côté du bras de la rivière Betwa (accès par le pont qui part du carrefour central). Ouv du lever au coucher du soleil.*
Bâti entre 1531 et 1539, ce palais couronné de *chhatri* (dômes en forme de parapluie) se présente extérieurement simple et massif. On pénètre dans une première cour intérieure assez délabrée, puis dans une seconde, rectangulaire, dominée par deux ailes de cinq étages. Remarquez les délicates claires-voies en filigrane de pierre qui protègent le palais de la lumière brutale tout en laissant passer la brise. C'est sur cette cour que donnent les salles encore décorées de peintures murales nous contant, entre autres, la légende du *Rāmāyana* ou des scènes de la vie quotidienne (chasse, lutte, folklores, etc.). La chambre de la reine en est un bon exemple, où murs et plafonds sont ornés de superbes représentations religieuses (Krishna et les vachères, le Bien et le Mal, Krishna face à l'un de ses dévots, Vishnou couché sur un serpent à 7 têtes, Ganesh, etc. ; au plafond, les 10 avatars de Vishnou). La chambre du roi ainsi que la salle de maquillage ne sont pas mal non plus. Enchantement et romantisme assurés, si vous pouvez visiter ce palais au soleil couchant. Imaginez qu'à l'origine, cette construction était entièrement recouverte de faïence turquoise et émeraude. Un pur joyau reflétant les rayons du soleil.

Jahangir Mahal : *ouv du lever au coucher du soleil.* Érigé au début du XVIIe s par le maharaja Bir Singh Deo pour son ami Salim, alias Jahangir, l'empereur moghol de l'époque. Il devait héberger Jahangir (et sa petite escorte) lors de ses passages dans le coin mais, en réalité, celui-ci n'y passa, de toute son existence, qu'une seule nuit. Dommage car, par la suite, le palais ne fut plus jamais utilisé... Bref, il n'a jamais servi à rien ! Ce qui ne vous dispensera pas de l'admirer car il combine bien les styles hindou et moghol, tant au niveau architectural que pictural par l'association symbolique du bleu turquoise et du vert cobalt. Il s'organise autour d'une cour carrée que dominent quatre pavillons d'angle à clocheton. On ne le dirait pas mais, en plus des 136 chambres du rez-de-chaussée et des étages supérieurs, il y a 100 chambres (à usage militaire) en sous-sol ! À l'intérieur, un musée archéologique... sans grand intérêt car on ne voit rien (pas d'éclairage !). À l'extérieur de la porte est, deux éléphants. Levez la tête, vous devriez apercevoir un vautour, un vrai, toujours le même, perché au sommet du pavillon... Enfin, on découvre aussi de ce côté, en contrebas, les restes d'anciennes étables pour les chameaux, de l'aire de repos des éléphants du raja, d'un hammam, ainsi que le Rai Praveen Mahal.

Saaket Rāmayana Art Museum : *à 5 mn à pied de l'entrée du Rajah Mahal. Mar-dim 10h-17h. Gratuit.* Musée récent abritant une très belle collection de peintures montrant des scènes du *Rāmāyana.* L'ensemble est riche, varié et, surtout, provient d'artistes contemporains issus des quatre coins du pays. Ravira les amateurs de l'histoire et de la culture indiennes !

Rai Praveen Mahal : il n'en reste plus grand-chose mais, pour la petite histoire, c'est dans ce palais que vécut la poétesse et musicienne Rai Praveen, maîtresse du maharaja Indramani. On dit qu'Akbar, le Grand Moghol, était tellement sous le charme de cette artiste qu'il lui ordonna de venir à Delhi. Lors de sa première audience avec Akbar, elle lui récita un poème signifiant en substance que seuls chiens et éboueurs pouvaient prétendre à de la chair flétrie. Impressionné par sa fidélité à son amant, il la renvoya dans son palais d'Orchha.
Juste à côté se trouve une aile autrefois réservée au fils du maharaja. Celui-ci avait l'habitude d'inviter régulièrement des danseuses pour des spectacles suivis de nuits endiablées. Afin de calmer ses ardeurs, un ingénieux système de refroidissement par eau fut construit. Et un passage secret (aujourd'hui muré) reliait cette salle de tous les vices au palais lui-même, ce qui évitait de devoir demander une permission parentale qui, sûrement, aurait été refusée.
Tous les ans en décembre, on y célèbre en grande pompe le mariage de Rāma et Sītā. Si vous êtes dans le coin à cette époque, ne manquez surtout pas cette fête qui attire en masse les hindous.

Ram Rajah Temple : *de l'autre côté de la rue principale (par rapport aux monuments précédents), au bout du Market. En été : 8h-12h30, 20h-22h30 ; en hiver : 9h-13h, 19h-21h30. Célébrations 2 fois/j. : en été, 8h et 20h ; en hiver, 9h et 19h. Ni cuir, ni appareil photo à l'intérieur.* Essayer d'assister à l'une des deux célébrations quotidiennes, pleines de ferveur religieuse ; autrement, le temple ripoliné, genre guimauve, ne vaut pas tripette.

COMMENT PERDRE SON PALAIS ?

Pour obéir à Rāma qui lui était apparu en songe, un pieux maharaja d'Orchha rapporta d'Ayodhya une statue du dieu qu'il installa dans son palais en attendant la construction d'un nouveau temple. Malheureusement, le roi avait oublié une partie de la parole divine, qui précisait que la statue resterait au premier endroit où elle serait déposée ! Quand il s'en souvint, il était évidemment trop tard : il dut faire de son palais un lieu voué au culte de Rāma, l'actuel Ram Rajah Temple...

Chaturbhuj Temple : *le plus haut monument d'Orchha, à gauche du Ram Rajah Temple, lorsqu'on lui fait face. Tlj 9h-12h30, 18h-19h.* Malgré sa majestueuse tour aux arêtes curvilignes, ce temple emprunte quelque peu sa forme inhabituelle aux sanctuaires musulmans. Élevé spécialement pour recevoir la fameuse statue de Rāma, il accueille à la place les marionnettes de Laksmi, Krishna et Vishnou... Du 4e étage, accessible par une série d'escaliers très abrupts, on jouit d'un joli panorama sur le village et ses environs. Les plus téméraires grimperont même jusque sur les toits, pour une vue encore plus intéressante.

Phool Bagh : *à droite du Ram Rajah Temple. Tlj 9h-17h.* Agréable jardin qui servait de retraite aux souverains pendant les chaleurs caniculaires. Parfois même, quand la chaleur devenait par trop insupportable, ils se réfugiaient dans les souterrains du jardin. Accès sur la droite en entrant. À l'intérieur du parc, un *chhatri* perpétue la mémoire du jeune prince Hardaul qui, suspecté d'adultère, se suicida dans ces murs pour montrer son innocence. Aujourd'hui encore, les jeunes femmes du village continuent de lui vouer un culte ; et le lieu est très fréquenté par les hindous.

Royal Chhatri : *située à côté de la rivière.* Une rangée de 14 mausolées, certains en bien mauvais état, abrite les cénotaphes des maharajas qui se sont succédé à la tête de la province du Bundelkhand. Un peu mélancolique en fin d'après-midi, quand dômes et flèches se mirent dans les eaux calmes de la rivière. Pour la meilleure vue au soleil couchant, traversez le vieux pont et, à droite, longez la rivière ; vous serez alors juste en face des cénotaphes (attention aux bouses de vache !). Le soleil, délivrant ses derniers rayons sur le granit rose et les pierres chargées d'histoire, offre un spectacle d'une poésie inoubliable.

Laksmi Narayan Temple : *à 1 km à l'ouest du village. Tlj 9h-17h.* Sur une éminence dominée par un ancien camp militaire, apparaît, ressemblant à une forteresse, ce temple élevé en 1622 avec des bastions de protection aux quatre coins de la façade et au fronton. Les intérieurs sont décorés à profusion, mettant en scène notamment les paroles de la *Bhagavad-Gita,* grand texte sacré des hindous. Jolie vue sur le village en contrebas.

Chardhwari Water Tank : *à 5 km à l'ouest du village. Pour y aller de Laksmi Narayan Temple, suivre le chemin en direction de la porte ouest d'Orchha, à 1 km ; puis, 2 km plus loin, panneau indicateur rouge sur fond blanc, immédiatement suivi d'une bifurcation ; en prenant celle de droite surgit, au loin, la perspective d'un temple shivaïste tout blanc au sommet d'une montagne ; encore 1 km de marche et vous arrivez enfin à un temple dédié à Hanuman ; juste à côté se trouve le réservoir promis.* Ce bassin, qui servait autrefois à approvisionner le village en eau de pluie, n'a rien d'exceptionnel - si ce n'est sa tour de garde ; voilà simplement un excellent prétexte pour s'évader dans la campagne (pas au mois de mai, évidemment...) à la rencontre des paysans du coin. En chemin, vous verrez des quantités de champs de blé, sorgho, haricots, etc.

DANS LES ENVIRONS D'ORCHHA

Si vous recherchez l'insolite et que vous disposez d'un peu de temps, alors partez, comme nous, à la découverte des villages voisins, Datia et Sonagiri, à moins de 2h de route. Dépaysement garanti !

DATIA

À 30 km au nord de Jhansi et 73 km au sud de Gwalior. La première impression ressentie à l'approche du village (est-ce la présence de ces deux lacs au milieu d'une plaine aride et désolée ?) est celle d'une oasis au milieu de nulle part, tandis que la vision de ses deux superbes palais et de son fort nous plonge dans le glorieux passé de cette bourgade qui fut, au XVIIe s, la capitale d'une principauté rajpoute. Enfin, dernier bonheur, et pas des moindres, pas un touriste en vue, et un accueil très gentil de la plupart des habitants !

➢ Presque en bordure de la route nationale, l'accès en est aisé : bus ttes les 30 mn de la gare routière de Jhansi, et env 10 trains/j. (env 20 mn de trajet).

Govind Palace : *au nord-ouest du village se dresse une colline couronnée d'un palais. Tlj du lever au coucher du soleil. Gratuit.*
Ne pas hésiter à prendre un guide, lui seul connaît tous les secrets de ce labyrinthe de quelque 440 pièces et 16 cours ! Mais attention, la plupart ne parlent pas l'anglais.
Entouré d'un rempart de pierre, cet imposant palais de 5 étages (plus 2 étages souterrains) fut élevé en 1620 par le raja Bir Singh Deo, le maître d'Orchha. De style moghol, il se présente comme une extraordinaire pièce montée de plan carré, surmontée de dômes et de kiosques parfaitement symétriques et dominée en son centre par un élégant pavillon à 4 étages. Tout comme le palais voisin d'Orchha, celui-ci était recouvert de peintures vernissées chatoyant au soleil. Après avoir traversé des salles toutes sombres, on débouche, au terme d'une lugubre ascension, sur une vaste cour coupée de galeries croisées. C'est aux étages supérieurs du

pavillon que se trouvent les pièces les plus pittoresques : le salon de musique, la salle de jeux de la maharani, la chambre du raja décorée de peintures en émail vernissé (en restauration depuis des années, et on ne semble pas s'y activer beaucoup...) et enfin les cabinets d'aisance de son altesse... Des derniers étages, on découvre l'ensemble du village en contrebas.

***Rajgarh Palace :** à deux pas de la gare des bus.* Le moins imposant des deux palais de Datia abrite aujourd'hui un musée d'un intérêt mineur. Néanmoins, quelques miniatures intéressantes.

Hébergement possible au ***Datia Tourist Motel,** indiqué par un panneau depuis la route principale. ☎ (07522) 23-81-25. • datia@mptourism.com • Doubles 700-900 Rps (10,80-13,80 €).* Quatre chambres nettes et fraîches (*air cooler* ou AC). Petit resto aussi (mais pas beaucoup de passage) et jardin donnant sur le fort.

SONAGIRI

À 40 km de Jhansi, 70 km de Gwalior et 12 km de Datia.

➢ De Datia, liaisons en *tempo*. De Jhansi, 3 trains/j. ; trajet en 30 mn. Idem de Gwalior, mais trajet en 1h. Arrivé à la gare de Sonagiri, il vous reste 4 km pour atteindre le village. Minibus et *tempos* à chaque arrivée de train.

***Le site :** ouv du lever au coucher du soleil. Gratuit (sf taxe appareil photo). Attention, pas de cuir, et la visite se fait pieds nus, sur un chemin pavé de petits carreaux de pierre.* Littéralement la « montagne dorée », Sonagiri a fière allure du haut de sa colline, avec ses 77 temples élevés en l'honneur des *Tirthankaras* du jaïnisme (« les passeurs de gué » en quelque sorte, comparables aux *bodhisattvas* du bouddhisme mahayana). Le site représente l'un des tout premiers lieux saints pour la communauté jaïne digambara. C'est au sommet de la colline que se trouvent les temples les plus vénérés, visiblement influencés par les différents courants architecturaux qui ont traversé l'Inde au fil des siècles (styles dravidien, bouddhique, brahmanique et même moghol...), ainsi que les statues des 24 *Tirthankaras* parmi lesquels Adinath (le premier), Parsanath (le 23ᵉ) et surtout Mahavira, le *Tirthankara* historique (le 24ᵉ), que vous reconnaîtrez grâce à son symbole, le lion. Ne pas manquer non plus l'énorme pièce montée de couleur rose, véritable chef-d'œuvre du kitsch, crémeux à souhait ! De là-haut, superbe panorama sur la plaine. Prévoir deux bonnes heures de visite, car l'ensemble est très étendu. En cas de fatigue, des chaises à porteur (payantes, bien entendu) sont à votre disposition. À l'occasion de la fête annuelle de Sonagiri (courant mars) affluent de nombreux moines jaïns de tout le nord de l'Inde. Avec, pour toute possession, un pot d'eau et une balayette en plumes de paon (qu'ils agitent à chacun de leurs pas, de crainte de commettre l'irréparable), ils vaquent à leurs occupations, juste « vêtus d'espace ».

KHAJURAHO

7 500 hab. IND. TÉL. : 07686

Ce site archéologique, célèbre pour ses sculptures érotiques, a l'avantage d'être situé dans un tout petit patelin, certes touristique mais au beau milieu de la cambrousse. On n'a pas si souvent l'occasion en Inde du Nord de voir la campagne d'un peu plus près, et comme les temples valent vraiment le coup d'œil, ce détour est tout à fait justifié. On précise quand même que les sculptures coquines, si elles ne sont pas piquées des vers, ne représentent que 5 % de l'ensemble de la surface sculptée. Les voyeurs seront déçus par la quantité, pas par la qualité.

Ce groupe de temples édifiés entre les IXe et XIIe s constitue un ensemble absolument unique par sa cohérence et sa pureté, par la finesse et la souplesse de ses représentations. Son excellent état de conservation en fait l'un des sites les plus visités en Inde.

UN PEU D'HISTOIRE

Khajuraho est l'antique capitale de la dynastie rajpoute des Chandela, qui créa ce royaume vers le VIIe s. Bien qu'assez peu puissante, cette lignée eut son heure de gloire entre les Xe et XIIIe s. C'est pendant cette période que fleurirent les temples. Ils représentent un bel exemple de l'art indo-aryen (nagara). La pierre témoigne ici de l'histoire et des mœurs de l'Inde à cette époque, avec un style d'une grande pureté. Autrefois, 85 temples se dressaient sur cette plaine aride. Il en reste 22, répartis en trois groupes. Ils furent redécouverts par les Anglais au milieu du XIXe s, et appartiennent à deux religions, l'hindouisme et le jaïnisme.
Plus que l'architecture des temples, c'est le travail de sculpture qui est ici admirable. Tous les sujets sont passés en revue : la vie des rois, des reines, des divinités, aussi bien que celle des guerriers. La luxure, la toilette, les réceptions, toutes les cérémonies intimes ou publiques sont évoquées, toujours avec une pointe d'humour, d'ironie et de dérision. Le symbolisme animal ou végétal y tient une bonne place (monstres ou créatures célestes), mais les scènes de la vie de tous les jours ne sont pas en reste (femme se coiffant ou s'enlevant une épine du pied...).
Quant aux scènes classées « X », que votre guide, si vous en prenez un, ne manquera pas de vous signaler, on ne connaît pas bien leurs significations, bien que, vous vous en doutez, moult spécialistes se soient penchés sur la question. Bien sûr, on pense au *Kama sutra,* ce célèbre traité d'érotologie composé entre les IVe et VIIe s, mais si certaines scènes ou positions entrent dans sa définition, d'autres sont classées « super-hard », et personne ne semble en saisir le sens.
Selon la culture tantrique, les scènes d'amour figurent l'oubli de soi-même, l'abolition du temps et donc le meilleur moyen de méditer. L'individu entre alors dans une phase de négation de son ego, par laquelle il est à même de sentir la puissance divine. La théorie tourne bien rond, certes. Mais nous, on penche plutôt pour une explication plus orgasmique que cosmique.

Comment y aller ?

En train puis en bus

Pas de gare ferroviaire à Khajuraho, accès en bus depuis *Jhansi* ou *Satna,* situées respectivement à 5h et 4h de route. Le *Bus Stand* de Khajuraho est à 5-10 mn à pied du centre du village.

➢ ***D'Agra ou Gwalior :*** le mieux est de prendre le *Shatabdi Express* (départ à 8h15 d'Agra Cantonment, 9h30 de Gwalior) jusqu'à Jhansi et, de là, le bus de 11h pour Khajuraho qui attend devant la gare. Arrivée vers 16h à Khajuraho.

➢ ***D'Orchha :*** prendre un bus, *tempo,* rickshaw ou taxi jusqu'à Jhansi, puis un bus (8 liaisons/j. env) pour Khajuraho.

➢ ***De Varanasi :*** train jusqu'à Satna (5/j.), puis bus (ttes les 2h, jusqu'à 15h) pour Khajuraho.

En avion

✈ ***Aéroport*** *(hors plan par A3) : à 3 km au sud du village.*

➢ ***De Delhi et Varanasi :*** 1 vol/j. avec *Jet Airways* et 3 vols/sem avec *Indian Airlines.*

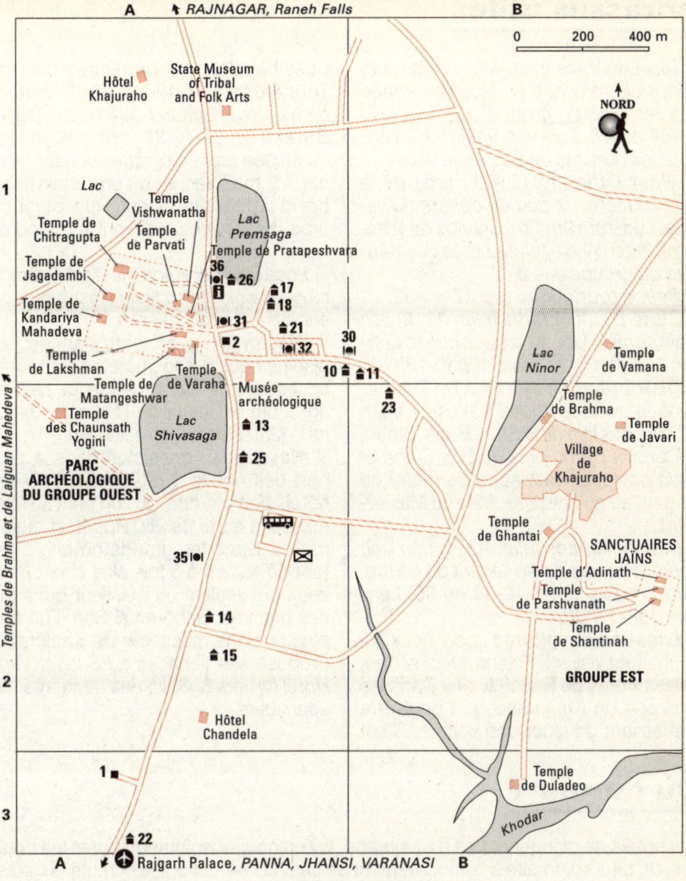

KHAJURAHO

Adresses utiles

- Tourist Office
- Post Office
- Aéroport
- Bus Stand
- 1 Indian Airlines
- 2 State Bank of India

Où dormir ?

- 10 Hotel Surya
- 11 Hotel Harmony
- 13 Hotel Lakeside
- 14 MPST Hotel Jhankar
- 15 Radisson Jass Hotel Khajuraho
- 17 Hotel Yogi Lodge
- 18 Hotel Marco Polo
- 21 Hotel Marble Palace
- 22 Ramada Khajuraho
- 23 Hotel Zen
- 25 Hotel Shanti
- 26 Hotel Casa Di William

Où manger ?

- 30 Agrasen Restaurant et Mediterraneo
- 31 Raja Restaurant
- 32 Paradise Restaurant
- 35 Gaylord Restaurant
- 36 Blue Sky Restaurant

Adresses utiles

- **Tourist Office** *(plan A1) : sur la route principale, presque en face de l'entrée des temples du groupe ouest. ☎ 27-23-47 ou 48. Lun-ven 9h-17h30.* Utile pour les horaires de bus et de trains.
- **Post Office** *(plan A2) : près de la gare routière, un peu en dehors du village. Lun-sam 9h-17h.* Service de *Western Union. Autre bureau près des temples du groupe ouest.*
- **Police touristique :** *☎ 27-40-32.*
- **State Bank of India** *(plan A1, **2**) : en plein centre, face au groupe ouest. Lun-ven 10h30-16h30 ; sam 10h30-13h30.*
- **Distributeurs :** *il y a un* **ATM** *international à côté de l'hôtel* Lakeside *(plan A2, **13**), pas loin de la* State Bank. Sinon, la ***Canara Bank,*** *près du Bus Stand et de la poste,* permet aussi de retirer de l'argent au guichet avec *Visa* ou *MasterCard*.
- **Indian Airlines** *(plan A3, **1**) : un peu après l'*Holiday Inn *en venant du centre, sur la droite. ☎ 27-40-35 ou 36. Lun-sam 10h-17h30.*
- **Location de voitures :** pour ceux qui souhaitent visiter le *Panna national Park* et les chutes de Raneh (voir « Dans les environs de Khajuraho »), il peut être intéressant de louer une voiture. C'est possible dans des agences comme ***Tour Aids*** *(☎ 27-40-60 ; à côté du Kandariya Art & Culture)* ou encore ***Travel Bureau*** *(☎ 27-40-37 ; presque en face du Musée archéologique sur Jain Temple Rd),* mais sachez qu'un certain nombre d'hôtels proposent également ce type de services, souvent à moindres frais.
- **Location de vélos :** *juste derrière le musée, ainsi qu'au* Raja Restaurant *ou encore à l'hôtel* Lakeside.
- **Piscine :** moyennant finances, les piscines des grands hôtels sont toutes accessibles aux non-résidents. La plus agréable est celle du *Ramada Khajuraho (250 Rps pour y accéder).*
- **Massages :** possibles dans la plupart des hôtels. Préférez bien sûr les hôtels bon marché, où l'on peut se faire masser à partir de 250 Rps/h, et même moins. Dans les grands hôtels, c'est tout de suite 4 à 5 fois plus cher ! Pour ceux qui veulent un masseur qui a fait ses preuves, Bahore Lal Sen, l'un des plus anciens masseurs de Khajuraho, propose ses services au *Sunset View Hotel (tlj vers 8h30)* à des tarifs très raisonnables.

Où dormir ?

Les hôtels ne manquent pas à Khajuraho. Il y en pour absolument toutes les bourses, du plus sommaire à l'établissement de chaîne internationale comme le *Radisson* ou l'*Holiday Inn.* À noter qu'en mai et juin, la période la plus creuse, les tarifs peuvent baisser de 20, 30 ou même 50 %. De toute façon, n'hésitez pas à faire jouer la concurrence toute l'année, surtout si vous voyez que l'affluence touristique n'est pas au beau fixe.

Très bon marché (50-250 Rps / 0,70-3,80 €)

- ***Hotel Yogi Lodge*** *(plan A1, **17**) : ☎ 27-41-58. Résa conseillée.* Petite pension charmante avec dépendances, tenue par un maître yogi et sa famille. Ambiance très familiale bien sûr. Chambres aux couleurs pastel, petites et sommaires mais propres, toutes avec salle de bains. Location de vélos. De plus, resto servant une cuisine simple mais bonne, là encore à prix plancher. Comme tous les endroits sympas et pas chers, c'est souvent complet. Si c'est le cas, vous pouvez tenter votre chance à la *Yogi Asharm Guesthouse,* que nous vous recommandons chaudement plus bas.
- ***Hotel Marco Polo*** *(plan A1, **18**) : juste à côté du* Yogi Lodge. *☎ 27-42-02.* Adresse pas spécialement attrayante mais néanmoins très convenable et propre. Si on vous la propose, c'est parce qu'elle pratique les tarifs les plus bas de

tout Khajuraho. Chambres avec ventilo, *air cooler* et douche à l'intérieur pour le prix d'un ticket de métro ! Dortoir également disponible.

Bon marché (200-400 Rps / 3,10-6,20 €)

Yogi Asharm Guesthouse *(hors plan par A1) : sur la route principale, à env 1,5 km au nord du village, côté gauche.* ☎ *27-41-58.* • *yogi_sharm@yahoo.com* • Tenu par le même yogi que le *Yogi Lodge,* un petit havre de paix à l'écart de l'agitation du village. Il s'agit d'une maison blanche au bout d'une petite allée abritant 9 chambres carrelées, spacieuses et impeccables. Celles du rez-de-chaussée sont moins neuves que celles de l'étage, mais meilleur marché et tout aussi propres. Le matin, possibilité de petit déj et, aussi, de méditer avec Ram, le sympathique maître des lieux. Une de nos adresses préférées à Khajuraho.

Hotel Shanti *(plan A2,* ***25****) : en face du lac Shivasaga.* ☎ *27-45-60. Fax : 27-45-61.* Bien situé. De la terrasse, où l'on peut prendre le petit déj et le dîner, on profite du lever et du coucher du soleil sur les temples tout proches. Les chambres sont claires, sans fioritures, et possèdent toutes une salle de bains avec eau chaude. Un bon rapport qualité-prix. AC possible (supplément). Accueil chaleureux, on vous donnera tous les renseignements dont vous aurez besoin.

De bon marché à chic (200-1 200 Rps / 3,10-18,50 €)

Hotel Surya *(plan A-B1,* ***10****) : Jain Temple Rd.* ☎ *27-41-45.* • *hotelsuryakhajuraho.com* • *Doubles 230-1 000 Rps selon confort.* Autour d'un joli jardin intérieur, large éventail de chambres pour la plupart spacieuses et coquettes, équipées de ventilo, *air cooler* ou AC. Les moins chères sont vraiment une affaire ! En payant plus, vous aurez une belle salle de bains avec baignoire. Attention, eau chaude uniquement le matin et le soir. Le patron parle le français, comme d'autres habitants du village d'ailleurs. Vue panoramique sur Khajuraho de la terrasse au 2e étage. Internet (payant). Massages. Une bonne adresse !

Hotel Lakeside *(plan A2,* ***13****) : en face du lac Shivasagar.* ☎ *27-41-20.* • *geocities.jp/khajuraho_lakeside* • *Doubles 350-950 Rps.* Un petit hôtel bien sympa qui ressemble plutôt à une villa romaine ! Chambres pour tous les budgets réparties sur 3 niveaux. Plus on monte, plus elles sont claires, en particulier les 5 nouvelles, assez chères mais agréables et confortables. Également des dortoirs très corrects et très bon marché. Propreté impeccable. Sur le toit, vaste terrasse avec vue splendide, sur les temples d'un côté et le verger du patron de l'autre. Snacks et petit déj sur commande. Très bon accueil, le patron a bien compris les attentes de ses hôtes. Vous ne manquerez d'ailleurs pas de jeter un coup d'œil au livre d'or, qui regorge d'anecdotes rigolotes. Cours de yoga et de méditation le matin, réservation de tickets de bus et location de vélos et de jeeps pour la visite du parc national (voir « Dans les environs de Khajuraho »).

Hotel Zen *(plan B2,* ***23****) : Jain Temple Rd, à quelques dizaines de mètres de l'hôtel* Harmony. ☎ *27-42-28.* • *oshozen62@hotmail.com* • Petite propriété à la configuration étonnante. Chambres claires, de différents niveaux de confort là encore, toutes avec salle de bains, certaines dotées de bow-windows qui apportent un charme supplémentaire. Le matin, on peut prendre son cappuccino à côté d'une petite mare, dans un très chouette patio. Un peu bruyant quand même, et entretien en dents de scie.

Hotel Marble Palace *(plan A1,* ***21****) : face au Gole Market.* ☎ *27-43-53.* • *palacemarble@hotmail.com* • Un des hôtels les plus récents de Khajuraho, en plein centre. Comme promis, du marbre un peu partout, jusque dans les chambres, assez cossues pour le prix, avec petit coin salon et salle de bains d'un blanc presque immaculé (baignoire, et eau chaude 24h/24). Nombreux services : appels vers l'étranger, lessive, massages, matériel de pêche, location de vélos et de voitures, etc. Le patron, qui a vécu 10 ans au Japon, a une approche de l'hôtellerie assez inhabituelle pour l'Inde. Très organisé, à cheval sur les plus petits détails, il dirige la maison en vrai professionnel. L'un des meilleurs rapports qualité-prix de cette catégorie.

Hotel Casa Di William *(plan A1, **26**) : près des temples du groupe ouest, au bord du lac Premsagar. ☎ 24-42-44. • anupamgupta74@hotmail.com •* Chambres nettes et confortables, avec ventilo, *air cooler* ou AC. Calme. Agréable resto donnant sur le lac (malheureusement trop souvent à sec !). Anupam, le gérant, est en outre très accueillant. Bref, on s'y sent bien !

Hotel Harmony *(plan B1, **11**) : Jain Temple Rd. ☎ 27-41-35. • hotelharmonyonline.com • Doubles 300-1 200 Rps.* Ici, les premières chambres sont sommaires, mais cela s'améliore dans les catégories supérieures. Celles du 1er étage ont un balcon et des matelas moelleux. À l'arrière, elles donnent sur un jardinet avec tables et chaises en fer forgé, bien agréable et très fleuri. D'autres chambres au rez-de-chaussée, mais plus sombres. Le patron parle bien le français. Resto végétarien, massages. Attention, c'est parfois complet.

MPST Hotel Jhankar *(plan A2, **14**) : un peu au sud du centre par la route principale, presque à côté de l'hôtel* Radisson. *☎ 27-40-63. • jhankar@mptourism.com • Double env 1 150 Rps.* Une fois n'est pas coutume, voici un hôtel d'État qui nous a plu ! Pas beaucoup de passage, comme d'habitude, et pourtant, les chambres, un peu plus onéreuses que dans les autres hôtels de cette catégorie, sont plaisantes, avec TV, salle de bains nickel et, éventuellement, l'AC. De plus, petit déj inclus dans le prix, servi dans une salle toute nette, avec des tables couvertes de nappes à carreaux bleus et blancs. En un mot donc, hormis l'ambiance, on recommande.

Très chic (60-100 $)

Ramada Khajuraho *(plan A3, **22**) : Airport Rd. ☎ 27-23-01 ou 02. • ramadahotelkhajuraho.com • Situé à 1,5 km au sud du village, sur la route principale. Doubles 60-75 $ selon saison.* Plus de 80 chambres disposées en losange autour d'une belle piscine. Prenez une *deluxe*, à peine plus chère que les *superior* et, pourtant, supérieure à celles-ci, avec un coin salon doté d'une grande baie vitrée, du beau mobilier et une superbe salle de bains ornée de faïence verte. Également quelques suites, pour nos lecteurs les plus fortunés. En fin d'après-midi, vous pourrez même aller faire une petite partie de tennis ou un peu de muscu... Bon séjour ! Enfin, spectacle de marionnettes tous les soirs et petits concerts de musique classique indienne, dans le majestueux lobby. Le buffet du resto est, en revanche, un peu cher.

Radisson Jass Hotel Khajuraho *(plan A2, **15**) : un peu au sud du centre, par la route principale. ☎ 27-27-77. • radisson.com • Double min 5 600 Rps (86,20 €) en hte saison.* Autrefois hôtel *Jass Oberoi*, il a fait peau neuve et propose désormais, sous l'enseigne *Radisson*, une petite centaine de chambres à la déco internationale standardisée, mais très agréables et très luxueuses, avec minibar et tout. Très beau lobby aussi, tout en marbre. Piscine, billard, massage et, bien sûr, un resto (mais pas donné).

LA VALLÉE DU GANGE

Où manger ?

De bon marché à prix moyens (50-250 Rps / 0,70-3,80 €)

Agrasen Restaurant *(plan A-B1, **30**) : Jain Temple Rd.* Y'a pas à dire, Agrasen, le jeune patron, et Pratap, son papa, un vieux de la vieille dans ce métier (songez, 25 ans de service au *Taj Chandela*), forment un duo de choc ! Le resto se trouve sur une petite terrasse surplombant la rue. Accueil charmant. S'il fait froid, on vous apportera un brasero. Fort bien tout cela, mais qu'y mange-t-on ? Oh, un peu de tout : des plats indiens, végétariens, des pizzas... Si vous avez du mal à faire votre choix (pas moins de 223 articles à la carte), essayez l'aubergine *nigami* (une des spécialités) avec, par exemple, des *dhal makhani,* c'est tout simplement succulent et très copieux ! Sinon, il y a aussi 5 *thalis.* On vous ressert à volonté, « 3 fois s'il le faut » (sic) ! *Masala tea* offert à la fin du repas.

|●| ***Mediterraneo*** *(plan A-B1,* ***30****) : Jain Temple Rd, à côté du resto* Agrasen. Bon accueil, là encore sur une terrasse en hauteur. Le seul vrai resto italien de la ville car ici, non seulement le patron est italien (formé à Rome !) mais en plus, on n'y sert que de la cuisine transalpine : spaghettis *all'arrabiata,* lasagnes *boscaiola,* raviolis, *fettuccine, funghi* et, bien sûr, pizzas cuites dans un four en argile. Vous pouvez aussi y venir le matin, pour l'excellent pain fait maison, la savoureuse confiture de papaye et le très bon yaourt aux fruits. Une adresse très recommandable.

|●| ***Paradise Restaurant*** *(plan A1,* ***32****) : Jain Temple Rd.* Bonne cuisine indienne à prix modérés, servie, pour faire original, en terrasse, à l'étage d'un petit bâtiment. Accueil charmant, bonne hygiène. Juste un truc : y aller de préférence le soir, quand c'est le père qui est aux fourneaux.

|●| ***Raja Restaurant*** *(plan A1,* ***31****) : face aux temples du groupe ouest.* ☎ *27-20-03.* Endroit relax, l'un des plus vieux restos du village. On mange dans la courette ou sur la terrasse ombragée. Quelques plats occidentaux et indiens, plus ou moins réussis. Service gentil, parfois un peu désinvolte. Salade de pommes de terre, omelette aux champignons, *mutton strogonoff,* savoureux poulet basquaise et... crêpes indo-bretonnes. Petit déj à revoir en revanche. Lieu de rendez-vous des guides pour la visite des temples. Organise aussi des excursions dans la région et loue des vélos. Évitez la boutique de souvenirs, vraiment très chère.

|●| ***Blue Sky Restaurant*** *(plan A1,* ***36****) : juste après l'office de tourisme.* Petit resto sympa que le patron de l'hôtel *Lakeside* ne manquera pas de vous recommander (ah ! les liens familiaux en Inde...). Terrasse avec vue sur les temples, d'où l'on peut presque suivre le son et lumière. Cuisine indienne à tous les prix, du *korma* végétarien au *thali* carné très complet. Service adorable, bien qu'un peu maladroit.

|●| ***Gaylord Restaurant*** *(plan A2,* ***35****) : pas loin du Bus Stand.* Si la petite salle très fraîche est sans prétention, la carte offre en revanche une variété de plats indiens et de *tandoori* généreux et très fins. Menus chinois et continental également disponibles, un peu moins exotiques. Abdul, le patron, qui a travaillé longtemps pour un grand hôtel de Khajuraho, a également roulé sa bosse en Égypte. C'est un monsieur absolument adorable et aux petits soins pour ses clients. Une de nos adresses préférées. En revanche, pas grand-chose d'intéressant dans sa boutique.

À voir

Le village moderne est situé en bordure des temples dits du groupe ouest. Ce sont de loin les plus remarquables. Ils sont très anciens (X^e^ et XIe s). Les temples les plus intéressants du groupe ouest sont les temples de Lakshmana et de Kandariya avec leurs sculptures à profusion où l'on voit, entre autres, Shiva flirter avec les nymphes célestes. Depuis peu, un ***son et lumière*** les met superbement en valeur le soir, narrant au passage, à grands (mais savants) coups de projecteurs, l'histoire de Khajuraho.

Il ne reste aujourd'hui que 22 des 85 temples construits à l'origine. Vous pourrez constater que le site a été très restauré, et ça continue. C'est d'ailleurs assez bien fait. Ne pas oublier non plus de visiter le vieux village, très sympa aussi.

On peut faire la visite seul, avec ou sans audioguide (en location à l'entrée du groupe ouest), en errant au gré de son humeur et en laissant ses yeux flâner et s'étonner des scènes sculptées. On peut aussi prendre un guide. Il y en a toujours qui attendent devant les temples. On en trouve également au *Raja Restaurant.* Prix fixes affichés dans la cour du resto. En principe, il y a quelques guides (plus ou moins) francophones. Bien sûr, comme toujours avec les guides, c'est un peu la loterie. Soit le type est mortellement ennuyeux, soit c'est le pied total... soit, encore, il se situe entre les deux. Un bon moyen de choisir est de discuter un peu avec lui avant de se décider, en lui posant par exemple une ou deux questions sur les temples. Et si vous décidez de vous balader à vélo, attention aux crevaisons dès que l'on quitte la route !

Architecture et sculpture

Grosso modo, les temples répondent presque tous aux mêmes critères architecturaux : un porche d'entrée *(ardha-mandapa),* une salle hypostyle, un grand hall *(maha-mandapa),* un vestibule *(antaralla)* et une sorte de cellule *(cella).* À l'extérieur, les tours à arêtes, les *shikharas,* qui s'élèvent à différentes hauteurs et sont imbriquées les unes dans les autres, donnent l'impression d'être des montagnes. De fait, tous les temples cherchent à figurer le mont Kailash, résidence de Shiva et centre de l'univers. Toute la surface extérieure des temples est recouverte de panneaux ou de niches sculptés, un peu comme des nids d'abeille.
On retrouve cinq thèmes principaux : les scènes de chasse et de guerre avec les animaux fabuleux ; les incarnations de Vishnou, manifestations de Shiva, différentes formes de Parvati, représentations de Ganesh ; puis les belles femmes *(surasundari)* ; les scènes érotiques (scènes classiques du *Kama sutra,* plus étranges avec la zoophilie et différentes scènes du culte tantrique). Le 5ᵉ thème recoupe le 2ᵉ avec des représentations des divinités les plus importantes : Brahma, Vishnou, Shiva, Parvati, Laksmi... Les bases des temples sont généralement occupées par de longues et divertissantes frises. À l'intérieur, ce sont surtout les piliers, les linteaux et les plafonds qui ont reçu les coups de ciseaux des artistes sculpteurs.
Il y a trois groupes de temples : ouest, est et sud, situés à 1 et 2 km d'écart. Allez, on attaque !

Les temples du groupe ouest

Tlj du lever au coucher du soleil. Entrée : 250 Rps. Audioguide en anglais : 50 Rps. Il y a également un joli ***son et lumière,*** *ts les soirs à 18h30 (19h30 l'été) pour la version anglaise et 19h40 (20h30 l'été) pour la version en hindi. Accès par une entrée différente de celle qui conduit aux temples... et droit d'entrée différent lui aussi : 300 Rps. Durée : 50 mn. En hiver, ne pas oublier sa petite laine.*
Dans une nature paisible, presque idyllique, les temples se détachent de façon fascinante. Ce groupe possède de loin les plus beaux temples.
– ***Le temple de Varaha :*** le premier à gauche, au bout de l'allée. Construit entre 900 et 925. Il présente une magnifique statue de Varaha, troisième avatar de Vishnou, sous la forme d'un sanglier. Autrefois apparaissait également la déesse de la Terre dont on ne voit plus que les pieds (d'où l'expression « garder les pieds sur terre »). Votre œil perspicace aura sans nul doute noté que la Terre est située sur la tête du cobra, tenue par la déesse qui pouvait ainsi éviter les tremblements de terre. Rappelons encore, pour la bonne compréhension, que le méchant démon enterra la déesse de la Terre. Vishnou se transforma alors en sanglier pour aller renifler où ce sacré démon avait enfoui la déesse. Il la trouva et tua le démon. Sur la sculpture, le sanglier est recouvert de plus de 600 dieux et déesses, parmi lesquels vous reconnaîtrez Brahma ou encore Shiva, qui donnèrent à Vishnou la puissance de se transformer en animal.
– ***Le temple de Lakshmana :*** construit en 954, le plus intéressant et le mieux préservé, dédié à Vishnou et défendu par un griffon, emblème de la dynastie Chandela. Ce n'est pas notre habitude, mais on va s'amuser à décrire la frise qui court

sur le côté gauche, à hauteur des yeux. En partant donc vers la gauche : quelques scènes de guerre puis, après la guerre, le repos, la détente (c'est normal), d'où des scènes érotiques très gracieuses. Noter l'hypocrisie de deux spectateurs qui se voilent la face. Puis parade militaire, des scènes de chasse (sangliers, cerfs) et la guerre à nouveau. Dure oppression sexuelle des guerriers, d'où une scène de sodomie d'un cheval (détail amusant, là aussi un spectateur se voile la face, mais que d'un œil !). À la moitié de la frise, une partie très rythmée : éléphants qui se suivent dans une belle harmonie de mouvements, cavaliers déséquilibrés, musiciens, etc. Au 1er étage, les yeux avertis découvrent les sculptures les plus belles. Dans le premier coin gauche (figures du haut), femme s'étirant au réveil en bâillant, probablement l'une des plus fines. Non loin, une autre se coiffe tandis qu'une troisième s'enlève une épine du pied. Sur la droite, un couple en pleine extase : l'homme en a perdu la tête... et les jambes. Trois statues sur la droite, une délicieuse nymphe se gratte le dos. Un peu plus loin à l'étage inférieur, une femme use de tout son charme pour retenir son mari sur le point de repartir au combat. Puis, toujours au même niveau, en tournant autour du temple dans le sens des aiguilles d'une montre, quelques-unes des plus célèbres scènes érotiques de Khajuraho.
Côté droit du temple, quand vous êtes en face de lui, juste au milieu, dans un renfoncement à gauche, découvrez cette scène amusante : représentation d'une figure amoureuse classique (la pose du singe). À côté, un seul éléphant ne regarde pas droit devant lui et mate la scène d'un air rigolard et complice. Nous n'en finirions pas de décrire tous ces clins d'œil qui montrent à quel point l'art en ce temps-là n'était pas triste. Tenez, dans le panneau de face, première frise à droite, noter ce singe ludique qui interrompt deux amants dans leurs ébats. Ils sourient de façon compréhensive à cette petite farce, sans le prendre mal. Sur ce temple, apparaît aussi Ganesh à de nombreuses reprises. Ganesh, c'est ce gentil dieu à tête d'éléphant, l'un des plus populaires. Fils de Shiva et de Parvati, il écarte les obstacles. Son physique ingrat est là pour montrer que la sagesse et la connaissance prennent le dessus sur l'apparence physique. L'intérieur offre encore quelques perles architecturales ; levez la tête avant d'entrer, vous découvrirez un plafond très finement ciselé et magnifiquement conservé. Bon, cette fois vous y allez tout seul.

– ***Le temple de Kandariya Mahadeva :*** à 100 m du *temple de Lakshmana,* c'est le plus imposant de tous. Construit autour de 1025, sa *shikhara* mesure plus de 30 m de hauteur, et il est dédié à Shiva. Là aussi, orgie de fascinantes sculptures. La plus célèbre est sur le côté gauche, sur le panneau inférieur. On y voit un homme satisfaisant trois femmes à la fois. Messieurs, n'essayez pas, le sculpteur vous ment. C'est impraticable, vu que l'individu a la tête renversée, le sang lui descend à la tête et l'érection est impossible. Plus loin, un singe ôte le sari d'une femme. Là encore, une magnifique entrée ornée de sculptures alambiquées faites d'une seule pièce.

– ***Le temple de Devi Jagadambi :*** construit vers l'an 1000 et dédié à Parvati, épouse de Shiva. Encore des dizaines de sculptures passionnantes, narrant avec humour et précision la vie de l'époque. Par exemple (sur la droite de l'entrée), une femme avec, sur sa jambe, un scorpion, symbole de la passion. Beaucoup de dieux et déesses ciselés avec grâce et délicatesse.

– ***Le temple de Chitragupta :*** dédié à Surya, le dieu du Soleil. Une image sculptée à l'intérieur montre d'ailleurs un char à sept chevaux (représentant les sept jours de la semaine) mené par le Soleil. Dans la niche centrale de la façade sud, on retrouve une statue de Vishnou à onze têtes, la tête centrale étant la sienne et les dix autres représentant ses avatars. On y retrouve également des dieux à tête d'animal, des couples divins. Brahma, le dieu créateur, est avec son épouse dans une élégante position assise (sur le flanc gauche, vers l'arrière du temple).

– ***Le temple Vishwanatha :*** dédié à Shiva, le moins spectaculaire du groupe. Cela dit, l'intérieur est bien conservé : on y découvre notamment une femme jouant de la flûte, une mère caressant son enfant ou encore des nymphes en train de danser. Également quelques scènes érotiques. En face, jeter un œil au petit temple de Nandi, le taureau qui sert de monture à Shiva.

– Les jusqu'au-boutistes verront encore le ***temple de Pratapeshvara,*** pas notable pour son architecture mais intéressant pour son évocation de la culture indienne. Celui-ci n'appartient pas réellement à l'histoire de Khajuraho puisqu'il date du XIXe s. Trois dômes évoquent les trois principales architectures et religions : hindoue (à l'arrière), bouddhique et musulmane devant. Ce temple se veut le symbole de l'Inde : unité et diversité.
– ***Le temple de Matangeshwar (Shiva Temple) :*** à défaut d'être le plus intéressant, c'est l'un des plus anciens et surtout le seul à rester actif. Chaque soir, vers 19h, une poignée de fidèles se réunit autour de l'énorme lingam (un des plus gros d'Inde, si, si !) pour une célébration en l'honneur de Shiva. Les touristes y sont bien accueillis.

Le Musée archéologique : *face aux temples du groupe ouest, près de l'hôtel* Lakeside. *Tlj sf ven 10h-17h. Entrée dérisoire. Photos interdites.* Toutes les sculptures qu'on y voit proviennent du site de Khajuraho, soit qu'elles aient été trouvées sur place, soit qu'elles aient été prises sur les temples déjà endommagés. À terme, elles devraient être transférées au nouveau Musée archéologique, toujours en construction, à environ 1 km au nord du village. La pièce la plus intéressante : un *Ganesh dansant,* juste en face de l'entrée. Vu sa taille, on imagine qu'il faisait partie du plus grand temple. On y voit aussi, à droite, un bouddha, signe de la tolérance de l'hindouisme. Encore un élément notable : une *vitrine* expose un fragment de pierre où apparaissent des personnages portant des morceaux de pierre sculptée et d'autres en plein travail. Il s'agit de l'unique trace trouvée sur le site relatant le chantier de Khajuraho. Dans la salle du fond, une statue d'Ardhanarishvara, cet être hermaphrodite symbolisant l'union de Shiva et de son énergie féminine, Parvati.

The State Museum of Tribal and Folk Arts (*Adivart ; plan A1*) ***:*** *un peu au nord du village, par la route principale ; mal indiqué, demander son chemin. Mar-dim 10h-18h. Entrée : 50 Rps.* Consacré à l'habitat et aux traditions du Madhya Pradesh. C'est un musée vraiment intéressant et injustement dédaigné des touristes, avec une présentation qui met en valeur tous les chefs-d'œuvre de la culture de cet État. Déjà, sur le bâtiment, les fresques murales valent le coup d'œil. Puis, à l'intérieur, on découvre des peintures naïves, des instruments de musique (étonnantes flûtes à vent que l'on fait tourner), des sculptures animées, des bijoux, des objets en fer forgé plus originaux les uns que les autres. Section de terres cuites aussi et, insolites, une tête terrifiante de *Rakash* crachant des lézards ou, encore, un piège à rat-arbalète ! Seul regret : que les étiquettes ne soient pas plus informatives. Petite boutique à l'entrée, proposant quelques reproductions et un petit guide.

Les temples du groupe est et du groupe sud

Le groupe est : *à 2 km par la route qui passe devant le* Bus Stand. *Gratuit.* Il n'a qu'un intérêt secondaire. Certains temples (jaïns ceux-là) ont même été restaurés avec du béton fort moche. Cela dit, il y a tout de même de très jolies statues. Allez-y pour la balade à pied en passant par le vieux village. Extra (et bel artisanat de poterie). Sept temples au total, dont quatre jaïns. Le plus intéressant, le *temple de Parshvanath,* est originellement hindou, mais y figure un prophète jaïn. C'est le seul exemple où des éléments des deux religions se côtoient. Les jaïns retirèrent les sculptures érotiques qui n'avaient pas de signification pour eux et les remplacèrent par les leurs. Sur le flanc gauche de ce temple sont réunis les meilleurs travaux : gracieuse danseuse, ainsi que Roti et Éros tirant une flèche. Cinq têtes d'homme figurent les cinq sens.

Les temples du groupe sud, ou du moins ce qu'il en reste, 2 km plus loin, n'ont rien de bien folichon. Et puis, à ce stade-là de la visite, vous devriez être exténué. Si vous y allez, jetez un coup d'œil aux temples de *Chaturbhuj* et de *Duladeo,* tous deux dédiés à Shiva et les mieux conservés du lot.

DANS LES ENVIRONS DE KHAJURAHO

Rajnagar : *à 5 km au nord de Khajuraho.* On y trouve quelques bijoutiers qui travaillent l'argent. Louer un vélo pour y aller. Attention, « touriste » est, ici particulièrement, synonyme de « pigeon ». Ne pas hésiter à marchander sévèrement... et sans état d'âme.

Raneh Falls : *à 19 km de Khajuraho. Prendre d'abord la route de Rajnagar ; après 3 km, tourner à droite puis continuer pdt 14 km jusqu'à une barrière, qui marque l'entrée du site (payant : 100 Rps) ; les chutes se trouvent 2 km plus loin (tt droit).* La balade est sympa puisque, si vous y allez à vélo, vous aurez l'occasion de rencontrer les paysans qui labourent, font tourner les norias ou distribuent l'eau dans les différents canaux. Comptez 4h aller-retour. En période de mousson et jusqu'au mois de décembre, ces chutes sont grandioses. Le reste de l'année, il n'y a qu'un filet d'eau. Outre que c'est interdit, évitez absolument de vous y baigner : la roche est glissante, les courants particulièrement forts et les risques d'accident permanents. Mine de rien, on tient à vous !

Rajgarh Palace : *à 24 km de Khajuraho. Pour s'y rendre, prendre un bus en direction de Panna et descendre au carrefour de Chandra Nagar ; pour finir, 2 petits km à pied (route sur la droite) et on y est. Possible aussi d'y aller à vélo (en hiver) ou en taxi.* Depuis sa location sous bail à la chaîne *Oberoi* (qui projette de le restaurer pour en faire un hôtel de charme), les intérieurs (de toute façon sans intérêt) de ce palais ne se visitent plus. Beaux restes cependant sur le plan architectural et joli panorama. Du haut du perron, vous apercevrez en direction du nord une petite chaîne de montagnes derrière laquelle se cache Khajuraho et, sur la droite, le pont sur la rivière Ken marquant l'entrée du parc national.

LES PALAIS DES SENS

C'est dans le Rajgarh Palace, un ancien palais de maharaja, que fut tourné en 1996 le film Kama Sutra *de la réalisatrice Mira Nair (auteur également de* Salaam Bombay *!). Sur fond d'Inde féodale, ce conte intemporel met en scène Maya et Tara, deux jeunes femmes que tout sépare – caractères, origines sociales. Elles trouveront dans le célèbre traité de philosophie érotique l'inspiration d'une joute amoureuse raffinée mais sans merci autour du roi Raj Singh et du sculpteur Jai Kumar. Une incursion dans les tréfonds de la culture indienne au sein d'un contexte (post-victorien...) morose où sexualité continue à rimer avec tabou.*

Panna National Park : *deux entrées, mais la plus proche est située à 26 km de Khajuraho (peu avt le village de Madla), sur la droite juste après le pont à péage ; 40 mn de route. Ouv sept-mai, tlj 6h30-10h, 14h30-18h. Entrée : 500 Rps/pers + 250 Rps/voiture pour le guide.* Arriver le plus tôt possible pour avoir de bonnes chances d'apercevoir les animaux. De nombreuses agences proposent des excursions en jeep, avec guide et garde-chasse obligatoires. L'hôtel *Lakeside* organise une matinée de visite avec départ à 5h30 et détour par le village Pipartola au retour. Très authentique. Si vous parvenez à remplir la jeep (4 personnes), il vous en coûtera environ 800 Rps par personne, tout compris !

Le parcours habituel à l'intérieur du parc (entre 35 et 40 km) vous conduit à travers un paysage varié (bois, rivière, cirques et falaises...) vers la sortie, à proximité des mines de diamants. Autant d'occasions d'approcher tigres (une trentaine selon les autorités du parc), léopards, ours, hyènes, crocodiles, antilopes, paons, singes (par milliers), etc. Vous aurez le plus de chances d'apercevoir les tigres à l'aube près des rives de la rivière Ken ou encore du haut de la falaise Dhundhua. C'est là qu'on a eu l'aubaine d'observer un couple avec ses petits, mais en réalité ce n'est absolument pas garanti.

À l'intérieur du parc, un village d'une cinquantaine d'habitations, ***Pipartola*** ; vous pourrez aller à la rencontre de ses habitants, à qui les autorités ont demandé de quitter les lieux. Mais à défaut de compensations suffisantes, ces derniers restent. En attendant, chaque soir, c'est la même crainte de voir les troupeaux décimés...

Sur le chemin du retour, arrêtez-vous au ***Ken River Lodge,*** un café-resto dans les arbres. ☎ *(7732) 27-52-35.* • *kenriverlodge.com* • *Possibilité aussi d'y dormir : double min 4 000 Rps (61,50 €), quand même !*

Festivals

– ***Khajuraho Dance Festival :*** *ts les ans, 1 sem en mars.* Festival grandiose en bordure des temples, réunissant tout ce que l'Inde compte d'artistes renommés. Attention, penser à réserver son logement au moins un mois à l'avance car cette manifestation est désormais connue dans le monde entier.

– ***Shivaratri :*** *fin fév ou début mars.* Festival haut en couleur, qui réunit les adeptes de Shiva pour célébrer le mariage de celui-ci avec Parvati. Rendez-vous annuel de très nombreux *sadhus,* tous plus extravagants les uns que les autres. Place particulièrement vénérée, le *Matangeshwar Temple,* où le lingam est la cible de toutes les attentions. Les cloches résonnent dans tout le village et les offrandes s'amoncellent au pied des temples. À cette occasion, une grande foire est organisée 7 jours durant. Étonnant mélange de marchands, bohémiens venus des 4 coins de l'Inde. Folklore garanti avec marionnettes, cirque, etc.

QUITTER KHAJURAHO

En bus et en train

Même problème que pour y arriver : assez long. L'office de tourisme possède tous les horaires concernant les bus et les trains. Un numéro d'appel peut également vous dépanner : ***Bus Info*** *(☎ 27-41-63).* Et un ***bureau de réservation de trains*** *(fermé dim),* très pratique, au terminal des bus.

➢ ***Pour Varanasi en bus plus train via Mahoba :*** il y a des bus (surchargés et en très mauvais état) pour Mahoba ttes les 30 à 60 mn, 6h-17h. Arrivée à Mahoba (gare vétuste) 4h plus tard env (3 km du terminal des bus à la gare). Ensuite, train *Bundelkhand Express* à 0h05. Éviter tout retard, sous peine d'avoir à patienter 24h. Arrivée à Varanasi le lendemain vers 11h.

➢ ***Pour Varanasi en bus + train via Satna :*** le trajet le plus court, mais arrivée au tout petit jour. 5 bus/j. vers Satna, 8h-15h30. Trajet : env 4h. Préférer celui de 14h, qui fait arriver à Satna vers 18h. Ensuite, correspondance avec le train *Mahanagari Express* à 19h45. Arrivée vers 4h30 à Varanasi. 5 autres trains/j. de Satna, mais à des heures pas géniales, hormis peut-être celui de 11h35, qui vous fait arriver à Varanasi à 19h25.

➢ ***Pour Agra et Delhi via Jhansi en bus ou bus plus train :*** bus direct à 7h et 9h, arrivée à Agra 10-12h plus tard.

– *Bus pour Jhansi :* 8 départs/j., 5h30-16h30. Trajet : 4h env. Le mieux est de prendre le bus de 8h ou 9h, qui arrive à Jhansi en début d'ap-m. De là, correspondance ferroviaire pour Agra Cantonment et/ou Delhi vers 18h05 (*Shatabdi Express,* très rapide) ; arrivée à Agra à 20h20, à Delhi à 23h. Les trains du soir de Jhansi vous font arriver trop tard dans la nuit à Agra, mais, en revanche, le mat à Delhi.

➢ ***Pour Ajanta-Ellora :*** 5 bus/j. Khajuraho-Satna. Puis train Satna-Jalgaon (5/j., bien répartis). Compter min 13h de trajet. Pour finir, bus pour Ajanta. Ouf ! Possibilité d'y aller aussi par Jhansi, mais c'est encore plus compliqué.

En avion

✈ Pour se rendre à l'***aéroport*** *(à 3 km au sud du village ; hors plan par A3),* rickshaw ou taxi. Compter respectivement 50 et 100 Rps.

Attention, ces vols sont souvent complets à cause des groupes. Tâchez de réserver longtemps à l'avance, ou soyez prêt à bondir sur les places qui peuvent se libérer au dernier moment. Il arrive aussi qu'il y ait un vol supplémentaire.

➢ ***Pour Delhi, via Varanasi :*** vol pour Delhi (via Varanasi certains jours) 1-2 fois/j. avec *Jet Airways (à l'aéroport ; ☎ 27-44-07)* et 3 fois/sem, via Varanasi, avec *Indian Airlines* (voir « Adresses utiles »).

➢ ***Pour Mumbai, via Varanasi et Delhi :*** 1 vol/j. avec *Kingfisher,* qui fait la boucle jusqu'à Mumbai. Bon, un peu long, mais moins que le train !

SANCHI

Vous allez nous dire : Sanchi n'est pas du tout dans la vallée du Gange... et vous avez raison ! Mais ce site classé au Patrimoine mondial de l'Unesco est situé au sud-ouest de Khajuraho, non loin de Bhopal. Et c'est pourquoi nous vous proposons un petit détour pour visiter ce monument bouddhique.

Au sommet d'une colline, le site de Sanchi rassemble une série de constructions très inégalement conservées (certaines à l'état de ruine). Parmi eux, le stupa n° 1 a été habilement et magnifiquement restauré. Ce chef-d'œuvre de sculpture et d'architecture date du IIIe s av. J.-C., ce qui en fait l'un des monuments bouddhiques les plus anciens du pays. Sanchi a l'énorme avantage d'être globalement ignoré des touristes. On y est plutôt tranquille, même si des groupes de pèlerins bouddhistes venus du Sri Lanka, de Corée ou du Japon y font régulièrement halte.

Arriver – Quitter

D'où que vous arriviez en transports en commun, vous passerez forcément par ***Bhopal,*** le nœud ferroviaire de la région, avant de rejoindre Sanchi.

Pour rallier Bhopal

En train

Railway Station (Bhopal)

➢ ***Satna*** (ville à 4h de bus de Khajuraho) ***:*** 2 trains/j. Durée : 8h.

➢ ***Delhi :*** 12 trains/j. Durée : env 11h.

➢ ***Mumbai :*** 8 trains/j. Durée : env 11h.

➢ ***Jalgaon*** et ***Bussawhal :*** 4 trains/j. Durée : env 8h.

➢ ***Chennai :*** 6 trains/j. Durée : 24h.

En bus et taxi

Les bus et les taxis se font face sur Cholla Rd, à env 15 mn à pied de la gare ferroviaire de Bhopal. Par ailleurs, l'office de tourisme du Madhya Pradesh propose des loc de voitures à prix intéressants.

➢ ***Sanchi :*** bus env ttes les 30 mn. Durée : 1h30.

En avion

✈ ***Bhopal Airport :*** *à 10 km de Bhopal. Petit bureau de l'office de tourisme du Madhya Pradesh ouv aux horaires des vols.* Pas de change. Pour rejoindre la ville, rickshaws et taxis attendent à l'extérieur.

➢ ***Pour Mumbai et Delhi :*** 2 vols/j.

➢ 1 vol plus irrégulier pour ***Indore.***

Liaisons Bhopal-Sanchi

En train

Railway Station *(Sanchi) : à 10 mn à pied du site et des hôtels (tout droit en sortant).* Inutile donc d'avoir recours à un rickshaw. La station a beau se situer sur l'importante ligne Delhi-Mumbai *(Mumbai CST),* slt 3 trains/j. s'y arrêtent ; durée : 1h (possibilité de faire l'aller-retour avec Bhopal dans la journée).

Adresses utiles

Office de tourisme du Madhya Pradesh *(à Bhopal) : Paryatan Bhavan sur Bhadbhada Rd. Très excentré.* ☎ *277-83-83.* ● *mptourism.com* ● Un bureau, plus pratique d'accès, se trouve dans la gare de Bhopal *(tlj 10h-17h).* Carte gratuite de l'État, location de voitures, sur résa guide en français.

■ ***ATM*** *(à Bhopal) : au croisement d'Hamidia Rd et de Cholla Rd, à côté du départ des bus pour Sanchi.*

Où dormir ? Où manger à Sanchi et à Bhopal ?

À Sanchi (ind. tél. : 07482)

Gateway Cafeteria *: tout droit en sortant de la gare, à gauche avt le musée.* ☎ *26-67-43.* ● *gcsanchi@mptourism.com* ● *Résa conseillée. Doubles avec sdb 600 Rps (10,90 €).* Ensemble très simple. Attention au singe, ne rien laisser traîner. Idéal pour se restaurer.

Gateway Retreat *: à 500 m du musée.* ☎ *26-67-23.* ● *gcsanchi@mptourism.com* ● *Doubles 1 000-1 400 Rps (18,20-25,50 €).* Bungalows autour d'un arbre centenaire. Établissement très bien tenu et agréable. Idéal en famille. Dommage, les chambres *standard* pèchent un peu, en revanche les plus chères sont d'un bon rapport qualité-prix. Côté resto, carte identique à la *Gateway Cafeteria.*

À Bhopal (ind. tél. : 0755)

Bhopal (et ses 3,5 millions d'habitants) est tristement célèbre depuis la catastrophe industrielle de décembre 1984 qui fit des centaines de milliers de victimes civiles. La cité a aujourd'hui redoré son blason et se fait appeler la « ville des lacs ». Prenez le temps d'une balade dans le *chowk* (souk) du vieux centre-ville et consacrez 2h à la visite du musée d'archéologie *Birla Mandir.* Côté hébergement, voici de quoi contenter toutes les bourses.

De bon marché à prix moyens (max 900 Rps /13,80 € pour dormir ; max 270 Rps /4,20 € pour manger)

Youth Hostel *: T.T. Nagar.* ☎ *255-36-70. Juste derrière le Palash Residency. Excentré : prendre un rickshaw. Dortoir 50 Rps (0,70 €), double 200 Rps (3,10 €) avec douche et ventilo.* Ensemble très rudimentaire situé dans un quartier calme. Préférer les deux chambres sur la terrasse, certes plus chaudes mais bien plus agréables.

Hotel Sonali *: 3, Hamidia Rd, near Radha Talkies Rd.* ☎ *274-08-80.* ● *sonalinn@sancharnet.in* ● *À 5 mn de la gare des bus, accès par une ruelle perpendiculaire sur Hamidia Rd. Doubles 500-900 Rps (7,70-13,80 €) selon confort.* Réception fraîche et chambres fort convenables, avec TV câblée et salle de bains bien nettoyée. Du toit, belle vue sur les minarets et les temples de la ville. Une adresse calme et centrale d'un bon rapport qualité-prix. Le meilleur choix du coin.

Hotel Manjeet : *3, Hamidia Rd.* ☎ *271-11-91.* • *hmanjeet@sancharnet.in* • *Accès par une ruelle perpendiculaire sur Hamidia Rd. À 5 mn de la gare des bus. Doubles 450-800 Rps (6,90-12,30 €).* Hôtel un peu sombre dont les chambres les moins chères laissent à désirer. En dépannage, si le *Sonali* est complet. Accueil courtois.

Restaurant Manohar : *Hamidia Rd, pas loin de la gare des bus.* Lieu de rendez-vous familial et populaire de la vieille ville, idéal pour se restaurer dans une ambiance conviviale. Ce bon snack propose des en-cas à l'indienne, de savoureuses pâtisseries colorées et des jus de fruits ; le tout pour une addition douce.

Ranjit's *(resto de l'Hotel Manjeet) : sur Hamidia Rd, pas loin de la gare des bus.* Salle sombre et atmosphère de cantine, mais bonne cuisine à prix raisonnables.

Wind & Waves : *sur les bords d'Upper Lake, après la résidence officielle du Chief Minister. Vraiment excentré. Repas env 250 Rps.* Ce resto propose une cuisine indienne sans prétention, mais avec une très belle vue sur le lac. Un petit air balnéaire loin du tumulte de la cité.

De plus chic à beaucoup plus chic (2 200-5 200 Rps /33,80-80 € pour dormir)

Palash Residency : *T.T. Nagar.* ☎ *255-30-06.* • *palash@mptourism.com* • *Excentré ; les rickshaws connaissent. Doubles 2 200-3 100 Rps (33,80-47,70 €).* Construit autour d'une cour carrelée, cet hôtel n'a pas de charme particulier, mais des chambres confortables, tranquilles et parfaitement tenues. Nous recommandons particulièrement les moins chères pour leur bon rapport qualité-prix. Cette adresse gérée par le gouvernement local est l'une des meilleures de sa catégorie.

Noor-Us-Sabah Palace : *V.I.P. Rd, Koh-e-Fiza.* ☎ *422-33-33.* • *noorussabahpalace.com* • *À 4 km de la vieille ville, pas loin du lac. Doubles 4 600-5 200 Rps (70,80-80 €). Côté resto, env 700 Rps, résa conseillée.* Ancienne bâtisse blanche des années 1920, dont les jardins suspendus dominent le lac. Ce *Palace* propose des chambres à la décoration soignée et offre tout le confort désiré. Service à la hauteur du lieu. Piscine. Jeter un œil au palanquin à droite dans le hall... une autre idée du voyage, n'est ce pas ?

À voir

Les monuments bouddhiques de Sanchi : *ouv tlj de l'aube au crépuscule ; entrée : 250 Rps. Musée : tlj sf ven 10h-17h ; entrée : 10 Rps.* On le redit, c'est surtout le ***stupa n° 1*** qui vaut le détour, pour les quatre *toranas* (portails) très richement sculptées qui l'entourent. Elles furent un support d'enseignement bouddhique durant les treize siècles où cette « colline inspirée » fut un haut lieu monastique. Les pèlerins venaient y chercher la voie qui délivre du désir et de la volonté... tout un programme ! Ces *toranas* sont un véritable livre de pierre, illustré des allégories des quelque 547 existences antérieures de l'Éveillé Bouddha. Vous aurez peut-être la chance de croiser des moines de Thaïlande ou du Japon qui viennent arpenter le chemin processionnel autour du stupa vieux de plus de vingt siècles. Ce monument symbolise la coupole céleste et son pilier invisible évoque l'axe de l'univers. Au sommet, remarquer les *harmikas,* sorte de parasols de pierre protégeant les reliques. Même si le reste du site n'est pas aussi spectaculaire que le stupa n° 1, on peut y voir les ruines d'anciens monastères et de temples. On peut également y flemmarder à l'ombre d'arbres centenaires ou bien se laisser aller à la méditation, le regard perdu dans les gracieux paysages alentour.

ALLAHABAD

1 000 000 hab. environ IND. TÉL. : 0532

« Comme le Soleil parmi les planètes, la Lune parmi les étoiles, Prayag est le plus beau lieu de pèlerinage parmi tous les autres. » Ainsi l'un des Livres saints de l'Inde ancienne décrit-il Allahabad.
Allahabad, considérée comme la capitale administrative de l'État d'Uttar Pradesh, est l'une des plus anciennes villes du pays. Elle se situe au confluent du Gange et de la rivière Yamuna ; la croyance populaire rajoute un troisième cours d'eau, souterrain, la Saraswati. Ville universitaire majeure, sa renommée dépasse largement les frontières de l'État. Mais elle reste peu fréquentée des touristes, et, d'ailleurs, on sent vite que les habitants n'ont pas l'habitude de voir des visages pâles. Si toutefois vous êtes de passage dans la région entre mi-janvier et mars, tâchez quand même de faire un détour par ici, pour le grand rassemblement hindou, lié à une légende (lire plus bas), qui se tient sur les rives des fleuves.

UN PEU D'HISTOIRE

L'empereur moghol Akbar, conscient de l'importance fluviale stratégique du lieu, y fonda une nouvelle ville en 1575. Pour renforcer encore sa puissance, il y bâtit un fort, encore visible aujourd'hui. C'est également à Allahabad que la Compagnie des Indes remit son pouvoir sur le pays au gouvernement britannique en 1858, après la révolte des Cipayes.
Et en 1920, le Mahatma Gandhi y prononça pour la première fois son discours sur sa stratégie de non-violence, devant une foule immense.

LÉGENDE, QUAND TU NOUS TIENS...

Il y a fort longtemps, alors que l'homme n'était pas encore né et que les dieux régnaient sur la Terre, naviguait un vaisseau transportant un *khumb* (vase) contenant l'élixir d'immortalité (Amrita). Garuda, roi des oiseaux et monture de Vishnou, le vola afin de sauver sa mère, prisonnière de Naga. Indra tenta de le combattre, mais sans succès. Et dans sa fuite éperdue à travers le ciel, Garuda perdit quatre gouttes d'élixir. Celles-ci, retombant sur Terre, donnèrent naissance à quatre villes, consacrées par la suite : Haridwar, Nasik, Ujain et Allahabad. Un festival, la *Khumb Mela,* a lieu alternativement tous les 12 ans dans chacune de ces villes. Les pèlerins y affluent alors par millions, et les rives de la Yamuna et du Gange se transforment en une fascinante ville de fortune, véritable marée humaine. Allahabad connaîtra sa prochaine *Khumb Mela* de mi-janvier à mars 2013 mais, chaque année, à la même époque, a lieu une mini *Khumb Mela,* qui rassemble quand même un million de personnes !

Arriver – Quitter

En train

Allahabad se trouve à un carrefour ferroviaire important. Il y a trois gares : ***Allahabad Junction,*** *la principale, en bordure du centre ;* ***Allahabad City,*** *au sud-est du centre ; et* ***Prayag Railway Station,*** *plus excentrée, à l'est.*
➢ ***De et vers Delhi :*** nombreuses liaisons quotidiennes, à partir de 14h surtout (et jusque tard dans la soirée) depuis Delhi, en soirée, la nuit et le mat depuis Allahabad. Durée : 6-10h.
➢ ***De et vers Kolkata :*** env 7 liaisons/j., ttes les 2-3h. Durée : env 12h. Le *Rajdhani Express* quitte Allahabad vers minuit et arrive à Kolkata vers 11h. Dans l'autre sens, mieux vaut prendre le *Howrah-Mumbai Mail,* qui quitte Kolkata vers 22h et arrive à Allahabad à 11h15.

➢ ***De et vers Varanasi :*** 7 trains/j., bien répartis dans la journée. Attention, ce ne sont pas les mêmes que ceux qui vont à Kolkata. Durée : env 4h.
➢ ***De et vers Lucknow :*** 4-5 trains/j. Le plus rapide est le *Ganga Gomti Express.* Durée : 4h.

En bus

Trois gares routières : ***Leader Bus Stand,*** *à côté de la gare des trains Allahabad Junction ;* ***Civil Lines Bus Stand,*** *sur Mahatma Ghandi Marg, juste à l'est du centre ; et le* ***Zero Bus Stand,*** *entre les gares ferroviaires Allahabad Junction et Allahabad City.*
➢ ***De et vers Varanasi, Lucknow et Sunauli (Népal) :*** arrivées et départs de la *Civil Lines Bus Stand.* Pour *Varanasi,* liaisons ttes les 30 mn, du petit mat jusqu'au soir. Durée : 3h. Même fréquence pour *Lucknow,* mais 5h de trajet. Pour le *Népal,* à peine 1 liaison/j. (départ d'Allahabad en soirée). Préférer partir de Varanasi.
➢ ***De et vers Delhi et Agra :*** peu de bus directs. Se renseigner sur les heures, car cela change souvent. Pour Delhi, mieux vaut en fait prendre le train. Pour Agra, prendre un bus du *Leader Bus Stand* jusqu'à *Kanpur* (départ ttes les 30 mn) et, de là, un autre bus pour Agra.
➢ ***De et vers Khajuraho :*** slt 1 liaison/j. Départ à 10h30 d'Allahabad, du *Zero Bus Stand.* Trajet : 8-10h, sur une route assez mauvaise. Sinon, prendre un train pour Satna (plusieurs départs/j. ; compter bien 4h) et, de là, un des 5 bus/j. (dernier à 15h) pour Khajuraho.

Adresses utiles

Regional Tourist Office : *Tourist Bungalow, 35, Mahatma Gandhi Rd, Civil Lines.* ☎ *260-18-73.* ● *up-tourism.com* ● *Tlj sf dim et 2ᵉ sam du mois 10h-17h.* On ne sait pas si vous aurez autant de chance que nous, mais nous, lors de notre dernier passage, on est tombés sur un employé qui parlait l'anglais et qui connaissait la ville !
✉ ***General Post Office*** *(GPO) : Sarojini Naidu Marg. À 100 m au nord de la cathédrale et d'*Indian Airlines. Service de *Western Union.*
State Bank of India : *4, Kucheri Rd, Police Lines. Au nord-est du centre. Horaires habituels.* Change le cash et les chèques de voyage. ***ATM*** international à côté.
– *Sinon, vous trouverez un autre* ***ATM*** *international, plus central, sur Sardar Patel Marg, à côté du* Grand Palace Continental.
@ ***Internet :*** *quelques boutiques dans Main Street.*

Où dormir ?

L'hébergement n'est pas folichon à Allahabad. Bien sûr, il y a des adresses bon marché (dans le quartier de la gare, sur Leader Road) mais on n'en a pas trouvé de recommandables, c'est tout dire ! Ne restent que les hôtels plus chers, un peu plus au nord, dans la zone appelée *Civil Lines.* Malheureusement, là encore, pas grand-chose de correct pour le prix, surtout dans la catégorie « Prix moyens »... On vous indique donc plutôt des endroits chic. Désolés mais, vraiment, le reste ne nous a pas convaincus.

Très bon marché (70-200 Rps / 1,10-3,10 €)

Retiring rooms d'Allahabad Junction Train Station : l'un des meilleurs choix dans cette catégorie. Dortoirs assez propres (mais en principe réservés aux hommes) ou chambres avec salle de bains, louables pour 12h ou 24h. Eau chaude. Également des chambres avec AC, plus chères.

Prix moyens (500-900 Rps / 7,70-13,80 €)

Hotel Suncity : *19-21, Leader Rd. ☎ 240-51-30. Dans la rue qui longe la voie ferrée, à env 1 km de la gare.* Dix-neuf chambres nettes, presque coquettes et, surtout, équipées de salle de bains étincelante, de lits moelleux et de mobilier neuf. Dommage que les plus calmes soient justement les plus chères (à cause de l'AC). Mais bon, cela reste une bonne affaire, probablement la meilleure du coin !

Chic (env 2 000 Rps / 30,80 €)

Hotel Allahabad Regency : *16, Tashkent Marg. ☎ 261-11-10. • hotelallahabadregency.com •* Dans un bâtiment datant de la colonisation britannique, à l'écart de l'agitation. Le meilleur rapport qualité-prix dans cette catégorie. Chambres entièrement rénovées avec AC, frigo, TV, literie moelleuse et très jolie salle de bains carrelée. Qui dit mieux ? Six d'entre elles sont en fait de petits duplex, avec baie vitrée cintrée donnant sur la piscine. Vraiment agréable. Le tout sis dans un grand jardin fort bien tenu, qui abrite même un resto *multicuisine...* un peu chic mais abordable. Bon accueil. Vraiment une bonne adresse.

Grand Palace Continental : *Sardar Patel Marg. ☎ 226-06-31 ou 32. • birhotel.com •* Sur une artère assez passante, hôtel chic à la façade austère, abritant une quarantaine de chambres colorées et plutôt agréables, à différents tarifs. Dans cette tranche de prix-là, on a vu des établissements moins reluisants ! De plus, celui-ci propose un excellent resto (le *Khana-Khazana,* voir « Où manger ? »).

Hotel Milan : *4/2, Strach Rd. ☎ 242-15-05 ou 06. • htl_milan@hotmail.com • Pas loin du* Grand Palace Continental, *dans une rue plutôt calme.* Le lobby, déjà, est très engageant, avec ses canapés tout mous. Possède 22 chambres, dotées de belles salles de bains et d'un équipement neuf. Une bonne affaire. Et puis, ici aussi, il y a un resto (prix moyens) au joli décor, avec de la musique indienne en fin de semaine.

Où manger ?

À l'instar de l'offre hôtelière, la scène culinaire d'Allahabad n'a guère de quoi réjouir. En clair, peu de restos engageants. Rares aussi sont ceux qui servent de la bière. Il y a quand même quelques exceptions.

Bon marché (max 100 Rps / 1,50 €)

Kamdhenu : *37, Mahatma Ghandi Marg, Civil Lines.* Pâtisserie de renom à Allahabad. Spécialité : le *kaju gajak,* un concentré sucré de fruits secs tout à fait intéressant. Bien d'autres délicatesses, bien sûr, de toutes les couleurs, enrobées de papier argenté. Également un petit resto à l'étage servant des plats indiens simples et pas chers.

De prix moyens à plus chic (150-300 Rps / 2,30-4,60 €)

Khana-Khazana (restaurant du Grand Palace Continental) : *voir plus haut « Où dormir ? ».* Salle chic et agréablement arrangée, avec banquettes en tissu jaune, vert et rouge. Possède tous les ingrédients d'un bon resto : outre le cadre donc, service efficace et, surtout, très bonne cuisine indienne, fine et copieuse, le tout à prix encore raisonnables. Bizarrement, on n'y sert de la bière que le midi...

El Chico Restaurant : *24, Mahatma Gandhi Marg, Civil Lines.* ☎ *242-07-53. Tlj 9h-22h30.* Comme le nom l'indique, c'est l'un des restos chic de la ville, quoique à portée de bourse de (presque) n'importe quel routard. Cadre moderne assez élégant et atmosphère distinguée (serveurs en uniforme, boiseries). On y retrouve tous les classiques indiens, réalisés avec savoir-faire. Goûtez absolument à l'*aloo dum,* la spécialité du chef. Accueil sympa. Pas de bière.

À voir

Sangam et Tribeni Ghât : lieu où se rencontrent les eaux du Gange et de la Yamuna. Le mélange des couleurs à certaines périodes de l'année est saisissant, du moins lorsque le niveau des eaux est assez haut. C'est ici que furent dispersées les cendres de Gandhi et qu'a lieu le célèbre *Khumb Mela,* de mi-janvier à mars. L'atmosphère autour du fort et au bord du fleuve est assez particulière. Durant le *Khumb Mela,* il faut imaginer que des millions de personnes (oui, des millions !) se réunissent ici, sur de vastes espaces, occupant des dizaines d'hectares de terrain vague. Tout le monde dort sous des tentes de fortune. Une ville dans la ville naît là en quelques jours. Une sorte de miracle, mêlé à une cour des miracles. Impressionnant. Le grand *Khumb Mela* n'a lieu que tous les 12 ans, mais chaque année se tient une « mini *Khumb Mela* », qui rassemble quand même un million de personnes ! Le spectacle des ablutions est certes le même que dans les autres villes saintes hors festival mais, ici, pendant le *Khumb Mela,* vous verrez les personnages les plus extravagants du monde.
Des tours en bateau sont proposés à partir de là pour aller au point de rencontre des eaux, mais attention aux tarifs demandés ! Ne pas accepter de verser plus de 50 ou 100 Rps par personne.

Le fort d'Akbar et le Patal Puri Temple : *tt près de Sangam et Tribeni Ghât.* Le fort fut construit en 1583. On ne peut l'admirer que de l'extérieur, sans regret d'ailleurs car seule une colonne élevée par l'empereur Ashoka mérite l'attention. Assez étonnant au pied de la rampe d'accès, il y a des changeurs de monnaie (petite commission) qui vous permettent de donner l'aumône aux mendiants installés là. Une sorte de petite économie de la misère. Une porte au bout de la rampe permet d'accéder au temple souterrain **Patal Puri.** Une fois dans la cour, on laisse ses chaussures et on descend en sous-sol dans une sorte de labyrinthe de piliers qui mène, au milieu des divinités peinturlurées, à l'arbre célèbre, le ***Banian Immortel.*** On dit qu'à la fin des temps, c'est le seul qui survivra. Cet arbre était déjà mentionné dans les écrits du pèlerin chinois Xuangzang lorsqu'il visita la ville, en 643. On donne une pièce, un prêtre vous fait passer sous une branche, et le tour est joué, vous êtes béni. Le plus étonnant, c'est en fait l'animation qui règne autour de cet arbre.

Hanuman Temple : *sur la rive, au pied du fort.* Ce temple est l'un des rares en Inde à représenter le dieu couché. Il est ouvert aux non-hindous. Le dieu est au fond, représenté couché, donc, et attend, couvert de fleurs, le passage des pèlerins.

Anand Bhawan : *University Rd. Mar-dim 9h30-17h. Seule la visite du 1er étage est payante (pas chère du tout).* C'est la maison de famille des Nehru, transformée en musée. Visite intéressante, plus pour l'atmosphère qui s'en dégage que pour ce qu'on y voit. La demeure est en soi une petite merveille : vaste et aérée, entourée d'un large parc, dotée de coursives à chaque niveau, de colonnades, d'un élégant dôme. On aperçoit, à travers les différentes vérandas, le bureau de Nehru, les salles où avaient lieu les réunions officielles *(Congress Commitee Room),* souvenirs de l'emprisonnement de Nehru après la violation de la loi sur le sel en 1930. Voir aussi la pièce où la famille accueillait le Mahatma lors de ses visites à Allahabad. Noter son lit, tout simple, et son célèbre rouet qu'il ne quittait jamais. La chambre d'Indira se caractérise par son dépouillement également, mais avec un côté ado très sage. Une vraie petite chambre d'étudiante. Mobilier d'époque. À l'extérieur, un ***planétarium.*** Séance chaque heure. On peut s'en passer.

Swaraj Bhawan Museum : *à côté de l'Anand Bhawan ; d'ailleurs, les 2 jardins communiquent. Mar-dim 9h30-17h30. Entrée symbolique.* Là aussi, une vaste maison du XIXe s rachetée en 1900 par la famille Nehru, où Indira naquit en 1917. Les Nehru y vécurent jusqu'en 1931, avant de passer dans la maison d'à côté (voir ci-dessus). Peu d'infos, quasiment pas de mobilier, mais pas mal de photos et, même, de diapos projetées plusieurs fois par jour dans certaines des pièces.

Allahabad Museum : *Chandrashekhar Azad Park. Tlj sf lun 10h-17h. Entrée : 100 Rps, ce qu'on trouve bien cher.* Musée assez poussiéreux qui attirera surtout les passionnés de sculptures. Au rez-de-chaussée, belle collection de terres cuites et de sculptures de l'époque gupta, ainsi que d'intéressantes miniatures mogholes et rajpoutes. Vaisselle, poterie, armes... Ce qui nous a intéressés le plus se situe à l'étage. Série de photos en noir et blanc qui reprend toute la vie de Nehru de sa naissance à sa mort. Intéressant, mais c'est un peu comme un film muet. Aucune explication en anglais.

VARANASI (BÉNARÈS)

1 300 000 hab. IND. TÉL. : 0542

« Il est des villes - telle Bénarès - encore tellement imprégnées de prière, malgré l'invasion du doute moderne, que l'on y est plus qu'ailleurs libéré d'entraves charnelles, et plus près de l'infini. »

Pierre Loti.

Delhi **: 780 km ;** ***Patna*** **: 260 km ;** ***Khajuraho*** **: 391 km.**

Bienvenue dans l'une des plus vieilles villes du monde ! Ici, peu de temples, de mausolées, de forteresses. L'empereur Aurangzeb a gommé toute trace des religions qui n'étaient pas l'islam, allant jusqu'à changer un temps le nom de la cité en Mohammadabad (Mohamedville)... Et pourtant, Varanasi a toujours été un des lieux les plus saints de l'hindouisme, comme le Vatican pour les catholiques, ou La Mecque pour les musulmans. Pour beaucoup, Varanasi est une révélation, une ville inspirée, où l'on peut découvrir la psychologie indienne et surtout la puissance de la religion sur les mentalités. C'est un endroit qui touche, et, d'ailleurs, certains n'en repartent pas indemnes. On y trouve un monde à part, l'essence de l'Inde. Chaque année, un bon million de pèlerins viennent se baigner (faire leurs fameuses ablutions) dans le Gange pour se décrasser l'âme, les eaux du fleuve étant censées laver de tous les péchés accumulés au cours des vies passées. Pour un pouvoir de purification, c'est un *sacré* pouvoir de purification ! Mais ce n'est pas tout : ici plus qu'ailleurs, la mort est présente, elle fait partie de la vie. Et pour cause : les hindous viennent y mourir en masse, car pousser son dernier soupir à Varanasi, c'est en finir avec le cycle (infernal !) des réincarnations et atteindre sur-le-champ le *nirvāna.* En bref, vous voilà dans le cœur battant de l'hindouisme, la ville où s'expriment avec la plus grande ferveur les croyances de plus de 800 millions d'individus !
Certains passeront à côté de cette effervescence et perdront leur temps à râler contre les vaches sacrées, contre le bruit, contre les suceurs de fric (qui sont ici au grand complet), contre les rickshaws, contre les hôteliers, contre les mendiants, contre... stop ! Si vous n'aimez pas, partez. Mais comment ne pas apprécier cette vie grouillante au bord du Gange, tous ces petits métiers

qui en font la gaieté, comment ne pas avoir envie de se perdre dans les venelles sombres et étroites, de discuter avec les diseurs de bonne aventure, de se faire masser, ou tout simplement de se sentir l'âme d'un contemplatif, l'espace d'un instant ?

LE GANGE ET LA POLLUTION

> « **Aucun microbe qui se respecte ne saurait vivre dans une eau pareille.** »
>
> **Mark Twain.**

Le plus sacré des fleuves de l'Inde. Sorti de l'orteil de Vishnou, arrêté dans sa course impétueuse par le sourcil de Shiva, qui l'emprisonna dans sa chevelure avant de le laisser descendre sur la Terre purifier les cendres des 60 000 fils du roi Sagara brûlés par un éclair de colère du sage Kapila, etc. Fabuleuses légendes hindoues que l'on trouve pour quelques roupies dans tous les kiosques de gare, et en B.D. s'il vous plaît !

DE LA VARUNA À L'ASSI

Le nom de Varanasi provient du lieu de la rencontre de deux rivières : au nord, la Varuna, au sud l'Assi. Bénarès (l'autre nom de Varanasi) proviendrait, lui, de la déformation anglaise de Varanasi que les colonisateurs avaient du mal à prononcer. Pour la petite histoire, le nom initial de la ville était Kashi, provenant des Véda, le tout premier livre sacré des hindous, signifiant « le lieu qui attire tout le monde ». Rien n'a changé au bord du Gange. Dialogue incessant entre les petites réalités de ce monde et un sentiment d'éternité.

Pendant longtemps, un mythe circulait en Inde, attribuant au Gange une pureté légendaire. Mais des études réalisées à partir de 1981 par le gouvernement indien ont révélé que le Gange foisonne de bactéries. À quoi attribuer cette pollution ? Aux déchets chimiques provenant des engrais utilisés dans les champs, aux déchets industriels des grands centres urbains, aux cadavres qu'on y jette, cadavres mal incinérés en raison de la pénurie de bois dont l'Inde est frappée, et à tous les excréments non traités. La situation était catastrophique pendant les mois d'été, certains allaient jusqu'à dire que le Gange était un égout à ciel ouvert. Devant l'ampleur du désastre, le gouvernement a lancé en 1985 un « plan d'action pour la prévention de la pollution du Gange », qui a donné lieu à la création d'usines de traitement des eaux et à l'aménagement d'un réel système d'égouts dans les plus grandes villes où coule le fleuve. Vingt ans plus tard, détournement d'argent, stations d'épuration en mauvais état, w-c inutilisés... Bref, la situation générale demeure toujours aussi alarmante.

Car ici, on a eu la bonne idée de se voiler la face en évacuant le problème – au sens propre. Les canalisations d'eaux usées ont tout simplement été déviées vers la rivière Varuna, un affluent du Gange, ce qui fait qu'au bord des ghats, la concentration en coliformes fécaux est toujours plusieurs dizaines de fois supérieure à la limite admise... Et pendant ce temps, en aval de Varanasi, on collectionne chaque jour de (tristes) records... Petite anecdote : il y a quelques années, un ministre français de l'Industrie avait créé un incident diplomatique en déclarant au Premier ministre indien que le Gange était impur. Attention à votre vocabulaire : dire que le Gange est sale est une chose, dire que son eau est impure en est une autre...

PETIT CATÉCHISME

Varanasi est la ville de Shiva, l'endroit où, selon la légende, il vécut avec Parvati au début de leur vie conjugale. Ses adorateurs se reconnaissent aux trois traits blancs horizontaux tracés sur leur front. Les sectateurs de Vishnou (adoré principalement sous l'avatar de Krishna) portent, eux, un « U » jaune entre les sourcils, avec une ligne rouge au centre. La manière de se saluer entre adorateurs de Krishna est le célèbre « Hare Krishna ». Le point rouge porté par presque tous les Indiens (et surtout par les femmes) au milieu du front est un simple signe de bénédiction fait par le prêtre. Le symbole de Shiva, qui est enfermé dans le saint des saints du temple, est le lingam (principe mâle) enfoncé dans une *yoni* (principe femelle). Un temple consacré à Shiva se reconnaît à un étendard rouge planté sur son sommet. Un étendard blanc signale un temple consacré à Vishnou. Mais cela peut varier...

OH ! MOURIR À VARANASI !

En principe, tout hindou qui meurt à Varanasi a l'assurance de voir son âme monter au ciel – puis d'y rester –, sans passer par le cycle sans fin des renaissances. C'est pour cela que Varanasi se révèle être une ville de la mort. Voilà aussi pourquoi il n'est pas rare de rencontrer des vieillards, assis sur le bord du Gange, attendant leur fin prochaine. Il n'y a pas si longtemps encore, on y transportait les malades jugés incurables, afin de les laisser mourir dans des petites huttes de branchages, bâties sur les rives. Malheur à ceux qui survivaient ! Considéré comme un refus des dieux de les accepter, cela entraînait leur rejet parmi les hors-castes. Ce désir de mourir tout près du Gange explique aussi la profusion de palais plus ou moins luxueux, érigés par les maharajas tout le long du fleuve.

VARANASI ET LES VACHES

Une raison d'aimer ou de détester Varanasi, ce sont les vaches. Avant même d'être la ville du Gange, Varanasi est la cité des vaches – elles sont partout, dans la gare, sur les ghats, dormant en travers des rues, formant de véritables troupeaux qui bouchent les ruelles. Bref, être vache à Varanasi, c'est le pied (mais attention où vous mettez les vôtres !), d'autant qu'y est installé un des plus beaux *goshalas* de l'Inde, une maison de retraite pour vaches, qui évite l'abattage aux animaux improductifs !

PETITS AVERTISSEMENTS

– Éminemment touristique, la ville comprend un éventail complet d'escrocs et d'arnaqueurs, qu'il s'agisse de boutiquiers, d'hôteliers ou de chauffeurs de rickshaws à la solde de ces derniers. Si vous avez choisi de loger dans la vieille ville, téléphonez à l'hôtel où vous avez décidé de séjourner en arrivant à la gare. Souvent, on viendra vous chercher, sinon à la gare elle-même, du moins à un endroit convenu, que vous n'aurez qu'à rejoindre en prenant un rickshaw... Mais, attention, un rickshaw de préférence en dehors de la gare, car ceux qui se postent à la sortie n'ont qu'une idée en tête : vous emmener dans l'hôtel de LEUR choix, pour y toucher la commission... que vous paierez sans le savoir à l'hôtelier. Un bon conseil donc : n'écoutez aucun de ces racoleurs (surtout s'ils vous disent que l'hôtel où vous voulez aller est fermé, a brûlé ou a déménagé), marchez d'un pas décidé et tâchez de trouver un *rickshaw-wallah* qui ne parle pas anglais, ce sont souvent les plus honnêtes. Pour rejoindre la vieille ville, à environ 3 km au sud-ouest, vous ne devriez pas payer plus de 25 Rps en vélo-rickshaw et 50 ou 60 Rps en auto-rickshaw.
– On nous a signalé des cas d'agression le soir dans la vieille ville. Sans verser dans la psychose, on vous recommande donc plutôt de ne pas traîner inutilement dans cette zone passé, disons, 22h ou 23h. Mieux vaut passer la fin de la soirée sur la terrasse de votre *guesthouse,* à papoter, lire, jouer aux cartes ou méditer face au Gange.
– Éviter de prendre le taxi : la circulation entre la gare et la vieille ville est absolument infernale et, aux heures de pointe, les rues sont totalement bouchées. Les taxis se révèlent donc parfaitement inutiles.

Arrivée à Varanasi

En train

La gare de Varanasi est la ***Varanasi Cantonment Railway Station*** *(plan général C2), à 3 km au nord-est du Gange.* Office de tourisme très utile dans le grand hall, sur la droite en venant des quais. Attention aux vols.

En bus

La gare routière *se trouve à 500 m de la gare ferroviaire (plan général D2), sur la même artère.* Hormis les bus privés venant du Népal, c'est là qu'arrivent tous les bus.

En avion

L'aéroport, *à 22 km de Varanasi (hors plan général par B1),* est minuscule et le plus grand désordre y règne. Deux conseils : essayez de vous faufiler avant les groupes (s'il y en a) jusqu'au guichet des passeports. La plupart du temps, le tapis roulant est en panne et le convoyage se fait à la main, mais pas toujours dans les bonnes... Bus à chaque vol en général. Dessert la Mint House, au bureau d'*Indian Airlines,* dans le Cantonment. Passe aussi par l'*India Tourism Office.* Pour un taxi *(prepaid),* compter 350 Rps.

Adresses utiles

Infos touristiques

UP Tourist Office *(plan général C2) : Railway Station. ☎ 250-66-70. ● up-tourism.com ● Dans le hall principal de la gare sur la droite, idéalement situé à la sortie de votre train. Tlj 7h-19h.* Uma Shankar, le principal fonctionnaire en charge de ce bureau, connaît la ville comme sa poche et les horaires des trains par cœur. Très serviable et efficace.

Adresses utiles

- UP Tourist Office
- India Tourism Varanasi – Govt of India
- General Post Office
- Varanasi Cantonment Railway Station
- Gare routière
- Aéroport
- **1** State Bank of India
- **4** Distributeurs automatiques de billets
- **5** Indian Airlines
- **6** Sri Shiv Prasad Gupta Government Hospital

Où dormir ?

- **21** Chaintanya Guesthouse
- **22** Doctor's Maruti Guesthouse
- **24** Palace on Ganges
- **25** Ganges View Hotel
- **26** Hotel Temple on Ganges
- **30** Sagar Guesthouse
- **31** Sandhya Guesthouse
- **32** Shivam Hotel
- **33** Hotel Haïfa
- **34** Hotel Buddha
- **35** Hotel Kameshut et Pradeep Hotel
- **36** Siddharth Hotel
- **37** Radisson Hotel Varanasi
- **39** Hotel Surya
- **40** Hotel Vaibhav et Hotel Meraden Grand
- **43** Taj Ganges Hotel

Où manger ?

- **33** Haïfa Restaurant
- **35** Poonam Restaurant
- **39** Canton Royale
- **63** Sindhi Restaurant
- **64** Basant Bahar
- **66** Bread of Life
- **67** El Parador
- **68** Ashiyana Restaurant
- **69** Restaurant de l'Hotel Clarks

A
B
JAUNPUR, LUCKNOW
GHAZIPUR, GORAKHPUR
D
1
2
3
4
5
6
NORD
Magbul Alam Road
Rajabazar
37
39
1
69
68
Nandeshwar
Palace
College Road
43
40
5
The Mall
Road
Trunk
CANTONMENT
Cantonment Railway
Station
Queen's
67
Grand
32
Road
64
Trunk
Grand
Kashividya
Peeth
Vidyapeeth
CHAITGANJ
Bharatmata
Mandir
Road
4
Aurangabad
36
Sheopurwa Road
Luxa
Road
ALLAHABAD
Raja
Montichand
Chintamani
Road
Durgakund
Durga
Temple
Tulsi Manas
Temple
Sankat Mochan
Temple
1 000 m
A
B
C
D

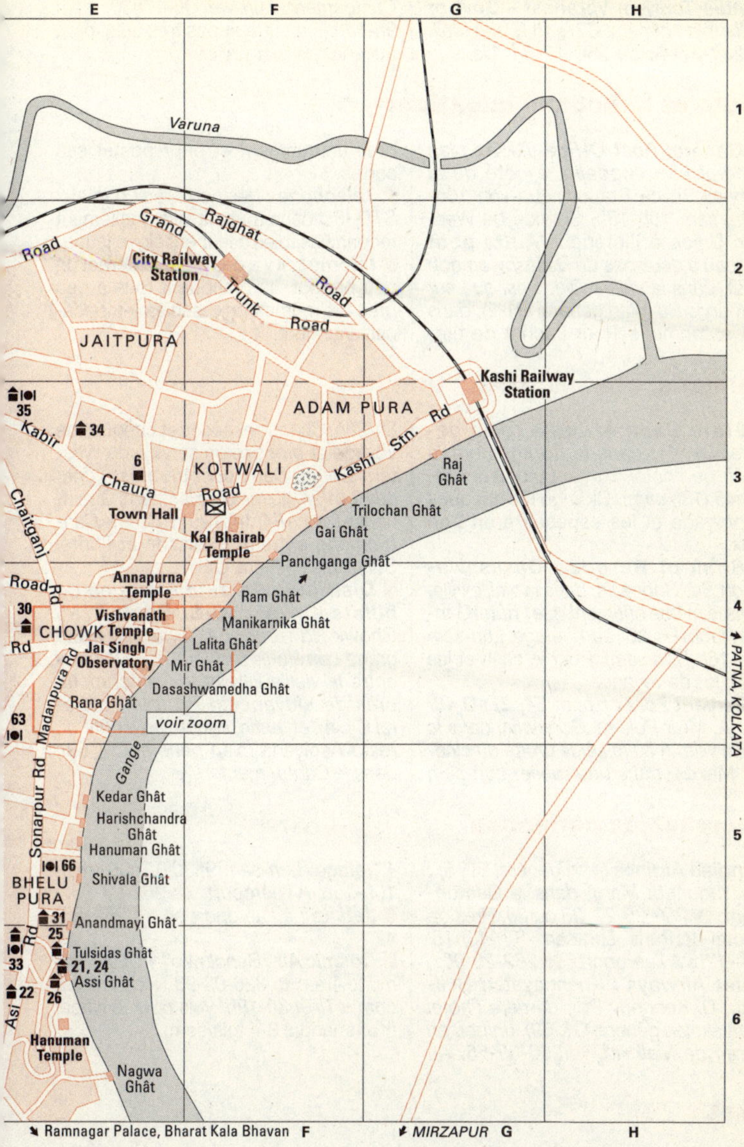

VARANASI (PLAN GÉNÉRAL)

VARANASI (BÉNARÈS)

■ ***India Tourism Varanasi – Govt of India*** *(plan général C2)* ***:*** *15 B, the Mall.* ☎ *234-37-44 ou 250-17-84. Dans le Cantonment. Lun-ven 9h-17h30 ; sam 9h-14h.* Excentré et pas très utile, bref, aucune raison d'y aller.

Poste et télécommunications

✉ ***General Post Office*** *(GPO ; plan général F3)* ***:*** *Medajin, à côté de la* Kotwali Police Station. *Lun-ven 10h-18h ; sam 10h-13h.* Service de *Western Union* à l'intérieur. ***Autre petit bureau*** *à deux pas du Dasashwamedh Ghât, dans la vieille ville, ainsi que sur St Mary's Rd (plan général C1-2), dans le Cantonment.* Pour l'achat de timbres uniquement et pour poster ses cartes.

■ ***Téléphone :*** très nombreux bureaux *STD-ISD* dans toute la ville, facilement reconnaissables à leur enseigne jaune.

@ ***Internet :*** il y a des points Internet un peu partout. Ils pratiquent tous à peu près les mêmes prix, seules les bécanes changent.

Banques, change, distributeurs

■ ***State Bank of India*** *(plan général C1,* ***1****)* ***:*** *dans le Cantonment, à 50 m de l'hôtel* Surya. *Lun-sam 10h-15h45 (13h sam).* Change les chèques de voyage et les espèces à un bon taux.

■ ***Bank of Baroda :*** *Dasashwamedh Rd, Godowlia, dans la vieille ville. Dans le même bâtiment que l'hôtel* Ganges *(zoom E4,* ***28****), au 1er étage. Lun-sam 11h-16h (14h sam).* Pour le cash et les chèques de voyage.

■ ***Radiant Forex*** *(zoom E4,* ***2****)* ***:*** *D 48/139 A, Misir Pokhra, Godowlia, dans la vieille ville. À 50 m sur la droite du cinéma* Mazda, *dans une ruelle. Lun-sam 8h-20h.* Change espèces et chèques de voyage et propose un service de *Western Union. Deux* ***succursales,*** *l'une, ouv 24h/24, au resto de la* Shanti Guesthouse *(zoom F4,* ***14****), l'autre dans le Cantonment, entre le* Radisson *et l'hôtel* Surya *(plan général C1).*

■ ***Distributeurs automatiques de billets – ATM : ICICI Bank-ATM,*** *Chowk Rd (zoom E4,* ***3****), à 150 m du grand carrefour, sur la droite. D'autres entre la vieille ville et le Cantonment, près de Vidyapeeth Rd (plan général C4,* ***4****), et, enfin, encore un à côté du resto* Ashiyana *(plan général C1,* ***68****), dans le Cantonment.*

Compagnies aériennes

■ ***Indian Airlines*** *(plan général B2,* ***5****)* ***:*** *52, Yadunath Marg, dans le Cantonment.* ☎ *250-25-27, 28 ou 29. Près de l'*Hotel de Paris. *Lun-sam 10h-13h15, 14h-17h. À l'aéroport :* ☎ *262-20-90.*

■ ***Jet Airways :*** *Krishnayatan Building, D. Kennedy Rd ; derrière l'hôtel* Clarks *(plan général C1,* ***69****), un peu en retrait de Mall Rd.* ☎ *250-65-55. Au 1er étage. Lun-sam 9h30-17h30 ; dim 10h-15h. À l'aéroport :* ☎ *262-27-95.*

■ ***JetLite :*** *à l'aéroport slt.* ☎ *262-25-47.*

■ ***Cosmic Air :*** *Bunglow n° 16, Cantonment Area.* ☎ *326-03-93.* • *cosmicair.com* • *Tlj 9h30-19h.* Vols pour le Népal (Kathmandu) 3-4 fois/sem.

Santé

■ ***Sri Shiv Prasad Gupta Government Hospital*** *(plan général E3,* ***6****)* ***:*** *Kabir Chaura Rd.* ☎ *221-47-20 à 23. Consultations gratuites (tt comme au* BHU Hospital, *sur le campus de l'université ;* ☎ *236-76-42 ou 93-36).* En dépit des apparences, on y fait des miracles.

■ ***Heritage Hospital :*** *quartier Lanka.* ☎ *236-99-91 à 95.* Clinique privée bien équipée, évidemment assez chère. Allez-y en cas de gros pépin (de préférence avec une bonne assurance).

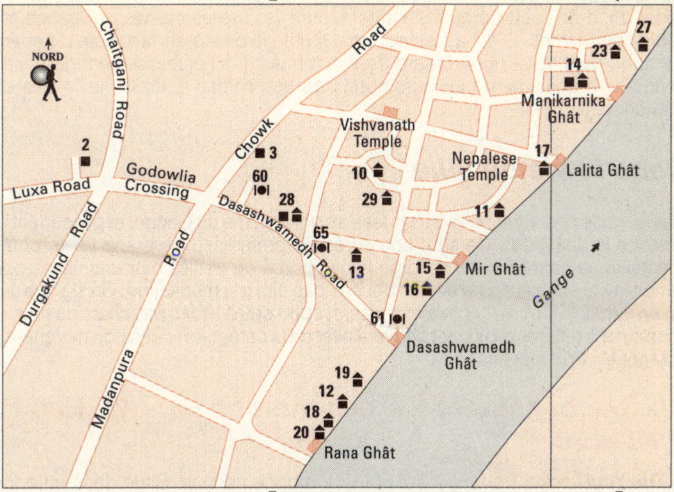

VARANASI – LA VIEILLE VILLE (ZOOM)

■ Adresses utiles

- **2** Radiant Forex
- **3** Distributeurs automatiques de billets
- **14** Succursale de Radiant Forex
- **28** Bank of Baroda

Où dormir ?

- **10** The Yogi Lodge
- **11** Shankeri Tourist Lodge
- **12** Vishnou Resthouse
- **13** Sri Venkateswar Lodge
- **14** Shanti Guesthouse
- **15** Ganpati Guesthouse
- **16** Alka Hotel
- **17** Puja Guesthouse
- **18** Leela P. Guesthouse
- **19** Sīta Guesthouse
- **20** Shiva Ganges View
- **23** Mishra Guesthouse
- **27** Scindhia Guesthouse
- **28** Hotel Ganges
- **29** Ganga Fuji Home

Où manger ?

- **60** Keshari Restaurant
- **61** Shree Café
- **65** Madhur Milan Café

Loisirs

■ ***Piscine :*** quelques grands hôtels acceptent les non-résidents moyennant une contrepartie financière : l'hôtel *Surya* (très belle piscine pour 200 Rps), le *Clarks,* sur Mall Rd (dans le Cantonment) et le *Taj Ganges Hotel,* pour ne citer que ceux-là.

Où dormir ?

Il existe en fait trois quartiers pour dormir à Varanasi. Si vous cherchez la tranquillité, la verdure et, surtout, que vous avez une bourse bien pleine, allez dans les hôtels localisés dans le quartier dit du Cantonment. Comme dans la plupart des villes où les Anglais tenaient garnison, c'est là que vécut la colonie britannique de 1794 à 1947. Fait aujourd'hui figure de quartier résidentiel – sans grand intérêt. En fait, on vous conseille plutôt la vieille ville car, après tout, Varanasi, c'est ça et rien d'autre. C'est ici à notre avis que vous « vivrez » le mieux le Gange et profiterez de tout le spectacle qui s'y déroule en permanence (ablutions, crémations, etc.), sans parler de toute l'activité qu'il y a autour, dans les ruelles pleines de vaches et de petits commerces. C'est aussi la zone qui offre la plus grande variété d'hébergement, du petit hôtel pour routard (très nombreux !) à l'établissement de charme. Enfin, il y a également plusieurs hôtels de bon niveau entre la vieille ville et le Cantonment.

Dans la vieille ville

Plusieurs de nos adresses sont situées au bord même du Gange, et possèdent une terrasse le dominant. Ce sont nos adresses préférées car, le soir venu, pouvoir s'installer au calme face à ce large fleuve bordé de vieilles bâtisses usées par le temps invite vraiment à la rêverie, pour ne pas dire à la méditation. On signale aussi qu'un certain nombre d'hôtels proposent, outre des dortoirs pas chers du tout, des chambres à différents prix qui peuvent aller de la catégorie « Très bon marché » à la catégorie « Prix moyens ».

De très bon marché à bon marché (50-300 Rps / 0,70-4,60 €)

■ ***The Yogi Lodge*** *(zoom E4,* ***10****) : D 8/29, Kalika Gali.* ☎ *239-25-88.* ● *yogilodge@yahoo.com* ● *Perdu dans les ruelles près du Vishavanath Temple (le Temple d'or), pas bien loin du Gange.* Beaucoup de rickshaws ne veulent pas y aller car ils ne touchent pas de commission et ils inventent alors des histoires pas possibles. Indiquez donc Mir Ghât, c'est à 300 m, ou téléphoner à l'hôtel pour qu'on vienne vous chercher. Pour les tout petits budgets, une des meilleures adresses de la vieille ville où se retrouvent les routards de tous les pays. Les chambres sont spartiates mais propres. Nombreux dortoirs ouverts aux quatre vents. Lits indiens. On aime bien l'ambiance chaleureuse de cet endroit, même si on est un peu les uns sur les autres. Terrasse sur le toit, qui domine toute la ville ; en revanche, on n'aperçoit pas le fleuve. Repas corrects servis dans une sorte de patio où se retrouvent les voyageurs. Font les résas de billets de train ou bus. Détail important, on ne marchande pas ! Attention : il ne s'agit pas du *Jogi Lodget* ou du *Old Yogi Lodge,* mais de *The Yogi Lodge.*

■ ***Shankeri Tourist Lodge*** *(zoom E4,* ***11****) : D 3/88-89, Mir Ghât Bhagwan Bhawan.* ☎ *239-27-06.* Peuvent venir vous chercher à la gare. Sinon, en rickshaw, se faire déposer à Dasashwamedh Rd juste avant d'arriver aux ghats ; de là, c'est facile, car tout le monde connaît. Situé dans un endroit très calme, mais néanmoins au cœur de la vieille ville. Une ancienne maison d'avocat, grosse bâtisse ocre des années 1940, aujourd'hui bien décrépite, tenue par une gentille famille aux petits soins pour ses hôtes. Ensemble très simple, pas extrêmement bien tenu certes, mais qui reste bien, surtout pour le prix, vraiment très bas. Également un dortoir pour trois fois rien. Matelas à l'indienne. Petite chambre sur le toit, avec vue imprenable sur le Gange. Sanitaires communs réduits à leur plus simple expression. Cadre kitsch à souhait, et la fontaine surmontée d'une statuette en technicolor vaut vraiment le coup d'œil ! Pas de resto, mais petit déj ou un en-cas sur demande.

■ ***Mishra Guesthouse*** *(zoom F4,* ***23****) : à un jet de pierre de Manikarnika Ghât.* ☎ *240-11-43. Prendre l'escalier entre* Scindhia Guesthouse *et le ghat.* Grosse bâtisse abritant des piaules assez sommaires mais pas chères du tout, avec salle de bains où l'on nous a assuré que l'eau chaude coule. La moitié d'entre elles ont un balcon avec vue superbe sur le fleuve. C'est son principal attrait (outre les tarifs), le reste étant tout de même un peu froid. Resto sur le toit où, bien sûr, on retrouve la même belle vue sur le Gange. On peut venir vous chercher à la gare.

■ ***Vishnou Resthouse*** *(zoom E4,* ***12****) : sur Pandey Ghât, à droite du Dasashwa-*

medh Ghât, quand on fait face au Gange ; à env 400 m en longeant le fleuve. ☎ *245-52-38. Pas de résa par téléphone, donc y aller tôt le mat, car souvent complet.* Vue géniale sur le Gange, grâce à la petite terrasse où l'on prend un verre tranquillou. Une vingtaine de chambres très modestes, petites et inégales, avec ou sans salle de bains, certaines avec eau chaude et petite fenêtre sur le fleuve sacré. Préférer celles du 1er étage (moins de passage). En voir plusieurs. Propreté acceptable. Il y a aussi un dortoir. Endroit cool et accueillant, une bonne adresse routarde. Le matin, on est aux premières loges pour le lever du soleil et le spectacle des lavandiers qui tapent le linge en contrebas. Sert le petit déj ainsi que quelques plats simples mais mangeables. Comme pour d'autres, ne pas confondre avec la *Vishnou Guesthouse* ou la *New Vishnou Guesthouse...*

Sri Venkateswar Lodge *(zoom E4, **13**) : D 5/64, Dasashwamedh Ghât.* ☎ *239-23-57. • venlodge@yahoo.com • Pas au bord du Gange, et sans vue. À 3 mn à pied des ghats.* Accueil agréable. Une petite trentaine de chambres dans un édifice en hauteur, très coloré, organisé en un dédale d'escaliers, de balcons et de coursives. Pas vraiment d'ambiance, mais les chambres, avec ou sans salle d'eau, sont très convenables pour le prix. De plus, le gérant est sérieux et inspire confiance !

De bon marché à un poil chic (200-1 500 Rps / 3,10-23,10 €)

Oui, il s'agit d'hôtels dont le prix des chambres peut varier, selon le confort et l'orientation, du simple ou sextuple, voire plus ! Nous privilégions comme d'habitude les petits hôtels au bord du Gange.

Ganpati Guesthouse *(zoom E4, **15**) : D 3/24, Mir Ghât.* ☎ *239-16-78 ou 00-59. • vikiganga.tripod.com • Doubles 250-1 500 Rps. Résa conseillée en saison.* En bordure du Gange, un endroit coloré et très plaisant, qui s'organise en escaliers et en terrasses sur plusieurs étages. Chambres vraiment toutes différentes et à tous les prix : avec ou sans salle de bains, avec ou sans vue, certaines avec AC. Nos préférées : celles en hauteur, autour du petit balcon, dominant le fleuve. Point de vue tout aussi spectaculaire du resto (correct et pratique) en terrasse garni de parasols, où il fait bon lire un bon bouquin. Côté services : Internet, massages, laverie, tours en bateau et bureau de change.

Alka Hotel *(zoom E4, **16**) : D 3/23, Mir Ghât, au bord du Gange.* ☎ *239-84-45 ou 240-03-08. • hotelalkavns.com • Doubles 300-1 500 Rps.* Toutes sortes de chambres, à tous les prix, de la plus simple, sans salle d'eau, à la plus chic, spacieuse, avec AC, vue et salle de bains impeccable. Toutes, cela dit, sont bien tenues et agréables. Quelques-unes aussi avec balcon privé surplombant le fleuve. Accueil très pro et agréable. Point de vue depuis la terrasse ou du resto bon marché, très apprécié des clients. Peut venir vous chercher à la gare.

Scindhia Guesthouse *(zoom F4, **27**) : Scindhia Ghât, tt près de Manikarnika Ghât.* ☎ *242-03-19 ou 239-34-46. • scindhiaguesthouse.com • Téléphonez pour qu'on vienne vous chercher gratuitement à la gare, au* Bus Stand *ou même à l'aéroport. Doubles 250-1 200 Rps.* En bordure du fleuve, facilement reconnaissable à sa grande enseigne et sa haute façade jaune avec balcons. Derrière celle-ci, 25 chambres de catégories « Bon marché » à « Un peu plus chic », mais toutes très bien tenues et donnant toutes sur le Gange ! Seules les moins chères n'ont pas de salle d'eau privée ; les autres, selon le niveau de confort, ont *air cooler,* balcon et AC. Internet et resto (mais pas toujours ouvert et à l'atmosphère un peu confinée).

Ganga Fuji Home *(zoom E4, **29**) : D 7/21, Shakarkand Gali, près de Mir Ghât.* ☎ *239-73-33. • gangafujihome.com • Doubles 330-990 Rps.* Tenu par un masseur indien qui a travaillé 9 ans au Japon, d'où le nom du lieu. Propose 20 chambres à différents tarifs. Celles des 3e et 4e étages, rénovées, sont fraîches et très claires (certaines avec AC), avec sol carrelé et petits rideaux aux fenêtres. Les autres, meilleur marché, sont plus simples (salles de bains communes). Une bonne adresse, très soignée. De plus, il y a un bon petit resto au dernier étage, sous un toit mais avec vue sur la ville. On y mange une cuisine pas trop chère, variée et saine avec, pour couronner le tout, de la musique traditionnelle indienne tous les soirs à 19h30 !

Puja Guesthouse *(zoom E4, **17**) : D 1/45, Lalita Ghât. ☎ 240-50-27 ou 42-76. • pujaguesthouse.com • Doubles 200-1 500 Rps.* Malgré sa quarantaine de piaules, cet hôtel ne fait pas trop usine. Mais ce n'est pas non plus le mieux tenu qu'on ait vu. Chambres toutefois variées, les moins chères se louant pour 3 fois rien. Selon le prix, avec ou sans salle de bains, vue, *air cooler* ou AC. Terrasses sur le toit avec vue vraiment extra, très appéciée de nos lecteurs. Resto ouvert 24h/24 sur l'une d'elles, pleine de *backpackers.* Cuisine simple et bon marché. Internet, bureau de change. Lors des fêtes religieuses, le temple voisin reste vivant très tard dans la nuit... le sommeil peut s'en ressentir !

Shanti Guesthouse *(zoom F4, **14**) : Ck 8/129, Garwasi Tola. ☎ 239-25-68. Près de Manikarnika Ghât. Resto ouv 24h/24.* Un des moins chers de cette catégorie, mais on vous prévient, c'est l'auberge version supermarché ! Toujours remplie de bourlingueurs au long cours, même en juin lorsque c'est plutôt calme. Une petite cinquantaine de chambres, sur 7 étages, de la plus simple (pour les motivés) à certaines plus correctes. Dortoir aussi, et possibilité de dormir sur le toit. Resto en terrasse, avec billard et belle vue sur le Gange. Bureau de change, résa de train et, disons-le quand même, tours en bateau gratuits...

Leela P. Guesthouse *(zoom E4, **18**) : B 14/34, Mansarovar Ghât. ☎ 245-20-27. Au bord du Gange ; accès par un escalier en fer assez raide.* Une poignée de chambres, très propres, avec salle de bains, dans un petit bâtiment moderne. Les moins chères, déjà agréables et coquettes, sont d'un rapport qualité-prix correct, mais celles avec AC sont surévaluées. Bon accueil.

Sīta Guesthouse *(zoom E4, **19**) : D 26/16, Chausatti Ghât, Bengalitola. ☎ 245-00-61. • sitaguesthouse@hotmail.com • En bordure du Gange, un peu avt* Vishnou Resthouse *en venant de Dasashwamedh Ghât.* Pension au calme, encore sympathique. Vingt-cinq chambres à prix très variable, toutes avec salle de bains. Matelas un peu trop fin pour les dos fragiles. Évitez celles qui donnent sur l'arrière, sans vue. Comme toujours, en voir plusieurs, même si l'ensemble est globalement bien tenu. Terrasse agréable avec vue plongeante sur les ghats, et petit resto. *Ayurvedic massage* sur demande.

Plus chic (env 2 000 Rps / 30,80 €)

Shiva Ganges View *(zoom E4, **20**) : B 14/24, Mansarovar Ghât. ☎ 245-00-63. • varanasiguesthouse.com • On peut venir vous chercher à la gare sur demande.* Un lieu de charme, certes, mais qui a fini par bien augmenter ses prix. Alors voilà, c'est une superbe maison rouge dominant un ghat un peu à l'écart de l'agitation du Chowk. Bien beau balcon en fer forgé et terrasse supérieure en faux créneau. Une poignée de chambres seulement, spacieuses, sur 3 niveaux, toutes avec salle de bains étincelante (mais petite) et vue sur la superbe courbe du Gange. Des couleurs douces, vert tendre, jaune doux, portes gris-bleu. Lit (un peu dur) avec moustiquaire au milieu de la pièce. Petit déj sur demande. Accueil bien affable du patron. Seul regret, donc : les tarifs, un peu surestimés. On peut s'occuper de vos résas de train et de bus.

Du côté d'Assi Ghât

C'est là qu'auraient été écrits certains versets de la grande épopée du *Rāmāyana,* au début de notre ère. Autour de ce ghat se développe un quartier agréable et tranquille. On profite des bords du Gange, tout en étant à l'écart de la folle agitation de Dasashwamedh Ghât.

Bon marché (150-400 Rps / 2,30-6,20 €)

Chaintanya Guesthouse *(plan général E6, **21**) : Assi Ghât, à côté du* Palace on Ganges. ☎ *231-36-86.* • *chaitanya house@sify.com* • Une petite adresse familiale, avec une demi-poignée de chambres à peine. Seule une, plus chère, avec AC, donne véritablement sur l'extérieur mais ce n'est pas très grave car les autres sont bien agréables aussi, avec des murs blancs nickel et une petite salle de bains très propre. Un très bon rapport qualité-prix.

Sandhya Guesthouse *(plan général E5, **31**) : Shivala, non loin d'Anandmayi Ghât.* ☎ *227-68-08.* Ici, on vient surtout pour l'ambiance, vraiment familiale, et le resto en terrasse, excellent et vraiment pas cher ! Songez un peu : aucun plat au-dessus de 50 Rps et pourtant, tout est frais (préparé à la demande) et succulent (essayez notamment le *Karashi paneer* ou le *vegetable malai kofta*). De plus, Bose, le patron, qui vit en partie en Angleterre, est plein d'humour. Dommage, les chambres sont moyennes : toutes avec salle d'eau, y compris les moins chères, mais peu séduisantes. Celles avec AC grimpent dans la catégorie « Prix moyens » en été. Tours en bateau possibles, Internet, et résa de tickets de bus ou de trains. Souvent complet.

Doctor's Maruti Guesthouse *(plan général E6, **22**) : B 1/86 K, Sahodarbir, non loin d'Assi Ghât mais pas du tout au bord du Gange.* ☎ *231-22-61.* • *maru ti-guesthouse.9f.com* • Pension de famille offrant des chambres peu chères avec salle de bains et eau chaude. Accueil particulièrement chaleureux. Le père, yogi et docteur, peut donner des cours d'initiation au yoga. Cuisine honnête. Refuse de travailler avec les rickshaws, qui vous diront que l'adresse n'existe plus... Bon, vu son emplacement, choisissez quand même d'abord les adresses citées plus haut.

Prix moyens (350-950 Rps / 5,40-14,60 €)

Hotel Temple on Ganges *(plan général E6, **26**) : Assi Ghât.* ☎ *236-86-40 ou 87-40.* • *hoteltemple.com* • *Au bord du Gange. Doubles 350-950 Rps, ttes avec sdb.* Bon gros bâtiment bleu et blanc entouré de terrains peu construits, dans ce quartier qu'on aime plutôt bien. Chambres de très bonne qualité. À l'étage supérieur, elles sont plus chères mais plus agréables. Eau chaude. Terrasse sur le toit, avec resto, donnant sur l'animation du fleuve. Cours de yoga gratuit pour les clients de l'hôtel, à condition de se tirer du lit à 6h (7h en hiver). Éviter en revanche leur circuit en bateau, assez décevant. Accueil un peu austère, mais service attentionné. Reste un bon rapport qualité-prix. Internet (payant).

Hotel Haïfa *(plan général E6, **33**) : B 1/107, Assi Ghât, mais pas en bordure du Gange.* ☎ *231-29-60.* • *hotel haifavns.com* • *Doubles 650-950 Rps.* Au-dessus du resto mentionné plus loin (dans « Où manger ? »), 24 chambres très propres et reposantes, équipées d'une bonne literie, de TV et de salles de bains étincelantes. Certaines ont un balcon. Un peu plus cher que le *Temple on Ganges* mais un cran au-dessus. Internet. Dommage qu'on soit un peu loin du fleuve.

Chic (env 2 500 Rps / 38,50 €)

Ganges View Hotel *(plan général E6, **25**) : Assi Ghât.* ☎ *231-32-18.* • *hotelgangesview.com* • *Résa impérative.* Les lieux laissent rêveur ! Magnifique villa sise au bord de l'eau. Attention, on se déchausse avant d'entrer ! La pièce commune, un salon-salle à manger à colonnes, est d'un grand raffinement ; le mobilier d'époque, que le proprio a hérité de ses ancêtres, ainsi que la décoration, d'un goût exquis, en font un véritable musée vivant. La terrasse, confortablement aménagée avec des chaises et des tables en rotin et des plantes vertes, dessert un petit bouquet de chambres (toutes avec salle de bains) aussi coquettes que bien tenues. Ce sont nos préférées, même si ce sont les plus chères. Un grand coup de cœur pour cette demeure où règne un on-ne-sait-quoi d'intemporel. On y resterait des mois... C'est d'ailleurs l'avis de nombreux artistes de passage, qui trouvent ici un incomparable refuge. Seul bémol : le petit déj, pas au diapason.

Très chic (env 3 700 Rps / 56,90 €)

Palace on Ganges *(plan général E6, **24**) : B 1/158, Assi Ghât. ☎ 231-50-50. • palaceonganges.com •* Bienvenue dans ce petit palace discret au bord du Gange ! Il propose une trentaine de chambres décorées à l'indienne, personnalisées et vraiment jolies. Certes, quelques-unes ne disposent pas vraiment de fenêtre, ou sont vraiment riquiqui, mais, à notre avis, le charme de l'ensemble compense. De plus, bon confort, et toutes les chambres sont équipées d'une très belle salle de bains. Couloirs aux murs crème ornés de gravures et de photos. Qualité du service un peu irrégulière, mais cela reste une vraie adresse de charme.

Au cœur du Chowk *(zoom E4)*

Prix modérés (env 400 Rps / 6,20 €)

Une adresse dans la grande rue commerçante du Chowk. Pas notre préférée, loin s'en faut, mais peut dépanner si tout est complet.

Hotel Ganges *(zoom E4, **28**) : Dasashwamedh Rd. ☎ 309-40-05.* Construction en béton tout à fait quelconque, située sur l'artère principale du Chowk. L'entrée est peu engageante et les intérieurs... guère mieux. N'y venir en fait que pour les quelques nouvelles chambres (les n°s 130 à 134), très propres et pas bruyantes, car situées à l'arrière. Sinon, inutile de vous déplacer. Agence de la *Bank of Baroda* au 1er étage.

Entre la gare et le Chowk *(plan général)*

Très bon marché (50-200 Rps / 0,70-3,10 €)

Sagar Guesthouse *(plan général E4, **30**) : D 52/34, J1, Luxmi Kund, en retrait de Luxa Rd. ☎ 239-12-90. Derrière la* Bank of Baroda, *dans un dédale de ruelles, au calme. « Home away from home »*, voilà le slogan publicitaire de cette pension tenue par une famille anglophone, vraiment sympa et ouverte – sans jamais devenir envahissante. Chambres ventilées avec sanitaires communs ou privés, certaines assez agréables, d'autres minuscules mais vraiment pour rien. Très propre. En revanche, les matelas ont vécu.

Prix moyens (400-1 000 Rps / 6,20-15,40 €)

Shivam Hotel *(plan général D2, **32**) : S 21/115, Parade Kothi. ☎ 220-10-66. Fax : 220-83-63. Dans une petite rue qui part juste en face de la gare, à côté des agences de voyages pour le Népal.* Un hôtel assez récent, aux chambres bien tenues et plutôt agréables. Vaut en tout cas mieux que le *Tourist Bungalow*, à côté. Eau chaude uniquement dans les *deluxe* et AC *rooms*. Pour les *standard*, on vous apporte un baquet. Bar et resto au rez-de-chaussée.

Hotel Buddha *(plan général E3, **34**) : C 26/35, Lahurabir. ☎ 222-36-86 ou 43-76. • hotelbuddha@rediffmail.com • Pile poil entre le fleuve et la gare.*

Chambres vraiment pas mal pour le prix, sans un grain de poussière, avec salle de bains nickel et TV, les plus chères climatisées. Préférer celles à l'arrière, pour la vue sur le jardin. Juste un truc : les matelas sont inégaux, et il n'y a d'eau chaude que le matin et le soir. Resto bon marché, décoré de jolies fresques.

Hotel Kameshut *(plan général E3,* ***35****) : C 27/111, Jagatganj. ☎ 220-26-89. • kameshut.com • Derrière l'hôtel* Pradeep. Une adresse tout à fait recommandable là encore. Un peu plus chère cependant que les hôtels *Shivam* et *Buddha.* Propose une vingtaine de chambres impeccables et pas trop mal arrangées, avec salle de bains très propre, TV, et, pour certaines, balcon et AC. On a aussi essayé le resto (catégorie « De bon marché à prix moyens ») et, franchement, vous pouvez y aller les yeux fermés.

Chic (1 500-2 700 Rps / 23,10-41,50 €)

Siddharth Hotel *(plan général C4,* ***36****) : D 58/9A, Sigra. ☎ 222-19-61. • hotelsiddhartha.com • Entre la gare et Assi Ghât. Doubles 1 700-2 300 Rps (26,20-35,40 €).* Bâtiment blanc et rouge abritant un hôtel 3 étoiles... qui les mérite amplement. Il prétend même avoir les caractéristiques d'un 5 étoiles mais là, à notre avis, il pousse un peu. Qu'importe, vous y trouverez des chambres agréables et impeccables, avec sol carrelé, bonne literie et frigo. Petit déj en plus, pour le prix d'un café en France. Piscine aussi, accessible aux « non-résidents » pour le prix de... 2 cafés en France.

Pradeep Hotel *(plan général E3,* ***35****) : Jagat Ganj. ☎ 220-49-63 et 94. • hotelpradeep.com • Sur le chemin de la gare en venant du Chowk, tt près du grand carrefour Lahurabir. Doubles 1 450-2 700 Rps (22,30-41,50 €).* Dans un quartier plus qu'animé. Hôtel moderne, aux chambres insolemment bien tenues ! Deux types : *deluxe,* déjà très confortables, et *executive,* bien plus chères mais carrément cossues et décorées de beau mobilier. Dans un cas comme dans l'autre, vous ne serez pas volé. Terrasse extra avec vraie pelouse. Sympa pour une bonne bière (il y a aussi un excellent resto ; voir le *Poonam Restaurant* dans « Où manger ? »). Accueil réservé mais courtois. Lire, près de la réception, comment Ghandi concevait le « client ».

Dans le Cantonment *(au nord de la gare ; plan général B-C1-2)*

Si vous arrivez en ville par le train, plutôt que de sortir de la gare par devant, sortez donc par l'arrière (par la plate-forme n° 9). Les rickshaws vous y attendent. Vous êtes alors à quelques minutes des hôtels du Cantonment.

De prix moyens à chic (750-1 700 Rps / 11,50-26,20 €)

Hotel Surya *(plan général C1,* ***39****) : The Mall, Varuna-Bridge. ☎ 250-84-65 ou 66. • hotelsuryavns.com • Doubles 800-1 500 Rps. CB acceptées.* L'un des moins chers de cette zone, et pourtant, il offre, dans la nouvelle aile, d'excellentes chambres, bien agencées, avec un balcon donnant sur le beau grand jardin intérieur (n°s 500 à 509, 600 à 609 et 700 à 709). Les autres, celles de l'ancienne aile, sont convenables aussi mais plus quelconques. Comme d'hab', les plus chères sont climatisées (et disposent même d'une baignoire). Également une superbe piscine, accessible aux non-résidents (pour 200 Rps), une agence de voyages, Internet, des téléphones publics et, pour couronner le tout, un resto très sympa (voir « Où manger ? »).

Hotel Vaibhav *(plan général C2,* ***40****) : 56, Patel Nagar. ☎ 250-13-59 à 62. • ho* *telvaibhav.com • Doubles 750-1 700 Rps.* Hôtel de belle facture, bien plus recommandable que l'hôtel *India*, à côté. Plusieurs types de chambres, mais toutes, y compris les moins chères (« Prix moyens ») sont bien finies et agréablement arrangées. Il y a même des suites mais là, les prix grimpent dans la catégorie « Chic ». Personnel affable, et bon resto offrant des spécialités indiennes et continentales à prix abordables.

De très chic à beaucoup plus chic (min 3 600 Rps / 55,40 €)

Hotel Meraden Grand *(plan général C2, **40**) : 57, Patel Nagar. ☎ 250-99-52 à 59. • meradengrand.com • À côté de l'hôtel* Vaibhav. *Double min 3 600 Rps (65,50 €).* Un 4-étoiles tout neuf, dont les premières chambres, déjà cossues et bien agréables, sont moins chères que celles d'un 2 étoiles en France. Avis aux amateurs ! Le *lobby*, qui plus est, en jette avec ses 2 gros lustres en cristal, et il y a même une très belle cour intérieure coiffée d'une verrière. Mais où est donc la Varanasi d'antan, celle où il n'y avait que des vaches et des charrettes ?

Radisson Hotel Varanasi *(plan général C1, **37**) : The Mall. ☎ 250-15-15. • radisson.com • Double min 4 000 Rps (61,50 €).* Ici, on atteint ce que la ville a de mieux à offrir en matière d'hôtellerie, à défaut de faire très « couleur locale ». Près de 120 chambres magnifiques et tout confort, à l'image des autres *Radisson* du monde. En revanche, évitez la piscine... 10 fois plus chère qu'à l'hôtel *Surya* !

Taj Ganges Hotel *(plan général C2, **43**) : Nadesar Palace. ☎ 250-30-01. • tajhotels.com • Double min 4 500 Rps (69,20 €).* Là encore, hôtel de grand luxe international, peu différent des autres établissements de la chaîne. Les chambres du 5e étage ont été rénovées et sont splendides. *Lobby* majestueux, animé par des joueurs de cithare. Jolie piscinette. Petit déj grandiose et délicieux servi dans une superbe salle... Vraiment la totale.

Où manger ?

À Varanasi, pour manger pas cher, vous avez tout intérêt à prendre certains repas dans votre *guesthouse*. La plupart servent, outre le petit déj, une cuisine familiale pas moins bonne qu'ailleurs et assez saine.

Entre le Chowk et la gare

Bon marché (50-100 Rps / 0,70-1,50 €)

Keshari Restaurant *(zoom E4, **60**) : au cœur du Chowk. Dans une ruelle étroite, qui part sur la gauche quand on suit la rue Dasashwamedh en allant vers les ghats.* Resto végétarien (et non-fumeurs), un des rares du Chowk qui ne mériteraient pas, selon nos critères, une fermeture pour manque d'hygiène. Allez déguster leurs délicieux *thalis* pour 3 fois rien et leurs non moins succulentes *vegetable cutlets*. Le *vegetable fried-rice* n'est pas trop épicé et vraiment bon. Pour conclure le repas, l'inévitable *chaï*. Très fréquenté par les locaux, c'est souvent l'usine le midi. Ils ont récemment ouvert un autre resto, à 1 mn à pied, sur la rue Dasashwamedh elle-même, au 1er étage d'un petit immeuble. Prix un brin plus élevés, mais si peu...

Shree Café *(zoom E4, **61**) : dans une ruelle qui donne sur l'artère qui mène au Dasashwamedh Ghât, à 100 m de celui-ci.* Une adresse miniature, coincée dans un bout de ruelle. N'hésitez pas à vous y arrêter, on y avale, ici encore, de succulents *thalis* végétariens pour une poignée de roupies !

🍴 ***Haïfa Restaurant*** *(plan général E6, **33**) : tt près d'Assi Ghât.* Petit resto d'excellente réputation. Spécialités libanaises mais pas seulement, à des prix si doux que les routards d'un peu partout s'y donnent rendez-vous. Ambiance chaleureuse les jours d'affluence. On y sert aussi des pizzas, *thalis* et plats chinois.

🍴 ***Sindhi Restaurant*** *(plan général E4, **63**) : Bhelupara, Lalita Cinema Rd. À côté d'un ciné désaffecté.* Dans un quartier populaire sympa et pas trop frénétique. Ouvert depuis un demi-siècle, ce petit resto végétarien tout en longueur, typique, attire essentiellement une clientèle locale. Banquettes de moleskine marron et ventilo, voilà pour la déco. Cuisine indienne bonne et pas chère. Excellents *cheese naan.* Accueil un peu routinier, en revanche.

🍴 ***Basant Bahar*** *(plan général D3, **64**) : juste à côté du carrefour Lahurabir.* Tout le monde connaît. Surtout ne pas se laisser rebuter par le cadre bruyant et poussiéreux de cette cantine de rue très couleur locale. On mange ici les meilleurs laitages de la ville, et ça se sait ! Le *plain lassi* s'apparente davantage à un onctueux yaourt bulgare, servi, pour parfaire l'image, dans un pot en terre cuite. Également un grand choix de pâtisseries indiennes, mais un peu grasses (pléonasme ?) à notre goût. Pour un peu plus de tranquillité, vous pouvez vous installer dans la salle à l'étage.

🍴 ***Madhur Milan Café*** *(zoom E4, **65**) : sur Dasashwamedh Rd, à mi-hauteur.* Salle verte ouverte sur la rue, avec une mezzanine de poche où sont servis *dosaï, paneers, samosas* et *thalis* pour trois fois rien. L'hygiène n'est peut-être pas le point le plus fort de cette adresse, on vous l'accorde. Pâtisseries également (dont les guêpes raffolent !).

🍴 Certains *restos de guesthouses* sont bons et particulièrement agréables, comme celui du ***Ganga Fuji Home,*** de la ***Sandhya Guesthouse*** ou de l'***Alka Hotel*** (voir pour chacun « Où dormir ? »).

Prix moyens (100-250 Rps / 1,50-3,80 €)

🍴 ***Bread of Life*** *(plan général E5, **66**) : Sonarpur Rd. Tlj 8h-21h.* Quand un Américain et une Allemande se rencontrent et se lancent dans la restauration, ça donne une adresse qui sort des sentiers battus, même s'ils ne sont pas sur place en permanence ! Carte très riche, qui va des bonnes soupes copieuses aux pizzas bien garnies, en passant par les *schnitzels*, le *chicken burger* avec frites, les quiches, les lasagnes, les aubergines farcies et le chili con carne. Sans parler des gâteaux, moelleux, frais, variés et faits maison (cookies, brownies !). Peut apparaître comme le repos du guerrier ou, plutôt, de l'estomac en cas d'overdose de cuisine indienne. Cadre nickel, bon accueil, mais service un peu long : presque un sans-faute. De plus, James et Monika sont impliqués (ainsi que leurs bénéfices) dans des actions de développement.

🍴 ***Poonam Restaurant*** *(plan général E3, **35**) : resto de l'hôtel* Pradeep. *Tlj 7h-23h.* Adresse de très bonne réputation. Et pour cause, on y déguste une des meilleures cuisines indiennes de la ville. À découvrir parmi les nombreux plats : le *murg malai kebab,* de délicieux cubes de poulet marinés avec de la poudre de pétale de rose, des noix de cajou et du yaourt. Les petits budgets pourront facilement partager un *mughali biryani,* sans oublier la spécialité, le *paner dilruba* (qu'on vous laisse découvrir). En fait, tout est bon. Spécialités chinoises et continentales aussi, et fameux gâteau au chocolat ! Un régal ! Salle agréable et spacieuse, éclairée d'une douce lumière. Service impeccable. Prévoyez toutefois une petite laine, l'air climatisé est plutôt frisquet. On peut également dîner sur la terrasse, vraiment extra (ou se contenter d'y prendre un verre).

🍴 ***El Parador*** *(plan général D2, **67**) : Maldahiya Rd, Pani Tanki. 📱 983-943-38-61. Derrière le* Bus Stand, *non loin de la gare. Au 1er étage.* Tenu par une sympathique famille népalaise, dont les membres se relaient aux fourneaux. Cela fait plus de 15 ans que ça dure, et on espère que ça va continuer, car la cuisine est vraiment soignée et très variée. C'est bien simple, il n'y a quasiment pas de plats indiens : poulet *stro-*

gonoff, tacos de pollo, tagliatelle, moussaka... Essayez le filet mignon de buffle, tendre et copieux (assurément pas un de ces buffles qui traînent dans les rues de la ville !). Sinon, succulent *minestrone* et bonnes pizzas (quoiqu'un peu petites). À demander, car absentes de la carte, leurs spécialités... népalaises, bien sûr ! Également quelques tables dressées sur le toit. Une bien bonne adresse, en fait, et qui, en plus, peut parfaitement convenir pour le petit déj, ou même le goûter, car ils proposent aussi des pâtisseries. On peut également commander des plats et les emporter pour le train.

Dans le Cantonment

Bon marché (50-100 Rps / 0,70-1,50 €)

|●| ***Ashiyana Restaurant*** *(plan général C1,* ***68****) : en face du* Radisson Hotel. ☎ *250-37-64.* Voici une petite adresse simple, au cadre coquet (nappes colorées et chaises en fer forgé), dans le quartier huppé de Varanasi. La carte répertorie les classiques de la cuisine indienne avec, entre autres, un excellent *chicken tandoori* (c'est leur spécialité), de très bonnes soupes ou, si vous êtes plusieurs, le *chitwan special murg musallan,* un poulet entier farci au mouton ! Pratique lorsqu'on loge dans le quartier et qu'on n'a pas envie de reprendre un rickshaw pour le Chowk. Ne sert pas de bière.

Prix moyens (100-250 Rps / 1,50-3,80 €)

|●| ***Canton Royale*** *(plan général C1,* ***39****) : le resto de l'hôtel* Surya *(voir plus haut « Où dormir ? »).* Cadre chic et très agréable, avec des tables bien dressées et des chaises en bois confortables, dans des salles hautes de plafond, séparées par des fenêtres à carreaux... Au menu, un peu de tout : tacos, *spaghetti polognese* (bolognaises ?), poisson à la portugaise et, bien sûr, toutes les spécialités indiennes habituelles. Quelques plats très goûteux, d'autres un petit peu moins mais, globalement, la cuisine est bonne et soignée. Et le service charmant.

De chic à très chic (min 350 Rps / 5,40 €)

|●| ***Restaurant de l'Hotel Clarks*** *(plan général C1,* ***69****) : The Mall, pas loin de l'hôtel* Surya. On se croirait dans une salle de danse au temps de la colonie britannique : boiseries et lustres de cristal... Ce qui est intéressant ici, ce sont les *thalis,* végétariens ou non. Tout bonnement excellent et copieux (soupe et nombreux curries à base de légumes et féculents, dessert). Sinon, il y a le grand buffet, affriolant mais beaucoup plus cher, ou encore la carte. Service stylé et gentil. Bonne ambiance, vous êtes dans un bel hôtel de luxe qui reçoit pas mal de groupes.

À voir

En fait, il n'y a pas grand-chose à voir à Varanasi, au sens habituel du terme : monuments, musées, temples... Le *Golden Temple,* où les pèlerins vénèrent le lingam de Shiva, est interdit aux non-hindous. Les mosquées ne sont ouvertes que pour les prières du vendredi, à cause des tensions religieuses encore vivaces. Plutôt que de courir « pour faire Varanasi en 2 jours », restez assis sur les ghats, canotez, attendez l'événement, il arrive toujours. Bénarès, c'est comme un spectacle. Bien sûr, les grands monuments font défaut mais, ici plus qu'ailleurs, on peut passer des heures à profiter de l'animation de la rue. Et, bien entendu, les plus belles scènes de cette représentation permanente sont celles des bords du Gange, tôt le matin ainsi qu'au crépuscule. Entre les deux, méditez sur la terrasse de votre *guesthouse* ou allez vous perdre dans le bazar, à la découverte des petits commerces ou, tout simplement, à la recherche de l'insolite.

Le Gange et le quartier du Chowk

🚶🚶🚶 **Le Chowk** *(plan général et zoom E4)* **:** *le vieux quartier qui longe les ghats.* Il y règne une atmosphère saisissante à la tombée de la nuit, surtout si vous tombez nez à nez, au détour d'une ruelle, avec le corps d'un défunt que sa famille conduit en cortège au lieu de crémation. Ce quartier est le seul que l'on connaisse où il est impossible de se diriger sans demander son chemin. D'ailleurs, n'hésitez pas à vous perdre dans le labyrinthe des ruelles, si étroites et tortueuses que la circulation des voitures et des charrettes y est impossible : elles sont toujours très généreuses en odeurs et en animation. Le Chowk, dans la journée, est l'un des marchés les plus riches qui soient. Vendeurs de jouets en bois, marchands de soies, d'épices, gargotes... et vaches sacrées. Attention aux bouses ! On a même rencontré un routard avec le poignet plâtré. Motif : glissade sur bouse de vache fraîche. Le seul jour où le Chowk est pratiquement déserté est le dimanche.

🚶 ***Golden Temple*** *(temple de Vishvanath ; zoom E4)* **:** *au cœur du quartier.* Le temple le plus sacré de la ville. Datant de la fin du XVIIIe s, c'est une copie de l'original qui avait été rasé de près par Aurangzeb. Le temple est supposé contenir le lingam de Shiva, apporté ici pour éviter qu'il ne soit détruit par les musulmans. Jalousement caché au plus inextricable entrecroisement des ruelles sombres du Chowk, on ne voit le temple de presque nulle part, tant il est enveloppé, et ses dômes fabuleux ne sont guère familiers qu'aux rêveurs des terrasses voisines. Aucun profane, d'ailleurs, n'est autorisé à pénétrer à l'intérieur. À proximité de l'entrée, l'étranger doit même se garder de toucher quoi que ce soit (guirlandes de fleurs, statues...), sous peine de sacrilège. Mieux vaut ne pas rigoler avec ça, car, ici comme dans certains quartiers de Mathura ou d'Ayodhya, on est particulièrement chatouilleux. Pas mal de tension en permanence, qui ne semble d'ailleurs contenue qu'au prix de la vigilance des services d'ordre sans cesse sur le qui-vive. Mais elle est toujours sous-jacente. À l'entrée de la ruelle d'accès au temple, fouille obligatoire par des militaires en armes. Appareils photo, caméras et portables sont strictement interdits. Pour observer le temple au plus près, il est possible d'entrer dans une boutique de soieries, presque en face de l'entrée du temple lui-même. C'est au 2e étage. On saura vous y attirer ! (Aucune obligation d'acheter quoi que ce soit.) Mais, franchement, on ne voit pas grand-chose, si ce ne sont les dômes dorés. L'enceinte du temple est percée de petites fenêtres afin que les intouchables, qui, il y a encore quelques années, n'étaient pas autorisés à y pénétrer, puissent faire leur prière. Partout autour, des quantités de guérites qui sont autant de demeures pour les dieux. Un peu plus près du Gange, le *Nepalese Temple,* pour sa part, possède quelques sculptures érotiques et un campanile en or. Il se trouve près du Mir Ghât.

🚶🚶🚶 ***Les ablutions dans le Gange :*** certainement le spectacle le plus fascinant de Varanasi. D'un bout à l'autre de la ville, suivant la courbe de son fleuve, des escaliers de granit forment un immense piédestal que descendent chaque matin des dizaines de milliers d'Indiens. Les ghats, ce sont ces marches qui bordent le fleuve sur plusieurs kilomètres, autrefois surplombés de merveilleux palais. Le plus central, autour duquel se concentre la population et la majorité des touristes est le ***Dasashwamedh Ghât*** *(zoom E4),* situé au bout de la rue du même nom et qui est aussi l'axe principal du quartier du Chowk. C'est là qu'il vous faudra aller, très tôt le matin (30 mn au moins avant le lever du soleil) pour marchander une barque. Cela dit, il y a des barques disponibles sur d'autres ghats. Demander à plusieurs bateliers pour avoir une idée précise du prix mais, en gros, vous ne devriez pas payer

plus de 50 Rps par personne. Mieux vaut le savoir, car certains n'hésitent pas à demander plusieurs fois le prix normal. Marchandage absolument obligatoire, donc. En général, on remonte jusqu'au *Manikarnika Ghât,* puis on redescend le fleuve. Éviter le tour de l'office de tourisme. C'est bien plus sympa seul et vous allez où vous voulez, à votre rythme et à votre gré. Pour ceux qui restent plusieurs jours à Varanasi, on conseille de « faire le Gange » une fois sur l'eau et une autre fois en se baladant sur les marches. Le point de vue est bien différent.
Les ablutions se font donc au soleil levant, quelle que soit la température (il y a tout de même plus de monde quand il fait chaud).
Une des choses les plus intéressantes à voir à ce moment-là, c'est aussi la cohorte de touristes sur les barques, photographiant cette gigantesque salle de bains. Preuve supplémentaire de la tolérance indienne. Après tout, que diriez-vous si un car d'Indiens déboulait au petit matin dans votre salle de bains pour vous regarder vous raser ? Ici, tout se passe tranquillement et ça ne dérange personne que vous soyez là. Ce qui ne vous empêche nullement de conserver une certaine retenue, notamment par rapport à la photo.

RELIGION ET BROSSE À DENTS

Les pèlerins doivent se baigner en cinq endroits différents. L'hindou religieux doit suivre ce rite chaque matin : prononcer le mantra sacré, s'immerger complètement trois fois de suite et boire une gorgée d'eau du Gange dans sa main. Après, libre à lui, ou à elle, de se laver les dents, de se savonner un bon coup, de nager, de laver son linge...

Après les ablutions, prenez le temps d'observer l'animation débordante sur les ghats mêmes. Sous de grands parasols se développe toute une vie sociale, religieuse et commerciale. Il y a là des masseurs, des vendeurs de fleurs. Les barbiers veulent toujours vous raser de plus près et crient « *new blade, new blade !* » à qui veut les entendre, indiquant ainsi que la lame du rasoir est neuve, histoire de mettre le touriste en confiance (on déconseille vivement !). On y voit aussi des astrologues autour desquels s'agglutine une population toujours avide de bonnes paroles. Les *gurus,* quant à eux, interprètent les textes sacrés des heures durant. Sans doute vous arrivera-t-il de voir aussi des sages faisant leur yoga et, plus rarement, d'autres se tenir debout sur un pied, comme Shiva qui passa une longue période de sa vie dans cette posture.
À noter que certains ghats sont réservés aux musulmans et d'autres aux femmes qui y font leur toilette, bien que la plupart soient mixtes.
On vous conseille de revenir au bord du Gange, sur le *Dasashwamedh Ghât* où, en fin de journée, un peu avant le coucher du soleil (vers 18h l'hiver, 19h-19h30 l'été), se déroule le ***Puja,*** cérémonie du culte au Gange, au cours de laquelle s'élèvent les chants sacrés et a lieu l'offrande de la lumière au fleuve. Cinq prêtres officient, tournés vers le Gange, accompagnés d'un groupe de musiciens. Tout bonnement superbe. Évidemment, c'est un autre spectacle que celui du matin, mais baigné cette fois dans une atmosphère un peu irréelle, créée notamment par les dizaines de petites bougies qui flottent sur le fleuve sacré. C'est aussi à cette heure-là que les cérémonies de crémation (qui ont lieu jour et nuit) sont les plus impressionnantes, surtout la toute première fois.

Les crémations : seuls deux ghats accueillent les crémations, le plus important étant ***Manikarnika Ghât*** *(zoom F4),* près duquel se trouve le *puits sacré de Shiva* où l'on jette des tonnes de fruits, de fleurs... **Attention, ne pas prendre de photos, c'est absolument interdit,** et ça se comprend (on trouve des cartes postales au Bharatmata Mandir). Merci de respecter ce savoir-vivre (si l'on peut dire !) élémentaire. Ou alors restez calme le jour où les Indiens viendront cracher leur bétel dans les bénitiers de Notre-Dame. On déconseille de prendre un guide pour visiter ce coin. Sinon, vous avez 2 chances sur 3 d'atterrir chez un marchand de soie. Méfiez-vous aussi de ces gens qui vous demandent de l'argent pour financer de soi-disant hospices, c'est souvent une façon pour eux de s'en mettre plein les

poches. Une certaine tension règne toujours sur les lieux de crémation. On y arrive par des ruelles sombres et étroites, encombrées par des vaches somnolentes. La famille psalmodie en suivant le défunt. L'arrivée sur le crématoire est vraiment indescriptible. Il faut voir celui-ci de nuit. Sur une plate-forme, bordée sur trois côtés par le Gange, brûlent une dizaine de bûchers. Ici, on dit que le feu ne s'est jamais arrêté depuis plusieurs milliers d'années. Ce n'est pas une simple phrase, c'est une réalité. Certains Indiens ne connaissent d'ailleurs la ville que sous le surnom de *Maha Shmashan Puri,* qui veut dire « le feu qui ne s'arrête jamais ». Une crémation coûte au moins 1 000 Rps. On achète généralement le bois à des gens qui sont près des ghats et dont c'est la charge, ce qui permet à la police d'exercer un contrôle sur les crémations. Bref, à Varanasi comme ailleurs, ce n'est pas si facile de faire disparaître un cadavre. Avez-vous vu les barques chargées de tonnes de rondins au bord de l'eau ? Pour les amateurs de chiffres, un corps met 3h à brûler et il faut environ 350 kg de bois pour assurer une crémation parfaite. Le bois le plus classe (bois de santal) peut coûter jusqu'à plus de 100 Rps/kg. Le moins cher s'achète autour de 5 Rps, mais il brûle beaucoup moins bien (le cadavre ne se consume pas entièrement !). Quand un corps brûle, les cinq éléments dont il est composé retournent à leur place par le feu. Cette croyance prend sa source dans les écritures sacrées, les *Véda.* Dans un registre moins spirituel, vous verrez peut-être rôder les orpailleurs qui viennent récupérer l'or sur les cadavres (dents, bijoux...). Des stèles de satis, en grand nombre, évoquent le sacrifice des veuves qui se faisaient brûler vives en même temps que leur époux, de façon plus ou moins consentie, plus poussées par les traditions qu'autre chose. Les autorités britanniques interdirent cette pratique en 1829.
La cérémonie de crémation obéit à un rituel précis : en présence des membres de la famille (dont les femmes sont le plus souvent exclues), le fils aîné du défunt met le feu au bûcher en tournant cinq fois autour. Le spectacle est vraiment impressionnant : les cadavres, drapés de rouge pour les femmes, de blanc pour les hommes, ou parfois encore de jaune doré pour les vieillards (sans distinction de sexe) se consument lentement dans une odeur de chair rôtie. Toute une rangée de défunts attendent un bûcher disponible. On les attise avec de grandes cannes de bambou qui servent aussi bien à écraser des membres fumants qu'à repousser les chiens qui se disputent la place. Les cendres sont ensuite jetées dans l'eau sacrée du Gange, après que les âmes des morts ont rejoint le ciel grâce à la crémation. Seuls les *sadhus,* les nouveau-nés, les malades morts de variole, les victimes de serpents et les vaches, considérés comme purs, peuvent être dispensés de cette purification par le feu. Ils sont directement immergés dans le Gange... ou parfois enterrés. Si la famille, trop pauvre, ne peut acheter suffisamment de bois pour une incinération complète, le cadavre à demi consumé est jeté dans le Gange où corbeaux et vautours achèveront le travail. Plus au sud se situe le ***Harishchandra Ghât*** *(plan général E5),* où trône le *crématorium électrique,* ses quatre piliers solidement plantés dans le Gange. C'est le lieu d'incinération des pauvres, conçu pour les familles n'ayant pas les moyens d'acheter assez de bois pour faire brûler le corps. L'âme du défunt déshérité s'échappe vers le ciel par deux fines cheminées. Ce système d'incinérations à la chaîne manque bien sûr de poésie, mais ils n'ont guère le choix... À propos, juste à l'arrière du crématoire électrique, à côté d'un tout petit temple, un petit groupe d'hommes se réunit en général le samedi soir pour jouer de la musique et chanter. Bonnes vibrations.

Godowlia Crossing *(zoom E4)* **:** ce carrefour et la rue qui le prolonge vers les ghats concentrent, sur à peine 300 m, toute l'énergie commerciale de la ville. Des dizaines d'échoppes de saris et d'étoffes en tout genre. C'est dans ces petits commerces que viennent s'approvisionner les femmes de Varanasi. On étale les saris par centaines dans les boutiques, on se bouscule, on compare les qualités, les couleurs... On trouve de tout, du *banana silk* (synthétique) comme les soies les plus chères. Ici, ce sont beaucoup plus les Indiens que les touristes qui viennent acheter. Raison de plus pour y jeter un œil.

Les temples et musées

Pour ceux qui connaissent déjà Khajuraho ou Konarak, les temples de Varanasi ne présentent qu'un intérêt limité – surtout en regard du spectacle incessant des bords du Gange. Alors, à moins que vous ne décidiez d'y poser vos affaires pour un petit bout de temps, vous pourrez passer à côté sans trop de regrets, sauf pour le musée.

Bharat Kala Bhavan *(hors plan général par E6) : à la Banaras Hindu University. Lun-sam 11h-16h30. Entrée : 100 Rps.* Un bien beau musée, assez mal ficelé, certes, mais dont les riches collections compensent largement la faiblesse muséographique. Entourée d'un vaste jardin, cette grande bâtisse dans les tons ocre et crème abrite le Musée archéologique de la fac de Varanasi (une des plus grandes d'Asie). Salle des sculptures (terres cuites, pierres et bronzes) des Xe et XIe s, textiles (soies, brocarts, châles brodés du Cachemire) et une série de miniatures des XVIIe, XVIIIe et XIXe s, dont certaines sont de vraies merveilles. Elles racontent pour la plupart les histoires divines (Rāma, Krishna, Sītā...). Ne pas manquer la *Nidhi Gallery,* petite salle du trésor où sont réunies des pièces rares : bijoux, pièces de monnaie, figurines, coupes à opium, pipes de jade, bracelets ciselés. À l'étage, sections archéologique, arts décoratifs. S'attarder sur la partie où sont réunies des gravures sur le Varanasi du XIXe s. Et puis une salle consacrée à la peintre et sculptrice Alice Boner, une Suissesse qui, dans les années 1920, fut largement influencée par l'art indien. Quelques-unes de ses œuvres sont exposées.

Bharatmata Mandir *(plan général D3) : tlj 7h-18h. Gratuit.* Élevé à l'apogée du nationalisme indien, ce sanctuaire fut inauguré par le Mahatma Gandhi en personne. Consacré à la mère patrie, l'Inde, ce temple rappelle la lutte pour l'indépendance. À l'intérieur se trouve une gigantesque carte en relief de l'Inde, exécutée en marbre. Du sous-sol, vue saisissante sur les montagnes de la maquette, en particulier l'Himalaya.

Sankat Mochan Temple – Monkey Temple *(plan général D6) : au sud de la ville, un des rares temples ouv aux non-hindous. Tlj 5h-12h, 15h-21h.* Attention aux singes dans l'allée qui mène au temple, pas farouches pour un sou. Construction de la fin du XIXe s, sympathique et bon enfant. Noter tous les piliers rougis par les « peintures » de bénédiction. Les lustres sous les arcades méritent un sacré coup de plumeau. Beau double banian dans la cour. Devant l'entrée principale de l'enceinte, des musiciens battent du tambour trois fois par jour.

Tulsi Manas Temple *(plan général D6) : mêmes horaires que le Sankat Mochan Temple.* Récent (il date de 1964) et superkitsch. La grande nef de marbre est particulièrement banale et froide. Presque lugubre. Il faut grimper à l'étage et aller au fond. Une coursive abrite nombre de scènes agrémentées de statues en plastique aux couleurs vives et des automates qui récitent des prières, qui dansent, qui gesticulent... Ces minirécits sont tirés des livres sacrés et sont là pour l'éducation religieuse du peuple. Intérêt somme toute limité.

Durga Temple *(plan général D6) :* un des plus anciens temples de la ville avec ses arcades ceinturant le temple central à colonnes dorées. On peut y pénétrer (pas de photos). S'y faire discret. Sympa pour observer les rituels de base.

Fêtes

La ville est fréquentée en permanence par les pèlerins, mais ça se bouscule un peu plus à certaines occasions.
– ***Buddha Purnima :*** *en mai (8 mai 2009 et 27 mai 2010).* Anniversaire de la naissance du Bouddha (au VIe s avant notre ère). Grande foire à Sarnath. Procession des reliques.
– ***Dussehra :*** *fin sept-oct (date variable ; 9 oct 2008 et 28 sept 2009).* Célèbre la victoire de Rāma sur le démon Rāvana. On joue le *Rāmāyana* partout dans la ville

sur des estrades mais aussi à même le sol (ce qui est inhabituel). Le drame est mis en scène tous les jours durant un mois. Le 10e jour, procession qui se termine par un feu d'artifice et où l'on brûle des effigies de Rāvana. Particulièrement célèbre à Ramnagar Palace (voir plus loin), où le maharaja préside les cérémonies.
– ***Puja Durga :*** *9 j. en oct.* On adore ses images pendant 4 jours puis, le dernier jour, elles sont immergées dans le Gange, en grande pompe, au *Dasashwamedh Ghât* principalement, mais sur les autres ghats également.
– ***Diwali :*** *oct-début nov (28 oct 2008 et 17 oct 2009).* Deuxième épisode... On fête cette fois-ci le retour de Rāma, victorieux dans son royaume, en compagnie de sa femme Sīta. Feu d'artifice, illumination de la ville sont les temps forts de cette fête nationale.

Achats

La soie à Varanasi

Quand on dit « Varanasi », on pense à la soie, normal. Une bonne partie de la population de la ville vit de la soie. Quand la soie va mal, tout va mal. Elle est l'étoffe sacrée par excellence. On l'utilise pour la naissance, le mariage et le décès (les morts sur les bûchers de crémation sont drapés dans un linceul de soie). Varanasi en est la capitale, car c'est à la fois une ville musulmane et hindoue. Si les hindous en dessinent les motifs, ce sont essentiellement les musulmans qui la travaillent, du filage au tissage. Contrairement à ce qu'on peut croire, la soie de Varanasi, pour l'essentiel, vient le plus souvent de Chine, d'Assam ou du Japon, et assez peu du reste de l'Inde. Les soies sont achetées pures et dévoilent une jolie couleur champagne. Il en existe plusieurs types, que nous détaillons un peu plus bas.
Varanasi n'a jamais été un centre de production de soie, mais un grand centre de tissage. Varanasi tisse en fait à peine 20 % de la production, le reste étant travaillé dans les villages des environs. Rares sont les femmes qui ne se marient pas avec un sari provenant de Varanasi. Arrivée brute en ville, la soie subit un *degumming,* trempage qui permet de retirer une sorte de colle naturelle. Elle perd alors 30 % de son poids. Elle est ensuite teintée (avec des couleurs en majorité chimiques). Puis vient le tissage. Aujourd'hui, 50 % de ce tissage est réalisé à la machine alors qu'au milieu des années 1990, les proportions étaient de 90 % à la main et 10 % machine ! L'aspect artistique a certainement un peu perdu de sa vigueur avec cette mécanisation, car le tissage main permet une plus grande complexité des motifs. Par ailleurs, au dire des spécialistes, le toucher du « fait main » n'est pas le même. Bon, nous, on n'a pas vu la différence.

Les principaux types de soie

– *La soie fine (fine silk) :* fine (si, si !), et très douce au toucher.
– *La soie sauvage (raw silk) :* plus rude, plus épaisse, et mate. C'est un style, et elle possède un vrai charme.
– *Le crêpe de soie (ou crêpe de Chine) :* une mixture de soie naturelle et de soie dite « Georgette » (et non Paulette !). C'est une soie dont la fibre est hautement vrillée (la pauvre Georgette !). Pas notre préférée car un peu rugueuse au toucher.
– *La soie mousseline :* une soie à laquelle on mélange de la purée. Mais non, on rigole ! C'est une soie filée différemment. Ici, on l'appelle en anglais la « chiffon silk » (ou « soie chiffon ») car, en effet, tout en étant extrêmement fine et légère (on l'utilise pour des tissus presque transparents), elle est un peu chiffonnée (et de ce fait rugueuse). Ne pas confondre la soie « chiffon » et la soie « serviette ». Mais non, on re-blague !
– *Banana silk :* ça c'est vrai ! C'est le nom qu'on donne à la fausse soie (bien qu'aucune partie de ce fruit ne soit utilisée pour sa fabrication).
– *Les brocarts :* une des grandes spécialités de la ville. À l'origine, il s'agissait d'un mélange de soie et de fibres métalliques, le plus souvent de fils d'or et d'argent.

Aujourd'hui, ce sont en général de simples fils colorés. Ce qui n'empêche pas certains brocarts de se révéler absolument somptueux. C'est d'ailleurs le type de soie le plus cher.
– Il existe encore bien des soies différentes, ça « bas de soie » ! Notamment des mélanges coton et soie. Mais bon, là, on vous sent fatigué !

Le prix de la soie

Les soies de Varanasi sont absolument superbes mais, comme partout, il y a de la mauvaise qualité. Même ici, la belle soie se paie. Trois fois moins chère qu'en France, certes, mais une pièce de qualité n'est pas donnée. Cela dit, c'est tellement chouette que ça vaut presque le coup de se priver de manger pendant le reste du voyage. Plein de magasins dans la vieille ville et dans le Cantonment (notamment dans la rue qui conduit à l'*Hotel Clarks* de Bazar Road) mais, de grâce, faites gaffe aux arnaques. Surtout bien prendre son temps pour acheter. D'une fabrique à l'autre, les prix varient de un à cinq... Bref, ne pas acheter au premier magasin, et ne pas hésiter à revenir après comparaison des qualités et des tarifs. Un truc élémentaire pour s'assurer que la soie est pure : dégager, au bord de l'étoffe, quelques fils horizontaux et verticaux, et les brûler avec un briquet (les commerçants accepteront que vous le fassiez ; s'ils ne veulent pas, dites-vous qu'ils ont quelque chose à cacher !). Si cela sent le cheveu brûlé et qu'il vous reste un peu de cendre sur les doigts, c'est de la soie. En revanche, si cela sent le papier brûlé et/ou forme une boulette noirâtre, c'est de la fibre synthétique. Fort de cette information, on vous conseille d'aller faire d'abord un tour au quartier musulman *(plan général E-F3),* ne serait-ce que pour voir ce dédale de mini-ruelles encombrées. Attention à ne pas vous égarer ! Ce quartier se situe non loin de la *GPO,* derrière l'*Hotel Barahdari.* Tous les jours, les musulmans travaillent la soie : ils la lavent, la teignent, la filent, la tissent... et la vendent ! Au moins, vous vous en mettrez plein les yeux. Notre troisième adresse est une boutique située au cœur de ce quartier.

Les arnaques

On ne peut pas parler soie de Varanasi sans évoquer une arnaque encore répandue : on fait croire aux Occidentaux qu'il est très intéressant d'investir dans un ou plusieurs saris en brocart pour les revendre à Kathmandu ou au Sri Lanka avec un bon profit. C'est, bien sûr, complètement faux, mais la mise en scène est si parfaite (fausse lettre d'un ami qui a fait le coup et qui les remercie, explication du problème des taxes) que beaucoup se sont fait avoir.
Vous vous apercevrez également que tous les gentils guides qui se proposent de vous faire visiter la ville s'arrangent rapidement pour faire halte chez un ami... « qui tient une boutique de soies pas chères ». Savoir que tout guide qui vous emmène dans une boutique touche une commission importante (de 20 à 30 % au moins) sur vos achats et que, bien sûr, c'est vous qui payez cette commission.
Si vous allez en rickshaw chez un marchand, exigez qu'on vous arrête à quelques centaines de mètres de là et attendez que le rickshaw s'en aille. Même si les vendeurs vous pressent d'acheter, prenez votre temps et comparez les prix dans plusieurs boutiques avant de vous décider. En revanche, ne leur faites pas perdre leur temps si vous n'avez aucune réelle intention d'achat.
Enfin, attention si l'on vous propose la visite d'une *silk factory* en ville. Neuf fois sur dix, il s'agit d'ateliers d'exposition (à but commercial naturellement... mais la mise en scène est parfois très bonne) et non de réelles fabriques.
Voici trois adresses à notre avis fiables (encore que ça change très vite dans la profession) proposant des soies de bonne qualité (foulards, brocarts, saris...) à prix fixes et justes. Attention : que cela ne vous empêche pas de visiter d'autres boutiques et de véritablement comparer les prix. À vous de voir et de faire votre choix.

***Mehrotra Silk Factory** (plan général F3) : K 4/8 A, Lal Ghât, Raj Mandir.* ☎ *243-58-92.* 📱 *93-36-81-51-38.* • *mehrotrasilk.com* • *À 5 mn à pied de Gai Ghât, dans le dédale de ruelles (accès fléché). Tlj 10h-20h (19h dim).* Ils peuvent venir vous chercher où vous le souhaitez. Bon accueil, on vous offrira le thé, et on prendra le temps de tout vous montrer... sans vous presser. Beau choix d'étoffes en soie, qu'on vous taillera sur mesure pour pas trop cher. Pas de marchandage, prix compétitifs. Possibilité de visiter l'atelier. Une maison réputée et qui, en effet, nous a semblé très sérieuse. Autre adresse près de la gare *(☎ 250-01-89).*

Paraslaksmi Exports *(plan général D4) : D 61/16, Sidhgiri Bagh, entre Luxa Rd et Aurangabad Rd. ☎ 241-14-96. 📱 941-544-93-48. • plesai@sify.com • Tlj 10h-20h. Le mieux est encore de téléphoner pour qu'on vienne vous chercher. CB acceptées.* Adresse que nous recommandons depuis des années. Prix fixes, un peu plus élevés qu'au précédent, mais la qualité est là. Aucune pression pour acheter. Le patron, à l'évidence, s'y connaît et donne des explications très claires. Tissus superbes, spécialité de couvre-lits, châles, écharpes et d'étoffes... d'une couleur d'un côté et d'une autre de l'autre. Réalise aussi tous vos vêtements selon vos goûts.

Haji Mohd, Farooque & Co *(plan général F3) : J 3/54, Katehar. ☎ 244-05-87. Tlj 7h-22h. Faites-vous déposer devant le* Yamuna Cinema ; prenez *la ruelle juste sur la droite du cinéma, puis le chemin est fléché à travers un dédale de ruelles.* Avant de faire halte dans la petite boutique, on vous proposera de faire un tour du pâté de maisons pour vous montrer et vous expliquer toutes les étapes du processus de fabrication de la soie en vous faisant visiter les différents ateliers (lavage, teinture, filage, tissage manuel ou mécanique...) puis on vous montrera les produits finis : brocarts, soies diverses... Intéressant. Ici encore, on ne pousse pas à l'achat.

Autres achats

Vous trouverez aussi d'innombrables souvenirs, tapis, foulards, *shilums* (pipe en terre cuite), etc. Vous verrez des vendeurs de bondieuseries, notamment d'images des dieux du plus pur style kitsch. Les boutiques les mieux approvisionnées se trouvent dans le Chowk (vieille ville), à proximité du Golden Temple.

À rapporter, entre autres :

– ***les lingams,*** symboles de la continuité et de Shiva, qui se portent beaucoup en pendentifs ;

– ***les sitars :*** nombreuses boutiques en ville. *Une adresse qui a fait ses preuves :* ***Radhey Shyam Sharma & Bros,*** *D 52/73, Luxmi Kund, Luxa Rd. ☎ 241-82-47. • radheymusic.com • Pas très loin de Godowlia Crossing, dans une ruelle qui part de Luxa Rd (repérer le panneau).* Ici, on joue du sitar et on en fabrique depuis 4 générations ! Prix fixes, pas de pression pour acheter. Vend aussi des *tabla* et des *surbahar.*

Cours de musique

Varanasi est une ville qui a une longue tradition musicale, aussi est-ce un bon endroit pour s'initier à la musique traditionnelle. Si cela vous tente, on vous conseille l'***International Institute of Indian Music,*** *à deux pas de Gai Ghât (plan général F3), dans le dédale de ruelles (tout près du magasin* Mehrotra Silk Factory *; ☎ 243-53-86. 📱 93-35-49-91-11).* Cours sur mesure, le matin ou en fin de journée, donnés par les deux fils de *Shri Ashok Pandey,* célèbre joueur de tabla qui a donné des concerts un peu partout dans le monde. Environ 200 Rps pour 1h.

➤ DANS LES ENVIRONS DE VARANASI (BÉNARÈS)

SARNATH

Sarnath est aujourd'hui un gentil village tranquille qui abrite un site archéologique important. Bien sûr, il ne reste que des vestiges des splendeurs évoquées au VIIe s

par le voyageur chinois Xuan Zhuang, mais la balade sur ce site tranquille se révèle fort agréable, même s'il faut laisser gambader son imagination pour faire parler les pierres. C'est pourtant ici que le Bouddha prononça son premier prêche après avoir reçu l'Illumination à Bodhgaya. Après la mort de son fondateur, le bouddhisme continua à s'épanouir à Sarnath où il atteignit son apogée sous le règne du grand empereur Ashoka. Après des siècles d'oubli, Sarnath a retrouvé aujourd'hui la faveur des pèlerins mais aussi des touristes, qui trouvent ici un havre de paix (comparé à la frénésie de Varanasi) ainsi qu'un vieux village (bien caché). Balade extra avant le coucher du soleil.
Vu la proximité de Varanasi, peu de gens séjournent ici. Cependant, vous y trouverez quelques monastères qui proposent des chambres (dont le monastère tibétain), et un hôtel de l'*UP Tourism,* tout à fait abordable, ainsi que quelques restos et gargotes.

Arriver – Quitter

➢ ***Varanasi :*** bus ttes les 30 mn env dans les 2 sens, à prendre juste devant la gare ferroviaire du Cantonment à Varanasi. Trajet : 45 mn (10 km). Autre solution : négocier avec un rickshaw l'aller-retour ainsi que le temps d'attente sur place.

À voir

👁👁 ***Le site de Sarnath :*** *ouv tlj du lever au coucher du soleil. Entrée : 100 Rps.* C'est un ensemble de ruines de monastère et de stupas qui s'étend sur plusieurs hectares. Même s'il ne reste pas grand-chose de Sarnath, la balade se révèle bien agréable. Parmi les choses notables, vous verrez l'emplacement où s'élevait l'***Ashoka Pillar,*** la fameuse colonne que l'on voit aujourd'hui au musée. Le ***Dhamek Stûpa*** se trouve au fond du site, sur la droite. C'est à cet emplacement exact que le Bouddha délivra son premier sermon devant ses cinq disciples. Monastère assez imposant : 28 m de diamètre à la base et 33 m de hauteur. À 6 m de hauteur se trouvent encore des niches dans les huit directions qui, jadis, abritaient des statues de l'Illuminé. Également quelques décorations (*svastika,* décors floraux) d'époque gupta.

👁 ***L'arbre de la Bodhi :*** *il faut ressortir de l'enceinte du site et longer la rue sur la gauche sur env 200 m pour arriver au site de cet arbre sacré, planté en 1931.* Descendant d'un rameau pris sur un arbre de Ceylan (Anuradhapura) qui, lui-même, passe pour un rejeton de l'arbre sacré de Bodhgaya (!) sous lequel le Bouddha a reçu l'Illumination, il est l'objet de nombreuses dévotions de la part des pèlerins. À côté, *Mulagandha Kuti Vihara,* un temple moderne sans grand intérêt sinon la réplique en or d'une statue du Bouddha du Vᵉ s aujourd'hui conservée au musée. C'est là qu'eut lieu la première cérémonie bouddhiste.

👁👁 ***Le Musée archéologique :*** *achat des billets* (booking office) *de l'autre côté de la rue. Tlj sf ven 10h-17h. Entrée : 200 Rps. Photos interdites. Consigne.* Magnifique collection justifiant à elle seule le déplacement. À l'entrée, le superbe *Couronnement de la colonne d'Ashoka* édifiée par l'empereur au IIIᵉ s av. J.-C. C'est la représentation du premier sermon de l'ordre bouddhique. Elle se présente comme une colonne à chapiteau en grès poli d'une rare finesse, avec avant-corps de lions surmontant la *roue de la Loi.* Cette sculpture, aujourd'hui devenue l'emblème de toute une nation, orne d'ailleurs drapeaux et billets de banque indiens. Elle se dressait autrefois sur le site que vous avez peut-être déjà vu (voir le texte ci-dessus). La galerie de gauche est dédiée au bouddhisme : nombreuses têtes du Bouddha, frises délicates et une pierre sculptée composée de huit panneaux décrivant la vie du Bouddha de sa naissance à sa mort. La galerie de droite est dédiée à l'hindouisme : vitrines de visages non religieux (têtes d'hommes, musiciens, animaux...). Voir également les deux superbes linteaux sculptés représentant – symboliquement – les planètes du système solaire. Vishnou assis sur Garuda et un grand Shiva victorieux d'un démon.

RAMNAGAR PALACE

À env 10 km au sud du Chowk, sur la rive est du Gange. Accès via Malviya Bridge (hors plan général par E6). On peut aussi y accéder en rickshaw à partir d'Assi Ghât. En période de basses eaux (déc-avr), les véhicules empruntent le pont flottant provisoire qui permet d'y accéder plus directement. On peut aussi choisir de s'y faire conduire en barque, mais c'est longuet (compter 2h aller). Dans les quelques buvettes à l'entrée du palais, délicieux lassi *servis dans des coupelles de terre cuite. Palais ouv en théorie tlj 10h-17h. Droit d'entrée dérisoire.*
Ce palais est la résidence du maharaja de Varanasi, qui n'a plus de pouvoir politique, mais conserve une importante fonction religieuse (il préside notamment les cérémonies de *Dussehra*).
Dominant le fleuve de ses balcons et pavillons, le palais abrite les collections des maharajas. Du kitsch, en veux-tu, en voilà. Les descentes de lit en peau de tigre sont mangées par les mites, les palanquins couverts de poussière, et les peintures auraient bien besoin d'être refaites. Collections de textiles, d'ivoires et divers objets de plus ou moins bon goût, en plus ou moins bon état. En revanche, belles galeries d'armes du XVIIe s dont des sabres absolument étonnants. Le plus impressionnant reste sans doute le spectacle du Gange, au coucher du soleil, vu de ce côté-ci. Parfois, le maharaja apparaît au moment où les touristes débarquent. Vous pouvez alors le photographier et lui dire un petit bonjour. Cela dit, si vous êtes un tantinet pressé, vous pouvez éliminer Ramnagar Palace de votre programme.

QUITTER VARANASI (BÉNARÈS)

En train

La grande gare de Varanasi est la ***Varanasi Cantonment Railway Station, ou Varanasi Junction*** *(plan général C2), à 3 km au nord-est du Gange.* Il y a aussi la gare de ***Mughal Sarai,*** *à 18 km de là,* où s'arrêtent aussi de nombreux trains *express.* Possibilité de relier les deux gares en jeep pour quelques roupies. Attention aux vols.
Le train est préférable au bus pour la plupart des destinations. Réserver, car ils sont souvent bondés. Pour ce faire, simple, il y a justement un ***bureau de réservations spécial touristes*** dans la gare de Varanasi, sur la gauche en entrant *(lun-sam 8h-20h ; dim 8h-14h).* Vous pouvez aussi passer d'abord par l'office de tourisme (juste un peu plus loin), où Uma Shankar, le principal préposé, vous dira quel train prendre pour la destination que vous lui aurez indiquée (il connaît les horaires par cœur !).

➢ ***Pour Agra, Jaipur et Jodhpur :*** 1 train direct/j., le *Marudhar Express* (n° 4853 ou 4863). Départ à 17h20 ou 18h15 selon le jour. Arrivée le lendemain à Agra (Fort) à 6h15, à Jaipur à 11h40 et à Jodhpur à 18h35. D'autres trains pour Agra au départ de *Mughal Sarai,* mais la plupart ne vont que jusqu'à Tundla, d'où il faut prendre un bus jusqu'à Agra, située à 30 km.

➢ ***Pour Delhi*** *(New Delhi)* **:** 6-8 départs/j. Le meilleur est le *Poorva Express* : départ vers 18h45 les mer, jeu et dim, arrivée le lendemain vers 7h. Un autre train très bien, le *Shivganga* : départ tlj vers 19h15, arrivée vers 7h30. Sinon, le *Neelachal Express* part à 7h35 les lun, mer et sam (trajet en 14h), ou le *Lichchavi Express* (plus long !) vers 15h45. Enfin, il y a aussi, mais de *Mughal Sarai* (où passent aussi pas mal de trains pour Delhi), le *RJPB Rajdhani Express,* un *superfast,* qui part tlj vers 22h35 et arrive à Delhi à 7h40.

➢ ***Pour Khajuraho :*** prendre un train jusqu'à Satna, puis un bus jusqu'à Khajuraho. Pour aller à Satna (5 trains/j.), préférer le *Varanasi-Kurla Express.* Départ vers 23h45, arrivée vers 6h20. Prendre ensuite un rickshaw pour couvrir les 2 km qui séparent la gare du *Bus Stand.* De là, bus ttes les 2h env pour Khajuraho, mais pas après 15h. Durée : 4h.
➢ ***Pour Haridwar (Uttaranchal) :*** 2 trains/j., à 8h30 et 10h30. Durée : 20-22h.
➢ ***Pour Jhansi (point de transit pour Orchha), Datia et Gwalior :*** 1 train/j., le *Bundelkhand Express.* Quitte Varanasi vers 14h30 et arrive le lendemain vers 6h à Jhansi, 6h20 à Datia et 7h30 à Gwalior.
➢ ***Pour Mumbai*** *(CST)* **:** min 1 train direct/j., le *Mahanagri Express* (le plus rapide) qui part à 11h30. Durée : 28h. Également 2-3 départs/j. de *Mughal Sarai.*
➢ ***Pour Patna :*** 2 trains directs/j., l'*Amritsar Howrah Mail* (départ vers 17h, arrivée vers 21h45) et l'*Amritsar Howrah Express* qui met 2h de plus (départ vers 19h et arrivée dans la nuit, vers 2h du mat). Prendre plutôt le premier.
➢ ***Pour Kolkata*** *(Howrah Junction Station)* **:** min 6 trains *express* directs/j. Les plus rapides partent vers 17h et 18h. Arrivée 13-14h plus tard.
➢ ***Pour Chennai (Madras) :*** en théorie, 2 trains/sem, les lun et mer. Départ vers 20h10. Compter 2 nuits dans le train pour env 40h de trajet. Arrivée à Chennai Central.
➢ ***Pour Bodhgaya :*** 3 trains/j. jusqu'à *Gaya Junction,* malheureusement à de mauvaises heures. Le mieux est peut-être encore de prendre celui de 1h40 (le *Sealdah Express*), qui vous fait arriver à Gaya à 6h30, ou celui de 4h25 (arrivée à 11h45, c'est un omnibus). Également des départs de *Mughal Sarai,* en particulier le *Purshottam Express,* qui part tlj vers 10h55 et arrive vers 14h. De Gaya, prendre un *tempo* (devant la gare) pour Bodhgaya, à 12 km.
➢ ***Pour Lucknow :*** 6-7 trains *express*/j., bien répartis dans la journée. Durée : 5-6h. De nombreux *passenger* aussi, mais nettement plus long.
➢ ***Pour le Népal :*** pour ceux qui veulent éviter les 2 jours de bus jusqu'à Kathmandu ou Pokhara, train pour Gorakpur à 0h30 (le *Chaurichaura Express*). Arrivée à Gorakpur à 6h55, d'où vous pouvez prendre un bus pour Sunauli (frontière). À Sunauli, faites un passage à l'*Indian Immigration Office* et à son homologue népalais pour les formalités (n'hésitez pas à faire cette tournée en rickshaw histoire de gagner du temps). Puis prendre un bus népalais pour Kathmandu ou Pokhara, où vous arriverez en fin de journée. Un peu fatigant mais, au bout du compte, vous faites tout le trajet en moins d'un jour !
➢ ***Pour Darjeeling et le Sikkim :*** la plupart des départs se font de *Mughal Sarai,* à 18 km de Varanasi. Possibilité toutefois de réserver à Varanasi. De même, le train ne s'arrête pas à Darjeeling, mais à *New Jalpaiguri.* De Mughal Sarai à New Jalpaiguri : 3 départs/j., vers 11h40, 18h30 et 21h30. Préférer celui de 18h30, le *North-East Express,* qui arrive vers 8h20 : ça vous laisse toute la journée pour arriver tranquillement jusqu'à Darjeeling. Durée : 14-15h. De Varanasi Junction, 1 train/j. quand même jusqu'à New Jalpaiguri, le *Amritsar-Dibrugarhtown Express* : départ tlj vers 17h45, arrivée vers 11h le lendemain. Pour aller ensuite de Jalpaiguri à Darjeeling, mieux vaut prendre le bus, qui ne met que 4h, alors que le train en met 7-8 !

En bus

Gare routière : *à 500 m de la gare ferroviaire, à gauche en sortant (plan général D2).* Hormis les bus privés pour le Népal, c'est de là que partent tous les bus.
➢ ***Pour le Népal (Kathmandu, Pokhara ou le Chitwan National Park) :*** 2 types de bus donc, les bus d'État et les bus privés.
– ***Bus d'État :*** *départ de la gare routière.* Départs ttes les 2h env, le mat puis en fin d'ap-m et début de soirée. Trajet : 10h. Billet à acheter directement dans le bus. Aussi économique que fatigant. Ils ne vont que jusqu'à la frontière, à Sunauli, ce qui n'est pas très pratique.
À Sunauli, prendre un rickshaw jusqu'au poste frontière, traverser à pied puis reprendre un bus népalais (ne pas oublier de faire les formalités de passage de

frontière !). De Sunauli, côté népalais, à partir de 15-16h, ce sont des bus de nuit, qui arrivent vers 4-5h du mat à Kathmandu. À moins de partir très tôt de Varanasi, difficile à faire en une seule journée.
- ***Bus privés :*** les 2 agences qui proposent le voyage se trouvent à côté du *Shivam Hotel (plan général D2)*. Elles proposent les mêmes prestations. Il s'agit de ***Nepal Tours Service*** *(☎ 220-10-55)* et ***Paul Travels*** *(☎ 220-81-37)*. Env 300 Rps pour *Sunauli*, 400 Rps pour *Lumbini* et 600 Rps pour *Kathmandu* et *Pokhara*. L'hôtel *Surya* vend également des billets. Départ en principe tlj (devant l'agence), mais en fait ça dépend de la demande. Préférable d'aller vous renseigner sur place 1 ou 2 j. avt. Le trajet se déroule ainsi : départ vers 8h30, arrivée à la frontière en fin d'ap-m ; nuit à Sunauli dans un hôtel pourri (vraiment tout pourri), passage de la frontière le lendemain et arrivée en fin d'ap-m (vers 18h). Donc env 16h de route, plus la nuit. Le prix comprend la nuit dans l'hôtel et le petit déj (nul).
➢ ***Pour les autres villes :*** pour ***Allahabad,*** bus ttes les 15 mn, 4h-23h ; trajet : 3h. Pour ***Lucknow,*** départs ttes les heures, 4h-20h ; trajet : 8h (le train est plus rapide). Pour ***Agra,*** 1 départ/j., à 17h en théorie ; trajet : 15h. Pour ***Delhi,*** prendre un bus pour Kanpur (nombreux départs tte la journée), puis un autre jusqu'à Delhi ; en tout, 18h de route, sans le changement, bref, à éviter. Également 1 bus/j. pour ***Khajuraho*** ; départ vers 4h30 ; trajet : 12h. Enfin, pour ***Bodhgaya,*** 1 bus, à 6h ; trajet : 8h ; là encore, le train est plus rapide.

En avion

✈ ***Aéroport*** *(hors plan général par C1)* ***:*** *à 22 km de la ville.* Plusieurs compagnies desservent Varanasi : *Indian Airlines, Jet Airways, Spice Jet, Kingfisher* et *Cosmic Air* (voir « Adresses utiles »).
Pour se rendre à l'aéroport en rickshaw, compter environ 150 Rps. Plus du double en taxi. Il existe aussi un bus privé qui part de l'hôtel *Vaibhav,* dans le Cantonment. Départ en général 2h avt le décollage de l'avion. Soyons francs, cette solution est peu fiable. Il est arrivé que le bus ne se pointe pas. Pour ne pas rester en carafe, préférer le rickshaw.
➢ ***Pour Kathmandu :*** en principe, 3-4 vols/sem avec *Cosmic Air* et 4 vols/sem avec *Indian Airlines.*
➢ ***Pour Delhi :*** 4 vols/j. avec *Indian Airlines, Jet Airways, Spice Jet* et *Kingfisher.*
➢ ***Pour Mumbai :*** normalement 1 vol direct/j. avec *Indian Airlines,* 1 vol/j. avec *Spice Jet* et 1 avec *Kingfisher,* tous 2 via Delhi.
➢ ***Pour Khajuraho :*** 2 vols/j., l'un avec *Jet Airways* et l'autre avec *Kingfisher.* Sinon, le vol quotidien *Mumbai-Delhi-Varanasi* d'*Indian Airlines* continue 3 fois/sem vers Khajuraho.

BODHGAYA

25 500 hab. IND. TÉL. : 0631

Haut lieu de la foi bouddhique par excellence. C'est ici en effet, au VIe s avant notre ère, que le prince népalais Siddharta Gautama connut l'Illumination sous le figuier (banian) sacré, après 7 semaines de méditation. Il était devenu un *bouddha,* enfin libéré du cycle infernal des réincarnations. Pendant la saison d'hiver, d'octobre à mars, des dizaines de milliers de moines bouddhistes et de pèlerins – parmi lesquels une majorité de Tibétains –, escortés de quelques voyageurs, affluent de toutes parts, donnant à Bodhgaya son vrai visage de capitale religieuse. L'occasion, pour ceux qui s'intéressent de près ou de loin à la « Voie du Milieu », d'en savoir un peu plus... En outre, c'est un très beau petit village, où il fait bon respirer un peu, loin de l'agitation des grandes villes. Attention cependant à l'envolée des prix en période de forte affluence (par exemple début janvier, lors de la visite du dalaï-lama).

Arriver – Quitter

***Gaya Junction** est la gare ferroviaire la plus proche, à 12 km de Bodhgaya.* 2 bus d'État relient tlj les 2 villes (départs à 7h et 14h de Bodhgaya, devant l'hôtel *Siddartha*, à 10h30 et 17h30 de Gaya Junction), mais le plus simple est de prendre un *tempo* (jusqu'en début de soirée) devant Gaya Junction (ou dans le village de Bodhgaya) pour 15 Rps. Sinon, rickshaws (env 80 Rps) ou taxis (min 200 Rps). En cas d'arrivée tardive à Gaya, il est préférable de passer la nuit aux *retiring rooms* de la gare ou, mieux, à l'hôtel *Akash*, dans la rue qui part juste en face *(doubles avec sdb pas chères et convenables)*.

➢ ***Varanasi :*** 3 trains/j. pour Gaya Junction, à des heures pas géniales du tout. De Gaya Junction, le mieux est encore de prendre celui de 5h15, qui arrive à Varanasi à 10h20, ou celui de 0h50, qui arrive vers 5h15 ; ou 3 fois/sem (dim, mer et jeu) le *Poorva Express* (n° 2 381) qui part vers 15h55 et arrive vers 18h35. Sinon, il y a d'autres trains entre Gaya Junction et Mughal Sarai (à 18 km de Varanasi), comme le *Mahabodhi Express* (quitte Gaya vers 14h30, arrive vers 17h40), ou le *Purushottam Express* (départ vers 13h40, arrivée vers 16h35) ; également quelques *Express* très tôt le mat : mais dans ce cas-là, prendre plutôt ceux qui arrivent directement à Varanasi. Autre possibilité : le bus, mais c'est plus long, et slt 1 départ/j., à 5h30, de Bodhgaya (départ devant Mahabodhi Temple) et à 6h de Varanasi.

➢ ***Delhi** (gare de New Delhi) :* 2-3 trains/j. Les plus rapides sont le *Sealdeah Rajdhani Express* (n° 2 314) : départ tlj de New Delhi à 16h45, arrivée à Gaya Junction le lendemain vers 4h05 ; et le *Kolkata Rajdhani* (n° 2 302) : départ tlj sf ven vers 17h, arrivée vers 4h25. Dans l'autre sens, mieux vaut prendre le *Mahabodhi Express*, qui part de Gaya Junction vers 14h25 ou 14h30 (arrivée 5h15), ou le *Sealdeah Rajdhani Express* : départ 22h55, arrivée 10h55.

➢ ***Kolkata** (Howrah Junction Station) :* 6-7 trains/j. Vers Kolkata, on vous conseille le *Kalka Mail*, qui quitte Gaya Junction vers 23h40 et arrive vers 7h10, ou le *Doon Express* (part entre 21h25 et 21h50 selon les j., arrive vers 7h). Dans l'autre sens, le *Howrah Mumbai Mail* (tlj sf lun) quitte Kolkata à 22h, arrive à Gaya Junction à 5h25, ou le *Doon Express* : départ tlj vers 20h35, arrivée vers 5h.

➢ ***Patna :*** min 8 liaisons en train avec Gaya Junction, essentiellement des *Passengers* (trajet : 3-4h) ; les quelques *Express* roulent surtout de nuit, sauf le *Hatia-Patna Express* ; départ de Gaya Junction vers 13h, arrivée à Patna vers 15h50. Sinon, 2 bus d'État relient tlj Patna et Bodhgaya (env 4h30 de trajet).

Adresses utiles

***Tourist Office :** dans la rue principale, non loin du centre du village.* ☎ *220-06-72. Lun-sam 10h-17h.* Rien à en tirer, excepté un plan photocopié de Bodhgaya, vendu 2 Rps !

State Bank of India :** dans le centre, pas loin du temple de Mahabodhi. Lun-ven 10h30-16h ; sam 10h30-13h30.* Change chèques de voyage et argent liquide. ***ATM (parfois à court de billets !) acceptant *Visa* et *MasterCard* à côté.

***Internet :** au rez-de-chaussée de la* Welcome Guesthouse. *Tlj 7h30-21h30.*

Où dormir ?

MONASTÈRES

Une des particularités de Bodhgaya, ce sont ses monastères de différentes nationalités, car chacun représente un pays bouddhiste de la planète. Ils offrent le gîte à tous, pèlerins ou simples voyageurs, moyennant une modeste contribution. Pas nécessaire d'être à 100 % dans leur trip, chacun peut y séjourner à condition de respecter quelques règles de vie monastique assez élémentaires, comme garder le silence (tout relatif, pas nécessaire non plus de se scotcher les lèvres), abstinence sexuelle et aucune consommation de viande, alcool ou tabac. Attention, en raison du nombre de pèlerins et des prix relativement élevés des chambres d'hôtel, les places y sont parfois rares.

Très bon marché (50-200 Rps / 0,70-3,10 €)

Tibetan Monastery : *sur la place du marché, à 100 m du temple de Mahabodi. ☎ 220-07-22. Souvent complet oct-janv.* Une vingtaine de chambres, avec salle d'eau pour la plupart. Chaleur humaine et sérénité garanties. Atmosphère très cosmopolite. Parfois des cours de méditation. C'est ici que se rend le dalaï-lama lors de sa visite annuelle (ne comptez pas trouver un lit à ce moment-là !).

Tamang Gumba : *☎ 220-08-02.* Indiens de nationalité (ils sont originaires de Darjeeling), les Tamangs sont des gens ouverts et accueillants mais aussi discrets... Quarante chambres, la plupart avec sanitaires privés. Simple et bien tenu. Pas d'eau chaude. Repas bon marché.

Royal Bhutan Monastery : *un peu à l'écart du centre. ☎ 220-07-10.* Verdure et calme. Une vingtaine de chambres doubles avec moustiquaires et ventilo. Certaines ont une salle de bains privée.

Sri Lanka Guesthouse (Mahabodhi Society) : *à côté du monastère tibétain. ☎ 220-07-42. • mbs_1891@yahoo.com •* Quinze chambres assez récentes de 2, 3 ou 6 lits, avec balcons et salle de bains privée (eau chaude). Un peu plus cher que les autres monastères mais un peu plus net aussi. Également des dortoirs (non mixtes) très bon marché. Structure un peu austère quand même. Possibilité d'y manger.

Prix moyens (500-700 Rps / 7,70-10,80 €)

Root Institute for Wisdom Culture : *à 15 mn à pied du centre du village. ☎ 220-07-14. • rootinstitute.com • Résa conseillée.* Cette association sans but lucratif, gérée par une équipe sympa de bénévoles occidentaux, met à la disposition des visiteurs un environnement propice à la méditation par son cadre de verdure bien aéré et son atmosphère de recueillement. Pas un monastère au sens strict, il est néanmoins possible de s'isoler complètement (on se chargera alors de vous servir 3 repas quotidiens, sans oublier le thé). Chambres avec ou sans salle d'eau, toutes un peu différentes mais impeccables. Et ce n'est pas tout : la cuisine (végétarienne) est, nous a-t-on dit, excellente ; on y mangerait même les meilleures frites du Bihar ! Salle de méditation, bibliothèque et vélos à louer. L'association, qui a reçu en 1989 la visite du 14e dalaï-lama, mène en parallèle un projet de développement local dans les secteurs de la santé et de l'enseignement. Volontaires bienvenus...

HÔTELS

Contrairement aux monastères, les hôtels à Bodhgaya sont chers pour ce qu'ils sont, en particulier ceux de la catégorie « Chic ». Vous ne trouverez donc ci-dessous que des endroits assez, voire très bon marché, les autres n'offrant pas un bon rapport qualité-prix. Les tranches de prix que nous indiquons sont celles de la haute saison, qui va ici de novembre à février. Le reste de l'année, la plupart des établissements baissent leurs tarifs.

Très bon marché (env 150 Rps / 2,30 €)

Mohammad House : *un peu à l'écart du village, par un chemin qui part de la rue principale, sur la gauche, peu après le monastère thaï lorsqu'on va vers le centre. 📱 943-108-52-51. • yasmd_2002@rediffmail.com •* Au bout d'un dédale de ruelles très rustiques, une petite adresse de 16 chambres, la plupart sans salle de bains, tenue par la même famille que le resto éponyme (voir plus bas « Où manger ? »). Pour le prix, vraiment rien à redire, c'est très propre et on peut même prendre des douches chaudes ! De plus, sur le toit face à la campagne environnante, cuisine à disposition des hôtes.

Bon marché (200-400 Rps / 3,10-6,20 €)

Deep Guesthouse : *presque en face du Sujata Bridge.* ☎ *220-04-63.* Petit hôtel proposant des chambres propres avec ou sans salle de bains. Savon et moustiquaire fournis. Et un dortoir aux lits durs très bon marché. Très bon accueil. Un bon rapport qualité-prix !

Welcome Guesthouse : *dans la rue principale, en plein centre.* ☎ *220-03-77.* • *welcomeguest_house@yahoo.com* • Une dizaine de chambres simples bien tenues, avec salle de bains (et, en principe, l'eau chaude). Ici encore, dortoir pour les plus serrés du portefeuille et, ici encore, accueil bien sympa. Internet. Son voisin, *OM Guesthouse,* propose le même type de chambres mais à des prix un peu supérieurs.

Prix moyens (500-800 Rps / 7,70-12,30 €)

Siddharth Vihar Hotel : *à côté de l'office de tourisme.* ☎ *220-04-45.* C'est l'hôtel d'État de Bodhgaya. Comme d'hab', pas de charme ni d'ambiance mais les chambres, avec balcon et, pour certaines, la clim', ne sont pas mal tenues. Remarquez, à ce tarif, heureusement ! Plutôt pour dépanner, donc. Annexes pas loin (*Buddha Vihar* et *Sujata Vihar*) proposant des dortoirs pas chers, de 5 lits, avec sanitaires pas trop vétustes. Resto peu engageant.

Où manger ?

De très bon marché à bon marché (max 100 Rps / 1,50 €)

Nombreux bouis-bouis sous tente le long de la route principale, ouv pour la plupart en saison slt (nov-janv). Plutôt réservés aux petits budgets à l'estomac pas trop fragile...

Mohammad House : *juste à côté du marché tibétain (voir « Où dormir ? »). Ouv slt en saison.* Resto tibétain où l'on mange bien pour quelques roupies. Ambiance musicale, accueil chaleureux, c'est le rendez-vous des routards !

Fujia Green Restaurant : *sorte de taverne sous tente, derrière le temple tibétain.* Déco un peu kitschouille. Cinq horloges vous donnent l'heure de New York, Lhassa, Bangkok, Tokyo et New Delhi, pays dont on retrouve la cuisine à la carte. Ce n'est pas de la grande cuisine, mais on en a amplement pour son argent. Possibilité de commander de la bière... à consommer discrètement. Atmosphère cool, service un peu nonchalant.

Madras Café : *en face du temple tibétain.* Une autre gargote rappelant les fermettes moyenâgeuses de nos vieux manuels d'histoire. Très rustique mais chaleureux. Cuisine du sud de l'Inde ; on s'est régalé avec leur *masala dosaï,* plutôt épicé.

Prix moyens (100-250 Rps / 1,50-3,80 €)

Sujata Restaurant : *dans le centre, pas très loin du* Siddharth Vihar Hotel. ☎ *240-07-61.* Au rez-de-chaussée de l'hôtel chic (mais surévalué) du même nom. Pour les lassés des bouis-bouis, salle climatisée, belles nappes et tout et tout. Cuisine indienne, chinoise, tibétaine et continentale.

À voir

Mahabodhi Temple : *tlj 5h-21h. Gratuit ; 20 Rps pour les appareils photo et... 300 Rps (!) pour les caméras.*
Le plus sacré des lieux saints à la gloire du Bouddha. Il y règne, tout au long de l'année, une atmosphère de grand recueillement. Unique par sa forme pyramidale et ses quatre petites tours en coin, le temple, d'une hauteur de 52 m, est entouré d'une aire enclose d'une balustrade de grès rose. Dans sa forme actuelle, il semblerait qu'il ait gardé les traits essentiels de la structure bâtie au VIIe s sur les ruines du temple de l'empereur Ashoka.
À l'intérieur, une statue entièrement dorée figure Sakyamuni effleurant le sol de sa main droite, dans l'attitude traditionnelle de la prise de la Terre à témoin. Tout autour, des quantités de stèles et stupas votifs, pour la plupart millénaires, et l'empreinte de pied du Bouddha. Côté ouest se tient l'Arbre sacré, où le Bouddha aurait reçu l'Éveil, autour duquel bonzes et pèlerins s'allongent inlassablement en signe de reconnaissance. Une plate-forme surélevée marque l'endroit exact où Siddhartha atteignit l'Illumination.

Le Musée archéologique : *tlj sf ven 10h-17h.* Collection de bouddhas, colonnes et linteaux, ainsi que des reliques de la balustrade de Mahabodhi du IIe s av. J.-C. Moyennement intéressant.

Les monastères : *au nombre d'une dizaine, disséminés à travers le village. Ouv en général 5h-12h, 14h-18h ; célébrations peu après l'ouverture du mat.* Très instructif, ne serait-ce que par les diversités culturelles qu'ensemble, ils représentent. Parmi les plus intéressants, le monastère du Bhoutan, dont l'intérieur est couvert de fresques murales en relief narrant les faits marquants de la vie du Bouddha, ou celui du Tibet et son immense moulin à prière censé libérer de ses péchés quiconque en fait trois fois le tour. À noter aussi, un impressionnant bouddha de 26 m, élevé par les Japonais dans les années 1970 à la lisière du village.

Fêtes

– ***Visite du dalaï-lama :*** *en déc, janv ou fév.* Son séjour dure de 4 j. à 2 sem, cela dépend des activités prévues (cérémonies, séminaires, etc.). Difficile, évidemment, de trouver un lit à ce moment-là.
– ***Buddha Jayanti*** *(ou Buddha Purnima) : en mai (8 mai 2009 et 27 mai 2010).* La grande fête de commémoration de l'anniversaire de naissance du Bouddha.
– ***Pitrapaksh Tarpan :*** *en sept-oct, à Gaya (16-29 sept 2008, 5-18 sept 2009 et 24 sept-7 oct 2010).* À l'occasion de la grande fête hindoue de Gaya, des milliers de pèlerins affluent pour honorer la mémoire des ancêtres. Animation intense dans les 45 temples que compte Gaya (tous dédiés à Vishnou).

➤ DANS LES ENVIRONS DE BODHGAYA

Rajgir *(à 72 km de Bodhgaya) : pour s'y rendre, bus ttes les heures 5h-17h30, du* Manpur Bus Stand *de Gaya. Durée : 2h.* Le Bouddha passa des mois à méditer et prêcher dans cette ancienne capitale du royaume de Magadha, allant jusqu'à convertir le roi Bimbisara à sa doctrine. Après la mort du maître, la « Ville aux Cinq Collines » continua à jouer le premier rôle, accueillant notamment le premier concile bouddhique et le prophète Mahavira, fondateur du jaïnisme. Quelque 3 km avant le village, une route sur la droite conduit à la « colline des Vautours » *(Griddhakuta)* où le Bouddha aimait à méditer. Un énorme stupa immaculé a été édifié par les Japonais au sommet de la montagne, accessible en télésiège. Au cœur du village, sources thermales (eau à 45 °C) ainsi que de nombreux temples hindous et jaïns.

***Nalanda** (à 12 km au nord de Rajgir) **:** liaisons avec Rajgir en bus ou* tempo, *puis continuation sur Patna ou retour à Gaya.* L'université de Nalanda fut, du Ve au IXe s, un centre majeur de l'enseignement de la doctrine du Grand Véhicule, le Mahayana, qui naquit en Inde au début de notre ère. Aujourd'hui, en dépit du passage des musulmans au XIIe s (eh oui !...), l'étendue des vestiges laisse encore imaginer l'importance de ce brillant foyer qui compta jusqu'à 10 000 moines et étudiants à son apogée. Ruines archéologiques assez spectaculaires (nombreux monastères, sanctuaires et stupas ; *ouv 9h-17h30*) et intéressant musée *(tlj sf ven 10h-17h)* abritant, entre autres, une maquette de l'université reconstituée en 3D, un sceau d'époque (en *pali*) ainsi qu'une coupelle de riz brûlée par l'incendie qui dévasta un des monastères en 1199.

Quelques 500 m au-delà du musée, sur la droite, une grande bâtisse vert et ocre abrite l'unique ***resthouse*** de Nalanda. Tarifs ridiculement bas, les chambres sont pourtant impeccables.

PATNA

920 000 hab. IND. TÉL. : 0612

Bien que ce soit l'une des plus vieilles cités de l'Inde, la capitale du Bihar offre aujourd'hui bien peu d'intérêt... à part son prestigieux musée abritant parmi les plus beaux vestiges des dynasties Maurya et Gupta. Elle sert plutôt d'étape avant ou après le Népal, et les touristes se font très rares dans les rues (ne vous étonnez pas si l'on vous observe étrangement !). Franchement, la ville n'est pas très sûre, soyez donc prudent. En revanche, si vous êtes dans le coin à l'occasion de la pleine lune de novembre, ne manquez en aucun cas la plus grande foire à bestiaux d'Asie à 25 km au nord de Patna, au cœur de l'Inde rurale, loin, très loin des palais et des maharajas.

Adresses utiles

***Tourist Office :** dans le hall de la gare. Horaires variables.* Totalement inutile !

***Government of India Tourist Office :** Sudama Palace, Kankar Bagh Rd.* ☎ *234-57-76.* Grand panneau à droite sur la route quand on vient de la gare. Pas facile à dénicher. L'employé ne parle que le hindi (preuve que Patna n'est pas une ville touristique !), mais les brochures sont vraiment utiles et l'accueil est très chaleureux.

***State Bank of India :** West Gandhi Maidan. À env 2 km de la gare. Lun-ven 10h30-17h30 ; sam 10h30-14h30.* Change chèques de voyage et espèces.

***Distributeurs automatiques – ATM : IDBI Bank,** Hariniwas Building, Dak Bungalow Rd ; à env 500 m de la gare. Guichet 24h/24.* D'autres *ATM* en ville.

***Indian Airlines :** South Gandhi Maidan ; à 100 m de l'hôtel* Maurya. ☎ *222-25-54. Lun-ven 10h-13h, 14h-16h45.*

Police : ☎ *222-34-23.*

***Agence Holiday Nepal :** au pied de l'hôtel* Maurya. ☎ *222-44-93.* 📱 *98-35-26-49-45.* • *chandrabhaga@satyam.net.in* • Spécialiste du Népal, l'agence propose, par exemple, des *packages* 3 jours tout compris à prix compétitifs, ou tout simplement des billets d'avion. Accueil chaleureux, et beaucoup moins commerçant que d'ordinaire.

Où dormir ? Où manger ?

Retiring rooms de la gare ferroviaire : *au 1er étage de la gare.* Chambres bon marché pour 2 ou 3 personnes, certaines avec AC. Également un dortoir (moustiquaire fournie). Bien pratique et très clean.

Anand Lok Hotel : *grand bâtiment planté juste à la sortie de la gare, sur la droite, immanquable. ☎ 222-39-60. Double env 350 Rps avec sdb.* Assez confortable, mais un peu cher tout de même. Accueil très aimable. Resto et pub à l'atmosphère intimiste au rez-de-chaussée.

Hotel President : *dans une petite rue à gauche de la Fraser Rd en venant de la gare. ☎ 222-06-00 à 05. Fax : 262-49-98. Double min 450 Rps.* Très propre. TV dans les chambres pour les accros, tout ça manquant tout de même de charme. Environnement calme.

Hotel Rajasthan : *Fraser Rd, à env 1 km de la gare. ☎ 222-51-02. • hotelrajasthan@hotmail.com • Double avec ou sans AC, très clean, min 500 Rps.* Bon resto végétarien. Accueil un peu froid.

Vaishali Restaurant : *South Gandhi Maidan. Resto du grand hôtel de Patna, le Maurya. ☎ 220-30-40.* Cadre très soigné. L'époque des rajas est révolue, mais le grand éventail continue inlassablement ses va-et-vient... Savoureuse cuisine indienne et chinoise. Accompagnement musical discret, service parfait. Un peu cher. Attention, souvent réservé pour des réceptions.

À voir

Patna Museum : *Buddha Rd. À mi-distance entre la gare et le fleuve. Mar-dim 10h30-16h30. Entrée modique.* Superbes collections de sculptures, bronzes et peintures miniatures (rajasthani, mughal ou pahari) vieilles de plusieurs siècles (de la période maurya, IIIe s av. J.-C., à la période pala, XIIe s). On trouve également dans ce joyeux bric-à-brac des tenues traditionnelles, des inscriptions médiévales, ou encore des animaux empaillés. Très intéressant, mais pauvrement mis en valeur.

Kumrahar : *à 5 km à l'est de la gare. S'assurer que le conducteur de rickshaw connaît la route. Entrée : 100 Rps.* Pour les inconditionnels des vieilles pierres. Vestiges de la cité de Pataliputra qui connut de beaux jours du IVe s av. J.-C. au VIe s. En tout cas, aujourd'hui il n'en reste pas grand-chose. Très beau jardin à la végétation luxuriante.

Foire dans les environs

– **Sonepur Cattle Fair (Foire de Sonepur) :** *fin oct-nov ; 14 j. à cheval sur la pleine lune de Kartik Purnima (qui tombe le 12-13 nov 2008, le 2 nov 2009 et le 21 nov 2010). Rens : ☎ 222-67-21.* Chaque année à la même époque, cette petite bourgade au confluent du Gange et de la rivière Sandak se transforme en une immense foire animalière doublée d'un lieu de culte en l'honneur de Vishnou. S'entremêlent alors, sur quelque 8 km, des centaines de milliers de pèlerins et de paysans venus vendre ou acheter éléphants, chameaux, buffles, chevaux, singes, chiens, oiseaux, etc., parés pour l'occasion de leurs plus belles tenues. Rien d'artificiel pour autant, aucune mise en scène (pour qui d'ailleurs ? On est loin de jouer à guichets fermés comme à Pushkar). En marge du marché, concours d'acrobaties, spectacles de magie et danses populaires. Pour les amateurs d'éléphants, c'est l'occasion rêvée d'en acheter un... Compter tout de même un minimum de 12 900 Rps (258 €), frais de port non compris !

QUITTER PATNA

➢ ***Pour le Népal :*** bus pour la ville frontière de Raxaul ttes les heures (quasi 24h/24) au départ d'Harding Park *(Private Bus Stand)*, à 200 m à gauche en sortant de la gare. Env 5-6h de route. On passe ensuite la frontière en rickshaw pour atteindre Birganj, au Népal. De là, de nombreux bus vous attendent en direction de Kathmandu (11h), Pokhara (10h), Chitwan National Park et Lumbini.
➢ ***Pour Varanasi :*** bus à 18h de *Gandhi Maiden Bus Stand. Rens : ☎ 222-54-11 ou 221-02-19.* Nombreux trains. Également 1 vol/j. avec *Air Sahara.*
➢ ***Pour Bodhgaya :*** bus à 7h et 1h de *Gandhi Maiden Bus Stand. Rens : ☎ 222-54-11 ou 221-02-19.* Également des trains pour Gaya Junction (éviter d'arriver trop tard).
➢ ***Pour Delhi et Kolkata :*** nombreux trains directs. Vols quotidiens avec *Indian Airlines* et *Jet Airways.*

KOLKATA (CALCUTTA)

14 000 000 hab. environ IND. TÉL. : 033

***Varanasi* : 695 km ; *Darjeeling* : 731 km ; *Delhi* : 1 460 km ; *Bhubaneswar* : 490 km ; *Chennai (Madras)* : 1 710 km.**

« La Cité de la joie » pour Dominique Lapierre, « la ville de l'épouvantable nuit » selon Rudyard Kipling... Assurément, la plus indescriptible ! Son extravagante démesure, sa pauvreté et sa richesse s'imbriquent en permanence, nous ballottant entre fascination et répulsion. La population serait d'environ 5 millions pour le cœur de la cité et de 14 millions d'individus pour toute l'agglomération, difficile de savoir exactement. La densité est la plus forte du pays, avec 24 760 habitants au km² (!) dans Kolkata, contre environ 770 habitants au km² dans l'État du West Bengal, dont Kolkata est la capitale. Officiellement, on aime dire qu'il ne reste plus beaucoup de sans-logis à Kolkata... Mais la nuit venue, certains quartiers se transforment en un gigantesque dortoir où 1 à 2 millions de personnes attendent le jour sous des chiffons sales.
Qui dit grande ville dit pollution à couper au couteau et trafic hallucinant. Pour une démonstration édifiante, il suffit de se trouver sur Park Street à 14h, au moment du changement de sens de la circulation... Le patrimoine architectural, très riche, est composé de hautes maisons coloniales, de monuments élégants et d'immeubles officiels prétentieux. Mais tous ont un point commun : ils s'effritent ! Manque d'entretien, pollution... Les travaux se font mais très lentement : des arbres en arrivent même à pousser sur les façades !
Calçutta-Kolkata a toujours été le berceau de l'intelligentsia indienne, dans un État – dirigé par le parti marxiste depuis 1977 – où la scolarité est gratuite jusqu'à 18 ans, toutes castes mélangées (en théorie, comme d'habitude !). Les fiers Bengalis vous citeront Sri Aurobindo et Rabindranath Tagore, d'illustres cinéastes comme Satyajit Ray, Mrinal Sen et Gaut am Ghosh, ou encore Rāmakrishna et Vivekananda. Des spectacles de musique, théâtre et danse se succèdent de septembre à mai. Si la ville respire la misère, il est incontestable qu'elle dégage aussi une tonicité qu'on ne rencontre pas à Mumbai ni même à Delhi. Sachez par ailleurs que les deux tiers des habitants de Kolkata sont originaires du Bihar, de l'Orissa ou encore du Bangladesh voisin. Un creuset culturel unique, diront certains, mais surtout une masse de travailleurs acharnés, corvéables à merci.
Enfin, tordons le cou à cette sale réputation qui colle à la peau de Kolkata : non, ce n'est pas une ville dangereuse, au contraire !

UN PEU D'HISTOIRE

Les Anglais, attirés au Bengale comme les Portugais, les Hollandais et les Français, créèrent de toutes pièces Calcutta en 1690 au bord de la rivière Hooghly, une ramification du Gange, à 130 km de l'embouchure. À l'époque, les pêcheurs du petit village de Kalikata étaient loin d'imaginer que leur patelin allait devenir le premier comptoir de la Compagnie des Indes orientales (deuxième ville après Londres), puis la capitale de l'Inde britannique et enfin la ville la plus peuplée du continent. Son rôle politique s'accrut au fur et à mesure de la progression des conquêtes jusqu'en 1912, date du transfert du siège du gouvernement à Delhi. Mais l'État du West Bengal aura surtout souffert de la partition de 1947 : séparé du Bangladesh, où se trouvaient les champs de jute qui faisaient la fortune de la ville, Calcutta s'est réveillée dans la peau d'une ville frontalière, provinciale, sans arrière-pays. Ajoutez-y des heurts entre hindous et musulmans, plusieurs millions de réfugiés venus grossir les rangs des miséreux en 1947, puis en 1971 (lors de la création du Bangladesh), et vous comprendrez que si Calcutta, rebaptisée Kolkata en 2000, est aujourd'hui une ville riche et dynamique, elle ne le doit qu'à sa vitalité, son extraordinaire capacité d'adaptation et la créativité de ses habitants.

Arriver – Quitter

En train

Il existe deux gares à Kolkata pour les trains grandes lignes :

Howrah Junction Train Station *(plan I, B2)* **:** la plus importante et aussi la plus grande gare d'Asie (bon courage !). Elle se compose de l'ancien et du nouveau bâtiment, le premier destiné aux grandes lignes et le second aux trains locaux.
➢ Le plus économique pour rejoindre le centre est de prendre, en face de la gare, un ferry qui traverse le fleuve (départ ttes les 15 mn, 8h-20h). Superbe vue sur le pont. Descendre à Chandpal Ghât ou Babu Ghât. De là, prendre un taxi ou le bus 41/1, 41B ou 205. Un peu longuet, mais radical pour s'imprégner d'emblée de l'atmosphère de la ville.
– La gare dispose également d'un bureau de *prepaid taxi*.

Sealdah Train Station *(hors plan I par C2)* **:** dessert le Nord et le Sud pour les trains locaux et uniquement le Nord pour les grandes lignes *(☎ 23-50-35-35 et 37)*.

■ **Railway Booking Office** *(plan I, B2, 14)* **:** *6, Fairlie Place. Bureau « spécial touristes » informatisé, lun-sam 10h-17h, dim 10h-14h.* Les trains étant souvent bondés au départ de Kolkata, mieux vaut réserver ici. Paiement en euros, dollars ou roupies. Le bureau « pour tout le monde », à côté, est ouvert 8h-20h.

Liaisons avec :
➢ ***New Delhi :*** 4-6 trains/j. Le plus rapide (17h de trajet) est le *Rajdhani Express.* Deux de ces trains partent quasiment à la même heure (de New Delhi et de Kolkata), dans l'ap-m. L'un relie la gare de Howrah et l'autre celle de Sealdah.
➢ ***Varanasi :*** 5-7 trains/j. Attention, durée du voyage très variable. Les plus rapides (le *Vibhuti Express*, l'*Amritsar Mail* et le *Doon Express*) mettent 12-14h. Tous les trois partent en soirée de Kolkata (Howrah) et dans l'ap-m de Varanasi.
➢ ***Puri :*** 2-3 trains/j. Durée : 10h. De Puri, le *Puri Express* part tlj en soirée, arrive vers 5h le lendemain ; le *Sri Jagannath Express* part un peu plus tard en soirée, arrive vers 7h. Au départ de Kolkata (Howrah), c'est le contraire : le *Puri Express* part en fin de soirée et arrive vers 7h le mat et le *Sri Jagannath Express* part en début de soirée et arrive vers 4h30.

➢ ***Bhubaneshwar :*** 9-12 trains/j. Durée : 7h. Des départs tôt le mat, dans la soirée et quelques-uns vers 12h. Arrivée ou départ à Howrah.
➢ ***Chennai (Madras) :*** 2-4 trains/j. Durée : 27h. Le plus pratique est le *Coromandal Express.* Départ tlj de Kolkata Howrah en début d'ap-m et arrivée le lendemain à Chennai en fin d'ap-m. Dans le sens Chennai-Kolkata, départ le mat et arrivée le lendemain midi. Les autres trains ont des horaires peu pratiques (arrivées de nuit).
➢ ***New Jalpaihuri (Siliguri) puis Darjeeling :*** 4-7 trains/j. Durée : 10-12h en tout. À Kolkata, la plupart des départs et arrivées se font à Sealdah. Le *Darjeeling Mail* quitte tlj New Jalpaihuri et Kolkata (Sealdah) le soir et arrive à destination tôt le lendemain mat. De New Jalpaihuri, correspondance pour Darjeeling.

En bus

Le bus est toujours déconseillé pour rejoindre ou quitter Kolkata, beaucoup plus long et moins confortable que le train. Seuls les bus pour Darjeeling valent le coup. Départs et arrivées à l'*Esplanade Bus Stand (zoom B3)* ; Ⓜ Esplanade.
➢ ***Pour rejoindre Darjeeling :*** 2-3 bus/j. 18h-20h pour Siliguri (à 256 km), puis autre bus jusqu'à Darjeeling ; en 3-4h.

En avion

✈ ***Aéroport*** *(hors plan I par C2)* ***:*** *à env 17 km au nord du centre.*

Pour rejoindre le centre-ville
➢ ***En taxi :*** payer la course au bureau *prepaid* de l'aéroport et donner le reçu au chauffeur une fois arrivé à destination. Compter 200-210 Rps pour le centre-ville.
➢ ***En métro :*** la ligne rejoint la banlieue de Dum-Dum, mais ne relie pas encore l'aéroport, à env 6 km du terminus. Possibilité de prendre un taxi, de préférence devant le Terminal Domestic (ou un bus : les 30B, 30B/2, DN9, DN9/1) jusqu'à la station Dum-Dum ; env 40-70 Rps la course, même si on essaie systématiquement de vous faire payer plus (exigez que le chauffeur mette son compteur ou négociez ferme avant le départ) ; ticket de métro : 8 Rps. Descendre aux stations « Esplanade » ou « Park Street » pour se rendre dans le quartier des hôtels. L'avantage du métro (outre son coût réduit) : vous échappez aux bouchons sur une dizaine de kilomètres.
➢ ***En bus :*** traverser le parking situé devant l'aéroport pour se rendre à la *gate n° 2* (à 500 m env). De là, prendre l'un des bus allant à « Esplanade ». Env 15 Rps.

La plupart des grandes villes indiennes sont desservies au départ de Kolkata, sauf ***Varanasi,*** par les nombreuses compagnies intérieures (*Indian Airlines, Jet Airways, JetLite, Air Deccan, Spice Jet, Kingfisher* et *IndiGo*). *Infos :* ☎ *25-11-87-87.*
Liaisons avec :
➢ ***Delhi :*** env 20 liaisons/j. Durée : 2-2h20. Vous devrez parfois aller à l'aéroport international pour les vols reliant Delhi.
➢ ***Chennai (Madras) :*** env 7 liaisons/j. Durée : 2h.
➢ ***Mumbai :*** env 15 liaisons/j. Durée : 2h40.
➢ ***Lucknow :*** 1 liaison/j. assurée par *Sahara Airlines*. Durée : 2h20.
➢ ***Pour Badgogra (New Jalpaiguri) :*** 2-3 vols/j. (avec *Jet Airways, Alliance Air* et *Indian Airlines*). Durée : 2h20.
➢ ***Pour les îles Andaman*** *(golfe du Bengale)* ***:*** 4 liaisons/j. vers Port Blair assurées par *Indian Airlines, Jet Airways, Air Sahara* et *Air Deccan.*
➢ Liaisons internationales avec ***Bangkok, Dubaï, Francfort, Londres, Singapour.***

Adresses utiles

Attention, les rues ont changé de nom. Ainsi le boulevard Chowringhee Road est l'ancien nom de Jawaharlal Nehru Road, mais les deux sont utilisés. Pour les rues les

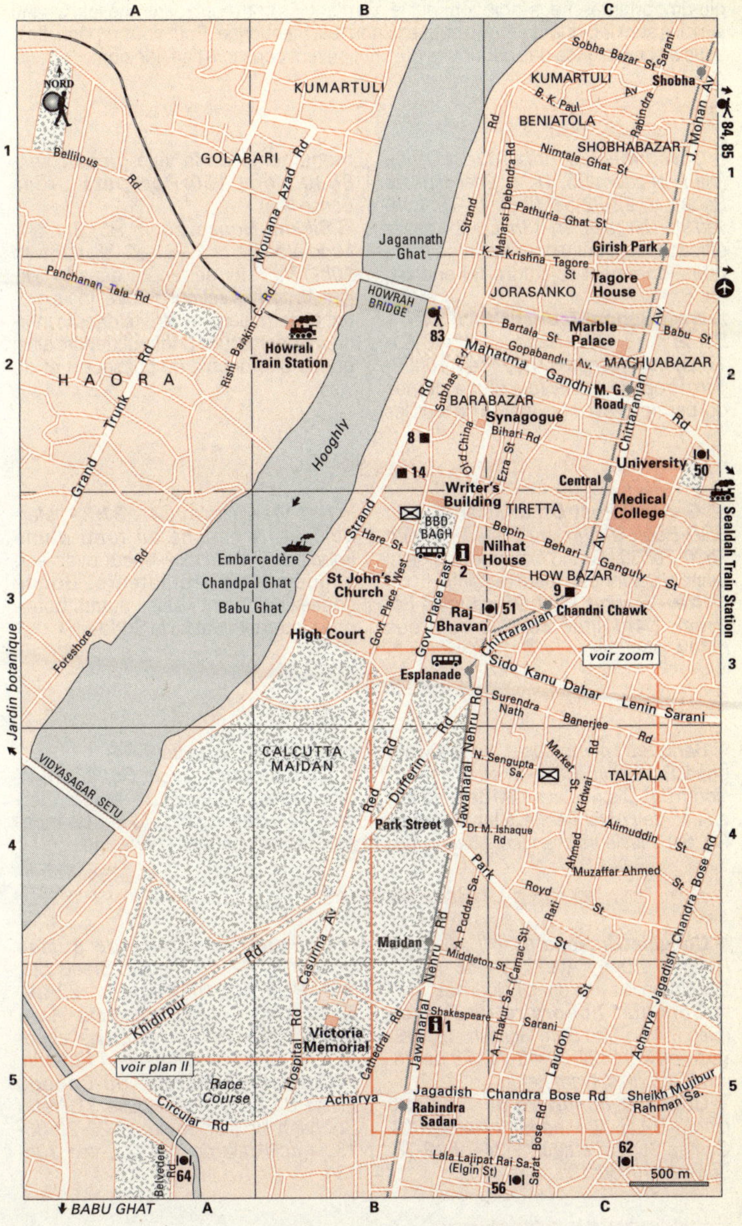

KOLKATA – NORD (PLAN I)

plus importantes, nous indiquons sur le plan l'ancien nom entre parenthèses. Quand les rues sont indiquées, seul le nouveau nom est mentionné. Pour vous repérer, fiez-vous aux enseignes des boutiques qui ont souvent conservé l'ancien nom.

Infos touristiques

i ***Government of India Tourist Office*** *(plan I et zoom B5,* ***1*****)** **:** *4, Shakespeare Sarani. ☎ 22-82-58-13 ou 14-75. Lun-ven 9h-18h ; sam 9h-13h.* Équipe assez efficace (oui ! oui !) pour les infos pratiques (comment rejoindre tel endroit, etc.).

i ***West Bengal Tourist Office*** *(plan I, B3,* ***2*****)** **:** *3/2, BBD Bagh. ☎ 22-48-59-17. Lun-ven 10h30-17h30 ; sam 10h30-13h.* Propose un *city tour* d'une journée qui permet d'avoir un aperçu de tous les monuments de la ville *(départ vers 8h30 ; env 150 Rps/pers ; résa conseillée).*

■ ***Sikkim House*** *(zoom B5,* ***3*****)** **:** *4/1, Middleton St. ☎ 22-81-53-28. Lun-ven 10h-17h.* Pour se rendre dans le Sikkim, le permis est obligatoire, mais gratuit et normalement délivré dans la journée. Apporter une photo d'identité ainsi que la photocopie du passeport et du visa.

Poste et télécommunications

✉ ***General Post Office*** *(plan I, B3)* **:** *BBD Bagh (Dalhousie Sq.). Tlj sf dim 7h30-20h30.* Grand bâtiment colonial blanc à colonnes. Poste restante.

✉ ***New Market Post Office*** *(plan I et zoom, C4)* **:** *situé dans le coin des hôtels, pratique.*

@ ***Net View*** *(zoom C4)* **:** *31/2A, Marquis St. À gauche au fond d'une impasse.* Petite salle-bocal avec son alignement d'ordinateurs. Bonne connexion. Nombreuses autres boutiques Internet autour de Sudder St.

Banques, change

■ ***Banques*** **:** *nombreuses sur Chowringhee Rd (zoom B3-4-5) et Russel St (zoom B4).* Distributeur *ATM* de la ***HSBC,*** *en bas de l'hôtel* Peerless Inn *(zoom B-C3,* ***61****). Plusieurs changeurs dans Lindsay et Sudder St (zoom B-C4).*

■ ***Thomas Cook*** *(zoom C5,* ***4*****)** **:** *19 B, Skakespeare Sarani ; 1er étage. Lun-sam 9h30-18h.* Change toutes les monnaies et les chèques de voyage.

Représentations diplomatiques

■ ***Consulat du Népal*** *(plan II, A6,* ***5*****)** **:** *1, National Library Ave. ☎ 24-56-12-24.* Obtention du visa dans la journée.

■ ***Consulat honoraire de France*** *(plan I, A5)* **:** *Shri Ram Garden, 15, Belvedere Rd. ☎ 22-30-45-71, 72 ou 73. • mkj_cmd@satyam.net.in •*

■ ***Consulat honoraire de Belgique*** *(zoom B-C5,* ***6*****)** **:** *Industry House, 10, Camac St ; 15e étage. ☎ 24-79-13-78. Lun-ven 10h30-13h.*

■ ***Consulat honoraire de Suisse*** *(zoom C4,* ***7*****)** **:** *c/o Titagarh Steels Ltd, 113, Park St ; 10e étage. ☎ 22-29-55-42 ou 43. • corp@titagarh.biz • Lun-ven 12h-13h. Vous pouvez aussi appeler le ☎ 22-13-44-67, lun-ven 13h-18h.*

■ ***Consulat honoraire du Canada*** *(plan I, B2,* ***8*****)** **:** *Duncan House, 31, Netaji Subhash Rd ; 3e étage. ☎ 22-20-85-15. • ccklkta@rpg.in • Lun-ven 10h-13h.*

Compagnies aériennes

■ ***Indian Airlines*** *(plan I, C3,* ***9*****)** **:** *Airlines House, 39, Chittaranjan Ave. ☎ 22-11-68-69 ou 31-35. Tlj sf dim 7h-21h. À l'aéroport : ☎ 25-11-96-38.*

KOLKATA – SUD (PLAN II)
REPORTS DES PLANS I ET II

■ Adresses utiles

- ℹ **1** Government of India Tourist Office *(plan I)*
- ℹ **2** West Bengal Tourist Office *(plan I)*
- ✉ General Post Office *(plan I)*
- ✉ New Market Post Office *(plan I)*
- ✈ Aéroport *(plan I)*
- Howrah Junction Train Station *(plan I)*
- Sealdah Train Station *(plan I)*
- Terminal des bateaux *(plan I)*
- **5** Consulat du Népal *(plan II)*
- **8** Consulat honoraire du Canada *(plan I)*
- **9** Indian Airlines *(plan I)*
- **14** Railway Booking Office *(plan I)*
- **18** Seagull *(plan II)*

Où manger ?

- **50** Indian Coffee-House *(plan I)*
- **51** New Aliyaa *(plan I)*
- **56** Kewpie's *(plans I et II)*
- **62** Mainland China *(plans I et II)*
- **64** Les restos du Taj Bengal *(plans I et II)*

À voir

- **83** Marché aux fleurs *(plan I)*
- **84** Temple jaïn de Sital Nath *(plan I)*
- **85** Kumartuli (quartier des sculpteurs) *(plan I)*

■ ***Air France*** *(zoom C5,* ***10****) : 230, AJC Bose Rd. ☎ 22-83-79-82 ou 77 (résa). Lun-ven 9h-17h30.*

■ ***Jet Airways*** *(zoom C4,* ***11****) : Stephen Court, 18 D, Park St. ☎ 1800-22-55-22 (vols internationaux) ou 39-89-33-33 (vols intérieurs).*

■ ***Air India*** *(zoom B5,* ***12****) : 50, Jawaharlal Nehru Rd. ☎ 22-82-23-56. Lun-ven 9h30-17h30 (pause déj 13h-13h45). À l'aéroport : ☎ 25-11-90-31.*

■ ***British Airways*** *(zoom C5,* ***13****) : 16, Camac St ; 5e étage. ☎ 25-11-82-62. 📱 98-31-37-74-70. Lun-sam 9h30-13h15, 14h-17h.*

Librairies

■ ***Oxford Book Shop*** *(zoom B-C4,* ***16****) : 17, Park St.* Grosse librairie bien achalandée (romans en anglais, guides, etc.).

■ ***Starmark*** *(zoom B5,* ***17****) : Emami Market, 3, Lord Sinha Rd ; 3e étage. Tlj 10h (12h lun)-20h30.* Très vaste sélection de livres en anglais, guides, CD et quelques cartes et plans de ville.

■ ***Seagull*** *(plan II, B6,* ***18****) : 31 A, S. P. Mukherjee Rd. Tlj 10h30-19h.* Vous n'y trouverez pas de romans, mais plutôt des essais ou des beaux livres en anglais (société, politique, arts). Également éditeur.

■ ***Classic Books – Earthcare Books*** *(zoom B4,* ***19****) : 10, Middleton St. Lun-sam 10h-19h.* Au fond d'une cour, petite librairie offrant une sélection exigeante, très orientée écologie et questions politiques et sociales.

■ Adresses utiles

- Esplanade Bus Stand
- ✉ New Market Post Office
- @ Net View
- **1** Government of India Tourist Office
- **3** Sikkim House
- **4** Thomas Cook
- **6** Consulat honoraire de Belgique
- **7** Consulat honoraire de Suisse
- **10** Air France
- **11** Jet Airways
- **12** Air India
- **13** British Airways
- **15** Alliance française
- **16** Oxford Book Shop
- **17** Starmark
- **19** Classic Books – Earthcare Books
- **61** HSBC

Où dormir ?

- **30** Hotel Gulistan
- **31** Hotel Paragon
- **32** Red Shield Salvation Army
- **33** Hotel Shams International
- **34** Hotel Neelam
- **35** YMCA
- **36** YMCA
- **37** Astoria Hotel
- **38** CKT Inn
- **39** Fairlawn Hotel
- **40** Middleton Inn
- **41** Astor Hotel
- **42** Lytton Hotel
- **43** The Golden Park
- **44** Oberoi Grand

Où manger ?

- **44** Baan Thai
- **52** Blue Sky Café
- **53** Bar BQ
- **54** Gangaur et Teej
- **58** Peter Cat
- **59** Mocambo Restaurant
- **60** Zaranj
- **61** Aaheli

Où déguster une pâtisserie ?

- **70** Nahoum
- **71** Flurys
- **72** Ashalayam Shop

À voir

- **80** New Market
- **81** Indian Museum
- **82** Nehru Children's Museum

Achats

- **61** Kashmir Government Arts Emporium
- **71** Music World
- **72** Ashalayam Shop
- **90** Nagaland Emporium

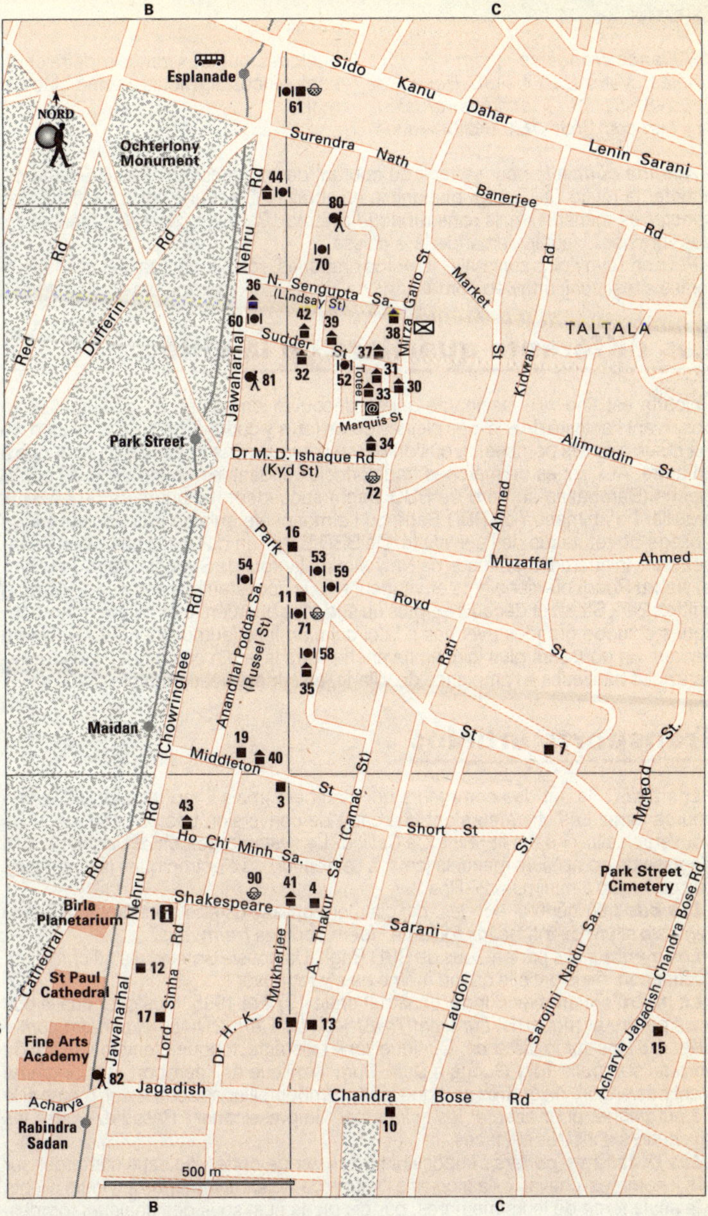

KOLKATA (ZOOM)

Divers

■ ***Alliance française*** *(zoom C5,* ***15****) : Khaleel Munzil, 217, AJC Bose Rd.* ☎ *22-81-51-98.* ● *afindia.org/calcutta* ● *Lun-sam 9h30-18h.* Bibliothèques, quelques journaux français (défraîchis), conférences, au moins un ciné-club par mois...

– ***Agenda culturel :*** pour se tenir au courant des manifestations et événements, acheter la revue *CalCalling,* disponible en librairie. C'est une sorte d'*Officiel des spectacles* mensuel (mais sans rubrique cinéma). Parfois absent des présentoirs des librairies, il faut le demander à la caisse.
– Pour en savoir plus sur la ville, les infos pratiques, son histoire, sa culture, consulter les sites ● calcuttaweb.com ● catchcal.com ● kolkatahub.com ●

Les différents quartiers de la ville

Calcutta est une ville fascinante qui se découvre lentement, en arpentant et en observant l'activité de ses rues pleines de vie (on s'y douche, boit le thé, mange, se fait raser, cirer les pompes...), où l'on passe presque sans transition d'un monde à un autre. Aux zones de marchés traditionnels vendant les objets de la vie quotidienne (Barabazar, au nord de BBD Bagh) succèdent les quartiers de bureaux grouillant d'animation de BBD Bagh ou l'atmosphère animée très particulière de College Street, la rue de l'université. De BBD Bagh, en quelques pas, vous pénétrez dans le quartier touristique de New Market (autour de Sudder Street, Jawaharlal Nehru Road) où mendiants et vendeurs vous accostent sans cesse. Puis vous quittez Park Street et découvrez, plus au sud, des quartiers où s'alignent des boutiques chic, de grandes avenues à la circulation folle (autour du métro Rabindra Sadan). En poussant plus loin, en revanche, vers le jardin botanique, vous traverserez des banlieues à l'ambiance de village, au rythme beaucoup plus paisible.

Transports urbains

– ***Les taxis :*** ils ont des compteurs qui marchent, mais il faut ajouter un certain pourcentage. Les chauffeurs ont une carte de conversion très compliquée. Vous trouverez celle-ci dans la revue *CalCalling.* Le système de conversion varie qu'il s'agisse de compteurs manuels (ceux à l'extérieur) ou électroniques (à l'intérieur). La course est à minimum 20 Rps.
– ***Les bus :*** en général bondés, difficilement utilisables et... honnêtement ? Une véritable allure de tombeaux roulants ! Idem pour les ***tramways.***
– ***Les minibus :*** ils partent tous de BBD Bagh (Dalhousie Square). Ils affichent leur destination, mais difficile quand même de s'y retrouver !
– ***Le métro :*** le premier d'Inde, construit entre 1972 et 1995. Plus cher que le bus mais propre et moderne. *Lun-sam 7h-21h45 ; dim 14h-21h45.* ● *kolmetro.com* ● *Billet 4-8 Rps selon distance.* L'unique ligne existante, longue d'environ 16 km du nord au sud, relie Tolly Gunge à Dum-Dum (banlieue de l'aéroport, qui lui-même n'est pas encore relié). Très pratique (pas d'embouteillages sous terre), même si la file au guichet pour acheter les tickets peut impressionner ! Rassurez-vous : les guichetiers sont très efficaces.
– ***Les rickshaws-pullers :*** impossible de parler de cette ville sans s'attarder sur ces « hommes-chevaux » associés à l'image de Kolkata, transportant leurs clients à la seule force de leurs membres, parfois pieds nus, sous des chaleurs torrides. Bien qu'interdits depuis 1997, pour « assainir le trafic et supprimer cette pratique servile qui offre une image miséreuse de la ville » (dixit le ministre des Transports), 6 000 d'entre eux disposent encore d'une licence officielle, non renouvelable. Vous en verrez donc encore dans les rues, surtout dans les quartiers touristiques (prix de

la course à négocier ferme). Les autorités, appuyées par les organisations de Droits de l'homme, souhaitent les voir disparaître. Mais pour les *pullers*, c'est leur activité nourricière qui disparaîtra...
– ***Les auto-rickshaws :*** interdits dans une partie du centre-ville, on les retrouve dans les rues et quartiers adjacents ou les banlieues.
– ***Le bateau :*** pratique et pas cher pour se rendre du centre à la gare de Howrah ou au jardin botanique. Départ ttes les 15 mn, 8h-20h de l'embarcadère proche du *Railway Booking Office (plan I, B2, **14**).*

Où dormir ?

Les petits hôtels sont regroupés autour de Sudder Street. Une telle concentration d'hôtels, donc de touristes, attire évidemment marchands du temple, mendiants... Quittez ces quelques rues, vous découvrirez alors des visages autrement plus fascinants de la ville et vous pourrez vous promener en paix.
En saison, dans les adresses « Bon marché » et « Prix moyens », se présenter tôt le matin pour espérer trouver une chambre ou un lit.

Bon marché (200-400 Rps / 3,10-6,20 €)

Hotel Gulistan *(zoom C4, **30**)* **:** *30 F, Free School St.* ☎ *22-26-09-63. Juste en face de la caserne des pompiers, entrée dans l'allée.* Ne pas se fier à l'entrée et à l'escalier vraiment délabrés. Au 1er étage et sur la terrasse (où vivent aussi des familles), petites chambres propres dotées d'une mini-salle de bains, certaines avec fenêtre (voire même un balcon !) et d'autres sans. Une vraie adresse routarde, et l'occasion de rencontres.

Hotel Paragon *(zoom C4, **31**)* **:** *2, Stuart Lane.* ☎ *22-44-24-45. Petite rue perpendiculaire à Sudder St.* Des doubles avec ou sans salle de bains, avec ou sans fenêtre, et des dortoirs minuscules (et quand même très *grunge*...). Propreté au-dessus de beaucoup d'autres, cependant. Un grand classique pour routards fauchés (curieusement, beaucoup de Japonais). Tout le monde se retrouve sur la terrasse, enclave presque plaisante (et où les chambres reçoivent un peu de lumière).

Red Shield Salvation Army *(zoom C4, **32**)* **:** *2, Sudder St.* ☎ *22-45-05-99.* Une maison d'un autre âge jouissant d'une grande salle centrale, idéale pour faire des rencontres. Ce sera le principal intérêt du lieu. Car, hélas, la terrasse baigne dans un nuage de pollution, les chambres, sombres, ne respirent pas la propreté, les sanitaires communs non plus, et le dortoir donnant sur la rue est très bruyant. Bref, pas top... mais vraiment pas cher. L'adresse affiche d'ailleurs souvent complet.

Prix moyens (400-800 Rps / 6,20-12,30 €)

Hotel Shams International *(zoom C4, **33**)* **:** *3, Totee Lane.* ☎ *30-22-27-22. Dans une ruelle tranquille perpendiculaire à Sudder St, à gauche dans la cour ; réception au 1er étage. Simples, doubles ou familiales avec sdb, TV et AC (supplément).* À moins d'avoir une taille inférieure à 1,50 m ou d'être un adepte de la démarche gorille (courbé, genoux fléchis !), préférer les chambres au 1er étage : celles du dessus (un peu moins chères) sont complètement biscornues, littéralement sous le toit, et certaines n'ont pas de fenêtre. Sous les toits toujours, gentil salon miniature commun et un réduit avec Internet. On plaisante, mais l'ensemble est agréable, nickel et l'accueil charmant.

Hotel Neelam *(zoom C4, **34**)* **:** *11, Dr M. Ishaque Rd.* ☎ *22-26-91-98 ou 52-69. Rue parallèle à Sudder St.* Un peu en retrait de la rue, grande maison orange qui a dû être superbe... Malgré l'aspect décrépit, les chambres, bien que minimalistes, ne sont pas désagréables et de belle taille. Demander à en voir plusieurs. Ne pas avoir de grandes exigences de propreté quand même : c'est l'occasion ou jamais de sortir votre sac à viande !

YMCA *(zoom C4, **35**) : 1, Middleton Row.* ☎ *22-29-70-33 ou 24-94.* Très bien situé : central mais dans une rue un peu à l'écart des foules et de l'agitation touristique. Bâtisse assez étonnante : le rez-de-chaussée, avec ses longs corridors et son espèce de cloître, rappelle un monastère... sauf que le cloître d'un monastère abrite rarement un terrain de tennis ! Chambres avec ou sans salle de bains, sommaires et défraîchies, mais plutôt propres. Atmosphère paisible et agréable.

Chic (800-1 500 Rps / 12,30-23,10 €)

YMCA *(zoom B4, **36**) : 25, Jawaharlal Nehru Rd.* ☎ *22-49-21-92.* • *calcuttaymca.org* • *Doubles 900-1 100 Rps ; lit en dortoir 400 Rps ; adhésion 50 Rps/pers.* Superbe et imposante bâtisse victorienne, bien décrépite certes. Cadre plaisant : les chambres, réparties sur 2 étages, s'articulent autour d'une sorte de patio. Spartiates, un peu chères, elles sont néanmoins vastes, confortables (carrelées, avec ou sans AC) et propres. Des dortoirs de 4 lits, eux aussi un peu onéreux, mais spacieux et nickel. Pour une fois, les lits donnent même envie de s'y allonger ! Attention aux chambres sur la rue, bruyantes même avec des boules Quies.

Astoria Hotel *(zoom C4, **37**) : 6/2/3, Sudder St.* ☎ *22-52-96-79.* • *astoria.in* • *Doubles 1 100-1 400 Rps.* Dans le bâtiment principal (un peu vétuste quand même) ou dans une annexe plus récente, grandes chambres tout confort, avec TV, AC, frigo et téléphone (appels locaux gratuits). Peu de charme mais à peu près fonctionnel.

CKT Inn *(zoom C4, **38**) : 12/1, Lindsay St.* ☎ *22-52-01-30 ou 06-68. Fax : 22-52-06-65. Double env 1 100 Rps.* L'entrée de l'immeuble offre un bel exemple des installations électriques à Kolkata. C'est donc en toute connaissance de cause que vous prendrez ou non l'ascenseur pour trouver la réception au 3e étage ! Adresse plus agréable que ne le laisse présager la cage d'escalier : long couloir bas de plafond, chambres propres (avec un petit bémol pour certaines salles de bains), assez grandes, et confort correct : eau chaude, ventilo, AC, TV satellite.

De plus chic à très chic (2 500-5 000 Rps / 38,50-76,90 €)

Fairlawn Hotel *(zoom C4, **39**) : 13/A, Sudder St.* ☎ *22-52-15-10.* • *fairlawnhotel.com* • *Double env 2 700 Rps (41,50 €) avec petit déj ; pension complète pour 400-500 Rps de plus ; moins cher avr-sept.* Cet incroyable hôtel, caché au fond d'un jardin indiscipliné et derrière une superbe terrasse fleurie, fut créé en 1936 par un vieux couple d'Anglais restés finalement en Inde après l'indépendance. Dans cette superbe maison victorienne, mobilier, bibelots dans tous les recoins, photos de la famille royale, vénérables photos sépias de la ville et coupures de presse s'amoncellent et prennent la poussière depuis des décennies. Chambres pas luxueuses en soi, mais au confort très correct (AC, téléphone direct, TV, frigo, eau chaude en permanence). Autant vous prévenir : les prix jouent surtout sur le caractère vraiment insolite et le charme indéniable de l'endroit plutôt que sur le confort et l'état réel des chambres. Agréable cour-jardin.

Middleton Inn *(zoom B4, **40**) : 10, Middleton St ; 1er étage.* ☎ *22-16-04-49.* • *mchamber@vsnl.net* • *Entrée à l'arrière du bâtiment. Doubles 2 750-3 300 Rps (42,30-50,80 €).* L'escalier tristoune débouche sur une bonne surprise : couloirs aux couleurs douces et décorés de tableaux, réception et accueil avenants. Il règne sur l'endroit une paisible atmosphère de pension un peu chic. Une vingtaine de chambres différentes, certaines assez petites, d'autres sans fenêtre, mais toutes d'une propreté nickel et très bien équipées. Quelques doubles avec lits *king size.*

Lytton Hotel *(zoom C4,* ***42****) : 14, Sudder St.* ☎ *22-49-18-75 à 79.* • *lyttonhotelindia.com* • *Double env 4 900 Rps (75,10 €), petit déj compris.* Chambres disons « modernes », sans charme particulier donc, mais propres et bien équipées. En bas, le *Sunset Bar* pour une bière bien fraîche.

Astor Hotel *(zoom B-C5,* ***41****) : 15, Shakespeare Sarani.* ☎ *22-82-99-57 ou 58.* • *astorkolkata.com* • *Doubles ou suites 3 900-6 500 Rps (60-100 €).* Un élégant bâtiment colonial modernisé et confortable, offrant des chambres d'un excellent confort (téléphone direct, TV câblée, frigo, coffre). Trois restos, dont le *Grill Terrasse* avec fontaine qui glougloute. Un autre présente un beau décor de banian. Prix un peu surestimés tout de même pour les chambres.

Beaucoup plus chic (plus de 5 000 Rps / 76,90 €)

The Golden Park *(zoom B5,* ***43****) : 13, Ho Chi Minh Sarani.* ☎ *22-88-39-39.* • *thegoldenpark.com* • *Double standard 9 000 Rps (138,50 €) ; suite 11 000 Rps (169,20 €) ; petit déj inclus.* Situé dans un quartier plaisant, cet hôtel chic, vraiment confortable, ne manque ni de charme, ni d'allure avec son hall immense, ouvert sur 4 étages, et dont les galeries abritent les chambres. Bel ascenseur en verre, jolies chambres carrelées, parfaitement équipées et rutilantes. Un plus non négligeable et rare : la qualité du petit déj (servi dans une salle en sous-sol, dont l'escalier aux murs couverts de vagues jaunes est un peu psychédélique et nauséeux tôt le matin !).

Oberoi Grand *(zoom B3,* ***44****) : 15, Jawaharlal Nehru Rd.* ☎ *22-49-23-23 ou 01-81.* • *oberoikolkata.com* • *Double min 330 € ; prix selon vue (éviter les chambres sur rue : les jardins et la piscine sont tellement mieux !).* L'un des plus beaux hôtels de Kolkata. Construit au début du XXe s dans un style monumental colonial remarquable. D'abord *boarding house* pour vétérans de la guerre, puis *Grand Hotel,* avant d'être racheté en 1938 par Mohan Singh Oberoi, fondateur de la célèbre chaîne d'hôtels. Superbe hall de réception, chambres d'un confort inégalé au mobilier de caractère, service pro, jardins agréables et très grande piscine, restos réputés (voir « Où manger ? »).

Où manger ?

De bon marché à prix moyens (50-250 Rps / 0,70-3,80 €)

Indian Coffee-House *(plan I, C2,* ***50****) : 15, Bankim Chatterjee St ; 1er étage. Presque en face du* Sanskrit College, *dans le quartier universitaire. Tlj 10h30-19h.* Le Q.G. des intellos et étudiants de la ville depuis un siècle. Au début des années 1960, le gouvernement a voulu fermer l'établissement mais, face à la virulence des manifs, il a dû y renoncer. Dans cette salle vétuste aux airs de vieux cinéma, on refait le monde, vaguement rafraîchi par d'énormes ventilos héroïques. Belles rencontres possibles sous le portrait de Rabindranath Tagore, fierté des têtes pensantes de Kolkata. Snacks pour quelques roupies : *chowmein,* poulet, mouton, poisson frit. Côté boissons, uniquement du thé et du café (chaud ou glacé). Avouons qu'on vient davantage ici pour la belle ambiance que pour la qualité de la nourriture servie.

New Aliyaa *(plan I, B-C3,* ***51****) : 31, Bentinck St ; à l'angle de Waterloo St.* ☎ *22-48-88-58. Tlj 10h-23h.* Sur un panneau, la liste des plats disponibles. Ce resto musulman propose l'un des meilleurs *biryanis* de la ville, au riz parfumé et au mouton fondant. Une cantine comme on les aime, bon marché, populaire en diable, mais propre et aérée. Quelques petits box aux tables de marbre pour être tranquille. Non-fumeurs et sans alcool.

|●| ***Blue Sky Café*** *(zoom C4,* ***52****) : 3, Sudder St ; à l'angle de Chowringhee Lane. Tlj 7h-22h.* La petite salle étroite et déprimante, tout en longueur, est un véritable repaire de routards occidentaux. Il serait dommage de venir ici pour un repas indien, en revanche l'endroit est idéal pour un petit déj : bon choix de *lassis,* milk-shakes, jus de fruits frais, omelettes goûteuses, mueslis généreux...

|●| ***Bar BQ*** *(zoom C4,* ***53****) : 43-47, Park St. ☎ 22-29-99-16. Tlj 12h-15h30, 19h-23h.* Une cuisine chinoise comme vous n'aurez guère l'occasion d'en goûter en Europe. Poulet, porc, fruits de mer et poisson à toutes les sauces. Salle agréable (bien qu'un peu sombre), spacieuse, haute de plafond et avec mezzanine. Excellent service, même si la rapidité n'est pas son point fort. Et surtout, des plats raffinés et très copieux à prix moyens.

|●| ***Gangaur*** *(zoom B4,* ***54****) : 2, Russel St. ☎ 22-46-84-37. Tlj 8h-22h.* Resto végétarien, au cadre assez banal mais familial, proposant des snacks et plats du nord de l'Inde à prix moyens. Cuisine préparée avec soin. Spécialités d'*ethnic chats* (notamment un excellent *raj kachori*) et de *dosaï* (crêpes fourrées). *Thalis* servis le midi.

Chic (250-500 Rps / 3,80-7,70 €)

|●| ***Kewpie's*** *(plans I et II, C5,* ***56****) : 2, Elgin Lane. ☎ 24-75-98-80. Sur Elgin Rd, prendre la ruelle en face du centre commercial-cinéma* Forum. *Mar-dim 12h30-15h, 19h30-23h. Résa conseillée.* La salle rouge et blanche est minuscule (3-4 tables), mais réputée pour son excellente cuisine bengalie. Papilles sensibles aux incendies provoqués par les épices, réjouissez-vous : cette cuisine est peu épicée, mais tellement parfumée. Un vrai régal ! Les plats ou les *thalis* (moins généreux que les *thalis* habituels) sont à ce point succulents que l'on ferme les yeux sur les 10 % de service imposé (celui-ci les mérite d'ailleurs amplement) et le minimum de 200 Rps par tête, lui aussi imposé.

|●| ***Teej*** *(zoom B4,* ***54****) : 2, Russel St. ☎ 22-17-07-30. Tlj 12h-23h.* Superbe décor qui évoque les couleurs magiques du Shekawati : mobilier sculpté, portes en cuivre ciselées... Bon, d'accord, c'est du kitsch consommé et il faut supporter les serveurs en costume. Spécialités du Rajasthan et d'Inde du Nord, comme le *dhal teej* (lentilles cuisinées avec cinq épices et à la crème), le *dhal panchratna* (5 sortes de lentilles cuites ensemble). Vaste carte végétarienne.

|●| ***Peter Cat*** *(zoom C4,* ***58****) : 18, Park St ; à l'angle de Milton Row. ☎ 22-29-88-41. Tlj 12h30-22h30.* Sombre et réfrigéré, comme il se doit dans un resto chic. Il n'est pas non plus rare de devoir attendre dehors qu'une table se libère. Longue carte dont les *aphrodisiacs for Harem,* que nous avons évidemment testés par pure conscience professionnelle. Pas probant côté effets escomptés mais savoureux, tout comme le *nawabi* (poulet mariné) ou encore le *dum ki raan* (gigot de mouton).

|●| ***Mocambo Restaurant*** *(zoom C4,* ***59****) : 28 B, Park St ; entrée sur Mirza Galib St. ☎ 22-29-00-95. Tlj 11h-23h.* Grande salle qui baigne dans une lumière rouge tamisée. Une des cuisines les plus éclectiques de Kolkata. Poulet à toutes les sauces (*stuffed tandoori, tikka, shashlik, Kiev,* etc.), *mixed grill, ham steak Singapore...* Atmosphère intimiste.

Très chic (min 500 Rps / 7,70 €)

|●| ***Zaranj*** *(zoom B4,* ***60****) : 26, Jawaharlal Nehru Rd. ☎ 22-49-93-22 ou 03-69. Tlj 12h30-15h, 19h-23h. Résa conseillée. Env 600 Rps.* Peut-être le resto chic le plus populaire de la ville. Cadre vraiment agréable et décor somme toute assez sobre : fontaines qui glougloutent, plantes vertes, AC, quelques tapisseries. Atmosphère détendue et pas snob pour un sou. Ici, l'accent est mis sur les parfums des mets, le raffinement des saveurs... Notre sélection : le *zaranji raan,* un ultra-goûteux gigot d'agneau mariné au rhum

et safran, le *murgh nawabi,* poulet désossé-noix et yaourt, le *dahi ke kebab,* « rouleaux » de yaourt épais aux épices et coriandre... miam miam !

Aaheli *(zoom B-C3,* ***61****) : 12, Jawaharlal Nehru Rd ; au 1er étage de l'hôtel* Peerless Inn. ☎ *22-28-03-01. Tlj 12h-15h, 19h-23h. Env 700 Rps.* Décor un peu plan-plan, mais cuisine bengalie savoureuse, et service en *kurta* et *dhoti.* On vient surtout pour les *thalis,* végétariens ou non, 7 curries différents joliment présentés dans des coupelles en métal argenté. Mais vous pouvez aussi piocher dans la carte des spécialités : *bhalo laagabhetki paatoori* (poisson mariné cuit à la vapeur dans une feuille de bananier), *kadoli puspo ghonto* (fleurs de bananier et patates cuites au cumin frais)... Ni alcool ni tabac. Petite attente probable si vous n'avez pas réservé.

Mainland China *(plans I et II, C5,* ***62****) : Uniworth House, 3, Gurusaday Rd.* ☎ *22-83-79-64. Tlj 12h-15h, 19h-23h. Gros succès pour le buffet du midi à env 400 Rps ; à la carte, env 500 Rps.* Cadre soigné et plaisant : tableaux aux murs, banquettes confortables en demi-cercle, lumières équilibrées, AC, service attentionné. Bref, les meilleures conditions pour déguster une savoureuse cuisine chinoise. Beau choix d'excellents potages, viandes, poissons et légumes sautés dans les woks.

Baan Thai *(zoom B3,* ***44****) :* Hotel Oberoi Grand, *15, Jawaharlal Nehru Rd.* ☎ *22-49-12-17. Tlj 12h30-14h30, 19h30-23h30. Env 1 000 Rps.* Une superbe cuisine thaïe dans un cadre d'un luxe raffiné. Décor de bois précieux sculpté et ciselé, beaux objets d'art, statues, bronzes... Seule fausse note, la musique d'aéroport ! Onéreux, mais absolument délicieux. Goûter au traditionnel *tom yam* (très épicé, autant le savoir), au *hed phad met mamuang* (huîtres et champignons noirs grillés aux noix de cajou), ou encore au *pajani* (tranches d'agneau au gingembre).

Les restos du Taj Bengal *(plans I et II, A5,* ***64****) : 34 B, Belvedere Rd, Alipore.* ☎ *22-23-52-00. Au rez-de-chaussée, le* ***Sonargeon*** *(tlj 12h30-15h, 19h30-minuit). Env 700 Rps.* Cadre rustique et ambiance feutrée, hésitant un peu entre village africain et auberge de campagne. Murs façon torchis et tables de rondins pour accueillir une cuisine indienne de belle réputation. Quelques spécialités : le *kakori kebab,* agneau (parfumé au *khoya,* pétales de rose et cardamome) fondant dans la bouche, le *dal sonargeon,* lentilles noires à l'ail (cuites pendant 24h), le délicieux *gobi kurkuri* (chou-fleur mariné au yaourt et épices)... Bon choix de poissons (pêche du jour). Quant au ***Chinoiserie,*** il est considéré comme le meilleur resto chinois de la ville.

Où déguster une pâtisserie ?

Nahoum *(zoom C4,* ***70****) : boutique F-20 du New Market. Tlj 9h30-20h (13h dim).* Une des plus anciennes pâtisseries de la ville. Cadre adorablement vieillot. Réputé pour son riche et délicieux *fruitcake* et son *garlic bread.*

Flurys *(zoom C4,* ***71****) : 18, Park St. Tlj 7h30-20h.* Salon de thé frais et élégant avec baies vitrées, carrelage à damier, lustres imposants, jolies tables de café au plateau de marbre et, surprise !, des prix qui restent raisonnables. L'endroit est connu pour ses délicieux gâteaux (plus type forêt-noire et autres petits monstres chocolatés ou bien crémeux que confiseries indiennes), que l'on peut accompagner d'un thé ou d'un café (décevant). Sert aussi des sandwichs et des petits plats, mais le *Flurys* est plutôt un bel endroit pour une pause sucrée ou un petit déj que pour un réel repas.

À voir

Autour de Sudder Street et le sud de la ville

New Market *(zoom C4,* ***80****) : derrière l'hôtel* Oberoi Grand. Ⓜ *Esplanade.* On y trouve absolument tout : boucheries, bijoux népalais, souvenirs kitsch, oiseaux, verres en cristal, jeans, fleurs... Tout, on vous dit, dans un dédale d'allées encombrées. C'est le coin à touristes de la ville, mieux vaut donc se préparer aux « *My friend ! What do you want ?* » et à être régulièrement accosté.

Indian Museum *(zoom B4, **81**) : 27, Jawaharlal Nehru Rd.* Ⓜ *Park Street. Mar-dim 10h-16h30 (17h mars-nov). Entrée : 150 Rps.*
Dans un bâtiment de style Renaissance italienne construit en 1875, ce musée défraîchi présente une large collection archéologique, zoologique et anthropologique, ainsi que de nombreux objets d'art, peintures et textiles. Tout y est grisâtre et mal ficelé, mais ce musée n'en est pas moins l'un des plus riches de l'Inde.
Au rez-de-chaussée, la galerie à gauche en entrant est la bien poussiéreuse section préhistorique. En revanche, si vous prenez à droite en arrivant sous les arcades, vous trouverez une galerie où les sculptures et les pièces présentées sont bien mieux mises en valeur : belles sculptures de l'école de Mathura (IIe s), superbes bouddhas sereins de l'époque gupta (Ve s). Ne manquez pas non plus les trois séduisantes *apsaras* de Khajuraho. Celle de droite écrit une lettre amoureuse, nous exposant son dos griffé... Les artistes de l'époque avaient le souci du détail érotique ! Tout au bout, la salle des bronzes, dont un Shiva dansant *(Nataraja)* impressionnant. Au 1er étage, galeries égyptienne, préhistorique, zoologique et, surtout, une galerie de textiles (pour l'atteindre, traverser les sections des oiseaux, des reptiles aquatiques et des poissons). Entre autres merveilles (malheureusement fort mal exposées... oui, on se répète, mais c'est tellement rageant !), des châles jamewars du Cachemire, des saris de Varanasi brodés de fils d'or.

Le parc de Maidan *(plan I, A-B3-4-5 et zoom B3-4-5)* **:** le poumon de Kolkata où se déroulent la plupart des foires. Immense parc utilisé naguère comme champ de manœuvres autour du fort William (base militaire, qui ne se visite pas). Vraiment agréable d'y traîner ses guêtres, parmi les joueurs de cricket, les cerfs-volistes et pique-niqueurs en famille.

UN DOS PARLANT

Entre le mémorial et le parc de Maidan, une statue de Sri Aurobindo, considéré par les Bengalis comme l'un des plus grands révolutionnaires indiens. Debout et bien droit, il tourne le dos à la couronne britannique... pas besoin de sous-titre.

South Park Street Cemetary *(cimetière colonial ; zoom C5)* **:** *South Park St.*
Pour les amateurs de vieux cimetières et d'endroits hors du temps. Ouvert en 1767, il abrite les tombes et mausolées des fondateurs de la ville et de leurs successeurs, souvent victimes des fièvres et maladies tropicales qui ravagèrent la colonie jusqu'à l'arrivée des antipaludéens et des antibiotiques. Nombre d'officiers et soldats de l'armée impériale également, morts au combat lors des révoltes qui éclataient régulièrement au XIXe s ou noyés lors de naufrages. Les dernières inhumations eurent lieu dans les années 1830. La grandiloquence des tombeaux rappelle celle des grands cimetières londoniens du XIXe s (pyramides, obélisques, urnes, coupoles et frontons néogrecs, etc.). Totalement abandonné pendant des dizaines d'années, les pluies de mousson, le vandalisme et la récupération des pierres firent disparaître nombre de tombes. En 1978, lorsqu'il fut décidé de sauver le cimetière, il était quasiment en ruine, au milieu d'une vraie jungle et livré aux chiens et aux voleurs. Son aspect éminemment historique de lieu de mémoire le sauva et des fondations financèrent sa réhabilitation. Aujourd'hui, des allées nettes et ombragées quadrillent les lieux, quelques bancs accueillent les visiteurs dans une atmosphère calme, bucolique et poétique.

Victoria Memorial Hall *(plan I, B5) : Queen's Way.* • *victoriamemorial-cal.org* • Ⓜ *Rabindra Sadan ou Maidan. Mar-dim 10h-17h. Entrée : 150 Rps.*
Impressionnante pièce montée de marbre blanc. Érigé de 1906 à 1921 par Lord Curzon en hommage appuyé à la reine Victoria, ce bâtiment prétentieux rappelle la cathédrale Saint-Paul de Londres, notamment par son dôme à galeries extérieu-

res. Devant ce symbole parfait de la grandeur de l'Empire britannique, la statue massive de la Victoria impératrice accueille les visiteurs. Le musée retrace l'histoire de la fondation de la ville, à travers une collection de gravures, estampes, cartes et objets d'époque. Bien intéressant si on a le courage de parcourir toutes les explications en anglais. Section sur la littérature bengalie et sur la naissance d'une conscience politique bengalie.
Devant le monument, sur Queen's Way, des calèches proposent de faire un tour dans le parc.

***Birla Planetarium** (zoom B5) : Cathedral Rd ; presque en face de la cathédrale. Ⓜ Rabindra Sadan ou Maidan. Entrée : 20 Rps. Show en anglais à 13h30 et 18h30 (résa nécessaire 30 mn avt) ; le reste du temps, en hindi ou bengali.* Remarquez, pour mater des étoiles...

***La cathédrale Saint-Paul** (zoom B5) : Cathedral Rd. Ⓜ Rabindra Sadan ou Maidan. Tlj 9h-12h, 15h-18h.* Une des plus importantes cathédrales construites en Inde. Et même si l'on ne vient pas jusqu'à Kolkata pour visiter un édifice religieux anglican du XIXe s, les amoureux du peintre préraphaélite Burne-Jones apprécieront cependant le vitrail qu'il a réalisé sur le côté ouest... Et puis, ce n'est pas en Angleterre (ou sous nos climats tempérés) que vous verrez tous ces ventilos tombant du « ciel », qui donnent une note presque surréaliste au lieu.

***Academy of Fine Arts** (zoom B5) : Cathedral Rd. ☎ 22-23-43-02. Ⓜ Rabindra Sadan. Mar-dim 12h-19h. Rez-de-chaussée gratuit ; 1er étage : 5 Rps.* Un intéressant état des lieux de la peinture et de l'art bengalis en général. Au rez-de-chaussée, expos temporaires d'art contemporain. Au 1er étage, des aquarelles, miniatures, étoffes et bronzes anciens d'une finesse inouïe, et une section consacrée à l'œuvre graphique de *Rabindranath Tagore.* Ce ne sont malheureusement pas les 5 roupies de l'entrée qui vont payer l'entretien et la mise en valeur (sans parler de la conservation !) de ce patrimoine qu'il est douloureux de voir présenté sous un jour tellement gris.

***Nehru Children's Museum** (musée Nehru des Enfants ; zoom B5, **82**) : 94/1, Jawaharal Nehru Rd. ☎ 22-48-35-17. Ⓜ Rabindra Sadan. Mar-dim 11h-19h. Entrée : 5 Rps.* Mignon petit musée ethnographique du jouet. Poupées des différents États indiens et du monde entier, jouets en bois, petites voitures, etc. Mais surtout, on découvre la très riche et complexe légende du *Mahābhārata* sous la forme d'une soixantaine de petits dioramas bien réalisés et assez évocateurs. Un court résumé en anglais permet d'essayer de comprendre les différents épisodes de cette saga foisonnante de situations et personnages (un peu trop foisonnante, d'ailleurs : on décroche vite !).

***Le temple de Kali** (plan II, B7) : dans l'un de ces quartiers inoubliables et fascinants. Ⓜ Kalighat.*
Le temple, recouvert de carreaux de faïence, est assez moche (avec tout le respect que l'on doit à Kali). Mais il faut y aller pour l'ambiance et parce que c'est une occasion rare de pénétrer dans un temple dédié à Kali, habituellement réservé aux hindous.

SACRÉ ORTEIL !

Quand Shiva dansa avec le cadavre de Sati et que Vishnou coupa celui-ci en morceaux pour arrêter la danse cosmique, un des orteils de Sati tomba ici... Il n'en fallait pas tant pour rendre le lieu hautement vénérable.

À gauche, un arbre sacré où les couples désireux d'avoir un enfant viennent prier et attacher un petit caillou tenu par une ficelle et un de leurs cheveux. Le vœu exaucé, ils reviendront le détacher et offrir des guirlandes d'hibiscus (fleur de Kali). Dans la cour, un emplacement pour les sacrifices de biquettes. Tous les jours, de 6h30 à 9h30, les cadavres y sont également exposés avant d'être amenés sur le *Kali Ghât* voisin pour la crémation. Tout autour du temple, des échoppes de bondieuseries en pagaille et un quartier de sculpteurs. Des guides qui vous harponnent, aussi. On en a même vu un nous sortir une « carte de brahmane » pour gagner notre confiance : mais vous n'êtes pas né de la dernière pluie, hein ?

Nirmal Hriday *(ou mouroir de Mère Teresa)* **:** *à côté du temple de Kali.* Ⓜ *Kalighat.* En 1952, Mère Teresa, rapidement entourée de centaines de religieuses et bénévoles, ouvrit ce centre afin d'y accueillir les plus pauvres des pauvres de Kolkata. Cette petite femme d'origine albanaise, drapée dans un sari blanc bordé de bleu (comme toutes les missionnaires de l'ordre de la Charité), reçut en 1979 le prix Nobel de la paix et une audience internationale. Son action dépassa rapidement les frontières indiennes avec l'ouverture de nombreuses missions dans le monde entier, une véritable multinationale de l'aide à l'humanité en détresse. Ses détracteurs lui ont reproché son prosélytisme, ses positions rétrogrades, et de ne pas s'attaquer aux racines de la pauvreté. À 87 ans, épuisée et malade, elle passe le relais à sœur Nirmala, en mars 1997, quelques mois avant de s'éteindre. Aujourd'hui, on emmène volontiers les touristes visiter ces dortoirs de mourants, en espérant récolter quelques dons. Mais, franchement, cette exhibition n'a aucune raison d'être, et votre place n'est pas ici.

Le jardin botanique *(hors plan I par A4)* **:** *à Howrah, ville de 5 millions d'habitants située sur la rive droite du fleuve. Bus de la station « Esplanade » ou bus CTC de Birla Planetarium, ou par bateau de Babu Ghât. Oct-fév, tlj 5h-17h ; mars-sept, tlj 5h-17h30. Entrée : 50 Rps.* Parc de 110 ha vraiment agréable, passage quasi obligé si vous restez à Kolkata plusieurs jours et n'avez pas envie de mourir asphyxié. Un spectaculaire banian vieux de deux siècles et demi projette dans le sol plus de 650 racines aériennes, occupant un périmètre de 420 m de circonférence, véritable petite forêt à lui tout seul. Le plus incroyable est qu'il se passe de son tronc coupé depuis 1925. À la place, se dresse sa pierre tombale... Voir aussi la *Large Palm House,* une vaste serre qui contient tant bien que mal – ça déborde à travers le grillage – des dizaines de variétés de palmiers, bambous et fleurs exotiques. Ah ! juste un détail : les arachnophobes (ils se reconnaîtront) peuvent attendre dehors...

Gurusaday Museum *(hors plan II par B8)* **:** *Bratcharigram, dans la banlieue de Joka.* ☎ *24-67-60-48. À env 10 km au sud du centre-ville. Bus 3A, S16, 12D depuis BBD Bagh ou Esplanade ; arrêt : Thakurpukur. Mar-dim 11h-17h. Entrée : 50 Rps.* Étonnant petit musée (où l'on allume tout quand vous arrivez !) présentant une collection privée d'art populaire bengali datant d'avant la partition et constituée entre 1929 et 1941. Sa visite sera l'occasion de découvrir les *scroll paintings,* ces sortes de B.D. sur une bande de papier qu'un « conteur » déroule tout en la racontant et en la chantant. Également de très beaux manuscrits sur des feuilles de palme (datant des XVIe, XVIIIe et XIXe s), de belles sculptures sur bois (statuettes, encadrements de portes), des moules à gâteaux gravés, etc.

Au nord de Sudder Street

➢ **BBD Bagh** *(plan I, B3)* **:** *appelé parfois Dalhousie Square.* Ⓜ *Chandni Chawk.* Tout ce quartier était le siège de l'Administration britannique. Le *Writers' Building,* grand bâtiment rouge vaguement baroque construit en 1880, abrite aujourd'hui les fonctionnaires du gouvernement du Bengale occidental. Un peu plus loin, la *GPO* se trouve sur l'ancien emplacement du fort William, détruit en 1756. On peut encore voir les marques en bronze indiquant l'ancienne forteresse. Ce bâtiment blanc à colonnes fut construit dans le seul dessein d'y faire une prestigieuse salle de danse, fierté de la Couronne. En plein milieu du quartier, un gros bâtiment moderne et vraiment très laid, construit par le gouvernement central de Delhi pour installer un centre de télécommunication... *Shocking !* Juste à la place de l'ancien *garden* !

Howrah Bridge *(plan I, B2)* **:** symbole de Kolkata, ce célèbre monstre métallique de 450 m de longueur vibre quotidiennement sous les pas d'un million de personnes, charrettes, vélos, rickshaws, etc. Malgré le nouveau pont – payant, donc moins emprunté – de Vidyasagar Setu, inauguré en 1992 (à 2 km en aval), le trafic reste hallucinant. La meilleure vue sur le pont de Howrah, vous l'aurez depuis les ghats du marché aux fleurs ; une occasion aussi d'assister aux ablutions et autres parties de cricket endiablées. Mais attention, il est interdit de photographier ce capharnaüm permanent. À l'origine, le pont, qui fut construit en 1943, en pleine Seconde Guerre mondiale, était considéré comme site stratégique et militaire. À l'époque, cette interdiction de photographier pouvait se justifier. Aujourd'hui, elle semble absurde !

🏃🏃 ***Le marché aux fleurs*** *(plan I, B2,* ***83****)* ***:*** *sous le pont de Howrah. Entrer par le ghat Jagannath, toujours très animé.* Le marché fonctionne jour et nuit, des tonnes de fleurs y sont vendues quotidiennement. Parmi les guirlandes multicolores qui jonchent le sol, on se fraie un chemin tant bien que mal en se faisant copieusement bousculer... C'est de la folie ! À déconseiller pendant la mousson, où ça devient vraiment un sport extrême.

– Du marché aux fleurs, partir vers l'est, à la découverte des autres rues-marchés du coin (celui de la banane, des noix de coco, des oranges), entre le fleuve et l'université et au sud du *Marble Palace.* Accès par le métro M. G. Road également. L'occasion de découvrir une extraordinaire vie de quartier, laborieuse, colorée, hyper-animée. Au passage, de nombreux télescopages architecturaux comme ces temples soutenus par d'énormes arbres (et sans lesquels ils s'écrouleraient immanquablement !) ou ces façades coloniales encore pleines de noblesse malgré l'humidité qui les ronge...

🏃🏃 ***Marble Palace*** *(plan I, C2)* ***:*** *près de Burman St.* Ⓜ *M. G. Road. Tlj sf lun et jeu 10h-16h. Pour y accéder, permis à demander au* Government of India Tourist Office *ou au* West Bengal Tourist Office. *Entrée gratuite, mais pourboire requis pour le soi-disant guide qui vous lit les panneaux accompagnant certaines pièces. Photos interdites.* La plus étonnante surprise de la ville. Édifié par un raja plein de sous en 1835, il est le produit des fantasmes d'un esthète, fou d'italianisme et de culture européenne. Dans ce décor très viscontien, les stucs s'écaillent à cause de l'humidité, les dorures des tableaux et meubles s'en vont, mais vous apercevrez toujours quelques reproductions de Murillo, de Titien, de Rubens, des statues et des lustres en cristal de Venise à profusion.

🏃 ***Tagore House*** *(plan I, C2)* ***:*** *Dwarkanath Tagore Lane.* Ⓜ *Girish Park. Mar-dim 10h30-16h30. Entrée : 50 Rps.* Si l'on ne devait retenir qu'une seule figure emblématique de la ville, ce serait Sri Rabindranath Tagore (voir la rubrique « Personnages » dans « Hommes, culture et environnement »). Il vécut plus de la moitié de sa vie, naissance et mort incluses, dans cette demeure rouge en voie de délabrement. Elle abrite quelques objets personnels, des peintures du maître et des manuscrits, mais aussi une branche de la faculté des arts.

🏃🏃 ***Le temple jaïn de Sital Nath*** *(hors plan I par C1,* ***84****)* ***:*** *Raja Dinendra St.* Ⓜ *Girish Park, puis 10-15 mn à pied.* Le plus beau temple jaïn du Bengale (il y aurait près de 500 000 jaïns dans la région de Kolkata, dont beaucoup de businessmen). Composé du temple principal, de la *guesthouse,* d'un merveilleux jardin et du bassin où s'ébattent les carpes sacrées. Noter les superbes vases de Chine supportant les plantes, ainsi que les socles des statues ornés de délicates faïences persanes. Devant le temple, la barrière se compose de balustres superbement décorés de céramiques chinoises (et pas 2 identiques !). Quant au temple, édifié en 1867 par un riche joaillier, il atteint le summum du kitschissime, festival de stucs, marbres, céramiques italiennes et glaces de Murano. Intéressant de se faire expliquer à l'occasion les rituels. Une statue et une lampe sacrées furent découvertes dans une grotte, il y a quelque 150 ans, et rapportées ici. Depuis, la lampe brûle dans le temple, mais curieusement ne laisse aucune trace de noir de fumée sur la soucoupe blanche placée au-dessus ! En face, des écrits en sanskrit vieux de deux siècles racontant les relations entre l'hindouisme et la religion jaïne. Dans la niche du fond, les gens viennent déposer chaque jour une fleur et du santal. Continuer en suivant le corridor dans le sens des aiguilles d'une montre. Au passage, noter le billot humide sur lequel tous les fidèles râpent le santal (dans les rituels hindous, seuls les brahmanes le font) avant de se rendre à l'autel en cuivre devant une réplique de la statue du fond. Elle sert de substitut et permet de recevoir les offrandes, le santal, et d'être lavée le soir, tandis que le prêtre souffle de temps à autre dans une conque.

Les autres temples jaïns : *en sortant, tourner à gauche.* On tombe sur un temple vieux d'un siècle et demi, entièrement en marbre, surmonté d'un dôme et orné de colonnettes géminées sculptées. Puis revenir devant le Sital Nath pour la visite (juste en face) d'un 3e temple, de style très différent. Décoré plus simplement de céramiques et carreaux de faïence anglaise. Noter cependant la richesse de l'ornementation peinte des coupoles.

Kumartuli *(le quartier des sculpteurs ; hors plan I par C1,* ***85****) : au nord de la ville.* Ⓜ *Shobhaa Bazar, puis marcher env 10 mn ou prendre un rickshaw.* Un de nos quartiers préférés, en dehors des classiques pour touristes. Près de 250 familles de sculpteurs y vivent depuis deux siècles. Les ateliers se succèdent dans un entrelacs de ruelles ; là, prennent forme des milliers de divinités, statues pour le gouvernement, bustes pour particuliers, décors, etc. L'effervescence atteint son paroxysme au moment des préparatifs de la fête de Durga *(Durga Puja)* qui a lieu en octobre, la plus spectaculaire des manifestations religieuses de Kolkata. On attaque le travail dès le printemps. Les gigantesques déesses nées ici seront ensuite peintes de couleurs vives, richement habillées, puis portées en cortège jusqu'à la mer où elles disparaîtront dans les flots.

Balade sur le fleuve

Départ des excursions : terminal des bateaux *(plan I, B3), Strand Rd, près de BBD Bagh.* Deux obscures compagnies se chargent du trafic : réserver à l'avance, car les départs sont irréguliers. Pas cher, mais attendez de voir les bateaux... Toute la vie du fleuve sacré – puisque la Hooghly river n'est autre qu'un bras du Gange – se déroule à son rythme. Sur fond de bâtiments coloniaux, vieux entrepôts, jetées délabrées, ghats où les gens effectuent leurs ablutions, lavent leurs vêtements. De-ci, de-là, des boqueteaux de palmiers et de banians qui indiquent souvent la présence de petits temples. À côté, des crématoriums qui fonctionnent à l'électricité. Au milieu du fleuve, les « pêcheurs de sable ». D'autres le déchargent inlassablement des péniches, à l'aide de paniers d'osier. Des bateaux amènent aussi à quai la paille destinée à la fabrication des représentations de divinités (utilisées lors des grandes cérémonies religieuses). Pour revenir à Kolkata, les excursions du fleuve virent généralement à hauteur du *temple de Dakhinaswar* situé sur l'autre rive. Sanctuaire des fidèles de Rāmakrishna (dont, à une époque, Vivekananda).

Achats

Central Cottage Industries Emporium *(zoom B3) : 7, Jawahanal Nehru Rd. Lun-ven 10h-19h ; sam 10h-14h. Sous les galeries, près de l'hôtel* Peerless Inn *(zoom B-C3,* ***61****).* Grand emporium proposant une vaste palette de produits de toute l'Inde.

Nagaland Emporium *(zoom B5,* ***90****) : 11, Skakespeare Sarani. Lun-sam 10h-18h.* Petit emporium proposant de beaux tissus peu communs et quelques meubles... pas faciles à rapporter dans une valise !

Kashmir Government Arts Emporium *(zoom B-C3,* ***61****) : 12, Jawahanal Nehru Rd (au pied de l'hôtel* Peerless Inn*). Lun-sam 10h30-20h.* Un endroit proposant une belle sélection de textiles et autres petits objets d'artisanat.

Ashalayam Shop *(zoom C4,* ***72****) :*

44, Mirza Galib St. ☎ *98-31-18-91-37.* • *ashalayam.org* • *Au 1er étage. Lun-ven 10h30-19h ; sam 10h30-14h.* La boutique-café d'une ONG, Ashalayam, qui s'occupe d'enfants des rues. D'une part, des objets fabriqués par les jeunes dans des ateliers de formation professionnelle (menuiserie, ferronnerie, reliure, papeterie, broderie, couture, sérigraphie, etc.) et, d'autre part, un café qui propose des biscuits de leur boulangerie. Ces jeunes gens acquièrent ainsi une formation professionnelle et touchent également un pourcentage sur les ventes de leur production, afin de se constituer le pécule qui les aidera à démarrer leur vie d'adulte. Une entreprise solidaire !

– Le Bengale a une riche tradition musicale (pour plus d'infos, consulter le site très bien fait • calcuttaweb.com/gaan/music.shtml •) et Kolkata compte un grand nombre de fabricants de sitar et de *sarod*. Vous trouverez nombre d'entre eux sur *Rabindra Sarani (plan I, C1)*. Les CD de musique traditionnelle sont en vente chez ***Starmark*** *(zoom B5, **17**)* ou ***Music World*** *(zoom C4, **71**), à l'angle de Park St et Middleton Row*, une énorme boutique dont les couleurs voyantes se repèrent de loin.

Fêtes et manifestations

– ***Dover Lane Music Festival :*** *6 j. en déc ou janv.* Un des plus grands festivals en Inde consacré à la musique classique indienne et rassemblant les plus grands maestros du pays ainsi que la génération montante.
– ***Handloom Expo :*** *ts les 2 ans, en janv, sur Maidan, pdt 3 sem.* Foire aux textiles.
– ***Kolkata Boi Mela (foire du livre) :*** *15 j. de fin janv à mi-fév, sur Maidan (mais risque de déménager pour l'édition 2009).* Gigantesque manifestation livresque qui mérite une visite si vous vous trouvez dans le coin. La légendaire tonicité culturelle et intellectuelle de Kolkata s'exprime ici avec une puissance incontestable. • kolkatabookfaironline.com •
– ***Durga Puja :*** *4 j. fin sept-début oct (6-9 oct 2008 et 25-29 sept 2009).* Plus grosse manifestation religieuse de la ville, dédiée à la déesse Durga (lire « Kumartuli – le quartier des sculpteurs » dans « À voir »).
– ***Kolkata Film Festival :*** *1 sem en nov (10-17 nov en général).* Lancé en 1995, ce festival propose une programmation riche, avec une sélection indienne et internationale, mêlant longs et courts-métrages, fiction et genre documentaire, cinéma d'auteur et cinéma populaire. • kff.in •

➤ DANS LES ENVIRONS DE KOLKATA

Sagar : *à 155 km au sud, par Diamond Harbour. Jolie plage avec quelques hôtels.* Tous les ans, début janvier, des milliers de pèlerins se plongent dans l'embouchure du Gange lors de la spectaculaire *mela* de Kapil Muni.

Chandernagor (Chonchura) : *à 40 km au nord de Kolkata ; accessible en train depuis Sealdah.* Comptoir français important dès 1673, récupéré ensuite par les Anglais et rétrocédé à l'Inde en 1951. La ville actuelle n'offre que très peu d'intérêt, excepté pendant la *Durga Puja* (voir ci-dessus pour les dates). Lors de cette grande fête, qui a lieu en septembre ou octobre selon les années, animation carnavalesque exceptionnelle.

L'EXTRÊME-EST

Cette région confinée au nord-est de l'Inde offre des paysages uniques. Plus d'horizontalité, tout est ici verticalité. Les montagnes abruptes, où même les

arbres ont parfois du mal à s'accrocher, dessinent des espaces grimpant vers le ciel, creusent des vallées profondes, noyées dans des brumes épaisses. Quand on voyage à la période la plus sèche (octobre-novembre et avril-mai), le ciel tire son rideau de brouillard et peint une indicible toile de fond, composée de pics vertigineux. Aux premières lueurs du matin, on découvre la chaîne himalayenne, toute de rose vêtue, avec en – invité-vedette – le *Kangchenjunga,* troisième sommet du monde. On se dit alors que les heures à se faire secouer en bus ou en jeep collective sur d'improbables chemins de traverse n'ont pas été vaines.

Mais soyons clairs, nous sommes ici en haute montagne et la région séduira essentiellement ceux qui veulent aller à la rencontre de l'Himalaya, et, à défaut d'en tutoyer les sommets, de s'en approcher un peu. Les nombreux treks possibles, depuis Darjeeling ou à partir de Yuksom, permettent, même pour les marcheurs modestes, d'assouvir ce désir.

***Note :* nous traitons dans cette partie deux villes situées dans la partie nord du West Bengal, Darjeeling et Kalimpong, ainsi que le Sikkim, avec Gangtok, Pelling et ses environs.**

ARGENT

Attention, une fois quitté *Darjeeling, Kalimpong* ou *Gangtok,* vous ne trouverez plus de change légal au Sikkim, ni pour les euros, ni pour les dollars. Faites donc provision de roupies.

CLIMAT

– ***Meilleures périodes :*** de mi-septembre à mi-novembre et avril-mai.
– Évitez de venir dans la région de Darjeeling et dans le Sikkim en période de mousson, de mi-juin à mi-septembre à Darjeeling et de juillet à août pour ce qui du Sikkim : le brouillard et la pluie empêcheront toute découverte de la chaîne himalayenne, et la chaleur moite devient vite poisseuse. Et c'est particulièrement frustrant. En décembre, le froid tombe vite, et en mars, il peut encore pleuvoir pas mal.
– Les températures durant les mois d'hiver (de décembre à février) pouvant descendre très bas, il est indispensable d'apporter des vêtements très chauds (gants, bonnets, bonnes chaussettes), même si vous n'effectuez pas de trek.
– Concernant le Sikkim, la meilleure saison pour les amoureux des fleurs est indéniablement le printemps, lorsque les rhododendrons géants commencent à dévoiler leur splendeur.

Comment y aller ?

En bus de Kolkata et de Kathmandu vers Siliguri et Darjeeling

➢ ***De Kolkata à Siliguri :*** 1 bus de nuit particulièrement pratique (départ vers 20h de Kolkata, arrivée tôt le mat à Siliguri). Puis bus, jeep collective ou train jusqu'à Darjeeling.
➢ ***De Kathmandu à Darjeeling :*** 1 bus/j. via Kakarvita et New Jalpaiguri (souvent bondé).

En train de Kolkata et Delhi vers Siliguri (porte d'entrée de la région)

➢ ***De Kolkata et de Delhi à Siliguri et New Jalpaiguri (NJP) :*** min 6 trains/j. dans les 2 sens. Durée : 12h. *Siliguri* est à 84 km de Darjeeling et la gare de *New Jalpaiguri,* le terminus de la ligne, à 10 km de Siliguri (mais arrêtez-vous à la gare

LA RÉGION DE DARJEELING ET L'ÉTAT DU SIKKIM

Siligurl Junction, c'est plus pratique). De là, 2 possibilités s'offrent à vous : le *Toy Train* ou les jeeps collectives (voir ci-dessous).

En train de Siliguri vers Darjeeling

➢ ***De New Jalpaiguri (NJP) et de la station de Siliguri Junction :*** le train qui relie Darjeeling est le célèbre ***Toy Train,*** petit train diesel, inscrit au Patrimoine mondial par l'Unesco et composé de 2 wagons slt. Au-delà du mode de locomotion, il s'agit d'un moyen de se transporter dans le temps tellement l'engin est antique. Départ le mat de *NJP* (New Jalpaiguri pour les intimes) vers 9h. Passe à *Siliguri Junction* vers 9h30 (on peut le prendre de cette station). Trajet : 7h ! Une véritable expédition, autant le savoir.

En bus ou en jeeps collectives vers Darjeeling, Kalimpong et le Sikkim (Gangtok et Pelling)

Si vous arrivez de Delhi ou Kolkata par le train, vous descendrez soit à la station de Siliguri, appelée *Siliguri Junction,* soit à *New Jalpaiguri (NJP).* Pour se rendre à Darjeeling, la station de bus et de jeeps de Siliguri est la plus pratique. NJP est env 10 km plus loin.

Station de bus privés et jeeps de Siliguri (Tenging Norgay Central Bus Station) et station de New Jalpaiguri (NJP) : ces deux stations de bus sont situées respectivement à proximité de leurs gares ferroviaires.
➢ ***Vers Darjeeling :*** bus env ttes les 30 mn 4h-16h. Durée : 4h.
➢ ***Vers Kalimpong :*** bus ttes les 30 mn 6h-16h30. Durée : env 3h.
➢ ***Vers Gangtok :*** env 10 bus/j. 6h30-14h30. Durée : env 4h-4h30.
➢ ***Pas de bus pour Peeling :*** le prendre à la *SNT* de Siliguri, voir plus loin.
➢ Également ***de nombreuses jeeps privées*** tout autour de ces gares de trains et de bus : départs fréquents tte la journée ***pour Darjeeling, Kalimpong, Gangtok et Pelling.*** Compter entre 10 et 20 Rps de plus que pour le bus, mais on gagne env 1h de temps de trajet. Les jeeps partent dès qu'elles ont 6 passagers.

Sikkim National Transport (SNT) de Siliguri, gare routière gouvernementale : à 5 mn de la gare *Siliguri Junction,* sur Hill Cart Rd. Cette gare routière ne dessert que le Sikkim.
➢ ***Pour Gangtok :*** 6 bus/j. 7h30-13h30. Durée : 4h-4h30.
➢ ***Pour Pelling :*** 1 seul bus/j., vers 11h30. Durée : 5-6h.

De l'aéroport de Bagdogra vers Darjeeling et le Sikkim

✈ ***Bagdogra*** *est l'aéroport d'entrée de toute la région et le point d'accès le plus pratique vers Darjeeling (à 84 km) et le Sikkim.*
À l'aéroport, dans le hall d'arrivée, ***bureau de change*** (*ouv 10h-17h30 ;* taux médiocre et commission importante). ***Petit office de tourisme*** (peu d'infos). Comptoir de ***prepaid taxi*** (minibus ou jeeps collectives). Dessert les gares de trains (ou de bus) de Siliguri (à 12km) ou de New Jalpaiguri (à env 20 km).
➢ ***De Kolkata et Delhi :*** 1 vol/j. avec *Jet Airways* ou *Air India.*
➢ ***Pour Darjeeling, Kalimpong, Gangtok et Pelling :*** sur le parking de l'aéroport, on trouve des taxis (jeeps collectives ou minibus). Essayez de vous organiser avec d'autres routards. Prix affichés au kiosque *Prepaid taxi* dans le hall d'arrivée. Compter (pour le taxi entier) env 1 100 Rps (16,90 €) pour Kalimpong, 1 200 Rps (18,50 €) pour Darjeeling et 1 500 Rps (23,10 €) pour Gangtok.
➢ Autrement, si vous voulez rejoindre Darjeeling en train, se rendre à Siliguri en taxi (12 km à peine), pour y prendre le *Toy Train.*

De l'aéroport de Bagdogra vers Gangtok en hélico

➢ Depuis l'***aéroport de Bagdogra,*** les amateurs d'hélicoptère pourront rallier ***Gangtok*** pour moins de 3 000 Rps/pers (55 €). Bureau dans l'aéroport, à côté du comptoir de l'office de tourisme. ☎ *(0353) 269-80-30 ou 80-36.*

DARJEELING

110 000 hab. IND. TÉL. : 0354

Darjeeling, nom mythique ! Quand on plonge son regard au fond d'une tasse de thé, on découvre de vastes plantations, taillées à l'anglaise, sur les pentes escarpées d'impressionnantes montagnes. Le nom de la ville, tellement anglais d'apparence, vient en fait du tibétain *Dorjee-Ling* (« Le lieu de la Foudre »). Elle s'étire en altitude, entre 1 800 et 2 400 m, les différents degrés étant reliés entre eux par des routes et de gigantesques escaliers (un excellent entraînement pour les trekkeurs !). Entourée par la chaîne de l'Himalaya, c'est une halte agréable et charmante. Les cacophoniques constructions de ces dernières années ne sont pas encore parvenues à totalement défigurer la nature de cette ville de montagne, qui peut être considérée comme un point d'arrivée (après un épuisant tour d'Inde) ou un point de départ pour les trekkeurs, qui auront de quoi user leurs Pataugas. Tous les visiteurs y trouveront leur pâture : un panorama exceptionnel (quand il n'y a pas de brouillard), des

restos variés et de qualité, un ambiance internationale (indienne, tibétaine, népalaise, occidentale...), de jolis temples et un petit tortillard qui parvient à hisser ses deux wagons et ses voyageurs à la force de la vapeur (ou d'une loco diesel) jusqu'à une improbable et minuscule gare. Anglaise, montagnarde, cool, sereine, religieuse et culinaire : Darjeeling rime avec *darling,* et l'on se plaît à la chérir quelques jours.

UN PEU D'HISTOIRE

En 1828, un capitaine anglais repère le lieu et imagine rapidement les avantages que la Couronne peut en tirer. Un lieu de villégiature, mais aussi et surtout un point stratégique majeur sur la route du Tibet (Darjeeling faisant alors partie du royaume du Sikkim). Les Anglais ont depuis toujours été très intéressés par le commerce avec ce pays. Grâce à de subtiles manœuvres, ils aideront le raja de Darjeeling à récupérer des territoires perdus au profit du Népal, suite à de sanglantes batailles. En retour, le raja « loua » le territoire de Darjeeling pour une rente annuelle de 3 000 roupies. Plus tard, la ville fut purement et simplement annexée aux Indes anglaises. Dans les mêmes années, on remarqua que le climat était particulièrement favorable aux théiers. Des centaines d'hectares de forêt furent défrichés pour les premières plantations, et les Anglais réquisitionnèrent des experts chinois, passés depuis longtemps maîtres dans l'art de la culture de ces petites feuilles parfumées. Des milliers de Népalais furent également amenés pour sa culture et sa récolte. Sur les marchés internationaux, la réputation du thé de Darjeeling devint telle qu'on le nomma « le champagne de l'Est ».
Autre découverte au milieu du XIXe s, le « cinchona », autrement dit le quinquina, dont l'écorce donne la quinine, utilisée dans le traitement de la malaria. Darjeeling s'avéra également un lieu propice à sa culture.
Dans la foulée arrivèrent les inévitables missionnaires... épris d'évangélisation et d'éducation. La première école fut établie pour « socialiser » les enfants des Lepchas (voir au sujet de cette ethnie le chapitre « Sikkim »). La réputation de ces écoles incita les colons anglais à y envoyer leurs enfants. Parmi eux, le grand écrivain Lawrence Durrell (né en Inde) y fit ses études avant de devenir célèbre avec *Le Quatuor d'Alexandrie.* De nos jours, cette qualité de l'enseignement est toujours reconnue, et la plupart des professeurs de l'Inde et du Népal accomplissent leur formation à Darjeeling.

TRANSPORTS EN COMMUN

La circulation dans la région est facile grâce aux jeeps collectives qui relient toutes les villes et villages entre eux. Elles sont reconnaissables à leur capot jaune et leurs destinations figurent sur une plaque à l'avant. C'est le moyen de transport le plus pratique. On les trouve sur Hill Cart Road. Les quatre places arrière sont les plus inconfortables, vous y danserez sur un rythme d'« estomac boogie ». Petite consolation, ces places sont souvent moins chères. Le prix des jeeps est fixe. Elles partent une fois pleines et le temps de trajet est aléatoire, il dépend de l'état des routes et de la circulation. Les durées qu'on donne ne sont qu'indicatives. Mais qu'importe : le paysage est magnifique. Les bus, eux, sont moins fréquents et plus lents. Pour quelques roupies de plus, on conseille les jeeps.

TOPOGRAPHIE DES LIEUX

La ville est étirée et concentrée à la fois, avec de longues rues presque parallèles, qui ne semblent pas se lasser de grimper inlassablement. Habitations, hôtels, restos sont presque les uns sur les autres, dans un réseau de constructions serrées, car la terre est pentue.
Toute l'animation se concentre entre *Clubside,* minuscule rond-point facile à repérer grâce à sa tour de l'horloge *(Clock Tower),* et *Chowrasta,* sympathique placette

où l'on aime à se retrouver. Elles sont reliées entre elles par une ruelle piétonne, appelée *the Mall,* le long de laquelle se concentrent petits vendeurs de rues, quelques magasins d'art et restos.
En contrebas, *Hill Cart Road* constitue le cœur de l'animation automobile. Gare des bus et des jeeps collectives, on y trouve également le *Chauk Bazar,* grand marché vivant et populaire.

Adresses utiles. Formalités

Infos touristiques

🛈 ***Tourist Information Centre – Darjeeling Gorkha Hill Council (DGHC*** *; plan B1)* ***:*** *Nehru Rd (the Mall).* ☎ *225-53-51. À 100 m derrière Chowrasta sur la rue de gauche. Ne pas confondre avec l'autre bureau situé sur Chowrasta même,* moins efficace. *Tlj 8h-17h, sf dim ap-m.* Équipe dynamique et disponible. Pas mal d'infos sur les transports, les permis et la ville. Organise aussi de bons treks.

Poste et télécommunications

✉ **GPO** *(plan A3)* ***:*** *Ladenla Rd. Lun-ven 9h30-17h ; sam 9h30-12h (17h pour les timbres).* Dans le hall, dans l'angle à droite, pour un petit prix, vous

■ Adresses utiles

- 🛈 Tourist Information Centre - DGHC
- ✉ GPO
- @ **1** Glenary's
- @ **2** Compuset Center
- @ **3** Abacus
- **4** DHL
- **5** State Bank of India et distributeur
- **6** Distributeur ICICI Bank – ATM
- **7** Poddar's
- **8** Pharmacie Frank Ross LTD
- **9** Hôpital
- **10** Indian Airlines
- **11** Jet Airways (Pineridge Travels)
- **12** Himalayan Travels
- **13** Clubside
- **14** Trek Mate
- **15** Oxford Book & Stationery
- **16** Foreigner's Registration Office

Où dormir ?

- **20** Tower View Lodge
- **21** Triveni Guesthouse
- **22** Hotel Long Island
- **23** Hotel Aliment
- **24** Hotel Pagoda
- **25** Dekeling Hotel
- **26** Main Old Bellevue Hotel
- **27** The Bellevue Hotel
- **28** Hotel Valentino
- **29** The Plaza Hotel
- **30** Himalayan Resort
- **31** Hotel Shangrila
- **32** Hotel Elgin
- **33** Mayfair Darjeeling
- **34** Windamere Hotel

Où manger ?

- **1** Glenary's
- **25** Dekevas Restaurant et Kunga Restaurant
- **40** Hasty Tasty
- **41** Keventer's
- **42** The Park
- **43** Dafey Munal Restaurant
- **44** Hot Pizza Place

Où boire un thé dans la journée ou une bière le soir ?

- **1** Glenary's
- **32** Hotel Elgin
- **34** Windamere Hotel
- **50** The House of Tea
- **51** Joey's Pub

■ Où prendre des cours de tibétain ?

- **60** Manjushree Centre of Tibetan Culture

Achats

- **15** Oxford Book Stationery
- **50** The House of Tea
- **70** Nathmulls
- **71** Chowrasta Tea Store

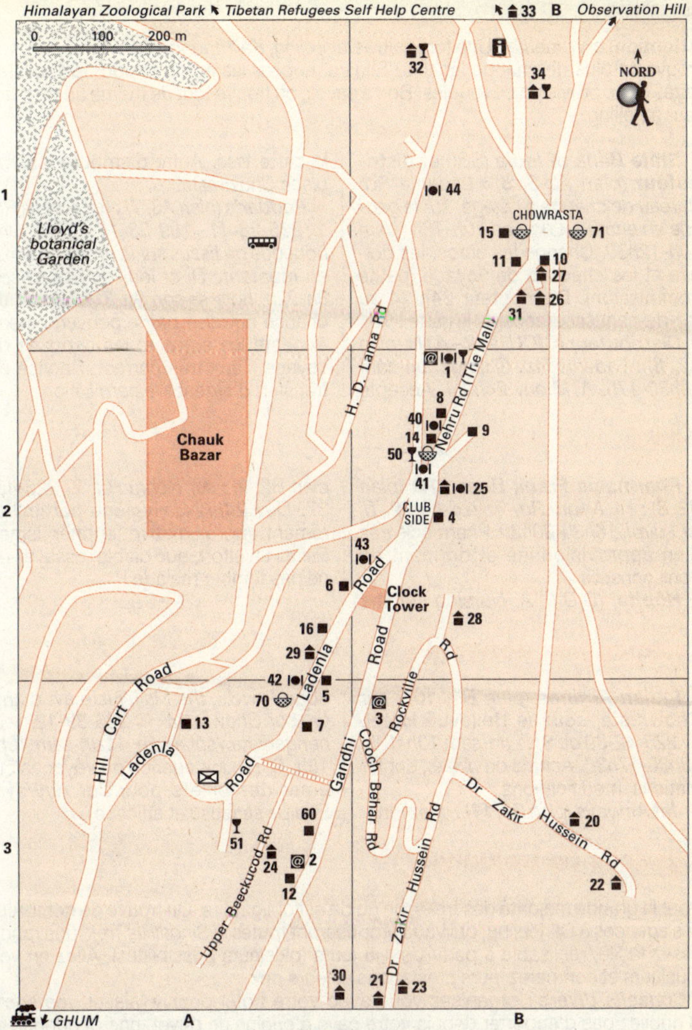

DARJEELING

pouvez faire emballer et coudre vos paquets à expédier. Dernier envoi de colis à 14h.

@ ***Glenary's*** *(plan B2, **1**) : Nehru Rd (the Mall). Tlj 8h30-20h.* La station Internet la plus courue de la ville, toujours très prisée.

@ ***Compuset Center*** *(plan A3, **2**) : 14, Gandhi Rd. À 5 mn de Chowrasta, à côté d'*Himalayan Travels. *Tlj 8h-20h.* Bon débit et plusieurs postes disponibles. Photocopies.

@ ***Abacus*** *(plan B3, **3**) : Gandhi Rd. Tlj 9h-21h.* Débit irrégulier.

■ ***Appels téléphoniques :*** *kiosques* ISD *et* STD *un peu partout dans le centre. Souvent ouv jusqu'à 20h-20h30.*

■ ***DHL*** *(plan B2, **4**) : sur Club Side, minuscule boutique. Lun-ven 9h30-16h.* Envois internationaux.

L'EXTRÊME-EST

Banques, change

Attention, *bis repetita* ! Une fois quitté *Darjeeling, Kalimpong* ou *Gangtok*, vous ne trouverez plus de change légal au Sikkim, ni pour les euros ni pour les dollars : faites donc provision de roupies. Bon à savoir, on trouve tout de même un distributeur à Pelling.

■ ***State Bank of India*** *(SBI)* ***et distributeur*** *(plan A2-3,* ***5****) : Ladenla Rd. Bureau de change à l'étage, sur la gauche en entrant. Lun-ven 10h-16h ; sam 10h-12h30.* Change les euros, les dollars et les chèques de voyage (petite commission). Distributeur 24h/24 au rez-de-chaussée (accepte la carte *Visa*).
■ ***Distributeur ICICI Bank – ATM*** *(plan A2,* ***6****) : Ladenla Rd. Change lun-sam 10h30-17h. ATM ouv 24h/24.* Accepte la carte *Visa.* Autre distributeur *sur la place Chowrasta.*
■ ***Poddar's*** *(plan A3,* ***7****) : 8, Ladenla Rd.* ☎ *225-28-41.* 📱 *99-33-15-52-43. Une boutique de tissus sur la droite de la rue en montant. Tlj sf jeu, en hte saison 8h-22h, hors saison 9h-21h.* Agent de change autorisé par le gouvernement. Accepte les euros et les chèques de voyage. Taux très correct. Service de transfert d'argent *Western Union.*

Santé

■ ***Pharmacie Frank Ross LTD*** *(plan B2,* ***8****) : 14, Nehru Rd.* ☎ *225-40-29. Tlj (sf 1 dim/2) 8h30-20h30.* Pharmacie très bien approvisionnée et donnant de bons conseils.
■ ***Hôpital*** *(D.D.M.A. Nursing Home ; plan B2,* ***9****) : sur Nehru Rd.* ☎ *225-43-37. Ouv 24h/24.* Hygiène particulièrement approximative (euphémisme). Faites un effort, que diable, essayez de ne pas tomber malade !

Compagnies aériennes

■ ***Indian Airlines*** *(plan B1,* ***10****) : sur Chowrasta, sous le* Bellevue Hotel. ☎ *225-42-30 ou 31. Lun-sam 10h-13h, 13h30-17h30.* Achats de billets, confirmations, modifications.
■ ***Jet Airways*** *(plan B1,* ***11****) : chez* Pineridge Travels, *the Mall, juste avt d'arriver sur Chowrasta.* ☎ *225-39-12.* ● *pinerige@dte.vsnl.net.in* ● *Lun-sam 10h-16h.* C'est une agence de voyages qui émet des billets pour *Jet Airways.* Équipe sérieuse et efficace.

Agences de trekking

Pour la grande majorité des treks, un guide est obligatoire. On trouve de nombreuses agences à Darjeeling, qui vous proposeront toutes le *Singallilla Trek,* une rando assez facile, réalisable à partir de 4-5 jours (plusieurs possibilités). Allez en voir plusieurs et comparez leurs prestations et leurs prix.
– ***Conseils divers :*** organisez-vous avec votre hôtel pour y laisser vos sacs. N'oubliez pas d'apporter depuis votre pays d'origine un duvet, une doudoune et des vêtements chauds. Quand vous trekkez, redescendez tous vos déchets, même si vos guides et porteurs ne le font pas forcément. Il est par ailleurs absolument indispensable de se renseigner au préalable sur les conditions climatiques et l'état des chemins au moment d'effectuer votre trek.

■ ***Himalayan Travels*** *(plan A3,* ***12****) : 18/1 Gandhi Rd.* ☎ *225-69-56 ou 225-22-54.* ● *kkgurung@cal.vsnl.net.in* ● *Tlj 8h30-19h.* Agence reconnue par le gouvernement. Organisation de treks pour tous les niveaux et toutes les bourses. Le patron, K.K. Gurung (tout le monde l'appelle Kéké), est un des pontes du trekking dans la région. Grand spécialiste du Sikkim et de la région de Darjeeling. Guides parlant anglais ou français.
ℹ ***Tourist Information Centre – DGHC*** *(plan B1) :* organisateur expérimenté, et pour cause : le gouvernement cha-

peaute le trekking dans la région et au Sikkim. Leurs prix s'avèrent très compétitifs et leurs prestations de qualité. Le trek le plus couru (enfin, le plus « marché ») est le *Singalilla Trek* (à partir de 4 jours).

■ ***Clubside*** *(plan A3,* ***13****) : J.P. Sharma Rd.* ☎ *225-46-46.* ● *clubside.in* ● Organise des treks dans tout le West Bengal et le Sikkim. Assez chic et assez cher mais sérieux.

Location de matériels de trek, achats de doc et de cartes

Peu d'adresses pour louer du matériel à Darjeeling. En fait, si vous comptez effectuer un trek, il est vivement conseillé d'apporter votre duvet et votre doudoune (ceux qu'on trouve sur place ou ceux proposés par les agences sont souvent trop fins ou usés), vos gants et de bonnes chaussures. En cas de besoin :

■ ***Trek Mate*** *(B2,* ***14****) : sur le Mall, à gauche en montant. À côté de la* House of Tea, *entrez dans la petite galerie, c'est au 2e sous-sol.* ☎ *225-66-11.* Minuscule agence qui loue également duvets et anoraks corrects.

■ ***Oxford Book & Stationery*** *(plan B1,* ***15****) : sur la place Chowrasta. Lun-ven 9h30-19h30 ; sam 9h30-12h30.* Grand choix de livres et de cartes de trek. Vous y trouverez tout ce que vous avez toujours voulu savoir sur l'Himalaya. Vendeurs compétents.

Permis pour le Sikkim

Si vous ne l'avez pas demandé à l'ambassade de l'Inde avant votre départ, il est possible de l'obtenir gratuitement à Darjeeling. Quelques heures sont souvent nécessaires.

– ***1re étape :*** *passage au* ***Foreigner's Registration Office*** *(FRO ; plan A2,* ***16****), Ladenla Rd, en face de la* State Bank of India. *Tlj 10h-17h.* On y retire un formulaire qu'on remplit et qu'on vous tamponne.

– ***2e étape :*** se rendre avec le formulaire chez le ***Deputy Commissioner's Office,*** plus connu sous le nom de ***DM*** *(District Magistrate), sur Hill Cart Rd (hors plan par A1), juste après le jardin botanique. Lun-ven 10h-16h ; sam 10h-12h30.* Y apporter le formulaire rempli et votre passeport pour y obtenir le permis définitif valable 15 jours. Assurez-vous que c'est bien un *All Sikkim Permit,* qui vous permet aussi de vous rendre à Yuksom, Tashiding et Kechopari Lake.

ATTENTION : si vous ne passez qu'un dimanche à Darjeeling, les bureaux seront fermés. Vous pourrez, en revanche, obtenir ce précieux sésame au poste-frontière de Rangpo (voir plus bas).

Où dormir ?

Nombreuses adresses de toutes catégories. Le haut de la ville concentre les meilleurs rapports qualité-prix. Ne pas oublier que les hôtels plus chic n'incluent pas la taxe de 10 % dans leurs tarifs.

Bon marché (150-400 Rps / 2,30-6,20 €)

Les adresses bon marché sont un peu excentrées (10 mn à pied au-dessus du centre). Elles se concentrent surtout sur Dr Zakir Hussein Rd. Les prix plancher sont pour les chambres sans sanitaires.

Tower View Lodge *(plan B3,* ***20****) : 12, Dr Zakir Hussein Rd.* ☎ *225-44-52. Tout près de la tour de TV.* Rendez-vous international des routards à l'écart de l'agitation du centre-ville. Une adresse simple et propre. Cet hôtel est tenu par une famille où chacun joue son rôle. Chambres simples (seulement 2 avec salle de bains), murs de lambris, certaines avec balcon, quelques-unes avec vue. Pour la douche avec eau chaude, 2 salles de bains communes. Le resto propose un menu limité mais des portions copieuses (cuisine nickel). Il s'ouvre sur un petit balcon où trônent 2 petites tables qui profitent d'une vue magnifique. Petit coin salon avec des livres. Très beau lever de soleil.

■ ***Triveni Guesthouse*** *(plan B3,* ***21****) : 85/1, Dr Zakir Hussein Rd.* ☎ *225-38-78. À 10 mn de la TV Tower en direction du sud.* Petite *guesthouse* sympa profitant d'une belle vue sur la vallée ouest. Chambres propres, basiques, mais franchement correctes. Eau chaude au baquet (supplément). Petit dortoir de 3 lits. Propose de la petite restauration.

■ ***Hotel Long Island*** *(plan B3,* ***22****) : 11/A/2, Dr Zakir Hussein Rd.* ☎ *225-20-43.* 📱 *94-34-46-77-43.* Une gentille adresse alliant propreté, calme et vue. Passé la petite grille violette, on est accueilli par Narayan et par plein de petites plantes fleuries qui égayent cette adresse aux chambres très différentes. Les plus simples avec toilettes (turques ou occidentales) et douche communes, les autres avec salle d'eau complète, et la plupart avec vue. Eau chaude sur demande. Taille et confort variables, mais ensemble propre. Terrasse (pas aménagée, dommage). Minuscule resto coquet, avec nappes à carreaux. Propose des treks pour le Singalila.

■ ***Hotel Aliment*** *(plan B3,* ***23****) : 40, Dr Zakir Hussein Rd. Sur les hauteurs, au calme. Ttes avec sdb. Attention : min 2 nuits exigées.* Un peu plus cher que les autres adresses de cette catégorie. Propres, simples et toutes lambrissées, des chambres plutôt agréables et un net effort pour la tenue générale (marbre dans l'escalier). Éviter les 2 qui n'offrent pas de vue. Salle de petit déj soignée, avec son mur de livres et ses petites nappes. La terrasse n'est pas en reste ; on peut y prendre un verre (ou son repas), embrassant du regard un large panorama sur les montagnes et la ville. Bonne cuisine internationale pas chère (plats japonais, *thalis* indien, cuisine népalaise, soupes tibétaines...). Internet au rez-de-chaussée.

■ ***Hotel Pagoda*** *(plan A3,* ***24****) : 1, Upper Beechwood Rd.* ☎ *225-46-46 ou 47. Dans un petit escalier descendant vers Ladenla Rd, prendre la ruelle au milieu vers la gauche ; l'hôtel est à 50 m. Chambres sans sdb, avec ou sans w-c.* Façade crème et carmin assez séduisante. Chambres nickel et plutôt lumineuses, surtout celles avec vue sur la ruelle (à préférer). Les autres sont moins bien loties mais propres malgré tout. Au final, un bonne petite adresse pas chère. Pour la douche, baquet d'eau chaude sur demande. Calme et central à la fois.

Chic (850-1 500 Rps / 13,10-23,10 €)

Hors saison, les hôteliers vous proposeront des rabais allant jusqu'à 50 % des prix haute saison.

■ ***Dekeling Hotel*** *(plan B2,* ***25****) : 51, Gandhi Rd.* ☎ *225-32-98.* • *dekeling.com* • *Doubles 1 300-1 600 Rps (20-24,60 €), ttes avec sdb.* Édifice moderne à la façade verte, réception au 2e étage. Chambres entièrement lambrissées et vernies aux faux airs de chalet de montagne. Salon chaleureux avec livres, photos et gravures sur le Tibet. Normal, les proprios sont Tibétains. Le gros poêle à l'ancienne dans le salon donne du cachet à l'ensemble. Belle vue sur la vallée depuis certaines chambres (les demander). Excellent resto au rez-de-chaussée de l'hôtel, le *Dekewas*.

■ ***Main Old Bellevue Hotel*** *(plan B1,* ***26****) : sur Chowrasta, prendre la rampe à droite du* Bellevue Hotel *; c'est à 30 m sur la droite.* ☎ *225-41-78. Attention, 3 hôtels côte à côte se disputent le nom de Bellevue. Doubles 800-1 500 Rps (12,30-23,10 €). Eau chaude 24h/24.* Sur l'un des points les plus hauts de la ville, cette ancienne résidence anglaise a des airs de grande maison de campagne éclopée. Les chambres sont vastes, avec de vieux meubles européens un peu décatis, mais l'ensemble reste convenable malgré la moquette râpée comme du gruyère et le lino qui gondole comme à Venise. Quelques-unes possèdent d'élégants bow-windows. Bon accueil.

The Bellevue Hotel *(plan B1,* ***27****) : sur Chowrasta ; ne pas confondre avec le* Main Old Bellevue Hotel *voisin.* ☎ *225-40-75.* • *darjeeling-bellevuehotel.com* • *Doubles 800-1 500 Rps (12,30-23,10 €) en hte saison.* Hôtel agréable de construction relativement récente, avec de belles chambres spacieuses plutôt propres, même si la moquette a fait son temps. Celles donnant sur le Mall sont un peu bruyantes. Attention aux poêles à bois l'hiver, les accidents ne sont pas rares : veillez à la ventilation. Grand salon vitré et lambrissé surplombant Chowrasta où prendre le petit déj. Un grand poêle trône au centre de la pièce, à la façon d'un chalet alpin. Sur le toit-terrasse, qui est le plus haut de la ville, vous pourrez lézarder et profiter d'un magnifique panorama sur le Kangchenjunga.

Hotel Valentino *(plan B2,* ***28****) : Rockville Rd.* ☎ *225-22-28. À 5 mn à pied de la Clock Tower. Doubles avec sdb 900-1 100 Rps (13,80-16,90 €).* Chambres sans grande recherche décorative et parfois un peu humides. Ensemble fonctionnel même si certaines *standard* sont bien vieillottes. Sur le toit, terrasse avec une belle vue mais pas aménagée du tout. Personnel et accueil courtois. Resto chinois au rez-de-chaussée.

The Plaza Hotel *(plan A2,* ***29****) : 41, Ladenla Rd.* ☎ *225-38-83. En face de la* State Bank of India. *Doubles 900-1 600 Rps (13,80-24,60 €), ttes avec sdb.* Hôtel à peu près propret, sans attrait. Chambres offrant toutes les commodités (TV, téléphone, etc.). Murs couverts de lambris et moquette fatiguée.

Plus chic (1 500-2 500 Rps / 23,10-38,50 €)

Himalayan Resort *(plan A3,* ***30****) : 26, Gandhi Rd, au fond d'une impasse adjacente à cette rue.* ☎ *225-95-36/37.* 📱 *94-34-20-998-47.* • *himalayanresortdarj.net* • *Double (sans petit déj) env 2 600 Rps (40 €).* Excellent établissement de taille raisonnable, presque familial (moins de 20 chambres), tout blanc (escalier de marbre), alliant un bon confort, des espaces généreux, un certain luxe et un calme total (on est dans une impasse). Il appartient à K.K. Gurung de l'agence de trek *Himalayan Travels.* Chambres absolument impeccables, lambrissées pour la plupart, avec salles de bains claires et fonctionnelles. Plusieurs possèdent une vue extra sur la montagne, les demander de préférence. Sur le toit, vaste terrasse en partie abritée, aménagée de quelques tables. Parfait à l'heure du thé ou aux premières lueurs du matin.

Hotel Shangrila *(plan B1,* ***31****) : 5, Nehru Rd, the Mall.* ☎ *225-41-49. Double 2 000 Rps (30,80 €), ttes avec sdb.* Un des plus chers de sa catégorie (avant négociation), sans que cela soit vraiment justifié. Quatre chambres plutôt grandes et correctes. Parfois un peu de bruit le matin, car elles donnent sur le Mall. Les n[os]102 et 103 sont pourvues d'une belle série de fenêtres.

Très chic (min 6 000 Rps / 92,30 €)

La plupart des hôtels de cette catégorie proposent des *American plan,* c'est-à-dire des pensions complètes. Et peu d'entre eux acceptent de déroger à cette règle, sauf en basse saison. Essayez toujours de négocier. Par ailleurs, faites-vous bien préciser les taxes pour éviter toute mauvaise surprise.

Hotel Elgin *(plan B1,* ***32****) : en contrebas de Chowrasta.* ☎ *225-72-26 ou 27.* • *elginhotels.com* • *Pension complète obligatoire 6 300 Rps (96,90 €) avec taxes en hte saison.* Ancienne demeure du raja de Cooch Behar. Rien n'a bougé dans cet écrin de luxe et de calme *so British,* où le feu crépite encore dans l'élégant salon. Les chambres sont confortables, aménagées dans un esprit moderno-colonial assez classe. Elles sont dotées d'un petit salon et d'une cheminée (feu à la demande). Curieusement, literie moyenne. Dans le petit jardin, territoire de jeux de Lilian et Peter, les petits chiens de la maison, agréable pergola pour siroter un verre. Belle salle à manger, et bon resto. Du salon se dégage une atmosphère patinée par le temps, avec son mobilier vieillot. Service très stylé assuré par un personnel absolument charmant.

Mayfair Darjeeling *(hors plan par B1,* ***33****) : the Mall, en face de la maison du gouverneur.* ☎ *225-64-76.* • *mayfairhotels.com* • *Pension complète obligatoire en hte saison slt. Prix unique pour les cottages et les chambres : double env 7 000 Rps (107,70 €) avec petit déj, 9 000 Rps (138,50 €) en pension complète.* Hôtel centenaire rénové avec goût. Choix entre 4 bâtiments tout aussi raffinés. Demander à voir plusieurs chambres avant de choisir. Belles photos en noir et blanc dans les couloirs et les chambres. Jardin fleuri d'orchidées, bien entretenu, avec quelques belles sculptures du panthéon indien, espace enfant extérieur et intérieur, superbe salon colonial (canapés Chesterfield), bar très british, billard, cybercafé et 2 salles de resto en fonction des humeurs et du temps qu'il fait. Spa, sauna et petite salle de gym pour compléter le tableau. Réservé aux routards aisés.

Windamere Hotel *(plan B1,* ***34****) : Observatory Hill, juste derrière Chowrasta.* ☎ *225-40-41 ou 42.* • *windamerehotel.com* • *Pension complète obligatoire min 8 000 Rps (123,10 €), pas moyen d'y échapper. Dommage...* Un des plus anciens hôtels de la ville et aussi l'un des plus chers, situé sur la colline la plus proche du centre. Beaucoup de classe et de charme. Hôtel fréquenté par les sujets de Sa Très Gracieuse Majesté. Les confortables chambres, toutes avec cheminée, sont en fait de véritable petites suites, qui s'étagent gentiment autour de la demeure centrale. Plusieurs petites terrasses offrent des points de vue variés sur le Kangchenjunga et un petit belvédère donne sur les deux vallées. Parfait au moment du café. Moins de chic peut-être que les autres adresses, mais une belle atmosphère. Style Liberty pour les fauteuils et canapés, photos d'époque, parquet ciré.

Où manger ?

Faites une grosse bise à Darjeeling ! Nombreuses petites adresses de qualité. Nos palais peuvent profiter des influences népalaises, tibétaines, chinoises et évidemment indiennes, tout cela pour des tarifs vraiment modiques.

De bon marché à prix moyens (50-250 Rps / 0,70-3,80 €)

Dekevas Restaurant *(plan B2,* ***25****) : au-dessus du petit carrefour Club Side, Gandhi Rd. Petit resto du* Dekeling Hotel. *Tlj 8h30-21h.* Un de nos préférés à Darjeeling. Le chef népalais prépare une bonne cuisine chinoise et tibétaine (excellentes soupes). La patronne souriante et attentionnée vous expliquera comment manger le *tsampa*, spécialité tibétaine, une soupe de farine et de lait. Excellent aussi au petit déj. Très bon *butter tea.* Sans oublier les savoureux *momos.*

Kunga Restaurant *(plan B2,* ***25****) : 51, Gandhi Rd. Tlj jusqu'à 20h30.* Grand comme un abribus, intérieur tout de bois vêtu, on sert ici une cuisine tibétaine et chinoise d'excellente tenue pour un prix particulièrement modeste. Les *momos* sont évidemment à l'honneur. Également spécialités de *phing* (nouilles transparentes) et de *bhagthuk soup.* Quelques *currys* pour rappeler qu'on est en Inde. Bémol : évitez les toilettes, pas au top de l'hygiène.

Hasty Tasty *(plan B2,* ***40****) : the Mall.* 📱 *97-33-30-68-03. Tlj 7h30-20h30.* Resto végétarien avec tout ce qu'il faut d'ambiance typiquement indienne. Un robinet à gauche de l'entrée pour se laver les mains, des cuisines ouvertes sur la salle et une carte proposant de nombreux plats indiens. On vous donne un numéro au comptoir et vous attendez qu'on vous appelle. Laissez tomber la carte, longue comme un menu chinois (sic), et optez directement pour l'un des trois *thalis* qu'on vous proposera : celui du Nord, du Sud ou le *Special*. Pas cher, copieux et bon. Populaire en diable.

|●| ***Glenary's*** *(plan B2, **1**) : the Mall.* Un incontournable à Darjeeling, rendez-vous des routards. Il faut dire que le lieu est multi-fonction. Au rez-de-chaussée *(dernier service : 20h)*, on trouve une pâtisserie-salon de thé, résolument Western Style. Les tartes au chocolat sont excellentes, elles ont même un goût de chocolat ! On peut y prendre son petit déj à partir de 7h30. Au 1er étage *(dernier service : 20h30)*, resto un peu chic dans son style (mais pas pour les tarifs). Au sous-sol, *The Buzz (dernier service : 21h)*. Même carte (et mêmes prix) qu'au resto du 1er étage, avec en plus l'ambiance pub et des concerts jazz et rock régulièrement en fin de semaine. C'est aussi un des meilleurs lieux pour Internet (voir « Adresses utiles »).

|●| ***Keventer's*** *(plan B2, **41**) : au bas du Mall, sur Club Side, au 1er étage du magasin. Tlj 7h30-19h30.* La terrasse la plus agréable de la ville. Carte snack. Petit déj anglais avec *sausages*, bacon, et grande variété de sandwichs. Fait aussi épicerie. Vous y trouverez de quoi préparer une petite excursion.

|●| ***The Park*** *(plan A2-3, **42**) : 41, Ladenla Rd, en face de la* State Bank of India. ☎ *225-52-70. Tlj 11h-15h, 18h-22h (21h hors saison).* Vous reconnaîtrez le patron au 1er coup d'œil, il arbore souvent un chapeau texan. Bonne carte chinoise, indienne et végétarienne, mais ce sont les plats *thaï* qui font ici la différence et se posent en spécialité. Salle proprette et service agréable. Vue sur la vallée si le temps est dégagé.

|●| ***Dafey Munal Restaurant*** *(plan B2, **43**) : 49, Ladenla Rd. Tlj jusqu'à 22h30 (ce qui est rare).* Salle coquette, chaleureuse même. On a l'impression d'entrer dans un petit salon privé avec ses quelques tables de formica vert, presque *vintage*. Bon accueil et agréable cuisine indienne, chinoise et quelques *momos* pour compléter la carte. Sympathique petite adresse, surtout fréquentée par les locaux.

|●| ***Hot Pizza Place*** *(plan B1, **44**) : sur H. D. Lama Rd. Ouv tlj.* Une petite pizzeria tenue par Laurent et Patrice, eh oui, des *Frenchies*, secondés par des cuistots népalais. Des pizzas goûteuses évidemment, mais aussi des pâtes, saucisses et rillettes. Et pour le dessert, on peut glaner ici pas mal d'infos sur la ville.

Où boire un thé dans la journée ou une bonne bière le soir ?

🍷 ***The House of Tea*** *(plan B2, **50**) : 11, Nehru Rd. Tlj 9h-21h (20h en hiver).* Un petit salon de thé à Darjeeling, ça s'imposait ! On y propose 9 thés différents provenant des différentes plantations de la vallée, comme le *Badamtam First Flush*, le *Margaret's Hope Spring Tea* ou le *Thurbo roasted*, servis à la tasse, en petit ou en grand pot. Le lieu manque de cachet, dommage. Après avoir goûté le thé de son choix, possibilité d'en acheter sur place.

🍷 ***Joey's Pub*** *(plan A3, **51**) : Ladenla Rd. Quand on remonte Ladenla Rd, prendre la ruelle sur la droite juste après la poste (et au niveau du centre commercial) ; c'est à 30 m. Le seul vrai bar ouv jusqu'à 22h30 en ville !* Une petite maison de bois, un bar d'angle, quelques petits canapés, des rideaux et abat-jour pour faire intime, de la musique anglo-saxonne et quelques bons bourbons et de la bière pour attirer la clientèle touristique. Il n'en faut pas plus pour contenter les gosiers les plus secs.

🍷 ***Glenary's*** *(plan B2, **1**) : dans Nehru Rd.* En plus d'être un resto incontournable, c'est aussi un bar au sous-sol, *The Buzz (dîner jusqu'à 21h)*. Ambiance pub de montagne et des concerts jazz et rock en fin de semaine. Attention, vers 22h30, tout le monde au lit !

🍷 L'***Hotel Elgin*** *(plan B1, **32**)* et le ***Windamere Hotel*** *(plan B1, **34**)* possèdent des salons coloniaux cossus et, ma foi, bien confortables, éminemment propices à la détente autour d'une bonne mousse, même si on n'est pas client de l'établissement.

À voir

Rien à voir s'il y a du brouillard et de la pluie ! Indispensable de se renseigner au préalable sur les conditions climatiques de Darjeeling.

Proche du centre

Observation Hill et Shree Mahakal Mandir *(hors plan par B1) : en haut de la colline la plus élevée de la ville. On s'y rend à pied en 10 mn depuis Chowrasta : prendre le chemin goudronné à droite, vers le nord ; après 200 m, emprunter les escaliers sur la gauche.* Y aller de préférence le matin. On profite ainsi d'une belle lumière et d'une ambiance plus sereine. En haut, en suivant l'allée des mendiants et des quelques marchands du temple, au milieu de superbes pins, on découvre des centaines de rubans de prières multicolores qui convergent vers un temple extrêmement coloré lui aussi (le taureau Nandi à l'entrée, les biches jaunes sur le portique...). Ce temple possède la particularité assez rare d'être à la fois bouddhiste et hindou. Ainsi les adeptes des deux religions y viennent sans distinction, dans un esprit de syncrétisme, de tolérance et de bonne humeur. Des cloches un peu partout qu'on fait tintinnabuler, des bouquets d'encens qui fument, des dieux et déesses colorés qui vous sourient, et un prêtre qui bénit tout le monde. On ne se lasse pas d'observer le ballet des pèlerins. Tout autour, quelques templions et des singes chapardeurs.

Chauk Bazar *(marché ; plan A2) : à l'ouest de Hill Cart Rd. Tlj sf jeu.* Très coloré, grâce aux vêtements traditionnels et aux étals de fruits et légumes. Ne pas hésiter à pénétrer dans l'inextricable réseau de ruelles qui le compose. Rien de grandiose, mais une atmosphère populaire bien vivante. Goûter aux petits cubes de beurre de yack, à ces noix très dures qui se chiquent, aux pommes de pin très amères, aux pâtisseries sucrées qui couvrent les vitrines...

Les jardins botaniques *(plan A1) : prendre la 1re ruelle qui descend à gauche après la station de jeeps. Ouv tte la journée.* Bien sûr, il y a pas mal de plantes endémiques, mais franchement, malgré les efforts de marquage des modestes sentiers, ce n'est pas le jardin des plantes !

Un peu à l'extérieur de la ville

Tibetan Refugees Self Help Center *(hors plan par A1) : on peut y aller à pied ; compter 30 mn. Tlj sf dim 9h-18h (17h hors saison).* Autour d'une grande cour, on trouve plusieurs ateliers d'artisans, des habitations, une école, un petit orphelinat, un centre d'accueil pour les anciens. Bref, un lieu de vie. Ce centre de réfugiés tibétains fut créé en 1959, après l'invasion du Tibet par l'armée chinoise, pour aider à l'insertion des populations. Près de 650 Tibétains vivent ici, dont près de 300 travaillent directement pour le centre. On conseille de commencer la visite par le *Photographic Exhibition Hall.* Belle série

LE PLUS JEUNE PRISONNIER POLITIQUE AU MONDE !

En mai 1995, un enfant de 6 ans était enlevé. C'était au Tibet et c'était par les militaires chinois. Depuis, plus aucune nouvelle. L'enfant est aujourd'hui presque un adulte et personne ne sait où il est. Car ce n'est pas un enfant ordinaire. Il fut reconnu par le dalaï-lama le 14 mai 1995 comme le 11e panchen lama, 2e dirigeant spirituel le plus élevé du Tibet. Trois jours plus tard, l'enfant était enlevé avec ses parents. En 1996, la Chine a finalement reconnu « que l'enfant avait été placé sous la protection du gouvernement à la demande de ses parents » (sic) ! On est toujours sans nouvelles de Gedhun Choekyi Nyima.

de photos en noir et blanc, très didactiques, qui témoignent de la construction du centre au fil des décennies (fondation de l'école, manifestations culturelles, visites officielles...). Tout autour, visitez les petits ateliers de couture, tissage, menuiserie... où l'on peut rencontrer les artisans. Toute la production est vendue au *show room* et l'argent alimente la vie du centre. Partout des références à la situation du panchen lama, haut dignitaire tibétain reconnu par le dalaï-lama, kidnappé par les Chinois (voir encadré). Cette visite permet de toucher un peu du doigt les réalités de ce pays qui se bat avec les armes du pacifisme, mais qui ne baisse pas les bras. Une manière modeste, certes, mais bien réelle de soutenir leur combat et de montrer notre solidarité.

Bhutia Busty Gompa : *au-dessus du centre-ville. Accès depuis Chowrasta ou depuis le* Tibetan Refugees Self Help Center. *Pour cela, au fond de la cour, gravir le chemin en longeant les petits immeubles, puis demander. C'est à 10 mn à pied par un sentier.* C'est dans ce temple élevé en 1878, tout simple, que fut découvert et traduit par un Suédois le fameux *Bardho Thodol* ou *Livre des morts tibétain.* Vaut surtout pour la balade qui y mène, à travers un quartier mi-champêtre, mi-citadin.

Himalayan Zoological Park, Himalayan Mountaineering Institute et Everest Museum *(hors plan par A1)* ***:*** *Birch Hill Park ; à 2 km du centre-ville. Entrée du zoo sur Jawahar Rd West. Tlj sf jeu 8h30-17h30 mars-nov (16h30 le reste de l'année). Entrée : 100 Rps. Petit plan du zoo délivré à l'entrée.* Après avoir fait un petit tour dans le modeste zoo où l'on découvre quelques mammifères himalayens (loups, ours, tigres, léopards des neiges...), on se dirige vers l'***Institut himalayen*** qui abrite un musée sur la chaîne de montagnes. Impressionnantes maquettes présentant les plus hauts sommets du monde sous toutes leurs coutures. Photos en noir et blanc rendant hommage aux pionniers de l'escalade, néo-zélandais et népalais. Vitrines de matériels, tente en coupe avec tout son équipement, diorama sur le passage de crevasses, clin d'œil sur le yéti... Vitrine exposant des tenues vestimentaires et quelques objets des populations himalayennes (Népal, Tibet, Bhoutan...). Juste à côté, l'***Everest Museum*** : ce petit musée (une seule salle) est consacré au toit du monde. Deux tableaux en présentent les faces nord-ouest et est, ainsi que les 13 routes possibles pour son ascension. Large évocation des différentes équipées qui vainquirent le toit du monde, notamment celle du Néo-Zélandais Edmund Hillary (décédé en janvier 2008) et du Népalais Tenzing Norgay (mort en 1986) qui gravirent ensemble et pour la 1re fois le toit du monde le 29 mai 1953. Plusieurs vitrines présentent leur matériel (bottes, matelas, bouteilles d'oxygène, piolets...) et celui d'autres équipées (voir les chaussettes chauffantes sur batteries, bottes en peaux, lourds pics à glace...). On reste effaré par la vétusté de l'équipement de l'époque. En fallait-il du courage pour compenser ce maigre attirail ! Hommage également aux pionniers qui tentèrent et échouèrent bien avant eux. Conseillé aux fanas de montagne, comme à ceux qui ne le sont pas. Sur la petite butte en face du musée, les grimpeurs iront voir la statue de Tenzing Norgay, élevée par son ami Edmund Hillary. À côté, sa pierre tombale.

À voir dans les environs

Yiga Choling Monastery et Gompa *(hors plan par A3)* ***:*** *à Ghum, à 9 km au sud de la ville.* Le monastère le plus connu du secteur. De la route centrale, une rue étroite part sur la droite (en venant de Darjeeling). Le temple de ce monastère date de 1850 et c'est le plus ancien de la région. Murs couverts de fresques. Présente une grande statue de *Maitreya,* le bouddha du futur, doré et coloré. Le socle contient les seize volumes des commandements sacrés imprimés au Tibet. Noter les deux gros moulins à prières de chaque côté du vestibule.

Tiger Hill : *à 14 km de Darjeeling. Normalement, il faut réserver les jeeps la veille, mais comme on n'est jamais certain du temps, nous vous conseillons de vous greffer sur une jeep au dernier moment ; pour cela, rendez-vous 1h avt le lever du soleil* *sur Club Side, le petit carrefour du centre ; (demandez à votre hôtel qu'on vous réveille slt si le temps est clair) ; toutes les jeeps s'y donnent rendez-vous et attendent ceux qui n'ont pas réservé. Compter 80 Rps aller-retour avec env 1h sur place.* De *Tiger Hill,* au lever du soleil, vous pourrez contempler les sommets de l'Himalaya et notamment le célèbre Kangchenjunga, le 3e plus haut sommet du monde. Panorama absolument unique. Retour en jeep, mais certains décident de redescendre à pied (3h de marche).

Les plantations de thé : *fermé dim ap-m et lun. Y aller plutôt le mat.* Il y a plusieurs dizaines de plantations de thé aux environs de Darjeeling. La plus proche est la ***Happy Valley Tea Estate.*** *On peut y aller à pied (c'est à moins de 2 km en partant du marché, en contrebas de la route principale). Mais avant de vous y rendre, il faudra vous renseigner sur la réouverture de l'usine qui était fermée mais devait être reprise. À suivre...* Une autre, bien plus loin que la première, mais relativement pratique à visiter est la ***Tukvar Valey Tea Estate,*** située à 40 mn au nord de Darjeeling. Pour y aller, soit on loue les services d'un taxi à plusieurs *(env 400 Rps pour le véhicule),* soit on prend un tour d'une ½ journée auprès d'une agence, qui inclut en général la visite du zoo, du centre de réfugiés tibétains et la plantation de thé. À faire le matin, car c'est à ce moment-là que les cueilleuses livrent leurs hottes de feuilles. *Ne pas y aller le dim ni le lun : le dim car il n'y a pas de cueillette, et le lun car l'usine ne tourne pas (puisqu'il n'y a pas de feuilles à traiter !). Entrée : 10 Rps.* Visite et présentation du processus de fabrication. On vous expliquera comment le thé est récolté, préparé, et la classification en différentes catégories. Balade paisible dans les plantations.

À faire

La gare de Darjeeling accueille deux petits trains depuis 1881. Le ***Toy Train,*** une locomotive diesel qui relie Darjeeling à Siliguri, et le ***Joy Ride,*** une loco à vapeur qui assure un trajet touristique entre Darjeeling et Ghum (8 km). Historique et charmante, cette ligne de train est inscrite au Patrimoine mondial de l'humanité par l'Unesco depuis 1999. Les plaques dans les stations rappellent celles du métro londonien, mais nous sommes ici dans l'une des stations ferroviaires les plus hautes du monde.

Le Toy Train *(ou Darjeeling Himalayan Railway ; hors plan par A3)* **:** *infos à la gare, ☎ 225-25-55.* Il s'agit d'une locomotive diesel et de 2 wagons reliant Darjeeling à Siliguri, soit environ 80 km en 7h ! Départ de Darjeeling tous les jours à 9h15, arrivée à la gare de *New Jalpaiguri (NJP)* vers 16h20. Le train s'arrête à Ghum, Kurseon, Tindharia... et dans quelques autres villages. Bon, ça peut paraître un peu long ! Dans l'autre sens, le train part de *New Jalpaiguri (NJP)* à 9h tous les jours (il passe à 9h30 à la gare de Siliguri, *Siliguri Junction*). Arrivée à Darjeeling à 16h. Dans un sens comme dans l'autre, nécessité de réserver.

Le Joy Ride : il s'agit du même petit train que le *Toy Train,* mais tiré par une locomotive à vapeur (bien plus rigolo). Il fait l'aller-retour en 2h entre Darjeeling et Ghum, village situé à 10 km de là. Utile de réserver à l'avance en hte saison, car il n'y a que 40 places ! Prix : env 250 Rps (3,80 €). Deux départs/j. : à 10h40 (retour à Darjeeling à 12h40) et à 13h20 (retour à 15h20). Une balade exceptionnelle à travers les montagnes himalayennes, offrant des panoramas absolument époustouflants. Le plus impressionnant est sans doute

À TOUTE VAPEUR

Pendant la saison touristique, le Joy Ride, tracté par une locomotive à vapeur, accomplit un aller-retour entre Darjeeling et Ghum. Le plaisir des escarbilles vous fera cheminer à rebours sur les rails de l'imagination jusqu'à ce matin de septembre 1881 où le train fit son premier trajet ! Une vraie aventure, réalisant des pointes de vitesse à... 17 km/h !

l'arrêt à la *Batasia Loop,* une jolie boucle que dessine la loco. Arrêt de 30 mn à Ghum pour jeter un œil au modeste *Railway Museum.*

Où prendre des cours de tibétain ?

■ ***Manjushree Centre of Tibetan Culture*** *(plan A3,* ***60****)* **:** *12, Gandhi Rd.* ☎ *225-29-77 ou 67-14.* • *manjushree-culture.org* • Centre culturel tibétain qui organise des cours de langues. Des stages de 3, 6 et 9 mois sont organisés chaque année. Niveau débutant et intermédiaire. Cours de chant et de danse ouverts à tous, organisés régulièrement. Infos sur place ou sur leur site. Également compétitions d'art, conférences sur le bouddhisme, expos sur le Tibet...

Treks dans les environs de Darjeeling

➢ ***Le trek dans le parc national de Singalila :*** cette chaîne montagneuse à cheval sur le West Bengal, le Népal et le Sikkim, offre plusieurs possibilités de treks. Pour les petits marcheurs, le parcours minimum peut se faire en 4 j./3 nuits, mais on peut aller jusqu'à 9 j./8 nuits. Le plus prisé est le parcours intermédiaire, de 6 j./ 5 nuits. Il permet de passer par le sommet de cette région, le *Sandakphu,* à 3 636 m d'altitude. De là, vue extraordinaire sur les plus beaux sommets de l'Himalaya.
– ***Exemple de parcours 6 j./5 nuits :*** départ à *Manebhanjang,* à 35 km de Darjeeling (trajet en jeep). 1er jour : Manebhanjang-Tonglu (11 km, env 6h de marche). Nuit à Tonglu. 2e jour : Tonglu- Sandakphu (17 km, env 8h). Nuit à Sandakphu. 3e jour : Sandakphu-Molle (14 km, env 6h). Nuit à Molle. 4e jour : Molle-Phalut-Molle (randonnée autour de Phalut et retour à Molle, env 6h). Nuit à Molle. 5e jour : Molle-Rimbik (env 6h). Nuit à Rimbik, fin du trek. 6e jour : retour à Darjeeling en jeep.
– ***Variantes :*** en 4 j./3 nuits, on peut faire le même parcours les 2 premiers jours, puis « couper le fromage » directement entre Sandakphu et Rimbik (sans passer par Molle). Retour le 4e j. à Darjeeling. Une autre variante permet de rallonger de 2 ou 3 j. le trek de 6 j./5 nuits. Voir avec votre agence en fonction du temps dont vous disposez.
– ***Ce que comprend généralement un trek :*** pour le Singalila, il y a des refuges un peu partout, il est souvent inutile de camper, même si certaines agences le proposent (parce qu'elles ne sont pas liées à des refuges). De même, les refuges peuvent vous préparer des repas, inutile donc de partir avec un cuisinier. En revanche, porteurs et guide indispensables. Bon, tout cela est à voir en détail avec votre agence. Un bon truc est de prendre des infos auprès de ceux qui en reviennent !
– ***Tarifs journaliers indicatifs :*** *il faut compter entre 1 500 et 2 000 Rps/j. (23,10-30,80 €) par pers.*

Achats

Thé

Le meilleur de la production est exporté vers le Japon et l'Allemagne. Le haut de gamme du thé est dit *First Flush SFTGFOP1,* soit : *First Flush Super Fine Tipi Golden Flowerly Orange Pekoe Number 1. First Flush* désigne la récolte de printemps où seules les jeunes feuilles sont récoltées. Bien sûr, ce n'est pas du thé aromatisé à l'orange, mais une appellation donnée par les premiers importateurs de thé hollandais en référence à la famille royale, les *Orange-Nassau. Pekoe* signifie « fin duvet blanc » en chinois. La politique de vente des magasins spécialisés est « y a pas mieux, y a pas plus cher ». Les prix grimpent très vite quand il s'agit de cette fine fleur du thé. Difficile de faire la part des choses. Voici quelques magasins où vous pourrez laisser infuser vos roupies.

Nathmulls *(plan A3,* ***70****)* **:** *Ladenla Rd.* • *nathmulltea.com* • *Tlj sf dim 9h-20h.* ☎ *225-64-37.* Le magasin de référence. La plus belle boutique de thés de la ville. Plus de 100 thés, provenant de 25 fermes de la région. Les trois grandes familles de thés y sont vendues : *Black, Green* et *White Tea* (le plus cher), conditionnés en 100, 150 et 200 grammes. Excellents conseils. On peut même se faire envoyer du thé depuis chez soi en commandant par mail.

The House of Tea *(plan B2, **50**) : sur le Mall (voir « Où boire un thé ? »).* Petit comptoir où l'on peut acheter les thés que l'on déguste sur place. Comme ça, on peut se faire une idée et choisir précisément ce que l'on achète.

Chowrasta Tea Store *(plan B1, **71**) : sur Chowrasta.* Accueil commercial et instructif, ils ne sont pas avares de leurs connaissances.

Oxford Book and Stationery *(plan B1, **15**) : sur Chowrasta.* La librairie a un tout petit rayon de thé au fond, où vous trouverez de bons *SFTGFOP1* parmi les moins chers de toute la ville.

Objets tibétains

Beaucoup de boutiques en proposent. La plupart des boutiques, *Art Emporium* et *Art Gallery* se situent le long de Ladenla Rd, du Mall et de la place Chowrasta. Un choix intéressant, avec un artisanat de belle facture auquel se mêle des objets de pacotille. Quelques adresses fiables.

Jolly Arts : *sur la place Chowrasta.* Même si vous ne souhaitez pas acheter, mérite vraiment un coup d'œil. Le patron, très sympa, se fera un plaisir de vous expliquer l'histoire et l'usage des merveilles que contient sa boutique.

The Gift House : *the Mall, non loin de Chowrasta, un peu à gauche du* Pineridge Hotel. Une des plus anciennes boutiques d'antiquités de Darjeeling. Si vous craquez pour un tapis par exemple, ils se chargeront de vous l'envoyer par DHL, sans mauvaise surprise à l'arrivée.

Hayden Hall : *42, Ladenla Rd. Tlj 9h-18h.* C'est une coopérative dont le bénéfice des ventes est réinvesti dans des programmes d'éducation et de développement pour les femmes et les enfants de basses castes. Ne pas hésiter à demander plus d'explications, leurs projets sont ambitieux et méritent une attention particulière. Tapis, travaux de couture, tissage... 60 femmes participent à ce programme qui existe depuis 1969. Choix assez restreint.

QUITTER DARJEELING

En train

*La petite **gare des trains** (hors plan par A3) se trouve un peu au sud du centre-ville.*

➢ **Pour Kolkata :** le *Darjeeling Mail* part de *New Jalpaiguri* (près de Siliguri) vers 20h. Durée : 12h. Pour atteindre Siliguri, deux solutions : en bus ou jeep collective (c'est ce qu'on conseille) ou par le 1er *Toy Train* du matin, vers 9h15 (durée : 7h). Mais bon, on ne le conseille pas vraiment. Trajet très long et fatigant. Vous pouvez acheter vos billets pour Kolkata directement à la gare de Darjeeling. Réservez à l'avance.

En jeep et en bus

La station principale des bus et des taxis *(plan A1) se trouve sur Hill Cart Rd, près du* Chau Bazar, *à 10 mn à pied de Chowrasta.*

➢ ***Pour Kalimpong :*** jeep slt. Départs env ttes les 30 mn, 6h30-16h. Trajet : 2h30.

➢ ***Pour Siliguri et NJP :*** jeep ttes les 30 mn, 6h-18h. Trajet : 3h. Minibus ttes les 30 mn, 6h30-14h30. Trajet : 3h30.

➢ ***Pour Gangtok :*** env 10 jeeps/j., 7h30-15h. Trajet : 4h.

En avion

Aéroport de Bagdogra : *à 84 km de Darjeeling.* Prendre une jeep ou un bus jusqu'à *Siliguri* (3h-3h30) et de là, un taxi jusqu'à l'aéroport, à 12 km (env 30 mn).

➢ ***Pour Delhi et Kolkata :*** 1 vol/j. avec *Jet Airways* et *Air India*.

TEESTA RIVER

Sur le trajet entre Darjeeling et Kalimpong, après Ghum, la route vertigineuse offre de superbes points de vue et traverse de belles forêts de pins géants, aux fûts majestueux. Quelques jolis villages, sympas comme tout. En descendant vers la vallée, sur la gauche, le *Triveni View Point* offre, comme son nom l'indique, un beau panorama sur la rivière Teesta et le fond de la vallée.

➢ ***Rafting sur la rivière Teesta :*** *au village de Teesta (appelé Teesta Bazar), à 41 km de Darjeeling et 16 km avt Kalimpong, situé en bord de rivière.* On y trouve plusieurs petites agences de rafting qui proposent toutes des descentes de la rivière de 1h à 4h. Attention, 6 personnes minimum et deux types de parcours : le plus facile pour ceux qui ne savent pas nager et l'autre pour les nageurs. La *Teesta River* est large et calme par endroits, mais possède aussi ses rapides. Soyons clairs, pour ce genre de sport, il est indispensable de savoir nager. Chaque embarcation possède un guide et un ou deux accompagnants. Bien vérifier l'état de l'embarcation (certains raft sont rapiécés comme un vieux jean !) et comparer le sérieux des agences. Aucune assurance.

■ Trois agences parmi d'autres : ***Drift Adventure and Rescue Group*** *(📱 99-33-48-97-19),* ***Himalayan River Journey's*** *(📱 98-32-01-25-33)* et ***Murni Adventure*** *(situé à Molli Bazar, à 6 km de Teesta en direction de Rangpo ; 📱 98-32-07-43-41).*
– On peut aussi passer par les agences de Darjeeling qui vendent cette excursion. *Idée de prix : env 400 Rps (6,20 €) pour 1h et env 800 Rps/pers (12,30 €) pour 3h.*

KALIMPONG

70 000 hab. IND. TÉL. : 03552

Située à 1 250 m d'altitude et à 51 km de Darjeeling, Kalimpong est, contrairement aux idées reçues, une bourgade assez importante. Elle devait être plutôt agréable au temps des Anglais et ils y avaient construit quelques beaux édifices. Aujourd'hui, c'est une ville qui peut constituer une petite halte, mais on ne s'y attarde pas vraiment. Le mercredi et le samedi sont les deux grands jours de marché. La route est très belle, surtout à partir de la rivière frontière.

GHORKALAND ! GHORKALAND !

En arrivant aux abords de Kalimpong, on peut lire de nombreuses banderoles ou des inscriptions peintes sur les rochers qui réclament la création d'un État ghorka, Ghorkaland ! Le secteur de Kalimpong, sous-division du district de Darjeeling, se considère comme mal-aimé, véritable laissé-pour-compte de l'État du West Bengal (manque de médecins, d'enseignants, peu d'infrastructures...). Habité majoritairement par l'ethnie ghorka (environ 70 % de la population), ils demandent depuis 1986 la création d'un 23e État (minuscule), taillé pour eux. Sans doute en mettant la barre aussi haut espèrent-ils que le pouvoir central de Delhi leur jette un œil moins dédaigneux mais plus sonnant et plus trébuchant.

Comment y aller ?

➢ ***De Darjeeling :*** nombreuses jeeps. Voir « Quitter Darjeeling ». Accessible aussi directement depuis la gare de Siliguri (Siliguri Junction) et de New Jalpaiguri (NJP) et l'aéroport de Bagdogra (voir « Comment y aller ? » au début du chapitre « L'Extrême-Est »).

Adresses utiles

Tourism Reception Centre : *Damber Chowk, D. B. Giri Rd, à deux pas du rond-point. Tlj en général 9h30-17h30.* Distribue une petite carte gratuite de la ville.

GPO : *Ringkinpong Rd, au 1er rond-point en arrivant. Lun-ven 9h-17h ; sam 9h-12h.*

Change : *à la boutique* **Soni Emporium,** *sur Mani Link Rd. ☎ 25-50-30. • sonikpg@gmail.com • Tlj 8h-20h.* Le seul endroit où changer des devises. Agent *Western Union* autorisé par le gouvernement. Change les euros, les dollars et les chèques de voyage. Accueil sympathique. C'est aussi une belle boutique d'artisanat. Superbes bijoux naga et tibétains notamment.

Internet : *face à la* Police Station, *dans un lieu appelé « Super Market ». Deux cybercafés (un au rez-de-chaussée, l'autre à l'étage) se disputent la place. Tlj 9h30-18h.*

Pharmacie Misra Brothers et médecin : *juste en face du* Tourism Reception Centre. *Lun-sam 9h-19h ; dim 9h-13h. Sur place, le docteur S. L. Pradhan reçoit lun-sam 10h-12h30, 15h-17h ; dim 10h-12h30.*

N.F. Railway Out Agency : *dans une ruelle qui part du petit rond-point central. C'est à 200 m. Lun-sam 10h-16h ; dim 10h-13h.* Vend des billets de train pour tout le pays.

Où dormir ?

Prix moyens (400-800 Rps / 6,20-12,30 €)

Deki Lodge : *sur Tripai Rd, à l'écart du centre. ☎ 25-50-95. • dekilodge@hotmail.com • À côté de la* Power House. *Doubles 450-850 Rps selon confort.* Dans une maison ocre de 1938, possédant une certaine élégance, tenue en famille, le rendez-vous des trekkeurs et des routards. Chambres à tous les prix, toutes agréables et avec salle de bains (sauf 2). Les moins chères dans la maison principale, les autres dans deux petits édifices modernes sur l'arrière. Elles sont spacieuses et impeccables. Excellent accueil. Pour le resto, commander à l'avance. Internet.

Chimal Hotel : *Ringkingpong Rd. ☎ 25-57-76. Sur la route de la poste, à 10 mn de marche du centre. Doubles 350-550 Rps.* Bloc de béton propre et simple avec une terrasse offrant une vue sur Kalimpong. Chambres modestes mais correctes. Eau froide dans les *standard,* chaude dans les *deluxe.*

Chic (800-1 500 Rps / 12,30-23,10 €)

Holumba Haven *(Nurseryman's Haven) : sur la route de Teesta, à env 1 km du centre, sur la gauche. ☎ 256-936. • holumba.com • Double avec sdb 1 200 Rps (18,50 €).* Dans cette *nursery* d'orchidées, plusieurs cottages disséminés dans un beau jardin superbement aménagé. Chambres confortables bien qu'assez simples, avec petite terrasse sur le devant. Une adresse à prix fort raisonnables, bucolique et proche du centre (10 mn à pied).

Gompu's Hotel : *Damber Chowk. ☎ 25-58-18. Double 1 200 Rps (18,50 €).* Dans le centre, et c'est en fait son unique avantage. Chambres fonctionnelles, au confort correct, mais prix largement surestimés. Eau chaude 24h/24. Préférer celles ne donnant pas directement sur la rue. Accueil moyen. En dernier recours.

De chic à très chic (1 500-2 500 Rps /23,10-38,50 €)

The Orchid Retreat-Ganesh Villa : *à 4 km du centre, sur la route d'Algarah et Lava, sur la droite. ☎ 27-45-17. 983-20-94-555. • theorchidretreat.com • Résa impérative. Double 2 000 Rps (30,80 €).* Énorme maison bourgeoise, toute grise, sise au-dessus d'un élevage d'orchidées. Ganesh et sa famille, botanistes avant tout, ouvrent leur domaine aux amoureux des plantes et des fleurs, notamment des orchidées sauvages. Six cottages vraiment confortables dans un immense parc de 3 ha à flanc de colline, élu meilleure adresse de charme de la ville par les oiseaux et les papillons. Un décor de rêve au calme absolu. Possibilité de prendre vos repas sur place, sur commande, le matin. Accueil absolument charmant et bon rapport qualité-prix.

Himalayan Hotel : *à 2 km du centre, au sud-ouest. ☎ 25-52-48 ou 86-02. • himalayanhotel.com • Double 2 600 Rps (40 €).* Belle résidence coloniale fréquentée par Tenzing et Hillary, les fameux alpinistes vainqueurs de l'Everest. Les chambres sont spacieuses et coquettes, avec petite pelouse sur le devant. Demander celles en façade. Deux grands cottages sur l'arrière, avec 4 chambres dans chaque, toutes équipées d'une petite terrasse. Beau petit jardin avec vue sur les montagnes. Salle à manger (repas possibles) et salon très cosy. Service stylé.

Kalimpong Park Hotel : *à 2-3 km du centre, sur la route de la poste en prenant la route vers le sud. ☎ 25-53-04. • kalimpongparkhotel.com • Double min 2 300 Rps (35,40 €), petit déj inclus.* Ancienne résidence coloniale. Le bâtiment neuf à l'arrière est moderne et sans cachet. Les chambres les plus charmantes sont celles de la vieille bâtisse, mais les autres s'avèrent très plaisantes également, avec un petit coin salon. Déco un peu à l'ancienne, façon « chez ma grand-tante ». Resto assez décevant, malgré un accueil très courtois. Petit bar où siroter un verre après dîner. Véranda sympa.

Beaucoup plus chic (min 4 500 Rps / 69,20 €)

Silver Oaks Hotel : *à 5 mn à pied du centre ; prendre la route à gauche de la poste, c'est à 200 m sur la gauche. ☎ 25-52-96. • silveroaks@elginhotels.com • Compter 5 000 Rps (76,90 €) pour 2 pers en pension complète ; possibilité de ½ pens sur demande.* Bel hôtel sur un étage, ancienne maison de *raja*, entièrement rénovée (la maison, pas le raja), massive dans sa structure, mais rythmée par de nombreux bow-windows qui rompent la monotonie. Intérieur chaleureux, avec gravures, beaucoup de bois, épais tapis dans les parties communes. Chambres spacieuses, possédant tout le confort (ventilo, chauffage pour l'hiver), avec petit coin salon. Mais attention, demandez une de celles donnant sur la vallée, sinon ça n'a aucun intérêt. Salle à manger classique et coloniale à la fois, dégageant beaucoup de charme, tout comme le salon du *lobby*. Petit espace gazonné sur le devant, offrant une vue extra sur la vallée ouverte. Excellent resto-buffet le soir.

Où manger ?

De très bon marché à bon marché (max 100 Rps / 1,50 €)

Globalement, on mange mieux dans les hôtels que dans les restos. Ça évite de sortir le soir, vu que la ville se couche tôt. Le buffet du ***Silver Oaks Hotel*** est d'excellente qualité.

Gompu's : *voir l'hôtel du même nom ci-dessus. Dernier service 20h30.* Un des classiques en ville (il n'y en a pas tant que ça), bien qu'on ait trouvé l'accueil médiocre et certains plats décevants. Plats indiens et chinois.

Shikar : sur Giri Rd, 50 m sur la droite après le Tourism Reception Centre. *Tlj 8h-19h30.* Snack végétarien. Service rapide.

3C's : *sur Main Rd. Tlj 8h-20h.* Pâtisserie proposant des gâteaux plutôt frais. Deux tables ont vue sur le stade, et s'il y a un match de cricket, vous serez aux premières loges.

À voir

Zong Dhog Pherli Monastery - Durpin Gompa : *à 5 km au sud de la ville, sur Durpin Dara Hill (d'où vous aurez une belle vue sur l'Himalaya).* L'occasion d'une agréable balade à pied, le long d'un étonnant golf à flanc de colline (doit y en avoir des balles perdues !). Consacré par le dalaï-lama, ce monastère recèle un étonnant mandala en 3D, de belles fresques murales et quelques rares *thangkas.* De la terrasse supérieure, vue extra par temps dégagé. Belle atmosphère.

Les pépinières de Kalimpong *(nurseries)* **:** altitude idéale, humidité parfaite, ensoleillement rêvé, absence de gel, pluviosité calibrée au millimètre, la ville est l'eldorado des plantes vertes. Voilà pourquoi il y a tant de fermes d'élevage de fleurs et d'arbustes. On peut s'y balader librement car ce ne sont ni des musées, ni des lieux de vente aux touristes (interdiction formelle de rapporter des plantes ou fleurs dans ses bagages). Ce sont souvent des *guesthouses* en revanche.
– Deux adresses parmi d'autres *(accessibles lun-ven 10h-16h)* : ***The Orchid Retreat,*** à 4 km de la ville (voir « Où dormir ? »). On y cultive essentiellement les orchidées, les palmiers et les plantes d'intérieur. Jolie balade sur la colline pentue. Autre adresse, ***Nurseryman's Haven*** *(à 1 km de la ville par la route de Teesta, sur la gauche).* Là aussi, une ferme spécialisée dans les orchidées sauvages. Plus de 250 espèces !

Ganden Tharpa Choling Gompa : *sur Tripai Rd, à 10 mn en voiture du centre vers le nord-est.* Monastère tibétain datant des années 1920, de l'ordre Gelukpa, dont le dalaï-lama est le chef spirituel. Petit aspect de château fort.

QUITTER KALIMPONG

Pour passer au Sikkim

Avant de vous engager vers ***Gangtok,*** vous devez **avoir votre permis valide pour le Sikkim.** C'est en général le cas, puisque vous aurez pris le soin de demander ce permis en même temps que votre visa, avant votre départ en Inde.
Si tel n'est pas le cas, pas de panique, vous avez tout de même la possibilité d'en obtenir un **au poste-frontière de *Rangpo*** *(à 40 km de Gangtok).*
– ***Si vous avez déjà votre permis :*** se rendre au *Foreigners Registration Office,* situé sur la droite juste après la barrière du poste-frontière. Ouv 24h/24. On y fait simplement viser son passeport. Ça prend 5 mn (quand il n'y a personne).
– ***Si vous n'avez pas votre permis :*** il faut alors se rendre au *Rangpo Tourist Lodge,* au bureau du Gouvernement du Sikkim (au fond du hall d'entrée), situé à 100 m du poste-frontière, sur la gauche. Ouv tlj 8h-19h. Avoir son passeport et une photo. Si vous n'en avez pas, se rendre au marché (à 2 mn de là) et faire photocopier la première page de votre passeport (celle de la photo) et la page de votre visa. Le permis est délivré immédiatement, pour 15 jours. Essayer de voir si le chauffeur de votre jeep collective peut vous attendre, ce qui n'est pas forcément gagné (surtout s'il y a beaucoup de monde à faire la demande).
– Si vous êtes coincé, possibilité de passer la nuit au ***Rangpo Tourist Lodge,*** là où il y a le bureau du Gouvernement justement. ☎ *24-08-18 ou 00-60. Double avec sdb 650 Rps (10 €).* Hôtel très convenable, aux chambres simples, propres, spacieuses et calmes, car elles donnent sur une cour.

En bus et en jeep vers Gangtok

Les jeeps et les bus partent du ***Kalimpong Motor Stand,*** *en plein centre de Kalimpong.* Achetez vos billets aux comptoirs autour de la place et non auprès des conducteurs, vous risqueriez de payer plus cher votre billet.
➢ ***Pour Gangtok :*** 2 bus tôt le mat et 1 vers 13h. Trajet : 4h. Et env 10 jeeps le mat, 7h-15h. Trajet : 3h-3h30.

Pour descendre vers le sud, en bus et en jeep

➢ ***Pour Darjeeling :*** pas de bus. En jeep, env ttes les 30 mn, 6h30-15h. Trajet : 3h30.
➢ ***Pour Siliguri*** *(donc Bagdogra et New Jalpaiguri)* **:** bus ttes les 30 mn, 6h30-17h. Trajet : 3h. Env 12 jeeps/j., 6h-18h. Trajet : env 2h.

LE SIKKIM

Pour la carte du Sikkim, voir plus haut la carte « La région de Darjeeling et le Sikkim ».

C'est l'un des derniers *Shangri-La* (« paradis ») de l'Himalaya. Point stratégique important, pris en tenaille par le Népal à l'est, le Bhoutan à l'ouest et le Tibet au nord, c'est ici que serait tenue cachée la « passe vers le Nouveau Monde », le *Gocha-La* du théologien bouddhiste Padmasambhava. Un lieu mythique où règneraient le bonheur et la sérénité, où un seul grain de riz suffirait à nourrir ses habitants, un éden où la maladie et la mort n'existeraient pas. Si cette passe demeure introuvable, l'ancien royaume du Sikkim, encore peu fréquenté par les touristes, offre bien des attraits pour le voyageur épris d'authenticité et de paix.
C'est une région de haute montagne, et ceux qui poussent jusque-là ont souvent le désir de venir se frotter à quelques sommets. La nature est ici en majuscule : dénivelées étourdissantes, profondes vallées, routes défoncées... Et une population très métissée où les influences népalaises, tibétaines, chinoises et du Bouthan se retrouvent mélangées sur le sourire des enfants. C'est une autre Inde que cette région vous invite à rencontrer. Loin de celle des plaines arides.

UN PEU D'HISTOIRE

L'histoire officielle du Sikkim débute en 1642. Avant cela, les *Lepchas,* habitants originels, vivaient dans des villages dispersés dans les montagnes. En 1642 donc, trois lamas qui avaient fui le Tibet après le schisme de la religion bouddhiste consacrèrent le premier roi du Sikkim, Phungtsog Namgyal. Il fonda sa capitale à Yuksom, dans l'Ouest, et établit un gouvernement centralisé. Durant son règne, le bouddhisme s'épanouit. Il étendit son territoire sur une partie du Népal, du Bhoutan et le district de Darjeeling. Aux XVIIe et XVIIIe s, de nombreuses querelles avec ses voisins le contraignirent à la guerre. Les *Gorkhas* du Népal, dans leurs desseins impérialistes, y firent des incursions de plus en plus fréquentes ainsi qu'au Tibet proche. La Chine, très mécontente, leur déclara à son tour la guerre et fut victorieuse. Un traité de paix fut signé mais non respecté.
Les *Gorkhas* commirent une erreur lourde de conséquences en s'attaquant aux territoires régis par les Anglais. En 1816, les Népalais furent défaits et un nouveau traité signé. Depuis longtemps, les Anglais, qui cherchaient une voie pour le com-

merce avec le Tibet, lorgnaient sur le Sikkim. Par de subtiles manœuvres, ils obligèrent le roi à leur « louer » tout le territoire, moyennant une redevance annuelle. Redevance qui ne fut jamais versée et qui entraîna la fermeture des frontières. Furieux, les Anglais envoyèrent une force expéditionnaire et s'emparèrent de tout le pays. Dans les années qui suivirent, le Sikkim fut purement et simplement annexé aux Indes anglaises. Dans les années 1970, un fort mouvement aspirant à la démocratie et à la fin de la royauté vit le jour. Devenu alors protectorat indien, des élections y furent organisées, et le peuple sikkimais décida à une forte majorité de devenir le 22ᵉ État de l'Inde en 1975. Aujourd'hui, fort de son demi-million d'habitants (une goutte d'eau dans le milliard indien), la région tente de s'imposer dans le monde du trek et du tourisme vert.

BOUDDHISME

Curieusement, malgré une religion hindoue majoritaire, on ressent l'esprit bouddhiste partout. Et sur la question bouddhiste, pas facile de s'y retrouver ! Loin de vouloir vous donner des explications savantes, quelques repères ne seront pas inutiles...

Personnages clés

– ***Milarepa :*** poète bouddhiste du XIᵉ s, l'un des personnages les plus populaires du Tibet. Sa représentation se trouve dans la plupart des monastères du Sikkim. Milarepa écrivit une autobiographie relatant tous les événements de sa vie : un départ difficile noyé dans la magie noire et les femmes, puis son repentir comme ermite et enfin la révélation finale.

– ***Padmasambhava :*** encore appelé *guru rimpoche*, ce philosophe indien du VIIIᵉ s contribua grandement à l'essor d'une des premières formes de bouddhisme tantrique au Tibet, supplantant ainsi l'ancienne religion *Bön*. Devenu moine, il passa de nombreuses années dans l'errance et la méditation. Son pouvoir de longévité lui accorderait encore la vie de nos jours.

De nombreuses grottes, devenues lieux de pèlerinage, jalonnent le chemin qu'il parcourut de l'Inde au Tibet. On retrouve également partout ses représentations, c'est la divinité principale des monastères de Pemayangtse et d'Enchey.

> **POSTILLON COSMIQUE**
>
> *La légende veut que Padmasambhava ait été délivré de son existence terrestre par l'un des cinq bouddhas cosmiques. Celui-ci étira la langue jusqu'à la terre, formant un arc-en-ciel et donnant naissance à un lac couvert de lotus. Padmasambhava fut alors découvert assis sur l'un d'entre eux (Padmasambhava signifie « Né dans un lotus »). C'est tout de même plus élégant que de naître dans un chou, non ?*

Différentes écoles

Les disciples qui suivirent le Bouddha se séparèrent rapidement en deux groupes, chacun suivant une interprétation différente des enseignements reçus. Le *Himayana* ou *Petit Véhicule* indique que le chemin du *nirvāna* (délivrance finale du cycle des naissances et renaissances) ne peut être atteint qu'individuellement, chacun travaillant pour son propre salut, selon des règles très strictes. Le *Mahayana* ou *Grand Véhicule* prétend au contraire que le *nirvāna* ne pourra être atteint tant que l'humanité entière ne sera pas délivrée de sa souffrance.

Ces deux courants ont débouché sur la naissance de plusieurs écoles :

– ***Nyingmapa*** *(Bonnets rouges)* **:** l'ordre le plus ancien et aussi le plus répandu au Sikkim. Cet ordre du VIIIᵉ s est basé essentiellement sur les enseignements de

Padmasambhava. Ses moines se consacrent à la méditation solitaire, et la présence de nombreux ermitages autour des monastères en témoigne.
– ***Gelugpa*** *(Bonnets jaunes) :* le dernier ordre fondé (XIVe s). C'est l'ordre dominant du Tibet, dont le chef spirituel est le dalaï-lama. On ne trouve qu'un seul monastère au Sikkim : Gnathang, tout près de la frontière tibétaine.
– ***Kagyupa :*** l'ordre de « La Tradition orale » date du XIe s mais se sépara ensuite en plusieurs branches. Milarepa est directement associé à cet ordre.
– ***Karmapa :*** c'est l'une des branches de l'ordre cité ci-dessus. Son siège se trouve à Rumtek. Le dernier et 16e *Gyalva Karmapa,* tête de cet ordre, est mort à Chicago en 1981. Depuis, une dispute fait rage pour le choix de sa « réincarnation » : Thayé Dorje, soutenu par la Chine, ou Orgyen Trinley Dorje, reconnu par le dalaï-lama ? À Rumtek, on attend toujours la venue du 17e Karmapa.
– ***Sakyapa :*** ordre très rare basé sur les enseignements du maître yogi *Virupa.* Un seul monastère (dans les environs de Gangtok) perpétue les traditions.

Deux symboles

– ***Samsara Chakra*** *(la Roue de la vie) :* un dessin que vous trouverez de nombreuses fois lors de vos visites de monastères, peints sur les murs ou bien encore sur des *thangkas.* Sur cette « roue », les enseignements symboliques du Bouddha sont représentés, ainsi que les différents cycles des naissances et renaissances.
Cette « roue » montre trois cercles concentriques : dans le premier (au centre), la colère est représentée par un coq, le désir par un serpent, l'ignorance par un porc. Le cercle intermédiaire, le plus important, décrit les six états de l'existence. Puis le cercle extérieur, le plus étroit, les douze symboles du karma ou la chaîne éternelle des causes et des conséquences. Prenez le temps de les observer, les détails sont souvent surprenants.
– ***Chorten (ou stupa) :*** ce monument recèle en son centre un pilier de bois, symbole de l'arbre de la vie. Certains d'entre eux contiennent également des reliques d'anciens lamas. Le *chorten* est l'objet d'une dévotion particulière, les moines et les villageois le contournent toujours par la gauche. Hautement symboliques, ses différents niveaux reflètent les éléments dont la terre et nous-mêmes sommes composés : sa base carrée, la terre ; son dôme, l'eau ; sa flèche conique, le feu ; sa pointe-ombrelle, l'air. À l'heure de notre mort, ces éléments provoqueront la dissolution de notre corps dans la terre originelle.

FAUNE ET FLORE

Leur richesse est incomparable. Pandas, daims musqués, léopards, ours noirs, mouflons, etc. Et plus de 500 espèces d'oiseaux. Un vrai paradis pour les amateurs d'animaux.
La flore n'est pas en reste puisque l'on ne compte pas moins de 600 variétés d'orchidées et 35 de rhododendrons (floraison étalée de mai à août). Si la plupart des orchidées fleurissent en septembre, la meilleure saison pour profiter de la floraison des autres variétés s'étend de mars à mi-juin. La forêt touffue, dont les sous-bois sont couverts de cardamome, offre des chênes et des *sal* de plus de 30 m de hauteur ! Si vous avez la chance de visiter le Sikkim à la fin du printemps, vous serez réellement émerveillé par la diversité, les couleurs et les senteurs du soir.

FÊTES

– ***Kagyat Chaams :*** *en janv-fév.* À Gangtok, Pemayangtsé et Phodang. Danses des lamas célébrant la victoire des forces du Bien sur le Mal.
– ***Losoong :*** *en janv-fév.* Nouvel An sikkimais.
– ***Lossar :*** *en fév-mars.* À Rumtek et Pemayangtse. Nouvel An tibétain.

– ***Bhumchu :*** *en mars-avr.* Au monastère de Tashiding (voir plus loin le chapitre qui lui est consacré).
– ***Sikkim Festival et fête des Orchidées :*** *en avr-mai.* À Gangtok. Exposition d'orchidées, la fleur nationale du Sikkim.
– ***Saga Dawa :*** *en mai-juin.* À Gangtok principalement. Fête de la naissance du Bouddha.
– ***Tse Chhu Chaams :*** *en juin-juil.* À Rumtek. Danses masquées des lamas décrivant la vie de Padmasambhava.
– ***Phang Labsol :*** *en août-sept.* Celle que vous ne devez pas manquer. C'est la célébration du dieu Kangchenjunga. Danses guerrières très spectaculaires.

POPULATION

La population du Sikkim se divise en trois groupes bien distincts : les Lepchas, les Bhutias et les Népalais, ces derniers composant les trois quarts des habitants. Quelques petites communautés indiennes (dont une musulmane) et une poignée de réfugiés tibétains. Malgré leur diversité de religions et de coutumes, toutes ces communautés vivent en harmonie. La population totale du Sikkim ne compterait pas loin de 540 000 habitants.
– ***Les Lepchas :*** considérés comme les premiers habitants du Sikkim, ils ne représentent plus qu'une minorité (environ 15 % de la population). L'un des derniers rois leur donna la réserve de Dzongu, un sanctuaire pour cette ethnie en voie d'extinction (3 000 « purs » Lepchas à l'heure actuelle).
Timides, les Lepchas aiment la solitude de la forêt, considérant chaque élément de la nature comme une représentation divine. Leur folklore, leurs danses, chants et légendes reflètent parfaitement cette symbiose. Leurs maisons sont entièrement construites en bois, sans aucun clou. Experts dans l'art du tissage, ils présentent un style très particulier de vêtements tribaux. La canne et le bambou sont également utilisés de manière remarquable. Ils possèdent leur propre langue et écriture, d'un style particulièrement élégant. Animistes avant l'invasion des conquérants, beaucoup d'entre eux furent convertis au christianisme par les missionnaires.

YÉTI, Y ES-TU ?

Si l'histoire populaire veut que le yéti soit originaire du Tibet ou du Népal, une légende lepcha situe son habitat dans les contreforts du Sikkim. Appelé « migou » comme dans Tintin au Tibet, *cet animal de 3 m de hauteur serait capable de briser le cou des enfants et de les dévorer. Doté de pouvoirs surnaturels, c'est un esprit que l'on ne peut que ressentir ou entendre.*

– ***Les Bhutias :*** cette ethnie est issue de la province du *Kham,* au Tibet. Elle a la particularité d'être une société matriarcale. Nomades, les Bhutias aiment planter leurs tentes au bord des rivières. Musiciens et artistes, ils organisent des joutes poétiques et sont aussi de redoutables archers. Filage, tissage et méthodes naturelles de teinture n'ont plus de secrets pour eux depuis longtemps. Lors de fêtes comme le Nouvel An tibétain, ils arborent des soies chinoises brodées et de somptueux brocarts. Les femmes raffolent de bijoux d'or, d'argent, de corail, etc. La richesse de leurs ornements reflète leur statut social. Économiquement et sexuellement libres, elles occupent une position importante. La polyandrie est par ailleurs très répandue. Les Bhutias sont essentiellement bouddhistes. Dans chaque famille, le second fils rejoint le monastère dès l'âge de 5 ans.
– ***Les Népalais :*** ethnie majoritaire dans la population sikkimaise. De nombreuses castes, sous-castes et tribus la composent. Beaucoup de ces Népalais furent « importés » illégalement par les Lepchas et les Bhutias pour travailler au sud du Sikkim, dans le Teraï. Ensuite, au XIXe s, les Anglais les utilisèrent comme main-d'œuvre dans les plantations de thé. Des lois édictées par le *Chogyal* (le roi) régle-

mentèrent de façon très stricte ces flux migratoires. Lois encore en vigueur de nos jours. Excellents cultivateurs, c'est à eux que l'on doit l'instauration des cultures en terrasses, introduisant ainsi une donnée nouvelle pour l'exploitation des terrains difficiles. Tout comme chez les Lepchas et les Bhutias, la polyandrie demeure très répandue. Toute la communauté vit ensemble, partageant tout. Bouddhistes ou hindous, la coexistence est harmonieuse. Une forme de chamanisme est toujours très présente. Vous pourrez parfois observer les *zhakris* (prêtres et exorcistes) officier lors de cérémonies ou de festivals.

Formalités

Il faut, en plus du visa indien, un ***permis*** pour se rendre au Sikkim, gratuit mais absolument obligatoire. Ce permis est valable 15 jours à partir de la date d'entrée au Sikkim. On ne peut visiter que Gangtok (la capitale), Rumtek, Phodang, Pemayangtse, Pelling et Geising. Vous pouvez soit le demander à l'ambassade lorsque vous ferez votre demande de visa, soit l'obtenir dans les villes suivantes (mais **n'oubliez pas de vous munir de photos d'identité**). Bien vérifier que votre permis est valable pour tout le Sikkim (« All open areas in Sikkim »). Il vous permet de vous rendre ainsi au Kechopari Lake, à Yuksom et à Tashiding.

– ***À Delhi :*** *à la* ***New Sikkim House,*** *Panch Sheel Marg, Chanakya Puri.* ☎ *(011) 26-55-53-46. Ou au* ***Foreigner Regional Registration Office (FFRO),*** *Ramakrisna Puram, Sector 1, East Block 8.* ☎ *26-71-13-48. Derrière l'hôtel* Hyatt Regency. *Lun-ven 9h30-13h30, 14h-15h.*
– ***À Kolkata : Sikkim House,*** *4/1, Middleton St.* ☎ *(033) 22-81-53-28. Lun-ven 10h-17h.*
– ***À Darjeeling :*** via le *District Magistrate (DM)* et le *Foreigner's Registration Office* (voir le chapitre « Darjeeling »).
– ***À Siliguri :*** *à côté du* Central Bus Stand *(SNT), au* ***Sikkim Tourist Information Centre.*** *C'est le bâtiment à gauche, à l'intérieur de la cour.*
– ***À Rangpo*** *(frontière du Sikkim)* **:** le permis pour le Sikkim peut être délivré au poste-frontière (voir « Quitter Kalimpong »).

– ***Prolongation de permis :*** au-delà des 15 premiers jours, vous pourrez renouveler 3 fois votre permis, de 15 jours à chaque fois. À chaque fois reconductible 3 ou 4 jours avant la date d'expiration. À Gangtok, au ***Foreign Registration Office*** *(FRO)*, ou bien à Geising au bureau du ***Surententendant of Police*** *(on dit SP ; en théorie lun-sam 10h-16h)*, à 2 km de Geising, et à 4 km de Pelling. Les taxis connaissent.
– ***Permis spéciaux :*** vous ne pouvez pas vous rendre seul à Tsomgo Lake (à l'est de Gangtok). Vous êtes obligé de passer par les agences de treks, ils s'occuperont du permis pour vous. Aller-retour de Gangtok, dans la journée. De même, les principaux treks s'enfoncent dans des zones très contrôlées (les frontières tibéto-chinoises, népalaises et bhoutanaises ne sont pas loin) pour lesquelles il est nécessaire d'obtenir des permis spécifiques. Ce sont les agences de treks qui se chargent de leur obtention.
– ***Note importante :*** une fois que vous aurez quitté le Sikkim, vous ne pourrez y revenir avant 3 mois.

Trekker au Sikkim

Une des principales raisons de venir jusqu'ici consiste à entreprendre un trek. Partir faire un trek est une expérience exaltante, une véritable aventure et, dans certains cas, on peut même parler d'expédition. Sur place, les agences vous diront que c'est à la portée de tous, mais ces équipées ne s'improvisent pas : d'une part, une bonne condition physique et du bon matériel sont nécessaires pour profiter pleinement de

ces sublimes paysages. D'autre part, renseignez-vous bien sur les conditions climatiques avant de partir. Sous la pluie et le brouillard, le Sikkim est absolument magnifique, mais ces paysages fantomatiques ne seront pas forcément de votre goût et on s'en lasse vite. Et puis le confort de marche n'est pas le même lorsque l'on n'arrive pas à sécher et qu'il fait froid en permanence !
Un trek dans le Sikkim, ça peut durer de 3 ou 4 jours à 11 jours, selon vos envies et le temps dont vous disposez. La plupart des circuits se situent dans les zones nord et ouest de la région, et nécessitent des permis spéciaux. Ce sont les agences qui s'occupent de vous obtenir les permis nécessaires. De manière générale, compter 2 jours pour que tous les papiers soient réunis (sauf pour le *Green Lake trek,* voir plus loin).

➢ ***Quelques treks possibles avec agence et guide :*** parmi les plus connus, citons le ***Dzongri Trek,*** que l'on peut prolonger par le ***Gochela Trek,*** le ***Singalila Trek*** (attention, il s'agit là d'un trek dans la partie Sikkim de la chaîne de montagne Singalila, différent de celui qu'on décrit à partir de Darjeeling), et le ***Green Lake Trek,*** pour les durs à cuire. Attention, d'une agence à l'autre, les noms peuvent varier pour un même parcours. Il existe aussi des variantes, en fonction du fait qu'on vous fasse dormir en refuge (modeste) ou sous tente. Pour ce qui est des agences de treks, définissez bien toutes les conditions avant votre départ. Sachez qu'elles ne fournissent aucune assurance, juste les premiers soins et une chaise à porteurs pour vous redescendre en cas de problème. Pensez donc à souscrire une assurance adaptée avant votre départ (rappelons l'existence de *Routard Assistance,* qui a fait ses preuves depuis longtemps). Pour les treks qui s'enfoncent très loin dans le nord, comme le *Green Lake Trek,* prévoir 3 mois de délai (parfois moins) : il faut du temps aux agences locales pour obtenir ces permis spéciaux que seules les autorités de Delhi délivrent. Nous vous conseillons de les contacter par e-mail. Mais n'envoyez jamais d'arrhes, il s'agit là de pures formalités.

➢ ***Quelques balades faisables sans agence et sans guide :*** à partir de ***Pelling,*** un certain nombre de sentiers de montagne permettent de rejoindre *Kechopari Lake, Yuksom et Tashiding* à pied. Renseignez-vous sur place, il existe des parcours moitié route, moitié chemin (voir chapitre « Dans les environs de Pelling »). Des randos pas difficiles, de 1 à 3 jours de marche, sont également possibles, sans préparation particulière. Solution sympa pour les marcheurs occasionnels qui n'ont pas forcément envie de crapahuter comme des bêtes.

Comment aller dans le Sikkim ?

➢ Liaison quotidienne de ***Darjeeling*** et ***Kalimpong,*** en jeep et en bus, ainsi que de ***Bagdogra*** et ***Siliguri.*** Toutes les liaisons possibles et imaginables sont décrites dans la partie « Comment y aller ? » au début du chapitre « L'Extrême-Est » et dans les parties « Quitter Darjeeling » et « Quitter Kalimpong ».

L'EST DU SIKKIM

GANGTOK

100 000 hab. IND. TÉL. : 03592

À 1 700 m d'altitude, et malgré ses 100 000 habitants, la capitale du Sikkim présente l'aspect d'une grosse ville à la population variée. La route de Kalimpong ou de Darjeeling à Gangtok est absolument extraordinaire. Forêts de pins géants, tecks, magnolias, frangipaniers, jacarandas de toutes les couleurs... Il n'est pas rare de croiser des singes en balade. La découverte de la ville peut en revanche se révéler décevante. Une cacophonie d'immeubles poussés à la va-vite, moches comme tout, se volant la vue les uns les autres,

se collant les uns aux autres. Un réseau de routes gravit inlassablement le flanc abrupt de la colline, dans un capharnaüm insensé. Non, la ville n'est pas bien belle, malgré l'extrême gentillesse de ses habitants. Pour les trekkeurs, elle est presque incontournable malgré tout, mais vous l'oublierez vite après l'exploration de ses environs.

Topographie des lieux

Cœur de la cité, poumon vert au milieu de la circulation, l'artère principale, *Mahatma Gandhi Marg* (dites MG Rd), est en partie piétonne. Elle est ainsi devenue une promenade tranquille dans la journée comme le soir, pour flâner ou manger une glace. On y trouve l'office de tourisme. Autre artère, *Tibet Road,* une rue qui concentre quelques hôtels pas chers et à prix moyens. Oh, rien de bien charmant, mais elle est à 2 mn de Mahatma Gandhi Marg, et c'est un avantage.

Passage des frontières

Actuellement, à partir de Gangtok, toutes les frontières au nord du Sikkim sont fermées : Chine, Tibet, Népal, Bouthan. Pour le Bouthan, on peut passer par Siliguri. Préférable de se renseigner avant de passer la frontière. Les tensions frontalières entre tous ces pays varient aussi vite que le temps en montagne.

Adresses utiles

Infos générales

■ ***Sikkim Tourism*** *(plan A2)* **:** *Mahatma Gandhi Marg ; dans la partie nord de la rue piétonne, près de la passerelle.* ☎ *22-16-34. Tlj 8h-20h en hte saison, 10h-16h hors saison.* Accueil aimable, renseignements pertinents et même un peu de documentation. Propose des vols en hélicoptère, soit pour *Bagdogra,* soit des vols touristiques.

✉ ***GPO*** *(plan A1-2)* **:** *Paljor Stadium Rd. Lun-ven 9h-16h ; sam mat.*

■ ***State Bank of India*** *(plan A2,* ***1****)* **:** *Mahatma Gandhi Marg, presque face au bureau du* Sikkim Tourism, *au niveau de la passerelle piétonne. Lun-ven 10h-14h, 15h-16h ; sam 10h-13h.* Change euros, dollars et chèques de voyage. Petite commission, et beaucoup de patience.

■ ***Distributeurs d'argent – ATM*** *(plan A2,* ***2****)* **:** *les deux plus pratiques se situent sur Mahatma Gandhi Marg, dans la partie piétonne. Accessibles 24h/24.* Celui de la *State Bank of India* est juste à gauche du *Sikkim Tourism.* Celui de *l'Axis Bank* se situe tout au bout de la partie sud de la section piétonne de MG Marg.

■ ***STNM Hospital*** *(plan A2,* ***3****)* **:** *Tadong.* ☎ *20-20-59 ou 20-29-44. Ouv 24h/24.*

■ ***Sikkim Manipal Central Referal Hospital*** **:** *sur la 31A Highway, à 4 km de la ville, vers le sud.* ☎ *23-20-41. Ouv 24h/24.* Rudimentaire.

■ ***Pharmacies*** **:** *nombreuses petites officines sur Mahatma Gandhi Marg.* Certaines proposent parfois les services d'un médecin.

■ ***Jet Airways, Air India et Air Deccan*** *(plan A2,* ***4****)* **:** *représentés par l'agence* ***Josse Travel Services*** *(agent autorisé), sur Mahatma Gandhi Marg.* ☎ *20-46-82. Lun-sam 9h-20h ; dim 9h-13h.* Achats, modifications et confirmations de billets. Petite commission perçue.

■ ***Réservation de trains*** *(plan A1,* ***5****)* **:** vous pouvez les effectuer à l'agence gouvernementale des bus *SNT,* située au *Bus Stand* sur Paljor Stadium Rd. ☎ *20-20-14 ou 16. Lun-sam 8h-14h ; dim 8h-13h.* Prévoir l'achat de vos billets à l'avance.

@ ***Internet*** **:** *plusieurs petits centres sur Mahatma Gandhi Marg et Tibet Rd, la rue des hôtels.* Pas de problème pour en trouver. Ils ferment en général vers

20h-21h.

■ ***STD-ISD :*** *plusieurs sur Tibet Rd et sur Mahatma Gandhi Marg.*

■ ***Foreigner's Registration Office*** *(plan A2,* ***6****) : lun-ven aux heures de bureau.* Pour la prolongation de votre permis Sikkim.

Agences de trekking

Plusieurs dizaines d'agences de treks à Gangtok, puisque c'est de là qu'on obtient tous les permis nécessaires. Elles proposent à peu près toutes les mêmes treks, au nord et dans l'ouest de l'État (voir au début du chapitre consacré au Sikkim « Trekker au Sikkim »). Elles travaillent en général avec des guides qui parlent correctement l'anglais. Cela dit, il n'est pas inutile de le vérifier en rencontrant le guide qui vous conduira. Quel que soit le trek, il faut compter entre 1 500 et 2 000 Rps (23,10-30,80 €) par jour et par personne.

■ ***Modern Treks and Tours*** *(plan A2,* ***7****) : Mahatma Gandhi Marg, au rez-de-chaussée du* Modern Central Lodge *(voir « Où dormir ? »).* ☎ *20-46-70.* ● *moderresidency.com/modern-hospitality.com* ● Tenue par des jeunes affables et compétents.

■ ***Khangri Tours & Treks*** *(plan A2,* ***8****) : pas facile à trouver. Descendre un minuscule escalier vers le milieu de Mahatma Gandhi Marg (demander).* ☎ *22-60-50.* ● *khangri.com* ● Agence sérieuse et sympathique, reconnue par le gouvernement.

■ ***Blue Sky Tours & Travels*** *(plan A2,* ***9****) : sur Mahatma Gandhi Marg, à côté du* Sikkim Tourism. ☎ *20-51-13.* ● *himalayantourismonline.com* ● Approuvé par le gouvernement.

Transports en ville

À Gangtok, la dénivelée est telle, le réseau de circulation si infernal, qu'une fois qu'on a épuisé les plaisirs de la marche, on prend les taxis. Ce sont de tout petits minibus qui sillonnent la ville en permanence. Selon la course, compter 30-40 Rps (0,50-0,70 €). Pour des plus grandes distances (monastères aux alentours), on trouve tous les tarifs officiels sur un grand tableau situé sous la passerelle piétonne,

■ Adresses utiles

- Sikkim Tourism
- ✉ GPO
- **1** State Bank of India
- **2** Distributeurs d'argent – ATM
- **3** STNM Hospital
- **4** Jet Airways, Air India et Air Deccan (Josse Travel Services)
- **5** SNT, Taxis and Jeeps Stand
- **6** Foreigner's Registration Office
- **7** Modern Treks and Tours
- **8** Kangri Tours & Treks
- **9** Blue Sky Tours & Travels

Où dormir ?

- **7** Modern Central Lodge
- **20** New Modern Central Lodge
- **21** Hotel Sonam Delek
- **22** Sukhim Guesthouse
- **23** Hotel Golden Pagoda
- **24** Netuk House
- **25** Hotel Golden Heights
- **26** Hotel Tibet
- **27** Hotel Tashi Delek
- **28** The Chumbi Residency
- **29** Hotel Nor Khill

Où manger ?

- **23** Resto de l'Hotel Golden Pagoda
- **27** Dragon Hall (Hotel Tashi Delek)
- **28** Tangerine Restaurant (Resto du Chumbi Residency)
- **40** Oberoi's
- **41** Baker's Café
- **42** Rasoi
- **43** Porky's

Où boire un verre ?

- **50** Indulge Bar and Restaurant

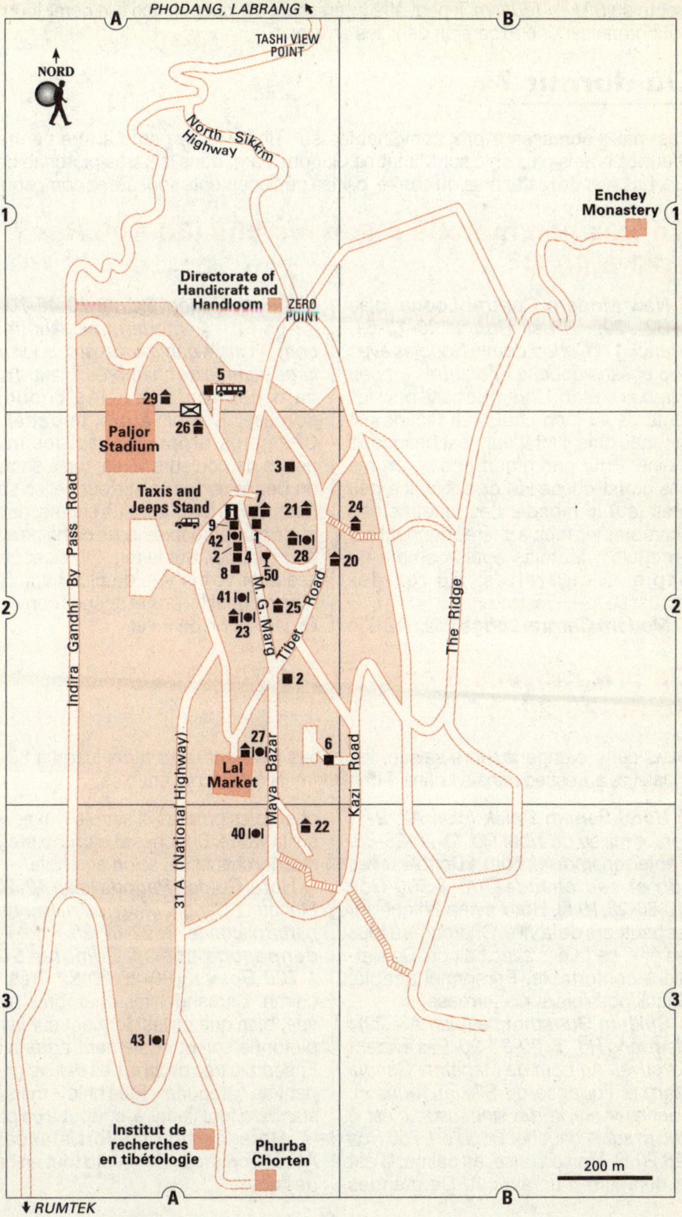
PHODANG, LABRANG
TASHI VIEW POINT
NORD
North Sikkim Highway
Enchey Monastery
Directorate of Handicraft and Handloom
ZERO POINT
Paljor Stadium
Taxis and Jeeps Stand
M. G. Marg
Tibet Road
The Ridge
Indira Gandhi By Pass Road
31 A (National Highway)
Maya Bazar
Kazi Road
Lal Market
Institut de recherches en tibétologie
Phurba Chorten
200 m
RUMTEK
A
B
1
2
3
1
2
3
4
5
6
7
8
9
20
21
22
23
24
25
26
27
28
29
40
41
42
43
50

GANGTOK

à côté du *Sikkim Tourism*. Il peut être intéressant de louer un taxi à la demi-journée pour organiser une excursion dans les environs.

Où dormir ?

Pas mal d'adresses à prix convenables sur Tibet Rd, la petite artère centrale. D'autres hôtels plus chic sur Mahatma Gandhi Marg, dans la partie piétonne de la rue. Essayer de rester près du centre, car les déplacements sont assez compliqués.

De très bon marché à bon marché (80-400 Rps / 1,20-6,20 €)

New Modern Central Lodge *(plan A-B2, **20**) : Tibet Rd. ☎ 20-13-61. • hmcl_17@yahoo.com • Doubles avec w-c et sans douche et d'autres un peu mieux avec sdb.* L'hôtel de base pour les routards au long cours. La façade est presque chic, l'intérieur l'est beaucoup moins. Pour pas grand-chose, on n'a pas grand-chose ! Et ça satisfait à peu près tout le monde. Les fenêtres des chambres les moins chères donnent sur un couloir. Matelas épais comme du papier à cigarettes. Au rez-de-chaussée, petit resto.

Modern Central Lodge *(plan A2, **7**) : Mahatma Gandhi Rd. ☎ 20-46-70 ou 22-65-62. • moderntreks@hotmail.com • Large gamme de prix pour une large gamme de chambres.* L'autre rancard des routards. Une chouette adresse. Dortoir à prix imbattable. Chambres propres, avec des murs peints de couleurs vives, mais sentant un peu le renfermé surtout celles sans fenêtre. Préférez les plus chères, nettement plus agréables (salle de bains avec eau chaude). Sur le toit, tables et chaises pour voir la ville de plus haut. Bon rapport qualité-prix et accueil convivial. Organisation de treks.

De prix moyens à chic (700-1 700 Rps / 10,80-26,20 €)

Dans cette catégorie, hors saison, les hôtels baissent leurs tarifs jusqu'à 50 %. Plusieurs adresses banales dans Tibet Rd, mais à prix convenables.

Hotel Sonam Delek *(plan A2, **21**) : vers le milieu de Tibet Rd. ☎ 20-25-66. • hotelsonamdelek.com • Doubles avec sdb et eau chaude 700-1 500 Rps (10,80-23,10 €).* Hôtel sympathique sur les hauteurs de la ville. Chambres à tous les prix, certaines avec balcon. De simple à confortable. Personnel affable. Snack possible sur la terrasse.

Sukhim Guesthouse *(plan A3, **22**) : Namvang Rd. ☎ 20-37-96. Pas évident à trouver. Au bout de Mahatma Gandhi Marg (à l'opposé du Sikkim Tourism), continuer sur la rue sinueuse ; c'est à 200 m sur la gauche. Double 1 700 Rps (26,20 €).* Maison grise, au calme. C'est la demeure d'un avocat. De grandes chambres propres et simples, avec vue sur la vallée. Douches et eau chaude. Au rez-de-chaussée, salon agréable.

Hotel Golden Pagoda *(plan A2, **23**) : Mahatma Gandhi Marg, au milieu de la partie piétonne. ☎ 22-69-28. • hotelgoldenpagoda.com • Compter 900-1 700 Rps (13,80-26,20 €).* Très au calme. Demander les chambres avec vue, bien que celles donnant sur la rue piétonne soient également agréables. Ensemble très propre. Les *deluxe* grimpent en catégorie « Plus chic » mais les *standard* font l'affaire, surtout à ce prix-là. Hôtel de bon confort standard. Accueil courtois. Bon resto tout en haut de l'hôtel.

Très chic (1 900-3 000 Rps / 29,20-46,20 €)

Netuk House *(plan B2, **24**) : en montant, au milieu de Tibet Rd, sur la droite. ☎ 20-23-74. • netukhouse@gmail.com • Pas d'indication de l'extérieur.*

Double 2 300 Rps (35,40 €). Possibilité de ½ pension sur demande. Jolie maison particulière, aménagée en hôtel, l'ensemble possédant un petit charme. Tout ici reflète le Sikkim, jusqu'à son accueil plus que chaleureux. Deux possibilités : la maison à l'atmosphère plus intime ou le bâtiment récent, face aux montagnes, tout aussi agréable. Toutes les chambres sont grandes et elles dégagent une bonne atmosphère. De-ci, de-là des plafonds peints, un parquet ciré. Les propriétaires (proches de la famille royale) vous indiqueront les endroits à ne pas manquer.

Hotel Golden Heights *(plan A2,* ***25****) : Mahatma Gandhi Marg ; au milieu de la rue piétonne. ☎ 22-18-58. Double 1 900 Rps (29,20 €). CB acceptées.* Escaliers de marbre, chambres absolument nickel, avec un effort de déco notable, voici un établissement de semi-luxe qui remplit bien sa fonction, pour un prix encore acceptable. Bon service. Demander une chambre donnant sur la rue piétonne.

Hotel Tibet *(plan A2,* ***26****) : Paljor Stadium Rd. ☎ 20-49-62. • hoteltibetgangtok.com • Doubles 1 500-2 000 Rps (23,10-30,80 €) selon vue, ttes avec sdb.* Dans le centre-ville, un hôtel qui porte bien son nom, de nombreuses peintures tibétaines embellissent les murs. Les moins chères donnent sur la rue et il faut les éviter (beaucoup trop bruyantes). Quitte à venir ici, mieux vaut choisir les plus onéreuses (vue sur la vallée). Accueil et personnel attentionnés. Bar et resto.

Hotel Tashi Delek *(plan A2,* ***27****) : vers le bout de Mahatma Gandhi Marg. ☎ 20-29-91 ou 20-38. • hoteltashidelek.com • Double env 3 000 Rps (46,20 €).* Un hôtel de classe, tenu par des Tibétains. Riches tapis, lustres en cristal, fresque tibétaine et salon avec vue. Chambres confortables. Les plus sympas étant celles possédant une grande terrasse. Lieu privilégié des groupes. Très cher cependant. Grande terrasse donnant sur la vallée pour le petit déj.

The Chumbi Residency *(plan A2,* ***28****) : au milieu de Tibet Rd. ☎ 22-66-18. • chumbiresidency.com • Doubles 3 000-3 500 Rps (46,20-53,80 €).* Hôtel moderne, calme et très bien tenu, pas loin du centre-ville. Chambres confortables et fonctionnelles mais bien chères tout de même, malgré la vue sur la vallée pour la plupart. Personnel attentionné. Excellent resto *Tangerine Restaurant* (voir « Où manger ? »).

Beaucoup plus chic (min 6 000 Rps / 92,30 €)

Hotel Nor Khill *(plan A1,* ***29****) : à la périphérie de la ville. ☎ 20-56-37. • elginhotels.com • Seul problème, ne pratique que la pension complète à partir de 6 000 Rps (92,30 €). CB acceptées.* Le plus bel établissement de la ville, fréquenté par les groupes. Un hôtel de grande classe aux prix élevés évidemment, autrefois demeure privée de la *Royal Family of Sikkim.* Hall luxueux, petits salons fleuris, grand salon, pub à l'anglaise et beau piano désaccordé, dommage qu'il ne soit là que pour la déco. Chambres spacieuses au confort douillet, mais insister pour en avoir une avec vue sur le jardin, sinon, venir ici n'a aucun intérêt, surtout à ce tarif. Grand jardin-terrasse dominant la vallée. Bar cosy, décoré de photos anciennes, et très bien fourni. Excellent accueil.

Où manger ?

Tout comme les petits hôtels, les restos bon marché sont souvent des gargotes peu engageantes. Préférez un prix supérieur, mais où la qualité est au rendez-vous. En général, les restos des hôtels sont de bonnes affaires.

Bon marché (80-100 Rps / 1,20-1,50 €)

Oberoi's *(plan A3,* ***40****) : Mahatma Gandhi Marg. ☎ 20-32-15. Jusqu'à 20h30.* Petite salle discrète, moitié boutique, moitié resto, qui sert une cuisine familiale, simple et copieuse. Rien de bien sorcier, mais on s'en contente parfaitement.

|●| ***Baker's Café*** *(plan A2, **41**) : Mahatma Gandhi Marg.* ☎ *22-01-95. Tlj 8h30-20h30.* Au centre de la rue piétonne, grimper l'escalier jusqu'à cette petite cafétéria aseptisée et populaire, pour déguster des chaussons aux légumes, petites pizzas honorables, quelques préparations végétariennes et pas mal de gâteaux plutôt honnêtes à défaut d'être très raffinés. Le tout dans une atmosphère à tendance occidentale. Plusieurs autres adresses en ville.

|●| ***Rasoi*** *(plan A2, **42**) : Mahatma Gandhi Marg, juste à gauche de Sikkim Tourism. Tlj jusqu'à env 21h.* Cadre clair et propreté irréprochable. Grande salle genre cafétéria pour une cuisine indienne (*naans* particulièrement savoureux), chinoise ou continentale réputée. Très prisé par les habitants.

Prix moyens (100-250 Rps / 1,50-3,80 €)

|●| ***Tangerine Restaurant*** *(plan A2, **28**) : c'est le resto de l'hôtel* Chumbi Residency. De la réception, descendre plusieurs étages pour gagner cette salle un peu mal fichue, vaguement japonisante, offrant une délicieuse et fine cuisine variée, avec des spécialités chinoises et du Sikkim. La carte est large et les plats bien faits. Service adorable. Et puis quelques préparations typiquement locales comme ce *beef strogonof* ou ce *chicken chasseur*...

|●| ***Resto de l'hôtel Golden Pagoda*** *(plan A2, **23**) : sur Mahatma Gandhi Marg (voir « Où dormir ? »).* Au sommet de l'hôtel, une salle fermée offrant une jolie vue sur la vallée. Malgré le cadre banal, la cuisine végétarienne est tout bonnement excellente.

|●| ***Dragon Hall*** *(plan A2, **27**) : resto de l'hôtel* Tashi Delek. Au fond de la réception, grande salle aux poutres peintes se prolongeant par une terrasse dominant la vallée. Carte variée, cuisine globalement correcte. Le plus sympa est d'y aller le midi et de profiter de la généreuse terrasse sympathiquement aménagée.

|●| ***Porky's*** *(plan A3, **43**) : Deorali Bazar, sur la National Highway.* ☎ *28-17-07. Sert tte la journée jusqu'à 20h.* On n'y va pas exprès, mais on peut y faire halte après la visite de l'Institut de recherches en tibétologie (à deux pas). Cadre chaleureux et propre, tables avec vue sur la vallée. Bonne cuisine chinoise et continentale. À l'entrée du resto, petite pâtisserie. Service discret et efficace.

Où boire un verre le soir ?

🍸 ***Indulge Bar and Restaurant*** *(plan A2, **50**) : au tout début de Tibet Rd, sur la droite en montant depuis Mahatma Gandhi Rd ; en fait, c'est juste à côté du parking des taxis. Tlj jusqu'à 23h. Karaoké mer et dim soir.* Un lieu branché pour un dernier verre, qui l'eût cru ? Résolument moderne, espace tout blanc, néons violets, écran plat, présence du *Che* en toile de fond, serveurs façon cow-boy, voici un petit lieu qui essaie d'être mode. Et qui finalement n'y parvient pas si mal.

À voir

LE SIKKIM

👁👁 ***Namgyal Institute of Tibetology - Institut de recherches en tibétologie*** *(plan A3) : au sud de la ville, sur la National Highway, après Deorali Bazar. Lun-ven 10h-16h ; sam mat. Entrée : 10 Rps.* C'est un des grands centres d'études de tibétologie d'Inde. L'intérieur du bâtiment central est transformé en musée, orné de fresques et de bois sculpté. Magnifiques collections d'objets tibétains (*thangkas*, statues du Bouddha), la plupart offerts par des réfugiés et souvent transmis de génération en génération. Très nombreux bouddhas en bronze, argile, bois et cuivre. Noter les styles différents en fonction des pays. Certains très contemplatifs et grassouillets, d'autres plus dynamiques. Collection de manuscrits de valeur inestimable en vitrine, ainsi que des instruments rituels, brocarts, reliquaires en bronze, billets anciens du Tibet. Au 2e étage, une bibliothèque exceptionnelle, ouverte seulement aux chercheurs.

Phurba Chorten *(plan A3) : à env 300 m de l'Institut de tibétologie, en remontant la rue. Ouv tt le temps. Cérémonie tlj, en général vers 16h. Chorten* entouré de 113 moulins à prières. Sanctuaire construit dans les années 1940 pour demander aux dieux une paix durable dans le royaume. La légende raconte que ce site, hanté par des esprits démoniaques, fut visité par un lama qui y vint en pèlerinage et y construisit ce grand *chorten* blanc, en 1946, pour amadouer les mauvais esprits. Le site devint petit à petit un important centre de prière.

Directorate of Handicrafts and Handloom *(plan A1) : à 1 km à pied du centre-ville vers le nord, en direction de Tashi View Point. Lun-sam 10h-16h.* Il s'agit d'un centre de formation artisanale. Tous les bénéfices tirés des objets vendus au *Sales Imporium* sont utilisés pour la promotion de l'artisanat traditionnel et la formation des jeunes qui travaillent ici. Ne pas hésiter à visiter l'étage où les apprentis exercent tous les corps de métier.

Lal Market – le marché couvert *(plan A2) : tlj mais plus animé le dim.* Il fait bon y flâner et découvrir les particularités étonnantes des différentes ethnies du Sikkim.

Un téléphérique relie le bas de la ville (à deux pas de l'Institut de recherches en tibétologie) à la partie haute de Gangtok. Bon, pas vraiment très pratique pour les touristes. La vue, en revanche, est intéressante.

➤ DANS LES ENVIRONS DE GANGTOK

Enchey Monastery *(monastère d'Enchey ; plan B1) : à 7 km du centre, au nord. À côté de la tour de TV. Entrée libre.* On peut de là apercevoir le Kangchenjunga à travers les arbres. Monastère du milieu du XIXe s, construit en forme de pagode chinoise et qui symbolise une montagne chinoise. À voir surtout en janvier, pour le festival de danses religieuses *(Chaam).* Photos interdites à l'intérieur du sanctuaire.

Tashi View Point *(plan A1) : à 8 km de Gangtok, sur la route de Phodang.* S'y arrêter si le temps est assez clair. Vous pourrez y admirer une belle vue sur le Kangchenjunga. Pas vraiment utile de grimper au sommet du petit kiosque payant.

RUMTEK *(24 km de Gangtok ; ind. tél. : 03592)*

L'aller-retour de Gangtok constitue une agréable excursion à la journée (possible à la demi-journée pour les plus pressés). Le monastère, juché sur une petite colline de l'autre côté de la vallée de Gangtok, est fermé par une large enceinte. L'intérieur s'organise comme un vrai petit village, sans aucun véhicule. Quelques hôtels, de petites habitations et le monastère lui-même. Très calme. À l'entrée, il vous faudra montrer patte blanche et passeport aux militaires. Dernier accès à 19h.
Au retour, les conducteurs de jeep pourront essayer de vous faire payer le prix fort, ne vous laissez pas faire.

Comment y aller ?

➢ ***Gangtok-Rumtek :*** pas de bus. En taxi ou jeep collective, départ du *Jeep Stand.* Dernière jeep vers 15h. Durée : env 2h. Mieux vaut s'y rendre le mat.
➢ ***Rumtek-Gangtok :*** quelques jeeps entre 6h et 15h.

Où dormir ? Où manger ?

Bon marché (200-400 Rps / 3,10-6,20 €)

Sungay Guesthouse : ☎ 25-22-21. ● *bhutiazangmo@rediffmail.com* ● *Dans l'enceinte du monastère, prendre la 1re à droite, en retrait de la route.* Notre bonne adresse à Rumtek. *Guesthouse* de construction moderne dans un petit jardin. Chambres propres et simples, avec vue sur les montagnes. Pas chères, toutes avec salle de bains (eau chaude). Les plus chères avec vue sur la vallée. Tenu par une famille tibétaine adorable. L'accueil et la cuisine de Pema sont un régal. Elle vous mitonnera, à condition que vous ne soyez pas pressé, d'excellents petits plats locaux (*momos* et *thukpa*...). Notez qu'elle éteint ses fourneaux à 19h30. Sur le toit, petits moulins à prières.

Sangay Hotel : *dans l'avt-dernier virage menant au monastère.* ☎ 25-22-38. Tout petit hôtel. Chambres extrêmement sommaires. Salle de bains commune et eau chaude au baquet. Seulement si vous êtes coincé et que le *Sungay Guesthouse* est complet.

– Quelques autres petites adresses à l'extérieur de l'enceinte du monastère, sur la route près de l'entrée.

À voir

Le monastère : *venir avt 16h (fermeture vers 17h).* ● *rumtek.org* ● *Pour une visite approfondie du monastère, on peut envoyer un mail à Tashi Dhargay Lharisang, le secrétaire de l'Institut de Rumtek.* ● *tashi_rumtek@yahoo.co.in* ● *Il n'est disponible que de 12h à 14h et le mer (c'est son jour de repos). Il ne vous demandera rien, mais rien n'empêche de faire une obole. Sinon, on peut parfaitement faire la visite tout seul.*
Ce monastère, édifié en 1967 dans le plus pur style tibétain, abrite 180 moines qui y vivent, y étudient et y prient. Ils viennent d'Inde mais aussi du Népal, du Tibet et du Bhoutan. C'est le plus grand du Sikkim et certainement le plus riche. C'est dans un temple vieux de plus de trois siècles, situé un peu plus bas dans la vallée (détruit par un tremblement de terre, puis reconstruit) que résidait le *Grand Karmapa,* chef de l'école Karma Kagyu du Tibet, l'une des 4 écoles majeures du bouddhisme tibétain.

ET POUR LA PLACE DE 17E KARMAPA, *THE WINNER IS...*

Après la disparition du 16e Karmapa en 1981, il a fallu trouver le 17e ! Là ne fut pas le problème. Celui-ci s'imposa naturellement en 1994 et fut reconnu par ses pairs. Les rituels religieux tibétains, au point depuis plusieurs siècles, n'avaient certainement pas besoin de l'intervention des Chinois. Mais il fallut que les autorités de Pékin s'en mêlent et choisissent elles-mêmes un 17e Karmapa. Résultat, le « vrai » 17e Karmapa vit actuellement à Dharamsala en exil ; quant à celui choisi par la Chine, il ne peut mettre les pieds à Rumtek puisque aucun des moines vivant sur place ne reconnaît sa légitimité. Les Tibétains attendent que la situation évolue, les Chinois qu'elle pourrisse.

Avec un peu de chance, vous pourrez assister à des prières (pas d'heures fixes), accompagnées de chants aux sons graves et ponctuées par des trompettes et des tambours. Impressionnant pour celui qui n'est pas familiarisé avec les rites tibétains. Le ***grand temple*** du monastère abrite mille bouddhas d'argile entièrement recouverts d'or et conservés dans des niches de bois. Ils furent réalisés pendant la présence du 16e Karmapa et bénis par lui. Ils sont supposés contenir des substances précieuses et des fragments de la dent du Bouddha (il devait avoir une sacrée mâchoire !). Un peu au-dessus du temple, on peut accéder au ***Golden Stupa*** qui abrite les cendres du 16e Karmapa. Encore plus haut, un autre édifice abrite la grande salle de prière de l'Institut.

Fête

– ***Célébration du Chaam (ou Tse-Chu) :*** *en juin ou juil, les 9e et 10e jours du 5e mois du calendrier tibétain.* Danse rituelle masquée exécutée par les lamas 2 jours durant, pour rendre hommage au protecteur de l'humanité qui est censé chasser les démons et ennemis de la terre. Célébré un peu partout, le *Chaam* de Rumtek est le plus réputé.

TSOMGO LAKE *(40 km de Gangtok)*

Seules les agences de treks sont autorisées à vous y conduire, car le lac se situe à moins de 20 km de la frontière chinoise. Résa auprès de l'agence de votre choix au moins la veille. Situé à une altitude de 3 780 m, ce lac sacré, long de 1 km, demeure gelé durant une bonne moitié de l'année. De mai à août, primevères multicolores, iris, rhododendrons vous éblouiront. C'est aussi l'habitat privilégié du panda rouge (peu de chances de le voir !) et de nombreux oiseaux rares.

QUITTER GANGTOK

En bus

Deux points de départ : la ***Sikkim Nationalised Transport*** (ou *SNT ; plan A1), sur la route du stade, et la* ***Private Bus & Taxi Stand,*** *sur la National Highway.*
➢ ***Pour Kalimpong :*** de la *SNT,* 1 bus/j., vers 7h. Trajet : 3h. De la *Private Bus Stand,* 2 bus/j.
➢ ***Pour Siliguri :*** de la *SNT,* plusieurs bus le mat (env 6), dernier vers 12h. Trajet : 4h. De la *Private Bus Stand,* plusieurs bus le mat, à partir de 6h. Dernier départ vers 15h.

En jeep collective

C'est le moyen le plus pratique et le plus confortable ; les jeeps ne partent que lorsque toutes les places sont occupées. Plusieurs points de départ, en fonction des destinations : hors Sikkim ou dans le Sikkim.
Vous pourrez également louer les services d'un taxi privé à la *Deorali Private Bus & Taxi Stand,* dans le quartier de Deorali. Ce qui peut s'avérer utile, notamment pour Bagdogra, si vous avez un avion à prendre. Bien sûr, beaucoup plus cher.

Deorali Private Bus Stand : *sur la National Highway.* Comptoir d'achat des billets sur le côté de l'escalier.
➢ ***Pour Siliguri :*** ttes les 45 mn env, 7h-16h.
➢ ***Pour Darjeeling :*** pas de bus. Jeeps collectives ttes les heures env, 7h-15h. Durée : 4h.
➢ ***Pour Kalimpong :*** 2 bus en début d'ap-m. Jeeps collectives ttes les 30 mn, 6h30-15h. Durée : 3h.
➢ ***Pour Bagdogra :*** pas de bus ni jeep directe, prendre celle de Siliguri. Autrement, taxi privé.

Station de jeeps collectives : *à côté du* Vajra Cinema Hall, *au nord de la ville, à 1,5 km du centre.*
➢ ***Pour Phodang :*** direction Mangan, nombreux départs réguliers, 6h-15h. Trajet : 2h.

South and West Taxi and Jeep Stand : *sur la National Highway, à côté du Police Headquarters.*

➢ ***Pour Pelling :*** quelques jeeps collectives. Une à 7h (à vérifier), et 3 entre 12h30 et 13h30. Durée : 4h.

➢ ***Pour Geising :*** 4 jeeps collectives. Une vers 7h, les autres dans la matinée. Durée : 4h.

➢ ***Pour Kechopari Lake, Tashiding et Yuksom :*** nous vous conseillons de passer par Pelling.

Infos trains

– ***Achats de billets de train à Gangtok :*** il n'y a pas de gare à Gangtok, mais (rappel !) on peut acheter des billets pour toutes les destinations au *Passenger Computerised Railway Service* de la gare des bus gouvernementaux *(SNT, plan A1, **5** ; lun-sam 8h-14h ; dim 8h-11h).* Pratique.

LE NORD DU SIKKIM

LES MONASTÈRES DE PHODANG ET DE LABRANG

IND. TÉL. : 03592

À 40 km au nord de Gangtok. La route vertigineuse est souvent coupée par des glissements de terrain ; bien se renseigner avant de partir. Aucune comparaison avec la richesse presque exubérante du monastère de Rumtek. L'atmosphère y est agréable et particulièrement champêtre. C'est ici qu'Alexandra David-Néel s'est arrêtée avant d'entamer son long périple au Tibet. C'est une excursion à faire à la demi-journée si vous passez par une agence et en ne partant pas trop tard. Sinon, compter la journée en jeep collective. Au pied de la route du monastère, minuscule village.

➢ Pour s'y rendre : voir « Quitter Gangtok ».

Où dormir ? Où manger ?

Les deux hôtels, tous deux à moins de 250 Rps (4,50 €), se trouvent sur le bord de la route, là où vous laissera la jeep. Ils proposent un hébergement rudimentaire, et seul le *dal bhat* (riz, légumes, petite soupe de lentilles et œuf frit) vous sera servi au repas.

Hotel Yak & Yeti : *☎ 20-46-43.* Petit hôtel de béton tout gris, plutôt bien entretenu. La seule bonne adresse du secteur. Hébergement simple avec vue surplombant la vallée. Peu de chambres, certaines avec douche et eau chaude. L'hôtel est souvent complet (faut dire qu'il y a peu de chambres). Resto, avec bon *dal bhat.*

New Northway Hotel : *☎ 26-29-53.* Chambres ultrasommaires. Douches et sanitaires communs en péril. Seulement si vous avez raté la dernière jeep et si le *Yak & Yeti* est complet.

LE SIKKIM

À voir

Le monastère de Phodang : *à 2 km env au-dessus du hameau où vous laissent les jeeps collectives. Ouv tt le temps.* Ce paisible monastère, situé dans un cadre sauvage et reculé, possède un temple principal assez massif, avec un toit en saillie, mais le travail sur l'encadrement des fenêtres et de la porte principale lui confère une certaine douceur. Comme toujours, les murs intérieurs sont couverts de splendides fresques murales, aux scènes animées et parfois cruelles (toujours drôles,

les petits humains piétinés par les divinités qui n'en n'ont cure !). Autour du temple, plein de moinillons qui s'égaillent.

Le monastère de Labrang : *par la route (30 mn à pied, 5 mn en voiture), quelques km au-dessus de celui de Phodang.* On adore ce remarquable et vénérable petit monastère, perdu au milieu d'une clairière sereine, avec son appareillage de pierres blanches et plates, et son ruban de couleur brique qui le ceinture, du plus bel effet stylistique. Les vieilles portes décorées accusent le passage du temps. Plusieurs siècles ! À l'intérieur, plancher de bois brut, deux tambours et des murs entièrement recouverts de 2 000 figures du Bouddha, toutes exactement identiques, dans la position du lotus. Impeccablement refait il y a quelques années. Bouddha doré dans l'autel. Grimper à l'étage : autre salle de prière, avec, là encore, le peintre qui a laissé libre cours à son art. Nombreuses scènes de la vie du Bouddha.

L'OUEST DU SIKKIM

PELLING

1 000 hab. environ — IND. TÉL. : 03595

Pour visiter la région ouest, l'idéal est d'établir sa base à Pelling, à environ 140 km de Gangtok.
C'est un modeste village tranquille et plutôt agréable, sans circulation démente, entouré d'un paysage grandiose. Au lever du soleil, quand le ciel est dégagé, vue exceptionnelle sur le Kangchenjunga. C'est un point de départ idéal pour les randonnées, et de nombreuses possibilités vous sont offertes dans les environs. Quelques agences en ville.
Le village est divisé en trois parties bien distinctes en fonction de l'altitude : *Lower Pelling,* la partie la plus basse (pas grand-chose à y faire) ; *Middle Pelling,* qui se développe de manière très rapide et où des dizaines d'hôtels moches voient le jour tous les mois (souvent exclusivement fréquentés par une clientèle indienne venant de Kolkata) ; enfin, *Upper Pelling* qui a conservé sa petite atmosphère villageoise. C'est ici que l'on trouve les quelques hôtels pour routards et les agences de treks. Malgré son bouleversement présent et à venir, Pelling reste une halte tranquille et sympathique.
➢ Pour s'y rendre : voir « Quitter Gangtok ». Certaines liaisons de bus et jeeps s'arrêtent à *Geising,* le village voisin, un peu plus bas dans la vallée, et il faut reprendre une autre jeep pour se rendre à Pelling. Geising est le « gros village » du secteur, mais pas vraiment très agréable.

Treks à partir de Pelling

Même si la plupart des agences de treks se situent à Gangtok, capitale du Sikkim, nombre de treks partent de la région de Pelling et plus précisément de Yuksom. On trouve quelques agences à Pelling, mais bien moins qu'à Gangtok. Cela dit, si vous ne souhaitez pas passer par la capitale du Sikkim, il est parfaitement possible d'organiser votre rando depuis Pelling. Voir plus loin la rubrique « Treks et randonnées dans la région » et les différentes propositions.

Adresses utiles

Tourist Information Centre : *Upper Pelling, tout en haut du village, à 150 m de l'héliport (près du terrain de foot). Lun-sam 10h-17h.* Un monsieur gentil et de bon conseil tient généralement ce modeste bureau.

■ ***Change :*** pas de change officiel à Pelling. Cela paraît incroyable, mais c'est comme ça. L'hôtel *Kabur* peut éventuellement vous dépanner, mais mieux vaut prendre vos précautions.

■ ***Distributeur :*** *à Upper Pelling, sur la petite place.* Distributeur de la *State Bank of India*, 24h/24. Accepte la carte *Visa*.

@ ***Internet :*** quelques postes à l'hôtel *Norbu Ghang Resort*, et un autre sous l'hôtel *Kabur*. Les petits hôtels s'équipent de plus en plus.

Agences de trekking

On trouve une petite dizaine d'agences à Pelling.

■ ***Himalayan Rangers Adventure Tours and Treks :*** *Upper Pelling, dans l'hôtel* Kabur *(voir « Où dormir ? »). ☎ 25-85-04. 📱 98-32-42-77-23.* Outre les infos gratuites qu'est toujours prêt à délivrer Deepesh, le jeune patron, il tient aussi sa petite agence et organise des treks vers Dzongri et le Gochala. Il propose aussi le *Monastery Trek* (en passant par Kechopari Lake, Yuksom et Tashiding).

■ ***Himalayan Heritage Tours :*** *à Upper Pelling, dans le centre, facile à trouver, près du point de départ des jeeps. ☎ 25-06-60. 📱 97-33-07-64-69.* Bonne agence familiale, sérieuse et présente depuis plus d'une décennie dans le monde du trek. Un gage de qualité.

■ ***Zangpo Tour et Travels :*** *à Middle Pelling, petit kiosque sur la droite en descendant d'Upper Pelling. 📱 97-33-01-75-62.* Plutôt une bonne réputation auprès de nos lecteurs.

Où dormir ? Où manger ?

Par pure gentillesse (si, si !), certains hôteliers ont la fâcheuse habitude de sortir leurs clients du plumard au lever du soleil (entre 4h et 5h30 selon la saison)... Mais vous ne pourrez plus leur en vouloir quand vous contemplerez la blancheur et l'époustouflante majesté du Kangchenjunga se teinter des lueurs roses et matinales du soleil naissant.

Pour manger, faites confiance à votre hôtel, c'est souvent là où c'est le mieux (mis à part le resto du *Garuda Hotel*). À noter que la **Lotus Bakery,** située à 1,5 km de Pelling, propose de bons gâteaux et du pain. Les bénéfices sont reversés à l'école *DPCA* dont dépend la boulangerie (voir rubrique « À faire »).

Prix moyens (350-800 Rps / 5,40-12,30 €)

🏠 🍽 ***Hotel Kabur :*** *le 1er hôtel en arrivant à Pelling (quand on vient de Gangtok). ☎ 25-85-04. • bakaju_dpsh@yahoo.com • Doubles 350-450 Rps sans ou avec vue.* Accueil charmant du jeune patron Deepesh, toujours prêt à vous filer un coup de main et un conseil. Seules les chambres doubles donnent sur la vallée, et la plupart ont salle de bains et eau chaude. Hors saison, les prix baissent en conséquence. L'hôtel est très correct et les chambres honorables. C'est surtout la petite ambiance routarde qu'on apprécie ici et le sens du service. Resto chaleureux, à l'atmosphère amicale, prolongé par une terrasse avec quelques transats de bois pour prendre le soleil. Possède une agence de treks compétente, l'*Himalayan Rangers Adventure Tours and Treks* (voir « Adresses utiles ») pour vos randos dans le secteur. On pourra aussi vous dépanner pour le change, ou la prolongation de votre permis Sikkim si besoin, et vous donner des infos diverses et variées.

🏠 ***Hotel Garuda :*** *Upper Pelling. ☎ 25-83-19. • garuda_pelling@rediffmail.com • Lit en dortoir (4 pers) 80 Rps ; doubles 450-550 Rps.* Ambiance résolument routarde, mais accueil maussade et routinier. Une adresse qui aurait tout pour plaire, mais le laisser-aller règne et la médiocrité des services également. Des chambres avec salle de bains et quelques-unes avec vue. On peut vous garder vos sacs pendant votre trek. Petite bibliothèque. Resto incontournable pour boire un verre, pour les échanges d'infos entre routards, mais parfaitement contournable culinairement. Quant aux plats servis, c'est une loterie... souvent mauvaise, d'ailleurs ! Service d'une extrême lenteur. À éviter.

Hotel Norbu Ghang : *à Upper Pelling, sur la petite place. ☎ 25-82-16. 99-33-00-44-92. • sikkiminfo.net/norbughang • Doubles 600-800 Rps sans ou avec vue sur la vallée.* Hôtel classique, fonctionnel et propre, à prix étonnamment doux. Accueil gentil. Petit resto en contrebas, tout habillé de bois.

Hotel Golden Ice : *Middle Pelling, un peu plus bas que Upper Pelling. 97-33-22-02-75. Doubles 550 Rps sans la vue, 700-850 Rps avec vue.* Très propre et fonctionnel, comme beaucoup d'autres. Salle de bains avec eau chaude.

De chic à plus chic (1 200-1 800 Rps / 18,50-27,70 €)

Hotel Sonamchen : *Upper Pelling, juste au niveau du petit stade et du petit héliport. ☎ 25-83-46. 97-33-02-95-77. • sikkiminfo.net/hotels-pelling.htm • Doubles 1 200-1 500 Rps (18,50-23,10 €) sans ou avec vue ; d'autres encore plus chères, un peu plus grandes, mais au tarif non justifié.* Si l'on choisit cet établissement fonctionnel et sans charme, bien que confortable et propre, c'est pour prendre une chambre avec vue, sinon, aucun intérêt.

Hotel Phamrong : *Upper Pelling, sur la petite place. ☎ 25-82-18 ou 06-60. Doubles avec petit déj 1 600-1 800 Rps (24,60-27,70 €).* Hôtel à la jolie façade colorée. Aux chambres humides et décaties des étages inférieurs, préférer largement celles en hauteur, beaucoup mieux entretenues et plutôt agréables. Salle de bains avec eau chaude dans toutes les chambres. Un peu sonore lors de la présence de groupes. Le resto propose une cuisine moyenne et chère. Au 3e étage, carte en relief de la région.

Très chic (plus de 2 500 Rps / 38,50 €)

Norbu Ghang Resort : *à 5 mn au-dessus de Upper Pelling, sur la route du monastère de Sangacholing. ☎ 25-82-45 ou 72. • sikkiminfo.net/norbughang • Doubles 2 500-3 000 Rps (38,50-46,20 €).* Un hôtel de semi-luxe, excellent équilibre entre un bon confort général et un prix acceptable, situé au milieu d'un beau jardin. Personnel efficace et fort sympathique. Une adresse pleine de charme, réservée aux routards aisés. Plusieurs cottages avec tout le confort, et terrasses surplombant la vallée. Le personnel proposera de vous réveiller dès potron-minet si le ciel est clair sur le Kangchenjunga. Bon resto à prix doux. Internet (quelques postes).

Beaucoup plus chic (plus de 4 500 Rps / 69,20 €)

The Elgin Mount Pandim : *à deux pas du monastère de Pemayangtse, à 2 km de Pelling. ☎ 25-07-56 ou 25-03-53. • elginhotels.com • Compter 4 800 Rps (73,30 €) pour 2 pers en pension complète.* Un bouquet de 25 chambres dont la majorité avec vue sur la montagne (ce sont celles qu'il faut demander). Gravures anciennes, photos en noir et blanc dans les couloirs, mobilier et salon colonial. Grand confort, comme dans tous les hôtels de la petite chaîne des *Elgin*. Plancher dans les chambres, moelleuse moquette dans les couloirs, larges baies vitrées donnant sur la montagne, avec même une longue-vue pour observer les sommets... Bon service, chouette resto. Internet.

À voir autour de Pelling

Le monastère de Pemayangtse : *à env 3,5 km de Pelling. On peut y aller à pied sans problème. Tlj 7h-17h. Entrée : 20 Rps.* Ce monastère, « le Lotus sublime », construit en 1705, est le deuxième du Sikkim en ancienneté et en importance. Seuls les moines de pure lignée y sont acceptés. Il appartient à la secte des Nyingmapa et 35 enfants y reçoivent actuellement un enseignement. Autour du monastère, vous verrez un petit groupe de vénérables maisons de toute beauté : pierre sèche et claustras de bois en guise de fenêtres rappellent certaines fermes des Alpes. À l'intérieur du temple principal, fresques murales représentant les milliers de divinités du panthéon bouddhiste. Absolument extraordinaires, même si certaines sont un peu dégradées. Noter les *guru* aux côtés du Bouddha de la vitrine centrale, notamment le *guru Padmasambhava* aux bras multiples. Au 1er étage, notamment dans la salle de droite, mur du Bouddha dans toutes les positions possibles. Au dernier étage, dans une grande vitrine, une gigantesque sculpture-pagode, le *Zandog-Palri,* qui décrit avec un luxe de détails les « visions paradisiaques et symboliques » de Padmasambhava. Cette pagode aurait été exécutée par le frère du *guru rimpoche,* et rapportée ici. Cette structure est entièrement démontable. Remarquable de richesse, dans les détails comme dans les couleurs.

Les ruines du palais de Rabdantse : *à 3 km de Pelling, sur la route de Geising, sur la gauche (panneau). Un chemin bien marqué mène en 15 mn à pied à ces ruines. Entrée libre.* C'est ici que le roi du Sikkim transféra son royaume lorsqu'il abandonna Yuksom à la fin du XVIIe s. Entouré de fortifications, le palais se divise en 2 sections : le palais proprement dit et sa partie religieuse à côté. Les ruines, même si elles se résument à quelques bouts de murs, ont été intelligemment relevées et restaurées. On a évidemment du mal à imaginer ce que fut sa richesse, même si l'on en perçoit les contours. Le roi ne pouvait trouver lieu plus approprié à la contemplation du Kangchenjunga. Magnifique ! Quelques dalles sculptées du Bouddha de-ci de-là. Un agréable but de balade, après la visite du monastère de *Pemayangtse.* En contrebas, une modeste salle *(Sculpture Shed)* abrite quelques dizaines de pierres gravées issues du site.

Le monastère de Sangacholing : *sur une colline dominant Pelling, à 45 mn à pied (pas accessible autrement).* C'est le plus ancien des monastères du Sikkim.

À faire

– ***Donner des cours dans une école :*** *l'école* DPCA (Denjong Pema Cheoling Academy) *se situe à 1,5 km du monastère (tout le monde connaît).* Pour ceux que ça intéresse, prendre contact avec le moine-directeur, Yapo S. Yongda, pour lui parler de votre projet. *97-33-01-80-62 ou 94-74-53-20-34.* • *muyalling@hotmail.com* • *Une participation de 1 000 Rps/mois vous sera demandée pour le gîte et le couvert.* Ceux ou celles qui souhaiteraient donner un peu de leur temps seront les bienvenus pour dispenser des cours de sciences, de mathématiques, d'anglais... ou de boulangerie (le monastère possède ses propres fours et vend son pain et ses gâteaux, voir *Lotus Bakery* dans « Où manger ? »). En général, on y séjourne deux mois. Une quinzaine de profs enseignent ici, bénévoles étrangers compris, à plus de 200 élèves, enfants des montagnes, orphelins de père, de mère ou les deux. Une bonne maîtrise de l'anglais est évidemment obligatoire. Nécessité d'être très motivé. Expérience inoubliable.

Treks et randonnées dans la région

Il y a une multitude de treks à réaliser dans les environs. Sans jouer ici les topoguides (ce n'est pas notre vocation), voici quelques infos sur deux des treks les plus prisés, que toutes les agences proposent. Ils peuvent se réaliser en un peu moins de temps qu'on le dit (mais on le déconseille) ou beaucoup plus, selon les différentes variantes possibles. Voir avec l'agence que vous aurez choisie. Ces deux treks nécessitent un permis spécial *(special permit),* que votre agence vous obtiendra. Compter 2 jours pour cela.

– ***Tarifs :*** sur la base de 4 personnes, compter 1 500 à 2 000 Rps par personne par jour (23,10-30,80 €). Cela inclut les porteurs (avec ou sans yacks), le cuisinier et les repas, les tentes, le guide (et éventuellement si nécessaire les sacs de couchage et autres vêtements). Bien tout préciser avec l'agence avant de partir.
– ***Saisons idéales :*** quitte à nous répéter, on rappelle que la meilleure saison est octobre-novembre (éventuellement jusqu'à mi-décembre si le temps est stable) et avril-mai.
➢ ***Le Dzongri Trek :*** compter 5 jours/4 nuits. Ce trek est certainement le plus prisé de la région. Jeep de Pelling à Yuksom. Nuit à Yuksom. Départ le lendemain matin de Yuksom, montée à travers la forêt, traversée de la rivière Ramthan par des ponts suspendus jusqu'à Tshoka (17 km, 8h de marche). Nuit à Tshoka (à 2 900 m). Puis journée d'acclimatation autour de Tshoka (selon les agences). Vues sur la vallée et le mont Pandim. Nouvelle nuit à Tshoka. Montée vers Dzongri (1 000 m de dénivelée !) à travers une belle forêt (11 km, 6h). Arrivée à 4 030 m d'altitude ! Nuit à Dzongri. Levée dès potron-minet pour admirer le Kangchenjunga et balade dans les environs. Nouvelle nuit à Dzongri. Redescente vers Tshoka et nuit sur place (11 km). Le lendemain, descente vers Yuksom (17 km) et retour vers Pelling. Fin du trek.
➢ ***Le Gochala Trek :*** compter 8-10 j./7-9 nuits. Le début du trek est le même que pour le Dzongri. On peut d'ailleurs soit passer par Dzongri (ce qu'on vous conseille), soit « couper le fromage » et filer vers Thangshing pour y passer la nuit. Marche vers Lhamunay et nuit. Montée le lendemain en direction du Gochala, vers 5 000 m d'altitude ! Redescente vers Thangshing et nuit. Rando vers Lamphokri et nuit. Puis retour vers Tshoka où l'on passe la dernière nuit. Retour vers Yuksom.
➢ ***Randonnée « Monastery Trek » :*** ce sympathique trek peut être intéressant pour ceux qui ne souhaitent pas s'affronter aux montagnes de haute altitude. Il s'agit d'un circuit de 3 jours qui débute à Pelling. Parcours possible : 1er jour Pelling-Kechopari Lake, 2e jour Kechopari Lake-Yuksom et 3e j Yuksom-Tashiding. Retour à Pelling en jeep. Il est conseillé de prendre un guide. Infos auprès des agences de Pelling. Certains parcours sont bien indiqués, d'autres moins ou pas du tout. On peut évidemment faire ce circuit en jeep collective (puisqu'une route relie tous ces sites et villages), mais il y a des sentiers de randonnée sur certaines portions. Il peut être réalisé entièrement ou par tronçon en fonction de votre temps et de votre désir de marcher. Avantage : cela permet à ceux qui ne sont pas de grands trekkeurs d'aller tout de même un peu à la rencontre de la nature. Inconvénient : on emprunte régulièrement des portions de route entre chaque bout de sentier, et ces parties ne sont pas les plus intéressantes. Seule la section entre Yuksom et Tashiding est entièrement réalisée à travers la forêt.

➢ DANS LES ENVIRONS DE PELLING ET GEISING

Des jeeps collectives relient les trois villages situés dans les environs de Pelling. Mais les rotations ne sont pas toujours pratiques. On déconseille de faire le tour en une seule journée, les routes sont trop éreintantes. On peut, en revanche, choisir de passer une nuit à Yuksom et/ou à Tashiding.

TASHIDING

Au nord-est de Geising et au nord-ouest de Pelling. Charmante et minuscule commune rurale à flanc de montagne, dominée par son monastère.

Infos pratiques

➢ ***Pour s'y rendre :*** pas de jeeps directes depuis *Pelling*. De *Geising*, 2-3 jeeps partent dans l'ap-m slt. Trajet : 1h30.

➢ ***Pour le retour :*** 2-3 jeeps pour *Geising* le mat vers 7h.

@ ***Internet :*** *station du gouvernement, installée dans l'école, bâtiment jaune à 400 m du centre. En haut de la route principale, suivre le chemin de pierre à flanc de montagne ; demandez votre route aux écoliers ; pas évident à trouver. Théoriquement, tlj sf dim 9h-15h30.* Très bonne connexion.
– Une toute petite **pharmacie** sur la route principale.

Où dormir bon marché ?

Dhakkar Tashiding Lodge : *à 200 m au-dessous du centre, en allant vers le monastère. ☎ 24-32-49. 📱 97-33-02-59-35.* Quelques chambres dans une maison de béton, sur deux étages. Simple et propre. Une seule salle de bains pour tout le monde.
Blue Bird : *au milieu de la route principale, au-dessus du STD-ISD, sur la droite en montant. ☎ 24-32-48.* Grange aménagée à l'étage. Panneaux de bois en guise de murs, et chambres très sommaires (mais électricité). Propreté rudimentaire, eau chaude au baquet. Petit dortoir également. Ce qu'on peut faire de plus basique.

À voir

Le monastère de Tashiding : *situé au-dessus du village, en face de Pelling. À 45 mn à pied du village de Tashiding et accessible en partie par une route, puis à pied en 10 mn par un grand escalier.* Comme la plupart des monastères bouddhistes, cet ensemble monastique tibétain, datant de 1641, est littéralement ceinturé d'une forêt de drapeaux à prières. L'atmosphère du lieu est unique, surtout si vous l'abordez au lever du soleil. C'est le meilleur moment également pour trouver les moines qui vous en ouvriront les portes. Dans la journée, ils travaillent aux champs et au village. Selon la légende, c'est ici que le *guru* Padmasambhava lança une flèche avec son arc, médita sur le lieu de sa chute et demanda que l'on y construisît un monastère. Le groupe monastique est composé de plusieurs temples de différentes tailles, dispersés sur une clairière. L'un deux abrite un énorme moulin à prières. Autour, quelques maisons où résident les moines et les moniales, qu'on rencontre sur le site en train de faire tourner leurs moulins à prières et qu'on salue poliment. C'est ici également que se déroule le festival de *Chumbu* qui se tient le 15e jour du 1er mois du calendrier tibétain. Tous les ans, un vase est rempli avec l'eau de deux rivières sacrées et soigneusement clos. L'année suivante, celui-ci est rouvert ; les lamas observent alors le niveau de l'eau. Si le vase est rempli à moitié, c'est un signe d'abondance, mais si celui-ci est trop haut ou trop bas, les calamités s'acharneront sur le pays. Derrière le temple principal, un ensemble de petits *chorten* blancs (et un doré), dont le plus grand est le *Thongwa Rangdrol,* censé guérir de tous ses péchés le simple croyant qui le contemplera. Jetez-y un œil, ça ne pourra pas vous faire de mal ! Il est censé avoir contenu des reliques du Bouddha et d'autres éléments sacrés. Tout autour de cet ensemble de *stupas,* des pierres gravées et colorées égayent le site sacré, tandis que des milliers d'étendards de prières flottent dans le vent. Vivant et serein.

YUKSOM

Au nord de Pelling, ce village minuscule, charmant et populaire, niché dans la vallée, a su conserver son aspect rural. C'était une cité historique au milieu d'un site enchanteur de collines boisées et de lacs. C'est ici que fut couronné le premier roi du Sikkim. Le trône est toujours là et demeure très vénéré. Yuksom est également l'un des points d'entrée du Kangchendzonga National Park, riche en itinéraires de treks (permis obligatoire, à se procurer à Gangtok ou auprès des agences de treks). C'est de là que débutent les Dzongri et Gochala Treks.

Infos pratiques

➢ ***De Geising :*** quelques jeeps/j., 12h-13h. Elles partent de Geising mais passent obligatoirement par *Pelling.* Essayer de vous faire réserver une place dans la jeep (par l'hôtel *Kabur,* par exemple), cela évitera de descendre pour remonter par la même route.
➢ ***Pour le retour :*** 3 jeeps pour Geising (qui passent par Pelling), vers 7h. Départs des jeeps en face des *Yak Restaurant* et *Gupta Restaurant.*
➢ ***Pour Gangtok :*** 2 jeeps/j., vers 7h et vers 13h.

@ ***Internet :*** *station satellite du gouvernement, en hauteur sur la route du trône au* Community Information Centre. *Théoriquement, tlj sf dim 10h-16h.* Accueil adorable et connexion satellitaire ultrarapide.

Où dormir ? Où manger ?

Bon marché (150-250 Rps / 2,30-3,80 €)

Wild Orchid : *sur la rue principale, sur la droite.* ☎ *24-12-12.* Petit hôtel dans une maison de bois à la sympathique façade. Adresse propre et amicale. Propose de petites chambres avec salle de bains commune.

Hotel Yak : *la 1re maison sur la droite en arrivant.* ☎ *24-12-36.* 📱 *99-33-02-01-33.* Un dortoir pas cher et quelques chambres nickel, mais prix surestimés.

Yak Restaurant et Gupta Restaurant : *au centre du village, sous un kiosque en paille.* Deux petits restos l'un à côté de l'autre, avec chacun sa petite paillote et sa table en terrasse. Nourriture simple, correcte, copieuse et pas chère. Service aussi souriant que le paysage.

De prix moyens à un peu plus chic (400-1 500 Rps / 6,20-23,10 €)

Yangri Gang : *à l'entrée du village, sur la droite.* ☎ *24-12-17.* 📱 *94-34-16-44-08. Chambres 200, 500 et 800 Rps, les moins chères avec w-c (sans douche) et ttes les autres avec sdb.* Hôtel tout pimpant, couleur brique, proposant des chambres confortables, d'un bon rapport qualité-prix. Accueil familial et souriant. Les moins chères, sous la réception, sont franchement à éviter (humides, sombres et mal tenues, type cachot de luxe). Les autres sont bien mieux, sans aucune comparaison.

Hotel Tashi Gang : *sur les hauteurs de Yuksom, à 500 m du centre.* ☎ *24-12-03.* 📱 *97-33-07-72-49. Double 1 200-1 500 Rps (18,50-23,10 €), ttes avec sdb.* Grand hôtel de semi-luxe à l'indienne. Bien que de belle apparence, l'intérieur révèle un gentil laisser-aller. Chambres propres, fonctionnelles, de bonne taille et sans charme. Demandez celles en étage. Petite pelouse sur le côté. Resto.

À voir

Coronation Throne Norbugang : *au-dessus du village, à 20 mn de marche du centre, en passant devant l'hôtel* Tashi Gang *; le chemin est juste après sur la gauche (panneau). Ouv en permanence.* Le lieu, organisé comme un petit parc, commémore le couronnement en 1641 du premier *Ghogya,* roi du Sikkim. Derrière le grand *chorten* blanc, le trône de pierre du roi (ou supposé tel – le trône, pas le roi). Derrière le trône, un énorme pin, vieux de plusieurs siècles, couvert d'orchidées. Juste devant, une pierre encastrée dans le sol est censée évoquer l'empreinte d'un important dignitaire bouddhiste. Bon, on n'y croit qu'à moitié. À côté, école de moines dans une minuscule maisonnette.

KECHOPARI LAKE

Au nord-ouest de Pelling et au sud-ouest de Yuksom. Attention, l'état de la route peut être très dégradé en fonction des intempéries. Toujours des glissements de terrain spectaculaires. Compter en général entre 1h15 et 1h30 en jeep. Pas de village, juste la vision du lac et quelques modestes maisons. La région offre des paysages de toute beauté.

Arriver - Quitter

➢ ***De Geising :*** 2-3 jeeps partent dans l'ap-m et passent par Pelling. Essayer d'y grimper à ce moment-là ou de réserver votre place (par le biais de l'hôtel *Kabur,* par exemple). Trajet : 2h.
➢ ***Pour le retour :*** le mat slt, 1 jeep pour *Gangtok* vers 7h, qui passe par *Pelling*, *Geising*, *Rabongla* et *Gangtok.*

Où dormir ? Où manger ?

Peu d'hébergements possibles, et d'une simplicité extrême.

Trekker's Hut : *1 km sur la route avt le lac, sur la gauche.* *97-35-94-55-76. Lit en dortoir 60 Rps (0,90 €) ; double 150 Rps (2,30 €).* Chambres et dortoir vraiment sommaires. Les proprios pourraient faire quelques efforts d'entretien. C'est pas cher, mais tout de même. Baquet d'eau chaude sans supplément. Pour les repas, petite carte de spécialités locales. On pourra vous indiquer les sentiers de randonnée.

À voir

Kechopari Lake - « le lac des Souhaits » : *à 5 mn à pied du petit parking. Entrée payante et pas chère pour accéder au ponton.* C'est l'un des lacs sacrés du Sikkim, tant pour les bouddhistes que pour les hindous. Des panneaux rappellent les règles à respecter en ce lieu. La légende dit que les oiseaux veillent à ce qu'aucune feuille ou brindille ne vienne souiller ses eaux. Il est étrange de constater que, malgré la forêt environnante, cette légende dit vrai... C'est un lieu paisible, troublé seulement par le chant des oiseaux et le claquement sec des drapeaux à prières. Y venir de préférence au lever ou au coucher du soleil.
– Depuis le parking, un chemin grimpe en 20 mn environ vers le *Kechopari Gompa,* un petit temple qui domine la colline.

QUITTER PELLING

Si les touristes séjournent essentiellement à Pelling (ils ont raison), la plupart des bus pour la région partent du village de *Geising (à env 10 km).* Noter que 2 jeeps font, tte la journée, la navette entre Pelling et Geising, de tôt le mat jusqu'au coucher du soleil. Seulement 20 mn de trajet entre les deux bourgades.
Pour *Tashiding*, *Yuksom* et *Kechopari Lake*, voir ces rubriques pour savoir comment s'y rendre et en repartir.

En bus de Pelling

|CAR] ***Bus Stand :*** *devant l'hôtel* Middle Pelling. *Comptoir ouv théoriquement 6h-18h. Résa à l'avance.*

➢ ***Pour Siliguri :*** 1 bus direct vers 7h. Trajet : 6-7h. Il s'arrête un peu partout.

➢ ***Pour Gangtok :*** pas de bus, slt des jeeps.

En jeep de Pelling

Pour réserver, se rendre à *Fathers Travels,* près de la petite place de Upper Pelling. Les jeeps partent de *Upper Pelling,* à 50 m de l'hôtel *Phamrong,* sur la route de Lower Pelling.

➢ ***Pour Siliguri :*** en saison, 4 jeeps le mat et 2 l'ap-m ; 1 seule le mat en basse saison.

➢ ***Pour Gangtok :*** en saison, 4 jeeps le mat et 2 l'ap-m. 1 seule le mat en basse saison.

En jeep de Geising

➢ ***Pour Darjeeling :*** changement de jeep au poste-frontière de *Jorethang.* Nombreux départs/j. depuis Geising, du mat jusqu'à 15h. Trajet : 1h30 jusqu'à Jorethang, puis 2h de Jorethang à Darjeeling. Attention ! Dernière jeep de Jorethang vers Darjeeling à 14h.

➢ ***Pour Gangtok :*** env 4 jeeps chaque mat, 7h30-8h30, et 1 l'ap-m. Trajet : 5h.

LE SUD DU SIKKIM

RABONGLA

IND. TÉL. : 03595 — env 10 000 hab.

Vous y passerez inévitablement en allant de Gangtok à Pelling, ou inversement. C'est une bourgade sans grand intérêt.

Où dormir ? Où manger ?

Si vous devez y dormir, évitez les hôtels près du *Jeep Stand,* bruyants et chers. Nous vous conseillons :

Hotel Melody : *sur Rabongla Ralang Rd, à 600 m sur la gauche en remontant la rue commerçante.* ☎ *26-08-17. Doubles 400-500 Rps (6,20-7,70 €), la plupart avec sdb.* La propriétaire est adorable, les chambres qu'elle propose d'une rare propreté. On peut y prendre ses repas : cuisine chinoise et indienne.

À voir dans le coin

Yung Drung Bon Kundrak Lingbon Monastery : *à 5 km de la ville (en direction de Pelling). À gauche de la route ; reconnaissable à ses toits jaunes. Arrêtez-vous dans ce petit monastère. Pour cela, contacter à l'avance M. Tempa Tenzing Lama.* *97-33-02-04-05 ou 94-34-23-55-85.* Habité par une nuée de moinillons, on y enseigne la *Yung Drung Bon philosophy.* Quelques belles fresques et objets de culte tantrique à l'intérieur du temple. Si vous le souhaitez, vous pouvez séjourner au temple (chambres propres et payantes) et y prendre vos repas avec les moines pour 1 ou 2 jours. Chouettes chambres au confort monastique, avec une superbe vue sur les montagnes.

L'EST

L'ORISSA

Mais pourquoi les touristes boudent-ils encore l'Orissa ? Ce qui les dissuade, peut-être, c'est ce tout petit triangle sur la carte (Bhubaneswar-Puri-Konârak) où sont regroupées les principales curiosités... Allons ! Pour une fois que les distances ne sont pas interminables, on ne va pas pleurer ! D'autant que l'on y découvre quelques-uns des plus beaux temples de l'Inde, des plages immenses bordant le golfe du Bengale, des paysages variés de plaines fertiles et de collines escarpées, et quelques belles réserves naturelles. C'est aussi l'Inde séculaire qui semble figée dans le temps, avec 25 % de population tribale et des paysans qui utilisent encore des outils archaïques. Hélas, derrière ces clichés photogéniques se cache une réalité moins souriante, avec une grande pauvreté de la population rurale, ici majoritaire, impuissante face aux intempéries fréquentes et dévastatrices.

BHUBANESWAR

650 000 hab. environ — IND. TÉL. : 0674

***Puri* : 62 km ; *Konârak* : 66 km ; *Kolkata* : 490 km.**

Ville tranquille, presque nonchalante, mais néanmoins capitale de l'Orissa depuis 1950, Bhubaneswar est peu fréquentée par les touristes. Tant pis pour eux, ils ratent un superbe ensemble de temples dans la partie ancienne de la ville, où règne une intense activité religieuse. La ville moderne, en revanche, ne vous laissera que très peu de souvenirs.

Arriver – Quitter

En train

***Gare ferroviaire** (plan B1) **:** au cœur de la nouvelle ville, à env 3 km au nord des temples.*

➢ ***Kolkata** (Howrah Junction Station) **:*** min 8 liaisons/j. De Kolkata, prendre de préférence le *Howrah Puri Express* (départ vers 22h10, arrivée vers 5h35), le *Falaknuma Express* (permet de profiter du paysage : départ 7h25, arrivée vers 14h) ou le *East Coast Express* (départ 11h45, arrivée vers 19h30). De Bhubaneswar, choisir plutôt le *Srijagannath Express* (départ vers 0h15, arrivée vers 8h10), ou, en journée, le *East Coast Express* (départ vers 7h40, arrivée vers 16h à Howrah).

➢ ***Chennai** (Madras – Chennai Central Station) **:** 2 express*/j. Le mieux est de prendre le *Coromandel Express* : départ de Bhubaneswar vers 21h30, arrivée à Chennai vers 17h15 le lendemain ; et départ de *Chennai Central* vers 8h45, arrivée le lendemain mat vers 5h.

➢ ***Delhi :*** 2-3 trains/j. Attention, le trajet est long ! Le *Purshottam Express* quitte Bhubaneswar tlj vers 23h35 et arrive le surlendemain vers 5h. Sinon, il y a le *Bhubaneswar Rajdhani Express,* qui ne met que 24-26h, mais ne circule que 4 fois/sem (départ vers 11h20 dim et mer, vers 9h lun et ven, arrivée New Delhi vers 10h30 le lendemain). De New Delhi, départ du *Purshottam Express* tlj vers 22h20, arrivée le

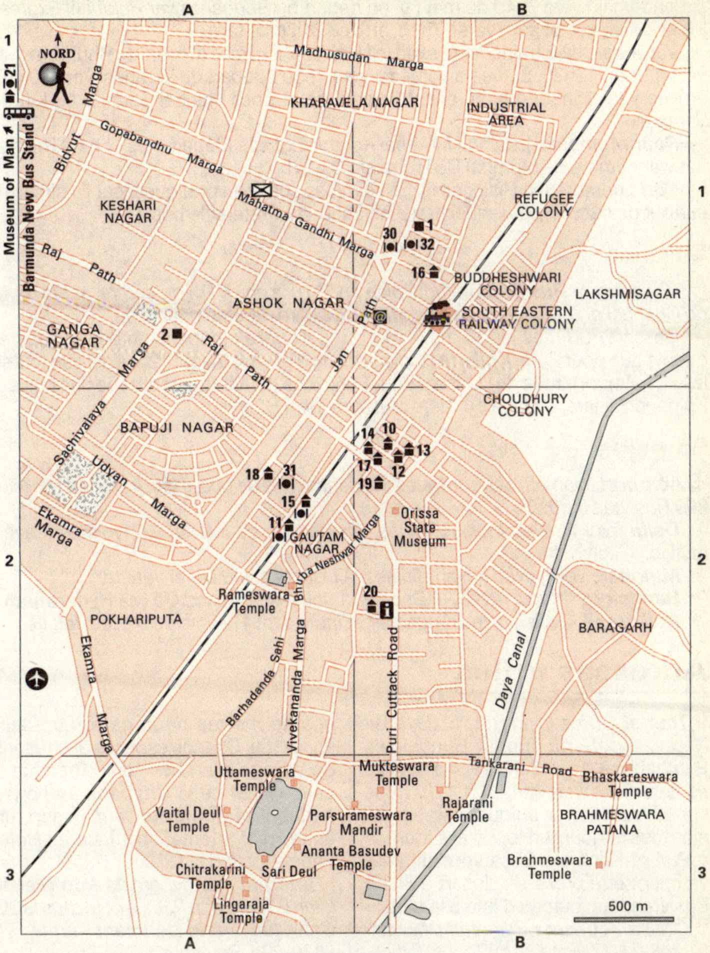

BHUBANESWAR

Adresses utiles

- Tourist Office
- Post Office
- Gare ferroviaire
- Barmunda Bus Station
- Aéroport
- 1 UAE Exchange et Swosti Travels
- 2 Indian Airlines
- Info Matrix

Où dormir ?

- 10 Bhagwat Niwas
- 11 Venus Inn
- 12 Hotel Padma
- 13 Hotels Ekamra Inn et Deepali International
- 14 Hotel Sambit Palace
- 15 Swagat Inn
- 16 Hotel Richi
- 17 Hotel Sahara
- 18 Hotel Janapatha
- 19 Hotel Sishmo
- 20 Tourist Bungalows Panthanivas
- 21 Mayfair Lagoon

Où manger ?

- 11 Venus Inn
- 15 Keyar's
- 21 Nakli Dhaba
- 30 Bhuvanashree Restaurant
- 31 Cook's
- 32 Hare Krisna Restaurant

surlendemain vers 3h40 du mat (!), ou départ du *Bhubaneswar Rajdhani Express* les lun, mer, ven et sam vers 17h15, arrivée 24h plus tard.
➢ ***Varanasi :*** slt 3 trains/sem, avec le *Neelachal Express* (départ de Bhubaneswar vers 11h ou 12h30, arrivée à Varanasi vers 7h30 ; départ de Varanasi vers 20h10, arrivée vers 15h30). Sinon, env 2 trains/j. de et pour Mughal Sarai, à 18 km de Varanasi.
➢ ***Pour Mumbai :*** 1 train/j., *Mumbai Konark Express* (départ vers 15h de Bhubaneswar comme de Mumbai CST). Trajet : 36-37h.
➢ ***Puri :*** nombreuses liaisons tlj. Les *express* sont peu pratiques, car ils circulent surtout de nuit. En *passenger,* trajet en 2h30-4h. Préférer le bus.

En bus

Barmunda Bus Station *(hors plan par A1) : à env 6 km du centre, sur la route de Chennai et des grottes de Khandagiri.* La gare routière principale.
➢ Dessert ***Puri*** (ttes les 15 mn ; trajet : 3h), ***Konârak*** (départs un peu moins fréquents que pour Puri), ***Kolkata*** (1 fois/j., en fin d'ap-m ; trajet : 12h) ainsi que toutes les villes importantes de l'Orissa. Pour Puri, vous pouvez aussi attraper les bus sur Kalpana Square, en face du *State Museum (plan B2).*

En avion

✈ ***Aéroport*** *(plan A2) : au sud-ouest du centre. Pas de bus, il faut y aller en taxi (env 200 Rps, soit 3,60 €).*
➢ ***Delhi :*** vol tlj avec *Indian Airlines, Air Deccan* et *JetLite,* 1-2 vols/sem avec *IndiGo.*
➢ ***Mumbai :*** vol tlj avec *Indian Airlines, Air Deccan, IndiGo* et *JetLite.*
➢ ***Bangalore :*** 1 vol/j. avec *Air Deccan,* 1 vol/sem avec *IndiGo* (via **Hyderabad**).
➢ ***Kolkata :*** 1-2vols/j. avec *Kingfisher* et *IndiGo,* et 1-2 vols/sem avec *JetLite.*

Adresses utiles

Tourist Office *(plan B2) : 5, Jayadev Nagar, à côté du* Tourist Bungalows Panthanivas. ☎ *243-12-99.* • *orissatourism.gov.in* • *Lun-sam 10h-17h.* Infos sur Bhubaneswar uniquement. Organise tous les jours un tour d'une journée à Puri et Konârak. Si ça vous dit (faut vraiment être pressé !), départ à 8h30. Également un bureau d'info à la gare.
Orissa Tourism : *Paryatan Bhawan.* ☎ *243-21-77. Pas loin du* Tourist Office. *Lun-sam 10h-17h.*
Post Office *(plan A1) : Mahatma Gandhi Marga. Également sur Jan Path, derrière le* Shopping Centre.
Change, distributeurs : UAE Exchange, *100/10, Jan Path (plan B1,* ***1****). En plein centre, à quelques centaines de mètres de la gare. Lun-sam 9h30-18h.* Change espèces et chèques de voyage à un bon taux. Presque à côté, l'***ATM*** de la ***Citybank*** prend les cartes *Visa* et *MasterCard.* Sinon, un autre ***ATM*** international face à l'*Hotel Padma (plan B2,* ***12****).*
Internet : *au cybercafé* ***Info Matrix*** *(plan B1), sur Jan Path, à côté de la* UCO Bank *(un grand bâtiment jaune). Tlj 8h30-23h.* Peu cher.
Indian Airlines *(plan A1,* ***2****) : un peu excentré, sur Raj Path.* ☎ *253-05-33 ou 44.* Mieux vaut vous rendre chez l'un de leurs agents (aucune différence de prix), comme ***Swosti Travels*** *(plan B1,* ***1*** *; sur Jan Path, pas très loin de la gare).*

Où dormir ?

Bon marché (200-400 Rps / 3,10-6,20 €)

Bhagwat Niwas *(plan B2,* ***10****) : 9, Budha Nagar.* ☎ *231-09-02 ou 37-08. Près de l'hôtel* Padma. Très central, un peu en retrait du grand axe. Contrairement à beaucoup d'hôtels de la zone, ici, l'accueil est sympa ! Les chambres,

L'EST

propres, plutôt agréables, ont toutes la TV, une salle de bains et l'eau chaude (chose rare dans cette tranche de prix !). Quelques-unes ont aussi l'AC mais sont plus chères (catégorie « Prix moyens »). Et partout, y compris dans votre chambre, des portraits de Sri Aurobindo (grand *guru* du sud de l'Inde) et, surtout, de la Mère, une Française qui fut l'une de ses grandes disciples (la fondatrice d'Auroville).

Hotel Padma *(plan B2, **12**) : 67, Budha Nagar. ☎ 231-33-30 ou 31. À deux pas du* Bhagwat Niwas. Ne pas se laisser décourager par la réception du 1er étage (si l'employé dort, réveillez-le !), ni par l'aspect peu gracieux du bâtiment : les chambres, pas chères du tout, sont raisonnablement propres, en tout cas tout à fait à la hauteur de leur coût. Deux catégories, avec ou sans TV, pour une différence de quelques roupies. Mais c'est tellement bon, un petit film indien de temps en temps...

Hotel Ekamra Inn *(plan B2, **13**) : 59, Budha Nagar. ☎ 231-03-81 ou 17-32. Dans le même coin que les hôtels* Bhagwat Niwas *et* Padma. *Réception au 1er étage.* Chambres bon marché mais propres, avec matelas bien nets et salle de bains convenable. Pas d'eau chaude cela dit, même dans les chambres avec AC pourtant 2 fois plus chères. Accueil correct. Une de nos meilleures adresses pour budgets serrés.

De bon marché à un peu plus chic (250-1 000 Rps / 3,80-15,40 €)

Venus Inn *(plan A2, **11**) : 217, Bapujee Nagar. ☎ 253-17-38 ou 19-08. • venusinn@hotmail.com • Tt près du* Swagat Inn. *Doubles 250-800 Rps selon confort.* Dans un quartier tranquille. Réception nette, avec des fauteuils bien confortables. Une des rares adresses où les chambres évoluent vraiment avec les tarifs : sommaires, acceptables et pas mal du tout pour les *deluxe AC*. À vous de voir donc, selon votre budget. Aussi un excellent resto (voir « Où manger ? »).

Hotel Sambit Palace *(plan B2, **14**) : A/5, Ashok Nagar, Rajmahal Sq. ☎ 253-55-59. • sambit_resorts@yahoo.com •* Petit bâtiment à façade blanche, dans une ruelle perpendiculaire à Raj Path. Ici, uniquement des chambres à prix moyens mais, au moins, elles sont très bien tenues et confortables, avec TV, draps sur les lits, eau chaude dans les salles de bains et AC pour certaines. Bon accueil, qui plus est, et resto pas cher.

Hotel Deepali International *(plan B2, **13**) : 54, Budha Nagar. ☎ 556-06-78 ou 79.* C'est l'hôtel à la très jolie façade vert pomme égayée de plantes. À l'intérieur, il y a même un escalier à rambarde en fer forgé. Vous y trouverez des chambres très convenables (avec TV, carrelage, bon matelas et salle de bains bien tenue), et ce dès le 1er prix. Ensuite, c'est la taille et l'AC qui font la différence. Dommage, vraiment, que l'accueil soit si peu sympathique.

Hotel Sahara *(plan B2, **17**) : 76, Budha Nagar. ☎ 556-07-34.* Chambres relativement spacieuses et bien tenues, avec salle de bains correcte. Les plus chères ont l'AC... et des petits rideaux pour justifier le tarif. Accueil encore sympa. On a vu des endroits bien pires !

Hotel Richi *(plan B1, **16**) : 122/A, New Station Sq., Kharvel Nagar. ☎ 253-46-19 ou 39. • hotelrichi@sify.com • Non loin de la gare.* Bâtiment assez moderne abritant de nombreuses chambres à différents tarifs. Toutes, cela dit, sont convenables pour le prix. Les plus chères sont même assez soignées, avec des couleurs fraîches, un climatiseur moderne et silencieux et un frigo. Petit déj inclus, ce qui est rare. Bar et resto. On regrettera juste la qualité de l'accueil.

Hotel Janapatha *(plan A2, **18**) : 29, Jan Path, Bapuji Nagar. ☎ 253-15-47. • hoteljanapatha.googlepages.com • Doubles 350-1 000 Rps.* Chambres d'assez bon confort, si cela peut, à vos yeux, compenser l'accueil résolument nonchalant (une manie dans cette ville !). Ici encore, chambres *standard, deluxe*, AC ou non AC, etc. Resto.

Tourist Bungalows Panthanivas *(plan B2, **20**) : Lewis Rd. ☎ 243-25-15 ou 23-14. À côté de l'office de tourisme.* Chambres à prix moyens pas trop mal fichues, spacieuses et carrelées, avec ou sans AC. De là à venir jusqu'ici pour loger, c'est une autre histoire, mais si le reste est complet, c'est une solution encore honorable. Propose des tours organisés.

Swagat Inn *(plan A2, **15**) : 219, Bapuji Nagar. ☎ 253-04-86 ou 19-95. Presque à côté du* Venus Inn. Propose 18 chambres tout juste correctes, certaines avec balcon donnant sur la rue. Les plus chères ont l'AC en plus, point. Plutôt si les autres hôtels sont pleins. En revanche, le resto vaut le détour (voir « Où manger ? »).

Très chic (env 4 000 Rps / 61,50 €)

Hotel Sishmo *(plan B2, **19**) : 86/A-1, Gautam Nagar. ☎ 243-36-00 ou 05. • hotelsishmo.com • En plein centre. Double min 4 000 Rps (61,50 €).* Hôtel de luxe traditionnel pour les amateurs du genre. Ils ont 2 types de chambres, curieusement au même prix, mais les *deluxe* sont mieux, plus douillettes (grosse moquette, meilleurs lits). Ils ont aussi un bon resto, plutôt chic mais encore abordable, et un bar (le *Lounge Bar*), considéré comme le mieux approvisionné de la ville.

Hors catégorie (min 8 800 Rps / 135,40 €)

Mayfair Lagoon *(hors plan par A1, **21**) : 8 B, Jaydev Vihar. ☎ 236-01-01. • mayfairhotels.com • À 7 km du centre, vers le nord. Double min 8 800 Rps (135,40 €), petit déj inclus.* Dans un magnifique parc, superbes cottages coiffés de tuiles autour d'un petit lac. Un conseil, choisissez les moins chers, déjà tout confort, d'un excellent rapport qualité-prix. Les autres *(deluxe)* ont un salon en plus et une terrasse à colonnes donnant sur l'eau, mais coûtent 2 fois plus cher. Sinon, l'ensemble est vraiment charmant, plein de passages couverts et de chemins ornés de statues ou curiosités, comme cet avion de la Seconde Guerre mondiale à l'entrée, ou cette sirène en pierre à côté de la piscine... Tennis, squash, ping-pong, jogging, etc. Enfin, 3 restos, dont un que l'on vous conseille vivement (le *Nakli Dhaba,* voir « Où manger ? » ci-dessous).

Où manger ?

Bon marché (50-100 Rps / 0,70-1,50 €)

Venus Inn *(plan A2, **11**) : 217, Bapuji Nagar. ☎ 253-17-38. Au 2e étage de l'hôtel (voir « Où dormir ? »). Tlj 6h30-22h30.* Très populaire dans le coin. Cadre net, plutôt plaisant : tables en marbre et pierres sculptées aux murs. Cuisine strictement végétarienne, bon marché et goûteuse. Excellent *thali* d'Inde du Sud et pas moins de 40 façons de préparer les *dosaï*. Pas d'alcool.

Bhuvanashree Restaurant *(plan B1, **30**) : Station Sq.* Grande salle sous ventilos avec des chaises et des tables en bois. Clientèle locale, on y vient pour boulotter une bonne petite cuisine végétarienne à prix tout doux. Essayez le *thali* du nord de l'Inde, vraiment bon. À la fin du repas, on vous offre une mini-crème glacée. Service bien rodé.

Prix modérés (75-150 Rps / 1,20-2,30 €)

Hare Krisna Restaurant *(plan B1, **32**) : Lalchand Market Complex, Master Cantine Sq. ☎ 240-31-88. Tlj 11h-15h, 19h-23h.* Dans le passage du Lalchand Jewellers, grande salle vraiment très sombre et réfrigérée. On peut quand même apercevoir la déco bien kitsch, et surtout déguster une cuisine végétarienne d'une finesse exquise. Goûtez, par exemple, le *stu karela,* un festival de saveurs. Ni alcool ni tabac.

Cook's *(plan A2, **31**) : Bapuji Nagar*

et Main Market Building. ☎ *253-00-25. Au 2e étage d'un petit immeuble.* L'accueil n'est pas le fort de la maison mais la cuisine, elle, est de qualité. On recommande le *cook's special*, un *murg tikka nawabi* au curry modérément épicé avec de succulents morceaux de poulet. Sinon, *goan fish curry, fish masala, mutton rogan josh* et d'excellentes spécialités végétariennes. On y sert aussi de la bière.

|●| *Keyar's* *(plan A2,* ***15****) : 219, Bapuji Nagar.* ☎ *253-04-86. Resto de l'hôtel* Swagat Inn *(voir « Où dormir ? »).* Musique pop indienne et atmosphère tamisée où l'on ne peut ni fumer, ni boire de l'alcool. À part ça, la longue carte propose des plats tous plus goûteux et parfumés les uns que les autres. En particulier, les crevettes à l'ail ou au gingembre, les plats *tandoori* parfaitement cuits, le délicieux *raita*... Pas moins de 31 façons de préparer le poulet ! Quelques plats chinois aussi, mais est-ce bien la peine ?

De prix moyens à plus chic (200-450 Rps / 3,10-6,90 €)

|●| *Nakli Dhaba* *(hors plan par A1,* ***21****) : 8 B, Jaydev Vihar.* ☎ *236-01-01. Tlj 11h-15h, 19h-23h. C'est l'un des 3 restos du* Mayfair Lagoon *(voir « Où dormir ? »).* Cadre amusant : il s'agit de 6 salles vitrées aux couleurs vives, séparées les unes des autres et pouvant contenir chacune 6 personnes. Sinon, possibilité aussi de manger dehors, sous un arbre. La cuisine est tout bonnement délicieuse. Entre autres plats, on vous conseille le *murgh latpat*, le *handi lababdari* et tous les *gosht* (agneau). Belle sélection de plats végétariens. Musique live indienne les soirs des samedi et dimanche.

À voir

Bhubaneswar est une ville de temples, et c'est pour eux que l'on vient. La plupart sont regroupés autour de *Bindu Sagar*, le bassin sacré. Évidemment, des rickshaws vous proposeront des forfaits de 2 ou 3h pour en effectuer le tour. On vous parlera de 100, 300, 500, voire de 5 000 temples... Pas de panique, le chiffre de 30 semble plus réaliste, et celui de 10 tout à fait raisonnable pour les bourlingueurs de base que nous sommes. À moins d'être vraiment très pressé, mieux vaut tout découvrir à pied, d'autant que l'atmosphère de la rue et les scènes de la vie quotidienne invitent à une flânerie tranquille.

Un drapeau qui flotte au sommet de la tour d'un temple signifie que le lieu est encore consacré au culte. À l'entrée de ceux-ci, une petite pancarte vous indiquera souvent l'essentiel de ce qu'il faut savoir. S'il y a un prêtre, il pourra aussi vous donner quelques explications. Libre alors à vous de laisser un petit quelque chose. Attention au temple de *Lingaraja* (voir ci-dessous) : pour accéder à la terrasse d'observation (le temple en lui-même est interdit aux non-hindous), on vous demandera une participation et on vous fera signer un grand cahier où figurent les dons des précédents visiteurs. Jusque-là, rien à signaler, si ce n'est que les gardiens ont malicieusement rajouté un ou deux zéros à ces dons... pour vous faire croire que tous les autres avant vous ont donné 500 ou 1 000 Rps, des sommes grotesques au regard du temps passé sur la terrasse d'observation ! Bref, ne soyez pas dupe, contentez-vous de donner 10 ou 20 Rps (grand maximum 50 Rps) et remerciez-les avec le sourire.

¶¶¶ *Lingaraja Temple* *(plan A3)* **:** le plus grand, le plus impressionnant, le plus vénéré de tous... mais interdit aux non-hindous. Construit aux XIe-XIIe s et consacré à Shiva. Rassurez-vous, d'une terrasse construite par les Anglais contre le mur d'enceinte nord (ne pas donner plus de 10-20 Rps pour y accéder, voir ci-dessus l'avertissement), on découvre ce que Fergusson appelait « le plus bel exemple d'un temple hindou ». Attention, pour la traditionnelle photo, on a le soleil de face le soir. En revanche, la lumière de bonne heure le matin y est sublime. Bâti essentiellement au XIe s, ce sanctuaire dédié à Shiva est dominé par une superbe tour de 42 m de hauteur, finement sculptée. À ses pieds, une multitude de petits sanctuaires votifs abritent différentes divinités liées à Shiva, comme Parvati (sa femme) et Ganesh (le gros fiston à tête d'éléphant). Partout, des pots cassés ayant servi à contenir les repas des pèlerins. Ne manquez pas d'aller jeter un œil furtif à l'étonnante porte principale (à l'est), d'où l'on aperçoit une colonne surmontée des deux montures respectives de Shiva et de Vishnou : *Nandi* (le taureau) et *Garuda* (l'aigle blanc à corps d'homme). Tous les ans, avant la *Ratha Yatra* (fête des chars) de Puri, le temple est fermé pendant 15 jours pour permettre aux dieux de prendre quelques vacances...

Chitrakarini Temple *(plan A3)* **:** *à côté du Lingaraja.* Ressemble un peu au temple de Brahmeswara sans pourtant atteindre sa prestance. Entouré de petits sanctuaires aux quatre coins. Flancs abondamment ciselés sous forme de colonnes. Sur l'un d'entre eux, quatre gracieuses figures érotiques.

Sari Deul *(plan A3)* **:** *dans une ruelle, de l'autre côté du Lingaraja.* D'autant plus discret qu'à cause de la surélévation du sol au fil des siècles, il paraît au tiers enterré. Sur chaque face de la tour-sanctuaire, sept larges bandes filant vers le chapeau et un « monstre » (un lion ?) en décrochement. De la rue, partir sur la droite. Tout autour, toujours d'intéressantes figures dont une tout en verticalité, genre de dragon, le pied posé sur la tête d'un éléphant placide. Sur l'autre flanc, un Shiva encore très honoré par les fidèles. Entre la *sikhara* et le *jagamohan,* une gracieuse Parvati dans le renfoncement. En retournant vers le petit escalier, quatre jolies sirènes à la queue en écailles vous feront de l'œil. Juste au-dessus, cinq danseuses, mais là bien abîmées.

Parsurameswara Mandir *(plan A-B3)* **:** *au nord-est du lac.* L'un des plus anciens (VIIe s). Son intérêt réside surtout dans l'extérieur. Tour-sanctuaire abondamment sculptée. À son sommet, le *kalasa,* symbolisant le pot de parfum sacré. Sur la face principale, mariage de Shiva et Parvati entourés des invités. Sur le flanc, les sept mères de Vishnou honorées par les fidèles (à côté, un lingam datant du XIe s). À l'arrière, au-dessus de la porte, procession d'éléphants. À droite, beaux groupes de musiciens et danseurs. À l'intérieur, salle du fond dénuée de tout décor (à part le lingam). Première salle peu ornementée également, ce qui permet de porter son attention sur le lingam. Quelques couples langoureusement enlacés quand même.

Mukteswara Temple *(plan B3)* **:** *un peu en contrebas, à 2 mn du temple de Parsumeswara.* Peut-être le plus élégant de tous, de proportions vraiment harmonieuses, précédé d'un porche monumental. Superbe illustration de l'architecture de l'Orissa du Xe s. Sur le magnifique porche *(torana),* de délicates sculptures dont des nymphes célestes *(nakiya)* nonchalamment allongées. Sur les piliers, les lions symbolisent l'hindouisme, les éléphants le bouddhisme. L'encadrement de la porte du sanctuaire présente également un riche décor végétal, ainsi que de petits personnages finement sculptés. Sur les murs du temple, un foisonnement de sculptures très diverses, allant des graciles danseuses aux divinités, en passant par des singes s'épouillant gaiement. Trouver cette femme chevauchant un animal composé des morceaux de neuf autres animaux (trompe de l'éléphant, pied du lion, croupe du cheval... à vous de découvrir les autres). Sur le côté, à hauteur d'œil, un étrange bas-relief : un visage donne naissance à quatre corps (on n'a pu en découvrir le sens). Les représentations féminines sont souvent installées sous un arbre, symbole de fertilité. À ce propos, remarquer, à droite de l'entrée et face au bassin, un puits où les femmes stériles viennent boire de l'eau. Le litre se vend, paraît-il, une fortune ! Dans le jardin, ne pas rater le cadran solaire, d'une précision helvétique. À côté, le traditionnel ghat pour les ablutions des prêtres et de fidèles.

Vaital Deul Temple *(plan A3)* **:** encore une petite merveille architecturale, datant du VIIIe s, où l'on célébrait des cultes tantriques. Ce temple est l'élégante petite résidence de l'effrayante déesse Chamunda aux colliers de crânes. *Jagamohan* peu élevé et tour-sanctuaire abondamment ciselée. Sur le flanc droit (le dos à la rue), Parvati entourée de scènes délicates (femmes chevauchant des lions). Audessus, dans le fronton au raffinement extrême, Vishnou. Sur l'autre flanc, Durga avec un trident, assise sur un taureau. Traits déliés, mouvements souples. À partir de là, longue série de figures féminines dans des positions langoureuses. Fort belle lumière sur l'ensemble le matin.

Rajarani Temple *(plan B3) : au fond d'un agréable jardin, ce temple n'est plus utilisé comme lieu de culte, raison pour laquelle il vous faudra payer 100 Rps pour l'approcher.* À notre avis, on peut s'en passer mais si vous décidez de vous acquitter du droit d'entrée, son style rappellera quelque chose à ceux qui ont visité Khajuraho. *Sikhara* abondamment sculptée contrastant avec le corps de l'édifice plus sobre. Ornée de mini-tourelles dotées également d'un chapeau côtelé. Festival de dentelles, sculptures, nymphes célestes dans des poses sublimes, portant des bijoux et des coiffures d'une finesse exceptionnelle. Sur les flancs, on retrouve la sympathique association lion-éléphant. Entre autres, à droite, trois lions montés sur trois éléphants à la base des grosses colonnes. À l'opposé de la tour-sanctuaire, portail monumental où l'on notera les traditionnelles planètes et les ravissantes sirènes sculptées sur les colonnes.

Brahmeswara Temple *(plan B3)* **:** le plus éloigné de tous (mais pas le plus inintéressant !). Date du XIe s et dédié à Shiva. Deux caractéristiques assez inhabituelles à noter tout de suite : temple entouré de tours aux quatre coins et corps *(jagamohan)* entièrement sculpté. Arrivée par la face nord. Au milieu, Shiva assis sur un taureau et à sa droite, le gardien du Nord assis sur une fleur de lotus. Au coin, le gardien de l'air assis sur un cerf. Au milieu, du côté droit, le gardien de l'eau assis sur un crocodile (cela dit, on dirait plutôt un éléphant !). À l'angle suivant, le gardien du Sud-Ouest assis sur un fantôme, puis le gardien du Sud assis sur un buffle, le gardien du Sud-Est sur un mouton et enfin Indra, celui de l'Est sur un éléphant. Porche, quant à lui, encadré de trois bandes verticales décorées de roses, de chérubins à l'indienne et de fleurs. Sur le linteau, *Laksmi.* À l'intérieur, le classique lingam.

Rameswara Temple *(plan A2) : le premier temple rencontré en venant de la ville.* Se le réserver au retour pour la belle lumière de fin d'après-midi. Porche ciselé et, sur le linteau, les planètes. À l'intérieur, le lingam surmonté du cobra. Partir sur la droite pour le classique lion sur l'éléphant (avec une belle étreinte au-dessus), puis une représentation de Parvati. Sur la face opposée au porche, Kartikaya, puis sur l'autre flanc, Ganesh, très honoré également.

Orissa State Museum *(plan B2) : en face de l'hôtel* Kalinga Ashok. *Mar-dim 10h-13h, 14h-16h. Entrée : 50 Rps.* Dédié au patrimoine naturel, archéologique, culturel et artistique de l'État. Attention, plus intéressant que l'impression de joyeux désordre et de fourre-tout qu'il peut donner de prime abord.
– *1re salle :* ornée de grands portraits. On est accueilli par un beau Ganesh du XIXe s en bronze et par un Vishnou en basalte noir du XIIIe s.
– *Salles d'archéologie :* statues de toutes les périodes. Tara au beau mouvement du bassin (X^{e} s), sculptures de la période *vaishnavite* où l'on honorait Narayana, Krishna, Vishnou. De ce dernier, une statue sans tête aux beaux bijoux ciselés, trouvée à Cuttack (XIIIe s). Sculptures de la culture *saivite* dont un Uma Mahesvar du IXe s assis sur le dos d'une vache. Juste avant la salle suivante, une série de quatre intéressants Ganesh.
– *Dernière salle :* quelques belles pièces comme ce portail ciselé, un pilier sculpté, une femme offrant de l'eau, des bas-reliefs. Joli « transport d'éléphant ». Vers la porte, d'autres transports, mais amoureux. Pour finir, une scène du *Kumar Sambhav* où un prince urine (ou éjacule) dans les mains d'une belle dame.

– *Galeries épigraphiques :* parmi les plus riches qu'il nous ait été donné de visiter. Pierres avec textes gravés et effets graphiques souvent ravissants. Intéressant tableau sur l'évolution de l'écriture et de l'alphabet en Orissa. Collections numismatiques.
– *Galeries géologiques et minéralogiques :* là, c'est un peu la pagaille, galeries mal mises en valeur, peu éclairées, dommage ! Bois pétrifiés et maquette d'une mine de fer.
– *Section ornithologique et animalière :* assez riche, avec des dioramas où les martins-pêcheurs et les petits singes semblent si gentils. Le rare pangolin et l'écureuil volant intriguent les enfants.
– *Galerie des bronzes :* à l'étage. Assez fascinante. D'abord, un somptueux Ganesh du XIXe s (qui se prendrait pour Vishnou) et un taureau joliment harnaché. Dans la vitrine du milieu, délicats petits bronzes. Curieux Kamadhenu (genre centaure hindou) et une incongrue reine Victoria.
– *2e salle :* terres cuites, sculptures en pierre à savon et mobilier de maharaja. Sculptures sur bois et boîtes décorées. Superbes musiciens en marbre. Peinture *patta,* grande et jolie enluminure, ivoires ciselés, jouets en bois peints, etc.
– *Galerie d'art :* outre une belle miniature à droite de l'entrée, on y trouve quelques œuvres modernes.
– *Salle ethnographique :* costumes, bijoux et intéressantes photos noir et blanc des tribus d'Orissa. Également des dioramas avec des mannequins grandeur nature.
– *Dernière salle :* à ne pas louper ! Vous y verrez de très subtiles représentations de poèmes du XVIIIe s illustrées de figures d'une finesse extrême. Légendes entièrement écrites à la main comme le *Bhagavata.* À côté, le *Vishnou Sakaranama* (sûrement rédigé avec une loupe !) sur une seule feuille de palme.

Museum of Man *(musée de l'Homme ; hors plan par A1)* **:** *à env 5 km au nord-ouest de la gare, sur la route de Chennai. Mar-dim 10h-17h. Gratuit.* Dans de vastes salles claires et ventilées, ce musée abrite de riches collections d'objets traditionnels issues des nombreuses tribus que compte l'Orissa. À voir comme ça, en vrac : petits bronzes *dokra,* tambours, beaux objets niellés, bijoux, figurines et vêtements de cérémonie. Des instruments de musique originaux aussi, comme ce violon à une corde, des cymbales, des cors, des flûtes et des trompettes. Expo d'objets domestiques, pots en bois, instruments agraires, armes de chasse et techniques de pêche. Superbes textiles : saris en fibres de santal. Bracelets et colliers. Photos inédites de chamanes en transes. Beaux tissus *kondh* rappelant les *ikats* indonésiens. Enfin, un ravissant artisanat *gond* en argent et un pittoresque ensemble de peignes viennent compléter les collections.

DANS LES ENVIRONS DE BHUBANESWAR

Les grottes d'Udayagiri et Khandagiri : *à env 10 km du centre et à 2,5 km de la Barmunda Bus Station. Ouv du lever au coucher du soleil. Entrée : 100 Rps.*
Sur deux collines jumelles recouvertes de ficus et peuplées de singes, une trentaine de grottes datant probablement, pour les plus anciennes, du Ier s de notre ère. On pense qu'elles furent creusées pour servir d'abri aux ascètes jaïns.
Les bas-reliefs les plus intéressants se trouvent sur Udayagiri. La grotte n° 1 *(Rani-ka-Naur),* spacieuse, sur deux étages, fut occupée par une reine venue faire pénitence, mais visiblement encore attachée à son petit confort. Dans la plupart des grottes, notez la partie surélevée au fond, qui devait servir de traversin aux ascètes (on est ascète ou on ne l'est pas !). Sur les grottes du Tigre, du Serpent, de l'Éléphant, émouvants panneaux sculptés plus ou moins rongés par le temps.
Sur Khandagiri, seule la grotte d'Ananta justifie la grimpette. Tout en haut, un temple jaïn du XVIIIe s et une superbe vue sur la campagne environnante, avec Bhubaneswar au loin.

Dhauli : à 10 km au sud de Bhubaneswar, sur la route de Puri. Le chauffeur du bus vous arrêtera au carrefour, puis vous devrez faire les 3 km restants à pied. Le coin est joli, mais le site proprement dit plutôt décevant. Peu avant le sommet de la colline, sur la gauche, un rocher sur lequel l'empereur Ashoka, après sa conversion au bouddhisme, fit graver ses édits. Outre leur état de conservation exceptionnel malgré leur grand âge (IIIe s), leur particularité est d'être écrits en *pali,* ancienne langue religieuse de l'Inde méridionale. Jetez un coup d'œil à la traduction anglaise sur les grands panneaux bleus, ça vaut la peine ! En continuant vers le sommet de la colline, vous tomberez, tout en haut, sur un énorme stupa blanc élevé en 1970 par les Japonais.

PURI

150 000 hab. environ — IND. TÉL. : 06752

***Bhubaneswar* : 62 km ; *Konârak* : 35 km ; *Kolkata* : 550 km ; *Chennai (Madras)* : 1 290 km.**

Puri est l'une des quatre villes saintes les plus importantes de l'Inde. Au moment de *Ratha Yatra* (la fête des Chars), en juin ou juillet, les pèlerins investissent la ville, la frénésie bat son plein et les hôtels sont pris d'assaut.
En dehors de cette période délirante et passionnante, Puri est surtout une station balnéaire où touristes indiens et occidentaux profitent des plages étirées. Remarquez que ceux-ci se mélangent peu : il y a la partie où séjournent les vacanciers indiens (côté sud, un front de mer déjà très bétonné) et celle, plus près du centre, plus rustique et plus agréable, où se retrouvent les étrangers. L'accueil ici est globalement sympa et relax, bien plus en tout cas qu'à Bhubaneswar ! Enfin, il y a aussi des pêcheurs qui, fidèles à leurs frêles esquifs, n'ont pas l'air fort concernés par l'irruption des temps modernes.

Arriver – Quitter

En bus

***Gare routière :** dans le centre, un peu au nord de la gare ferroviaire.*
➢ ***Bhubaneswar :*** bus très fréquents, dans les 2 sens, 5h-21h. Trajet : 1h30.
➢ ***Konârak (Konark ; 35 km) :*** min 1 bus/h, dans les 2 sens, souvent bondé. Préférable de faire la route en taxi ou en rickshaw.

En train

***Gare ferroviaire :** en plein centre.* Point d'infos touristiques.
➢ ***Kolkata :*** 2 trains de nuit, dans les 2 sens. Trajet : un peu plus de 10h.
➢ ***Delhi :*** 3 trains/j. Ainsi, le *Purushottam Express* part de Puri vers 20h15 et arrive le surlendemain vers 4h45 (soit 33h). Sinon, le *Puri New Delhi Express* ne circule que 4 fois/sem mais ne met que 30h.
➢ ***Chennai (Madras) :*** pas de train direct, il faut passer par Khurda Rd (à 44 km), où s'arrêtent tlj 2-3 trains à destination ou en provenance de Chennai.
➢ ***Varanasi :*** 3 trains/sem. Départ de Puri à 9h30, de Varanasi à 20h10. Trajet : 22h.

Adresses utiles

***Orissa Tourist Office :** sur Chakra Tirtha R. (C. T. Rd), pas loin du* Tourist Bungalows Panthanivas. ☎ *22-26-64. Lun-sam 10h-17h.* Vend une carte de Puri... vieille de 10 ans. Organise aussi une excursion à Bhubaneswar et

Konârak. Autre bureau à la gare ferroviaire.

✉ **Post Office :** *Mochi Sahi, à l'est de la gare. Horaires habituels.* Service de Western Union.

■ **Change :** *au* **Samikshya Forex,** *sur C. T. Rd, au cœur du quartier routard. Tlj 7h-21h30.* Change à un bon taux espèces et chèques de voyage. Sinon, **State Bank of India,** *sur Hari Hara Square (à l'extrémité est de C. T. Rd),* mais c'est toujours bondé.

■ **ATM internationaux :** *sur Station Rd, à l'angle de V. I. P. Rd (pas loin de la gare), ainsi qu'à côté de la* State Bank of India *(sur Hari Hara Sq).*

■ **Location de vélos :** *des petites boutiques un peu partout sur C. T. Rd. Vraiment pas cher.* Possibilité aussi de louer des scooters (et des motos) pour quelques euros/j. Vérifiez bien l'état du véhicule !

■ **Loknath Bookshop :** *C. T. Rd, en face du* Samikshya Forex. Une petite librairie où l'on trouve quelques livres en français.

Où dormir ?

Comme on l'a dit, il y a à Puri une zone essentiellement fréquentée par les Indiens et une autre par les touristes étrangers. Ça tombe bien, des deux, c'est cette dernière qui est la plus sympa ! Elle se situe au sud-est de la gare, le long de Chakra Tirtha Road (C. T. Road), près du village de pêcheurs. Là, beaucoup d'hôtels pas chers du tout et souvent d'un bon rapport qualité-prix. Certains proposent des chambres plus chères mais, au-delà de 1 000 Rps, c'est souvent surévalué. Savoir aussi que les prix augmentent en octobre, pour le *Durga Puja,* et en décembre, mois de grande affluence à Puri. Dernière info, pas la plus réjouissante : dans la plupart des hôtels, il faut libérer la chambre vers 8h, parfois même dès 7h !

Très bon marché (max 200 Rps / 3,10 €)

🏠 **Bay La Lodge :** *C. T. Rd, presque en bordure du village de pêcheurs.* Une adorable famille propose 4 chambrettes fort simples. La maman mitonne de délicieux petits plats tandis que la fille, Moon-Moon, qui parle bien l'anglais, est aux petits soins et veillera à ce que votre séjour se passe bien. L'ensemble est certes un peu spartiate, mais voilà bien l'un des accueils les plus authentiques et les plus chaleureux du coin.

🏠 **Hotel Derby :** *C.T. Rd.* ☎ *22-39-61. Derrière le* Z Hotel. Une dizaine de chambres avec moustiquaire et salle d'eau (sommaire) autour d'un petit jardin fleuri. Petite terrasse avec vue sur la plage, un peu plus loin. Bon accueil. Rien à redire pour le prix !

🏠 **Hotel Nilambu :** *C.T. Rd.* ☎ *22-90-25. À côté de l'hôtel* Derby. Encore moins cher que celui-ci, mais ambiance moins sympa. Cela dit, c'est bien tenu et, de nouveau, pour le prix, vous ne serez pas volé. Une dizaine de chambres en tout, donnant, pour certaines, sur une cour intérieure.

🏠 **Hotel Love and Life :** *Chakra Tirtha Rd (C.T. Rd, quoi !).* ☎ *22-44-33.* Grande demeure blanche avec des maisonnettes derrière, dans le jardin. Propreté acceptable, et toutes les chambres ont une salle de bains. Certaines ont même, paraît-il, l'eau chaude. Également un dortoir pour trois fois rien. Attention aux bungalows les plus proches du générateur (bruyant au démarrage).

Bon marché (150-400 Rps / 2,30-6,20 €)

🏠 **Santana Guest House :** *c'est la grosse bâtisse jaune tt au bout de C. T. Rd, au-delà du village de pêcheurs.* ☎ *25-14-91.* • *hotel_santana@hotmail.com* • *Guesthouse* familiale et sympathique qui accueille surtout des Japonais. Propose des chambres simples mais propres, avec salle de bains, pour le prix d'un sandwich en France. Le plus drôle, c'est que pour le prix de ce sandwich, vous avez la chambre évidemment, mais aussi le petit déj... et le dîner ! Également 2 petits dortoirs. Internet, et douche chaude moyennant un supplément. Belle vue d'ensemble sur le village de pêcheurs depuis le toit. Une bien bonne adresse !

Hotel Pink House : *face à la mer, au bout d'un chemin perpendiculaire à C.T. Rd. ☎ 22-22-53. À côté des hôtels* Sapphire International *et* Sea Queen Inn *(voir plus bas).* Un petit bâtiment de couleur rose (comme son nom le suggère), abritant des chambres rudimentaires avec barreaux aux fenêtres, genre cellules à Cayenne, mais donnant directement sur la plage. Agréable et, de plus, bon accueil.

Hotel Tanuja : *C. T. Rd. ☎ 22-07-17.* Au cœur de la « zone routarde », cette pension offre 9 chambres à prix variables (du simple au double) autour d'un jardin tout fleuri. Les plus chères sont bien nettes et ont la TV. Organise des tours dans les réserves tribales de l'Orissa.

De bon marché à un peu plus chic (150-950 Rps / 2,30-14,60 €)

Hotel Gandhara : *C. T. Rd. ☎ 22-41-17 ou 46-23. • hotelgandhara.com • Double min 650 Rps.* Dans un grand bâtiment blanc avec cour et jardin intérieurs fort plaisants, 24 chambres à tous les prix. On vous conseille les moins chères, vraiment super, avec salle de bains immaculée et TV. Sinon, il y en a de plus chères (avec balcon et AC), mais aussi de très bon marché (très propres, avec salle de bains et eau froide), et même des petits dortoirs ! Resto en terrasse, Internet, change, massage. Tout simplement l'un de nos hôtels préférés à Puri.

Z Hotel : *C.T. Rd. ☎ 22-25-54. • zhotelindia.com •* Une bonne adresse là encore. Élégante maison coloniale dans un jardin planté de beaux arbres. Pas mal de caractère (noter l'antique escalier en fer). Les chambres, de bon marché à prix moyens, sont proprettes, avec des murs tout blancs égayés de rideaux jaunes, de hauts plafonds et un (ou deux) lit, au milieu, surmonté d'une moustiquaire. Les nos 25 et 26 ont un balcon. Dortoir pour filles aussi, et immense terrasse-solarium. Salon commun où profiter d'un DVD en soirée. Possibilité de dîner (grande table conviviale). Bonne cuisine (gratin de légumes, crevettes sautées, sandwichs, plats chinois, etc.) et copieux petit déj.

Hotel Sea Queen Inn : *C.T. Rd. ☎ 22-28-46. Quasiment sur la plage, à côté de l'hôtel* Pink House. *Doubles 400-550 Rps, sf en oct et déc, beaucoup plus cher.* Ce petit hôtel récent propose des chambres certes pas très grandes, mais assez bon marché et nickel. Bons matelas, TV, salle de bains impeccable, certaines ont en outre l'AC et 2 d'entre elles un balcon donnant sur la mer.

Hotel Sapphire International : *C.T. Rd. ☎ 22-64-88. • hotelsapphireinternational.com • À côté de l'hôtel* Sea Queen Inn. Hôtel sympa. Attention, il se compose de 2 blocs. Dans le 1er, chambres de bon marché à prix moyens, intéressantes pour le prix mais en choisir une avec balcon. Celles du 2e bloc sont mieux mais là, on tombe dans la catégorie « Plus chic » ! Bon accueil.

Hotel Lee Garden : *V.I.P. Rd. ☎ 22-99-86 ou 36-47. • leegarden@rediffmail.com • Un peu à l'écart des autres hôtels. Doubles 500-900 Rps, mais 30 % de réduc hors période de grande affluence, c'est-à-dire presque tout le temps.* Quelques triples et quadruples aussi. À ce tarif-là, ce petit hôtel devient une adresse honorable car les *standard* sont très propres, avec balcon et TV. Les *deluxe* sont un peu plus neuves et dotées de salles de bains pimpantes. D'autres chambres encore, avec AC. Resto chinois au rez-de-chaussée (voir « Où manger ? »).

Très chic (min 6 500 Rps / 100 €)

Mayfair : *C.T. Rd. ☎ 22-78-00. • mayfairhotels.com • Double min 6 500 Rps (100 €), petit déj inclus.* Si vous cherchez un hôtel de luxe à Puri, voici, à notre avis, et de loin, l'adresse la plus recommandable ! Jardin tropical magnifique, piscine et vue sur la mer. Chambres dans le bâtiment principal ou dans des bungalows noyés dans la verdure, très agréables et tout confort (lit *king size,* AC, TV câblée, frigo). Également 4 suites étonnantes pour le prix. *Health club* avec jacuzzi. Excellent resto (voir « Où manger ? »). Le pied, quoi !

Où manger ?

Nombreux petits restos pour touristes sur C. T. Road. Ils se valent à peu près tous, on choisit surtout une ambiance.

Assez bon marché (75-150 Rps / 1,20-2,30 €)

Peace Restaurant : *C.T. Rd, près du* Z Hotel. Terrasse dans un jardin tout en longueur, protégée par un toit de chaume. Populaire rendez-vous des routards et des Indiens en vacances. Ici, « on fait crédit aux clients de plus de 85 ans à condition qu'ils soient accompagnés par leurs parents », ça donne le ton, non ? Cuisine correcte, spécialité de *prawns tikka* et de *fish tandoori.* Sinon, pâtes, salades, soupe maison, poulets divers, milk-shakes...

Xanadu : *C.T. Rd, à côté du* Peace Restaurant. Agréable, en salle ou sur la terrasse, garnie de tables posées sur un parterre de sable. Tous les classiques (snacks, omelettes, *burgers, biryanis,* macaroni, etc.) et bon choix de poisson. Spécialités de *lassi* et *curds.* Si vous vous sentez d'humeur à faire bombance, sachez que la saison de la langouste court d'août à décembre. Sinon, il y a aussi, à la carte, un plat de crabe qui fait le bonheur des Coréens. Longue attente, mais les rencontres sont faciles et la musique plutôt cool.

Garden Restaurant : *C.T. Rd, à un jet de pierre du* Peace *et du* Xanadu. Ici, rien de bien surprenant, on dîne dans un jardin verdoyant, sous des paillotes. Même carte qu'ailleurs : jus, *lassi,* crêpes, sandwichs, *burgers,* salades, pâtes, *biryani,* poulet, poissons, crevettes... Si, malgré tout, vous ne savez que prendre, essayez le copieux steak de thon servi avec une sauce tomate à l'ail, vous en aurez pour votre argent. Patron sympathique.

Honey Bee Bakery & Pizzeria : *C.T. Rd, à côté du* Xanadu. En quête d'un endroit pour le petit déj ? Stop, posez votre sac dans ce mouchoir de poche, ils ont d'excellents *cinnamon rolls* et de bons *cappuccini* ! Midi et soir, place aux pâtes et pizzas, spécialités du lieu. Une chouette adresse, idéale pour sortir un peu de la gastronomie ambiante.

Wild Grass : *V.I.P. Rd, un peu à l'écart des restos de C.T. Rd.* ☎ *22-92-93. Tlj 12h-23h.* Resto à sensibilité écolo. On y mange bien dans un super jardin plein de palmiers et de statues. Les grosses faims commenceront par les *vegetarian pakora,* qui calent bien. Puis, au choix, *fish tikka, tandoor pomfret, dahi pakhal (curd rice), ghia arna* (riz, *ghee* et citron), etc., ainsi qu'un excellent *orissan thali* (à réserver la veille). On peut aussi s'installer dans une agréable salle sous toit de chaume.

Chung Wah : *V.I.P. Rd, à deux pas du* Wild Grass. ☎ *22-33-97. Ouv jusqu'à 23h. Le resto de l'hôtel* Lee Garden *(voir « Où dormir ? »).* Pour ceux qui font une overdose de curry, un resto chinois tenu par un vrai Chinois. Le cadre manque certes d'humour, mais la cuisine est bonne... et le service rapide, chose rare à Puri !

Plus chic (min 200 Rps / 3,10 €)

Verandah *(restaurant du Mayfair) : C.T. Rd.* ☎ *22-78-00. Voir « Où dormir ? ». Ouv jusqu'à 23h.* Ravissant et confortable resto, avec ses tables et chaises en fer forgé. Le soir, en particulier, dans la brise bien fraîche, cadre plein de charme pour déguster une cuisine de haute volée et se dire des mots tendres. Les saveurs se télescopent, les épices explosent parfois en bouche sans dictature des piments, il faut le souligner. Même le *mutton biryani*, somme toute un classique, acquiert ici ses lettres de noblesse (attention, servi très généreusement, ne pas en prendre un chacun !). Sinon, beau choix et quelques spécialités : le *murgh lababdar*, le *goan fish curry*, les *scampi* aux noix de cajou, le poulet *tandoori* sauce *mint chutney* et quelques plats continentaux ou chinois.

À voir

La plage : davantage un lieu de balade et de spectacle que de baignade. Sur la grande plage, les Indiens en vacances font toutefois trempette, tout habillés. Les Occidentaux fréquentent la plage près du village de pêcheurs, mais n'attendez ni cocotiers, ni propreté, ni tranquillité ! Par ailleurs, des histoires de racket, vols et même viols circulent et, sans sombrer dans la psychose, mieux vaut refuser les propositions de massages au coucher du soleil.

Le temple de Sri Jagannath : un des quatre temples les plus vénérés de l'Inde, où tout hindou pieux souhaite venir au moins une fois dans sa vie. Inaccessible aux non-hindous, il n'est visible que de la *Raghunandan Library*, bibliothèque installée dans un bel édifice *(lun-sam 9h-12h, 16h-18h)*. De la terrasse, vue sur ce temple immense reconstruit en 1198, dominé par une tour de 60 m de hauteur. Si la bibliothèque est fermée, il se trouvera toujours un rabatteur pour vous conduire à la terrasse d'un autre immeuble, moyennant un petit bakchich. À gauche, peut-être la plus grande cuisine du monde avec ses 752 fours qui n'ont jamais été éteints depuis le XIIe s. Pendant le festival de *Ratha Yatra*, on y prépare jusqu'à 200 000 repas par jour ! Et puisque l'on parle chiffres, sachez qu'un tiers de la population de Puri a une activité liée au temple et que 6 000 personnes y travaillent en permanence. Tout autour de l'enceinte, animation démente de gens qui prient, de vendeurs de bondieuseries et d'offrandes, de *sadhus* superbes... Du grand spectacle à l'indienne !

Fêtes

– ***Ratha Yatra*** *(ou fête des Chars) **:** ts les ans, en juin ou juil.* Une foule considérable de pèlerins assiste au transfert du dieu Jagannath à sa résidence d'été. Il est accompagné de sa sœur et de son frère, tous trois installés sur des chariots gigantesques tirés par des milliers de dévots. Inutile de dire que ces chars de près de 100 m et de 13 m de hauteur ne se manient pas comme des poussettes ! La procession va du temple de Jagannath à Gundicha Mandir, 3 km de spectacle hallucinant. Après une semaine de repos, les divinités sont ramenées à la case départ dans une même liesse.

VACANCES SACRÉES

Pour un hindou, le fait d'assister au départ en vacances de son dieu lui assure d'échapper au cycle infernal des réincarnations. Comme tout le monde ne peut pas voir les chars, il suffit de les entendre pour atteindre directement le nirvâna le jour venu. C'est dire si l'événement mérite le déplacement.

– ***Chandan Yatra :*** *en avr-mai.* Fête vishnouïste. Une autre manifestation extraordinaire de la ferveur religieuse en Inde. Cette fois, Vishnou est transporté en bateau sur le lac sacré de Narendra, après un bain rafraîchissant dans de l'eau parfumée au santal. Les réjouissances durent 3 semaines, dans l'allégresse la plus folle, évidemment.

➤ DANS LES ENVIRONS DE PURI

Raghurajpur : *à env 12 km de Puri, sur la route de Bhubaneswar. Le bus s'arrête à Chandanpur. De là, il faut marcher env 2,5 km, mais la balade est jubilatoire.* Petit village super dans un coin enchanteur, où plusieurs centaines d'artistes vivent de leurs créations. Toute la famille travaille, de la grand-mère qui peint des noix de coco à la petite-fille qui façonne des figurines en bouse de vache. Possibilité d'y acheter de fines gravures sur feuilles de palme, des sculptures sur bois, marbre ou pierre, et de belles peintures colorées appelées *patachitra*.

KONÂRAK (KONARK)

IND. TÉL. : 06758

Un tout petit village à 3 km d'une immense plage, une poignée d'hôtels et surtout un temple fabuleux... le rêve ! Pourtant, les touristes n'y viennent que pour la journée, clic-clac photos, et repartent aussi sec. Une bénédiction pour ceux qui restent, tranquillité délectable pour profiter des plus belles lumières. Konârak ne connaît de nuits agitées qu'au moment du festival de Danse (un des plus célèbres de l'Inde), qui se tient tous les ans en deux sessions, début décembre puis vers le 20 février, ainsi que lors du *Sun Festival* (fin janvier) où, pendant 3 jours, des centaines de milliers de personnes campent sur la plage et honorent le Soleil (le jour) et la Lune (la nuit).

Arriver – Quitter

Bus Stop : *à quelques minutes à pied du temple.*
➢ ***Puri :*** bus assez fréquents dans les 2 sens (min 1/h) mais souvent bondés. Trajet : env 1h. Préférable de faire la route en taxi ou en rickshaw.
➢ ***Bhubaneswar :*** même fréquence que pour Puri. Trajet : 2h30.

Adresse utile

Orissa Tourist Office : *à l'hôtel* Yatri Nivas. *☎ 23-68-21.* Même vieille doc sur la région que celle qu'on trouve ailleurs.

Où dormir ?

Très bon marché (75-250 Rps / 1,20-3,80 €)

Labanya Lodge : *à l'entrée de Konârak (en venant de Puri), sur la gauche.* Maison multicolore entourée d'un jardin calme. Chambres avec ou sans salle de bains, simples mais propres. Terrasse devant chacune. W-c à l'orissienne, eau chaude au seau. Certainement l'adresse la plus routarde et la plus conviviale du coin. Location de vélos et accès à Internet.

De bon marché à prix moyens (250-650 Rps / 3,80-10 €)

Yatri Nivas : *à 2 mn du temple, sur la route de Bhubaneswar. ☎ 23-68-20 ou 21.* Hôtel gouvernemental rouge aux murs joliment peints. Ceux-ci sont refaits tous les ans pour le festival de Danse. Allées couvertes bordées de fleurs, et chambres installées dans de petits bungalows tout autour d'un jardin aux pelouses très britanniques. Curieusement, on a trouvé les moins chères plus nettes que celles avec AC... À vous de voir donc, mais à notre avis, inutile de vous précipiter sur ces dernières. Fait aussi office de tourisme. Resto correct, dans une grande salle claire et ventilée. *Fish masala* et tous les *thalis* : *veg', egg, fish, mutton,* etc.

Panthanivas Tourist Bungalows :

juste en face du temple. ☎ *23-68-31.* L'autre hôtel d'État de Konârak. Atmosphère certes un peu austère (peu de passage) mais accueil sympathique. Faut-il plutôt loger ici ou au *Yatri Nivas* ? Très difficile à dire : il semble y avoir ici moins d'ambiance, mais les chambres, pourtant pas fort différentes, y sont moins chères. Que dire de plus ?

Où manger ?

|●| ***Geetanjali :*** *le resto du* Panthanivas Tourist Bungalows, *en face de ce dernier.* Tout vitré, donnant sur un jardin. Grande salle aérée pour une cuisine simple et correcte, sans fantaisie. Chaque 2e samedi du mois, spectacle de danse dans le jardin.

|●| ***Sun Temple :*** *place des bus. Ouv non-stop.* Bien tenu et populaire, c'est le rancard des chauffeurs de bus. On y trouve tous les classiques : *fish,* poulet, *mutton curries.* Bon et copieux mais, un conseil : demandez que le riz soit chaud !

À voir

🏛🏛🏛 ◈ **Sun Temple** *(le temple du Soleil) : ouv du lever au coucher du soleil (logique !). Entrée : 250 Rps.*

Parmi les plus beaux joyaux de l'Inde. De ce temple du XIIIe s édifié par le roi Narasimhadeva, le dernier construit dans le style kalinga, Rabindranath Tagore disait : « Ici, le langage des pierres est plus puissant que celui des hommes. » C'est joli, non ? En passant l'entrée, remarquez déjà le symbolisme sans détour : deux lions de part et d'autre (pouvoir de l'hindouisme) sur deux éléphants (symbole du bouddhisme) tenant dans leur trompe des hommes. Sans doute une représentation de la prééminence de l'hindouisme sur le reste mais, bien sûr, il y a d'autres interprétations. Sur les murs du premier édifice, superbes sculptures de danseuses et de musiciens, sorte d'enseigne de ce qui était proposé à l'intérieur.

Mais ce que vous êtes surtout venu voir, c'est ce gigantesque char de pierre édifié pour le dieu du Soleil, *Surya,* au XIIIe s. À sa base, 24 roues de 3 m de diamètre, égayées de sculptures de femmes aux postures magnifiques, de guerriers, musiciens, etc. On vous recommande vraiment de ne pas faire l'économie d'un guide, qui pointera pour vous les détails les plus significatifs. Toutes les scènes de la vie sont visibles y compris les épisodes érotiques qui, n'ont franchement rien à envier aux célèbres temples de Khajuraho, ni même à certains films un peu hard ! C'est clair, pas de tabous à l'époque, et une souplesse morale et corporelle qui laisse rêveur. Pendant environ 12 ans, plus de 1 200 artistes ont transformé la pierre en dentelle, pure merveille aujourd'hui inscrite au Patrimoine mondial de l'Unesco.

Tout ce que vous avez toujours voulu savoir sur le sexe... Les scènes érotiques du temple étant à juste titre célèbres, il convient de tenter de donner un brin d'explication à leur genèse. Plusieurs hypothèses : d'abord, face à trop de guerres, beaucoup de gens se firent moines ou *sadhus.* Problème : comment, dès lors, assurer un renouvellement suffisant de la population ? Les scènes sexuelles, en émoustillant tous ces dévots, avaient pour objectif de les troubler et les ramener sur le droit chemin... Autre explication, certes contradictoire (mais peut-être venant plus tard dans le temps) : ces scènes, à l'inverse, servaient à tester les convictions et la solidité morale des *sadhus.* N'excluons pas non plus que les sculpteurs et tailleurs de pierre, longtemps éloignés de chez eux, trouvaient là un exutoire à leurs frustrations. Enfin, pourquoi pas, des B.D. d'éducation sexuelle pour les jeunes. Bon, allez, on y va !

La visite

– Pour ceux et celles qui feraient la visite sans guide, voici quelques points forts (pas tous, ça prendrait trois pages) : de l'entrée avec lions et éléphants, aller sur la gauche. À partir du premier recoin, noter quelques détails pittoresques comme la *toilette de la femme* : niche du bas, la femme arrive avec son sac à main. Dans l'autre, elle commence à s'attifer, puis elle se regarde dans un miroir. Prête pour aller danser ! Au coin suivant, deux femmes semblent se battre. Puis, femme soulageant sa vessie (en gargouille), suivi d'un homme qui urine aussi. Juste après, colonne de musiciens.

– Monter sur la plate-forme. C'est la *salle de danse (nata mandir)* qui possédait autrefois un toit. Entrée orientée à l'est. On peut imaginer la lumière du soleil pénétrant par la fenêtre au-dessus des lions et parvenant jusqu'au temple du Soleil. Trois entrées en fait, pour que le soleil, changeant de place suivant les saisons, nimbe tout le temps le sanctuaire.

– Juste en face du *nata mandir* se dresse le bâtiment principal, ou *Jagamohana.* En fait, il ne s'agit que du porche de la grande tour du temple, que vous ne voyez pas car elle s'est effondrée, dit-on, au XVIIe s sous l'effet d'un cyclone (encore un !). Peu à peu, celle-ci s'est ensablée et l'ensemble de l'édifice ne fut redécouvert qu'au XIXe s, pour finalement commencer à être restauré au début du XXe s (il fallut notamment remplir le *Jagamohana* de pierres, de peur qu'il ne s'éboule à son tour). Mais retour à la visite : devant le bâtiment principal, sept chevaux, symbolisant les sept jours et les couleurs de l'arc-en-ciel. Tout autour, 24 roues représentant les quinzaines du calendrier (24 quinzaines dans une année), chaque roue avec huit rayons (division d'une journée, les 3x8 en quelque sorte !). Le moyeu, quant à lui, servait de cadran solaire et donnait l'heure à une minute près !

– Après les deux premières roues, sur le mur qui leur est perpendiculaire, on peut distinguer à hauteur d'yeux, dans la petite niche, un homme, deux femmes, dont l'une en pleine action. De l'autre côté, après la 3e roue, un beau cunnilingus, puis une scène de masturbation. Et encore d'autres scènes, mais tendance zoophile, cette fois ! Curieuse représentation de femme aussi, les jambes écartées, au-dessus d'un feu. Il s'agirait d'un geste antiseptique après un accouchement.

– Quatrième roue complète. En profiter pour la détailler. Observer la moitié droite : c'est l'emploi du temps habituel d'une femme de l'époque. De haut en bas, le réveil tout d'abord, puis la toilette. Ensuite, séance de *make-up* et, sur la moitié gauche (symbolisant la nuit), du sexe tout le temps. Heureuse époque !

– Derrière le *Jagamohana,* les vestiges de la tour principale. Dans une niche, en haut, on a placé la *statue du Soleil levant,* tandis qu'entre et sur les roues, les scènes se poursuivent : allumeuse tentant de séduire un *sadhu* (le type avec un turban et une barbe), scènes d'homosexualité et scènes d'un homme d'âge mûr cajolé (le mot est faible) par des nymphettes. En bas à droite de la 10e roue, on a droit à une copulation d'éléphants... Bon, il reste une douzaine de roues, de l'autre côté du bâtiment ; on pourrait continuer la description, mais on craint de vous lasser. Et puis, vous possédez la technique maintenant !

Le Musée archéologique : *tlj sf ven 10h-17h. Entrée symbolique.* On y trouve essentiellement des sculptures tombées du temple. Pour ceux qui ont le temps, petit complément à la visite du temple. Grandes salles claires.

➤ DANS LES ENVIRONS DE KONÂRAK

Chandrabhaga : *un petit village de pêcheurs à 3 km du temple. On peut y aller en rickshaw ou, mieux, à vélo.* La plage est beaucoup plus tranquille qu'à Puri, mais la mer plus dangereuse ! Faute de pouvoir vous baigner, vous pourrez observer la vie des pêcheurs. Attention, certains gamins sont un peu collants. Ne pas donner de roupies, vous ne vous en sortiriez pas. Il faut aussi préciser qu'en l'absence de système sanitaire, une partie de la plage sert naturellement de w-c publics.

L'OUEST

LE RAJASTHAN

AVEZ-VOUS DÉJÀ RENCONTRÉ LE MERVEILLEUX ?

Vous êtes-vous déjà projeté, en rêve, dans un monde de *Mille et Une Nuits* ? Dans un univers composé uniquement pour le plaisir des yeux, le plaisir du corps, le plaisir tout court ? En visitant le chapelet des palais où la couleur joue des symphonies toujours changeantes selon l'humeur du soleil, vous entrez dans un univers à part. Les principales villes, harmonieusement colorées – Jodhpur la bleue, Jaipur la rose, Udaipur la blanche et Jaisalmer la jaune – sont en parfait accord avec les paysages qui les entourent. Ici, ce n'est jamais la profonde détresse des quartiers périphériques de Mumbai ni la foule de Delhi ; tout semble à taille plus humaine. Même les distances entre les villes sont relativement courtes. Le Rajasthan est un tout. Il faut le visiter en tant que tel. Au fil des découvertes, on démêle l'écheveau des siècles qui se superposent et déteignent les uns sur les autres ; le fouillis de l'épopée rajpoute et moghole s'éclaire, comme on s'habitue à l'obscurité...
Peu à peu votre imaginaire reconstruit l'histoire du Rajasthan : querelles entre maharajas, mariages interethniques, trahisons, guerres vengeresses. On se laisse aller à mélanger légendes et réalité. Les dieux à visages multiples ne craignent pas de descendre du panthéon pour donner un coup de main à l'histoire. Pour vous aussi le rêve et la réalité peuvent se mêler intimement. Où dans le monde est-il possible de dormir dans une suite royale, ne serait-ce qu'une seule fois, et d'avoir quatre serviteurs pour soi, sans être millionnaire ? Y a-t-il beaucoup d'endroits où vous aurez l'occasion de dîner à côté d'un maharaja ? Et puis les Rajasthanis sont beaux, pourquoi ne pas le dire ? Leurs costumes respirent la joie, illuminent le sable du désert. Mais le plus admirable, n'est-ce pas cette grâce naturelle, cette finesse dans leur regard noir, cette délicatesse des gestes ?

UN PEU D'HISTOIRE

À l'ère préhistorique, le Rajasthan était déjà peuplé. Mais on date la venue des Aryens aux alentours de 1500 av. J.-C. D'autres populations vinrent se greffer petit à petit, jusqu'au début de notre ère. À cette époque émerge l'Empire gupta, première lignée à donner une sorte de cohérence à toute l'Inde du Nord. Les Huns vinrent ensuite combattre la puissance gupta, mais à leur tour subirent un déclin inévitable.

Les Rajpoutes

De raids éclairs en guérillas, d'expéditions punitives en batailles rangées, les Huns et les tribus d'Indiens indigènes fusionnèrent au fil des temps, finissant par former les fameux clans de guerriers rajpoutes vers le VIe s de notre ère. Guerriers dans l'âme, les Rajpoutes durent s'intégrer au système des castes, car ils ne possédaient aucun statut, et surtout pas le droit de combattre. De là fut mis au point un système de purification par le feu qui permit d'intégrer ces « étrangers » aux castes. À cela, il faut ajouter une fierté à toute épreuve et un code de l'honneur digne de nos preux chevaliers ; les Rajpoutes n'hésitant pas en effet à livrer des attaques

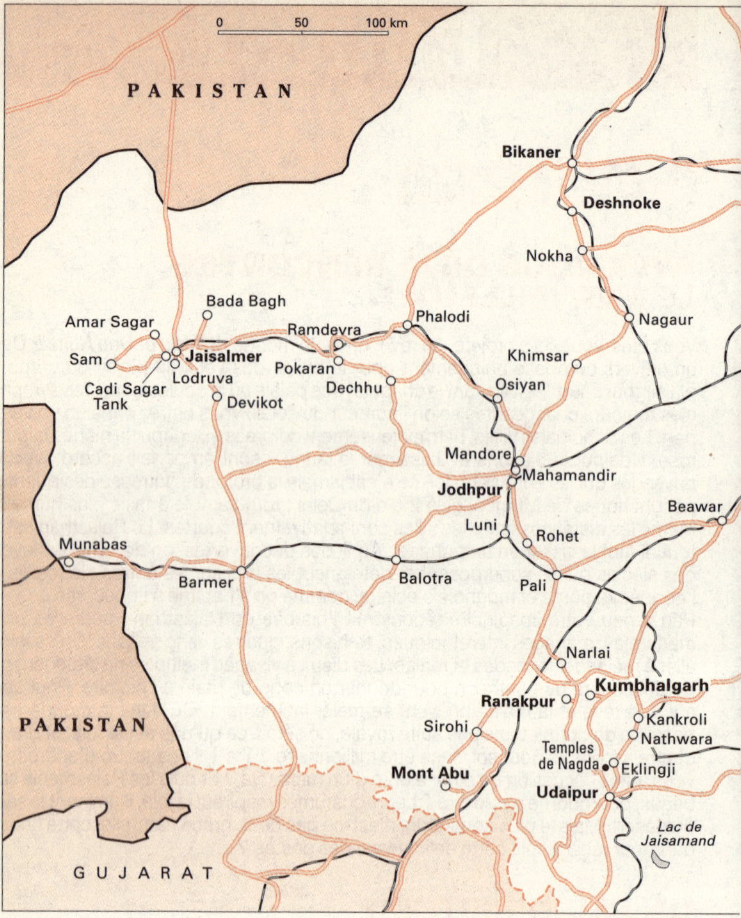

suicides quand un combat était perdu d'avance. Les femmes et les enfants des guerriers accomplissaient alors le *johar* en s'immolant sur un grand bûcher, vêtus de leurs plus beaux atours.

Pour enjoliver le tout, en cherchant bien, on leur trouva même des ascendances divines, reliées au cosmos. On retrouve partout dans les villes du Rajasthan ces légendes où tel prince descend de la Lune, celui-ci de tel dieu, etc.

Peu à peu, ces clans dominèrent tout le nord-ouest du Rajasthan, chacun y exerçant son pouvoir sur une région. Les décisions étaient prises par une sorte de conseil de famille. Composés de guerriers, les clans cherchaient toujours à étendre leur domination, à conquérir de nouveaux espaces. Les guéguerres les opposèrent sans cesse et provoquèrent de nombreux changements d'alliances, mais toujours entre Rajpoutes, évidemment. Grosso modo, les Rajpoutes dominèrent politiquement tout le Rajasthan du VIIe au XIIe s. Et c'est à cette époque, que les musulmans commencèrent à s'intéresser à cette région.

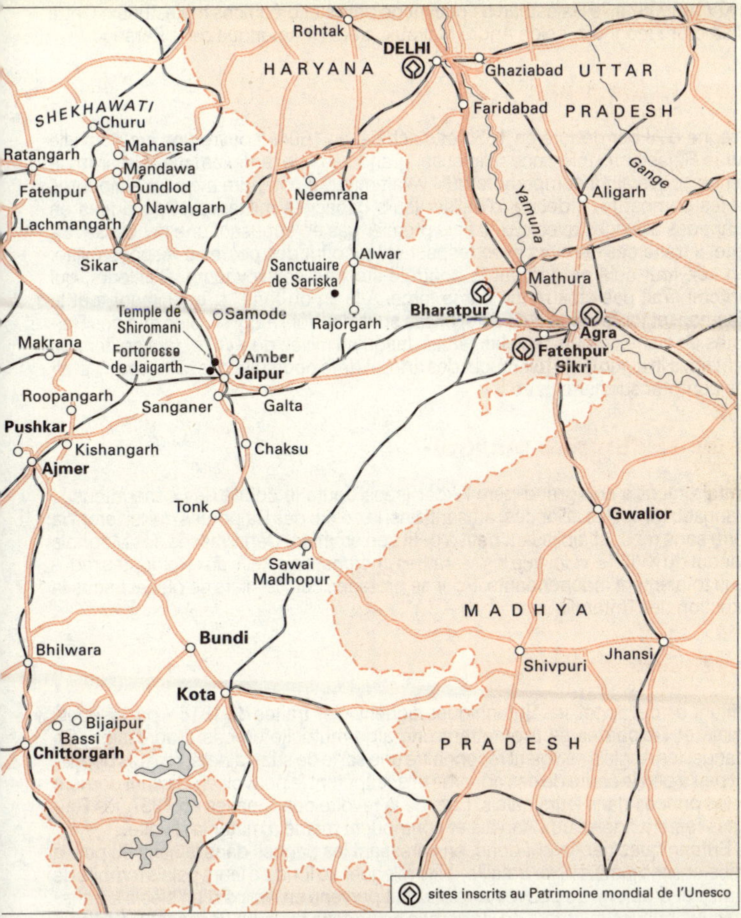

LE RAJASTHAN

L'arrivée des musulmans

Ainsi, des armées musulmanes d'origine turque, commandées par Mohamed de Ghor, parvinrent à défaire le premier royaume rajpoute à la fin du XIIe s. L'histoire de Mohamed de Ghor, qui finit par grignoter pratiquement tout le territoire autour de Delhi, est longuement évoquée dans une épopée célèbre en Inde. Il se fait nommer sultan de Delhi. Cette domination devait durer plus de trois siècles, rythmée par d'incessants conflits entre les occupants musulmans et les Rajpoutes voisins qui virent d'un mauvais œil cette armée concurrente, sans être encore véritablement ennemie, aux portes de leur territoire. À Delhi, les musulmans, recherchant l'accès à la mer par le Gujarat, se décidèrent à attaquer le Rajasthan. Une guerre sans fin, sans vainqueur ni vaincu, traîna ainsi en longueur, jusqu'à l'arrivée d'autres musulmans venus du Turkestan et de l'actuel Pakistan, les Moghols. Le sultanat de Delhi fut ainsi renversé en 1526, date qui marque l'entrée de l'Inde dans l'ère moghole.

Du XIVe au XVIe s, le Rajasthan se couvrit de palais et d'édifices majestueux. Cette architecture moghole, selon André Malraux, a été « l'Amérique de la Perse ».

Akbar le Moghol

Le règne d'Akbar débute en 1556 et s'achève en 1604. Il ouvre une ère nouvelle pour le Rajasthan. Tolérance religieuse, grand sens de la diplomatie, Akbar fut le premier souverain à comprendre qu'il valait mieux s'entendre avec les Rajpoutes que les combattre. Il décida d'utiliser leurs capacités militaires et politiques en nouant des alliances avec eux. Il fit le premier pas en épousant une princesse rajpoute. Il traita ces derniers avec respect et leur offrit des postes à responsabilité. Bien sûr, tout cela en gardant le contrôle sur tout son royaume. D'ailleurs, qui n'obtempérait pas était réduit par la force. À la fin du XVIIIe s, quasiment tout le Rajasthan (et toute l'Inde d'ailleurs) passa sous contrôle moghol, bien que des Rajpoutes en aient toujours tenu les rênes. Jusqu'au milieu du XVIIe s, tout se déroula plutôt sous le signe de la tolérance, des arts, et de la poursuite des alliances. C'était sans compter sur Aurangzeb.

La fin de l'Empire moghol

Contrairement à son grand-père Akbar (sans doute le conflit des générations !), Aurangzeb rompt les alliances, attisant ainsi la colère des Rajpoutes qui lui feront la guerre sans répit, affaiblissant petit à petit son emprise. Débarrassés des Moghols au début du XVIIIe s, voici que les Marathes cherchent querelle aux Rajpoutes redevenus totalement indépendants. Pour se protéger, ces derniers se placent sous la protection des Britanniques.

La présence britannique

Profitant de cet appel, les Britanniques signent « les traités de 1818 » par lesquels Anglais et Rajpoutes se promettent une aide mutuelle en cas d'agression. En échange, les Anglais se voient reconnaître une sorte de suzeraineté, mais ils dépassent peu à peu le cadre de ces accords et accaparent le pouvoir en laissant derrière eux les princes dans leurs palais. Lors de la révolte des Cipayes en 1857, les Rajpoutes restent fidèles aux Anglais et contribuent même à mater la révolte...
Les Britanniques parvinrent donc, en caressant les princes dans le sens du poil, à les ficeler sans jamais livrer bataille, à les reléguer au fond de leurs palais remplis de femmes et d'opium. Le pouvoir anglais était parvenu en moins d'un siècle à transformer les princes guerriers du Rajasthan en parfaits buveurs de thé, plus fidèles à la reine qu'à eux-mêmes. Cette loyauté se traduisit pleinement lors de la Première Guerre mondiale.

Vers l'indépendance

Le Rajasthan, bien qu'en marge des autres régions, finit par subir l'influence nationaliste et, à l'indépendance, la grande crainte des maharajas fut de perdre tous leurs privilèges et leur pouvoir, ne s'inquiétant nullement de l'état de délabrement et de pauvreté de la population. Lord Mountbatten, dernier vice-roi des Indes et grand négociateur de l'indépendance, eut toutes les peines du monde à arracher leur accord aux maharajas. Quelques privilèges leur furent finalement concédés (abolis depuis) pour leur faire avaler cette amère pilule. En 1947, tous les royaumes furent réunis pour constituer l'État du Rajasthan, rattaché à l'Union indienne. Il était temps que le Rajasthan s'alignât sur les autres États de l'Union car, en conservant traditions et coutumes, au milieu de ce XXe s le revenu par habitant y était l'un des plus bas de l'Inde.

GÉOGRAPHIE ET POPULATION

Sur ce territoire grand comme les deux tiers de la France résident plus de 56 millions d'habitants. Le Rajasthan est avant tout une vaste région aride, possédant même un vrai désert, le Thar, qui s'étend jusqu'à la frontière du Pakistan. Au centre du Rajasthan, on trouve une chaîne de montagnes, les Arawelli, dont l'altitude est suffisante pour bloquer les pluies des moussons, ce qui explique la présence du désert au nord-ouest. La population est essentiellement rurale et le problème de l'eau, malgré l'important réseau de canaux creusés, reste entier dans les villages reculés, et, depuis quelques années, en raison d'une quasi-absence de vraie mousson, il s'étend partout. Le niveau de nombreux lacs a énormément baissé, certains sont même à sec, et les animaux comme les hommes souffrent régulièrement très sérieusement de cette sécheresse.
Toutes les castes de l'Inde sont représentées au Rajasthan, mais avec cependant quelques particularités :
- ***Les Rajpoutes*** représentent 10 % de la population. S'ils ont perdu leur rôle dirigeant depuis l'indépendance, ils gardent malgré tout une certaine influence et se sont tournés, entre autres, vers le tourisme.
- ***Les Jats :*** 10 % de la population, concentrés principalement autour de Bharatpur.
- ***Les Rebaris ou Raikas :*** ils possèdent de grands troupeaux de moutons et de chameaux, et sont reconnaissables à leur grand turban rouge pour les hommes et aux bijoux d'argent pour les femmes.
- ***Les Bishnoïs ou Vishnoïs :*** ils forment une communauté d'un conservatisme religieux extrême, dont la principale croyance est l'interdiction formelle de porter atteinte à toute vie. On les trouve en particulier autour de Jodhpur.
- Quant aux ***populations tribales,*** elles ne représentent plus que 12 % de la population du Rajasthan.

Au cours de votre voyage, il vous arrivera sûrement de croiser des nomades vivant dans de lourds chariots de bois, identiques à ceux que pouvaient construire leurs ancêtres il y a 400 ans. Ils appartiennent à la caste des forgerons, les ***Gadia Lohar.*** Leur histoire est incroyable, mais très représentative des hommes du Rajasthan... Au XVIe s, ils faisaient partie des Rajpoutes, connus pour être les meilleurs fabricants d'armes de la région. Or, les grands guerriers rajpoutes perdirent une guerre ainsi que la ville de Mewar, berceau des Lohar. Par honte et pour laver l'affront de l'échec, ils décidèrent alors de tout quitter pour ne jamais revenir. C'est ainsi que depuis plus de quatre siècles, ils vivent comme le décidèrent leurs ancêtres, en nomades, dans des chariots de bois, attisant leur foyer avec des soufflets en cuir de chèvre. D'autres encore se déplacent de village en village pour donner des représentations théâtrales. On dit aussi que de ces nomades descendraient les *Rom* d'Europe...
Enfin, quelles que soient les villes que vous visiterez, vous rencontrerez des musiciens. Ces troubadours, les ***Bhopa, Bhandi*** ou ***Bhat,*** appartiennent à la caste des ***Nayak.*** Ils se déplacent de village en village avec leurs femmes qui leur donnent la réplique ou un fils qui danse. Ils s'accompagnent d'un instrument à douze cordes et au long manche, le *ravanhatta*. Histoires de rajas et de maharanis, épisodes chevaleresques et poèmes d'amour courtois composent leur répertoire. Un autre instrument, le *saranghi* (une sorte de viole), est également utilisé. On le retrouve jusque dans les contrées himalayennes et, en particulier, au Népal.

LIVRES DE ROUTE

- ***Une princesse se souvient,*** de Gayatri Devi (éd. Kailash, 1996). Née princesse de Cooch Behar, petit État situé au nord de l'Inde, Gayatri Devi fit, contre l'avis de ses parents, un mariage d'amour avec Sawai Man Singh II, le puissant maharaja de Jaipur. Cet homme riche et séduisant avait déjà deux épouses avec lesquelles Gayatri fut contrainte de cohabiter, pour occuper bientôt la première place. Belle

comme une déesse de la *Bhagavad-gīta,* intelligente, éprise de liberté, elle forma, avec son époux, un couple très glamour. Elle parvint à s'émanciper du *purdah,* la règle implacable qui faisait des épouses des recluses, invisibles au monde extérieur. Ce livre raconte notamment son arrivée au Rambagh Palace dans les années 1930, le monde fastueux des princes avant l'abolition de leurs privilèges en 1947, mais aussi la découverte du monde oppressant du *zenana* avec son minutieux catalogue de préséances et d'intrigues. La guerre et l'indépendance mettront un terme à ces années dorées. Femme active et moderne, Gayatri Devi emploiera alors toute son énergie à construire l'Inde nouvelle, à voyager à travers le monde, deviendra député, sera emprisonnée, humiliée, libérée. Contre les préjugés et l'obscurantisme, elle restera toujours attachée à une certaine idée de la liberté, de la justice et du progrès, pour le Rajasthan et pour son pays.
– ***À l'ombre du haveli,*** de Rama Mehta (éd. Kailash, 1993). Écrit par une journaliste et romancière indienne, ce récit se déroule dans le monde clos des *havelis* de la ville d'Udaipur. De nos jours encore, la coutume ancienne du *purdah* s'y maintient. Ce système impose aux femmes une vie cloîtrée oppressante, coupée du monde extérieur. Gita, l'héroïne du livre, a été élevée à Bombay dans une famille libérale et moderne. Après son mariage, elle s'installe dans la maison de sa belle-famille. Les murs de la *haveli* se referment alors sur elle comme un piège. « Prisonnière de la tradition », tel pourrait être le sous-titre de ce beau roman écrit avec une grande clairvoyance.
– ***Les Petits Palais du Rajasthan,*** d'Éliane Georges et Érica Lennard (éd. du Chêne, 1996). Beau livre de reportage conçu comme un récit de voyage, bien illustré, avec un texte conséquent (ce qui est trop rare dans ce genre d'ouvrage). Il nous ouvre les grandes et les petites portes des palais (pas seulement les manoirs secrets, mais aussi quelques très vastes châteaux) du Rajasthan et illustre la vie des descendants des maharajas dans l'Inde des années 1990.
– ***Les Cavaliers du Shekhawati,*** de Hans Silvester (éd. La Martinière, 2001). Ce livre porte un regard particulier sur les fresques des *havelis* puisqu'il nous amène dans l'univers des cavaliers et des chevaux. Les photos sont d'une très belle qualité et on entre dans le livre par un texte poétique qui nous fait découvrir, comme une porte entrouverte, ce que furent la vie et l'histoire de ces belles demeures. Une façon originale d'aborder la visite de ce riche patrimoine.

Comment visiter le Rajasthan ?

En voiture

Il est intéressant, pour faire le tour du Rajasthan, si l'on est trois ou quatre, de ***louer une voiture avec chauffeur.*** Cela fait économiser beaucoup de temps et de fatigue. La location d'une voiture permet également une approche du Rajasthan par petites touches. On quitte lentement une Inde « moderne » pour s'immerger plus profondément dans l'Inde traditionnelle. Les chameaux apparaissent plus nombreux à mesure que le paysage se fait plus sec et plus rude. Étranges rencontres avec ces taxis collectifs à trois roues, tout droit sortis d'un film de *Mad Max* ou ces espèces de « tracteurs-éléphants » transportant lentement d'énormes ballots ! Habitations miniatures faites de terre et décorées dans la masse. Hommes aux turbans colorés et à la fière moustache, femmes drapées dans des saris aux teintes vives, incrustés de minuscules miroirs étincelant au soleil. Vraiment, si vous en avez les moyens, ne vous privez pas de ce mode de transport.
Les agences que nous indiquons à New Delhi louent toutes des voitures avec chauffeur sur le Rajasthan. Compter environ 1 200 à 1 500 Rps (18,50 à 23,10 €) par jour pour une *Ambassador* sans la clim' (environ 30 % plus cher avec). L'*Ambassador* est d'ailleurs conseillée si vous envisagez d'aller à Jaisalmer, les minibus japonais s'enlisant parfois lorsque la route est recouverte de sable. Beaucoup moins onéreux qu'une location en France. Cartes *Visa* et *MasterCard* acceptées, mais c'est

plus cher. On peut toujours essayer de négocier. Sachez que le chauffeur s'arrêtera de préférence dans les boutiques ou hôtels lui accordant une commission. Un conseil : mettez les choses au point au début du voyage.

En bus et/ou en train

Plus long, plus fatigant, mais beaucoup moins cher aussi. Selon les parcours, il est parfois préférable de prendre le train, d'autres fois le bus. Parfois c'est kif-kif. On essaie d'indiquer quand un mode de transport est plus intéressant qu'un autre. Pour le bus, préférer systématiquement les *deluxe* aux *express,* plus confortables bien qu'un peu plus chers. Parfois, il n'y a pas de différence entre *deluxe* et *express.* Parallèlement au *Government Bus,* plusieurs compagnies privées assurent des liaisons entre les principales villes du Rajasthan en bus *deluxe* ou *AC.* Elles sont souvent plus ou moins illégales et apparaissent et disparaissent en fonction de l'intensité de la chasse que leur mènent les autorités, surtout si elles ne paient pas leurs taxes de passage d'État à État... On les trouve la plupart du temps dans les grandes artères à proximité des gares ferroviaires. Souvent les *guesthouses* revendent leurs tickets...
En train, ne pas hésiter pour les longs trajets à choisir une classe confortable, car l'exotisme de la lenteur devient vite lassant.
– *Bon à savoir :* un numéro local permet d'être mis en relation avec l'office de tourisme de la ville la plus proche, et cela, dans tout le Rajasthan. Il s'agit du ☎ 13-64.

Avertissements

– Il se peut que des Indiens vous proposent à boire ou à manger dans cette région. Refusez : c'est parfois dans le but de vous dépouiller après. En effet, des somnifères, des substances hallucinogènes ou, bien pire – du poison – peuvent être mélangés à la boisson ou à la nourriture. Quelques (rares) touristes n'en sont jamais revenus...
– Enfin, conseil concernant le *festival de Holi* (la fête des Couleurs) en mars-avril. ÉVITEZ ABSOLUMENT DE VOYAGER CE JOUR-LÀ, et particulièrement le matin, la tentative pouvant se révéler réellement dangereuse. Dans certaines villes, à Jaipur notamment, la poudre colorée peut être mélangée à de la peinture acrylique, voire de l'acide ! Certains touristes se sont retrouvés brûlés au troisième degré. Une prudence extrême est donc plus que recommandée.

JAIPUR

2 400 000 hab. IND. TÉL. : 0141

Pour le plan de Jaipur, se reporter au cahier couleur 2.

***Delhi* : 256 km ; *Agra* : 230 km ; *Udaipur* : 400 km.**

La capitale du Rajasthan est peut-être la seule ville indienne un peu ancienne qui ait été conçue par un urbaniste. La décision de créer Jaipur, à seulement quelques kilomètres de l'ancienne capitale-forteresse rajpoute d'Amber, fut prise par le maharaja Sawai Jai Singh II au début du XVIIIe s. C'est donc une ville récente. Elle s'éleva à l'intérieur de hauts remparts encore intacts et s'organisa en grandes avenues rectilignes coupées à angle droit par des ruelles. Les avenues sont pratiquement toutes bordées de bazars, et regorgent de vie. Et il est assez facile de s'y déplacer à pied, puisqu'il y a des trottoirs ! La plupart des bâtiments sont bien conservés. Plusieurs artères possèdent une cohérence architecturale étonnante. Certains édifices furent construits en grès rose, et d'autres ont été peints en rose en 1875, pour la venue du prince

de Galles. Tout cela est du meilleur effet, surtout quand on visite la ville au petit matin, lorsque le soleil fait étinceler l'ocre et le rose des maisons.
Jaipur est une cité qui compte de beaux monuments et beaucoup d'attraits : un superbe palais, un observatoire astronomique étonnant, un artisanat florissant, et l'époustouflante forteresse d'Amber dans les environs. Mais, comme de nombreuses grandes cités indiennes, la ville moderne s'étend sur des kilomètres, elle est polluée, et le trafic urbain provoque des embouteillages au point que, dans la soirée, certaines avenues sont mises en sens unique pour endiguer la circulation.

UN PEU D'HISTOIRE

En 1733, Sawai Jai Singh II, maharaja de son état, « inaugure » sa ville en paradant majestueusement. La « Ville rose » était née ! Jai Singh II imagina lui-même cette cité aux rues tirées au cordeau, à l'architecture propre sur elle, favorisant les flux et les reflux humains. Un véritable Haussmann indien, ce maharaja ! Les architectes donnèrent des perspectives aérées aux grandes artères en décalant le 1er étage des habitations par rapport au rez-de-chaussée, et en créant ainsi des terrasses.
Urbaniste conscient, fin stratège, et intellectuel éclairé, Sawai Jai Singh II est, de manière générale, un homme ouvert aux sciences et techniques modernes, et s'intéresse particulièrement à l'astronomie. Il lit tous les écrits sur le sujet, envoie des émissaires dans le monde entier pour se tenir au courant des recherches, et décide de faire construire un gigantesque observatoire astronomique. Il s'était aperçu que ni le calendrier hindou ni le calendrier musulman ne tenaient compte de la position réelle des planètes. C'est ainsi que l'observatoire, le Jantar Mantar, vit le jour...

MESURES ET DÉMESURE

Le maharaja Jai Singh II (1699-1744), surnommé « le Newton de l'Orient » et instruit des travaux de Kepler, Galilée, Ptolémée et Copernic, construisit cinq observatoires, dont celui de Jaipur, le plus colossal. Pourquoi ce gigantisme ? Notre monarque éclairé pensait qu'il suffirait de multiplier à une échelle énorme la taille des appareils de mesure pour obtenir une plus grande précision dans les données... ce qui se révèle faux !

Sur le plan politique, le maharaja s'avère un homme habile, tout comme ses ancêtres qui avaient su entretenir avec les Moghols des alliances de bon aloi. Avec le déclin de ces derniers, il décida de redescendre de sa forteresse d'Amber pour créer sa propre ville, Jaipur.

AVERTISSEMENT

Se méfier des vendeurs mal intentionnés qui proposent à des touristes consentants de livrer en France des objets de valeur (bijoux et pierres précieuses), mais qui en fait procèdent à des délits frauduleux sur les cartes de paiement, après avoir majoré la valeur desdits objets. Ce système est tristement connu sous le nom de *dubba*. Alors, ne soyez pas dupe ! Les moyens d'approche sont particulièrement pervers : on joue avant tout sur un rapport d'amitié et de confiance souvent patiemment et habilement construit.

Arriver – Quitter

Petit récapitulatif des distances sur route depuis Jaipur qui peut être utile : *Agra* (par Bharatpur) : 232 km ; *Ajmer* : 132 km ; *Pushkar* : 142 km ; *Alwar* : 143 km ; *Bharatpur* : 176 km ; *Bikaner* (par Sikar et Fatehpur) : 321 km ; *Bundi* : 300 km ;

Chittorgarh (par Ajmer) : 320 km ; *Delhi* : 259 km ; G
Jaisalmer : 638 km ; *Jodhpur* : 325 km ; *Udaipur* : 407
Mumbai : 1 202 km ; *Ahmedabad* : 657 km.

En train

Railway Station *(plan couleur A2)* ***:*** *sur Station Rd. Pour ttes résas,* Reservation Office, *tt de suite à gauche en entrant dans l'enceinte de la gare* *sam 8h-20h, dim 8h-14h. Infos : ☎ 131 et 133. Résas : ☎ 135. Dans la gare, su* *1er quai (8h-20h, dim 8h-14h),* ***office de tourisme*** *(infos : ☎ 231-57-14 ou 220-07-78).*

➢ ***Nawalgarh :*** 1 train/j. dans les 2 sens, sur la ligne Jaipur-Bikaner, avec arrêt à Nawalgarh. Durée : 4-5h. Préférer le bus, beaucoup plus pratique !

➢ ***Bikaner :*** 1 *express*/j. vers 22h en rotation sur la ligne. Durée : env 10h.

➢ ***Ajmer :*** min 6 trains/j. dans les 2 sens. Le *Shatabdi Express* effectue le trajet en 2h10 env (vers 10h50 sf mer) ; c'est le plus rapide.

➢ ***Udaipur :*** 1 *express*/j. dans les 2 sens vers 22h. Durée : env 10h. Préférer le bus, plus rapide.

➢ ***Jodhpur :*** 4-7 trains/j. dans les 2 sens. Durée : env 7h.

➢ ***Jaisalmer :*** 1 *express*/j. en rotation sur la ligne ; départ vers minuit de Jaipur, vers 15-16h de Jaisalmer. Durée : env 13-14h.

➢ ***Ahmedabad :*** 4-8 trains/j. dans les 2 sens. Durée : env 12h.

➢ ***Agra :*** 2-9 trains/j. circulent en boucle sur la ligne. Durée : 7-8h. À Agra, les trains partent et arrivent aux gares de *Agra Cantonment* ou *Agra Fort.*

➢ ***Delhi :*** 5-9 trains/j. dans les 2 sens, 4h20-23h. Durée : 4h30-6h. Les trains les plus rapides : le *Shatabdi Express* et le *Rajdhani Express,* qui partent et arrivent ts les 2 à *New Delhi Railway Station*. Et d'autres trains reliant *Old Delhi Railway Station* et *Sarai Rohilla Railway Station,* mais bien plus lents...

En bus

Sindhi Camp Bus Station *(plan couleur A1)* ***:*** *Station Rd.*
Suivez le guide : ***plate-forme n° 1*** pour les bus *express* à destination de Delhi, Udaipur, Ajmer et Mont Abu *(infos : ☎ 511-60-31, 32 et 43)* ; ***plate-forme n° 2*** pour les bus *express* partant vers Agra *(infos : ☎ 511-60-43)* ; ***plate-forme n° 3*** pour les bus *deluxe* et *AC* circulant vers Delhi, Jaisalmer, Jodhpur, Ajmer, Agra, Mont Abu, Udaipur et Nawalgarh *(infos : ☎ 511-60-31)* ; ***plate-forme n° 4*** pour les bus *express* en partance pour Nawalgarh et Mandawa *(infos : ☎ 511-60-46).*

➢ ***Nawalgarh :*** rotation de bus *express* et *deluxe* ttes les 30 mn, 24h/24. Trajet : 3h. À Nawalgarh, ils partent et arrivent au *Main Bus Stand.*

➢ ***Mandawa :*** 2 *express*/j. circulent en boucle sur la ligne. Trajet : env 4h. Sinon, plus de liaisons en passant par Sikar.

➢ ***Ajmer :*** rotation de bus *express* ttes les 10 mn, 24h/24. Également quelques *deluxe*. Trajet : 3h.

➢ ***Bikaner :*** dans les 2 sens, 1 *express* ttes les heures 5h-22h, et env 15 *deluxe* 5h-23h. Trajet : 6-7h.

➢ ***Jodhpur :*** tlj env 12 *express* et 8 *deluxe* et *AC* assurent des liaisons en boucle sur la ligne. Trajet : env 8h.

➢ ***Udaipur :*** env 20 *express* et 5 *deluxe* dans les 2 sens. Trajet : 9-10h.

➢ ***Jaisalmer :*** slt 1 *deluxe* direct/j., dans les 2 sens. Trajet : env 13h.

➢ ***Mont Abu :*** tlj dans les 2 sens, 1 *deluxe* et env 8 *express*. Trajet : 10h.

➢ ***Kota :*** tlj env 6 liaisons. Trajet : env 7h.

➢ ***Agra :*** tlj env 10 *deluxe,* et des *express* ttes les 30 mn, 24h/24, assurent des liaisons en boucle sur la ligne. Trajet : env 5h30. Arrêt possible à Bharatpur.

➢ ***Delhi :*** liaisons dans les 2 sens, 24h/24, ttes les heures en *deluxe* et ttes les 10 mn en *express*. Durée : 6h. À Delhi, l'arrivée et le départ peuvent se faire de la gare routière *ISBT Sarai Kale Khan,* mais on préfère les bus (*deluxe* ou *AC* slt) parde *Bikaner House*, en plein centre de Delhi... AC (435 Rps), la *Pink Line AC* (385 Rps) et la *511-60-31.*

r B3) : à 13 km au sud de la ville. Pas de navette ndre en prenant le bus local n° 201 pour San- lescendre à Sanganer Circle, à 700 m env de ou un rickshaw. Départs du 201 ttes les 30 mn r une bonne marge !). Sinon, en taxi (env 400 Rps)

it du retard et l'enregistrement peut prendre du temps. ... oute manière, en avance. De plus, bien vérifier l'horaire de son vol en hiver (...-janv surtout), car des retards peuvent survenir à cause du brouillard !

➢ Jaipur est reliée quotidiennement par *Indian Airlines, Jet Airways, JetLite, Kingfisher et Air Deccan* (voir ci-dessous « Adresses utiles. Compagnies aériennes ») à ***Delhi, Mumbai, Jodhpur*** et ***Udaipur.***

Adresses utiles

Infos touristiques

ℹ ***India Tourism*** *(plan couleur A2,* ***1****) : dans l'enceinte du* Khasa Kothi Hotel, *au bout de M. I. Rd.* ☎ *et fax : 237-22-00.* • *indtourjpr@raj.nic.in* • *Lun-ven 9h30-17h. Fermé j. fériés.* Peu de renseignements mais carte de la ville gratuite.

ℹ ***Tourist Reception Centre*** *(plan couleur A2,* ***2****) : Govt. Hostel Campus, M. I. Rd.* ☎ *511-05-98.* • *rajasthantourism.gov.in* • *Lun-sam 10h-17h.* Un ***autre bureau*** *à la gare, sur le 1er quai, ouv 24h/24.* ☎ *231-57-14 ou 220-07-78.* Infos sur la ville (carte gratuite) et le Rajasthan.

■ ***Police touristique :*** ☎ *10-90.*

Poste et télécommunications

✉ ***General Post Office*** (GPO ; *plan couleur B2) : M. I. Rd.* ☎ *236-87-40. Lun-sam 10h-19h (17h sam).* Timbres, télégrammes, service de transfert d'argent *Western Union.*

@ ***Internet :*** *concentration d'adresses sur M. I. Rd (plan couleur B2),* et pour ceux qui ont choisi de résider à *Bani Park, connexions à côté du resto* Chit Chat *(plan couleur A1,* ***39****). Bon marché.*

Banques, change

Toutes les banques qui font du change se situent *sur M. I. Road, et se concentrent autour de Ganpati Plaza (plan couleur A2).* Également de plus en plus d'*ATM*, distributeurs automatiques d'argent liquide (*Visa* et *MasterCard*) dans le même secteur : à côté de chez *Thomas Cook (plan couleur A2,* ***5****)* ; au rez-de-chaussée du *Ganpati Plaza (plan couleur A2)* ; et juste en face, de l'autre côté de M. I. Road, à la *City Bank* ; à la *Punjab National Bank (plan couleur B2,* ***4****)* ; à la *HDFC Bank*, sur Ashoka Marg.

■ ***State Bank of India*** *(plan couleur C2,* ***3****) : M. I. Rd, Sanganeri Gate.* ☎ *256-54-21. Lun-ven 10h-14h, 15h-16h.* Change (au 1er étage) les chèques de voyage *American Express* et les devises.

■ ***Punjab National Bank*** *(plan couleur B2,* ***4****) : sur M. I. Rd, après la GPO, trottoir d'en face. Lun-ven 10h-16h ; sam 10h-12h.* Change chèques de voyage et espèces.

■ ***Thomas Cook*** *(plan couleur A2,* ***5****) : A-B2 (102), Jaipur Towers, M. I. Rd.* ☎ *236-09-40. Lun-sam 9h30-18h.* Change devises et chèques de voyage (taux moyennement intéressant). Retrait au guichet avec cartes *Visa* et *MasterCard* (2 % de commission). Service de transfert d'argent *Moneygram.*

Compagnies aériennes

■ ***Indian Airlines :*** *Nehru Place, Tonk Rd (près de Tonk Phatak, en face de Nehru Bal Voyan).* ☎ *274-35-00 ou 33-24. Au sud, vers l'aéroport ; prendre un rickshaw. À l'aéroport :* ☎ *272-15-19.*

■ ***Air India*** *(plan couleur A2,* ***7****) : Sangam Towers, Church St (près des tours OM).* ☎ *236-88-21 et 238-7207.*

■ ***Jet Airways*** *(plan couleur A2,* ***8****) : Umaid Nagar House, M. I. Rd (en face de Ganpati Plaza).* ☎ *511-22-22. À l'aéroport :* ☎ *255-13-54 et 52 ou 254-62-30.*

■ ***Air Deccan :*** *à l'aéroport.* ☎ *39-00-88-88 (valable dans tt le pays).* ☎ *512-74-44 et 323-63-23.*

■ ***Kingfisher*** : *Usha Tower (près des Jaipur Towers). En face de la station-service* Pink City, *M.I. Rd.* ☎ *403-03-73. À l'aéroport :* ☎ *272-34-85 et 23681-21.*

■ ***JetLite :*** *slt à l'aéroport.* ☎ *254-66-93 et 511-80-50.* • *jetlite.com* •

■ ***Air France :*** ☎ *237-05-09 ou 70-51 ; pour les rens et confirmer un vol.*

Agences de voyages

■ ***ACME Holidays :*** *207, Ganesham Tower, Amrapali Circle, Amrapali Marg, Vaishali Nagar.* ☎ *et fax : 236-28-22.* 📱 *91-98-99-88-70-13 (M. Sanjay).* • *acmetours.com* • Cette agence, dont le siège est à Delhi, travaille essentiellement avec une clientèle francophone et fournit toutes sortes de prestations sérieuses (réservation d'hôtels, itinéraires à la carte, location de voitures avec chauffeur et billets de train). Demander M. Sanjay, c'est un professionnel passionné par son pays, francophone de surcroît.

■ ***Tushita Travels :*** *3, Tushita House, Bhagat Vatica, Hawa Sarak, Civil Lines.* ☎ *222-00-20.* • *tushita-india.com* • Même maison qu'à Delhi, mêmes possibilités et mêmes compétences. Demander M. Rajesh. Un peu plus cher.

Divers

■ ***Santé :*** *en cas de besoin, s'adresser à la* ***Galundia Clinic,*** *M. I. Rd.* ☎ *236-10-40.* Sinon, le ***Fortis Escort Hospital*** *(☎ 254-70-00),* un hôpital privé de bonne réputation, ou le ***SMS Hospital and Blood Bank,*** *Ram Singh Rd (☎ 256-02-91),* qui a l'habitude de traiter en urgence les touristes étrangers.

■ ***Jaipur Virasat Foundation :*** *E-143, Ramesh Marg, C. Sheme. Contacter M. Vinod Joshi, 24h à l'avance.* 📱 *(141) 94-14-07-51-75.* • *lesamisdejaipur.org* • *vinod@jaipurfestival.org* • Cette association a pour but de sauvegarder le patrimoine de la ville (sensibilisation, restauration de bâtiments selon des techniques de construction et de décoration traditionnelles). Propose des « parcours du patrimoine » dans la vieille ville en compagnie d'un jeune anthropologue pour y découvrir certaines activités traditionnelles (chaudronniers, bijoutiers). Très intéressant et gratuit ! Organise aussi chaque année en janvier le festival « Heritage Week » réunissant musiciens, danseurs, marionnettistes et peintres de tout le Rajasthan...

■ ***Piscines :*** aller dans certains hôtels chic comme le ***Narain Niwas Palace Hotel,*** *Narain Singh Rd, Kanota Bagh (voir « Où dormir ? »). Ouv aux non-résidents pour env 150 Rps/pers.* Très jolie piscine entourée de verdure. Ou encore dans le magnifique ***Alsisar Haveli*** *(voir « Où dormir ? »,* ☎ *236-82-90). Compter 100 Rps/1h.* Piscine entourée de jolies arcades de style moghol.

Où dormir ?

De bon marché à prix moyens (300-1 000 Rps / 4,60-15,40 €)

Quelle chance, les trois premières superbes adresses qui suivent présentent un remarquable rapport qualité-prix. Dans des styles assez différents, à vous de choisir !

Sunder Palace *(plan couleur A2, **19**) : Hathroi Fort, Ajmer Rd. ☎ 236-01-78 et 236-08-78. 98-28-01-27-95. • sunderpalace.com • Doubles 500-1 000 Rps.* Dans un quartier fort tranquille, un hôtel tout neuf offrant un vaste éventail de chambres à tous les prix. C'est le neveu de Ramesh du *Tourist Rest House* d'Agra qui a pris en main ses destinées (de façon dynamique, ça va de soi !). Accueil pro et les chambres les moins chères sont les meilleures de la ville. Confort et calme assurés, propreté immaculée, jolie décoration intérieure. Copieux petit déj et excellente cuisine végétarienne confectionnée à partir de produits sélectionnés avec soin. Les repas du soir sur la superbe terrasse, avec vue sur le vieux fort, sont de grands moments.

Hotel Pearl Palace *(plan couleur A2, **18**) : Hari Kishan Somani Marg, Hathroi Fort, Ajmer Rd. ☎ 237-37-00 ou 52. • hotelpearlpalace.com • À 1 km de la gare ferroviaire ; aller jusqu'à Ajmer Rd et prendre Sanjay Marg sur la gauche, c'est dans une ruelle résidentielle sur la droite. Lit en dortoir env 100 Rps ; doubles 350-400 Rps selon taille et équipement.* À deux pas de la vieille ville, ce petit hôtel propose un réjouissant côté intime et des chambres impeccables avec salle de bains, ventilo ; AC et frigo pour les plus chères. Services de laverie, téléphone international, Internet. Bon resto (voir « Où manger ? Où boire un verre ? ») perché sur la terrasse agrémentée de plantes vertes et joliment décorée, avec vue sur le fort d'à côté... L'établissement est tenu par une famille sikh sympa et très prévenante qui vit sur place, et peut venir vous chercher à la gare. Un petit livret d'accueil contenant une foule d'infos utiles sur la ville est également donné à chaque résident. Bonne atmosphère, très appréciée de nos lecteurs. Pas un palace, mais simplement un hôtel qui offre un très honnête rapport qualité-prix dans un petit quartier bien tranquille.

Atithi Guesthouse *(plan couleur A2, **12**) : 1, Park House Scheme. ☎ 237-86-79 ou 94-96. • atithijaipur@hotmail.com • Doubles avec sdb 550-850 Rps selon confort.* En plein centre et à deux pas de la gare routière, cet établissement moderne compte une vingtaine de chambres confortables, avec TV, ventilo, ou AC selon les prix, décorées dans un esprit plutôt contemporain. Bien tenu. Jardinet fleuri au rez-de-chaussée, terrasse sympa avec chaises et tables en fer forgé, pour déjeuner ou pour dîner de plats végétariens. Internet, téléphone international, laverie...

Ashirvad Guesthouse *(plan couleur C3, **15**) : 4, Peelwa Garden, Moti Doongri Rd. ☎ 260-01-73. Doubles avec sdb et air cooler 300-400 Rps selon taille.* Voici une dizaine de chambres d'une grande simplicité mais propres et correctes, dans une maison à l'écart de l'agitation du centre. Ce n'est pas le grand luxe mais l'agréable impression de vivre chez l'habitant, sans être trop éloigné du *City Palace*. Bon accueil de la patronne qui ne compte pas ses efforts pour satisfaire ses hôtes. Possibilité d'y manger de bons repas maison. Juste à côté, dans le même style, d'autres petits hôtels : la ***Ridhi Sidhi Guesthouse*** *(doubles 500 et 800 Rps)* est une grande demeure sans charme ni caractère particulier dans un grand jardin. Vieillit doucement, mais correct dans l'ensemble. La ***Surya Villas,*** avec sa clim' vieux modèle, est acceptable sans plus. Le ***Sumer Niwas*** se révèle un peu triste (et accueil peu chaleureux) et le ***Rajasthan Palace Hotel*** représente un intéressant dépannage.

Hotel Ever Green *(plan couleur B2, **11**) : Chameliwala Market, M. I. Rd. ☎ 236-34-46 ou 24-15. • hotelever* *green.net* • *Sur M. I. Rd, prendre la ruelle à côté de la station HP (c'est indiqué), puis la 2e ruelle à droite, enfin, au fond à gauche. Entrée par Ashok Marg également. Doubles 500-600 Rps.* C'est le rendez-vous des routards du monde entier qui aiment venir se réfugier dans cet hôtel caché au cœur d'un dédale de ruelles et de boutiques, tout en profitant de l'agréable jardin fleuri ou de la piscine (pas toujours très clean). À disposition : une foule de chambres plutôt basiques à la propreté acceptable si l'on ferme un peu les yeux ! Selon votre budget : salle de bains avec eau chaude ou non, ventilo ou AC, trigo et balcon pour les plus chères. Accueil très quelconque et c'est vite complet, venir plutôt en fin de matinée pour avoir une chambre. Une adresse que l'on conseille plutôt pour dépanner.

Sneh-Deep *(plan couleur D3,* ***13****) : B-33, Sethi Colony, Govind Marg. ☎ 260-45-70. 📱 93-14-88-08-87.* • *snehdeep.com* • *Doubles 500-900 Rps selon taille et confort.* Dans ce quartier résidentiel excentré, vous ne regretterez pas le calme et l'accueil familial de cette maison d'hôtes. Chambres cependant d'une rugueuse simplicité (chauffe-eau rudimentaire), mais propres avec salle de bains, *air cooler,* ou AC pour les plus chères. Charmant balcon pour le petit déj. Monsieur est un parfait ornithologue tandis que son épouse, professeur à l'université, est experte en cuisine végétarienne. L'occasion de passer de belles soirées en compagnie d'un couple érudit qui se fera un plaisir de vous faire découvrir la culture de son pays.

De prix moyens à chic (500-1 600 Rps / 7,70-24,60 €)

Jaipur Inn *(plan couleur A1,* ***16****) : B-17, Shiv Marg, Bani Park. ☎ 220-11-21. 📱 98-29-45-06-57. Résa au 📱 98-29-01-36-60.* • *jaipurinn.com* • *Doubles 900-1 500 Rps. Menus 150 et 250 Rps.* Une de nos plus anciennes adresses (le patron, ému, se rappelle encore le 1er passage de Philippe Gloaguen, il y a plus de 25 ans !). Le chanteur Bernard Lavilliers y serait même descendu au début de sa carrière... Dans le quartier résidentiel de Bani Park, une bâtisse imposante d'aspect banal mais plutôt originale à l'intérieur. Rénové récemment avec soin et un beau sens de la lumière. Ascenseur. Au rez-de-chaussée, des chambres bon marché très correctes et la cafétéria avec son joli décor de *trencadi* à la Gaudí (assiettes et céramiques cassées). Au 2e étage, les plus chères, charme et confort, avec petit jardin suspendu et terrasse. Au 3e, chambres à prix moyens avec vue sur le fort. Superbe terrasse sur le toit, avec vue à 360°. Plantureux buffet pour le dîner. À la disposition des hôtes, un frigo avec eau filtrée. Internet. Peuvent venir vous chercher à la gare ou la station de bus.

Krishna Palace *(hors plan par A1,* ***14****) : E-26, Durga Marg, Bani Park. ☎ 220-13-95. 📱 94-14-31-12-52.* • *krishnapalace.com* • *Doubles avec sdb 500-1 500 Rps selon équipement. Pas de commission aux rickshaws.* En plein cœur d'un quartier résidentiel calme, une grande villa plutôt bien tenue et donnant sur un petit jardin. Vient de s'agrandir et d'hériter d'une jolie façade de style moghole. Chambres plus ou moins grandes à tous les prix avec TV, ventilo, ou AC pour les plus chères. L'ensemble est fort bien tenu et l'accueil familial chaleureux. Possibilité de se restaurer. Internet. Téléphoner et on viendra vous chercher gratuitement à la gare ou au terminal des bus.

Hotel Teej *(plan couleur A2,* ***28****) : Collectorate Rd, Bani Park. ☎ 220-54-82 ou 73. 📱 98-29-39-91-99.* • *rajasthantourism.gov.in* • *En face du* Moti Mahal. *Lit en dortoir 100 Rps ; doubles 700 Rps-1 200 Rps.* Sans aucun charme... les fauchés apprécieront pourtant cet hôtel gouvernemental proposant des dortoirs à 5 lits propres et bien tenus, avec sanitaires communs. Les chambres standard sont assez spacieuses, mais la peinture s'écaille quelque peu et pas de clim'. Les plus chères sont évidemment correctes. Grand jardin devant, mais on entend le bruit de l'avenue.

Anuraag Villa *(plan couleur A1,* ***29****) : D-249, Devi Marg, Bani Park. ☎ 220-16-79.* • *anuraagvilla.com* • *Doubles 700-1 200 Rps.* Petit hôtel plaisant dont le proprio veille scrupuleusement à la qualité de séjour des clients. Nouveau dans le métier, il y met une énergie réjouissante : accueil chaleureux, amélioration des prestations, mise en valeur du grand jardin (le petit déj y est un moment délicieux), mon tout remarquablement tenu. Chambres à prix intermédiaire d'un très bon rapport qualité-prix (sol en marbre, spacieuses, AC et ventilo, TV câble...). Celles un peu plus chères disposent d'un coin salon et frigo.

Hotel Diggi Palace *(plan couleur B3, **10**) : Diggi House, Shivaji Marg, SMS Hospital Rd.* ☎ *237-30-91 ou 236-61-20.* • *hoteldiggipalace.com* • *Derrière l'hôtel* Nehru Palace. *Les rickshaws n'étant pas commissionnés, il faut leur tirer l'oreille pour y venir. Résa min 1 mois à l'avance. Doubles avec sdb et ventilo 1 000-2 800 Rps (16,90-43,10 €) selon confort.* Au fond d'une grande pelouse tranquille (juste le chant des oiseaux en fond sonore !), un charmant palais du XVIIIe s plutôt dans le genre horizontal, transformé en résidence pour routards. Dans un dédale de couloirs, passerelles et patios, voici une quarantaine de chambres. Les moins chères s'ordonnent au 1er étage d'un petit atrium. Banales, mais néanmoins fort bien tenues. Au rez-de-chaussée, le cran au-dessus : plus de caractère, mais un poil plus sombre. Dans l'autre cour, belles chambres tout en longueur, sol en marbre, très grande salle de bains et du charme à revendre. Dans le jardin, également des cottages aux confort et prix nettement supérieurs... Terrasse couverte, resto (menus très convenables), bon petit déj-buffet, librairie, Internet, laverie... Ils peuvent venir vous chercher à la gare.

Jai Niwas *(plan couleur B2, **25**) : B-15, Gopinath Marg.* ☎ *236-39-64 et 512-45-31* • *jainiwas.com* • *Doubles 1 300-1 500 Rps (20-23,10 €) selon confort.* À la périphérie de la vieille ville et pourtant très calme, un hôtel de plain-pied donnant sur un jardinet ; sans vraiment de charme, mais propre et bien tenu, un point c'est tout ! Chambres avec salle de bains, ventilo ou AC, et dont certaines s'ouvrent sur le jardin (nos préférées). Internet rapide. Une adresse vraiment idéale et pas trop chère pour passer quelques jours dans la ville. Accueil sympa.

Arya Niwas Hotel *(plan couleur B2, **17**) : Sansar Chandra Rd.* ☎ *237-24-56 et 17-73.* • *aryaniwas.com* • *Résa conseillée. Doubles 850-1 400 Rps (13,10-21,50 €) selon confort.* Dans ce bâtiment quelconque bordé de petits jardins, voici, sur plusieurs étages, des chambres de différentes tailles, avec TV, *air cooler* ou AC, un peu vieillottes certes, mais à la propreté irréprochable. Sur place : resto correct (belle salle à manger décorée), laverie, bureau de change, etc. Accueil efficace. Une bonne petite adresse dans le genre « qui brasse du monde », sans doute à cause des tour-opérateurs (francophones notamment) qui l'ont repérée.

Plus chic (1 500-3 500 Rps / 23,10-53,80 €)

Hotel Umaid Bhawan *(plan couleur A1, **26**) : D1-2A, Behari Marg, via Bank Rd, Bani Park.* ☎ *231-61-84 ou 220-64-26.* 📱 *94-14-37-29-97.* • *umaidbhawan.com* • *Doubles 1 600-3 500 Rps (24,60-53,80 €) selon taille et confort.* Dans cette élégante bâtisse élevée en 1915, une trentaine de chambres confortables (*air cooler* pour les moins chères, AC pour les autres, chauffage de novembre à mars), toutes différentes et délicatement décorées (bel ameublement, peintures chatoyantes, etc.). Mention spéciale pour le plafond de la plus chère qui est une petite œuvre d'art... et quelques suites avec glaces au plafond. Original : en hiver, deux confortables tentes sont installées sur le toit (pour 1 000 Rps). Des terrasses pour se poser, un jardin pour se relaxer, une jolie piscine pour lézarder. Resto sur place et Internet. Bref, une adresse sans fausse note. Ils peuvent venir vous chercher à la gare.

Quant au ***Sajjan Niwas*** *à côté* (📱 *94-14-00-61-50),* s'il présente le même genre que l'*Umaid Bhawan,* c'est une version certes moins chère, mais un poil plus fruste, quand même moins glamour. Cependant intéressant pour les chambres à 1 100 Rps (16,20 €) tout à fait convenables.

Hotel Madhuban *(plan couleur A1, **46**) : D-237, Behari Marg, Bani Park. ☎ 220-00-33 et 54-27. • madhuban.net • Doubles 1 500-2 900 Rps (23,10-44,60 €).* Une grosse villa d'une blancheur immaculée, maison de ville de la famille régnante du Patan, un petit État à 100 km de Jaipur. Très bien restaurée dans le style rajpoute, délicates fresques, meubles et tissus traditionnels, tout en garantissant un confort moderne : AC, TV câble, Internet. La plupart des chambres disposent d'un lit à baldaquin et d'une grande terrasse. Bizarrement, certaines suites ont de petites salle de bains, mais ça vient probablement de l'adaptation de la demeure à l'hôtellerie. Très agréable jardin et piscinette.

Umaid Mahal *(plan couleur A1, **47**) : C-20B/2, Bihari Marg, Bani Park. ☎ 220-19-52 et 220-55-27. 📱 93-14-50-34-23. • umaidmahal.com • Double 3 000 Rps (46,20 €).* Là aussi, dans la grande tradition de l'hôtel *Madhuban*. Élégant hôtel avec une luxueuse entrée et tout le reste à l'avenant, décoré de délicates peintures, façon enluminures. Ameublement cossu et tout le confort espéré. Une trentaine de chambres spacieuses avec sol en marbre. Bien sûr resto en terrasse climatisé, avec bonne cuisine. Internet.

Voir aussi ci-dessus dans « De prix moyens à chic » l'***Hotel Diggi Palace*** *(plan couleur B3, **10**) : Diggi House, Shivaji Marg, SMS Hospital Rd. ☎ 237-30-91 ou 236-61-20. • hoteldiggipalace.com •* pour ses chambres les plus chères et ses cottages.

Hotel Meghniwas *(plan couleur A1, **27**) : C-9, Sawai Jai Singh Highway, Bani Park. ☎ 220-20-34, 35 ou 36. • meghniwas.com • Doubles 2 000-3 200 Rps (30,80-49,20 €) selon confort et taille.* Situé dans le quartier résidentiel de Jaipur, au calme, à 10 mn à peine du centre-ville, cette grande maison récente et bien agencée révèle une trentaine de belles chambres spacieuses et confortables, dont certaines sans vue (moins chères), et d'autres avec terrasse privée. TV câble et frigo. Grands jardins fleuris de bougainvillées, piscine, resto, agence de voyages, agréable musique d'ambiance et plein de petites attentions. Accueil vraiment gentil de la propriétaire, et service chaleureux. L'une de nos meilleures adresses, jouissant d'un bon rapport qualité-prix.

Jas Vilas *(plan couleur A1, **27**) : C-9, Sawai Jai Singh Highway, Bani Park. ☎ 220-46-38 ou 49-02. • jasvilas.com • Doubles env 2 200-2 800 Rps (33,80-43,10 €) ; pas de petit déj.* Cette maison moderne, tranquille et tout en longueur, offre, sur 3 étages, des chambres propres, spacieuses et bien confortables : salle de bains, ventilo, AC et TV. Agréable petit jardin fleuri avec jolie piscine. Accueil prévenant. Une excellente adresse doublée d'un bon rapport qualité-prix-gentillesse, à seulement 10 mn du centre-ville.

Nana Ki Haveli *(plan couleur C3, **23**) : Fateh Tiba, Moti Doongri Rd. ☎ 261-55-02. • nanakihaveli.com • Doubles 1 800-2 800 Rps (27,70-43,10 €) selon taille et confort.* À l'origine, c'était une résidence secondaire du maharaja Madho Singh II... Reconstruite à la fin du XIXe s et entièrement rénovée, c'est aujourd'hui un hôtel de charme géré en famille dans un esprit « chambres d'hôtes ». Quartier hyper tranquille. Dans la cage d'escalier, photos anciennes de toute la famille. Autour d'une pelouse avec terrasse, une quinzaine de chambres équipées de salle de bains et climatisées, décorées sobrement, et impeccablement tenues. Excellente cuisine essentiellement végétarienne, et souvent servie sous forme de buffet dans l'élégant salon-salle à manger familial.

De plus chic à beaucoup plus chic (2 500-5 500 Rps / 38,50-84,60 €)

Shahpura House *(plan couleur A1, **21**) : D-257, Devi Marg, Bani Park. ☎ 220-22-93 ou 30-69. Résa : ☎ 220-33-92. • shahpurahouse.com • Doubles avec sdb 3 000-4 500 Rps (46,20-69,20 €) selon taille et confort.* Hôtel de charme bâti sur le modèle d'un palais rajpoute et décoré avec un goût un poil clinquant. Cependant, jolie architecture à arcades et liserés jaunes, plafond à miroirs, vitraux dans les salons, agréable mobilier... Une trentaine de chambres plaisantes et confortables (téléphone international, TV), même si les *standard* sont moins décorées que les *deluxe* ou les suites, vraiment tout à fait charmantes. Resto à dominante végétarienne. Délicieuse terrasse pour prendre le petit déj. Piscine. Organisation d'excursions à dos de chameau ou en jeep. Bon accueil.

Narain Niwas Palace Hotel *(plan couleur B3, **24**) : Kanota Bagh, Narain Singh Rd. ☎ 256-34-48 ou 12-91. • hotelnarainniwas.com • Doubles 3 800-5 500 Rps (58,50-84,60 €) selon confort, petit déj compris.* Au cœur d'un îlot de verdure tranquille, ce palais fut construit en 1929 dans le style ancien par le général Amar Singh, *thakur* de Kanota et confident de Man Singh. Cadre et mobilier authentiques. L'édifice abrite aujourd'hui des chambres vastes, charmantes, hautes de plafond, confortables et aménagées avec goût (à réserver en priorité). Certaines avec un décor d'un raffinement inégalé. D'autres chambres, en revanche, plus banales, situées dans l'aile récente du jardin fleuri. Salon et salle de resto grandioses. Très belle piscine entourée de grands arbres, accessible même si on ne loge pas dans cet hôtel (moyennant 150 Rps environ).

Dera Rawatsar *(plan couleur A1, **51**) : D-194 C, Vijay Path. ☎ 220-07-70 ou 65-59. 📱 93-14-50-63-91. • derarawatsar.com • Doubles 2 200-5 000 Rps (33,80-76,90 €).* Très central et dans une rue calme. Grande demeure de style « Heritage », blancheur immaculée et charme certain, au milieu d'un agréable jardin. Conviendra tout à fait à celles et ceux qui souhaitent un petit hôtel assez classe et intime tout à la fois. Une quinzaine de chambres personnalisées. Internet. Possibilité de repas le soir. Seule petite déception, le petit déj étonnamment banal (mais nul doute qu'à lecture de cette critique, ça va s'améliorer !) et un service en salle parfois un poil dilettante.

Hari Mahal Palace *(plan couleur A2, **48**) : Jacob Rd, Civil Lines. ☎ 222-13-99. • harimahalpalace.com • Doubles 2 500-5 000 Rps (38,50-76,90 €).* Bel édifice, genre grosse villa immaculée de style anglo-rajpoute, construite en 1930 par les descendants du maharaja d'Amber. Chambres dans le corps principal très spacieuses et confortables. Mobilier ancien, lit à baldaquin, frigo, chauffage l'hiver, TV câble... Dans la nouvelle aile, chambres d'excellent confort également, mais plus classiques. Par quatre, elles donnent sur un salon commun. Certaines chambres disposent d'une cuisine équipée, pratique pour les familles et les longs séjours. Resto, piscine et immense jardin gazonné devant.

Alsisar Haveli *(plan couleur B1, **49**) : Sansar Chandra Rd. ☎ 236-82-90 et 46-85. • alsisar.com • Doubles 3 500-4 100 Rps (53,80-63,10 €). Dîner 400 Rps.* Magnifique palais édifié en 1892. Le style rajpoute y est élevé à son niveau le plus haut. Bien en retrait de la route, intimité et calme assurés. Élégants salons, cours intérieures et salle à manger richement ornementés. Noter les portes incrustées de nacre. Un charme énorme. Piscine cernée de *chhâtris*. Chambres spacieuses au décor raffiné, ça va de soi !

Naila Bagh Palace *(plan couleur C3, **50**) : Moti Doongri Rd. ☎ 260-74-92. • nailabaghpalace.com • À 2 km du centre. Doubles 4 500-6 000 Rps (69,20-92,30 €). Haveli* datant de 1872. Elle fut habitée par le *thakur* Fatheh Singh Ji (Premier ministre de l'État de Jaipur en 1876 et « patron » de la province de Naila), dont le père était l'un des dignitaires à la cour du maharaja. Si extérieurement elle ne possède pas la richesse architecturale de bien d'autres *haveli*, en revanche, superbe cadre intérieur. Décor resté intact, vénérable mobilier de famille, belles peintures, mon tout adorablement patiné. Pas de restauration intempestive, c'est bien resté dans son jus et possède un charme authentique. Attention, seules les quatre chambres du rez-de-chaussée, bien séparées et donnant sur le magnifique salon, valent la peine... Immenses, avec une grande arcade au milieu de la pièce, un élégant mobilier colonial, un décor raffiné (idéal pour un voyage de noces). Paradoxalement, les autres chambres, tout de même chères déjà, possèdent beaucoup moins de caractère et pour certaines même se révèlent banales. Dans cette tranche de prix (et parfois pour moins cher), pour obtenir un vrai décor de charme, il vaut mieux sans hésiter taper dans les autres adresses. Sinon, accueil jeune et dynamique, grande piscine, beau jardin et toutes ces sortes de choses.

Hors catégorie (min 170 €)

Samode Haveli *(plan couleur D1, **20**) : Gangapole.* ☎ *263-24-07 ou 23-70.* • *samode.com* • *Double min 170 € en hte saison, 40 % moins cher l'été.* Situé au nord-est de la vieille ville, au beau milieu d'un quartier populaire pittoresque, c'était la résidence du maharaja de Samode, construite au début du XIXe s. Après avoir franchi le grand escalier et la superbe entrée, on pénètre dans cette immense et magnifique demeure. Beau patio avec petites fontaines fraîches. Tout autour, une trentaine de chambres vraiment confortables (clim', téléphone, TV et minibar) et charmantes. Nos préférées sont les nos 114 et 115, avec leurs murs et plafonds peints et incrustés de miroirs, et leur salon privé... Magnifique salle à manger au riche décor. Véranda aux gracieuses arcades, dans des tons bleutés subtils et d'une finesse de décor exquise. Très belle piscine, bassin pour les enfants, jacuzzi, salle de gym, sauna. Bien qu'étant la plus chère, cette adresse reste notre favorite dans la catégorie et s'avère quand même d'un bon rapport qualité-prix. Accueil professionnel et attentionné, service affable.

Où manger ? Où boire un verre ?

À Jaipur, vous voici vraiment au Rajasthan, ne l'oubliez pas. Outre les spécialités locales que vous verrez systématiquement sur les menus, vous remarquerez bien vite que, dans cet État, la majorité des restos ne servent pas d'alcool (officiellement du moins) et sont non-fumeurs...

De très bon marché à bon marché (50-150 Rps / 0,70-2,30 €)

Peacock Restaurant *(plan couleur A2, **18**) : sur le toit de l'hôtel* Pearl Palace *(voir « Où dormir ? »).* Plantes vertes à profusion, mobilier design, petit salon et vue imprenable sur le fort d'à côté et la ville ; tel est le cadre vraiment sympa et coloré de ce très bon resto. Dans l'assiette, des plats indiens, chinois et continentaux bien ficelés, que l'on accompagne volontiers d'une bière locale. Une adresse pas chère que l'on apprécie aussi pour la gentillesse des patrons. Très bon rapport qualité-prix. Idéal également pour prendre un verre et échanger des bons plans avec plein de routards...

Sunder Palace *(plan couleur A2, **19**) : Hathroi Fort, Ajmer Rd.* ☎ *236-01-78 et 08-78.* Ne pas oublier non plus la très sympathique terrasse du *Sunder Palace* (voir « Où dormir ? ») et son excellente cuisine végétarienne.

Mohan *(plan couleur A2, **31**) : Moti Lalatal Rd, juste en face du* Neelam Hotel. ☎ *510-40-99. Tlj 8h-22h30.* Thali *env 55 Rps.* Petit resto populaire vite rempli. Rien d'étonnant à cela, il offre l'un des meilleurs *thalis* de la ville au meilleur prix. Box propres et ventilés, service rapide, portions copieuses. Bon choix de plats végétariens *punjabi,* simples et goûteux.

Rawat Misthan Bhandar *(plan couleur A2, **38**) : sur Station Rd, face au* Maharani Palace. *Tlj 7h-22h.* Difficile de trouver moins cher : ce snack, où l'on reste debout sur le trottoir à jouer des coudes avec les Indiens, s'est bâti une solide réputation en matière de *samosa* et de *kachori,* ce petit beignet fourré aux oignons, lentilles, pommes de terre, relevé au piment et adouci par la délicieuse crème *mawa.* Excellent et ultra-économique ! Également quelques douceurs sucrées.

Indian Coffee-House *(plan couleur B2,* ***30****)* **:** *M. I. Rd.* ☎ *236-20-24. Tt proche de Ajmeri Gate. Tlj 8h-21h.* Il fait partie de la célèbre *Indian Coffee Workers Cooperative* possédant des établissements dans toute l'Inde. Celui-ci n'est sans doute pas le plus gai, mais l'un des plus pittoresques : rien ne semble avoir changé d'un poil depuis des lustres ! Murs décrépits vert salle de bains, chaises en plastique défoncées et dépareillées, clientèle très masculine (comme le prouve la petite pièce réservée aux « *ladies and families* »), serveurs en tenue et vieux portraits de Gandhi et de Nehru, waouh, quelle ambiance, un vrai décor de film ! Nourriture très bon marché sans grande saveur. Néanmoins, on peut se nourrir d'un *masala dosaï,* d'omelettes ou de *vegetarian burgers,* en terminant, bien entendu, par un café puisque c'est la raison sociale du lieu.

Lassiwala *(plan couleur B2,* ***40****)* **:** *M. I. Rd. En face de* Niro's. Le plus ancien producteur de *lassi* de la ville et... le meilleur ! Pour ne pas le confondre avec ses concurrents, c'est écrit *Kishan lal Govind Naraina agarwal* sur l'enseigne (avec sa date de naissance : 1944). Onctueux et délicieux lassi servi dans un petit récipient en terre qu'on jette après. Venir tôt, le stock quotidien part vite !

Chit Chat *(plan couleur A1,* ***39****)* **:** *D-160, Kabir Marg, Bani Park.* ☎ *220-18-99.* 📱 *98-28-52-11-94. Juste à côté du* Bani Park Palace. *Tlj 8h-minuit.* Thalis *45-80 Rps.* On entre d'abord en foulant un sol en terre battue parfois illuminé comme une boîte de nuit, pour s'installer sous la néo-hutte indienne. À la carte, une foule de plats végétariens : choix de *thalis* (du sud de l'Inde, penjabi, etc), *raita, paneer,* légumes, riz, etc. Quelques plats à base de poulet et de mouton également. Une bonne petite cuisine correcte à prix doux. Musiquette indienne, quelquefois plus jazzy. Service nonchalant mais souvent plein de bonne humeur.

De bon marché à prix moyens (100-250 Rps / 1,50-3,80 €)

Handi *(plan couleur B2,* ***33****)* **:** *Maya Mansion, M. I. Rd.* ☎ *236-48-39 et 237-22-75. En face de la* GPO. *Tlj 12h-15h30, 18h-22h30h.* Au fond d'un petit passage où sont confectionnés brochettes et *chapatis,* voici probablement le meilleur resto de viande grillée de Jaipur. On s'assoit sous une grande paillote joliment décorée de fresques murales et d'objets d'artisanat. Au menu, toutes les spécialités classiques : *tandoori,* kebab, *chicken tikka,* etc. Spécialité de *handi meat,* cuit à feu doux sur charbon de bois dans un pot en terre. Également des plats végétariens et afghans. Dommage que l'on ne puisse accompagner le menu d'une bière... Service aimable. À 20 m sur le même trottoir, une autre salle, plus moderne et climatisée, offrant même carte et mêmes prix. À vous de choisir !

Four Seasons *(plan couleur A2,* ***43****)* **:** *Subhash Marg, C-Scheme.* ☎ *237-54-50. Tlj midi et soir jusqu'à 22h.* Thalis *100 et 115 Rps.* L'un des meilleurs restos végétariens de la ville. D'ailleurs beaucoup de familles indiennes de la *middle class,* c'est toujours bon signe ! Salle au décor classique, tables bien séparées. Cuisine raffinée servie généreusement. Plats largement pour deux, ne pas prendre la même chose. Quelques fleurons de la carte : le *chef Leo special,* délicieuse combinaison de champignons, pousses de bambou, petits maïs, poivrons et fromage, le *dal makhani urad et rajmali* (lentilles cuites une nuit entière à feu doux, avec ail, oignons, gingembre et beurre) et trois sortes de *thalis.*

Natraj *(plan couleur B2,* ***35****)* **:** *M. I. Rd.* ☎ *237-58-04 et 510-28-04. Tlj 12h-22h30.* Une fois passé les enseignes lumineuses criardes, on découvre l'un des meilleurs restos végétariens de la ville, à prix juste. Régale son monde depuis 1967. Cadre agréable et sobre avec mezzanine, sans ouverture sur l'extérieur. Choix assez important de bons *thalis, dosaï, uttapams,* snacks... Service diligent. Réputé aussi pour ses desserts exposés en vitrine et aussi bons que la liste en est longue.

|●| LMB Hotel *(plan couleur C2,* ***32****) : 99, Johari Bazar.* ☎ *256-58-44. À l'intérieur des remparts. Tlj 11h30-15h30, 19h-23h.* Le resto végétarien de cet hôtel est assez connu à Jaipur. Dommage que la façade ultramoderne de l'édifice attente à ce point à la beauté de l'avenue... On entre par une pâtisserie. Salle de resto climatisée à la décoration qui se veut moderne et un brin design. Bon mélange touristes-autochtones... Cuisine honnête, faite à base de *ghee.* On vous conseille le *Rajasthan Thaal,* un plateau contenant l'ensemble des spécialités de la région, en particulier du désert du Thar (mais on n'a pas le droit de le partager !). Pas mal de plats du sud de l'Inde aussi. La pâtisserie est vraiment géniale !

|●| Doodh Misthan Bhandar *(plan couleur A1,* ***44****) : Meera Marg, Jhotwara Rd.* ☎ *220-37-27. Tlj 11h-23h.* Thalis *100 et 140 Rps.* Grande salle banale, petits coins avec banquettes pour cuisine végétarienne de bonne qualité. Sinon, bon choix de sandwichs, *vegetable burgers,* pizzas, salades, *raitas,* quelques plats chinois, glaces et *milk shakes.* Pour les pressés, juste à côté, même maison, un snack populaire où l'on mange debout : *samosas* divers, beignets de légumes, petits gâteaux à la pâte d'amande, *bengali sweets,* etc.

De prix moyens à plus chic (300-450 Rps / 4,60-6,90 €)

|●| Niro's *(plan couleur B2,* ***36****) : M. I. Rd.* ☎ *237-44-93 et 221-85-20. Tlj 10h-23h.* Le plus vieux resto de la ville (1949) et aussi le plus connu ! Grande salle au décor frais : bois ivoire, banquettes beige et brun, miroirs, petits box, AC, et surtout ce joli panneau derrière la caisse, œuvre de Satish Gujral, frère d'un ancien Premier ministre du pays... Carte traditionnelle bien fournie : nourriture indienne, *veg'* ou *non veg',* chinoise et continentale, vraiment très bonne. N'est-ce pas, Naomi ? Le célèbre mannequin a en effet honoré l'établissement de sa présence... Clientèle *middle class* indienne décontractée, et pas mal de touristes aussi. Service impeccable.

|●| Copper Chimney *(plan couleur B2,* ***34****) : M. I. Rd.* ☎ *237-22-75. Tlj 12h-16h, 18h30-23h30.* Dans la salle, une cheminée en cuivre garnie de fausses bûches en plastique donne son nom au resto... Fresque de chevaux, banquettes demi-circulaires et air conditionné. Cuisine excellente et copieuse. Dans les assiettes, valse alléchante de spécialités indiennes, chinoises et continentales, dont semble se régaler la clientèle indienne en famille qui fréquente largement ce resto. Une très bonne adresse.

|●| Spice Court *(plan couleur A2,* ***41****) : Jacob Rd, Civil Lines.* ☎ *222-02-02. Juste à côté du* Hari Mahal Palace. *Tlj midi et soir jusqu'à 22h. Snacks 15h-18h30.* Élégante salle à manger dont les tables sont composées de pittoresques casiers à épices. Possibilité de se restaurer dans le grand jardin. Quelques spécialités : le *butter chicken* (poulet entier cuit au charbon de bois, sauce beurre et tomate), le *mutton tikka masala* (pièce d'agneau marinée sans os), le *papad bhujiya curry* (plat de Bikaner), *pasta,* poisson, riz *pulao,* cuisine chinoise et continentale également, etc.

Plus chic (min 450 Rps / 6,90 €)

|●| Little Italy *(plan couleur A2,* ***42****) : K. K. Square, C11, Prithviraj Rd.* ☎ *402-24-44 et 34-44. Au 3e étage d'un gros mall commercial. Tlj jusqu'à 23h30. Antipasti 195-300 Rps.* Ouvert en janvier 2008 et rapidement devenu la coqueluche de tous les milieux branchés (mode, édition, tourisme...) et de la *upper middle class* en général. Concept ultramoderne pour se restaurer : d'abord un bar *lounge* bien tamisé et bruyant où l'on doit subir la dictature son et image de la vidéo sur écran plat. Les jeunes adorent. Préférer la salle à manger traditionnelle, plus calme, plus classique. Cuisine italienne végétarienne de haute volée, servie généreusement. Belles pizzas cuites au feu de bois (une trentaine de sortes et même une à la vodka !) et toutes les sortes de pâtes, cannelloni, lasagne, gnocchi, ravioli, risotto aux quatre fromages... Délicieuse *melanzane à la parmigiana.* Sur cette carte pléthorique, on peut même dénicher quelques plats mexicains. Enfin, ne pas oublier le diabolique tiramisu !

Très, très chic (min 1 000 Rps / 15,40 €)

Rambagh Palace *(plan couleur B3,* ***37****) : Bhawani Singh Rd.* ☎ *221-19-19. Attention, ts les prix affichés sont majorés d'une taxe de 30 % ; à vos calculettes !* C'est dans ce vaste palais-hôtel de luxe que la Metro Goldwyn Mayer tourna en 1949 des scènes de *Kim,* film adapté du roman de Kipling... Si vous en avez les moyens, offrez-vous donc un repas au *Suvarna Mahal,* dans cette étonnante salle à manger au décor très chargé. Musique traditionnelle tous les soirs. Repas à la carte, mais quand il y a des groupes, profitez donc du buffet qui leur est servi. Prix raisonnables, vu le cadre de ce palace grandiose. On peut aussi se contenter d'aller au *coffee shop.* Bonne nourriture là aussi, dans un cadre un peu moins chic... Sinon, vous pouvez aussi prendre un verre au *Polo Bar,* dans un cadre très feutré avec des voûtes en marbre et de grandes baies vitrées sur le jardin. Et si vous manquez de liquidités, on peut faire du change dans l'enceinte de l'hôtel... Ah, ils ont vraiment tout prévu !

À voir

Jaipur se visite très bien tout seul, en rickshaw et avec le *Guide du routard.* Sinon, prendre contact avec *Jaipur Virasat Foundation* (voir « Adresses utiles »). Si vous logez dans le quartier de Bani Park, compter de 35 à 40 Rps au maximum pour rejoindre la vieille ville en rickshaw.

City Palace *(plan couleur C1) :* ☎ *260-80-55.* • *royalfamilyjaipur.com* • *Tlj 9h30-17h30 ; fermeture de la caisse à 17h. Entrée : 200 Rps, incluant la visite de Jaigarth Fort dans les 3 j. ; réduc ; caméra : 200 Rps. Guides à prix fixes : env 200 Rps.*
Plus récent et moins spectaculaire que les palais d'Udaipur ou de Jodhpur, le City Palace de Jaipur est toujours occupé par le maharaja et sa famille. De ce gigantesque ensemble, on ne visite que certains édifices aménagés en musée à travers une succession de cours et de petits palais...
– On découvre d'abord le ***hall des Audiences*** *(Diwan-i-Khas ; plan couleur C1,* ***F****).* Les murs sont un peu trop repeints (couleur ocre avec des liserés blancs), mais vous y verrez deux immenses jarres de 345 kg en argent d'une contenance de 9 000 l. Elles servaient à transporter l'eau du Gange nécessaire aux ablutions du maharaja de l'époque... lors d'un voyage en Angleterre en 1902. Ça devait faire lourd dans son sac à dos ! Figurent au *Guinness Book of Records* comme les plus grandes pièces en argent au monde.
– À gauche, jeter un coup d'œil au ***palais de la Lune*** *(Chandra Mahal ; plan couleur C1,* ***H****)* qui s'élève majestueusement sur sept étages, et demeure la résidence privée de l'actuel maharaja de Jaipur.
– Toujours dans la cour du Diwan-i-Khas, se rendre à l'***Art Gallery*** *(Diwan Thana),* de l'autre côté. S'il y a une pièce à ne pas manquer, c'est bien celle-ci. Grande salle à colonnes proposant une remarquable collection d'enluminures et de miniatures des trois siècles derniers. On peut y apprécier le style des nombreuses écoles de miniatures... Superbes ! Scènes de chasse, dont quelques-unes manifestant une certaine originalité teintée d'humour : sur l'une d'entre elles, on voit neuf femmes

qui, en dansant, représentent un éléphant ; quelle classe ! Magnifique série sur les dieux, les scènes de batailles, livres enluminés, superbes tapis aux murs, beaux manuscrits astronomiques en parsi et en arabe. Enfin, de magnifiques sièges à éléphants.

– Passer ensuite la ***Sarhad-ki-Deorhi,*** une fort belle porte de marbre encadrée d'éléphants...

– Puis, au milieu de cette cour où vous voici rendu, s'élève le ***Mubarak Mahal*** *(plan couleur C1,* ***E****)*, très élégant pavillon abritant, au 1er étage, un petit musée de costumes, avec pas mal de panneaux explicatifs, que les passionnés ne manqueront pas. Jolie véranda de marbre sculpté. Voir les vêtements d'apparat de maharani, brodés d'or, les broderies, les châles de soie sertis de pierres précieuses. En entrant, en face, impressionnant costume du maharaja Sawai Madho Singh I.

UN MAHARAJA DE TAILLE !

Sawai Madho Singh I (1728-1768) mesurait près de 2 m et pesait 250 kg (vous trouverez son impressionnant portrait dans l'Art Gallery). Tous les matins au petit déj, il avalait 5 l de lait et 5 kg de sucre : bref, le régime fast-food avant l'heure ! Le malheureux est mort à 40 ans...

– ***Le musée d'Armes :*** au fond de cette même grande cour, au 1er étage. Une des plus riches collections d'armes du Rajasthan. Fort bien mise en valeur, non sans humour (jetez donc un œil attentif à la composition des panneaux surmontant les portes de la première salle). Arcs, carquois et flèches comme sur les miniatures. Armes et poignards moghols des XVIIe-XIXe s, avec manches de jade sculptés. Poires à poudre confectionnées à partir de coquilles, etc. Bref, la panoplie du parfait petit tonton flingueur ! Notez aussi ce « thermontidote », la clim' de l'époque ; et levez la tête, les plafonds peints sont superbes...

Jantar Mantar *(observatoire astronomique ; plan couleur C1-2,* ***M****)* ***:*** *juste à côté du* City Palace. ☎ *261-04-94. Tlj 9h-16h30. Entrée : 100 Rps ; appareil photo : 50 Rps ; caméra : 100 Rps. Les commentaires d'un guide (env 75 Rps pour 1-4 pers) peuvent s'avérer vraiment utiles.*

Construits au XVIIe s, les instruments de cet observatoire ressemblent à des sculptures abstraites, dont l'usage vous est heureusement précisé par des pancartes. Les Indiens ont une foi absolue dans l'astronomie. C'est elle qui régit la vie religieuse et guide les grandes décisions de leur vie, notamment par le biais de l'astrologie...

On y découvre donc un impressionnant cadran solaire muni d'un énorme escalier, qui se révèle être le plus exact du monde : sa graduation est de toutes les 20 secondes. Également de grandes « cuves » servant à réaliser les horoscopes (amusez-vous à retrouver votre signe astrologique parmi les douze petits cadrans solaires associés chacun à un signe du zodiaque) ; des disques solaires et autres instruments bizarres permettant de déterminer la date des éclipses, l'azimut des planètes, leur mouvement, etc. Bien évidemment, cet endroit se révèle d'autant plus intéressant à visiter que le soleil est au rendez-vous. Du haut du mur d'enceinte, jolie vue sur la façade arrière du palais des Vents.

Le palais des Vents – Hawa Mahal *(plan couleur C2,* ***L****)* ***:*** *en plein centre-ville, entrée par* Tripolia Bazar. ☎ *261-88-62. Tlj 9h-16h30. Entrée : 50 Rps ; appareil photo : 30 Rps ; caméra : 70 Rps.* C'est le monument le plus célèbre de Jaipur. Il ne s'agit pas vraiment d'un palais mais plutôt d'une façade, puisque l'édifice n'a quasiment pas d'épaisseur. Tout en haut, il n'est large que de 2 ou 3 m ! Il fut bâti de telle sorte que le vent puisse y circuler afin de rafraîchir l'atmosphère. Construit en 1799, sa haute et superbe façade pyramidale à plusieurs étages permettait aux femmes du harem d'observer la rue sans être vues. Sur le plan architectural, seule cette façade est intéressante. Elle ressemble à une grosse pièce montée avec ses niches, ses alvéoles et ses innombrables fenêtres en saillie, dont les motifs sont autant de variations sur des thèmes géométriques. Tous les décorateurs de théâtre rêvent de faire aussi bien ! À visiter tôt le matin, lorsque l'éclairage est optimal. *Attention :* on nous signale que des rabatteurs francophones sans scrupules tentent d'entraîner les routardes dans leurs échoppes aux alentours du palais des Vents... pour les draguer très lourdement, et un viol aurait même été signalé. Ne tombez pas dans le panneau !

Le cinéma Raj Mandir *(plan couleur B2,* ***50****)* **:** *à deux pas de M. I. Rd. De la GPO, en allant vers le City Palace, au 1er carrefour prendre la rue de droite. Séances vers 12h30, 15h, 18h30 et 21h30. Acheter les places à l'avance ou bien venir 1h avt le film.* C'était le plus beau cinéma d'Inde, construit par les fils du plus grand bijoutier de Jaipur, fanas de cinéma. La salle de projection est gigantesque, mais le passé faste de ce cinéma se dégrade petit à petit.

Surabhi Mansion *(musée des Turbans ; plan couleur D1,* ***N****)* **:** *Old Amer Rd. ☎ 263-59-54 ou 39-53. À côté du resto du même nom. Pas difficile à repérer, il y a quelques panneaux en français ! Tlj 11h-23h.*
Petit musée pas très bien présenté mais instructif, une clé de plus pour comprendre le Rajasthan. On ne l'imagine pas au premier abord mais le turban (appelé aussi *pecha, pagri* ou *safa*) est bien plus qu'un couvre-chef. Sa couleur, sa taille, la technique de son drapé et son volume représentent une véritable « carte de visite » de la personne qui le porte (à l'instar des saris pour la gent féminine).
La *couleur* détermine la caste et l'ethnie auxquelles appartient la personne. Elle révèle les événements survenus dans sa famille (bleu ou blanc pour un décès, par exemple). Mais lorsque l'on découvre que ce blanc peut aussi signifier que la personne est musulmane, que certaines couleurs sont portées en fonction des saisons, que d'autres encore correspondent aux régions, aux différentes familles royales... on est vite débordé !
La *longueur* varie de 9 à 22 m (mais peut atteindre des records bien plus élevés). Elle est souvent révélatrice de l'aridité de la région dans laquelle vit la personne. En effet, on se sert du turban pour tirer l'eau du puits.
Le *drapé,* enfin, représente un art en lui-même car les styles et les torsades peuvent être très compliqués. Par exemple, un turban d'une couleur particulière est noué d'une manière très spéciale chez les chameliers. Turbans de mariage particulièrement élaborés.
Des particularités régionales proviennent d'anciennes coutumes. Ainsi, à Badmer, une calotte d'acier est placée sous le turban : une protection contre les coups de sabre pendant les batailles. Les hommes du désert l'utilisent comme un sac à main, y glissant pipe, miroir et argent. En fait, le décodage n'est pas aisé pour qui ne réside pas sur place et n'est pas initié. Intéressante maquette d'un village et de ses activités. Un conseil : ne singez pas les autochtones en portant vous-même un de ces turbans ; vous vous exposeriez à des éclats de rire et au mépris, après tout bien mérités !

Albert Hall Museum *(plan couleur C2)* **:** *Ram Niwas Gardens. ☎ 257-00-99. Tlj 10h-17h (dernière entrée 16h30). Entrée : 30 Rps ; photos interdites.* On vient plus pour le bâtiment que pour la visite du musée. Une grosse et charmante bâtisse imposante, produit des amours architecturales de la reine Victoria et de Shah Jahan. Au rez-de-chaussée, une série de vitrines exposant tissus de Sanganer, miniatures en ivoire, bijoux, vêtements, petits marbres, etc. Malgré l'épaisse poussière et l'aspect très hétéroclite de la présentation, possibilité de dégager quelques pièces amusantes comme l'énorme *rabab* (instrument de musique) utilisé à la cour d'Amber. Au 1er étage, un véritable inventaire à la Prévert : vitrine de serpents dans le formol (beurk ! d'ailleurs la section d'histoire naturelle n'est pas piquée des vers...), un sarcophage, des poupées japonaises... Belle collection de miniatures mogholes et quelques peintures sympas.

Achats

Beaucoup de choses tentantes à Jaipur, notamment les pierres semi-précieuses. Contrairement à Agra où il y a beaucoup de faux, ici les vraies pierres sont plus courantes. L'arnaque consiste plutôt à faire payer un rubis de piètre qualité au tarif du 1er choix. On peut allègrement vous demander 50 fois le prix normal ! Impossible, sauf pour un spécialiste, de voir la différence... On trouve aussi de belles nappes colorées en coton, pas chères du tout, ainsi que des bijoux en argent. Pour ces derniers, difficile de vérifier le véritable pourcentage d'argent : 45, 60 ou 90 % ? Et puis, beaucoup d'objets pour touristes sont chers et de mauvaise facture. Seule une comparaison systématique des prix vous donnera de solides indications.

Tissus

De nombreux bazars dans le vieux Jaipur, chacun possédant sa spécialité. Saris en soie, dessus-de-lit, nappes et, de manière générale, tissus avec motifs *tie & dye* (technique de « nouer-teindre ») imprimés à l'aide de pochoirs à prix intéressants au niveau de ***Bapu Bazar*** *(plan couleur C2)*. Également tout le long de ***Johari Bazar*** *(plan couleur C2),* pas loin du palais des Vents, de chaque côté de la grande avenue ; ainsi qu'à l'angle de Johari Bazar et de ***Ramganj Bazar*** *(plan couleur C2),* mais plus touristique. En déambulant le long de Johari Bazar, ne pas oublier de lever le nez (tout en conservant un œil sur ce qui se passe dans la rue, bien sûr : question de survie !) pour admirer les belles façades du vieux Jaipur.

Pour ceux qui veulent avoir une idée de la variété des tissus dans toute l'Inde, aller au ***National Handloom Haveli*** *(plan couleur B2,* ***60****), dans la ruelle derrière la* Punjab National Bank. *Tlj 10h-18h.* Une petite poignée de boutiques gouvernementales représentant 9 provinces du nord de l'Inde (Rajasthan, Haryana, Cachemire, Orissa...). Prix fixes beaucoup plus élevés ici, mais diversité et qualité introuvables ailleurs.

Une autre adresse, ***Satguru's*** *(hors plan couleur par D1,* ***61****) : 36, Jagdish Colony, Mount Rd. ☎ 267-23-21. Près d'un temple sur la route du fort d'Amber (face au lac du Jal Mahal). Tlj 9h-19h30.* Boutique de tissus à tous les prix, mais soyez sûr de la qualité avant d'acheter. On peut aussi tout simplement observer à l'entrée les artisans qui impriment les étoffes à l'aide de blocs en bois et de bains successifs.

Bijoux en argent et pierres

La plus grande concentration d'échoppes pour les pierres semi-précieuses se situe sur ***Gopal Jikarasta*** *(plan couleur C2),* rue perpendiculaire à Johari Bazar. De Sanganeri Pol, descendre Johari Bazar ; c'est la dernière rue sur la gauche avant d'atteindre la Tripolia Bazar Road. Prendre le temps de comparer les prix. On y trouve toutes sortes d'agates, Moon Stone, Black Star, lapis-lazuli, quartz rose... Également quelques articles en argent mais vous les trouverez surtout sur ***Ramganj Bazar.***

Divers

– *Cuivre et vaisselle :* sur ***Tripolia Bazar*** *(plan couleur C2),* côté gauche quand on va vers Chand Pol Gate.

➤ DANS LES ENVIRONS DE JAIPUR

Amber Palace : *à env 10 km au nord-est de Jaipur. ☎ 253-02-93. Pour y aller, prendre les bus nos 201 ou 29, très fréquents à partir du palais des Vents ou d'Ajmeri Gate (plan couleur C2). Pour le retour, les bus partent de la place en bas du château. Trajet : 30-40 mn. Tlj 8h-17h30. Entrée : 100 Rps ; appareil photo : 75 Rps ; caméra : 200 Rps !*

Depuis le bas du palais, on peut grimper jusqu'à la forteresse à dos d'éléphant, moyennant 500 Rps pour 2 personnes au maximum sur l'animal. C'est pas banal, certes, mais on ne le recommande pas vraiment, car les éléphants sont des grosses bébêtes imprévisibles, et l'un d'eux, excédé par ce travail de force, a piétiné deux touristes voici quelques années. En plus, ils ne sont pas très bien traités, ce n'est donc pas le peine de cautionner cette pratique. Rideau ! On conseille plutôt la marche à pied (environ 10 mn), ou encore les jeeps qui vous attendent sur le parking en contrebas de la forteresse... *Dernier conseil* : le mieux est de photographier les éléphants quand ils sortent à vide de la forteresse. Les cornacs sont alors pressés de redescendre pour recharger des touristes et n'ont pas le temps de vous demander de l'argent...

D'abord, en chemin depuis Jaipur, vous longerez un lac (à sec plusieurs mois par an) au beau milieu duquel est planté un magnifique palais de maharaja : le Jal Mahal... avant de gagner cette extraordinaire forteresse d'Amber, perchée sur une falaise et entourée d'une muraille longue de 9 km, qui court allègrement sur les collines alentour. Le fort commandait une gorge étroite et stratégique sur la route de Delhi, et fut la capitale des nombreuses dynasties qui se succédèrent dans le secteur, et dont on vous épargne l'histoire embrouillée... On pénètre à l'intérieur du fort – édifié à la fin du XVIe s, puis complété en 1727 – par la « porte du Soleil », ou Surya Pol. De là, le *ticket office* se trouve au fond à gauche de la cour, tout comme la rampe d'accès au palais.

– Une fois monté la rampe conduisant au palais, vous voici devant le ***Diwan-i-Amm,*** hall des audiences publiques. Imaginez le maharaja trônant en son milieu, dans un fauteuil en argent. Au sol s'étalaient les beaux tapis qu'on voit aujourd'hui exposés au City Palace de Jaipur. Superbes piliers en grès et marbre blanc, chapiteaux de style hindou avec éléphants sculptés et base des piliers aux motifs moghols. À travers la cour, dirigez-vous vers ***Ganesh Pol,*** le portail massif couvert de fresques fleuries, donnant accès aux parties privées du palais... Ganesh, symbole de la chance, y figure en bonne place. Portes en cuivre d'origine.

– En franchissant la Ganesh Pol, on pénètre dans le ***jardin des Femmes*** *(Janana Bag),* où reines et servantes étaient tenues à résidence. Jardin à dessins géométriques perses. Tout autour, trois chambres : une pour l'été, une pour l'hiver et une autre pour la mousson.

– À droite du jardin, la ***chambre de la Mousson*** *(Sukh Niwas)* et son système d'AC qui sort de deux écrans de marbre. Par un procédé complexe, un souffle d'air frais continu envahit la pièce. Au centre, coule une fontaine, ***Sukha Mandir,*** véritable curiosité du palais qui aboutit dans une rigole et finit sa course dans le jardin. À l'époque, l'eau tombait sur des bouteilles en reproduisant le son des tambours, et la petite rivière s'écoulait au milieu, avec un bruit de sitar, tandis que de l'écran de marbre jaillissaient des parfums capiteux... Noter l'entrée des femmes du maharaja, avec ses portes marquetées d'or, ivoire et turquoise, dont il ne reste que quelques échantillons sur place.

– À gauche du jardin, le ***hall des audiences privées*** *(Diwan-i-Khas),* au plafond magnifiquement ouvragé, et la ***chambre d'Hiver.*** On y allumait des lampes à huile qui se reflétaient sur une foule de miroirs et chauffaient la pièce...

– Entrer ensuite dans le ***Man Singh Palace*** *(le gynécée).* Portes vieilles de 400 ans. Derrière, 12 passages secrets mènent aux appartements des 12 favorites du maharaja ; ses quelque 300 concubines vivant à l'extérieur. Les Moghols, par jalousie, effacèrent quasiment toutes les fresques. Aux 12 appartements correspondaient 12 courettes. Patio au centre pour les conciliabules des favorites. Nombreux couloirs en pente, niches, passages, courettes à explorer dans ce véritable labyrinthe évocateur d'une ambiance de prison avec, en passant, un coup d'œil sur l'aire de combat des éléphants au pied de la forteresse...

– À l'étage, dans le ***Jasha Mandir*** *(hall de Gloire),* le maharaja écoutait de la musique. Superbe ensemble surplombant la vallée avec, au loin : le lac, les fortifications, et la vieille ville du Xe s (que vous visiterez après le fort). Bel écran de marbre et plafond datant de 1622 (marqueterie de miroirs et feuilles d'or). Dans cette salle, on jouait, on tuait le temps... Juste devant, voici le balcon de la première favorite, dominant le jardin où se déroulaient des danses. À quelques pas, au-dessus de Ganesh Pol, les femmes du harem jetaient des fleurs sur le maharaja quand il rentrait à la maison.

– Enfin, en repartant, jetez un ultime coup d'œil sur le ***temple de Kali*** (déesse représentant le pouvoir destructeur du Temps), juste à côté du *ticket office,* avec ses portes en argent, son encadrement en marbre sculpté et son Ganesh en corail rouge.

Le temple de Shiromani et la ville ancienne : au lieu de repasser la porte principale (dite « porte du Soleil ») par laquelle vous êtes entré dans le fort, redescendez donc du côté opposé, par la route pavée où circulent les jeeps, pour découvrir le séduisant temple de Shiromani. Vous parviendrez à un ensemble de temples et de petits palais assez délabrés où s'imbriquent, ici et là, quelques maisons récentes. Peu de touristes s'intéressent à cet endroit en contrebas du fort d'Amber, ce qui garantit une visite sympa dans le calme et le silence. Accès au temple par un élégant portique d'entrée encadré de deux éléphants, puis un bel escalier. Datant des XVIe-XVIIe s, il rappelle un peu Khajuraho. Sculptures foisonnantes du *gopuram* (sanctuaire principal), en marbre pour beaucoup. On trouve aussi sur les côtés du templion, devant, d'intéressantes frises (éléphants batailleurs, chevaux, etc.). À l'intérieur, très belles sculptures dans le grès rouge et atmosphère de recueillement dans une paisible pénombre mystique.

Jaigarth Fort *(forteresse de Jaigarth) **:** à env 5 km d'Amber Palace par la route (voiture indispensable), mais vous pouvez aussi prendre à pied un petit chemin de pierre d'env 1,5 km longeant les remparts du fort (indiqué par un panneau sur la gauche en montant au fort par le chemin des éléphants) ; ça vous évitera le racket des jeeps-taxis. ATTENTION, si vous êtes une fille seule, attendez un petit groupe, car quelques rares agressions ou tentatives nous ont été signalées.*
Tlj 9h-16h30. Entrée : 50 Rps ; réduc ; gratuit si vous avez visité le City Palace le jour même et jusqu'à 3 j. avt ; appareil photo : 40 Rps ; caméra : 150 Rps ; visite guidée bien utile : 125 Rps (1-4 pers). Possibilité de visiter en voiture, ce que nous vous déconseillons car ce n'est pas aussi grand que ce que l'on veut vous faire croire. Compter 2 bonnes heures pour tout découvrir, ce qui explique que la plupart des tours ne le programment pas.
Très impressionnante forteresse édifiée au XIe s et sans cesse agrandie. La première partie, tout de suite en entrant, était dédiée à la défense du site, et la seconde, en retrait, constituait la résidence privée du maharaja.

– Tout d'abord, en prenant à droite dans la cour principale, aller voir l'impressionnant ***canon Jaivana,*** fondu ici en 1720 : fût de 6 m de longueur pour un poids de 50 t ! Quatre éléphants étaient nécessaires pour le faire tourner, mais il ne servit jamais, à part le coup d'essai pour tester sa fiabilité... Ici, du haut des remparts, vue magnifique sur la vallée, le lac et son palais, le Jal Mahal, sans oublier le canal de 5 km qui apportait l'eau dans les énormes citernes de la forteresse à la saison des pluies.

– Retour à la cour principale pour ensuite passer dans la cour résidentielle, autour de laquelle s'ordonnent divers bâtiments abritant les collections ethnographiques. En voici les éléments principaux : dans le ***musée d'Armes,*** fusils incrustés d'os et d'ivoire, armure du XVIe s, expos de canons avec leur pedigree et la liste des victoires auxquelles ils ont contribué, fusils de 3 m de longueur, bombes faites de glaise avec une mèche, ancêtre du cocktail Molotov. Dans le bâtiment d'en face, des jarres à huile et une curieuse serrure de coffre qui nécessitait cinq clés pour l'ouvrir... Toujours dans cette même cour résidentielle : adorable petit temple sculpté en marbre blanc avec, à l'intérieur, Rāma et Vishnou (offrande attendue si vous sacrifiez au rituel...).

– Visite ensuite d'une succession de cours, salles et petits édifices. C'est ici qu'un guide s'avère bien utile car, bien sûr, tout est vide et il est difficile d'imaginer à quoi étaient utilisés tous ces volumes... Le premier bâtiment sur la gauche, ***Subhat***

Niwas, servait à l'assemblée des guerriers avant les batailles (on y trouve des tambours que l'on entendait à 8 km à la ronde) ; et le suivant à celle des officiers et commandants. Ensuite, accès au ***Lakshmi Vilas*** (résidence du roi), salon d'audience avec colonnes en marbre et portraits de maharajas. Si c'est le bon jour, ne pas rater ensuite le ***théâtre des marionnettes,*** où des spectacles sont joués sur fond de musique locale. Intéressant et amusant.

– Pittoresque ***salle à manger,*** où hommes et femmes sont séparés, avec véranda et colonnes sculptées. On passe ensuite devant l'appartement principal avec sa terrasse, d'où la vue sur la vallée et le petit lac est sensationnelle.

– On poursuit par le ***Garden Palace*** (XVIe s), avec ses tourelles de part et d'autre de l'édifice, et le joli jardin ouvert sur la vallée. Monter aux deux tourelles : c'est ici que le maharaja et sa cour venaient se rafraîchir au moment des fortes chaleurs. Arrêtez-vous donc ici un moment afin de profiter du paysage et de la beauté du lieu...

– D'ici, vue superbe sur le palais d'Amber et la ***route des Femmes.*** En effet, en cas d'attaque ennemie, les favorites et concubines montaient se réfugier au fort. Route bordée d'un mur assez haut pour que nul ne puisse les voir...

– Dernier édifice digne d'intérêt : la ***fonderie des canons.*** Ce fut à l'époque l'une des plus importantes. Il est assez rare, aujourd'hui, de découvrir de par le monde un tel processus de fabrication, si ancien, dans un état quasi intact. On voit successivement le haut fourneau, une maquette de l'ensemble du processus et, derrière une grille, l'impressionnant système pour percer les fûts de canons.

Chokhi Dhani : *Tonk Rd, Via Vatika.* ☎ *277-05-54.* • *chokhidhani.com* • *À 18 km de Jaipur, au sud de la ville. Compter 500 Rps pour le taxi (qui vous attend pour le retour) et 300 Rps l'entrée (repas compris).* Un genre de « parc d'attractions ethnographique » où se retrouvent majoritairement les familles indiennes. Contrairement à ce que l'on pourrait penser, il n'a pas été construit pour les touristes. Dans un parc immense (c'est pour cela qu'il est éloigné de la ville, il a fallu trouver un terrain assez grand), panorama complet de la culture du Rajasthan que les familles se réapproprient dans la bonne humeur. Reconstitution réussie de rues de village et de scènes de la vie rurale avec leurs artisans et boutiques traditionnelles. Pour les citadins curieux, tous les acteurs de la vie sociale et culturelle sont là en action, en plein travail, jusqu'à l'astrologue palmiste consulté par les visiteurs ou le prêtre lisant sérieusement ses écritures saintes devant un temple. Entre ces personnages emblématiques, des plates-formes avec danses des tribus, musiques folkloriques, magiciens, tourbillons de chants et couleurs (où l'on sollicite la participation des spectateurs), des balades à dos de chameaux ou d'éléphants, des jeux de foire, tir à l'arc... le tout dans une atmosphère joyeusement contagieuse.

Repas plutôt consistant : à l'extérieur ou dans de grandes cases au plafond de treillis de bois et aux murs décorés, avec tables basses et tapis. Excellente sélection de plats végétariens rajasthani : *chourma, dal, kucheri* (genre de porridge), beignets divers, *bapa, chapati*, pommes de terre en sauce, épinards, petits pois... Service rapide et efficace. Pour finir, nombreuses boutiques de souvenirs avec le meilleur de l'artisanat. Juste à côté, un *Village Resort* où l'on peut dormir : différentes formules suivant standing et confort. *Infos et résas :* ☎ *(0141) 277-05-55.*

À voir si vous avez le temps

Nahargarh Fort *(Tiger Fort)* ***:*** *à 5 km du carrefour avec la route de Jaigarth et d'Amber Palace. Visite 10h-17h30, mais on peut accéder au site à tte heure (voiture indispensable). Entrée : 30 Rps ; supplément voiture : 5 Rps ; appareil photo : 30 Rps ; caméra : 70 Rps ; visite guidée possible.*

Dominant Jaipur, ce fort ne présente pas le même intérêt architectural que les précédents. Malgré tout, on aime bien le site. Primo, ce peut être une bonne alternative aux flots de touristes visitant Amber et Jaigarth. Secundo, on découvre une ville qui se love sans fin autour de la colline rocheuse et puis, il y a cette rumeur qui monte,

faite de milliers de voix s'échappant des centaines de ruelles. À
de soleil déclinent, le lieu séduira les âmes contemplatives.
Situé à l'extrémité du fort, le palais date du XVIIe s avec quelques a
Belle façade ocre et décrépite du palais des Femmes qui comptait 9 a
et présente aujourd'hui encore quelques beaux vitraux de Belgique. N
lettes royales (bien aérées !), la taille des pièces (très réduite) et cette cui
une « hotte » naturelle. En hiver, les femmes habitaient au rez-de-chaussée
saient à l'étage en été. Demander ensuite à voir le passage secret réservé au m
raja lors de ses visites coquines. Cela dit, Madho Singh II eut neuf femmes mais p
un seul enfant... Au fond se trouve l'appartement de la concubine en chef, recon-
naissable au choix de couleurs différentes (notamment dans la cuisine) et... à ses deux w-c ! Dans la cour, jolies peintures du maharaja à dos d'éléphant. En fin de journée, la lumière fait ressortir cette couleur ocre dominante...

Sachez aussi que l'on peut ***passer la nuit dans le fort*** si on en tombe amoureux. Se renseigner à la *Durg Cafétéria* dans la cour intérieure *(☎ 514-80-44)*. Il n'y a qu'une chambre double *(env 500 Rps)*, plutôt sommaire, mais installée dans une tourelle avec une vue imprenable sur Jaipur ! Salle de bains extérieure à la propreté un peu juste. Repas et petit déj assurés. Certes, il faut aimer aussi la solitude... et ne pas être refroidi par un accueil blasé !

***La vallée de Galta** : à env 4 km de Jaipur. Prendre un taxi.* Une vallée encaissée, populaire lieu de pèlerinage. Deux bassins d'ablutions (un pour les hommes, l'autre pour les femmes) aux eaux sacrées jaillissant de la montagne et de vénérables temples de style moghol des XVIIe et XVIIIe s. Ici, les singes sont également sacrés et sont nourris vers 16h. Rigolo de voir les vaches leur disputer les bananes. Grimper les escaliers jusqu'en haut de la gorge pour un pittoresque panorama de l'ensemble.

***Gaitor :** au pied de la colline de Nahargarh et à 4 km du centre-ville, accessible en rickshaw.* C'est le site des *chhatris* (cénotaphes) des maharajas de Jaipur. Celui de Sawai Jai Singh II, le fondateur de Jaipur, est supporté par une vingtaine de colonnes délicatement sculptées. Plutôt sympa, mérite le détour si vous avez du temps.

***Sanganer :** village à env 13 km du centre de Jaipur. Prendre les très fréquents bus n° 201 face au palais des Vents ou devant l'Ajmeri Gate (plan couleur C2). Trajet : env 30 mn.* Beau temple jaïn et de nombreux ateliers d'impression sur tissu à la planche et de fabrication de papier.

Festivals

– La fondation *Jaipur Virasat* organise un festival qui réunit chaque année de nombreux artistes du Rajasthan (concerts, spectacles de danse, etc.) dans différents lieux de la ville ainsi que dans le fort d'Amber. Durant quelques jours (en 2009, du 21 au 25 janvier) ; à vérifier quand même sur • jaipurfestival.org •).
– ***Elephant Festival :** ts les ans en mars (le 10 en 2009), au moment de Holi, la fête des Couleurs.* Processions d'éléphants (mais aussi de chameaux et de chevaux), compétitions entre pachydermes tous plus décorés les uns que les autres, à l'issue desquelles on leur remet des prix ! Le tout en musique et avec des danses traditionnelles. Les amoureux de cet incroyable animal seront aux anges, même si c'est assez touristique. Le festival a généralement lieu au Chaugan Stadium, dans Gangauri Bazar, là où les maharajas jouaient naguère au polo...

➤ UN PEU PLUS LOIN DE JAIPUR

***Samode et son palais :** au milieu des collines, à env 40 km au nord de Jaipur. Pour y accéder, bus direct chaque mat de la* Bus Station *de Jaipur, plate-forme n° 2*

… *ur 4-5h (aller-retour) env 600-700 Rps (9,20-10,80 €).* … *e pas (convertible en consommation).*
… awati, Samode est un vieux village pittoresque avec … urtout célèbre pour son palais, l'une des perles du …

… alais fut édifié au XVIIIe s dans une architecture … styles moghol et rajpoute. Certaines parties ont … 50... Vraiment très beau : subtilité et jeux inattendus … ons, finesse des fresques et des incrustations. … ellé de petits morceaux de miroirs annoncent la … salle de réception *(Dharbar Hall)* dans de cha… … un faste et d'une finesse extrêmes. Dans l'une d'elles (la … jaune), belles scènes de chasse... Voir aussi le *Sultan Palace* au 1er étage, superbe avec ses fauteuils en argent ciselé, ses colonnes de marbre, ses jeux de miroirs et ses peintures murales bleutées. Prenez votre temps pour admirer ce bijou, au calme, loin de la foule des grandes villes. Le soir, dans la lumière blafarde des lampadaires, une balade dans le village restera un souvenir mémorable.
On peut passer la nuit dans le palais... à condition d'avoir gagné au loto !

Samode Palace : *à Samode. ☎ (01423) 24-00-14. Résas à Jaipur au* Samode Haveli *: ☎ (0141) 263-24-07 ou 23-70. • samode.com • Doubles 215-253 € selon standing ; près de 40 % moins cher hors saison. Repas-buffet env 500 Rps (7,70 €).* Ceux qui rêvaient d'un palais des *Mille et Une Nuits* s'y croiront. Une quarantaine de chambres très confortables et possédant chacune un charme différent. Les plus belles donnent dans le 2e patio ; nos favorites étant les nos 200 et suivantes. Fontaine intérieure (!) dans certaines suites *deluxe* ou royales, comme la no 209 ; cette dernière étant celle où séjournaient le maharaja et la maharani... Les chambres les moins chères se situent autour du 1er patio. Elles sont belles et spacieuses, mais ne possèdent pas le faste des précédentes. Magnifique piscine, réservée aux résidents. À quelques kilomètres de là, ils possèdent aussi ***Samode Bagh,*** un village de tentes de luxe *(env 110 € la nuit pour deux)* au cœur d'un magnifique jardin avec fontaines, piscine, et d'antiques petits pavillons en marbre bien frais.

NEEMRANA

Neemrana Fort Palace : *sur les hauteurs du village de Neemrana, à mi-distance entre Delhi et Jaipur, et à 3 km env de la Highway no 8. ☎ (01494) 24-60-06. Résas à Delhi : ☎ (011) 43-59-67-71. • neemranahotels.com • Doubles 3 500-6 000 Rps (53,80-92,30 €) selon confort ; bien plus cher pour les suites... Côté resto, menu env 600 Rps (9,20 €).* Une bonne quarantaine de chambres dans cette colossale forteresse du XVe s qui surplombe fièrement le village et offre une vue magnifique sur la campagne environnante. On déambule dans un labyrinthe de terrasses, couloirs, escaliers et patios. Du charme, du raffinement, en veux-tu, en voilà. Superbe piscine. Quelques concerts de musique classique et de danse, généralement en fin de semaine. En journée, entrée payante si vous n'y résidez pas *(9h-17h, 200 Rps pour 2h de visite).*

SARISKA SANCTUARY *(ind. tél. : 01442)*

À 110 km au nord de Jaipur et à 36 km d'Alwar, ceux qui circulent sur la route Jaipur-Delhi peuvent y faire une pause. Voici donc l'une des plus belles réserves animalières du Rajasthan, établie dans ce parc de 866 km², où vous aurez peut-être la chance de voir panthères, ours, antilopes, etc. Si vous comptez rencontrer les tigres qui faisaient la réputation de ce sanctuaire... passez votre chemin ! Ils ont

tous été exterminés par des braconniers sans scrupules, au nez et à la barbe des autorités ; ce qui a provoqué récemment un joli scandale... On y croise aussi des temples en ruine envahis par les lianes et un vieux fort abandonné qui donnent au site une atmosphère étrange, que Kipling a su si bien évoquer dans son *Livre de la jungle*...
Tiens, tant qu'on est dans le coin, profitons-en pour saluer un projet extraordinaire qui a littéralement transformé la vie de près de 700 000 habitants. À l'approche d'Alwar, vous serez certainement surpris de découvrir des paysages verdoyants, avec des étendues d'eau, quelques rivières, alors qu'il y a près de 20 ans ne s'étendaient ici que des terres arides ! Un miracle, non ? Tout cela est le fruit d'un projet écologique rondement mené et considéré comme exemplaire en Inde. Une réussite qui repose sur la participation des populations locales, sur la remise en œuvre de techniques ancestrales de récupération des eaux, et de règles strictes en matière de gestion des ressources naturelles. Les résultats sont éloquents : la végétation recouvre aujourd'hui environ 60 % des terres, les impacts économiques sont considérables, et des centaines de villages voués à l'abandon ont ressuscité ; et tout cela pour trois euros six sous, ou presque ! Chapeau !

Arriver – Quitter

En bus

***Arrêt de bus :** à côté du* Forest Reception Office, *aux portes de la réserve.*
➢ ***Jaipur :*** bus dans les 2 sens ttes les 30 mn sur la ligne Jaipur-Alwar. Trajet : env 3h. À la gare routière de Jaipur, les départs se font généralement de la plate-forme n° 1.
➢ ***Delhi :*** nombreux bus directs dans les 2 sens entre Delhi et Alwar. Trajet : env 3h30. À Delhi, départs en général depuis la gare routière *ISBT Sarai Kale Khan.* Ensuite, à partir d'Alwar, d'autres bus assurent, ttes les 30 mn, la liaison Alwar-Sariska dans les 2 sens (trajet : 1h). On déconseille le train.

Où dormir ? Où manger ?

De chic à plus chic (1 300-1 600 Rps / 20-24,60 €)

***RTDC – Hotel Tiger Den Sariska :** à Sariska. ☎ 284-13-42 ou 44. Juste à côté de la station de bus et de l'entrée de la réserve. Résa en hte saison. Les prix varient selon confort, petit déj et dîner inclus.* Hôtel gouvernemental d'une trentaine de chambres un peu décaties et à la propreté limite. Les plus onéreuses ont la clim'. Les prix sont bien élevés par rapport à la qualité, et l'atmosphère n'est pas des plus réjouissante ; mais de toute façon, pas vraiment le choix à Sariska ! Heureusement, le jardin donne du baume au cœur... Côté resto : cuisine moyenne mais copieuse. Service et accueil très moyens aussi. C'est aussi un point d'informations *RTDC,* d'où l'on peut partir en excursion dans la réserve avec un guide à la journée ou demi-journée.

Très chic (110-135 $)

***The Sariska Palace :** à Sariska. ☎ 284-13-22. Fax : 284-13-23. Résas à Delhi : ☎ (011) 39-49-85-71. Bien indiqué et tt proche de l'arrêt des bus. Repas 550-650 Rps (8,50-10 €).* Ancien palais du maharaja d'Alwar planté en 1892 au cœur d'un magnifique parc de 37 ha. Près de 120 chambres spacieuses, au charme colonial désuet. En choisir une dans le palace plutôt que dans les dépendances du jardin. Vu les prix pratiqués, les détails de la déco pourraient être parfois un peu mieux soignés... Salon, salle à manger très british, avec de nombreuses photos de famille et trophées de chasse. On peut y déjeuner ou dîner, même si l'on n'y réside pas. Agréable piscine, sauna, centre de remise en forme ayurvédique, safaris à cheval et à dos de chameau. Loue également des jeeps pour visiter la réserve (mais cher).

Où dormir ? Où manger dans les environs ?

The Hill Fort : *Kesroli Village, à 10 km env au nord-est d'Alwar.* ☎ *(01468) 28-93-52. Résa à Delhi :* ☎ *(011) 43-59-67-71.* • *neemranahotels.com* • *Doubles 2 000-5 000 Rps (30,80-76,90 €) selon standing.* Ravissant fortin du XIVe s aménagé en hôtel de charme. Idéal pour une halte d'une nuit, si vos finances vous le permettent. Une vingtaine de jolies chambres à l'architecture différente, aménagées avec un goût assuré. Toutes ont une salle de bains, et vue sur la campagne paisible qui s'épanouit au pied du fort. Petit jardin fleuri et ombragé, refuge de nombreux oiseaux et écureuils. Côté resto : excellente cuisine indienne et continentale. Qualité irréprochable des prestations et accueil chaleureux.

Alwar n'a aucun intérêt, si ce n'est d'offrir des possibilités de logements si vous êtes en rade. Notre meilleure adresse est l'***Hotel Aravali,*** *à deux pas de la gare.* ☎ *(0144) 233-28-83.* • *hotelaravali@rediffmail.com* • *Doubles 350-1 000 Rps (5,40-15,40 €) selon confort.* Propose des chambres spacieuses et nickel avec salle de bains, et AC pour les plus chères. Sinon, les fauchés apprécieront l'***Hotel Meenal,*** *à env 3 km de la gare.* ☎ *(0144) 234-73-52. Lit en dortoir env 50 Rps.* Cet hôtel gouvernemental ne vaut que pour ses dortoirs très bon marché. Les chambres sont plutôt chères et médiocres.

Visite de la réserve

Ouv tte l'année : oct-fév, 7h-16h (15h30 en déc-janv) ; mars-sept, 6h-16h. Entrée : 200 Rps ; gratuit moins de 7 ans ; caméra : 200 Rps ; env 125 Rps pour les véhicules. Attention : gratuit pour les Indiens les mar et sam, donc beaucoup de monde ces jours-là ! Plusieurs possibilités pour y entrer : en voiture particulière (taxi par exemple), mais vous ne devrez pas quitter les routes balisées. Plus de possibilités en louant une jeep, mais préférez celles roulant à l'essence, moins bruyantes et moins polluantes. La visite, dans un véhicule de 5 pers, coûte env 700 Rps (10,80 €) pour 3h ; à cela, ajouter les 150 Rps pour le guide, et le droit d'entrée dans le parc. Un conseil, mieux vaut arriver la veille pour démarrer la visite tôt le mat. Deux possibilités : s'adresser au Forest Reception Office *(☎ 284-13-33), route de Jaipur, terminus des bus (tarifs plus intéressants, surtout pour les guides). Sinon, voir avec l'un des 2 hôtels indiqués sur place.* Si la saison la plus agréable se situe de septembre à avril, vous serez assuré de voir un maximum d'animaux durant l'été (d'avril à juin). Ceux-ci, à cause de la chaleur, se retrouvent aux rares points d'eau. Mais il faut pouvoir supporter des températures avoisinant les 50 °C...

AJMER

IND. TÉL. : 0145

À 130 km à l'ouest de Jaipur, au cœur du Rajasthan hindou, c'est un haut lieu de l'islam en Inde. Ajmer renferme en effet le tombeau d'un saint musulman au cœur de son *Dargah,* véritable petite ville religieuse qui attire les pèlerins de tout le pays. Et pourquoi pas vous ? ! Le sanctuaire est enclavé dans un vieux centre pittoresque, étonnant d'authenticité...

Conseil : évitez le vendredi, jour de prière des musulmans ; les conditions ne sont alors pas idéales pour visiter le *Dargah,* d'ailleurs seul centre d'intérêt de cette ville bruyante, polluée et sans charme. Elle peut cependant servir opportunément de base arrière pour trouver un hébergement pendant la grande foire annuelle de novembre de Pushkar, charmant village situé à seulement 10 km.

Arriver – Quitter

En bus

Bus Stand *(plan B2) : à l'entrée d'Ajmer, sur la route de Jaipur. Infos : ☎ 243-30-36 ou 242-93-98.*
➢ ***Jodhpur :*** dans les 2 sens, *express* ttes les 30 mn 6h-18h45, dont quelques *deluxe*. Trajet : 5h.
➢ ***Bikaner :*** dans les 2 sens, *express* ttes les heures 5h30-22h30. Trajet : 7h.
➢ ***Jaipur :*** *express* ttes les 10 mn, 24h/24. Également quelques *deluxe*. Trajet : 3h.
➢ ***Delhi :*** *express* dans les 2 sens ttes les 30 mn 7h15-20h40, et quelques *deluxe*, partois en soirée. Trajet : 9h.
➢ ***Udaipur :*** dans les 2 sens, *express* ttes les heures 5h30-0h30, et aussi plusieurs *deluxe*. Trajet : env 7h.
➢ ***Agra :*** env 8 bus/j. Trajet : 9h.
➢ ***Ahmedabad :*** env 6 *express* et 1 *deluxe* en rotation 5h45-21h45. Trajet : 10-11h.
➢ ***Chittorgarh :*** *express* en boucle ttes les heures 6h-1h. Et 1 *deluxe*. Trajet : 4h.
➢ ***Bundi :*** pratiquement ttes les heures. Trajet : 4h.
➢ ***Kota :*** ttes les heures. Trajet : 6h.
➢ ***Jaisalmer :*** quasiment pas de bus direct. Passer par Jodhpur.

Ligne de bus Ajmer-Pushkar : liaison dans les 2 sens ttes les 15 mn 6h-20h30 (env 30 mn de trajet). À Ajmer, 6h-9h30, les bus partent à env 100 m sur la droite en sortant de la gare ferroviaire *(plan A2, **6**)* ; tandis que, 10h-20h30, les départs se font devant le temple jaïn *Nasiyan (plan A2, **7**)*. Au retour, dans le sens Pushkar-Ajmer, les bus se prennent au *Ajmer Bus Stand* de Pushkar, situé à la sortie de la ville, sur la route d'Ajmer. La plupart stoppent alors devant la gare ferroviaire d'Ajmer (demander l'arrêt au chauffeur), avec terminus face au temple jaïn *Nasiyan*.

En train

Gare ferroviaire *(plan A2) : en plein centre. Au 1er étage par l'escalier de l'arche principale se trouve le* Computer Reservation Complex. *Lun-sam 8h-20h ; dim 8h-14h. Infos : ☎ 131.*
➢ ***Delhi :*** min 4 trains/j. dans les 2 sens. Le plus rapide est le *Shatabdi Express*, assurant la liaison en moins de 7h.
➢ ***Jaipur :*** min 6 trains/j. aller-retour. Le *Shatabdi Express* effectue le trajet en 2h env (sf mer).
➢ ***Ahmedabad :*** min 3 rotations/j. Les trains *Delhi-Ahmedabad Mail* et *Ashram Express* sont les plus pratiques. Durée : 9-12h.
➢ ***Udaipur :*** généralement 3 trains/j. dans les 2 sens. Préférer le *Ahmedabad Express*. Durée : env 10h30.
➢ ***Jodhpur :*** pas de direct ; changement nécessaire à Marwar. Préférer le bus, plus rapide.
➢ ***Abu Road :*** 2 trains le mat. Durée : 5-6h.
➢ ***Chittorgarh :*** 2-4 allers-retours/j. Durée : env 4h30.

Adresses utiles

Tourist Office *(plan B2) : hôtel* RTDC Khadim, *Savitri Girls College Rd. ☎ 262-74-26. À 150 m de la station de bus. Lun-sam 8h-12h, 15h-17h.* Efficace et compétent. Cartes de la ville.

General Post Office *(GPO ; plan A2) : sur Station Rd. Lun-sam 10h-18h.* Service de transfert d'argent

LE RAJASTHAN

Western Union.

■ ***State Bank of India*** *(plan B2,* ***3****) : non loin du* Tourist Office. *Lun-ven 8h-20h, sam 8h-15h.* On peut y changer euros, dollars et chèques de voyage.

■ ***Bank of Baroda*** *(plan A2,* ***4****) : Prithvi Raj Marg, à deux pas de la* GPO. *Lun-sam 8h-20h.*

■ ***UAE Exchange*** *(plan B2,* ***8****) : 10/10, Sardar Patel Marg (en face du* Mango Masala*).* ☎ *242-81-02. Tlj sf dim ap-m 9h30-13h30, 14h-18h.* Bon taux de change, transfert d'argent et billets de train-avion...

■ Ajmer compte également plusieurs ***ATM*** *(Visa* et *MasterCard) ouv 24h/24 : à la* ***State Bank of India*** *(plan B2,* ***3****) ; à côté de l'hôtel* Shankar Palace *(plan B2,* ***9****) ; à la* ***HDFC Bank,*** *juste à côté de l'hôtel* Siddharth *(plan A-B2,* ***17****) ; et à la* ***IDBI Bank,*** *face au resto* Mango Masala *(plan B2,* ***21****).*

@ ***Satguru's Traders*** *(plan A2,* ***5****) : Shop n° 61, Kutchery Rd.* ☎ *262-37-49. Tlj 8h-22h.* Nombreuses connexions à Internet.

Où dormir ?

Face à la gare, plusieurs hôtels hésitant entre glauque et super-glauque. L'hébergement à Ajmer est particulièrement médiocre dans la catégorie « Bon marché ». Préférer la catégorie « Prix moyens ». À noter que pendant la foire de Pushkar, certains hôteliers n'hésitent pas à décupler leurs prix ! Quelques exceptions cependant :

De très bon marché à bon marché (100-450 Rps / 1,50-6,90 €)

🏠 ***Hotel Delhi Darbar*** *(plan A2,* ***12****) : Dargah Bazar.* ☎ *262-15-97. Doubles 300-550 Rps selon confort.* Au cœur du quartier musulman (on est d'emblée plongé dans le bain populaire), cet hôtel est particulièrement bien tenu. Chambres impeccables, toutes avec salle de bains attenante. Les moins chères sont très calmes mais n'ont pas de fenêtre, alors que les autres donnent sur la rue (plus lumineuses, mais aussi plus bruyantes en journée), et les plus chères sont équipées de l'AC. Accueil sympa et bon rapport qualité-prix.

🏠 ***Hotel RTDC Khadim*** *(plan B2,* ***10****) : Savitri Girls College Rd.* ☎ *262-74-90 ou 75-36.* • *khadim@rtdc.in* • *À côté de l'office de tourisme et pas loin du terminal de bus. Doubles 450-1 200 Rps (6,90-18,50 €) ; lit en dortoir 100 Rps.* Tenue générale à l'image de toutes les adresses gouvernementales : pas terrible ! L'adresse ne vaut en fait que pour son dortoir avec sanitaires communs rénovés et propres.

🏠 ***Bhola Hotel*** *(plan A2,* ***11****) : Agra Gate, Subzi Mandi.* ☎ *243-28-44. Double env 300 Rps.* Globalement correct, mais propreté relative. Quelques chambres très sommaires et assez petites, disposant d'une douche froide (eau chaude au seau) et w-c. Bruyant, car situé à un carrefour passant (boules Quies bienvenues !). Resto végétarien à l'étage (voir « Où manger ? »). Accueil serviable.

🏠 ***Hotel Lovely*** *(plan A2,* ***11****) : Agra Gate.* ☎ *262-21-91.* 📱 *98-29-40-04-47. Face au* Bhola Hotel. *Double 300 Rps.* Petit hôtel planté au bord d'un carrefour bruyant. Chambres avec salle de bains et ventilo assez correctes. Celles de derrière n'ont pas de fenêtre, mais sont plus calmes. Quand même un poil mieux que le *Bhola.* Propreté des sanitaires (à la turque) plutôt acceptables. Correct pour budgets serrés.

De prix moyens à chic (400-1 600 Rps / 6,20-24,60 €)

🏠 ***Haveli Heritage Inn*** *(plan A2,* ***16****) : Phul Niwas, Kutchery Rd.* ☎ *262-16-07.* • *haveliheritageinn@hotmail.com* • *Doubles 900-1 600 Rps (13,80-24,60 €) selon confort.* Il s'agit d'une maison un peu ancienne, dont l'archi-

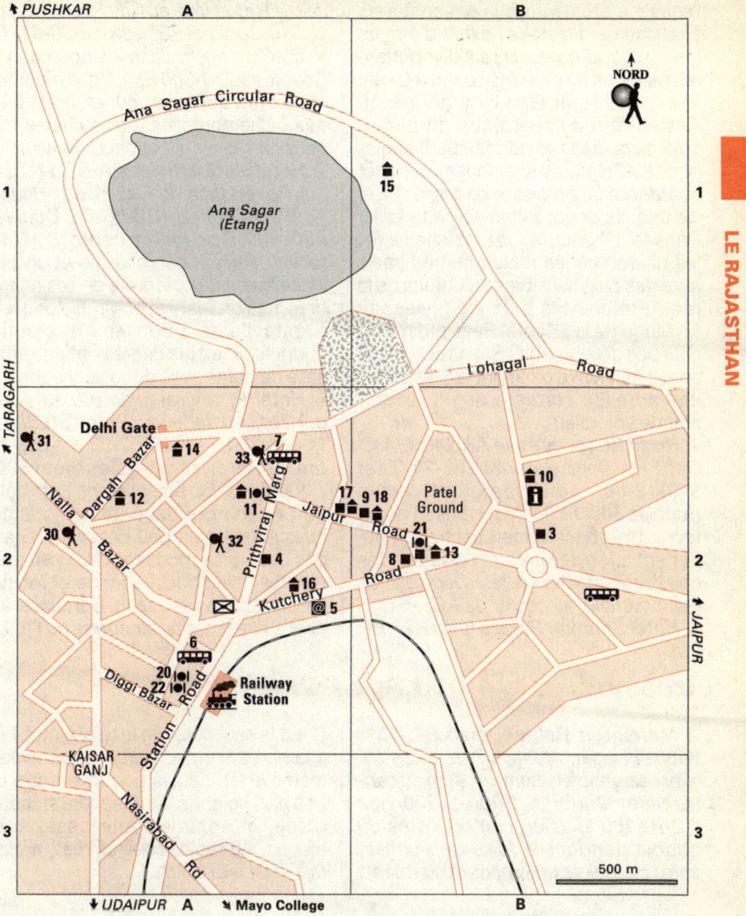

AJMER

Adresses utiles

- Tourist Office
- General Post Office
- Gare ferroviaire
- Bus Stand
- 3 State Bank of India
- 4 Bank of Baroda
- 5 Satguru's Traders
- 6 et 7 Lignes de bus Ajmer-Pushkar
- 8 UAE Exchange
- 9 Shankar Palace
- 17 HDFC Bank
- 21 IDBI Bank

Où dormir ?

- 10 Hotel RTDC Khadim
- 11 Bhola Hotel et Hotel Lovely
- 12 Hotel Delhi Darbar
- 13 Hotel Prithviraj
- 14 Hotel Regency
- 15 Mansingh Palace
- 16 Haveli Heritage Inn
- 17 Hotel Siddharth
- 18 Hotel Shankar Palace

Où manger ?

- 11 Bhola Restaurant
- 20 Jai Hind
- 21 Mango Masala
- 22 Madeena

À voir

- 30 Dargah
- 31 Mosquée Adhaï-din-ka-Jhonpra
- 32 Akbar Fort
- 33 Nasiyan Jaïn Temple

tecture a été revue à la sauce *haveli.* Lieu chargé d'histoire : avant d'être un hôtel, c'est ici que se tinrent d'importantes réunions du parti du Congrès (avant 1947). Nehru et Gandhi y dormirent. Accueil fort sympathique du patron volontiers disert et parfaitement anglophone. Chambres spacieuses et plutôt confortables, avec salle de bains, TV, et un brin de déco. Propreté sans faille. Dans la 1re cour, au rez-de-chaussée, les chambres les moins chères (mais aussi les plus sensibles aux bruits de la rue). Préférer les plus éloignées, au 1er étage de la 2e cour. Petit jardin intérieur pas désagréable. Repas et petit déj sont servis dans un esprit familial. Bref, une adresse correcte qu'on recommande volontiers.

Hotel Regency *(plan A2,* ***14****) : 6/435, Out Side Delhi Gate.* ☎ *262-24-39 et 510-13-00.* • *bahubaligroup.com* • *Doubles 600-1 500 Rps.* Hôtel à l'architecture très banale, mais central, globalement bien tenu et proposant des chambres fonctionnelles avec salle de bains, ventilo, *air cooler* ou AC.

Hotel Shankar Palace *(plan B2,* ***18****) : Jaipur Rd, en face du City Power House.* ☎ *510-08-50 et 75.* 📱 *93-52-00-01-48.* • *hotelshankarpalace@yahoo.co.in* • *Doubles 500-1 300 Rps.* Hôtel moderne sans caractère particulier, mais bien tenu. Chambres les moins chères très correctes (avec TV câble et ventilo).

Hotel Siddharth *(plan A-B2,* ***17****) : Jaipur Rd, en face du City Power House.* ☎ *262-07-64 ou 510-06-86. Doubles 450-800 Rps selon confort.* Hôtel récent, sans aucun charme et un peu limite quant à la propreté de ses chambres. Les *ordinary* avec ventilo peuvent éventuellement convenir aux petits budgets. Les plus chères ont une vraie salle de bains avec douche chaude.

Hotel Prithviraj *(plan B2,* ***13****) : Jaipur Rd, en face du Patel Stadium.* ☎ *243-22-97 et 329-52-00.* • *ajmer-hotelprithviraj.com* • *Doubles 500-1 200 Rps selon équipement.* Petit hôtel tout en marbre dans un coin calme, mais intérieur un peu décevant. Grandes chambres modestes et à peu près propres, avec douche froide et robinet d'eau chaude avec seau. Certaines, les plus chères, ont un *air cooler* ou l'AC.

Très chic (min 4 000 Rps / 61,50 €)

Mansingh Palace *(plan B1,* ***15****) : Vaishali Nagar.* ☎ *242-57-02 et 58-55.* • *mansinghhotels.com* • *À 3 km du centre-ville. Doubles 4 000-5 500 Rps (72,70-100 €) selon confort ; près du double pendant la foire de Pushkar (mais c'est alors en ½ pens obligatoire) !* C'est le seul hôtel de luxe d'Ajmer. Les chambres sont confortables et nickel, même si les détails pourraient être un peu plus soignés. Atmosphère standardisée, et somme toute assez tristoune... Au resto, copieux *thali, maharaja feast* à 275 Rps.

Où manger ?

Bon marché (max 100 Rps / 1,50 €)

Madeena *(plan A2,* ***22****) : juste en face de la gare, près de la Clock Tower.* ☎ *262-51-15. Tlj en continu jusqu'à 23h.* Cadre tout vert et grosses tables pour une bonne cuisine musulmane pas chère du tout. Atmosphère populaire en diable, musique pop indienne et bruits de la circulation fusionnent aimablement. Mouton ou poulet au curry (pour les petites faims, des demi-portions), cervelle d'agneau et même du *chhachh*... Grand respect des hindous, il est précisé qu'il n'est pas servi de bœuf !

Jai Hind *(plan A2,* ***20****) : tout près du* Madeena, *face à l'arche principale de la gare, dans une petite allée au pied de la Clock Tower.* ☎ *263-07-61. Tlj 8h-23h.* Excellente cuisine végétarienne concoctée par des réfugiés hindous du Sind. Notre préférence va aux *thalis* bien nourrissants, servis façon jaïne, punjabie ou gujaratie. Également un choix de légumes, de *dosaï* ou de snacks. Arrosez le tout d'un bon *kaju lassi* pour faire descendre. On peut aussi venir y prendre un *thali breakfast* au petit déj ou une glace. Accueil gentil.

Bhola Restaurant *(plan A2,* ***11****) : Agra Gate, Subzi Mandi. Resto de l'hôtel* Bhola *(voir « Où dormir ? »), au 1er étage. ☎ 243-28-44. Tlj 9h-23h.* Salle un peu sombre et un poil vieillotte, mais pas si désagréable que ça. Bon accueil av
anglais par l
maison. Cuisin
végétarienne, av
indiens traditionnels,
d'un grand choix de *roti,*
ou encore ces aériens e
papad.

Prix moyens (100-270 Rps / 1,50-4,20 €)

Mango Masala *(plan B2,* ***21****) : India Motors Circle, en face du* Sawami Complex. *☎ 242-21-00. Tlj 9h-23h.* Deux restos en un. Version snack végétarien et rêve américain dans une salle gaie et colorée (fresque rigolote) où l'on s'attable en compagnie de la jeunesse dorée de la ville. Mais dehors, point de *Road 66,* juste des rickshaws filant et abusant du klaxon. À l'arrière, une courette salvatrice. À la carte, il y a de tout, ou presque : du continental au chinois, en passant par l'indien, bien sûr. En particulier, nombreux plats avec *paneer,* ainsi que gratin de légumes, *cannelloni* florentine (cuit sur un lit d'épinards, sauce au fromage), pizzas et quelques spécialités comme le *vegetable jaipuri* et le bon *rajasthani gatte kisubi.* Juste à côté, une 2e salle au cadre plus conventionnel mais tout aussi agréable, et où l'on sert de la viande.

À voir

Pas franchement sympathique, Ajmer possède tout de même ses petites perles, qu'il ne faut pas manquer.

Dargah *(plan A2,* ***30****) :* « petite cité » musulmane qui s'est développée autour du mausolée de Khaja-ud-din-Chishti, l'un des saints musulmans les plus vénérés en Inde (il vécut à Ajmer au XIIe s). D'abord, on vous invitera à enlever vos chaussures à l'entrée. Ensuite, passé la porte monumentale colorée, on découvre, dans les parfums des roses, l'animation d'un vrai village avec ses boutiques d'articles religieux, cours, refuges pour les pèlerins, mosquées, tombes... Bref, vraiment étonnant... Se méfier cependant des collecteurs de dons qui obligent les touristes, de manière odieuse, à verser de l'argent. La visite n'est pas finie, noter les deux immenses chaudrons où l'on pouvait faire cuire plus de 2 t de riz pour les pauvres et les mendiants. Jeter aussi un œil aux mosquées construites par les empereurs Akbar et Shah Jahan, puis au gentil bassin aux ablutions et ses petites arcades. Ensuite, se couvrir la tête (prévoir d'acheter une calotte avant l'entrée principale) pour pénétrer dans le mausolée du saint, surmonté d'une coupole. À l'intérieur, ce n'est que bousculade, tant les fervents pèlerins veulent toucher tous en même temps le tombeau d'argent recouvert de fleurs. Enfin, en sortant (ouf !), se méfier encore du registre à remplir qui vous contraint à faire un don. Sachez que rien ni personne ne vous oblige à le faire, et surtout pas les gardes chiourmes insolents... Éviter de faire la visite le vendredi, jour de la prière.

La mosquée Adhaï-din-ka-Jhonpra *(plan A2,* ***31****) : on y va à pied très aisément. En sortant du Dargah, prendre à gauche jusqu'à la porte de la ville ; l'entrée du site n'est qu'à une centaine de mètres sur la droite ; on ne peut la louper.* Voici donc une séduisante mosquée du XIIIe s dont il ne reste que la salle de prière, mais quels beaux restes ! D'abord, sa façade présente un fascinant travail de sculpture : de la vraie dentelle, devrions-nous dire ! Lettres, caractères et motifs arabes ciselés dans une pierre qui prend de merveilleux tons mordorés aux lever et coucher du soleil (attention, contre-jour en fin de journée). Puis on pénètre dans une forêt de

...otées de façon différente, et surmontées de ...mples hindous qui s'élevaient ici et furent

...a visite du fort d'Akbar, n'hésitez pas à y aller ...es entre Nalla Bazar, Dargah Bazar et Prithvi- ... tout autre atmosphère, moins bruyante, plus ...maisons colorées. Et personne pour vous

...-06-37. *Tlj sf ven 10h-17h (16h30 pour l'achat ... photo : 10 Rps ; caméra : 20 Rps.* Construit au ... aujourd'hui un intéressant petit *Musée archéo-*...our des remparts, en commençant par la droite. ...posées, on découvre des représentations de Ganesh ... Laksmi Narayan (du XIIe s, d'une grande finesse d'exécution), Varaha (déesse à la tête de sanglier), un remarquable Vishnou en marbre (du XVe s, Dungarpur), etc. Puis, des terres cuites, enluminures, armes, armures rajpoutes, objets d'ivoire sculptés, pierres gravées en sanskrit, sans oublier les beaux bouddhas et différentes petites sculptures, dont un harmonieux Kunthunath en marbre...

Nasiyan Jaïn Temple *(plan A2,* ***33****)* **:** *tlj 8h30-17h30. Entrée : 5 Rps ; photos autorisées.* Temple jaïn construit au XIXe s en grès rouge, d'une architecture et d'un style particulièrement exubérants. Si l'on ne visite pas la partie réservée au culte, la découverte est quand même assez inattendue : à travers de larges vitres, voici une surprenante « maquette » géante représentant tous les temples jaïns en modèles réduits, mais surtout reproduisant le schéma de la cosmogonie jaïne : bateaux volants et sculptures en bois doré... On aurait utilisé une tonne d'or pour créer cette œuvre quelque peu insolite !

Mayo College *(hors plan par A3)* **:** *à 3 km du centre-ville. Env 25 Rps pour s'y rendre en rickshaw. Visite en sem slt 10h-13h30, 15h30-17h, après avoir demandé l'autorisation au proviseur (« principal », en anglais) : ☎ 266-06-97.* Ce sont les Anglais qui eurent l'idée de fonder cette université réservée aux fils de maharajas... pour mieux assurer la promotion de la couronne britannique (bien sûr, tout l'enseignement est en anglais !). Ils l'ouvrirent en 1874 pour un seul élève, le fils du maharaja d'Alwar, qui arriva sur un éléphant, escorté de ses 200 serviteurs... C'est un bâtiment majestueux qui trône au cœur d'un joli parc. Son architecture, qui conserve un esprit anglo-saxon, est fortement inspirée par celle des palais rajasthanis. Aujourd'hui encore, Mayo College, toujours ouvert uniquement aux garçons, jouit d'une excellente réputation. Pratiquement tous les fils de maharajas y poursuivent leurs études.

PUSHKAR

17 000 hab. IND. TÉL. : 0145

Située à 12 km au nord d'Ajmer, Pushkar est une mignonne petite ville toute blanche, lovée autour d'un lac et dominée par des collines. Qu'il est bon de se promener dans cet espace quasi piéton délaissé par les klaxons ; après les grands centres urbains, ça repose ! Partout dans la ville règne une certaine nonchalance. C'est certainement ce qui a séduit les babas de tout poil fréquentant les lieux avec assiduité. Parmi eux, beaucoup de nostalgiques à la cinquantaine bien affirmée, venus en « pèlerinage ». C'est vrai que cette ville était, dans les années 1970, le rendez-vous des hippies du monde entier. Il reste un grand nombre de friperies et de boutiques proposant toutes les variations de shiloms et autres pipes à usage caractéristique, alors que le hasch reste l'un des grands interdits officiels, tout comme l'alcool...

Une nouvelle génération de babas marche à présent dans les pas des parents, au look parfois plus étonnant que celui des gens du cru. À croire que certains cherchent à battre des records : le plus beau tatouage, la tenue la plus extravagante, la tignasse la moins peignée ou tout simplement la plus crade. Car ici, on rivalise d'imagination pour se montrer ou jouer au *sadhu*. Nous, on n'a évidemment rien contre les attitudes contestataires, mais on déplore que la plupart de ces voyageurs si désireux de ressembler aux Indiens restent le plus souvent entre eux, sans se mêler à la population locale !

LA LÉGENDE

À part ça, Pushkar possède aussi la particularité d'être la seule ville où l'on vénère Brahma, le Créateur, le premier dieu de la trinité hindoue. Près de 2 000 pèlerins s'y rendent chaque jour.
Il est possible de visiter le *Brahma Temple* (au grand carrefour central ; *plan A2*).

OFFRANDE OU DÉMON ?

Selon la légende, Brahma se préparait à un puja (offrande), mais sa femme Savitri le fit attendre. Or, cette offrande spéciale ne pouvait s'accomplir qu'en présence d'une femme. Las de patienter, Brahma épousa alors une fille de Pushkar. Furieuse, son épouse légitime le rejeta et jura qu'on ne célébrerait son culte nulle part ailleurs en Inde. Une autre légende sur la fondation de la ville assure qu'il tua un démon qui terrorisait la région et qu'en jetant le pétale de lotus qui lui servait d'arme, il créa le lac sacré.

LA PLUS GRANDE FOIRE AUX CHAMEAUX D'INDE

C'est ici qu'a lieu, pendant la pleine lune du mois de novembre, la plus grande foire aux animaux de l'Inde (après Sonepur au Bihar). À Pushkar, il s'agit d'une foire aux chameaux. Un événement tout à fait extraordinaire, à ne pas manquer si vous êtes dans le Rajasthan en novembre. Elle se tient à l'occasion de l'un des cinq grands pèlerinages hindous. Les nomades du désert du Thar et les paysans de la région débarquent dans leurs plus beaux atours pour vendre et acheter des chameaux. De grandes courses sont organisées pendant les cinq jours de la foire. Prix décernés aux meilleurs le dernier jour. Une immense fête foraine se déroule en même temps. Le jour de la pleine lune, tout le monde prend son bain rituel dans le lac tôt le matin. Les femmes viennent au temple pour obtenir bonheur, mariage, fécondité, selon les besoins. À la fin de la foire, des milliers de chameaux ont changé de main après de féroces marchandages. Belles images poignantes des caravanes de nomades s'en retournant dans le désert. Durant ces quelques jours, Pushkar n'est plus une petite ville paisible : elle est même noire de monde, au point que l'on est obligé de mettre en place des sens uniques afin que les flots de marée humaine s'écoulent le plus convenablement possible.

Calendrier de la foire aux chameaux

2008	2009	2010
29 oct-5 nov	25 oct-2 nov	13-21 nov

Arriver – Quitter

La gare ferroviaire la plus proche de Pushkar se trouve à Ajmer. Sinon, Pushkar compte deux *Bus Stand*.

Ligne de bus Pushkar-Ajmer : bus dans les 2 sens ttes les 15 mn, 6h-20h30 (env 30 mn de trajet). À Pushkar, départ du ***Ajmer Bus Stand*** *(plan B2,* ***1****)* ou du ***Marwar Bus Stand*** *(plan A1,* ***2****)*, pour ensuite marquer un arrêt à la gare ferroviaire d'Ajmer, et terminus juste en face du temple jaïn Nasiyan. Dans le sens Ajmer-Pushkar, les bus partent, selon l'heure, de 2 arrêts précis dans le centre d'Ajmer (voir « Arriver – Quitter » à Ajmer) pour finalement arriver aux *Ajmer Bus Stand* et *Marwar Bus Stand* de Pushkar.

Marwar Bus Stand *(plan A1,* ***2****)* est aussi le point de départ et d'arrivée de toutes les autres destinations. Sachez que peu de bus directs partent ou arrivent à Pushkar, et qu'il faut bien souvent faire un changement à Ajmer. Sinon, pour tout renseignement ou ticket de bus privé, il est préférable de s'adresser à une véritable agence et non à votre hôtel ou *guesthouse* pour éviter les mauvaises surprises (voir « Adresses utiles » à Pushkar). On vous signale aussi que la route Pushkar-Ajmer-Jaipur est assez dangereuse, donc à éviter de nuit.

➢ ***Jaipur :*** env 12 bus publics/j., 7h30-18h30. Trajet : 4h. Parfois aussi 1 bus privé.
➢ ***Delhi :*** 2 bus publics/j. dans les 2 sens pour env 9-10h de trajet. Également 3 bus privés sur cette liaison.
➢ ***Udaipur :*** env 4 bus privés dans les 2 sens. Trajet : env 7h30.
➢ ***Jaisalmer :*** 2 bus privés/j. dans les 2 sens. Trajet : 11h.
➢ ***Bikaner :*** env 10 bus publics sur la ligne, 6h-17h30. Trajet : env 6h. Et 2 bus privés.
➢ ***Jodhpur :*** 2 bus publics (les plus rapides en principe, notamment celui vers 9h) et 2 bus privés tlj. Trajet : env 6h.
➢ ***Les autres villes du Rajasthan :*** des bus privés effectuent certaines liaisons. Sinon, le plus simple est de passer par Ajmer.

Quelques conseils utiles

– ***Quand y aller :*** si vous en avez la possibilité, arrivez 4 ou 5 jours avant la fameuse pleine lune de novembre. Vous n'y verrez pratiquement que les nomades et marchands de chameaux. Leur arrivée, les marchandages, le spectacle de la vie au quotidien dans la plaine de sable se révèlent vraiment captivants. Deux jours avant le bain rituel, des hordes de touristes débarquent, ce qui plombe largement l'atmosphère. D'ailleurs, des nomades partent déjà... Ceux qui ne supportent pas le côté trop touristique ne regretteront pas de partir avant la fin ; ils auront vécu le meilleur !
– ***Le bruit :*** ne pas oublier ses boules Quies car, tout au long de la nuit, les haut-parleurs crachent, jusqu'à la saturation du son, des chants pas toujours mélodieux...
– ***Taxe :*** en arrivant, on doit payer un minuscule droit d'entrer dans la ville : une pincée de roupies par personne, et près de 25 Rps par voiture (à la charge de l'agence si vous en avez une).
– ***Alcool et viande :*** à Pushkar, inutile de chercher une bière bien fraîche ou un de ces excellents poulets *tandoori.* La ville est sacrée, donc vous n'y trouverez pas même un œuf !
– ***LA RÈGLE :*** il est interdit de marcher chaussé sur les rives du lac. Évitez également de porter du cuir (sandales, ceinture, etc.) à moins de 1 m de celui-ci.
– ***Pratique détestable :*** on viendra sans doute, à un moment de votre visite, vous mettre des pétales de fleurs dans la main. Puis on vous invitera très fortement à aller les jeter dans le lac pour suivre un prétendu rituel. Refusez catégoriquement cette offre ! C'est une pure arnaque qui peut vous coûter fort cher. Une fois sur la rive et « très » entouré, on ne vous laissera plus ressortir sans une offrande qui peut grimper au-dessus de 1 000 Rps... ! Il en est de même lorsque l'on essaie de vous imposer au prix fort de soi-disant « bracelets de protection ».
– ***Photos :*** il est interdit de photographier les ghats et les bains rituels. De grandes pancartes rappellent les règles de conduite à respecter. On trouve ça bien. Qu'est-ce que vous diriez si un car de touristes déboulait dans votre salle de bains ? Si vous utilisez des pellicules photo particulières, faites-en un stock car Pushkar, en période de fête, se révèle d'une séduction diabolique.

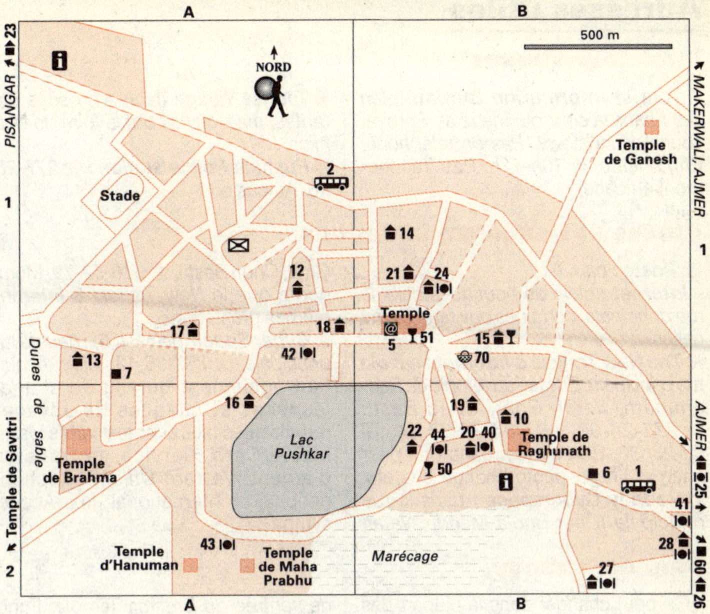

PUSHKAR

■ Adresses utiles

- Tourist Information Bureau
- Tourist Village
- Poste
- 1 Ajmer Bus Stand
- 2 Marwar Bus Stand
- 5 Cyber Space
- 6 Ekta Travels et Malakar
- 7 ATM

Où dormir ?

- **10** Shyam Krishna Guesthouse
- **12** Mayur Guesthouse
- **13** Hotel Aroma
- **14** Milkman Guesthouse, Hotel Rising Star et The White House
- **15** Saï Baba Guest House
- **16** Bharatpur Palace
- **17** Paramount Palace
- **18** Hotel Amar
- **19** Shriya Guesthouse
- **20** V.K. Tourist Palace
- **21** Hotel Kanhaia
- **22** Hotel Pushkar Palace
- **23** JP's Village Resort
- **24** Inn Seventh Heaven
- **25** Jagat Palace
- **26** Hotel Shannu's Ranch Inn
- **27** Sajjan Bagh
- **28** Kamal Villas

Où manger ?

- **24** Resto du Inn Seventh Heaven
- **25** Resto du Jagat Palace
- **40** Moondance Garden Restaurant
- **41** Little Italy
- **42** Raju Restaurant
- **43** Royal Café & Lake Palace
- **44** OM Shiva Buffet Restaurant

Où boire un verre ?

- **15** Saï Baba Haveli
- **50** Sunset Café
- **51** Hard Rock Roof Top

■ À faire

- **60** Shannu's Riding School

Achats

- **70** Collector's Paradise

Adresses utiles

Infos touristiques

Tourist Information Bureau *(plan B2) : dans la cour qui mène au* Sarovar Tourist Bungalows. *Pas de téléphone. En principe, tlj 10h-17h.* Pas franchement efficace.

Tourist Village *(plan A1) : sous des tentes, mais ouv slt pdt la foire de Pushkar.*

Pushkar Police Station : ☎ *277-20-46.* Au cas où !

Postes et télécommunications

Poste : *plan A1.*

– **Internet :** *plein de boutiques dans la rue principale, certaines ouv tard.* Parmi celles-ci :

The New Travels & Internet : *dans la rue principale. En face du temple de Ranghunath, Varah Ghat, Choti Basti.* ☎ *277-26-00.* 📱 *97-84-77-37-14. Tlj 8h-23h30.* Bon matos, bons prix pour Internet, tirages photo, change, bus, etc.

Radhey Cyberspace : *dans la rue principale (Char Bhuja Mandir, Varah Ghat, Choti Basti).* ☎ *510-52-79.* Même genre que le *New Travels & Internet*, mêmes prestations.

Cyber Space *(plan B1,* ***5****) : dans la rue principale.* ☎ *277-36-13. Tlj 9h-minuit.* Fait également bureau de change (espèces et chèques de voyage), retraits possibles avec les cartes *Visa* et *MasterCard*, service de transfert d'argent *Western Union*, téléphone national et international, fax. Accueil sympa.

Banque, change

– On peut changer dans la plupart des boutiques de la rue principale et dans les hôtels. Les taux sont généralement bons.

– Enfin, un ***ATM*** *(plan A1,* ***7****) à proximité de l'entrée du Brahma Temple.* Fonctionne avec les cartes *Visa* et *MasterCard.*

Agence de voyages agréée

Ekta Travels *(plan B2,* ***6****) : à deux pas du* Ajmer Bus Stand. ☎ *277-29-31 ou 28-88.* • *ektatravelspushkar.com* • *Tlj 9h-21h30. CB acceptées.* Correspondant d'*Indian Airlines, Jet Airways*, etc. On s'y procure aussi des billets de bus privés (horaires affichés clairement) pour certaines villes du Rajasthan, et puis des tickets de train (seul représentant agréé *Indian Railways* en ville). Également des circuits à dos de chameau dans le désert, réservations d'hôtels dans tout le Rajasthan... Personnel compétent et sympa. Anuj Sharma, le proprio, trouvera toujours un moyen pour vous aider en cas de besoin. Autre bureau devant le *Marwar Bus Stand (plan B2,* ***6*** *;* ☎ *277-21-31).*

Loisirs

Location de vélos : *chez Malakar, juste à gauche d'*Ekta Travels *(plan B2,* ***6****). Tlj 9h-19h.* Prix raisonnables et matériel en bon état. Faites quand même un essai avant de partir en balade.

Livres : dans la rue principale, quelques kiosques proposent des bouquins branchés sur l'hindouisme, le bouddhisme et autres spiritualités, sans compter quelques romans en anglais et, de temps à autre, de rares titres en français... Bienvenue dans le monde du New Age, façon post-néo-baba !

Où dormir ?

Pas mal de *guesthouses* pas chères du tout pendant pratiquement toute l'année, mais qui se mettent à délirer au moment de la foire, et même quelques jours avant le début officiel du festival. Pour une chambre à 200 Rps, on pourra vous en demander 2 000 en période de fête. Si ça, c'est pas du commerce ? ! Bien souvent, au moment de l'affluence, possibilité de planter sa tente dans le jardin. D'autres hôtels plantent eux-mêmes de grandes tentes et y installent 50 paillasses. Moins cher qu'une chambre, mais pas toujours ! La plupart des adresses se trouvent dans (et autour de) la rue principale.

De très bon marché à bon marché (100-500 Rps / 1,50-7,70 €)

***Kamal Villas** (plan B2, **28**) : Jamni Kund Rd, pas loin du terminal des bus d'Ajmer. ☎ 277-30-19. 98-29-15-89-36. Double min 300 Rps.* Récent, voici un établissement plus proche de la pension que de l'hôtel. Dans un quartier calme et plaisant. Tenu par une très sympathique famille. Propreté nickel. Repas particulièrement recommandés pour la fraîcheur des produits (ah, le premier yaourt du matin au petit déj !).

***Mayur Guesthouse** (plan A1, **12**) : Holi Ka Chowk. ☎ 277-23-02. 94-14-73-95-51. • mayurguesthouse.com • Doubles 150-400 Rps selon confort.* Une maison bleue, sympa, proposant, autour d'un étroit patio à arcades bien propret et agrémenté de plantes vertes, une dizaine de chambres simples mais propres, avec douche chaude privée ou commune. Terrasse sur le toit, idéale pour observer le lever et le coucher du soleil. Ne sert que le petit déj. Accueil familial. Une bonne adresse.

***Shyam Krishna Guesthouse** (plan B2, **10**) : dans la rue principale, à côté du temple de Raghunath. ☎ 277-24-61. P : 94-14-66-66-83. Résa conseillée. Doubles 200-400 Rps selon confort.* Plutôt calme pour le centre-ville, ce bel édifice tout bleu évoque de loin un ancien petit palais et domine un joli jardin spacieux et fleuri où l'on se prélasse au soleil. Bref, on aime bien, d'autant qu'il y a des chambres bien tenues, avec ou sans salle de bains, et ventilo.

***Paramount Palace** (plan A1, **17**) : Bari Basti. ☎ 277-24-28. 94-14-66-65-27. • hotelparamountpalace@hotmail.com • Doubles 200-600 Rps ; 3 nouvelles chambres 850 Rps, impeccables.* Un hôtel bleu pastel, tout en hauteur, dominant merveilleusement la ville et le lac. Toutes les chambres ont une salle de bains, mais eau chaude au baquet pour les moins onéreuses. Les plus chères ont chauffe-eau et balcon privé (prix moyens). Petit jardin intérieur et terrasse sur le toit avec vue unique sur Pushkar. Accueil particulièrement chaleureux. Bon rapport qualité-prix pour les chambres de base, sauf pendant la foire où les prix explosent.

***Saï Baba Guest House** (plan B1, **15**) : à 50 m du marché aux légumes. ☎ 510-51-61. • lola_singh_modiano@hotmail.com • Doubles 200-400 Rps selon équipement ; quelques* single *100 Rps.* Chambres très sommaires (surtout au rez-de-chaussée) avec ou sans salle de bains, et ventilo. Simple, propreté acceptable, un point c'est tout ! La providence des routards à bout de souffle. A l'avantage aussi d'être au cœur de l'animation nocturne (voir « Où boire un verre ? »).

***Milkman Guesthouse** (plan B1, **14**) : dans une ruelle de Mali Mohalla (panneaux). ☎ 277-34-52. • vinomilkman@hotmail.com • Doubles 100-400 Rps selon confort.* Une bonne petite adresse dans un quartier agréable, en retrait de la rue principale. Pas loin du terminal de bus Marwad. Dans cette jolie maison traditionnelle, voici quelques chambres réparties autour d'une courette, au rez-de-chaussée, ou à l'étage. Chambres toutes simples avec ou sans salle de bains, mais propres. Ambiance familiale et assez routarde. Deux terrasses fleuries fort plaisantes. Sur le toit, salon pour bouquiner avec canapés, coussins, tables et hamacs, où l'on peut aussi manger, la jolie vue sur un jardin verdoyant en prime. Chaleureux accueil et un de nos meilleurs rapports qualité-prix dans cette catégorie.

***Hotel Rising Star** (plan B1, **14**) : Mali Mohalla, Choti Basti. ☎ 92-52-01-21-49. • risingstarpushkar@hotmail.com • Doubles 200 et 300 Rps, avec sdb et eau chaude.* Une ruelle populaire, dans le même coin que le *Milkman*. Si ce dernier est complet. Pas tout à fait le même genre : plus discret, plus intime. Accueil sympa, atmosphère familiale aussi et chambres sobres et impeccables.

Hotel Aroma *(plan A1,* ***13****) : Kapaleshwar Rd, à quelques enjambées du Brahma Temple.* ☎ *277-27-29.* • *aroma-hotel.com* • *Doubles avec sdb 200-400 Rps selon taille.* Une dizaine de chambres avec douche, réparties autour d'une petite cour fleurie. Un poil spartiate mais propreté correcte. Fait aussi resto sur le très agréable toit-terrasse (coussins, matelas, tables basses), avec des bons petits plats, vraiment peu chers. Accueil simple et sympa de Pappu, Sethu et Bhampu, un peu les *Marx Brothers* du coin ! Lors de la foire aux chameaux, c'est une adresse stratégique puisqu'on est aux premières loges...

Shriya Guesthouse *(plan B2,* ***19****) : dans la rue principale, proche du temple de Raghunath.* ☎ *277-39-74.* • *shriyaguesthouse@yahoo.com* • *Doubles 250-300 Rps selon équipement.* Dans une maison ancienne et bleutée, des chambres rudimentaires avec ou sans salle de bains, au rez-de-chaussée ou au 1er étage, entourant un petit jardin intérieur sur arcades. La propreté est acceptable et la compagnie des routards du monde entier plutôt sympa.

Hotel Amar *(plan A1,* ***18****) : Holi Ka Chowk.* ☎ *277-28-09 et 510-53-36. Doubles 150-300 Rps selon confort.* Très grand jardin planté de jasmins (floraison en avril) en plein centre-ville, idéal pour se reposer sans se sentir à l'étroit. D'un côté, vue sur un beau temple, de l'autre, sur la charmante façade intérieure de la *haveli.* Les chambres sont basiques, avec sanitaires communs ou privés selon le prix, et pas toujours impeccables, comme la plupart des adresses en ville (cependant, si on trouve les draps douteux, ils les changent). Fait également de la cuisine bon marché. Accueil gentil.

V.K. Tourist Palace *(plan B2,* ***20****) : à deux pas du* Pushkar Palace. ☎ *277-21-74. Doubles 200-300 Rps selon confort.* Une adresse sans charme particulier, et qui n'a rien d'un palace, mais située dans un coin calme, tout près du centre. Dispose d'une quinzaine de chambres avec ou sans salle de bains à la propreté très moyenne. Si certaines sont assez sombres, d'autres, les plus chères, ont un petit balcon. Prix multiplié par 5 vous savez quand !

Hotel Kanhaia *(plan B1,* ***21****) : près du Mali Mandir, Choti Basti.* ☎ *277-21-46.* 📱 *94-14-36-40-46. En face du* Inn Seventh Heaven. *Doubles 300 et 400 Rps.* Bon positionnement aussi et clientèle routarde. Pas de charme ni caractère particulier, mais chambres correctes. Eau chaude 24h/24 (sur la carte de visite, c'est écrit « réellement ! »). Agréable resto au dernier étage avec vue plongeante sur le temple voisin. Un bon dépannage si tout est complet ailleurs.

De bon marché à prix moyens (350-900 Rps / 5,40-13,80 €)

Hotel Shannu's Ranch Inn *(hors plan par B2,* ***26****) : On Panch Kund Rd.* ☎ *277-20-43.* • *pushkar.bravehost.com* • *Doubles 600-800 Rps ; suites jusqu'à 5 pers 1 500-3 000 Rps (23,10-46,20 €) ; réduc en basse saison.* Intéressant pour les familles. À trois pas de la ville, dans un coin calme. On est d'abord accueilli par une adorable famille québéco-indienne (avec trois grands enfants). Elle offre, face à un grand jardin arboré, 6 chambres en brique rouge et toit de chaume fort plaisantes. Moustiquaire, toilettes et « eau chaude électrique » ou au seau (à préciser si vous réservez). Délicieuse cuisine familiale organique (deux vaches maison fournissent le lait). Service particulièrement attentionné et l'on est toujours le bienvenu dans la maison de Jean-Marc (qui passe un maximum de temps avec les hôtes). Bons tuyaux sur la région à la clé. Soirées délicieuses. Possibilité également de faire du cheval (voir plus loin, rubrique « À faire »).

The White House *(plan B1,* ***14****) : dans une ruelle de Mali Mohalla (panneaux), à côté de* Milkman Guesthouse. ☎ *277-21-47.* • *hotelwhitehouse@hotmail.com* • *Doubles 400-600 Rps selon taille et équipement.* Une maison toute blanche offrant des chambres correctes, toutes avec salle de bains, ventilo, et *air* *cooler* pour les plus chères. Sur le toit, joli salon-resto sympa avec vue superbe sur la ville, qui apparaît plus verte qu'on ne le pense.

De prix moyens à chic (400-1 500 Rps / 6,20-23,10 €)

■ ***Inn Seventh Heaven*** *(plan B1, **24**) : à 5 mn de la rue principale. ☎ 510-54-55. ● inn-seventh-heaven.com ● Doubles 400-1 500 Rps selon confort ; celles à 800 Rps sont vraiment bien.* Après avoir poussé la lourde porte, on découvre un plaisant patio. Dans sa belle demeure centenaire, Anoop a aménagé une dizaine de chambres avec salle de bains vraiment nickel, qui ont en commun déco soignée et atmosphère apaisante. Ici, tout est calculé pour que les *guests* se sentent parfaitement à l'aise. Sur le toit : belle vue, resto au look un brin branchouille (voir « Où manger ? »), et puis des espaces en terrasse pour se relaxer (balancelles, hamacs, banquettes avec coussins). Sympa et convivial.

■ ***Bharatpur Palace*** *(plan A2, **16**) : dans la rue principale, un peu avt le Brahma Temple. ☎ 277-23-20. 📱 94-14-00-61-20. ● bharatpurpalace_pushkar@yahoo.co.in ● Doubles 500-1 000 Rps selon confort.* La seule pension pour routards plantée au bord du lac. Vue magnifique sur les ghats ! Selon votre budget : chambres ventilées avec ou sans salle de bains (eau chaude aléatoire) ; les plus chères donnant sur le lac. Propre et sans bavure. Les amoureux réserveront la *Maharaja Room*, située dans une sorte de tourelle carrée avec 4 fenêtres (sanitaires communs). Bien qu'étant plus chère, elle a quelque chose d'unique qui plaira aussi aux poètes errants. Si ce n'est pas un jour de folie, demandez la n° 5 juste au-dessus, avec ses 3 fenêtres et ses vieux casiers. Pas mal du tout et moins onéreuse.

■ 🍽 ***Sajjan Bagh*** *(plan B2, **27**) : Vamved Rd, Nala. ☎ 277-38-21. 📱 94-14-00-61-50 et 94-14-05-54-72. ● sajjanbagh.com ● À 500 m du terminal de bus d'Ajmer, en pleine campagne. Doubles 500-1 200 Rps.* Agréable petit complexe hôtelier livrant une bienheureuse palette de chambres à tous les prix. Les moins chères sont banales, mais très bien pour le prix. Grand jardin arboré et piscine. Bien sûr, possibilité de se restaurer. Seuls, par-delà les bruits classiques de la nature, les sommeils trop légers seront affectés par les sons de la vie monastique locale. Les autres apprécieront cette intéressante adresse rurale si proche de la ville !

■ ***JP's Village Resort*** *(hors plan par A1, **23**) : à Ganahera. ☎ 277-20-67 ou 33-66. ● jpvillageresorts.com ● À 3 km du centre, route de Pisangar (prévoir vos déplacements à vélo). Doubles 1 000-2 000 Rps (15,40-30,80 €) selon taille.* Au beau milieu des champs agricoles, disséminées dans un grand jardin fleuri, magnifique et tranquille, voici de jolies maisonnettes blanchies à la chaux et arborant d'aimables peintures de fleurs ou d'animaux. Chambres avec salle de bains, déco soignée, et mobilier hétéroclite qui va bien avec le bric-à-brac général. Jeter quand même un coup d'œil au matelas avant de poser vos valises. Fait aussi resto (plats indiens bon marché, et possibilité de manger de la viande et de boire de la bière dans la chambre si on commande à l'avance). Un seul petit bémol, le prix des chambres les plus chères se révèle quelque peu surestimé !

Très chic (min 3 000 Rps / 46,20 €)

■ ***Hotel Pushkar Palace*** *(plan B2, **22**) : au bord du lac. ☎ 277-30-01 et 02. Résas : ☎ 277-20-01 ou 24-01. ● hotelpushkarpalace.com ● CB acceptées.* Vieille maison de maharaja magnifiquement située face aux temples qui bordent le lac. Chambres confortables que l'on conseille de réserver dans les étages pour profiter du sublime coucher de soleil sur le lac, moment béni des dieux. Il serait dommage de venir ici pour dormir dans les chambres du rez-de-chaussée, moins chères certes, mais sans la vue fabuleuse, et vraiment petites. Pas mal de groupes de touristes. Resto-buffet végétarien, cher et décevant et petit déj particulièrement médiocre. Plaisir des yeux donc, mais point des papilles ! Évitez aussi l'agence de voyages de l'hôtel, trop chère. Durant la foire, pas une chambre à moins de 265 $ en pension complète (y'a de l'abus dans l'air !). En revanche, en basse saison, on peut négocier un peu. Le propriétaire est le même qu'au *Jagat Palace* (voir ci-dessous) : s'il vous dit que c'est complet, essayez de bien vérifier avant qu'il ne vous envoie directement au *Jagat*. En principe, on peut profiter de la piscine du *Jagat Palace*. Éviter leurs taxis, un poil arnaqueurs... Accueil sans saveur, service dilettante. Reste la situation privilégiée !

Jagat Palace *(hors plan par B2, **25**) : en dehors de la ville, à gauche sur la route d'Ajmer. ☎ 277-20-01 et 277-29-53 ou 54. • hotelpushkarpalace.com • CB acceptées. Double min 3 630 Rps (55,80 €) + taxes et petit déj.* De conception récente, cet hôtel d'une quarantaine de chambres affiche un mélange de styles ancien et moderne, étonnant et de bon goût. Ravissants plafonds peints à l'or fin, boucliers en peau de rhinocéros ou de crocodile, photos d'époque... Couloirs avec patios fleuris. Belles chambres confortables, bien décorées, dont certaines avec balcon donnant sur le désert ou sur un beau jardin doté d'une superbe piscine. Dommage que l'accueil ne colle pas au standing. Comme au *Pushkar Palace*, compter 265 $ (en pension complète) lors de la foire...

Royal Desert Camp : *slt durant la foire de Pushkar. Résa min 1 sem au* Jagat Palace *ou au* Pushkar Palace. *165 $ la nuit sous une (belle) tente de luxe, qui dit mieux ?* Camp luxueux où les tentes sont aménagées avec salle de bains...

Où manger ?

Très bon marché (env 50-70 Rps / 0,70-1,10 €)

OM Shiva Buffet Restaurant *(plan B2, **44**) : dans la ruelle menant à l'hôtel* Pushkar Palace, *sur la gauche. ☎ 510-50-45. Tlj 7h-12h, 13h-16h, 17h-22h. Repas env 50 Rps.* Grand espace tout en longueur sous tôle et toiles tendues, avec fauteuils en osier. Plein de routards car, à toute heure de la journée, on y trouve une formule buffet végétarien à volonté et à prix défiant toute concurrence. Bien sûr, à ce tarif-là, ne pas demander la lune ! Cuisine de cantoche du style riz, pâtes, soupes, *houmous, daal,* frites, etc. Conseillé pour le petit déj. Sans doute la meilleure affaire du coin, du moins en saison touristique, lorsque ça débite. Le reste de l'année, on ne saurait trop vous le conseiller car c'est parfois du resservi de la veille !

De bon marché à prix moyens (70-170 Rps / 1,10-2,60 €)

Resto du Inn Seventh Heaven *(plan B1, **24**) : voir « Où dormir ? ».* Confortablement installé sur le toit, on déguste lentement cet art de vivre et une cuisine végétarienne du nord et du sud de l'Inde, fort honnête. La déco, les loupiotes, la bonne musique rendent l'atmosphère intime et chaleureuse. Et le sympathique Anoop, maître de maison, viendra certainement faire un brin de causette pour s'assurer que rien ne vous manque. Très sympa.

Moondance Garden Restaurant *(plan B2, **40**) : face au Raghunath Temple. ☎ 277-26-06. Tlj jusqu'à 22h30.* Un jardin et son agréable terrasse, une grange ouverte avec coussins et tables basses pour se vautrer, et puis une salle climatisée ; tel est le cadre plutôt éclectique-chaleureux de ce resto *veg'* qui se permet des pointes de fantaisie dans sa cuisine : plats indiens classiques, mais aussi spécialités mexicaines, italiennes (pâtes maison, spaghettis au gratin et pizza) et continentales mitonnées avec goût. C'est bon, fort bien tenu et l'on rencontre plein de routards. Également sympa à l'heure du thé.

Raju Restaurant *(plan A1, **42**) : dans la rue principale, Mahdab chot.* *98-29-30-94-84. Tlj jusqu'à 23h.* Petite salle proprette, accueil sympa, prix mini pour une bonne petite cuisine piochant aux quatre coins du monde : plats tibétains *(momos, thantuk)*, israéliens, chinois, pâtes au gratin, cannellonis, tofu, sandwichs divers et bons gâteaux.

Little Italy *(plan B2, **41**) : Punchkund Rd.* ☎ *277-23-66. Ouv midi et soir jusque tard.* Petit resto discret, pas loin de la station de bus d'Amber. Agréable terrasse sur jardin et accueil jeune. Petite cuisine italo-israélo-indienne tout à fait correcte. Notamment bonnes pâtes et lasagnes, pizzas savoureuses. En hiver, on se serre tous dehors autour du feu, youkaïdi !

Royal Café & Lake Palace *(plan A2, **43**) : via Parikrama Marg, à deux pas du lac (près du Jodhpur ghat).* ☎ *277-33-48. Tlj midi et soir jusqu'à 22h. Repas env 200 Rps.* Ce nouvel hôtel de petit standing propose, en son sommet, une vaste terrasse stratégique. Cuisine correcte à l'éclectisme de bon ton et à prix raisonnables. Spécialités indiennes mâtinées de petites salades goûteuses, pizzas, pâtes à l'italienne et de hors-d'œuvre orientaux, genre *houmous* ou *falafel*. Excellent *halwa* maison. Pour se restaurer relax au diapason de sa faim, c'est parfait. Pour les chambres, en revanche, il y a plus charmant ou original ailleurs.

Plus chic (min 350 Rps / 5,40 €)

Resto du Jagat Palace *(hors plan par B2, **25**) : en dehors de la ville, à gauche sur la route d'Ajmer. Voir « Où dormir ? ».* ☎ *277-29-53 ou 54. CB acceptées. Buffet le soir 350 Rps sans la boisson.* C'est l'hôtel de luxe de la ville et son resto *Samdar Mahal*. Très grande salle à manger abondamment décorée, certes de façon un poil clinquante. Très honorable buffet le soir.

Où boire un verre ?

Sunset Café *(plan B2, **50**) : situé après le* Pushkar Palace. ☎ *277-23-82. Tlj.* Un endroit stratégique, le rendez-vous traditionnel pour prendre un verre le soir en regardant le coucher de soleil. C'est un peu la Croisette des babas du monde entier qui viennent boire un thé vespéral en écoutant les musiciens locaux s'en donner à cœur joie. C'est aussi dans ce coin que l'on tente de vous mettre des pétales de fleurs dans la main pour vous soutirer une offrande carabinée ; alors attention, refusez fermement ! Sinon, le resto est franchement moyen.

Hard Rock Roof Top *(plan B1, **51**) : très central, dans la rue principale.* *98-28-64-18-94. Ouv jusque tard la nuit.* Terrasse couverte et confortables fauteuils en osier. Rendez-vous sympa des routards avec vue sur l'animation du quartier. Possibilité de se restaurer. Grand choix de cuisines : indienne bien sûr, mais aussi chinoise, italienne, française, israélienne, thaïe et... maxicon (dans le texte !).

Saï Baba Haveli *(plan B1, **15**) : voir « Où dormir ? ».* Le samedi, à partir de 19h30, spectacles de musique et de danses traditionnelles dans le grand patio de ce petit hôtel rustique, derrière la salle du resto. Gratuit. Ambiance à la bonne franquette, autour d'un verre de *chaï* fumant que l'on sirote sous la voûte étoilée...

À voir. À faire

Les ghats : au lever du jour, c'est le rituel des ablutions. Photos interdites. Toujours un spectacle vivant, chaleureux, plein de naturel et de simplicité, dans la douce lumière du matin. Soyez discret dans vos attitudes, on n'est pas au zoo !

Tout le village s'organise autour de ses ghats tout blancs. Vraiment charmant. Lire quand même en début de chapitre « Quelques conseils utiles ».

Les temples : ils sont très nombreux et assez récents. Avec ses oies sacrées comme gardiennes de son portail, le ***Brahma Temple*** *(plan A2)* est unique dans la mesure où, on se répète, il serait le seul au monde consacré à cette divinité. Noter le nombre d'ex-voto sur les murs ! On aime aussi beaucoup le ***temple de Rangji*** *(plan B1)* qui donne sur la rue principale. Construit en 1844 au milieu d'une vaste cour, calme et lumineuse. Combinaison rare de l'architecture du sud de l'Inde et du Rajasthan. Ainsi la façade se révèle-t-elle typique du Sud et la loggia de style moghol ! Temple abondamment ornementé. Nombreuses peintures et sculptures décrivant la mythologie indienne.

Savitri Temple *(hors plan par A2) : c'est le petit temple qui coiffe le sommet de la colline au sud-ouest de Pushkar. Pour y accéder, passer devant le Santoshi Mata Temple, puis suivre le chemin qui monte. Grimpette en 40 mn env.* L'occasion d'une agréable balade pour prendre un peu de hauteur : vue panoramique remarquable. Buvette à l'arrivée. Possibilité de visiter le temple (sans grand intérêt).

➢ ***Balades à cheval :*** *avec* ***Shannu's Riding School*** *(hors plan par B2,* ***60****).* ☎ *277-20-43.* • *pushkar.bravehost.com* • *Après le* Ajmer Bus Stand, *prendre la 1re rue à droite, puis c'est sur la gauche après 2 mn de marche. Env 300 Rps/h.* Des balades de quelques heures à une journée sont organisées dans ce ranch tenu par Jean-Marc, un Québécois installé au Rajasthan depuis 28 ans et qui posséde une solide expérience du pays. Balades dans la campagne super ! Propose aussi des chambres sympas et et à prix intéressants (voir « Où dormir ?).

Achats

ATTENTION : l'arnaque aux pierres précieuses et aux bijoux, que l'on trouve surtout à Agra, semble fleurir ici aussi.

Dans la grande rue centrale, succession de petites ***échoppes*** vendant sacs babas, étoffes, tapis, patchworks, coussins, vêtements, bijoux en argent, cassettes et CD de musique indienne... Vu la concurrence, les tissus sont particulièrement bon marché à Pushkar, par rapport aux autres villes du Rajasthan. Profitez-en !

Collector's Paradise *(plan B1,* ***70****) : dans la rue principale, à deux pas de la poste.* Petite boutique contenant des trésors : beaucoup de tissus, robes anciennes, costumes traditionnels, etc., à des prix plutôt raisonnables.

➢ DANS LES ENVIRONS DE PUSHKAR

Roopangarh (Rupnagar) : *à 60 km de Pushkar, sur la route du Shekhawati. Gares les plus proches : Kishangarh (25 km) et Ajmer (50 km). En bus, départs ttes les heures depuis Ajmer. On peut également y aller depuis Jaipur en changeant de bus à Kishangarh.* Ne manquez surtout pas de vous y arrêter pour quelques heures ou pour une nuit, si vos moyens vous le permettent. Après avoir franchi la première porte trois fois centenaire de l'enceinte, vous serez plongé dans la ferveur d'un charmant petit village, encore oublié des circuits touristiques et du temps lui-même. Il règne une atmosphère paisible. C'est un vrai plaisir de se balader dans ces ruelles propres, bordées de petites échoppes et de façades aux teintes bleutées témoignant d'un riche passé. On ressent alors l'étrange sensation de vouloir disparaître, l'espace d'un instant, pour ne pas déranger ses adorables habitants.

Roopangarh Fort : ☎ *(01497) 20-04-44.* • *royalkishangarh.com* • *Doubles 2 300-3 300 Rps (35,40-50,80 €) selon standing.* C'est l'autre trésor du village, un **fort** du XVIIe s, converti en hôtel par son maharaja actuel, Brajray Singh. Délicieusement décorées par la maharani, les chambres sont immenses et chacune est unique, révélant chaque fois et par touches successives ce que fut la splendeur artistique et poétique du lieu. Il y a un doux mélange d'ancien et de moderne, de l'espace, de nombreux petits coins intimes (terrasses privées, corridors à arcades). L'apothéose est atteinte avec la *suite de la Reine* dont on souhaite ne plus jamais s'échapper, même si c'est la plus chère. Féerique ! Un *camel safari* gratuit pour ceux qui résident au fort. Le resto (de prix moyens à un peu plus chic) est à la hauteur du lieu, sans oublier l'accueil et une qualité de service irréprochables.

Outre l'exploration du fort et du village, vous pouvez également découvrir dans les environs le ***lac salé de Sambhar,*** où les amoureux des oiseaux seront comblés. À voir aussi : les ***carrières de marbre de Makrana,*** réputé pour sa pureté et sa finesse.

BUNDI

180 000 hab. IND. TÉL. : 0747

Kota **: 36 km ;** ***Chittorgarh*** **: 121 km.**

À mi-chemin entre Jaipur et Udaipur (et à environ 165 km au sud-est d'Ajmer), la petite cité de Bundi, tout comme Kota sa voisine, ne figure pas encore sur la liste des tour-opérateurs. En revanche, de plus en plus de routards amoureux de l'Inde, en quête de sincérité et appréciant l'authenticité de l'endroit, y font étape. Si l'on n'y croise encore que très, très peu de boutiques destinées aux touristes, les petites *guesthouses* familiales, elles, fleurissent ici et là. Espérons que Bundi saura préserver son âme et l'aspect brut qui fait tout son charme.

La Cité des Sources, comme on la surnommait autrefois, apparaît au détour de la route comme une vision presque irréelle, blottie au pied de son majestueux palais suspendu avant de s'étaler jusqu'à son marché, presque aux portes de la plaine. L'effet est d'autant plus intense après la traversée de ces plaines désertiques et monotones qui s'étendent au nord-ouest, vers Jaipur. Fraîcheur des collines, bleu des maisons, ocre du palais, murailles qui grimpent, bassins (malheureusement presque à sec ces dernières années, les immondices tendant à remplacer l'eau). Après avoir franchi l'une des monumentales portes de la ville, on se retrouve plongé dans l'Inde profonde. La ferveur du bazar et les scènes de la rue procurent alors un vrai plaisir.

Plus bourg de campagne que ville, ici personne ne viendra vous déranger et si, malgré tout, un étudiant en quête de quelques roupies essaie de vous guider, un simple refus courtois suffira à l'éloigner. Si vous avez lu Kipling, ses récits hautement imagés vous accompagneront partout. On dit que son âme se serait échappée d'Angleterre pour revenir à Bundi...

Cité des Sources, disions-nous plus haut. En fait, Bundi est la ville des bassins et des puits. On est allé chercher l'eau au plus profond de la terre et c'est ce qui a longtemps donné à la ville son aspect verdoyant, mis à mal ces dernières années par les sécheresses successives. Il y eut jusqu'à 65 puits à escaliers (ou *baori*) dans et autour de la ville. Ces forages, lors des mois de mousson, se remplissaient automatiquement et permettaient de désaltérer les êtres et d'irriguer les terres. Chacun était dédié à une divinité différente.

TOPOGRAPHIE

Bundi est en fait composée de deux parties : le quartier populaire et presque intime situé au pied de la forteresse, tout le long du *Nawal Sagar Tank.* Un coin très au calme, où une vache peut à peine croiser un rickshaw. C'est là que se concentrent les *guesthouses* familiales bon marché ou quelques *havelis* transformées en petits hôtels de charme. De l'autre côté, à un petit kilomètre de là, c'est la ville trépidante avec son marché, puis les larges rues modernes et leurs administrations. À noter encore que les environs de Bundi proposent plusieurs sites dignes d'intérêt, la plupart accessibles à vélo, prétexte à d'agréables balades.

Arriver – Quitter

En bus

Bus Stand *(plan B3) : ☎ 244-54-22. Ts les bus partent d'ici.* Attention : Kota, Udaipur, Ajmer, Pushkar, Jodhpur, Bikaner et Delhi sont reliés slt par des *express*.
➢ ***Kota :*** liaison ttes les 15 mn env, jour et nuit. Trajet : env 1h.
➢ ***Chittorgarh :*** 2 *express*/j. le mat. Trajet : 5-6h env.
➢ ***Ajmer :*** liaison ttes les heures, 4h30-minuit. Trajet : env 4h30.
➢ ***Pushkar :*** 4 liaisons directes/j. Trajet : 5h. On peut aussi prendre un bus pour Ajmer (liaison env ttes les 10 mn entre Pushkar et Ajmer) et, de là, rejoindre Pushkar ou BuExndi.
➢ ***Jaipur :*** liaison env ttes les 30 mn en *express*, y compris la nuit ; 4 *deluxe*/j., 7h30-16h30. Trajet : 5h en *express*, 4h30 en *deluxe*.
➢ ***Udaipur :*** 5 *express*/j., le mat slt. Trajet : 8h env.
➢ ***Jodhpur :*** 6 bus/j. Trajet : 9h env.
➢ ***Bikaner :*** 3 *express*/j. Trajet : env 12h.
➢ ***Delhi :*** une petite dizaine d'*express*/j., de jour comme de nuit, mais préférez le train depuis Kota, beaucoup plus rapide. Trajet : env 10-11h.

En train

La petite gare *de Bundi (hors plan par B3) se trouve à 4 km env de la ville, sur la route de Kota.*
➢ Elle est desservie 2 fois/j. dans les 2 sens par les trains reliant ***Kota*** et ***Chittorgarh*** (l'un en début de mat, l'autre en fin d'ap-m). Trajet : 1h30 env pour Kota (préférer le bus) ; 3h env pour Chittorgarh.
➢ Pour les longues distances, aller jusqu'à Kota qui est sur la ligne Delhi-Mumbai et d'où partent et arrivent de nombreux trains.

Adresses utiles

- Tourist Information Bureau
- General Post Office
- Bus Stand
- Gare ferroviaire
- 1 State Bank of Bikaner and Jaipur
- 2 Pandey Forex (bureau de change)
- 3 Sathi Cyber Café
- 4 G.M. Cycle Repaires (location de vélos)
- 5 Irrigation Department

Où dormir ? Où manger ?

- 10 Shivam Tourist Guesthouse
- 11 Haveli Uma Megh
- 12 R.N. Haveli Guesthouse
- 13 Haveli Parihar et Haveli Katkoun
- 14 Sukh Mahal Palace
- 15 Hotel Bundi Tourist Palace
- 16 Haveli Braj Bhushanjee et Badi Haveli
- 17 Hotel Ishwari Niwas
- 18 Royal Retreat
- 19 Bundi Haveli Hotel

Où déguster un bon *lassi* ?

- 3 Sathi Cold Drink's

À voir

- 30 Maharao Raja Bahadur Singh Museum
- 31 Chaurasi Khambon Ki Chhatri

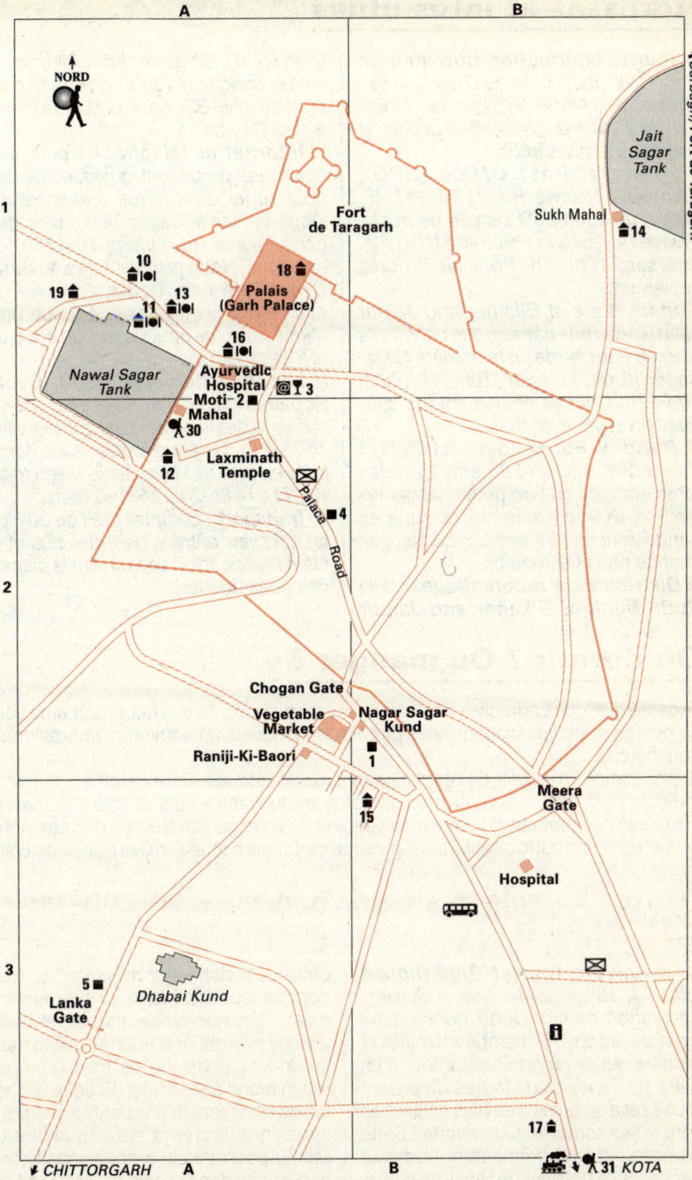
A
B
NORD
1
2
3
Fort de Taragarh
Palais (Garh Palace)
18
10
19
13
11
16
Nawal Sagar Tank
Ayurvedic Hospital
@ 3
Moti-2
Mahal
30
12
Laxminath Temple
Palace Road
4
Jait Sagar Tank
Sukh Mahal
14
Sarbagh, Fort de Taragarh
Chogan Gate
Vegetable Market
Nagar Sagar Kund
Raniji-Ki-Baori
1
15
Meera Gate
Hospital
5
Lanka Gate
Dhabai Kund
17
CHITTORGARH
31 KOTA

BUNDI

Adresses et infos utiles

Tourist Information Bureau *(plan B3)* **:** *Civil Lines, près de l'hôtel* Ishwari Niwas. ☎ *244-36-97. Lun-sam 10h-17h (sf 2e sam du mois).* Bon accueil et quelques bonnes infos.

General Post Office *(GPO ; plan B3)* **:** *Nainwa Rd.* ☎ *244-37-40.* Sinon, un autre *petit bureau de poste, Palace Rd, dans la vieille ville (plan A2). Lun-sam 10h-17h.* Pour les timbres seulement.

State Bank of Bikaner and Jaipur *(plan B2,* ***1****)* **:** *une bâtisse rose dans Indra Market, dans la rue juste derrière Nagar Sagar Kund. Lun-ven 10h-17h ; sam 10h-12h.* Change seulement les chèques de voyage, parfois...

Pandey Forex *(plan A1-2,* ***2****)* **:** *Palace Rd. Tlj 10h-20h env.* L'un des rares endroits où l'on peut changer les devises en liquide à Bundi, puisque les banques ne le font pas... mais taux de change peu avantageux.

Distributeurs automatiques : *à la* **State Bank of Bikaner and Jaipur** *(plan B2,* ***1****). Un autre distributeur de la même banque à 100 m env de la gare routière (plan B3), en direction de l'hôtel* Ishwari Niwas.

Internet et téléphone : *plusieurs boutiques proposent quelques postes pour surfer dans la rue principale qui longe le Nawal Sagar Tank, ainsi que dans Palace Rd. Ouv tlj 10h-22h, en moyenne.* Notre préférence va au ***Sathi Cyber Café*** *(plan A1,* ***3****)* qui prépare, de plus, d'excellents *lassis* ! Pas de problème non plus pour passer un coup de fil à l'étranger.

Location de vélos : G.M. Cycle Repaires *(plan A2,* ***4****), Palace Rd, à deux pas de la petite poste dans la vieille ville. Tlj 7h-21h. Un autre loueur (sans nom), juste en face de* Haveli Uma Megh *(plan A1,* ***11****). Tlj 8h-20h. Mêmes tarifs.*

Transport : *compter près de 30 Rps en rickshaw entre la gare des bus et le Garh Palace (là où se trouvent la plupart des* guesthouses*).*

Où dormir ? Où manger ?

Excepté quelques adresses de charme, la grande majorité des hébergements sont de petites *guesthouses* familiales plutôt rudimentaires (et souvent sombres) mais bon marché.
Bundi compte très peu de restos au sens occidental de notre estomac. On peut toujours se défoncer le ventre aux gargotes ambulantes autour du marché, mais le mieux est de commander votre repas auprès de votre *guesthouse* ou de votre hôtel ou même d'une autre *guesthouse*, puisque certaines accueillent les non-résidents.

De très bon marché à prix moyens (100-700 Rps / 1,50-10,80 €)

Shivam Tourist Guesthouse *(plan A1,* ***10****)* **:** ☎ *244-78-92.* • *shivam_pg@yahoo.com* • Cette *guesthouse* familiale propose 6 chambres simples et propres qui se répartissent autour d'un patio teinté de bleu. Toutes disposent d'une salle de bains. Les plus anciennes sont assez sombres. Qu'importe ! Cette adresse est tout bonnement illuminée par l'accueil pétillant de Pinky (la benjamine de la famille), de son grand frère Montu et la chaleureuse présence des parents. En passant devant chez eux, il ne serait d'ailleurs pas étonnant qu'on vous invite à y boire un *chaï*. Ne ratez pas cette occasion : leur *massala tea*, tout comme leur *royal lassi*, ont réjoui nos palais. Les non-résidents peuvent eux aussi y manger une bonne cuisine maison (mais comme tout est frais, la préparation prend son temps) ou boire un thé. Ici, on est vraiment aux petits soins pour vous, nos lecteurs sont unanimes ! Montu pourra vous proposer de belles excursions dans le coin et Pinky se fera un plaisir d'échanger en français. Résa de billets de train et de bus. Un p'tit coup de cœur, vous l'avez compris !

Haveli Uma Megh *(plan A1,* ***11****)* **:** *au bord du Nawal Sagar Tank.* ☎ *244-*

21-91. Parfaitement au calme, avec une vue extra. Cette *haveli,* retapée par 2 frères et où vit la famille, est sans doute l'adresse la plus typique de la ville, à défaut d'être la plus confortable et la plus rutilante. Le palais est rustique, certes, mais avec son patio bleu, il possède un vrai caractère. Une dizaine de chambres au 2e étage ou au rez-de-chaussée (choisir les premières). En visiter de toute façon plusieurs, elles sont de taille, de confort et de prix variés (les moins chères n'ont pas de sanitaires privés). On peut aussi y manger, en terrasse, dans le **Garden Restaurant,** dans un cadre très serein. Préférez leurs petits plats indiens végétariens bien tournés aux snacks et pizzas, de qualité plus aléatoire. Le cadre et la simplicité de l'accueil rendent ce lieu bien agréable.

☗ ***R.N. Haveli Guesthouse*** *(plan A2,* ***12****) : derrière le Laxminath Temple.* ☎ *512-00-98. De très bon marché à bon marché.* Située dans un coin calme, cette mignonne maison bleue tenue par une mère et ses 2 filles abrite une petite dizaine de chambres. Le confort et la déco y sont basiques, elles sont plus ou moins grandes et relativement propres, mais la plupart présentent l'avantage d'être lumineuses. Et puis, une adresse tenue uniquement par des femmes, voilà qui n'est pas monnaie courante au Rajasthan. Pourquoi ne pas profiter de l'occasion et s'offrir une chance de pénétrer dans cet univers féminin souriant, chaleureux, dynamique et prêt à braver une société qui lui est hostile ? Bonne cuisine maison végétarienne (vous êtes dans une famille de brahmanes) à déguster dans le petit jardin, à l'arrière.

☗ ***Haveli Parihar*** *(plan A1,* ***13****) :* ☎ *244-66-75. De très bon marché à bon marché.* Encore une *guesthouse* familiale proposant des chambres avec salle de bains, plutôt sombres et de taille souvent réduite (notamment les moins chères, vraiment petites). Mais dame Propreté règne sur les lieux, et les prix n'affoleront pas les portefeuilles maigrelets. De nouvelles chambres et un jardinet devaient voir le jour. L'ensemble s'articule autour d'un patio plaisant et avenant, à l'image de l'accueil.

☗ ***Sukh Mahal Palace*** *(plan B1,* ***14****) : dans le* palais *Sukh Mahal, comme son nom l'indique. Nécessité d'obtenir une autorisation préalable auprès de l'*Irrigation Department *(plan A3,* ***5*** *;* ☎ *244-34-28, lun-sam 10h-17h sf 2e sam du mois). Possibilité également de s'adresser à l'office de tourisme, mais ils prendront une forte commission. Bon marché.* La priorité est donnée aux fonctionnaires de passage, mais si c'est libre, les touristes sont les bienvenus. Posé au bord du lac, le palais propose deux chambres plantées sur la terrasse (une seule avec salle de bains). La déco n'a rien d'exceptionnel, ça sent un peu le renfermé mais les chambres ont été repeintes et la vue sur le lac depuis les chambres est fort belle. Un dernier point tout de même : il paraîtrait que l'endroit est hanté... Nous, on n'a rien vu !

☗ ***Hotel Bundi Tourist Palace*** *(plan B3,* ***15****) : en plein centre, dans la ville moderne, non loin de la station de bus, dans une ruelle à deux pas de l'artère la plus centrale.* ☎ *244-26-50. Très bon marché.* Uniquement quelques chambres autour d'une courette peinte en bleu. Le calme et la paix ne font pas partie des atouts majeurs de l'endroit. Une des adresses les moins chères de notre sélection, mais clairement la plus modeste, on vous aura prévenu (eau chaude au seau, payante). Alors inutile de nous écrire que les chambres sont riquiqui, la propreté approximative, les sanitaires moins que basiques. Accueil un peu ours mais pas désagréable.

De prix moyens à plus chic (550-2 500 Rps / 8,50-38,50 €)

☗ 🍽 ***Haveli Katkoun*** *(plan A1,* ***13****) :* ☎ *244-43-11.* • *http://havelikatkoun.free.fr* • *Doubles 750-1 700 Rps.* Au cœur de l'ancienne ville, un établissement qui s'est pas mal agrandi avec l'aménagement de nouvelles chambres et d'un resto sur le toit. On a grignoté le jardinet et rehaussé le bâtiment de quelques étages. Du coup, le lieu n'a pas la patine d'une ancienne *haveli* (carrelage dans les nouvelles chambres), mais a gagné en confort. Le prix varie en fonction de la taille, de l'étage et de la vue. Les moins chères, au rez-de-chaussée, sont un peu sombres. Celles du dernier étage, spacieuses, offrent une belle perspective sur le fort ou sur le Nawal Sagar Tank. AC pour les plus onéreuses, déco soignée et propreté pour toutes. La maison fait également resto. Une adresse tenue par deux jeunes frères sympathiques et au rapport qualité-prix tout à fait honnête.

Haveli Braj Bhushanjee et Badi Haveli *(plan A1, **16**) : face à l'* Ayurvedic Hospital. ☎ *244-23-22 ou 25-09.* • *kiplingsbundi.com* • *Doubles 750-2 500 Rps (11,50-38,50 €), ttes avec sdb. Dîner 300 Rps env.* Une boutique au rez-de-chaussée et une vingtaine de chambres joliment aménagées et décorées de fresques murales. Les unes ordonnées autour d'un patio ajouré dans la belle maison d'un ancien dignitaire du maharaja de Bundi (dommage toutefois que le grillage de sécurité gâche l'ensemble), les autres s'organisent autour d'un jardin dans deux bâtiments récents. L'établissement propose en fait une vaste gamme de prix selon le confort (*air cooler* ou AC) et la taille. La déco est globalement raffinée, mais certaines chambres (et pas forcément les moins chères !) sont dotées de simples chaises de jardin en plastique (essayer donc d'en voir plusieurs !). Accueil empressé des 2 frères qui tiennent la maison (ils pourront aussi vous donner toutes sortes de renseignements sur Bundi). Un bémol : le prix des repas, strictement végétariens, vraiment élevé.

Hotel Ishwari Niwas *(plan B3, **17**) : Civil Lines.* ☎ *244-24-14.* • *angelfire.com/amiga/inheritage* • *Doubles avec sdb et eau chaude 800-2 500 Rps (12,30-38,50 €).* Jolie demeure jaune, à l'écart du tumulte, qui appartient au frère de l'actuel maharaja de Bundi. Grande cour et jardinet bien agréables autour desquels sont disposées une vingtaine de chambres, spacieuses et plutôt propres, toutes avec *air cooler* ou AC. Accueil fort sympathique de la jeune équipe qui prend en charge les hôtes. On aime bien l'ambiance (meubles anciens, vieilles photos dans les couloirs) et le resto offre une cuisine acceptable, servie dans une salle immense un peu triste tout de même (trophées de chasse bien poussiéreux...).

Royal Retreat *(plan A1, **18**) : Garh Palace.* ☎ *244-44-26. Fax : 244-32-78. Dans l'enceinte même de la forteresse, au pied de celle-ci, dans les anciennes écuries, plus exactement. Doubles 550-1 000 Rps.* Les chambres spacieuses (mais sans clim' et en plein soleil !), toutes avec sanitaires, sont réparties autour d'une grande cour, bien au calme. Ce pourrait être une belle adresse de charme, vu la situation et le faible nombre de chambres, mais le laisser-aller général et l'accueil assez nonchalant en font un lieu banal. Dommage ! On vous signale en fait cette adresse pour les chambres à prix moyens. Oubliez les plus onéreuses (sans AC), aux prix surestimés et qui ne valent pas le coup.

De chic à très chic (1 500-5 000 Rps / 23,10-76,90 €)

Bundi Haveli Hotel *(plan A1, **19**) : Balchand Padda, tt près du Nawal Sagar Tank.* ☎ *244-67-16 ou 78-61.* • *bundihotel.com* • *Doubles 1 500-5 000 Rps (23,10-76,90 €).* Aux portes de l'ancienne ville, une construction récente, réalisée dans les règles de l'art et dont la façade rappelle les *havelis* de Jaisalmer. À l'intérieur, les murs sont d'une blancheur immaculée. La dizaine de chambres, très confortables et spacieuses, s'agence autour d'un patio qui laisse généreusement pénétrer la lumière. Déco moderne, épurée et d'une grande élégance mettant en valeur l'artisanat traditionnel indien. Fait également resto (sur le toit pour le soir, dans le patio pour déjeuner), mais la cuisine s'avère décevante par rapport au standing de l'établissement. Un autre petit bémol concernant l'accueil qui ne nous a pas paru encore parfaitement au point. Malgré tout, cette adresse est incontestablement un endroit de charme pour passer un séjour dans une atmosphère très reposante et particulièrement zen.

Où déguster un bon *lassi* ?

***Sathi Cold Drink's** (plan A1, **3**) : Palace Rd. Tlj 7h-22h env.* On y savoure les meilleurs *lassis* de Bundi, préparés par le charmant Sathi, voilà qui est dit ! Ils sont onctueux à souhait ! Fait également cybercafé et possibilité de passer des coups de fil internationaux.

À voir

Bundi compte une petite dizaine de guides officiels (et possédant une carte professionnelle) qui pourront vous aider à découvrir le palace, la ville et ses environs. Vous les trouverez le plus souvent à Garh Palace (où traînent également les autres guides, non officiels ceux-là).

Dans le centre

Garh Palace *(plan A1) : tlj 8h-17h30 (17h en hiver). Entrée : 60 Rps (+ 50 Rps pour un appareil photo et 100 Rps pour un caméscope). On ne peut en visiter qu'une petite partie, mais qui ne cesse d'augmenter.* Des guides vous proposeront leurs services. Sachez que certaines parties du palace ne sont accessibles qu'avec eux et qu'elles méritent le coup d'œil, même si elles ne sont pas toutes en très bon état (et gare aux singes dans certaines d'entre elles !). Prévoir un pourboire, et une lampe électrique pour profiter de certaines pièces sans lumière du jour.

Cette étonnante construction à flanc de montagne domine toute la ville. On l'atteint par une rampe pavée glissante. En haut, en prenant sur la droite, vous accéderez à une superbe terrasse plantée d'herbe et aménagée d'un bassin central agrémenté d'escaliers. La vue de là-haut est vraiment belle. Au fond, une salle appelée *Chitrashala.* Peut-être devrez-vous demander à ce qu'on vous l'ouvre, car elle est protégée par une grille. Admirable galerie ornée de peintures du XVIIIe s, avec de remarquables scènes de chasse et plusieurs épisodes de la vie de Krishna et Radha, son épouse. Ces peintures sont d'une exquise finesse. Scènes de processions dans le plus pur style du Mewar, avec des couleurs vives (dominante de bleu et de vert avec des personnages en noir et blanc). Au hasard de la promenade, du regard, on découvre des scènes de bains (où le maharaja mate tout ce qu'il peut), une rencontre entre les maharajas de Bundi et de Kota, des festivals, des jeux.

En redescendant, en prenant sur la droite cette fois-ci, on passe la *Hathi-Pol* (porte des Éléphants, *Notanoga Darvadja* de son vrai nom – levez le nez et vous comprendrez le pourquoi du nom), puis, en prenant l'escalier de droite, on parvient à une belle galerie (le *Ratan Daula*) laquelle débouche sur une petite terrasse et son bassin. Dans la pièce du fond, les prévoyants munis d'une lampe de poche pourront détailler les fresques (en assez piteux état) couvrant murs et plafonds. De part et d'autre de cette terrasse, profitez donc de la vue plongeante sur Bundi qu'offrent les beaux balcons joliment sculptés. Ensuite, on peut gravir une série d'escaliers qui mènent au *zanana* (palais des Femmes), en assez mauvais état globalement, mais vous remarquerez la cour impressionnante avec ses fenêtres à claustras. Puis la *salle des audiences* et le *Badal Mahal* (appelé également, à tort paraît-il, *palais des Nuages* car, lors de la mousson, cette partie la plus élevée a le nez dans les nuages).

Le fort de Taragarh *(plan A-B1) : peut être atteint en min 1h par un sentier qui débute en haut de la rampe d'accès au palais, à droite de la porte. Chaussez-vous bien, le chemin n'est pas toujours facile. N'oubliez pas le couvre-chef et la bouteille d'eau, le soleil tape dur ! On peut également s'y rendre en taxi ou en rickshaw (min 100 Rps) par la route qui fait le tour de la colline (7 km). Entrée libre. Pas de guide sur place ; suivre les flèches blanches sur les murs.*

Encore appelé le « fort de l'Étoile » en raison de sa conception. C'est le fort qui surplombe le palais. Jusqu'en 1976, une épaisse forêt recouvrait les collines autour du fort, mais d'inconscients affairistes l'ont anéantie pour réaliser de substantiels

profits. La perte de cette végétation a eu une importance capitale dans l'élévation de la température. Beaucoup d'animaux également ont disparu ; ne subsistent à présent que des *blue bulls,* une variété de grandes antilopes.
Malgré un état d'abandon certain (le coin est désormais envahi par les arbustes, les hautes herbes et toute une colonie de singes !), cette forteresse donne une bonne idée de la vie qui y régnait jadis. Édifié au XIXe s, ce fort est tout d'abord particulièrement représentatif de l'architecture rajpoute avec sa double enceinte fortifiée. À remarquer dans les créneaux et le couloir principal d'entrée, les quatre angles différents dont disposaient les tireurs pour cerner leur cible. On retrouve cet ingénieux système de défense dans d'autres forts de la région. Une tour, la *Bhim Burj,* possédait un énorme canon, célèbre pour ses terrifiantes détonations. Un fossé avait même été creusé tout près pour que ses utilisateurs puissent s'y réfugier au moment du tir. Les deux citernes sont également remarquables par leur profondeur ; elles assuraient le ravitaillement en eau de toute la garnison. À droite de la tour, un temple jaune dédié à Shiva fait encore l'objet de cérémonies. Du haut des murs, vues imprenables sur la ville de Bundi.

Au pied du palais, un gentil petit quartier à explorer qui longe le ***Nawal Sagar Tank*** *(plan A1-2),* un bassin artificiel (malheureusement presque à sec depuis plusieurs lunes) au centre duquel s'élève un temple dédié à Varuna, le dieu des Océans. En bordure est du bassin, on trouve la résidence actuelle du maharaja de Bundi, le *Moti Mahal,* édifié au XVIIIe s. Une partie de l'édifice abrite le *Maharao Raja Bahadur Singh Museum* (voir ci-dessous). Le plaisir de déambuler le long de la rue principale de ce petit quartier, c'est aussi celui de découvrir quelques belles fresques sur les façades, certaines anciennes, d'autres plus récentes, mais toujours très colorées : chevaux, éléphants, costumes de fête, rien ne manque !

Maharao Raja Bahadur Singh Museum *(plan A2,* ***30****)* ***:*** *dans le Moti Mahal, la résidence du maharaja de Bundi. Tlj 9h-17h. Entrée chère : 100 Rps (+ 50 Rps pour les appareils photo et caméscopes).* Un musée récent consacré au maharaja Raja Bahadur Singh, le père de l'actuel maharaja. Dans la première partie, galerie de portraits assez fournie, étoffée par quelques objets personnels et de nombreuses armes. Dans la seconde partie, moult trophées de chasse du maharaja, fièrement exposés... Tigres, panthères, ours, buffles, antilopes, crocodiles, etc. Bref, tout y passait ! Le maharaja Raja Bahadur Singh était un grand chasseur...

Raniji-ki-Baori *(plan A2)* ***:*** *en plein centre-ville, juste face au marché. Tlj 10h-17h. Gratuit.* Certainement un des puits les plus importants construits à Bundi. Celui-ci fut commandé par une reine, à la fin du XVIIe s, qui combattit notamment le vilain Aurangzeb. Elle en fit creuser une vingtaine d'autres en ville. Votre œil averti n'aura pas manqué de noter qu'à l'époque de sa construction, il se situait juste en dehors de l'enceinte de la ville. Il combinait des fonctions hygiéniques, sociales et religieuses. Il possède de superbes sculptures. Remarquer les *toranas,* les portes d'accès merveilleusement ouvragées, les délicats éléphants... Profond de près de 20 m, il est dédié à Vishnou et sculpté sur une bonne partie de ses flancs. L'eau montait autrefois jusqu'aux éléphants (sur les côtés). Aujourd'hui, avec les années de sécheresse, c'est bien le diable si elle atteint la base des piliers. Une grille ferme l'accès aux escaliers, mais un gardien est normalement là pour ouvrir la porte aux visiteurs. Un peu plus loin (après le *Vegetable Market*), vous verrez encore deux autres puits (beaucoup moins impressionnants), les *Nagar Sagar Kund (plan A-B2).*

Vegetable Market *(plan A2)* ***:*** *en plein centre, tlj.* Il est petit, ce marché, et pourtant bien sympathique. Tous les producteurs de la région viennent ici vendre leur marchandise, les fesses sur les talons, les légumes disposés à même le sol.

Un peu plus loin

Dhabai Kund *(plan A3)* ***:*** *un peu au sud de la ville, sur la route de Chittorgarh. Gratuit.* Aussi connu sous le nom de *Kund Near Jail,* à savoir « le bassin près de la prison ». Son histoire mérite d'être narrée : c'est celle d'un maharaja du XVIIIe s dont la mère mourut alors qu'il était en bas âge. Une servante dut nourrir au sein le petit. Quand il fut grand, le nouveau maharaja fit creuser ce puits en mémoire de sa nourrice. Attendrissant, non ? Surtout quand on connaît les mœurs de l'époque. Sur le plan esthétique, on reste sans voix devant la complexité de cette architecture d'escaliers à la géométrie symétrique qui permettait d'accéder à l'eau à toutes les périodes de l'année. Aujourd'hui l'endroit est un peu envahi par les cochons, et les locaux y mettent aussi à sécher les bouses de vache, d'où une odeur qui pourra chagriner les nez délicats.

***Sukh Mahal** (plan B1) : à 2,5 km de la ville, sur la route de Taragarh. Compter env 125-150 Rps l'aller-retour en rickshaw avec petit temps d'attente (visite couplée avec celle de Sarbagh). Ne se visite pas vraiment, mais le gardien vous ouvrira certainement la pièce du rez-de-chaussée sans trop se faire prier. Sinon, on peut y passer la nuit (voir « Où dormir ? »).* Au bord du Jait Sagar Tank (bassin de Jait Sagar) se dresse un petit palais, le *Sukh Niwas,* à savoir « le palais du Plaisir ». Utilisé comme résidence d'été par le *rao* (variante de « raja »), il fut édifié en 1773. On raconte qu'un tunnel souterrain reliait la résidence au vieux palais et permettait la venue en toute discrétion des courtisanes. C'est ici que Kipling mit la dernière touche à son fameux roman *Kim.* Bon, il n'y séjourna que trois nuits.

***Sarbagh** (hors plan par B1) : toujours sur la route du fort de Taragarh, presque au bord du lac Jait Sagar, à 4 km env au nord de la ville. Compter env 125-150 Rps l'aller-retour en rickshaw avec un petit temps d'attente, car difficile de trouver un rickshaw pour le retour sur place (visite couplée avec celle du Sukh Mahal). Tlj 7h30-19h (18h30 env en hiver) ; si le gardien n'est pas là, n'hésitez pas à pousser la porte. Entrée libre.* Une cinquantaine de cénotaphes superbement ciselés, édifiés au fil du temps par les familles de maharajas qui se succédèrent à Bundi, et qui en appelèrent toujours aux meilleurs tailleurs de pierre de la ville. Le plus ancien date du XVIIe s. On déambule dans cette sorte de cimetière de luxe, envahi par les herbes. Certains cénotaphes sont bien ruinés, d'autres en super état. Frises délicatement sculptées : parades d'éléphants, musiciens, danseuses... Un monument est dédié aux 64 femmes qui firent le *sati* (sacrifice par le feu), après la mort de leur mari maharaja.

***Chaurasi Khambon Ki Chhatri ou le 84-Pillared Cenotaph** (hors plan par B3, **31**) : sur la route de Kota. Env 700 m après l'hôtel* Ishwari Niwas, *prendre la rue sur la droite (panneau indiquant « St Anne Complex »). Compter env 50-60 Rps l'aller-retour en rickshaw avec petit temps d'attente. Entrée libre.* On aperçoit d'assez loin ce cénotaphe aux 84 piliers qui s'élève majestueusement au bord d'une grande place quasi déserte. Il fut construit en 1683 en mémoire de Deva, fils du maharaja Anirudha Sing. Possibilité d'accéder tout en haut, mais n'oubliez pas de vous déchausser dans la deuxième partie.

DANS LES ENVIRONS DE BUNDI

***Les peintures rupestres** : à env 30 km de Bundi, autour de **Garadha** et **Golpur**.* Très nombreuses peintures rupestres datant de plus de 5 000 ans. Elles représentent tigres, antilopes, girafes (ce qui est plus surprenant !), scènes de chasse, etc. C'est l'occasion d'une balade dans une belle nature. Certaines *guesthouses* peuvent vous y emmener, ou s'adresser à l'office de tourisme qui vous mettra en contact avec *Kukki,* celui par qui de nombreuses découvertes sont arrivées.

KOTA

840 000 hab. IND. TÉL. : 0744

Delhi : 501 km ; *Agra* : 371 km ; *Jaipur* : 246 km ; *Udaipur* : 310 km.

Kota est le premier centre industriel du Rajasthan. Un complexe hydroélectrique et une usine atomique fournissent la majeure partie de l'électricité de la région. Les barrages construits dans le coin ont malheureusement noyé nombre de palais et de cénotaphes.

Mais la ville est avant tout réputée dans toute l'Inde pour ses saris tissés de coton et de soie (fabriqués au petit village de Kaithoon, dans les environs). Elle l'est également pour son ancienne école de miniatures. La « Kota Kalaam », de son véritable nom, rivalisait de finesse avec celles de Bundi et du Shekhawati aux XVIIe et XVIIIe s. Les scènes de chasse se déroulant dans les forêts, alors nombreuses, représentaient l'un des thèmes favoris, très souvent copié mais jamais égalé. C'est aussi une ville étudiante, ce qui se remarque particulièrement au moment des examens, lorsque les étudiants des environs envahissent les hôtels ! Malgré les quelques trésors de grande qualité dont son riche passé l'a dotée, sachez que de Kota se dégage nettement moins de charme que de Bundi, sa rivale et voisine. D'ailleurs, ici, très peu de touristes. Hormis quelques établissements de charme pour budgets conséquents, la ville est assez étendue et ne possède pas de structures hôtelières qui se prêtent à un séjour prolongé... Vous pouvez y passer une journée, mais on vous conseille d'établir votre camp de base à Bundi, distante d'à peine une trentaine de kilomètres, beaucoup plus paisible et plus riche en hébergements bon marché et prix moyens.

Arriver – Quitter

Kota possède un *aéroport,* mais il fonctionne de manière sporadique... Ne pas compter dessus !

En bus

***Gare routière** (plan A2) : à l'entrée de la ville en venant de Bundi. Plutôt centrale.*

➢ ***Bundi :*** bus ttes les 15 mn (de très tôt le mat à tard le soir). Trajet : 1h.

➢ ***Chittorgarh puis Udaipur :*** 6-7 bus/j. Pas de bus *deluxe.* Compter respectivement 5-6h et 9-10h env.

➢ ***Baroli (ou Badoli) :*** nombreux bus. Arrêt possible à Bhensrorgarh. Trajet : 1h15 env.

➢ ***Jhalawar et Jhalrapatan :*** très nombreux bus. Compter respectivement 2h et 2h30.

➢ ***Jaipur :*** nombreuses liaisons/j. dont env 10 bus *deluxe* (7h-minuit). Trajet : 5-6h.

➢ ***Ajmer :*** bus ttes les heures env. Pas de bus *deluxe.* Trajet : 5h30.

➢ ***Jodhpur :*** une petite dizaine de bus/j. Trajet : 8-10h.

En train

***Gare ferroviaire** (plan B1) :* Kota se trouvant sur la ligne principale reliant Delhi à Mumbai, de nombreuses possibilités existent. Certaines, bien sûr, avec changements. Précision : *ATM* à la gare et consigne (ouv 24h/24).

➢ ***Bundi et Chittorgarh :*** 2 trains/j. Horaires peu pratiques (tard le soir). Durée : env 1h30 pour Bundi et quelque 2h30-4h pour Chittorgarh. Pour Bundi, préférer le bus.

➢ ***Mumbai :*** 5 trains/j. (de nuit comme de jour). Durée : 12-15h.

➢ ***Jaipur :*** 3-6 trains/j., les plus pratiques étant ceux qui partent vers 8h45 de Kota vers Jaipur et vers 10h et 14h de Jaipur vers Kota. Durée : 3h30-5h30.

➢ ***Delhi :*** min 7 trains/j. (de nuit comme de jour). Durée : 8-9h.

➢ ***Agra Fort :*** 1-2 trains/j. Durée : 6-7h selon le train.

Adresses et infos utiles

***Tourist Office** (plan A2) : Chambal Tourist Bungalow, Nayapura Rd. ☎ 232-76-95. Lun-sam 10h-17h (sf 2e sam du mois).* Personnel aimable à défaut d'être très efficace. Quelques brochures touristiques disponibles. Si c'est fermé,

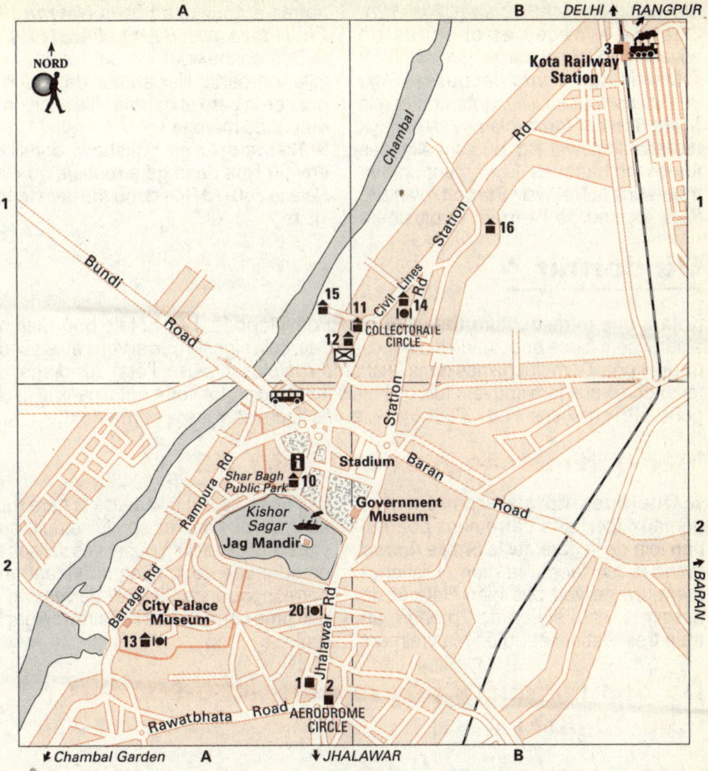

KOTA

Adresses utiles

- Tourist Office
- General Post Office
- Gare routière
- Gare ferroviaire
- 1 State Bank of India
- 2 Punjab National Bank
- 3 Distributeur automatique

Où dormir ?

- 10 RTDC – Chambal Tourist Bungalow
- 11 Navrang Hotel
- 12 Hotel Phul Plaza
- 13 Palkiya Haveli
- 14 Sukhdham Kothi
- 15 Brijraj Bhawan Palace Hotel
- 16 Umed Bhawan Palace

Où manger ?

- 13 Restaurant du Palkiya Haveli
- 20 Raj Darbar

adressez-vous à l'hôtel du *RTDC* juste à côté.

✉ ***General Post Office** (GPO) **et téléphone** (plan A-B1) : Collectorate Circle, à 500 m du* Bus Stand *et de la rivière, sur Civil Lines. Dans la même rue (Civil Lines), entre la poste et l'hôtel* Phul Plaza *(plan A1, **12**), vous trouverez plusieurs boutiques pour téléphoner.*

■ ***State Bank of India** (plan A2, **1**) : Jhalawar Rd (à deux pas de l'Aerodrome Circle). ☎ 232-77-25. Change au 1er étage, lun-ven 10h-15h (pause déj 14h-14h30), sam 10h-12h.* Change les chèques de voyage *American Express* uniquement et les espèces en euros et dollars.

■ ***Punjab National Bank** (plan A2, **2**) : Aerodrome Circle. Change au 1er étage* *lun-ven 10h-14h30 ; sam 10h-12h.* Change espèces et chèques de voyage : dollars et euros.

■ ***Distributeurs automatiques** (ATM) : un peu partout en ville,* notamment à la ***State Bank of India** (plan A2, **1**)* et dans toute la Jhalawar Rd, où sont alignées toutes les banques. Également un distributeur à la ***Railway Station** (plan B1, **3**), à gauche de l'entrée,* et plusieurs autres autour des hôtels ***Navrang*** et ***Phul Plaza** (plan B1, **11** et A-B1, **12**).*

@ Des connexions un peu partout en ville, en particulier autour de la *GPO*, près de la gare et dans la ville ancienne, autour du marché.

■ ***Transport :*** en rickshaw, compter env 50 Rps de la gare routière au *City Palace* ; 60-70 Rps depuis la gare ferroviaire.

Où dormir ?

Kota a une infrastructure touristique peu développée. Les hôtels bon marché s'adressent à une population indienne. En clair, cela signifie que si vous êtes sûr de trouver une TV multichaînes dans la chambre la plus miteuse, l'état des draps, en revanche, vous fera souvent fuir... Choisissez donc plutôt votre hôtel dans la catégorie « Prix moyens » ou « Plus chic », si vos finances vous le permettent.

Très bon marché (max 250 Rps / 3,80 €)

Quelques hôtels vraiment pas géniaux (certains carrément pourris) non loin de la gare, tel le ***Shree Anand*** (dans la rue face à la gare). Franchement, on ne voit pas bien l'intérêt de dormir là, sauf si l'on doit prendre un train très matinal et qu'on n'a vraiment pas un radis. Au niveau de la gare routière, si vous arrivez en pleine nuit, que vous n'aspirez qu'à poser vos valises et prendre une douche en attendant une correspondance, l'***Hotel Jamindar,*** à peu près correct, fera l'affaire, malgré le bruit !

De bon marché à prix moyens (450-900 Rps / 6,90-13,80 €)

Les hôtels de cette catégorie conviendront pour dormir juste une nuit, mais pas plus...

***Navrang Hotel** (plan B1, **11**) : Collectorate Circle, Civil Lines. ☎ 232-32-94 ou 245-12-53.* Une vingtaine de chambres dotées de salle de bains et à la propreté correcte. Certaines sont assez vastes mais souvent sans fenêtre. Les moins chères avec *air cooler,* les autres avec AC. Celles donnant sur l'arrière sont évidemment plus calmes. Les parties communes ne refuseraient pas un petit coup de peinture. Malgré tout, cet hôtel reste l'un des « meilleurs » rapports qualité-prix de cette catégorie.

***RTDC – Chambal Tourist Bungalow** (plan A2, **10**) : High Court Rd. ☎ 232-65-27. Prix moyens.* Semblable à la plupart des hôtels gouvernementaux. Chambres fonctionnelles et à la propreté variable, selon le lot que vous aurez tiré. Une fois n'est pas coutume, celles à l'étage sont plus sombres. Salles de bains globalement propres. Accueil correct (quand il y a du personnel à la réception). L'hôtel, entouré de plusieurs parcs, bénéficie d'un environnement un peu plus riant que les autres hôtels de cette gamme de prix.

***Hotel Phul Plaza** (plan A-B1, **12**) : 6 B, Collectorate Circle, Civil Lines. ☎ 232-93-51 ou 52.* Juste à côté du *Navrang Hotel,* avec lequel il partage un environnement bruyant. Triste (vous êtes au royaume du formica !), sombre et sans charme mais plutôt propre (mieux vaut tout de même avoir son sac à viande, c'est plus sûr...). Chambres avec ou sans fenêtre mais toutes avec salle de bains. Selon le prix, *air cooler* ou AC. Resto en semi-sous-sol servant, en revanche, une très bonne cuisine continentale, chinoise et indienne.

De chic à plus chic (1 700-2 500 Rps / 26,20-38,50 €)

🏠 🍽 ***Palkiya Haveli*** *(plan A2,* ***13****) : Mokha Para. ☎ 238-74-97. • alsisar.com • À 1 km du City Palace. Demander la Suraj Pole Gate, ensuite des panneaux indiquent le chemin. Doubles 1 700-2 500 Rps (26,20-38,50 €), ttes avec sdb. Résa conseillée (6 chambres slt).* Nichée au cœur de la vieille ville, dans un quartier animé, cette magnifique *haveli,* ancienne résidence du *thakur* (seigneur) local, s'avère un havre de paix pour le voyageur, bien isolée du tumulte par ses épaisses murailles. Superbement rénovée, la façade est décorée de fresques (à gauche sous le porche d'entrée, remarquez une très belle représentation de chasse datant du milieu du XXe s, œuvre du dernier maître de l'école de Kota). Chambres très confortables, aménagées dans un style traditionnel mâtiné de colonialisme anglais. Celles à l'étage sont plus grandes mais un peu plus chères. Petits salons avec coussins et sofa pour se prélasser, terrasses, jardins et un adorable patio ombragé où il fait bon déguster un thé ou dîner. L'accueil n'est pas en reste, le maître et la maîtresse de maison prendront grand soin de vous, sans jamais vous envahir. Cuisine végétarienne bonne et variée (repas à réserver, bière et viande sur demande). Tout y est parfait. Un gros coup de cœur.

🏠 🍽 ***Sukhdham Kothi*** *(plan B1,* ***14****) : Civil Lines. ☎ 232-00-81 ou 233-26-61. • sukhdhamkothi.com • Double 2 300 Rps (35,40 €), avec AC et sdb ; ne pas hésiter à demander une ristourne, surtout en basse saison. Repas 350 Rps ; résa indispensable si vous ne logez pas sur place.* Située au cœur d'un jardin et en retrait de la route, une jolie construction du XIXe s, en calcaire ocre, avec beaucoup de style. Ce fut la résidence officielle d'un *surgeon* anglais, puis en 1929, celle d'un *thakur* qui servit l'armée anglaise des Indes. Ce sont 2 frères, les proprios actuels, qui ont transformé leur résidence en hôtel. Un lieu très au calme, pas trop grand, confortable (salon pour les chambres les plus onéreuses), et sans luxe excessif. Cependant, on doit bien vous avouer que l'atmosphère ne nous a pas paru des plus chaleureuse ; des efforts en matière de déco seraient les bienvenus...

Très chic (2 700-4 500 Rps / 41,50-69,20 €)

🏠 ***Brijraj Bhawan Palace Hotel*** *(plan A1,* ***15****) : Civil Lines. ☎ 245-05-29 ou 232-87-01. Fax : 245-00-57. Résa vivement conseillée (slt 6 chambres). Doubles 3 000-4 000 Rps (46,20-61,50 €) env.* Ancienne résidence des dignitaires anglais, ce palais, qui reçut la visite de la reine Mary d'Angleterre (1911), appartient toujours au *maharao* de Kota, auquel une aile est réservée. Un lieu de charme (encore !) avec des jardins offrant une vue admirable sur la rivière Chambal, surtout au coucher du soleil. Calme enchanteur pour qui souhaite goûter les charmes de l'ancien Empire britannique. Vastes chambres avec meubles d'époque, terrasse et salle de bains immense. Des prix raisonnables eu égard au confort, au cadre et à l'espace (même si certaines installations commencent à être quelque peu marquées par le temps). Un hall abritant une intéressante collection de photos de famille et une salle à manger qui laisse rêveur, avec ses nombreux trophées. Ambiance d'un autre âge.

🏠 ***Umed Bhawan Palace*** *(plan B1,* ***16****) : Palace Rd. ☎ 232-52-62 ou 65. • umedkota@datainfosys.net • Doubles 2 700-3 500 Rps (41,50-53,80 €) ; suite min 4 500 Rps (69,20 €).* C'est la super résidence de luxe de Kota, édifiée en 1905. Situé au cœur d'un boisement et d'un parc immense, ce grandiose hôtel est le palais de maharaja néocolonial dans toute sa splendeur. Si le lieu ne manque ni de classe ni d'allure, l'ambiance qu'il dégage n'est pas vraiment chaleureuse et il y règne une atmosphère très british fin de règne un peu déroutante. Interminables galeries, immense cour-jardin, volées d'escaliers qui se perdent dans les hauteurs... le tout brillant comme un sou neuf ! Très cher évidemment, mais, une fois de plus, pas tant que ça pour le luxe déployé. Les chambres les moins chères, haut perchées, sont déjà très, très bien, et le prix des suites est largement compensé par leur taille (de vrais appartements) et leur confort. Beaucoup de groupes y séjournent. Accueil un peu guindé dans un professionnalisme courtois, mais service très attentif et gentil.

Où manger ?

Peu de restos de qualité en ville.

De très bon marché à bon marché (max 120 Rps / 1,80 €)

- Pour les petits budgets, une multitude de petits ***restos*** *souvent en plein air autour du* Bus Stand *et de la gare.*
- Un petit ***snack*** sympa dans les *Chambal Gardens (hors plan par A2),* pour grignoter un petit plat *veg'*, siroter un *chaï* ou une boisson fraîche en compagnie des familles indiennes et des jeunes couples en promenade vespérale.

Prix moyens (120-270 Rps / 1,80-4,20 €)

- La plupart des ***hôtels*** cités offrent des possibilités de restauration à leurs hôtes, la plupart du temps sur réservation. On conseille particulièrement la ***Palkiya Haveli*** *(plan A2,* ***13****).*
- ***Raj Darbar*** *(plan A2,* ***20****)* **:** *Jhalawar Rd, au rez-de-chaussée de l'hôtel* Everest. *Tlj 9h-15h, 19h-23h.* Le resto indien par excellence pour *middle-class.* Salle aveugle aux luminaires kitschouilles. Bonne cuisine végétarienne et non-végétarienne, préparée dans les règles de l'art, à savoir relativement épicée pour nos palais occidentaux. Les *naans* sont succulents.

À voir

City Palace et Rao Madho Singh Museum *(plan A2)* **:** *tlj sf ven 10h-16h30. Entrée : 50 Rps (City Palace) + 50 Rps (musée). Supplément photos (50 Rps) et caméscope (100 Rps).* Ce palais-forteresse, construit en 1625 et constamment embelli au cours des siècles, ne se visite pas entièrement, certaines parties ayant été reconverties en ailes administratives, écoles, etc. Le mélange des styles rajpoute et moghol est étonnant. On y accède par *Hattian Pol,* la porte des Éléphants, du XVIIe s. À droite, dès la porte passée, quatre énormes tambours utilisés pour prévenir la foule de l'arrivée du *maharao* (variante de « maharaja »). Après avoir dépassé la première cour, en fait un grand bassin recouvert, on pénètre dans le musée lui-même. Celui-ci mérite une place dans le peloton de tête des musées de tout le Rajasthan, par sa richesse et sa diversité. Avant d'y pénétrer, ne pas manquer cet étrange instrument à droite, un astrolabe permettant de calculer la position des planètes et une tout aussi insolite pendule à eau. À l'intérieur, une intéressante collection de sceaux en argent et une série de véritables joyaux : *howdah* (nacelle que l'on pose sur l'éléphant) en or et argent, jeu d'échecs en ivoire et argent, palanquin d'ivoire, deux trônes incroyables dont un prévu pour flotter sur un bassin, flacon à parfum en argent massif orné d'un oiseau (les ailes s'animent pour la diffusion du parfum !), cartes à jouer originales et rares (elles sont rondes), pipes à eau extravagantes... Dans la salle adjacente, une collection d'armes exceptionnelle : épée avec pistolet intégré, dagues à éléphants, à tigres, canon avec une loupe pour en allumer la mèche à retardement... Ne pas manquer la salle d'audiences, le *Dari Khana* (avec ses fresques magnifiques sur la vie de Krishna), le *Barah-Dari,* la salle aux piliers et une merveilleuse collection de miniatures de l'école de Kota. La chambre royale est remarquable par ses fresques et son balcon tout incrusté de miroirs ! Le *maharao* y apparaissait matin et soir pour saluer ses sujets et témoigner de sa bonne santé. Il est possible d'y acheter de belles miniatures, assez chères.

Government Museum – Brij Bilas Palace *(plan A-B2)* **:** *à côté du lac Kishor Sagar. Tlj sf ven 10h-16h. Entrée symbolique.* Collections préhistoriques et archéologiques dignes d'intérêt mais qui ne sont malheureusement pas mises en valeur, malgré les travaux de restauration en cours (aucun panneau explicatif, salles littéralement baignées dans l'obscurité...). Nombreuses statues dont certaines proviennent de *Baroli,* site archéologique important (voir « Dans les environs de Kota »). Section de miniatures illustrant bien les différences entre les écoles de Bundi (du XVIe au XVIIIe s) et de Kota (postérieure, XVIIIe et XIXe s). Remarquable collection de manuscrits, il y a même la totalité d'un long mantra *(Gayatri Mantra)* inscrit sur un seul grain de riz, malheureusement caché au fin fond de la pénombre ! Collection d'armes médiévales (moins riche qu'au *City Palace*). Espérons que la nouvelle galerie en cours de construction permettra, à terme, de remettre en lumière cet ensemble assez unique, car pour l'heure, la visite s'avère peu enthousiasmante, dommage...

Rampura Road et les ruelles adjacentes *(plan A2)* **:** pour une plongée au cœur de l'Inde, rien de tel que de flâner au milieu de toutes les échoppes traditionnelles envahies de saris multicolores. On vous regarde, on vous salue, on vous sourit... et on vous laisse une paix royale.

Jag Mandir *(plan A2)* **:** *en cours de restauration (pour une durée indéterminée...). Son accès depuis l'embarcadère situé sur la rive qui borde le Shar Bagh Public Park n'était plus possible lors de notre dernier passage. Se renseigner auprès de l'office de tourisme.* Ce palais d'été tout rose, édifié sur une île au milieu du lac Kishor Sagar, date du XVIIIe s. Construit pour servir de résidence d'été, c'est en fait la copie conforme du Jag Mandir d'Udaipur.

Les rives de la ***Chambal River*** *(au sud de la ville, non loin du fort),* accueillent les lavandières, les collecteurs de bouse de vache et des sortes de camps où vit sous toile (ou sous sacs plastique) une population d'une extrême pauvreté.

Enfin, vous pouvez vous promener dans les nombreux et luxuriants jardins que compte la ville. Une affection particulière pour le ***Chambal Garden*** *sur les rives de la rivière du même nom (hors plan par A2 ; assez excentré). Entrée modique.* Lieu de prédilection des familles pour les balades dominicales ou pour prendre l'air par les chaudes soirées. Plusieurs petits stands pour grignoter, des photographes pour saisir (et vendre) l'image de toutes ces zolies familles. Possibilité également de ***promenades en bateau sur la Chambal River,*** que l'on recommande aux amateurs d'oiseaux (*98-28-07-97-69 ; • adventurechambalsafari.com • ; tlj 10h30-19h ; env 1h de balade et 400 Rps/pers).* Pour observer un maximum d'oiseaux, mieux vaut embarquer tôt le matin, vers 8h30 (réserver alors la veille). Au cours de la balade, vous apercevrez peut-être même des crocos (le genre d'info qui coupe toute envie de mettre la main dans l'eau !). Autre parc pour flâner, le ***Shar Bagh Public Park*** *(plan A2 ; face à l'office de tourisme). Là encore, entrée symbolique.* À 200 m environ de l'office de tourisme, en direction du lac Kishor Sagar, on peut jeter un coup d'œil à un ensemble de cénotaphes royaux (accès libre).

DANS LES ENVIRONS DE KOTA

Baroli *(ou Badoli)* **:** *à 55 km de Kota (voir « Arriver – Quitter »).* C'est l'un des plus vieux sanctuaires religieux du Rajasthan. Les temples les plus anciens datent du IXe s. Perdu en pleine forêt, cet ensemble mérite vraiment un après-midi de visite.

Bhensrorgarh : *entre Baroli et Kota.* Le fort de Bhensrorgarh mérite le détour. Vous comprendrez facilement, à sa vue, sa réputation de lieu imprenable. Malheureusement, on ne visite pas l'intérieur.

Jhalrapatan : *à 93 km de Kota. Accessible slt en jeep. Entrée libre.* Cette ancienne ville fortifiée, dont le nom signifie « la cité des cloches », recèle un grand nombre de temples et statues dont un superbe *shikhara* (colonne typique du sud de l'Inde, aux airs de cigare enflé) de plus de 30 m de hauteur.

SUR LA ROUTE ENTRE BUNDI ET CHITTORGARH

MENAL

À 70 km env de Bundi, le site de Menal *(entrée libre)* constitue une halte rafraîchissante et paisible pour les routards motorisés, tout juste perturbée par le bavardage incessant des nombreux oiseaux. Après avoir franchi une porte massive joliment ouvragée, on pénètre dans une cour abritant quelques temples du XIIe s, dédiés à Shiva. En empruntant le passage face au temple principal, à la saison des pluies (si la mousson est bonne), vous pourrez admirer la cascade plongeant dans une forêt de végétation (possibilité de descendre au pied de cette cascade par une impressionnante volée de marches).

BIJAIPUR *(ind. tél. : 01472)*

À une quarantaine de km de Chittorgarh et à une quinzaine de km de la route principale reliant Bundi à Chittorgarh. Bijaipur, petit village traditionnel perdu en pleine nature, abrite une belle adresse qui peut constituer une étape agréable. De plus, l'étroite route menant au village se faufile joliment entre les palmiers, les arbres et une alternance de zones sèches et champs verdoyants. Possibilité d'excursions nature ou dans les villages vishnoïs dans les environs, notamment avec le *Castle Bijaipur.*

Où dormir ?

De plus chic à très chic (3 200-4 000 Rps / 49,20-61,50 €)

Hotel Castle Bijaipur : *à Bijaipur même.* ☎ *27-62-22.* • *castlebijaipur.com* • *Réduc de 20 % env avr-juil. Buffet env 350 Rps le midi, 450 Rps le soir.* Au fond du village, un très beau palais appartenant au descendant du grand rajpoute Shakti Singh. Volées d'escaliers, fenêtres en avancée, niches à coupoles, patio verdoyant, plusieurs petits coins pour se poser au calme, et chambres plus charmantes que luxueuses. Elles sont toutes différentes (certaines ne sont pas bien grandes), il est donc intéressant d'en voir plusieurs avant de se décider. Celles dans les étages possèdent de petites alcôves adorables et une vue surprenante sur la vallée ou le village. Bon confort général (salle de bains, mais attention, toutes les chambres ne bénéficient pas de l'AC). Piscine (plus agréable pour prendre un verre autour, en journée ou le soir, que pour s'y baigner !). Une adresse à taille humaine et à prix encore abordables, mais la nonchalance du service et de l'accueil ternit quelque peu le charme de l'endroit. Dommage !

BASSI

(Ind. tél. : 01472)

À une vingtaine de km de Chittorgarh. Un village vivant, traditionnel, très peu visité et dans lequel on conseille vivement un arrêt si vous passez par là, car il s'en dégage une excellente atmosphère. On se balade dans les ruelles à la recherche des artisans (assez nombreux dans le coin), on s'assoit avec les vieux sur le pas des portes, on grimpe vers le fort... Et puis, notons-le, une adresse pour passer la nuit dans ce petit bout de village. Et encore plein de randonnées à faire dans les environs. Si vous explorez Bassi (prendre la perpendiculaire à la route), tout au bout vous trouverez les *temples de Shiva et de Laxminath,* au bord d'un bassin à escaliers dont la surface se réduit vers le fond. Et, juste derrière, un lac sacré où se déroulent les cérémonies religieuses et où travaillent les lavandières...

Des excursions agréables également, en jeep (voir avec les proprios du *Bassi Fort*), vers le *Wildlife Sanctuary* tout proche, pour observer quelques antilopes et sangliers, ou vers les villages des minorités des environs.

➢ Les bus locaux (*express* uniquement) assurant la liaison Chittorgarh-Kota s'arrêtent à Bassi. De Kota, compter env 5h. Mais la construction d'une autoroute censée être terminée en 2010 réduira considérablement le temps de transport ; se renseigner, car tant que les travaux sont en cours, depuis Kota et Bundi, on vous conseille plutôt le train, en vous arrêtant à la *Bassi Berisal Railway Station.*

LE RAJASTHAN

Où dormir ?

Plus chic (2 000-2 500 Rps / 30,80-38,50 €)

Bassi Fort Palace : *à 24 km de Chittorgarh, sur la route Bundi-Chittorgarh.* ☎ *22-53-21.* • *bassifortpalace.com* • *Repas slt pour les hôtes, env 300 Rps.* Datant du XVIe s, ce fut un fort, puis une résidence et désormais un hôtel d'une quinzaine de chambres tenu par une sympathique famille qui vit sur place. Avec sa grande galerie à colonnes qui court le long du bâtiment, face à une terrasse, l'édifice a certes du caractère. Malheureusement, il manque un petit quelque chose pour que l'endroit soit véritablement chaleureux et mis en valeur. On apprécierait, par exemple, un jardin fleuri et ombragé avec des espaces de convivialité pour prendre un verre. Espérons que les travaux prévus permettront de remédier à cela. Les chambres sont vastes et confortables (même si les teintes verdâtres de certaines rendent les pièces un peu tristes et froides), avec AC ou *air cooler.* Quelques chambres plus récentes au 1er étage, également des suites dotées d'un petit salon. Bois de lit sculptés, meubles anciens et décoration de fresques récentes un peu partout. Globalement propre, même si l'œil attentif est chagriné par la présence de voiles de poussière ici et là. Plusieurs excursions sont proposées, notamment celle dans le *Wildlife Sanctuary.*

CHITTORGARH

80 000 hab. IND. TÉL. : 01472

***Bundi* : 143 km ; *Udaipur* : 110 km.**

Pour celles et ceux qui n'effectuent pas une course contre la montre au Rajasthan, étape quasi obligatoire. La petite ville en elle-même n'est pas bien intéressante, mais l'ancienne capitale du Mewar propose, dominant tout l'horizon, perchée sur sa falaise, à 5 km de la cité, une des forteresses les plus impressionnantes du Rajasthan. Rien que ça ! Une véritable merveille architecturale !

UN PEU D'HISTOIRE

La forteresse concentre en elle-même toute l'histoire du Mewar, un petit royaume rajpoute qui symbolise aujourd'hui la résistance légendaire de ce peuple contre tous les envahisseurs. Trois fois la forteresse fut enlevée par les Moghols, à l'issue de batailles héroïques devenues légendaires. La première fois en 1303, lors du règne de Ratan Singh et de son épouse Padmini, superbe reine rajpoute. Allaudin, le sultan de Delhi, ayant entendu parler de cette beauté incomparable, se mit évidemment à fantasmer et exprima le désir de pouvoir la contempler. Pour éviter une guerre, Padmini y consentit à condition que cela se fît uniquement à travers un jeu de miroirs, pour préserver son honneur. Mécontent, le sultan moghol fit prisonnier Ratan Singh en traître. La reine, qui était aussi intelligente que belle, accepta alors de se rendre au camp du sultan accompagnée de 700 palanquins pour ses servantes, portés, en fait, par des soldats déguisés et qui en cachaient d'autres dedans. Grâce à cette ruse, elle délivra son époux. Allaudin, vraiment tombé fou amoureux de Padmini (ah, l'amour toujours !), attaqua alors la forteresse avec une armée énorme. Sur le point d'être battus, les Rajpoutes revêtirent la robe safran du sacrifice suprême et résistèrent jusqu'au dernier. La reine Padmini inaugura alors, pour elle et ses servantes, le *johar* (le suicide par le feu). Des milliers de femmes revêtirent à nouveau leur tenue de jeunes mariées et se jetèrent dans un immense brasier. Puis le royaume du Mewar connut son apogée sous le règne de Khumbha (1433-1468) à qui Chittorgarh doit ses plus beaux monuments. Le deuxième sac de la forteresse eut lieu en 1535 après la victoire du sultan du Gujarat, Bahadu Shah. Là encore, la reine et 13 000 femmes pratiquèrent le *johar*.
Le grand empereur moghol Akbar fut responsable, en 1568, du troisième et dernier sac de Chittorgarh. Après un siège de plusieurs mois, à court de vivres et à bout de forces, les 10 000 derniers guerriers rajpoutes revêtirent une ultime fois la célèbre robe safran et tentèrent une sortie offensive, tandis qu'à nouveau des milliers de femmes se jetaient dans les flammes. Les Rajpoutes se battirent jusqu'au dernier. Le *maharana* (dans la hiérarchie de la noblesse indienne, ce titre est supérieur à celui de maharaja) réussit à s'enfuir et partit fonder une nouvelle capitale à Udaipur. Akbar fut à ce point impressionné par la bravoure des Rajpoutes qu'il leur érigea un monument à la porte principale du fort d'Agra (détruit par la suite par ce sectaire d'Aurangzeb !).
Toutefois, les *lohars,* une caste de forgerons plus intelligents ou plus lâches que les autres, choisirent le salut. On peut voir leurs descendants, toujours forgerons mais condamnés à la honte et à l'errance perpétuelle pour la faute de leurs ancêtres, à la périphérie des villes (voir l'introduction du Rajasthan). Personne ne s'est posé de question au sujet du *maharana.*

Arriver – Quitter

En train

➢ ***Bundi et Kota :*** 4 trains/j. Attention, seuls les trains partant de Chittorgarh en début d'ap-m font une halte à Bundi. Durée du trajet (pour Kota) : 2h30-4h. Tant que l'autoroute Chittorgarh-Kota n'est pas achevée (en principe, fin des travaux prévue courant 2010), préférer le train au bus, interminable.
➢ ***Jaipur :*** 1 train/j., de nuit. Durée : 8h env.
➢ ***Delhi :*** 2 trains/j., l'un en début d'ap-m, l'autre de nuit. Durée : 10-15h.
➢ ***Ajmer :*** 3 trains/j. dont 2 en journée, 1 de nuit. Durée : env 4h.
➢ ***Udaipur :*** 5 trains/j. Durée : 2-3h.
➢ ***Agra Fort :*** 1 train/j. ; en début de soirée au départ d'Agra et en début d'ap-m en partant de Chittorgarh. Durée : 16h.

En bus

➢ ***Udaipur :*** *express* ttes les 30 mn 5h-20h, ainsi que 4 liaisons/j. en *deluxe* tôt le mat ou en fin d'ap-m. Trajet : 2h30.

➢ ***Ajmer et Jaipur :*** 1 *express* ttes les heures 6h-0h30, ainsi que 8 *deluxe* dont 3 slt font une halte à Ajmer. Trajet (pour Jaipur) : env 4h30.
➢ ***Bundi et Kota :*** 2 *express*/j. Trajet : 5-6h. Préférer le train (tant que l'autoroute Chittorgarh-Kota n'est pas achevée, *bis repetita*), la route est longue et particulièrement mauvaise.
➢ ***Delhi :*** 2 bus/j., de nuit. Trajet : 14h.
➢ ***Bassi :*** les bus pour Kota y passent, mais également de nombreux bus locaux.
➢ ***Jodhpur :*** un bus *deluxe* le mat, un *express* en fin d'ap-m. Trajet : 8h env.
➢ ***Pour Bijaipur :*** aucun bus direct. Faire étape à Bassi et de là, attraper un bus pour Bijaipur ou Chittorgarh.

Adresses utiles

Tourist Reception Centre *(office de tourisme) : à 200 m de la gare ferroviaire. Au fond de la cour. ☎ 24-10-89. En théorie, lun-sam 10h-17h (sf 2e sam du mois).* On n'y a jamais vu personne... Vous pouvez aussi vous renseigner auprès de l'hôtel du *RTDC*.

✉ ***Post Office :*** *presque en face de l'hôtel* Pratap Palace.

■ ***Banques, change, distributeurs :*** aucune banque n'assure le change. Prévoir donc d'arriver à Chittorgarh avec suffisamment de liquide. Sinon, *distributeur à la* ***State Bank of Bikaner and Jaipur,*** *à 5 mn à pied de l'hôtel* Pratap Palace *et face à l'hôpital.* Autre ***ATM*** *à la* ***State Bank of India,*** *presque en face de la gare routière.*

@ *Quelques* ***points Internet*** *sur Udaipur Rd, ou entre le* Bus Stand *et la* Railway Station.

■ ***Consignes :*** *à la gare ferroviaire. Ouv 24h/24.*

Où dormir ?

Plusieurs petits hôtels autour des gares routière et ferroviaire, le plus souvent d'un cradingue achevé. En fait, peu de touristes séjournent ici. Ils y font souvent halte pour visiter la forteresse puis filent vers Udaipur. Le meilleur rapport qualité-prix reste encore le *RTDC*. Une *guesthouse* bon marché devait ouvrir ses portes à 200 m avant l'entrée principale de la forteresse. Se renseigner. Sinon, les petits budgets pourront trouver refuge aux *retiring rooms* de la gare ferroviaire qui donnent directement sur les voies mais qui ont été récemment renovées.

De prix moyens à chic (500-1 500 Rps / 7,70-23,10 €)

RTDC – Hotel Panna Tourist : *Pratap Nagar Rd. ☎ 24-12-38. Fax : 24-40-24. À gauche en sortant de la ville en direction d'Udaipur, à 1,5 km de la gare routière et à 500 m env de la gare ferroviaire. Doubles 650-950 Rps.* Un *RTDC* qui se respecte, avec des chambres qui ont été renovées de façon fort convenable. Toutes disposent d'une salle de bains carrelée propre. Les plus chères avec AC. L'ensemble est correctement tenu, calme. En prime, un jardin verdoyant. Le meilleur rapport qualité-prix de la ville.

Hotel Meera : *Neemuch Rd, à 200 m env de la gare ferroviaire. ☎ 24-09-34 ou 24-02-66. Doubles 500-1 500 Rps ; suite min 2 000 Rps (30,80 €). Également resto (prix moyens).* Un hôtel d'une trentaine de chambres qui propose une gamme de tarifs adaptés à différents budgets : de la *standard* classique, bien tenue et d'un rapport qualité-prix fort honorable, aux suites confortables et plaisantes. La plupart d'entre elles ont été refaites dans un esprit un poil contemporain et kitsch. Une adresse très prisée pour l'organisation de conférences, de banquets et de mariages.

Plus chic (1 500-2 500 Rps / 23,10-38,50 €)

Hotel Pratap Palace : *en face de la poste. ☎ 24-00-99 ou 35-63. • cast lebijaipur.com • À mi-chemin entre les gares ferroviaire et routière. Buffet*

250 Rps le midi slt (très prisé par les groupes) ; le soir, à la carte slt, 220-260 Rps. Chambres à la propreté correcte donnant sur le jardin à l'arrière, sur la rue ou dans le hall de réception. Éviter celles donnant sur la voie ferrée qui n'est qu'à 100 m de l'établissement. Elle sont plutôt spacieuses, en revanche, peu d'efforts en matière de déco. Autant prendre une *standard*, les *deluxe* n'apportent rien de plus. L'ensemble affiche des tarifs trop musclés pour la prestation et reste d'un rapport qualité-prix assez médiocre. Cuisine juste correcte, sans plus. L'intérêt de se poser ici pour manger réside dans le cadre, vraiment agréable : tables disposées autour d'un paisible jardin. Même propriétaire que le *Castle Bijaipur,* vous pouvez donc ici réserver pour là-bas, et vice versa.

Où manger ?

|●| ***Ritu-Raj Vatika – Garden Restaurant :*** *face à la gare routière* (Bus Stand), *prendre la petite route bordant la station de police sur la gauche ; à 100 m, prendre le portail sur le côté gauche de la rue ; le resto se trouve encore 100 m plus loin, derrière le muret blanc (pas d'enseigne en anglais). Tlj midi et soir. Bon marché. Tenu par un brahmane qui veille à la qualité des plats servis. Grande salle ventilée, très fréquentée par les familles indiennes. Grand choix de plats du sud de l'Inde, thalis* en self-service et quelques préparations chinoises. Bonne cuisine, *veg'* seulement. De loin, le meilleur resto de la ville.

|●| ***Hotel Pratap Palace :*** *voir « Où dormir ? ». Prix moyens.*

|●| Vous trouverez aisément des petits ***snacks*** *(autour du* Bus Stand *et de la* Railway Station) et une ***buvette*** *(dans le fort même).*

À voir

⚲⚲⚲ ***La forteresse :*** *située à env 5 km de la gare routière et 6 km de la gare ferroviaire, perchée sur une falaise dont elle occupe tte la surface. Ouv tlj du lever au coucher du soleil. Entrée : 100 Rps ; gratuit moins de 15 ans ; ne perdez pas le ticket, il vous sera demandé pour visiter la tour de la Victoire et le palais de Padmini. Une fois à l'intérieur, seul le Musée archéologique est encore payant (entrée modique). Droit d'entrée par véhicule : 15 Rps. Possibilité de faire la visite avec un guide parlant le français, disponible à l'entrée : 430 Rps pour 1-4 pers. Son et lumière en anglais tlj vers 18h30-19h selon saison : 100 Rps.*

Le site s'étend sur près de 5 km de long et 600 m de large. Il est vivement recommandé de louer un rickshaw pour grimper jusqu'à la forteresse (montée épuisante à pied) et pour faire la visite, car les monuments sont très éparpillés. Par ailleurs, l'absence quasi totale d'indications rend le service des rickshaws précieux, car ils connaissent tous les monuments et vous feront gagner du temps. *(Compter 200 Rps, et env 2-3h pour la visite).*

Fascinante, cette forteresse, surtout lorsqu'on s'approche et qu'on découvre cet ensemble de murailles impressionnantes avec ses créneaux en ogives et ses meurtrières. L'enceinte englobe plusieurs palais, des temples, des bassins... elle enserrait en fait toute la ville, à l'époque ! La construction s'est étalée sur plusieurs siècles, mais les principaux monuments datent du XVᵉ s. Les palais sont globalement ruinés, seuls subsistent les temples et quelques tours. Ce qui surprend surtout, c'est le côté démesuré de la construction. Et puis ce panorama sur la ville et sur la vallée ! Impressionnante également est l'arrivée par une route qui zigzague à travers sept portes monumentales construites par Khumbha au XVᵉ s. La *Rama Pol,* la dernière, est la plus belle. Grosses tours octogonales avec motifs sculptés et représentations de Ganesh tronquées. À la base des tours, superbes frises d'éléphants (en bas), puis des chevaux, des danseuses.

Nous ne parlons ici que des principaux édifices, mais il y en a bien d'autres, la plupart assez ruinés. Entre les sites, quelques arbres, des espaces voués aux chèvres et aux vaches et, près des temples, souvent des singes chapardeurs.

🍸 Près de la tour de la Victoire, une cafétéria *RTDC* pour boire un coup.

– ***Le palais de Khumbhat*** *(Ranakhumbha's Palace) : c'est lui que vous verrez le premier en arrivant.* Il a, évidemment, énormément souffert des différents sacs de la ville. Certaines parties ont été remontées. On peut encore admirer de beaux pavillons à dômes avec leurs balcons ciselés en avancée. Au bout, remarquable vue sur la ville basse. Ce palais était à lui seul une véritable ville dans la forteresse. C'est là que la maharani Padmini commit le premier *johar.* Le fondateur d'Udaipur y naquit. Le palais prit le nom de Ranakumbha, qui en poursuivit la construction. À l'intérieur, on trouvait les sites habituels : salle d'audience, espace d'offrandes au Soleil, temple dédié à Shiva... Aujourd'hui, on déambule dans les ruines, un peu au hasard.

– ***Le Musée archéologique*** *(dans le grand palais) : tlj sf ven 10h-16h30. Entrée très modique.* Installé dans le palais tout blanc d'un *maharana* du début du XXe s. Nombreuses pièces et sculptures récupérées sur le site. Quelques armes médiévales. En ce qui concerne les sculptures, on n'en voit guère plus (et même moins) que sur le site lui-même. Comme souvent, ça manque d'explication. La promenade dans le palais n'est cependant pas désagréable.

– ***Le temple jaïn :*** *juste sur la droite du palais-musée.* Un ensemble très reposant. Le temple est surplombé par une grande coupole ciselée de divinités. Au fond, le sanctuaire, inaccessible, dans l'un des deux templions centraux.

– ***Le temple de Meera :*** *à 100 m du temple jaïn, à côté du palais de Khumbhat.* Beau temple dans un style « mi-Khajuraho mi-Bhubaneswar », autrement dit avec une *shikhara* (tour) richement sculptée. Devant, *Garuda* sous un kiosque à colonnes. Dans un coin, à gauche, adorable petit *temple Meera Bai,* arborant également une élégante *shikhara.* Plus sombre, mais non dénué d'intérêt, avec un déambulatoire autour du sanctuaire principal. Certaines colonnes sont ornées de motifs végétaux délicats.

– ***La tour de la Victoire :*** le plus prestigieux monument de Chittorgarh, élevé en 1448 par Khumbha pour commémorer l'un de ses grands et nombreux triomphes militaires. Construction qui dura 10 ans (38 m de hauteur, 9 étages, 157 marches). Y monter absolument pour cette fantastique et très originale architecture (une lampe s'avère appréciable dans certains passages très sombres de la montée). De haut en bas, tout est sculpté avec finesse et les ouvertures présentent des motifs géométriques variés. En effet, en plus des façades abondamment sculptées, l'escalier intérieur est en fait une tour dans la tour, avec des portes finement ciselées, donnant accès à chaque palier. Noter que toutes les représentations humaines, visages et divinités hindous, ont été martelées par les Moghols. Heureusement pour la postérité, animaux, motifs floraux et géométriques échappèrent au massacre. Tout en haut, une rotonde avec de superbes colonnes ouvragées. Plusieurs centaines de personnages. Et que dire du panorama ! (Que l'on doit malheureusement admirer derrière des grilles.)

C'est devant la tour que se déroula le deuxième *johar* en 1535. Une double porte monumentale fut érigée en cet honneur.

– ***Le temple de Samadhisvara :*** *juste en contrebas de la tour de la Victoire.* S'étendent plusieurs monuments dont cet intéressant temple du XIe s, dédié à Shiva (sur la droite en venant de la tour de la Victoire). Il fut restauré au XVe s par un *maharana* du coin, selon les indications inscrites sur le mur à l'intérieur. On peut admirer, à l'intérieur, une représentation de trois visages, sculptés dans le même bloc. Dans un coin, histoire du fort en sanscrit. Devant, un beau taureau *Nandi* sous un templion à colonnes très finement ciselées. Là encore, tous les fins visages ont été martelés. En continuant un peu, on accède par des volées d'escaliers aux bassins sacrés, coincés entre deux murailles du fort. Attention aux nombreux singes (très gourmands) qui hantent les temples...

– ***Le temple de Kalika Mata :*** *en continuant la route, on longe plusieurs grands réservoirs (aujourd'hui à sec pour certains).* À droite, temple de Kalika Mata, dédié à Kali, la déesse du pouvoir destructeur du Temps. Ne pas se fier à l'aspect grossier et massif de l'entrée. On découvre à l'intérieur un véritable petit bijou. Édifié au

IXe s. Très grande qualité de sculpture des colonnes et du déambulatoire. Il est encore en fonction, et des cérémonies y ont lieu tous les jours.
– ***Le palais de Padmini :*** *au milieu d'un bassin envahi par la végétation.* S'élève le petit palais de la maharani, où eut lieu la fameuse entrevue des miroirs (voir plus haut « Un peu d'histoire »). Entrée modeste, puis allée de rosiers très rafraîchissante, jardins et quelques balcons en encorbellement dominant le bassin, voilà ce qui reste de ce palais.
– ***La tour de la Renommée*** *(Kirti Stambha)* ***:*** *en continuant à tourner autour du rocher, on parvient à cette tour.* Elle fut élevée au XIIe s par un riche marchand jaïn et dédiée à Adinatha, le premier des 24 *Tirthankaras.* Intéressantes sculptures sur cinq étages, mais ne se visite pas. À côté, un petit temple jaïn, parfois ouvert. De cette partie-là du site, belle vue sur la vallée.

UDAIPUR

500 000 hab. (1 200 000 avec les environs) IND. TÉL. : 0294

Mont Abu **: 182 km ;** ***Jaipur*** **: 400 km ;** ***Jodhpur*** **: 290 km ;** ***Delhi*** **: 660 km ;** ***Agra*** **: 640 km ;** ***Mumbai*** **: 850 km.** ***Chittorgarh*** **: 110 km.**

Cité ancienne aux rues étroites et vivantes. Les maisons blanchies à la chaux, les balcons aux fenêtres minuscules, le peu de voitures, un palais incroyable (le plus grand du Rajasthan), un climat très doux font d'Udaipur l'une des villes les plus merveilleuses de l'Inde. Un site pour film à grand spectacle, avec de hautes collines qui enserrent deux lacs de barrage, et des palais baroques étonnants, toujours plantés dans des endroits fabuleux. Et puis de belles scènes de rues : les prières au temple, les lavandières dont on entend le bruit sourd des battements au bord du lac, l'odeur du passage des vaches dans les ruelles étroites... En fait, Udaipur conserve les strates de tous les siècles passés qui s'additionnent les uns aux autres. Le palais reste le meilleur témoin de cet enchevêtrement d'art, de fantaisie, de caprices de rois, de génie architectural, qui nous soit parvenu. Et puis, si l'art est inscrit dans la pierre, il se retrouve également dans l'artisanat. Udaipur est sans doute la ville la plus riche sur ce plan-là : étoffes, écoles de miniatures, travail du bois, couvertures de lit... vous ne saurez plus où donner de la tête (et du porte-monnaie).
Sur le plan économique, outre le tourisme qui procure une part non négligeable des ressources de la ville, Udaipur exploite des mines de zinc, de marbre et de gypse. Question tourisme, la ville reçoit un petit million de visiteurs par an, dont 80 % d'Indiens. Dans les 20 % d'étrangers, 50 % sont français.
Voilà Udaipur, une de nos villes préférées. Une tristesse, cependant : depuis 2000, avec l'irrégularité des moussons, les lacs ont beaucoup baissé, jusqu'à être quasiment à sec au tout début de l'année 2005. Fini les lavandières, fini les balades en bateau... Quant au ***Lake Palace,*** **s'il reste splendide, il perd en prestance lorsqu'on peut l'atteindre à pied sec, au milieu des vaches qui se sont installées sur ces nouveaux pâturages... Début 2008, les moussons des années précédentes avaient remis les lacs à flot, mais cet état reste fragile. Alors, si, pour vous, Udaipur se résume à ses lacs, renseignez-vous sur la situation avant de vous y rendre.**

UN PEU D'HISTOIRE

Création d'un site indépendant et fier

S'il y a une chose à retenir de l'histoire d'Udaipur, c'est que la ville ne fut jamais envahie par les musulmans ni par les Anglais. Cette fierté se ressent encore aujourd'hui. C'est au milieu du XVIe s qu'Udai Singh II s'établit ici et fonda Udaipur après que les Moghols et leur chef Akbar eurent ravagé la forteresse de Chittorgarh. Il faut imaginer le site à l'époque, sans le lac mais couvert de forêts. Superbe mais diffé-

rent d'aujourd'hui, le panorama sur les montagnes verdoyantes ceinturant la cité constitue certainement un des lieux les plus romantiques du Rajasthan. Udai commença la construction de son incroyable palais qui fut poursuivie par son fils. Il faut dire que les *maharanas* d'Udaipur furent toujours les plus prestigieux des maharajas, et les seuls à porter le titre de *maharana* (c'est comme « duc » par rapport à « baron »).
Cette particularité leur vient d'une légende bien compliquée affirmant que cette famille descend du Soleil. Sans doute est-ce cette filiation solaire qui leur permit de repousser les attaques incessantes des Moghols. Une période prestigieuse s'ouvrit pour la région, notamment durant tout le XVIIe s où la paix régna. Les *maharanas* de la ville passèrent alors des accords avec les Moghols, notamment sur le plan artistique. C'est pourquoi *City Palace* conserve sur ses murs les traces éloquentes de la présence moghole.

Période anglaise

La présence anglaise permit de conserver une paix relative... toujours en toute indépendance.
À noter encore à la fin du XIXe s, la personnalité du *maharana* Sajjan Singhji qui fit beaucoup pour sa ville : création d'écoles, d'une bibliothèque, ouverture d'hôpitaux, participation à des associations caritatives, proximité – relative – avec ses concitoyens, prise en compte réelle des problèmes du Mewar...

LA CHAISE DE LA DISCORDE

Un fait témoigne assez bien de cet esprit sympathiquement frondeur du Mewar : au début du XXe s, le roi George V invita à Delhi tous les maharajas d'Inde (manière d'affirmer symboliquement le pouvoir britannique). Seul celui d'Udaipur refusa de se rendre à cette invitation et sa chaise resta vide. Un petit coup de fierté qui resta gravé dans les annales de l'histoire (la chaise vide est d'ailleurs visible dans le City Palace).

Aujourd'hui, mésententes au sommet

Après l'indépendance, le *maharana* fut ruiné. Cela dit, il conserva une Rolls, deux vieilles Cadillac somptueuses, une splendide MG décapotable à faire pleurer d'envie, 150 serviteurs, et... un éléphant. L'actuel *maharana* partage son emploi du temps entre un hôtel particulier à Londres et son palais à Udaipur *(City Palace).* Une lumière rouge au-dessus du palais indique s'il est là. Nostalgique des fastes et des cérémonies, il célèbre toujours avec grandeur les fêtes royales. *It's good to be a king !*
Sachez qu'actuellement, et bien que se réclamant descendant du Soleil, le *maharana* et son frère sont toujours à couteaux tirés. Mahendra Singh a hérité du titre de *maharana* tandis que son frère gère la fortune et les biens que son père n'a pas dilapidés. Fait sans précédent, papa a déshérité l'aîné au profit du cadet (c'est pire que l'univers impitoyable de *Dallas*). Les frères ennemis se mènent une guerre sans pitié.

Arriver – Quitter

De manière générale, pour l'achat des tickets de bus ou des billets de train, n'hésitez pas à passer par une agence qui prendra une petite commission. Vous éviterez ainsi le déplacement et l'attente souvent longue dans l'une ou l'autre gare. Demandez bien quelle commission sera perçue et vérifiez vos billets.

En train

Gare ferroviaire *(plan général D6) : au sud-est de la ville ancienne.* Vous y trouverez un petit ***point d'infos touristiques*** *(ouv selon horaires des trains)* et une ***consigne*** *(ouv 24h/24).*
➢ ***Delhi :*** 1 train de nuit tlj (dans les 2 sens), avec une arrivée le mat. Pratique. Durée : env 12h.

➢ ***Chittorgarh :*** 1 train/j. ; départ très tôt le mat de Chittorgarh et en fin de soirée d'Udaipur (il s'agit en fait du même train que celui de Delhi). Durée : 2h. Préférer le bus.
➢ ***Ahmedabad :*** 1 train/j. dans les 2 sens ; train de nuit. Durée : 8h30.
➢ ***Jodhpur et Jaisalmer :*** aucun train direct.
➢ ***Jaipur :*** 1 train de nuit tlj, dans les 2 sens. Durée : 10h env.

En bus

Gare routière *(plan général D5)* **:** pour toutes les grandes destinations touristiques, il y a aussi un grand nombre de bus privés, dont les compagnies sont installées pour la plupart juste à l'extérieur de la gare. Voici une idée des fréquences des bus gouvernementaux. Horaires à vérifier sur place.
➢ ***Delhi :*** 2 *deluxe* et 1 *express*/j. Quelques bus privés. Trajet : 14h env.
➢ ***Jodhpur :*** 3 *deluxe* et 2 *express*/j. Trajet : 7-8h. Quelques bus privés également.
➢ ***Bikaner :*** 1 *express* de nuit et 1 bus privé. Trajet : 14h.
➢ ***Mont Abu :*** 3 *express*/j. en journée. Trajet : 6h. Et 3 bus privés.
➢ ***Chittorgarh :*** *express* ttes les 30 mn, 6h-20h. Et 4 *deluxe* le mat (ce sont ceux qui vont à Jaipur via Chittorgarh). Trajet : env 2h30. Rappel : excursion possible depuis Udaipur si l'on part de très bonne heure le mat.
➢ ***Ranakpur :*** bus *express* très fréquents 7h-17h. Les *deluxe* pour Jodhpur s'arrêtent normalement à Ranakpur.
➢ ***Ahmedabad :*** 3 *deluxe*/j. le mat, et des *express* ttes les heures 5h-17h. Nombreux bus privés. Trajet : 6h.
➢ ***Jaisalmer :*** d'Udaipur, on conseille de prendre un bus en fin de mat ou en tout début d'ap-m vers Jodhpur. Cela permet de prendre le train de nuit pour Jaisalmer qui part vers 22h30 (arrivée le lendemain très tôt). C'est le moins fatigant. Ceux qui voudront y aller en bus devront de toute manière changer à Jodhpur (durée totale : 15h). De Jaisalmer, prendre le train de nuit pour Jodhpur puis un bus pour Udaipur.

En avion

✈ ***Aéroport*** *(hors plan général par D5)* **:** *à 25 km du centre.* Compter env 350 Rps pour un taxi avec bagages. Voir les adresses des compagnies dans « Adresses utiles ».
– Avec *Indian Airlines :*
➢ ***Delhi, Jaipur et Jodhpur :*** 2 vols/j. dans l'ap-m. L'un fait escale à Jaipur, l'autre à Jodhpur. Durée : 1h15 pour Jodhpur, 2h pour Jaipur et 3h pour Delhi.
➢ ***Mumbai :*** 1 vol/j. l'ap-m. Durée : 1h10.
– Avec *Jet Airways :*
➢ ***Delhi :*** 2 vols/j., dont 1 le mat (via Jaipur), l'autre l'ap-m. Durée : 1h pour le vol direct et 2h pour le vol via Jaipur.

Adresses utiles

- Tourist Office
- General Post Office
- Gare ferroviaire
- Gare routière
- ✈ Aéroport
- 3 Pharmacies
- 4 General Hospital (Maharana Bhopal Hospital)
- 5 Indian Airlines
- 6 Jet Airways
- 11 Indian Cycle (location de vélos)
- 12 RTDC – Hotel Kajri

Où dormir ?

- 25 Panorama Guesthouse
- 27 Dream Heaven
- 40 Hotel Udai Kothi
- 41 Lake Palace Hotel
- 44 Mewar Inn

Où manger ?

- 55 Berry's
- 58 Ambrai Restaurant

À voir

- 41 Lake Palace Hotel

UDAIPUR (PLAN GÉNÉRAL)

➢ ***Jaipur :*** 1 vol/j. Durée : 1h.
➢ ***Mumbai :*** 2 vols/j. (sam : 1 vol slt). Durée : 1h30.
– Avec *Kingfischer* (d'août à mars) :
➢ ***Jaisalmer (via Jodhpur) :*** 1 vol/j. Durée : 2h15.
➢ ***Jaipur :*** 1 vol/j. Durée : 1h.

Adresses utiles

Infos touristiques

ℹ ***Tourist Office*** *(plan général D5) : Surajpole, dans le Fateh Memorial.* ☎ *241-15-35. Lun-sam (sf 2e sam du mois) 10h-17h.* Propose un (mauvais) plan de la ville ainsi qu'une petite brochure contenant les infos pratiques. Autre bureau à la gare (ouvert en fonction des arrivées de train) et à l'aéroport (ouvert en fonction des vols). En dépannage, vous pouvez vous adresser à la réception de l'hôtel *Kajri (RTDC ; plan général D4,* ***12****),* ils feront gentiment ce qu'ils pourront.

Poste et télécommunications

✉ ***General Post Office*** *(GPO ; plan général C3) : la poste principale, à 100 m du Chetak Circle.* Également une poste *(zoom I, B5),* grande comme un dé à coudre mais moins excentrée (et souvent moins encombrée), juste à côté du guichet de l'entrée principale du City Palace *(lun-sam 9h30-16h30).* Envoie aussi les paquets.

■ ***Téléphone, fax, e-mail :*** *des dizaines de petites boutiques dans la vieille ville proposent ces services, quasiment tous aux mêmes prix.* L'heure de connexion sur le Net est souvent fixe, de même que le prix de la minute téléphonique. Certains ouvrent tôt le matin et ferment tard le soir (en général 8h-22h).

Banques, change

Peu de banques font le change. En revanche, les officines de change ne manquent pas. La Suraj Road *(zoom I, D4-5)* est la rue des banques ; parmi elles :

■ ***Bank of Baroda*** *(zoom I, D4,* ***1****) : Suraj Rd. Lun-ven 10h-16h ; sam 10h-13h.* Change les chèques de voyage et l'argent liquide dans la plupart des grandes monnaies. Distributeur automatique 24h/24.
■ ***Punjab National Bank*** *(zoom I, D4,* ***1****) : Suraj Rd, à 20 m à droite de la* Bank of Baroda. *Lun-ven 10h-14h ; sam 10h-12h.* Change chèques de voyage et espèces.
■ ***Distributeurs automatiques (ATM) :*** ils fleurissent en ville, notamment sur Suraj Rd, où se trouvent toutes les banques. Également un distributeur dans la rue montant à l'entrée principale du *City Palace (zoom II, B5,* ***2****).*

Soins

■ ***General Hospital – Maharana Bhopal Hospital*** *(plan général C3,* ***4****) : non loin du Chetak Circle.* ☎ *241-102.*
■ ***Pharmacies*** *(plan général C3,* ***3****) : juste face à l'hôpital.* Plusieurs pharmacies les unes à côté des autres sont de garde à tour de rôle.

Transports

– ***Achats de billets de train et de bus :*** la plupart des petites boutiques et des *guesthouses* peuvent se charger de l'achat de vos billets de transport moyennant une commission. Pratique. Bien comparer le montant de la commission demandée car certains abusent.

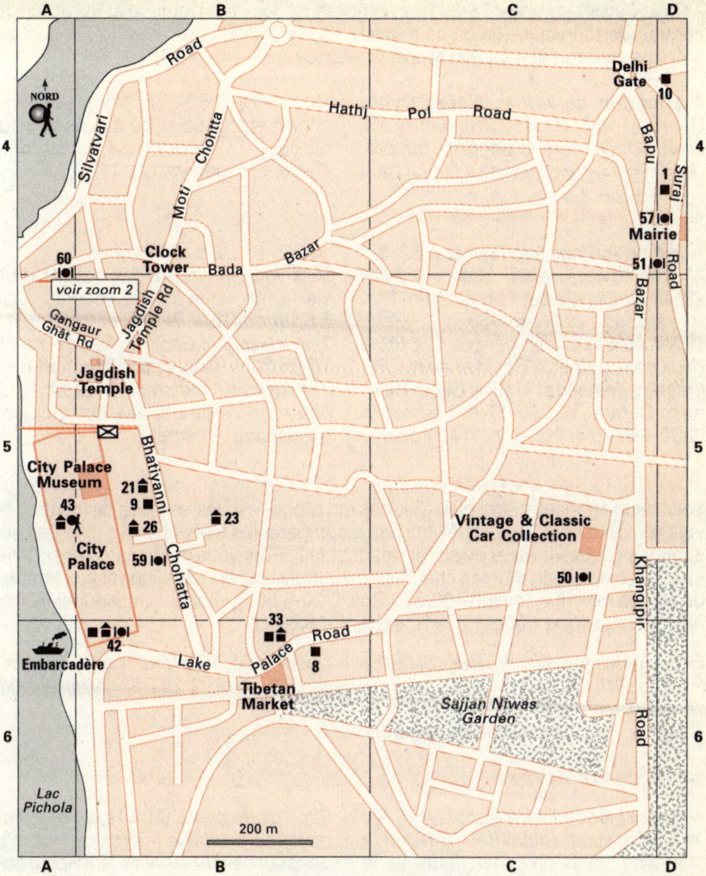

UDAIPUR (ZOOM I)

Adresses utiles

- Poste
- 1 Bank of Baroda et Punjab National Bank
- 8 Exclusive India
- 9 Sunset Book Point
- 10 Acme Rajputana Holiday Makers

Où dormir ?

- 21 Pushkar Palace
- 23 Palace View Guesthouse
- 26 Kumbha Palace
- 33 Rang Niwas Palace Hotel
- 42 Shiv Niwas Palace Hotel
- 43 Fateh Prakash Hotel

Où manger ?

- 42 Restaurant du Shiv Niwas Palace Hotel
- 50 Garden Restaurant
- 51 Natraj Dining Hall
- 57 Park View Restaurant
- 59 The Whistling Teal
- 60 Savage Garden

À voir

- 43 Cristal Gallery

– ***Rickshaws :*** compter 15-20 Rps en rickshaw des gares routière et ferroviaire au centre-ville touristique (là où se trouvent tous les hôtels bon marché), et quelque 150 Rps aller-retour jusqu'au Monsoon Palace.

■ ***Location de vélos : Heera Cycle Store*** *(zoom II, B5,* ***28****), Gangaur Ghât Rd. Derrière le Jagdish Temple, dans la courette qui mène à l'hôtel* Badi Haveli. *Tlj 7h30-21h.* Vous trouverez également plusieurs boutiques de vélos autour de Chetak Circle dont ***Indian Cycle*** *(plan général C3,* ***11****).*

Compagnies aériennes

■ ***Indian Airlines*** *(plan général B2,* ***5****) : Mumal Tower, Saheli Marg.* ☎ *241-49-48 ou 241-09-99. Lun-sam 9h-18h. À l'aéroport :* ☎ *265-54-53.*
■ ***Jet Airways*** *(plan général C3,* ***6****) : à deux pas du Chetak Circle et de la GPO (poste) ; demander le* Blue Circle Business Centre. ☎ *256-11-05. Lun-sam 9h30-18h ; dim 10h-15h. À l'aéroport :* ☎ *265-61-92 ou 93.*
■ Si vous ne voulez pas bouger de la vieille ville, vous pouvez vous adresser à ***Gangaur Tour 'N' Travel*** *(zoom II, A5,* ***7****), sur Gangaur Ghât Rd.* ☎ *241-14-76. Tlj 9h-20h.* Résa et confirmation pour *Jet Airways, Indian Airlines* et *Kingfisher,* moyennant une commission raisonnable. Internet.

Agences de voyages

Voici deux agences parmi bien d'autres qui proposent des services de location de voitures avec chauffeur. N'hésitez pas à comparer les tarifs et à négocier (les prix annoncés peuvent varier du simple au double !). Pour vous donner un ordre d'idée, une voiture (sans clim') avec chauffeur pour une excursion à Eklingji et aux temples de Nagda revient à environ 400-550 Rps (6,20-8,50 €) et pour Ranakpur et Kumbhalgarh à quelque 1 000-1 200 Rps (15,40-18,50 €).

■ ***Exclusive India*** *(zoom I, B6,* ***8****) : Lake Palace Rd.* ☎ *242-17-60.* Agence sérieuse, mais tarifs assez élevés.
■ ***Acme Rajputana Holiday Makers*** *(zoom I, D4,* ***10****) : Virat Nagar, tout près de Delhi Gate.* ☎ *241-90-59 ou 264-00-99.*

Loisirs et divers

■ ***Sunset Book Point*** *(zoom I, B5,* ***9****) : 117, Bhatiyanni Chohatta. Tlj 10h-21h (18h dim).* Vente de cartes (routières et postales) et romans ou livres sur l'Inde (en anglais et quelques-uns en français).
■ ***Excursions à cheval :*** une façon magnifique de découvrir les environs d'Udaipur. Une bonne adresse pour cela, ***Pratap Country Inn,*** *Jaisamand Rd à Titardi (voir « Où dormir dans les environs ? »).*
■ ***Piscines :*** le must est la piscine du ***Shiv Niwas Palace Hotel*** *(zoom I, B6,* ***42****).* Assez chère (300 Rps ; et il faut payer au préalable le droit de passage dans l'enceinte du palais : 25 Rps), mais qu'elle est belle ! Dans un tel cadre, on se prend rapidement pour un demi-maharaja. Également une belle piscine ouverte aux non-résidents à l'hôtel ***Udai Kothi*** *(plan général A5,* ***40****)* : 300 Rps. Prix plus démocratiques et dans un cadre sympathique au ***Rang Niwas Palace*** *(zoom I, B6,* ***33****).*
■ ***Consignes :*** *à la gare ferroviaire (plan général D6). Tlj 6h-22h.*

Où dormir ?

L'embarras du choix et un certain nombre d'établissements de charme.
– *Conseil :* la plupart des rickshaws partant de la gare ferroviaire (de nuit surtout) refusent de conduire leurs clients jusqu'aux hôtels où ils ne touchent pas de commission. Le coup classique ! Plutôt que le nom de l'hôtel, donnez la rue ou une place à proximité de l'adresse que vous cherchez. Par ailleurs, certains hôteliers vont eux-mêmes chercher leurs clients. Ils ont alors de grandes banderoles.

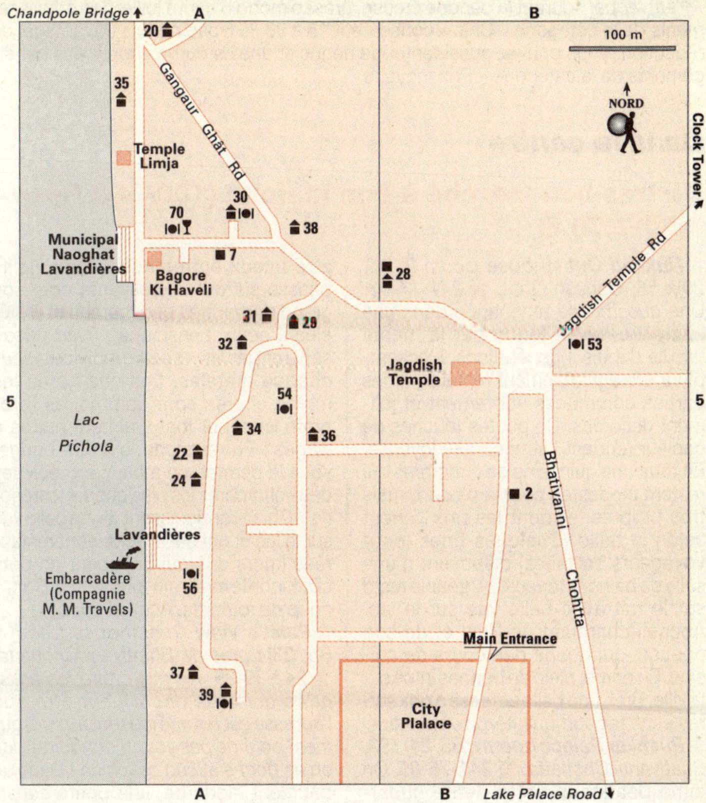

UDAIPUR (ZOOM II)

■ Adresses utiles

2 Distributeur automatique (ATM)
7 Gangaur Tour 'N' Travel
28 Heera Cycle Store (location de vélos)

Où dormir ?

20 Nukkad Guesthouse
22 Lalghât Guesthouse
24 Evergreen Guesthouse
28 Hotel Badi Haveli
29 Lake View Paying Guesthouse
30 Hotel Gangaur Palace
31 Poonam Haveli
32 Hotel Krishna Niwas
34 Jaiwana Haveli
35 Jheel Guesthouse
36 Pralap Bhawan Guesthouse
37 Kankarwa Haveli
38 Anjani Hotel
39 Jagat Niwas Palace Hotel

Où manger ?

30 Natural City View Restaurant
39 Restaurant du Jagat Niwas Palace Hotel
53 Mayur Café
54 Masala
56 Rainbow Restaurant

Où manger une pâtisserie ? Où boire un verre ?

70 Café Edelweiss

– *Petit rappel :* durant la période creuse, grosso modo d'avril à juillet, les établissements de la catégorie « Chic » consentent 15 à 20 % (voire parfois davantage) de réduction. Vous pouvez aussi tenter de négocier une ristourne auprès des hébergements de la catégorie « Prix moyens ».

Dans le centre

De très bon marché à bon marché (100-500 Rps / 1,50-7,70 €)

Nukkad Guesthouse *(zoom II, A5, **20**) : 56, Ganesh Ghât. ☎ 241-14-03.* Une *guesthouse* aménagée dans une ancienne *haveli* tenue par la même famille depuis 4 générations. L'ensemble a été agréablement restauré et les parties communes sobrement et joliment décorées. De petites touches de couleur rendent l'atmosphère joyeuse. En tout, une quinzaine de chambres qui restent modestes pour la plupart, mais très propres, et dont les prix varient selon la taille. Quelques-unes (pour voyageurs solitaires) disposent d'une salle de bains extérieure. Agréable resto sur le toit avec belle vue sur le lac. Accueil charmant de Raju et de son épouse, qui donne des cours de cuisine. En prime, plein de bonnes infos sur la ville. Bref, une belle adresse à prix serrés et au rapport qualité-prix étonnant.

Pushkar Palace *(zoom I, B5, **21**) : 93, Bhatiyanni Chohatta. ☎ 241-76-85.* On aime beaucoup cette petite *guesthouse* familiale à l'accueil délicat et chaleureux. Les chambres, agencées autour d'un patio agrémenté de plantes vertes, sont toutes simples (la plupart avec salle de bains privée), un peu sombres mais globalement assez spacieuses. Un hôte, heureux de son séjour en ces lieux, s'est chargé de peindre les murs. L'endroit est frais, soigneusement décoré. Sur le toit, la terrasse (en partie couverte, avec coussins et billard) offre une très jolie vue sur le *City Palace.* Fait resto et propose même des cours de cuisine. Une adresse charmante, vraiment bon marché, dont on apprécie l'atmosphère reposante.

Lalghât Guesthouse *(zoom II, A5, **22**) : 33, Lal Ghât. ☎ 252-53-01. ● lalghat@hotmail.com ●* Il faut traverser une sorte de passage assez délabré avant d'atteindre l'accueil situé au fond, dans la cour centrale qui, elle aussi, pourrait être mieux entretenue... Une vieille bâtisse surtout intéressante pour son grand dortoir très bon marché et plutôt clean, genre pensionnat, avec rideau séparant les lits, et coffre individuel sous chaque matelas. Les chambres les moins chères sont sommaires (propreté limite) et font vraiment huttes à singes ! En revanche, si votre budget vous le permet, on a bien apprécié les deux chambres les plus chères (catégorie « Chic ») qui jouissent d'une belle vue sur le lac et ont été adroitement restaurées (murs gris qui dégagent un petit côté contemporain plaisant). Beaucoup de routards. Accueil correct.

Palace View Guesthouse *(zoom I, B5, **23**) : près de Bhattiyani Chohatta. ☎ 242-39-35. Ne pas croire les rickshaws qui vous diront peut-être que l'adresse est fermée (ou tout autre argument pour ne pas vous y conduire) : ici, on ne donne aucun bakchich !* Dans un bâtiment moderne, une petite *guesthouse* à l'écart de l'animation de la vieille ville. C'est très simple, les 3 chambres ne s'embarrassent pas de déco particulière, les sanitaires sont communs (propreté scrupuleuse !), mais on a été séduit par l'accueil charmant de Nirmala qui est aux petits soins pour ses hôtes. Depuis la terrasse (l'une des plus hautes d'Udaipur !), la vue particulièrement remarquable embrasse toute la ville et le *City Palace.*

Evergreen Guesthouse *(zoom II, A5, **24**) : 32, Lal Ghât. ☎ 242-15-85.* À peine 4 chambres très modestes, mais toutes avec salle de bains et, en principe, eau chaude. La *guesthouse* est proche du lac, mais les chambres n'ont pas de vue. Minuscules, pas nickel (mieux vaut apporter ses draps), mais acceptables quand même pour le prix. Bien situé malgré tout et accueil gentil.

De bon marché à prix moyens (250-900 Rps / 3,80-13,80 €)

Panorama Guesthouse *(plan général A5, **25**) : au bord d'une placette, sur la droite. ☎ 243-10-27. • panoramaguesthouse.in • Dispose de quelques chambres très bon marché également.* Une quinzaine de chambres agréables, simples, propres et avec salle de bains. Vous ne profiterez du panorama sur le lac ou le City Palace et de la clim' que depuis certaines d'entre elles (les plus récentes, les plus confortables – avec balcon –, les plus joliment décorées... et les plus chères). Qu'importe ! Ceux qui ne bénéficient pas de la vue monteront au resto, sur la terrasse perchée sur le toit. Parties communes accueillantes et parfaites pour se prélasser. Accueil vraiment très sympa et bonne ambiance routarde. Resto pour grignoter matin, midi et soir. Une très bonne petite adresse qui a l'avantage d'être au calme, un poil excentrée, mais dans un quartier tellement agréable !

Kumbha Palace *(zoom I, B5, **26**) : 104, Bhatiyanni Chohatta. ☎ 242-27-02. • kumbha01@hotmail.com •* Au fond d'un passage, bien au calme, juste au pied des murailles du City Palace, avec un grand jardin empelousé particulièrement paisible et reposant. Une bonne adresse par sa situation centrale, la modestie de ses prix et le confort simple de ses chambres (salle de bains avec eau chaude). Les plus chères bénéficient toutefois de la clim'. De plus, le resto sur le toit offre une vue remarquable sur la ville. La table y est bonne et l'atmosphère routarde sympa. Les proprios proposent aussi des balades à cheval dans les environs.

Dream Heaven *(plan général A4, **27**) : Hanuman Ghât. ☎ 243-10-38. • deep_rg@yahoo.co.uk • Quelques chambres très bon marché également. Résa vivement conseillée.* Dans un petit quartier à peine excentré, un bâtiment tout en hauteur (réception au dernier étage), très prisé des routards du monde entier. Il faut dire que l'établissement propose des chambres pour différents budgets et que le resto perché sur le toit offre une vue de choix sur le lac et sur le City Palace, particulièrement appréciable au soleil couchant ! Sur fond de musique zen, l'endroit est alors idéal pour prendre l'apéro, parmi les voilages et les coussins aux couleurs chatoyantes. On y est resté scotché ! Une quinzaine de chambres très correctes, toutes avec salle de bains ; vue sur le lac et balcon pour les plus chères seulement.

Hotel Badi Haveli *(zoom II, B5, **28**) : Gangaur Ghât Rd. ☎ 241-25-88. • hotelbadihaveli@yahoo.com • Monter la 1re rue à droite du temple Jagdish sur 50 m.* L'hôtel se trouve dans une maison ancienne à l'architecture typique de cours et de terrasses. Ne pas tenir compte de l'entrée qui traverse quelques maisons délabrées (ni de l'hôtel voisin, qui racole les routards et pratique des prix à la tête du client). Tenu par des brahmanes très zen, un peu distants mais gentils. Chambres très différentes les unes des autres. Celles sur les terrasses sont toutes simples mais impeccables. Quelques chambres sont ornées de fresques plusieurs fois centenaires qui leur donnent un vrai cachet ; les autres sont beaucoup plus dépouillées. Salles de bains extérieures pour toutes. Essayez donc d'en voir plusieurs d'autant que les prix ne font pas le grand écart. Terrasse agrémentée de plantes grasses, bien agréable, mais pas de vue sur la lac (l'établissement voisin ayant construit un étage supplémentaire !). Le calme absolu qui règne sur cette maison nous a bien plu. Propose des petits déj (on a vu mieux).

Lake View Paying Guesthouse *(zoom II, A5, **29**) : 1, Lal Ghât. ☎ 242-05-27.* Dans une vieille *haveli.* Ne pas s'effrayer de l'entrée cradingue. Le 1er bâtiment, qui donne sur la rue, propose les chambres certes les moins chères (avec salle de bains), mais aussi les plus sommaires et les plus bruyantes. En revanche, dans la partie récente (bâtisse sur l'arrière), les chambres sont claires, propres, presque coquettes (on a bien dit « presque » !), et à prix doux (d'autant plus quelles disposent de la clim'). Terrasse en nid d'aigle pas mal du tout pour prendre le petit déj. Au rez-de-chaussée, une petite croissanterie.

Hotel Gangaur Palace *(zoom II, A5, **30**) : 33, Gangaur Ghât Rd. ☎ 242-23-*

03. • ashokahaveli.com • Une gamme de prix qui fait vraiment le grand écart (doubles jusqu'à 2 000 Rps, soit 30,80 €) ; surtout intéressant pour ses chambres à prix moyens. Les chambres les moins onéreuses, aux sol gris et murs blancs, sont sobres et basiques, mais propres, fraîches et avec de la patine. En grimpant un peu dans les prix, on peut jouir d'un petit balcon intérieur, de la vue sur le lac ou de murs décorés de frises. En tapant encore plus dans le portefeuille, vous bénéficieriez d'une chambre récente et de la clim'. Cette vieille *haveli* n'a pas la prestance de certaines de ses consœurs restaurées, mais elle est très centrale, tranquille, sympathique et conviendra à différents budgets. Petit café-pâtisserie *(french bakery)* avec croissants, pains au chocolat, etc., à l'entrée et le *Natural City View Restaurant* sur le toit (voir « Où manger ? »).

De prix moyens à chic (600-1 200 Rps / 9,20-18,50 €)

Poonam Haveli *(zoom II, A5,* ***31****) : 39, Lal Ghât. ☎ 241-03-03. • poonamhaveli@hotmail.com •* Dans le cœur de la vieille ville, un hôtel récent d'une quinzaine de chambres, édifié un peu « à l'ancienne », mais sans le charme. Moderne donc, propre, toutes les chambres avec sanitaires, et des prix qui vont du simple au double, en fonction de la taille et de la position ; en gros, les prix montent en même temps que l'escalier (évitez les chambres sur rue, et sachez que celles du 1er étage sont un peu sombres). Un petit effort dans la déco (assez kitschouille cependant), malgré l'inévitable néon au-dessus du lit. Honnête rapport qualité-prix-propreté, ce qui n'est déjà pas si mal, mais signalons quelques ratés, parfois, en matière d'accueil.

Chic (870-1 800 Rps /13,40-27,70 €)

Hotel Krishna Niwas *(zoom II, A5,* ***32****) : 34-35, Lal Ghât. ☎ 242-01-63. • hotelkrishnaniwas.com • Doubles 870-1 380 Rps.* Trois catégories en fonction de la luminosité et de la vue. Les plus chères bénéficient d'une perspective sur le lac, bien entendu. Les *standard* sont toutefois assez sombres. Une adresse très coquette, tenue par Jaïraj Soni, un peintre miniaturiste de talent qui a ouvert une école de peinture à Udaipur ! C'est lui-même, aidé par ses élèves, qui a d'ailleurs réalisé les superbes fresques de l'hôtel : pas moins d'un an de travail ! Jaïraj n'en est pas à sa première exposition en France et est régulièrement sollicité par le *maharana* d'Udaipur. Fort sympathique, il parle un peu le français et donne des cours de peinture. Ceux qui veulent s'initier à la cuisine indienne ne manqueront pas d'assister au cours de Sushma (compter 850 Rps pour 2h ; ce n'est vraiment pas donné, mais chacun déguste ensuite ses préparations dans une ambiance très conviviale). Agréable terrasse sur le toit pour le petit déj, avec le lac en ligne de mire. Une belle adresse à prix très raisonnables.

Rang Niwas Palace Hotel *(zoom I, B6,* ***33****) : Lake Palace Rd. ☎ 252-38-90 ou 91. • rangniwaspalace.com • Pas loin du City Palace et du lac. Doubles 880-1 200 Rps ; suite min 2 100 Rps (32,30 €).* Grande bâtisse ancienne construite par un *maharana* au milieu du XIXe s, sorte de grand U en belles briques rouges autour d'un verdoyant jardin avec agréable petite piscine en marbre et jolie pelouse. Conserve un certain charme colonial. Le propriétaire, personnage élégant, particulièrement doux et très accueillant, est un oncle de l'actuel *maharana* ! L'avantage, c'est qu'on y trouve des chambres pour toutes les bourses, de prix moyens (peu nombreuses toutefois) à très chic, de la plus simple – très convenable, avec sanitaires communs – à la très luxueuse, et même 2 immenses suites à la déco d'une grande finesse (miroirs, vieille baignoire en bronze, balcon avec canapé et balancelle, urinoir !). La plupart donnent sur le jardin, certaines (à prix intermédiaire) depuis un petit balcon. Toutes sont agréables dans leur genre, avec une décoration parfois simple mais toujours soignée. Resto correct mais un peu irrégulier et dans un cadre plus banal, à moins de profiter de la terrasse. Une belle adresse.

Jaiwana Haveli *(zoom II, A5, **34**) : 14, Lal Ghât. ☎ 241-11-03 ou 252-12-52. • jaiwanahaveli.com • Doubles 1 250-1 650 Rps (19,20-25,40 €) selon confort (avec ou sans AC) et vue.* Chambres confortables et lumineuses, aux murs blancs et sol de marbre clair. Peu meublées, chaque objet y semble néanmoins choisi avec soin. L'endroit respire le propre, la sobriété et l'élégance, même s'il ne manquera pas de sembler froid et sans âme à certains. Les chambres les plus onéreuses sont en fait des petits carrés blancs tout vitrés, dont les fenêtres, habillées de rideaux bleus, s'ouvrent sur le lac Pichola. Sur le toit, terrasse et resto classe offrant une vue remarquable, comme beaucoup d'établissements à Udaipur d'ailleurs.

Jheel Guesthouse *(zoom II, A5, **35**) : 56, Gangaur Ghât Rd. ☎ 242-13-52. • jheelguesthouse@yahoo.com • Derrière le temple Limja, au bord du lac, à deux pas du concert des lavandières. Doubles 900-1 500 Rps.* Superbement située à l'écart du tumulte, dans une ruelle peu fréquentée, cette *guesthouse* propose des chambres dans deux bâtiments. Dans l'ancien, 3 chambres simples (les moins chères, « Bon marché ») mais pas mal du tout, avec leurs jolies fresques au plafond. À deux pas de là, dans un bâtiment récent posé au bord du lac, 4 autres chambres agréablement décorées et très lumineuses : les plus chères ayant même plusieurs fenêtres (de votre lit entouré de vitres, vous avez vue directe sur l'eau !) et un petit balcon. Il est question de les équiper de clim', les prix pourraient donc sensiblement augmenter... Belle terrasse sur le toit avec resto *veg'*. Propose des excursions d'une journée en voiture pour visiter Ranakpur et les environs.

Pratap Bhawan Guesthouse *(zoom II, A5, **36**) : 12, Lal Ghât. ☎ 256-05-66. En plein centre. Doubles 950-1 200 Rps.* Un ancien colonel en retraite et son épouse tiennent cette petite *guesthouse* nickel et familiale. Les chambres, à la déco dépouillée, offrent toutes le même confort, avec ventilo, salle de bains et balcon. La plus onéreuse, sur la terrasse, bénéficie d'un beau panorama. Des étages les plus bas, en revanche, aucune vue sur le lac. Vaste hall où l'on prend le petit déj dans une déco très british, où flotte un parfum quelque peu nostalgique de l'Inde coloniale. Ce qui ne séduira pas tout le monde, on en convient. Sachez que cette adresse est régulièrement prise d'assaut par les agences qui y envoient de petits groupes.

UDAIPUR

De chic à très chic (1 100-3 400 Rps / 16,90-52,30 €)

Kankarwa Haveli *(zoom II, A5, **37**) : 26, Lal Ghât. ☎ 241-14-57. • indianheritagehotels.com • Doubles 1 400-2 000 Rps (21,50-30,80 €).* Hôtel installé dans une ancienne *haveli*, tout au bord du lac. Dans la même famille depuis 200 ans ! Trois catégories de prix selon la taille et le confort (avec ou sans clim'), pour cette quinzaine de chambres sobrement mais joliment décorées d'un mobilier vraiment ancien et fort bien choisi. Simplicité presque monacale, mais sans austérité et pleine de charme, des bois sombres sur la blancheur immaculée des murs. Quelques chambres disposent d'un balcon surplombant les *ghats*, mais celles sur cour sont plus calmes. Propreté exemplaire. Terrasse très agréable sur le toit, agrémentée de plantes vertes. Cuisine végétarienne maison préparée pour les hôtes.

Anjani Hotel *(zoom II, A5, **38**) : 77, Gangaur Ghât Rd. ☎ 242-17-70. • anjanihotel.com • Doubles 1 100-2 000 Rps (16,90-30,80 €) ; des suites spacieuses plus chères.* Un hôtel un peu en retrait et au calme qui est passé à la vitesse supérieure avec la construction de nouvelles chambres confortables (une trentaine en tout). Les plus anciennes ont une déco plus chaleureuse et davantage de patine, mais on trouve les prix un peu trop musclés... Chacune d'elles dispose d'une salle de bains. AC pour les plus chères (attention, dans certaines chambres, la clim' fixée au niveau de l'oreiller s'avère inutilisable !). L'ensemble est propre. Agréable resto sur le toit ainsi qu'une terrasse couverte pour les jours de grande chaleur. Également une piscine (vide en hiver), bien appréciable quand il fait très chaud. Jacuzzi et sauna en prévision.

Jagat Niwas Palace Hotel *(zoom II, A5,* ***39****) : 25, Lal Ghât.* ☎ *242-01-33 ou 28-60.* • *jagatniwaspalace.com* • *Situé en bord de lac.* Standard *1 450 Rps (22,30 €),* deluxe *2 400-3 400 Rps (36,90-52,30 €).* Voici une adresse qu'on aimait beaucoup car, sans être un palace, sa situation et son charme la mettent à cheval entre la *guesthouse* de luxe et le petit palais de charme, en fonction des chambres choisies... En fait, il s'agit d'une *haveli* ancienne, bien restaurée, très agrandie et fleurie, avec petites cours blanches, adorable terrasse sur le lac, jolie décoration des parties communes... Malheureusement, l'accueil un peu froid (peut-être un peu blasé ?) a quelque peu freiné notre enthousiasme. La trentaine de chambres reste néanmoins appréciable, notamment les *super deluxe* donnant directement sur le lac : plus de 2 fois plus chères que les *standard,* elles valent vraiment le coup pour la déco et la vue, du moins si le lac est au rendez-vous. Les *standard,* quant à elles, sont agréables, mais n'ont pas la vue. Également des *deluxe* sans vue mais avec AC et des suites avec vue. Resto offrant une bonne cuisine (voir « Où manger ? »).

De très chic à beaucoup plus chic (4 600-5 200 Rps / 70,80-80 €)

Hotel Udai Kothi *(plan général A5,* ***40****) : Hanuman Ghât.* ☎ *243-28-10, 11 ou 12.* • *udaikothi.com* • *Résa conseillée.* Un hôtel moderne qui a cherché à reproduire l'architecture traditionnelle rajasthanie. Un gros effort de décoration et d'aménagement général, dans le hall comme dans les chambres absolument impeccables (fresques, fenêtres en avancée avec alcôve, salle de bains et AC). Ce qui justifie largement les prix élevés. Les vrais plus, outre la qualité des chambres, sont le coquet jardin parfaitement entretenu sur l'arrière, la piscine sur le toit et l'excellent resto. Vue extraordinaire, on s'en doute, sur le City Palace.

Les palaces beaucoup plus chic (min 300 $ / 200 € !)

Lake Palace Hotel *(plan général A5-6,* ***41****) : Pichola Lake.* ☎ *252-88-00.* • *tajhotels.com* • L'un des hôtels les plus célèbres d'Inde, géré par la chaîne du *Taj.* Ce rêve flottant fut édifié au XVIIIe s par un *maharana* pour y recevoir ses hôtes de marque. Tout de marbre blanc, il semble avoir été posé là comme par miracle. L'arrivée en bateau le soir est un moment digne des *Mille et Une Nuits* ! À condition, bien sûr, que le lac soit en eau... Une nuit dans ce palace, bien que très chère, peut être envisagée par les plus fortunés de nos lecteurs pour une halte mémorable. *Compter tt de même 31 500 Rps (484,60 €) hors taxe pour les chambres* standard *et jusqu'à 362 000 Rps (5 569,20 € très exactement !) pour une suite « présidentielle »... Le délire total... au niveau des prix, cependant négociables hors saison ou lorsqu'il y a peu de touristes. Sachez aussi qu'il est parfois plus économique de passer par des agences (tarif négociés).* Chambres superbes certes (surtout les suites), dotées de tout le confort des grands hôtels, mais pas toujours très grandes, et on trouve que tout cela ne vaut pas le tarif demandé. Attention quand même : lors de votre réservation, bien spécifier que vous en voulez une donnant sur le lac et non sur le patio intérieur. Et tant que vous y êtes, précisez « face au City Palace », comme ça vous aurez vraiment l'air d'un maharaja ! Un truc si vous n'avez pas réservé : l'endroit accueillant beaucoup de groupes, les voyagistes réservent souvent toutes les chambres. Au dernier moment, il y a des désistements. Résultat, il arrive qu'il y ait de la place pour le soir même en appelant en fin de matinée, alors que la veille on vous aura dit que c'était complet. Lever de soleil inoubliable sur les clochetons du palais. Petite piscine en marbre entourée d'arcades. Divin ! Le soir, le patio intérieur avec les milliers d'oiseaux, les bougainvillées, les illuminations... Deux points noirs, les tarifs mis à part : le service n'est pas toujours à la hauteur des lieux et l'entretien des parties communes non plus. Enfin, le resto de l'hôtel (réservé aux résidents) est hors de prix pour le pays (« minimum charge » 2 500 Rps – 38,50 € – le midi, 3 500 Rps – 53,80 € – le soir), surtout pour la qualité offerte... médiocre.

– Les deux hôtels suivants font partie des possessions du *maharana* : ceux qui y séjournent bénéficient d'un *pass* d'accès à toutes les installations du City Palace ainsi qu'à l'embarcadère pour l'île de Jag Mandir, toujours s'il y a de l'eau, bien sûr !

Shiv Niwas Palace Hotel *(zoom I, B6, **42**) : dans le City Palace, dont l'hôtel fait partie. ☎ 252-80-16 à 19. • hrhhotels.com • Double 300 $ (200 €) ; suites 600-1 000 $ (400-666,70 €) ; prix auxquels il faut ajouter 8 % de taxe ; réducs intéressantes mai-sept (20-40 %).* Ancienne résidence des invités du *maharana.* De certaines chambres, vue splendide sur le lac et les montagnes au loin. Des scènes du film *Octopussy* (un James Bond) furent tournées dans la ravissante piscine en marbre blanc et dans les chambres n°s 5, 6, 7 et 17. Meubles et décoration provenant de la collection personnelle du *maharana.* Le personnel est beaucoup plus stylé qu'au *Lake Palace,* et on y gagne en calme et en intimité (moins de groupes). Attention, les chambres sont toutes assez différentes et certaines sont moins bien situées que d'autres. Si vous pouvez vous le permettre, les suites sont absolument superbes, avec loggia et terrasse privée, ayant toutes deux vue directe sur quelques arbres, le lac et le *Lake Palace...* Le pied !

Fateh Prakash Hotel *(zoom I, A-B5, **43**) : dans le City Palace. ☎ 252-80-16 à 19. • hrhhotels.com • Double et suite 350 $ (233,30 €) ; réduc de 20 % env mai-sept.* Encore un hôtel de luxe mais qui possède moins de charme que les précédents et dont certaines chambres, bien que très luxueuses, sont dotées d'un aménagement un peu trop moderne. Cela dit, les prix des suites y sont également plus doux (certes, tout est relatif !). La vue sur le lac pile en face du *Lake Palace* est pourtant un de ses atouts.

UDAIPUR

Ailleurs, un peu excentré

Très bon marché (100-200 Rps / 1,50-3,10 €)

Mewar Inn *(plan général D3, **44**) : 42, Residency Rd. ☎ 241-15-90. • mewarinn@hotmail.com • Au nord de la ville, pas loin du Bhartiya Lok Kala Museum. Pas évident à trouver, sf si l'on vient de Jodhpur, auquel cas on passe en principe devant.* Refuse de commissionner les rickshaws. Une *guesthouse* bien tenue, dans un édifice assez quelconque, offrant des chambres extrêmement bon marché, simples, modestes, assez grandes pour la plupart, toutes repeintes, propres et avec douche chaude (AC en supplément). Ses *Diamond deluxe* sont, par exemple, moins chères que les plus ordinaires des chambres en ville : le rapport qualité-prix est vraiment étonnant. Demander tout de même une chambre donnant sur l'arrière, car l'établissement est situé en bordure d'un boulevard assez passant en journée. Grande terrasse aménagée pour bouquiner, se reposer, grignoter (uniquement *veg',* et plutôt médiocre). Consigne à bagages, location de vélos et de scooters (bon marché), Internet. Pour parfaire le tout, bon accueil. Une adresse qui conviendra aux routards fauchés malgré l'éloignement du centre touristique.

Où dormir dans les environs ?

Les adresses ci-dessous sont plutôt destinées à nos lecteurs motorisés : difficile de trouver un rickshaw pour s'y rendre, surtout passé 22h !

De bon marché à prix moyens (300-600 Rps / 4,60-9,20 €)

Pratap Country Inn : *Jaisamand Rd, Titardi. ☎ 258-31-38. • horseridingindia.com • À 8 km env au sud de la ville (env 15 mn en voiture et quelque 150 Rps en rickshaw). Pour rejoindre Udaipur, il vous faudra marcher 500 m env pour trouver les 1ers rickshaws.* Une adresse en pleine nature. C'est la résidence du *maharana* de Mewar, que l'on peut admirer sur les photos des murs en compagnie de Maria Callas, Jackie Onassis, Indira Ghandi et la reine Elizabeth ! À vrai dire, l'endroit n'est pas un palais, mais une maison de campagne un peu vieillotte, pour ne pas dire décatie, entourée de verdure et d'animaux. On vous y reçoit dans des chambres qui ne sont pas de toute première fraîcheur. Toutes possèdent néanmoins salle de bains (avec eau chaude), ventilo, moustiquaire et *air cooler*. L'aspect déglingué de l'ensemble le rend sympathique. On y trouve une ambiance hors norme et l'endroit est particulièrement apaisant. On vient ici pour s'offrir du bon temps (beaucoup de fêtes), rencontrer des gens, vivre peinard (cuisine à disposition, terrasse où l'on musarde). Une espèce d'insouciance bohème souffle sur les lieux. C'est cette quiétude qui fait le charme de l'adresse plutôt que le confort et la propreté. Ceux qui aiment les z'animaux seront aux anges ici : chevaux (nombreux et fort bien soignés), chiens (et chiots), oiseaux divers (du perroquet au paon majestueux). Excursions à cheval (gratuites pendant 2h, si l'on reste plus de 2 nuits). Très bien également pour les non-résidents désirant s'offrir une superbe journée (ou demi-journée) et découvrir les environs à cheval avec un guide (expéditions de plusieurs jours également).

Beaucoup plus chic (6 000-7 000 Rps / 92,30-107,70 €)

Shikarbadi Hotel : *Goverdhan Vilas. ☎ 258-32-01. • hrhhotels.com • À 7 km au sud de la ville, sur la route d'Ahmedabad, donc voiture indispensable. Déjeuner 600 Rps ; dîner 700 Rps.* Résidence de chasse du *maharana,* dans un cadre superbe, très british, édifiée en 1947. Luxe discret, la bâtisse principale surprend même par sa simplicité et son manque de faste extérieur, mais la trentaine de chambres donnant sur le lac, malheureusement à sec une grande partie de l'année (les plus chères), offrent tout le confort possible et imaginable (balcon, bar, peaux de bêtes aux murs...). Les bungalows, dans un long bâtiment en pierre et en retrait, de bon confort et un peu moins chers, sont également joliment décorés. C'est aussi ici que se trouve l'écurie de polo du *maharana* : quelques dizaines de pur-sang anglo-arabes (de sacrées belles bêtes) ! Tout a été prévu pour les riches sportifs : terrain de cricket, piste d'aviation et tir au fusil (sur cible !). Mais ces activités sont exclusivement réservées au *maharana* et à ses invités. Idem pour les balades à cheval. Le problème, c'est que depuis plusieurs années, le lac, principal attrait de l'endroit, est quasi vide. Sur le pourtour, le matin et le soir, souvent des daims, des singes, des renards et des centaines d'oiseaux y déboulent pour boire le peu d'eau qui subsiste. Piscine au bord de l'ex-lac. Resto proposant la cuisine traditionnelle mewarie (chère), dans une salle un peu glauque.

Où manger ?

Curieusement, Udaipur ne se révélera pas une étape gastronomique extrêmement enthousiasmante. Voici, cependant, quelques adresses correctes.

De très bon marché à bon marché (max 120 Rps / 1,80 €)

|●| ***Garden Restaurant*** *(zoom I, C5,* ***50****) : Lake Palace Rd, dans la cour du* Garden Hotel. *Tlj 11h30-14h, 19h-21h.* Resto servant uniquement un bon *thali* végétarien (nous, on adore). Plus que la cuisine, c'est en fait le lieu qui surprend. Il s'agit des anciens garages du *maharana.* Les bâtisses sont dans le plus pur style rétro d'avant-guerre. La salle du resto, très proprette, circulaire, est l'ancienne cantine des officiers. Les chauffeurs et les mécanos logeaient tout autour, à l'étage. On aperçoit encore la vieille pompe à essence.

|●| ***Natraj Dining Hall*** *(zoom I, C-D4,* ***51****) : New Bapu Bazar, derrière le cinéma* Ashoka, *dans une ruelle entre Bapu Bazar et Suraj Rd. Y aller en rickshaw, car ce n'est pas évident à trouver. Tlj 12h-15h, 19h-23h. Très bon marché.* Voici une autre bonne petite adresse pour déguster un excellent et authentique *vegetarian thali* du Gujarat. Un endroit peu connu des touristes mais très prisé par la population locale. Une nuée de serveurs remplissent les assiettes à volonté. On ne vient pas pour le cadre, mais pour manger à l'indienne, dans une atmosphère très populaire.

|●| Dans la rue, près de Hathipol et de Delhi Gate, des ***cuisiniers ambulants*** préparent sur leur carriole des assiettes pochettes-surprises (beignets de patates, petits *puris* écrasés, sauce *masala,* etc.), pour un prix dérisoire.

Prix moyens (120-270 Rps / 1,80-4,20 €)

|●| ***Mayur Café*** *(zoom II, B5,* ***53****) : en face du temple Jagdish, sur le toit-terrasse de l'hôtel* Baba Palace. *Tlj 8h-22h30 (service continu).* Bonne cuisine indienne (pas trop épicée), végétarienne ou non, dans un cadre assez soigné, inspiré de l'Inde des maharajas (inspiré, on a dit !). Pas trop cher, agréable et... chut ! *Special tea,* vous savez, cette boisson à base de houblon qui fait de la mousse... En prime, belle vue sur le Jagdish Temple depuis la terrasse.

|●| ***Masala*** *(zoom II, A5,* ***54****) : 12, Lal Ghât.* Un resto qui a fait de réels efforts au niveau de la déco, et c'est réussi ! Murs aux couleurs chatoyantes, fleurs au plafond composées de multiples éclats de miroirs, jolies chaises argentées. Bref, tout ça a un petit côté *Bouddha Bar* et palais de maharaja revisité au goût du jour. Bonne cuisine indienne, *veg'* ou *non veg',* à tarifs très raisonnables, à déguster tout en contemplant le lac. Si vous ne souhaitez pas manger trop épicé, précisez-le, ils en tiendront compte. Quelques plats à tonalité plus internationale également. Bons *lassis.*

|●| ***Natural City View Restaurant*** *(zoom II, A5,* ***30****) : au-dessus du* Gangaur Palace, *Gangaur Ghât Rd (voir « Où dormir ? »).* Sur le toit de cette vieille *haveli,* une terrasse couverte, avec vue sur le lac. Service agréable et tranquille, petite cuisine pas chère et sans prétention, appréciée des touristes, car là encore, l'usage des épices est modéré. Carte fleuve : *chicken pulao, stuffed tomatoes, vegetable soup, mutton biryani...* Et puis, très agréable pour y prendre un petit déj.

|●| ***Berry's*** *(plan général B-C3,* ***55****) : Chetak Circle. ☎ 242-90-27. Tlj 12h-16h, 19h-23h.* Adresse cachée derrière une imposante porte dorée qui ne donne pas vraiment envie d'être poussée. Salle climatisée au décor que d'aucuns trouveront peut-être un peu aseptisé (marbre et plaques de verre sur les tables), mais pas désagréable pour autant. Une adresse très populaire chez les Indiens aisés. Service diligent, sans chaleur excessive. Grand choix à la carte : omelettes, pizzas, sandwichs.

Quinze façons d'accommoder le poulet et au moins vingt pour le mouton. Bon *tandoori butter chicken boneless, paneer butter tika*, etc.

Rainbow Restaurant *(zoom II, A5, **56**) : 27-28, Lal Ghât.* Petit resto dont la terrasse offre une jolie vue sur le lac Pichola et dont la fréquentation mêle Indiens et étrangers. Cuisine très honnête, service efficace, discret et vraiment aimable. Rien de vraiment renversant, mais l'endroit est parfait pour un bon repas à prix doux avec vue sur le lac.

Park View Restaurant *(zoom I, C-D4, **57**) : Suraj Rd. ☎ 252-80-98. En face d'un square et de la mairie. Tlj 9h-23h.* Resto connu surtout par les Indiens (depuis 1968, dit la pub). Façade et entrée austères. À l'intérieur, pénombre qui permet à peine de voir ce qu'il y a dans son assiette. L'atmosphère n'est pas des plus joyeuse mais la carte est variée, la cuisine, *veg'* ou *non veg'*, est très régulière et les prix peu élevés. Ne faites pas le déplacement exprès ; il s'agit plutôt d'une adresse où se poser si vous êtes dans le coin.

De prix moyens à chic (180-450 Rps / 2,80-6,90 €)

Restaurant du Jagat Niwas Palace Hotel *(zoom II, A5, **39**) : 25, Lal Ghât. Voir « Où dormir ? ». Tlj 12h-15h, 18h30-22h30. Catégorie « Chic ».* Même si vous n'y dormez pas, venez donc goûter sa fine cuisine et ses petits plats indiens élaborés. Parmi les spécialités, le poisson du lac *(fish a la Jagat)* et le *tandoori chicken* entier. Le soir, cadre sympa pour dîner (nappes propres, chandelles et musiciens). On y vient surtout pour la terrasse surplombant directement le lac, avec le Lake Palace en toile de fond. Venir tôt si vous voulez l'une des meilleures places (alcôves avec coussins, idéales pour les amoureux !), sinon vous profiterez moins de la vue. Quelques plats végétariens à des prix plus raisonnables.

Ambrai Restaurant *(plan général A5, **58**) : ☎ 243-10-85. Tlj 12h30-15h, 19h30-22h30. Catégorie « Chic ».* Disons-le d'emblée : nous indiquons ce resto pour sa situation et son cadre, plus que pour sa cuisine (indienne, chinoise et continentale), tout à fait correcte mais dont la qualité ne justifie en rien l'importante différence de prix avec certaines de nos adresses bon marché. En bout de presqu'île, au bord du lac Pichola, l'endroit (qui est aussi un hôtel) jouit d'un magnifique point de vue sur le Lake Palace et le City Palace. Ambiance sous les arbres paisible et romantique (un peu moins quand les moustiques s'en mêlent !), le resto semble presque coupé du reste du monde. Musique traditionnelle le soir.

The Whistling Teal *(zoom I, A5, **59**) : Bhatiyanni Chohatta. ☎ 242-20-67. Tlj 12h-15h, 19h30-22h30. Entrée par le porche de l'hôtel* Raj Palace. *De prix moyens à chic.* Eh bien non, pour une fois, pas de vue sur le lac (avouez que ça finit par devenir banal à Udaipur !). Ici, on profite d'un agréable jardin avec des tables posées sous des tentes ou dans une salle ouverte à la déco occidentalisée (tiens, mais pourquoi donc ces photos noir et blanc de Saint-Germain-des-Prés à Paris ? !). Cuisine indienne qui se défend bien, avec quelques spécialités du Rajasthan et des plats continentaux. Musique à dominante jazzy. Atmosphère chic qui n'a rien de guindé.

Savage Garden *(zoom I, A4-5, **60**) : 22, Inside Chandpole. ☎ 242-54-40. De prix moyens à chic.* Un resto dont le cadre et la déco jouent dans un registre sobre et contemporain. Au cœur du patio, le contraste entre le rouge éclatant des bougainvillées et les murs bleu Klein est saisissant. À l'étage, quelques salles de taille modeste à la déco épurée et réussie. La carte est certes un peu courte, la cuisine est de tonalité italienne (nombreuses pâtes mais pas de pizzas), mais l'endroit est vraiment paisible, élégant, intime (surtout le soir à la lueur des bougies), les plats sont copieux et le service charmant. Une alternative de choix pour ceux qui voudraient retrouver des saveurs beaucoup moins épicées.

Très chic (min 500 Rps / 7,70 €)

Attention, dans les grands restos chic, une taxe de 12,5 % sur les plats et les boissons est appliquée.

Restaurant du Shiv Niwas Palace Hotel *(zoom I, B6, **42**) : l'hôtel occupe une aile du palais du* maharana *(voir « Où dormir ? »). ☎ 252-80-16. Tlj 12h-15h, 19h-22h30. Résa le soir. Peu après la grille d'entrée sud du palace, prendre la longue rampe à droite, puis traverser la superbe cour avec fontaine et pelouse où se prélassent les* happy few *qui logent là.* On dîne dans un immense patio, autour de la piscine. Cadre luxueux et reposant. C'est vrai que pour le prix de la bouteille d'eau minérale (80 Rps hors taxe !), vous pourriez manger un bon *thali* à volonté dans une des petites adresses de la ville ! Nous dirons que ce doit être le prix à payer pour le cadre, le standing de l'établissement et la finesse des plats copieusement servis (quand même !). Concert de sitar de grande qualité tous les soirs. On peut même y prendre le petit déj (6h30-10h) et y aller l'après-midi pour boire un thé ou déguster des petits snacks. Et puis pourquoi ne pas piquer une tête dans la superbe piscine (300 Rps pour les non-résidents) ? Pour un repas (mais non pour une simple boisson), prix de l'entrée dans l'enceinte du City Palace déduit de l'addition.

Restaurant Jag Mandir Island *(plan général A6) : sur l'île Jag Mandir, comme son nom l'indique. ☎ 242-41-86. Accès en bateau depuis l'embarcadère au pied du* Shiv Niwas Palace Hotel. *Sur résa, le soir slt, 19h-22h30 (en journée, snack slt). « Minimum charge » pour un dîner (à payer à l'embarcadère) : 1 500 Rps (2 200 Rps par couple), transfert en bateau compris.* Une adorable retraite princière, dont l'appontement est gardé par de fiers éléphants. Pavillon de plaisance surtout utilisé pour organiser des mariages et des événements. Mais rien ne vous empêche d'y aller pour un dîner au bord du lac, parmi les jardins à l'andalouse où glougoute une délicieuse fontaine. Tables aménagées sous une galerie à rideaux bruissant dans la brise. Carte mi-indienne mi-occidentale. Service attentionné.

Où manger une pâtisserie ? Où boire un verre ?

Café Edelweiss *(zoom II, A5, **70**) : presque face à l'entrée du* Bagore Ki Haveli. *Tlj 7h30-19h30.* Étonnant petit salon de thé à la salle pimpante et accueillante. Passer sa commande au petit comptoir de la pâtisserie avant de s'installer. Un large choix de gâteaux, de qualité parfaitement honorable, tout comme les cafés ou les sandwichs. Tout ça n'a rien de vraiment indien, mais ils sont les seuls à faire ce genre de trucs en ville. Pas si bon marché quand même au final si on grignote plus qu'une pâtisserie.

À voir. À faire

Parmi les monuments et visites ci-dessous, un certain nombre se trouvent en fait dans l'enceinte même du City Palace, ou appartiennent au *maharana* : il s'agit de l'embarcadère (accès au lac Pichola et au *Jag Mandir*), de la *Cristal Gallery* et de la collection de voitures *(Vintage & Classic Car Collection)*. Pourquoi on vous raconte ça ? Eh bien parce que, entre les tarifs d'entrée pour chacun des sites et le droit de passage dans l'enceinte du palais que vous devrez acquitter pour accéder à certains sites (mais pas à tous !), c'est assez difficile d'y voir clair, pour ne pas dire carrément loufoque ! Vous êtes prêt ? On y va !

– ***Le pass*** : c'est un « droit de passage dans l'enceinte du palais ». Valable une journée, il coûte 25 Rps par personne. Il donne le droit d'accès à une sorte de périmètre « grillagé » comprenant l'embarcadère, la *Cristal Gallery* et les deux hôtels-restos : le *Shiv Niwas Palace Hotel* et le *Fateh Prakash Hotel*. Seuls les accès à la collection de voitures (située en ville) et au *City Palace Museum* ne nécessitent pas de *pass*. Un conseil : si vous voulez faire la balade en bateau et visiter la *Cristal Gallery*, faites-le dans la même journée, vous ne paierez qu'une seule fois le *pass*.
– ***Il y a deux entrées à l'enceinte,*** l'une proche du *Jagdish Temple* (c'est la *Main Entrance ; zoom II, B5*), l'autre, côté sud, au bout de Lake Palace Rd (guichet à chacune des entrées). En passant par cette dernière, vous accédez directement au périmètre « grillagé ». Vous devez donc vous acquitter du *pass* (voir ci-dessous). Si vous comptez ne visiter que le *City Palace Museum*, passez par la *Main Entrance*, vous n'aurez à régler ainsi que le prix de la visite, et non le *pass*. Sachez cependant que vous n'aurez pas la possibilité pour autant d'atteindre les zones où ce *pass* est nécessaire (ce serait trop facile !).
– ***Le package ticket*** : *il coûte quand même 850 Rps ; réduc enfants*. Valable 2 j., il comprend la visite du *City Palace Museum*, de la *Crystal Gallery*, de la collection de voitures du maharana *(Vintage & Classic Car Collection)* et un tour en bateau de 1h (visite de l'île Jag Mandir). Mais attention, il faut rajouter le prix du *pass* ! Ne prenez le *package ticket* que si vous voulez absolument voir la *Cristal Gallery*, fort chère. Autrement, ce *package ticket* n'est pas du tout intéressant, il vaut mieux payer le droit d'entrée de chaque monument au fur et à mesure de vos visites.
– ***Son et lumière :*** *dans le City Palace, tlj en anglais 19h-20h (attention, l'horaire change en fonction des saisons ; se renseigner). Tarif : 300 Rps ; réduc enfants. Ticket délivré slt à la* Main Entrance.
– **Attention :** en raison de la sécheresse récurrente, les balades en bateau sur le lac ne sont pas toujours possibles...

👁👁 **City Palace Museum** *(plan général A-B5)* **:** *ouv 9h30-17h (fermeture de la caisse 16h30). Fermé le jour de Holi, ainsi que quelques ½ journées dans l'année, lorsque le* maharana *a besoin de son palais entier. Entrée : 50 Rps ; réduc étudiant possible slt si vous passez par la* Main Entrance *; supplément 200 Rps appareil photo ou caméra. Audioguide en français : 250 Rps (entrée comprise). W-c à l'entrée sur la droite. Possibilité de prendre un guide (150 Rps) qui parle le français, à l'entrée.* Rien ne vous y oblige, mais si vous avez la chance d'échapper au traditionnel discours routinier, vous pourrez apprendre des tas de légendes sur la dynastie des *maharana*. C'est utile pour mieux comprendre la construction du palais, d'autant plus que le parcours de la visite change régulièrement et que les explications manquent souvent.
Cet incroyable édifice de marbre et de granit apparaît comme une forteresse gigantesque, longue de 250 m, haute d'une trentaine de mètres, d'une étonnante cohérence quand on sait que ce palais fut sans cesse agrandi par les différents *maharana* qui s'y succédèrent. C'est Udai Singh, le fondateur de la ville, qui donna le premier coup de pioche en 1559. L'enceinte du palais s'est pour ainsi dire lovée autour d'une colline centrale, un peu comme la couronne d'une galette des rois vient épouser les formes d'un crâne rebondi. On vous épargne les noms des souverains, ainsi que les dates des constructions successives. Sachez simplement que, jusqu'à la fin du XIXe s, on ajoutait encore des décors merveilleux à certaines pièces, chaque hôte du palais voulant laisser sa marque.
C'est un labyrinthe de halls et de salons, un entrelacs d'escaliers et de cours, un dédale de jardins, de patios et de vérandas. Cependant, on trouve l'extérieur de ce palais beaucoup plus impressionnant que l'intérieur lui-même. Aujourd'hui, on peut diviser le City Palace en trois parties : une aile toujours habitée par le *maharana* actuel (qui passe environ 6 mois par an à Londres, 3 mois à Mumbai et autant à Udaipur), une autre aile transformée en hôtel de luxe et une 3e partie, la principale, en musée. C'est là que nous vous emmenons. Prêt ? Notre enchaînement dans la description des salles débute à partir de la *Main Entrance* et ne correspond toute-

fois pas nécessairement au parcours fléché (obligatoire) de la visite car il ne cesse de changer. Les pièces ont souvent trois noms, ce qui ne facilite pas les choses, évidemment.

– Passé la billetterie, vous arrivez dans une longue cour avec pelouse (le *Diwan-i-am* – cour publique) entourée d'une série d'échoppes (hors de prix pour la plupart). Avant de grimper les escaliers, on aperçoit de hautes marches qui permettaient de se hisser sur les éléphants. On pénètre dans le palais.

Bon, voici les principaux points d'intérêt de votre visite : le ***musée des Armes*** (qu'on visite en général vers la fin du parcours), dont il est bon de signaler que toutes les pièces présentées sont des copies. Ce type d'armes servait lors des guerres contre les musulmans (belle épée avec poignée en forme de tête d'éléphant). La ***salle du Conseil*** (en plein air) est le lieu où l'on réunissait les nobles tandis que les femmes regardaient par les fenêtres. Dans cette cour, petit temple dédié à la déesse du Feu ; la ***salle des Nobles,*** cour avec colonnes sculptées du XVIe s. Loggia menant au *trésor* (c'était l'endroit où l'on frappait les monnaies). Nombreuses peintures sur l'histoire des *maharana* et leurs batailles, ainsi que de superbes miniatures à séquences (sur la même peinture apparaît un véritable story-board, sorte de B.D. sans les cases). Noter celle appelée *Jag Mandir* où le *maharana* fait visiter le palais à sa nouvelle épouse ; il apparaît devant la piscine, assistant à un spectacle ; puis lors d'une réunion politique ; dans le jardin avec les crocodiles... très nombreuses autres miniatures merveilleuses à observer.

– Au milieu du palais s'étend le ***Badi Mahal,*** superbe jardin agrémenté de plusieurs beaux arbres. Ce point est en fait le sommet de la colline sur laquelle est édifié le palais. C'est le style moghol qui domine ici.

Revenons au *Badi Mahal* : le jardin est entouré de plusieurs salles. Piscine du *maharana* où l'on festoyait lors de la fête de Holi et fenêtre d'où il regardait les combats d'éléphants. Noter la peinture qui décrit ce combat qui n'en était pas vraiment un (les éléphants ne se tuaient pas, mais se contentaient de se tirer la trompe ; le premier qui touchait le mur avait perdu). Belles salles de miniatures (narrations des festivités). À l'étage inférieur, appartements de la reine avec de jolies salles, véritable festival de verres colorés (notamment la chambre des concubines datant du XVIIe s, avec tous ses miroirs). Exposition de délicates miniatures du XVIIIe s, etc. On observera également la chambre à coucher du grand-père du souverain actuel, qui vécut pendant 20 ans paralysé (il mourut en 1955). À ne pas manquer également, le ***Mor Chowk*** (ou cour des Paons) irradié de mosaïques, verres colorés et morceaux de miroirs.

LA DÉTENTE DU GRAND MOGHOL

Question : pourquoi retrouve-t-on presque partout le style moghol dans le City Palace d'Udaipur, alors que les Moghols ne parvinrent jamais à envahir la région ? Au XVIIe s, un traité de paix fut signé entre le maharana *d'Udaipur et le Grand Moghol Shah Jahan (celui qui fit édifier le Taj Mahal à Agra pour son épouse défunte). Une telle détente régnait entre les anciens ennemis que des architectes et des artistes furent invités à participer à l'édification et à la décoration d'une partie du palais. Voilà pourquoi le* Badi Mahal, *le* Manak Mehal *et le* Mor Chowk *accusent un style purement moghol.*

– D'autres pièces aux miroirs suivent encore. Dans une petite pièce, fresque retraçant les combats occasionnés par la fille d'un maharaja, promise à deux familles. Devant ce massacre, elle se suicida en s'empoisonnant... enfin, selon la légende. En réalité, c'est son père qui l'assassina. Charmant ! De son côté, elle lança une malédiction sur la descendance. Et de fait, il ne naquit plus de garçons dans la famille du *maharana* de cette date (1780) à 1955, date à laquelle les titres furent abolis. Toute la filiation se fit donc par adoption, les *maharanas* successifs choisissant leur « fils » parmi les membres de la famille royale.

– Le bassin, en marbre monolithique, servait uniquement lors du couronnement. Le *maharana* était recouvert de pièces d'argent qu'il jetait ensuite à la foule. De là, balcon avec vue sur le lac, le palais de la Mousson, le *Lake Palace*...
– Le ***Zanana Palace,*** le palais des Femmes, est séparé des appartements royaux. C'est dans la grande et belle cour *(Lakshmi Chowk)* que les femmes étaient présentées au *maharana.* Grandes arcades tout autour (avec quelques attelages) et intéressant pavillon central. Quelques salles à l'étage présentent des photos en noir et blanc des anciens officiels anglais. Expositions de miniatures de grands formats aussi, avec des portraits de maharajas, d'intéressantes scènes de guerres, de chasse...

➢ ***Promenade sur le lac Pichola*** *(zoom I, A6)* ***:*** *attention, si le lac est à sec, pas de balade. Point de départ à l'embarcadère situé dans l'enceinte du City Palace (zoom I, B6). Départ (soumis aux conditions atmosphériques) tlj ttes les heures 10h-12h, 14h-17h (18h l'été), à l'heure pile. Deux possibilités, mais chères : la balade de 1h (300 Rps ; ½ tarif enfants) qui fait halte un moment au Jag Mandir (voir plus loin) ou celle de 30 mn qui fait un tour sur le lac (200 Rps ; ½ tarif enfants).* On trouve que la halte au Jag Mandir (où se trouve un resto ; voir « Où manger ? ») est plutôt sympa et que, de toute manière, la balade sur le lac se révèle vraiment inoubliable, en particulier en fin d'après-midi ou au coucher de soleil quand la lumière devient douce et que les façades se dorent délicatement. Certains lecteurs estiment que ça ne vaut pas le supplément. À vous de voir. À noter que le lac fut créé par les différents *maharana* au fil des siècles. Il est envahi par les jacinthes d'eau et les cormorans. Peut-être aurez-vous la chance d'apercevoir quelques-uns des crocodiles qui résident dans la partie ouest du lac (bon, c'est vrai, on ne les voit pas souvent, mais ça n'empêche qu'on en a quand même vu un !). Bien agréable de visiter la ville par l'eau, en longeant les *ghats* et en passant devant les lavandières souriantes. C'est aussi le meilleur moyen pour jauger la taille du City Palace.
– Sachez que l'on peut aussi faire des balades sur le lac avec la compagnie *M.M. Travels,* depuis un autre embarcadère situé près des lavandières, dans le centre de la vieille ville *(zoom II, A5). En principe, départ tlj 17h30 (se renseigner, car en période creuse, ces tours sont parfois annulés). Tarif : 100 Rps/pers pour 30 mn, 200 Rps pour 1h. On peut louer également des petits bateaux de 5 pers à toute heure (600 Rps/bateau pour 30 mn ; 1 200 Rps pour 1h). Mais sachez que dans ce cas, on ne peut accoster sur l'île de Jag Mandir (le maharana tient à son monopole !). Loc d'embarcations à pédales également.*

Jag Mandir *(plan général A6)* ***:*** *visite possible dans le cadre de la balade sur le lac Pichola (voir ci-dessus).* Pas grand-chose à voir, mais agréable. Autre palais construit sur une autre île du lac Pichola, non loin du *Lake Palace Hotel.* Ce joli palais de marbre et de stuc, aux fines tourelles, à l'élégante façade composée de kiosques, de balcons ciselés, de fenêtres ajourées, a été converti en lieu d'accueil pour les réceptions. C'est aussi un bar et un resto (voir « Où manger ? »). En tout cas, vue superbe au coucher du soleil à la fois sur le *Lake Palace Hotel* et le City Palace. Encadrant le balcon principal donnant sur le lac, huit éléphants en marbre de belle prestance. Ne pas hésiter à grimper dans le petit pavillon central au fond. La petite salle du dôme à l'étage est pleine d'élégance et de mystère. Vue splendide du balcon.

Cristal Gallery *(zoom I, A5,* ***43****)* ***:*** *dans le* City Palace, *situé dans l'hôtel* Fateh Prakash. *Tlj 10h-18h30. Entrée horriblement chère : 500 Rps (réduc enfants), qui comprend un thé ou un café à prendre au salon de thé-restaurant, face au* Lake Palace. *Audioguide en français : 525 Rps (entrée comprise, ouf !). Appareils photo interdits. Suivre le fléchage pour l'entrée (un petit jeu de piste).* Tout d'abord, c'est un superbe hôtel de luxe, beaucoup moins connu que le Lake Palace. Et puis cette incroyable salle à manger, d'une taille insensée, d'une richesse époustouflante (édifiante collection de portraits en pied des maharajas). Et puis, et puis... dans la gale-

rie, à l'étage de cette pièce immense, une collection complètement surréaliste de centaines d'objets ainsi que du mobilier... en cristal. Tout en cristal, exclusivement en cristal.
Cette collection fut commencée sur l'ordre du *maharana* Sajjan Singhji en 1877, qui fut fasciné en découvrant celle présentée alors à Calcutta. C'est une des plus riches du monde, provenant de nombreux pays. C'est souvent beau, parfois kitsch, quelquefois ridicule, mais le travail est d'une exceptionnelle qualité. Parmi les pièces les plus incroyables, un lit, des consoles, des fauteuils, tables et chaises, et puis de grandes vitrines de verres, des coupes de toutes formes, des plats et même un plumeau au manche de cristal... en parlant de plumeau, on regrette que celui-ci ne soit pas plus souvent utilisé : vu le prix de l'entrée, on pourrait espérer que la galerie et ses vitrines soient un peu plus souvent dépoussiérées ! Visite à réserver aux amateurs de cristal.

Lake Palace Hotel *(plan général A5-6,* ***41****)* **:** exclusivement réservé aux heureux chanceux qui y passent la nuit, mais on vous en parle quand même, car il est incontournable et vous l'approcherez si vous faites une balade en bateau ! C'est en fait un hôtel de rêve, géré par la célèbre chaîne *Taj,* installé dans un ancien palais où les *maharana* d'Udaipur recevaient leurs hôtes étrangers. Évidemment, de nombreuses personnalités y ont séjourné, notamment l'écrivain et Prix Nobel Octavio Paz, qui lui consacra un poème. Situation exceptionnelle avec une vue admirable sur le palais et le lac qui l'entoure.

Vintage & Classic Car Collection *(zoom I, C5)* **:** *juste à côté du* Garden Restaurant. *Tlj 9h-21h. Entrée : 100 Rps, une boisson comprise ; 150 Rps avec un repas au* Garden Restaurant. Une collection que ne manqueront pas les amoureux de voitures rutilantes. En tout, elle sont une vingtaine et appartiennent au *maharana* et à sa famille. La plus ancienne est une Roll Royce de 1924.

➢ ***Balade à pied dans la vieille ville et le long des ghats*** *(zoom II, A5)* **:** le matin de bonne heure, du City Palace vers Chand Pol (porte de la ville en direction de Sajjan Garh). Couleurs superbes et fraîches. Blancheur éclatante. La ville s'éveille. Vous longerez une immense porte à trois arches ouvragées, surmontées de moult balcons décorés. Ces portes livrent passage aux femmes allant laver leur linge. Perdez-vous dans les rues étroites du quartier, hors des flux touristiques traditionnels. D'une manière ou d'une autre, vous reviendrez automatiquement aux alentours du temple de Jagdish.

Jagdish Temple *(temple de Jagdish ; zoom II, B5)* **:** beau monument vishnouïste du XVIIe s (1624) autour duquel règne toujours une grande animation. Il faut dire qu'il est assez rare qu'un temple soit aussi bien situé. N'hésitez pas à grimper la volée de marches, à pénétrer dans l'enceinte et à faire le tour de l'édifice, sculpté de toutes parts de figures divines, de danseurs, de frises variées. Quelques poses du *Kama sutra* également raviront les plus coquins. Tout autour, quatre templions dédiés à Shiva, Ganesh, Durga et... au Soleil. Sur le flanc droit du temple principal, le filet d'eau qui coule d'une sorte de fontaine porte bonheur à ceux qui s'en aspergent. À l'intérieur, colonnes ciselées, chapiteaux, images divines... À noter que l'on peut faire un don d'argent au temple. Adressez-vous aux officiels qui ont un carnet à souches et qui délivrent un reçu. Cet argent collecté légalement sert à acheter de la nourriture qui est redistribuée sur place aux pauvres. Ne donnez pas directement aux nécessiteux (ça crée des jalousies et une pagaille infernale), ni à n'importe qui. Comme partout, de faux guides sympas vous présentent le temple pour mieux vous présenter... leur boutique.

➢ En sortant du temple, n'hésitez pas à descendre la *Jagdish Temple Rd* (à droite du poste de police touristique) pour vous diriger vers la très coloniale et très british **Clock Tower** *(zoom I, B4).* Vous vous retrouverez dans des quartiers anciens, commerçants et populaires, plutôt vivants, à l'écart des ruelles touristiques qui bordent les *ghats.* Tout plein d'odeurs oubliées (pas toujours agréables, faut le reconnaître) et de petits métiers disparus dans nos contrées. Vendeurs de jouets en bois ou en papier mâché, artisans ciselant des fourreaux d'apparat pour faux sabres décoratifs, pâtissiers de rue...

Bagore Ki Haveli Museum *(zoom II, A5) : devant les* ghats, *dans une ancienne* haveli *du XVIIIe s. Tlj 10h-17h30. Entrée : 25 Rps. Attention, le petit point d'infos touristiques à l'entrée sur votre gauche n'a rien d'officiel, c'est une agence privée.* Édifié par le Premier ministre du Mewar de l'époque et en grande partie rénové. On est accueilli par une superbe porte d'entrée avec, devant, un ancien carrosse peint. La visite de la *haveli* est déjà en elle-même intéressante. À l'intérieur, un peu d'art moderne (pas formidable) en sous-sol, mais surtout, à l'étage, des salles, agrémentées de petits panneaux explicatifs en anglais donnant les infos essentielles, présentent des costumes, des objets de tous les jours, quelques fresques, bijoux, alcôves aux fenêtres colorées. Ensemble joliment aménagé. Vue extra sur le lac et les *ghats* en contrebas sur la droite.
– C'est ici que tous les soirs, dans la cour supérieure, a lieu un spectacle de marionnettes et de danses du Rajasthan de qualité (voir « Spectacles », plus loin). C'est vraiment le meilleur du genre proposé en ville.

Folk Art Museum *(Bhartiya Lok Kala Mandal Museum ; plan général C3) : dans la rue qui part de Chetak Circle vers le nord. ☎ 252-50-77. • kalamandal.org • Tlj 9h-18h. Entrée : 35 Rps ; petit supplément pour appareils photo et caméscopes.* Ne vous laissez pas impressionner par l'extérieur du musée, qui ressemble à un mirador décati et aplati. L'intérieur et la muséographie sont vieillots, mais les objets sont intéressants. Explications en anglais très bien traduites du hindi (on frime, on n'en sait rien). Belle collection de marionnettes d'un tas de pays (et même un authentique Guignol de Lyon !), terres cuites peintes, *vandarmal* (ceintures avec petites poches), jouets de Molela en poterie, instruments de musique, bijoux, masques, costumes, turbans, symbolique des motifs traditionnels et photos des tribus locales. Ne pas manquer le spectacle de marionnettes gratuit qui a lieu à l'issue de la visite du musée (toutes les 20 mn, petite démonstration du maniement des divers types de marionnettes ; s'il n'y a pas grand monde lors de votre visite, n'hésitez pas à la demander). Également, entre 18h et 19h, spectacle de marionnettes et de danses (30 mn, pour 50 Rps) dans un grand théâtre à l'extérieur du musée. Parfois également, ce même spectacle entre 12h et 13h s'il y a un groupe suffisamment important ; téléphoner pour se renseigner.
– Pour ceux qui sont intéressés par un stage à l'école de marionnettes, écrire au *Director of Bhartiya Lok Kala Mandal (Chetak Circle, Udaipur, Rajasthan. ☎ 252-50-77).* Les stages durent environ 3 mois.

➢ ***Balade à vélo autour du lac Fateh Sagar*** *(plan général A1-2-3) :* une promenade de 7 km, à faire tôt le matin, avant les grosses chaleurs... La petite route sans guère de circulation longe ce lac bucolique. Comme le Pichola, ce lac est artificiel et fut creusé par le *maharana* Jai Singh. Il est connecté à son voisin par un canal. Peu de constructions tout autour, simplement les montagnes. Location de vélos (voir « Adresses utiles »).

À voir. À faire encore

Voir Octopussy : si vous ne l'aviez toujours pas compris, certaines scènes du James Bond *Octopussy* ont été tournées ici à Udaipur (mais aussi à Jodhpur et Fatehpur Sikri). Plusieurs *guesthouses* proposent tous les soirs la diffusion du film sur leur terrasse. Pourquoi pas, après tout ! Un soir où il pleut (ça reste particulièrement hypothétique), on peut parfaitement faire comme tout le monde. Avec une bonne bière, ça passe plutôt bien.

Tibetan Market *(zoom I, B6) : tlj d'oct à mi-fév. Le marché tibétain se tient dans un petit parc le long de la Lake Palace Rd.* Des familles tibétaines y vendent presque exclusivement des vêtements bon marché mais un peu stylés années 1970. Parfait pour vous refaire une panoplie complète de Deschiens.

Sahelion-ki-Bari *(plan général A-B1) : un peu au nord du centre. Tlj 8h-18h30. Petit droit d'entrée.* L'unique véritable beau jardin de la ville, très fréquenté par les familles. À l'entrée, on vous proposera de vous prendre en photo en costume folklorique. Ce genre de photo, sur la TV, ça peut faire son effet après tout. Au centre, bassin avec fontaine, petits kiosques d'angle, le tout entouré de bougainvillées. Tout autour, différentes petites fontaines, plus ou moins encadrées de verdure. Une halte agréable et rafraîchissante.

À voir dans les proches environs d'Udaipur

Ahar *(hors plan général par D4) : à env 2,5 km à l'est d'Udaipur. Tlj du lever au coucher du soleil. Gratuit. Depuis le centre-ville, compter env 50 Rps en rickshaw.* Un endroit assez incroyable que ce « village » de cénotaphes élevés à la mémoire des nombreux *maharana* du Mewar. On déambule (et on se perd un peu, aussi !), les yeux tout ronds. Parmi ces 371 cénotaphes, nombre d'entre eux sont vraiment imposants et finement décorés. On y pratique encore des crémations. À 100 m, petit musée archéologique *(Government Museum Ahar ; tlj 10h-16h30 ; entrée presque donnée)* présentant sculptures, poteries, bijoux, miniatures, etc.

Shilpgram, the Rural Arts and Crafts Village *(hors plan général par A3) : à 7 km à l'ouest d'Udaipur, près du village de Havala. Depuis le centre-ville, compter 75-100 Rps l'aller-retour en rickshaw (avec 30 mn d'attente env). Tlj 11h-19h. Entrée : 25 Rps ; appareil photo : 10 Rps ; caméra : 50 Rps.* Particulièrement décevant. Il s'agit de la reconstitution de villages traditionnels du Rajasthan, du Gujarat, de Goa et du Maharashtra, avec des pavillons grandeur nature de tous les styles d'habitation, disséminés sur une colline, avec des artisans, des artistes... et surtout des marchands. Un brin de musée tente de donner une caution culturelle à l'ensemble, sans grande conviction. À votre passage, on chantera, on dansera et on jouera de la musique...

Shilpi Restaurant *: sur le parking du* Shilpgram. *Tlj midi et soir. De prix moyens à un peu plus chic.* Agréable jardin et terrasse pour une cuisine de bon aloi. La salle du resto n'est pas mal non plus ! Une bonne halte également pour prendre un verre si vous venez par là à vélo. Il y a même une grande piscine (vous pourrez y faire trempette pour 150 Rps).

Monsoon Palace *(palais de la Mousson ; hors plan général par A3) : perché à 7 km de la ville au sommet d'une colline, c'est l'imposante masse blanche que l'on aperçoit au nord du centre et qui domine le lac. Pour y aller, on n'a pas le choix : il faut louer les services d'un rickshaw (ou d'une voiture), puis payer l'entrée du* Wildlife Sanctuary *(tlj 8h30-17h30 ou 18h selon saison – 80 Rps/pers + 20 Rps pour le rickshaw ou 65 Rps pour la voiture ; ajouter 200 Rps si vous avez un caméscope !).* Mais sachez que les rickshaws (contrairement aux voitures) s'arrêtent à 1,5 km du sommet (*because* la pente est trop raide !) ; pas le choix, poursuivre alors à pied... La route escarpée traverse de jolies collines pelées. Construit en 1956, ce palais était autrefois occupé par les *maharana* pendant la période de mousson. Pas grand-chose à voir à l'intérieur (uniquement une modeste expo sur la faune et la flore du *Wildlife Sanctuary* dans le hall du palais). Bar avec terrasse pour se désaltérer et grignoter un snack ou un gâteau (mais ce n'est pas donné !). C'est surtout pour la vue et le coucher de soleil qu'on fera le déplacement, mais honnêtement, on a trouvé ça bien cher pour une simple vue !

Spectacles

– **_Danses et marionnettes :_** *dans l'enceinte de la* Bagore Ki Haveli *(zoom II, A5), près des* ghats. *Ts les soirs à 19h, spectacle de danses de tout le Rajasthan (le meilleur de la ville). Durée : 1h. Tarif : 60 Rps (plus 50 Rps pour un appareil photo et/ou une caméra).* Assis sur de grands tapis dans la cour de la *haveli,* la scène prend vie avec les danses traditionnelles (du moins si vos yeux passent l'épreuve des premières minutes durant lesquelles se déchaînent tous les flashs... pensez-y avant d'appuyer intempestivement sur le clic : vous avez 1h pour les prendre, ces photos !), puis se succèdent quelques scènes de marionnettes, plutôt de bonne qualité. Petite présentation en anglais avant chacune d'entre elles. Un spectacle à ne pas manquer, surtout qu'il se déroule dans la vieille ville (pratique car proche des hôtels) et que le cadre est vraiment enchanteur.

– **_Autres spectacles de marionnettes :_** Bhartiya Lok Kala Mandal, *près de Chetak Circle (plan général C3). Tlj 18h-19h. Entrée : 50 Rps ; appareil photo et caméra : 100 Rps.* Également des cours pour apprendre à confectionner des marionnettes.

Fête

– **_Mewar Festival :_** *en mars ou avr, selon les années ; les prochains auront lieu les 29-31 mars 2009 et 18-20 mars 2010.* Très populaire dans tout le Rajasthan, c'est la fête du Printemps *(Rituraj),* considéré comme le roi des saisons. Cette fête coïncide avec celle de Gangaur, qui célèbre la déesse de la Félicité, de la Vie conjugale et de la Fidélité, Gauri (avatar de Parvati). Les femmes (mariées) et les jeunes filles (à marier) sont à l'honneur : elles mettent leurs plus beaux saris, se parent de bijoux et défilent en procession, portant jusqu'au lac de superbes statuettes habillées comme des poupées. L'une de ces idoles (celle avec la moustache) représente Gangaur, un avatar de Shiva, qui donne son nom à cette procession éclatante de couleurs. Elle a lieu le premier soir du festival, sur les *ghats* bordant le lac. Elle est suivie le lendemain de programmes culturels (danses, musiques, concours, défilés, procession sur le lac, etc.). À l'occasion du festival, fête foraine dans la vieille ville et ambiance bon enfant dans tout Udaipur. La plus grande animation se déroule sur Gangaur Ghât.

Achats

Artisanat particulièrement florissant à Udaipur. Beaucoup de jolies choses dans des domaines très variés : tissus avec incrustations de miroirs, nombreux ateliers de miniatures, bijoux en argent, jouets en bois... On ne suggère plus aucune boutique particulière car, fortes de notre confiance, elles ont tôt fait d'abuser nos lecteurs. Conseil de prudence : ne pas acheter le premier jour et comparer les articles dans plusieurs boutiques.

Miniatures

On en trouve partout en ville. Au moins une centaine de boutiques-ateliers. Elles se sont toutes plus ou moins abusivement nommées « école d'art » ou « coopérative d'artistes ». C'est parfois vrai, c'est souvent bidon. En fait, ce sont souvent d'anciens du métier qui apprennent à des plus jeunes les techniques « sur le tas ». Ceux qui ne sont pas doués rentrent chez eux, les autres se perfectionnent au fur et à mesure, et ça vaut toutes les écoles du monde. La plupart des « boutiques-écoles » se contentent de mettre deux peintres de talent à l'entrée de la boutique pour la caution pédagogique et pour respecter le folklore. Peu importe, cette tech-

nique de la miniature est absolument superbe et exige de grandes qualités artistiques. Les miniatures que l'on trouve ici sont des reproductions d'originaux des XVIIe et XVIIIe s, dont certains sont au City Palace. Elles reflètent le travail de plusieurs écoles de style. La profondeur des couleurs, leur abondance, la finesse des traits, le souci du détail, la complexité de la scène expliquent les différents niveaux de prix. Apprenez à observer les détails, laissez votre œil s'habituer aux différents niveaux de finition. Peu à peu, vous serez capable d'évaluer la valeur intrinsèque d'une œuvre.
Cela dit, depuis quelques années, les prix s'enflamment, à cause de touristes achetant à la va-vite, sans comparer. Rendre visite à plusieurs artisans, discuter, repartir, revenir... En gros, il faut marchander. C'est la meilleure garantie de payer un prix normal, pour un travail bien fait. Les miniatures existent sur soie, sur papier, sur bois ou sur marbre. Toutes possèdent leur charme particulier. La vieille ville possède des dizaines d'échoppes proposant des miniatures. Les boutiques des grands hôtels proposent des prix délirants, ça va de soi.
– Si vous voulez vous initier aux techniques des miniatures et de la peinture au sens large, contacter Jaïraj Soni à l'hôtel *Krishna Nlwas (zoom II, A5,* ***32*** *; voir « Où dormir ? »)* qui propose des stages. Compter 600 Rps pour 2h.

Tissus

Patchworks colorés, jupes généreuses, dessus de portes à motifs, nappes colorées aux tampons, peintures sur coton représentant des chevaux, des éléphants. Nombreuses boutiques autour de *Jagdish Temple* et des entrées du City Palace. Là aussi, comparer les prix. Il y a vraiment des affaires à faire dans ce domaine.

Bijoux

Bracelets en argent, bagues, colliers... Échoppes tout au long du Bapu Bazar.

Wooden temples

Petits ouvrages de bois polychrome à plusieurs volets et ressemblant étrangement aux *retablos* péruviens, ces petits autels portables utilisés à l'époque de la colonisation espagnole qui servaient aux voyageurs pour faire leur prière en cours de route. Au Rajasthan, des divinités locales sont représentées sur les différents volets de ces « temples ». Des artistes itinérants allaient (et vont toujours) de village en village et interprétaient les saynètes, accompagnés d'un instrument de musique. Un petit tiroir était prévu pour les offrandes. On n'en trouve pratiquement qu'à Udaipur. Ces objets se révèlent, malgré leur originalité, assez peu esthétiques et de piètre qualité d'exécution. On en trouve au Folk Art Museum.

➤ DANS LES ENVIRONS D'UDAIPUR

Ceux qui remontent vers Ajmer (ou Jaipur) en voiture pourront s'arrêter à *Eklingji* et *Nathdwara,* deux villages situés sur la route. Si vous allez à Jodhpur en voiture, vous pouvez visiter *Kumbhalgarh* et *Ranakpur* dans la foulée, avant de poursuivre le trajet vers Jodhpur. Mais sachez que les visites risquent de se faire au pas de course et il faut partir vraiment tôt le matin. Sinon, faire étape à Ranakpur nous semble une bonne solution.
– Autre solution : louer une voiture avec chauffeur ou un taxi à plusieurs, et effectuer l'excursion au départ d'Udaipur dans la journée (pour Kumbhalgarh et Ranakpur) ou une bonne demi-journée (Eklingji, temples de Nagda et Nathdwara). C'est une bonne formule qui ne revient pas si cher à quatre. Voir « Adresses utiles. Agences de voyages ». Comparez les tarifs de plusieurs agences.

– À noter que le *RTDC – Hotel Kajri (plan général, D4,* **12** *; Shastri Circle ;* ☎ *241-05-01 ; à 2 km du centre)* propose des excursions bon marché à la journée (pour Ranakpur et Kumbhalgarh) et à la demi-journée (pour Eklingji, temples de Nagda et Nathdwara). Mais, en principe, il faut un minimum de 10 personnes, du coup, les excursions sont souvent annulées en périodes creuses... De nombreuses agences de voyages vendent également ces excursions.
– Dernier point : éviter d'y aller le jour du *Shiva's Festival* (fin fév-début mars). Les pèlerins se rendent alors à Eklingji par milliers, à pied ; c'est une journée haute en couleur, mais la route est tout simplement coupée à la circulation.

À voir

Eklingji : *petit village à 22 km d'Udaipur, sur la route d'Ajmer et de Jaipur. Attention aux horaires bizarres : 10h30-13h30, 17h-19h (se les faire confirmer). Entrée libre. Retirer ses chaussures. Photos interdites.* Possède un remarquable ensemble de plusieurs dizaines de temples enclos dans de hauts murs. En tout, 108 petits temples. Le plus grand est dédié à Shiva. Les plus anciens datent des VIIIe et Xe s, mais ils ont été remaniés au XVe s par les *maharana* du Mewar. Cet ensemble de temples revêt donc une importance toute particulière. Si vous arrivez 10 mn avant l'ouverture, vous assisterez au dialogue qui s'instaure entre le gardien derrière la porte et les fidèles avant que ceux-ci ne s'engouffrent à l'intérieur. On passe en revue plusieurs petits temples avant d'accéder au temple principal dédié à Shiva et gardé par deux éléphants. Face à l'entrée, la statue kitsch d'un *maharana.* À l'intérieur, un *Shiva aux quatre visages* en marbre noir.

Les temples de Nagda (Sas-Bahu Temples) : *si vous êtes en voiture, 1 km avt Eklingji, prenez à gauche au niveau d'un petit lac ; c'est à env 2 km. Tlj 9h-17h30 ou 18h. Gratuit.* Nagda, ville fondée au VIIe s, ne cessa de se développer jusque vers la fin du Xe s où elle devint capitale du Mewar. Les temples s'additionnèrent jusqu'au XVe s. De l'ensemble religieux construit ici, il subsiste ces quelques temples hindous qui dateraient du XIe s, d'une finesse d'exécution étonnante. Ils possédaient tous la même structure : un temple principal, un plus petit avec chaque fois un sanctuaire, un vestibule... Il reste aujourd'hui trois temples en tout et un grand porche. À l'intérieur du temple principal (le plus beau), quatre piliers chargés où apparaissent une pléthore de divinités. Pas 1 cm² n'a échappé aux sculpteurs : danses, jeux, divinités posant, femmes déhanchées à fortes poitrines... Bref, classique ! Dans la partie haute, jolie frise. Ce temple est appelé *Sas-Bahu,* ce qui veut dire « belle-mère et belle-fille ». À l'extérieur, sur les flancs des deux temples principaux, votre œil sagace aura évidemment été attiré par quelques figures érotiques.

Nathdwara : *à 48 km d'Udaipur.* Un peu à l'écart de la route principale, bourgade pas touristique du tout. Ne faire halte ici que si votre itinéraire vous y conduit. Peu de charme en soi, mais une sacrée animation dans les ruelles autour du *temple de Krishna (attention, horaires d'ouverture très réduits : tlj 11h30-13h ; entrée libre).* Celui-ci renferme une statue de marbre noir de Krishna qui échoua ici pour échapper aux destructions du Grand Moghol Aurangzeb. La statue devait théoriquement être cachée dans un autre lieu, mais le convoi qui transportait l'idole s'embourba. On pensa à un signe des dieux et on décida de la conserver ici. Depuis, elle fait l'objet d'un populaire pèlerinage. Nathdwara vit également naître l'art du *pichwaï,* grandes tentures où l'on peignait les 24 grands moments de la vie de Krishna.

Gokul Tourist Bungalows : *à l'écart du centre-ville, au bout d'un chemin partant de la Highway.* ☎ *23-09-17. Doubles 600-800 Rps (9,20-12,30 €) ; dortoirs très bon marché.* Établissement du *RTDC* installé dans un bâtiment colonial. Chambres correctes avec ou sans AC mais sans intérêt. Préférer les *deluxe* aux *super deluxe.*

KUMBHALGARH

IND. TÉL. : 02954

Pour les amoureux de poliorcétique (l'art d'assiéger les villes, quoi !), la forteresse de Kumbhalgarh est un véritable must. C'est le deuxième plus grand ouvrage militaire du Rajasthan, perdu sur les monts Arawelli, à un peu moins de 3h de route au nord d'Udaipur, un peu après Nathdwara et 5 km avant Ghanerao. En pleine nature sauvage, dans un site complètement en dehors des sentiers battus. Une promenade à ne pas manquer si vous avez un peu de temps. Approche superbe dans un paysage montagneux aride, par une étroite route traversant de vieux villages où les touristes mettent peu les pieds et livrant de pittoresques scènes de la vie rurale. Arrivée magnifique lorsque les murailles de cette imposante forteresse apparaissent, découpant tout l'horizon (12 km de long et 36 km d'enceinte).

Arriver – Quitter

➢ ***Udaipur :*** 3-4 bus locaux/j. Trajet : 3h env.
➢ ***Ranakpur :*** pas de bus directs. À Ranakpur, prendre l'un des nombreux bus pour le village de Saira, situé à 20 km env ; de là, sauter dans un autre bus (là aussi, nombreuses liaisons/j.) qui vous conduira au village de *Kelwara,* situé à 9 km env de la forteresse. Demander au chauffeur qu'il vous dépose alors à l'embranchement de la route qui mène à la forteresse (il reste 3 km à parcourir). À noter que le bus passe devant l'entrée du *Kumbhalgarh Wildlife Sanctuary.* Compter 2h-2h30 min de trajet (changement de bus inclus). Sinon, depuis Ranakpur, la plupart des hôtels proposent des excursions vers Kumbhalgarh.

Où dormir ? Où manger ?

Bon marché (env 250 Rps / 3,80 €)

Lucky Restaurant & Guesthouse : *en montant vers la forteresse (à droite de la route, après l'hôtel* Aodhi*), à env 3 km de celle-ci, près de l'entrée du* Kumbhalgarh Wildlife Sanctuary. ☎ *28-01-48.* Chambres très, très rudimentaires, avec salle de bains commune. Quant à la propreté, on vous recommande le sac à viande et au niveau des sanitaires, c'est vraiment limite... Désolés, c'est un peu cher pour ce que c'est, mais c'est l'unique adresse bon marché à proximité de la forteresse. L'atmosphère est simple et décontractée, et puis, le petit snack-restaurant n'est pas mauvais du tout.

Prix moyens (600-900 Rps / 9,20-13,80 €)

On peut dormir dans le petit village de ***Kelwara,*** à 9 km env du fort, sur la route d'Udaipur.

Hotel Ratnadeep : *dans la rue principale de Kelwara, au centre.* ☎ *(02954) 24-22-17 ou 55. Fax : (02954) 24-23-40. Réduc intéressante en basse saison. Resto de bon marché à prix moyens.* Petit hôtel tranquille, pas trop mal tenu, malgré des peintures un peu défraîchies, qui s'organise autour d'une cour et d'un bout de pelouse. Chambres avec sanitaires, ventilo ou *air cooler.* Pas le grand luxe, un peu chérot, mais correct pour une nuit.

Beaucoup plus chic (min 5 500 Rps / 84,60 €)

Kumbhalgarh Fort Hotel : *à 2 km du village de Kelwara et à 5 km de la forteresse.* ☎ *(02954) 24-26-24 et 25.* • *resv.kumbhalgarh@clubmahindra.*

com • Double 5 500 Rps (84,60 €) ; suite min 6 000 Rps (92,30 €). Lunch 400 Rps, dîner 450 Rps. S'étageant à flanc de montagne, voici un établissement qui a entièrement fait peau neuve dans un style contemporain épuré, avec une touche de déco indienne parfaitement maîtrisée. Le bâtiment est moderne et sans charme particulier en soi, mais l'atmosphère des chambres est très apaisante et réussie. À ce prix-là, le plus grand confort est bien entendu au rendez-vous. Mais pour bénéficier d'un balcon ou d'une terrasse avec vue sur la vallée, il vous faudra prendre une *superior.* Piscine au milieu de terrasses et deux restos.

Hotel Aodhi : *à 3,5 km env de la forteresse, près de l'entrée du* Kumbhalgarh Wildlife Sanctuary. ☎ *24-23-41. Résa :* ☎ *(0294) 252-80-16 à Udaipur.* • *hrhhotels.com* • *Doubles et suites 6 000-7 000 Rps (92,30-107,70 €) ; réduc de 50 % env avr-sept. Lunch 600 Rps, dîner 700 Rps.* Un *lodge* de campagne appartenant au *maharana* d'Udaipur. Organisés en terrasses, des bungalows à la belle architecture, à l'ancienne, avec murs en pierre et toit de chaume. Piscine superbe et singes facétieux. Chambres calmes, spacieuses, avec ventilo, coin salon, dessins d'oiseaux aux murs. On aurait cependant préféré une atmosphère un peu plus indienne au niveau de la déco (ameublement genre pin blanc, dommage). Resto installé en terrasse sous une paillote de luxe (cher et pas toujours terrible). Piscine. Un truc : l'hôtel fonctionne beaucoup avec les petits groupes d'agence, donc n'hésitez pas à casser les prix lorsqu'il n'est pas plein.

À voir

La forteresse : *théoriquement, tlj 9h-17h ou 17h30. Entrée : 100 Rps.* Elle fut édifiée en 1548 par le maharaja Khumbha (voir plus haut à Chittorgarh). Sur le plan architectural, elle se distingue par son appareillage de pierre original et, surtout, par ses bastions et tours de forme semi-circulaire et curieusement ventrue. Le fort apparaît immense, gigantesque, avec cette muraille impressionnante. Comme à Chittorgarh, on a la surprise de découvrir qu'aucune ville n'est protégée par ces remparts, et que la nature y a repris ses droits. Seul y subsiste un petit village d'agriculteurs, au milieu de jolis temples, ainsi que le palais. Également un petit musée. Cette impression de grandiose et d'inutile, voire de dérisoire, n'est pas le moindre plaisir de cette découverte.

Mais grimpons tout d'abord vers le sommet de la forteresse. Tout en haut, le *Badal Mahal,* palais édifié au XIXe s. On emprunte une imposante rampe qui longe ces incroyables murailles et qui grimpe, qui grimpe et passe d'abord par la *Bhairav Pole,* puis la *Nimbu Pole* et enfin la *Chaugan Pole.* Les édifices encore visibles sont concentrés au sommet de la colline. Vue éblouissante sur les montagnes désertiques. Autour de la courette centrale, certains murs conservent quelques belles frises d'éléphants, dont des scènes de combats et de chasse. Le plaisir consiste surtout à se laisser happer par les volées d'escaliers pour se retrouver sur la terrasse supérieure d'où la vue alentour est magnifique. Depuis ce promontoire, vous apercevrez aussi (mais il ne se visite pas) l'ancien *zanana.*

On redescend au pied de la forteresse et on se dirige vers les temples. Ils sont dans un état de conservation remarquable, surmontés de belles *shikharas.* Le plus intéressant, isolé sur sa butte tel un petit Parthénon, présente un profil d'une élégance raffinée ainsi qu'une façade plate et carrée avec colonnes sculptées. À l'intérieur, une vache. Se promener sur le monumental chemin de ronde, sur lequel les créneaux sont si monstrueux, hauts et resserrés qu'on ne voit plus du tout le paysage ! Entre la forteresse et les temples, on peut voir toute la vie de ce bout de hameau, avec les animaux qui se baladent entre les maisons, les gamins qui jouent, le calme total le soir venu...

➤ DANS LES ENVIRONS DE KUMBHALGARH

Kumbhalgarh Wildlife Sanctuary : *entrée située à 3,5 km env de la forteresse, à l'intersection des routes menant à la forteresse et au village de Kelwara. Tlj du* *lever au coucher du soleil. Droit d'entrée : 80 Rps ; appareil photo : 200 Rps. Guide (disponible, en principe, à l'entrée) : 200 Rps pour une balade de 4h env. On peut s'y balader à pied, mais vu l'étendue, mieux vaut louer une jeep sur place : compter 600-800 Rps pour 5 pers (près du double si vous passez par un hôtel ; tous proposent la balade !).* C'est un sanctuaire protégé d'animaux sauvages où vivent certains des derniers loups de l'Inde, des hyènes, des crocos, des pythons, des *chinkaras* (antilopes et gazelles), mais aussi des chacals, des écureuils volants, des ratels et des ours jongleurs.

LA ROUTE ENTRE KUMBHALGARH ET RANAKPUR

Cette route merveilleuse suit une vallée naturelle qui se faufile au milieu des monts Arawelli. Elle s'avère délicieuse à plus d'un titre. D'abord les paysages de montagne ne sont jamais monotones, alternant des étendues arides et caillouteuses et des échappées de verdure. Par ailleurs, en suivant la vallée, on passe au milieu de terres très cultivées qui bordent une rivière et l'on profite, en passant, de la vision des travaux des champs : hersage, semailles ou irrigation. Passionnant de regarder les bœufs faire tourner les norias qui remontent l'eau en surface pour l'irrigation. Arrêtez-vous donc pour observer une de ces curieuses roues incroyablement bricolées avec des pots de fer qui récoltent l'eau. On cultive essentiellement ici de la canne à sucre, des céréales, pas mal de riz... La modestie des villages, la beauté des paysans avec leurs turbans, la grâce des paysannes avec leurs incroyables bijoux, les essaims d'enfants en uniforme qui vont à l'école ou en reviennent... On se sent bien.

RANAKPUR

IND. TÉL. : 02934

Au nord d'Udaipur (3h à 3h30 de route), dans une jolie vallée des monts Arawelli. Ce site (ce n'est même pas un village) est célèbre pour ses très beaux monuments dont le plus étonnant, le *temple d'Adinath,* est un sanctuaire jaïn à l'architecture d'une complexité extrême. Un véritable bijou, à ne manquer sous aucun prétexte, surtout si vous allez vers Jodhpur. On peut même prévoir d'y dormir car l'atmosphère de la région est bien plaisante, et même s'il y a peu d'adresses pour loger (les prix s'en ressentent, ne vous attendez pas à un excellent rapport qualité-prix), elles couvrent toute la gamme de confort.

Arriver – Quitter

➢ ***D'Udaipur et Jodhpur :*** les bus reliant Udaipur et Jodhpur s'arrêtent le plus souvent à Ranakpur. Sinon, des tours sont organisés par des agences d'Udaipur, comprenant généralement Ranakpur et Kumbhalgarh pour la journée, avec le déjeuner inclus.

➢ ***Kumbhalgarh :*** se reporter à la rubrique « Arriver – Quitter » dans le chapitre consacré à ce village, plus haut. Sinon, la plupart des hôtels proposent des excursions (safari dans le *Kumbhalgarh Wildlife Sanctuary* notamment) à la ½ journée.

Où dormir ? Où manger ?

Toutes nos adresses sont situées au bord (ou en léger retrait) de la route empruntée par les bus reliant Udaipur à Jodhpur. Demandez au chauffeur de bus qu'il vous dépose à hauteur de l'établissement dans lequel vous souhaitez vous rendre.

Très bon marché (100-250 Rps / 1,50-3,80 €)

🏠 🍽 ***Dharamsala jaïn*** *(Maison des Pèlerins)* ***:*** *juste à côté des temples. S'adresser au bureau principal (le bâtiment rose face au temple des Prostituées). On ne peut y passer que 2 nuits max. Seul un don (min 100 Rps) est demandé en partant ; il sert à payer le nettoyage. Ne pas se présenter en short.* Chambres avec douche, robinet d'eau froide et w-c. On peut y manger un *thali* végétarien pour environ 20 Rps après avoir pris un ticket *(service 11h-13h, 17h-18h).* C'est copieux, goûteux, pas cher, mais épicé à l'indienne (certains de nos lecteurs ont dû renoncer et se contenter de leur *chapati* !). On se restaure avec les fidèles à de longues tables de bois.

De bon marché à prix moyens (400-900 Rps / 6,20-13,80 €)

🏠 🍽 ***Roopam, a Village Retreat :*** *à 2 km des temples, vers le nord. ☎ 28-53-21. Prix moyens. Buffet midi et soir 200-230 Rps.* En pleine campagne, entouré de gentilles collines, d'arbres et d'oiseaux. Quelques chambres simples, propres, avec ventilo ou clim', toutes équipées de salle de bains (eau chaude) dans plusieurs petites structures sur un ou 2 niveaux. Les plus onéreuses ont un petit balcon et la clim'. Resto ombragé en bordure de jardin, bien agréable pour se détendre, ne serait-ce que le temps d'une pause déjeuner. Dispose également de quelques tentes, mais on vous les déconseille, car elles sont chères et l'entretien va à vau-l'eau.

🏠 ***RTDC – Shilpi Hotel :*** *idéalement situé, sur la colline, à 300 m des temples (et du parking des bus). ☎ 28-50-74. Le moins cher de cette catégorie.* Adresse gouvernementale proposant des chambres à prix relativement raisonnables pour une fois. Clim' pour les plus chères. Calme mais tristoune, comme de nombreux établissements gérés par le gouvernement. Possibilité d'y manger, mais resto vraiment sinistre. Uniquement si c'est complet ailleurs...

De chic à un peu plus chic (1 200-2 500 Rps / 18,50-38,50 €)

🏠 🍽 ***Ranakpur Hill Resort :*** *à 4 km au nord des temples. ☎ 28-64-11 ou 44. • ranakpurhillresort.com • Doubles 1 200-2 500 Rps (18,50-38,50 €) ; suite 3 500 Rps (53,80 €). Repas 300 Rps.* Chambres fraîches, impeccables et à la déco très sobre (peut-être un peu trop même... ?). Les plus onéreuses ont l'AC, sont plus spacieuses et un rien plus élégantes. Quant aux suites, on a trouvé que l'abondance de marbre rendait l'atmosphère un peu froide. Également des tentes de bon confort au fond du jardin. Resto sur une terrasse-jardin agréable, ambiance très *garden party.* Également une piscine. Accueil et cadre soignés. Juste un bémol pour l'absence d'arbres et d'ombre qui, du coup, crée une atmosphère un peu minérale.

De très chic à beaucoup plus chic (min 4 500 Rps / 69,20 €)

🏠 🍽 ***Maharani Bagh Orchard Retreat :*** *au nord des temples, quelques km avt le village de Sadri. ☎ 28-51-05. Fax : 28-51-51. Double env 4 500 Rps (69,20 €). Repas env 450 Rps.* Construit au XIXe s pour la maharani de Jodhpur, au milieu d'un verger de manguiers absolument superbe. Petit canal (parfois vide, ce qui ôte pas mal du charme de l'endroit), jardins fleuris et piscine. Des bungalows modernes relativement espacés les uns des autres abritent une quinzaine de chambres avec terrasse, AC et meubles joliment peints. Ensemble parfaitement au calme, animé seulement du chant des oiseaux. Resto en extérieur, avec buffet cher et qui accueille pas mal de groupes.

Hotel Fateh Bagh : *à 300 m du* Maharani Bagh Orchard *en allant vers Sadri. Résas à Udaipur : ☎ (0294) 252-80-16. • hrhhotels.com • Doubles et suites 6 000-7 000 Rps (92,30-107,70 €) ; réduc de 40 % env avr-sept. Repas 600-700 Rps.* Vous ne pourrez pas louper ce bâtiment éblouissant sous le soleil. Récent, mais construit en partie avec des éléments (fenêtres ciselées, petites tourelles, etc.) provenant d'un vieux palais rajasthani, et épousant cette architecture traditionnelle de cours, de coins et de recoins. Adresse raffinée et lumineuse. Chambres à thème sobrement meublées, mais élégamment décorées, salle de bains impeccables. Le must : la suite sur le toit, qui vous offre le choix d'un lit et d'une baignoire dans la suite même ou sous le ciel étoilé ! On aime aussi beaucoup la chambre avec le lit balancelle. Piscine, restos et bars élégants pour compléter l'ensemble.

Où dormir ? Où manger beaucoup plus chic dans les environs ?

Rawla Narlai : *Narlai Village (accessible de Jodhpur et d'Udaipur par bus privés). ☎ (0291) 251-04-10 ou 33-33, à Jodphur. • narlai.com • À 45 mn au nord de Ranakpur, en allant sur Pali (ou sur Jodhpur). Double env 6 000 Rps (92,30 €). Repas 600-700 Rps.* Narlai est un petit village saint, qui compte quelque 90 petits temples, adossé à une impressionnante colline de granit. Et comme il y a également pas mal de musulmans dans le village, vous y entendrez aussi le chant du muezzin. *Rawla* est un petit fort croquignolet du XVe s, et même un petit bijou appartenant à la famille royale de Jodhpur, tout comme l'*Ajit Bhawan Hotel* (on peut donc réserver de là-bas). Chambres *standard* douillettes et impeccables mais petites. Dans les *deluxe* et les suites, plus spacieuses et décorées de fresques magnifiquement restaurées, petites alcôves, mobilier et tableaux anciens soigneusement choisis. Possibilité également de dormir sous de luxueuses tentes (mais on préfère les chambres, moins chères en plus !), juste derrière le fort, au bord de ce qui fut jadis – avant la pénurie d'eau – la piscine. Bon resto (mais cher) et, le soir en saison, repas servis dans la jolie cour-jardin, à la lumière des photophores et des braseros (très romantique). On ne vient pas ici une nuit, mais pour passer plusieurs jours afin de découvrir le village et ses environs, très agréables et paisibles. Pourquoi ne pas monter au sommet d'Elephant Hill (une roche de granit dans laquelle sont percés d'incroyables escaliers) pour voir le lever du soleil sur le village ? Sur place, possibilité également de faire du cheval, de l'escalade et des excursions vers Kumbhalgarh et Ranakpur. Accueil et service à la fois très courtois et attentifs (un peu trop même parfois !). On regrette cependant la flambée des prix. Dernier point : ceux qu'une ambiance néocoloniale met vraiment mal à l'aise iront loger ailleurs.

À voir

***Le temple d'Adinath :** à côté du* dharamsala. *Les bus reliant Jodhpur à Udaipur s'arrêtent juste devant. Pour les touristes, tlj 12h-17h. Entrée gratuite (mais 50 Rps pour les appareils photo ; attention à ne pas photographier les idoles, c'est interdit). Objets en cuir et cigarettes interdits (petite consigne à l'entrée). Avoir épaules et jambes couvertes. Visite guidée inutile.*
Le plus imposant temple jaïn d'Inde, un vrai joyau. Si vous ne devez en voir qu'un, que ce soit celui-ci ! Pour plus de précisions sur les jaïns, lire le texte qui leur est

consacré dans la rubrique « Religions et croyances » de « Hommes, culture et environnement ». Construit au XVe s sur près de 50 ans pour le compte d'un riche marchand, ministre de Khumbha. Autant le temple paraît massif à l'extérieur, autant l'intérieur époustoufle par son raffinement et sa richesse décorative.
Avec près de 1 500 m^2 et environ 33 m de hauteur, il est dédié au premier *Tirthankara* Shri Adinath. Plan intérieur illustrant la cosmogonie jaïne (vraiment très compliquée). Succession, sur un plan carré, à différents niveaux, de plusieurs dizaines de chapelles et *mandapas* et, surtout, de centaines de piliers ciselés, de dômes, de chapiteaux dont aucun ne reproduit les mêmes motifs (végétaux ou géométriques, frises d'animaux stylisés, etc.). Il y a exactement 1 444 piliers. L'un d'entre eux n'est pas droit, et c'est volontaire. Pourquoi ? Tout simplement parce que « Dieu seul est parfait, pas l'homme ». Trouvez-le ! Ensemble tout simplement prodigieux. Même aux moments les plus chauds, ceux où la lumière violente du soleil au zénith écrase contours et formes des choses, ici il fait toujours frais et l'atmosphère se révèle douce, dorée, joyeuse, intime, dans un fantastique jeu d'ombres et de lumières. Malgré la profusion de détails architecturaux et de sculptures, on n'a jamais l'impression d'être écrasé. Bien au contraire, tout n'apparaît qu'harmonie, équilibre et bien-être. L'air, la lumière et la pierre jouent là une symphonie radieuse. En fin d'après-midi, c'est un ravissement. Un bémol : les prêtres sont parfois très, très insistants côté offrandes (et laissent peu de chances aux visiteurs de leur échapper). Par ailleurs, ce n'est pas parce qu'un billet de 500 Rps est, comme par hasard, celui que vous voyez dans la boîte aux offrandes tendue sous vos yeux, que vous êtes obligé d'être aussi généreux...

Le temple de Suparshvanath : *à côté, au milieu d'un beau jardin verdoyant,* un petit édifice à *shikhara,* précédé d'un portique à colonnes. Entrée libre. Attention, là encore, ne pas photographier les *Tirthankara,* c'est interdit. Connu sous le nom de *temple des Prostituées,* à cause de quelques sculptures et représentations « lestes » sur les murs extérieurs du temple. Deux autres temples plus loin, pour les mordus.

MONT ABU

30 000 hab. IND. TÉL. : 02974

À 1 200 m d'altitude, juché sur un plateau des monts Arawelli à quelques encablures de la frontière avec le Gujarat, Mont Abu (ici on dit « Mount Abou ») constitue en été une véritable oasis de fraîcheur avec son lac mignon comme tout, entouré de petites montagnes. Paysage unique dans le Rajasthan, composé d'énormes blocs rocheux, d'espaces verdoyants plantés d'arbres tropicaux, d'une campagne rieuse et généreuse, le tout surplombant une vallée sèche et étouffante. Mont Abu fut avant tout une station de villégiature où les princes du Rajasthan et du Gujarat venaient se mettre au frais durant la saison chaude. Ils y ont laissé quelques beaux palais. Aujourd'hui, l'endroit attire principalement les touristes indiens issus de la classe moyenne et de nombreux Gujaratis du Nord trouvant ici l'alcool prohibé dans leur État (les habitant du sud du Gujarat ont un autre terrain de jeux en libre accès, Diu, ancien comptoir portugais).
Mont Abu est également un centre de pèlerinage du jaïnisme très célèbre. Beaucoup de fidèles rendent visite aux superbes temples situés à quelques kilomètres du village. C'est aussi l'un des lieux favoris pour les jeunes mariés en voyage de noces. Un peu comme Dalat (au Vietnam) ou les chutes du Niagara pour les Américains. Résultat : des marchands de souvenirs et d'artisanat de pacotille partout et un détail cocasse : entre trois boutiques de bijoux, on trouve une boutique d'armes en plastique pour bambins ! Un gros effort de propreté a été fait ici, et cela se voit dans les rues. Pour un peu, on ne se croirait pas en Inde ! Bref, une étape reposante après les grandes villes, uniquement pour ceux qui ont du temps lors de leur périple.

On précise que l'endroit est vraiment très peuplé en été et que la fréquentation de Mont Abu pendant les fêtes (sauf si vous êtes hindou) est difficilement supportable. Non seulement à cause des prix qui gonflent horriblement, mais aussi parce que l'ambiance est très particulière et la foule, incroyable.
Le bourg s'organise le long d'une rue principale et autour d'un vaste terrain de polo. Au bout, un petit lac agréable et très romantique, avec ses barques et ses embarcations à pédales. Cela dit, pour des touristes occidentaux habitués à ce genre de paysages, l'intérêt principal de Mont Abu reste les temples Dilwara et la nature généreuse qui entoure la petite ville et abrite une faune intéressante (ours, panthères, crocodiles et... 420 variétés de reptiles).

Arriver – Quitter

Péage avt l'entrée du village pour chaque visiteur et pour chaque voiture (10 Rps env).
➢ ***Entre Abu Road et Mont Abu :*** la gare ferroviaire la plus proche de Mont Abu est à 27 km, dans la vallée, à Abu Road (ville moche et sans intérêt). Par ailleurs, de nombreux bus ne desservent qu'Abu Road et ne montent pas jusqu'à Mont Abu. Il vous faudra donc prendre un bus local ou un taxi (collectif de préférence, car beaucoup moins cher).
Les stations de bus, de taxis et de jeeps se situent juste à côté de la gare ferroviaire. Bus pour Mont Abu ttes les 30 mn 6h-20h30. Trajet : 1h.

En train

La gare ferroviaire la plus proche est à ***Abu Road*** (répétition pour les fainéants qui auraient sauté le paragraphe précédent !), station située sur la ligne ferroviaire Delhi-Ahmedabad (via Ajmer et Jaipur). Il est possible de réserver et d'acheter ses billets à Mont Abu, à la minuscule agence ***Railway out Agency*** *(plan A2,* ***5****), au 1er étage du bâtiment de l'office de tourisme (ouv 8h-14h).*
➢ ***Delhi :*** 2-3 trains/j., dont un train de nuit (le plus rapide) et un en début d'ap-m. Durée : 11-13h. Certains trains partent ou s'arrêtent à New Delhi, d'autres à Old Delhi.
➢ ***Ahmedabad :*** 6-8 trains/j. Durée : 4-5h.
➢ ***Ajmer :*** 4-6 trains/j. (dont 2 sur la ligne de Delhi). Durée : 6-9h.
➢ ***Jaipur :*** 3-4 trains/j. (dont 2 sur la ligne de Delhi). Durée : env 8h.
➢ ***Jodhpur :*** 2-3 trains/j. Durée : 5-6h.
➢ ***Mumbai :*** 2 trains/j. (vers 7h et 15h). Durée : env 14h.

En bus

Gare routière *(plan A2,* ***1****) : en plein centre, face au* Tourist Reception Centre.
– Les liaisons vers ou à partir d'Abu Road sont plus fréquentes que de Mont Abu même. Réservez votre billet dès que vous le pouvez. Départs et arrivées de Mont Abu :
➢ ***Udaipur :*** 5 *express* et 1 *deluxe* le mat qui prennent la route courte (trajet : 5h). 1 le soir qui prend une plus longue route (trajet : 11h). À éviter. De même, ne pas prendre les bus locaux.
➢ ***Ahmedabad :*** 3 *deluxe* le mat et 1 l'ap-m. Trajet : 6h.
➢ ***Jaipur :*** 1 *deluxe* en fin de journée. Trajet : 11h.
➢ ***Jodhpur :*** 1 *express* tôt le mat (et 1 bus privé). Trajet : 7h.
➢ ***Agra :*** 1 bus vers midi via Jaipur et Bharatpur. Trajet : 17h.
➢ ***Jaisalmer :*** 1 départ/j. tôt le mat. Trajet : 11h.

Bus privés *(plan A2,* ***2****) : départs en face de l'hôtel* Sheratone, *avt la gare des bus gouvernementaux.* Plusieurs agences dans la rue principale de Mont Abu, entre la gare routière et le centre : *Rajasthan Travels, Green Travels* et *Gujurat Travels,* presque à côté les unes des autres, revendent des billets pour les mêmes compagnies de bus privées, qui desservent les mêmes villes du Rajasthan à peu près aux mêmes tarifs.

Adresses utiles

Tourist Reception Centre *(office de tourisme ; plan A2) :* ☎ *23-51-51. Face à la gare des bus. Tlj sf dim et j. fériés 10h-17h.* Pas très dynamique, ils donnent cependant un plan détaillé de la région.

✉ ***General Post Office*** *(GPO ; plan B1).*

■ ***Union Bank of India*** *(plan B1,* ***3****) : lun-ven 10h-14h ; sam 10h-12h30.* Change les chèques de voyage et les espèces (euros, dollars). Possibilité de tirer de l'argent avec une carte *Visa* ou *MasterCard.*

■ ***State Bank of India*** *(SBI ; plan B1,* ***4****) : lun-ven 10h-14h ; sam 10h-13h.* Change les espèces dans la plupart des devises, mais pas les chèques de voyage.

■ ***Distributeurs ATM*** *(plan A2) : juste à côté de l'office de tourisme.* Un autre *face à l'hôtel* Samrat, *dans le centre.*

■ ***Railway out Agency*** *(plan A2,* ***5****) : dans le bâtiment du* Tourist Reception Centre, *au 1*er *étage. Tlj 8h-14h.* Achat de billets de train.

■ ***Police :*** *plan A2,* ***6****.*

■ ***Doctor Chowhan's Clinic*** *(plan A1,* ***9****) : juste avt la poste, sur la route de Dilwara.* 📱 *98-29-29-25-55. Tlj 8h30-13h, 16h30-20h30.* Petit dispensaire gouvernemental rudimentaire.

Embarcadère *(barques ; plan A1,* ***7****).*

■ ***Taxis collectifs pour Dilwara*** *(plan B1,* ***8****) : au grand carrefour principal à l'entrée du marché.* Ce sont des jeeps collectives qui vous emmènent au temple *Dilwara* pour 30 Rps (jeep entière) ou 5 Rps/pers (départ quand il y a 6 clients). C'est la solution la moins chère pour s'y rendre.

■ ***Mont Abu Trekking*** *(plan B1,* ***32****) : rens à l'hôtel* Lake Palace. ☎ *23-71-54.* 📱 *94-14-15-48-54.* Charles, jeune guide naturaliste, vous permettra de découvrir la nature, la vie animale et les villages des environs lors de sorties à la journée *(600 Rps/pers)* ou de trekkings de plusieurs jours. ATTENTION, ne partez pas en trekking seul, plusieurs agressions ont été signalées. De plus, il est possible que vous croisiez un ours, un vrai !

■ ***Transports :*** ici, pas de rickshaws, quelques taxis *(course min 40 Rps)* et charrettes à bras pour quelques roupies, bien pratique pour les bagages (et les enfants).

Où dormir ?

Nombreux hôtels pas très chers mais en piteux état, surtout pendant la période de la mousson. Ils sont situés à proximité du lac. Dans les « Prix moyens », ça ne s'arrange pas, le tarif semble beaucoup trop élevé pour les chambres proposées. En revanche, d'excellents hôtels « De chic à très chic ». Mais là encore, très variables en qualité pour le même prix. En voir plusieurs.
En période touristique, les prix s'enflamment de manière démentielle et la plupart des hôtels sont complets : ça concerne notamment les fêtes de *Diwali* (fin oct-début nov), *Winter Festival* (29-31 déc), *Holi* (févr ou mars), *Gangaur* (mars-avr), *Summer Festival* (7-9 mai 2009, 26-28 mai 2010), mais aussi toutes les grandes fêtes religieuses de manière générale, ainsi que les vacances scolaires (mai et juin). Les prix sont alors entre 3 et 5 fois plus élevés, même pour les structures les plus minables. Attention, les tarifs affichés à la réception des hôtels correspondent en général à ces périodes : ne vous y fiez donc pas systématiquement.

De très bon marché à bon marché (max 400 Rps / 6,20 €)

Shri Ganesh Hotel *(plan A1,* ***20****) : au bord du chemin qui monte vers la Jai-*pur House. ☎ *23-72-92 ou 55-91.* • *lalit_ganesh@yahoo.co.in* • Certaine-

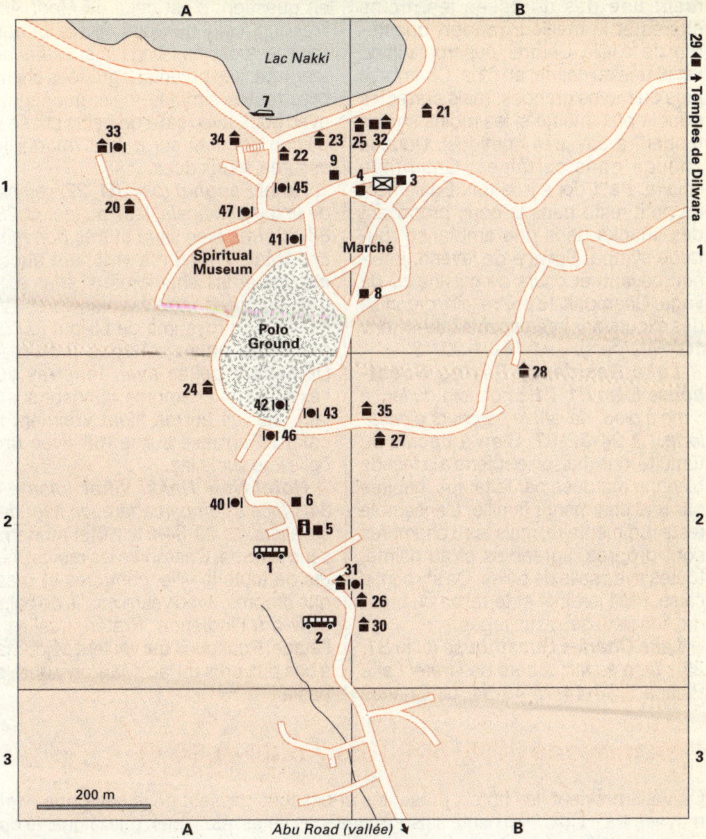

MONT ABU

■ Adresses utiles

- Tourist Reception Centre
- General Post Office
- 1 Gare routière
- 2 Bus privés
- 3 Union Bank of India
- 4 State Bank of India
- 5 Railway out Agency
- 6 Police
- 7 Embarcadère
- 8 Taxis collectifs pour Dilwara
- 9 Doctor Chowhan's Clinic
- 32 Mont Abu Trekking

Où dormir ?

- 20 Shri Ganesh Hotel
- 21 Lake Residency Paying Guest-house
- 22 Hotel Panghat
- 23 Hotel Lake View
- 24 Hotel Surya Darshan
- 25 Lake Charles Guesthouse
- 26 Hotel Madhuban
- 27 Rajendra et Hill-view Hotel
- 28 Kishangarh House
- 29 Palace Hotel – Bikaner House
- 30 Hotel Sheratone
- 31 Hotel Hilltone
- 32 Hotel Lake Palace
- 33 The Jaipur House
- 34 Hotel New Nakki Vihar
- 35 Hotel Udai Garh

Où manger ?

- 31 Mulberry Tree
- 40 Kanak Dining Hall
- 41 Arbuda
- 42 Veena Restaurant
- 43 Abu Restaurant
- 45 Restos de la rue qui mène au lac
- 46 Shanti Restaurant
- 47 King's Food

ment une des adresses les moins chères et le meilleur rapport qualité-prix de la ville. Central, pas trop loin du lac et très au calme, en plus. Chambres plus ou moins grandes, mais correctes pour le prix (même si les moins chères tendent à être très humides). Douche chaude dans certaines. Chauffage solaire. Petit déj sur le toit. Également un petit resto dans la cour, proposant des snacks dans une ambiance routarde sympa. Service de laverie, Internet (payant) et cours de cuisine ou de yoga. Champak, le prêtre jaïn, organise des excursions intéressantes de 4h *(env 100 Rps/pers).* 📱 *94-14-21-90-13.*

🏠 ***Lake Residency Paying Guesthouse*** *(plan B1, **21**) : non loin du lac, à 5 mn à pied, devant le parcours d'escalade.* ☎ *24-32-09.* Bien à l'écart du tumulte, une maison en pierre à la façade blanche marquée par le temps, habitée par une charmante famille. L'ensemble reste rudimentaire, mais les 3 chambres sont propres, agréables et au calme, toutes avec salle de bains. On s'y sent à l'aise. Petit jardinet et terrasse où prendre son petit déj ou un repas.

🏠 ***Lake Charles Guesthouse*** *(plan B1, **25**) : face au lac, à côté de l'hôtel* Lake Palace. 📱 *94-14-15-48-54.* Le Charles en question, c'est celui de *Mont Abu Trekking,* celui qui vous trouve un ours dans les collines ! Dans la *guesthouse,* tenue par ses parents, 2 grandes chambres toutes simples mais aménagées avec goût, avec salle de bains privée et balcon donnant sur le lac. Tranquillité assurée, à prix doux.

🏠 ***Hotel Panghat*** *(plan A1, **22**) : en bas de la rue principale, face au lac.* ☎ *23-88-86. Très bien situé et très bon marché.* Mais l'hôtel n'a vraiment aucun charme et les chambres, si elles sont bien équipées (douche, ventilo et TV), relèvent du royaume de Lilliput (ou du placard à balais, si vous préférez). Demander celles avec fenêtres sur l'extérieur (4 chambres donnent sur le lac), car les autres filent vraiment le cafard. Terrasse sur le toit avec une belle vue sur le lac.

🏠 ***Hotel New Nakki Vihar*** *(plan A1, **34**) : face à l'embarcadère, en haut des escaliers.* ☎ *23-84-81.* Hôtel moderne sans charme. Chambres les moins chères de toute la ville, correctes et presque propres, avec ventilo, salle de bains et w-c à l'indienne. Préférez celles à l'étage. Pour ceux qui veulent séjourner à bas prix près du lac. Mais on y dort, et basta !

Prix moyens (400-600 Rps / 6,20-9,20 €)

On vous prévient, les hôtels présentés ci-dessous passent de la catégorie « Prix moyens » à « Chic » en haute saison (vacances, fêtes, etc.), bien que la qualité des lieux ne justifie en rien les tarifs pratiqués.

🏠 ***Hotel Lake View*** *(plan A1, **23**) : devant le lac.* 📱 *94-14-35-64-33.* Un hôtel tout en terrasses, à flanc de colline. Chambres très inégales sur tous les plans : taille, prix... Deux constantes : la plupart sont petites, avec salle de bains, et la déco est plutôt kitsch (canevas avec tigres ou paons aux couleurs criardes en guise de tableaux, tapisseries murales très *seventies*). Tenue générale moyenne et prix en saison franchement à la tête du client. Agréable terrasse donnant sur le lac.

🏠 ***Rajendra*** et ***Hillview Hotel*** *(plan B2, **27**) : à deux pas du centre et pourtant au calme.* ☎ *23-51-74.* Plusieurs dizaines de chambres bon marché et à prix modérés, pas toujours propres, avec w-c à l'indienne ou à l'occidentale. En fait, 2 hôtels appartenant à la même famille. Ça va de cradingue et vétuste à correct, en fonction des chambres. En voir plusieurs et, si vous êtes fauché, pensez au sac à viande. Resto vraiment pas cher avec spécialités du Gujarat. Accueil plutôt expéditif et indifférent.

🏠 ***Hotel Surya Darshan*** *(plan A2, **24**) : à l'ouest du terrain de polo.* ☎ *23-51-65.* • *suryadarshan@yahoo.com* • La façade colorée de cet hôtel imposant donne sur le calme terrain de polo. Hélas, seule une belle suite (*à prix chic*) en profite directement. Les chambres sont spacieuses mais un peu sombres, toutes avec salle de bains. Elles pourraient être agréables mais ont un besoin urgent d'un bon coup de peinture.

🏠 ***Hotel Madhuban*** *(plan B2, **26**) : à*

l'entrée du village, sur la droite (entre le Sheratone *et le* Hilltone*). ☎ 23-88-22 ou 33.* Moderne, mais l'entretien laisse nettement à désirer, surtout pendant la mousson (draps et murs souvent moisis à cette saison). Préférer les *deluxe* à l'étage, qui échappent un peu à la morosité ambiante et au bruit de la route. Les prix élevés pratiqués en haute saison sont vraiment injustifiés.

De chic à plus chic (900-2 200 Rps / 13,80-33,80 €)

Hotel Udai Garh *(plan B2,* ***35****) : Rajendra Marg, non loin du centre. ☎ 23-70-18. 📱 93-14-55-52-87. • udaigarh.com • Prendre la rue principale et tourner à droite juste avt le terrain de polo ; c'est à 100 m à gauche. Il faut grimper une rampe pentue pour y accéder. Double 1 400 Rps (21,50 €).* Neuf belles chambres spacieuses, modernes et impeccables dans un hôtel des années 1920, perché sur un promontoire. Paisible, raffiné, mobilier de goût, luminosité et salle de bains moderne dans chaque chambre, voici (enfin) un hôtel qui mérite son tarif. Bon resto sur la terrasse avec vue sur toute la ville (grande salle intérieure chaleureuse pour les soirées plus fraîches). Excellent accueil, personnel aux petits soins, jusqu'au garde à l'entrée.

Hotel Lake Palace *(plan B1,* ***32****) : au bord du lac et à l'écart du centre. ☎ 23-71-54 ou 72-54. • savshantihotels.com • On y accède facilement en descendant vers le lac par la route qui part presque face à la poste. Double avec sdb 900 Rps, suite 1 600 Rps (24,60 €).* Bonne grosse maison bourgeoise rose avec terrasse devant et petite pelouse sur le côté. Une quarantaine de chambres assez spacieuses, propres, avec ventilo (quelques familiales). Demander celles avec balcon ou terrasse (les nos 8 et 10 sont les meilleures) et surtout éviter celles sans fenêtre. Globalement agréable, il a néanmoins pratiquement doublé ses prix en quelques années, et ça nous semble peu justifié ; la seule bonne adresse près du lac, sans doute.

Hotel Sheratone *(plan B2,* ***30****) : à l'entrée du village, sur la droite. ☎ 23-83-66. Double 1 000 Rps, avec sdb et eau chaude.* Rien à voir avec le *Sheraton*, bien sûr ! Bon hôtel moderne à prix acceptable pour le confort. Chambres à la propreté aléatoire. Préférer celles du 3e étage, les *deluxe* avec balcon, les plus agréables et les mieux tenues.

Hotel Hilltone *(plan A2,* ***31****) : à l'entrée du village, sur la droite. ☎ 23-83-91. • hotelhilltone.com • Double 1 700 Rps (26,20 €), bungalow 2 200 Rps (33,80 €).* Après le *Sheratone*, comme il se doit ! Un *Carltone* est-il en projet ? Vastes et luxueux bungalows modernes dotés de magnifique salle de bains dans un beau jardin très bien entretenu, loin de la route, au calme. Quelques chambres moins chères en terrasse au-dessus de la réception. Très belle piscine et jardin d'enfants. Service impeccable. Resto chic. Le plus cher de cette catégorie, mais une valeur sûre.

De plus chic à très chic (2 500-5 000 Rps / 38,50-76,90 €)

Kishangarh House *(plan B2,* ***28****) : Rajendra Marg, non loin du centre. ☎ 23-80-92. 📱 98-29-07-47-72. • royalkishangarh.com • Prendre la rue principale et tourner à droite juste avt le terrain de polo ; c'est à 300 m sur la droite. Double 2 500 Rps (38,50 €) ; cottage 3 500 Rps (53,80 €).* Jolie résidence très bien entretenue, qui conserve un certain charme. Jardin tropical avec vue sur la vallée. Salon plein de témoignages émouvants de l'époque fabuleuse des maharajas. Cette demeure appartenait d'ailleurs à un prince de Jodhpur (encore !). Photos jaunies de la famille, mobilier de style... Chambres spacieuses et personnalisées, avec salle de bains généreuse, sises dans la maison même, et bungalows luxueux dans le jardin. Salle à manger très cosy et service aussi stylé que le mobilier.

Palace Hotel – Bikaner House *(hors*

*plan par B1, **29**) : Delwara Rd.* ☎ *23-86-73.* • *palacehotelbikanerhouse.com* • *Sur la route des temples, à 3 km du centre. Double min 3 000 Rps (46,20 €) ; suite 5 000 Rps (76,90 €).* Un vrai palais de maharaja, dans un site calme, entouré de verdure. Ce fut la résidence d'été du maharaja de Bikaner, construite en 1893 et transformée en hôtel depuis 1962. L'endroit ne manque pas de charme. Au rez-de-chaussée, salons qui n'en finissent pas, meublés années 1940, salle à manger de style, couloirs immenses et vides, murs un peu décrépits (juste assez pour donner du style), cet hôtel flotte comme un fantôme dans des habits trop grands. Charme de la décadence et de la nostalgie. Chambres néanmoins absolument impeccables, mais un poil plus standard que le lieu. Préférez celles du bâtiment principal, les suites situées à l'arrière étant immenses, confortables et nickel mais vraiment sombres et sans âme. Deux courts de tennis dans l'immense parc.

🏠 |●| ***The Jaipur House** (plan A1, **33**) :* ☎ *23-50-01 ou 51-76.* • *royalfamilyjaipur.com* • *À l'est du lac, qu'elle surplombe merveilleusement. Résa conseillée. Chambres et suites 3 500-5 000 Rps (53,80-76,90 €).* Cet ancien petit palais du maharaja de Jaipur, dans un site admirable, a passé de nombreuses années un peu à l'abandon avant d'être restauré et aménagé en hôtel. Ça reste intime, 8 chambres et suites à peine, pour vous accueillir le temps d'une nuit de prince... Attention, des doubles moins chères sont proposées dans un bâtiment annexe sans intérêt. Il vous faudra donc vraiment casser votre tirelire pour jouer le grand jeu ! Cela dit, certaines des *junior suites*, avec leur vue magnifique et leur charme, nous ont véritablement séduits. Idéales pour une lune de miel, plus selon nous que la *honey moon suite* proprement dite, appréciable pour sa situation au sommet du palais mais dont la déco semble somme toute assez commune. Agréable resto à prix raisonnables (on peut s'en sortir pour moins de 200 Rps par personne), ouvert aux non-résidents, chouette ! Vous pouvez aussi faire comme les familles indiennes en villégiature, et venir vous photographier devant, tout simplement...

Où manger ?

Bon marché (max 120 Rps / 1,80 €)

Nombreuses petites adresses pas bégueules, pas chères, sympas et de qualité.

|●| ***Kanak Dining Hall** (plan A2, **40**) :* ☎ *23-83-05. Tlj 11h-15h, 19h-23h.* Non, ce n'est pas un resto tenu par un « Kanak » de Nouvelle-Calédonie, mais une excellente adresse, typiquement indienne. Spécialités de l'Inde du Sud et de *pan baji* (on vous laisse découvrir...). Le meilleur *thali* de la ville, accompagné de son ballet de serveurs. C'est exquis, copieux, l'ambiance est conviviale et le service adorable, véritablement attentionné.

|●| ***Les restos de la rue qui mène au lac** (plan A1, **45**) : un peu avt le lac, sur la droite.* Trois petits restos pas chers du tout, servant une délicieuse cuisine du Pendjab. Petites salles qui ne paient pas de mine. Très fréquentés par les familles indiennes.

|●| ***Veena Restaurant** (plan A2, **42**) : dans le centre.* Resto agréable avec une grande terrasse (même si la musique y est vraiment forte et le rabattage assez pénible). Plats pour trois fois rien, trois bons *thalis,* et snacks copieux. Beaucoup de monde le soir. Dans le même esprit, ***Abu Restaurant** (plan A2, **43**), en face.*

|●| ***Shanti Restaurant** (plan A2, **46**) : un peu avt le carrefour du* Veena Restaurant. Vaste salle avec menu écrit sur le mur du fond. Spécialités du Gujarat. *Thali* copieux et pas cher, mais peu de monde, car l'atmosphère est un peu triste.

|●| ***Arbuda** (plan A1, **41**) : face à l'entrée nord du terrain de polo. Tlj 11h-23h.* Vaste terrasse couverte aux chaises rouge flashy et à la déco clinquante, facile à trouver. Repas correct mais sans originalité, large choix et pour une fois, service rapide. Dans le même esprit, le

King's Food *(plan A1,* ***47*** *; en face, à gauche de la rue qui descend au lac),* mais à la qualité plus irrégulière.

Prix moyens (120-270 Rps / 1,80-4,20 €)

Mulberry Tree *(plan A2,* ***31****) :* ☎ *23-83-91. Le resto de l'hôtel* Hilltone. *Tlj 12h-15h, 19h-23h.* Bonne nourriture de différents États de l'Inde. Plats continentaux et chinois pour les estomacs fragiles. Au choix, une salle agréable ou une jolie petite terrasse ombragée.

À voir. À faire

Le lac Nakki *(plan A-B1) : tt au bout de la rue principale.* Très romantique, notamment au coucher du soleil. Le rendez-vous des jeunes couples en lune de miel, et... des vieux couples qui viennent fêter leur anniversaire de mariage. Mais dans la journée, on y trouve aussi des familles en vacances et même de la marmaille en excursion scolaire. Possibilité de faire un tour sur le lac en barque ou en pédalo *(100 Rps la ½ heure pour 2 pers),* mais l'eau n'est pas toujours propre.
À l'embarcadère, la *Cafeteria Sarovar,* resto en terrasse sur le toit du bateau « Titanic ». Si, si ! Mais la musique guimauve y est vraiment trop forte. Éventuellement pour prendre un verre.

– ***Parcours d'escalade*** *(plan B1) : à droite sur le lac, face à l'hôtel* Lake Palace. *Gratuit.* Sympathique parcours de varappe en 50 passages numérotés sur de bons gros rochers lisses. Pour tous niveaux, certaines prises sont difficiles.

Word Renewal Spiritual Museum – Gateway for Paradise *(plan A1) : dans la rue menant au* Shri Ganesh Hotel. *Dans un bâtiment blanc. Tlj 8h-20h. Gratuit (heureusement !).* Ce n'est pas dans nos habitudes de promouvoir les sectes, mais celle qui gère ce « musée » ne nous a pas paru bien méchante, et comme il n'y a pas grand-chose à voir à Mont Abu... Surtout, l'endroit présente des vitrines très bien décorées, mais on ne peut plus kitsch, qui ne manqueront pas d'amuser les plus ironiques de nos lecteurs, avec leurs représentations des vices, leurs nombreuses divinités hindoues, leurs symboles ésotériques et les effroyables scènes du sadisme humain et des drames familiaux. Tout cela est censé nous faire prendre conscience des horreurs de la vie quotidienne, que seule la pratique de la méditation est en mesure de combattre, pour enfin faire passer la civilisation de *l'âge du fer* à *l'âge d'or* (si l'on a bien compris le message).

Sunset Point et Honeymoon Point *: à 15 mn de marche ; l'un au nord, l'autre à l'ouest du lac.* Paysage splendide sur les plaines désertiques du Rajasthan. Mais certains soirs, c'est la cohue. Jusqu'à 5 000 *sunseteurs* en pleine saison !

➤ DANS LES ENVIRONS DE MONT ABU

Les temples Dilwara *(hors plan par B1) : à quelques km de Mont Abu. Tlj 12h-18h. Gratuit. On peut s'y rendre en jeep collective (plan B1,* ***8****). Comme dans les temples jaïns en général, on visite pieds nus, les femmes « indisposées » ne peuvent entrer et les objets en cuir sont à laisser au vestiaire. Photos interdites, mais clichés de bonne qualité en vente.* La visite guidée n'est pas forcément nécessaire. On vous prévient : l'ambiance de foire qui règne dans ce lieu, où le silence est surtout rompu par les groupes en visite furtive ou par les guides et les gardiens eux-mêmes, gâche quelque peu le plaisir de la découverte. C'est encore à l'ouverture, vers midi, que c'est le plus calme.
Ensemble très compliqué de cinq temples jaïns édifiés aux XIe et XIIe s et plusieurs fois restaurés par la suite. Ils sont dédiés aux *Tirthankaras* (prophètes) du jaïnisme

(pour en savoir davantage, voir la rubrique « Religions et croyances » dans « Hommes, culture et environnement »). Les deux plus importants, en marbre, sont les plus beaux, peut-être, du Rajasthan. Jamais cette pierre n'a été sculptée avec autant de finesse. Voir particulièrement le ***temple de Vimala Vasahi*** édifié en 1031 (Vimal Shah était le ministre et commandant en chef des armées du roi du Gujarat) et le ***Luna Vasahi,*** magnifique, construit un peu plus en hauteur, en 1231, par deux frères, également ministres du roi du Gujarat. Le premier renferme notamment un portique et un *mandapa* ornés de motifs d'une finesse incroyable. Superbe forêt de 48 colonnes sculptées. Autour, 52 cellules abritent des divinités. Dôme incroyablement ouvragé avec, au centre, une gigantesque fleur de lotus taillée dans un seul bloc de marbre. À l'entrée du temple, une procession d'éléphants en marbre, dont certains supportent encore la statue du mécène ayant permis la construction. Et savez-vous comment on obtint un travail aussi raffiné ? En promettant aux artisans-sculpteurs l'équivalent en argent de la poussière de marbre. Une fois ce travail achevé, les jaïns leur demandèrent d'affiner encore leur œuvre. Et cette fois, la poussière de marbre serait changée en or.
Le 3e temple, le ***Bhimashah Pittalhar Temple,*** renferme au fond une divinité en or du XVe s. Le ***4e temple,*** quant à lui du XVIe s, est dédié au 24e *Tirthankara.* Le 5e, le ***Khartar Vasahi Temple,*** sur trois niveaux, présente un travail des colonnes centrales très raffiné. Néanmoins, ces deux derniers n'atteignent pas, et de loin, le niveau de raffinement des premiers.

JODHPUR

973 000 hab. IND. TÉL. : 0291

« L'Œuvre des Anges, des Fées, des Géants...
Aucun homme n'a encore osé
mesurer la taille de la city
qu'ils appellent le palais des Voies,
à compter en kilomètres. »

Rudyard Kipling.

Deuxième ville du Rajasthan, plus trépidante qu'Udaipur mais moins charmante que celle-ci, plus reposante que Jaipur mais moins homogène. La cité possède deux visages bien distincts et assez opposés : la vieille ville, labyrinthe de ruelles étroites et vivantes, curieusement très peu explorée par les visiteurs, fouillis sympathique du bazar où ne circulent quasiment que les deux-roues et les rickshaws ; et la ville moderne, aux larges artères polluées, où résonne sans cesse un vacarme exténuant. Hors de la vieille ville blottie autour de la forteresse, la cité s'étend et se dilue sur plusieurs kilomètres, ce qui lui donne un aspect un peu déconcertant. Et cette forteresse emblématique de la ville, d'une majesté sans égale, est sans doute l'une des plus belles et l'une des plus imposantes de l'Inde. Toute de grès rouge, renfermant plusieurs palais, des temples, des cours... un projet presque mégalomane, pour reprendre l'expression de Jean-Claude Carrière. De là-haut, on est frappé par la couleur bleu lavande de la plupart des maisons, qui donne un aspect particulièrement frais à cette cité.
D'ailleurs, il faut savoir que Jodhpur est une des villes les plus ensoleillées de l'Inde et surtout une de celles où la pluie est la plus rare, d'où son surnom de *Sun City.* On ne compte en moyenne que 18 jours sans soleil dans l'année. Ce qui ne veut pas dire qu'il pleut ces jours-là. Simplement, le ciel est couvert. Cette situation climatique pourrait créer d'importants problèmes d'irrigation des terres, mais la connexion de la ville avec le *Rajiv Gandhi Lift Canal* qui apporte l'eau tout droit des montagnes himalayennes a résolu ce souci d'alimentation en eau.

Important à savoir également pour la bonne compréhension de la cité : 10 % de la population est dans l'armée, car c'est la grande ville la plus proche de la frontière du Pakistan. Ainsi d'importantes manœuvres militaires sont-elles menées régulièrement dans le ciel de Jodhpur. Autre particularité, la ville compte de nombreuses universités, écoles professionnelles post-bac, etc., et ratisse donc largement et jusque assez loin dans les environs (Jaisalmer, Mont Abu, etc.) la jeunesse estudiantine issue de la classe moyenne ou chic.

Pour terminer, sachez que les environs de Jodhpur offrent de belles échappées bucoliques, avec les villages vishnoïs.

DES BRAHMANES AUX MOUSTIQUES...

À l'origine, cette dominante bleue des maisons provient du fait que la plupart d'entre elles appartenaient à des brahmanes et que ceux-ci vénèrent essentiellement Krishna (qui a le visage bleu). Aujourd'hui, la tradition perdure d'autant que le bleu éloigne les moustiques et permet par ailleurs d'adoucir la chaleur ambiante (mais les maisons ne sont plus uniquement celles de brahmanes).

– *AVERTISSEMENT,* dans la série arnaques : dans la vieille ville principalement, autour de la Clock Tower, de jeunes Indiens vous proposeront de vous faire découvrir une collection exclusive de pashmina, ou de foulards, ou de vêtements, ou de tapis, etc., en prétendant travailler pour de grands noms de la mode internationale : Armani, Dior, etc. Inutile de vous dire que ce n'est pas l'exacte vérité, n'est-ce pas ? Dans un autre registre, attention aussi à ce que l'on ne vous vende pas du faux safran au prix du vrai (lire le texte dans la rubrique « Achats », plus loin).

Arriver – Quitter

En train

Gares ferroviaires : Main Railway Station *(plan A2) et* ***Maha Mandir Railway Station*** *(plan B1).*

– Pour le train, le ***bureau des réservations*** *(*Advance Reservation Office *; plan A2, 7) se trouve à 3 mn de la gare, sur la droite en sortant de celle-ci, à côté de la poste. Lun-sam 8h-20h (pause 13h45-14h) ; dim 8h-13h45.* Les agences de voyages privées se trouvent autour de la *Main Railway Station.* Elles vendent des billets pour toutes les grandes destinations.

– D'autre part, si vous ne faites qu'un transit à Jodhpur et, arrivant en train, désirez attraper une correspondance directe avec des ***bus gouvernementaux,*** descendez à la *Raika Bagh Railway Station* (ou *Raika Bagh Junction ; plan B2).* Le *Bus Stand* est à côté. Vous éviterez 3 km à refaire dans l'autre sens !

➢ ***Udaipur :*** préférer le bus au train, car il n'y a pas de direct. Il faut changer à Marwar et prendre un petit train lent. Durée totale : 9h. Personne ne le prend.

➢ ***Jaipur :*** min 4 trains/j. De Jaipur, 2 trains plus pratiques que les autres : le *Ranthambhore Express* avec un départ vers 17h30 (arrivée à 23h) et un train de nuit partant à minuit (arrivée vers 6h). Dans l'autre sens, le plus intéressant est aussi le *Ranthambhore Express* avec un départ vers 6h (arrivée à Jaipur vers 11h) ; ceux de nuit ne sont pas très pratiques. Durée : env 5h30. Les autres trains sont plus lents et mettent 6-10h.

➢ ***Jaisalmer :*** 1 train de nuit dans les 2 sens. C'est une bonne solution. Départ tard le soir et arrivée très tôt le mat. Réserver dès que possible. Également 1 train de jour (départ de Jodhpur vers 6h et arrivée vers 13h ; départ de Jaisalmer vers 16h et arrivée vers 22h), mais souvent très en retard. Durée : 6-7h.

➢ ***Abu Road (Mont Abu) :*** gare à Abu Road, d'où il faut prendre un bus ou une jeep collective jusqu'à Mont Abu. 3 trains/j. (mat, ap-m et nuit au départ d'Abu Road ; le soir et fin de mat au départ de Jodhpur). Durée : 6h.

➢ ***Delhi :*** 2 trains/j. (le soir au départ de Jodhpur ; en fin d'ap-m et le soir au départ de Delhi). Durée : env 12h.
➢ ***Ajmer :*** pas de train direct. Il faut changer à Marwar. Préférer le bus.
➢ ***Ahmedabad :*** min 3 trains/j. (de nuit et en fin de mat au départ d'Ahmedabad ; tôt le mat et dans l'ap-m au départ de Jodhpur). Durée : 8h-10h.
➢ ***Agra :*** 2 trains/j. l'un de nuit (départ en début de soirée dans les 2 sens), l'autre de jour. Durée : 11h.
➢ ***Mumbai :*** 1 direct/j. (départ en début d'ap-m). Durée : 19h.
➢ ***Bikaner :*** min 3 trains/j. Durée : 5h-11h.

En bus

Gare routière : *plan B1.*
Nous vous donnons ici les fréquences moyennes des liaisons entre les villes.
➢ ***Udaipur :*** env 3 *deluxe*/j. gouvernementaux (de jour comme de nuit) et 2 *express*. Trajet : 7-8h. Seuls ces bus s'arrêtent à Ranakpur (superbes temples jaïns), mais pas assez longtemps pour visiter. Si tel est votre désir, vous pourrez reprendre un peu plus tard 1 *express* pour Udaipur (vérifier bien les horaires). Également 4 bus privés (ne passent pas par Ranakpur).
➢ ***Jaipur :*** nombreuses liaisons quotidiennes, 6h15-minuit. Départ de *deluxe* env ttes les 1h30. Trajet : 7h. Env 6 bus privés.
➢ ***Jaisalmer :*** quelques bus gouvernementaux/j. pour Jaisalmer. Env 10 bus privés/j., de tôt le mat à tard le soir, quasi ts des *deluxe.* Trajet : 5h30 env.
➢ ***Mont Abu (Abu Road) :*** 1 *express* env ttes les heures, 5h-17h. Attention, 2 bus slt rallient directement Mont Abu. Quelque 4 bus *deluxe*/j. s'arrêtent à Abu Road ; de là, prendre un autre bus pour grimper à Mont Abu. Sinon, 1 bus privé en milieu de mat. Trajet : 7h.
➢ ***Delhi :*** 6 *express* et 2 *deluxe* (l'un gouvernemental, l'autre privé). Trajet : 13h.
➢ ***Ajmer :*** les bus reliant Jodhpur et Jaipur (et vice versa) passent tous par Ajmer.
➢ ***Pushkar :*** pas de bus directs. Prendre un bus pour Ajmer puis un transport local pour rejoindre Pushkar qui n'est qu'à 12 km d'Ajmer.

Adresses utiles

- Tourist Reception Centre
- Post Office
- Main Railway Station
- Maha Mandir Railway Station
- Gare routière
- Aéroport
- 1 State Bank of India
- 2 Indian Airlines
- 3 Jet Airways
- 4 Poly Travels
- 5 Ajit Cycle (location de vélos)
- 7 Advance Reservation Office
- 24 Prem Cycles (location de vélos)

Où dormir ?

- 10 Sarvar Paying Guesthouse
- 11 Saji Sanwri Guesthouse et Shahi Guesthouse
- 12 Shivam Paying Guesthouse
- 13 Jagdamba Guesthouse
- 14 Singhvi's Haveli
- 15 Haveli Guesthouse
- 16 Pal Haveli
- 17 Youth Hostel Jodhpur
- 18 Tourist Guesthouse
- 19 Govind Hotel
- 20 Devi Bhawan
- 21 Newtons Manor
- 22 Madho Niwas
- 23 Ratan Vilas
- 24 Kalinga Hotel
- 25 Ranbanka Palace et Ajit Bhawan

Où manger ?

- 24 Kalinga Restaurant
- 25 Buffet du Ranbanka Palace
- 30 Resto de la gare de Jodhpur
- 31 Restaurant Priya
- 32 Mid Town Restaurant
- 33 Chimney Restaurant
- 34 On the Rocks

Où déguster un *lassi* et autres douceurs ?

- 38 Shri Mishrilal Hotel
- 39 Janta Sweet Home

Où boire un verre ? Où danser ?

- 34 On the Rocks et Rocktail

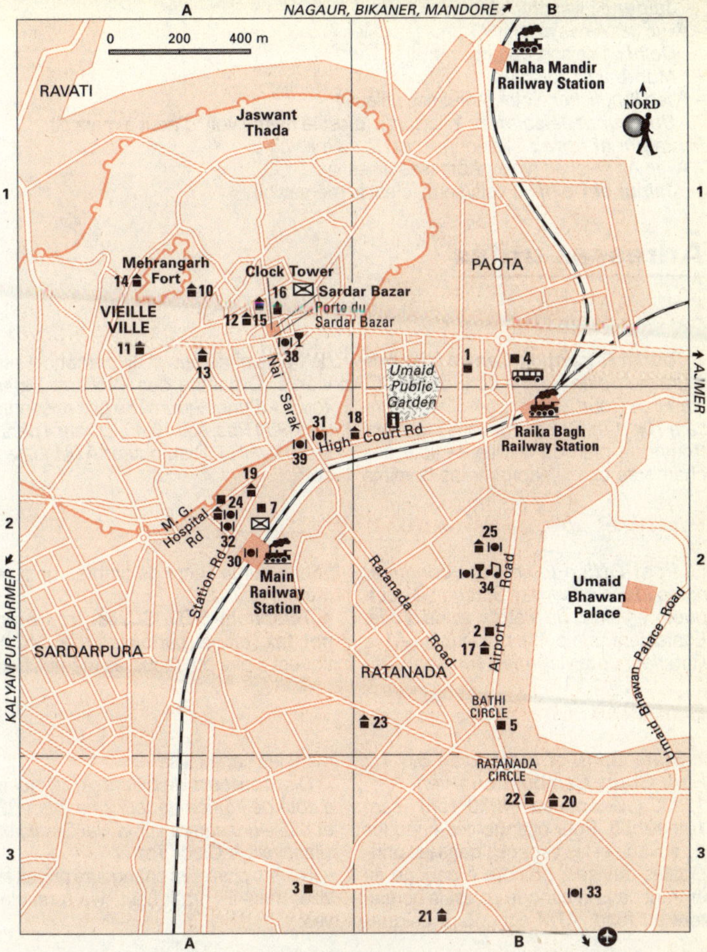

JODHPUR

➢ ***Ahmedabad :*** 2 *deluxe* et 3 *express*/j. Trajet : env 11h.
➢ ***Agra :*** 1 *deluxe*/j. Trajet : 14h. Autre solution : rejoindre Jaipur en train (nombreux bus entre Jaipur et Agra).
➢ ***Le Shekhawati :*** 4 *express* pour Nawalgarh et 1 *deluxe*. Trajet : env 9h. Et 1 bus privé.
➢ ***Bikaner :*** 6 *deluxe* gouvernementaux et quelques *express*/j. Et 6 bus privés. Trajet : 6h.
➢ ***Chittorgarh :*** 1 *deluxe* et 1 *express*/j. Trajet : 8h env.

En avion

– Avec *Indian Airlines* (voir « Adresses utiles ») :
➢ ***Udaipur, Mumbai et Delhi :*** 1 liaison/j. (c'est le même vol).

➢ ***Jaipur :*** 1 liaison/j. sf dim.
– Avec *Jet Airways* (voir « Adresses utiles ») :
➢ ***Delhi :*** 1 liaison/j.
➢ ***Mumbai :*** 1 liaison/j.
– Avec *Kingfisher* (voir « Adresses utiles ») :
➢ ***Udaipur et Jaisalmer :*** 1 liaison/j. (c'est le même vol), d'août à mars slt.
➢ ***Jaipur et Agra :*** 1 liaison/j. (c'est le même vol).
– Avec *Air Deccan* (voir « Adresses utiles ») :
➢ ***Jaipur et Delhi :*** 3 vols/sem. (c'est le même vol).

Adresses utiles

Infos touristiques

Tourist Reception Centre *(office de tourisme ; plan B2) : à côté du RTDC, sur High Court Rd. ☎ 254-50-83. Lun-sam 10h-17h.* Peu de moyens mais on y trouve un plan de la ville, la liste des chambres chez l'habitant, les horaires de trains et de bus et un personnel serviable. Organise des « *Village Safari Tours* » d'une ½ journée à prix raisonnables *(900 Rps, soit 16,40 €, pour 4 pers ; résa la veille)*. Distributeur ***ATM*** juste à côté.

Poste et télécommunications

✉ ***Post Office*** *(plan A2) : continuer après la Main Railway Station ; à quelques centaines de mètres, sur la droite.* Également une petite *poste (plan A1) à l'intérieur de la vieille ville (lun-sam 10h-16h)*, pour la vente de timbres uniquement.
■ ***Téléphone STD-ISD, centres Internet, fax :*** *un peu partout en ville.* Ils pratiquent à peu près tous les mêmes prix.

Banques, change

■ ***State Bank of India*** *(plan B1,* ***1****) : High Court Campus. Lun-ven 10h-15h30 (avec pause 14h30-15h) ; sam 10h-12h30.* Pour changer les chèques de voyage et les espèces dans les principales devises, prendre à gauche en entrant dans la banque ; c'est le bureau tout au fond. ***ATM*** acceptant uniquement les cartes *Visa*.
■ ***Distributeurs de billets*** *(ATM) : juste à côté de l'office de tourisme (plan B2) et plusieurs autres sur la Nai Sarak, en allant vers la Clock Tower.*
– Il existe plusieurs changeurs privés en ville, mais ils pratiquent des taux élevés.

Compagnies aériennes

■ ***Indian Airlines*** *(plan B2,* ***2****) : Airport Rd. ☎ 251-07-57 ou 58. Lun-sam 9h30-13h15, 14h-17h. Un bureau à l'aéroport, tlj 12h30-17h30. ☎ 251-26-17 ou 251-55-03.*
■ ***Jet Airways*** *(plan A3,* ***3****) : Osho Apartment, Residency Rd. ☎ 510-22-22 ou 33-33. Lun-sam 9h-18h ; dim 9h30-15h. Également un bureau à l'aéroport : ☎ 251-55-51 ou 52.*
■ ***Kingfischer :*** *à l'aéroport. ☎ 251-79-83.*
■ ***Air Deccan :*** *à l'aéroport. ☎ 511-21-11.*

Agence de voyages

■ ***Poly Travels*** *(plan B1,* ***4****) : 10 D, Bus Stand, Paota (à côté du terminal des bus gouvernementaux). ☎ 254-52-10 ou 257-16-20 (le soir). 📱 098-29-14-74-70. • polytravels.com •* Une bonne agence. Les patrons, Surendra, Raj Gehlot (le frère) et Sanjay (le fils, qui parle un peu le français) prodiguent un sympathique accueil et proposent des excursions intéressantes aux alentours, notamment à la réserve d'oiseaux et dans les villages vishnoïs. Réservation de bus, location de véhicules, safari-photo, etc. Pour l'excursion à la demi-journée, compter environ 350 Rps/personne quand on est quatre, et 400 Rps quand on est deux. Une agence qui ne nous a jamais déçus, ni nous ni nos lecteurs, depuis de nombreuses années, tout simplement parce que Surendra et son fils connaissent bien les villageois. Ils y organisent même des séjours de travail bénévole (contactez-les pour en savoir plus). La famille tient également une excellente *guesthouse* à Mandore, tout près de Jodhpur.

Transports

■ ***Location de vélos : Ajit Cyclo*** *(plan B2,* ***5****), sur le Bathi Circle. Tlj 9-21h. Également* ***Prem Cycles*** *(plan A2,* ***24****), sur la droite du* Kalinga Hotel. *Tlj 8h-22h.*
■ ***Rickshaws :*** pour info, de la gare routière à la Clock Tower, compter 25-30 Rps ; de la gare ferroviaire à la Clock Tower, 30-40 Rps. Pour monter au fort, 60-70 Rps. Et n'oubliez pas que si un rickshaw vous propose de vous conduire depuis la gare à un hôtel pour 5 Rps, c'est qu'il touche une commission qui fera augmenter le prix de la chambre.

Où dormir ?

Trois quartiers pour dormir : d'abord le centre moderne et tous ses hôtels à prix moyens mais vraiment peu engageants. Pas loin du Sardar Market et de la Clock Tower. Coin assez bruyant et pas tout à fait reposant. On ne le conseille pas vraiment. Ensuite, un quartier résidentiel un peu excentré avec un grand choix de chambres chez l'habitant, la plupart très sympas mais parfois un peu chères, bien que certaines adresses pratiquent des prix voisins de celles du centre, avec un confort et un environnement bien meilleurs, de type villas. Heureusement, il existe dans la vieille ville des adresses simples et bon marché. C'est de loin la meilleure solution pour loger quand on est fauché et qu'on veut vivre au cœur d'une famille. On ne le répète pas à chaque adresse, mais sachez que la grande majorité des *guesthouses* et hôtels vous proposeront une excursion dans les environs de Jodhpur vers les villages vishnoïs. Ne vous décidez pas immédiatement, il y a beaucoup de charlatans.

Dans la vieille ville

De très bon marché à bon marché (150-900 Rps / 2,30-13,80 €)

La particularité de toutes les adresses qui suivent est de proposer une large gamme de prix et de confort. Certaines se permettent même un petit pic dans la catégorie « Chic » (il s'agit le plus souvent d'une seule chambre, particulièrement grande ou bien placée).

Sarvar Paying Guesthouse *(plan A1,* ***10****) : près de Manak Chowk. ☎ 261-64-24. • azu_azhar6@yahoo.com • Chambres de très bon marché à prix moyens selon taille et confort.* Certaines ont une salle de bains privée, d'autres non, ou encore la clim'. Toutes présentent néanmoins un bon rapport qualité-prix. Passé le hall de réception, peu attirant, on découvre avec surprise une sympathique *guesthouse*, à la déco et à l'entretien vraiment soignés. Les chambres les plus onéreuses, au sol couvert de mosaïques, sont spacieuses. Sur le toit, 2 terrasses avenantes (voire romantique pour l'une d'entre elles). Inutile de préciser que depuis là-haut, la vue sur la ville bleutée est très belle ! Accueil d'une grande gentillesse.

Saji Sanwri Guesthouse *(plan A1, **11**) : ☎ 244-03-05. • sajisanwri.com • Face à la Clock Tower (lorsqu'on vient de la ville nouvelle), prendre la rue sur la gauche (sans franchir la 1re porte) ; parcourir 500 m env, puis prendre une ruelle sur la droite (fléché). Les rickshaws font parfois mine de ne pas connaître car Indu, la maîtresse de maison, refuse de donner des commissions (c'est marqué clairement sur son enseigne !). De bon marché à prix moyens.* Une *guesthouse* toute cosy, proposant de nombreuses chambres. Les salles de bains sont basiques mais l'endroit est d'une propreté qui fait plaisir à voir. Chacune des chambres jouit d'une déco personnalisée, plutôt coquette ou amusante. Les plus chères ont la clim'. Plusieurs cuisines à disposition. Garage pour les motos. De nouvelles chambres sont également prévues. Un endroit qui a de l'âme et où l'on vit à l'indienne avec une famille très sympathique qui habite les lieux. Indu vous concoctera même des petits plats traditionnels à savourer tranquillement en terrasse, sur le toit. Une adresse que l'on aime beaucoup, nos lecteurs aussi !

Shivam Paying Guesthouse *(plan A1, **12**) : à 5 mn de la Clock Tower. De cette horloge, juste après avoir passé la Mertia Pol (la 2e porte en venant de la ville nouvelle), prendre la 1re à gauche puis la 1re à droite. ☎ 261-06-88. • shivamgh@hotmail.com •* Adresse minuscule et familiale, proposant quelques chambres toutes petites et modestes (mais avec salles de bains) à des petits prix modestes (ça tombe bien) et d'autres plus grandes, lumineuses et refaites à neuf (à prix encore très raisonnables). Clim' pour les plus chères et petit supplément pour l'*air cooler.* On vit vraiment au cœur de la famille, un peu les uns sur les autres (au figuré évidemment !). Certains se sentiront un peu confinés. Joli brin de terrasse avec resto. Les proprios ont ouvert un nouvel établissement, à deux pas, la ***Ganpati Guesthouse.*** Les chambres sont particulièrement spacieuses, propres, mais un peu plus chères. Certaines disposent d'une vue sur le fort et bénéficient d'une déco plus aboutie. L'endroit manque juste d'un peu d'atmosphère. Malgré tout, s'ils vous le proposent, vous pouvez y aller sans souci.

Jagdamba Guesthouse *(plan A1, **13**) : Kansara St. ☎ 263-89-19. Face à la Clock Tower (lorsqu'on vient de la ville nouvelle), prendre la rue sur la gauche (sans franchir la 1re porte) ; parcourir 300 m env ; c'est dans la 1re rue à gauche, après la place de Kalta Bazar. Très bon marché ; c'est d'ailleurs notre adresse la moins chère de la catégorie.* Une *guesthouse* de 5 chambres plutôt exiguës dont 2, assez sombres, au rez-de-chaussée. Préférer celles à l'étage, un peu plus chères, mais vous aurez davantage d'air et peut-être même un petit balcon ! Salles de bains privées, mais eau chaude capricieuse. Entretien correct. Très agréable terrasse sur le toit.

De prix moyens à plus chic (250-2 000 Rps / 3,80-30,80 €)

Singhvi's Haveli *(plan A1, **14**) : Navchokiya, Ramdavji-ka Chowk. ☎ 262-42-93. • singhvi15adhaveli@hotmail.com • Dans la vieille ville, mais légèrement excentré, dans un quartier beaucoup moins touristique que celui de Clock Tower. Doubles 250-1 600 Rps (3,80-24,60 €).* Les chambres à prix variables et démocratiques disposent toutes d'une salle de bains (mais certaines n'ont pas l'eau chaude ; AC ou *air cooler*). Elles sont très propres et bénéficient parfois d'une très jolie déco. Mais ce qui nous séduit dans cette ancienne *haveli,* c'est l'espace, la paix qui y règnent et le charme des parties communes qui raviront les adeptes du farniente ! De la terrasse sur le toit, le regard embrasse le fort et le champ de maisons bleues tapies en contrebas. Accueil et ambiance familiaux, ainsi qu'une bonne cuisine mitonnée maison.

Haveli Guesthouse *(plan A1, **15**) : face au Turji-ka-halra Makrana Mohalla (vieille ville).* ☎ *261-46-15.* • *haveliguesthouse.com* • *Passer derrière la Clock Tower, prendre la 1re rue à gauche, puis la 1re à droite, et encore à droite. Doubles 400-2 000 Rps (6,20-30,80 €) selon taille et vue, ttes avec sdb.* Façade et réception séduisantes, fort bien rénovées. Globalement, les parties communes sont agréables. En ce qui concerne les chambres, c'est très variable. En voir plusieurs en fonction de votre budget : celles du bas sont sombres (les moins chères), d'autres à l'étage (bien plus onéreuses) ont une déco pimpante. Terrasse-resto sur le toit, d'où l'on peut admirer la forteresse et les maisons bleues de la ville. Accueil dévoué, parfois en français.

Shahi Guesthouse *(plan A1, **11**) : Ghandi St. Face au* Narsingh Temple. ☎ *262-38-02.* • *shahiguesthouse.com* • *Passer devant la* Saji Sanwri Guesthouse *(voir plus haut) ; prendre ensuite la 1re à droite, puis la 1re à gauche, c'est à 80 m. Doubles 600-1 500 Rps.* Dans cette ancienne *haveli*, des chambres à prix moyens, sises au rez-de-chaussée, et des chambres avec vue sur le fort, plus chères. Les unes, aménagées dans les anciennes pièces, ont un charme certain. Les autres, beaucoup plus récentes, gagnent en luminosité. La clim' devrait faire son apparition. On a un p'tit faible pour la chambre à l'étage avec ses 14 minuscules fenêtres et son matelas à même le sol ! Accueil sympathique de Bantu, le jeune proprio. Comme partout ailleurs, terrasse sur le toit.

De plus chic à très chic (2 500-4 000 Rps /38,50-61,50 €)

Pal Haveli *(plan A1, **16**) : Gulab Sagar ; juste derrière la Clock Tower.* ☎ *309-33-28 ou 263-83-44.* • *palhaveli.com* • Dans une noble et imposante *haveli* du XVIIIe s, une vingtaine de chambres réparties autour d'une cour intérieure et ses salons richement décorés de beaux objets traditionnels. Belles chambres confortables, élégamment meublées. En revanche, l'ensemble manque un peu de chaleur et s'illustre par son lustre quelque peu déclinant. Également un resto (ouvert aux non-résidents) qui, malgré des salles et terrasses aménagées avec soin, ne nous a guère convaincus.

Hors de la vieille ville

De très bon marché à bon marché (70-350 Rps / 1,10-5,40 €)

Youth Hostel Jodhpur *(plan B2, **17**) : Airport Rd, Ratanada.* ☎ *251-01-60. Fax : 251-01-60. Réduc de 25 % avec la carte internationale des AJ (YHI).* AJ très simple, à peine correcte. Dortoirs très bon marché et très sommaires avec consignes individuelles, ou chambres privées de 3 lits, les plus chères avec salle de bains mais assez sordides. Grand jardin, mais ça ne sauve pas l'ambiance. Surtout fréquentée par des Indiens. On l'indique parce que c'est une AJ, mais c'est tout.

De bon marché à prix moyens (250-900 Rps / 3,80-13,80 €)

Tourist Guesthouse *(plan A-B2, **18**) :* ☎ *254-12-35. Entre l'office de tourisme et la vieille ville. Prendre l'escalier à droite de l'enseigne ; c'est au 1er étage sur la gauche (il faut sonner).* Cinq chambres rudimentaires dotées de l'*air* *cooler* (l'une est mini, mini), assez sombres, mais plutôt propres, agréables et à prix doux. Toutes disposent d'une salle de bains privée. Bien entendu, celles qui donnent sur la rue sont plus bruyantes. Le sympathique couple et leur fils qui tiennent cette adresse offrent à leurs hôtes un accueil familial, à la bonne franquette. Ils connaissent bien Jodhpur et la région, madame vous mitonnera une bonne cuisine maison.

Govind Hotel *(plan A2, **19**) : face à la poste centrale (GPO), sur Station Rd. ☎ 262-27-58. • govindhotel.com • Prix moyens.* Les moins chères, bien que riquiqui, sont plutôt propres. Les plus onéreuses disposent de l'AC. Toutes ont leur salle de bains (mais pas l'eau chaude 24h/24) et une TV (super !). En prendre une sur l'arrière, à cause du bruit. Dortoir minuscule de 5 lits dans une sorte de couloir (quel cafard !). L'adresse n'est pas désagréable, mais c'est quand même un peu cher pour le cadre, le quartier de la gare n'étant pas le coin le plus séduisant de la ville (ni le plus calme) ! Sur le toit, resto *Fort View* où l'on sert une cuisine végétarienne à prix raisonnables.

De prix moyens à chic (850-1 800 Rps / 13,10-27,70 €)

Cette catégorie propose des adresses d'un rapport qualité-prix extrêmement variable. Notre préférence va aux adresses excentrées, la plupart offrant le charme, le confort ainsi qu'une certaine intimité à des prix très raisonnables.

Devi Bhawan *(plan B3, **20**) : 1, Ratanada Area (derrière* Madho Niwas*). ☎ 251-10-67. • devibhawan.com • Depuis Bhati Circle, prendre la route de l'aéroport (qui n'est pas loin, et cela s'entend !) et tourner à gauche vers l'Umaid Bhawan. Résa conseillée. Doubles 950-1 500 Rps (14,60-23,10 €).* Une véritable petite oasis dans ce quartier résidentiel ! Rathan Singh, le propriétaire, originaire de Jaisalmer, vit ici avec sa charmante épouse depuis que sa tante a épousé le maharaja de Jodhpur. Bungalows récents ou cottages sympas et élégants, répartis dans un très joli jardin reposant et verdoyant. Les chambres spacieuses et bien arrangées, avec goût quoique classique, disposent de leur petite terrasse ou balcon. Clim' pour les plus chères. On peut se restaurer (et bien !) sur place, dans une petite salle à manger un peu coloniale (peaux de tigres, couteaux et vieux portraits). Une belle piscine complète l'endroit. Internet (payant). Une excellente adresse un peu excentrée, mais d'un étonnant rapport qualité-prix et qui conviendra parfaitement à ceux qui trouvent l'*Ajit Bhawan* (voir plus bas) trop cher, trop chic et trop guindé.

Newtons Manor *(plan B3, **21**) : 86, Jawahar Colony, Central School Rd, Ratanada. ☎ 243-06-86 ou 261-06-03. • newtonsmanor.com • À proximité du Polo Palace. Doubles 1 000-1 300 Rps. CB acceptées.* Une bien bonne adresse encore. Grande maison bourgeoise moderne, tenue par un adorable couple d'Indiens protestants (c'est rare en Inde). Une adresse chic, mais le décor est très à la hauteur, tendance « colonie anglaise » avec plein d'antiquités, un tigre empaillé et même un billard ! Huit chambres confortables (avec ou sans AC, salles de bains luxueuses, TV...), certaines pour 4, d'autres plus étroites. Excellente cuisine maison (sur résa) et grand salon à disposition. Possibilité de consulter ses e-mails gratuitement.

Madho Niwas *(plan B3, **22**) : Bhenswara House, New Airport Rd (quartier Ratanada), derrière l'hôtel* Karni Bhawan. *☎ 251-24-86 ou 21-78. • madhoniwas@hotmail.com • Doubles 850-1 350 Rps.* Quartier résidentiel tranquille. Dans un jardin calme et fleuri, une grosse villa et un petit bâtiment en longueur. Trois catégories de chambres et de prix, bien tenues (les moins chères n'ont pas l'AC, sont un peu sombres et ne sont pas immenses, c'est sûr). Piscinette (peu engageante toutefois lorsqu'elle est remplie... !). Un peu chérot dans l'ensemble. Peut-être que les nouvelles chambres prévues présenteront un rapport qualité-prix moins discutable. Le proprio organise des soirées barbecue et possède également un fort à Jalore (85 km à l'ouest de Ranakpur), avec piscine. Accueille pas mal de groupes.

De chic à plus chic (1 000-2 100 Rps / 15,40-32,30 €)

Ratan Vilas *(plan B2, **23**) : Loco Shed Rd. ☎ 261-44-18 ou 261-30-11. • ratanvilas.com • Au calme, car situé suffisamment en retrait des artères bruyantes. Doubles 1 000-2 000 Rps (15,40-30,80 €). Repas-buffet midi et soir sur résa 250 Rps.* Cette ravissante demeure des années 1920, organisée autour d'une cour-jardin centrale, possède un vrai charme. Pas trop grande (donc une certaine intimité) et pas trop luxe (donc abordable). C'est le dynamique fiston d'un maharaja et sa charmante épouse qui ont transformé leur demeure en hôtel d'une vingtaine de chambres. Ils vous accueillent avec le sourire et une infinie gentillesse. Chambres soignées et fraîches au rez-de-chaussée mais qui donnent sur la cour-jardin où sont servis petits déj et repas ; *deluxe* et grandes suites sur la terrasse ou autour d'une cour à l'écart. Paix et raffinement sont au rendez-vous. Au salon, photos de famille en noir et blanc colorisées, toujours passionnantes quand on prend le temps de les observer. Au final, un rapport qualité-prix-charme-luxe d'un bon niveau.

Kalinga Hotel *(plan A2, **24**) : dans la rue face à la gare, au-dessus du resto* Kalinga. *☎ 262-73-38 ou 261-58-71. • kalingahotel.com • Double 2 100 Rps (32,30 €), avec sdb.* Hôtel central proposant des chambres à la propreté nickel, confortables, mais la déco sans charme correspond à celle des hôtels standard européens. Au final, les prix pratiqués sont vraiment élevés par rapport au cadre sans recherche et que d'aucuns trouveront aseptisé. Sur place, un bar et un resto très recommandable (voir « Où manger ? »).

Beaucoup plus chic (5 000-8 000 Rps / 76,90-123,10 €)

Ranbanka Palace *(plan B2, **25**) : Airport Rd. ☎ 251-28-01 et 02. Résas à Delhi, ☎ (011) 42-85-20-84. • ranbankahotels.com • Doubles 5 000-6 500 Rps (76,90-100 €) ; suite min 8 000 Rps (123,10 €).* Le palais, qui appartenait à 2 frères de la famille du maharaja de Jodhpur, a été séparé en 2 hôtels distincts (le *Ranbanka Palace* et l'*Ajit Bhawan*). Dans cette partie, les chambres sont aménagées au sein des anciens bâtiments à l'architecture élégante. Beaucoup d'espace autour de la cour et du jardin où une délicieuse piscine permet de se rafraîchir. En ce qui concerne les chambres, pas de souci, elles sont spacieuses, confortables, très propres et joliment décorées. Un peu sombres, peut-être, au rez-de-chaussée. Accueil pro et en costume traditionnel, s'il vous plaît. Salle de resto de bon goût, à moins que vous ne préfériez vous installer à l'extérieur autour de la fontaine qui glougloute. Une belle adresse, si votre budget vous le permet.

Ajit Bhawan *(plan B2, **25**) : Airport Rd. ☎ 251-33-33. • ajitbhawan.com • Juste à côté du* Ranbanka Palace. *Doubles 5 500-8 000 Rps (84,60-123,10 €).* Swaroop Singh, l'autre frère (pour le début de l'histoire, voir le texte du *Ranbanka Palace* !) a hérité d'une grande partie du jardin, et c'est là qu'on dort. On loge dans des cottages (genre huttes traditionnelles) de grand confort, à la déco soignée, disséminés dans l'immense et magnifique jardin, surplombé d'une piscine. Également, un peu à l'écart, quelques tentes grand luxe encore plus chères (avec AC, rien que ça !), ambiance « retour d'une chasse au tigre » ! Le must, ce sont les repas servis chaque soir dans le jardin autour des musiciens et danseurs invités régulièrement. En revanche, dans la salle de resto (avec ses murs rose bonbon), l'atmosphère plutôt guindée ne met pas forcément à l'aise ! Dommage aussi que le buffet soit assez moyen, surtout pour le prix. Sinon, le début de soirée au bord de la piscine, avant que le soleil ne se cache, est divin. Reste un gros regret, malgré tout : les prix qui nous ont tout de même paru un tantinet trop musclés...

Où dormir ? Où manger dans les environs ?

De prix moyens à chic (550-1 200 Rps / 8,50-18,50 €)

Mandore Guesthouse : ☎ *254-52-10 jusqu'à 19h ou 257-16-20 le soir.* • *mandore.com* • *À 5 km au nord-est de Jodhpur et à 2 mn à pied des jardins de Mandore. Demander la Dadawari Lane.* Au milieu d'un charmant jardin, une quinzaine de bungalows bien décorés, avec douche, ventilo, la plupart avec AC. Du goût dans la décoration et un confort très intéressant pour le prix. On a un petit faible pour les trois huttes aménagées de façon traditionnelle au fond du jardin. Également une suite familiale à prix intéressant pour 4 personnes. Atmosphère vraiment familiale, on se sent vite comme chez soi ici. Accueil attentionné du propriétaire, M. Surendra Gehlot, qui tient également l'agence *Poly Travels* à Jodhpur (voir « Adresses utiles »). Transfert gratuit depuis l'agence. Vélos à disposition. Petit déj et repas servis sur place pour un prix très raisonnable (et si une petite faim saisit les visiteurs des jardins de Mandore, ils peuvent également venir se restaurer ici, mais mieux vaut être patient – et pas trop affamé – car la préparation maison prend un peu de temps). Calme de l'endroit légèrement perturbé par le train et la grande route qui passent juste derrière la maison. Ne pas hésiter à laisser votre superflu de médicaments à Surendra qui les donnera dans les villages en fonction des besoins. Pour ceux que ça intéresse, ils organisent aussi des *séjours de travail bénévole (1-4 sem ; compter 100-125 €/sem en pens complète slt),* pour des individuels ou des groupes, au service des communautés vishnoïs, soit dans l'hôpital, soit au réaménagement d'écoles, de routes, etc.

Très chic (3 500-5 000 Rps / 53,80-76,90 €)

Rohet Garh : ☎ *(02936) 26-82-31 ou 26-85-51. À Jodhpur :* ☎ *(0291) 243-11-61.* • *rohetgarh.com* • *À 42 km au sud-est de Jodhpur, en allant vers Pali. Buffet le midi 400 Rps, le soir 500 Rps (cher, mais il les vaut !).* Un peu dans le style d'un *lodge* comme les Britanniques savaient les concevoir ; logique, c'était un relais de chasse, à l'origine. Sur le mur d'entrée, de splendides fresques traditionnelles dans le pur style rajpoute. À l'intérieur, délicieux petits salons à l'atmosphère cosy, avec, aux murs, les photos des princes de la famille, trophées et fusils de chasse. Certaines chambres donnent sur un grand jardin avec pelouse, d'autres regardent un étang. Toutes sont très confortables, impeccablement tenues et joliment décorées de fresques à l'ancienne. Cuisine succulente (c'est même l'un des meilleurs dîners de notre périple dans le coin !). Mais sachez que l'atmosphère au resto est assez guindée, ça en est même rigolo ! Très belle piscine. Excursion à cheval ou en jeep dans les villages vishnoïs (pas mal). Cet hôtel était une des escales préférées de l'écrivain anglais Bruce Chatwin (l'un des plus célèbres *travel writers*), qui logeait dans la n° 15. Il y écrivit son livre *Le Chant des pistes,* véritable hymne au nomadisme. On se demande quelle tête il ferait aujourd'hui en voyant débarquer des cars de touristes, comme cela arrive parfois...

Fort Chanwa : *Luni Village.* ☎ *(02931) 28-42-16. Résas à Jodhpur :* ☎ *(0291) 243-24-60.* • *fortchanwa.com* • *À 35 km au sud de Jodhpur. Résa conseillée.* Au cœur d'un petit village (situé à 9 km de la route principale), comme un vieux manoir veillant sur le désert. Abandonnée pendant plus de

100 ans puis reprise en main, cette forteresse appartient toujours au cousin du maharaja de Jodhpur. Le maître des lieux a fait travailler principalement les artisans de son village, et les parties communes sont vraiment belles et fraîches (notamment la grande salle et sa mezzanine). La déco de la plupart des chambres (toutes confortables) est en revanche plus banale (un rien décevante, même !). Les meilleures d'entre elles sont situées autour du patio intérieur (la n° 9 est l'une des plus belles : elle a 8 fenêtres ouvrant sur la cour d'honneur ou sur le patio). De nouvelles chambres dans une aile récemment construite. Prendre un verre le soir dans la cour, face aux façades en grès rouge, reste un moment inoubliable. Resto à la hauteur du reste. Piscine. Centre de massages. On vous prévient, certaines agences de voyages y envoient leurs clients, donc ne pas s'attendre à se retrouver tout seul (il faut bien rentabiliser la cinquantaine de chambres) !

Où manger ?

Question nourriture, ça va être vite vu. Pas beaucoup de choix dans le secteur.

De très bon marché à bon marché (max 120 Rps / 1,80 €)

|●| ***Resto de la gare de Jodhpur*** *(plan A2,* ***30****) : pour s'y rendre, aller sur le quai et monter au 1er étage ; c'est indiqué « Refreshment Room ». Tlj 12h-14h30, 19h-22h30.* Notre adresse préférée dans la catégorie « Très bon marché ». Grande salle ventilée, souvent étonnamment calme (pour une gare), où l'on sert des *thalis* végétariens ou non et de bons *biryanis* à prix vraiment tout doux.

|●| ***Restaurant Priya*** *(plan A2,* ***31****) : au début de Nai Sarak, resto protégé par un toit mais ouvert sur la rue. Ferme vers 22h30.* Un resto jaïn (donc strictement *veg'* et, en principe, non-fumeur), avec un super *thali*, de bons *pulaos* et des *dosaï* copieux. Sert également des *makkania lassi* (un *lassi* très épais parfumé au safran). Populaire, vivant, et un poste parfait pour observer la folle valse des rickshaws, voitures et vélos dans un concert de klaxons.

De prix moyens à un peu plus chic (120-350 Rps / 1,80-5,40 €)

|●| ***Mid Town Restaurant*** *(Eating Meeting Point ; plan A2,* ***32****) : dans la rue face à la gare, côté droit, jouxtant l'hôtel* Shanti Bhawan Lodge. *☎ 263-70-01. Tlj service continu 7h-22h30 (on peut donc y prendre un petit déj). Prix moyens.* Resto indien végétarien avec une salle un tantinet kitsch, propre ainsi qu'une courette au calme et bien aménagée. Terrasse au dernier étage de l'immeuble, avec vue sur le fort (ouverte quand il ne fait ni trop frais, ni trop chaud). Carte variée allant des snacks (genre *masala dosaï, vegetable cutlets,* plats de riz, bons sandwichs, etc.) à des plats plus copieux. Bonne cuisine dans l'ensemble, mais assez *spicy* et qui ne conviendra donc pas forcément aux palais les plus sensibles. Eh non, le bar dont l'escalier descend de la courette n'est pas du tout sympa pour finir la soirée... il est même particulièrement glauque ! Bien vérifier l'addition.

|●| ***Chimney Restaurant*** *(plan B3,* ***33****) : Airport Rd. ☎ 251-23-73. Tlj 8h-22h30. Prix moyens.* Un resto purement végétarien, avec quelques tables posées au sein d'un gentil et paisible jardin. Une adresse excentrée mais bienvenue pour varier les plaisirs : la cuisine est bien bonne (attention aux plats épicés tout de même), certaines préparations sont apportées sur de petits braseros et on y rencontre autant de touristes étrangers qu'indiens. Quelques plats manquent parfois à l'appel, mais, nous, on trouve

que c'est plutôt bon signe !

|●| ***Kalinga Restaurant*** *(plan A2,* ***24****) : au rez-de-chaussée de l'hôtel* Kalinga *(voir « Où dormir ? »).* ☎ *262-73-38. Midi et soir, jusqu'à 22h.* Si le cadre est plutôt chic, feutré et sombre, la qualité de la cuisine, elle, est lumineuse et le service impeccable. Pas mal d'hommes d'affaires et de familles aisées. Grand choix de plats *veg'* ou *non veg'* : *mutton shaki korma, jafrani biryani, zeera pulao, chicken* sous toutes ses formes... Conviendra pour une soirée un peu raffinée, loin du tumulte du centre.

De chic à très chic (270-550 Rps / 4,20-8,50 €)

|●| ***On the Rocks*** *(plan B2,* ***34****) : juste à côté de l'*Ajit Bhawan *(c'est le même proprio). Ouv jusqu'à 15h et 19h-23h ou minuit.* En plein air, un agréable jardin verdoyant joliment aménagé avec en fond le gargouillis apaisant d'une fontaine qui coupe du tohu-bohu de la route voisine. Bonne atmosphère, petits lampions romantiques le soir et service très professionnel. Cuisine raffinée, *veg'* ou *non veg'*. Bonnes viandes au barbecue. Même les plats chinois et les pizzas sont réussis. Assez onéreux évidemment, mais on peut s'en tirer pour beaucoup moins cher tout de même qu'avec le buffet du *Ranbanka Palace,* surtout le soir.

|●| ***Buffet du Ranbanka Palace*** *(plan B2,* ***25****) : voir « Où dormir ? ». Buffet servi midi (350 Rps) et soir (550 Rps).* Cuisine qui n'est peut-être pas tout à fait en rapport avec le prix, mais elle reste tout à fait correcte, et c'est surtout l'occasion de profiter d'un cadre ravissant, au sein d'une belle cour-jardin spacieuse. Petits spectacles de musiciens et/ou danseurs.

Où déguster un *lassi* et autres douceurs ?

|●| 🍸 ***Shri Mishrilal Hotel*** *(plan A1,* ***38****) : installé dans la grosse porte d'entrée du Sardar Market (quartier de Clock Tower). Entrée sur la droite, sous le porche. Tlj 8h-22h.* Petite salle à l'atmosphère populaire où se mêlent touristes et locaux. Une sorte de salon de thé à l'indienne (mais sans thé) où l'on sert le *makkania lassi* (assez spécial, très épais, onctueux, parfumé au safran). Pas besoin de passer commande : asseyez-vous, on vous l'apporte d'office ! On aime ou on n'aime pas, mais sachez que l'adresse est une institution à Jodhpur et que c'est ici qu'il faut venir le déguster ! Quelques pâtisseries sucrées ou salées également comme le *dal ka haluva,* un gâteau à base de lentilles ou le *gajar ka haluva,* à base de carottes.

|●| ***Janta Sweet Home*** *(plan A2,* ***39****) : 3, Nai Sarak, à côté du glacier* Softy-n-Softy. *Tlj 7h-23h.* Pâtisserie éminemment populaire (et vous comprendrez vite pourquoi en goûtant leurs produits !). La foule se presse en fin d'après-midi pour déguster, debout, dans du papier journal, les gâteaux dégoulinants de sucre aux couleurs éclatantes, ou les beignets aux légumes. Prix au poids.

Où boire un verre ? Où danser ?

🍸 ♫ Oui, c'est possible à Jodhpur ! Et dans un cadre pour le moins chic : dans le jardin du resto ***On the Rocks*** *(plan B2,* ***34****),* vous trouverez aussi un pavillon nommé ***Rocktail*** (tout un programme !), aménagé dans l'esprit d'une grotte labyrinthique aux murs de pierre, où la jeunesse dorée de Jodhpur et des environs (surtout des garçons, faut être clairs) vient siroter rhums et whiskies (50-120 Rps le verre, quand même). On peut même y guincher sur la minuscule piste de danse animée tous les jours de 19h à 23h par un DJ (musique électro).

À voir

☞☞☞ ***La forteresse de Mehrangarh*** *(plan A1) :* *on peut s'y rendre aisément à pied de la Clock Tower (ça permet de trouver de bons angles pour la photo et de se muscler les mollets !). Sinon, rickshaw jusqu'à l'entrée principale, par une route périphérique qui sinue aux lisières de la ville. Caisse ouv 8h30-17h30 (9h-17h nov-fin mars). Entrée : 250 Rps ; réduc ; audioguide (en 7 langues, dont le français) et appareil photo compris (supplément caméra : 200 Rps). Consigne gratuite.* Comme caution pour l'audioguide, on laisse à l'entrée une pièce d'identité restituée à la remise de l'appareil (munissez-vous de votre carte d'identité si vous n'avez pas envie d'abandonner votre passeport). Organisation étonnement efficace et sérieuse. Possibilité de prendre un guide officiel (certains parlent le français), qu'on paie à la caisse (prix fixes affichés ; à partir de 150 Rps de 1 à 4 personnes). Mais franchement, l'audioguide est très bien fait, ses infos sont précises, bien documentées et intéressantes. Café-resto sur place.

Forteresse édifiée au XVe s (1459) comme un véritable nid d'aigle par le fondateur de Jodhpur, le *rao* Jodha, qui donna son nom à la ville. Elle s'élève à plus de 135 m au-dessus de la cité ; d'une largeur de 250 m, elle s'étend sur 1,5 km. Tout a été réalisé en calcaire ocre, avec parfois des nuances roses qui rappellent la couleur du bois. Les maharajas vécurent ici jusqu'au début du XXe s, puis s'exilèrent à l'*Umaid Bhawan Palace.* On passe d'abord une belle porte ouvragée, la *Jey Pol,* puis une longue rampe et plusieurs portes monumentales (montée un peu raide, mais ascenseur à disposition pour les handicapés et les fainéants – ticket à 15 Rps à acheter en plus). Les cours intérieures laissent apparaître de superbes façades sculptées, préfigurant déjà les délires ciselés et ajourés de Jaisalmer. D'ailleurs, *Mehrangarh* ne signifie-t-il pas « Fort en Majesté » ? La forteresse a en grande partie été transformée en musée. On visite donc quelque 33 sections ou salles dans lesquelles est réunie une superbe collection historique (attention, elle tourne régulièrement). Le tour s'effectue à peu près toujours dans le même ordre.

– ***Sangar Choki*** *(cour du Couronnement) :* en levant les yeux, on peut admirer les dizaines de fenêtres ajourées qui permettaient aux femmes d'observer ce qui se passait dans la cour... sans être vues. En tout, 250 dessins géométriques différents. Dans la cour trône un siège en marbre (ou siège un trône en marbre, comme on voudra). Le maharaja y prenait place lors du sacrement royal.

– ***Salle des sièges d'éléphants :*** incroyable collection de sièges provenant de plusieurs États, mais tous en bon état, du XVIIe au XIXe s.

– ***Palki Khana :*** on voit ici d'admirables palanquins du XVIIe au XIXe s, certains devant être portés par huit personnes. Ceux qui sont fermés étaient réservés aux femmes (on ne devait pas les voir) et les découverts, aux hommes.

– ***Daulatkhana*** *(trésor) :* on y trouve le superbe *Mahadol* (« Le grand palanquin ») ainsi que des épées et sabres originaux des XVIIe et XVIIIe s, certains présentant des manches très ouvragés. *Vanity-case* en ivoire, beau *torana* qu'on mettait au-dessus de la porte de la jeune mariée pour lui porter bonheur.

– ***Salle d'armes :*** très riche salle d'exposition d'armes du XVIe au XIXe s. Curieux « sabre-pistolet » (1re vitrine sur la droite en entrant) et poignards-pistolets (vitrine 8c), boucliers damasquinés fabriqués comme de véritables objets d'orfèvrerie, belle collection de sabres des maharajas depuis le XVe s. Et puis, sympathiques gourdins en métal, incroyables épées de plusieurs kilos, lances, dagues, fusils...

– ***Umaid Vilas :*** vaste salle où sont exposées de magnifiques enluminures de différentes écoles des XVIIe et XVIIIe s, dont la plus célèbre est l'école de Manwar. Prendre le temps de bien les observer. Elles sont admirables de précision, de naïveté et d'humour (voir *Ram et Lasksman visitant les sages* et *Les dieux combattant l'armée du diable, Chasse au tigre...*). Dans un petit salon attenant (le *Shis Mahal* – palais des Glaces), le plafond semble décoré comme pour Noël, avec des boules de couleur. Sur les murs couverts de miroirs, les lampes à huile se reflétaient. Tout autour, plusieurs scènes où apparaissent des divinités : Krishna jouant de la flûte (pour raconter des pipeaux aux filles), Ganesh le dieu à tête d'éléphant, Shiva avec son trident, Brahma à quatre têtes et quatre bras, Durga à huit bras (et une seule tête), Rāma entouré de singes, etc.

– ***Moti Mahal :*** salle d'audience du maharaja édifiée en 1595. Plafond en or et miroirs un peu partout. Les vitres en verre de couleur sont récentes. De petites ouvertures-alcôves permettaient aux femmes d'écouter les audiences sans être vues, comme toujours. Les niches de stuc abritaient les lampes à huile dont la lumière devait se refléter contre les miroirs.

– ***Phool Mahal*** *(palais des Fleurs, dancing hall)* **:** cette salle était utilisée pour les danses et les réceptions. Plafond très décoré et peintures à l'or sur les murs et les colonnes. Un seul artiste réalisa tout ce travail. D'ailleurs, vous avez remarqué, les murs donnant sur les fenêtres ne sont pas peints partout : l'artiste mourut avant d'avoir fini son œuvre. Par respect pour lui, on laissa en l'état. Bel hommage. Noter la finesse des stucs. Autour du plafond, les peintures des maharajas alternent avec les portraits de dieux. Ben voyons ! Là encore les vitres de couleur furent disposées plus tard.

– ***Galerie*** avec porte de bois et fenêtres ouvragées (ivoire, bois et or...), ***salle des Comptables,*** puis encore plusieurs pièces dont la ***Thankhi mahal*** où est exposée une incroyable collection de luxueux berceaux des bébés maharajas (celui tout doré soutenu par des anges est craquant, et celui du fond fonctionne à l'électricité !). Autrefois, il s'agissait de la pièce de laquelle les femmes observaient la cour.

– ***Zanani Deodi :*** la cour réservée aux femmes. Noter le travail des fenêtres. Dans une petite salle, un spécialiste vous fait les mains. Non, il ne s'agit pas d'une manucure, mais d'une lecture des lignes de la main. Pour une lecture générale, compter 10 mn et le double pour entrer dans les détails. C'est cher et un peu bidon (devinette : si le gars qui fait ça s'appelait monsieur Atan, quel serait son prénom ? Charles ! Bravo, vous avez gagné !). Plus intéressant, non loin de là, allez admirer la chambre récemment ouverte dont le plafond est décoré de rosaces bleues (section 32).

– Ne pas manquer de faire la ***promenade des remparts,*** vers la terrasse aux canons. Panorama stupéfiant ! En fin d'après-midi, les bleus des maisons éclatent. Au loin, on aperçoit l'*Umaid Bhawan Palace.*

Tout au bout de la promenade, petit temple hindou (ne pas oublier de se déchausser au petit escalier). Vue époustouflante depuis les meurtrières sur la ville et, au premier plan, sur l'étrange monolithe qui s'avance dans la ville, comme la pointe à moitié immergée d'un paquebot.

★★ ***La vieille ville*** *(plan A-B1-2)* **:** laissez-vous aller au hasard des ruelles étroites de la ville bleue, nichée entre la Clock Tower et le pied de la forteresse. Peu de touristes prennent le temps de véritablement pénétrer au cœur de la vieille cité, de s'y perdre. Soyez certain que vous y trouverez une ambiance particulièrement attachante et des gens charmants. Sourires, petits gestes de la main, grappe de mouflets qui s'accrochent gentiment à vos basques, portes des maisons ouvertes sur l'extérieur, senteurs de cuisine mêlées aux odeurs... fétides. La vie, quoi ! Un moment à l'écart du tumulte touristique dans un monde plein de vie.

★★ ***Clock Tower*** et ***Sardar Bazar*** *(plan A1)* **:** centre économique et névralgique de la vieille ville et point de repère fort utile. La Clock Tower fut édifiée par le maharaja Sardar Singh en 1910 pour singer les British et surtout pour... donner l'heure aux habitants. Tout autour, s'étend le Sardar Bazar dans un petit dédale de ruelles et d'impasses dont quelques unes se sont spécialisées. Pour les autres, c'est du tout-venant. Nombreux petits métiers de la rue. L'activité débute vers 11h30 et bat son plein en fin d'après-midi.

★ ***Jaswant Thada*** *(plan A1)* **:** *sur la route du fort, à env 2 km de celui-ci. On y fait halte sur le chemin du retour. Tlj 9h-17h (17h30 avr-sept). Entrée : 20 Rps ; 25 Rps pour les appareils photo ; 50 Rps pour les caméras.* Superbe temple de marbre blanc élevé à la mémoire de Jaswant Singh II par une de ses femmes et abusivement surnommé « le petit Taj ». Faut tout de même pas pousser ! Clochetons, fenêtres, terrasses... À l'intérieur, pas grand-chose. Juste quelques portraits de maharajas (agrandissements en noir et blanc de miniatures) ; tous ont un petit air de famille, vous ne trouvez pas ? Le temple est entouré des cénotaphes des maharajas, notamment celui de Jaswant Singh II, à gauche du temple, dans l'agréable jardin. En contrebas, à gauche, le petit bassin est toujours utilisé par la famille royale pour les ablutions rituelles lors des crémations.

Umaid Bhawan Palace *(plan B2) : sur une colline, à l'extérieur de la ville ; à 6 km de la gare et à 3 km de l'aéroport. ☎ 251-01-01. Musée ouv tlj : mars-oct, 9h-17h ; avr-sept, 8h30-17h30. Entrée : 50 Rps.* À l'entrée, agréable bar pour prendre un verre en toute quiétude au sein d'une belle pelouse.
C'est l'immense palais du maharaja de Jodhpur, que l'on aperçoit d'un peu partout depuis la ville, avec son impressionnante coupole. Le maharaja construisit cette incroyable pâtisserie pour résorber le chômage et la famine qui régnaient à Jodhpur dans les années 1930. Il y emploie aujourd'hui encore 300 personnes en permanence. L'architecte anglais a conçu ce palais comme si l'Empire des Indes allait durer mille ans ! Voir l'immense rotonde centrale, froide et sévère comme la Salute à Venise. L'édifice se divise en trois parties : la résidence du maharaja, l'hôtel avec bar-resto (hors de prix !) et le musée au rez-de-chaussée. Si vous n'y dormez pas, vous pouvez toujours visiter le musée (même si l'intérêt de celui-ci est limité). Il se compose essentiellement de trois salles, bien présentées toutefois. Dans la 1re salle, une série de portraits de maharajas et de leur famille. Dans la 2e, expo de vaisselle notamment. Enfin, la 3e salle contient une riche collection de pendules et de montres européennes. Visite libre, mais on peut toujours demander quelques explications aux gardes.
Quant au superbe bar-resto Art déco, vous pouvez le visiter moyennant la coquette somme de... tenez-vous bien... 2 000 Rps (30,80 €) ! Autre solution pour avoir une idée du lieu : visionner la vidéo qui lui est consacrée dans la 1re salle du musée ou jeter un coup d'œil sur le site : • tajhotels.com • !

Umaid Garden *(plan B1-2)* : c'est en quelque sorte le poumon « desséché » de la ville où les familles se retrouvent le week-end et emmènent leurs bambins visiter le petit zoo qui s'y trouve. Le jardin abrite également le ***Sadar Governement Museum*** *(tlj 10h-16h30 ; entrée presque donnée).* C'est un conglomérat d'objets divers, moches et poussiéreux. En limite du parc, également le ***Folk Art Museum*** *(tlj 10h-16h ; entrée libre).* Il met l'accent sur les instruments de musique et les marionnettes, entre autres, mais n'est pas mieux ! Si vous n'avez rien d'autre à faire...

Achats

Jodhpur est, avec Udaipur, la ville du Rajasthan où l'on trouve la plus grande diversité artisanale, surtout en ce qui concerne le bois et le métal (les bijoux, c'est tout de même plus à Jaipur). La plupart des boutiques sérieuses et des antiquaires valables sont situés sur Umaid Bhawan Palace Rd *(plan B2)*, parfois de véritables entrepôts, immenses. Comparer les prix avant d'acheter. Objets en bois, mobilier (pour ceux qui sont venus en camion), boîtes sculptées, miroirs... Essentiellement des copies d'ancien, ce qui n'enlève rien à la qualité du travail. C'est rarement bon marché, et le marchandage n'est pas toujours bien pris (mais essayez de toute façon). Par ailleurs, ne croyez pas les vendeurs quand ils vous affirment que les objets sont anciens. Ils ont pour la plupart... pas plus de six mois. Il est vrai que quelques pièces sont vraiment anciennes. D'autres boutiques proposent des étoffes incrustées de miroirs, spécialité du Rajasthan (dessus-de-lit, coussins, tissus décoratifs...).
Vous trouverez également à Jodhpur d'excellentes ***épices***, notamment du safran, l'épice la plus chère au monde. Mais attention, certains commerçants iront de leur petite ritournelle pour vous vendre du faux safran au prix du vrai ! Pour ne pas se faire refiler du faux safran, il existe des petits trucs à savoir. Frotté à sec sur du papier ou entre les doigts, le vrai ne laisse aucune trace. Humidifié, il teint le papier en jaune au bout de quelques minutes et non en orange ou en rouge de manière

très rapide. S'il a un goût sucré, c'est que vous êtes sur le point de vous faire arnaquer ! Enfin, l'odeur du vrai safran est aussi caractéristique, le faux est inodore.

Mohanlal Verhomal : *Shop 209 B, à Sardar Bazar, tout près de Clock Tower (plan A1).* • *mvspices.com* • *Face à la Clock Tower (dos à la nouvelle ville), après avoir passé la 1re porte, prendre la 1re à gauche puis la 1re à droite ; c'est à 10 m sur le côté gauche.* Pendant des années, le marchand d'épices le plus célèbre de Jodhpur a tenu un magasin près de Clock Tower (et parfois aussi un stand à la sortie du fort). C'est aujourd'hui sa fille qui a pris la relève, et elle sait plutôt bien y faire. L'avantage chez eux : on vous présente bien les épices, on vous explique comment les utiliser et vous pouvez même leur demander des recettes sur Internet ! Vous trouverez notamment tout le nécessaire pour faire le vrai, l'authentique, l'immuable *massala tea* ! Comme c'est un peu cher pour le pays (mais ils font souvent quelques menus cadeaux qui compensent plus ou moins), n'hésitez pas à comparer les prix et la qualité avec les vendeurs d'à côté, ce n'est pas ce qui manque puisque, à gauche de la Clock Tower, se tient le marché aux épices de la ville.

DANS LES ENVIRONS DE JODHPUR

MANDORE

À 9 km de Jodhpur. Pour y aller, prendre un des bus qui partent sans arrêt face à la station de bus de Jodhpur ou encore près de la Clock Tower. Sinon, en rickshaw (compter près de 60 Rps l'aller). Il vous laisse au cœur de Mandore, devant les jardins. Ancienne capitale du Manwar (au VIe s), cette petite cité sans grand intérêt possède tout de même une très bonne adresse et des jardins très agréables (entrée libre) : on peut y voir plusieurs cénotaphes de maharajas en grès rouge dont la plupart ont été rénovés et de nombreux singes amusants mais voraces (ne mangez surtout pas devant eux). Voir aussi le ringard *hall des Héros*, long couloir abritant les statues kitsch du XVIIIe s représentant des divinités et héros populaires. Petite buvette sur la butte. Particulièrement sympathique le dimanche quand les familles viennent manger un cornet de glace sur les pelouses. Des jardins, un chemin grimpe jusqu'au site de ***Mandore Panchkunda*** *(15-20 mn de marche ; tlj 10h-18h ; entrée vraiment pas chère).* C'est un ensemble de 64 cénotaphes des femmes des maharajas (les reines, quoi !). Nombre d'entre eux ont été restaurés. L'occasion d'une agréable balade.

Où dormir ?

Mandore Guesthouse : *voir plus haut à Jodhpur « Où dormir ? Où manger dans les environs ? ».* Une adresse que l'on aime beaucoup.

LES VILLAGES VISHNOÏS

Dans un rayon de 25 à 50 km environ, aux alentours de Jodhpur, vivent les Vishnoïs (ou Bishnoïs), les premiers écolos par philosophie. Leur histoire vaut d'être contée. À la fin du XVe s, Jambhoji, fondateur et dieu des Vishnoïs, édicta 29 principes de vie.

OBSTINÉMENT VÉGÉTARIENS

Les Vishnoïs sont farouchement végétariens ! En 1999, des émeutes ont éclaté dans les villages (suivies d'une grève contre les touristes) quand une star du cinéma indien, en visite dans le coin, a exigé qu'on abatte un animal pour son repas... L'affaire fit grand scandale dans toute l'Inde. Les Vishnoïs y récoltèrent une notoriété qu'ils ne recherchaient nullement, sans plaquette de communication ni attaché de presse !

Parmi ceux-ci, être végétarien, non violent, protéger les animaux ainsi que les arbres, adopter une tenue vestimentaire particulière...
En 1730, le maharaja de Jodhpur envoya des coupeurs de bois (des soldats) dans les villages pour couper les gros arbres, notamment les *khezri,* parmi les plus fameux arbres du désert : il avait besoin de bois pour ses meubles. Les Vishnoïs sortirent de leur village et leur demandèrent de ne pas couper les arbres, expliquant que c'était contraire aux préceptes de leur dieu et qu'ils leur étaient utiles. Le maharaja confirma son ordre et les coupeurs se mirent à couper. Une femme vishnoï, Amrita, entoura un arbre de ses bras et les autres femmes firent de même. Puis hommes, vieillards, jeunes suivirent l'exemple des femmes. Tous prirent un arbre à bras le corps. Et les coupeurs coupèrent : bras, jambes, têtes... et arbres. En tout, 363 personnes furent ainsi sacrifiées en protégeant les arbres. Il n'existe pas d'autre exemple dans l'histoire où des humains offrirent leur vie pour sauver des arbres.
On le voit, les Vishnoïs sont de vrais amoureux de la nature qui n'aiment pas les chasseurs. Résultat : les animaux le savent et se promènent quasi en toute confiance aux abords des villages.
Nous, on a vu des gazelles *(chinkaras),* des renards gris et pas mal d'oiseaux... Possibilité de s'arrêter dans le coin au *Guda Lake,* à 20 km de Jodhpur, un petit lac-réserve d'oiseaux (avec poste d'observation ; accès gratuit). Mais sachez que ces bébêtes à plumes sont au rendez-vous d'octobre à février seulement, et uniquement si la mousson a été bonne ; sinon, vous ne verrez pas grand monde ! On peut aussi y observer *blue bull* (genre de grandes antilopes), cerfs, iguanes, mangoustes et *chinkaras* venus s'abreuver à certaines heures. Attention, en été, il est plus difficile de voir les animaux en raison des lacs de mousson.
En dehors des animaux, la visite vaut bien sûr pour les villages eux-mêmes, intéressants pour leurs traditions. Certains se sont spécialisés ; l'un dans la poterie, l'autre dans le tissage traditionnel, un autre dans les tapis, etc. Vous aurez peut-être droit à la traditionnelle cérémonie de l'opium (rien de bien méchant, on vous rassure). Mais ne pas s'attendre à voir des villages totalement préservés, excepté côté vestimentaire (comme dans toutes les campagnes). De nombreuses agences de Jodhpur y organisent des tours. On a parfois la désagréable impression que les villageois se mettent à leur poste dès que le chaland arrive.

Avec qui faire la balade ?

L'office de tourisme organise des balades, mais leurs guides ne sont pas toujours compétents, contrairement à l'agence *Poly Travels* (voir « Adresses utiles. Agence de voyages » à Jodhpur). La plupart des hôtels et *guesthouses* proposent leurs « safaris ». Ce terme nous paraît quelque peu usurpé. On n'est tout de même pas dans un parc national au Kenya et les animaux restent parfois bien discrets... En apparence, les tarifs sont un peu les mêmes partout, mais la différence se joue sur la qualité du service et surtout la compétence du guide, le nombre de sites visités, etc. En réalité, rares sont ceux qui possèdent véritablement des guides de qualité. Tous ceux qui veulent vous vendre cette excursion se targuent de très bien connaître la région, de vous emmener dans des villages hors des circuits touristiques, d'avoir une approche respectueuse des habitants, etc. C'est souvent bidon. La grande majorité des guides ne sont là que pour balader les touristes sans rien savoir de cette minorité. Le seul moyen de réussir votre balade est d'essayer de vous renseigner auprès d'autres voyageurs.
En bref, comparez les offres avant de faire votre choix. Autre point important : le circuit emprunté. Sachez que la plupart des organisateurs passent par les mêmes villages, transformés en sites touristiques. Privilégier ceux qui sortent des sentiers battus (tout en respectant les populations, bien sûr). À noter aussi que, parfois, ce sont les touristes eux-mêmes qui sont de véritables fauteurs de troubles, avec des attitudes particulièrement stupides. Les maîtres mots : discrétion, respect de la culture...

SUR LA ROUTE DE JAISALMER

OSIYAN (OSIAN)

Petite bourgade très peu touristique située à environ 1h de route en voiture (1h30 en bus) au nord de Jodhpur, sur la route de Phalodi (qui conduit ensuite à Jaisalmer), et réputée pour ses temples jaïn et hindou. En mars et octobre, pendant 9 jours, a lieu le *Durga Festival.* De nombreux pèlerins font alors le déplacement.

🏠 ***Chambres chez Bhanu Sharma :*** *juste en face du temple jaïn ; s'adresser à la petite épicerie à l'angle de la rue.* ☎ *(02922) 27-43-31. Double 300 Rps.* Deux chambres petites, rudimentaires, d'une propreté toute relative. Douche froide (eau chaude au seau) et w-c sur le palier. Bhanu Sharma, le proprio, qui est aussi le prêtre du temple jaïn, propose également des repas et des *camel safaris.* Il paraît que c'est surtout pour rendre service aux routards de passage...

🏠 Sinon, en face du temple Sachiya Mata, le ***Sarswat Restaurant*** propose 2 chambres, à la propreté, là encore, toute relative. Seule différence avec l'adresse précédente : un poil plus cher, mais salle de bains privée. Mieux vaut apporter ses draps... Peut toutefois dépanner.

Sachiya Mata Temple : *imposant, il est situé au cœur du village et se voit de loin. Tlj 6h-20h. Gratuit (donation bienvenue).* Le temple hindou dédié à Durga. Intéressant surtout pour la ferveur qui y règne. À l'intérieur, plusieurs temples dédiés à Shiva, Ganesh, Suria, Vishnou et Laksmi. Tout en haut, le sanctuaire de Durga avec un petit déambulatoire qu'empruntent les croyants. Les pylônes tout autour sont couverts de miroirs à facettes façon boîte de nuit, style très en vogue à la fin du XXe s. Sur la terrasse, plusieurs templions richement sculptés (scènes de danses, divinités...).

À plusieurs rues de là, le temple jaïn de ***Mahavira.*** *Demandez votre chemin, car rien ne l'indique. Tlj 6h-20h. Gratuit (donation bienvenue). Appareil photo et caméra interdits.* Édifié à partir du VIIe s avec le calcaire local. Noter la coupole dans la cour, du XIIe s, aux piliers carrés. Dans le temple principal, quelques vestiges de frises sculptées restaurées telles qu'elles se présentaient aux fidèles, c'est-à-dire polychromes, et pas qu'un peu ! Également une belle idole dorée qui vous fixe droit dans les yeux de son regard perçant et vieille (paraît-il) de 2 500 ans. On en doute un peu... Ce serait celle du premier *Tirthankara.* Elle est censée être en sable et en lait... Comme d'habitude, autour du temple principal, d'autres plus petits, dédiés à d'autres *Tirthankaras.*

Où dormir ? Où manger dans les environs ?

The Desert Cafe : *à 3 km d'Osiyan, sur la route de Jaisalmer. Buffet le midi 300 Rps, le soir 350 Rps ; carte 350-500 Rps.* Dans un bâtiment récent mais construit de manière très soignée et traditionnelle (murs de terre et toit de chaume), voilà un resto qui tombe à point nommé pour reprendre des forces. Ce n'est certes pas donné, mais le cadre est vraiment plaisant et la cuisine mérite bien que l'on s'y attable. Plats *veg'* et *non veg'* comme le *chicken curry* ou encore le *ker sangari* préparé avec les fruits de l'acacia. Pas d'abus sur les épices, le service est charmant. Bref, mention très bien ! Pas mal de touristes y font d'ailleurs une pause au cours de leur périple entre Jodhpur et Jaisalmer.

🏠 ***The Camel Camp (The Safari Club) :*** *contact à Jodhpur,* ☎ *(0291) 243-70-23 ou 261-01-92.* • *campthar.com* • *Cette adresse, étant donné son accès, est plutôt destinée à nos lecteurs motorisés (et au portefeuille dodu, vu les prix !) ; très difficile d'accès toutefois en berline, vu les passages* *sableux. Tente min 8 400 Rps (129,20 €) pour 2 pers en pension complète.* À 2 km d'Osiyan (prendre la route de Jodhpur, fléché sur la droite), voici un lieu étonnant. Juchée au sommet d'une dune de sable fin, une paillote de luxe ouverte aux quatre vents ainsi qu'une piscine offrant une vue incroyable sur le désert et les temples au loin. Légèrement en contrebas, rangées en bon ordre comme un campement romain, de vastes tentes luxueuses, dignes de certains grands hôtels. Salle de bains complète avec douche chaude dans le fond de chaque tente, tables et chaises devant. Un charme fou, tout comme les prix (fous, eux aussi). Resto en extérieur et, à deux pas, un vaste salon en dur, aménagé avec goût, et un bar à l'ambiance coloniale. Un endroit étonnant, donc, mais, on le répète, vraiment très cher, d'autant qu'on tient absolument à vous vendre le package comprenant le *camel safari,* les danses traditionnelles et tout le tralala...

POKARAN (POKRAN ; *ind. tél. : 02994)*

Environ 110 km avant d'arriver à Jaisalmer. Beaucoup de militaires dans le coin. D'une part la frontière avec le Pakistan n'est pas loin, d'autre part c'est à Pokaran que se trouve le centre de recherches où fut expérimentée la bombe atomique indienne. Sur la gauche de la route principale. On ne fait pas le détour exprès mais, si l'on dispose d'un véhicule, on peut y faire halte. Juste avant d'arriver, noter, sur un promontoire, une série de cénotaphes des anciens *thakur* (seigneurs) du coin. Après avoir traversé le gros bourg, on aperçoit une petite forteresse rouge. Construite en 1532, elle est en piteux état, mais le palais (transformé en hôtel) possède une certaine élégance et un brin de charme. La cour toute blanche était celle des femmes *(zanana).* Belles teintes au soleil couchant. À l'intérieur, un petit *musée* (50 Rps ; gratuit pour les résidents de l'hôtel ; le tarif inclut un *British tea...* un de ces endroits où il vaut mieux avoir la monnaie et ne pas accepter de la récupérer en sortant, car le plus souvent, il n'y a plus personne à la sortie...). Collections peu abondantes, modestes et sans explications, et pas mal de vitrines vides, mais quelques pièces de qualité : armes diverses, armure rajpoute, costumes de femmes, d'enfants et celui, chamarré d'or, du maharaja. Boîtes à parfums et coffrets à bijoux peints, miniatures, etc. Et un dédale de coursives et d'escaliers. Étonnant alignement d'ex-voto devant un petit temple. Avec le même billet, possibilité de grimper sur les remparts (très belle vue depuis le sommet).

Où dormir ? Où manger ?

Prix moyens (600-900 Rps / 9,20-13,80 €)

RTDC Midway : *au bord de la route menant à Jaisalmer, 3 km après Pokaran.* ☎ *22-22-75.* Géré par le gouvernement. Rien d'extraordinaire, quelques chambres, avec sanitaires et eau chaude, à l'entretien relativement correct. Préférez les bungalows, plus chers mais aussi un poil plus agréables et avec clim'. Sinon, passez votre chemin... On vous signale tout de même cette adresse au cas où vous seriez surpris par la nuit dans le coin... Également un resto à la cuisine très moyenne.

De plus chic à beaucoup plus chic (2 500-7 000 Rps / 38,50-107,70 €)

Fort Pokaran Hotel & Resort : ☎ *22-22-74.* • *fortpokaran.com* • *Dans le palais de la forteresse. Repas (menu fixe) 450 Rps.* Pour les amateurs d'atmosphères décadentes. Grande salle à manger austère décorée de portraits de maharajas. Les chambres les moins chères sont propres mais parfois un peu sombres. Les suites sont déjà beaucoup plus attrayantes. Quant aux appartements, ils coupent le souffle (même si certains dégagent une atmosphère un peu décatie ; essayer d'en voir plusieurs) : immenses, avec cour intérieure privée ou balcon, une déco chic et étudiée, des plafonds de bois incrustés de miroirs, des salles de bains luxueuses tellement vastes que l'on pourrait se perdre entre la douche et le lavabo ! Bref, de quoi mener une vie de maharaja dans une ambiance hors du temps.

Où dormir ? Où manger dans les environs de Pokaran ?

Manvar Desert Camp & Resort : *☎ (02928) 26-61-37. P.O. Khiyansaria via Setrawa Tehsil. Adresse de résa : 646, Hanuwant « A » B.J.S., Jodhpur. ☎ (0291) 254-61-88. • manvar.com • À env 60 km au sud de Pokaran, sur la route de Jodhpur en passant par Dechhu. Double en ½ pens min 4 000 Rps (61,50 €). Repas 350-500 Rps.* Une halte pour ceux qui veulent se restaurer avant de repartir (mais vous paierez votre repas au prix fort pour un service parfois hautain) ou une étape de luxe du genre oasis : un complexe de maisonnettes en pierre joliment décorées dans le style local et disséminées au milieu d'un jardin verdoyant avec pelouses impeccablement entretenues. L'ensemble évoque un petit village. Piscine et salle de fitness, animation musicale et boutiques d'artisans. Possibilité de dormir également à 5 km de là sous des tentes tout confort *(env 5 000 Rps – 76,90 € – pour 2 pers en ½ pens)*. Propose aussi des formules combinées comprenant le logement, la pension complète et le safari.
– À env 20 km de Dechhu, en direction de Jodhpur, évitez de vous attabler au resto du ***Desert Haveli,*** scandaleusement cher pour une cuisine franchement mauvaise !

JAISALMER

80 000 hab. IND. TÉL. : 02992

Bikaner **: 328 km ;** ***Jodhpur*** **: 298 km ;** ***Ajmer*** **: 500 km.**

Il faut un effort pour atteindre cette ville au fond du désert du Thar. Un effort vite récompensé quand, de loin, on aperçoit cette époustouflante forteresse de couleur jaune émergeant d'un désert plat et semi-aride. On dirait un grand château de sable sorti de l'imagination d'un enfant sur une plage en été. Un rempart de 5 km l'entoure. Cette « Carcassonne du désert » se révèle l'une de nos villes préférées au Rajasthan, avec Udaipur et Bundi, même si son charme pâtit désormais d'une ambiance très touristique. La faible présence de véhicules à moteur (par rapport aux autres villes) et la taille réduite de la cité font cependant que vous vous sentez rapidement comme chez vous. On vous reconnaît très vite dans la rue, et vous vous familiariserez rapidement avec les visages qui vous entourent.
Jaisalmer, c'est aussi la découverte du désert à dos de chameau. Un désert plat et sauvage, rythmé par quelques minuscules villages et surtout, de-ci, de-là, quelques belles dunes où il fait bon dormir devant un feu.

UN PEU D'HISTOIRE

C'est à la suite d'une rencontre entre un prince rajpoute illégitime, Jaisal, et un ermite, que la ville vit le jour au XIIe s. L'ancienne capitale Lodurva fut laissée à l'abandon. Pilleurs, voleurs et bagarreurs, les princes rajpoutes de ce territoire,

prétendus descendants de Krishna, véritables voyous du désert, semaient la terreur dans toute la région, et seule l'arrivée des musulmans qui prirent la cité au XIVe s tempéra leurs ardeurs belliqueuses. Les Rajpoutes de Jaisalmer étaient réputés pour leur férocité et leur courage. Rappelons simplement l'épisode où, au XVIe s, des femmes rajpoutes s'immolèrent alors que leurs maris menaient un combat perdu d'avance. Les alliances passées entre les Moghols et les Rajpoutes permirent de calmer le jeu, et Jaisalmer devint riche grâce au passage obligé des caravanes d'épices, d'opium et d'indigo entre la vallée de l'Indus et l'Asie centrale. C'est un exportateur d'opium (on dirait aujourd'hui un narcotrafiquant) qui fit construire le Patwah-ki-Haveli. En échange de leur protection, les Rajpoutes faisaient payer de lourds tributs aux caravanes. C'est alors que tous les riches marchands se firent construire de splendides *havelis* aux XVIIIe et XIXe s, toutes plus belles et plus raffinées les unes que les autres.
Puis Jaisalmer vit son commerce décliner avec la mainmise des Anglais au XIXe s, qui développèrent le chemin de fer et les grands ports (Mumbai...). Enfin, la partition entre l'Inde et le Pakistan traça une frontière pratiquement infranchissable au commerce, et Jaisalmer entra en léthargie. Cependant, les conflits indo-pakistanais redonnèrent une valeur stratégique à la région, ce qui fait qu'aujourd'hui les secteurs d'activité principaux sont l'armée et le tourisme.

Arriver – Quitter

Comme d'habitude, pour les billets de bus ou de train, les *guesthouses* se chargent de vous les procurer en échange d'une petite commission. Certaines n'en prennent que pour les billets de train, pas pour les bus.
En arrivant à Jaisalmer, chaque voyageur doit désormais s'acquitter d'une taxe de 20 Rps valable pour la durée du séjour et alimentant les caisses de la municipalité. À payer au poste d'entrée situé à 3 km environ de la ville si vous arrivez en voiture ou en bus. Si vous venez en train, vous réglerez la taxe à la gare ; mais pas de guichet aux dernières nouvelles, des préposés attendent sur le quai à cet effet.

En bus

***Gare des bus gouvernementaux** (plan I, B3, **1**) : ts les bus gouvernementaux partent de la station de bus située derrière le* Neeraj Hotel, *puis font un arrêt à la **Old Bus Station** juste après (plan I, D2, **2**).* Seuls ceux pour Jodhpur ne s'y arrêtent pas. Sachez que si vous voyagez avec un bus gouvernemental, vous ne pourrez acheter votre billet que le jour même de votre départ.

***Gare des bus privés** (plan I, C3, **3**) :* les bus privés partent et arrivent sur une sorte de parking sans réelle organisation et susceptible de déménager. Même s'il vous en coûte quelque 20 Rps de plus, on vous conseille vraiment de privilégier les bus privés, plus rapides et beaucoup plus confortables. Les bus gouvernementaux reliant Jaisalmer au reste du Rajasthan sont en effet le plus souvent des *express* et non des *deluxe*.

***Gare des bus locaux** (plan I, B1, **4**) : les bus locaux, ceux pour Khuri notamment, partent d'un grand parking pas très loin de l'hôtel* Renuka *(on peut aussi y accéder par un chemin situé entre Hanuman Circle et la Amar Sagar Gate).*

➢ ***Jodhpur :*** bus privés ttes les heures env 5h-18h, puis 1 bus à 22h. Bus gouvernementaux env ttes les heures, 7h-18h, mais un seul *deluxe* (en fin d'ap-m au départ de Jaisalmer). Trajet : env 5h30. Le train de nuit est plus pratique.
➢ ***Ajmer et Jaipur :*** un bus gouvernemental *super deluxe*/j. (en fin d'ap-m au départ de Jaisalmer ; mais attention, on ne peut acheter le billet que le jour du départ à partir de midi ; pas de *sleeper*). Trajet : 12h (10h pour Ajmer). Également 1 bus privé partant de Jaisalmer vers la même heure mais, pour une fois, préférez le

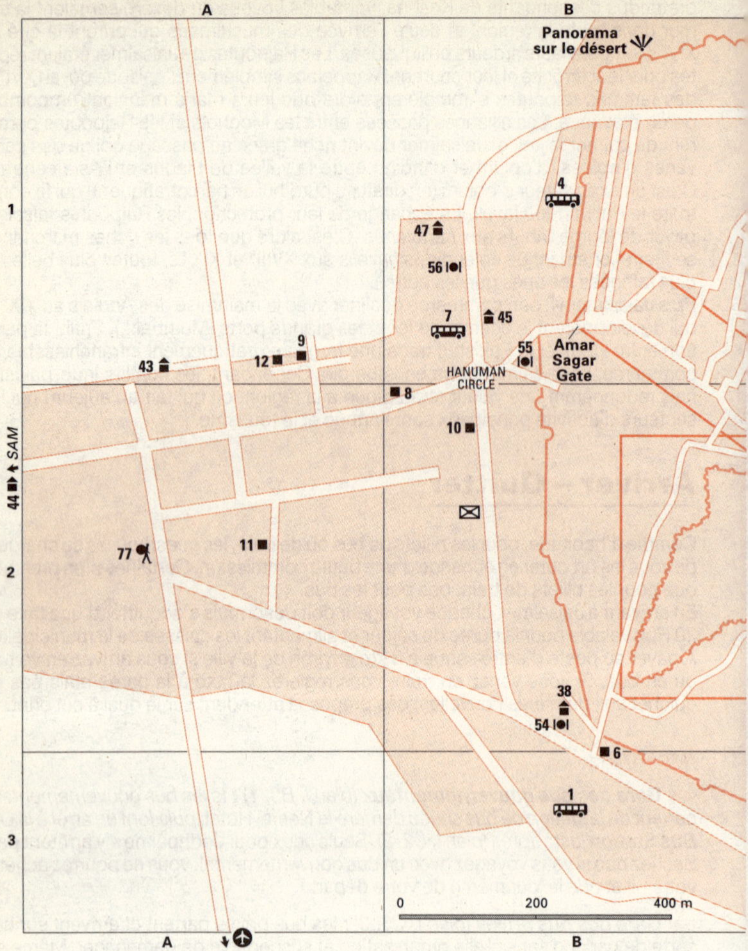

Adresses utiles

- Office de tourisme - Tourist Reception Centre
- Poste centrale
- Gare ferroviaire
- Aéroport militaire
- 1 Gare des bus gouvernementaux
- 2 Old Bus Station
- 3 Gare des bus privés
- 4 Gare des bus locaux
- 7 Bus privés pour Ahmedabad
- 6 Bank of Bikaner and Jaipur
- 8 Government Hospital
- 9 Hôpital privé - Sri Mahesavri
- 10 Police
- 11 Police Superintendent Office
- 12 Indian Airlines et Jet Airways

Où dormir ?

- 35 Residency Centre Point Guesthouse

JAISALMER – ENSEMBLE (PLAN I)

38 Shahi Palace Hotel
39 Hotel Rajdhani
40 Narayan Niwas Palace
42 Fifu Guesthouse
43 Jawahar Niwas Palace
44 Gorbandh Palace
45 Hotel Akash Deep
47 Hotel Jaisal View

Où manger ?

54 New Jaïn Pavitra Bhojnalay & Dileep
55 Chandan Shri Restaurant
56 Bikaner Restaurant

À voir

70 Patwah-ki-Haveli
71 Nathmal-ki-Haveli
74 Tilon-ki-Pol
75 Musée du Folklore de Jaisalmer
76 Musée des Cultures du désert
77 Musée du Gouvernement

bus gouvernemental (le privé ne vous largue pas à la bonne gare à 3h du mat à Ajmer !). Là encore, le train est moins fatigant.

➢ ***Udaipur :*** aucun bus gouvernemental direct. Aller d'abord à Jodhpur. Normalement, 1 bus privé direct en milieu d'ap-m (mais vérifier, car cette liaison est un peu aléatoire : il arrive parfois notamment que l'on vous demande de changer de bus à Jodhpur) ; trajet : 14h env.

➢ ***Bikaner :*** 3 bus gouvernementaux/j. (via ***Phalodî***) dont 1 *express* et 2 *deluxe* ; celui qui part tôt le mat est le plus rapide. Trajet : env 6h-6h30 (plus long avec les bus locaux ou *express*). Et 4 bus privés/j.

➢ ***Ahmedabad :*** aucun bus gouvernemental direct. Il faut changer à Barmer. En revanche, 3 bus privés directs/j. (tous en fin d'ap-m au départ de Jaisalmer !). Attention, les bus privés pour Ahmedabad partent près de *Hanuman Circle (plan I, B1, **7**)* et non depuis la gare des bus privés.

➢ ***Barmer :*** bus ttes les 30 mn (*express* ou locaux), 6h-23h. Trajet : 3h *(express)* à 4h.

➢ ***Abu Road et Mont Abu*** (via ***Barmer***) ***:*** un bus gouvernemental/j. jusqu'à Abu Road (normalement très tôt le mat au départ de Jaisalmer) ; de là, prendre un bus local pour Mont Abu. Trajet : 11-12h. Une nouvelle liaison en bus privé devait être mise en place (Jaisalmer – Barmer – Abu Road – Udaipur) ; se renseigner.

En train

On peut acheter tous les billets de train qu'on veut à la ***gare de Jaisalmer*** *(plan I, D2)*, car elle est informatisée, mais mieux vaut s'y prendre à l'avance *(résa ouv en général lun-sam 8h-20h ; dim 8h-13h)*.

➢ ***Jodhpur :*** 2 trains/j. Le train de nuit part vers 23h15 (dans les 2 sens). Durée : 6h30. Un autre train part vers 16h de Jaisalmer pour arriver à Jodhpur vers 22h30 ; départ de Jodhpur vers 6h et arrivée vers 13h à Jaisalmer.

➢ ***Delhi via Jaipur :*** 1 train/j. Départ en milieu d'ap-m de Delhi, passage vers minuit à Jaipur et arrivée à Jaisalmer le lendemain vers midi ; départ de Jaisalmer vers 16h, arrivée à Jaipur très tôt le lendemain mat et à Delhi en fin de mat.

➢ ***Bikaner :*** 2 trains/j. l'un de jour, l'autre de nuit. Trajet : 7h env.

En avion

✈ Peu de vols au départ de Jaisalmer. *Les vols s'effectuent depuis l'**aéroport militaire** (hors plan I par A3), à 7 km de la forteresse, en attendant l'ouverture du nouvel aéroport prévu à 12 km de la ville, sur la route de Barmer (hors plan I par D2).* Se renseigner.

➢ ***Jaipur via Jodhpur et Udaipur :*** 1 vol/j. d'août à mars. Assez cher.

– Il est prévu d'ouvrir une liaison avec Delhi et Mumbai.

Adresses utiles

Infos touristiques

ℹ ***Office de tourisme – Tourist Reception Centre*** *(plan I, D2) **:** à l'entrée de la ville en venant de Jodhpur et de la gare.* ☎ *25-24-06. Lun-sam 10h-17h (sf 2e sam du mois).* Un plan de la ville et quelques autres informations pratiques.

Poste et télécommunications

✉ ***Poste centrale*** *(GPO ; plan I, B2) **:** non loin du Hanuman Circle. Lun-ven 10h-17h ; sam 10h-13h.* Venir avant 13h si vous désirez poster un paquet.

■ ***Téléphone, fax :*** comme dans toutes les villes d'Inde, nombreux offices privés affichant les pancartes jaunes *STD-ISD*.

JAISALMER – LA FORTERESSE (PLAN II)

Où dormir ?

- **20** Jay Laxmi Paying Guesthouse
- **21** Chandra Niwas
- **22** Hotel Temple View
- **23** Ishar Palace et Hotel Bright
- **24** Ganesh Guesthouse
- **25** Sagar Guesthouse
- **26** Deepak Resthouse
- **27** The Desert Haveli Guesthouse
- **28** Desert Boy's Guesthouse
- **29** Simla Hotel et Hotel Victoria
- **30** Shree Nath Palace
- **31** Hotel Paradise
- **46** Hotel Garh Jaisal

Où manger ?

- **50** Free Tibet
- **51** The Refreshing Point – Little Tibet
- **52** 8th of July
- **53** The Sunset Palace

À voir

- **78** Palais du Rajmahal
- **79** Place principale (du Rajmahal)
- **81** Temples jaïns

@ ***Centres Internet :*** très nombreux. Il y a des panneaux partout. Les *guest-houses* proposent souvent ce service.

Banques, change

Vous trouverez en ville plusieurs *ATM* et bureaux où changer devises, espèces ou chèques de voyage. Parmi eux :

■ ***Bank of Baroda*** *(plan III, G6,* ***5****) : juste à l'intérieur de l'Amar Sagar Gate. ☎ 25-24-02. Lun-sam 10h-16h.* Dispose d'un ***ATM.*** Change parfois (on a bien dit parfois) les chèques de voyage, mais pas les espèces. *Deux bureaux de change*

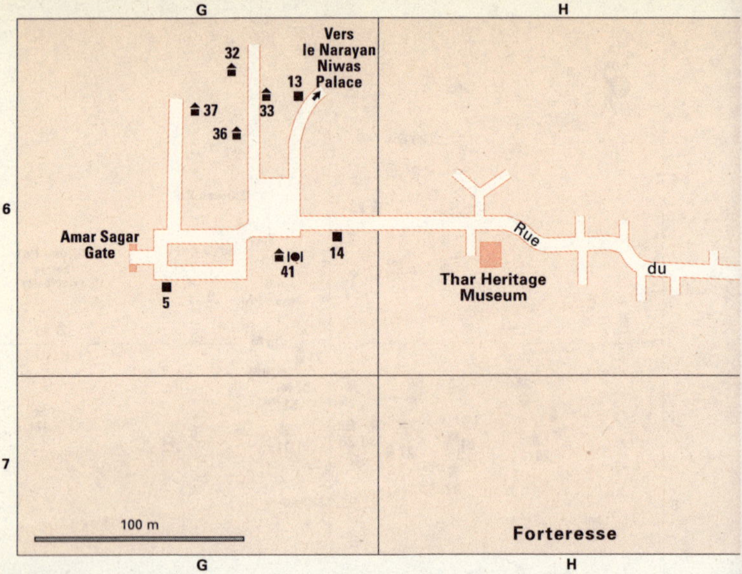

■ Adresses utiles	☗ Où dormir ?
5 Bank of Baroda	32 Hotel Renuka
13 Narajan Cycle	33 Ratan Palace
14 Bathia News Agency	34 Hotel Fort View

en face, ouv le soir.

■ ***Bank of Bikaner and Jaipur*** *(plan I, B2-3,* ***6****) :* ☎ *25-23-29. Lun-ven 10h-16h ; sam 10h-12h30.* Change les chèques de voyage et le liquide en euros et dollars, mais rien d'autre. Également un ***ATM*** juste à côté.

Urgences

■ ***Government Hospital*** *(plan I, B2,* ***8****) :* ☎ *25-23-43. Vous y trouverez aussi une pharmacie ouv 24h/24.*

■ ***Hôpital privé – Sri Mahesavri*** *(plan I, A1,* ***9****) : à deux pas du* Government Hospital. ☎ *25-00-24.*

■ ***Police*** *(plan I, B2,* ***10****) :* ☎ *25-23-22.* Et un autre bureau près de la forteresse. Cependant, ces derniers ne sont pas d'une grande aide, le personnel y parlant rarement l'anglais. En cas de gros pépin (on ne parle pas de la perte d'un appareil photo mais plutôt d'un litige important avec un hôtelier ou d'une agression), s'adresser directement un cran au-dessus, au ***Police Superintendent Office*** *(plan I, A2,* ***11****).* ☎ *25-22-33.*

Transports

■ ***Indian Airlines et Jet Airways*** *(plan I, A1,* ***12****) : à l'agence* ***Crown Tours,*** *C.V. Singh Colony, en face du* Collectorate Office, *à côté de l'hôpital privé. Depuis la rue principale, suivre le panneau* Imperial Hotel, *puis la 1re à droite.* ☎ *25-19-12. Tlj 10h-19h.* Vente de billets. En revanche, pour les confir-

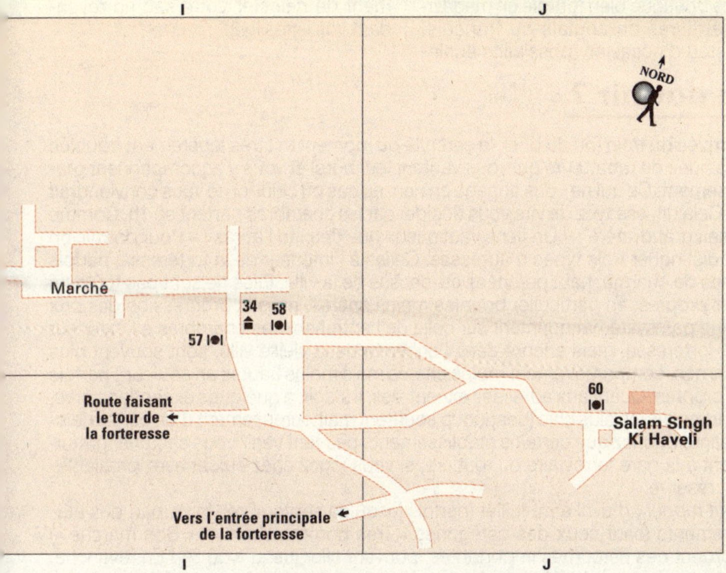

JAISALMER – LE CENTRE DE LA VIEILLE VILLE (PLAN III)

36 Hotel Peacock **37** Hotel Pleasure **41** Hotel Nachana Haveli	**57** Amrit Ras
Où manger ?	**58** Mid Town
41 Saffron	**60** Natraj Restaurant

mations de vols, autant les faire vous-même, cela évitera que l'agence ne songe à vous demander une commission abusive...

■ ***Location de vélos : Narajan Cycle*** *(plan III, G6, **13**), dans la rue face à l'hôtel* Nachana Haveli. Une dizaine de vélos seulement, mais bien entretenus. Également quelques loueurs au pied de la forteresse.

■ ***Rickshaws :*** pour vous donner une petite idée de ce qui est raisonnable ou ne l'est pas, sachez que le trajet de la gare ferroviaire à l'entrée principale du fort vaut 25-30 Rps (max 40 Rps jusqu'à l'intérieur du fort). De la gare routière à l'entrée du fort, il devrait vous en coûter quelque 15 Rps, et de l'entrée du fort à l'intérieur quelque 10 autres Rps. Tous les rickshaws ne sont pas autorisés à pénétrer dans la forteresse (seuls ceux stationnés à l'entrée le sont et il peut arriver que vous croisiez l'un d'eux à la gare). Le plus souvent donc, on vous déposera à l'entrée de la forteresse et vous devrez changer de véhicule pour grimper là-haut (ou y aller à pied, ça n'a jamais tué personne).

Loisirs

■ ***Piscine :*** certains grands hôtels acceptent, contre un droit d'entrée, que les non-résidents viennent faire trempette dans leur piscine. C'est le cas du ***Narayan Niwas*** *(200 Rps env l'accès).* Précisons que cette piscine est intérieure, mais arrangée à la façon de thermes romains.

■ ***Bathia News Agency*** *(plan III, G6, **14**) : dans la rue du marché. Tlj 9h-21h.*

Petite boutique bien fournie en magazines et livres en anglais ou français, neufs ou d'occasion (possibilité également de délester votre sac en revendant vos livres lus).

Où dormir ?

À l'arrivée du train (ou du bus), la sérénité du moment est très légèrement troublée par la nuée de rabatteurs qui vous vantent leur hôtel et vous y accompagnent gracieusement. Ce qui ne vous engage en rien, au cas où celui-ci ne vous conviendrait pas. Cela dit, essayez de vite vous décider car les chambres partent en 1h. Comme le disait grand-mère : « Un tiens vaut mieux que deux tu l'auras ! » Pour dormir, on peut distinguer trois types d'adresses. Celles à l'intérieur de la forteresse, parfois pleines de charme, haut perchées au-dessus de la ville. Elles ne sont pas toujours super-propres, en particulier pour les moins chères, mais la progression des prix n'influe pas systématiquement sur celle de l'entretien. Les chambres à l'extérieur de la forteresse, mais encore dans l'enceinte de la vieille ville, sont souvent plus modernes, comparativement moins chères mais moins hautes en couleur ; parfois plus propres. Quant aux adresses excentrées, il s'agit, à quelques exceptions près, des adresses les plus chic (beaucoup souffrent malheureusement d'un certain laisser-aller). Sachez que certains établissements peuvent venir vous chercher gratuitement à la gare ferroviaire ou routière, si vous logez chez eux et avez préalablement réservé.

– *Petit rappel :* d'avril à mi-juillet (parfois jusqu'en septembre), la plupart des établissements (sauf ceux des catégories « Très bon marché » et « Bon marché ») accordent des ristournes importantes, pouvant aller jusqu'à 50 % ! En revanche, pendant le festival du Désert, les prix s'envolent pour atteindre parfois des sommets vertigineux et, disons-le, honteux !

Dans la forteresse *(plan II)*

Une grosse poignée d'adresses de tous niveaux et pour tous budgets. Ne pas hésiter à voir plusieurs établissements, mais attention, en haute saison, mieux vaut faire son choix très vite, quitte à déménager le lendemain.

À savoir : il y a actuellement débat sur le danger que représente l'éclosion des *guesthouses* dans la forteresse. Le problème n'étant pas spécialement l'accroissement de la population dans un espace restreint (l'endroit était déjà habité, et largement, avant l'arrivée massive des visiteurs à Jaisalmer), mais plutôt l'évacuation des eaux. En effet, les amis, nous consommons en général beaucoup plus d'eau que les Indiens, problème aggravé du fait que certaines *guesthouses* ne s'embarrasseraient pas des problèmes d'évacuation, leurs installations ne respectant pas l'environnement. Autre son de cloche : les anciens prétendent que la rénovation du système d'évacuation des eaux usées, réalisée au mépris des savoir-faire traditionnels de drainage utilisés jusqu'alors dans les soutènements de la forteresse, et au mépris des besoins réels, est responsable des problèmes d'environnement constatés ces dernières années... Et d'aucuns prétendent même que l'actuel débat aurait pour réel enjeu la « muséification » de la forteresse (avec fermeture des petites *guesthouses* mais peut-être pas des grosses), avec tous les sous-entendus de conflits de pouvoir et de gros sous que cela implique... Mais pour l'heure, c'est le statu quo, et la polémique semble loin d'être close. Alors si vous choisissez de dormir là-haut, retournez sept fois cette problématique de l'eau dans votre tête avant de tourner intempestivement les robinets...

De très bon marché à bon marché (100-500 Rps / 1,50-7,70 €)

🏠 ***Jay Laxmi Paying Guesthouse*** *(plan II, E5,* ***20****) : dans une petite rue qui mène à un fortin.* ☎ *25-10-37. Très bon marché, ttes avec sdb.* Une bonne adresse, petite et toute simple qu'on aime bien. Le nombre de chambres est vraiment réduit, ce qui confère à l'endroit une certaine intimité. Des prix doux, tout comme l'accueil, gentil et familial. Petit resto *veg'* sur le toit ainsi qu'un *Beauty Parlor* (tout un tas de soins du corps et du visage, du massage à l'épilation). Peut-être y rencontrerez-vous Anne, une Française, à Jaisalmer depuis un bail et qui travaille régulièrement ici.

Hotel Temple View *(plan II, E5, **22**) : ☎ 25-28-32. • jaisalmertempleview@hotmail.com* • Quelques chambres très bon marché avec salle de bains commune où l'espace très réduit suffit tout juste à contenir le lit. Les chambres bon marché restent simples mais sont plus spacieuses, assez agréables et disposent d'une salle de bains. Certaines ont même un petit balcon intérieur ou une très jolie vue. La terrasse sur les toits est minuscule, toute nue (un brin tristoune, quoi !) mais offre une approche incomparable des temples jaïns (on est presque à touche-touche avec l'un d'entre eux). Accueil gentil.

Ishar Palace *(plan II, E4, **23**) : ☎ 25-30-62. • isharpalace@hotmail.com • Très bon marché.* Dans l'un des coins calmes du fort, une petite maison ancienne tout en escalier, avec de beaux plafonds de bois sculpté et verni. Attention, ici, ce n'est ni le grand luxe ni le royaume de Monsieur Propre, mais ce palace de poupée, tout en recoins et encoignures à l'amusante déco néo-baba, propose un hébergement très bon marché. Presque toutes les chambres ont un mini-balcon, certaines une salle de bains (aussi basique que le reste). Au sommet de l'escalier, une chambre sur le toit. Quelques places dans un dortoir sommaire à prix plancher. Il y règne une certaine intimité et l'atmosphère est chaleureuse.

Chandra Niwas *(plan II, F5, **21**) : au cœur de la vieille ville, à deux pas de la place principale. 📱 091-14-24-41-73. Très bon marché.* Tout petit. Six chambres avec salle de bains privée ou commune. Rien d'extraordinaire mais correct.

De bon marché à prix moyens (250-900 Rps / 3,80-13,80 €)

Sagar Guesthouse *(plan II, E5, **25**) : ☎ 25-62-48. • sagar_uinod85@yahoo.com* • Une petite maison comprenant une dizaine de chambres, assez claires (sauf les moins chères), correctes, avec salle de bains privée. Les prix varient selon la vue et la luminosité des pièces. Déco inégale, mais certaines chambres sont neuves et quelques autres rénovées, vraiment jolies et agréables. L'ensemble reste simple, mais l'adresse est stable, y compris côté prix. Resto sur le toit, comme tout le monde.

Ganesh Guesthouse *(plan II, E5, **24**) : ☎ 25-31-19. • ganeshguesthouse@yahoo.com* • Honnêtement, l'adresse ne dégage pas un charme fou (malgré une belle façade joliment restaurée), cependant l'ensemble est très propre et les 6 chambres simples sont confortables (sol carrelé) et très claires pour la plupart. Prix variant selon la taille et l'étage (et donc la vue !). Toutes disposent d'une salle de bains et de l'*air cooler* lors des fortes chaleurs. De la terrasse, vue de choix sur les temples jaïns. Un bon rapport qualité-prix, notamment pour les moins chères.

Deepak Resthouse *(plan II, E5, **26**) : ☎ 25-26-65. • hoteldeepak@rediffmail.com • Au fond d'une ruelle, derrière les temples jaïns.* Comme souvent, des prix qui font le grand écart selon les chambres : essayer d'en voir plusieurs, car elles sont très inégales. Les unes ont une petite déco sympathique, les autres ont juste bénéficié d'un coup de peinture (ce qui n'est déjà pas si mal !). Les plus chères qui flirtent avec la catégorie « Chic » sont, certes, spacieuses mais assez vieillottes (c'est d'ailleurs l'impression générale qui se dégage des parties communes). Son point fort : la terrasse sur le toit qui offre un superbe spectacle au moment du coucher du soleil. Resto avec cuisine assez médiocre.

The Desert Haveli Guesthouse *(plan II, E5, **27**) : ☎ 25-15-55. • desert_haveli@yahoo.com • À côté des tem-*

ples jaïns. Mieux vaut confirmer la résa par tél 2 ou 3 j. avt son arrivée. Belle bâtisse ancienne, perchée à une extrémité du fort et dans laquelle la clarté du jour a quelque peu de mal à pénétrer. Sanitaires communs ou privés selon les chambres. Terrasse au dernier étage. Mais les prix de ces petites chambres oscillent parfois généreusement de touriste en touriste (pouvant même faire un bond jusque dans la catégorie « Chic » dans les périodes de pointe !), or ni la vue sur le désert ni la présence de moustiquaires au-dessus des lits ne le justifient vraiment... De plus, les tapis nous ont paru un peu crapouilles. Reste la propreté des draps, l'accueil gentil, l'emplacement, et la négo sur les prix en basse saison *(réduc de 30 à 40 %)...*

Hotel Bright *(plan II, E4,* ***23****) : Kund Para, dans le fort. ☎ 25-53-33. Bon marché, ttes avec sdb.* Un hôtel récent d'une dizaine de chambres blanches et à la déco inexistante. Le genre de chambres fonctionnelles qui ne vous laisseront aucun souvenir particulier, mais correctes pour le prix.

De prix moyens à chic (500-1 800 Rps / 7,70-27,70 €)

Dans cette catégorie, des adresses de charme qui proposent une gamme de chambres aux prix et au confort très étendus.

Desert Boy's Guesthouse *(plan II, E5,* ***28****) : ☎ 25-30-91. • desert_p@yahoo.com • Doubles 300-1 500 Rps.* L'ensemble s'organise autour d'un petit patio et d'un escalier qui grimpe d'étage en étage, et de terrasse en terrasse, avec un bel effort côté déco, tant dans les chambres que dans les parties communes. Chambres très variées, à prix tout aussi variés, toujours avec la propreté comme point commun, et de belles salles de bains pour la plupart. Bien tenu, et pas mal de charme, surtout dans la partie la plus ancienne. Au faîte de l'escalier, une belle terrasse avec vue, et un petit resto, toutefois un peu décevant. Pradeep, le patron (très sympa), a longtemps vécu dans le désert, comme en témoignent ses photos à la réception. Il propose des *camel safaris* en connaissance de cause, et sans faire de forcing. En résumé, une bonne adresse qui fait des efforts et au rapport qualité-prix très honorable.

Simla Hotel *(plan II, E4,* ***29****) : Kund Para, dans le fort. ☎ 25-30-61. Doubles 800-1 000 Rps.* Un bel effort de rénovation pour ce petit hôtel de 6 chambres, à l'intérieur comme à l'extérieur : la vieille pierre est dorée à souhait, les finitions sont... finies (c'est rare) et, dans les salles de bains, le marbre étincelle. En prime, les chambres sont bien tenues, sobrement et agréablement décorées. Visitez-en cependant plusieurs, certaines n'ont pas de fenêtre et d'autres sont un peu mini. Prix variant de « Prix moyens » à « Chic », toutes d'un bon rapport qualité-prix selon leur catégorie (salles de bains communes pour les moins chères). Toit-terrasse-resto avec vue sur le désert et la ville basse. Accueil courtois et agréable.

Hotel Victoria *(plan II, E4,* ***29****) : Kund Para, dans le fort. ☎ 25-21-50 ou 25-38-44. • hotelvictoriajaisalmer.com • Doubles 500-1 500 Rps ; moitié prix d'avr à mi-juil.* Un hôtel dans la même veine que le *Simla Hotel*, son voisin. Entièrement restauré (malgré une façade quelque peu décrépie), il propose 6 chambres dont la déco indienne colorée et très soignée (coussins, tentures, etc.) fait oublier le côté un peu froid de certains matériaux modernes comme le carrelage au sol. Clim' pour les plus chères. À noter que toutes les chambres font face au soleil couchant ! Et pour les amoureux, une *honey moon*, avec balcon (catégorie « Plus chic »). L'accueil de Pankaj, le jeune propriétaire, est absolument charmant. Très agréable terrasse sur le toit pour prendre de la hauteur et contempler le spectacle de la ville en toute quiétude.

Hotel Paradise *(plan II, F5,* ***31****) : ☎ 25-26-74. • hotelparadise_jsm2001@yahoo.co.in • Peu après la grande porte d'accès au fort, surplombant le plus bel ensemble de* havelis *de la forteresse. Pour être sûr d'y trouver de la place, arriver avt 10h30.* Petite cour arborée accueillant un resto (pour le petit déj, par exemple) et plusieurs terrasses dominant la ville et investies par des routards du monde entier. Plutôt propre. Chambres à tous les prix, de toutes les tailles, de la plus modeste, à la déco inexistante, au rez-de-chaussée, aux plus charmantes, à l'étage (avec ou sans douche), tout de même beaucoup plus chères (allant jusqu'à 2 000 Rps – 30,80 € –, ce qui nous paraît excessif) et même franchement trop chères pour la qualité. Certaines possèdent 2 fenêtres : l'une sur le désert, l'autre sur l'intérieur de la forteresse. De la terrasse sur le toit, vue superbe sur le désert. Probablement la meilleure situation dans le fort. Les patrons le savent et l'affaire, qui s'est beaucoup agrandie, est devenue un vrai hôtel (le plus grand du fort, en fait) avec le côté business qui domine, et un accueil de plus en plus routinier. Ils vous suggèrent avec insistance leur *camel tour*, ce qui est lourdingue à la longue.

De chic à très chic (min 1 500 Rps / 3,10 €)

Shree Nath Palace *(plan II, E5,* ***30****) : ☎ 25-29-07. • shreenath52907@hotmail.com • Au cœur du fort, à côté des temples jaïns ; discret, pas très bien indiqué. Doubles avec sdb 1 500-2 500 Rps (23,10-38,50 €).* Pas du tout un palace, mais 6 chambres, dans une belle *haveli* familiale avec façade ciselée. On traverse la salle principale commune avant de grimper vers les chambres, superbes : piliers ciselés, des coins alcôves, plafond de bois, voilages... Beaucoup de charme, et l'ensemble est bien tenu. Les prix dépendent de la taille, du confort (clim' pour les plus onéreuses). La moins chère dispose d'une salle de bains certes privative, mais séparée. Un bel endroit, à la très belle déco indienne, même s'il n'est pas très lumineux et s'il n'y a pas vraiment de réelle terrasse sur le toit pour se poser le soir. Accueil agréable et familial.

Hotel Garh Jaisal *(plan II, F4,* ***46****) : ☎ 25-38-36. • garhjaisal.com • À l'une des extrémités de la forteresse, et donc, un peu à l'écart. Double 125 $ (83,30 €), petit déj et transfert depuis la gare ou l'aéroport inclus.* Dans une ancienne *haveli* superbement restaurée, 7 chambres aux murs de pierre, sobrement décorées avec quelques tissus indiens et dotées de meubles anciens (certains sont même très anciens !). Chacune arbore une teinte différente. Pas de souci au niveau du confort (literie d'excellente qualité, salle de bains, clim' et balcon offrant une vue sur la ville dans toutes les chambres). La terrasse sur le toit n'est pas en reste ! Massages ayurvédiques, Internet gratuit. Une adresse au charme indéniable, même si elle manque encore d'un peu de patine !

Hors du fort (plans I et III)

Très intéressant également de dormir dans la ville « hors du fort », mais dans la vieille enceinte. Pas mal d'hôtels se situent à deux pas de l'entrée du fort et de la rue du marché. Ces quartiers sont également plus animés le soir. Établissements proportionnellement bien moins chers que ceux à l'intérieur de la forteresse, mais les constructions sont plus récentes.

De très bon marché à bon marché (100-500 Rps / 1,50-7,70 €)

À l'intérieur d'Amar Sagar Gate, voici plusieurs établissements sympathiques et simples, dans un quartier populaire et juste en marge du flux touristique. Tranquillité assurée malgré la proximité de la rue du marché.

Hotel Renuka *(plan III, G6,* ***32****) : Chainpura St. ☎ 25-27-57. • hotelrenuka@rediffmail.com •* Les chambres (une douzaine) sont propres et donnent sur une petite rue tranquille et familiale. La plupart avec salle de bains, et quelques-unes moins chères avec sanitaires extérieurs (mais toujours avec douche chaude). Également quelques chambres à « prix moyens » avec clim'. On a vraiment le sentiment de faire partie du quartier. Clarté et calme. Plein de routards ravis du *camel safari*. Une de nos très bonnes adresses dans ce secteur, et surtout régulière quant à la qualité des prestations. Accueil excellent. Le père et les fils sont très sympathiques et vraiment fiables. Belle vue de la terrasse, où les résidents trouveront un bon petit resto. Bravo !

Hotel Fort View *(plan III, I6,* ***34****) : Central Market.* ☎ *25-22-14. À 50 m de l'entrée du fort.* Assez populaire chez les routards, mais semble profiter de sa situation et de sa présence dans tous les guides pour pousser un peu le bouchon. Et c'est bien connu, faut pas pousser mémé dans les orties ! Du laisser-aller donc. Très nombreuses possibilités d'hébergement et certaines chambres (toutes avec douche) sont bien pour leur prix bas. Demandez-en une qui dispose d'un balcon sur le fort. Organisent un *camel safari* satisfaisant. On peut y changer de l'argent.

Hotel Peacock *(plan III, G6,* ***36****) :* ☎ *25-00-39. Vraiment très bon marché (prix plancher même !).* Bien sûr, ne pas demander la lune, mais les chambres sont propres, avec sanitaires et ventilo. Accueil agréable. Bref, très correct pour le prix. Resto sur le toit.

Hotel Pleasure *(plan III, G6,* ***37****) :* ☎ *25-23-23. Dans la ruelle opposée à la* Bank of Baroda. *Modeste et bon marché.* Petite maison banale de 2 chambres rudimentaires qui disposent tout de même d'une salle de bains chacune. Accueil plein de simplicité de Lila qui habite sur place.

De bon marché à prix moyens (250-900 Rps / 3,80-13,80 €)

Ratan Palace *(plan III, G6,* ***33****) :* ☎ *25-27-57.* • *hotelrenuka@rediffmail.com* • *À deux pas de l'hôtel* Renuka, *dans la même rue (voir ci-dessus).* Ce sont les mêmes proprios et donc le même type d'endroit, mais en plus petit et un poil plus cher (mais aussi un peu plus confortable) : chambres propres, toutes avec salle de bains et au calme. Les plus chères bénéficient de la clim'.

Hotel Rajdhani *(plan I, C1,* ***39****) : à 2 mn du Patwah-ki-Haveli et à 5 mn à pied de la rue du marché.* ☎ *25-27-46. Prix moyens.* Hôtel à l'écart de la rumeur et sans charme particulier. Une dizaine de chambres assez différentes les unes des autres, toutes avec sanitaires privés, disposées autour d'un patio. *Air cooler* uniquement à la chaude saison. Ici, on ne s'embarrasse pas de déco inutile... mais les prestations et le confort restent honnêtes pour le prix. Terrasse avec vue.

Residency Centre Point Guesthouse *(plan I, C1,* ***35****) : Kumbhara Para.* ☎ *et fax : 25-28-83. Non loin du Patwah-ki-Haveli et voisin de l'hôtel* Rajdhani. *Ne pas hésiter à négocier un chouia, y compris en basse saison.* Dans un coin au calme, édifice moderne derrière une vieille façade ciselée. Quatre chambres seulement, confortables (mais attention, deux d'entre elles ne possèdent pas de fenêtre), propres et avec sanitaires privés (eau chaude). Essayer d'avoir l'une des deux chambres donnant sur la rue et qui ont un certain cachet avec leurs pierres apparentes taillées (même tarif). Familial et sans chichis. Terrasse avec vue sur le fort, comme d'hab'.

De prix moyens à chic (500-1 500 Rps / 7,70-23,10 €)

Shahi Palace Hotel *(plan I, B2,* ***38****) :* ☎ *25-59-20.* • *shahipalacehotel.com* • *En contrebas du fort, juste hors de l'enceinte de la ville. Également, lit en dortoir 50 Rps et une petite poignée de doubles « bon marché » d'un bon rapport qualité-prix.* Un bâtiment moderne, construit et organisé à l'ancienne, autour d'un patio, en pierre dorée. Ici, 3 frères vous reçoivent en famille. C'est propret, et plutôt cosy, avec une gamme de prix très large : quelques places en dortoir et des chambres, toutes équipées de salle de bains, de coussins et de tentures, et certaines climatisées... En bref, vraiment un effort de déco. Une des chambres a même un tour de lit en pierre taillée. Sur le toit-terrasse, resto sympa, et excellent café. Comme d'hab', *camel safari,* ça n'arrête pas ! Et si c'est complet, ils vous proposeront certainement de loger dans leur nouvel hôtel, ***Star Haveli,*** à 100 m de là : vous pouvez y aller en confiance (l'endroit est tout aussi soigné et les prix sensiblement identiques).

De plus chic à très chic (2 300-6 500 Rps / 35,40-100 €)

■ ***Hotel Nachana Haveli*** *(plan III, G6,* ***41****) : au fond d'une cour donnant sur la place conduisant de l'Amar Sagar Gate au marché. ☎ 25-21-10. • nachana_haveli@yahoo.com • Double 2 300 Rps (35,40 €) ; suite 3 300 Rps (50,80 €).* Une étonnante *haveli,* mignonne comme tout, superbement retapée. On est au calme et pourtant à deux pas du marché et de l'animation. Autour de 2 patios superbes, joliment aménagés, avec arcades aveugles et ciselées, une petite quinzaine de chambres impeccables, décorées avec beaucoup de goût et de simplicité à la fois, surmontées de quelques grandes chambres plus récentes, tendance suites. Portraits, objets anciens, peaux de bête, lances, lits à baldaquin... Salle de bains et *air cooler* (ou AC) dans toutes. Chapeau pour le sens de la déco. Accueil agréable des propriétaires, de jeunes nobles rajpoutes. Sur le toit-terrasse, *Saffron* (voir « Où manger ? »), qui mérite le détour.

■ ***Narayan Niwas Palace*** *(plan I, C1,* ***40****) : ☎ 25-24-08. • narayanniwas.com • Doubles 3 550-6 500 Rps (54,60-100 €) selon vue, petit déj compris ; réduc de 40 % d'avr à mi-juil.* Ancien caravansérail restauré en hôtel. Superbe entrée aux enchevêtrements de pierres, d'escaliers, d'arabesques et de moucharabiehs. Accueille pas mal de groupes. Salon dans le style local. Piscine propre mais sombre car couverte, avec arcades et vitraux : on a en fait davantage plaisir à la visiter qu'à s'y baigner. Grandes chambres (toutes avec AC), mais le niveau global de l'entretien et des prestations se révèle décevant (panne de ventilo, manque d'eau chaude), et les chambres *standard* sont carrément sombres. Les plus chères bénéficient de la vue sur le fort. En tout cas, pas du tout à la hauteur du prix. Sans doute la gérance se repose-t-elle sur la beauté du cadre et la gentillesse de l'accueil ! Resto (mais la salle est immense et froide). Menu le soir avec musiciens quand il y a des groupes.

Hors de l'enceinte de la vieille ville (plan I)

De très bon marché à prix moyens (150-900 Rps / 2,30-13,80 €)

■ ***Hotel Jaisal View*** *(plan I, B1,* ***47****) : Kalakar Colony, à 200 m env de Hanuman Circle. 📱 94-14-39-12-65. De très bon marché à bon marché.* Un petit hôtel certes légèrement excentré, mais la vieille ville n'est qu'à 10 mn à pied. Les chambres sont simples mais disposent tout de même d'une salle de bains, et de réels efforts ont été faits en matière de déco (murs ornés de quelques tissus indiens). Sur le toit, terrasse très chaleureuse pour se poser (là encore, avec une réelle déco indienne). Une adresse à l'esprit routard, tenue par le jeune Anna (si, si, c'est bien un homme !). Il essayera certainement de vous vendre un safari, mais ne devrait pas insister lourdement si vous ne le souhaitez pas. L'ensemble est propre et très bien pour le prix.

■ ***Hotel Akash Deep*** *(plan I, B1,* ***45****) : Hanuman Mandir Circle. ☎ 25-14-60. • akashdeepjsm@yahoo.com • De bon marché à prix moyens.* Situé juste hors les murs, à proximité du turbulent Hanuman Circle, le centre névralgique de la ville où la circulation génère un « certain » bruit (voire un bruit certain !). Il ne s'agit donc pas de notre adresse la plus romantique ni la plus calme, mais on y a apprécié l'accueil professionnel et le doux prix des chambres. Fraîches, claires, elles sont spacieuses, parfaitement propres et disposent d'une salle de bains. AC ou *air cooler.* Prendre une chambre donnant sur l'arrière : elles sont plus calmes et certaines jouissent même d'un balcon et d'une vue sur la forteresse (c'est tout bénef' !). Des routardes, voyageant en solitaire, nous ont également dit avoir apprécié de s'y sentir en confiance.

De prix moyens à chic (700-1 500 Rps / 10,80-23,10 €)

Fifu Guesthouse *(hors plan I par C3, 42) : Municipality, Bera Rd. ☎ 25-43-17. • fifutravel.com •* Une petite *guesthouse* bien excentrée (les plus courageux pourront néanmoins l'atteindre à pied) proposant une quinzaine de chambres, toutes avec AC et certaines avec balcon et vue, au loin, sur la forteresse. Un style épuré règne dans toute la maison (un bâtiment récent). Si les couloirs sont un peu sombres et froids, l'ensemble est vraiment soigné (belle déco dans les chambres), tout comme l'agréable terrasse sur le toit, simplement mais joliment aménagée. Cette adresse est certes bien éloignée de la ville, mais nombre de nos lecteurs apprécient justement cet isolement et la paix ambiante qui y règne, la bonne literie ainsi que la grande gentillesse de l'accueil, sa disponibilité et son honnêteté.

De très chic à beaucoup plus chic (min 4 400 Rps / 67,70 €)

Jawahar Niwas Palace *(plan I, A1, 43) : Bada Bag Rd. ☎ 25-22-08 ou 88. Fax : 25-01-75. Doubles 4 400-4 800 Rps (67,70-73,80 €), petit déj compris.* Bien à l'extérieur de l'enceinte de la ville, dans un site déjà désertique, se dresse un superbe petit palais de charme et de luxe, avec clochetons multiples, fenêtres délicatement ciselées. De la classe à prix classieux, évidemment, car il allie le charme des anciennes demeures seigneuriales (il appartient de fait au maharaja de Jaisalmer) au confort des hôtels modernes. Il y a même une magnifique piscine. Dommage, mille fois dommage ! Le service est incompétent et l'endroit manque de vie... Il paraît que le maharaja ne vient que rarement vérifier la bonne marche de ses affaires. En revanche, le resto, *Aarogan,* s'il se classe dans la catégorie « Chic », propose des préparations très finement cuisinées et épicées (excellent *biryani* entre autres), à défaut d'un cadre agréable : salle glaciale, et service aussi incompétent que dans le reste de l'hôtel. Malgré tout, cette indigence du service s'accompagne partout d'un sourire, alors...

Gorbandh Palace *(hors plan I par A2, 44) : Sam Rd, à 3 km env de la forteresse. ☎ 25-38-01. • hrhhotels.com • Double 6 000 Rps (92,30 €) ; suite 7 000 Rps (107,70 €).* Le genre d'hôtel qui répond parfaitement aux normes du confort international (près de 70 chambres avec AC, frigo, TV, minibar dans certaines chambres, service très classe, etc.). Architecture de pierre mais qui ne déborde pas pour autant de charme. Intéressant pour sa grande piscine. Dommage que la déco des chambres nous ait paru d'une banalité presque affligeante pour les prix pratiqués. Soirées danses et buffet.

Où dormir dans les environs ?

Royal Camp - Mool Sagar *(hors plan I par A2) : à 8 km env de Jaisalmer, sur la route des dunes de Sam, sur le côté gauche. ☎ (0291) 257-23-31 ou*

19-91. • jodhpurheritage.com • Ouv mars-sept. Tente 10 500 Rps (161,50 €) pour 2 pers, en ½ pens slt. Au cœur des terres arides, cette ancienne résidence du maharaja construite en 1780 est une véritable oasis. L'endroit est superbe et reposant à souhait. Des bâtiments pleins d'élégance entourés d'un jardin exubérant et admirablement fleuri comme on n'en a rarement vu ! C'est un festival de roses trémières, d'œillets, de bougainvillées, etc. Plusieurs petits salons à la déco indienne raffinée et exquise assurent une véritable intimité. Tout autour, une vingtaine de tentes au confort sans faille (salle de bains, *air cooler,* déco british avec un mobilier tendance Art déco). Difficile de ne pas piquer une tête dans la belle piscine ! Les dîners organisés autour de l'ancien réservoir, avec les bougies qui scintillent dans la nuit, sont d'un romantisme à toute épreuve. Une adresse de charme et de luxe, chère, certainement, mais si vous voulez sortir le grand jeu, c'est le moment !

Où manger ?

En mai et juin, période très chaude et donc basse saison, certaines adresses sont fermées.

Dans la forteresse (plan II)

De bon marché à prix moyens (80-200 Rps / 1,20-3,10 €)

🍴 ***The Sunset Palace*** *(plan II, E5,* ***53****) : à l'une des extrémités de la forteresse, après avoir passé les temples jaïns. Tlj jusqu'à 22h30.* Un petit resto tout simple que l'on aime bien. D'abord, en raison de son emplacement et de sa terrasse ombragée recouverte de tissus et coussins où il fait bon se poser à toute heure de la journée, particulièrement au soleil couchant ! Et puis, il y a la cuisine, exclusivement végétarienne, préparée sur-le-champ, fraîche et savoureuse. Et si vous n'aimez pas les plats trop épicés, précisez-le, les cuistots en tiendront compte. Service gentil comme tout.

🍴 ***Free Tibet*** *(plan II, F5,* ***50****) : bon marché.* Un petit endroit loin de l'agitation, parfait pour se réhydrater avec un bon *lassi* ou... un peu tout ce que vous voulez vu la longueur presque inquiétante de la carte, qui explore un peu tous les continents et les types de cuisine. Les plats tibétains proposés sont frais et bien préparés (attente de 20 mn, le temps de vous concocter votre commande). Une petite salle ainsi que 2 terrasses sur le toit, l'une parfaite pour les candidats à l'insolation et l'autre à l'abri de monsieur le soleil et ses rayons. Côté service, sa prestance ne risque pas de vous étourdir. Une ambiance très pépère, un peu hors du temps, règne sur l'endroit.

🍴 ***The Refreshing Point – Little Tibet*** *(plan II, F5,* ***51****) : sur la grande place au cœur du fort. Tlj tte la journée.* Une petite terrasse agréablement ombragée (mais du coup, on ne profite pas de la vue sur le palais !). Cuisine végétarienne correcte : des plats indiens mais aussi mexicains, israéliens, grecs, italiens, etc. Avec une telle carte, le resto s'adresse à une clientèle exclusivement touristique, vous vous en seriez douté !

🍴 ***8th of July*** *(plan II, F5,* ***52****) : dans la forteresse, sur la grande place.* Le rendez-vous des routards. Une terrasse étroite surplombant l'esplanade vous laisse tout loisir d'observer la délicatesse des fenêtres ajourées des *havelis* et du palais. Petit déj, pizzas et plats indiens. Avertissement pour les délicats : franchement la cuisine, exclusivement végétarienne, n'est pas terrible du tout, mais c'est vrai que la vue est extra. Certains lecteurs en sont contents. Tant mieux. Nous, on préfère y prendre un verre. On peut y servir de la bière... en cachette dans des pots à thé... mais chuuut !

Hors les murs (plans I et III)

Bon marché (60-120 Rps / 0,90-1,80 €)

|●| ***Chandan Shri Restaurant*** *(plan I, B1,* ***55****) : près de Hanuman Circle.* Resto uniquement végétarien, principalement fréquenté par les Indiens. Une carte riche, notamment en cuisine punjabie et en très bonnes spécialités du Sud (délicieux *coconut rice* ou *uttapam* – une sorte de galette). Un resto dont la cible n'est pas particulièrement le touriste étranger, et les papilles s'en réjouissent. Certes les plats sont servis un peu n'importe comment (ou plutôt au fur et à mesure qu'ils sont préparés), n'espérez donc pas automatiquement manger en même temps que le copain ! La terrasse donnant sur la rue offre un bon point de vue aux amateurs d'agitation urbaine. Pour les délicats de la feuille, il reste la salle animée, haute de plafond, aux murs décorés de miroirs. Également d'alléchantes confiseries en vente au comptoir.

|●| ***New Jaïn Pavitra Bhojnalay & Dileep*** *(plan I, B2,* ***54****) : juste en face de la gare routière.* Un grand boui-boui, dont on vous met au défi de retenir le nom ! On mange en plein air (ou presque, puisqu'on est protégé par un toit), en bord de route, c'est excentré, le personnel parle à peine l'anglais, mais honnêtement ? Eh bien, le boui-boui nous a offert un des meilleurs repas de la ville ! Une vraie cuisine indienne, pleine de saveurs et de piquant (mais cela reste raisonnable !) et des prix aussi doux que la soie. Le cadre ne vous donnera peut-être pas l'envie de vous déplacer jusque-là, mais, si vous êtes près de la gare, tiraillé par la faim, n'hésitez pas !

|●| ***Bikaner Restaurant*** *(plan I, B1,* ***56****) :* encore un resto uniquement végétarien et à la carte indienne à 100 % (plats du Rajasthan et du Pendjab essentiellement), comme la fréquentation. Un endroit populaire avec ses deux étages, d'où l'on ressort l'estomac content et le porte-monnaie à peine allégé. Service discret et prévenant.

|●| ***Mid Town*** *(plan III, I6,* ***58****) : sur la petite place devant le Fort View, au 2e étage en terrasse. Tlj 7h-23h.* Un petit toit qui fait un peu boui-boui abrite les clients du soleil qui tape fort. Adresse sans réelle prétention mais sympa pour la vue, et pour la cuisine honnête et copieuse (bons *pulaos,* par exemple). Plats végétariens, chinois, mais aussi snacks et pizzas. Bon d'accord, les nappes ne sont pas d'une propreté exemplaire, concentrez-vous donc sur la vue sur la forteresse...

|●| ***Amrit Ras*** *(plan III, I6,* ***57****) : sur la petite place devant le Fort View.* Un resto populaire, au cadre sans prétention et dont la salle s'ouvre généreusement sur l'animation de la rue. Bonne cuisine végétarienne qui n'est pas trop épicée, si vous prenez soin de le préciser à la commande. Également quelques pizzas.

De prix moyens à chic (150-400 Rps / 2,30-6,20 €)

|●| ***Natraj Restaurant*** *(plan III, J7,* ***60****) : tt proche de la Salam Singh-ki-Haveli.* ☎ *25-26-67. Tlj 8h-23h. Prix moyens.* Encore une terrasse sur 2 niveaux : la 2e terrasse, sous la voûte étoilée, offre une très belle vue sur la forteresse, mais elle n'est ouverte qu'en *pic season* (les tables y sont peu nombreuses et les places sont donc chères, très chères). Le soir, les bougies qui scintillent créent une atmosphère assez cosy. La cuisine très correcte et d'une bonne régularité attire de nombreux touristes locaux et étrangers. Service gentil.

|●| ***Saffron*** *(plan III, G6,* ***41****) : sur le toit-terrasse de l'hôtel* Nachana Haveli *(voir « Où dormir ? »).* Carte riche et variée : les snacks, le chinois, l'italien, tout y passe, mais on retiendra surtout la qualité des plats indiens, dont le choix dépasse largement ce à quoi on est habitué. Musique traditionnelle de qualité le soir (même si elle tend un peu parfois à parasiter les conversations, c'est vrai !). S'il fait froid, pensez à prendre une petite laine : la tente, joliment éclai-

rée le soir, laisse échapper quelques courants d'air. Des prix relativement élevés mais justifiés par la qualité de la cuisine et du service. Une adresse à privilégier pour une soirée en tête à tête.

À voir

La citadelle ou forteresse (plan II)

Si vous y allez en rickshaw, il vous laissera en bas, à la première porte, à moins d'être un rickshaw autorisé à entrer dans la forteresse. Vous vous ferez aborder fréquemment par des jeunes gens se proposant de vous guider : franchement, c'est tout sauf utile, le fort étant tout petit. Mais si vous restez plusieurs jours, ça peut être un moyen sympa de lier connaissance avec des habitants du coin. Gardez cependant à l'esprit que les boutiques, hôtels et agences de *camel safari* ne pratiquent jamais les mêmes prix lorsque l'on se présente accompagné d'un « guide » (40 % de commission, ça vous dit quelque chose ?).
La citadelle fut édifiée au XIIe s, mais ses murailles datent principalement des XVe et XVIe s. On y a recensé 99 tours et quatre portes monumentales. Les murailles furent édifiées sans mortier, comme à Hampi : les pierres juxtaposées tenaient grâce à leur poids !
Accès par la porte principale, l'***Akhey Pol*** *(plan II, F4)*, puis par une série de portes dont la splendide ***Surya Pol*** *(plan II, F4)*. Vous ne manquerez pas d'y détailler le délicat décor ciselé et les harmonieux graphismes du fronton. Le petit Ganesh (qui comme toujours porte bonheur) au-dessus de la porte est là pour bénir tous ceux qui passent en dessous. Ce fut la porte principale du fort jusqu'au XVIe s. D'autres portes intéressantes comme la ***Ganesh Pol*** *(plan II, F4)*, la ***Hava Pol*** *(plan II, F4)*, ou porte des Vents, considérée comme un lieu stratégique par les habitants pour... ses courants d'air, très agréables en été ! En haut de la rampe, on parvient à la ***place principale*** *(plan II, F5, **79**)* de la vieille cité (tristement célèbre puisqu'ici avaient lieu les sacrifices ou *johar*), bordée de belles demeures et des façades finement ciselées du ***palais du Rajmahal.***

Le palais du Rajmahal *(plan II, F4-5, **78**) : tlj, en été 8h-18h, le reste de l'année 9h-18h. Entrée : 250 Rps (audioguide en français inclus) ; réduc ; appareil photo : 50 Rps ; caméra : 170 Rps.* Devant, à gauche de l'entrée, en haut d'un grand escalier, un trône en marbre duquel le maharaja assistait aux fêtes données en son honneur et tenait ses audiences publiques. Le palais, entièrement restauré, est un ensemble de plusieurs bâtiments de diverses époques, comprenant également un *zanana*, palais de la maharani. Dans les premières salles, petite collection d'armes, de billets... un peu légère quand même. Puis c'est une enfilade de salles décorées de mosaïques et de peintures (quelques beaux plafonds), d'escaliers, de courettes aux fenêtres travaillées, de corridors qu'on dirait taillés dans la roche. Un vrai labyrinthe où l'on se perd volontiers. De-ci, de-là, quelques (sommaires) reconstitutions historiques, quelques panneaux vaguement explicatifs. Vous l'avez compris, on a beaucoup plus apprécié la richesse et la complexité du bâtiment en lui-même que les tentatives de muséographie... Ne loupez pas la plus haute tour et sa terrasse : vue sublime sur *Surya Pol*, les remparts et une partie de la ville extra-muros. Dernière précision : les boutiques installées dans le palais pratiquent des prix assez délirants, vous voilà prévenu.

Les temples jaïns *(plan II, E5, **81**) : tlj 8h-12h30 (mais attention, 3 d'entre eux ouv slt 11h-12h30). Entrée : 20 Rps ; appareil photo : 50 Rps ; caméra : 100 Rps. Se déchausser à l'entrée ; les objets en cuir (et les femmes indisposées) ne sont pas acceptés.*
Superbe ensemble de cinq temples finement ouvragés, de part et d'autre de la rue. Sur les cinq, deux se visitent (et disons-le, c'est un peu la foire !). La pureté du

marbre blanc et lustré contraste avec le grès mat. Construits au XVe s par la riche communauté jaïne, sous la protection rajpoute. Dans le temple principal, dédié à Parshvanath, personnages sculptés et colorés, incrustations de miroirs. Tout autour, niches contenant les statues du 23e *Tirthankara* (noter leurs yeux !). Le temple de gauche propose un dôme orné de multiples et gracieuses danseuses. Déambuler dans les différentes galeries et corridors. Tout est merveilleusement ciselé. Dans une vitrine, une sorte de maquette de la partie supérieure du temple. À gauche, l'autre temple visitable, toujours du XVe s. Tout se passe là encore à l'intérieur. Coupole centrale d'une rare finesse d'exécution, entourée de « portes de bienvenue » aux chapiteaux délicatement ciselés. Tout autour du déambulatoire, dans les alcôves, à nouveau une série de *Tirthankaras*. On peut grimper à l'étage pour mieux observer les détails de la coupole. La partie centrale fut ciselée dans un unique bloc de pierre. Pour en savoir plus sur le jaïnisme, voir la rubrique « Religions et croyances » dans « Hommes, culture et environnement ».

– Juste derrière, sur une placette *(plan II, E5)*, remarquez la galerie close de grilles, lieu essentiel et symbolique pour les jaïns de la ville. C'est là que, depuis des siècles, les sages astrologues de la communauté se réunissent en fonction du calendrier lunaire pour étudier les augures des mariages et prendre toutes les décisions importantes.

🍒🍒 Il faut se perdre dans le dédale des petites ***ruelles*** du fort. Les habitants ont su conserver leur sourire et leur gentillesse en dépit du développement du tourisme. Et puis ce sera l'occasion de découvrir au hasard des ruelles des belles façades aux fenêtres et balcons finement sculptés ou décorés de fresques hautes en couleur. Attention, pour les lecteurs (trices) romantiques, il vaut mieux savoir que la promenade le long des remparts se révèle quasiment impossible du fait qu'ils servent souvent de w-c publics aux habitants, mais quelques fortins sont épargnés. Cette atmosphère, vivante et colorée, nous fait faire un étrange bond en arrière dans l'histoire, quand les odeurs, bonnes ou mauvaises, n'avaient pas été chassées de notre environnement...

La ville basse *(plans I et III)*

🍒🍒🍒 ***Les havelis :*** en sortant de la citadelle, descendre dans la ville en prenant la première rue à droite. Ces demeures – en fait de véritables palais –, construites à partir du XVIIIe s par les riches marchands, sont époustouflantes. On ne peut décrire la finesse des balcons incroyablement ouvragés. C'était à qui construirait le palais le plus beau, le plus haut, le plus imposant. Pour certains, édifiés dans d'étroites ruelles, on n'arrive pas toujours à saisir toute la richesse et la finesse de l'ouvrage. On peut parfois visiter l'intérieur car la plupart sont abandonnés. D'autres sont habités, mais ouverts simplement dans la journée. Voici les trois plus importants :

– ***Patwah-ki-Haveli*** *(plan I, C1,* ***70****)* ***:*** *tlj 10h-18h (ou 19h, c'est selon – selon quoi, on ne sait pas !). Entrée : 50 Rps pour chacune des* havelis *; appareil photo : 20 Rps ; caméscope : 50 Rps*. Certainement la plus belle *haveli*. Composé de cinq maisons édifiées au début du XIXe s pour les cinq fils d'un riche marchand. Deux maisons sont ouvertes à la visite : l'une est une *haveli* privée, occupée par une boutique au rez-de-chaussée, à la richesse décorative époustouflante ! Les étages de cette *haveli* sont meublés, ce qui est assez rare pour être signalé : lits, berceau, salle à manger avec quelques tables basses et salle de réception. Déambuler dans cet univers est un réel plaisir. Chose curieuse, cette *haveli* est à cheval sur la rue. La deuxième *haveli*, attenante à la première, appartient au gouvernement. Admirez le travail de ciselage des fenêtres assez extraordinaire. Enchevêtrement de gracieux encorbellements. Les pièces s'enroulent autour d'un petit patio étonnant de raffinement.

– ***Nathmal-ki-Haveli*** *(plan I, C1,* ***71****)* ***:*** *située dans une ruelle perpendiculaire à la rue du marché. Tlj 9h-17h (ou 18h selon l'affluence et, disons-le, l'humeur du jour).*

Entrée pas chère. C'est la même famille qui habite là depuis sa construction. Elle tient une petite boutique à l'intérieur. Avant d'entrer, admirer la façade gardée par deux éléphants. La partie accessible au public se limite au patio, mais c'est la plus originale : les ailes gauche et droite furent chacune sculptées par deux frères architectes en 1885. Elles se ressemblent étrangement, sans qu'aucun dessin ne soit identique. La rampe de la galerie a été ciselée dans seulement quatre pierres (une par côté). On a compté 32 dessins géométriques différents. C'est peut-être là qu'on voit le mieux la rivalité tenace entre les deux frères concepteurs.

– ***Salam Singh-ki-Haveli*** *(plan III, J7)* **:** ☎ *25-10-56. Tlj 8h-18h (19h en été). Entrée : 15 Rps.* Une superbe *haveli* de plus de 400 ans, coiffée au dernier étage d'une galerie à colonnes de pierre d'une élégance extrême. Cette *haveli* appartenait à l'un des plus célèbres tyrans de la région, redouté pour sa barbarie et sa cruauté. Devenu Premier ministre du royaume rajpoute au XIXe s, et ce pendant 12 ans, Salam Singh empoisonna de nombreux courtisans, augmenta drastiquement les impôts et persécuta la population. Comme il y a parfois une justice au pays de Brahma, il fut assassiné à son tour en 1880. Un de ses descendants, M. K. S. Mohta, y demeure encore aujourd'hui, et son fils assure la visite avec des commentaires des plus intéressants. On comprend notamment le principe de la construction de ce type de maison, par simple emboîtement des pierres, sans l'utilisation de mortier. À l'origine, la maison comptait dix étages, mais le maharaja de Jaisalmer prit ombrage de cette démonstration de puissance et fit raser deux niveaux. La partie la plus intéressante de cette maison est la loggia du dernier étage, avec ses colonnes finement sculptées. Le Premier ministre avait même fait le projet de relier sa demeure au palais via une passerelle aérienne. Deux boutiques à l'intérieur.

Thar Heritage Museum *(plan III, H6)* **:** *fléché depuis la rue du Marché. 094-14-15-07-62. Tlj 9h-21h. Entrée : 40 Rps ; petit supplément pour appareils photo et caméras.* Un petit musée qui rassemble des dizaine d'objets patiemment collectés pendant près de 40 ans par Laxmi Narayan Khatri, un véritable chineur dans l'âme ! On y trouve vraiment de tout, des ustensiles de la vie quotidienne, fossiles, pièces de monnaie, instruments de musique, manuscrits très anciens, la photo de l'homme qui a la plus grande moustache du monde, etc. ! Essayer absolument de faire la visite avec ce collectionneur hors du commun dont les commentaires donneront vie à chaque objet ! S'il n'est pas sur place, demandez à ce que quelqu'un aille le chercher (il tient une boutique tout près).

La rue du Marché *(plan III, H-I6)* **:** toujours animée, surtout le matin et le soir. Vous y passerez plusieurs centaines de fois, avec chaque fois un égal plaisir. Gargotes, tailleurs, vendeurs de tout, vendeurs de rien, vendeurs de rien du tout... On se sourit, on s'interpelle, on se sourit et on ne s'en lasse pas. Quant au marché proprement dit, il se tient près de *Hanuman Circle (plan I, B1-2),* tous les matins jusqu'à 13h.

Fête

– ***Festival du Désert :*** *fin janv ou début fév, pdt 3 j. Du 7 au 9 fév 2009 et du 28 au 30 janv 2010.* Festival assez récent dont l'authenticité ne saute pas aux yeux. Il semble avoir été créé plus pour les touristes que pour répondre à un véritable besoin local. Courses de chameaux, danses, musique... et augmentation générale (souvent abusive !) des prix des chambres. C'est surtout l'occasion d'un bel aperçu sur les costumes traditionnels des habitants de la région.

Achats

On trouve pas mal de choses mais la principale spécialité, ce sont les grandes étoffes en patchwork incrustées de miroirs. Cet artisanat est commun à tout le désert du Thar, et se retrouve jusqu'à ses confins sud, dans le Gujarat. Vraiment beau. Le long de la montée au fort, et autour des principales *havelis,* des dizaines d'étoffes sont exposées. On trouve aussi des sortes de fresques animalières tissées, très colorées. Petits bijoutiers travaillant l'argent également.

➤ À JAISALMER, HORS LES MURS

Gadi Sagar Tank *(plan I, D3) : à 1,5 km au sud-est de la ville.* Réservoir d'eau entouré de jolis édifices. Creusé au XIIIe s par le maharaja pour faciliter l'approvisionnement en eau du village. Aujourd'hui, les militaires du coin y viennent en famille pour pique-niquer le dimanche. On accède au lac en passant sous un joli porche, le **Tilon-ki-Pol** *(plan I, D3, 74).* Cet ensemble de pavillons et de temples se révèle d'un charme exquis et d'une sérénité totale. À ne pas manquer, surtout très tôt le matin et au coucher du soleil.

UN PORCHE COCHON ?

On disait le Tilon-ki-Pol, petit nom du porche du Gadi Sagar Tank, construit par et pour une célèbre prostituée : les deux piliers de l'arche rappelaient ses jambes. On vous laisse imaginer ce qu'évoquait la clé de voûte ! Elle voulait forcer les femmes « bien » à passer sous sa demeure pour aller puiser l'eau. Le maharaja refusa. Elle passa outre en construisant au-dessus du porche un petit sanctuaire dédié à Krishna. Le maharaja n'osa évidemment jamais le détruire, mais lui et sa cour durent contourner l'ouvrage.

Le musée du Folklore de Jaisalmer *(plan I, D3,* ***75****) : situé au Gadi Sagar Tank (voir ci-dessus). Tlj 10h-18h (pause 13h-15h hors saison). Entrée : 20 Rps ; autant pour un appareil photo ; près du double pour une caméra.* Les proprios ne sont autres que les fils du fondateur du musée des Cultures du désert (voir ci-dessous), jeunes hommes dont on apprécie la maîtrise du français. Petit musée organisé en 6 salles dont chacune aborde un ou plusieurs thèmes : costumes traditionnels, marionnettes, collection de *toranas* (qu'on suspend au-dessus des portes), etc. L'architecture traditionnelle n'est pas oubliée (maquette réalisée en crottin de cheval !). Saluons la présentation agréable et soignée de ce musée aménagé avec goût et modestie.

Le musée des Cultures du désert *(Desert Cultural Centre and Folklore Museum ; plan I, D2,* ***76****) : situé juste à côté de l'office de tourisme. Tlj 10h-13h, 15h-18h. • folkculturemuseum.com • Entrée : 20 Rps (autant pour un appareil photo ; près du double pour une caméra) ou 50 Rps pour visionner 3 petites vidéos. Ts les soirs à 18h30 et 19h30, spectacle de marionnettes (on a vu mieux, on avoue) ; durée : 30-40 mn pour 50 Rps.* Ancien professeur d'histoire, M. Nand Kishore Sharma a ouvert ce petit musée ethnographique après avoir patiemment collecté objets d'art et éléments de folklore dans la région. Initiative personnelle qui a permis de sauvegarder quelques témoignages du passé sur le point de disparaître. En particulier : fossiles de bois pétrifié, monnaies et photos anciennes, retables portables, lampes à huile, dessins au henné, peintures sur grains de riz et de tamarin (à voir grâce à une loupe), vieilles serrures, instruments de musique (*sarangi,* sorte de violon), costumes, etc. Également une petite librairie avec des bouquins intéressants, en français pour certains, CD, etc.

Le musée du Gouvernement *(plan I, A2,* ***77****) : tlj 10h-16h30. Entrée symbolique.* Seulement pour les passionnés d'archéologie, et encore... Sculptures du XIIe s, hélas peu mises en valeur. En vérité, pas grand-chose à voir.

Pour le coucher du soleil, tous les touristes se rendent à la ***colline des Cénotaphes*** *(Vyas Chhatri), indiquée d'ailleurs* ***Sunset Point.*** *Située à 1 km de la ville, sur la route de Ramgarh. On s'y rend à vélo ou à pied. Bonjour la foule ! En plus, l'entrée*

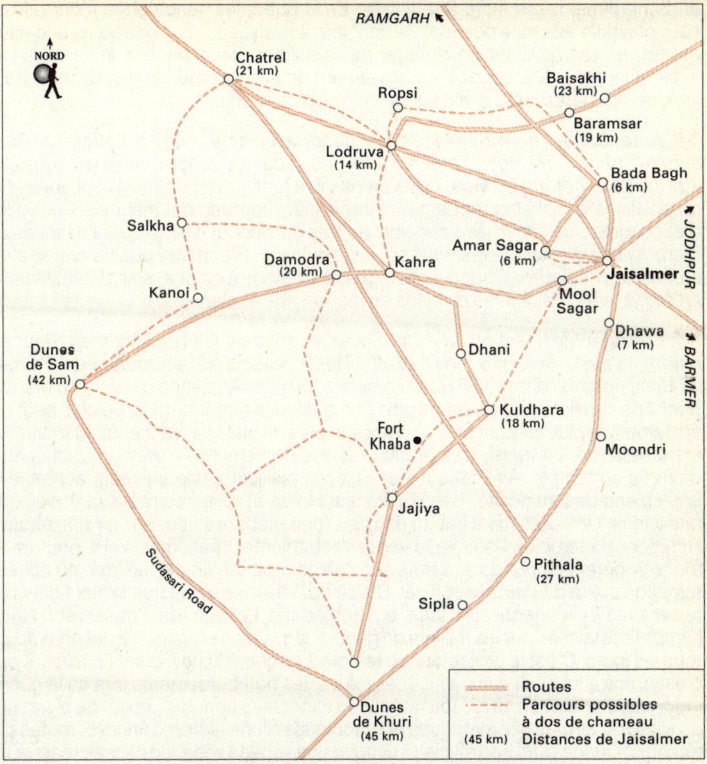

LES ENVIRONS DE JAISALMER

est payante ! Ensemble de cénotaphes bien plus modestes que ceux de Bada Bagh (voir ci-dessous). Ceux-ci furent édifiés par les riches brahmanes de la ville au cours du XIXe s.

➤ AUTOUR DE JAISALMER, DANS UN RAYON DE 20 KM

Ces excursions peuvent se faire en une demi-journée ou plus en louant un rickshaw ou un vélo. Possibles également à dos de chameau (voir plus loin). Pour les trois premiers sites (Bada Bagh, Amar Sagar et Lodruva), situés au nord-ouest de Jaisalmer, possibilité de louer un rickshaw et d'organiser une visite groupée pour environ 200-220 Rps (le double avec une jeep).

***Bada Bagh :** à 6 km de Jaisalmer, vers Ramgarh. Pour s'y rendre, rickshaw (env 70 Rps l'aller-retour avec 30 mn env d'attente) ou vélo. Site accessible du lever au coucher du soleil. Entrée : 50 Rps ; appareil photo : 20 Rps ; caméra : 50 Rps.* Sur une butte rocailleuse isolée et entourée par une armée d'éoliennes, groupe de cénotaphes des maharajas de Jaisalmer (tombeaux vides, puisque les cendres sont jetées dans le Gange après l'incinération). Atmosphère un peu irréelle au coucher du soleil, quand la pierre prend de superbes teintes dorées. Sous chaque coupole soutenue par des piliers, il y a une stèle en marbre, ornée d'un personnage sculpté et d'une petite inscription. Sur la crête de la butte, les cénotaphes n'ont pas de coupole mais des toits pointus. Ce sont les plus anciens. En contrebas, une oasis qui fut, un temps, l'ancien potager de Jaisalmer (*bada bagh* signifie d'ailleurs « grand jardin »). Mais avec l'accroissement de la population et des besoins de la ville, on dut déplacer le jardin sur des terres plus vastes.

Amar Sagar : *à env 6 km de Jaisalmer, sur la route de Lodruva. Entrée : 20 Rps ; appareil photo : 50 Rps ; caméra : 100 Rps. Pour s'y rendre, rickshaw (quelque 70 Rps l'aller-retour) ou vélo.* Dans un paisible jardin ceint de murs, bel ensemble de pavillons et *chhatris* bordant un temple jaïn superbement restauré. Possibilité d'aller admirer le sanctuaire principal au très chic décor. Remarquer l'avancée de marbre alors que tout le reste est en pierre calcaire. Étonnant portail d'entrée avec arches en accolades. Coupole ouvragée et 1er étage à galerie, sculpté également. À l'étage, sanctuaire avec divinités en marbre noir et blanc.

Lodruva : *à 10 km env d'Amar Sagar (et donc 14 km de Jaisalmer). Pour s'y rendre, là aussi, rickshaw (env 170-200 Rps) ou vélo pour les courageux. Entrée : 20 Rps ; appareil photo : 50 Rps ; caméra : 100 Rps.* Ancienne capitale du Marwar dont il ne subsiste pratiquement plus que quelques temples jaïns. Le plus petit est également le plus célèbre et le plus ancien (plus de huit siècles d'âge). Magnifiquement restauré. Là aussi, très grande richesse ornementale. Remarquable arche d'entrée au temple. À l'intérieur, des oiseaux piailleurs, une fraîcheur agréable et une splendide luminosité. Beaux piliers sculptés et chapiteaux figurant dieux ou musiciens. Un cobra royal habite dans les fondations (on peut en voir une photo à l'intérieur du temple). Vous ne le verrez probablement pas, mais vous pourrez au moins repérer l'entrée de son trou, sur le flanc droit du temple, en face du curieux templion coiffé d'un arbre artificiel. D'ailleurs, vous verrez de nombreux fidèles (et téméraires ?) s'agenouiller face au trou, dans l'espoir de l'observer ! Noter l'empreinte laissée par les milliers de genoux sur la pierre du sol ! On lui offre du lait tous les jours. C'est le protecteur du temple. Les gens du coin disent d'ailleurs que c'est grâce à lui que l'édifice fut épargné par les bombardements lors de la guerre indo-pakistanaise en 1972. Tout autour du sanctuaire principal, treillis de pierre aux dizaines de formes géométriques et graphiques d'une extrême finesse, toutes différentes. Quant à l'arbre artificiel, il évoque une espèce végétale censée réaliser les vœux. Il est composé de 108 métaux différents. Faire le tour du temple, c'est superbe.

Kuldhara : *sur la route de Sam Dunes. Pas de bus pour y aller. Il faut louer une jeep ou prendre un taxi, un rickshaw ou un vélo pour les plus sportifs. La route est bonne. Rouler 13 km, puis prendre à gauche et continuer sur 5 km. Sinon, certains* camel safaris *y passent. Tlj du lever au coucher du soleil. Accès : 10 Rps ; 50 Rps/ voiture. On peut visiter le site à pied, mais mieux vaut prévoir un véhicule, car les distances deviennent vite longues par forte chaleur.*
Un étonnant village fantôme et un champ de ruines perdus dans le désert ! Imaginez un peu : plus de 700 maisons abandonnées au vent... et dont il ne reste plus que quelques pans de murs. C'est d'ailleurs un site régulièrement prisé pour le tournage de films. Édifié au Moyen Âge, Kuldhara eut pourtant une certaine importance, comme bon nombre des petites villes dont le désert du Thar est émaillé dans ce coin-là. En effet, bien qu'habitées par des communautés de brahmanes, elles servaient d'étapes aux caravanes d'épices et de soieries, et constituaient en fait d'importants centres commerciaux. Seulement voilà : l'histoire raconte qu'au XIXe s, le tyran Salam Singh voulut se marier avec une des filles du village. Mais les brahmanes ne le souhaitaient pas, car Salam Singh n'appartenait pas à leur caste. Devant les menaces de Salam, les habitants prirent peur et quittèrent le village en une nuit. Ils fuirent même le Rajasthan. Le village tomba en ruine au fil du temps. Une autre version de l'histoire, moins romantique : Salam voulait avant tout récupérer sa part des importants bénéfices issus des multiples transactions commerciales qui s'y déroulaient, et menaça l'ensemble de ces petites communautés d'une

répression sanglante si elles ne se pliaient pas à ses taxes et impôts. Le dénouement est le même : devant les menaces du tyran, tous les villages furent abandonnés de leurs habitants en une seule nuit.

À Kuldhara, une association fondée par des habitants de Jaisalmer a patiemment restauré quelques monuments et maisons. Une initiative que l'on salue... Autour du site, on dut construire un mur et une porte d'entrée, afin de le préserver des pillages : dans leur fuite, les habitants ont en effet tout abandonné, y compris des trésors... À l'entrée, un jardin avec des cactus (sans grand intérêt) a été aménagé ; une piscine (en plein désert !) était même prévue, mais elle n'a jamais vu, pour l'instant, l'ombre d'une goutte d'eau (tant mieux !).

Au centre du village, plusieurs témoignages de l'époque médiévale, notamment un petit temple du XIVe s dédié à Shiva, à la belle façade sculptée. Attenantes, les cuisines *(Prasad Griha)* où étaient préparés les repas offerts aux dieux ! Monter sur le toit du temple pour contempler le champ de ruines du village. En face du temple, une grosse maison aux imposantes voûtes de pierre et au plafond de bois, exemple type des habitations de l'époque, avec sa partie réservée aux femmes et celle réservée aux animaux domestiques et au bétail.

À 100 m de là, une autre demeure admirablement restaurée permet de comprendre l'organisation traditionnelle des maisons de l'époque. La première cour était réservée aux invités. Sur le côté gauche (côté censé porter chance), un escalier permet de grimper sur la terrasse. Sculpté sur le montant de la porte donnant accès à la deuxième cour, un petit Ganesh. Cette deuxième cour était exclusivement réservée aux membres de la famille. Toujours sur le côté gauche, la cuisine et, au fond du patio, les chambres. Au niveau de la terrasse, noter le système qui permettait de récupérer l'eau de pluie.

Au bout de la piste centrale, un peu à la lisière du village, sur le côté gauche, ne pas manquer la réserve d'eau *(baori)* creusée à 30 m de profondeur, signalée par des bornes de pierre sculptées. Une volée de marches s'enfonce sous terre (ou plutôt sous sable) jusqu'au puits, où nichent des dizaines de pigeons ; sur les imposantes cloisons de pierre, on remarque au passage des petits bas-reliefs représentant Ganesh et autres divinités. Une ambiance qui rappelle un peu *Les Aventuriers de l'Arche perdue...* Tout proches, trois puits de moindre importance, à ouverture ronde, également signalée par le même type de borne en pierre.

Le fort Khaba : *à 12 km env plus au sud. Tlj de 8h au coucher du soleil. Entrée : 10 Rps.* Un site étonnant et peu touristique. Certaines agences le proposent dans leur tour ou safari. D'ailleurs, à moins de vouloir vous perdre, difficile de le chercher tout seul, ou de tenter le vélo... On trouve l'endroit assez magique. Encore un de ces villages désertés en une nuit par les brahmanes, avec ce spectacle désolé de champs de ruines et de pierres... La différence, c'est d'une part qu'en lisière de ce village fantôme s'est installé un nouveau petit village rajpoute, d'autre part que l'endroit est dominé par une butte caillouteuse coiffée d'un fort restauré et de belle prestance. Une fois gravi le raidillon de caillasses, depuis le fort, vue plongeante très impressionnante sur les vestiges du village (qui était assez grand, finalement !), la dune de sable et les quelques champs cultivés ! Dans l'enceinte du fort proprement dit, des objets traditionnels ainsi qu'une expo sur la géologie du coin. Malheureusement, les panneaux explicatifs en anglais sont très rares... Également un petit temple dédié à Ganesh, toujours honoré.

DANS LA RÉGION DE JAISALMER

Excursions à dos de chameau dans le désert

Une excellente manière de découvrir le désert et ses sensations particulières. Ne vous attendez pas toutefois à un désert conforme à notre imaginaire, avec des dunes de sable à perte de vue. C'est plutôt un paysage de zones rocailleuses colonisées par des arbustes rabougris dans lequel se lovent, soudainement et tout en douceur, de majestueuses dunes. Bon, sachez quand même que ce genre d'excursion est exclusivement dédié aux touristes, et qu'en dehors des habitants du désert et des accompagnateurs des agences, la plupart des habitants de Jaisalmer n'ont jamais dormi dans le désert et n'en éprouvent pas le besoin !

➢ *On peut faire une excursion de mi-juil à début avr ; le reste de l'année, il fait beaucoup trop chaud. La meilleure période : oct-fév. Prévoir assez de temps à Jaisalmer pour inclure un* camel safari. *Une poignée de* guests *organisent seules leur propre circuit, et une bonne quinzaine d'agences proposent leurs services, la plupart des hôtels et* guesthouses *étant affiliés à l'une d'elles (moyennant une commission, évidemment).* C'est de bonne guerre, mais allez plutôt directement voir les agences. Pour séparer le bon grain de l'ivraie, il n'y a pas dix solutions : allez en voir plusieurs et comparez les prestations et les prix. Faites-vous décrire précisément le parcours, évitez les tours proposant une nuit aux dunes de Sam ou de Khuri et privilégiez ceux dont le point de départ se situe à au moins 30 km de Jaisalmer (point de départ que vous rejoindrez alors en jeep). Se faire également préciser les menus. Quand on est dans le désert un certain temps, la qualité et la diversité de la nourriture se révèlent primordiales, et certaines agences moins chères que d'autres rognent sur ce poste. D'autres (ou les mêmes !) rognent aussi sur l'eau, ou n'incluent carrément pas l'eau dans leur prix : une véritable arnaque, quand on sait que l'on boit plusieurs litres d'eau par jour dans le désert !

➢ Concernant les chameliers qui vous accompagnent, deux choses : c'est tout bête, mais demandez si chaque chamelier a bien son propre chameau ! Sinon, celui-ci marchera, à vos côtés, à pied : c'est alors très frustrant ! Enfin, les agences sérieuses prévoient toujours 2 chameliers, minimum (3 chameliers à partir de 5 personnes). Ne l'oubliez pas, on est dans le désert. Que se passerait-il alors si votre unique chamelier tombait malade ? Hein ! ?

➢ Il est important de savoir ce qui vous intéresse. Tout est possible : pour les pressés et les pas trop sportifs, une demi-journée autour de Jaisalmer peut largement suffire, quitte à compléter par une nuit à la belle étoile. Si vous partez des proches environs de la ville, vous pourrez aussi vous voir proposer la visite de quelques sites sur le chemin (principalement *Bada Bagh, Amar Sagar et Lodruva,* voir ci-dessus), ça peut être intéressant. Les aventuriers iront jusqu'à 5 jours (4 nuits) dans le désert. Mais il faut quand même réaliser qu'à la longue, ça devient monotone (et fatigant). L'idéal, c'est une randonnée de 3 jours avec 2 nuits à la belle étoile. Après, bonjour le mal aux fesses pendant plusieurs jours ! Au bout de 2h, ça commence déjà à chauffer ! Glissez des vêtements sous vos fesses pour amortir les chocs.

Conseils

– *ATTENTION :* on déconseille fortement de prendre un tour de plusieurs jours à ceux qui n'ont jamais fait de chameau. Ça a l'air rigolo sur les photos, mais c'est un véritable sport (comme le cheval) ! On vous le dit, on a vu des routards revenir de leur *camel safari* en petits morceaux, perclus de courbatures, les fesses en sang et la gueule brûlée par le soleil...

– On fait en moyenne une vingtaine de kilomètres par jour (3h le matin et 2h l'après-midi, mais pas plus). Normalement, le forfait inclut le sac de couchage et les couvertures (au moins deux par personne en saison froide), mais prévoyez quand même d'emporter des vêtements chauds (et une paire de gants en novembre et décembre), car il fait très froid la nuit. Bien sûr, emportez aussi un chapeau, des lunettes, une gourde (même si l'eau est fournie, cela vous permet de garder de l'eau avec vous), un rouleau de papier toilette et une crème protectrice contre le soleil (c'est tout bête, mais certains n'y pensent pas), ainsi qu'une trousse à pharmacie bien fournie. Demandez également si vous êtes seul sur le chameau, car certaines agences mettent deux passagers par monture. C'est la galère !

Prix moyens d'un safari

Tout d'abord il faut savoir que les safaris les moins chers sont à éviter. Si c'est étrangement bon marché, c'est que l'organisateur rogne sur tout : la nourriture,

l'eau (qui, parfois, n'est pas comprise chez les arnaqueurs), le nombre de chameaux... Et surtout il paie très mal ou pas du tout les *camels drivers* (les conducteurs de chameaux). Pour un jour de balade, compter en moyenne environ 550-600 Rps/pers (10-10,90 €) : départ vers 8h ou 9h ; retour vers 17h. Si vous déboursez plus, vous bénéficierez de prestations meilleures (enfin, normalement), et inversement ! Vous nous avez compris : il serait bête de radiner quand on sait qu'à une centaine de roupies près, le safari de rêve risque de se transformer en enfer ! Pour un safari de deux jours avec une nuit dans le désert, compter autour de 1 000 Rps/pers (18,20 €). Dans ce cas, les choses s'organisent généralement de la manière suivante : départ le matin, visite en jeep de quelques sites, balade en chameau, nuit au creux d'une dune ; le lendemain matin, nouvelle chevauchée à dos de chameau jusqu'en milieu de journée puis retour en jeep à Jaisalmer. N'oubliez pas le pourboire du chamelier ! Prévoir près de 50 Rps/j. et par participant.
Les prix dans certaines agences ont parfois tendance à varier largement d'un client à l'autre. Si vous voyagez à plusieurs, n'hésitez pas à aller demander les tarifs séparément...
– Un des meilleurs *camel safaris* proposés par les hôtels est celui de l'hôtel *Renuka (plan III, G6, **32**)*, qui se révèle d'un excellent rapport qualité-prix. Ils vous emmènent passer la nuit à la belle étoile au sein de dunes réellement magnifiques, sans personne aux alentours ! Les lecteurs en sont vraiment très contents.

Les dunes de Sam : *à 45 km de Jaisalmer. Accès : 10 Rps.* On vous en parle parce c'est LE spot touristique pour le coucher de soleil sur les dunes. Mais atmosphère très attrape-touristes (vaste parking pour accueillir les nombreux cars, gargotes pour vous vendre des boissons et des tours de chameaux, avec force insistance) ! il semblerait que seuls les touristes indiens fréquentent encore l'endroit. Pour y aller, les bus locaux (rares) sont à déconseiller, trop galère et grosse perte de temps. Les agences de voyages et les *guesthouses* proposent, pour la plupart, un tour qui débute à 15h. Elles s'arrêtent sur le site d'*Amar Sagar,* puis se dirigent vers les dunes de Sam. Retour après le coucher du soleil. Souvent bien trop cher pour l'intérêt réel de la balade. Le pire, ce sont les monceaux de détritus laissés dans le sable par les touristes. Un vrai scandale quand on sait que l'accès est payant, théoriquement pour financer le nettoyage du site... Éviter la balade à dos de chameau (environ 80 Rps pour 1h) : d'abord elle est toujours plus courte que ce qu'on vous promet et puis on peut très bien gagner la dune en 10 mn à pied. Ceux qui veulent profiter de belles dunes iront ailleurs (à Khuri ou à Dangri par exemple...).

Les dunes de Khuri : *à 45 km au sud-est de Jaisalmer. Droit d'accès de 10 Rps pour les voitures (le double pour une jeep) dont on s'acquitte à l'entrée du village.* Deux poils moins touristique que Sam, ce village a eu l'intelligence de conserver ses maisons rondes traditionnelles, sortes de huttes de terre, couvertes d'un toit de branchages et décorées de motifs géométriques peints en blanc et ocre. Les dunes, quant à elles, se situent à une vingtaine de minutes à pied. Elles s'étirent sur plusieurs kilomètres qu'on gravit facilement. Très chouette, et même si quelques chameliers vous proposent la balade jusqu'à la dune, et qu'on vous retrouvera toujours pour vous vendre des chips ou des sodas, moins de touristes qu'à Sam.
➢ Des bus locaux se rendent de Jaisalmer à Khuri (et en sens inverse) env 4 fois/j. Trajet : env 1h30.

Où dormir ? Où manger ?

Agréable de dormir à Khuri *(ind. tél. : 03014).* D'ailleurs, le meilleur moyen d'en profiter est d'y passer au moins une nuit. Le village compte une bonne dizaine de *guesthouses.* Certaines proposent (voire imposent) une sorte de forfait : balade jusqu'à la dune en chameau + dîner « typique » du désert + spectacle de danse + nuit + petit déj. Nous, on trouve que c'est cher (rarement moins de 750 Rps par personne), d'autant que la balade en chameau ne dure souvent que 30 mn, que le dîner n'est pas toujours à la hauteur et que le spectacle réunit, en gros, tous les clients de toutes les *guests* du coin... Ça sent l'arnaque !

Bon marché (250-500 Rps / 3,80-7,70 €)

Badal House : *dans le village. ☎ 27-41-20. Prix très raisonnables incluant la ½ pens (peut-être parce qu'ici on ne donne pas de commission à qui que ce soit !).* Une adresse familiale qui nous a séduits par sa propreté, son atmosphère, la gentillesse et la simplicité de l'accueil. Les enfants de la maison vous congratuleront de larges sourires, les vaches dans l'enclos se laisseront paisiblement tirer le portrait. Au choix, des chambres très correctes pour le prix (avec ou sans salles de bains) ou des huttes coiffées de leur toit de branchage. Lors des grosses chaleurs, possibilité de poser le matelas sur la terrasse. Propose aussi des safaris à des tarifs qui n'ont rien d'abusif ! Un p'tit coup de cœur !

Sodha Guesthouse : *☎ 27-40-02. Adresse un peu excentrée par rapport aux autres, sur le chemin des dunes, sur la gauche. Attention, parfois fermé en basse saison.* Huttes rondes couvertes de branchages autour d'une courette centrale dénudée. Maisons peintes de motifs géométriques. Lits de cordes tressées. Ensemble dépouillé et très rudimentaire qui contentera les pas trop regardants sur la propreté et les petits budgets. Une des très rares adresses à proposer des prix doux, sans imposer d'emblée le package *camel safari*-danses traditionnelles, etc. (Bon, bien sûr, si vous insistez pour le *camel safari*... !)

De prix moyens à chic (750-1 500 Rps / 11,50-23,10 €)

Mama Guesthouse : *dans le village même. ☎ 27-40-42. • gajendra_sodha2003@yahoo.com • Possibilité de résa à Jaisalmer, auprès de* Lucky Tours, *une agence située à l'entrée de la forteresse. Réduc de 40-50 % en basse saison. Repas 150 Rps.* Ce fut la 1re *guesthouse* de Khuri, qui ouvrit il y a plus de 20 ans. Le dynamique patron, fier comme tout, gère ses chambres comme un pro, mais semble se laisser tourner la tête par le succès (prix musclés !). L'ensemble s'organise toutefois autour d'une courette agréable. Les budgets moyens opteront pour les structures traditionnelles (genre huttes), jolies mais assez spartiates et avec sanitaires communs (pas toujours nickel, malheureusement). Sinon, chambres récentes, sans charme et aux prix élevés, mais avec salle de bains privée et clim'. Organise lui aussi des soirées musique et danse. Visite du village, de ses potiers, des maisons traditionnelles, balades en chameau (assez chères).

***Les dunes de Dangri :** à 65 km à l'est de Jaisalmer.* Très beau paysage méconnu, avec des dunes encore moins touristiques que les précédentes. Pour s'y rendre, s'adresser à l'hôtel *RTDC – Moomal* à Jaisalmer, ou à l'office de tourisme. Sinon, bus jusqu'à Fatehgarh (sur la ligne Jaisalmer-Barmer) puis trouver un moyen de locomotion pour les 16 km restants *(1 seul bus Fatehgarh-Dangri, à 13h).* À Dangri, un chamelier du village propose ses services.

BIKANER

600 000 hab. IND. TÉL. : 0151

Au nord du Rajasthan, plantée au cœur du désert du Thar, Bikaner est une ville fortifiée, protégée par une énorme forteresse. Peu de grands monuments et pas vraiment de charme irrésistible, c'est surtout une étape entre l'inégalable

Jaisalmer et le Shekhawati. Toutefois, certains routards préfèrent les excursions à dos de chameau à partir d'ici, justement pour fuir la foule de Jaisalmer...

UN PEU D'HISTOIRE

À la fin du XVe s, le rao Jodha, maharaja de Jodhpur, confia une armée à son fils Bika qui conquit bientôt cette zone désertique, pour finalement fonder Bikaner, centre d'un État indépendant. Comme pour Jaisalmer, c'est grâce au passage des caravanes que la ville s'enrichit largement. Comme elle, Bikaner subit de plein fouet le déclin du transit caravanier au XIXe s... Lors de la Première Guerre mondiale, le maharaja de Bikaner, Ganga Singh, lança ses chameliers à l'assaut des tranchées allemandes, avant de devenir général de l'armée britannique et membre du cabinet de guerre en 1939-1945. Homme éclairé et en avance sur son temps, selon Dominique Lapierre et Larry Collins *(Cette nuit la liberté)*, il transforma certaines parties de son territoire semi-désertique en oasis avec jardins, lacs artificiels et cités florissantes à la disposition de ses sujets...

Arriver – Quitter

En train

Gare ferroviaire *(plan A2)* : *Station Rd, en plein centre-ville. Infos : ☎ 131.*
➢ **Delhi :** 3 trains/j., dont 2 *express,* dans les 2 sens, pour env 11h de voyage. À Delhi, ils partent et arrivent ts à Sarai Rohilla Railway Station.
➢ **Jaipur :** 1 *express*/j. en rotation sur la ligne ; en principe, vers 21h au départ de Bikaner, vers 22h au départ de Jaipur (durée : env 9h ; il a l'avantage de vous faire gagner une nuit, passée dans le train). Également 1 *Intercity* tlj vers 5h au départ de Bikaner, vers 15h50 de Jaipur (durée : 7h ; le plus rapide). Et 1 *passenger,* mais on vous le déconseillé : très très long (12h de trajet).
➢ **Jodhpur :** min 3 express/j ; 2 le mat et 1 de nuit au départ de Bikaner ; 2 le mat et 1 vers 20h de Jodhpur (arrivée à Bikaner au milieu de la nuit pour ce dernier). De Bikaner, 1 *express* supplémentaire mar vers 19h et ven vers 15h ; de Jodhpur, mar vers 11h et sam vers 17h. Trajet : en moyenne 6h.
➢ **Kolkata :** par Jaipur et Agra. Pour les courageux. Départ à 15h50, arrivée tôt le mat... du 3e j.
➢ **Trivandrum :** 1 train/sem ; en principe, mar vers 19h au départ de Bikaner, arrivée ven très tôt.
➢ **Ahmedabad :** 2 trains/j. (mat et vers minuit) Trajet : 15-16h.

En bus

Bikaner compte deux gares routières : le **Central Bus Stand** *(plan B1, 1)* pour les bus *express (infos au ☎ 252-38-00)*. Env 30 Rps pour vous y rendre en rickshaw depuis le centre. Et le **Private Bus Stand** *(plan A2, 2)* avec, sur place, quelques petites agences vendant des billets pour les bus *deluxe*.
➢ **Jaisalmer :** en principe, 3 *express* et 3 *deluxe* roulant en boucle sur la ligne. Trajet : 7h env.
➢ **Jaipur :** dans les 2 sens, un *express* ttes les heures 5h-22h, et env 15 *deluxe* 5h-23h. Trajet : 6-7h.
➢ **Jodhpur :** tlj, env 12 *express* en rotation sur la ligne 4h45-0h30. Également 6 *deluxe*. Trajet : 7h env.
➢ **Pushkar et Ajmer :** liaisons aller-retour en *express* ttes les heures 5h15-23h30. Et 2 bus *deluxe*. Trajet : 6h.

➢ ***Le Shekhawati :*** 1 *deluxe* en boucle sur la ligne Bikaner-Nawalgarh (6h de trajet). Pas d'*express* direct ; passer par Sikar. Sur la liaison Bikaner-Mandawa, rotation de 4 bus *express* et 1 *deluxe*/j. (6h-7h de trajet).
➢ ***Agra :*** dans les 2 sens, 1 *express* et 1 *deluxe*/j. Trajet : env 12h.
➢ ***Delhi :*** tlj, 7 *express* et 4 *deluxe* circulant en boucle. Trajet : 11h env.
➢ ***Ahmedabad - Pali - Sirohi - Mont Abu :*** 1-2 bus/j.
➢ ***Chittorgarh :*** 1 bus/j. Trajet : 10h.
➢ ***Kota*** *(par Ajmer)* ***:*** 3 bus/j. Trajet : 9h.

Adresses utiles

Office de tourisme *(Tourist Reception Centre ; plan B2)* ***:*** *Puram Singh Circle.* ☎ *222-67-01. Lun-sam 10h-17h.* Ils éditent un plan de la ville bien pratique, avec la liste des hôtels, restos et autres points d'intérêt visitables.

General Post Office *(GPO ; plan A2)* ***:*** *derrière le fort. Lun-sam 10h-18h.*

Argent : possibilité de changer argent liquide et chèques de voyage *au 1er étage de la* ***State Bank of Bikaner and Jaipur*** *(plan B2,* ***5****), Ambedkar Circle.* ☎ *222-30-54 Lun-ven 12h-18h ; sam 12h-14h.* Également un ***bureau de change*** *dans le Junagarth Fort.* Sinon, on trouve ***2 ATM*** Visa *et* MasterCard *(plan A2,* ***6****) sur Station Rd, tt proches de la gare ferroviaire*, ainsi qu'à côté de l'office du tourisme. Enfin, service de transfert d'argent *Western Union* à la poste (voir ci-dessus).

Internet : *connexions chez* ***New Horizons*** *(plan A2,* ***3****), Station Rd.* ☎ *220-77-06. Dans la ruelle juste à droite du resto* Amber. *Tlj 9h-21h. Ou chez* ***Net Yuppies*** *(plan A2,* ***4****), K.E.M. Rd, Bhargava Dera.* ☎ *253-01-31.* En fait, on en trouve de plus en plus en ville.

Santé : *en cas de besoin,* ***PBM Hospital*** *(plan B2), Hospital Rd.* ☎ *252-53-12.*

AFEV (Action-Formation-Éducation-Voyage *; plan B2,* ***7****)* ***:*** *Udai Niwas Civil Lines. P : 935-120-5344 et 982-986-7323.* • *ara-afe@voila.fr* • *afevinde.site.voila.fr* • Natacha Gallissot a créé cette association humanitaire française en 1977 et travaille à Bikaner avec M. Manoj Thantara depuis 5 ans. L'association prodigue des cours de français, aide les familles les plus démunies, finance un orphelinat et contribue à la liquidation des plastiques qui empoisonnent la ville. Elle s'inscrit également dans le courant « tourisme équitable » et organise d'intéressants safaris-chameaux dans le désert dans d'excellentes conditions et à prix très corrects. On peut l'aider en adhérant, en visitant le musée des traditions populaires qu'ils ont monté, en prenant des cours de cuisine, en achetant de l'artisanat (dont l'argent va intégralement aux familles) et des cartes postales, en soutenant financièrement ses activités (sponsoring de matchs de cricket de jeunes, de concours d'échecs, aide aux étudiants pauvres, etc.). Natacha est ravie qu'on lui rende visite, encore plus si on vient avec des livres ou des médicaments à donner, cahiers d'école et stylos, vêtements d'enfant, etc. (elle vous évite ainsi d'être trop chargé dans l'avion au retour !). Elle peut aussi vous trouver une famille sympa où résider, et vous donner toutes sortes de conseils pour découvrir la région de Bikaner. Ne pas manquer de consulter son site.

Où dormir ?

De très bon marché à bon marché (200-500 Rps / 3,10-7,70 €)

Green Villa (Raj Guesthouse *; plan B2,* ***12****)* ***:*** *30, Rajvilas Colony.* ☎ *252-18-77 ou 220-46-40. Dans la ruelle derrière le* Raj Vilas Hotel *(téléphoner, car pas facile à trouver et on peut venir vous chercher). Doubles 150-350 Rps selon équipement.* Dans cette maison toute verte, juste quelques

LE RAJASTHAN

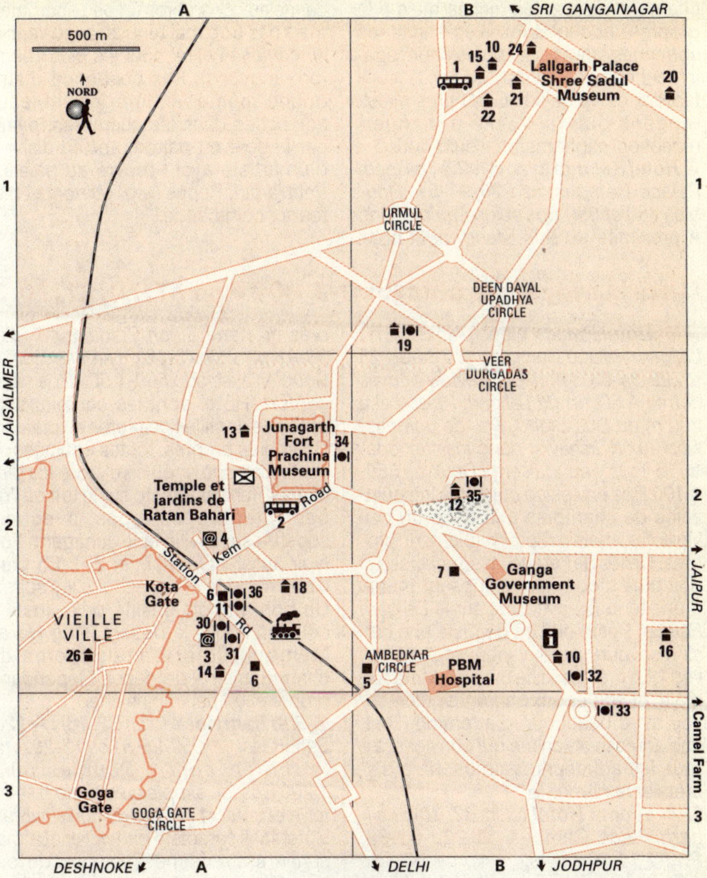

BIKANER

Adresses utiles

- Office de tourisme
- General Post Office
- Gare ferroviaire
- 1 Central Bus Stand
- 2 Private Bus Stand
- 3 New Horizons
- 4 Net Yuppies
- 5 State Bank of Bikaner and Jaipur
- 6 Distributeurs (ATM)
- 7 AFEV

Où dormir ?

- **10** Vyoma Hotel
- **12** Green Villa (Raj Guesthouse)
- **13** Bhairon Vilas
- **14** Marudhar Heritage
- **15** Hotel Sagar
- **16** Shri Ram Hotel
- **18** Hotel Jaswant Bhawan
- **19** Hotel Harasar Haveli
- **20** Karni Bhawan Palace Hotel
- **21** Hotel Palace View
- **22** Hotel Kalinga
- **24** Lallgarh Palace Hotel et Laxmi Niwas Palace
- **26** Hotel Bhanwar Niwas

Où manger ?

- **11** Restaurant de l'Ever Green Hotel
- **19** Restaurant de l'Hotel Harasar Haveli
- **30** Amber Restaurant
- **31** Restos populaires
- **32** Restaurant Chanakya
- **33** Restaurant Moomal
- **34** Gallops
- **35** Resto du Raj Vilas Palace
- **36** Deluxe Restaurant

chambres assez sommaires mais à la propreté acceptable, avec sanitaires communs, sauf pour la plus chère également équipée d'un *air cooler.* Accueil familial, ça va de soi. Chambres mieux rangées que la « salle à manger-réception-capharnaüm » du proprio.

Hotel Kalinga *(plan B1, **22**) : Lallgarh Palace Campus. ☎ 220-97-51. Doubles 450 et 650 Rps selon équipement.* À proximité du *Bus Stand,* petit hôtel calme aux chambres un peu spartiates, mais pas trop mal tenues, avec ventilo, *air cooler,* et clim' pour les plus chères (prix moyens). Pas beaucoup d'âme quand même, malgré les tableaux accrochés dans les chambres, peints par le père du patron, ancien disciple d'un artiste ayant œuvré au palais... Petit jardin. Repas (*veg'* ou non) et bières sur commande.

De prix moyens à chic (500-1 800 Rps / 7,70-27,70 €)

Hotel Palace View *(plan B1, **21**) : Lallgarh Palace Campus. ☎ 254-36-25 et 220-34-63. • hotelpalaceview@gmail.com • À 500 m du Lallgarh Palace et à 200 m du Bus Stand. Pas de commission aux rickshaws, donc insistez pour qu'ils vous y conduisent ! Doubles 650-1 100 Rps env selon confort.* Une quinzaine de chambres à la déco un peu vieillotte, mais irréprochablement propres. Celles de l'étage, assez claires, un poil plus modernes, disposent même d'une terrasse avec vue sur le *Lallgarh Palace.* Resto où l'on déguste une cuisine savoureuse et variée (*veg'* ou *non veg'*). La maîtresse de maison, Mme Nirmala, et son époux sauront vous recevoir avec beaucoup d'attention. Bref, une adresse au calme qui conviendra à tous les amateurs d'atmosphère discrète et familiale.

Vyoma Hotel *(plan B2, **10**) : Lallgarh Place Campus. ☎ 220-03-39. P : 94-14-60-43-49. • vyomahotel@rediffmail.com • Face à l'hôtel* Kalinga. *Doubles 500-800 Rps.* Hôtel récent tenu par une sympathique famille. Structure horizontale autour d'une vaste cour super tranquille. Une quinzaine de chambres correctes à la propreté nickel. Un de nos meilleurs rapports qualité-prix dans cette catégorie.

Marudhar Heritage *(plan A2, **14**) : Gangashahar Rd (Bhagwan Mahaveer Marg). ☎ 252-25-24 et 220-57-23. • hmheritage2000@yahoo.co.in • Près de la gare. Doubles 350-1 000 Rps.* Petit hôtel très bien tenu et offrant un bon éventail de prix. Chambres disposées autour d'un atrium. Celles à 750 Rps offrent baignoire, AC, ventilo et chauffage l'hiver.

Hotel Harasar Haveli *(plan B1, **19**) : près du Karni Singh Stadium. ☎ 220-98-91 ou 252-73-18. • harasar.com • Doubles avec sdb 500-1 500 Rps selon confort.* Hôtel dont les couloirs sont ornés de gentilles peintures au plafond. Chambres propres, toutes équipées de ventilo, *air cooler* ou clim' pour les plus chères. Terrasse-resto sur le toit où l'on peut prendre les repas, avec vue superbe sur la ville et le Junagarth Fort (voir aussi « Où manger ? »). En principe, musique et danse tous les soirs... Un bon rapport qualité-prix. Juste à côté, on trouve le ***Desert Wing Hotel.*** Même structure, mais moins de charme, moins de décor. Cependant, propre et un peu moins cher.

Shri Ram Hotel *(plan B2, **16**) : A-228, Sadul Ganj. ☎ 252-26-51 ou 13-20. • hotelshriram.com • Doubles 500-1 200 Rps (du simple au double !) selon taille et confort ; réduc de 50 % avr-juil.* Hôtel sans caractère particulier et atmosphère assez morne. Chambres de toutes tailles, tout type de confort ; et, logique, prix pour toutes les bourses. Propreté correcte.

Bhairon Vilas *(plan A2, **13**) : face au Junagarth Fort et à deux pas de la poste. 📱 98-28-54-4751. • hotelbhaironvilas.tripod.com • Doubles avec sdb 900-1 800 Rps (13,80-27,70 €) selon taille et vue. Dîner 350 Rps. Refuse les commissions aux rickshaws.* Hôtel installé dans une belle bâtisse datant de 1872. En arrivant à la réception, on a un peu l'impression de pénétrer dans la caverne d'Ali Baba. Les chambres, toutes avec ventilo et AC, sont joliment aménagées de façons vraiment différentes avec de beaux tissus, souvenirs de famille, quelques antiquités... Propreté correcte des sanitaires, et vue sur le fort ou le jardinet, selon votre bourse. La chambre *Maharaja* est vraiment la plus excentrique. Au dernier étage, sans voisinage, lumineuses, tranquilles, deux chambres hyper-agréables avec terrasse et vue privilégiée sur la ville (au choix, l'une dans les tons orangés, l'autre dans les bleus). Au rez-de-chaussée, les chambres les plus romantiques (avec super décor ancien). Offre également un maximum de services. Une adresse de charme, l'un de nos meilleurs rapports qualité-prix, incontestablement, pour une atmosphère bohème assez séduisante. Bon accueil de Harshwardhan Singh, le jeune (et beau) patron. Notre adresse préférée.

🏠 ***Hotel Jaswant Bhawan*** *(plan A2,* ***18****)* ***:*** *Daudsar House, Alakh Sagar Rd. ☎ 254-88-48 et 252-18-34. • hoteljaswantbhawan.com • Juste de l'autre côté de la gare ferroviaire ; de Station Rd, prendre la passerelle qui traverse les voies, l'hôtel est juste après le parking de la gare. Doubles avec sdb 800-1 100 Rps.* Construit en 1926 pour l'ancien Premier ministre de l'État de Bikaner, ce petit hôtel d'une douzaine de chambres ne manque pas de charme. D'abord, il y a le jardin reposant et spacieux. Puis, des chambres bien tenues avec ventilo, et AC pour les plus chères, toutes donnant sur le patio. On aime bien l'atmosphère générale, imprégnée des parfums de l'Inde ancienne, à l'image du petit salon Art déco très cosy et accessible aux hôtes. Fait aussi resto (plats *veg'* et *non veg'*). Accueil sympa et prix raisonnables. Le patron parle un poil le français. Une bonne affaire, d'autant qu'on vous accorde une ristourne en basse saison. Seul bémol, la proximité de la gare et les sifflets des trains qui fendent le silence de la nuit...

Plus chic (1 800-3 000 Rps / 27,70-46,20 €)

🏠 🍴 ***Hotel Sagar*** *(plan B1,* ***15****)* ***:*** *Lallgarh Palace Campus. ☎ 252-06-77 et 83-77. • sagarhotelbikaner.com • Dans le même coin que le* Kalinga *et le* Vyoma. *Doubles 1 800-2 500 Rps (27,70-38,50 €) ; discount hors saison. Dîner 200 Rps.* Hôtel de petit luxe typiquement indien : grands volumes intérieurs, décor tape-à-l'œil, ameublement cossu à l'outrance, mais les chambres sont très correctes et spacieuses.

De très chic à beaucoup plus chic (min 3 000 Rps / 46,20 €)

🏠 🍴 ***Hotel Bhanwar Niwas*** *(plan A2,* ***26****)* ***:*** *Rampuria St. ☎ 252-93-23 ou 220-10-43. • bhanwarniwas.com • Résa fortement conseillée. Doubles 4 500-6 000 Rps (69,20-92,30 €). Dîner 350 Rps.* L'adresse la plus ravissante et la plus étonnante de Bikaner ! Située en plein cœur de la vieille ville, c'est une superbe *haveli* de 1927 dont l'intérieur affiche d'harmonieux mélanges de styles européen et indien. Noter d'abord, à l'entrée, les deux voitures de collection dont une avec un klaxon original... Même si vous n'y logez pas, il faut absolument venir admirer ces petits salons chargés de dorures, qui longent un magnifique patio. Prenez donc l'escalier tout de marbre pour en avoir une vue complète... Sinon, pour dormir, une trentaine de chambres immenses, toutes différentes, mais un peu inégales (éviter celles du rez-de-chaussée). Certaines ne sont que pur raffinement : mosaïques anciennes au sol, peintures minutieuses sur les murs, lits moelleux... Une belle adresse à l'atmosphère apaisante, où l'on finit par se dire que ce décor vaut bien la Renaissance italienne ! Le resto sert une bonne cuisine végétarienne. Excellent accueil, et l'on obtient sans problème une remise pendant la saison chaude.

🏠 🍴 ***Lallgarh Palace Hotel*** *(plan B1,* ***24****)* ***:*** *☎ 254-02-01 à 07. • lallgarhpalace.com • Double min 4 600 Rps (70,80 €). Dîner 450 Rps. CB acceptées.* Dans une aile de ce palais monumental et impressionnant. Nombreux trophées de chasse et vénérables photos en noir et blanc décorant les murs.

En particulier, trouver cette photo de Clemenceau, le « Tigre », invité en 1922 à une chasse au... tigre ! En tout cas, noter le superbe travail de sculpture sur les fenêtres extérieures, le porche, le plafond de l'auvent, la réception. À l'intérieur, énormes colonnes de grès rouge et magnifique jardin. Voici une quarantaine de chambres confortables et luxueuses, avec salon, jolie salle de bains, cheminée, secrétaire et tapis dernier cri, mais aussi, TV et machine à café ! Assez gigantesque pour la plupart, mais, attention, il y en a de vraiment petites, et bizarrement même pas meilleur marché ! Jardin intérieur, billard, court de tennis, piscine couverte superbe (en été). Le soir, bon buffet pour les groupes de touristes qui affectionnent cette adresse. Tout cela est très beau, très classieux, mais manque quand même un peu de chaleur.

Laxmi Niwas Palace *(plan B1, **24**) : dans une autre aile du* Lallgarh Palace. *☎ 220-27-77 et 252-11-88. P : 982-81-21-680.* • *laxminiwaspalace.com* • *Double min 6 600 Rps (101,50 €).* Tout aussi grandiose que le *Lallgarh Palace Hotel,* avec les mêmes qualités et les mêmes défauts.

Karni Bhawan Palace Hotel *(plan B1, **20**) : Gandhi Colony. ☎ 252-47-01.* • *crs@udaipur.hrhindia.com* • *Doubles 3 000-5 000 Rps (46,20-76,90 €)) selon style et confort.* Un bel hôtel des années 1930, posé au beau milieu d'une immense pelouse dans la partie résidentielle et calme de la ville. Les chambres les moins chères – en tout 2 *standard* – sont situées dans une petite dépendance, à côté de l'hôtel. Sinon, dans le bâtiment principal, une dizaine de suites immenses, somptueuses et magnifiquement meublées dans le style Art déco, tout comme les salons de l'hôtel d'ailleurs. Ensemble très bien tenu. Jardin et terrasses pour se reposer. Côté resto, on sert une cuisine assez raffinée, indienne et continentale. Pas beaucoup d'atmosphère et même un peu tristounet hors saison.

Où manger ?

Pas grand-chose à se mettre sous la dent. Privilégier les repas dans l'hôtel que vous aurez choisi, notamment dans les adresses de la catégorie « De prix moyens à chic ».

De très bon marché à bon marché (max 120 Rps / 1,80 €)

*Le long de Station Rd, juste avt d'arriver à la gare, plusieurs **restos populaires** (plan A2, **31**)* avec leurs salles ouvertes sur la rue jouent à touche-touche. Proposent tous les mêmes genres de plats fraîchement préparés devant vos yeux.

Deluxe Restaurant *(plan A2, **36**) : Station Rd. ☎ 252-81-27. Dans le coin du* Amber. *Ouv midi et soir jusqu'à 21h30. Env 100 Rps avec la boisson.* Le contraire de ce qu'annonce l'enseigne ! Pas grave, ça reste une sympathique et rudimentaire gargote, néanmoins bien tenue (avec ventilo). Bonne alternative pour ceux qui trouverait l'*Amber* trop aseptisé. Vieilles banquettes en plastique, petits box. Excellent et copieux *thali* végétarien, plus *paratha,* pizzas, *raita* et quelques plats chinois.

Restaurant de l'Ever Green Hotel *(plan A2, **11**) : Station Rd, tt près de la gare. ☎ 254-20-61. Tlj 7h-22h.* Un genre de snack végétarien à l'allure proprette et même un brin design. Dans l'assiette : bonnes spécialités de l'Inde du Sud, mais aussi des plats chinois et continentaux (pizzas, pâtes...), préparés sous vos yeux dans une cuisine vitrée nickel. Idéal aussi pour le petit déj. En revanche, hôtel en dernier recours.

Prix moyens (env 200 Rps / 3,10 €)

Restaurant Chanakya *(plan B2, **32**) : 69, Panchshati Circle, Sadul Gunj. ☎ 254-27-28. Tlj midi et soir jusqu'à 22h30.* Un resto pimpant dont le cadre joue sur un registre classieux mais pas guindé pour un sou. Au menu, une fort bonne cuisine végétarienne : fraîche, généreuse et un poil inventive. Goûter au *kashmiri pulao,* c'est le moment ! Également de très bons *naans* et *lassi.* Fréquenté par une clientèle *middle class* confortablement assise autour des tables (avec nappes, s'il vous plaît !). Service discret.

Amber Restaurant *(plan A2,* ***30****) : Station Rd.* ☎ *222-03-33. Tlj 8h-22h.* Grande salle au cadre très banal (avec clim' et ventilo). Malgré tout, on y mange très bien, sur des nappes en tissu. Essentiellement des spécialités d'Inde du Sud : goûtez donc aux *shahi paneer, vegetable pulao, curd, lassi...* Nourriture copieuse et saine. *Thali* avec trois sortes de pain. Propose également plusieurs menus complets intéressants avec des plats du Rajasthan qu'un serveur sympa vous commentera avec plaisir. Comptoirs extérieur vendant de bons gâteaux et des glaces. Service impeccable.

Restaurant Moomal *(plan B3,* ***33****) : 29-30, Panchshati Circle, Sadul Gunj.* ☎ *254-95-75. Tlj 11h-16h, 18h-23h. Repas 200-250 Rps max.* Grande salle confortable et un peu tamisée, nappes en tissu, AC. Clientèle essentiellement indienne. Cuisine végétarienne soignée, pleine de parfums. Grand choix de plats. Spécialités de *methi maka malai* (particulièrement goûteux), *mughlai biryani* et *kashmiri pulao* (riz et légumes mélangés)... Également des *vegetable burgers,* pizzas, bonnes petites salades et un excellent *lassi.*

Restaurant de l'Hotel Harasar Haveli *(plan B1,* ***19****) : voir « Où dormir ? ».* Perché sur le toit de l'hôtel, ce resto offre une vue sympa sur la ville, notamment au coucher du soleil. Bonnes spécialités végétariennes, mais pas exclusivement. Il faut bien satisfaire les viandards ! Atmosphère sympa où l'on croise de nombreux routards logeant aux étages inférieurs. Prix un poil plus élevés que les autres restos.

Chic (200-450 Rps / 3,10-6,90 €)

Gallops *(plan A2,* ***34****) : juste de l'autre côté du fort de Junagarth.* ☎ *320-08-33. Tlj midi et soir jusqu'à 22h30. Repas env 300 Rps.* Resto long comme un wagon, servant une bonne cuisine *veg'* et *non veg'.* Cadre très banal, mais propre, aéré et tables bien séparées. Quelques spécialités : le *murgh tikka lababdar* (à la riche et parfumée sauce tomate), le *murgh kadhai* (légumes et poulet), le *murgh bikaneri...* Pour les bonnes faims, le demi-poulet *tandoori* mariné au yaourt, herbes, gingembre, ail et rôti 6h dans un four en argile. Quelques plats chinois. Bon choix de cafés.

Resto du Raj Vilas Palace *(plan B2,* ***35****) : Public Park.* ☎ *252-59-01. Au dernier étage de l'hôtel. Tlj 12h30-15h, 19h30-22h. Repas 350 Rps.* Si vous passez dans le coin. Cuisine de qualité régulière, bien servie et à prix corrects. Spécialités de *mutton nairi* (agneau dans une sauce au vin), *chicken manchurian, gost rogan josh* (agneau au curry), poulet *tandoori,* copieux *raita,* etc.

À voir. À faire

Junagarth Fort *(plan A2) :* ☎ *254-22-97. Tlj 10h-17h (dernière entrée 16h30). Ticket : 100 Rps ; réduc étudiants et moins de 12 ans ; gratuit moins de 5 ans ; appareil photo : 30 Rps ; caméra : 100 Rps. Compter 1h30 de visite libre, mais on conseille de louer les services d'un guide sur place, qui vous conduira dans les dédales du site.*

La construction de cette forteresse a été initiée au XVIe s par le raja Rai Singh, qui servit sous l'empereur Akbar. Durant quatre siècles, on lui ajouta des constructions supplémentaires qui lui donnent aujourd'hui un caractère composite unique. Le fort renferme divers palais et temples ; c'est un superbe labyrinthe de couloirs, d'escaliers, de terrasses et de cours intérieures. On pourrait passer des heures à scruter les détails des peintures qui recouvrent les murs et les plafonds. Voici les principales étapes :

– À l'entrée du fort, sur le mur du 2e porche, noter les empreintes des mains des princesses. Elles s'immolaient sur le bûcher funéraire de leur époux, suivant la coutume du *sati*.
– Après la rampe d'accès à une première cour, on pénètre dans une deuxième cour en grès rose, finement sculptée, avec des parties blanches qui imitent le marbre. Au centre, une petite *piscine en marbre* de Carrare avec un trône. Le maharaja y prenait place lors de la fête de Holi. Sur la gauche, c'est la salle d'audience *(Karan Mahal).* Noter le trône en argent. Au plafond, belles peintures du XVIe s.
– Ensuite, derrière la fontaine, une nouvelle cour blanche donnant accès à plusieurs salles. Tout de suite sur la gauche en entrant, ne pas manquer la porte d'argent (65 kg) fixée au mur. Première pièce, celle du palais des Fleurs *(Phul Mahal)* avec des murs et des plafonds recouverts de superbes peintures. Au fond, la salle du Couronnement *(Anup Mahal)* avec ses piliers ouvragés, sa déco rouge et or super chargée, dominant d'anciens tapis confectionnés par des prisonniers. Dernière salle, le palais des Nuages *(Badal Mahal),* entièrement décorée de fresques représentant un ciel nuageux zébré d'éclairs, avec un système donnant l'illusion que la pluie s'écoulait sur les murs. Cette salle était, paraît-il, destinée aux enfants du maharaja, qui n'avaient jamais vu la pluie en vrai !
– Ensuite, retour dans la cour à la fontaine pour grimper au 1er étage par un escalier étroit. Petit temple d'Hanuman. Dans la première salle, ancienne table d'échecs, des planches à clous ainsi que divers instruments utilisés par les fakirs (photos à l'appui !).
– Tout en haut, c'est la chambre d'été du maharaja *(Chatar Mahal)* aux murs décorés de motifs bleus. Confortablement installé dans son lit, il pouvait surveiller l'arrivée d'éventuels agresseurs dans la plaine, par un astucieux système de miroirs !
– En redescendant, petite halte obligée dans la superbe chambre de *Gaj Singh Manda.* Noter, à l'entrée, sur la gauche, la balançoire dorée dédiée à Krishna, dont les personnages s'animaient grâce à un ingénieux système mécanique. N'oubliez pas de lever le nez pour admirer les plafonds finement incrustés de miroirs : remarquable !
– Toujours au 1er étage, en repassant par la salle des fakirs, on gagne la seconde partie de la forteresse en empruntant un couloir et la pièce de vie *(Lal Niwas)* : vraiment belle avec ses fleurs rouges peintes un peu partout sur les murs et plafonds. À côté, remarquez le premier ascenseur du Rajasthan (1914) importé d'Angleterre. Puis on traverse un dédale de couloirs où sont accrochés photos et documents anciens...
– On accède alors à la *salle d'armes,* qui renferme quelques curiosités comme ce fusil de 4 m de long pour tuer les tigres, ces superbes sabres avec pommeaux d'or, d'argent et de jade, ou encore ces *kattars* (poignards à tigre) de toutes sortes, dont un en forme de ciseaux...
– Ensuite, dans la salle de conférences *(Ganga Niwas)* construite en 1937, notez la profusion de motifs sculptés dans la pierre et les très beaux plafonds en bois de rose. À l'entrée, un ancien trône en bois de santal. Au fond, l'espace où se tenaient les femmes qui pouvaient voir sans être vues, comme d'habitude ! Quelques armures dont une cotte de mailles avec un gratte-dos en forme de main pour se soulager durant la bataille...
– À quelques pas de là, le bureau du maharaja Ganga Singh où sont exposés ses uniformes... En entrant, sur la droite, jetez un œil à cette gravure du traité de Versailles, où le maharaja était présent en tant que membre de la délégation britannique ; on l'aperçoit derrière Clemenceau.
– Dernière pièce : avion biplan de la Première Guerre mondiale, carrioles, palanquins, trône en bois du XIIIe s...

Prachina Culturel Centre & Museum *(plan A2) : sur l'esplanade du Junagarth Fort.* ☎ *252-56-09.* • *prachina-museum.com* • *Tlj 9h-18h. Entrée : 25 Rps ; appareil photo : 20 Rps ; caméra : 75 Rps.* Petit musée privé d'art et d'artisanat évoquant différents aspects de la vie des hauts dignitaires locaux : costumes, statues pour la procession de Gangaur, robes incrustées d'or (celles des princesses rajpoutes), différents objets de la vie quotidienne de la famille royale du XIXe s (argenterie...) ; anciennes photos de la cour de Bikaner et arbre généalogique, sans oublier, au 1er étage, des chars à bœuf, moyens de transport des aristos de l'époque. Plutôt bien fait : présentation soignée et explications intéressantes en anglais.

Shree Sadul Museum et Lallgarh Palace *(plan B1) : sur la route de Jaisalmer. ☎ 252-24-64. • maharajagangasinghjitrust.org • En rickshaw, env 15 Rps depuis le centre. Lun-sam 10h-17h. Entrée : 20 Rps ; gratuit moins de 10 ans ; appareil photo : 20 Rps ; caméra : 50 Rps.*
Construit au début du XXe s par le maharaja Ganga Singh, c'est un magnifique palais de grès rouge de style rajpoute, avec un jardin bien frais devant l'entrée. Le dernier maharaja de la famille y résida jusqu'à sa mort en 2003, et désormais ce sont ses filles qui y vivent. Deux ailes ont été transformées en hôtel, une autre partie en musée. Voici donc une dizaine de salles immenses, proposant une des plus riches collections iconographiques qui soient, véritable dépositaire de la mémoire indo-anglaise du début du XXe s, et jusqu'à l'indépendance.
Au travers des centaines d'images, on passe en revue toutes les cérémonies officielles, parties de chasse, réceptions fastueuses, portraits de famille en grande tenue, et autres réunions politiques. Prendre le temps d'observer les détails amusants, les photos en noir et blanc colorisées avec réalisme, les têtes de circonstance des dames anglaises dans les dîners ennuyeux, les torses gonflés de fierté des chasseurs de tigres... du haut de leurs éléphants. Mais il n'y a pas que des photos : noter, juste à l'entrée, une *brass tokna* (une énOOOOrme marmite pour collecter les impôts !). Également des menus en français (couloir de droite), des *Who's Who* dorés des princes de l'époque, une salle de jouets rapportés d'Angleterre (voitures à pédales, chevaux à bascule...), un projecteur américain de films, datant de 1921, des pièces de monnaie de tous les pays, des uniformes militaires. Vitrine d'objets personnels des anciens maharajas, dont certains sont vraiment somptueux. Salle consacrée à la chasse, aux sports où l'on voit les trophées du père du défunt maharaja, qui remporta en 1962 la deuxième place au championnat du monde de tir. Et encore des centaines de choses qu'on vous laisse découvrir... Après la visite, pourquoi ne pas prendre prétexte de boire un thé sur place, histoire de jeter un œil sur les longs couloirs et les cours intérieures ?

Le musée des Traditions populaires AFEV *(hors plan par B3) : Viyas Colony. À la sortie de Bikaner, sur la route de la Camel Farm. Lun-sam 13h-19h. Gratuit.*
L'AFEV, association dont nous vous avons déjà parlé, a collecté turbans, ustensiles de cuisine, et pas mal d'instruments de musique dans Bikaner et les villages alentour afin de monter ce petit musée, tout récemment ouvert. L'occasion aussi de vous renseigner sur leurs activités !

Ganga Government Museum *(plan B2) : route de Jaipur. ☎ 252-88-94. Tlj 10h-16h30. Entrée : 3 Rps.* À voir seulement s'il vous reste 1h à tuer après avoir visité le Junagarth Fort et le Shree Sadul Museum. Un peu poussiéreux et vieillot, mais on y découvre quelques pièces intéressantes. Instruments de musique, portraits du maharaja Shri Ganga Singh Ji (le plus célèbre), vieilles photos coloniales, coffrets sculptés ou marquetés, poteries, tapis, vêtements princiers, manuscrits très anciens (Aurangzeb écrivant au maharaja de Bikaner...), costume en soie offert par l'empereur Jahangir (1574). Collection d'armes, petite section archéologique (terres cuites de la période gupta), petits bronzes, superbe *Jaïn Saraswati* en marbre des Xe-XIe s, plus des tablettes *(sati)*, des miniatures, etc.

➢ **Balade dans la vieille ville** *(plan A2-3) :* suivre la rue principale menant à Kota Gate. Le matin et en fin d'après-midi, animation et trafic incroyables. Au-delà de Kota Gate et des remparts s'étend l'ancien centre. S'il ne possède pas le charme de nombre de ses confrères du Rajasthan, les trekkeurs urbains trouveront quand même quelque plaisir à y flâner, d'autant qu'ils ne seront pas trop à le faire. Faites-vous guider pour admirer deux belles *havelis*, la *Rampuria* et la *Daga*, anciens hôtels particuliers de riches négociants. L'une des façades de la *Bhanwar Niwas Haveli,* sur la ruelle opposée à l'entrée, est tout simplement un pur chef-d'œuvre de ciselage ! Une délicate dentelle de grès rouge. Noter aussi le remarquable travail sur les consoles des fenêtres, d'une richesse ornementale époustouflante. Sinon, suivre les remparts du côté du Bara Bazar. Au passage, jolie mosquée blanche et verte. À 800 m environ, vous trouverez le *temple de Laksminath,* groupe d'édifices de marbre blanc et grès rouge. On y pénètre par un portail à tourelles. Tout au bout, un petit jardin bien reposant. Vue sur les remparts et la ville. Visite également du *temple jaïn* à côté. Pousser la grille. Reconnaissable à sa *shikhara* blanche. À l'intérieur, nombreux personnages peints sur les portes sur fond vert, exquises petites frises de couleurs pimpantes et colonnes ornées de fleurs ; assez étonnant ! Sanctuaire entièrement polychrome... Ne pas manquer également de monter sur la terrasse pour la vue circulaire sur la vieille ville.

Festival

– ***Camel Festival :*** *10-11 janv 2009 et 30-31 déc 2009.* Plus modeste et moins connu que le festival du Désert de Jaisalmer, mais également conçu pour des raisons touristiques. Authenticité remise en question, donc, sauf qu'il exista un *camel corps* (le Ganga Risala) à Bikaner, qui prit part aux deux guerres mondiales... Si vous êtes dans le coin à cette époque de l'année, vous assisterez à des défilés, courses et tours en chameau...

➤ DANS LES ENVIRONS DE BIKANER

Camel Farm – National Research Centre on Camel *(hors plan par B3) : à 7 km env à l'est de Bikaner. ☎ 223-00-70. • icar.org.in/nrccm/index.php • Compter 80-90 Rps l'aller-retour en auto-rickshaw. Tlj 14h-17h30. Entrée : 10 Rps ; appareil photo : 20 Rps. Visite guidée possible : 50 Rps (1-4 pers).* C'est en fait un centre de recherche sur les camélidés (études sur la reproduction, la génétique, les maladies, etc.). Petit musée à l'entrée, sans intérêt. Mais en se baladant près des enclos, on apprend plein de trucs sur la vie passionnante de ces bébêtes... à condition d'avoir pris un guide ! Y aller plutôt après 16h ; on compte alors près de 300 têtes...

➤ Il n'y a pas qu'à Jaisalmer que l'on peut s'adonner aux joies de la ***randonnée à dos de chameau.*** Plusieurs formules moins touristiques existent à partir de Bikaner : le tour de la ville, 6 jours jusqu'à Phalodi (puis bus pour revenir ou continuer sur Jaisalmer ou Jodhpur), ou une douzaine de jours jusqu'à Jaisalmer. Si vous souffrez trop du postérieur, vous pourrez toujours vous reposer sur la charrette transportant vos bagages !

■ ***AFEV (Action-Formation-Éducation-Voyage ;*** *plan B2,* ***7*** *) : Udai Niwas Civil Lines. P : 935-120-53-44 et 982-986-73-23. • http://afevinde.site.voila.fr •* Cette association humanitaire française (voir ci-dessus « Adresses utiles ») organise également de très intéressantes randonnées pédestres (3-4 j.) et des safaris chameau aux environs de Bikaner (2 j./1 nuit). Sinon, balade chamelière jusqu'à Phalodi (6 j./5 nuits) à mi-chemin de Jaisalmer. On pénètre la vraie vie des villages et du désert avec de fortes chances de rencontrer antilopes, gazelles, renards, chacals, aigles et de nombreux oiseaux migrateurs (surtout d'octobre à mars). Prix : 500-1 000 Rps/j. par pers (7,70-15,40 €) suivant confort (repas compris). Incontestablement notre adresse la plus sérieuse. De plus, on contribue à aider une association qui fait vraiment du bon boulot !

■ ***Vino Desert Safari*** *(hors plan par A3) : face au Gopeshwar Temple, Gangashahar. ☎ 227-04-45. • vinodesertsafari.com • Au sud de la ville, en direction de Deshnoke. Compter 400-800 Rps/j./pers (6,20-12,30 €). Peut venir vous chercher gratuitement à la gare ou à la station de bus.* Vinod Bhojak parle un peu le français, et propose d'intéressantes randonnées. Prix « à la carte », en fonction du nombre de participants, du trajet, de la durée, du type de repas, etc. Tentes en supplément. Pour ceux qui veulent être sur place dès la veille du départ, il loue également quelques chambres doubles abordables (catégorie « Bon marché ») dans un cadre agréable, et assure des repas végétariens.

DESHNOKE

À 32 km au sud de Bikaner, sur la route de Jodhpur et d'Ajmer, un village qui mérite une escale, le temps de visiter son fameux *temple aux Rats sacrés.*

Arriver – Quitter

En bus

***Arrêt des bus :** juste en face du temple.*

➢ ***Bikaner :*** bus *express* dans les 2 sens, 4h45-0h30. Trajet : 30 mn. À Bikaner, le départ et l'arrivée se font au Central Bus Stand. Liaisons également avec ***Jodhpur,*** puisqu'il s'agit de la ligne Jodhpur-Bikaner.

À voir

***Shri Karni Mata Temple** (temple aux Rats sacrés) : • karnimata.com • Visiteurs bienvenus 4h-22h (s'ils savent demeurer, comme à l'accoutumée, modestes et discrets). Entrée gratuite ; appareil photo et caméra payants.*
D'après la légende, les enfants d'une caste de la région se réincarneraient en rats, ce qui explique la dévotion dont ceux-ci font l'objet. Le temple présente une très belle architecture extérieure, surtout la façade. Âmes sensibles, bien entendu, s'abstenir ; d'autant qu'il faut se déchausser (prévoir une paire de chaussettes) ! Par centaines, les charmantes bestioles évoluent librement dans l'édifice. Heureusement, ça ne grouille pas tant que ça, et l'on aperçoit encore le sol, rassurez-vous ! En hiver, en particulier, ils préfèrent se réfugier aux cuisines près des feux où on leur concocte de délicates douceurs dans d'immenses chaudrons. Incroyable de penser que toute cette débauche d'énergie soit pour les seuls rats ! Leur point de rendez-vous, ce sont les gamelles géantes où lait, graines et offrandes diverses sont déposés par les dévots. Attention à ne pas marcher sur un rat. Si vous en tuez un par mégarde, ça vous coûtera cher. Un grillage a été tendu au-dessus de la cour pour que les rapaces ne les grignotent pas. Après avoir traversé la façade en marbre de ce temple vieux de 600 ans, on accède au sanctuaire proprement dit. On franchit alors une très jolie porte dorée ouvragée. Ensuite, jetez un œil aux belles portes en argent du sanctuaire (à droite, on distingue nettement Ganesh, Shiva, etc. ; à gauche : Surya, Karni, Laksmi), avant de gagner le saint des saints envahi par les petits gaspards... Si vous apercevez un rat blanc, c'est que la chance est avec vous pour toute la vie, disent les gens du cru ! Si l'un d'entre eux vient se poser sur votre pied, c'est de la chance pour quelque temps !
– ***Festival :** 2 fois/an, en avr-mai et oct-nov.* Assez touristique : on y croise souvent des cars de voyages organisés...

Où dormir ? Où faire un safari chameau entre Deshnoke et Jodhpur ?

***Hotel Kaku Castle :** à Kaku, à env 50 km au sud de Deshnoke. ☎ (01532) 25-30-06. 📱 9414478203. Résas à Bikaner auprès de Bhagwan Singh :*

☎ *(0151) 254-22-37.* 📱 *982-92-18-237.* • *kakusafari.com* • *On peut s'y rendre par ses propres moyens : depuis Bikaner, bus jusqu'à Nokha (30 km de Deshnoke) puis autre bus pour Kaku (à 20 km à droite) ou par jeep payante (à préciser au moment de la résa). Pens complète 1 500 Rps/pers (23,10 €), safari compris.* Village traditionnel, brut de forme, dans une région semi-désertique. Petit hôtel de caractère dans le style local, totalement inséré, offrant 6 chambres avec salle de bains, simples et fort bien tenues. Également des huttes en terre, propres, spacieuses, vraiment agréables, avec toilettes et seau d'eau chaude pour se laver. Mais le plus, c'est la qualité de la nourriture, une authentique cuisine rajasthani à partir de bons produits : entre autres de frais petits beignets, des épinards parfumés, du délicieux chevreau, arrosés de bière bien fraîche. Service attentionné. La balade dans le village et alentour se révèle un véritable dépaysement. Superbe randonnée chamelière sur 2 jours avec bivouac nocturne au sommet d'une grande dune. Réveil biblique assuré. Logistique impeccable.

LE SHEKHAWATI

Région située exactement au centre du triangle Bikaner-Jaipur-Delhi. Bordée à l'est par les monts Arawelli, c'est une plaine, parfois légèrement ondoyante, à mi-chemin entre les riches terres de la vallée du Gange et le désert du Thar. Terre de transition, terre de sable et d'argile, assez dure, âpre et très dépendante des bonnes moussons... Et comme la région était située sur le chemin des caravanes – entre Moyen-Orient et Chine, et entre Delhi et la côte du Gujarat –, c'est ici que les riches marchands marwaris s'établirent au XVIIe s.

LES *HAVELIS*

Enrichis par le commerce des étoffes, épices, indigo, opium, les marchands se firent construire de magnifiques résidences : les *havelis*. Ils les couvrirent de fresques, du sol au grenier, sur toutes les surfaces possibles. Les thèmes en étaient divers : récits religieux, scènes mythologiques, légendes, imagerie populaire ou tout simplement portraits de famille. Il semble que certains propriétaires commandèrent à des artistes sur catalogue, car on retrouve parfois les mêmes thèmes et graphismes. Les dernières fresques furent peintes au début du XXe s, et les thèmes changent : on y voit des trains, des voitures, des bicyclettes, des objets domestiques (phonographe, machine à coudre). Les murs des maisons révélaient aussi le niveau de richesse des familles.
Les fresques illustrent une époque désormais révolue et se lisent comme une B.D. Elles sont souvent de grande qualité picturale, malgré les outrages du temps et des intempéries. Mais les dégâts les plus importants sont dus à l'homme. C'est à la fin des années 1970 que l'on redécouvrit le Shekhawati, grâce au travail d'Ilay Cooper, un ethnologue et photographe qui découvrit les fresques par hasard en sillonnant le Rajasthan à bicyclette. Depuis, ce patrimoine est toujours menacé de disparaître dans l'indifférence quasi générale, y compris celle des autorités locales et des propriétaires de ces *havelis.* Mais un homme a décidé de se battre. Ramesh C. Jangid a créé, en 1993, avec une Française, Catherine Ripou, l'association *Les Amis du Shekhawati,* dont le but est de protéger, de restaurer ce patrimoine et d'y sensibiliser la population. Quelques restaurations ont d'ailleurs aujourd'hui vu le jour. L'association a notamment entrepris des démarches auprès de l'Unesco pour faire classer le site au Patrimoine mondial de l'humanité. Elle a aussi entamé la réhabilitation des réservoirs traditionnels, et mis en place des programmes d'aide auprès des enfants handicapés et des femmes de la région.

LE SHEKHAWATI

Pour infos, contacter Ramesh : Les Amis du Shekhawati, c/o Ramesh C. Jangid, Apani Dhani, Nawalgarh 333042 (Rajasthan). ☎ *(01594) 22-22-39. Fax : (01594) 22-40-61.* • *apanidhani.com* •

Les *havelis* aujourd'hui

Aujourd'hui, la plupart des *havelis* sont vides. En effet, le développement du chemin de fer et des grands ports de commerce (comme Mumbai et Kolkata) porta un coup fatal au trafic caravanier. Les gros commerçants marwaris émigrèrent à Delhi, Mumbai et Kolkata. Certains laissèrent au pays une famille de gardiens pour entretenir les bâtiments, d'autres les fermèrent tout simplement. D'ailleurs, vous en trouverez parfois quelques-unes squattées par des familles pauvres ou transformées en résidences d'étudiants...
Les fresques les mieux préservées se situent souvent à l'intérieur. En plus des fresques, le travail du bois (portes et fenêtres ciselées) est également tout à fait remarquable. Outre les *havelis,* les riches marchands sont aussi à l'origine de la construction de temples, de puits, de cénotaphes, de caravansérails ; bref, un patrimoine unique aujourd'hui menacé !

Comment visiter le Shekhawati ?

Aujourd'hui, le Shekhawati est plus fréquemment visité (surtout Nawalgarh et Mandawa), mais heureusement, encore rien de comparable avec les autres villes indiennes. Pour une visite un peu sérieuse de la région, il faut compter au moins 3 jours. Vous ne les regretterez pas. Une bonne douzaine de villes et bourgades possèdent des *havelis.* On n'est, bien entendu, pas obligé de les explorer toutes, d'autant que ça peut devenir l'overdose si l'on se contente de les accumuler au lieu de les détailler tranquillement.

Le circuit traditionnel est Nawalgarh, Mandawa et Fatehpur. Si vous êtes prêt à quelque dépense, vous trouverez sur votre route quelques châteaux-hôtels. Cette région a longtemps été divisée en petits royaumes dirigés par des *thakurs* (de Samode, Dundlod, Mandawa, Nawalgarh, Bissau, etc.). Avec le développement du tourisme dans les années 1980, ils ont transformé une partie de leurs belles demeures en hébergements pour s'assurer des revenus. De plus, vous rencontrerez ici l'Inde traditionnelle, quasi médiévale par certains aspects. Les hommes sont enturbannés et portent de grandes moustaches. Les femmes sont drapées dans des saris aux couleurs superbes. Il ne vous faudra pas beaucoup de temps pour vous retrouver dans la campagne à jouir du spectacle de la vie rurale, des travaux des champs, des somptueux couchers de soleil...

Si l'on devait résumer, il y a vraiment de bonnes raisons de visiter le Shekhawati : découvrir un patrimoine architectural unique tout en allant à la rencontre de l'Inde profonde. Tout cela dans un périmètre finalement réduit. C'est rare ! On trouve partout sur place des bus et jeeps qui assurent la liaison d'un village à l'autre.

Infos et conseils utiles

Bien sûr, l'idéal est de prendre un guide pour repérer et visiter les *havelis.* Car les noms ne sont jamais inscrits sur les frontons des maisons, et les habitants ont parfois bien du mal à vous les indiquer. Que vous fassiez seul la visite ou pas, n'oubliez pas que vous entrez chez les gens même si, de plus en plus, les gardiens ou les familles elles-mêmes sentent le parti financier que l'on peut tirer du tourisme. De plus en plus souvent, donc, on vous demandera un peu d'argent. Notre conseil (qui n'est pas de la radinerie) : ne donnez qu'avec naturel et discernement, et de toute façon jamais plus de 10 Rps, c'est déjà beaucoup pour un simple coup d'œil ou une simple photo ! Pourquoi ? Parce que vous êtes en train de créer une dépendance au tourisme qui a déjà fait des ravages ailleurs. Le Shekhawati est encore une terre plutôt épargnée par le tourisme de masse, mais les premiers effets pervers se font déjà sentir. Gamins dans les rues réclamant des stylos, ou carrément de l'argent, et même parfois jets de pierres contre des touristes à vélo qui avaient refusé de donner ! Il faut dire qu'on a aussi vu des inconscients distribuer des billets de 1 $ à des enfants... ! Alors, ne faisons pas n'importe quoi, même si nous ne devons pas être les seuls à bien nous comporter... ni à nous laisser culpabiliser. Après tout, si l'on veut développer le tourisme dans cette région, il faut aussi que les habitants apprennent à gérer les ambiguïtés de cette activité et des revenus qui lui sont liés. Même si la redistribution des richesses aux populations locales peut encore être sujette à caution. C'est ce que tente d'améliorer une association comme *Les Amis du Shekhawati.* Mais il nous revient aussi de nous comporter respectueusement, de ne pas étaler nos richesses et de prendre conscience que le tourisme, ici, ne peut être qu'une forme de tourisme à taille humaine, presque rural. Les *havelis* sont d'anciennes résidences secondaires, donc des propriétés privées et non des musées gouvernementaux. En groupe, soyez vous-même et heureux de visiter les villages, mais pensez aussi à ne pas laisser une impression de touristes sauvages, faisant grand bruit partout où ils passent ou mitraillant de leurs téléobjectifs la moindre *haveli* qui se présente et leurs occupants, sans même leur demander leur avis ! Cela vous donnera d'autant plus d'assurance pour refuser les sollicitations abusives, voire agressives, si le cas se présentait. Allez, bon séjour !

NAWALGARH

60 000 hab. IND. TÉL. : 01594

Une bourgade authentique en dehors des sentiers battus du tourisme de masse. On vous conseille d'ailleurs de séjourner à Nawalgarh plutôt qu'à Mandawa. Les *guesthouses* y sont plus agréables et les prix plus raisonnables aussi. Et puis, Nawalgarh est la ville du Shekhawati qui possède les *havelis* les plus intéressantes et les mieux conservées. Pensez donc, il y en a près de 120, dont une cinquantaine n'est pas en trop mauvais état, pour votre plus grand plaisir ! Si les fresques murales ont si bien résisté au temps, c'est en raison de l'excellente qualité des mortiers et des plâtres utilisés. Ceux-ci sont obtenus à partir d'une chaux provenant des pierres de la colline de Khiror, à proximité.

– En venant de Jaipur, ne pas confondre la zone des bus et de la gare ferroviaire avec le vrai village ! Celui-ci est à découvrir à pied. Il est conseillé de prendre un guide pour les *havelis,* car la majorité des habitants ne les connaissent pas par leurs noms. On peut également louer une bicyclette pour un prix modique. Un loueur se trouve juste à côté de la tour TV (rouge et très visible) sur la route de Dundlod (env 25 Rps/j.). Sinon, le rickshaw : env 150 Rps pour 3h ; à plusieurs, c'est simple, on divise !

Arriver – Quitter

En bus

Nawalgarh compte trois gares routières. Le ***Main Bus Stand*** *(plan A1,* ***1****),* pour les bus desservant Delhi, Jaipur, Jodhpur, et Sikar (où l'on prend de nombreuses correspondances pour Bikaner, Jodhpur, Delhi, Ajmer, Pushkar...). Un autre ***Bus Stand*** *(plan B1,* ***2****),* pour les liaisons avec Bikaner et les villages du Shekhawati (Dundlod, Fatehpur, Mandawa, Lachhamgarh...). Enfin, le dernier ***Bus Stand*** *(plan B2,* ***3****),* pour les bus assurant les allers-retours avec Parsurampura.

➢ ***Jaipur :*** bus ttes les 30 mn, 6h-1h. À la gare routière de Jaipur, les *express* partent de la plate-forme n° 4 et les *deluxe* de la plate-forme n° 3. Trajet : 4h.

➢ ***Mandawa :*** bus en boucle ttes les 30 mn 8h15-19h, pour 1h de trajet. Ils passent tous par ***Dundlod*** et ***Mukundgarh.***

➢ ***Fatehpur :*** env 10 bus/j. 7h30-19h15 (pour ce dernier, via Mandawa), dans les 2 sens. Trajet : 2h. Ces bus partent et arrivent au *Mandawa Bus Stand* de Fatehpur.

➢ ***Jhunjhunu :*** env 20 bus/j. dans les 2 sens, 8h15-20h45.

➢ ***Parsurampura :*** env 10 bus/j. dans les 2 sens, 8h15-19h30 (18h depuis Parsurampura).

➢ ***Mukundgarh :*** env 20 bus/j. dans les 2 sens, 8h15-20h45.

➢ ***Bikaner :*** en principe, 1 *deluxe*/j. dans les 2 sens. Trajet : 6h. Autre option : passer par *Sikar,* d'où les liaisons sont plus nombreuses.

➢ ***Jodhpur :*** 5 bus/j. dans les 2 sens, 9h15-23h. Trajet : env 10h.

➢ ***Udaipur :*** par la route du désert. Env 10 bus/j. 7h-20h.

➢ ***Delhi :*** 8 bus/j. dans les 2 sens, 5h15-22h45. Trajet : 10h. Préférer quand même le train.

En train

➢ ***Delhi :*** 1 train de nuit tlj, très pratique, le *Shekhawati Express,* dans chaque sens. Depuis Delhi, départ généralement de Sarai Rohilla Railway Station *(mais à vérifier sur place).* Durée : 7-8h. Couchettes en *sleeper, sleeper AC* (déconseillées aux filles voyageant seules), ou 1re classe AC (1 A).

➢ ***Bikaner :*** pas de direct. Rejoindre la gare ferroviaire de Sikar pour attraper l'unique train *express* quotidien (de nuit) sur la ligne Jaipur-Bikaner. Durée : env 7h. Le bus est bien plus rapide et pratique.
➢ ***Jaipur :*** 2 *express*/j. ; le mat depuis Nawalgarh, l'ap-m depuis Jaipur ; mais préférer le bus !

Adresses utiles

✉ ***Poste*** *(plan A2)* ***:*** *au bout de Station Rd, à côté du cinéma ; sinon, la* ***GPO*** *(plan B1), plus centrale, se trouve près de Podar Gate.*
■ ***ATM*** *(distributeur d'argent ; plan A2,* ***5****)* ***:*** *au bout de Station Rd, à côté de la poste et du cinéma.* Cartes *Visa* et *MasterCard.* Sinon, la banque de Mandawa (voir « Adresses utiles » à cette ville) est la plus proche pour faire du change.
@ ***Internet*** *(plan A1-2,* ***4****)* ***:*** *sur Station Rd, face au collège ; connexions dans cette cyberboutique.*
■ ***Santé :*** *en cas de besoin, s'adresser au* ***Jangit Hospital*** *(plan B2),* ☎ *22-20-06.*
■ ***Alternative Travels-India :*** *voir l'Eco-lodge* Apani Dhani *(plan A1,* ***12****) dans « Où dormir ? Où manger ? ». Également un contact en France : Catherine Ripou,* ☎ *et fax : 04-90-75-16-13.* ● *alternativetravels@gmail.com* ● L'agence de Ramesh propose, à la carte, des circuits à thème dans le Rajasthan avec possibilité de loger chez l'habitant. Toujours avec cette approche alternative et sociale, chère à Ramesh. Contactez-le 3 semaines à l'avance.

Où dormir ? Où manger ?

De bon marché à prix moyens (300-600 Rps / 4,60-9,20 €)

🏠 🍽 ***Ramesh Jangid's Tourist Pension*** *(plan A1,* ***10****)* ***:*** *au village, près du* Maur Hospital. ☎ *22-40-60.* ● *touristpension@yahoo.com* ● *Attention, d'autres adresses peu scrupuleuses utilisent le même nom pour attirer le chaland ! Doubles 380-450 Rps selon taille.* Dans un petit quartier calme et sympa, c'est une pension habitée et tenue par une adorable famille. Ramesh a conçu le lieu et développé la notion de tourisme alternatif et écologique dans la région. Étant souvent en déplacement pour guider les touristes, il a passé le relais à son fils Rajesh et sa femme Sarla, qui habitent sur place et s'avèrent tout aussi accueillants. Voici donc une dizaine de chambres simples, propres et agréables, toutes avec salle de bains (eau chaude dans certaines). On y trouve une bonne documentation en français sur la région, les horaires de bus, et même les plans des principales villes. Ils organisent à la demande des visites guidées des *havelis*, de Nawalgarh, des excursions dans le Shekhawati (en jeep, à la journée), etc. Excellente cuisine familiale et végétarienne que l'on peut déguster sur le toit à l'air libre, ou vautré dans le salon-bibliothèque du rez-de-chaussée. Possibilité d'y dîner bien sûr pour les gens extérieurs. Internet. Ayez la délicatesse de ne pas consommer d'alcool sur place par respect pour vos hôtes, ni de demander de ristourne (les prix sont déjà particulièrement corrects pour la qualité proposée !).
🏠 🍽 ***Shekhawati Guesthouse*** *(hors plan par B1,* ***11****)* ***:*** ☎ *22-46-58.* ● *shekhawatirestaurant.com* ● *Juste avt le* Roop Niwas Palace, *sur la droite. Double 500 Rps, bungalow 1 850 Rps (28,50 €). Menus* veg' *ou* non veg' *175-200 Rps.* Quelques chambres spartiates à la propreté acceptable dans le 1er bâtiment. Dans le jardin, de nouveaux bungalows de bon confort. Accueil et cuisine corrects.
🏠 ***D.S. Bungalow Guesthouse*** *(hors plan par B1,* ***14****)* ***:*** ☎ *22-27-03.* ● *dsbungalow@rediff.com* ● *Avt le* Roop Niwas Palace *et juste à côté de la* Shekhawati Guesthouse. *Doubles 300-450 Rps selon taille ; mais négociez ferme, car*

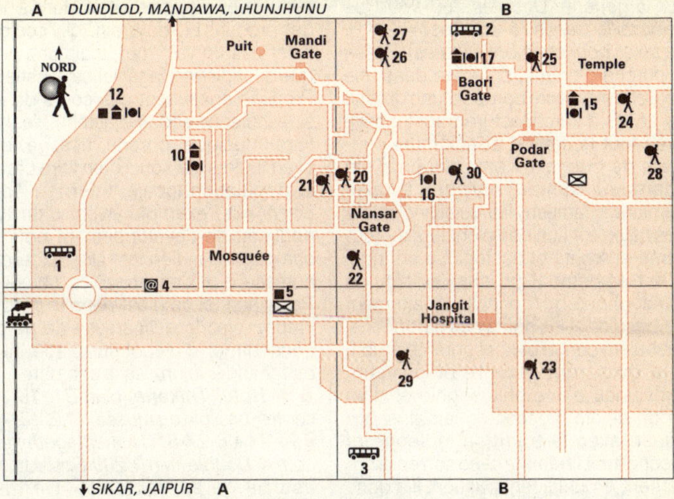

NAWALGARH

■ Adresses utiles

- Postes
- Gare ferroviaire
- **1** Main Bus Stand
- **2** Bus Stand
- **3** Bus Stand
- **4** Internet
- **5** Distributeur (ATM)
- **12** Alternative Travels-India

Où dormir ? Où manger ?

- **10** Ramesh Jangid's Tourist Pension
- **11** Shekhawati Guesthouse
- **12** Eco-lodge Apani Dhani
- **13** Roop Niwas Palace
- **14** D.S. Bungalow Guesthouse
- **15** Hotel Thikana
- **17** The Grand Haveli

Où manger une bonne pâtisserie ?

- **16** Bhagwanji Halwai

À voir

- **20** Aath Haveli
- **21** Kesardev Murarka Haveli
- **22** Jivrajka Haveli
- **23** Ram Rike Parsrampuria Haveli
- **24** Murarka Haveli
- **25** Bhagton-ki-Haveli
- **26** Khedval Bhavan
- **27** Hemraj Kulwal Haveli
- **28** Podar School Haveli
- **29** Temple de Ganga Mai
- **30** Bala Kila Fort

ces prix sont largement surestimés ! Comme souvent en Inde, la concurrence est vive entre hôteliers et les coups bas pleuvent. Dans le cas présent, cette adresse arbore une pancarte « Tourist Pension » à l'entrée pour visiblement capter la clientèle de la vraie *Tourist Pension* (voir plus haut). Des rabatteurs au terminal des bus et en ville détournent vers cette *guesthouse* sans vergogne. Une pratique des plus contestable, non ? À vous donc, si vous souhaitez résider à la 1re adresse, de ne pas vous laisser tromper par cette manœuvre... De toute façon, chambres quelque peu sommaires (avec sanitaires privés). Propreté pas toujours au rendez-vous. Uniquement en dépannage donc, si les adresses précédentes affichent complet.

Prix moyens (700-1 200 Rps / 10,80-18,50 €)

Eco-lodge Apani Dhani *(plan A1, **12**) : près de Kishan Chhattrawas, Jhunjhunu Rd.* ☎ *22-22-39.* • *apanidhani.com* • *Après le* Main Bus Stand, *à 500 m* *sur la gauche. Doubles 750-950 Rps selon taille ; repas 75-250 Rps (+ 12,5 % de taxes pour chambre et repas).* Passé le porche d'entrée, on arrive dans une courette intérieure bordée d'une dizaine de cases à l'architecture traditionnelle avec tout le confort et aux murs couverts de bougainvillées. L'endroit est charmant, simple, paisible, à taille humaine. Ramesh, l'accueillant maître des lieux, est l'un des pionniers du tourisme alternatif et écologique en Inde. C'est également un excellent guide francophone qui connaît parfaitement les besoins et les goûts des Européens. Tout a été conçu par cet homme érudit, à la démarche intègre et partisan convaincu d'une philosophie et d'un mode de vie proches de la nature, en phase avec la tradition indienne et réconciliant l'homme avec son environnement. Pour la construction, il a donc utilisé des matériaux naturels et locaux : murs en boue séchée et paille, toits de chaume, structures en branchages, et décoration intérieure mettant en valeur l'artisanat local (poteries, meubles, tissus, bois sculptés...). Chaque bungalow possède une douche et des w-c organiques. L'eau chaude est produite par des panneaux solaires. Et Ramesh a encore plein de projets, axés notamment sur la préservation de l'eau... À table, délicieux plats végétariens à base des produits bio du jardin. Ici, l'écologie n'est pas un vain mot, mais une pratique quotidienne, ingénieuse et patiente. Propose également des cours de cuisine indienne et du Rajasthan, des ateliers (musique, poterie, tissage, etc.) avec toujours le souci d'en faire profiter la population locale. Internet. *Apani Dhani* est l'exemple vivant d'un type nouveau de développement pour les campagnes indiennes. Une excellente adresse, à prix raisonnables, unique au Rajasthan, si ce n'est dans le nord de l'Inde. Ayez la délicatesse de ne pas consommer d'alcool sur place, ni de marchander le prix de la chambre.

Hotel Thikana *(plan B1, **15**) : au centre, pas loin du musée. ☎ 22-21-52. 94-14-08-27-91. • heritagethikana.com • Double min 1 200 Rps.* Un poil usurpé de se déclarer « Heritage haveli », c'est, en fait, une belle maison de ville restaurée de façon un peu lourde et proposant une dizaine de chambres d'un certain charme et confortables (avec ou sans clim'). Certaines d'entre elles donnent sur un patio orné d'arcades à fines colonnettes. Cuisine de bonne qualité et agréable terrasse offrant une belle vue sur les *havelis* environnantes.

LE SHEKHAWATI

Plus cher mais moins bien (min 2 300 Rps / 35,40 €)

Roop Niwas Palace *(hors plan par B1, **13**) : à 2 km du centre. ☎ 22-20-08 ou 41-52. • roopniwaskothi@yahoo.co.in • Double min 2 300 Rps (35,40 €) + taxes.* Longtemps le seul hôtel dit « de luxe » à Nawalgarh, un peu le genre manoir. Cour majestueuse, vastes chambres assez bien tenues de même que les salles de bains, mais prix vraiment excessifs par rapport à la qualité proposée. Lieu de séjour des groupes, qui se révèle plutôt triste à mourir. D'autant plus qu'une sévère bataille juridique a lieu entre les deux frères héritiers. Seule la moitié du « palace » est exploitée, l'autre est en travaux pour faire éventuellement un hôtel concurrent. Bonjour l'ambiance ! Accueil distant, mais nul ne sera étonné.

Très chic (min 5 000 Rps / 76,90 €)

The Grand Haveli *(plan B1, **17**) : Bawari Gate. ☎ 22-53-01 et 02. 94-14-54-14-18. • grandhaveli.com • Double 5 000 Rps (76,90 €) ; spacieux duplex 6 000 Rps (92,30 €).* Très centrale et confortable, une des plus grandes *havelis* de la ville. Ouverte en janvier 2008. Entièrement restaurée (ça a coûté dit-on une petite fortune !). Installée sur deux patios, le deuxième sur fines colonnettes. Entièrement repeinte de fresques. En tout cas, impressionnant, même si ça a besoin désormais de se patiner un brin. Décor et mobilier un peu trop cossus et « bling-bling » à notre goût.

Où manger une bonne pâtisserie ?

Bhagwanji Halwai *(plan B1, **16**) : au centre, non loin de Nasar Gate. Tlj 8h-21h.* Dans cette pâtisserie vous trouverez d'excellents *raj bhog*, la spécialité de Nawalgarh : une boulette marron, à base de lait bouilli, avec du citron qui a macéré dans un liquide sucré. Également plein d'autres gâteaux comme les *peda, barfi, ladoo*, etc.

À voir

Ne pas oublier de lire « Infos et conseils utiles » au début de ce chapitre. Impossible de décrire ici toutes les *havelis*. Vingt et une familles richissimes vivaient ici ! En voici les principaux fleurons :

Aath Haveli *(plan B1, **20**) :* un groupe splendide de huit *havelis*, édifiées autour de la même cour pour huit frères. Différentes époques sont représentées ici. Sur la première fresque, à gauche en entrant dans la cour privée, une voiture de 1890 à côté d'Anglaises se baignant. Puis, une femme se maquillant en donnant le sein à son bébé, et une représentation rigolote d'un train avec des wagons peints comme des maisons (eh oui, l'artiste n'avait jamais vu de train de sa vie !).

En face d'Aath Haveli, vous trouverez la **Kesardev Murarka Haveli** *(plan A1, **21**).* Fresques particulièrement fines (notamment sur la façade, les quatre éléphants se faisant face). Jolie arche principale avec de magnifiques miniatures. En général, intérieur fermé.

Jivrajka Haveli *(plan B1, **22**) : à 150 m env de la Kesardev Murarka Haveli.* Deux cours intérieures anciennes (110 ans environ). Admirez donc la façade, le porche et la jolie porte en laiton finement ciselée. Plus loin dans la ruelle, catalogue détaillé des différents modèles de voitures du début du XXe s...

Khedval Bhavan *(plan B1, **26**) :* une des plus belles de la ville, datant du XIXe s. *Attention, habitée par une famille, demander l'autorisation d'y pénétrer.* En plus des fresques, joli travail d'incrustation de fragments de miroirs dans la cour intérieure. Noter le petit train peint entre les coupoles.

Hemraj Kulwal Haveli *(plan B1, **27**) : tt près du Khedval Bhavan. Entrée payante.* Date de 1905. Là aussi, deux cours richement décorées. Sous le portique d'entrée, tous les portraits de famille (ce qui est rare), plus ceux de Nehru et de Gandhi : superbe. Juste en face, ancienne *guesthouse* construite pour les invités de la *haveli*.

Bhagton-ki-Haveli (ou *Choti Haveli*, soit la « petite *haveli* » ; *plan B1, **25**) : entrée payante.* L'une de nos *havelis* préférées en raison des belles fresques bien conservées. Noter le superbe portique d'entrée avec, sous la voûte, maharaja et couples d'Anglais et, sous les encorbellements, une gare et un bateau à vapeur. À l'intérieur, remarquables piliers et balustrades du patio à galerie. Dans la première cour, sur la gauche, un tram tiré par des chevaux. Toujours dans la première cour, sur le tympan central, grande scène représentant le mariage de Krishna, d'une infinie délicatesse dans les traits. Voici le déroulement de la cérémonie : arrivée de Krishna, il touche la *torana* (le symbole du mariage au-dessus de la porte) avec un bâton. Au milieu, célébration du mariage autour d'un feu. Dans deux loggias, les musiciens. Au-dessus, beaucoup de femmes spectatrices. À gauche de la scène, une belle parade d'éléphants et de chevaux et un bataillon de femmes accueillant les invités.
Sur la droite, on pénètre dans l'ancien bureau du propriétaire, conservé dans son jus. Curieusement, les murs n'ont pas été décorés de fresques. Le propriétaire voulait simplement donner l'impression que la pièce était entièrement recouverte de marbre (il ne s'agit en fait que de plâtre !). Tout autour, un genre de coursive permettait aux femmes d'assister aux spectacles, dissimulées derrière des rideaux.

Dans la deuxième cour (construite en deux temps : la famille s'étant agrandie avec les années...), les colonnes étagées sur deux niveaux donnent une étonnante impression de hauteur. Au passage, amusante dame jouant au yoyo. Au 1er étage, une pièce un brin théâtrale permettait au maître des lieux de surveiller, d'un seul coup d'œil, tout ce qui se passait dans les deux cours (une salle de « vigie » en quelque sorte...). Imaginez, 40 ou 50 personnes vivaient ici aux heures les plus fastes... Du toit, vue sur de grands chevaux peints sur un mur en face et noircis par les pluies.

Murarka Haveli *(plan B1, **24**)* **:** quelques peintures retouchées et des scènes amusantes (automobile, bus, couple d'Anglais...). Notez, sur la façade de droite, une peinture de Jésus-Christ sous l'encorbellement...

Podar School Haveli *(Haveli Museum ; plan B1, **28**)* **:** ☎ 22-54-46. • *podarhavelimuseum.org* • *Tlj 9h-18h (en été, 8h30-19h30). Entrée : 85 Rps ; réduc moins de 12 ans ; appareil photo : 30 Rps ; caméra : 50 Rps.* Construite en 1902 et transformée en 1965 en école après une donation de son propriétaire, c'est aujourd'hui un musée. La *haveli* a été restaurée et a le mérite de vouloir présenter différents aspects de la culture du Rajasthan, même si on reste mitigé sur l'intérêt des différentes expositions, un peu posées là, sans véritables explications... Mais ne boudons pas notre plaisir, car les fresques sont magnifiques. Parmi les plus remarquables : sous les voûtes de l'entrée, des Krishnas dansant ; dans la cour, une scène où deux cousins jouent leurs femmes aux dés (claaasse !) ; au-dessus, un joli train. Également de superbes motifs floraux. Dans ce qui fut la bibliothèque de l'école, ne pas manquer la peinture au-dessus de la porte, où deux animaux n'ont qu'une tête. D'un côté, un éléphant ; de l'autre, un buffle. Deuxième cour très jolie également. En regardant droit devant soi, puis en haut, à droite de Ganesh, scène amusante et connue de Krishna ayant enlevé tous les vêtements de jeunes femmes se baignant (elles les lui réclament, il rigole bien). Tout autour, différentes petites salles d'expo : les forts de la région, bijoux et pierres précieuses, scènes de fêtes et festivals, costumes de mariage (par castes), les écoles de peintures. Au 1er étage, maquettes, objets d'art en marbre, collection de turbans, etc. Dans la première cour, au rez-de-chaussée, les instruments de musique.

Bala Kila Fort *(plan B1, **30**)* **:** *entrée payante.* C'est l'ancien fort de Nawalgarh, aujourd'hui habité par différentes familles. On ne visite qu'une pièce, mais quelle pièce ! Celle dans laquelle les maharanis passaient leur temps à parfaire leur minois. Magnifiques jeux de miroirs incrustés. Au plafond, superbe fresque représentant Jaipur (cherchez donc le palais des Vents !) avec l'armée de la ville qui se rend à Nawalgarh pour rencontrer le maharaja. Puis, les habitants de Nawalgarh allant commercer à Jaipur. La boucle est bouclée !

Ram Rike Parsrampuria Haveli *(plan B2, **23**)* **:** *souvent fermée.* Remarquer la rampe extérieure pour y accéder, le grand portique et les statues sur le toit. Belles fresques et plafond fleuri. Principalement scènes religieuses et portraits de maharajas.

Le temple de Ganga Mai *(plan B2, **29**)* **:** *généralement fermé 11h-16h ; sinon, le prêtre habite derrière et ouvre volontiers le temple aux visiteurs.* Fresques sur les arches, plafond richement peint au-dessus de la galerie qui décrit l'histoire du *Rāmāyana*. Juste en face de l'entrée, sanctuaire de la déesse Ganga. À gauche en entrant, lingam de Shiva à cinq têtes, et toute la petite famille : le fiston Ganesh avec papa-maman (Shiva et Parvati) ; il ne manque que Kartikeya, le deuxième fils... Ne pas oublier l'obole à la déesse Ganga.

➤ DANS LES ENVIRONS DE NAWALGARH

Old Parsurampura **:** *à 18 km de Nawalgarh par une mauvaise route (voir précédemment « Arriver – Quitter »).* Vieux village peu touristique. Un cénotaphe avec

de très anciennes peintures d'une rare délicatesse. C'est une véritable B.D. relatant la bataille qui opposa Rāma au roi de Lanka. Fresque réalisée seulement avec deux couleurs, vers 1750, par le *takhur* Sardulsingh. Vraiment magnifique ! Demander la clé au gardien ; petit bakchich à prévoir. Quelques éléments pour vous y retrouver dans ce foisonnement de scènes : en haut sous la coupole, images de cour avec le *takhur* et ses cinq fils. En dessous, scènes de lutte et Krishna soulevant la terre avec le petit doigt. Sur la droite des cinq fils, Jugement dernier à l'indienne. *Dharma raj* tient le dossier des gens dans la main. Les gens accroupis sont déjà au paradis, en dessous ceux qui sont enchaînés partent en enfer. On distingue un homme attaché et tourmenté par un serpent, En dessous, pour d'autres malheureux, un bain d'huile bouillante. En dessous encore, splendide chasse au tigre. Lorsqu'on est face à la porte d'entrée, scène avec Rāma en colère (Rawan a enlevé sa femme Sītā). Scène de bataille géniale. Au milieu, une rivière symbolise la mer séparant l'Inde de Lanka (les taches marron figurent les pierres permettant de la traverser). Côté alliés do Rāma, on trouve bien sûr les singes et les ours. Série de portraits qui se suivent en bord de coupole. Commencer par Ganesh et ses deux jolies copines (il déguste un *laddu,* une friandise), ensuito vers la droite, on trouve Rāma, puis Sītā, Lakshman, Hanuman (le singe), Shiva, Brahma et sa femme, puis les dix réincarnations de Vishnou (le poisson, la tortue, le sanglier, l'homme-lion, le nain, jusqu'à la dixième, *Kaki* sur son cheval blanc). Impossible de tout décrire !
Voir aussi le temple datant de 1 700 et une jolie *haveli.*

DUNDLOD *(ind. tél. : 01594)*

Petite bourgade tranquille en pleine cambrousse à quelques kilomètres au nord-ouest de Nawalgarh. Seulement pour les passionnés de *havelis,* dont il subsiste quelques beaux spécimens, mais rien d'exceptionnel.

Dundlod Fort : *☎ 252-199 et 25-25-19. • dundlod.com • Double min 2 500 Rps (38,50 €).* Cette résidence du seigneur local, dont la devise est « La victoire suit la vertu ! », conviendra à tous ceux qui s'intéressent à l'architecture, à la décoration et à l'atmosphère paisible de l'édifice et du village. Construit en 1750, le fort de Dundlod est un mélange d'architecture moghole et rajpoute, et s'organise autour d'une vaste cour intérieure. Certaines pièces possèdent pas mal de charme, comme l'époustouflant salon coloré à colonnes, avec mobilier Louis XIV. Plusieurs chambres agréables, comme la *Pritam Niwas* aux portes sculptées et à l'ameublement dans le style local. Sinon, les chambres *standard* sont assez petites, plutôt vieillissantes, mais quand même assez charmantes. Certaines disposent d'une terrasse privée. On peut aussi dîner sur le toit, éclairé par des lampes à huile, ou dans la *dining room,* un peu froide. Organise également des balades à dos de chameau, safari en jeep (minimum 5 personnes), etc., mais c'est assez cher. Accueil à revoir.

Goenka Haveli Museum : *un peu avt le fort, sur la droite. Entrée : 20 Rps.* Construite dans les années 1870, voici la demeure d'origine de la célèbre famille qui fit fortune à Calcutta... Certaines parties ont été restaurées. Superbe façade intérieure. Portes principales en bois recouvertes de laiton et joliment ciselées. Linteau en bois sculpté. Quelques meubles et autres objets y sont exposés, donnant ainsi une vague idée de ce à quoi pouvait ressembler la vie de l'édifice aux temps héroïques : cuisine et ses ustensiles, chambre à coucher, salon avec son système de ventilation... Grandes jarres de stockage en bronze. Cruche en métal scellée avec de l'eau du Gange de 1902. Magnifiques peintures tout autour de la seconde cour intérieure, et encore de très jolies portes incrustées de laiton. Au 1er étage, les costumes, coffres, livres de comptes dans un joyeux désordre un peu poussiéreux. On a l'impression que la maison vit encore ! Monter sur la terrasse pour la vue sur le village et les quatre grandes *havelis* abandonnées devant.

Le puits** (well) **monumental, avec les traditionnels minarets aux quatre coins, aujourd'hui abandonné. À côté, un ensemble intéressant de *chhatri* de la famille Goenka (1888). L'un des dômes du cénotaphe est superbement peint. Essayer de trouver le gardien, en général dans le coin, ça vaut le coup d'en détailler les fresques. Belles scènes du *Rāmāyana,* notamment (en regardant en direction du puits), la grande bataille, avec Rāma et son armée de singes et d'ours. Sur sa droite, on voit Krishna en train de soulever la terre avec son doigt. Autre jolie petite scène quand Vishnou se repose sur un siège formé de 1 000 têtes de nagas (oui, les serpents !).

LACHHMANGARH

➢ *Pour y aller : nombreux bus au départ du Main Bus Stand de Nawalgarh (trajet : 1h).*
Bourgade dominée par un fort datant du début du XIXe s (ne se visite pas toujours). Y grimper en fin d'après-midi pour admirer la vue sur la ville. Vous noterez, au pied du rocher, l'impressionnante *haveli Char Chowk,* aux quatre cours intérieures. On dirait presque une forteresse.

MANDAWA

21 000 hab. IND. TÉL. : 01592

À 30 km au nord-ouest de Nawalgarh, voici l'une des villes les plus importantes du Shekhawati, et la première qui s'ouvrit au tourisme. Abondance de *havelis* et de fresques au charme suranné, sans oublier le superbe château. Avec l'essor du tourisme, on se fait de plus en plus aborder par les enfants qui préfèrent suivre les touristes en vue d'une pièce ou d'un crayon plutôt que d'emprunter le chemin de l'école...

Arriver – Quitter

En bus

***Gare routière** (plan A1) : à l'extrémité ouest de la rue principale, Main Bazar, sur la place.*
➢ ***Nawalgarh :*** bus ttes les 30 mn 8h-19h. Trajet : 1h. À Nawalgarh, les bus partent et arrivent au Bus Stand n° 2. Ils passent ts par ***Dundlod*** et ***Mukundgarh.***
➢ ***Fatehpur :*** aller-retour ttes les 30 mn 6h-19h. Trajet : 1h.
➢ ***Bikaner :*** 4 *express* (publics) et un *deluxe* (privé)/j. Trajet : 6h.
➢ ***Jaipur :*** 2 bus/j. circulent en boucle sur la ligne. Trajet : env 4h.
➢ ***Delhi :*** 6 bus directs/j. dans les 2 sens 8h30-22h. Trajet : env 10h.

En train

La gare ferroviaire la plus proche de Mandawa se trouve à ***Mukundgarh,*** *à env 10 km de Mandawa ;* accessible en bus ou en jeep.

Adresses utiles

✉ ***Poste** (plan B1) : dans le centre. Lun-sam 10h-17h.*
■ ***State Bank of Bikaner and Jaipur** (plan B1) : dans la rue principale, près du marché. ☎ 22-30-73. Lun-ven 10h-16h ; sam 10h-12h.* Installée dans une belle *haveli.* Change les chèques de voyage et le liquide, mais ne prend pas les cartes de paiement.
@ ***Internet :*** *à la* ***Gayatri Art Gallery*** *(face à la* Bank of Bikaner and Jaipur). *Tlj 8h-20h.* Autres connexions dans une boutique située à l'extrémité est de Main Bazar, près de la statue.

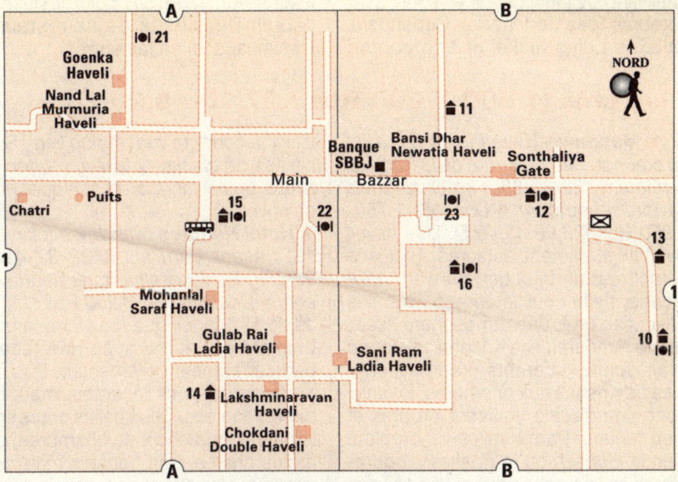

MANDAWA

Adresses utiles

- Poste
- Gare routière

Où dormir ?

- **10** Hotel Shekhawati
- **11** Gayatri Sadan
- **12** Mandawa Haveli
- **13** Hotel Heritage Mandawa
- **14** Chobdar Haveli
- **15** Singhasan Haveli
- **16** Mandawa Castle

Où manger ?

- **21** Bungli Restaurant
- **22** Monica Restaurant
- **23** Restaurant Pawana

Où dormir ?

De bon marché à prix moyens (200-800 Rps / 3,10-12,30 €)

Hotel Shekhawati *(plan B1,* ***10****) : Mukandgarh Rd.* ☎ *22-30-36.* *93-14-69-80-79.* • *hotelshekwati@sify.com* • *Doubles 200-800 Rps selon taille, équipement et vue (ne pas hésiter à négocier un peu).* Gros bâtiment disposant d'une vingtaine de chambres calmes, fraîches, propres et bien tenues. Amusantes (et de fort bonne qualité) peintures d'artistes de passage, dans chacune d'entre elles et dans les parties communes, et clim' pour certaines. Petit resto correct sur le toit (spécialités *veg'* et *non veg'*). Projet de piscine. Accueil jeune et rapport qualité-prix extrêmement honorable. Une de nos adresses préférées.

Prix moyens (1 000-1 800 Rps / 15,40-27,70 €)

Hotel Gayatri Sadan *(plan B1,* ***11****) : dans le centre.* ☎ *22-41-33 et 42.* • *gayatrisadan.com* • *Doubles 1 100-1 800 Rps (16,90-27,70 €) ; en basse saison, possibilité de négocier les prix.* Nouvel hôtel proposant une dizaine de chambres. Propre bien sûr, mais architecture intérieure pas géniale : parties communes (réception, salle à manger, salon...) surdimensionnées. De fait, curieusement, très faible nombre de chambres par rapport au volume du bâtiment. De plus, certaines sont assez sombres (pas de fenêtre). Cependant, salle de bains nickel et bon confort (ascenseur, AC ou *air cooler*, ventilo, TV câble). Possibilité de se restaurer. Dépannage tout à fait correct.

Plus chic (1 800-3 000 Rps / 27,70-46,20 €)

🏠 🍽 ***Mandawa Haveli*** *(plan B1,* ***12****) : au cœur du village, à côté de la Sonthalya Gate. ☎ 22-30-88. • hotelmandawa haveli@yahoo.com • Doubles 1 750-2 950 Rps (26,90-45,40 €).* Une *haveli* du XVIIIe s, joliment restaurée. Ancienne demeure d'un bijoutier *marwari.* Jolie façade, belle cour intérieure avec ses fresques ; bref, une atmosphère assez intime. Amoureux de Krishna, le proprio avait donné différents noms synonymes de Krishna aux chambres. En voici donc une dizaine vraiment propres et bien tenues. Parmi celles-ci, on aime bien la *Gopesh* ou la *Rashesh,* adorables avec leur patio privé et leur salle de bains attenante. Planchers peints, fresques, beaucoup de bois et beaucoup de... charme aussi. La *Surdarshan*, très spacieuse et dont des arcades découpent l'espace. *Nilesh,* la plus onéreuse, possède une seconde pièce, des arcades intérieures, des colonnettes sculptées et une belle dominante bleue. Bonne cuisine servie sur la terrasse du toit. Accueil cordial.

🏠 🍽 ***Singhasan Haveli*** *(plan A1,* ***15****) : Goenka Chowk ; au bout de la rue-marché. ☎ 22-31-37. • singhasanhave li.com • Doubles 1 400-2 500 Rps (21,50-38,50 €) ; quelques familiales en duplex 3 200 Rps (49,20 €). Plats 100-150 Rps.* Là encore, une *haveli* judicieusement transformée en hôtel. Au cœur de l'animation de la ville. Beau décor intérieur. Chambres à 1 600 Rps vraiment agréables. Les plus chères avec arcades et fines colonnes intérieures. Intéressantes chambres pour familles. Cuisine correcte *veg'* et *non veg'*. Spécialités de *chicken masala, mutton do pyaza,* poulet *tandoori* et quelques plats chinois.

🏠 ***Hotel Heritage Mandawa*** *(plan B1,* ***13****) : assez central. ☎ 22-37-42 et 32-51-77. • hotelheritagemandawa. com • Doubles 800-3 200 Rps (12,30-49,20 €).* Magnifique *haveli* remarquablement restaurée avec une façade particulièrement ornementée. Pas mal de fresques sont récentes, mais fort bien exécutées. Deux belles cours également. Large choix de chambres, des moins chères, très banales mais propres aux plus luxueuses, spacieuses et lumineuses. On aime bien la n° 208 entièrement couverte de fresques et celle en duplex (parmi les plus chères). Bon resto.

🏠 ***Chobdar Haveli*** *(plan A1,* ***14****) : assez central, près de la Gulab Rai Ladia Haveli. ☎ 22-32-61. 📱 94-14-54-03-18. Doubles 1 500-2 000 Rps (23,10-30,80 €).* Si tout est complet ailleurs, voici une bonne adresse dans un coin un peu retiré. Cinq chambres seulement dans une demeure traditionnelle, mais sans fresques. Chambres propres, au calme, toutes différentes. Parmi les trois meilleures, la n° 201 s'inscrit dans une grande arche, la n° 202 est décorée de niches et la n° 102, au rez-de-chaussée, donne sur de fines arcades. Salles de bains nickel (mais carrelage pas du meilleur goût) et salle à manger d'une fort grande banalité.

Très chic (min 3 000 Rps / 46,20 €)

🏠 🍽 ***The Desert Resort*** *: à 2 km au sud du village. ☎ 22-31-51 ou 35-14. Résa à Jaipur : ☎ (0141) 237-11-94 ou 41-30. • mandawahotels.com • Doubles 3 500-6 000 Rps (53,80-92,30 €).* Planté au beau milieu du désert, c'est un superbe ensemble de bungalows construits selon les concepts architecturaux de la région : jolis murs de boue séchée peints de *mandalas* (dessins rituels)... Adorables chambres dites *standard* (mais pas standard du tout !), confortablement aménagées avec un raffinement exquis, décorées d'objets anciens et réparties dans d'agréables cottages. Certaines avec arches intérieures et sur plusieurs niveaux. Les *deluxe* et autres suites, entièrement carrelées, s'avèrent nettement moins charmantes... et bien plus chères. Coin relaxation, terrasse pour admirer le coucher du soleil. Piscine. Mais, malgré tout, on ne peut s'empêcher de mettre un bémol ; rappelons en effet qu'on est dans le désert et qu'en plus de la piscine, le terrain de golf demande beaucoup d'eau !

Sara Vilas : *à 3 km au sud de Mandawa, en pleine campagne. ☎ 22-35-04 et 06. • saravilas.com • Double 5 000 Rps (90,90 €) ; suite 12 000 Rps (184,60 €).* Tout nouveau, tout grandiloquent, ce *resort* entouré d'une muraille modèle Jaipur, avec un hall d'accueil totalement surdimensionné ! Chambres réparties dans un parc de 64 cottages. Tout le confort possible : chambres spacieuses, sol en marbre, frigo, coffre, TV câble et terrasse individuelle. Très grande piscine, salle de gym, restos divers et nombreuses activités extérieures proposées.

Mandawa Castle *(plan B1, **16**) : au centre du village. ☎ 22-31-24 ou 34-32. • mandawahotels.com • Doubles 3 500-6 000 Rps (53,80-92,30 €) ; suites 9 000-15 000 Rps (138,50-230,80 €). Repas 650 Rps (10 €).* On pénètre dans cette pittoresque forteresse, construite en 1755 par le *thakur* Nawal Singh (également fondateur de Nawalgarh), par de monumentales portes d'entrée. Si les pluies des moussons lui donnent un air plutôt suranné, les chambres, grandes et charmantes, avec salle de bains et mobilier ancien, sont vraiment nickel et régulièrement rénovées. Les suites, si vous en avez les moyens, s'avèrent dignes des *Mille et Une Nuits...* Jolis salon et salle à manger avec quelques peintures et fresques intéressantes. Piscine. Beaucoup de groupes de touristes. Accueil et service blasés.

Où manger ?

Bungli Restaurant *(plan A1, **21**) : Goenka Chowk, près du Fathepur Stand. ☎ 31-01-29. Légèrement à l'écart du centre. Le mieux est de demander, tt le monde connaît.* Petit resto bon marché avec quelques tables posées dans une cour ou sous une paillote. On y mange une cuisine très correcte, préparée avec soin par le chef-cuistot qui a passé plusieurs années derrière les fourneaux du *Mandawa Castle* avant de monter sa propre affaire. C'est dire ! Bon *chicken tandoori* et quelques plats du Pendjab et du sud de l'Inde.

Monica Restaurant *(plan A1, **22**) : Haveli Ward, 5. ☎ 22-41-78. 📱 99-28-20-75-23. Tlj midi et soir jusqu'à 21h30. Plats de viande (poulet, mouton) 130-180 Rps.* Nouveau resto un poil excentré. Au dernier étage d'une *haveli* traditionnelle tout juste rénovée. Cadre sobre, bien tenu, pour une cuisine traditionnelle correcte et à prix abordables.

Restaurant Pawana *(plan B1, **23**) : rue du Marché, près du temple. ☎ 57-54-88. 📱 94-13-36-60-64. Ouv dès 8h.* Cuisine exclusivement végétarienne. Cadre assez rustique. On mange surtout dans la cour, loin du brouhaha du marché. Bon accueil et pas cher du tout.

À voir

Pas mal de pseudo-étudiants et d'enfants qui n'aiment pas trop l'école vous offriront leurs services de guide... À vous de faire le tri ou de décider de vous en passer. Voir aussi « Infos et conseils utiles » au début du chapitre consacré au Shekhawati. Côté *havelis,* comme à Nawalgarh, impossible de tout décrire. Le bouquin d'Ilay Cooper se révèle plus que jamais indispensable. Voici, tout de même, nos coups de cœur.

On conseille d'abord de parcourir la ***rue du Bazar*** *(Main Bazar),* artère principale de la ville. Après avoir franchi la belle arche peinte, ***Sontahlia Gate,*** en direction de Jhunjhunu, on accède au temple hindou ***Shri Ragunath.*** Se déchausser et faire sonner la cloche à l'entrée. Cour décorée comme une *haveli.*

Près de l'autel consacré à Krishna et Rada, scènes du *Rāmāyana* et du *Mahābhārata.* Peut-être que l'on vous apposera le *tilak* au milieu du front avant de vous réclamer une petite offrande ! En sortant du temple, prendre à gauche sur Main Bazar, et repérer le ***Mandawa Castle*** (voir « Où dormir ? Où manger ? »), également sur la gauche. Après un petit coup d'œil au château, reprendre Main Bazar sur la gauche. À 30 m sur la droite, une *haveli* abrite la *State Bank of Bikaner and Jaipur.* C'est la ***Bansi Dar Nevetia*** *(plan B1),* datant de 1910, qui présente, sur sa façade droite, une série de références modernes (avion des frères Wright, bicyclette, voiture, etc.). Tout au bout de Main Bazar, en tournant à gauche sur la petite place, voici l'une des plus anciennes *havelis* de Mandawa, ***Bhagchandka Haveli*** (1820), avec sa façade très basse et son entrée (pas toujours ouverte) encadrée de chevaux et éléphants. Toujours sur la place, prendre la rue en direction de Fatehpur et demander l'emplacement de ***Nand Lal Murmuria Haveli,*** l'une des plus originales de la ville, datant de 1935. Très différente des autres avec sa déco aux tonalités vertes, elle présente des fresques racontant le voyage du proprio en Europe. Ainsi distingue-t-on très nettement des vues de Venise : la place Saint-Marc, le Grand Canal, le pont des Soupirs... Petite donation demandée. Juste à côté, la ***Goenka Haveli,*** datant de 1890. Dans la cour intérieure, de belles frises : éléphants et maharaja avec, à côté, nobles sur leurs chevaux, et leurs doubles en symétrique. Décoration des encorbellements particulièrement soignée. Passer la porte gauche : dans le vestibule, plafond superbe, frise de Krishna et Rada (son épouse) avec des paons sur les bras. Donation encore demandée. À quelques pas de là, la ***Saraf Haveli,*** tout petite, mais présentant de belles peintures d'un chameau, d'un éléphant et d'un train qui suit la pente d'un auvent en tôle. Donation demandée pour entrer, On peut ensuite jeter un coup d'œil à la ***Jhunjhunwala Haveli*** (ou *Gold Painting Haveli*). On attendra alors de vous une donation, ou bien un achat dans cette boutique dont les murs sont recouverts de 3 kg d'or ! Dans cette très grande *haveli,* le gardien est lui aussi possédé par la soif de l'or, donc gaffe... Puis, après quelques minutes de marche, vous voici devant la ***Mohan Lal Saraf Haveli*** datant de 1870. En façade, scènes délicates de danseuses sur l'eau. Scènes très intéressantes sous les encorbellements. Remarquer à l'angle gauche, au niveau du premier encorbellement, une petite fresque badigeonnée de rouge qui représentait une scène jugée un peu trop osée... À l'intérieur, si vous pouvez entrer, voici des scènes de danses exquises (peut-être bientôt un hôtel). À deux pas encore se trouve la célèbre ***Gulab Rai Ladia Haveli.*** Elle abrite aujourd'hui une boutique d'artisanat, cartes postales, etc. Élevée en 1870, son architecture est franchement imposante, et ses fresques affichent la plus grande qualité. Sur la façade extérieure qui longe la rue gauche, on observe quelques scènes érotiques dont une dans un wagon, le troisième en partant de la fin. C'est très net ! À l'intérieur, beau travail d'incrustation de morceaux de miroirs... Noter le fin travail de sculpture sur les fenêtres. Dans la deuxième cour, la famille des gardiens. Peintures toutes noircies par les fumées des cuisines. En face, la ***Lakshminarayan Haveli.*** Elle n'assure plus le logement, mais on peut demander à voir l'architecture intérieure qui ne manque pas de charme. Puis, à droite, aller voir la ***Chokani Haveli.*** Il s'agit d'une très belle *haveli* double, datant de 1920, et dont chacune des entrées est encadrée par deux éléphants. Précisons que le proprio eut deux fils jumeaux, ceci expliquant cela ! Scènes représentant des Anglais et des fumeurs de joints, entre autres. Belles portes cloutées. Un truc curieux : les petites poulies à l'extérieur des fenêtres. On y passait la corde qui faisait fonctionner les grands éventails destinés à rafraîchir la maison. Actionnés de l'extérieur par les serviteurs, ils préservaient ainsi l'intimité des maîtres. Donation demandée.

Tout près, voir également la ***Sani Hi Ram Ladia Haveli,*** édifiée à la fin du XIXe s. Sur place, boutique d'artisanat et d'antiquités, plus ou moins authentiques. Mieux vaut d'ailleurs acheter des faux que d'encourager le pillage des *havelis,* n'est-ce pas ? Dans la première cour, à droite, superbe salon jaune avec de magnifiques peintures de maharajas, chefs rajpoutes et colons anglais, admirablement conservées. En dessous, portraits du proprio et de ses deux fils. Joli gramophone sur la façade extérieure droite. Enfin, allez visiter la ***Kedar Mal Ladia Haveli.*** Pièce couverte de fresques dorées où dansent des divinités. Dans la ruelle à côté, petite frise amusante montrant train, bicyclette, bateau...

FATEHPUR

80 000 hab. IND. TÉL. : 01571

Ville aussi grande que Mandawa et Nawalgarh, à l'architecture plus disparate et au charme moins évident. Beaucoup de *havelis* assez dégradées, qui se concentrent essentiellement dans la rue principale. On conseille donc de visiter Fatehpur après les deux autres villes précitées, lors d'une courte excursion, car l'hébergement n'y est pas vraiment satisfaisant. Ici aussi, les enfants vous demandent des cadeaux, pas toujours très aimablement...

Arriver – Quitter

En bus

Fatehpur compte trois gares routières. Le ***Bikaner Bus Stand*** *(dans la rue principale, à la sortie sud de la ville)* pour les bus à destination de Bikaner, Jaipur et Sikar. Également le ***Mandawa Bus Stand*** *(sur la route de Mandawa, non loin du* Haveli Cultural Centre *de Nadine Le Prince)*, pour les bus à destination de Mandawa, Nawalgarh, Mahansar et Delhi. Enfin, la ***station des bus privés*** *(ou des jeeps) se trouve également dans la rue principale, à 100 m au sud du* Bikaner Bus Stand.

➢ ***Mandawa :*** aller-retour ttes les 30 mn 6h-19h. Trajet : 1h.

➢ ***Nawalgarh :*** bus en boucle ttes les 30 mn 8h15-19h. Trajet : 2h. À Nawalgarh, les bus partent et arrivent au *Bus Stand n° 2*. Ils passent tous par ***Dundlod, Mukundgarh*** et ***Mandawa.***

➢ ***Jaipur et Bikaner :*** ts les bus reliant ces 2 villes s'arrêtent à Fatehpur. Voir « Arriver – Quitter » dans ces villes.

Où dormir ? Où manger ?

De bon marché à prix moyens (100-700 Rps / 1,50-10,80 €)

RTDC – Hotel Haveli : *au sud du centre-ville, après le* Bikaner Bus Stand, *vers la route Bikaner-Jaipur.* ☎ *23-02-93.* Grande demeure dont l'architecture n'a rien à voir avec une *haveli.* Selon votre budget : dortoirs (4 lits), ou chambre avec ou sans AC. Propreté plus ou moins correcte et grand laisser-aller général. Possibilité d'y manger un morceau. L'unique adresse acceptable à Fatehpur si vous êtes obligé d'y dormir.

De prix moyens à chic (500-1 200 Rps / 7,70-18,50 €)

Ashirvad Hotel : *à env 4 km de Fatehpur, sur la route de Bikaner, côté droit.* ☎ *22-26-35 ou 33-47.* Hôtel blanc d'une quinzaine de chambres réparties autour d'un jardinet. Toutes avec salle de bains, ventilo ou AC. Sans charme particulier et propreté inégale ; à vous de voir. Resto sur place.

À voir

Juste à côté du *Bikaner Bus Stand,* jeter un œil à la ***Kidia Haveli,*** qui date de 1915 : balustrade en fer forgé et scènes montrant Krishna et Radha, assez bien préservées dans la première cour intérieure.

En quittant le Bikaner Bus Stand, *prendre à droite. À 200 m sur la droite :* la ***Krishna Mandir Haveli,*** transformée en sanctuaire (se déchausser), offre des scènes de guerre tout autour du patio, où les dieux sont représentés en bleu... Toujours en remontant la rue principale, on peut explorer encore bien d'autres *havelis.* Il suffit de pousser la porte et de demander poliment aux occupants...

Haveli Cultural Centre Nadine Le Prince : *un peu excentré, mais fléché depuis la rue principale. ☎ 23-30-24 ou 14-79. • cultural-centre.com • Tlj 10h-19h. Visite guidée obligatoire : 100 Rps ; réduc moins de 14 ans et étudiants.* Une *haveli* de 1802, rachetée et aujourd'hui restaurée par Nadine Le Prince, une artiste peintre française : le résultat est superbe. On déambule, émerveillé, dans les différentes pièces. Certaines fresques d'origine, parfaitement bien conservées, sont éclatantes de beauté. Les portes sont remarquables. Également une galerie de peinture où sont exposées les œuvres de Nadine Le Prince et d'artistes contemporains indiens...

Non loin, la ***Singhania Haveli,*** *sur la route de Churu.* Construite en 1882. De chaque côté de la voûte à l'entrée, moult danseurs ; et sur la façade extérieure, belles figures de Laksmi sur une fleur de lotus et encadrée de quatre éléphants. La même scène se répète quatre fois autour du patio. Donation demandée.

À 2,5 km au sud de Fathepur, ***grand réservoir*** en escalier à la gracieuse architecture. *Chhatris* aux angles et au centre du bassin, et une petite loggia au milieu de chacun des côtés.

SUR LA ROUTE VERS MAHANSAR

RAMGARH

À une vingtaine de km au nord de Fathepur, sur la route de Mahansar. Là aussi, bourgade en dehors des sentiers battus et peu touristique. Longue rue principale commerçante, avec une caractéristique originale : chaque commerce s'inscrit dans une mini-*haveli* souvent couverte de fresques. Certes, beaucoup sont dégradées, mais l'ensemble, allié à l'animation de la rue, possède bien du charme. Ne pas manquer le ***Shani Mandir,*** le petit « temple des miroirs », à environ 300 m de la rue principale. L'autel du saint des saints, au fond de la cour, les murs, les arcades sont un riche foisonnement de morceaux de miroirs incrustés. Portes en argent. On y vénère le dieu du Samedi (ou Saturne). Noter qu'en sa niche, il a le visage tout noir. Ce jour-là, le prêtre collecte de l'argent, de l'huile, du grain en offrande. Dans la chapelle de gauche, quelques fresques délicates, dont un mariage de Shiva, avec de gracieuses danseuses. Peu de monde, dans un quartier populaire, ça laisse pas mal de place au rêve et à l'imagination (ne pas oublier le pourboire au gardien).
Sinon, comment rater à l'entrée de la ville (venant de Fathepur), le magnifique ensemble de ***cénotaphes de la famille Poddar,*** festival de temples, *chhatris,* coupoles peintes dans un environnement serein. Normalement la grille est ouverte le matin et en fin d'après-midi. Presque entièrement décorés de belles fresques extérieures. Coupole centrale sur une double rangée de colonnes.

MAHANSAR

3 000 hab. IND. TÉL. : 01595

Un gentil village paisible, en dehors des sentiers battus, à 33 km au nord de Mandawa, réputé pour sa *Sone Chand Ki Dukan Haveli,* de toute beauté...

Arriver – Quitter

➢ ***Mandawa :*** 3 bus aller-retour/j. pour Bissau, et de là, quelques bus circulent en boucle sur la route de Mahansar qui n'est qu'à 5 km. Trajet : 1h30.

Où dormir ? Où manger ?

De prix moyens à chic (700-1 000 Rps / 10,80-15,40 €)

🏠 🍽 ***Narayan Niwas Castle :*** ☎ *26-43-22.* L'un de nos coups de cœur dans la région, qui séduira les amateurs de solitude. Construit au XVIIIe s, ce fort domine la ville d'un côté et le désert de l'autre. Une vue et un décor exceptionnels pour un hébergement à prix raisonnable. En tout, une quinzaine de chambres peintes dans le plus pur style du Shekhawati. Attention, si la propreté d'ensemble est acceptable, la plupart des chambres, quand même assez inégales, se révèlent bien vieillottes et mériteraient d'être rénovées. La moins onéreuse est la chambre « secrète » (n° 13), en sous-sol. Un vrai dédale d'escaliers, ce fort ! Mais toutes ne présentent pas la même richesse de peintures. La n° 11 en présente d'intéressantes, mais ce qu'elle est sombre ! La n° 5, certes un peu plus chère, est superbe avec ses arcades et son lit ancien, sa mezzanine, son plafond peint, sa terrasse. Eau chaude au seau. Dommage également qu'ils ne fassent pas trop d'efforts pour la cuisine, mais peut-être sommes-nous tombés sur un mauvais jour.

À voir

🚶🚶🚶 ***Sone Chand Ki Dukan Haveli :*** *à côté du Shiv Temple. On vous indiquera où trouver la personne responsable de l'ouverture de cette* haveli *(demander la « Golden Room key »). Visite 8h-17h. Entrée exagérée : 100 Rps !* Libre à vous de ne pas y aller si vous trouvez cela abusif... En même temps, c'est vraiment le chef-d'œuvre du village ! Tout l'intérieur de la boutique du joaillier qui habitait le lieu fut orné, en 1846, de peintures absolument ravissantes. Le bijoutier comptait à l'époque véritablement éblouir la clientèle. Finesse d'exécution exceptionnelle, extraordinaire richesse des couleurs (ah, les rouges et les ors !). Fabuleux travail de ciselage sur les poutres. Fresques en relief, pleines de rythme. On distingue essentiellement deux thèmes : dans le tiers gauche de la boutique, le *Rāmāyana,* et tout le panthéon des dieux hindous se rendant au mariage de Rāma. À l'intérieur de l'enceinte du château, la cérémonie du mariage proprement dite, chef-d'œuvre de miniature. Noter les bandes noires : peintes d'abord, puis gravées de fleurs. En face, la bataille du *Rāmāyana.* Puis dans le tiers droit, on découvre la vie complète de Krishna illustrée... Au plafond, chaque femme possède un instrument de musique différent. Sur une des corniches, Krishna tenant une montagne sur un doigt. Dans la salle intérieure, deux petites fresques façon style byzantin (avec large utilisation d'or). À gauche Shiva, à droite, Lakshmi et ses quatre éléphants.

🚶 Entre Mahansar et Ramgarh, très beau ***puits*** avec escalier monumental.

JHUNJHUNU

IND.TÉL. : 01592

Porte d'entrée du Shekhawati quand on arrive de Delhi. Pas la ville la plus intéressante de la région, mais elle possède un certain caractère, un bazar très

vivant, quelques *havelis* peintes et deux pittoresques temples. Pour ceux et celles disposant de plus de temps, une halte de quelques heures enrichissante.

Arriver – Quitter

➢ ***Nawalgarh :*** env 20 bus/j., dans les 2 sens, 8h15-20h45.

Où dormir ?

Hotel Fresco Palace : *à 500 m de la station de bus* (Government Bus Stand). ☎ *23-14-31 et 32-52-33.* *94-14-90-29-05.* • *fresco_palace@yahoo.com* • *Depuis la route de Jaipur, prendre Station Rd, puis Paramveer Path. Doubles 1 000-2 100 Rps (15,40-32,30 €).* Une quinzaine de chambres. Petit hôtel au calme, moderne, plaisant et de bon confort. TV câble, resto avec terrasse sur jardin.

Où dormir plus chic ? Où manger dans les environs ?

Alsisar Mahal : *à Alsihar, à env 15 km au nord de Jhunjhunu. Résa à Jaipur :* ☎ *(0141) 236-46-85.* *91-14-12-36-82-90.* • *alsisar.com* • *Doubles 3 500-4 100 Rps (53,80-63,10 €). Repas 400 Rps (6,20 €).* L'ancien château-palais du *thakur* d'Alsisar a été magnifiquement transformé en hôtel sans en altérer le charme ni le caractère. Chambres spacieuses avec tout le confort espéré. Bonne cuisine servie dans une immense salle à manger à la blancheur immaculée et aux multiples arcades. Service stylé. Piscine grandiose entourée de délicates coupoles. Tout autour, le village n'a pas bougé depuis quelques siècles déjà !

The Piramal Haveli : *à Bagar, sur la route de Delhi, à 15 km.* ☎ *(01592) 22-12-20* • *neemranahotels.com* • *Doubles 1 500-2 000 Rps (23,10-30,80 €).* Une immense villa de style italianisant, avec un incroyable long péristyle à colonnes. Le rêve devenu réalité d'un très riche commerçant *marwar* fou d'Italie. À l'intérieur, le même luxe décoratif, plafonds peints, tableaux divers et encore des patios à colonnes. Chambres de style ancien quelque peu fatiguées pour les moins chères (tout en étant cependant propres). Pour le prix, ça reste quand même une très belle affaire !

À voir

Nehru Market : le cœur animé de la ville. On y trouve tous les petits métiers et boutiques pouvant exister. Sur un des côtés, la ***Modi Haveli,*** peut-être la plus longue de la région. Elle possède exactement 365 fenêtres, autant que de jours dans l'année. Un peu plus loin, la ***Ishwarda Haveli*** propose de belles séries de portraits peints en médaillon, indiens et européens. Belle porte cloutée pour accéder à la deuxième cour. L'un des plafonds expose toute une série de turbans tous différents. Sur un autre, Krishna danse avec ses copines, dessins particulièrement délicats, fraîches couleurs.

Rani Sati Mandir : *au nord-est de la ville. En direction de Delhi et Bagar. Fermé 13h-15h.* Un des temples les plus étonnants du Rajasthan. Peu connu des touristes et pourtant l'un des lieux de pèlerinage les plus populaires. Il commémore le *sati* (quand une veuve se jette dans le même feu que son mari défunt) pratiqué au XVIe s par la femme d'un riche marchand. Ce sacrifice frappa beaucoup l'imagina-

tion à l'époque et il devint quasi une légende, élevant la veuve au rang de sainte. Son culte s'amplifia au fil des siècles au point d'attirer des centaines de milliers de pèlerins chaque année et d'être un des temples les mieux dotés et plus riches d'Inde.
Composé de plusieurs parties. D'abord, une incroyable longue façade très kitsch. Puis traversée de cours bordées de plus de 800 chambres pour les pèlerins, avant d'arriver au sanctuaire principal, un imposant édifice de marbre blanc avec une *sikhara* très ouvragée. À l'intérieur, on reste frappé par la riche ornementation, les piliers en argent pur ciselés. Autel en argent également décoré d'or. Le visage au trident personnifie la sainte. Tout autour de la salle, sa vie en bande dessinée : enfance, adolescence, fiançailles, etc. Dans l'un des coins, la scène du mariage, puis le complot des bandits qui s'apprêtent à dépouiller la noce... Dans l'autre coin, l'attaque des bandits. Le mari est tué et la mariée, après une résistance farouche, est l'une des rares survivantes. Après son *sati,* l'urne contenant ses cendres fut récupérée par de riches marchands et un premier temple fut construit pour célébrer le sacrifice. Au plafond, la sainte apparaît triomphante dans un chariot.

Bihariji Temple : *au nord de la ville.* Construit en 1776. Intéressant pour sa *sikhara* et ses fresques. Un beau temple dans son jus, brut de forme, qui n'a jamais été rénové. Au plafond, Krishna danse avec de jolies damoiselles. Sur la gauche, bataille du Rāmāyana où Rāma et son frère tirent moult flèches, aidés de leur armée de singes et d'ours. Dans le petit vestibule à droite, procession de mariage. Raffinement du dessin.

Mertani baoli : *au nord-ouest (et sud de Churu Rd).* Un des plus beaux puits monumentaux du Rajasthan. Vraiment impressionnant !

LE GUJARAT

Un État un peu oublié des touristes, qui ne manque pourtant pas d'intérêt pour ceux qui veulent voir l'Inde au-delà des vieilles pierres. État de contrastes, désert et côte fertile, tribus nomades et contrebande internationale, traditions et technologies de pointe, terre de Gandhi... Pour les amateurs de nature, le désert du *Rann de Kutch,* domaine de l'âne sauvage, et la réserve de *Sasan Gir* où vivent les derniers lions d'Asie. Sans oublier les temples de *Palitana, Somnath* et les plages de *Diu.*
L'état des routes est bon autour d'Ahmedabad et dans l'est de l'État en général, ce qui permet la très bonne moyenne de 60 km/h. En dehors des grandes villes, il n'est pas rare de rencontrer sur les routes les *chakaras,* sortes de rickshaws hauts sur pattes, construits autour d'une moto incroyablement parée d'une arborescence de rétroviseurs et couverts de mille couleurs comme pourrait l'être une idole.
Le meilleur moment pour entreprendre un périple au Gujarat est d'octobre à mars, car les températures montent vite très haut le reste du temps.

AHMEDABAD

4 800 000 hab. IND. TÉL. : 079

Ahmedabad est une grosse ville industrielle, peu visitée et qui possède pourtant des éléments architecturaux intéressants. La *Sabarmati River* la scinde en deux. La ville doit son nom à l'un de ses souverains, Ahmed Shah. Sur la rive est se niche la cité historique, ceinte à l'époque d'une muraille qu'épouse encore aujourd'hui une sorte de boulevard circulaire. Des douze portes

d'Ahmedabad, il en reste six ou huit, et un pan de muraille côté rivière. Ce cœur ancien se noue autour de vieux quartiers originaux, les *pols,* desservis par un extravagant lacis de ruelles et ponctués de quelques beaux vestiges architecturaux. Là une *haveli,* ici une mosquée, ailleurs un fronton *patan* ou *marahte* superbement sculpté. Car la ville, hier comme aujourd'hui, a une histoire architecturale particulière. La rive ouest aligne de grandes artères beaucoup plus aérées, les quartiers modernes, universités et autres centres commerciaux flambant neufs. C'est sur cette rive ouest, à 5 km au nord, que Gandhi s'installa à son retour d'Afrique du Sud et fonda son ashram en 1917. Grâce à lui, la ville fut le principal centre de résistance aux Anglais, et la contestation continue aujourd'hui grâce à un syndicalisme très actif. La ville est également très renommée pour ses textiles, ainsi que pour ses glaces, les *vadilal.* Un arrêt dans cette ville trépidante permet de bien se rendre compte de la vie de la grande majorité des Indiens, de pénétrer une autre réalité que celle de Goa ou de Varanasi, qui sont finalement des exceptions.

Arriver – Quitter

En bus

Bus Station *(plan D3,* ***1****)* ***:*** *à 5 km au sud du centre-ville.* Tous les bus gouvernementaux longue distance partent de cette gare. Ils sont en piteux état, et pour un long trajet, nous vous conseillons vivement de renoncer à ces tape-culs, au profit des bus privés, un peu plus chers.

➢ ***Mont Abu :*** 6 bus/j. 6h30-15h. Trajet : 6-7h. Et 12 bus/j. pour Abu Road. Préférer le train, plus rapide.
➢ ***Udaipur :*** 6 bus/j. 4h-12h. Également 1 bus de nuit vers 19h. Trajet : 6-7h.
➢ ***Palitana :*** 8-10 bus/j. 5h-15h30. Trajet : 5h-5h30.
➢ ***Diu :*** 3 bus slt, le mat vers 8h. Trajet : 11h.
➢ ***Veraval :*** bus ttes les heures env. Trajet : 8h env.
➢ ***Junagadh :*** départ ttes les heures 5h-minuit. Trajet : 8h.
➢ ***Pour Sassan Gir :*** passer par *Veraval ou Junagadh.*
➢ ***Champaner :*** prendre les bus en direction de Pawagadhi ; 8-10 bus/j. ; trajet 3h-3h30.

Bus privés *(plan A3,* ***2****)* ***:*** *Shephati Center, Paldi Six Rd (à env 10 mn en rickshaw du centre).* En arrivant, vous ne pourrez pas échapper aux rabatteurs. Parmi les agences, nous vous conseillons ***Riddhi Travels :*** *☎ 28-01-42-61. Tlj 8h-22h.* Attention, le nom est écrit en hindi : à gauche de l'hôtel *Alpha,* en haut du large escalier qui traverse l'immeuble, c'est la 1re boutique à droite sur l'esplanade.

➢ ***Diu :*** 1 bus de nuit vers 22h. *Sleepers.* Trajet : 10h.
➢ ***Somnath :*** 1 bus de nuit vers 22h. *Sleepers.* Trajet : 10h.
➢ ***Palitana :*** 1 bus le mat vers 7h. Trajet : 5h30.
➢ ***Junagadh :*** 7 bus/j. 6h30-22h. Trajet : 5h.

En train

Gare ferroviaire *(plan D2)* ***:*** *sur la rive est, tt au bout de M. G. Rd.*
➢ ***Mumbai :*** nombreux trains, mais le mieux est sans doute le *Gujarat Mail.* Départ vers 22h. Durée : 9h. Le *Gujarat Express* est le train de jour, départ le mat vers 7h.
➢ ***Delhi :*** l'*Ashram Express* est le train le plus pratique. Départ vers 17h et arrivée le lendemain vers 10h. Durée : 17h. Il y en a d'autres, mais arrivée en pleine nuit.
➢ ***Chennai (Madras) :*** avec le *Navjeevan Express.* Tlj vers 6h. Durée : 36h.
➢ ***Udaipur :*** avec l'*Udaipur Express.* Départ vers 23h. Durée : 8h.
➢ ***Bangalore :*** mar vers 18h, jeu et ven vers 14h et dim vers 22h. Durée : 32h.
➢ ***Mont Abu*** *(Abu Road Station)* ***:*** 8 trains/j. Durée : 2h30.

PLANS ET CARTES EN COULEURS cahier 2

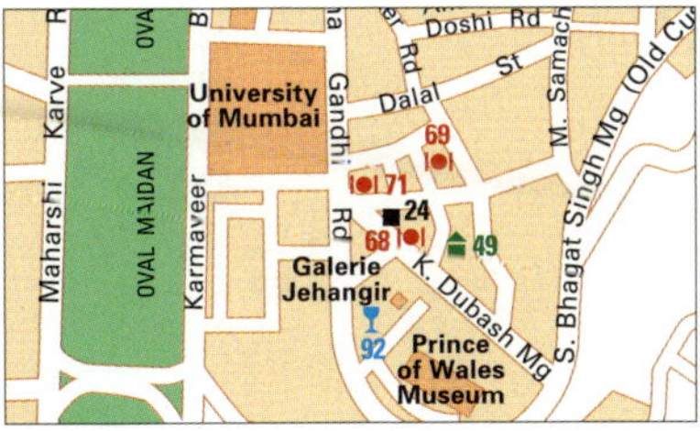

SOMMAIRE

AGRA (PLAN GÉNÉRAL)

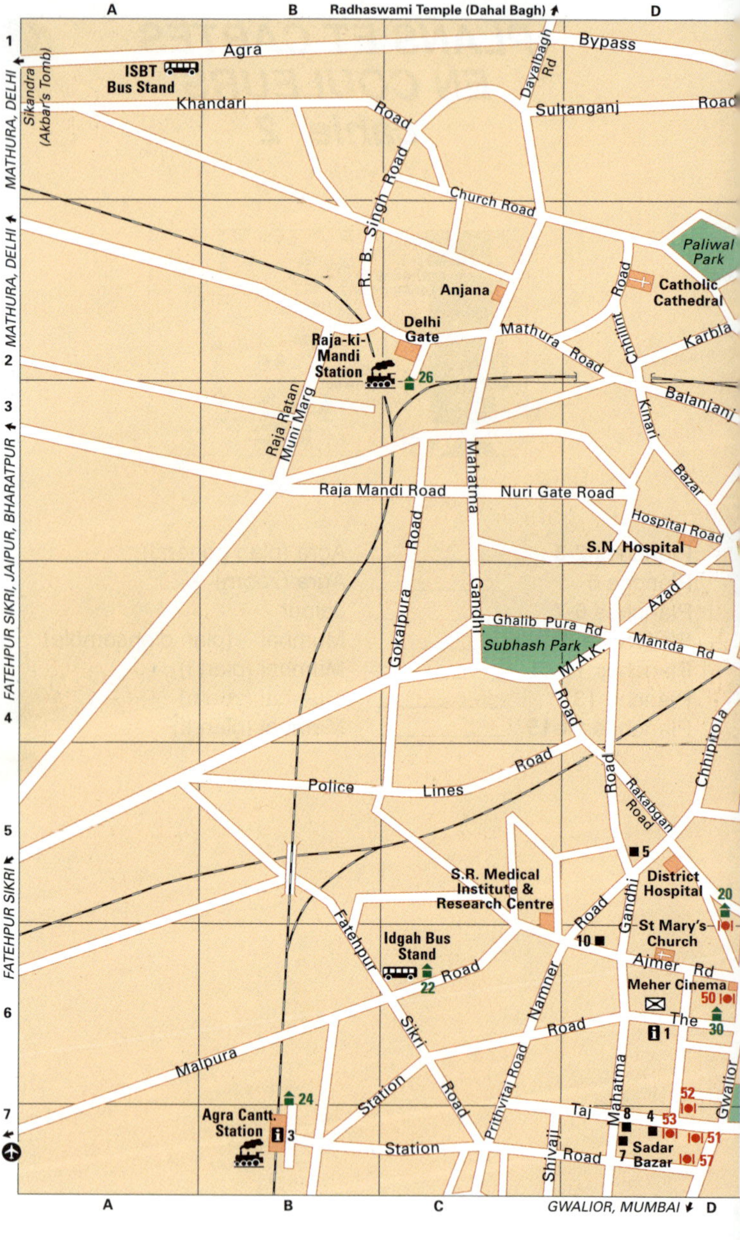

AGRA (PLAN GÉNÉRAL)

■ Adresses utiles

- 1 India Tourism Agra
- 2 UP Tourism
- 3 UP Govt Tourist Information and Assistance
- General Post Office
- Agra Cantonment Railway Station
- Agra Fort Railway Station
- Raja-ki-Mandi Railway Station
- Idgah Bus Stand
- Power House Bus Stand
- ISBT Bus Stand
- 4 Andhra Bank et Librairie Modern Book Depot
- 5 Bank of Baroda et ATM
- 6 Bureaux de change et Sita Travel
- 7 ATM Canara Bank
- 8 Distributeur d'argent
- 10 Pharmacie
- 11 Indian Airlines et Jet Airways
- 12 Piscine du Taj View
- 13 Piscine du Mayur Tourist Complex
- 29 Piscine de l'Hotel Amar

Où dormir ?

- 20 Tourist Resthouse
- 21 Hotel Hilltop
- 22 Hotel Sakura
- 23 Hotel Safari
- 24 Retiring rooms
- 25 Maya Hotel
- 26 UP Tourist Bungalow
- 28 Hotel Atithi
- 29 Hotel Amar
- 30 Hotel Yamuna View
- 31 Trident Hotel

Où manger ?

- 20 Restaurant de la Tourist Resthouse
- 25 Restaurant du Maya Hotel
- 31 Restaurant du Trident Hotel
- 50 Dasaprakash Restaurant
- 51 Lakshmi Vilas
- 52 Prakash Restaurant
- 53 The Park Restaurant
- 54 Only Restaurant
- 57 Zorba the Bouddha

AGRA (PLAN GÉNÉRAL) – REPORTS DU PLAN

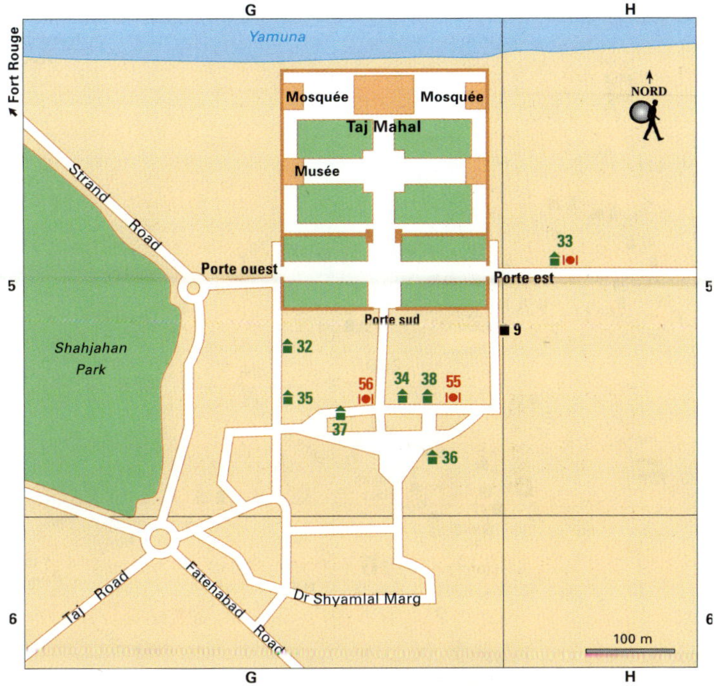

AGRA (ZOOM)

■ **Adresse utile**

9 Distributeur d'argent

Où dormir ?

32 Hotel Host
33 Sheela Hotel
34 Hotel Kamal
35 Siddharta Hotel
36 Sai Palace
37 Shahjahan Hotel
38 Shanti Lodge

Où manger ?

33 Sheela Hotel
55 Yash Café
56 Joney's

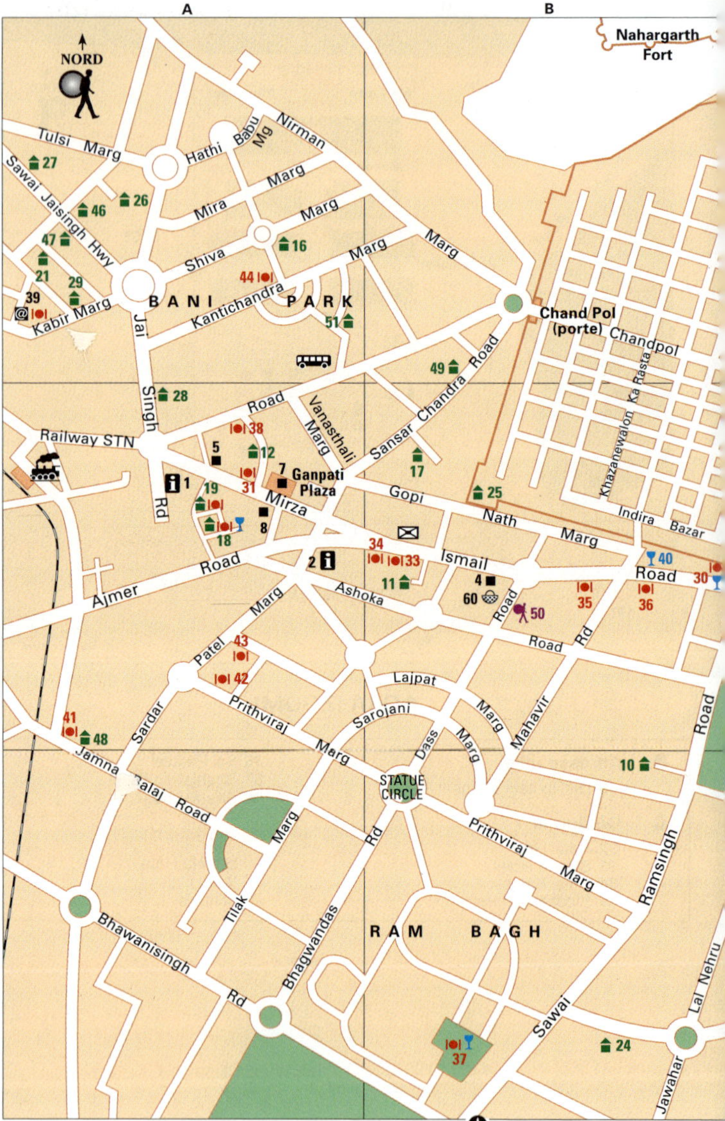
A
B
Nahargarth Fort
NORD
BIRKANER
AJMER
BUNDI
1
2
3
Tulsi Marg
Sawai Jaisingh Hwy
Hathi Babu Mg
Nirman Marg
Mira Marg
Shiva Marg
Kantichandra Marg
Kabir Marg
BANI PARK
Jai Singh Rd
Railway STN
Road
Vanasthali Marg
Sansar Chandra Road
Chand Pol (porte)
Chandpol
Khazanewalon Ka Rasta
Indira Bazar
Ganpati Plaza
Mirza Ismail Road
Gopi Nath Marg
Ajmer Road
Ashoka Road
Patel Marg
Lajpat Marg
Sarojani Marg
Dass Rd
Mahavir Rd
Prithviraj Marg
Sardar Patel Marg
Jamna Lal Bajaj Road
STATUE CIRCLE
Tilak Marg
Bhawanisingh Rd
Bhagwandas Rd
RAM BAGH
Ramsingh Road
Sawai
Jawahar Lal Nehru
1
2
4
5
7
8
10
11
12
14
16
17
18
19
21
24
25
26
27
28
29
30
31
33
34
35
36
37
38
39
40
41
42
43
44
46
47
48
49
50
51
60

C
NAHARGARTH
D
61
AMBER, DELHI
500 m
1
2
3
AGRA, BHARATPUR
Amber Road
Gangori Bazar
City Palace
Motikatla Bazar
N
20
I
H
G
C
F
B
A
E
D
M
K
J
L
Bazar
Tripolia Bazar
Siredeori Bazar
Dayanand Marg
Ramganj Bazar
Surajpol Bazar
Kishanpole Bazar
Chaura Rasta
Johari Bazar
32
Ajmeri Gate
Nehru Bazar
Bapu Bazar
Sanganeri Pol (porte)
Ghat Darwaza Bazar
Pahar Ganjka Rasta
3
Sanjay Bazar
Rasta Balaji Ki Kothi
Agra Road
Jardin Ram Niwas
Albert Hall (musée)
Road
23
Marg
Agra Road
13
50
Motidungari
Adarsh Nagar Rd
15
Marg
Path
Govind Marg
Govind
Shanti
C
D

JAIPUR

Adresses utiles

- 1 India Tourism
- 2 Tourist Reception Centre
- General Post Office
- Railway Station
- Sindhi Camp Bus Station
- Aéroport de Jaipur
- 3 State Bank of India
- 4 Punjab National Bank
- 5 Thomas Cook
- 7 Air India
- 8 Jet Airways
- 39 Internet

Où dormir ?

- 10 Hotel Diggi Palace
- 11 Hotel Ever Green
- 12 Atithi Guesthouse
- 13 Sneh-Deep
- 14 Krishna Palace
- 15 Ashirvad Guesthouse
- 16 Jaipur Inn
- 17 Arya Niwas Hotel
- 18 Hotel Pearl Palace
- 19 Sunder Palace
- 20 Samode Haveli
- 21 Shahpura House
- 23 Nana Ki Haveli
- 24 Narain Niwas Palace Hotel
- 25 Jai Niwas
- 26 Hotel Umaid Bhawan
- 27 Hotel Meghniwas et Jas Vilas
- 28 Hotel Teej
- 29 Anuraag Villa
- 46 Hotel Madhuban
- 47 Umaid Mahal
- 48 Hari Mahal Palace
- 49 Alslsar Haveli
- 50 Naila Bagh Palace
- 51 Dera Rawatsar

Où manger ?
Où boire un verre ?

- 18 Peacock Restaurant
- 19 Sunder Palace
- 30 Indian Coffee-House
- 31 Mohan
- 32 LMB Hotel
- 33 Handi
- 34 Copper Chimney
- 35 Natraj
- 36 Niro's
- 37 Rambagh Palace
- 38 Rawat Misthan Bhandar
- 39 Chit Chat
- 40 Lassiwala
- 41 Spice Court
- 42 Little Italy
- 43 Four Seasons
- 44 Doodh Misthan Bhandar

À voir

- 50 Cinéma Raj Mandir
- A Ser Deorhi-ka-Darwaza
- B Nakkar Khana-ka-Darwaza
- C Jaleb Chauk
- D Entrée principale
- E Mubarak Mahal
- F Hall des Audiences
- G Diwan-i-Amm
- H Palais de la Lune
- I Temple de Govinda Deva
- J Porte de Tripolia
- K Ishwari Lath
- L Palais des Vents – Hawa Mahal
- M Jantar Mantar
- N Surabhi Mansion

Achats

- 60 National Handloom Haveli
- 61 Satguru's

JAIPUR – REPORTS DU PLAN

MUMBAI (PLAN D'ENSEMBLE)

A
B
C
1
2
3
4
5
NORD
C. Road
B. Road
S. Deora Mg
Veer Nariman Rd
Im Chamber Rd
Churchgate Station
A. HOLKER CHOWK
Netaji Subhash Chandra Bose Rd (Marine Drive)
Jamshedji Tata Rd
Dinshaw Wachha Rd
Road n° 3
J. B. Marg
MTDC
Crescent Rd
Madam Cama Rd
Maharshi Karve Rd
Vidhan Bhavan Mg
Sir Dorab Tata Rd
NARIMAN POINT
V. K. Shah Mg
B. Rajni Patel Mg
NCPA Marg
Jamnalal Bajaj Rd
Free Press Journal Rd
Jagannath Bhosle Rd
(Queen's Rd)
Back Bay
(Foreshore Rd)
Nathalal Parikh Rd
E. Pasta Lane
Shadid Bhagat
Lala Nigam
Sakharkar Mg
G. D. Somani Rd
(Cuffe Parade Rd)
R. Salgaonkar Rd
N. Moos Mg (Colaba Causeway Rd)
Nathalal Parikh Rd
P. Pethe Mg
World Trade Centre
3
19
23
12
17
18
6
7
13
15
74
78
76
75
77
63
46
45
47
34
94
95
111

MUMBAI (PLAN I)

MUMBAI (PLAN I)

Adresses utiles

- Government of India Tourist Office
- Dadar Station *(plan d'ensemble)*
- Church Gate Station
- 3 Alliance française
- 5 Thomas Cook
- 6 Consulat de France et Swiss International
- 7 Consulat de Suisse
- 9 Consulat du Canada
- 10 Consulat du Sri Lanka
- 12 Air India et Indian Airlines
- 13 Gulf Air
- 14 Jet Airways
- 15 Air Sahara
- 17 Lufthansa
- 18 Kuwait Airways
- 19 Cinéma Eros
- 23 Oxford Bookstore
- 24 Rhythm House

Où dormir ?

- 14 YWCA
- 34 Hotel Antique
- 45 Marina Guesthouse
- 46 Chateau Windsor Hotel
- 47 Sea Green South Hotel
- 49 Lawrence Hotel
- 50 Hotel Popular Palace
- 52 Residency Hotel

Où manger ?

- 63 Kailash Parbat
- 65 Apoorva
- 67 Britannia & Co Restaurant
- 68 Chetana
- 69 Trishna
- 71 Khyber Restaurant
- 72 The Excellensea
- 74 Satkar
- 75 Croissant, etc.
- 76 Tea Centre
- 77 Samrat
- 78 Shiv Sagar

Où boire un verre ?

- 78 Mocha Bar
- 92 Café Samovar
- 94 Gaylord

Où sortir ?

- 95 Not Just Jazz by the Bay

Achats

- 111 Jammu & Kashmir Government Arts Emporium

MUMBAI – REPORTS DU PLAN I

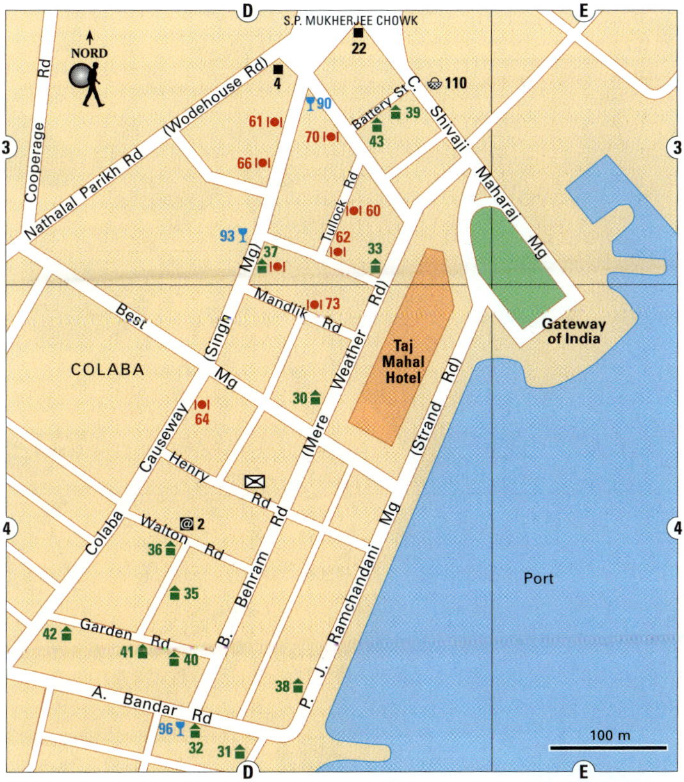

MUMBAI (ZOOM)

Adresses utiles

- ✉ Taj Mahal Post Office
- @ 2 Pick-up Communication Centre
- 4 ATM City Bank
- 22 Ciné Regal

Où dormir ?

- 30 The Salvation Army – Red Shield House
- 31 Sea Shore Hotel
- 32 Hotel White Pearl
- 33 Carlton Hotel
- 35 Bentley's Hotel
- 36 Hotel Cowie's
- 37 Apollo Guest House
- 38 Strand Hotel
- 39 Hotel Suba Palace
- 40 Garden Hotel
- 41 Godwin Hotel
- 42 Ascot Hotel
- 43 The Gordon House Hotel

Où manger ?

- 37 Leopold Café
- 60 Bademiya
- 61 Hotel Majestic
- 62 Bagdadi
- 64 Kamat Restaurant
- 66 Dehli Darbar
- 70 Ling's Pavilion
- 73 Indigo

Où boire un verre ?

- 90 Café Mondegar
- 93 Olympia Coffee-House
- 96 Koyla

Achats

- 110 Central Cottage Industries Emporium

site inscrit au Patrimoine mondial de l'Unesco
NORD
Nehru Centre
Sardar Vallabhbhai Patel Stadium
Hippodrome
Haji Ali Dargah
Mahalaxmi Temple
V. DESAI CHOWK
PRABHU CHOWK
Keshavrao Khade Marg
Lala Lajpatrai Mg (Hornby Vellar Rd)
P. M. M. Malviya Mg (Tardeo Rd)
Mumbai Central
HAMIED CHOWK
J. Boman Behram
Bhulabhai Desai Mg (Warden Rd)
Dr Gopalrao Deshmukh Mg (Peddar Rd)
M. L. Dahanukar Rd (Carmichael Rd)
Javji Dadaji Mg (Tardeo Rd)
P. Bapurao
Bhadkamkar Mg (Lamington Rd)
Premji Mg
MUKESH CHOWK
Sea Rd (Napean
A. Kranti Mg (Gowalia Tank Rd)
N. S. Patkar Mg
Tower of Silence
Maulana
Doctor Saheb
J. Shankarsheth (Girgaum Rd)
P. Ramabai Mg (Hughes Rd)
Babulnath Rd
Ridge Rd
Hanging Gardens
HILL
MALABAR
Sardar Vallabhbhai Patel
Vithalbhai
Jagannath Shankarshett
M.P. Mg
Dr N. A. Purandare Mg (Chowpatty Sea Face)
Chowpatty Beach
Maharshi Karve
Netaji Subhash Chandra
L. Jagmohandas Mg
B. G. Kher Mg
Walkeshwar Rd
J. Mehta Mg
Walkeshwar Rd
103
104
105
106
8
16
G
H
I
6
7
8
9
10

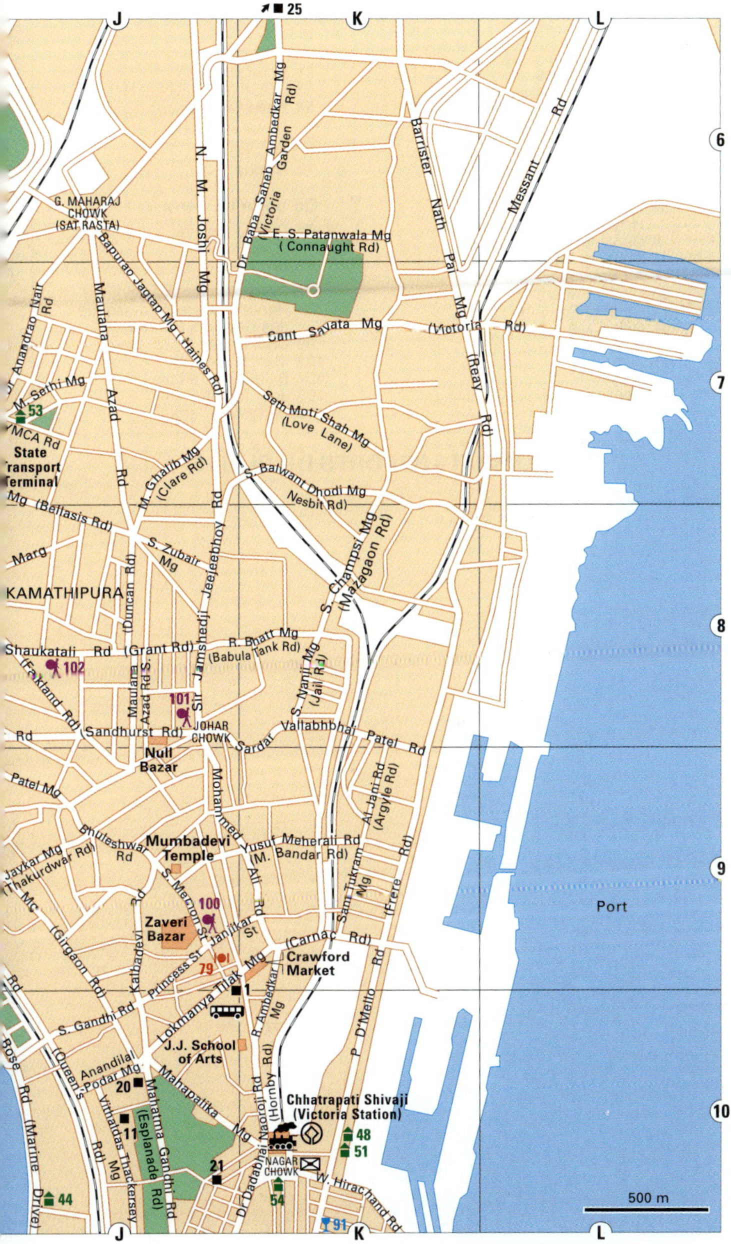

MUMBAI (PLAN II)

Adresses utiles

- Chhatrapati Shivaji Terminal (ex-Victoria Station)
- Mumbai Central
- State Transport Terminal
- Bus de Crawford Market
- General Post Office
- 1 Foreigners' Regional Registration Office
- 8 Consulat de Belgique
- 11 Bombay Hospital Trust
- 16 Air France
- 20 Cinéma Metro
- 21 Cinéma Sterling
- 25 British Airways

Où dormir ?

- 44 Bentley Hotel
- 48 Ship Hotel
- 51 Hotel Manama
- 53 YMCA International House
- 54 Hotel City Palace

Où manger ?

- 79 Rajdhani

Où boire un verre ?

- 91 Café Universal

À voir

- 100 Mosquée Jama Masjid
- 101 Randat Tahera, la mosquée des Dawoodi Bohras
- 102 Chor Bazar
- 103 Mani Bhavan
- 104 Balbunath Temple
- 105 Jaïn Temple
- 106 Banganga Tank

MUMBAI – REPORTS DU PLAN II

En avion

✈ ***Aéroport Sardar Vallabhai Patel** (hors plan par C1) **:** à 14 km au nord-est du centre-ville.* En plein travaux d'agrandissement. À l'arrivée, petit office de tourisme et bureau de change. Pour rejoindre le centre-ville, pas de bus, 2 comptoirs de taxis : *Prepaid Car Service* et *Prepaid Ahmedabad Airport,* un poil moins cher (150-200 Rps selon destination). Pour plus d'infos sur les vols : • ahmedabadairport.com •

➢ ***Mumbai*** et ***Delhi :*** plusieurs vols quotidiens.

➢ ***Bangalore et Chennai (Madras) :*** 5 vols/sem.

Transports en ville

Vu l'étendue de la ville et la complexité des transports, vous n'aurez guère le choix : les rickshaws restent la meilleure formule. Bonne nouvelle, s'ils n'ont souvent pas de compteur, les petites courses en centre-ville restent économiques : 10-15 Rps en moyenne.

Adresses utiles

ℹ ***Tourism Information Bureau*** (***Gujarat Tourism ;*** *plan B1)* ***:*** *HK House.* ☎ *26-58-96-83 ou 91-72.* • *gujarattourism.com* • *Juste en face du magasin de chaussures* Bata *et à côté du* Times of India, *un peu en retrait d'Ashram Rd. Lun-sam 10h30-18h ; fermé 2e et 4e sam du mois.* Très peu de doc (pas même une carte de la ville !), mais horaires de bus et de train... c'est mieux que rien.

✉ ***General Post Office*** *(GPO ; plan C2)* ***:*** *Salapose Rd (GPO Rd). Lun-sam 8h-18h ; dim 10h30-15h.* Poste restante jusqu'à 20h.

■ ***Central Telegraph Office*** *(plan B2)* ***: Lal Darwasa,*** *à côté du* Local Bus Terminal. *Tlj 8h-23h.* Appels internationaux pas trop chers. *Autre adresse :* ***Telephone Office,*** *Municipal Market, face au* Ciba Hotel. *Tlj 10h-22h.*

@ Nombreuses connexions rive ouest, dans la ville moderne, en particulier le long d'Ashram Rd et de C. G. Rd. Dans l'ensemble, pas performant. Autant

■ **Adresses utiles**

- ℹ Tourism Information Bureau
- 1 Bus Station
- 2 Bus privés
- Gare ferroviaire
- ✈ Aéroport
- ℹ Tourism Information Bureau (Gujarat Tourism)
- ✉ General Post Office
- 3 State Bank of India
- 4 DCB
- 5 Alliance française

Où dormir ?

- 10 Hotel Capital
- 11 Hotel Cadilac
- 12 Hotel Excel
- 13 Hotel Mayur
- 14 Retiring Rooms
- 15 Hotel Volga et Metropole Hotel
- 17 Kamran et Hotel Kingsway
- 18 Hotel Kozar
- 19 Hotel Sabar-Inn
- 20 Arts Reverie
- 21 The House of Mangaldas Girhardas
- 22 Le Méridien

Où manger ?

- 19 Jay Vijay
- 21 The Green House et Agashiye
- 30 Hotel Sagar
- 31 Moti Mahal
- 32 Hotel ZK
- 33 Vishalla
- 34 Neel Kanth Patang

Où boire un *lassi* ?

- 38 Gandhi Cold Drinks

Achats

- 40 Night Market
- 41 Banascraft
- 42 Handloom House
- 43 Gurjari

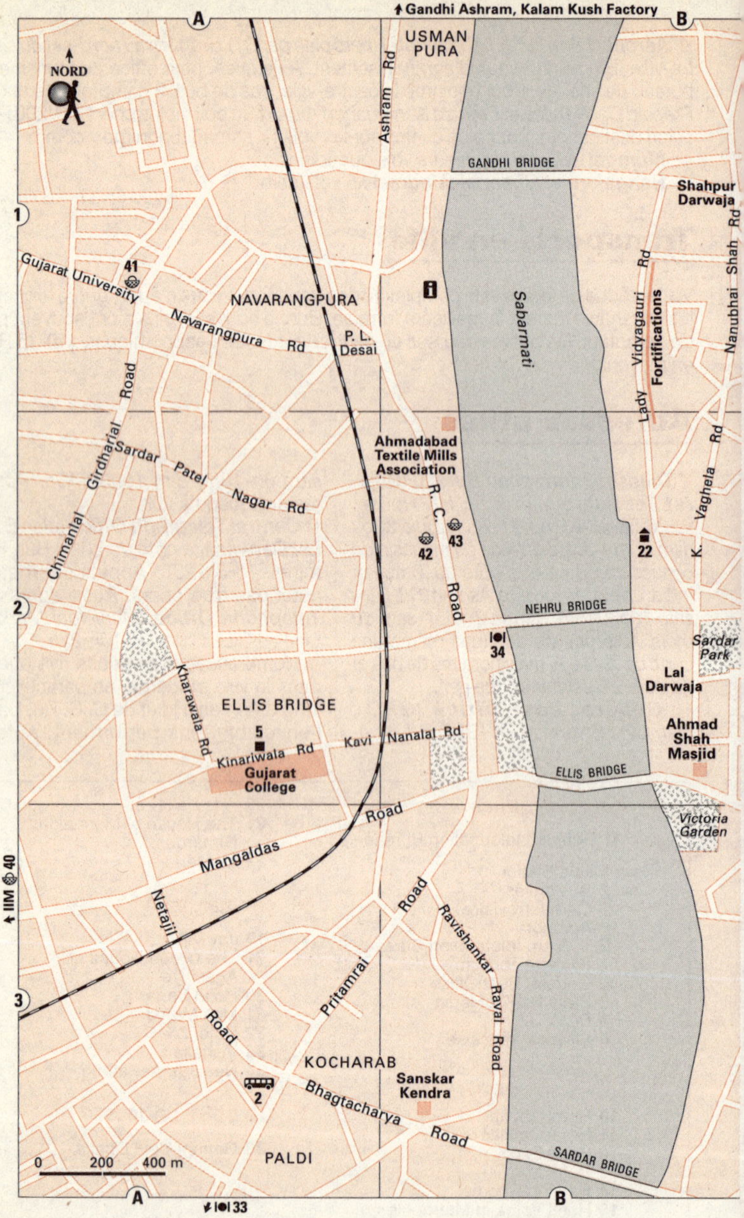
Gandhi Ashram, Kalam Kush Factory
NORD
USMAN PURA
Ashram Rd
GANDHI BRIDGE
Shahpur Darwaja
Gujarat University
41
NAVARANGPURA
Navarangpura Rd
P. L. Desai
Sabarmati
Lady Vidyagauri Rd
Fortifications
Nanubhai Shah Rd
Road
Girdharlal
Chimanlal
Sardar Patel Nagar Rd
Ahmadabad Textile Mills Association
R. C. Road
42
43
22
K. Vaghela Rd
NEHRU BRIDGE
34
Sardar Park
Lal Darwaja
Kharawala Rd
ELLIS BRIDGE
5
Kinariwala Rd
Kavi Nanalal Rd
Gujarat College
Ahmad Shah Masjid
ELLIS BRIDGE
Victoria Garden
Mangaldas Road
IIM 40
Netaji Road
Pritamrai Road
Ravishankar Raval Road
KOCHARAB
Sanskar Kendra
2
Bhagtacharya Road
SARDAR BRIDGE
PALDI
0 200 400 m
33
A
B
1
2
3

LE GUJARAT

AHMEDABAD

LE GUJARAT

envoyer une carte postale.

■ ***State Bank of India** (plan B2, **3**) : face au* Local Bus Terminal, Lal Darwasa Station. *Dans le centre. Lun-ven 11h-15h, sam 11h-13h.* Change les devises et les chèques de voyage. Également la ***DCB** (plan C2, **4**), sur Relief Rd, tout près du* Relief Cinema. *Lun-ven 9h-21h ; sam 9h-15h.* Change devises et chèques de voyage. *Nombreux **ATM** internationaux en ville, rive ouest en particulier, dont celui de la **HDFC,** sur Ashram Rd, à 200-300 m du* Tourism Information Bureau.

■ ***Hôpital :** à 3 km du centre, **The New Civil Hospital,** Shahiba Area (☎ 22-68-37-21). Également le **VS General Hospital,** sur Ashram Rd (☎ 26-57-76-21),* hôpital du gouvernement. Pour obtenir une ambulance, composer le ☎ 102.

■ ***Alliance française** (plan A2, **5**) : quartier Ellis Bridge. ☎ 26-40-15-51 et 26-56-02-71. • afindia.org/ahmedabad • Près de* Bible House *et face au* Gujarat College. *Lun-ven 10h-18h ; sam 11h-17h.* Une bibliothèque, une médiathèque, et ciné-club le 3e samedi du mois (parfois sur place, parfois dans un ciné de la ville). Organise pas mal de concerts et des expos. Une occasion de rencontrer des Indiens francophones !

■ ***Garha Tours Travels :** 426/D, Super Mall, Nr. Navrangpura Tel Exchange, CG Rd. ☎ 26-46-38-18. • gujaratholiday.com •* Une agence sérieuse, aussi bien pour louer simplement une voiture avec chauffeur pour quelques jours que pour organiser un tour complet du Gujarat.

■ ***Indian Airlines :** à côté du* Roopale Cinema, *sur Relief Rd. ☎ 25-50-30-61 ou 62. Lun-sam 10h-17h. À l'aéroport : ☎ 22-86-92-33 ou 44.*

■ ***Jet Airways :** Ratnanabh Complex, Opp. Gujarat Vidyapith, Income Tax, Char Rasta, Ashram Rd. ☎ 27-54-33-04 à 10. Lun-ven 10h-18h30, w-e 10h-16h. À l'aéroport : ☎ 22-86-83-07 ou 65-40.*

Où dormir ?

Ville boudée par les touristes, Ahmedabad propose peu de vraies adresses routardes.

De très bon marché à bon marché (max 500 Rps / 7,70 €)

***Hotel Capital** (plan C2, **10**) : Khanpur. ☎ 28-04-63-18. Derrière le* Gujarat Samachar. *Adresse à l'écart, d'autant moins évidente à dénicher qu'il n'a pas d'enseigne. Allez-y en rickshaw. Double min 250 Rps.* Autour d'une courette arborée, hôtel calme, prisé des étudiants. Accueil désinvolte et sympa, propreté acceptable. Propose un éventail étendu de chambres assez vastes, de la plus sommaire à la *deluxe*, avec douche et AC (catégorie prix moyens pour ces dernières). Gros défaut, les lits sont durs, très durs.

***Hotel Cadilac** (plan C2, **11**) : Cadilac House, Advance Cinema Rd. ☎ 25-50-75-58 et 59. Central, tout proche de l'*Electricity House. *Accueil 1er étage. Dortoir 70 Rps/pers ; doubles sans ou avec sdb 200-270 Rps.* En haut de l'escalier bien raide, un dortoir de 10 lits (le moins cher de la ville), plutôt tassés, et des chambres de confort varié et variable (eau chaude au seau pour tout le monde). Certaines n'ont pas de fenêtre, d'autres se prolongent d'un balconnet (plutôt plaisant, mais ça fait aussi rentrer le bruit) ! Accueil vraiment agréable et propreté acceptable vu les tarifs.

***Hotel Excel** (plan D2, **12**) : Reid Rd, Kalupur. ☎ 22-14-64-33. Fax : 22-11-31-76. À deux pas de la gare, dans une rue pleine d'hôtels. Réception 1er étage. Nuitée 240 Rps/pers.* Pour son dortoir climatisé de 30 lits (exclusivement masculin), très propre, avec casiers individuels. Salles de bains aussi avenantes que l'accueil. Côté chambres, préférer son voisin le *Sabar-Inn*.

***Hotel Mayur** (plan C2, **13**) : Salapose Rd. ☎ 25-35-09-33. À deux pas du* Relief Cinema *et de Relief Rd. Au 1er étage. Doubles 300-500 Rps, avec eau chaude au seau le mat sur*

LE GUJARAT

demande. Adresse très simple au cœur du vieil Ahmedabad, mais au calme. Déco inexistante, petites chambres et sanitaires à l'indienne. Propreté approximative. Plutôt en dépannage.

Retiring rooms *(plan D2, **14**) : dans le hall de la gare, au 1er étage à gauche. Lit en dortoir 100 Rps/24h ; doubles 300-350 Rps.* Souvent complet. Dortoir à droite (réservé aux hommes), et à gauche, quelques chambres de 2 ou 3 lits. Pour une halte entre 2 trains.

De prix moyens à presque chic (500-1 200 Rps / 7,70-18,50 €)

Hotel Volga *(plan C2, **15**) : Opp Electricity House, Relief Rd. ☎ 25-50-94-97 à 99. Dans la ruelle perpendiculaire à Relief Rd qui part face à l'*Electricity House. *Doubles avec sdb 650-900 Rps ; triple 900 Rps.* Une bâtisse moderne et un confort de même. Carrelées ou moquettées, avec ou sans AC, un frigo, plutôt vastes : les chambres valent leur prix, l'ensemble est bien tenu, plutôt pimpant et joyeusement coloré, et l'eau chaude coule 24h/24 ! Accueil pro en prime. Que demander de plus ?

Metropole Hotel *(plan C2, **15**) : Relief Rd. ☎ 25-50-79-88 et 89. Fax : 25-50-61-26. Presque face à l'*Electric House, *juste avt le* Volga Hotel. *Doubles avec sdb, ventilo ou AC 500-700 Rps.* Un hôtel central et plutôt propre, même si certaines chambres, sans vraie fenêtre, ne respirent pas la joie. En toile de fond, symphonie pour moteurs et klaxons. Ses atouts : un bon rapport qualité-prix et un accueil courtois.

Kamran *(plan C2, **17**) : GPO Rd. ☎ 25-50-95-86 à 89. Fax : 25-50-95-90. Doubles avec sdb 500-1 100 Rps.* À quelques pas de la poste, un bon choix pour ses chambres les moins chères, carrelées, sans AC, assez simples et correctement tenues. Quelques cadres habillent même les murs : un effort à saluer ! Les *deluxe* ont certes de la moquette, la clim' et une taille un peu plus avantageuse, mais on peut se satisfaire des premières. Accueil pro et vraiment courtois. Presque en face, l'***Hotel Kingsway*** *(☎ 25-50-12-15 ou 25 ; fax : 25-50-52-71)* propose le même type de prix et de confort, en un peu plus poussiéreux.

Hotel Kozar *(plan C2, **18**) : en retrait de Relief Rd, au-dessus d'une* State Bank of India. *☎ 25-51-05-55 à 57. • hotelkozar.com • Réception au 1er étage. Doubles avec sdb 650-900 Rps.* Petit building où le confort et la gentillesse priment sur la décoration qui, c'est vrai, n'aura d'intérêt que pour les nostalgiques des années 1970 et de son Formica. Seules les chambres *standard* présentent un bon rapport qualité-prix, les *deluxe* et autres *executive* sont franchement surévaluées.

Hotel Sabar-Inn *(plan D2, **19**) : Reid Rd, Kalupur. ☎ et fax : 22-11-44-00 à 03. Proche de la gare, à côté de l'hôtel* Excel. *Au 1er étage. Doubles 500-1 200 Rps.* Un établissement assez récent, avec ascenseur et sol en marbre, et des couloirs jaunes, bleus et verts pimpants. Des chambres propres au confort correct (TV, AC ou non), et de vraies salles de bains avec eau chaude. Au rez-de-chaussée, deux restos tout à fait fréquentables. Bon, malgré tout, ce quartier de la gare n'a rien de folichon.

Plus chic (2 000-2 500 Rps / 30,80-38,50 €)

Arts Reverie *(plan D3, **20**) : Dhal Ni Pol, 1824 Khijda Sheri, opp Jain Derasar. ☎ 32-52-19-26. • artsreverie.com • Près de Astodia Gate, mais franchement compliqué à trouver au milieu des pols : y aller en rickshaw. Doubles 2 000-2 500 Rps, petit déj compris.* Dans le vieux centre d'Ahmedabad, une très belle adresse de charme, confidentielle : sa vocation première est d'accueillir des artistes, indiens ou non, pour des séjours de travail ! Mais si l'une des 4 chambres (2 doubles et 2 simples qui se partagent 2 salles de bains) est disponible, l'endroit s'ouvre au profane. L'occasion, d'une part, de profiter de cette très belle *haveli* restaurée avec beaucoup de goût et de classe, simplement et joliment décorée. D'autre part, de vivre pleinement au rythme d'un *pol*, ce qui est rare à Ahmedabad ! Un vrai coup de cœur.

Beaucoup plus chic (min 4 500 Rps /69,20 €)

The House of Mangaldas Girhardas *(plan C2,* ***21****) : Lal Darwaja, en face de la* mosquée Sidi Sayad. ☎ *25-50-69-46.* • *houseofmg.com* • *Doubles 4 500-7 200 Rps (69,20-110,80 €) ; suite min 7 200 Rps (110,80 €) ; petit déj inclus. Wi-fi.* Ancienne demeure d'un magnat du textile, reconvertie avec goût et raffinement en hôtel de charme. Si vous avez envie d'une *palace-o-thérapie,* il faudra faire subir à votre porte-monnaie les comptes des 1 001 roupies. On ne se lasse pas de déambuler dans cet enchevêtrement de coursives, de vérandas et d'escaliers. Toutes les chambres sont différentes, leur décoration élégante, et les salles de bains sont un véritable petit enchantement. Quant aux suites, quelle vastitude (euh... ça se dit ?) ! Charmante piscine intérieure. Seul hic, les turbulences de la ville se perçoivent encore dans un lointain chuchotement, en particulier dans les chambres ou suites d'angle. On y mange aussi très bien (voir ci-dessous).

Le Méridien *(plan B2,* ***22****) : près du Nehru Bridge.* ☎ *25-50-55-05.* • *lemeridien.com* • *Double min 9 000 Rps (138,50 €).* Grand hôtel luxueux de standard international, excessivement cher, rendez-vous des businessmen de passage à Ahmedabad. Demander plutôt les chambres donnant sur la rivière (souvent à sec)... et sur les *slums* en contrebas, car les autres n'ont vraiment pas de vue. Resto, bar, et tout le confort classique de ce genre d'établissement.

Où manger ?

Peu d'adresses réellement bon marché, et quelques bonnes surprises dans les catégories « Prix moyens » et « Chic ».

Bon marché (max 120 Rps / 1,80 €)

Jay Vijay *(plan D2,* ***19****) : Reid Rd. Resto de l'*hôtel Sabar-Inn, *à une foulée de la gare.* Grande salle assez moderne et proprette, où se sustenter de *thali gujarati, jain* ou *rajasthani.* Une valeur sûre.

Hotel Sagar *(plan D2,* ***30****) : presque en face de la gare. Tlj.* Le nom est inscrit sur la façade. Spécialités de plats madrasis. Vraiment pas cher. Cuisine végétarienne.

Moti Mahal *(plan D2,* ***31****) : Kapasia Bazar. Resto du* Moti Mahal Guesthouse, *juste après le Maskati Market et à 5 mn à pied de la gare ferroviaire. Tlj jusqu'à 22h.* Au rez-de chaussée, donnant sur la rue, une grande salle avec des *thalis, tandoori* du jour et snacks très bon marché : très fréquenté et aussi sonore qu'une volière, mais bien bon. Et au 1er étage, côté réception de l'hôtel, une salle climatisée un peu sombre, au décor bleu nuit et lunaire. Les petits box aménagés sont autrement plus calmes, et les plats un peu plus chers, tendance moghole, vraiment bien tournés.

Prix moyens (120-250 Rps / 1,80-3,80 €)

The Green House *(plan C2,* ***21****) : snack de l'hôtel* The House of Mangaldas Girdhara *(voir « Où dormir ? »). Tlj, petit déj dès 7h, ferme vers 22h. Repas 150 Rps env.* La pause casse-croûte de grande qualité. Sous une élégante pergola de végétation, et malgré le bruit persistant, l'adresse la plus agréable de la ville. Petite carte qui mérite de partir à sa découverte. Goûtez au *panaki,* cuit dans une feuille de bananier et pour le dessert, au *srikhand,* crème à la pistache. Quant aux *faludas*, ils sont assurément les meilleurs de la ville. Service impeccable. Journaux anglais à disposition.

Hotel ZK *(plan C2, **32**) : Relief Rd, à deux pas du* Relief Cinema. *☎ 25-50-61-21. Carte snack non-stop 9h-19h, déj 12h-16h, dîner 19h-23h. Repas 150-170 Rps env. Bon rapport qualité-prix.* Ambiance très tamisée, juste ce qu'il faut de lumière pour voir dans son assiette. Spécialités de mouton et de poulet. Petite carte végétarienne. Service rapide et plaisant. Une bonne halte au centre-ville. Leur conception du *little spicy* est très pimentée, comme vous avez le choix, dites « *no spicy* ». S'il y a affluence, vous attendrez devant, comme tout le monde, en compagnie de familles indiennes en goguette.

Chic (250-500 Rps / 3,80-7,70 €)

Vishalla *(hors plan par A3, **33**) : à 7 km au sud de la ville. ☎ 26-60-24-22. Tlj 11h-13h, 18h30-23h. Entrée + repas : 270 Rps/pers.* Y aller en rickshaw et négocier l'aller-retour + l'attente. À l'arrivée, après avoir payé, on vous attribue un numéro, et vous n'avez plus qu'à aller visiter le musée d'Arts populaires (riche collection d'objets usuels, de bronzes, de dinanderies et de poteries), faire des emplettes d'artisanat ou assister à un spectacle (marionnettes, musique), jusqu'à ce que l'on vienne vous chercher... Franchement, nous avons eu très peur du pur attrape-touriste, jusqu'au clou de la soirée, le *thali gujarati.* Installé en tailleur devant d'immenses tables basses et une feuille de bananier, une valse à mille petits plats, un ballet de saveurs insolites, le tout orchestré par une bonne vingtaine de serveurs prompts à remplir vos coupelles dès que vous les avez finies. Nous nous sommes finalement régalés.

Agashiye *(plan C2, **21**) : resto de la* House ot Mangaldas Girdhardas, *sur le toit-terrasse. ☎ 25-50-69-46. Tlj 12h-15h, 19h-23h. Résa le soir. Menu midi 225-325 Rps, soir 295-395 Rps.* Encore une belle adresse, à privilégier en soirée : à la lueur des bougies et des braseros, le plaisir de découvrir toutes les subtilités des saveurs gujaratis dans la danse toujours renouvelée d'un *thali.* Serveurs en costume, ambiance romantique ; plutôt une réussite. Également quelques tables dans de jolis bungalows de bois climatisés, pour se protéger des chaleurs du plein été.

Neel Kanth Patang *(plan B2, **34**) : Chinubai Center. 📱 99-09-00-10-43 ou 21. Sur la rive droite, près du Nehru Bridge. Tlj 12h15-15h, 19h15-23h. Résa. Menu env 350 Rps, carte min 400 Rps.* Le seul resto du genre en ville : perché en haut d'une tour, et tournant qui plus est : 90 mn pour un cycle complet au-dessus d'Ahmedabad... juste ce qu'il faut de temps pour un menu *gurajati* correct. Mais c'est surtout pour admirer les lueurs de la ville en pleine nuit que la bourgeoisie indienne se presse ici, et nous aussi !

Où siroter un *lassi* ?

Gandhi Cold Drinks *(plan C2, **38**) : grand kiosque d'angle situé à 100 m des Trois Portes. Le nom se détache bien, en vert sur le blanc carrelé de la façade.* Tout est fait maison. *Ice cream, sweet lassi* ou *salt lassi*, et, spécialité des lieux, le *faluda.* Bar sympa donnant directement sur la rue et sur une petite salle. Tout autour, nombreuses cuisines portatives proposant sucreries et petits plats salés.

À voir

Outre l'ashram de Gandhi, la ville, on se répète, abrite quelques beaux monuments laissés par les musulmans aux XVe et XVIe s, quelques curiosités architecturales, traditionnelles autant que contemporaines, et quelques musées intéressants. En

LE GUJARAT

une bonne journée et demie, vous aurez visité tranquillou tous les sites, sachant que le centre du vieil Ahmedabad se découvre à pied.

Le vieil Ahmedabad

Anciennement fortifiée, la ville a conservé une petite portion de son mur d'enceinte le long de la rivière, la plupart de ses portes (les *darwaja,* qui servent toujours de repères) et surtout son inextricable labyrinthe de ruelles, de culs-de-sac et de cours, organisé en *pol.* Pour en apprendre plus sur cette étonnante organisation tant urbaine que sociale et en découvrir les richesses cachées (minuscules temples jaïns en partie souterrain, *haveli* toute de bois ciselées de différentes périodes et influences architecturales, passages secrets, etc.), on vous recommande chaudement l'une des deux visites guidées suivantes (ou les deux, car elles sont différentes même si elles se croisent) :

– ***Heritage Walk of Ahmedabad :*** *départ tlj du temple Swaminarayan Mandir (plan D2), dans le quartier de Kalupur, à 8h. Tarif : 50 Rps. En anglais.* D'abord une petit intro autour d'un diaporama, puis 2h-2h30 de visite, de *pol* en *pol* et de temple en temple sous la conduite d'un jeune guide bénévole (n'oubliez donc pas le pourboire à la fin !), jusqu'à arriver à Manek Chowk et Jama Masjid. Vraiment pas mal, ça vaut la peine de se lever un peu tôt !

– ***Audio-tour in Ahmedabad :*** *un lecteur MP3 à l'oreille, un parcours de 80 mn pour 100 Rps/pers (en anglais slt ; inclus un fascicule avec une carte pour le cas où l'on s'égare).* Location et départ à l'hôtel *House of M. G. (plan C2,* ***21****)*, arrivée à la *Bholanath Divetia's haveli.* On vous conseille de faire le parcours assez tôt le matin, vers 8-9h, car la circulation devient ensuite tellement bruyante que l'audio-guide n'est plus toujours audible.

– *Petit rappel :* on se déchausse à l'entrée des mosquées comme des temples.

LE GUJARAT

🚶🚶 ***Jama Masjid*** *(plan C2)* ***:*** *Gandhi Rd. En plein centre. Pour la visite, avoir les jambes et les épaules couvertes. Lors des prières, visite interdite aux femmes.* C'est la grande mosquée, édifiée en 1423 par Ahmad Shah, le sultan fondateur de la ville. Sans doute la plus belle de la région. Vaste cour entourée d'une galerie. Au centre, le bassin aux ablutions. Bien que ce soit une mosquée, les motifs décoratifs sont de style franchement jaïn. De chaque côté du porche, deux minarets sont à moitié cassés, résultat d'un important séisme en 1819. À l'intérieur, forêt de colonnes, 300 avec balcons, volutes, surmontées de 15 dômes... Rien de transcendant sur le plan architectural, mais visite agréable.
À deux pas de la grande mosquée, en sortant par la porte faisant face à la salle de prière, ***Ahmad Shah Tomb.*** Une structure sans prétention où repose le sultan Ahmad Shah, fondateur de la ville. De l'autre côté de la rue, ses épouses reposaient dans le *Rani-Ka-Hujra,* aujourd'hui totalement laissé à l'abandon.
Plus que la mosquée, c'est le quartier animé qui attire. Des centaines d'échoppes de tissu fabriqué à Ahmedabad, petits métiers divers et animation sympathique, et déjà, dès que l'on quitte la grande artère qu'est Gandhi Rd, le labyrinthe des *pols.*

🚶 En remontant Gandhi Rd vers le fleuve, c'est une vraie plongée dans un marché quotidien foisonnant : vendeurs de tout, échoppes de rien, les boutiques et les stands s'accumulent presque jusqu'au milieu de la chaussée, jusqu'à hauteur de ***Teen Darwaja*** (ou *Tripolia Gate ; plan C2*), une large porte à trois arches datant de 1411. C'était l'entrée royale du ***Bhadra Fort*** *(plan C2),* à l'extrémité de Gandhi Rd. Ce vieux bastion du XVe s, œuvre lui aussi de Ahmed Shah, abritait le palais des sultans. Aujourd'hui, pas grand-chose à voir.

🚶 ***Sidi Saiyad Mosque*** *(plan C2)* ***:*** *à 200 m env de la* Lal Darwasa Bus Station, *face à l'hôtel* House of MG. Minuscule mosquée, malheureusement cernée de quatre grandes artères. Circulation dingue. Surtout intéressante pour ses fenêtres ajourées et ciselées, dont certaines représentent des arbres avec leurs ramifications. Beau travail. Si vous avez du temps.

Hors des fortifications, rive gauche

Hors de l'enceinte et pourtant intimement liés à l'histoire de la ville, voici quelques monuments, présentés du sud au nord, dans le sens inverse des aiguilles d'une montre. Le mieux est encore de prendre un rickshaw (en négociant pour 2-3h) pour en faire le tour.

__Ahmad Shah Masjid__ (plan B2) : entre Lal Dawarja et Ellis Bridge. Une jolie mosquée précédée d'un jardinet et de son bassin aux ablutions. Là encore, colonnes de style franchement jaïn, et cinq coupoles. Bel arbre de vie à droite de l'entrée.

Rani Sipri Masjid and Tomb *(mosquée et tombe de Rani Sipri ; plan C-D3) : entre le centre et la* Central Bus Station. Il suffit de pousser la grille pour entrer. Édifiée au XVIe s par la veuve d'un sultan, la mosquée est l'un des plus beaux exemples d'art indo-musulman du Gujarat. À droite, un sanctuaire où repose Rani Sipri (on n'y entre pas). À gauche, la petite mosquée, avec ses six coupoles dont le travail vaut qu'on lève la tête, flanquée de deux minarets élancés et gracieux. La pierre brune semble être en bois, tellement le travail de ciselure est fin. Chaque fenêtre ajourée est composée de motifs ornementaux différents, tantôt géométriques, tantôt floraux, d'une rare finesse d'exécution...

Les minarets de Sidi Bashir *(plan D2) : un peu au sud de la gare, en retrait de la grande route.* Très connus et pourtant pas grand-chose à voir. L'entrée est fermée par des grilles bleues, la mosquée n'existe plus, il n'en reste que les minarets de style baroco-musulman. On les appelle *shaking minarets* : lorsque l'un bouge, l'autre remue en stéréo (mais pour des raison de sécurité, plus de démonstration). Pas folichon, donc.

Dada Hari *(hors plan par D1) : au nord-est du centre.* Dans un cadre presque champêtre, calme et serein, un endroit vraiment étonnant, l'un des plus intéressants d'Ahmedabad. Il s'agit de l'un de ces superbes puits-citernes à galeries souterraines que l'on trouve aussi au Rajasthan, sous le nom de *baoli* (au Gujarat, ce sont des *vav*). Celui-ci date de la fin du XVe s. Une coupole soutenue par quatre colonnes marque l'entrée. Puis on plonge par une série d'escaliers à demi ajourés vers les plates-formes inférieures, toujours plus basses, où virevoltent des oiseaux (et quelques mignonnes chauves-souris). Sur les côtés, les piliers et les paliers, nombreux bas-reliefs avec inscriptions en arabe et en sanscrit. Tout au fond, un puits octogonal haut des 6 niveaux de l'ouvrage. Et dans les parois de ce dernier, se cache, de part et d'autre, un escalier en colimaçon qui remonte jusqu'à la surface (pas en très bon état, et lampe de poche obligatoire). Incroyable imagination de l'architecte qui a proposé cet ensemble aux circonvolutions multiples. Vous remarquerez, à la surface, en remontant de votre plongée au centre de la terre (!), un circuit de petits canaux qui permettait d'amener l'eau jusqu'à des fontaines et bassins.
Derrière le puits, admirable mosquée pleine d'équilibre et de finesse, étonnante de sérénité. Une des plus belles du Gujarat. Bien que de petite taille, l'édifice possède une prodigieuse richesse sculpturale. Délicates arabesques, dentelures, cannelures, chapelles sculptées... À droite de la mosquée, le mausolée de Dada Hari, surmonté d'une seule coupole.

Rani Rumpavati Masjid *(mosquée ; plan C2) : proche de Delhi Darwaja.* Bien que construite par l'épouse d'un sultan, elle est interdite aux femmes aux heures de prière. Le titre de *Rani* indique les origines hindoues de la reine. Bâtie au XVIe s, c'est un exemple réussi du mariage des architectures hindoue et musulmane :

LE GUJARAT

riches balcons d'architecture hindoue et minaret (tronqué par un séisme, encore) se côtoient. Le dôme central légèrement surélevé laisse passer la lumière.

Hati Singh *(plan C1) : sur Balvantrai Mehta Rd, au nord de Delhi Dawarja. Tlj 5h30-19h30 env.* Annoncé par une « tour de la victoire » très jaune, un grand temple jaïn (1848) de marbre blanc, entouré d'un foisonnement de petits temples sculptés. L'édifice principal possède une étonnante décoration baroque, d'une belle richesse. Au sol, mosaïque de marbres polychromes. Belle cohérence architecturale, mais pas d'un intérêt fou.

Ahmedabad industriel et contemporain

On change de monde (et souvent de rive) pour découvrir l'industrie du coton, longtemps vivrière pour la ville, et surtout le dynamisme de l'architecture contemporaine ici. Car ce n'est pas un hasard si la ville héberge d'éminents instituts de formation supérieure : design, architecture...

Calico Museum *(Sarabhai Foundation ; hors plan par C1) : non loin de l'Underbridge, Sahibag.* ☎ *22-86-59-95 et 81-72.* • *calicomuseum.com* • *Tlj sf mer : visite guidée en anglais de l'ensemble (max 30 pers) 10h30-12h30 (dernière entrée à 11h, mais arriver plutôt vers 9h30 car 1er arrivé = 1er servi) ; et visite guidée slt collection religieuse 14h45-16h45 (dernière entrée 15h15). Gratuit.* Une collection privée constituée à l'origine par une des grandes familles d'industriels du textile de la ville, exposée dans deux bâtiments. Dans le 1er, large panel des différentes étoffes, depuis les toiles de tente réversibles jusqu'aux châles en pashmina, et une série de salles exposant les traditions de broderie et d'impression textile de différentes région de l'Inde : Cahemire, Gujarat bien sûr (avec beaucoup de broderies), Bihar, Pendjab, Kolkata. Puis, dans la *haveli* la plus ancienne, les techniques de tissage et d'impression ; vraiment intéressant, à ne pas manquer par les accros.

➢ ***Itinéraire d'achitecture contemporaine :*** Le Corbusier laissa quatre bâtiments de son passage en ville. Deux villas destinées à des particuliers et deux édifices publics. Si la *Shodhan Villa* (1956) ne se visite pas du tout, il est possible de jeter un œil à la ***Sarabhai Villa*** de 1955 *(à 500 m sur la gauche en sortant du Calico Museum, Sahibag ; hors plan par C1 ; théoriquement lun-ven 10h30-11h30, 15h-17h ; 500 Rps/pers !)* : mais comme elle est toujours habitée, ce n'est pas toujours possible, et le tarif est franchement dissuasif. Que les amateurs d'architecture se rassurent, les deux bâtiments publics sont, eux, gratuits !
D'abord, le ***Sanskar Kendra*** *(plan B3) : rive droite au sud, juste après le Sardar Bridge. Mar-dim 10h-18h ; gratuit.* Construit en 1954 sur les plans du maître. Abrite deux musées : à votre arrivée, gravir la longue rampe qui part au centre de la cour centrale de ce bâtiment sur piliers de béton, à parement de briques rouges ; vous voici au *City Museum* : l'organisation de cette grande salle est un peu bizarre, mais finalement l'ensemble donne un bon panorama de l'histoire de la ville, depuis de belles pièces de sculptures médiévales de la région juqu'à l'édification des premiers *pols* de la cité, puis l'évocation de Gandhi, l'histoire textile de la région (avec machines, etc), les révoltes syndicales, et même la reconstitution d'un salon bourgois du début du XXe s (avec gramophone et téléphone) ; une section consacrée aussi aux artistes contemporains, quelques photos, et sur la mezzanine, quelques travaux issus de l'Institut de design de la ville. Au rez-de-chaussée, le *Kite Museum* : une seule petite salle consacrée à l'histoire du cerf-volant depuis 200 av. J.-C, et surtout l'exposition de dizaines de ces cerfs-volants (qui sont fêtés chaque année à Ahmedabad).
Toujours rive droite, l'***ATMA*** *(Ahmedabad Textile Mills Association ; plan B2) : R. C. Rd, pas très loin de* Gujarat Tourism. *Tlj. Gratuit.* Construit en 1954 pour le syndicat textile de la ville. Aujourd'hui, un peu vide. Le visiteur, après avoir gravi la longue rampe d'accès en béton, déambule dans ces vastes volumes au bord de la

rivière et retrouve quelques spécificités de Le Corbusier : les pièces dans la pièce, tout en courbes, les mezzanines, les portes basculantes, et une atmosphère largement ventilée. Remarquer que le bâtiment s'abrite légèrement derrière de larges jardinières : la végétation fait obstacle au soleil, tout comme les pans inclinés, véritables brise-soleil, qui rythment la façade.
Les architectes en herbe pousseront encore jusqu'au ***IIM*** *(Indian Institut of Management ; hors plan par A3)* ***:*** *rive droite, à l'est de la ville, sur Vikram Sarabhai Rd. Tlj 8h-20h ; gratuit.* Un vaste campus universitaire arboré construit par Louis Kahn en 1962 : la brique rouge est partout, depuis les vastes et austères *plaza* jusqu'aux longs corridors intérieurs, ponctués de fenêtres circulaires ou semi-circulaires qui offrent d'étonnantes perspectives sur les envolées de cage d'escalier : une vraie réussite ! Voir aussi, pas très loin, ***Amdavad-ni-Gufa*** *(mar-dim 16h20h ; gratuit)*, réalisation d'architectes et designers indiens, sorte de grotte semi-enterrée tout en rondeur : la maison des Barbapapa n'est pas loin ! Plus sérieusement, l'endroit accueille aussi de temps en temps des expos d'art contemporain de bon niveau.

Gandhi Ashram *(hors plan par B1)* ***:*** *sur Ashram Rd, au nord-ouest de la ville, de l'autre côté de la rivière. • gandhiashramsabarmati.org • Tlj 8h30-18h30. Gratuit.* À l'entrée, un panneau explique les règles de l'ashram. Non-violence, chasteté, pauvreté, travaux physiques, tolérance religieuse. Au sein de la communauté, on travaille 8h, on prie, le tout dans une recherche permanente de la Vérité. Gandhi y vécut de 1918 à 1930. C'est d'ici que partit la marche du Sel de 1930, premier acte de rébellion contre l'occupant anglais et première application de sa philosophie non violente à une vaste échelle.
Dans ce grand parc, au bord de la rivière, plusieurs édifices. Les plus intéressants sont le musée, la maison et une librairie bien approvisionnée d'ouvrages sur Gandhi en hindi et en anglais. Le musée présente plusieurs salles d'intérêt variable, la plus intéressante étant à nos yeux « Gandhi in Ahmedabad ». Certaines vitrines montrent du courrier adressé à Gandhi. Parmi les lettres, une de Romain Rolland, datée de 1933. On verra également quelques portraits peints du Mahatma, d'une naïve sincérité. Ensuite, visite de la modeste maison de Gandhi, située devant la rivière. On y voit l'espace de prière, ainsi que l'endroit où il filait le coton avec le métier qu'il avait lui-même mis au point. Routards philatélistes, repérez bien la boîte aux lettres à l'entrée de l'ashram : toutes les lettres postées d'ici sont tamponnées d'un cachet spécial, illustré du *charkha* (le rouet) de Gandhi (bon, elles n'arrivent pas plus vite pour autant...).

Kalam Kush Factory *(hors plan par B1)* ***:*** *un peu après l'ashram de Gandhi, en continuant vers le nord. Lun-sam 8h-12h.* Une petite fabrique de papier semi-artisanale, où vous pourrez vous faire expliquer les différentes techniques et les différents papiers : de soie, de coton, avec inclusion, etc. Vendent également des rouets de toutes sortes, depuis le grand de type Gandhi (et comme nos grands-mères en avaient) jusqu'à la petite machine ingénieusement démontable et portative, à replier dans sa boîte plate : rouet de voyage, en somme ! Intéressant et accueil gentil.

Achats

Night Market *(hors plan par A3,* ***40****)* ***:*** *Law Garden. Ts les soirs 19h-22h.* Sur le trottoir, le long du jardin, petites échoppes essentiellement textiles avec beaucoup de choix... à condition de fouiller et de marchander !

Banascraft *(plan A1,* ***41****)* ***:*** *8, Chandan Complex, C.G. Rd. À env 10 mn en rickshaw du centre, dans les nouveaux quartiers d'Ahmedabad. Lun-sam 10h-18h30.* Boutique associative gérée par une SEWA *(Self Employed Women's Association).* Magasin à l'allure européenne, avec plein de robes, de foulards et de beaux tissus. Le produit des ventes soutient des associations féminines. Un brin plus cher, mais la cause mérite ce soutien.

LE GUJARAT

Handloom House *(plan B2,* ***42****) : Ashram Rd, à côté du Natraj Theatre. Lun-sam (sf 2e sam du mois) 10h-20h.* Beaux saris. Prix fixes.

Gurjari *(plan B2,* ***43****) : Askram Rd. En face de la* Old Reserve Bank of India, *et presque face à la* Handloom House. *Tlj 10h30-19h.* Emporium d'État, donc à prix fixes, mais avec un choix incroyable.

Fête

– ***Makar Sankranti :*** *le 14 janv.* Ce jour-là, c'est la fête du Vent, et le ciel d'Ahmedabad est envahi par des milliers de cerfs-volants pour un combat qui durera toute la journée.

DANS LES ENVIRONS D'AHMEDABAD

Sarkhej : *à 12 km du centre, sur la route de Rajkot. À 20 mn en rickshaw ; env 130 Rps l'aller simple.* Un splendide ensemble de mosquée, mausolées, palais, le tout construit dans le plus pur style hindou autour d'un grand réservoir.

Adalaj : *à une bonne vingtaine de km du centre. En rickshaw, une petite trotte de 40 mn. Env 200 Rps l'aller simple.* Le plus bel ensemble de *vav* (réservoirs d'eau) du Gujarat ; une succession de paliers finement sculptés descendent jusqu'au fond du puits.

Champaner-Pavagadh : *à env 160 km d'Ahmedabad. Voir « Arriver-Quitter » pour les liaisons en bus, un peu longues. Tlj 9h-18h. Entrée : 100 Rps. Ascension à pied env 2h30-3h, ou téléphérique.* Classé patrimoine mondial de l'Unesco, Champaner fut d'abord capitale d'un royaume rajpoute fondé au VIIIe s, puis reprise après maintes batailles et un johar par le sultan Mehmud Begda au XVe s. De l'ancienne capitale rajpoute, érigée au sommet du mont Pavagadh, demeure le temple de Kalikamata, toujours en activité et toujours très fréquenté par les pèlerins. Le sultan Mahmud, de son côté, élit Champaner comme capitale de son sultanat sous le nom de Muhammabad, et couvre la ville et ses proches environs de palais, fortifications, mosquées (dont la très belle Jama Masjid), ainsi que de nombreux puits et d'un système très abouti d'irrigation : c'est le 1er exemple de cité islamique prémoghole en Inde ! Son architecture est une très belle fusion hindo-musulmane, et servira de modèle à la plupart des mosquées construites ultérieurement dans le pays, lors de la domination moghole. C'est d'ailleurs l'arrivée des Moghols en 1535, avec Humanyun à leur tête, qui précipitera Champaner dans l'oubli. Ahmedabad redevient alors la capitale... Le site doit également son classement à l'Unesco à la présence de vestiges archéologiques préhistoriques, encore enfouis pour la plupart : peut-être les verra-t-on un jour exhumés ?

PALITANA

50 000 hab. IND. TÉL. : 02848

Palitana est avant tout la ville qui abrite la colline de *Shatrunjaya,* un lieu saint de prière et de silence que tout jaïn se doit de visiter au moins une fois dans sa vie. Après avoir gravi les quelque 3 500 marches vous séparant du sommet, vous contemplerez les 863 temples qui dominent la vallée. Évidemment, pas une goutte d'alcool en ville !

Arriver – Quitter

En bus

Bus Stand : *à 3 km de la colline de Shatrunjaya.* Pour s'y rendre, un rickshaw coûte autour de 30 Rps.

➢ ***D'Ahmedabad et de Diu :*** sans souci (voir ces villes).
➢ ***Pour Ahmedabad :*** les bus partent le mat 5h-8h. Trajet : 5h30.
➢ ***Pour Diu :*** pas de bus direct, changement à Una. 1 bus/j. slt, vers 13h30. Trajet : 6h.
➢ ***Pour Bhavnagar :*** bus ttes les heures. Trajet : 2h.
➢ ***Pour Junagadh :*** 1 bus/j., vers 14h30. Trajet : 6h.

En avion

✈ De la ville de ***Bhavnagar*** *(à 60 km au nord-est),* 1 vol/j. pour Mumbai tôt le mat. Attention, pas d'agence *Jet Airways* en ville.

Où dormir ? Où manger ?

Nombres d'adresses sont réservées aux pèlerins ; toutefois, quelques hôtels ouvrent leurs portes aux routards.

Bon marché (150-300 Rps / 2,30-4,60 €)

Patel House : *à gauche en face en sortant de la station des bus. Pas d'enseigne, demander ! ☎ 24-24-41. Doubles 150-200 Rps.* Autour d'une grande cour, un hôtel très simple et bien tenu sur plusieurs étages. Les chambres sont dotées d'un chauffe-eau. Demander quand même à en voir plusieurs. Le lieu le plus agréable pour passer une nuit ou deux à Palitana. L'accueil est souriant.

Hotel Shravak : *juste en face de la station des bus. ☎ 25-24-28. Doubles 200-300 Rps, nuitée en dortoir (pour les plus fauchés) 50 Rps.* Pas d'AC. La tenue de l'hôtel est acceptable, mais les chambres en façade sont très bruyantes, préférez celles donnant sur cour. Eau chaude le matin de 5h à 10h.

Prix moyens (300-650 Rps / 4,60-10 €)

Hotel Sumeru Toran : *Station Rd. ☎ 25-23-27. À 5 mn de la gare des bus. Resto tlj 6h-9h, 12h-15h, 19h-22h. Doubles 300-650 Rps selon confort ; dortoir 75 Rps.* Géré par le gouvernement. Grande bâtisse de béton plantée au milieu d'un jardin peu entretenu. Chambres, avec ou sans AC, vieillissantes, à la propreté acceptable. Préférer celles en étage supérieur, car certaines ont vue sur la colline. Un peu cher pour la qualité. Si vous optez pour le dortoir, n'oubliez pas vos tongs car les sanitaires sont franchement limite. Le resto, dans une salle un peu glauque, propose un petit déj anglais (toasts, confiture, céréales, café ou thé), fort appréciable avant d'attaquer la grimpette. Également une carte snack à petit prix, le reste de la journée. Et une grande terrasse sur le toit, pas du tout aménagée, mais on peut quand même monter y boire son jus de fruit.

Plus chic (env 2 600 Rps / 40 €)

Vijay Vilas : *à Adpur, à env 8-10 km de Palitana, de l'autre côté de la colline. ☎ 28-23-71. 📱 94-27-18-28-09. • vishwa_adpur@yahoo.co.in • Le chemin qui y mène depuis Palitana est plutôt en mauvais état... accrochez-vous au rickshaw ! Double avec petit déj et sdb 2 600 Rps, ou 1 800 Rps/pers en pension complète. Résa conseillée.* Au milieu des champs, une sorte de manoir campagnard du début du XXe s, qui tient plus de la chambre et table d'hôtes que de l'hôtel proprement dit. Une grosse poignée de chambres à la fois rustiques et coquettes, avec des meubles de famille, toutes vastes, et parfois prolongées d'un petit boudoir. Certaines se partagent un salon et une véranda, pour profiter du calme alentour avec un bon bouquin. Les salles de bains ne sont pas toutes attenantes, et toutes ne sont pas au top, mais on ne peut pas tout avoir ! Accueil extrêmement attentionné du couple de propriétaires, et madame est un véritable cordon bleu : la table vaut vraiment le détour (viande possible sur demande), et les non-résidents sont bienvenus sur réservation. Vous pourrez même redescendre plus directement de la colline par le versant le plus proche (puis rickshaw). Il faut préciser qu'il ne s'agit pas d'une adresse de grand luxe, le confort reste champêtre, mais beaucoup de cachet et de personnalité.

À voir

La colline de Shatrunjaya : *accessible 6h30-17h. Bureau d'infos du sanctuaire un peu avt l'entrée sur la gauche. Équipe accueillante qui vous donnera des infos générales sur Palitana, ainsi que le permis nécessaire pour prendre des photos. La prise de vue des idoles et des fidèles (contre leur gré) est interdite. Sont aussi interdits : la nourriture, les caméras vidéo, les articles de cuir, les shorts et le tabac. Entrée également interdite aux femmes indisposées.* Pensez à prendre plusieurs bouteilles d'eau. Et la chose la plus importante : gardez vos chaussures, vous en aurez besoin pour marcher, 1h30 à 2h de grimpette vous attendent. Afin d'éviter l'épreuve du plein cagnard, partez dès 6h30 au lever du soleil : la montée n'en sera que plus douce et vous serez en haut pour les premières cérémonies. Les porteurs vous proposeront leur service *(dolly ! dolly !)* et les Indiens les utilisent largement, en particulier pour les enfants et les personnes âgées, mais l'ascension par l'entrée principale est franchement faisable, car les volées de marches, pas très hautes au demeurant, alternent avec des paliers plats ou en pente douce, et rien de vous empêche de prendre votre temps et de multiplier les pauses photo. Arrivée à 2 800 marches environ (vous verrez, elles sont régulièrement numérotées !), une fourche se présente, surmontée d'un grand plan du site : prendre à gauche pour atteindre l'entrée principale. On passe l'enceinte puis plusieurs portes avant de se retrouver au milieu d'une multitude de temple jaïns, certains grands à peine comme des oratoires, d'autres beaucoup plus vastes. Ambiance impressionnante, car chacun vient ici honorer le sanctuaire de sa famille ou de sa communauté : un gigantesque lieu de culte à ciel ouvert, qui compte près de 900 temples en tout ! On vous recommande, vers 9h, les cérémonies au *temple d'Adinath,* le temple principal (laisser ses chaussures et son sac à la consigne ad hoc, à gauche après l'entrée) : on retire à la statue les ornements qui la couvrent durant la nuit, quelques dizaines de kilos d'argent, d'or et de diamants, avant de lui donner son bain à 9h45. Le *puja,* ou adoration de la statue, a lieu 1h plus tard. À côté du temple d'*Adinath,* au sanctuaire musulman d'*Angar Pir,* les femmes déposent des ex-voto en forme de berceau dans l'espoir de devenir mères.

La colline de *Shatrunjaya* se compose en fait de deux collines. Depuis le IIe s, des temples de marbre blanc finement sculpté ont été construits sur deux collines voisines par les riches marchands jaïns pour acquérir des mérites. À la fin du XVIIe s, il n'y avait plus de place pour un seul petit temple. Un riche marchand, refusant de renoncer aux mérites que procure la construction d'un temple sur ce lieu sacré, décida d'en ériger un et fit combler l'espace entre les deux collines. Depuis, *Shatrunjaya* n'est plus qu'une seule colline de près de 900 temples. Que ne ferait-on pas pour accéder à la libération ! Pour varier les plaisirs, possibilité de redescendre de l'autre côté : nettement plus raide mais beaucoup moins de marches, et donc plus rapide (en revanche, c'est du masochisme de monter par ce côté-là !). Arrivée à proximité du village d'Adpur, où nous avons une excellente adresse pour déjeuner (voir *Vijay Vilas* dans « Où dormir ? Où manger ? »).

SASAN GIR LION SANCTUARY

IND. TÉL. : 02877

Situé dans la forêt de Gir, la réserve de *Sasan Gir* est l'un des derniers lieux où l'on peut observer le lion d'Asie. On doit sa création à la parution dans la presse, en 1900, d'une lettre anonyme décriant une partie de chasse aux lions,

organisée par le nabab de Junagadh (ou Junagarh) pour le vice-roi des Indes. Ce dernier déclina alors l'invitation et enjoignit au nabab de protéger les lions. Ouf ! Il était temps car, à ce moment-là, on n'en comptait plus que 100. Outre le lion d'Asie, plus petit que son cousin d'Afrique et moins touffu de la crinière, on peut également observer plus de 30 espèces d'animaux y vivant en liberté : panthères, léopards, crocodiles, hyènes, singes, graciles gazelles bondissantes, et une multitude d'oiseaux. Attention, les nuits ici sont fraîches en janvier-février.

Comment y aller ?

➢ ***Bus*** quotidiens et matinaux de *Junagadh, Diu* et *Veraval.* Depuis Ahmedabad, nécessité de transiter par l'une de ces destinations.

Où dormir ? Où manger ?

Pas de demi-mesure. Pénurie d'adresses bon marché, abondance de prix exorbitants, et grosse variantiation de prix en fonction de la saison. Évidemment, la plupart des établissements proposent d'organiser la visite de la réserve. Ce n'est pas forcément intéressant, les démarches étant fort simples. Mais si vous êtes pris d'un coup de flemme...

Très bon marché (max 250 Rps / 3,80 €)

Chez Nitin Ratangayra : *☎ 28-56-86. 📱 99-79-02-46-70. Doubles 150-200 Rps.* C'est à domicile que Nitin vous reçoit, dans l'une des chambrettes aménagées dans et autour de sa maison. Sanitaires communs pour certaines, mais l'ensemble est propre, Nitin connaît le coin comme sa poche, et son épouse cuisine de délicieuse petits plats. Vraiment un bon rapport qualité-prix.

Prix moyens (350-750 Rps / 5,40-11,50 €)

Rajeshri Guest House : *en face de l'entrée de la réserve. ☎ 28-57-40. 📱 98-25-46-79-88. Doubles avec sdb sans AC 350-750 Rps, jusqu'à 1 500 Rps avec AC.* Dans un petit bâtiment en béton, des chambres simples et propres. Eau chaude 24h/24. Avec clim', les prix explosent vraiment trop, ce n'est ni justifié, ni justifiable ! Le soir, rien ne vous empêche de monter sur le toit pour profiter du paysage.

Hotel Annapurna : *à 50 m de l'entrée de la réserve. ☎ 28-55-69. 📱 99-25-72-93-28. Doubles avec sdb et sans ou avec AC 500-700 Rps.* Même genre de bâtiment moderne que *Rajeshri Guest House*, avec des chambres simples aux salles de bains carrelées. Attention, certaines chambres n'ont pas de fenêtre.

Rajvari : *à 200 m de l'entrée de la réserve.* Petit resto bon marché, à la carte variée. Rien de gastronomique, juste pour se sustenter.

Beaucoup plus chic (50-150 $)

Sinh Sadan Guest House : *à l'entrée de la réserve à gauche, à côté du* Range Forest Officer. *☎ 28-55-40. Fax : 28-56-41. Doubles 50-75 $, sans ou avec AC ; dortoir et tente 10 $/pers.* Géré par le *Forest Department.* De petits bungalows disposés autour d'un vaste jardin, un peu vieillissants mais plutôt agréables de prime abord. Curieusement, on ne vous montrera pas les meilleures chambres. Il faut insister pour en voir plusieurs, et sincèrement, elles ont beau être vastes, le confort pêche un peu vu les tarifs. Les fauchés qui tiennent à cette situation privilégiée se rabattront sur le dortoir ou les tentes, franchement basiques pour le coup. Accueil vaguement nonchalant mais pas antipathique.

Lion Safari Camp : *un peu à l'écart du site. ☎ 29-55-07 et 08. À Ahmeda-*

LE GUJARAT

bad : ☎ *(79) 26-46-30-33.* • *campsofin dia.com* • *Pour 2 pers en pens complète avec jeep 6 000 Rps (92,30 €) ; ou forfait 2 j. pour 2 pers en pens complète 11 000 Rps (169,20 €).* Sorte de campement grande classe, où les routards fortunés pourront s'adonner aux joies des séjours sous la tente. En fait, les dites tentes sont tout de même équipées de vrais lits, de salle de bains avec eau chaude, et de tout le confort (sauf la télé !). Le restaurant, presque au bord de la rivière, est sous une agréable paillotte. L'inconvénient de l'endroit : les tentes sont un peu serrées, et vous ne perdrez donc rien des activités nocturnes de vos voisins. L'avantage : le tarif rugissant inclut le « safari » dans la réserve (du moins la jeep, pas le prix du permis), et vous n'aurez à vous occuper de rien !

Comment visiter la réserve ?

La réserve de Sasan Gir est ouv d'oct à juin. Les permis s'obtiennent au bureau du Range Forest Officer *(juste à côté de la* Sinh Sadan Guest House, *à droite de l'entrée).* ☎ *28-55-41. Tlj 6h30-12h, 15h-18h. À Sasan Gir, les porte-monnaie rugissent et les lions passent ! Le permis, valable pour 1 j., coûte 2 000 Rps/pers (30,80 €). Vous y ajouterez la jeep fournie par le parc, 700 Rps pour la ½ journée, pour 1 à 6 pers (l'intérêt est donc de se grouper) ; le guide obligatoire, 50 Rps (n'oubliez pas son pourboire, à la fin !) ; la taxe pour appareil photo, 400 Rps. Et si vous avez envie de filmer, il vous en coûtera 5 000 Rps (76,90 €)... Bingo ! En gros, les excursions (un peu pompeusement nommées « safaris ») se font soit tôt le mat (entrée dans la réserve vers 6h30), soit dans l'ap-m (entrée vers 15h), et durent 4h. Couvrez-vous bien, les petits matins sont frais !* Mais rien ne garantit que le monarque soit au rendez-vous. Après tout, s'il a envie de faire une sieste dans une planque pépère ! N'empêche que, quand le lion dort, les gazelles dansent. Pour augmenter vos chances de croiser un lion, il est préférable de partir en exploration le matin. D'autant plus qu'en saison, c'est un peu la cohue à certains endroits de la réserve. En attendant, lorsque l'on a la chance d'en croiser un ou deux, on se retrouve aussi réjoui qu'un gamin ! Attention, la *Gir Interpretation Zone* est une toute petite réserve artificielle de 4 km^2, une sorte de grand zoo.

SOMNATH

150 000 hab. IND. TÉL. : 02876

Le temple de Somnath, dans son enceinte fortifiée, domine les flots de la mer d'Arabie. On y accède par la ville de *Veraval,* à 6 km de là.

Somnath s'enorgueillit également d'abriter l'un des 12 *lingams* de lumière de Shiva. Non loin de là, un épisode mémorable de l'histoire mythique de l'Inde s'est déroulé. En effet, Krishna, enroulé dans une peau de bête, y trouva la mort, touché par la flèche d'un chasseur croyant viser une biche. Plus sérieusement, Somnath comme Veraval n'ont guère d'intérêt que pour le temple, et une halte de quelques heures suffit à le découvrir. Une étape entre Junagadh et Diu, par exemple.

LES RAVAGES DE LA JALOUSIE

Autrefois, le temple de Somnath fut le plus riche du pays. On raconte que 300 musiciens, 500 danseuses et 300 barbiers chargés de raser la tête des pèlerins officiaient à l'intérieur du temple. Évidemment, à trop vouloir en faire, cela créa des jalousies et, en 1026, le temple fut pillé et détruit par les musulmans. Rebâti par les hindous, il fut encore rasé par les musulmans quelques années plus tard, puis à nouveau reconstruit, et ainsi de suite pendant des siècles.

Arriver – Quitter

Vous passerez forcément par ***Veraval*** et sa gare routière ou ferroviaire. De la gare routière, rickshaw pour Somnath env 60 Rps. En route, vous passerez devant les impressionnants chantiers navals, où les *dows,* ces bateaux en bois qui sillonnent les côtes jusqu'au golfe Persique depuis la nuit des temps, sont toujours construits de manière traditionnelle.

En bus

Bus Stand : *à Veraval.* Petit *point d'infos touristiques (lun-sam 9h30-12h, 13h-18h).* Station de taxis et rickshaws en sortant du *Bus Stand.*

➢ ***Diu :*** 5 bus/j. dans les 2 sens, 7h30-17h depuis Veraval. Trajet : 2h-2h30. On peut faire l'aller-retour dans la journée.

➢ ***Sassan Gir :*** env 10 bus/j., en gros ttes les heures, 6h45-17h au départ de Veraval. Trajet : 1h45 pour 45 km.

➢ ***Ahmedabad :*** de Veraval, 4 bus le mat et 4 bus 19h15-minuit (bus de nuit). Trajet : 10-12h.

➢ ***Bhuj :*** 3 bus/j., vers 4h30, 14h30 et 17h. Trajet : 12-13h.

➢ ***Somnath :*** bus ttes les heures, tte la journée.

➢ ***Bhavnagarh :*** 7-8 bus/j., 5h30-21h30. Trajet : env 6h.

Où dormir ? Où manger ?

Comparée à la magnificence du temple, la qualité des hôtels laisse à désirer.

À proximité du temple

Le Trust qui gère le temple et ses abords a aménagé ***8 guesthouses*** ainsi qu'un ***dortoir,*** à des prix et des conforts variés (mais très bon marché ou bon marché dans l'ensemble). Idéal pour se mettre dans le bain puisqu'elles sont avant tout destinées aux pèlerins. *S'adresser au* Guesthouse Manager, *sur le site, ou ☎ 23-12-12 ou 00. • somnath.org •* Également des snacks en tout genre dans les petits bâtiments à droite de la grande allée qui conduit au temple, entre les boutiques de souvenirs.

Toran Restaurant : *200-300 m avt le temple, sur la plage.* Resto géré par le gouvernement, plutôt fréquentable.

À Veraval

Chetna Rest House : *pile en face du* Bus Stand. *☎ 22-06-88. Double env 180 Rps (2,80 €).* Bruyant. Sac à viande impératif. Plus sommaire, c'est difficile ! Son seul intérêt : son prix.

Hotel Satkar : *prendre à gauche en sortant de la gare routière, c'est à 100 m dans une ruelle à droite. ☎ 20-01-20. Doubles avec sdb 300-500 Rps (4,60-7,70 €).* L'établissement le plus fréquentable du coin, avec des chambres plutôt fraîches, avec AC pour les plus chères. Propre, au calme de l'avenue car en retrait, et accueil pro.

Utsav Hotel : *Chandramaulli Complex, à 50 m de la gare des bus, en face ; au 3e étage. ☎ 22-23-06. 📱 98-98-67-82-68. Doubles 300-400 Rps (4,60-6,20 €).* Dans un immeuble en béton décrépi, des chambres de taille variable du même acabit. Sur cour, beaucoup plus silencieuses. Propreté juste acceptable, et encore. Accueil gentil pour compenser.

Comment visiter le temple ?

Tous les bus, rickshaws, etc, s'arrêtent à 400-500 m du temple, car toute sa zone d'approche est interdite à la circulation. Le visiteur arpente alors une large et longue allée bordée sur sa gauche par la plage (et une petite poste) et sur sa droite par divers échoppes de souvenirs avant d'atteindre le saint des saints ! C'est là également que vous trouverez le *Booking Office* pour les *guesthouses* dépendant directement du temple.

Ouv tlj, visite 6h-21h30. Gratuit. Consigne à l'entrée où l'on laisse ses armes (!), chaussures, portables, appareils photo, sacs, etc. Puja *(cérémonies) tlj à 7h, 17h et 19h. Son et lumière (durée : 1h) ts les soirs à 20h (10 Rps).*
Beaucoup de ferveur ici, et la blondeur des pierre du temple prend des teintes extra en fin de journée, peu avant le coucher du soleil.

L'ÎLE DE DIU

44 000 hab. (île) dont 9 000 hab. (ville) IND. TÉL. : 02875

L'île de Diu est encore un refuge nonchalant. Le béton balnéaire reste fort discret et le tourisme n'y est envahissant qu'à quelques périodes bien déterminées de l'année. Elle étire ses côtes d'est en ouest sur 13 km de long et 3 km de large, et, reliée au continent par deux ponts à peine, cultive une sorte d'indépendance fiérote. La station principale des bus se trouve à *Una*, à 15 km sur la terre ferme, où vous aurez souvent à changer de cheval de fer pour gagner *Diu-Town*, capitale et unique ville de l'île, à sa pointe est. C'est aussi à Diu-Town, décidément incontournable, que subsistent le plus de vestiges des quatre siècles de la colonisation portugaise : ils restituèrent l'île à l'Inde en 1961, comme Goa. Les Portugais ont ainsi laissé des églises, un fort et un entrelacement de ruelles, avec de jolies maisons aux portiques peints, le tout agréablement calme et vaguement décadent. Le territoire de Diu a également conservé de leur passage un statut un peu particulier : la consommation d'alcool est autorisée, d'où pléthore de petits bars plus ou moins glauques. Mais attention, son exportation vers le Gujarat est interdite : à la sortie de l'île, les douanes sont en droit de fouiller vos bagages.
L'île de Diu est idéale pour se délasser 4 ou 5 jours lors d'un voyage au Gujarat. Ses grandes plages s'étalent le long de la côte sud, où quelques hôtels vraiment accueillants ont poussé. Le meilleur moyen de partir à la découverte de l'île, de ses villages de pêcheurs et de tous ses coins cachés est de louer un vélomoteur. La circulation sur l'île est vraiment relax, et celle-ci est presque aussi plate que la main !

Comment y aller ?

En avion

✈ ***Aéroport :*** *au milieu de l'île, entre Diu-Town (5 km) et Nagoa Beach.* En rickshaw, la course coûte 30-40 Rps. En taxi, le prix est multiplié par quatre. Atterrissage quasi sur la plage.
➢ ***De Mumbai :*** 1 vol/j. sf sam avec *Jet Airways.*

En bus

Jethibai Bus Station *(plan B1) : à 500-800 m de Bunder Rd vers le nord et à moins de 1 km du centre de Diu-Town. Petite consigne tlj 5h30-19h30 (10 Rps/j. et par sac).*
➢ Liaisons quotidiennes ***d'Ahmedabad, Palitana, Junagadh, Bhavnagar et Mumbai*** avec les compagnies privées.

Adresses utiles à Diu-Town

ℹ ***Tourist Information*** *(plan B1) : Marine House, sur Bunder Rd, la route principale en bord de mer, face au continent. ☎ 25-26-53. • diutourism.co.in • Lun-ven 9h30-13h30, 14h-18h.* Ils sont incollables sur les horaires des bus gouvernementaux, et vous pourrez y trouver une petite carte de la ville pour quelques roupies. Lorsqu'ils sont fermés, des bornes d'infos interactives sont à disposition au musée de l'église Saint-Paul et juste devant le *Tourist information* ; également quelques infos à la *Jethibai Bus Station.*

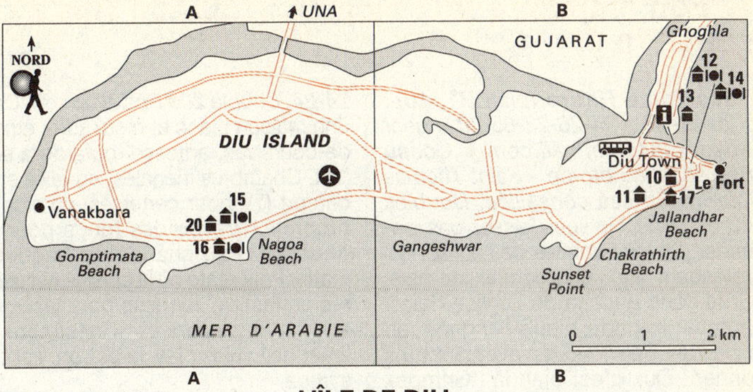

L'ÎLE DE DIU

Adresses utiles

- Tourist Information
- Jethibai Bus Station
- Aéroport

Où dormir ?

- 10 Sao Tome Retiro
- 11 Jay Shankar Hotel
- 12 Apana Hotel
- 13 Alishan Hotel
- 14 Hotel Sanmaan Palace
- 15 Gangasagar Hotel
- 16 Radhika Beach Resort
- 17 Sea Village Resort
- 20 The Resort Hoka

Où manger ?

- 12 Apana Foodland
- 14 Restaurant du Sanmaan Palace
- 15 Gangasagar Hotel
- 16 Radhika Beach Resort

General Post Office (GPO) : *Main Market, dans le bâtiment rose colonial, au-dessus du* Depee Cybercafe. *Lun-ven 10h-17h ; sam 10h-12h.*

Jet Airways : *directement à l'aéroport (☎ 25-50-30 ou 31) ou à l'agence* **Goa Travels,** *Bunder Rd, à deux pas du* Tourist Information. *☎ 25-21-80.* • *vishwas@ad1.vsnl.net.in* • *Lun-ven 9h-13h, 15h30-18h30.* Vous renseignera aussi sur les horaires et réservations de bus privés et les locations de taxis-jeeps à la journée. Le bon plan est bien sûr d'en partager la location à plusieurs (jusqu'à 4 personnes pour le même prix).

State Bank of Saurashtra-Diu : *juste derrière Main Market. Lun-ven 10h-14h, 14h30-15h30.* Change les devises, ainsi que les chèques de voyage. Deux ***ATM*** sur l'île : *l'un sur Bunder Rd, à côté de la station-service, l'autre à Nagoa Beach, près du petit poste de police.*

Réservation de train : *pas de gare à Diu, mais un* ***Railway Reservation Centre,*** *juste derrière le* Tourist Information *☎ 25-21-22. Lun-sam 8h-14h.*

A to Z : *Panchvati Rd. ☎ 25-40-80. Un peu à l'écart du centre, à 3 mn en rickshaw. Lun-sam 9h30-20h.* Comme partout sur l'île, connexion lente, mais l'accueil de Reshmi et le bon état des machines font la différence. Peut aussi réserver des places pour les bus privés. Et location de vélos et de scooters.

Location de vélos et scooters : chez ***A to Z*** (voir ci-dessus) où l'état des engins est le meilleur de la ville. En gros, compter 50-150 Rps/j. pour un scooter et 20-30 Rps/j. pour un vélo.

Où dormir à Diu-Town et à Jallandhar Beach ?

Sachant que Jallandhar Beach est accolé à Diu-Town, côté sud de la ville, c'est donc comme si vous étiez dans la ville même, mais au calme. Si votre désir est de profiter de la plage tout en restant à proximité de la ville, c'est là que vous logerez. Pour un séjour purement balnéaire, direction Nagoa Beach.

De bon marché à prix moyens (150-500 Rps / 2,30-7,70 €)

Sao Tome Retiro *(plan B1, **10**) : ☎ 25-31-37. 📱 94-26-23-65-88. ● geor gedsouza84@hotmail.com ● Connu aussi sous le nom de « Saint Thomas Church » ! Résa conseillée. Doubles 200-500 Rps.* Ne vous laissez pas dissuader par les habitués de l'église, qui prétendent que l'endroit n'existe plus. Sur le flanc gauche de l'église Saint-Thomas, la porte bleue flanquée, en jaune, de « Bell » : vous n'avez plus qu'à sonner ! Oui, c'est bien là ! Grimpez l'escalier, direction le toit. Vous voici sur l'un des points les plus hauts de la ville (voire de l'île), et votre balcon n'est autre que le sommet d'une vieille et belle église portugaise. Chambres propres et chaleureuses. Celles donnant directement sur le toit, plus rudimentaires, sont de vraies fournaises. Préférez celles du bas, ou une agréable petite suite à partager à quatre. Décoration colorée et joyeuse. George et toute sa petite famille sont simplement adorables, et sauront être de bon conseil pour vous indiquer les plages cachées de l'île. Sur demande, George peut vous mitonner un bon petit gueuleton, et régulièrement les soirées y sont animées. Beaucoup de voyageurs au long cours ont repéré l'adresse.

Jay Shankar Hotel *(plan B1, **11**) : entre la ville et Jallandhar Beach. ☎ 25-24-24. Double 200 Rps avec sdb.* Dans une maison blanc et bleu, sur 2 étages de coursives, adresse routarde à souhait. Chambres inégales, en taille et en confort (TV pour certaines) comme en propreté. Prévoir des tongs pour les douches. Eau chaude au baquet le matin. Petit resto où la cuisine est assurée en famille. Terrasse pour lézarder : ambiance vacances. Possibilité de louer des vélos. Jay, le patron, est très sympa.

Sea Village Resort *(plan B1, **17**) : Jallandhar Beach. ☎ 25-43-45. Double 250 Rps, eau chaude au seau.* La seule adresse qui donne directement sur la plage de Jallandhar, mais ne vous fiez pas à son nom : *resort*, c'est beaucoup dire. Les bungalows éparpillés dans la végétation ne sont rien d'autres que de vieux containers rouges un peu rouillés, aménagés en chambres avec un coin salle de bains, le tout plus ou moins propre. Malgré quelques efforts d'isolation, inutile de vous préciser qu'il y fait vite chaud... Chacun dispose d'un petit coin terrasse plus ou moins abrité, avec vue directe sur la mer. Bon, de quoi couler des jours de farniente tranquille, en compagnie de voyageurs au long cours. Accueil routinier, petit resto et location de scooters.

Prix moyens (400-800 Rps / 6,20-12,30 €)

*Sur la route du front de mer, dans Diu-Town, 300 m au sud du Tourist Information, 2 établissements pratiquement jumeaux : l'**Apana Hotel** (plan B1, **12**), ☎ 25-21-12, et l'**Alishan Hotel** (plan B1, **13**), ☎ 25-23-40.* Blocs de béton en bord de mer. Hormis leurs emplacements privilégiés et la vue qu'ils offrent, ne présentent pas grand intérêt. Propreté acceptable et bon accueil. Eau chaude au baquet le matin 7h-11h.

De prix moyens à chic (400-1 600 Rps / 6,20-24,60 €)

Hotel Sanmaan Palace *(plan B1, **14**) : à 300 m au sud du* Tourist Information, *voisin des hôtels* Apana *et* Alishan. *☎ 25-30-31. Doubles de 400 Rps hors saison jusqu'à 1 600 Rps en hte saison (pdt les festivals) ; ne pas hésiter à négocier selon l'affluence.* Vieille bâtisse portugaise de plain-pied, anciennement vouée à l'administration municipale. Propres et spartiates, les quelques chambres ont une belle hauteur sous plafond et sont toutes desservies par une coursive extérieure donnant sur un bras de mer. Au moment des festivals, prix carrément injustifiés pour le confort. L'eau chaude n'est pas toujours très régulière. Possède une belle terrasse avec resto sur le toit.

Où manger à Diu-Town ?

|●| *Sur une sorte d'esplanade juste derrière le* Tourist Information, *plein de* **petits stands,** *ouv surtout le soir.* La plupart disposent de quelques tables devant. Vraiment pas cher, mais hygiène un peu limite.

|●| ***Apana Foodland*** *(plan B1,* ***12****) : resto de l'hôtel du même nom (voir « Où dormir ? »).* Belle terrasse agréablement ombragée à midi et chaleureusement éclairée le soir. La carte est à l'image de la géographie des cuisines de l'Inde, depuis les *thalis* bon marché jusqu'aux poissons (à négocier en fonction de la pêche du jour). C'est bon, ça débite, et les touristes s'y pressent.

|●| ***Restaurant du Sanmaan Palace*** *(plan B1,* ***14****) : sur le toit de l'hôtel (voir « Où dormir ? »).* Beaucoup plus calme que son voisin l'*Apana Foodland* et souvent peu fréquenté, à tort. Les meilleures tables se situent sur les ailes du bâtiment. Petite carte de qualité. Agréable aussi pour boire un verre.

Où dormir ? Où manger à Nagoa Beach ?

De Diu-Town, 3 bus par jour relient Nagoa Beach, à l'ouest. Autrement, les rickshaws parcourent les 8 km pour 50-60 Rps (attention, 2 fois plus cher en soirée !).

De prix moyens à très chic (500-3 000 Rps / 7,70-46,20 €)

⌂ |●| ***Gangasagar Hotel*** *(plan A1,* ***15****) : à même la plage. ☎ 25-22-49 et 39-52. Double avec sdb min 500 Rps ; prix fluctuant selon saison et affluence.* En bord de mer (et c'est le seul !), un joli bloc de béton noyé dans les palmiers. Hôtel agréable, plutôt bien tenu et apprécié des touristes locaux comme des occidentaux. Éviter les chambres surplombant la cuisine, et demander à en voir plusieurs avant de faire votre choix : elles sont irrégulières. Le resto bénéficie d'un accès direct à la plage. Carte foisonnante et cuisine de qualité, pour un prix moyen. Goûtez au *gangasagar,* un petit régal de couleurs et de saveurs.

⌂ ***The Resort Hoka*** *(plan A1,* ***20****) : un peu en retrait, derrière le* Radhika Beach Resort. *☎ 25-30-36. ☐ 98-24-29-40-48. • resorthoka.com • À 5 mn à pied de la plage. Résa conseillée. Doubles avec sdb 1 550-1 950 Rps (23,80-30 €), et 1-2 chambres env 1 400 Rps (21,50 €).* Entre la *guesthouse* de luxe pour l'ambiance conviviale et quasi familiale et le petit hôtel pour la taille. Moins de 15 chambres réparties dans 2 petits bâtiments, de plain-pied ou à l'étage, bien ombragés par les palmiers et la végétation alentour. Les *semi-deluxe* sont nos préférées pour ce qui est du rapport qualité-prix : joliment décorées, de belles salle de bains, confortables... : c'est déjà très bien ! Piscinette tranquille à l'arrière avec transats, vaste salon-terrasse avec bouquins et wi-fi, et en prime, selon nos lecteurs, on y passe d'excellentes soirées autour de délicieux repas (exclusivement réservés aux hôtes !).

⌂ |●| ***Radhika Beach Resort*** *(plan A1,* ***16****) : ☎ 25-25-53. Double min 1 800 Rps (27,70 €).* Une adresse où votre porte-monnaie gagnera en légèreté. Cottages sur deux niveaux bien entretenus, disposés autour d'une belle piscine. Dans le jardin, quelques sculptures d'un kitsch génial, surtout la nuit lorsqu'elles se parent de couleurs. Les chambres sont vastes et confortables (TV, frigo, eau chaude 24h/24h), l'équipe est efficace, très attentionnée et discrète. Ici, repos et confort sont les maîtres mots. Le resto est climatisé (dommage qu'ils n'aient pas quelques tables en terrasse), et la cuisine, quoique très chère, raffinée. Carte fleuve avec une nette spécialisation dans les poissons et fruits de mer. Ici, papilles et roupies s'envolent à l'unisson.

À voir à Diu-Town

Les églises sont situées au centre géographique de la ville.

Les églises Saint-François-d'Assise et Saint-Thomas : elles présentent de superbes façades de style baroque.

L'église Saint-Paul : façade complètement coloniale, blanche et baroque, plutôt réussie. Aujourd'hui transformée en musée. Belle collection de statues de saints en bois (du XVIe s pour la plupart), qui furent polychromes. Toujours en activité, c'est l'église paroissiale de la ville.

Le fort : bien conservé, il se visite *(tlj 8h-18h)*, et abrite aussi toujours la prison (dont vous traverserez la cour pour atteindre la partie publique). Nombreux bastions garnis de canons tournés vers la mer. Il est peu à peu restauré.

Le bazar : *à 100 m du* Tourist Information. Le style portugais y est encore très présent. Rues étroites, maisons aux balcons de bois, portiques peints, plein de petites boutiques.

Jallandhar et Chakratirth : *les 2 plages les plus proches de la ville vers le sud, juste après les remparts.* La seconde est de loin la plus sympa.

➤ AILLEURS SUR L'ÎLE DE DIU

LE GUJARAT

Sunset Point : *à 2 km de Jallandhar Beach, sur la côte sud-ouest.* Surplombant la mer d'Arabie et une jolie petite crique, un rendez-vous fréquenté le soir par les locaux. On y trouve également un petit temple (classique !) et une (plus étonnante...) maquette de frégate de guerre indienne.

Gangeshwar : *entre Nagoa et Chakratirth Beach, sur la côte sud, à l'ouest de Sunset Point.* Un *Shivalingam* (pierre sacrée arrondie évoquant le dieu Shiva) est installé dans un petit temple construit sous la falaise. À marée haute, le tout est envahi par la mer.

Nagoa Beach : *à 8 km à l'ouest de Diu-Town.* Très fréquentée, une des belles plages de l'île où l'on peut se baigner. Eau claire, palmiers et sable fin, petits restos en bord de plage. Que demander de plus ?

QUITTER L'ÎLE DE DIU

En bus

Deux solutions s'offrent à vous : les bus gouvernementaux, véritables tape-culs, ou les bus privés, plus confortables, mais qui ne desservent pas toutes les destinations.

Bus privés

Résa chez *A to Z* et *Goa Travels (voir « Adresses utiles à Diu-Town »).*
➢ ***Pour Ahmedabad :*** 1 bus/j. au départ de Jethibai Station vers 19h. *Sleeping and seating.* Trajet : 12h.
➢ ***Pour Mumbai :*** 1 bus le mat et 1 le soir. *S & S.* Trajet : 23h.

Bus gouvernementaux

➢ ***Pour Ahmedabad :*** 2 bus/j. Trajet : 12h.

– Pour les destinations suivantes, départ de ***Una,*** sur le continent, à 15 km de Diu. De nombreux bus font la navette depuis *Jethibai Station.*

➢ ***Pour Somnat et Veraval :*** 4 départ/j. 4h15-14h. Trajet : 3h.

➢ ***Pour Sassan Gir :*** départ ttes les heures 6h-14h. Trajet : 4h30.

➢ ***Pour Palitana :*** 2 bus chaque mat, à 7h puis 12h. Trajet : 6h.

En avion

➢ Vol quotidien sf sam vers ***Mumbai,*** avec *Jet Airways.*

MUMBAI ET SES ENVIRONS

Pour les plans de Mumbai, se reporter au cahier couleur 2.

MUMBAI (BOMBAY)

15 millions d'hab. IND. TÉL. : 022

Aurangabad : 392 km ; *Goa* : 593 km ; *Bangalore* : 998 km ; *Agra* : 1 200 km ; *Delhi* : 1 460 km.

Bombay – devenu Mumbai. Mais pourquoi Mumbai, alors ? C'est la contraction entre le nom d'une déesse autrefois vénérée ici, *Mumbadevi,* et le mot « mère », *aai* en marathi. Donc aucun lien avec le nom originel de Bombay qui lui, provient d'une appellation portugaise : *Bom Bahia,* c'est à dire « la Bonne Baie ». L'ambition actuelle d'une poignée d'hommes d'affaires est de transformer la ville en une « vitrine de l'Inde moderne », un peu à l'image d'une Shanghai. Pour ce faire, la population la plus défavorisée et les bidonvilles *(slums)* ont été repoussés et cachés loin des places stratégiques et du centre-ville. Devant cette injustice, les habitants des bidonvilles se sont regroupés en fédération et ont réussi pour une part à faire entendre leurs voix auprès du gouvernement. Mumbai reste encore le plus grand bidonville de l'Inde ; les plus rutilantes fortunes y côtoient, sans la voir, la misère la plus rude. Le contraste est criant ! Le cœur touristique de Colaba, lui aussi, a subi une transformation, il est devenu plus cosmopolite-chic.

Avec ses 15 millions d'habitants, Mumbai arrive en tête des villes indiennes et s'est déjà trouvé une 5e place de choix dans le hit-parade des mégalopoles mondiales. Les experts lui prévoient en 2015 la 2e place, avec plus de 27 millions d'habitants, juste après Tokyo. Capitale industrielle et financière du pays, elle est aussi la plus grande fabrique de romances liquoreuses et de drames passionnels, car c'est ici, dans les immenses studios de Bollywood, que se tourne l'inimitable cinéma indien.

La cité offre d'inombrables visages : enfoncez-vous dans les quartiers grouillants de *Church Gate* ou de *Victoria Station* à la sortie des bureaux, véritable marée humaine, toutes castes confondues, évoluant au milieu des souvenirs de la présence anglaise... Vieux bus à impériale, parties de cricket en pleine ville et vieilles maisons coloniales sur *Marine Drive* continuent de donner ce cachet anachronique à la ville. Et si vous survolez Mumbai, vous verrez ses sept îles marécageuses, maintenant reliées entre elles, scintiller comme des parures de diamants...

Que vous soyez fasciné ou effaré, Mumbai ne vous laissera pas indifférent. Pour toucher cette ville d'encore plus près, retrouver des quartiers dans lesquels vous avez traîné, approfondir votre connaissance de celle-ci et, surtout, découvrir une vie et un visage de Mumbai que vous ne verrez probablement pas (en tout cas pas durant un séjour de quelques jours), plongez-vous dans l'excellent livre *Bombay Maximum City* de Suketu Mehta (voir « Livres de route »).

CLIMAT

Il y fait chaud en toute saison, avec des températures minimales autour de 20 °C de décembre à février. La température de la mer est en moyenne de 26,5 °C toute l'année. La mousson, souvent accompagnée de vents violents, a lieu de juin à septembre (plutôt costaude), avec une température moyenne de 30 °C. Préférez l'hiver, de mi-novembre à mars, la meilleure saison pour se balader dans la ville et ses environs.

Arrivée à l'aéroport

✈ Le *Chhaptrapati Shivaji Airport (plan couleur d'ensemble)* de Mumbai se divise en **2 aéroports,** *situés à une trentaine de km au nord du centre-ville.* L'international, ***Sahar Airport,*** est un peu plus excentré que le **Santa Cruz** (ou *Domestic Airport),* réservé aux lignes intérieures.
Navette gratuite toutes les 30 mn entre les deux (si vous êtes loin dans la file d'attente et craignez de manquer votre avion, signalez-vous aux personnes qui gèrent l'embarquement dans les bus).

À Sahar

Vous y trouverez distributeurs *ATM,* bureaux de change et bureaux de la *State Bank of India* (toutes devises et chèques de voyage).
Comptoir d'*Indiatourism (tlj 24h/24h),* qui vous fournit le *Mumbai City Guide* et une liste d'hôtels (plutôt chic). Comptoir touristique de l'État du Maharashtra à côté. Également un service de *prepaid taxi.*

À Santa Cruz

Le *Domestic Airport* est constitué de 2 terminaux situés à 300 m l'un de l'autre. Tous les vols intérieurs arrivent au terminal A, mais le terminal de départ varie selon les compagnies.
– ***Terminal A :*** départ des compagnies *Indian Airlines, Alliance Air, Kingfisher Airlines* et *Go Air.* Prudence : certains vols intérieurs d'*Indian Airlines* partent de l'aéroport international.
Bonnes affaires et vols intérieurs à bon prix à consulter au bureau d'*Alliance Air (Air India).* Arriver tôt et se munir de photos d'identité !
Téléphone (local et international), petite poste et bureau de change au niveau des départs.
– ***Terminal B :*** départ des compagnies *Jet Airways, Air Sahara, Air Deccan, Spice Jet.* Terminal confortable où tous les services sont proposés (*ATM*, bureau de change, téléphone, *Child Care Room*).
– Entre les deux terminaux : consigne *(cloakroom)* surveillée ouverte 24h/24. Grosse pancarte.

Comment gagner la ville ?

➢ ***En train :*** prendre un rickshaw jusqu'à *Vile Parle Station* (si vous atterrissez au *Domestic Airport*) ou la *Andheri Station* (si vous atterrissez à l'aéroport international). De là, trains réguliers pour *Churchgate Station* (le terminal des trains de banlieue), dans le centre. Env 80 Rps/pers en 1re classe et 10 Rps en 2e classe (souvent bondée) ; 45 mn de trajet, sans compter la queue pour se procurer un billet. Pas cher mais fatiguant car il faut changer de monture. Si vous ne tenez pas à connaître le sort de la sardine en boîte (en vingt fois pire !), évitez absolument les heures de pointe, surtout si vous êtes chargé.
➢ ***En taxi :*** de loin la meilleure solution. Prévoir 350-400 Rps (5,40-6,20 €) ; 50 Rps de plus en tarif de nuit (minuit-5h) et env 10 Rps de supplément par bagage encombrant.
À l'aéroport international *Sahar,* comptoir de *prepaid taxi.* Un peu plus cher qu'avec le compteur, mais comme il n'y a pas toujours de compteur et que les chauffeurs de

taxis privés ne connaissent pas toujours le parcours, ça revient au même ; suppléments sur les taxis avec air climatisé. Compter de 1 à 2h pour rejoindre Colaba selon le trafic.
Du *Domestic Airport,* le soi-disant service de *prepaid taxi* parmi les loueurs de voitures est hors de prix (800 Rps, soit 12,30 €, pour Colaba). Mieux vaut prendre un taxi à l'extérieur, où les files sont contrôlées par la police ; vérifier que le chauffeur possède bien un compteur.
➢ Les ***rickshaws*** sont interdits dans la partie centrale de la ville. Ne les prendre donc que pour atteindre la gare la plus proche.

Arrivée en train

Mumbai compte 3 grandes gares, où arrive la majorité des trains, et de nombreuses gares de banlieue :
Chhatrapati Shivaji Terminal *(CST, ex-Victoria Station ; plan couleur II, K10)* ***:*** *gare relativement centrale*. Y arrivent les trains en provenance du Sud, de l'Est et du Centre.
Mumbai Central *(plan couleur II, I7)* ***:*** *un peu excentrée*. Il vous faudra prendre un bus ou un taxi pour rejoindre les quartiers des hôtels de Colaba ou Church Gate ; moins impressionnante en taille et en effervescence que la *CST,* elle accueille les trains en provenance du Nord, de l'Ouest et une ligne du Centre.
Churchgate Station *(plan couleur I, C1)* ***:*** *Indian Merchants Chamber Marg*. Un nœud ferroviaire central qui relie toute la grande banlieue, dont les gares proches de l'aéroport.
Certaines liaisons avec le sud de l'Inde peuvent également arriver à la gare de ***Dadar,*** d'où l'on peut rejoindre la CST en train.
Pour plus d'informations sur la fréquence des liaisons avec les autres villes indiennes, l'achat des billets ou les services dans ces différentes gares, se reporter à la rubrique « Quitter Mumbai ».

Arrivée en bus

Compagnie publique : *la compagnie de l'État, la* MSRTC, *est située au* ***State Transport Terminal*** *(plan couleur II, I7), en face de la gare de* Mumbai Central. C'est ici qu'arrivent les bus d'État, du Maharashtra et des autres États. Attention cependant, les bus en provenance de ***Goa*** et de ***Pune*** vous déposent parfois à la gare de *Dadar* (30 mn de trajet en train, au nord de Mumbai Central).
Compagnies privées : il existe une kyrielle de compagnies privées. Si nombre d'entre elles arrivent à côté du Crawford Market, près de la CST Station, elles disposent de plus en plus d'arrêts divers et moins centraux (voire en banlieue) qui leur permettent d'éviter les bouchons du centre. Renseignez-vous bien au départ pour savoir quel sera votre point d'arrivée à Mumbai.
Pour toutes les liaisons en bus entre Mumbai et le reste du pays, voir en fin de chapitre « Quitter Mumbai ».

Adresses utiles

Informations touristiques

Government of India Tourist Office *(plan couleur I, C1) : 123, Maharshi Karve Rd, Church Gate.* ☎ *22-07-43-33 ou 34.* • *incredibleindia.org* • *Au 1er étage d'un bâtiment situé sur le côté droit de* Churchgate Station *(accès depuis la cour intérieure). Lun-ven 8h30-18h ; sam et j. fériés 8h30-14h.* Pas mal d'infos sur Mumbai et le pays. Plans et brochures sur la ville, dont le *Mumbai City Guide*, utile pour ses infos pratiques (mais pas toujours à jour).

■ **Acme** *(hors plans couleur) : shop nº 4, B-Wing, Twin Arcade, Military Rd, Marol, Andheri (East), 400059. 93-22-25-21-34.* • *acmetours.com/fr/* • Agence qui travaille surtout avec la clientèle française et belge. Résa d'hôtels, itinéraires à la carte, location de voitures et billets de train. Demandez M. Syed, c'est un professionnel passionné par son pays (siège social à New Delhi).

■ ***Foreigners' Regional Registration Office*** *(plan couleur II, J-K9-10,* ***1****) : CID, bureau du Deputy Commissioner of Police, 3ᵉ étage, annexe nº 2, Crawford Market. ☎ 22-62-04-46 ou 12-88. Lun-ven, 1ᵉʳ et 3ᵉ sam du mois, 10h-14h.* C'est ici qu'on peut essayer de faire prolonger son visa touristique de 3 mois supplémentaires, de manière vraiment exceptionnelle (maladie grave...), une seule fois, et à condition que le 1ᵉʳ visa ait été de 6 mois. Compter env 40 $.

■ ***Police :*** *☎ 100.*

Postes et télécommunications

✉ **General Post Office** *(GPO ; plan couleur II, K10) : Nagar Chowk, en face de la gare* Chhatrapati Shivaji Terminus *(*Mumbai CST *ou* Victoria Terminus*). ☎ 22-64-49-44. Lun-sam 9h-20h ; dim 10h-17h.* Timbres, téléphone et poste restante. Pour se faire envoyer du courrier : *c/o Postal Restante Mumbai, GPO Mumbai, 400001 India.*

✉ **Taj Mahal Post Office** *(zoom couleur, D4) : Henry Rd. Tlj sf dim 10h-17h30 pour l'achat de timbres et 10h-16h (15h sam) pour l'envoi de paquets.*

@ **Pick-up Communication Centre** *(zoom couleur, D4,* **2***) : Shorab Manor, Walton Rd, Colaba. Dans l'arrière-cour de l'*Oliver Hotel *; grands panneaux jaunes immanquables. Tlj 7h-1h.* Liaisons téléphoniques internationales.

@ **Alliance française** *(plan couleur I, C1,* **3***) : Theosophy Hall, 40, New Marine Lines. ☎ 22-03-61-87. Lun-ven 9h30-13h, 14h-17h30 ; sam 9h30-13h.* Connexions rapides.

Change

En cas de panne des *ATM* ou de fermeture impromptue d'une agence, on peut toujours tenter sa chance dans les grands hôtels. Ne pas oublier de garder sa facturette et de ne la jeter qu'au retour du voyage !

■ *Pléthore d'***ATM** *(distributeurs automatiques) sur le rond-point de Flora Fountain (Hutatma Chowk ; plan couleur I, D1) et sur Mahatma Gandhi Rd (plan couleur I, D2).*

■ **Thomas Cook** *(plan couleur I, D1,* **5***) : Dr D. N. Marg. Lun-ven 9h45-18h ; sam 9h45-17h.* Change toutes les devises.

■ **ATM de la City Bank** *(zoom couleur, D3,* **4***) : Nathalal Parikh Rd ; en face du cinéma* Regal. *Entrée discrète et distributeur au sous-sol.*

Représentations diplomatiques

■ **Consulat de France** *(plan couleur I, B3,* **6***) : Hoechst House, V. K. Shah Marg, Nariman Point ; 7ᵉ étage. ☎ 66-69-40-00. En cas d'urgence, 98-20-32-14-52.* • *consulfrance-bombay.org* • *Lun-ven 10h-12h, 14h-16h.* Personnel à l'écoute et très efficace. Les contacter notamment en cas de perte ou de vol du passeport (se munir absolument d'une déclaration émanant du commissariat – dire aux policiers que c'est arrivé à Mumbai pour éviter les complications). Pour le reste, se référer à la rubrique « Urgences » dans « Inde du Nord utile » en début de guide.

■ **Consulat de Suisse** *(plan couleur I, B3,* **7***) : Maker Chamber IV, Nariman Point ; 10ᵉ étage. ☎ 22-88-45-63 ou 65.* • *vertretung@mum.rep.admin.ch* • *Lun-ven 8h-12h30.*

■ **Consulat de Belgique** *(plan couleur II, H-I7,* **8***) : « Morena » 11, M. L. Dahanukar Marg (Carmichael Rd), Cumballa Hill. ☎ 23-51-51-86 ou*

23-52-16-02. • diplomatie.be/mumbai • Lun-ven 8h30-12h30, 14h-15h.

■ ***Consulat du Canada*** *(plan couleur I, D-E1,* ***9****) : Fort House, 221, Dr D. N. Rd.* ☎ *67-49-44-44.* • *india.gc.ca* • *Entrée sur le côté droit du grand bâtiment (quand vous lui faites face), au 6e étage. Lun-jeu 9h-17h30 ; ven 9h-15h.*

■ ***Consulat du Sri Lanka*** *(plan couleur I, D1,* ***10****) : 34, Homi Modi St.* ☎ *22-04-58-61 ou 83-03.* • *slcon@bom5.vsnl.net.in* • *Lun-ven 9h-16h45.*

– Présence également, pour les voyageurs au long cours, des consulats d'Indonésie, de Malaisie, de Singapour, de Thaïlande, de Chine, etc. Toutes les adresses sont disponibles à l'office de tourisme.

Santé

■ ***Médecin :*** *Dr Koulsoum Hussein (☎ 28-20-03-03),* généraliste parlant le français, spécialisé dans les maladies tropicales ; ou *Dr Pai (📱 98-20-05-54-80).* Ces 2 médecins sont recommandés par le consulat.

■ ***Bombay Hospital Trust*** *(plan couleur II, J10,* ***11****) : 12, New Marines Lines.* ☎ *22-06-76-76.* Le grand hôpital privé du centre-ville. Dans la même rue, *à Kakad Arcade,* plusieurs **pharmacies** *ouv tlj,* dont la *Bombay Chemist (8h-22h)* et la *Royal Chemist (8h30-20h).*

Compagnies aériennes

■ ***Air India*** *(plan couleur I, B2,* ***12****) : Air India Building, Nariman Point ; à l'angle de Marine Dr et de Madam Cama Rd.* ☎ *25-48-99-99. Aéroport :* ☎ *28-31-88-88 et 1-800-22-77-22.* • *airindia.com* • *Tlj 9h15-18h30 (17h15 w-e).*

■ ***Indian Airlines*** *(plan couleur I, B2,* ***12****) : Air India Building, Nariman Point ; 1er étage.* ☎ *14-07. Aéroport :* ☎ *26-82-93-28.* • *indian-airlines.com* • *Lun-sam 8h30-19h30 ; dim 10h-17h30.*

■ ***Gulf Air*** *(plan couleur I, B3,* ***13****) : Maker Chambers V, Nariman Point ; rez-de-chaussée.* ☎ *22-02-17-77 et 67-27. Aéroport :* ☎ *26-82-86-57 ou 58.* • *gulfair.com* •

■ ***Jet Airways*** *(plan couleur I, D3,* ***14****) : 1, Amarchand Mansion, Madam Cama Rd.* ☎ *39-89-33-33. Rens 24h/24 (aéroport) :* ☎ *26-15-66-66.* • *jetairways.com* •

■ ***Air Sahara*** *(plan couleur I, C3,* ***15****) : Unit 8, Tulsiani Chambers, Free Press Journal Rd, Nariman Point ; rez-de-chaussée.* ☎ *22-83-60-00 et 56-37-41-01. Aéroport :* ☎ *26-15-66-68.* • *airsahara.net* •

■ ***Go Air :*** *au Domestic Airport, terminal 1A.* ☎ *1-800-22-21-11 et 67-41-00-00.* • *goair.in* •

■ ***Air Deccan :*** *au Domestic Airport, terminal 1B.* ☎ *98-92-57-70-08 et 41-58-50-00.* • *flyairdeccan.net* •

■ ***Kingfisher :*** *au Domestic Airport, terminal 1 A.* ☎ *66-49-93-93.* • *flykingfisher.com* •

■ ***Sri Lankan Airlines*** *(plan couleur I, C2) : 12, Vaswani Mansion, Dinshaw Wachha Rd, Church Gate ; 2e étage.* ☎ *22-82-32-88 ou 22-84-41-48. Lun-ven 9h-17h30. Aéroport :* ☎ *26-82-89-65.*

■ ***Air France*** *(hors plan couleur II par I6,* ***16****) : 201/B Sarjan Plaza, 100, Dr Annie Besant Rd, Worli ; 2e étage.* ☎ *1800-1800-033. Aéroport :* ☎ *26-82-88-85.* • *airfrance.fr* • *À env 10 km au nord de Colaba, dans la rue du Nehru Centre. Lun-ven 9h-13h, 13h30-17h.*

■ ***Swiss International*** *(plan couleur I, B3,* ***6****) : 193, Hoechst House, VK Shah Marg, Nariman Point ; 1er étage.* ☎ *22-87-22-10 ou 01-22. Aéroport :* ☎ *26-82-87-51.* • *swiss.com* • *Tlj sf dim 9h-17h15.*

■ ***British Airways*** *(hors plan couleur II par K6,* ***25****) : Notan Plaza (5th floor), Turner Rd – Bandra West.* ☎ *98-92-57-74-70 et 28-20-888.* • *britishairways.com* • *À env 10 km au nord de Colaba, dans la rue du Nehru Centre. Lun-ven 9h30-13h, 14h-15h.*

■ ***Lufthansa*** *(plan couleur I, B2,* ***17****) : Express Towers, B. Rajni Patel Marg, Nariman Point ; 3e étage.* ☎ *66-30-19-40. Aéroport :* ☎ *26-82-98-98 ou 99.*

• *lufthansa-india.com* • *Lun-ven 9h15-17h30.*
■ ***Kuwait Airways*** *(plan couleur I, B3,* ***18****) : 901, Nariman Bhavan, Nariman Point ; 9e étage.* ☎ *66-55-56-55. Aéroport :* ☎ *26-82-98-34.* • *kuwaitairways.com* • *Lun-ven 9h30-17h30.*

Loisirs

■ ***Alliance française*** *(plan couleur I, C1,* ***3****) : 40, Theosophy Hall, New Marine Lines.* ☎ *22-03-61-87 ou 59-93.* • *afindia.org/bombay* • *Lun-ven 9h30-13h, 14h-17h30 ; sam 9h30-13h.* Journaux français, films, conférences, expos et salle Internet. Propose également des interprètes sérieux et un service de traduction. Affichage de petites annonces d'emplois.
■ ***Cinémas :*** pourquoi ne pas vous mêler à la foule du dimanche pour goûter au plaisir des inénarrables *masala soaps* que Bollywood produit à la chaîne ? Le coût d'une entrée dans le centre est de 120 à 150 Rps selon l'emplacement. Voici quelques-uns des principaux cinémas de Mumbai : ***Eros*** *(plan couleur I, C1,* ***19*** *; en face de la gare de Churchgate),* d'architecture Art déco ; le ***Metro*** *(plan couleur II, J10,* ***20*** *; sur M. G. Rd),* Dhobi Talao ; le ***Sterling*** *(plan couleur II, J10,* ***21*** *; sur Murzban Rd, près du fort)* ; ou encore le ***Ciné Regal*** *(zoom couleur, D3,* ***22*** *; au cœur de Colaba),* avec à l'affiche les derniers *blockbusters* de... Hollywood.
■ ***The Taj Mahal Palace & Tower*** *(zoom couleur, D4) : Taj Mahal Hotel, Strand Rd.* ☎ *22-02-25-14. Tlj 8h-20h.* Parmi les boutiques chic au rez-de-chaussée du *Taj Mahal Hotel,* une librairie compacte mais qui propose une bonne sélection de livres en anglais (romans, guides, magazines, cartes routières et quelques cartes postales).
■ ***Oxford Bookstore*** *(plan couleur I, C2,* ***23****) : 3, Apeejay House, Dinsha Vachha RD, Church Gate.* ☎ *56-36-44-88. Tlj 10h-22h.* Bonne section de livres sur l'Inde et cartes détaillées de tous les États.
■ ***Rhythm House*** *(plan couleur I, D2,* ***24****) : 40, K. Dubash Marg.* ☎ *22-84-28-35.* • *rhythmhouse.in* • *Lun-sam 10h-20h30 ; dim 11h-20h30.* Un très bon choix de CD de musique indienne (classique comme bollywoodienne) et de DVD (sous-titrés en anglais pour la plupart). Vendeurs de bon conseil.

Les différents quartiers

Bombay est située au bord de la mer d'Oman et se love autour d'une baie en demi-lune, bordée par la turbulente et souvent bien encombrée *Marine Drive (plan couleur I, B-C1-2-3 ; II, I-J9-10).* La rue qui y mène de Church Gate, *la Veer Nariman Rd (plan couleur I, C1),* abrite les cafés et restos où vient s'abreuver la jeunesse dorée de Mumbai. À *Nariman Point* se concentrent les assurances, les banques, les compagnies aériennes et le quartier des affaires en général (super ambiance, quoi !). Le quartier de Colaba, au sud, est celui des hôtels. Animé dans la journée et calme le soir, c'est là que se retrouvent touristes et jeunes. C'est aussi le quartier du *Gateway of India* et du *Taj Mahal Hotel.* Belle animation également autour des deux grandes gares, *Churchgate* et *Victoria Station,* mais pour une plongée dans la vie locale et un bain de foule bien costaud, rien de tel qu'une virée dans les nombreux marchés ou grands magasins au nord de *Victoria Station (plan couleur II, K10).*
Depuis l'arrivée au pouvoir du Shiv Shena (Parti nationaliste hindou local), beaucoup de noms de lieux ont été débaptisés au profit de noms marathis à rallonge. Les habitudes ayant la vie dure, beaucoup d'anciens noms restent en usage auprès de la population. Autant que faire se peut, nous continuerons donc à les faire cohabiter. Rassurez-vous, dans la pratique, ça se passe plutôt bien ; il suffit d'avoir quelques repères (les deux noms sont d'ailleurs souvent indiqués dans le centre... même si l'un se trouve à un bout de la rue et le second à l'autre extrémité !). Si vous souhaitez explorer la ville, l'achat du *Mumbai City Map* de Eicher (250 Rps) est un excel-

lent investissement. Ce petit atlas de la ville, très bien fait, est facile d'utilisation, assez précis et d'une grande aide pour trouver des adresses (même en banlieue).

Transports en ville

Le dimanche, le trafic des voitures particulières est divisé par 3. Donc un peu moins de pollution et de klaxons. C'est un des meilleurs jours pour profiter de la ville et flâner.

➢ ***Bus :*** système plutôt bien au point, mais bonjour la cohue ! Achat des billets dans le bus. Pickpockets habiles à bord. Pour vous rendre d'un bout à l'autre de la ville, par exemple de Colaba à Malabar Hill, le bus est intéressant, sauf aux heures de pointe. Pour les sites accessibles facilement en bus, nous indiquons le numéro de celui qu'il faut prendre (les numéros en anglais sont indiqués sur le côté des bus). Pour aller un peu loin du centre, utiliser les trains de banlieue au départ de Churchgate Station.

➢ ***Taxis :*** les rickshaws étant interdits en ville, Mumbai ressemble parfois à une ruche d'abeilles avec ses taxis noir et jaune. La somme indiquée sur le compteur (quand il marche !) n'est pas le prix mais un nombre d'unités à multiplier par treize (environ) pour avoir le prix de la course. On trouve la table de multiplication (avec les *rates*) dans le *City Guide* proposé par l'office de tourisme ou dans certains kiosques des gares. Assurez-vous que le chauffeur déclenche bien son compteur. Sinon, refuser, il y en a d'autres. Pour gagner en efficacité, repérer le cinéma le plus proche de votre hôtel, tous les taxis les connaissent. À retenir, car beaucoup de chauffeurs sont aussi perdus que vous dans la ville ! Tarif de nuit minuit-5h (petit supplément).

➢ ***Location de voitures :*** pratique et prix raisonnables si on est 4. Compter env 1 500 Rps (23,10 €) la ½ journée avec chauffeur et voiture climatisée. *Hertz (☎ 24-92-14-29),* par exemple, ou dans la plupart des agences de voyages.

Où dormir ?

Ça, c'est le point noir de Mumbai : les hôtels sont deux ou trois fois plus chers qu'ailleurs en Inde, pour le même standing, et les petites adresses affichent souvent complet. Pire : assurés de remplir leurs chambres toute l'année, les hôteliers des adresses bas de gamme ne se donnent même plus la peine d'entretenir leurs établissements devenus insalubres. Donc, si vous devez revenir à Mumbai et que vous êtes satisfait d'un endroit, réservez !

À Colaba *(plan couleur I et zoom couleur)*

C'est devenu le quartier international où se retrouve la majorité des touristes, sac au dos ou fortunés (le *Taj Mahal Hotel* est tout proche). Commerces et restos en grand nombre. On aime bien son animation, notamment le soir, et ses vieilles maisons, surtout vers le sud. Inconvénients du quartier : la pollution et le bruit en bordure de l'artère principale, *Shahid Bhagat Singh Rd (Colaba Causeway).* Au sud, avant le quartier arabe, un périmètre de quelques pâtés de maisons à l'ambiance agréable. Immeubles résidentiels un peu décatis, mais taches de verdure de grands jardins. Tout aussi plaisant, en plus cossu, le quartier de *Garden Rd* réunit quelques hôtels situés dans une rue calme, bordée d'un petit jardin public ombragé.

Bon marché (150-600 Rps / 2,30-9,20 €)

The Salvation Army – Red Shield House *(zoom couleur, D4,* ***30****)* **:** *30, Mere Weather Rd. ☎ 22-84-18-24. • red_shield@vsnl.net • Ouv 9h-minuit. Lit en* *dortoir 150 Rps ; double 600 Rps et quelques familiales ; le prix inclut les 3 repas (à heures fixes).* Rendez-vous classique des routards de tous les horizons. Ambiance AJ très fraternelle mais, côté confort et propreté, c'est limite (même si les doubles et familiales sont un peu mieux tenues) : sac de couchage perso impératif pour éviter les possibles rencontres nocturnes avec les bébêtes... Vous aurez une chance d'obtenir un lit uniquement si vous arrivez tôt (9h, heure terriblement matinale du *checkout* !). Dortoirs de 10 à 16 personnes avec salle de bains attenante. Repas servis dans un genre de grande cantine. Consigne pour les sacs, obligatoire en journée. Internet.

Sea Shore Hotel *(zoom couleur, D4, **31**) : 1-49, Kamal Mansion, Arthur Bunder Rd ; 4e étage. ☎ 22-87-42-37 ou 38.* La seule vraie allusion à la mer, c'est le couloir aux allures de coursive de bateau desservant des chambrettes grandes comme des cabines. Seules celles à tribord possèdent des « hublots » – certaines avec vue sur mer, celles à bâbord sont borgnes. Pour le reste, adresse très basique mais bien située, correctement tenue et à prix honnêtes. Ventilos dans les chambres. Sanitaires en commun rustiques pour tous. En prime, un accueil plutôt sympathique.

De prix moyens à chic (600-2 200 Rps / 9,20-33,80 €)

Carlton Hotel *(zoom couleur, D3, **33**) : 12, Florence House, Mere Weather Rd ; 1er étage. ☎ 22-02-06-42 ou 02-59. Juste derrière le* Taj. *Doubles 650-1 350 Rps, sans ou avec sdb.* Un petit hôtel simple, doté d'un balcon très agréable courant le long de la façade, avec quelques tables et chaises pour profiter du spectacle de la rue. Mais le confort et l'hygiène ici n'ont rien à voir avec ceux de son prestigieux voisin... Adresse routarde aux chambres étroites pour 2 ou 4 personnes, au confort très variable, avec ou sans fenêtre, mais globalement acceptables. Ambiance très internationale.

Apollo Guest House *(zoom couleur, D3, **37**) : 43-45, Mathuradas Estate Building, Colaba Causeway Rd ; 1er étage. ☎ 22-04-55-40. • hotelapollogh@hotmail.com • Juste à côté du* Café Leopold, *entrée par une échoppe. Doubles 650-1 450 Rps, sans ou avec sdb.* Petite pension carrelée, simple et proprette, aux chambres de taille réduite. Pour le bien-être de vos oreilles et la paix de votre sommeil, évitez celles qui donnent sur Colaba Causeway.

Hotel Antique *(plan couleur I, C5, **34**) : 25, Indu Sakrikar Path. ☎ 22-83-28-30 ou 03-61. • hotelantique.net • Double 1 700 Rps.* Cet hôtel enchâssé dans le quartier musulman aligne des chambres agréables, de bon confort (eau chaude, AC, frigo, TV) et plutôt bien tenues. Préférer les 4e et 5e étages (ascenseur !) avec vue sur le quartier grouillant de vie et la baie se dessinant au loin dans le nuage de pollution. Atmosphère familiale et accueil professionnel et agréable.

YWCA *(plan couleur I, D3, **14**) : 18, Madam Cama Rd. ☎ 22-02-50-53. • ywcaic.info • Nuitée 660 Rps en dortoir de 4 lits (sdb attenante), double min 1 700 Rps ; carte de membre 50 Rps/pers ; petit déj et dîner-buffet inclus.* Bonne adresse, dans un grand immeuble bien surveillé à deux pas des restos de Colaba. La déco n'est pas leur fort, mais les chambres fonctionnelles sont propres, équipées d'un ventilo ou de l'AC et même d'une TV. Souvent complet, il est donc vivement conseillé de réserver à l'avance, même si la nuitée vous en coûtera encore un peu plus cher. Sinon, arriver tôt. Blanchisserie, salle TV, Internet.

Bentley's Hotel *(zoom couleur, D4, **35**) : 17, Oliver Rd. ☎ 22-84-14-74 ou 22-88-28-90. • bentleyshotel.com • Ne pas confondre avec le* Bentley Hotel *de Marine Dr. Doubles 1 100-1 700 Rps, sans ou avec sdb.* Une adresse qui fait causer nos lecteurs : un accueil nonchalant et tout juste aimable, des chambres très inégales et une propreté pas toujours au rendez-vous... l'heure est loin où le *Bentley's* était le chouchou des routards. En plus, il ne respecte pas toujours ses réservations au pied de la lettre (insistez !). Et pourtant... cette grosse bâtisse, retirée dans un quartier agréable, arboré, à peine troublé par les corneilles, conserve un charme indéniable. Chambres simples et fraîches, accessibles depuis la cour intérieure ou flanquées de vieux balcons en bois donnant sur le jardin public. Évitez l'annexe, moins engageante et plus bruyante, car plus proche de Colaba Causeway.

Hotel White Pearl *(zoom couleur, D4, **32**) : Kamal Mansion, Haji Niyaz Ahmed Azmi Marg (Arthur Bunder Rd) ; 1er étage. ☎ 22-88-53-16 ou 17. Fax. : 22-85-21-47. Double 1 550 Rps.* Intéressant pour les chambres pourvues de fenêtres, car une optimisation excessive de l'espace a conduit les propriétaires à faire des chambres aveugles. Toutefois une climatisation douce compense le manque d'air. Une adresse centrale.

Hotel Cowie's *(zoom couleur, D4, **36**) : 15, Walton Rd. ☎ 22-84-02-32. Fax : 22-83-42-03. Dans une rue au calme, au cœur de Colaba. Double 2 000 Rps.* Comme bon nombre de ses homologues dans le secteur, cet hôtel sans esbroufe, où le temps a laborieusement fait son ouvrage, accuse une certaine usure. Les chambres sont très inégales en taille et en confort. Intéressant, à condition d'échapper aux plus modestes, sans fenêtre !

Très chic (2 200-4 700 Rps / 33,80-72,30 €)

Strand Hotel *(zoom couleur, D4, **38**) : P. J. Ramchandani Marg. ☎ 22-88-22-22 ou 00-59. • hotelstrand.com • Doubles 2 700-3 300 Rps (33,80-50,80 €) selon vue. CB acceptées.* Hôtel convenable et bien situé. La réception, tout comme l'accueil et les couloirs, sont froids et ternes, mais les chambres, à la déco sobre et formelle, toutes avec AC, sont impeccables et confortables. Les plus belles ont un balcon avec vue sur la mer. Les autres sont d'un rapport qualité-prix plus discutable.

Hotel Suba Palace *(zoom couleur, D3, **39**) : Battery St. ☎ 22-02-06-36. • hotelsubapalace.com • Réception à l'étage. Doubles 3 300-3 700 Rps (33,80-56,90 €).* Chambres à la déco conventionnelle et de bon goût ! Tailles respectables et confort au diapason, avec AC et TV en série. Bien situé, cet hôtel moderne de standing est aussi bien tenu. Pour quelques centaines de roupies supplémentaires, préférer les plus chères, nettement plus confortables et agréables.

Garden Hotel *(zoom couleur, D4, **40**) : 42, Garden Rd. ☎ 22-84-14-76 ou 22-83-13-30. • gardenhotel@mail.com • Doubles 4 200-4 700 Rps (64,60-72,30 €).* Cet hôtel autrefois chic commence à accuser le poids des ans. On vient ici pour le calme. Les chambres sont agréables et confortables et un service de qualité est au rendez-vous. Hormis son nom et la proximité du jardin public, l'endroit n'a rien de bien verdoyant. Toutefois une belle terrasse est réservée à la clientèle, avec en prime, un bout de vue sur la mer. Petit déj médiocre (servi dans l'hôtel voisin, le *Godwin Hotel*).

Beaucoup plus chic (min 4 700 Rps / 72,30 €)

Ascot Hotel *(zoom couleur, D4, **42**) : 38, Garden Rd. ☎ 66-38-55-00 ou 66. • ascothotel.com • Doubles 4 400-5 000 Rps (67,70-76,90 €), petit déj compris.* Quelle surprise, cet hôtel ! Un bel intérieur design, très soigneusement entretenu. Le hall mêle marbres rutilants et panneaux de couleurs, l'ascenseur donne dans le kitsch de bon ton et les vastes chambres bénéficient de finitions luxueuses, d'une déco sobre, lumineuse, élégante et de belles salles de bains aménagées de manière insolite. Une adresse tout confort, définitivement en tête dans sa catégorie.

Godwin Hotel *(zoom couleur, D4, **41**) : 41, Garden Rd. ☎ 22-87-20-50 ou 22-84-12-26. • hotelgodwin@mail.com • Doubles 4 700-5 500 Rps (72,30-84,60 €), petit déj (médiocre) compris.* Grand hôtel moderne qui mérite surtout une halte pour les chambres des derniers étages, où l'on profite d'une belle vue dégagée sur les toits de Mumbai. Ce sont les plus chères, mais elles sont grandes et illuminées par de nombreuses fenêtres. D'autres, plus petites, ont déjà subi les dommages du temps (tapisseries qui n'adhèrent plus au mur, etc.). Bref, un rapport qualité-prix variable selon les chambres.

The Gordon House Hotel *(zoom couleur, D3, **43**) : 5, Battery St. ☎ 22-87-11-22. • ghhotel.com • Réception au 2e étage. Double min 11 000 Rps (169,20 €), petit déj inclus.* Un monde paisible et très aseptisé se dissimule dans cette grande bâtisse blanche où chaque étage décline son thème : méditerranéen, scandinave et campagne chic. Ensemble confortable et nickel, toutefois certaines chambres sont fort petites et les tatillons ne manqueront pas d'observer que les finitions ne sont pas impeccables... Dommage pour le prix ! Service et accueil très à l'écoute.

Sur Marine Drive *(plans couleur I, B-C1 et couleur II, J10)*

Les prix sur Marine Drive sont plus élevés qu'ailleurs, en raison de la baie (cependant très bruyante) et on passe directement dans la catégorie chic. On paie plus pour la vue sur l'eau (qu'on n'a pas toujours d'ailleurs !) que pour la qualité du service...

Chic (800-1 600 Rps / 12,30-24,60 €)

Bentley Hotel *(plan couleur II, J10, **44**) : Krishna Mahal, D. Rd Corner, Marine Dr ; 3e étage. ☎ 22-81-52-44 ou 94-48. Double 900 Rps.* Des chambres souvent un peu biscornues, tout en longueur, dont la taille, l'ameublement et le nombre de fenêtres (zéro pour certaines) diffèrent. Curieusement, des couloirs disproportionnés conduisent parfois à des chambres minuscules ! En revanche, elles sont toutes proprettes et équipées d'un ventilo. Salle d'eau et w-c propres en commun pour tout le monde.

Marina Guesthouse *(plan couleur I, B-C1, **45**) : 145, Marine Dr. ☎ 22-82-19-24. Doubles 850-1 600 Rps.* Pas vraiment un hôtel ni tout à fait une chambre chez l'habitant, la *Marina* se définirait plutôt comme un genre de pension à l'ancienne mode. Sa poignée de chambres, avec ou sans salle d'eau privée, aligne des literies d'avant-guerre, des équipements basiques (TV et AC pour les plus chères) et une déco restée à l'état de projet. Les plus : leur taille respectable et des balcons pour verser une larme d'émotion face à la mer. Accueil aussi terne que les murs.

Très chic (3 000-4 500 Rps / 46,20-69,20 €)

Sea Green South Hotel *(plan couleur I, B1, **47**) : 145 A, Marine Dr. ☎ 22-82-16-13 ou 66-33-65-35. • seagreensouth.com • Double 3 300 Rps (50,80 €).* Frère jumeau du *Sea Green Hotel* voisin, cet établissement sans fioritures se distingue par les beaux volumes de ses chambres, toutes pourvues d'un mobilier fonctionnel des années 1950. Propres, sobres et claires, équipées d'AC, d'un frigo et de salles de bains rudimentaires. Bref, l'embonpoint des tarifs s'explique surtout par sa situation face à la baie. Le *Sea Green South* ne perd pas le nord !

Chateau Windsor Hotel *(plan couleur I, C1, **46**) : 86, Veer Nariman Rd. ☎ 22-04-44-55. • chateauwindsor.com • Doubles 3 500-4 400 Rps (53,80-67,70 €).* Hôtel vieux jeu au confort simple, au nom vraiment usurpé et dont l'accueil évoque plus un guichet de banque que la réception d'un hôtel ! L'ensemble est parfaitement tenu, les chambres premier prix sont simplement honnêtes et nous avons une nette préférence pour la n° 526 : esseulée sur le toit, elle profite de la vue et de la terrasse commune. Les chambres les plus chères sont nettement plus confortables et nickel. Un établissement avec deux poids, deux mesures.

Dans les quartiers du Fort, Ballard Estate et autour des gares

Bon marché (200-400 Rps / 3,10-6,20 €)

Ship Hotel *(plan couleur II, K10,* ***48****) : Bharati Bhavan, P. D'Mello Rd, en face du Government Dental College ; 3e étage.* ☎ *22-61-76-13 ou 22-63-00-97. Lit sans AC 130 Rps, avec AC 160 Rps ; doubles sans AC 320 Rps.* Autant le dire tout de suite, si vous n'aimez pas la promiscuité, le *Ship* risque de se transformer en véritable galère ! Dortoirs de différentes tailles (dont un monstrueux de 77 lits !), et quelques chambrettes en préfabriqué pour 1 ou 2 personnes, dont les cloisons fines ne montent pas jusqu'au plafond. Douches communes pour tous et boules Quies indispensables. Plusieurs avantages : des prix imbattables, pas mal placé, des dortoirs filles ou garçons, propres, et lits munis d'un coffre sous le matelas, avec clé personnelle. Très utile pour dépanner ou pour les bandes de copains. En revanche, on doit quitter les lieux à 9h !

Prix moyens (400-1 000 Rps / 6,20-15,40 €)

Lawrence Hotel *(plan couleur I, D2,* ***49****) : 33, Shree Saibaba Marg, Fort.* ☎ *22-84-36-18 ou 56-33-61-07. Résa conseillée. Double 500 Rps.* Dans un quartier sympa et animé, mais dans une ruelle calme en face du centre culturel allemand *Max Muller Bhavan Central.* Au 3e étage avec ascenseur d'un immeuble sale à la cage d'escalier vraiment peu engageante (et qui sert de dortoir quand la nuit tombe), mais l'hôtel est relativement correct. Une petite dizaine de chambres (1 à 3 personnes) au confort rudimentaire mais à peu près propres et à prix honnêtes. Douches et w-c communs bien tenus. Atmosphère et accueil agréables.

Hotel Popular Palace *(plan couleur I, E1,* ***50****) : 104-106, Mint Rd ; 1er étage.* ☎ *22-69-55-06 ou 22-67-93-55. À 10 mn de CST Station. Doubles 500-900 Rps.* Cet hôtel sans prétention est un rien déprimant avec ses couloirs étroits et ses couleurs ternes. Certaines chambres bénéficient de l'AC, d'autres sont privées de fenêtre, et les matelas manquent un peu de rembourrage. Néanmoins les chambres et les douches sont propres et les prix très concurrentiels pour la ville.

Retiring Rooms : *dans les gares. Pour toutes infos ou résas, s'adresser au* Station Manager. *Pas plus de 2 nuits sur place (et la 2e coûte plus cher). À la* CST Station, retiring rooms *au 1er étage, env 400 Rps/pers :* elles ne sont vraiment pas marrantes. À Mumbai Central, *c'est au 3e étage, à gauche en entrant : min 500 Rps/pers pour les moins chères (600 Rps la double) et 180 Rps en dortoir. Multiplier le prix par 2 pour une chambre avec AC.* Pratique pour une arrivée tardive ou un départ très matinal, mais mieux vaut d'abord tenter sa chance dans les petites adresses du coin.

De chic à plus chic (1 000-2 600 Rps / 15,40-40 €)

Residency Hotel *(plan couleur I, D-E1,* ***52****) : à l'angle de Rustom Sidhwa Mg et de D. Naoroji Marg.* ☎ *66-67-05-55 ou 22-62-55-25. • residencyhotel.com • Double min 2 000 Rps.* Une fois n'est pas coutume, le hall rutilant n'est pas un leurre : il annonce des chambres impeccables, confortables et faisant même preuve d'un soupçon de personnalité (version kitsch, certes).

MUMBAI (BOMBAY) ET SES ENVIRONS

Autre avantage, cet hôtel de taille moyenne est situé dans un quartier agréable proche de la CST Station. Une très bonne adresse.

Hotel Manama *(plan couleur II, K10, **51**) : 221-225, P. D'Mello Rd. ☎ 22-61-34-12. • hotelmanama.com • Proche de la* CST Station. *Doubles 1 200-1 600 Rps selon confort.* L'hôtel classique pour voyageurs en transit : ambiance et déco maussades, mais des chambres propres (avec ou sans AC, avec ou sans fenêtre, mais toutes avec TV !) et on irait même jusqu'à dire qu'elles jouissent dans l'ensemble d'une légère (on a dit légère !) touche d'élégance.

YMCA International House *(plan couleur II, J7, **53**) : 18, YMCA Rd. ☎ 23-07-06-01 ou 23-09-12-62. • ymcabombay.com • À 5 mn à pied de Mumbai Central, à gauche en sortant puis à droite à la pharmacie. Pour rejoindre Colaba, prendre le train jusqu'à Churchgate ou les bus n° 70 ou 74 de Mumbai Central. Résa conseillée. Carte de membre 120 Rps ; doubles 1 400-2 600 Rps selon confort (sdb privée ou commune, avec ou sans AC).* Vraiment excentré et valable surtout si, de passage seulement, vous devez reprendre un train de Mumbai Central. L'ensemble est géré comme un hôtel, si ce n'est mieux. C'est nickel à faire pâlir un adjudant passant une revue ! Les tarifs sont assez élevés, mais les doubles avec sanitaires en commun sont d'un honnête rapport qualité-prix, puisque le petit déj et le dîner sont inclus.

Hotel City Palace *(plan couleur II, K10, **54**) : 121, City Terrace. ☎ 22-66-66-66 ou 22-61-47-59. • hotelcitypalace.net • En face de l'entrée principale de la* CST Station. *Doubles 1 100-2 050 Rps ; également des chambres pour 3 ou 4 pers.* Petit hôtel tiré à 4 épingles, stratégiquement situé face à la gare, dans un quartier animé. Chambres minuscules pour les moins chères, avec ou sans fenêtre, certaines donnant sur la place. Si possible, demandez à en voir plusieurs et, pour quelques roupies de plus, préférez la *deluxe* à l'AC classique.

Où dormir pas trop loin de l'aéroport ?

Pour ceux qui doivent prendre un vol tôt le matin, il est plus sûr de loger aux abords de l'aéroport. Dans les environs immédiats, hôtels de luxe uniquement *(Hyatt, Sheraton)* fréquentés par les équipages et les passagers en transit. Le mieux est de s'installer à *Juhu Beach* au nord-ouest de l'aéroport, accessible en rickshaw en 20 mn. Grande plage et animation dans le village. Le temple de Krishna vaut aussi une petite visite.

De plus chic à beaucoup plus chic (1 600-5 000 Rps / 24,60-76,90 €)

Sea View Hotel : *Juhu Beach, Santa Cruz. ☎ 26-60-59-42 ou 29-22. Face à la plage, entrée par un grand parking. Double avec sdb, avec ou sans AC, env 1 600 Rps.* Petit complexe, genre motel de bord de plage, constitué de plusieurs bâtisses jaunes qui abritent des chambres en rez-de-chaussée. Simple, propre et, surtout, l'hôtel fait aussi resto-bar avec une terrasse très agréable face à la mer. En plus, le cadre donne presque le sentiment d'échapper à l'agitation urbaine.

Iskcon Ashram : *Hare Krishna Land, à Juhu. ☎ 26-20-68-60. • guest.house.bombay@pamho.net • Doubles 1 600-2 000 Rps.* Ces 2 drôles de tours à l'architecture tarabiscotée sont souvent animées comme une ruche : elles font partie de la *Société pour le développement de la conscience de Krishna,* dont le temple est juste à côté. Mais vous n'êtes pas obligé d'y faire vos dévotions. Chambres propres, spacieuses et correctes, avec AC pour certaines, TV, salle d'eau et balcon, le tout agrémenté d'images pieuses assez kitsch. Certaines pièces sont malheureusement victimes de l'humidité, qui laisse des marques et une odeur peu

agréable. Adresse non-fumeurs.
Hotel Four Seasons : *5, Juhu Tara Rd ; en face de Juhu Church.* ☎ *26-63-14-41 ou 26-17-75-35.* • *hotelfourseasons@india.com* • *Double env 5 000 Rps (76,90 €).* Hôtel de la catégorie soi-disant supérieure, à la réception sombre et vieillotte. Côté chambres, la tenue n'est pas toujours impeccable, la déco n'a rien de bien excitant non plus.

Où manger ?

À Colaba et dans le quartier du Fort

De très bon marché à bon marché (max 150 Rps / 2,30 €)

Bademiya *(zoom couleur, D3,* ***60****) : Tullock Rd. Ouv slt le soir.* Qui l'eût cru ? Ce petit stand ambulant a volé la vedette à bon nombre de restos bien établis du quartier ! Le soir venu, la rue est envahie de jeunes bobos, de voyageurs, et même de notables dévorant les brochettes de poulet ou de mouton dans leur voiture. Il y a bien quelques tables en face, mais autant se résoudre tout de suite à devoir goûter debout les *rotis* cuits à la commande. Incontournable à Colaba.

Hotel Majestic *(zoom couleur, D3,* ***61****) : Colaba Causeway. Tlj 7h30-23h.* L'enseigne aux couleurs bleu et rouge flashy est immanquable. Grande salle un peu froide, genre grande cantine où se restaurent les employés du coin, réchauffés par le bruissement ininterrompu des conversations. Pas mal de choix, bon marché, sans prétention, le tout plutôt épicé. Les *thalis* sont à prix très doux et excellents. Serveurs pas toujours très pressés, mais bon...

Bagdadi *(zoom couleur, D3,* ***62****) : Tullock Rd, derrière le* Taj Mahal Hotel. *Tlj 7h-minuit.* À midi comme le soir, animation d'enfer. Cantine populaire sans fard, divisée en box avec banquettes en moleskine et Formica, le tout éclairé au néon. Relativement propre, sympa et pas cher du tout. Excellents *tandooris* et énooormes *chapatis*.

Kailash Parbat *(plan couleur I, C5,* ***63****) : 1, Pasta Lane.* Ce végétarien est devenu une institution dans le quartier et même un label de qualité. Y venir déjeuner avant le rush de 13h. Salle marbrée à claire-voie agréable et bien ventilée. Longue carte de plats inspirés de la cuisine sindhi. Mais aussi sandwichs, milk-shakes et jus de fruits. Le *thali* de base à quelque 80 Rps est déjà bien copieux. Desserts confondants et service efficace.

Kamat Restaurant *(zoom couleur, D4,* ***64****) : Colaba Causeway, presque à l'angle de Best Marg. Tlj 10h30-22h. Ts les dim, petit déj-buffet 8h30-11h (à condition d'aimer le genre épicé dès le mat).* Resto aux allures de brasserie populaire servant des spécialités de l'Inde du Nord et du Sud. Relativement bon marché selon votre appétit. Salle avec AC au 1er étage. On préfère la salle au rez-de-chaussée, plus simple et très fréquentée par les Indiens tout au long de la journée. Cuisine végétarienne réputée à juste titre, *thali* bien épicé et *dosaï* croustillants... Excellent accueil.

Prix moyens (150-300 Rps / 2,30-4,60 €)

Apoorva *(plan couleur I, E1,* ***65****) : 34, Vasta House (Nobel Chambers), S. A. Brelvi Rd.* ☎ *22-87-03-35. Tlj 12h30-16h, 18h-23h30.* Resto et bar à la fois, fréquenté par les Indiens. Salle tout en longueur, avec des banquettes en fer forgé. Bas-reliefs avec la sibylle de Cumes et la pythie de Delphes. Spécialités de poissons et de crustacés bien maîtrisées. Essayez le *gassi* de crevettes, un curry à la noix de coco, un délice. Bon rapport qualité-prix.

Britannia & Co Restaurant *(plan couleur I, F1,* ***67****) : Wakefield House, 11, Sprott Rd, Ballard Estate.* ☎ *22-61-52-64. Tlj sf dim 11h30-16h.* Une institution que ce petit resto parsi tenu par la même famille depuis l'ouverture de ses portes en 1923. On soupçonne même la déco et la peinture verte d'être d'origine ! Quelle activité sous le haut plafond décati où tourbillonnent les ventilos : les employés de bureau du quartier viennent en masse à midi, les familles et les amis s'y retrouvent pour déjeuner le samedi et, pourtant, la promesse de vous servir en 10 mn est tenue. On ne s'attarde pas ici mais on profite de plats généreux et bien préparés, comme le *berry pulao* (riz au mouton ou au poulet, agrémenté d'oignons frits, de noix de cajou et de baies rouges d'Iran).

|●| ***Leopold Café*** *(zoom couleur, D3,* ***37****) : Colaba Causeway, à l'angle de Naoroji Rd.* ☎ *22-02-01-31. Tlj 8h-minuit.* Resto-café cosmopolite qui sévit depuis 1871. La salle, style années 1930 revisité, a conservé un seul objet d'époque avant rénovation : une vénérable horloge Art déco. Du petit déj au dernier drink, c'est ici que les Occidentaux de Colaba se donnent rendez-vous pour manger chinois ou une cuisine indienne adaptée... même les prix se sont occidentalisés ! Sincèrement, ce type d'endroit n'est pas trop notre tasse de chaï... mais bon, si votre palais ou votre estomac demande un répit... Bondé en soirée et extrêmement bruyant.

|●| ***Delhi Darbar*** *(zoom couleur, D3,* ***66****) : Holland House, 15, Colaba Causeway.* ☎ *22-02-02-35. Tlj jusqu'à minuit env.* Honnête cuisine moghole servie dans cadre un peu formel qui n'a rien de renversant. C'est toujours bondé (surtout à midi). On déplore un service assorti au décor : un peu froid !

|●| ***Chetana*** *(plan couleur I, D2,* ***68****) : 34, K. Dubash Marg, Kalaghoda.* ☎ *22-84-49-68. Tlj 12h30-15h30, 19h30-23h30.* Cadre de brasserie proprette avec chaises en osier et fresques au plafond. N'hésitez pas à demander de baisser la clim' si votre table est en dessous, ils ont tendance à la mettre au max. L'endroit est connu pour ses bons *thalis* (seuls plats servis à midi). Attention : épicé ! *Lassi* décevant, en revanche. Le soir, également quelques spécialités soignées du Rajasthan et du Gujarat. Petite boutique et librairie adjacente. Livres sur l'Inde traditionnelle et la spiritualité.

Chic (400-700 Rps / 6,20-10,80 €)

|●| ***Trishna*** *(plan couleur I, D2,* ***69****) : Shree Saibaba Marg.* ☎ *22-70-32-13. Près de l'*Art Gallery*, dans une ruelle perpendiculaire à Dubash Marg. Résa conseillée. Tlj 12h-16h, 18h-minuit.* On ne s'attend pas à dénicher un resto de cette qualité en plein cœur d'un quartier plutôt délabré. Et pourtant, ses 2 petites salles cosy font le plein chaque soir ! On vient de loin pour déguster son poisson préparé avec raffinement. En fait, on peut dire qu'il y a 2 cartes : une chic, voire très chic (plats autour de 450 Rps), et une autre plus raisonnable. Produits d'une grande fraîcheur et armée de serveurs attentionnés. Très bon *lassi*. Une adresse incontournable, à ne pas manquer. Très appréciée de la bourgeoisie locale, des expats de Mumbai et des gourmets.

|●| ***Ling's Pavilion*** *(zoom couleur, D3,* ***70****) : 19-21, Mahakavi Bhushan Marg, KC College Hostel Bldg, Lands Downe Rd.* ☎ *22-85-00-23. Derrière le cinéma* Regal. *Résa conseillée le w-e.* Resto chic très fréquenté par la bourgeoisie locale. On y déguste une cuisine chinoise raffinée dans un décor intime réussi et très soigné : fresques, bassins poissonneux et petits ponts, le tout baignant dans une lumière douce (un peu verdâtre, certes !).

Très chic (min 700 Rps / 10,80 €)

|●| ***Khyber Restaurant*** *(plan couleur I, D2,* ***71****) : 145, M. G. Rd.* ☎ *22-67-32-27. Tlj 11h30-15h30, 19h30-minuit. Résa conseillée. Repas min 900 Rps.* Près de l'*Art Gallery*, baie vitrée et porte de bois sculpté enchâssée. De la vraie gastronomie dans un décor moghol somptueux, qui tient à la fois de la caverne d'Ali Baba et du palais des *Mille et Une Nuits* : marbre, poutres, portes

voûtées et parois ajourées s'échelonnent le long de plusieurs salles en enfilade. Fréquenté par beaucoup d'Occidentaux ainsi que de nombreux Indiens. Spécialités de poissons et de plats végétariens d'une rare finesse. Mais aussi des viandes marinées dans le yaourt aux épices, fondantes en bouche. Serveurs aux petits soins. Ambiance intime propice aux dîners en amoureux. Une adresse vraiment exceptionnelle.

|●| ***The Excellensea** (plan couleur I, E1, **72**) : Bharat House, Shahid Bhagat Singh Rd. ☎ 22-61-89-91.* Un resto de poisson fréquenté par les cadres et employés des entreprises des environs. Au rez-de-chaussée, la brasserie propose une carte simplifiée dans un cadre des plus neutre. À l'étage, l'*Excellensea* proprement dit sort le grand jeu avec des spécialités du Karnataka délicatement travaillées... à l'inverse de la déco d'une lourdeur pachydermique et du plafond au ras des oreilles ! Prix assez élevés pour les crustacés mais plus modérés pour les poissons moins nobles (comme le *pomfret*). Serveurs aux petits oignons, mais qui poussent allègrement à la consommation.

|●| ***Indigo** (zoom couleur, D4, **73**) : 4, Mandlik Rd. ☎ 56-36-89-99. Min 1 000 Rps.* L'adresse branchée avec bar design, musique à fond et salle où l'on grelotte sous la clim'. Déco minimaliste chic ; bougies et compositions florales sophistiquées... En janvier-février (fermée le reste de l'année), pour un dîner en amoureux préférez la terrasse sous les arbres où les lampions distillent une atmosphère romantique. Cuisine très italienne avec quelques incursions indiennes. Vins de qualité, mais au prix du platine en lingot. Bref, une adresse différente, branchée, plutôt tape-à-l'œil. À fuir pour les amateurs d'adresses simples, chaleureuses et tranquilles.

De Marine Drive à Church Gate *(plan couleur I, C-D1-2)*

Très bon marché (max 70 Rps / 1,10 €)

|●| ***Satkar** (plan couleur I, C1, **74**) : Express Building, à Church Gate, derrière la gare. Tlj 10h-22h.* Resto propret et lumineux, flanqué d'une grande terrasse arrondie entourée d'arbres. Petit snack à l'extérieur. Fréquenté à toute heure par les employés de bureau du quartier. N'hésitez pas à vous asseoir à côté de quelqu'un, sur les banquettes disposées en compartiment de train. Eux n'hésiteront pas. Petite cuisine populaire bon marché.

|●| ***Croissant, etc.** (plan couleur I, C1, **75**) : au croisement de Nariman et Maharshi Rd, à l'opposé du cinéma* Eros. Un fast-food bleu électrique et blanc façon *sixties*, avec éclairage au néon et une ambiance à plomber le moral. Cela dit, les croissants fourrés (salés ou sucrés) et autres pâtisseries se mangent avec plaisir. En revanche, pour le petit déj café-croissant, ce sera sans café ! (Ils ne servent que des boissons froides.)

Prix moyens (150-230 Rps / 2,30-3,50 €)

|●| ***Samrat** (plan couleur I, C2, **77**) : Prem Court, Tata Rd, près de Churchgate Station, à côté d'*Egypt Air. *☎ 22-82-00-22. Tlj 12h-22h30.* Deux grandes salles assez chic avec AC. Celle du rez-de-chaussée est plus chaleureuse ; au 1er étage, un style Art déco un peu métallique. Cuisine végétarienne renommée. Les *thalis* sont savoureux et adroitement parfumés, sans pour autant prendre vos papilles pour des punching-balls ; c'est un carnaval de saveurs délicates. Très fréquenté par les familles de la *middle class* indienne et les cols blancs du secteur. On aime bien cet endroit qui sert un des meilleurs *thalis* de la ville.

|●| ***Tea Centre** (plan couleur I, C1, **76**) : 78, Veer Nariman Rd, Church Gate. ☎ 22-81-91-42. Caché au fond du hall*

de l'immeuble. Salon de thé d'une autre époque, à la déco très verte et un rien vieillotte. Clientèle aisée constituée d'hommes d'affaires, de groupes d'amis, de familles. Au son d'une musique classique discrète, des serveurs enturbannés servent avec savoir-faire plus de 20 sortes de thés, à déguster avec des *scones*, un *cheesecake* ou, pourquoi pas un de leurs petits plats salés. Bon mais pas donné.

|●| ***Shiv Sagar*** *(plan couleur I, C1,* ***78****) : Veer Nariman Rd, Church Gate.* ☎ *22-82-48-62.* Cuisine pendjabie. Une adresse deux en un : en terrasse carte snack et à l'intérieur une grande salle agréable coiffée d'une mezzanine propose une carte plus étendue. Fréquenté par de joyeuses bandes de copains et des familles en balade. Convivial.

Où manger sur les marchés ?

Prix moyens (150-300 Rps / 2,30-4,60 €)

|●| ***Rajdhani*** *(plan couleur II, J9,* ***79****) : Sheikh Memon St.* ☎ *23-42-69-19. Face au marché des tissus Mangaldas Market, près de Crawford Market. Tlj sf dim soir 12h-16h, 19h-22h30.* Un peu difficile à repérer au milieu des étals : chercher une façade étroite au fronton rectangulaire bleu turquoise. Excellent *thali.* C'est l'occasion de voir ou de revoir le ballet quasi muet des serveurs en tenue, avec leurs plateaux de *chapatis*, de riz, de *curries* et de *chutneys*, qui se succèdent sans cesse pour vous en mettre plein la panse. Le seul vrai resto du coin, fréquenté jalousement par les habitués qui ont flairé la bonne affaire.

Où boire un verre ?

À Colaba et Ballard Estate *(plan couleur I, D2 ; zoom couleur ; plan couleur II, K10)*

🍷 ***Café Mondegar*** *(zoom couleur, D3,* ***90****) : Colaba Causeway, à deux pas du cinéma* Regal. Troquet cosmopolite où fraternisent les routards au son d'une musique américaine très *eighties* diffusée à plein régime, notamment en soirée, quand l'endroit est bondé. Idéal pour les voyageurs en solo à la recherche d'un compagnon de route. Pour un bon petit déj, un jus de fruits l'après-midi, un excellent *banana lassi* ou une bière le soir. En revanche, carte internationale pas terrible.

🍷 ***Koyla*** *(zoom couleur, D4,* ***96****) : Bandar Rd.* ☎ *66-36-47-27. Prendre l'ascenseur jusqu'au dernier étage. Tlj 20h-1h30. Résa conseillée.* Gigantesque toit-terrasse avec des pergolas lumineuses et des canapés bas sur du sable doré. Lieu de prédilection de la jeunesse tranquille. On peut aussi y manger une cuisine simple à prix moyens. Petit belvédère avec vue sur la baie.

🍷 ***Café Universal*** *(plan couleur II, K10,* ***91****) : 299, S. B. Singh Rd.* Bar à vins et à bières installé dans une belle bâtisse jaune Art nouveau. Intérieur aéré, brillant comme un sou neuf, tables de bois, quelques tableaux, alignement élégant de bouteilles sur un mur. Ambiance assez chic, sans être coincée ni branchée. Parfait aussi pour un petit déj ou pour grignoter un en-cas.

🍷 ***Café Samovar*** *(plan couleur I, D2-3,* ***92****) : à l'intérieur de la* Jehangir Art Gallery, *à 100 m à gauche de l'entrée de l'ex-*Prince of Wales Museum *(quand on lui fait face). Tlj sf dim 10h30-19h30.* Café tout en longueur, sorte de terrasse couverte près des arbres. Très agréable et paisible comme tout. Jolie décoration, simple et amusante. On dirait une cave ouverte sur un jardin... Serveurs un peu blasés par l'ambiance étudiante du lieu, si rare à Mumbai. Petite carte pour se restaurer, pas fantastique. Musique pas techno... plutôt ethno !

🍸 ***Olympia Coffee-House*** *(zoom couleur, D3, **93**) : Colaba Causeway, face au* Leopold Café. *Tlj sf ven ap-m.* L'inverse du *Leopold* : presque que des Indiens, principalement musulmans, dans un vieux bistrot au cuir racorni par les ans. Vieux miroirs, boiseries rétro, bouteilles alignées et vieilles inscriptions... Une survivance du Bombay d'antan où il fait bon prendre un verre (pas de bière, on est en terre d'islam), ou un bon petit déj simple mais avec des œufs cuits à point et du pain tendre. L'endroit étant surtout fréquenté par des hommes, les routardes esseulées ne s'y sentiront peut-être pas très à l'aise.

Autour de Marine Drive *(plan couleur I, B-C1)*

🍸 ***Mocha Bar*** *(plan couleur I, C1, **78**) : 82, Veer Nariman Rd. ☎ 22-33-60-70.* La terrasse préférée de la jeunesse dorée de Mumbai. Protégé par un écran de plantes vertes, le décor oriental favorise une atmosphère sereine : canapés, poufs, tables basses et, trônant prêts à l'emploi, des narghilés colorés (*shisha,* appelés ici *hookah*). Les serveurs portent même un fez à l'égyptienne pour forcer le trait. L'intérieur aux couleurs chaudes et avec mezzanine incite le chaland à s'attarder. Large choix de cafés de toutes provenances, vins (chers) au verre, cocktails, large choix de bons milk-shakes, des crêpes, des omelettes, des sandwichs, des tapas, et tout et tout... En revanche, c'est pas donné ! Quant au droit de tirer sur la *hookah,* il se chiffre de 150 à 325 Rps pour 2 personnes selon le tabac (pomme, abricot, framboise, etc.).

🍸 ***Gaylord*** *(plan couleur I, C1, **94**) : Mayfair, Veer Nariman Rd. ☎ 22-82-12-59.* Belle terrasse ventilée pour prendre un thé, un petit déj ou un plat occidentalisé si l'on est riche. Mieux vaut se contenter d'un *drink on the rocks,* histoire de profiter à moindre coût de la déco exubérante de la salle : moulures, fresques et mobilier si pompeux qu'ils en deviennent drôles ! Ou alors emportez une douceur provenant de leur boutique.

Où sortir ?

♪ ***Not Just Jazz by the Bay*** *(plan couleur I, C1, **95**) : 143, Marine Dr. ☎ 22-85-18-76 ou 22-82-09-57. Entrée : 150-200 Rps.* Autant vous prévenir, l'endroit est très prisé par la bourgeoisie locale et internationale, mais du moment que vous n'êtes pas en short... Dans le style boîte de jazz, c'est assez réussi. Mélange de genres assez éclectique, concerts live du mercredi au samedi, souvent de très bonne qualité (jazz, pop, blues ou rock : consultez le programme) et karaoké les autres soirs. Ne pas oublier de réserver si vous voulez une table. Carte et ambiance typiquement à l'américaine, cocktails et brownies de rigueur.

Mumbai gratuit

Si l'hébergement et les restos sont onéreux à Mumbai, la découverte de la ville en revanche pourra se faire à moindre coût : en effet, peu de grands musées (chers pour le coup, sauf le *Nehru Centre,* gratuit), mais beaucoup de temples, de quartiers, de marchés où flâner, s'imprégner de la ville, découvrir de belles tranches de vie ou dépenser les sous que vous n'aurez pas consacrés aux musées !

À voir. À faire

➢ ***Tour des musées de la ville :*** *organisé par l'office de tourisme de l'État du Maharashtra (MTDC ; plan couleur I, B-C2) : bureaux sur Madam Cama Rd. ☎ 22-84-*

18-77 et 22-02-67-13, tlj 10h30-17h30. Tours à 9h30 et 13h30 ; durée : 4h30. Résa indispensable. Prix : 200 Rps/pers. Ils ont aussi un guichet parmi toutes les guérites de la Gateway of India.

Colaba

***Taj Mahal Hotel** (zoom couleur, D3-4) **:** Apollo Bunder.* C'est tout bête, mais on préfère le rappeler : le *Taj Mahal Hotel* n'a rien à voir avec le Taj Mahal d'Agra, qui est un mausolée.

Ouvert en décembre 1903 par la famille Tata, c'est l'hôtel le plus prestigieux d'Inde. Le riche industriel parsi en avait décidé la construction après s'être vu refuser l'entrée du meilleur établissement de l'époque, alors réservé aux Occidentaux. L'hôtel incriminé a disparu depuis longtemps, alors que le *Taj* est devenu l'une des fiertés de la ville... Coiffé d'un dôme imposant, il présente une colossale façade victorienne dont l'harmonie est quelque peu esquintée par la construction récente de la haute tour qui lui est accolée. Dans le long couloir du rez-de-chaussée, galerie de photos de personnalités qui logèrent ici : Hitchcock, Clinton, Chirac, Dominique Lapierre en compagnie de son éditeur Robert Laffont. Resto libano-égyptien (cher) appelé ***Souk*** au dernier étage. Certains soirs de réception (le 15 août, par exemple, jour anniversaire de l'Indépendance), véritable défilé de saris somptueux. Spectacles de danse indienne classique régulièrement.

UN ENDROIT À L'ENVERS ?

La petite histoire veut que, suite à une erreur de construction, le Taj Mahal Hotel *offre à voir de prime abord sa façade arrière, et non la façade principale... laquelle serait en fait côté piscine. Il est vrai que le vaste hall qui borde ladite piscine ferait une bien belle réception, et que la façade sur rue, avec ses 2 petite portes d'entrée, est bien austère... Certains osent même prétendre que l'architecte, lorsqu'il s'aperçut de la méprise, se jeta d'une fenêtre de l'établissement. Mais cette interprétation de l'étonnante architecture du* Taj Mahal Hotel *reste controversée...*

Gateway of India** (zoom couleur, E4) **: gros arc de triomphe élevé en 1914 pour commémorer la venue en 1911 de l'empereur des Indes, le roi George V. Pour la petite histoire, rappelons que Gandhi, qui avait un sens inné de l'à-propos, choisit le moment précis de l'arrivée du couple royal pour lancer sa campagne de non violence, en vue d'obtenir le départ définitif des Anglais. La *Gateway of India*, de style gujarati du XVIe s, est un lieu de balade classique des habitants de Mumbai. C'est aussi le point de départ des bateaux pour l'île d'Elephanta.

***Chhatrapati Shivaji Maharaj Vastu Sangranhalaya** (ex-Prince of Wales Museum ; plan couleur I, D3) **:** M. G. Rd. Bus n° 123 de* Churchgate Station. *Tlj sf lun 10h15-18h. Entrée : 300 Rps (4,60 €) ; réduc étudiants ; audioguide en français inclus dans le prix. Consigne obligatoire (gratuite) pour les sacs volumineux.*

Ce monument imposant (merci d'avoir fait court en le rebaptisant !) fut construit à partir de 1905 pour saluer la 1re visite en Inde du prince de Galles, futur George V. Entouré d'un parc très bien entretenu, il constitue un exemple intéressant de ce style hybride baptisé indo-sarracénique, mêlant avec audace l'architecture typique du Gujarat aux influences britanniques et orientales. Sous son gigantesque dôme d'inspiration moghole, il abrite de belles collections de miniatures, de sculptures, de peintures, d'ivoires. Pour cette passionnante balade à travers les siècles et les styles, compter 2-3h de visite.

Au rez-de-chaussée, sculptures indiennes très anciennes regroupant des bouddhas du Gandara ou des statues trouvées à Elephanta, et petite section d'histoire naturelle avec un très rare tigre blanc. Au 1er étage, pièces d'ivoire sculpté, bronzes

et arts décoratifs et, surtout, une splendide série de miniatures mogholes du XVIIIe s. Une galerie présente des objets et ornements tibétains, bronzes népalais, samovars, lampes de temples, etc. Ne pas manquer, au 2e étage, la fabuleuse et inestimable collection de jades appartenant à la famille Tata (encore eux !), bijoux en argent, coffrets en ivoire ciselé. Superbe collection de paravents japonais, d'armes blanches, d'armures mogholes et de sabres richement décorés. Vitrines de porcelaines chinoises du XVIIIe s, coraux de la collection Tata, objets ciselés décoratifs ou usuels comme ces étonnants flacons de parfum et de tabac à priser. Pour terminer, petite sélection de peintures européennes provenant de la collection Tata.
– Si vous avez du temps, à 100 m à droite en sortant de l'ex-Prince of Wales Museum, petit *musée d'Art moderne* (gratuit) avec des expos d'œuvres (à vendre) d'artistes locaux. C'est là que se trouve le café *Samovar*. Très beau magasin d'antiquités au sous-sol (fermé le dimanche).

De Church Gate à Marine Drive

Les paniwallahs : une profession insolite, exercée par les *maharashtras*, la caste fondatrice de Mumbai. Les *paniwallahs* sont les vendeurs d'eau, qu'ils tirent du puits situé devant la cour de justice *(High Court ; plan couleur I, D1-2)*. Ces hommes transvasent l'eau dans des barils qu'ils emportent dans les quartiers dépourvus d'eau courante.

***Les dabbawallahs :** en bordure de* Churchgate Station *(plan couleur I, C1)*. En semaine, à 11h30 précises.
Ce spectacle est un des plus singuliers de Mumbai : le tri et le classement de milliers de gamelles sur les trottoirs avoisinant la gare. L'origine du métier de *dabbawallah* tient d'un fait social important, reflet étonnant de la survivance des castes à Mumbai : en un mot, il est encore interdit à de nombreux Indiens d'ingérer de la nourriture préparée n'importe comment et par n'importe qui. Chacun peut ainsi déjeuner selon ses rites en toute sérénité, et de plats fraîchement préparés. C'est un véritable tour de force d'organisation !

DABBA ? VOILÀ !

Depuis plus d'un siècle, les dabbawallahs *(de* dabba *: gamelle et* wallah *: personne) sont une fascinante prouesse d'organisation. On estime à 200 000 le nombre de gamelles livrées chaque jour sur les lieux de travail. Chaque fin de matinée, un* dabbawallah *vient chercher à domicile (jusqu'en grande périphérie) le déjeuner que l'épouse aura confectionné. Puis le grand réseau des* dabbawallahs *se met en branle, les gamelles numérotées passent de main en main, prennent le train et arrivent à* Churchgate Station *à 11h30 précises. Là, d'autres* dabbawallahs *prennent le relais pour livrer le déjeuner encore chaud. C'est une mécanique d'une incroyable précision, quasi infaillible.*

Marine Drive *(plan couleur I, B1-2)* **:** c'est la promenade favorite des habitants de Mumbai le soir, appelée ici *Necklace of the Queen*, « le collier de la reine » (c'est de la grande Victoria qu'il s'agit, *of course !*), pour sa rangée de lampadaires illuminés quand la nuit tombe. Ils poussent l'imagination un peu loin, quand même ! Circulation intense, mais enfin un endroit aéré dans cette ville assourdissante. Tout le long, sur le parapet, on vend des noix de coco et autres petites choses. C'est là que Jean-Hugues Anglade descend de son taxi dans *Nocturne indien*. Voir aussi les belles demeures coloniales à l'abandon, en allant vers le nord.

Le quartier de Victoria Station (CST) et ses marchés

➢ **Le Bombay néogothique :** pour les fanas d'urbanisme, une petite tournée des délires architecturaux du XIXe s s'impose. Arrêt obligatoire devant la célèbre gare

Victoria Station (*désormais nommée* CST *; plan couleur II, K10),* orgueil de l'Empire britannique inauguré en 1887. Difficile de rester indifférent au bestiaire grimaçant jouant à cache-cache dans une jungle de minarets, de colonnes corinthiennes ou de flèches exubérantes. Ce festival de gargouilles expressives est né sous les coups de ciseau des meilleurs sculpteurs du moment, dont les étudiants de John Lockwood Kipling, père de Rudyard et principal de la J. J. School of Arts. Cerise sur le gâteau, cette folie gothico-moghole d'un kitsch très abouti est couronnée d'un dôme serti d'une statue colossale figurant le « Progrès ». Un bel effort qui méritait bien son inscription au Patrimoine mondial de l'humanité ! Rebaptisée *Chhatrapati Shivaji Terminus* par les autorités, tout le monde continue de l'appeler affectueusement par son petit nom, *VT.* N'oubliez pas non plus de jeter un œil au ***Municipal Corporation Building,*** *en face. Sur Mahatma Gandhi Rd s'élève* l'***université*** *(plan couleur I, D2),* avec sa grande tour illuminée, elle aussi en partie ornementée par Lockwood (lire le paragraphe suivant concernant les Kipling). Essayez d'aller visiter la très belle bibliothèque de l'université, au 1er étage ; le mieux, c'est d'entrer carrément devant le gardien de faction. *Près de Church Gate,* la ***High Court*** *(plan couleur I, D1-2),* édifiée en 1878, surmontée de statues figurant la Justice et l'Indulgence.

J. J. School of Arts et la maison natale de Rudyard Kipling *(plan couleur II, J-K10)* **:** *Dr D. Naoroji Rd. Près de Crawford Market et du Hag Building. Bus n°s 1, 103, 22 Ltd et 6 Ltd de Colaba.*

Ce n'est pas un musée, mais on peut facilement se balader dans ce bel édifice du XIXe s fréquenté par les étudiants des Beaux-Arts. Avec un peu de chance, vous tomberez sur une expo temporaire, de photos ou de peintures. Mais c'est aussi là que se trouve la maison natale de Rudyard Kipling. C'est une grande et belle demeure verte, en teck de Birmanie, retranchée dans un jardin à l'arrière des bâtiments principaux. Vous pourrez peut-être pousser le portail et lire la plaque posée par le dernier principal anglais de l'école : « Rudyard Kipling, fils de Lockwood Kipling (premier principal de la Sir J. J. School of Arts), est né ici le 30.12.1865. » La maison est toujours occupée par le doyen de l'école.

C'est donc d'ici que tout est parti... Rudyard (son prénom est le nom d'un lac anglais) vécut à Bombay une partie de son enfance. Il fut envoyé en Angleterre pour ses études, à son plus grand désespoir, mais revint à Lahore pour être journaliste. Toute sa vie, il garda de l'Inde, et de Bombay en particulier, un souvenir extrêmement fort. C'était un peu son paradis perdu, qu'il essaya de retrouver par l'écriture. Car après de nombreux voyages et un dernier séjour en 1891, Kipling ne revint plus jamais en Inde. Mais, de *Kim* au *Livre de la jungle,* ses œuvres sont habitées de cette enfance regrettée, jusque dans son autobiographie où il évoque encore Bombay avec nostalgie. Après avoir fait la carrière qu'on lui connaît, il meurt à Londres en 1936, juste deux jours avant son ami, le roi George V.

Quant au « J. J. » qui a donné son nom à l'école, c'était tout simplement Mr Jeejeebhoy, un mécène qui, dit-on, donna un peu de ses bénéfices provenant du commerce du coton et de l'opium.

Crawford Market *(Jyotiba Phule Market ; plan couleur II, K9)* **:** *bus n°s 1, 103, et 6 Ltd de Colaba.* Situées à 800 m au nord de la *CST Station,* les grandes halles de Mumbai sont un autre vestige de l'architecture britannique impériale. D'ailleurs, les observateurs reconnaîtront la patte de Lockwood Kipling, père de Rudyard, sur plusieurs frises illustrant la paysannerie indienne. Venir tôt le matin pour échapper à la bousculade et assister au ballet frénétique des débardeurs charriant quantité de marchandises. Le sens olfactif est sollicité de façon puissante. Tous les produits de la saison et du terroir, avec des montagnes de fruits et de légumes à la décoration très élaborée, mais aussi ses étals de boucherie (parfois peu ragoûtants) et ses épices. Prix deux fois moins élevés dans la cour ! Section réservée aux oiseaux, aux perroquets, aux pigeons et... aux poulets. La fontaine au centre du marché (souvent recouverte de cageots) mérite une photo pour ses bas-reliefs kitsch à souhait. Des pseudo-guides proposent une visite guidée de ce marché qui, étant un des plus touristiques, n'est pas celui où vous pourrez déambuler le plus tranquillement.

Zaveri Bazar *(plan couleur II, J9) : mêmes bus que pour les autres marchés. Descendre à Crawford Market.* Marché aux bijoux et à l'or. Ne présente que peu d'intérêt. Plein de boutiques, peu d'artisans, mais une animation démente où jouer des coudes entre les voitures à bras, les porteurs et les badauds relève du défi. Dans le même quartier, voir aussi la grande ***mosquée Jama Masjid*** *(plan couleur II, J9,* ***100****)*, dont les dômes immaculés sont surmontés de minarets fuselés. Au nord de Bhuleshwar Market, plus haut dans Kalbadevi Road, un temple à ne pas manquer. Tout le monde le connaît : c'est ***Mumbadevi Temple*** *(plan couleur II, J9)*, construit en l'honneur d'une divinité vénérée par les premiers habitants des lieux. Allez-y pour la ferveur qui y règne. Processions, musique, chants et possibilité de se faire poser le troisième œil ! Partout, des *marigolds*, ces soucis de couleur orange... Attention : pas de photos et pas de chaussures.

Randat Tahera, la mosquée des Dawoodi Bohras *(plan couleur II, J8,* ***101****) : à Bindhi Bazar, quartier de Mandvi. Entre Crawford Market et Chor Bazar, dans Randat Tahera St. Au 60 de S. V. P. Rd, prendre la rue qui fait l'angle avec le* New Best Restaurant. *Accessible aussi par le bus n° 130 depuis l'ex-Prince of Wales Museum.* Les Dawoodi Bohras sont cette petite communauté musulmane ismaélienne non reconnue par l'islam, dont on trouve des adeptes en France, sur l'île de la Réunion et à Madagascar. Leur chef vit à Mumbai, où il règne sur un million de pratiquants. C'est ce qu'on appelle une « petite communauté » en Inde ! Le 52e « dai-el-mutlaq » est le Dr Syedna Mohammad Burhanuddin Saheb. Son père est enterré dans la mosquée. La transmission est devenue héréditaire depuis le 46e, qui fut le dernier à être élu par les membres de cette secte créée au Yémen au début du XIXe s. La mosquée, tout en marbre blanc, est visitable à des heures différentes pour les hommes et les femmes.

Null Bazar *(plan couleur II, J8-9) : le marché aux poissons. À l'angle de Sardar Vallabhbhai Patel Rd (S. V. P. Rd) et de Jail Rd.* Au milieu des étalages de fruits et légumes, un petit marché couvert étonnant. De l'extérieur, une clameur. À l'intérieur, uniquement des femmes, toutes alignées dans la faible lueur du jour, drapées dans des saris de toutes les couleurs. Derrière leurs rangées de poissons, dont on ne voit que les ventres blancs, elles vendent à la criée. C'est un drôle de moment que de pénétrer dans ce lieu exclusivement féminin, si sombre et pourtant haut en couleur, et où les regards se posent sur vous dès que vous entrez. *Pas loin, dans Kika Street,* l'élégant marché aux métaux.

Chor Bazar *(plan couleur II, J8,* ***102****) : sur Maulana Shaukatali Rd. Mêmes bus que pour* Crawford Market. *Y aller plutôt le ven.* Immense bazar, genre puces, qui occupe plusieurs rues de tout un quartier. On y voit encore des rues entières de vieilles maisons aux encorbellements de bois parfois sculptés. Curieux, pratiquement aucune femme. Il faut dire qu'on y vend surtout du matériel de bricolage, des pièces de voiture, des clous rouillés. Sur Mutton Street, quelques vagues antiquaires. Un petit tour surtout pour flâner dans un milieu populaire.

Malabar Hill et ses environs

➢ *Bus n° 108 de la* CST Station *ou n° 106 du Colaba Depot ou de l'ex-Prince of Wales Museum ; il passe par le Hutatma Chowk (Flora Fountain, près de Church Gate).*
Malabar Hill est un quartier résidentiel luxueux. C'est le dernier coin de Mumbai qui a conservé sa personnalité d'antan, notamment autour de Walkeshwar Temple. Pour voir comment vivent les riches en Inde.

Chowpatty Beach *(plan couleur II, H-I9) : à l'extrémité nord de la baie de Mumbai. Bus nos 123 et 106 de Colaba Depot (arrêt Wilson College).* Plage de sable où règne une animation trépidante. Lieu de meeting politique pendant les combats pour l'indépendance, elle tient une place à part dans le cœur de la population. Y aller en fin d'après-midi ou en début de soirée, quand toutes les familles s'y retrouvent. Nombreuses attractions qui témoignent de l'inventivité des Indiens : ensemble de petits comptoirs-snacks, barbiers, tir à la carabine, minuscules manèges pour les enfants. Au fait, ce n'est pas parce qu'on a dit « plage » qu'on a dit « baignade » : l'eau est vraiment glauque.

Mani Bhavan *(plan couleur II, I8, **103**) : 19, Laburnum Rd. Tlj 9h30-18h. Bus nos 123 et 132 depuis Colaba (descendre à Wilson College ou Nana Chowk). Entrée gratuite, mais un petit don permettra d'entretenir les lieux.* C'est ici que séjournait Gandhi lorsqu'il venait à Bombay entre 1917 et 1934. Jolie maison dans un quartier bourgeois agréable, aujourd'hui transformée en bibliothèque et musée. Photos du Mahatma enfant, puis adolescent, avant qu'il ne devienne la conscience du pays. Plusieurs salles abritent des objets divers dont les copies de sa correspondance avec Tolstoï et le président des États-Unis Roosevelt, ou encore une stupéfiante lettre à Hitler dans laquelle il le supplie de penser à la paix. Le plus intéressant est la série de petites maquettes reconstituant les principales étapes de la vie du saint homme, depuis l'histoire du vol d'une pièce d'or, qui lui montra le chemin de la vérité, jusqu'à son assassinat, en passant par ses nombreuses marches pour l'indépendance. Petit musée instructif et émouvant.

Balbunath Temple *(plan couleur II, H8-9, **104**) : sur un promontoire au pied de Malabar Hill. Bus nos 101 et 106 du cinéma* Regal *et de* Churchgate Station. *Entrée par une allée bordée d'habitations, puis possibilité de prendre un ascenseur ou de grimper une volée de marches à pied.* Le plus ancien temple de Mumbai (1780). Architecture rococo étonnante et atmosphère très fervente. Une nuée d'artisans se dépensent pour restaurer les colonnes sculptées. Possibilité d'assister au rituel et à la vie des brahmanes et de leur famille au quotidien. On demande à nos chers routards de respecter ces lieux ; d'ailleurs on ne peut pénétrer dans la partie centrale du temple.

Jaïn Temple *(plan couleur II, G-H9, **105**) : Ridge Rd. Bus no 106 de Colaba Depot, de l'ex-Prince of Wales Museum ou de Hutatma Chowk (Flora Fountain, près de* Churchgate Station*).* Laisser ses chaussures à l'entrée. Tout le monde connaît le ***Walkeschwar Mandir*** (c'est son nom !). Construit en 1905, ce temple de marbre blanc est dédié au 1er Tirthankara (maître) du jaïnisme, Adinath. La façade tarabiscotée superpose une profusion de sculptures, mais l'intérêt principal du temple réside dans son animation et ses rituels de prière. De petites tables basses sont disposées devant le prieur. Avec des grains de riz, le dévot dessine des formes géométriques dont le *svastika* (voir « Religions et croyances » dans « Hommes, culture et environnement »), symbole jaïn. On utilise le riz complètement décortiqué, c'est-à-dire débarrassé de la balle et du son, car ainsi il ne peut plus germer. Le riz est donc symbole, dans ce cas-là, de la fin du cycle des réincarnations auxquelles tout jaïn aspire. Les formes géométriques symbolisent des images de pureté. Tout ce petit rituel de prières est passionnant à observer. Chants, offrandes, gestuelle et petit circuit devant les différents autels composent une symphonie incompréhensible aux béotiens mais d'une élégance et d'un charme indéniables. Si vous tournez autour de l'autel, faites-le dans le sens des aiguilles d'une montre.
À l'étage, les jaïns vénèrent une petite statue de marbre noir. À l'intérieur, ne pas abuser de la tolérance des jaïns et rester le plus discret possible.

Banganga Tank *(plan couleur II, G10, **106**) : tt au bout de la pointe de Malabar Hill. Bus no 108 depuis la* CST Station *(arrêt Malabar Hill).* Un escalier vous fera faire un saut dans le Moyen Âge en vous conduisant dans un village en plein Mumbai, avec un vaste bassin entouré de *ghats* et de petits temples. Tous les matins, de nombreux Indiens viennent y prier et y faire leurs ablutions. Dans les coins, votre

regard exercé aura remarqué la couche d'immondices que personne ne semble voir. Entouré de vieux immeubles pourris reliés par un dédale de venelles sans âge, ce quartier abrite une population qui n'a pas encore profité de la croissance économique, c'est le moins qu'on puisse dire. Taudis de brique, rues boueuses, mendiants claudiquant... Mais ces familles ne se laissent pas pour autant envahir par le désespoir ou la rancune. Chacun continue de se livrer à ses activités avec courage et fierté. Vous ne serez pas regardé avec envie ou haine, mais simplement considéré comme un passant lambda... à condition, bien sûr, de faire preuve de savoir-vivre. Sur un côté du *tank* (bassin), un petit temple. C'est le plus vénéré de Malabar Hill. Parfois, à côté, on peut voir une femme qui, pour quelques roupies, vous fait nourrir une vache sacrée. Ça porte bonheur, paraît-il. Près de la mer, en contrebas, un *ghat* où les hindous procèdent à la crémation des corps.
– À pied, à 5 mn de là, en se dirigeant vers la mer, vous n'aurez pas de mal à trouver le quartier des *dhobis,* membres de la caste (inférieure) des blanchisseurs. Ces travailleurs inlassables triment comme des bêtes pour laver des montagnes de linge. Ils font claquer les draps, les tordent, les battent, les rincent avec une énergie incroyable, les pieds dans des bacs à eau toute la sainte journée, le tout avec un sourire déconcertant (dans le nord de la ville, les *dhobis* de Jhagha Mahalakshmi sont carrément des milliers au coude à coude : vue étonnante depuis le port voisin). Derrière ce grand lavoir, aller voir les draps blancs étalés sur les sombres rochers, face à la mer d'Oman. Attention, une partie de ces roches sert aussi de latrines pour la population.

Hanging Gardens *(plan couleur II, H9)* **:** *au-dessus de Malabar Hill.* Ces fameux jardins suspendus sont en fait un grand parc fleuri agréable (mais très peu ombragé), un peu hors du tumulte urbain. Ils recouvrent les réservoirs de la ville. C'est une promenade dominicale très appréciée des familles indiennes. Près de ceux-ci, mais invisibles et inaccessibles, se cachent les ***tours du Silence de la communauté parsie*** *(plan couleur II, H8).* Les Parsis constituent la minorité la plus prospère de la ville (les plus connus sont la famille Tata). Sur les quelque 100 000 Pârsis que compte l'Inde, 65 000 vivent à Mumbai. Pour éviter les problèmes de consanguinité, cette communauté a fini par lever la loi d'endogamie. Originaires de Perse, ils fuirent leur pays au VIIe s suite à la conquête arabe, puis s'installèrent en Inde, avec leurs us et coutumes.
Le plus frappant de leurs rites reste la cérémonie funèbre. Près des jardins suspendus se trouvent cinq *tours du Silence* dans lesquelles les Parsis déposent les corps de leurs défunts, ainsi livrés aux oiseaux de proie afin de ne souiller ni la terre ni le feu, selon les principes de la religion de Zarathoustra. Avant d'être livré aux vautours, le 4e jour après le décès, c'est-à-dire après l'envol de l'âme du défunt, le cadavre est lavé à l'urine de bœuf. Seuls les porteurs de cadavres peuvent pénétrer dans les tours. Avec un peu de chance, vous pourrez voir les vautours (incroyablement énormes !), en prenant la route à gauche, en sortant des jardins suspendus. Marchez 300 m jusqu'à un porche de pierre, sur le côté gauche de la route. Les vautours sont là, dans les arbres environnants. Depuis quelques années, la raréfaction des vautours (due à une maladie) pose de sérieuses entraves à ce rite funéraire. Devant les protestations du voisinage (les odeurs devenaient gênantes), les Parsis ont opté pour l'installation de panneaux solaires, afin d'accélérer la décomposition des dépouilles. Bien sûr, refusez les propositions moyennant bakchich pour entrer dans les tours. C'est interdit, irrespectueux et on ne voit rien de plus.

Mahalaxmi Temple *(plan couleur II, H7)* **:** *au nord de Malabar Hill. Bus n° 83 de Colaba Depot.* Temple dédié à la déesse de la Prospérité. C'est un des plus populaires de la ville. Pour accéder au temple, on s'enfonce à pied au cœur d'un quartier coloré et vivant. Foule grouillante le dimanche. Nombreux vendeurs de colliers de fleurs (les *marigolds,* les soucis indiens...) ou de plateaux-offrandes « prêts-à-l'emploi ». Puis on grimpe quelques marches pour entrer dans le temple lui-même. Style sans intérêt mais, les jours de fête, animation démente.

Haji Ali Dargah *(plan couleur II, H6) : derrière le Mahalaxmi Temple. Bus n°s 124 et 83 depuis Colaba Depot. Temple sur un îlot en pleine mer.* Ce bâtiment à l'allure de mosquée construit au XIXe s, isolé dans la baie au bout d'une longue digue en croissant de lune, abrite le tombeau d'un saint homme musulman, riche marchand de Mumbai, qui se serait retiré en ermite sur un promontoire voisin après son retour du pèlerinage de La Mecque. Une autre version affirme qu'il serait mort en chemin, mais que son corps aurait été renvoyé miraculeusement à Bombay dans un cercueil emporté par la mer. La digue qui y mène (à marée basse seulement ; si celle-ci est haute... vous n'avez plus qu'à attendre !) est une promenade dominicale si prisée qu'il faut s'attendre à piétiner longtemps dans un flot ininterrompu de pèlerins. Elle constitue aussi, dans son genre, un effroyable parcours où se concentre en rangs serrés le catalogue complet de toutes les mutilations volontaires ou non qu'il est possible de répertorier en Inde. Avoir le cœur bien accroché pour y aller.

Worli

Nehru Centre *(plan couleur II, I6) : Dr Annie Besant Rd, Worli. ☎ 24-96-46-76. Tlj sf lun 10h30-17h. Entrée libre.* Au 1er étage de cette étrange tour blanche en « nid d'abeille », deux expositions. L'une consacrée à Nehru où sa vie et son rôle dans l'histoire indienne sont présentés au travers de nombreuses photos et d'une longue frise chronologique. Cette expo introduit la seconde, plus importante, « Discovery of India », une présentation très complète de l'Inde, ses civilisations, son histoire, ses religions. Une reconstitution dense mais plutôt agréable à lire, bien faite, même si la scénographie est un peu vieillie (vidéos, reconstitution, etc.) et le parcours pas toujours facile à suivre si un gardien n'est pas là pour vous indiquer la direction à prendre. Notez le ton mordant de la partie « Impact of the West », consacrée à la colonisation britannique...

Achats

Évidemment, si vous allez ensuite à Varanasi (soie) et/ou au Rajasthan (tissus brodés et enluminures), n'achetez rien en arrivant à Mumbai. Il sera toujours temps de le faire à la fin de votre voyage si vous repassez par là. Toutes les adresses ci-dessous sont gérées par le gouvernement.

Central Cottage Industries Emporium *(zoom couleur, D3, **110**) : 34, Chhatrapati Shivaji Maharaj Marg. Tlj 10h-19h. CB acceptées, devises également.* À ne pas confondre avec d'autres boutiques du coin au nom semblable. Artisanat de toute l'Inde. Prix fixes, mais raisonnables. Idéal pour faire le plein de cadeaux avant le retour.

World Trade Centre *(plan couleur I, A-B5) : 90, Cuffe Parade, Colaba. Tlj sf dim.* Toute l'Inde en 80 boutiques. Pas très animé et assez cher.

Jammu & Kashmir Government Arts Emporium *(plan couleur I, A5, **111**) : 25, Chinar, World Trade Centre Arcade. Tlj sf dim 10h-19h.* Un emporium présentant les produits particuliers de l'artisanat du Cachemire, avec son bois clair très travaillé.

Fêtes et manifestations

– ***Shivaratri*** *: en fév ou mars (23 fév en 2009).* Fête de Shiva. Processions et chants dans tous les temples consacrés à ce dieu.
– ***Jamshedji Navroze*** *: 21 mars.* Nouvel An parsi. Cérémonies dans les temples du Feu.
– ***Narali Purnima*** *(ou Coconut Day) : 9 août.* Fête des pêcheurs durant laquelle des noix de coco sont jetées à la mer en offrande.

– ***Janma Ashtami :*** *en août ou sept (14 août en 2009).* Fête de la naissance de Krishna. Des pots de terre cuite contenant du yaourt sont suspendus au-dessus des rues. Les garçons font des pyramides humaines pour essayer de casser les pots.
– ***Ganesh Chaturthi :*** *10 j. entre août et sept.* Célébrée dans tout l'Inde, c'est à Mumbai que la fête dédiée à Ganesh a le plus d'éclat. Dans toutes les familles, on adore le dieu à tête d'éléphant, et les statues sont emmenées en procession pour être baignées dans la mer à Chowpatty Beach.
– ***Diwali :*** *fin oct-début nov.* La fête des lumières est particulièrement spectaculaire à Mumbai. Nombreux spectacles et attractions (répertoriés dans le *Programme of Dance, Music and Drama* disponible à l'office de tourisme).

➤ DANS LES ENVIRONS DE MUMBAI

Elephanta Caves *(île et grottes d'Elephanta ; plan d'ensemble)* ***:*** *pour y aller, prendre un bateau à la* Gateway of India *(zoom couleur, E3). Départ en bateaux ttes les 30 mn 9h-14h30 ; dernier retour à 17h30 ; les horaires fluctuent en fonction de la mousson et de l'état de la mer. Attention : grottes fermées lun. Billets vendus à l'embarcadère ; 120 Rps aller-retour, 10 Rps en sus si vous souhaitez lézarder sur le pont supérieur (tout se paie en ce bas monde !). Il existe des bateaux à peine moins chers* (ordinary boat)*, pris d'assaut et inconfortables. Sur l'île,* Tourist tax *5 Rps, petit train (facultatif) 8 Rps du débarcadère jusqu'aux marches, puis entrée des grottes 250 Rps (supplément pour les caméras vidéo). Prévoir 4h de balade : 2h pour les traversées et 2h de visite.* Y aller tôt le matin et éviter les fins de semaine et les jours de fête : c'est l'endroit de prédilection des Indiens pour leur pique-nique.
À 9 km à peine du centre-ville à vol de mouette, cette île touffue est certes incontournable pour ses temples séduisants creusés à même la roche, mais offre aussi une alternative salvatrice au terrible inconfort de la cacophonie urbaine... Le bateau défile d'abord devant un nombre impressionnant de petites îles aménagées en docks. Cette vision sur le port (plus ou moins claire, certes, tout dépend de « l'épaisseur » de l'air !) permet de mesurer l'importance industrielle et commerciale de la ville. On débarque au bout d'une digue à 300 m du rivage. Petit train pour les fatigués, puis grimpette que les plus fainéants feront en chaise à porteurs (soyez sympa, ne vous donnez pas de la sorte en spectacle !). Étals de bibelots et babioles en tout genre courant des deux côtés de l'allée qui mène au site. Au sommet du grand escalier, un musée minuscule introduit le site. Ne le négligez pas, il présente bien ce réseau de quelques grottes naturelles dans lesquelles furent sculptées, entre les Ve et VIIIe s, un ensemble de figures et de scènes mythiques. L'ancienne Gharapuri, rebaptisée Elephanta lorsque les Portugais découvrirent au XVIe s une statue d'éléphant dans le port, est avant tout consacrée à Shiva, dieu de la Création et de la Destruction. Bien que les Portugais aient, à l'époque, exprimé leur esprit de tolérance religieuse en détruisant une bonne partie des sculptures, Elephanta possède de beaux restes. Le site, de petite taille, peut toutefois s'avérer décevant pour ceux qui auraient déjà vu Ajanta ou Ellora, d'autant plus que les tarifs sont un peu dissuasifs. Nombreux singes, parfois trop curieux surtout si vous vous baladez avec de la nourriture à la main.
Sur place, des guides officiels viennent au secours des visiteurs pour décrypter la symbolique des figures les plus complexes (joignez-vous aux groupes déjà formés ou patientez jusqu'à la prochaine visite). La 1re « grotte » regroupe toutes les scènes sculptées les plus intéressantes (les grottes suivantes sont quasiment vides), notamment la *Shiva Nataraja* où le dieu dansant apparaît coiffé d'une tiare. On y voit aussi Ganesh, le sympathique dieu à tête d'éléphant, fils de Shiva. Puis, la *Shiva Yogishvara* présente Shiva dans la posture du yogi, récupérant des forces. La plus belle composition est sans doute la *Shiva tricéphale (Sada Shiva),* une énorme tête de Shiva, haute de plus de 5 m, représentant à la fois les trois fonctions du dieu.

Au centre, la *Conservation,* où il est coiffé d'une tiare ; il prend un air sérieux pour tenter de préserver le monde du chaos. À droite, le *Shiva Créateur* adopte une attitude pleine de tendresse et de gentillesse. À gauche, en revanche, le *Shiva Destructeur* tient un naga dans sa main et son visage semble dur, tendu.
Une autre scène sculptée représente Ardhanarisvara, mi-Shiva mi-Parvati (la partie féminine du dieu tient un miroir ; la partie masculine, elle, tient un serpent dans la main). La *Descente du Gange,* la *Chapelle au lingam* ainsi que le *Mariage de Shiva,* renferment quelques sculptures plus endommagées, mais tout aussi intéressantes. La *Remise en place du mont Kailasha* n'est pas mal non plus.
En guise de dessert, joli panorama sur les croupes rebondies de Canon Hill depuis les terrasses longeant les grottes.
|●| Sur place, quelques gargotes, mais on vous conseille la belle terrasse ombragée du **Chalyuka,** le resto du MTDC (avec toilettes !), *situé avt les grottes à droite, tt en haut des marches. Bon* thali *pour 50 Rps.*
– En février, *Elephanta Festival,* fêtes musicales avec danses traditionnelles.

Juhu Beach *(plan d'ensemble)* **:** *à 20 km au nord de Mumbai, en bordure de la mer d'Oman et proche de l'aéroport. Accès : train de banlieue à* Churchgate Station, *descendre à Santa Cruz West. De là, bus pour Juhu.* Site envahi par les hôtels de luxe et restos chers, au détriment des *guesthouses.* C'est une grande plage populaire, très agréable pour une balade au coucher de soleil au coude à coude avec les familles indiennes. Une tranche de vie sympa à partager, mais ne vous risquez pas à tremper les orteils dans la mer, irrémédiablement polluée par les égouts. Si vous recherchez la tranquillité, évitez absolument le dimanche : c'est LE lieu de rendez-vous familial. Avec un peu de chance, vous pouvez tomber sur le tournage d'un film. Joli *temple Hare Rāma Krishna* avec hôtel (voir « Où dormir pas trop loin de l'aéroport ? »).

Kanheri Caves *(plan d'ensemble)* **:** *à 42 km du centre de Mumbai, dans le Sanjay Gandhi National Park. Nombreux trains de* Churchgate *jusqu'à Borivali East (BO), puis attraper un rickshaw (env 100 Rps) ou un taxi (env 150 Rps). Tlj 9h-17h30. Entrée : env 15 Rps pour pénétrer dans le parc + 100 Rps pour les grottes. Supplément caméras.* Immense dédale d'une centaine de grottes faisant partie d'un ancien monastère bouddhique.
Les *Kanheri Caves* font partie du *Sanjay Gandhi National Park,* zone en principe protégée mais de plus en plus menacée par l'expansion des bidonvilles. Pour l'instant, le site reste suffisamment isolé au cœur du parc pour offrir aux rares visiteurs de beaux paysages de vallons encaissés, et surtout cette quiétude qui faisait l'apanage des lieux lorsque les moines y méditaient en attendant la fin de la mousson. Disséminées sur plusieurs kilomètres, ces dizaines de grottes furent aménagées entre les Ier et IXe s pour servir à la fois de lieux d'habitation *(viharas)* et de lieux de culte *(chatyas).* En musardant au gré des sentiers escarpés et des escaliers taillés dans le roc, on déniche encore çà et là de belles sculptures votives, des stupas ou plus simplement d'intéressants chapiteaux sculptés. Mérite un détour si vous passez dans le coin.

Karla Caves : *à 110 km de Mumbai. Pour y aller : à* CST Station, *prendre un train pour Lonavla. De là, un bus vous conduit à Karla.* C'est un sanctuaire bouddhique du IIe s, creusé dans le roc. À voir, pour les fanas et pour ceux qui n'ont pas le temps d'aller à Ajanta et Ellora. L'excursion prend la journée.

Bollywood : longtemps les studios de cette « machine » à fabriquer du rêve coloré, dansé et chanté sont restés inaccessibles aux touristes, mais désormais une agence propose des visites à la journée (ou même des « packages ») : ***Bollywood Tourism,*** *A/2, Shalimar Appartment, Tagore Rd, Santa Cruz West.* ☎ *66-66-27-77.* • *bollywoodtourism.com* • *On vous prévient : l'entrée dans le monde des rêves se paie cher (env 100 $/pers la ½ journée, déj inclus).*
– Pour ceux qui envisagent de prolonger leur séjour à Mumbai, les productions recherchent parfois des figurants occidentaux pour leurs *masala movies* ou leurs

pubs télévisées. Vous pouvez tenter votre chance en contactant le ☎ *98-92-14-21-34.* • *kiran_tagfilms@yahoo.co.in* • ; *ou* ☎ *98-20-83-88-11.* • *bollystars@hotmail.com* • Laissez vos coordonnées et donnez vos disponibilités (la prestation est en général payée quelque 500 Rps).

➤ QUITTER MUMBAI

En avion

✈ Toujours ***2 aéroports*** *(**Santa Cruz,** pour les vols intérieurs, et **Sahar,** pour les vols internationaux), tous 2 situés à une trentaine de km au nord du centre-ville.*

Pour se rendre à l'aéroport

➢ ***Train :*** à *Churchgate* ou à *Mumbai Central,* prendre un train jusqu'à la gare de *Vile Parle* pour l'aéroport de Santa Cruz (Domestic Airport) ou jusqu'à la gare d'*Andheri* pour le Sahar Airport (International Airport). De là, rickshaw ou taxi jusqu'aux différents terminaux. Prévoir min 1h30 de trajet (plus le temps nécessaire pour gagner la gare de départ). Évitez absolument les heures de pointe, même si l'expérience risque d'être inoubliable !

➢ ***Taxi :*** le plus cher, mais aussi le plus simple et le plus confortable. Pour les départs très matinaux, le taxi permet de gagner 1 h à 2 h de sommeil par rapport aux autres moyens de transport. Bien vérifier que le chauffeur a compris la destination, certains ne parlent pas un mot d'anglais. Le plus sûr est de réserver le taxi depuis la réception de votre hôtel. Depuis Colaba, env 400 Rps (7,30 €) et de 45 mn à 2h de trajet selon le trafic.

Fréquence moyenne des vols

Mumbai est, avec Delhi, l'aéroport le mieux desservi du pays. Pour les vols intérieurs, plusieurs compagnies aériennes desservent quotidiennement la ville : *Air India, Jet Airways, Jet Lite, Air Deccan, Kingfisher, Spice Jet, IndiGo Airlines* et *Go Air.* Pour les téléphones, reportez-vous à la rubrique « Adresses utiles. Compagnies aériennes ». Pour connaître le terminal de départ de ces compagnies au Domestic Airport, lire la rubrique « Arrivée à l'aéroport ».

➢ ***Vols intérieurs :*** 8 vols/j. pour ***Ahmedabad*** (1h) ; 4 vols/j. pour ***Aurangabad*** (1h) ; une vingtaine de vols/j. pour ***Bangalore*** (1h30) ; env 12 vols/j. pour ***Kolkata*** (2h40) ; env 6 vols/j. pour ***Kochi*** (Cochin ; 1h45) ; env 40 vols/j. pour ***Delhi*** (1h55) ; 6 vols/j. pour ***Goa*** (1h) ; env 10 vols/j. pour ***Hyderabad*** (1h) ; 1 à 2 vols/j. pour ***Udaipur*** (1h40) ; env 12 vols/j. pour ***Chennai*** (*Madras* ; 1h45) ; 4 vols/j. pour ***Mangalore*** (1h45) ; env 3 vols/j. pour ***Trivandrum*** (*Thiruvananthapuram* ; 2h) ; 2 vols/j. pour ***Varanasi*** (env 4h).

➢ ***Vols internationaux directs :*** 4 vols/sem avec *Air India* pour ***Abu Dhabi*** (3h) ; 1 vol/j. avec *Air India* et 1 vol/j. avec *Thai Airways* pour ***Bangkok*** (4h) ; 1 vol/j. avec *Sri Lankan Airlines* pour ***Colombo*** (3h) ; 1 à 2 vols/j. (sf mar) avec *Air India* et également des vols quotidiens avec *Cathay Pacific* pour ***Hong-Kong*** (8h) ; 3 vols/sem avec *Air India* pour ***Jakarta*** (10h), ou 1 vol/j. via Singapour ; 1 vol/j. avec *Malaysian Airlines* pour ***Kuala Lumpur*** (6h30) ; 2 vols/j. avec *Singapore Airlines,* 1 vol/j. avec *Jet Airways* et 1 vol/j. avec *Air India* pour ***Singapour*** (4h45).

Bon à savoir

– Avant l'enregistrement, n'oubliez pas de faire passer au « security check » vos bagages de soute.

– Faire le ***change*** de préférence avant de passer la douane : même si c'est possible après, les roupies sont acceptées à un taux très désavantageux dans la zone duty-free.

En bus

Mumbai compte 3 gares routières principales. De la ***State Transport Terminal*** *(plan couleur II, I7), en face de la gare* Mumbai Central, partent la plupart des bus d'État, donc des bus moins chers mais aussi moins confortables. À noter la présence de quelques compagnies privées juste devant le State Transport Terminal. De ***Crawford Market*** *(plan couleur II, J10)*, beaucoup plus pratique d'accès, départ des bus privés, bien sûr plus chers. Bon palmarès de destinations et certains bus à couchettes. Enfin, ***Dadar Station*** *(plan d'ensemble)* dessert uniquement Pune et Nashik.

State Transport Terminal *(plan couleur II, I7) : en face de la gare* Mumbai Central. ☎ *23-07-42-72.* On y trouve aussi les compagnies publiques des autres États, ainsi qu'une dizaine de compagnies privées à l'extérieur de l'enceinte.
➢ ***Les bus publics*** *(dans l'enceinte)* **:** pour ***Aurangabad*** 6 bus/j. (durée : env 11h). Pour ***Bangalore*** 2 bus/j. (25h). Pour ***Surat*** 4 bus/j. (8h). Pour ***Goa*** 1 bus/j. (17h).
➢ ***Les compagnies privées*** *(départ à l'extérieur du terminal)* **:** à noter, quelques bus de nuit avec couchettes. Pour ***Aurangabad*** 5 bus/j. (env 11h). Pour ***Bangalore*** 6 bus/j. (19 à 25h). Pour ***Goa*** 10 bus/j. (12h). Pour ***Hyderabad*** 3 bus/j. (env 12h).

Bus de Crawford Market *(plan couleur II, J-K10) : dans la rue juste derrière Crawford Market.* Une petite dizaine de compagnies privées, toutes côte à côte, proposent les mêmes destinations à des prix sensiblement identiques. La majeure partie des destinations sont disponibles en « couchettes ». Une fois les billets achetés, les bus partent à env 800 m (10 mn à pied), autour du terre-plein de cricket, devant le Bombay Gymkana sur Old Francis St.
Parmi toute les boutiques ***Ravi Tour*** *(☎ 23-43-11-49)* propose des prestations sérieuses.
➢ Pour ***Ahmedabad*** 5 bus/j. (12h). Pour ***Goa*** 20 bus/j. (env 12h). Pour ***Bangalore*** 20 bus/j. (19 à 25h). Pour ***Hyderabad*** 15 bus/j. (env 12h). Pour ***Chennai (Madras)*** et ***Trivandrum,*** changement à *Bangalore.*

Dadar Station *(plan d'ensemble) : au nord de la ville. Facilement accessible depuis* Churchgate Station, *env 30 mn de train.* Les compagnies privées se trouvent juste en sortant de la gare.
➢ Pour ***Pune*** 20 bus/j. (4h). Pour ***Nashik*** 7 bus/j. (4h).

En train

Trois gares principales, 2 gares secondaires et plus de 2 000 trains transportant quelque 5 millions de passagers. Pour les *retiring rooms,* voir « Où dormir ? ». L'*Indrail Pass* s'achète au bureau de réservation des 1res classes, juste à côté de l'office de tourisme *(plan couleur I, C1).*
Chhatrapati Shivaji Terminal *(CST, anciennement Victoria Station ; plan couleur II, K10)* **:** trains pour le Sud, l'Est et le Centre. Consignes *(Cloak Room),* à droite du hall principal, disponibles jusqu'à un mois pour les gens munis d'un titre de transport ; prévoir impérativement un cadenas (il n'y a pas de casiers individuels).
– Les réservations pour les trains au départ de *CST* se prennent directement à la gare, au *Foreign Tourist Quota (rens : ☎ 134, en anglais), qui se trouve dans un bâtiment à l'extérieur, près des taxis, au 1er étage, guichet n° 52. Tlj 8h-20h (14h dim).* Ne pas oublier son passeport : pas de passeport pas de billet ! Possibilité de payer en euros.
Mumbai Central *(plan couleur II, I7)* **:** trains pour le Nord, l'Ouest et une ligne vers le Centre. Consignes au fond de la gare sur la droite (cadenas et titre de transport indispensables).
– Attention, pour les trains au départ de Mumbai Central, les résas se font au ***Foreign Tourist Quota*** *près de* Churchgate Station *(plan couleur I, C1), dans un bureau situé juste à côté de l'office de tourisme (même immeuble mais escalier suivant), au 1er étage ; pour les étrangers, guichet n° 28 (au fond de la salle). Rens :*

☎ *133 et 132 (en anglais). Tlj 8h-20h (14h dim).* Mieux vaut réserver la veille pour le lendemain. Payable en euros, en dollars ou en livres. Avoir son passeport pour les formalités.

Churchgate Station *(plan couleur I, C1)* **:** *Indian Merchants Chamber Marg.* Un nœud ferroviaire central qui dessert toute la grande banlieue, dont Santa Cruz, proche de l'aéroport.

Certaines liaisons pour le sud de l'Inde sont également assurées depuis la ***gare de Dadar*** *(plan d'ensemble),* accessible en train depuis la CST (achat des billets au bureau de la *CST)* et quelques destinations de l'Ouest et du Nord depuis ***Bandra,*** une gare au nord de Mumbai.

➢ ***Pour Aurangabad :*** *départ de CST,* 3-4 trains/j., durée : 8h.

➢ ***Pour Bangalore :*** *départ de CST,* 1 train/j., durée : 24h.

➢ ***Pour Kolkata :*** *départ de CST,* 3 trains/j., durée : env 30h. Le *Gitanjali* est le plus rapide. Le *Howrah Mail* et le *Kolkata Mail* partent en soirée et sont plus longs. Ces deux trains s'arrêtent à ***Manmad*** (pour ceux qui vont à ***Ajanta*** et ***Ellora***) et le *Kolkata Mail* à ***Satna*** pour ceux qui vont à ***Khajuraho.***

➢ ***Pour Coimbatore :*** *départ de CST,* 1 train/j., le *Kanyakumari Express* (départ dans l'ap-m). Durée : 15h.

➢ ***Pour Delhi :*** env 8 trains/j., durée : 17 à 24h. Slt 1 train/j. *au départ de CST*, 4 de *Mumbai Central,* et les autres de *Bandra* et *Dadar*. Le *Rajdhani Express* (Mumbai Central) est le plus rapide.

➢ ***Pour Goa :*** 2 trains/j. avec la *Konkan Railways,* ligne qui relie Bombay *(CST)* à Magdaon. Départ à 23h du *Konkan Kanya Express* ou vers 7h du *Mandavi Express*. Durée : 12h.

➢ ***Pour Jaipur :*** 2-3 trains/j., durée : 18h. Slt 1 départ de *Mumbai Central,* les autres partent de *Bandra Terminus.*

➢ ***Pour Jammu Tawi :*** *départ de Mumbai Central,* 4 trains/sem avec le *Swaraj Express,* durée : 32h. Départ le mat des lun, jeu, ven et dim.

➢ ***Pour Kanyakumari :*** *départ de CST,* 1 train/j., avec le *Kanyakumari Express* (départ dans l'ap-m). Durée : 46h.

➢ ***Pour Chennai (Madras) :*** 3 trains/j. Le *Mumbai Chennai Express* part de *CST* vers 14h. Le *Dadar Chennai Express* part le soir de *Dadar Station.* Durée : 24h. Éviter le *Chennai Mail,* trop lent (30h).

➢ ***Pour Surat*** *(Gujarat)* **:** *départ de Mumbai Central ou Bandra Terminus,* env 20 trains/j., durée : 3-5h. Le *Mumbai Rajdhani,* au départ de *Mumbai Central* vers 17h, est le plus rapide.

➢ ***Pour Pune :*** *départ de CST et de Dadar,* env 15 trains/j., durée : 4h.

routard ASSISTANCE

L'ASSURANCE VOYAGE MONDE ENTIER

BULLETIN D'INSCRIPTION

NOM : M. Mme Melle

PRENOM :

DATE DE NAISSANCE :

ADRESSE PERSONNELLE :

CODE POSTAL : TEL.

VILLE :

E-MAIL : ....

DESTINATION PRINCIPALE..

Calculer exactement votre tarif en SEMAINES selon la durée de votre voyage :

7 JOURS DU CALENDRIER = 1 SEMAINE

Pour un Long Voyage (2 mois…), demandez le ***PLAN MARCO POLO***
Nouveauté contrat Spécial Famille - Nous contacter

COTISATION FORFAITAIRE 2008-2009

VOYAGE DU AU = SEMAINES

Prix spécial (3 à 50 ans) :	**22 € x**	= **€**
De 51 à 60 ans (et – de 3 ans) :	**33 € x**	= **€**
De 61 à 65 ans :	**44 € x**	= **€**

Tarif **"SPECIAL FAMILLES"** 4 personnes et plus : **Nous consulter au 01 44 63 51 00**
Souscription en ligne : www.avi-international.com

Chèque à l'ordre de ROUTARD ASSISTANCE – ***A.V.I. International***
28, rue de Mogador – 75009 PARIS – FRANCE - Tél. 01 44 63 51 00
Métro : Trinité – Chaussée d'Antin / RER : Auber – Fax : 01 42 80 41 57

ou Carte bancaire : Visa ☐ Mastercard ☐ Amex ☐

N° de carte :

Date d'expiration : Signature

Cryptogramme : Notez les 3 derniers chiffres du numéro à 7 chiffres au verso de votre carte

Je déclare être en bonne santé, et savoir que les maladies ou accidents antérieurs à mon inscription ne sont pas assurés.

Signature :

Information : www.routard.com / Tél : 01 44 63 51 00
Souscription en ligne : www.avi-international.com

Faites des copies de cette page pour assurer vos compagnons de voyage.

INDEX GÉNÉRAL

A

B

C

D

E

F

G

H-I

J

K

L

M

N

O

P

R

S

T

U

V-W-Y

OÙ TROUVER LES CARTES ET LES PLANS ?

Les **Routards** *parlent aux* **Routards**

Faites-nous part de vos expériences, de vos découvertes, de vos tuyaux. Indiquez-nous les renseignements périmés. Aidez-nous à remettre l'ouvrage à jour. Faites profiter les autres de vos adresses nouvelles, combines géniales... On adresse un exemplaire gratuit de la prochaine édition à ceux qui nous envoient les lettres les meilleures, pour la qualité et la pertinence des informations. Quelques conseils cependant :

– Envoyez-nous votre courrier le plus tôt possible afin que l'on puisse insérer vos tuyaux sur la prochaine édition.
– N'oubliez pas de préciser l'ouvrage que vous désirez recevoir.
– Vérifiez que vos remarques concernent l'édition en cours et notez les pages du guide concernées par vos observations.
– Quand vous indiquez des hôtels ou des restaurants, pensez à signaler leur adresse précise et, pour les grandes villes, les moyens de transport pour y aller. Si vous le pouvez, joignez la carte de visite de l'hôtel ou du resto décrit.
– N'écrivez si possible que d'un côté de la lettre (et non recto verso).
– Bien sûr, on s'arrache moins les yeux sur les lettres dactylographiées ou correctement écrites !

En tout état de cause, merci pour vos nombreuses lettres.

Les Routards parlent aux Routards :
122, rue du Moulin-des-Prés, 75013 Paris

e-mail : guide@routard.com
Internet : routard.com

Le Trophée du voyage humanitaire ROUTARD.COM s'associe à VOYAGES-SNCF.COM

Parce que le *Guide du routard* défend certaines valeurs : Droits de l'homme, solidarité, respect des autres, des cultures et de l'environnement, il s'associe, pour la prochaine édition du Trophée du voyage humanitaire routard.com, aux Trophées du tourisme responsable, initiés par Voyages-sncf.com.
Le Trophée du voyage humanitaire routard.com doit manifester une réelle ambition d'aide aux populations défavorisées, en France ou à l'étranger. Ce projet peut concerner les domaines culturel, artisanal, agricole, écologique et pédagogique, en favorisant la solidarité entre les hommes.
Renseignements et inscriptions sur ● routard.com ● et ● voyages-sncf.com ●

Routard Assistance *2009*

Routard Assistance et Routard Assistance Famille, c'est l'Assurance Voyage Intégrale sans franchise que nous avons négociée avec les meilleures compagnies, Assistance complète avec rapatriement médical illimité. Dépenses de santé et frais d'hôpital pris en charge directement sans franchise jusqu'à 300 000 € + caution + défense pénale + responsabilité civile + tous risques bagages et photos. Assurance personnelle accidents : 75 000 €. Très complet ! Le tarif à la semaine vous donne une grande souplesse. Tableau des garanties et bulletin d'inscription à la fin de chaque *Guide du routard* étranger. Pour les départs en famille (4 à 7 personnes), demandez-nous le bulletin d'inscription famille. Pour les longs séjours, un nouveau contrat *Plan Marco Polo « spécial famille »* à partir de 4 personnes. Enfin pour ceux qui partent en voyage « éclair » de 3 à 8 jours visiter une ville d'Europe, vous trouverez dans les Guides Villes un bulletin d'inscription avec des garanties allégées et un tarif « light ». Pour les villes hors Europe, nous vous recommandons Routard Assistance ou Routard Assistance Famille, mieux adaptés. Si votre départ est très proche, vous pouvez vous assurer par fax : 01-42-80-41-57, en indiquant le numéro de votre carte de paiement. Pour en savoir plus : ☎ 01-44-63-51-00 ; ou, encore mieux, sur notre site : ● routard.com ●

Photocomposé par MCP - Groupe Jouve
Imprimé en Italie par L.E.G.O. S.p.A - Lavis (Tn)
Dépôt légal : octobre 2008
Collection n° 13 - Édition n° 01
24/4423/0
I.S.B.N. 978.2.01.244423-2